CYFRES HANES CYMDEITHASOL YR IAITH GYMRAEG

Golygydd Cyffredinol: Geraint H. Jenkins

HANES CYMDEITHASOL YR IAITH GYMRAEG

Cyfrolau a gyhoeddwyd eisoes yn y gyfres:

Y Gymraeg yn ei Disgleirdeb: Yr Iaith Gymraeg cyn y Chwyldro Diwydiannol, golygydd Geraint H. Jenkins (Gwasg Prifysgol Cymru, 1997)

Statistical Evidence relating to the Welsh Language 1801–1911 / Tystiolaeth Ystadegol yn ymwneud â'r Iaith Gymraeg 1801–1911, gan Dot Jones (Gwasg Prifysgol Cymru, 1998)

Iaith Carreg fy Aelwyd: Iaith a Chymuned yn y Bedwaredd Ganrif ar Bymtheg, golygydd Geraint H. Jenkins (Gwasg Prifysgol Cymru, 1998)

Miliwn o Gymry Cymraeg! Yr Iaith Gymraeg a Chyfrifiad 1891, gan Gwenfair Parry a Mari A. Williams (Gwasg Prifysgol Cymru, 1999)

'Gwnewch bopeth yn Gymraeg'

Yr Iaith Gymraeg a'i Pheuoedd 1801–1911

Golygydd

GERAINT H. JENKINS

CAERDYDD
GWASG PRIFYSGOL CYMRU
1999

Y mae cofnod catalogio'r gyfrol hon ar gael gan y Llyfrgell Brydeinig.

ISBN 0–7083–1573–9

Diolchir i Fwrdd Gwybodau Celtaidd Prifysgol Cymru am gymorth ariannol tuag at gostau cyhoeddi'r gyfrol hon.

Dyluniwyd y clawr gan Elgan Davies, Cyngor Llyfrau Cymru.
Cysodwyd yng Nghaerdydd gan Wasg Prifysgol Cymru.
Argraffwyd yn Lloegr gan Bookcraft, Midsomer Norton, Avon.

Siaradwch yn Gymraeg
A chanwch yn Gymraeg
Beth bynnag fo'ch chwi'n wneuthur,
Gwnewch bopeth yn Gymraeg.

Richard Davies (Mynyddog)

Cynnwys

Mapiau a Ffigurau

Cyfranwyr

Yr Athro Hywel Teifi Edwards, Athro Ymchwil, Adran y Gymraeg, Prifysgol Cymru Abertawe

Mr Neil Evans, Tiwtor Hanes a Chydgysylltwr y Ganolfan Astudiaethau Cymreig, Coleg Harlech, a Darlithydd Anrhydeddus, Ysgol Hanes a Hanes Cymru, Prifysgol Cymru Bangor

Dr W. Gareth Evans, Darllenydd, Adran Addysg, Prifysgol Cymru Aberystwyth

Dr R. Elwyn Hughes, Cyn-Ddarllenydd mewn Biocemeg Maetheg, Prifysgol Cymru Caerdydd

Yr Athro Geraint H. Jenkins, Cyfarwyddwr, Canolfan Uwchefrydiau Cymreig a Cheltaidd Prifysgol Cymru

Yr Athro Aled Jones, Athro Syr John Williams a Phennaeth Adran Hanes a Hanes Cymru, Prifysgol Cymru Aberystwyth

Dr David Llewelyn Jones, Cyn-Gymrawd Ymchwil, Canolfan Uwchefrydiau Cymreig a Cheltaidd Prifysgol Cymru

Mrs Dot Jones, Cymrawd er Anrhydedd, Canolfan Uwchefrydiau Cymreig a Cheltaidd Prifysgol Cymru

Yr Athro Gareth Elwyn Jones, Athro Ymchwil, Adran Addysg, Prifysgol Cymru Abertawe

Yr Athro Emeritws Ieuan Gwynedd Jones, Cyn-Athro Hanes Cymru, Prifysgol Cymru Aberystwyth

Dr Mark Ellis Jones, Cyn-fyfyriwr ôl-raddedig, Adran Hanes a Hanes Cymru, Prifysgol Cymru Aberystwyth

Mr Philip Henry Jones, Darlithydd, Adran Astudiaethau Gwybodaeth a Llyfrgellyddiaeth, Prifysgol Cymru Aberystwyth

Ms Rosemary Jones, Cyn-Gymrawd Ymchwil, Canolfan Uwchefrydiau Cymreig a Cheltaidd Prifysgol Cymru ac aelod o staff Comisiwn Brenhinol Henebion Cymru

Y diweddar Athro R. Tudur Jones, Cyn-Athro Anrhydeddus, Ysgol Ddiwinyddiaeth as Astudiaethau Crefydd, Prifysgol Cymru Bangor

Yr Athro R. J. Moore-Colyer, Sefydliad Astudiaethau Gwledig Cymru, Prifysgol Cymru Aberystwyth

Dr Paul O'Leary, Darlithydd, Adran Hanes a Hanes Cymru, Prifysgol Cymru Aberystwyth

Dr W. T. R. Pryce, Uwch-ddarlithydd mewn Daearyddiaeth a Thiwtor Staff, Cyfadran Gwyddorau Cymdeithasol, Y Brifysgol Agored yng Nghymru, Caerdydd, a Chymrawd er Anrhydedd, Canolfan Uwchefrydiau Cymreig a Cheltaidd Prifysgol Cymru

Mr Robert Rhys, Uwch-ddarlithydd, Adran y Gymraeg, Prifysgol Cymru Abertawe

Dr Robert Smith, Cymrawd Ymchwil, Canolfan Uwchefrydiau Cymreig a Cheltaidd Prifysgol Cymru

Ms Kate Sullivan, Myfyriwr ôl-raddedig, Adran Astudiaethau Theatr, Ffilm a Theledu, Prifysgol Cymru Aberystwyth a Chatalogydd Casgliad Sain a Delweddau Symudol, Llyfrgell Genedlaethol Cymru

Y diweddar Athro Emeritws Brinley Thomas, Cyn-Athro Economeg, Prifysgol Cymru Caerdydd

Dr Huw Walters, Llyfrgellydd Cynorthwyol, Adran y Llyfrau Printiedig, Llyfrgell Genedlaethol Cymru

Rhagair

Yn un o'i amryfal ysgrifau difyr mynegodd D. Tecwyn Lloyd ei ryfeddod ynglŷn â'r ffaith fod gwlad mor doreithiog ac uniaith Gymraeg â Chymru yn y bedwaredd ganrif ar bymtheg mor besimistaidd ynglŷn â dyfodol a pharhad yr iaith Gymraeg. I ryw raddau, ymgais i ateb y cwestiwn dyrys hwnnw yw cynnwys y gyfrol hon, sef y bumed i'w chyhoeddi yn y gyfres 'Hanes Cymdeithasol yr Iaith Gymraeg'. Eisoes, mewn cyfrolau blaenorol yn ymdrin â ffawd y Gymraeg yn y bedwaredd ganrif ar bymtheg, dangoswyd sut yr achosid newid cymdeithasol-ieithyddol sylweddol gan ddiwydiannu, trefoli a mewnfudo, ac eir gam ymhellach y tro hwn drwy ddadansoddi'r defnydd o'r Gymraeg mewn gwahanol beuoedd cymdeithasol a'r modd yr oedd y Cymry eu hunain, ynghyd â'r Saeson, yn ymagweddu ati. Afraid pwysleisio'r ffaith mai Saesneg oedd iaith dod ymlaen yn y byd yn y cyfnod dan sylw ac, yn ôl llawer o iwtilitariaid a Darwiniaid a Dic-Siôn-Dafyddion Cymraeg eu hiaith, gorau po gyntaf y diflannai iaith mor dlawd ac israddol â'r Gymraeg i niwl y gorffennol. Cyplysid yr iaith fain â 'buddioldeb' a 'defnyddioldeb', a thrwy geisio cyfyngu'r defnydd o'r Gymraeg i'r aelwyd, y capel a'r eisteddfod leol, nod y Cymry dosbarth-canol oedd ei chadw 'dan yr hatsys', chwedl un o gomisiynwyr 'Brad y Llyfrau Gleision'. Ond, fel y dengys tystiolaeth y gyfrol hon, camgymeriad fyddai tybio i'r Gymraeg gael ei gwthio'n llwyr i'r cyrion. Fel yr âi'r bedwaredd ganrif ar bymtheg rhagddi, bu'r cynnydd syfrdanol yn y boblogaeth, diwydiannu sylweddol, gwelliannau mewn trafnidiaeth, diwygiadau crefyddol a thwf y wasg Gymraeg yn waredigaeth i'r Gymraeg ac yn fodd hefyd i saernïo hunaniaeth ddiwylliannol a gwleidyddol rymus. Llwyddwyd i gynnal y Gymraeg mewn llawer mwy o feysydd nag y mae haneswyr wedi bod yn fodlon cydnabod.

Fel y gwyddys, cyfres amlddisgyblaethol a chydweithredol yw hon, ac y mae'n dda gennyf ddiolch yn galonnog i bob un o'r cyfranwyr am eu cydweithrediad a'u hamynedd. Y mae'n chwith iawn gennyf fod dau gyfrannwr wedi marw cyn i'w penodau weld golau dydd. Yn eu priod feysydd yr oedd yr Athro Emeritws Brinley Thomas a'r Athro R. Tudur Jones yn ysgolheigion cawraidd ac, fel y dengys eu cyfraniadau i'r gyfrol hon, ymhlith y pethau sy'n rhoi gwerth parhaol i'w gwaith yw eu hymwybod dwfn â phwysigrwydd y Gymraeg o safbwynt hunaniaeth y genedl. Carwn hefyd gydnabod yn arbennig gyfraniad nodweddiadol wylaidd y diweddar Athro Emeritws J. E. Caerwyn Williams i'r prosiect hwn. Fel Cadeirydd y Pwyllgor Ymgynghorol, bu'n ddiwyro ei gefnogaeth i mi yn bersonol ac yn hael ei arweiniad i'r cymrodyr ymchwil ifainc sy'n gweithio ar y prosiect. Braint oedd cydweithio ag ysgolhaig Celtaidd mwyaf athrylithgar ein hoes a bydd pob atgof amdano yn y Ganolfan hon ac, yn wir, ledled Cymru, yn felys iawn.

Y mae arnaf ddyled drom o ddiolch i rai eraill hefyd. Paratowyd y mapiau a gynhwysir yn y gyfrol hon gan Mr John Hunt, Swyddog Prosiect (Cartograffeg), Cyfadran y Gwyddorau Cymdeithasol, Y Brifysgol Agored. Gorchwyl pleserus iawn yw diolch i staff Llyfrgell Genedlaethol Cymru am eu cydweithrediad hynaws ac i staff Geiriadur Prifysgol Cymru am gnwd gwerthfawr o gyfeiriadau. Yr wyf yn arbennig o ddyledus i Mrs Glenys Howells am ei chymorth golygyddol amhrisiadwy ac i'w gŵr, William, am lunio'r mynegai. Dygwyd y baich o brosesu'r deipysgrif gyfan gan Ms Siân L. Evans a chwblhaodd y gwaith hwnnw yn siriol a diffwdan. Ergyd dost iddi hi, ei theulu a phawb ohonom yn y Ganolfan oedd y salwch difrifol a'i trawodd mor annisgwyl yn gynharach eleni a dymunwn iddi adferiad llwyr a buan. Hoffwn hefyd nodi fy nyled a'm diolch i'm hysgrifenyddes, Mrs Aeres Bowen Davies, am ei chymorth di-feth. Gweddus yw diolch unwaith eto i swyddogion Gwasg Prifysgol Cymru am eu harweiniad a'u gofal.

Mehefin 1999 *Geraint H. Jenkins*

Byrfoddau

AC	*Archaeologia Cambrensis*
AHR	*Agricultural History Review*
BAC	*Baner ac Amserau Cymru*
BBCS	*Bulletin of the Board of Celtic Studies*
Bywg.	*Y Bywgraffiadur Cymreig hyd 1940* (Llundain, 1953)
CA	*The Carmarthen[shire] Antiquary*
CCHChSF	*Cylchgrawn Cymdeithas Hanes a Chofnodion Sir Feirionnydd*
CCHMC	*Cylchgrawn Cymdeithas Hanes y Methodistiaid Calfinaidd*
CHC	*Cylchgrawn Hanes Cymru*
CLlGC	*Cylchgrawn Llyfrgell Genedlaethol Cymru*
DNB	*Dictionary of National Biography*
EA	*Efrydiau Athronyddol*
FHSJ	*Flintshire Historical Society Journal*
GH	*Glamorgan Historian*
JHSCW	*Journal of the Historical Society of the Church in Wales*
JRASE	*Journal of the Royal Agricultural Society of England*
JWBS	*Journal of the Welsh Bibliographical Society*
LlC	*Llên Cymru*
LlGC	Llawysgrif yng nghasgliad Llyfrgell Genedlaethol Cymru
MC	*Montgomeryshire Collections*
P&P	*Past and Present*
PBA	*Proceedings of the British Academy*
PH	*Pembrokeshire Historian*
TCHNM	*Trafodion Cymdeithas Hynafiaethwyr a Naturiaethwyr Môn*
TCHSDd	*Trafodion Cymdeithas Hanes Sir Ddinbych*
TCHSG	*Trafodion Cymdeithas Hanes Sir Gaernarfon*
THSC	*Transactions of the Honourable Society of Cymmrodorion*
TIBG	*Transactions of the Institute of British Geographers*
TRHS	*Transactions of the Royal Historical Society*
TRS	*Transactions of the Radnorshire Society*

'Cymru, Cymry a'r Gymraeg': Rhagymadrodd

GERAINT H. JENKINS

AR DDECHRAU'R bedwaredd ganrif ar bymtheg yr oedd trwch poblogaeth Cymru yn siarad Cymraeg yn gyson a mwy na hanner miliwn ohonynt, yn ôl pob tebyg, yn Gymry uniaith. Er bod eu hunaniaeth yn hanfodol glwm wrth diriogaeth benodol ac wrth gof hanesyddol a oedd yn seiliedig ar fythau a symbolau yn ogystal ag ar ffeithiau moel, y cwlwm grymusaf rhyngddynt oedd eu hiaith frodorol. Er bod eu gwlad yn brin o sefydliadau cenedlaethol, yr oedd gan bleidwyr yr iaith Gymraeg bob hawl i wynebu'r dyfodol yn weddol hyderus. Y Gymraeg a deyrnasai yn y cartref, yn y gweithle ac yn yr addoldai, a chyfoethogid y rhain i gyd gan ddiwylliant cynhenid cymunedol arbennig. Er nad oedd iddi statws swyddogol, nid oedd lle i bryderu y câi ei disodli fel prif gyfrwng cyfathrebu beunyddiol. Parhâi tafodieithoedd lleol, cyfoethog eu llên gwerin, i ffynnu a phur anaml y cyfeirid at ledaeniad yr iaith Saesneg gan ei fod wedi ei gyfyngu i'r fath raddau i'r trefi a siroedd y gororau. Unieithrwydd Cymraeg oedd y norm, ac yr oedd dwyieithrwydd yn eithriad.[1] Newidiodd hyn yn rhyfeddol o gyflym o fewn ychydig mwy na chanrif. Bu'n rhaid i'r Cymry wynebu her twf demograffig enfawr a newid cymdeithasol-economaidd, yn ogystal â natur ymwthiol biwrocratiaeth ganolog. Fel y canai Ceiriog, hoff fardd Cymru yng nghanol oes Victoria: 'Ar arferion Cymru gynt / Newid ddaeth o rod i rod.'[2] Yn wir, gellid dadlau bod Cymru, rhwng 1801 ac 1911, wedi profi newid mwy sylfaenol nag a welsai ar unrhyw adeg cyn hynny. Er y gallai Cymru ymfalchïo bod ganddi gymaint â miliwn o siaradwyr Cymraeg erbyn 1911, ystyrid yn gyffredinol mai'r Saesneg oedd iaith 'moderniaeth'. Clywid llawer o sôn am fanteision dwyieithrwydd ac yr oedd y gymdeithas uniaith Gymraeg draddodiadol yn prysur gilio i'r gorffennol. Yng nghyfrifiad 1911, 190,292 (8.7 y cant) yn unig o siaradwyr Cymraeg uniaith a gofnodwyd, a daethai'n gwbl amlwg mai prin iawn

[1] Geraint H. Jenkins (gol.), *Y Gymraeg yn ei Disgleirdeb: Yr Iaith Gymraeg cyn y Chwyldro Diwydiannol* (Caerdydd, 1997).

[2] Gw. John Ceiriog Hughes, 'Alun Mabon: bugeilgan delynegol' yn T. Gwynn Jones (gol.), *Ceiriog: Detholiad o'i Weithiau* (Wrecsam, 1927), t. 163.

oedd y rhannau o Gymru a allai wrthsefyll dylanwad y Saesneg.[3] Yn wir, erbyn trothwy'r Rhyfel Mawr derbynnid bod y Saesneg, yn ogystal â'r Gymraeg, yn rhan annatod o fywyd y Cymry.

Ni ellir deall hynt a helynt yr iaith Gymraeg mewn peuoedd penodol yn ystod y bedwaredd ganrif ar bymtheg heb ystyried i ddechrau y cefndir hwn o newid cymdeithasol-economaidd sylweddol. Ar adegau, ymddangosai fod llu o elfennau yn cydgynllwynio i danseilio'r iaith. Er bod rhai cynlluniau fel pe baent yn cynnig gobaith gwell iddi at y dyfodol, byddai'r rheini hefyd, yn y pen draw, yn arwain at ddirywiad yn ei hanes. Yr oedd croeslifau cymdeithasol-ieithyddol cryfion ar waith yng Nghymru'r bedwaredd ganrif ar bymtheg ac, fel y cawn weld, yr oedd tensiwn, eironi ac amwysedd yn lliwio dirnadaeth pobl o'r iaith Gymraeg a'u hagweddau tuag ati.

Yr oedd oblygiadau ieithyddol a diwylliannol dwys i'r twf a'r ailddosbarthu enfawr yn y boblogaeth. Rhwng 1801 a 1851 dyblodd y boblogaeth i bob pwrpas, gan gynyddu o 601,767 i 1,188,914, ac yna fwy na dyblu unwaith eto, gan godi i 2,442,041 erbyn 1911. Wrth i'r bedwaredd ganrif ar bymtheg fynd rhagddi, deuai'r anghyfartaledd economaidd-gymdeithasol rhwng y Gymru wledig a'r Gymru ddiwydiannol yn fwyfwy amlwg. Yr oedd proffil demograffig Cymru yn gwyro'n drwm o blaid siroedd diwydiannol de Cymru ac erbyn 1911 trigai ymron dwy ran o dair o'r boblogaeth gyfan yn siroedd Morgannwg a Mynwy. Dylifai pobl o gefn gwlad Cymru yn eu lluoedd, yn enwedig pobl ifainc, oherwydd, fel y dangosodd Dudley Baines, yr oeddynt yn fwy na pharod i fentro y tu hwnt i Glawdd Offa. Erbyn 1901 yr oedd 180,000 o bobl a hanai o ardaloedd gwledig Cymru yn byw yn nhrefi a dinasoedd Lloegr, yn bennaf ar lannau Mersi, yng ngorllewin Canolbarth Lloegr ac yn Llundain.[4] Mwy arwyddocaol fyth, fodd bynnag, yw'r ffaith fod miloedd o drigolion siroedd gwledig gogledd, canolbarth a gorllewin Cymru, sef cadarnleoedd traddodiadol y Gymraeg, wedi ymfudo i Faes Glo De Cymru ac, i raddau llai, i Faes Glo Gogledd-Ddwyrain Cymru a'r ardaloedd chwarelyddol. Byddai'r llafurwr di-grefft, yn ei awydd i ddianc rhag tlodi enbyd y bywyd gwledig, yn ddigon parod i roi ei bladur o'r neilltu a chydio mewn caib yn y gweithfeydd diwydiannol prysur a stwrllyd. Arweiniodd y symud hwn at adleoli'r llafurlu. Cafwyd gostyngiad yng nghyfran y dynion a weithiai ym myd amaeth a physgota, sef o 35.3 y cant ym 1851 i 12 y cant ym 1911. Ar y llaw arall, cynyddodd y gyfran a gyflogid mewn gweithfeydd glo a chwareli o 16.9 y cant i 31.7 y cant.[5] Yn sgil y cefnu hwn ar y tir, diorseddwyd amaethyddiaeth fel prif ddiwydiant y wlad. Fel y mae cyfrolau eraill yn y gyfres hon wedi dangos yn

[3] Dot Jones, *Statistical Evidence relating to the Welsh Language 1801–1911 / Tystiolaeth Ystadegol yn ymwneud â'r Iaith Gymraeg 1801–1911* (Caerdydd, 1998).

[4] Dudley Baines, *Migration in a Mature Economy: Emigration and Internal Migration in England and Wales 1861–1900* (Cambridge, 1985), tt. 277–8.

[5] Jones, *Statistical Evidence relating to the Welsh Language*, t. 165. Gw. hefyd D. W. Howell a C. Baber, 'Wales' yn F. M. L. Thompson (gol.), *The Cambridge Social History of Britain 1750–1950. Vol. 1. Regions and Communities* (Cambridge, 1990), tt. 281–354.

eglur, erbyn diwedd oes Victoria ceid cyfran uchel o siaradwyr Cymraeg yn y Fro Gymraeg (sef, yn fras, siroedd gogledd a gorllewin Cymru), ond yr oedd dwysedd y boblogaeth yno yn isel.[6] Er bod dylanwadau Seisnig yn llai amlwg yn y cadarnleoedd gwledig, yr oedd mwy o bobl yn siarad Cymraeg ym Maes Glo De Cymru.

Os nodweddid y siroedd gwledig gan lefelau uchel o allfudo, yr oedd y gwrthwyneb yn wir am y broydd a elwid yn aml yn 'ardaloedd y cloddio a'r cynhyrchu'. Tyrrai pobl i'r siroedd a ddatblygai'n ddiwydiannol mewn modd na welwyd mo'i debyg ac, yn ôl Brinley Thomas, yr oedd Cymru yn sugno poblogaeth ar yr un raddfa, bron, ag Unol Daleithiau America.[7] Er bod Cymru, yn sgil datblygiad mwyndoddi haearn a chopr, yn un o brif weithdai'r byd erbyn canol y ganrif, yr oedd yn fwyaf enwog erbyn diwedd y cyfnod dan sylw fel cenedl a allforiai lo. Ceid 688 o lofeydd yn ne Cymru erbyn 1910, ac yr oedd cwmnïau cynhyrchu anferth megis Ocean, Powell Duffryn a'r Brodyr Cory yn ffynnu.[8] Denid crefftwyr a llafurwyr di-grefft i Faes Glo De Cymru gan gyflogau uwch, gwell sicrwydd swyddi a bywyd mwy cyffrous. Deuent o siroedd cyfagos yng Nghymru ac o siroedd gororau a de-orllewin Lloegr i gyflenwi anghenion anniwall y diwydiant glo. Yn sir Forgannwg, sir y rheolid ei heconomi yn llwyr gan y diwydiant glo, cafwyd cynnydd o 253 y cant yn y boblogaeth rhwng 1861 a 1911.[9] Hon oedd y sir fwyaf poblog a modern o ddigon yng Nghymru. Afraid dweud bod i'r cynnydd sylweddol hwn yn y boblogaeth, o ganlyniad i fudo a thwf naturiol, oblygiadau dwfn i ffyniant yr iaith Gymraeg yn y dyfodol. Fel yr eglurir yn fanylach yn nes ymlaen, effaith tymor-byr y mudo mewnol oedd fod siroedd Morgannwg a Mynwy wedi derbyn trallwysiad enfawr o Gymreictod o wythiennau cymdeithas cefn gwlad. Trwy wladychu eu gwlad eu hunain, sicrhaodd mudwyr Cymraeg eu hiaith fod profiad y Cymry yn gwbl wahanol i brofiad y Gwyddelod. Gwanychwyd Iwerddon yn enbyd yn ddemograffig ac yn ieithyddol yn sgil blynyddoedd creulon y Newyn rhwng 1845 a 1849. Eto i gyd, cafwyd tro yn y gynffon. Ym 1851 yr oedd 88 y cant o'r rhai a gyfrifwyd yng Nghymru wedi eu geni yng Nghymru, a 9.8 y cant wedi eu geni yn Lloegr. Erbyn 1911 y canrannau cyfatebol oedd 80.7 y cant ac 16 y cant. Erbyn hynny yr oedd y nifer mwyaf o fewnfudwyr nas ganwyd yng Nghymru yn byw ym Morgannwg, ac nid oes dwywaith na fu i'r mewnlifiad o siaradwyr uniaith

[6] Geraint H. Jenkins (gol.), *Iaith Carreg fy Aelwyd: Iaith a Chymuned yn y Bedwaredd Ganrif ar Bymtheg* (Caerdydd, 1998); Gwenfair Parry a Mari A. Williams, *Miliwn o Gymry Cymraeg! Yr Iaith Gymraeg a Chyfrifiad 1891* (Caerdydd, 1999).

[7] Brinley Thomas (gol.), *The Welsh Economy: Studies in Expansion* (Cardiff, 1962), t. 8.

[8] Trevor Boyns, 'Growth in the Coal Industry: the Cases of Powell Duffryn and the Ocean Coal Company, 1864–1913' yn Colin Baber ac L. J. Williams (goln.), *Modern South Wales: Essays in Economic History* (Cardiff, 1986), t. 153. Gw. hefyd L. J. Williams, *Was Wales Industrialised? Essays in Modern Welsh History* (Llandysul, 1995).

[9] John Davies a G. E. Mingay, 'Agriculture in an Industrial Environment' yn A. H. John a Glanmor Williams (goln.), *Glamorgan County History. Volume V. Industrial Glamorgan* (Cardiff, 1980), t. 292.

Saesneg o tua 1870 ymlaen, yn enwedig yn ystod degawd cyntaf yr ugeinfed ganrif, brofi'n niweidiol i'r iaith Gymraeg. Ni pharhaodd yr adfywiad ieithyddol y sonia Brinley Thomas amdano yn y gyfrol hon fwy na dwy genhedlaeth.[10]

Newidiodd daearyddiaeth drefol Cymru yn sylweddol hefyd yn ystod y cyfnod hwn. Ym 1911 yr oedd ymron 60 y cant o boblogaeth Cymru yn byw mewn trefi, sef teirgwaith yn fwy na'r cyfanswm ym 1851.[11] Erbyn 1911 yr oedd pum prif ganolfan drefol yn tra-arglwyddiaethu ar y gweddill, sef Caerdydd (182,259), Y Rhondda (152,781), Abertawe (114,663), Casnewydd (83,691) a Merthyr (80,990). Am y tro cyntaf yn ei hanes, yr oedd Cymru wedi cynhyrchu poblogaethau trefol llewyrchus y dibynnai eu ffyniant yn bennaf ar weithio metel a glo ac ar y gallu i brosesu ac allforio'r adnoddau hynny. Yr oedd trefoli, yn yr un modd â diwydiannu, yn rym gweithredol yn y newid cymdeithasol-ieithyddol. Yn y canolfannau diwydiannol, y trefi marchnad a'r porthladdoedd, ceid pobl ddosbarth-canol, yn cynnwys siopwyr, masnachwyr, meddygon, cyfreithwyr, bancwyr a chlerigwyr, a oedd yn llawer mwy tebygol o gael eu Seisnigo na'u cefndryd yng nghefn gwlad. Daethai Caerdydd yn ganolfan fasnach adnabyddus drwy'r byd, a hi, yn ôl ei thrigolion, oedd 'Metropolis Cymru'.[12] Ymfalchïent yn natur gosmopolitaidd y dref, ac yn eu gallu i siarad Saesneg. Enaid prin iawn oedd y Cymro uniaith yng Nghaerdydd, yn ôl y *Western Mail*.[13] Mewn cymunedau trefol llai, fodd bynnag, yr oedd dwyieithrwydd yn fwy cyffredin, er bod y glorian ieithyddol yn gogwyddo fwyfwy at y Saesneg hyd yn oed yn y mannau hynny.

Er bod y craidd mynyddig yn parhau'n rhwystr cryf rhag Seisnigo cyflym, yr oedd angen gwell cyfleusterau trafnidiaeth, ar ffurf ffyrdd, camlesi, ac yn enwedig rheilffyrdd, i hybu twf yr economi. Yn ôl y *nouveaux riches*, y rheilffyrdd oedd gwaredwr economi Cymru. Yr oeddynt yn gyfrwng i ryddhau gweithwyr amaethyddol rhag bywyd o dlodi affwysol, gan gynnig iddynt obaith am ddyfodol gwell mewn ardal arall. Yn nhrosiad trawiadol D. Tecwyn Lloyd, y rheilffordd oedd 'Charon y ganrif ddiwydiannol; cyfryngwr deufyd, y march dirfodol rhwng y Fan Dlawd Hyn a'r Fan Well Draw.'[14] Yr oedd y rheilffyrdd nid yn unig yn treiddio'n ddwfn i gefn gwlad, gan ddilyn llwybr o'r dwyrain i'r gorllewin yn bennaf, ond hefyd yn ffurfio rhwydweithiau dwys iawn ym Maes Glo De Cymru. Erbyn diwedd y ganrif, dim ond rhannau mwyaf diarffordd ac anhygyrch Cymru a oedd heb eu cyffwrdd gan y rhwydwaith rheilffyrdd. Esgorodd y sŵn aflafar a'r

[10] Philip N. Jones, 'Population Migration into Glamorgan 1861–1911' yn Prys Morgan (gol.), *Glamorgan County History. Volume VI. Glamorgan Society 1780–1980* (Cardiff, 1988), tt. 173–202.

[11] Jones, *Statistical Evidence relating to the Welsh Language*, tt. 85–9; Harold Carter a C. Roy Lewis, *An Urban Geography of England and Wales in the Nineteenth Century* (London, 1990).

[12] Martin J. Daunton, *Coal Metropolis: Cardiff 1870–1914* (Leicester, 1977); Neil Evans, 'The Welsh Victorian City: The Middle Class and Civic and National Consciousness in Cardiff, 1850–1914', *CHC*, 12, rhif 3 (1985), 350–87.

[13] *Western Mail*, 14 Ebrill 1891, t. 4.

[14] D. Tecwyn Lloyd, *Safle'r Gerbydres ac Ysgrifau Eraill* (Llandysul, 1970), t. 120.

cyflymder aruthrol a gysylltid â'r 'haiarnfarch' neu'r 'agerfarch' ar gorff sylweddol o ysgrifennu yn y Gymraeg. Câi'r rheilffyrdd a'r trenau eu hedmygu ar y naill law a'u hofni ar y llall (rhaid cofio iddynt achosi damweiniau erchyll) a buont yn ysbrydoliaeth i sawl bardd. Yn wir, disgrifiwyd y cyfnod rhwng 1840 a 1875 yn oes aur 'y canu relweddol' yng Nghymru,[15] ac ystyrir yn y gyfrol hon agweddau diwylliannol ar 'bwnc y rheilffordd' yng Nghymru gan Dot Jones. Yr oedd sylwebyddion o gefndiroedd gwahanol iawn i'w gilydd yn argyhoeddedig fod y rheilffyrdd yn symbol o Gynnydd, ond ofnid hefyd mai'r ysgogiad y tu ôl i'r buddsoddi trwm ynddynt oedd yr awydd i gryfhau'r uniad tiriogaethol ac ieithyddol rhwng Lloegr a Chymru. Trwy chwalu'r hen ynysiaeth oesol, yr oedd y rheilffyrdd yn anorfod yn lledaenu ac yn poblogeiddio syniadau'r Saeson, eu ffordd o fyw a phatrwm eu siarad. Wrth i bobl deithio ymhellach ac yn gyflymach, deuent ar draws mwy a mwy o siaradwyr Saesneg. I ryw raddau, wrth gwrs, cryfheid natur gymdeithasol a chystadleuol yr eisteddfodau gan y rheilffyrdd, ac ni fyddai'r ymgiprys ffyrnig a welid mewn gwyliau corawl wedi bod yn bosibl heb y trenau arbennig a gludai'r cystadleuwyr yn gyflym i gyrchfannau pell ac agos.[16] Yr oedd teithio yn y modd hwn yn gymorth i ddwysáu ymwybyddiaeth pobl o wahaniaethau ieithyddol a thafodieithol, ond y canlyniad yn y pen draw oedd cyflymu'r proses o Seisnigeiddio. Byddai'r cwmnïau rheilffordd mawr yn gofalu mai Saesneg oedd y brif iaith yn y maes newydd hwn trwy benodi siaradwyr dwyieithog neu siaradwyr uniaith Saesneg i swyddi 'cyfrifol' a thrwy anwybyddu'r ffaith mai'r Gymraeg oedd yr unig iaith a siaredid ac a ddeellid gan nifer sylweddol o bobl.

Yr oedd y rheilffyrdd, hefyd, yn ffactor hollbwysig yn natblygiad y diwydiant twristiaeth yng Nghymru. Trwy adeiladu traphontydd, pontydd, gorsafoedd, warysau nwyddau, gwestai a thai llety gerllaw'r rheilffyrdd, hybai'r cwmnïau rheilffyrdd dwf canolfannau gwyliau pwysig yng Nghymru. Yn yr astudiaethau penodol a geir yn y gyfrol hon ar Abergele (gan gynnwys Pen-sarn) ac Aberystwyth, gwelir y manteision economaidd sylweddol a ddaeth yn sgil y rheilffyrdd. Rhoddai'r trên gyfle i bobl i fynd ar wyliau teuluol, gwibdeithiau, teithiau penwythnos a thripiau ysgol Sul, a bu hyn yn hwb i economi trefi glan môr fel Y Barri, Penarth, Dinbych-y-pysgod, Y Mwmbwls, Llandudno a'r Rhyl, yn ogystal â threfi ffynhonnau megis Llanwrtyd a Llandrindod. Cafodd twristiaeth ddylanwad ar fywyd nifer cynyddol o bobl, a daethant yn fwyfwy cyfarwydd â'r iaith Saesneg. Darperid adloniant trwy gyfrwng y Saesneg ar gyfer y dosbarth canol llewyrchus a'r dosbarth gweithiol mwyaf cefnog, a rhaid oedd i'r gweision a'r morwynion o gefn gwlad a weithiai yn y gwestai a'r tai llety feistroli'r Saesneg yn gyflym. Gellir priodoli'r twf mewn dwyieithrwydd a Seisnigeiddio ar ddiwedd oes Victoria, yn rhannol o leiaf, i dwristiaeth. Dengys tystiolaeth y naill gyfrifiad ar

[15] Ibid., t. 107. Gw. hefyd Jack Simmons, *The Victorian Railway* (London, 1991), pennod 7.

[16] Gareth Williams, *Valleys of Song: Music and Society in Wales 1840–1914* (Cardiff, 1998), t. 119.

ôl y llall fod cyfran uchel o siaradwyr Saesneg yn byw yn y trefi glan môr. Ar lawer ystyr, felly, bu 'Brenin y Rheilffordd' yn gyfrifol am ddwyn Cymru a Lloegr yn nes at ei gilydd ac am roi hwb i ledaeniad yr iaith Saesneg.

Yr oedd hynt a helynt y Gymraeg yn annatod glwm hefyd wrth y duedd i ganoli a oedd ar gerdded ym Mhrydain yn oes Victoria. Hyd at y bedwaredd ganrif ar bymtheg, cawsai Cymru ei thrin fel tywysogaeth gan y naill lywodraeth ar ôl y llall; fe'i hystyrid yn drefedigaeth israddol o werinwyr cyntefig yr oedd eu hiaith neu eu 'bratiaith' ryfedd yn destun sbort. Yr oedd eu hagwedd gyffredinol ati yn gymysgedd o esgeulustra a dirmyg; 'Poor little Wales', meddent, yn rhannol gellweirus a rhannol o ddifrif.[17] Yr oedd gwladwriaeth y bedwaredd ganrif ar bymtheg, fodd bynnag, yn greadur llawer mwy ymwthiol, a'i sefydliadau canoledig yn ymyrryd fwyfwy mewn materion yn ymwneud â rheolaeth a lles cymdeithasol. Yn sgil terfysg Merthyr a gwrthdystiadau mawr y Siartwyr, daethpwyd i ystyried Cymru yn rhywbeth amgen nag atodiad hynod i Loegr. Honnai adroddiadau'r llywodraeth fod tueddiadau tanseiliol, anghyfraith ac anfoesgarwch i'w canfod ym Maes Glo De Cymru, ac yn sgil hynny penderfynwyd dofi'r Cymry a'u gwneud yn barchus ac, yn bwysicach oll, eu Seisnigeiddio. Fel y datgelwyd yng ngwaith Edward Said,[18] yr oedd gwladychu 'eraill' yn rhan annatod o'r hunaniaeth genedlaethol Seisnig yn y bedwaredd ganrif ar bymtheg ac ni ddylem ddiystyru'r hyn a elwid yn 'emotional, intellectual and political dominance of the concept of England' yn ystod y cyfnod hwn.[19] Yn adroddiadau'r llywodraeth yn ogystal ag mewn gwyddoniaduron, cynhwysid Cymru o dan bennawd Lloegr.

Law yn llaw â'r datblygiadau hyn ceid dadleuon grymus a honnai mai'r Saesneg oedd iaith 'moderniaeth'.[20] Yr oedd y Cymry yn gwbl ymwybodol o'r niferoedd anferth o bobl a drigai y tu draw i Glawdd Offa. Cynyddodd poblogaeth Lloegr o 8.5 miliwn ym 1801 i 33.5 miliwn ym 1911, ac yr oedd bron pawb o'r rhain yn siarad Saesneg.[21] At hynny, erbyn troad y bedwaredd ganrif ar bymtheg yr oedd yr Ymerodraeth Brydeinig bellennig yn cwmpasu mwy nag un filiwn ar ddeg o filltiroedd ac yn cynnwys 345 miliwn o bobl nad oedd y Saesneg yn iaith hollol anghyfarwydd i lawer ohonynt. Daethpwyd i ystyried y Saesneg yn iaith y grymus a'r cefnog, yn iaith rhyfel a goresgyniad ac ymerodraeth, ac wrth i'r blynyddoedd

[17] T. R. Roberts, *Self-Made Welshmen* (Cardiff & Merthyr, 1907), t. 9.

[18] Edward W. Said, *Orientalism: Western Conceptions of the Orient* (Harmondsworth, 1985); idem, *Culture and Imperialism* (London, 1993).

[19] Adrian Hastings, *The Construction of Nationhood: Ethnicity, Religion and Nationalism* (Cambridge, 1997), t. 61. Ond gw. Linda Colley, 'Britishness and Otherness: An Argument', *Journal of British Studies*, 31, rhif 4 (1992), 309–29.

[20] E. Glyn Lewis, 'Modernization and Language Maintenance' yn Glyn Williams (gol.), *Crisis of Economy and Ideology: Essays on Welsh Society, 1840–1980* (B.S.A. Sociology of Wales Study Group, 1983), tt. 147–79; R. D. Grillo, *Dominant Languages: Language and Hierarchy in Britain and France* (Cambridge, 1989).

[21] Keith Robbins, *Nineteenth-Century Britain: Integration and Diversity* (Oxford, 1995), t. 6.

fynd rhagddynt yr oedd perygl iddi dreiddio i bron bob agwedd o'r bywyd Cymreig. Yr oedd Cynnydd yn ganolog i syniadaeth oes Victoria[22] ac ni ellir llai na sylwi mor fynych y defnyddid y geiriau 'buddiol', 'llesol' a 'defnyddiol' mewn llenyddiaeth Gymraeg. Credid bod unrhyw iaith na allai gystadlu'n effeithiol ym 'mrwydr bywyd' wedi ei thynghedu i ddirywio a darfod amdani. Yr oedd unigolyddiaeth *laissez-faire*, penderfyniaeth economaidd a damcaniaeth esblygiad i gyd yn pwysleisio'r ysbryd cystadleuol, a chan fod yr ieithoedd Celtaidd a oedd ar gyrion ynysfor Iwerydd yn cael eu hystyried yn 'ddinod', yn 'annatblygedig' ac yn 'farbaraidd', yr oeddynt yn amlwg yn rhwystro Cynnydd. Fel yr ysgrifennodd Henry Richard: 'There is a lurking conviction at the bottom of most Englishmen's hearts that no people can be really civilised who don't talk English.'[23] Yn ymhlyg yn imperialaeth ddiwylliannol y dydd yr oedd y syniad fod gan y llywodraeth gyfrifoldeb i ryddhau'r Cymry rhag yr unieithrwydd a oedd yn eu llesteirio. Yn ei gyfrol *Celtic Britain*, y mae John Rhŷs yn cymryd yn ganiataol fod y Saeson, a siarad yn ieithyddol, wrthi'n boddi llais y Goedel a'r Brython.[24] Mewn arolwg o gynrychioldeb cymharol athrylith ym Mhrydain, priodolodd Havelock Ellis gyfanswm isel Cymru, sef 28 (3.1 y cant), o'i gymharu â 659 (74.2 y cant) yn Lloegr, i'r anhawster a grëid gan iaith 'not recognised as a medium of civilisation'.[25]

Câi'r grymoedd a arweiniai at undod ieithyddol eu lleisio'n gyhoeddus yn aml mewn cyhoeddiadau swyddogol gan y llywodraeth a chan gyrff eraill. Yr enwocaf o'r rhain oedd Adroddiad y Comisiynwyr Ymchwil i Gyflwr Addysg yng Nghymru (1847), adroddiad a hirgofiwyd ar lafar gwlad fel 'Brad y Llyfrau Gleision'. Thema sy'n codi'n gyson yn y gyfrol hon yw dylanwad diymwad y Llyfrau Gleision ar seicoleg y Cymry, ac ni ellir gorbwysleisio eu harwyddocâd yn hanes Cymru.[26] Trwy lunio adroddiad trwchus a ddarluniai'r Cymry fel pobl aflan ac anfoesol a chanddynt 'iaith ryfedd' a oedd yn rhwystr i Gynnydd, aeth y tri bargyfreithiwr ifanc Anglicanaidd, Saesneg eu hiaith, ymhell y tu hwnt i ffiniau eu gorchwyl. Ni chawsai'r Cymry erioed cyn hynny eu darostwng mewn modd mor gyhoeddus a gwaradwyddus, ac esgorodd yr adroddiad ar gryn ofid, cywilydd a hunan-gasineb yng Nghymru, yn ogystal ag ymdeimlad dwys o ddigofaint moesol. Am y tro cyntaf yn ei hanes, daethai'r iaith Gymraeg yn bwnc gwleidyddol; yr oedd y Cymry a'u hiaith wedi eu pwyso a'u mesur o'r safbwynt Seisnig 'gwareiddiedig' ac wedi eu cael yn brin. Llwyddodd y tri chomisiynydd, trwy gyfosod geiriau allweddol megis anwarineb/gwareiddiad, tywyllwch/goleuni,

[22] Gw. Peter J. Bowler, *The Invention of Progress: The Victorians and the Past* (Oxford, 1989).

[23] Henry Richard, *Letters on the Social and Political Condition of the Principality of Wales* (London, d.d.), t. 1.

[24] John Rhŷs, *Celtic Britain* (ail arg., London, 1884), t. 276.

[25] Havelock Ellis, *A Study of British Genius* (London, 1904), tt. 23–4.

[26] Yr ymdriniaeth lawnaf a mwyaf diweddar ar iaith y Llyfrau Gleision yw Gwyneth Tyson Roberts, *The Language of the Blue Books: The Perfect Instrument of Empire* (Cardiff, 1998). Gw. hefyd Prys Morgan (gol.), *Brad y Llyfrau Gleision: Ysgrifau ar Hanes Cymru* (Llandysul, 1991).

uwch/is), i danlinellu rhagoriaeth y Saesneg ac israddoldeb y Gymraeg. Defnyddiwyd geiriau difrïol – 'dieflig', 'rhwystr', 'anfantais', 'llyffethair' – i ddisgrifio'r iaith frodorol ac i gryfhau'r dadleuon o blaid hyrwyddo cynnydd yr iaith Saesneg drwy Gymru.[27] Er bod y fath ddelweddau negyddol o Gymru a'i hiaith eisoes yn gyfarwydd, ni chafwyd yn unrhyw adroddiad llywodraeth o'r blaen y fath wawdlun amrwd a hyll,[28] ac am flynyddoedd lawer wedi hynny yr oedd cyhoeddiadau Cymreig yn llawn gwrthddadleuon ac amddiffyniadau dig. Achosodd yr Adroddiad argyfwng hunaniaeth dwys ymhlith y Cymry a barodd iddynt gychwyn ar broses maith a phoenus o hunan-ymchwiliad. O 1847 ymlaen yr oeddynt yn byw mewn ofn parhaus y byddai'r Saeson yn taflu rhagor o sen a chywilydd ar eu pennau. Fel y cyffesodd John Griffiths, rheithor Castell-nedd, yr oeddynt yn ymwybodol iawn eu bod yn cael eu barnu'n flynyddol ('there is an annual judgement passed upon us').[29] Er i'r Cymry geisio adfer y cydbwysedd trwy gyflwyno delwedd ohonynt eu hunain fel pobl ufudd, heddychlon, duwiol a moesol, yr oedd eu hunan-barch wedi dioddef ergyd dost.

At ei gilydd, fodd bynnag, achosodd beirniadaeth y comisiynwyr ar yr iaith Gymraeg lai o helynt na'u honiadau fod anfoesoldeb yn rhemp. Ac eithrio Henry Richard, yr unig lais dylanwadol yn yr ymgyrch i gael gwared â'r stigma ieithyddol yn yr Adroddiad oedd Evan Jones (Ieuan Gwynedd). Gyda'i farwolaeth annhymig ef ym 1852, collodd Ymneilltuaeth Gymreig un o'i phleidwyr mwyaf pybyr.[30] Credai Ieuan Gwynedd mai ffwlbri oedd y syniad fod y Gymraeg yn rhwystr rhag lledaenu gwybodaeth, ac wfftiai nod honedig y llywodraeth o 'ladd' yr iaith frodorol trwy sefydlu ysgolion cyfrwng Saesneg: 'As well you may hope to stay the foaming cataract in its descent.'[31] Ond boddwyd ei brotestiadau gan grochlefain y rhai a oedd o blaid y Saesneg ac a gredai nad oedd gwerth cymdeithasol i'r Gymraeg. O'r 1850au ymlaen bu dosbarth gweddol fychan, ond dylanwadol iawn, o *petit bourgeoisie* (yr oedd rhai ohonynt yn byw yn Llundain) yn canmol yn llaes rinweddau'r Saesneg a'i phwysigrwydd hanfodol yn y byd cymdeithasol, masnachol a gwleidyddol. Yr oedd y dosbarth canol hwn o'r un farn â John Jenkins, comisiynydd cynorthwyol i Adroddiad Newcastle ym 1861, mai iaith y gorffennol yn hytrach na'r dyfodol oedd y Gymraeg.[32]

Cafodd rhai o'r bobl a ddangosai ddirmyg nawddoglyd at eu hiaith frodorol ac a fyddai'n ymddwyn yn rhodresgar yng nghwmni Saeson diwylliedig eu

[27] Roberts, *The Language of the Blue Books*, tt. 186–8.

[28] Richard, *Letters on the Social and Political Condition of Wales*, tt. 2–3.

[29] Hywel Teifi Edwards, *Gŵyl Gwalia: Yr Eisteddfod Genedlaethol yn Oes Aur Victoria 1858–1868* (Llandysul, 1980), t. 54. Am y ffordd y gall gwaradwydd torfol feithrin hunaniaeth genedlaethol, gw. Hagen Schulze, *States, Nations and Nationalism: From the Middle Ages to the Present* (Oxford, 1996), t. 175.

[30] Geraint H. Jenkins, 'Ieuan Gwynedd: Eilun y Genedl' yn Morgan (gol.), *Brad y Llyfrau Gleision*, tt. 101–24.

[31] Evan Jones, *A Vindication of the Educational and Moral Condition of Wales* (Llandovery, 1848), t. 15.

[32] *Reports of the Assistant Commissioners on the state of Popular Education in England with Appendices*, XXI, Rhan 2 (1861).

heffeithio'n drwm gan farn Matthew Arnold yn ei lyfr *On the Study of Celtic Literature* (1867). Credai Arnold fod ymdaith ddiwrthdro Cynnydd yn peri bod y cyrion Celtaidd a'u hieithoedd yn ddiangen. Yr oedd 'natur fywiog' y Celtiaid yn golygu eu bod yn brin o 'sadrwydd, amynedd a phwyll' ac, o'r herwydd, nid oedd gobaith iddynt lwyddo i ennill unrhyw fath o hunanlywodraeth.[33] Gan eu bod yn dal i fyw yn y gorffennol, byddent yn bodoli am byth mewn byd israddol ac ymylol. Ategwyd dirmyg Arnold at 'ddiwylliannau barbaraidd' gan Dr Thomas Nicholas, un o sylfaenwyr mudiad y Brifysgol yng Nghymru. Ac yntau wedi ei hudo gan 'fawredd yr hil Seisnig' a'r 'iaith imperialaidd', atgoffodd Nicholas ei gyd-wladwyr uniaith eu bod yn dioddef anfantais gymdeithasol ddifrifol:

> . . . it is better that they should share in the honour and dignity, the intelligence and enterprise of England, than rest contented with the obscurity which blind adherence to antiquated customs, and a speech which can never become the vehicle of science of commerce, must entail upon them . . . Let the earnest *life* of England – its strong steady aim at the high and excellent, pulsate through all Wales, and the highest models in thought, art, character, be emulated; let the *English language*, which is destined soon to 'make the whole world kin', and which is the only medium for the introduction into Wales of all the life and civilization of England – be diffused far and wide among the people.[34]

Yr oedd ei gyfaill, Hugh Owen, yn credu bod y Gymraeg yn sicr o gael ei threchu gan ddeddfau Cynnydd a cheisiodd gyflymu ei thranc anorfod trwy droi'r Eisteddfod Genedlaethol yn gyfrwng i fasnacheiddiwch menter rydd. Yr oedd yn benderfynol y dylai'r Eisteddfod apelio at y 'bobl orau', a sicrhaodd y câi trafodion yr adran 'Social Science' eu cynnal yn Saesneg. Mewn marchnad rydd, meddai, dylid gadael i'r Gymraeg ymladd ei brwydrau ei hun. Rhybuddiwyd siaradwyr Cymraeg gan iwtilitariaid a Darwiniaid fel ei gilydd mai ffolineb fyddai ceisio rhwystro'r hyn a oedd yn anochel, ac anogwyd hwy i ddygymod â thranc eu hiaith frodorol. Un o brif bleidwyr y cysyniad o 'barhad y trechaf' oedd J. R. Kilsby Jones, gweinidog Ymneilltuol a gawsai ei fagu mewn cymuned uniaith Gymraeg. Mewn nifer o areithiau ac erthyglau pryfoclyd, anogai ef ei gyd-wladwyr i ystyried 'Pa un ai mantais ai anfantais i Gymru fyddai tranc yr iaith Gymraeg'.[35] Ni ellid ei berswadio bod goroesiad y Gymraeg yn rhan o gynllun dwyfol ac y gellid ei thrawsnewid yn gystadleuydd effeithiol yn yr ymryson ieithyddol Darwinaidd. Yn wir, yn ei dyb ef, gorau po gyntaf y diflannai ei iaith frodorol i niwl y gorffennol.

33 Matthew Arnold, *On the Study of Celtic Literature* (London, 1867), tt. 97–116.
34 Thomas Nicholas, *The Pedigree of the English People* (London, 1868), tt. 552–3.
35 J. R. Kilsby Jones, 'Yr anghenrheidrwydd o ddysgu Seisoneg i'r Cymry', *Y Traethodydd*, V (1849), 118–26; idem, 'Pa un ai mantais ai anfantais i Gymru fyddai tranc yr iaith Gymraeg?', *Y Geninen*, I, rhif 1 (1883), 18–23.

Ni fyddai neb ond yr hanesydd llymaf yn beirniadu Cymry Cymraeg blaengar oes Victoria am sylweddoli bod angen i'w cyd-wladwyr ddysgu siarad Saesneg yn rhugl. Yr oedd y cymhellion i ddysgu Saesneg yn gryf – yn llethol, o bosibl – ac mewn cyfnod pan oedd economi Cymru yn newid y tu hwnt i bob adnabyddiaeth, byddai wedi bod yn amhosibl cynnal unieithrwydd Cymraeg ar raddfa eang. Bai'r Cymry dosbarth-canol, yn hytrach, oedd iddynt gydweithredu â'r twyll a fynegwyd gan y comisiynwyr ym 1847, sef bod y Saesneg yn amgenach iaith na'r Gymraeg. Nid oedd y Gymraeg 'yn talu' ac nid oedd iddi ran ym myd diwydiant, technoleg, gwyddoniaeth a masnach, a byddai dysgu Saesneg ar raddfa eang yn arwain yn y pen draw at ollwng y Gymraeg i'r pedwar gwynt. Ar adeg pan oedd Cymru yn datblygu'n genedl fodern, ddiwydiannol, a phan siaredid y Gymraeg gan ymron miliwn o bobl, dewisodd yr elît Cymraeg gyplysu eu hiaith frodorol ag obsgwrantiaeth, tlodi a darostyngiad.[36] Trwy gyfyngu'r Gymraeg i feysydd gwylaidd ac anfygythiol megis yr aelwyd, y capel a'r eisteddfod, tybient y byddai'r iaith frodorol yn colli ei hurddas. Wrth i'r neges hon gael ei phwnio i bennau pobl, yn enwedig pobl ifainc, symudol, cynyddu a wnâi'r syniad mai'r Saesneg oedd yr allwedd i lwyddiant a bod y Gymraeg yn rhwystr diwerth ar lwybr bywyd. Y Saesneg oedd iaith dod ymlaen yn y byd; iaith cawl tatws, gwelyau gwellt, pregethau sych a sol-ffa oedd y Gymraeg. Nid oes ryfedd, felly, fod y Cymry mor amwys ynglŷn â'u hunaniaeth a'u hiaith. Yn ei dystiolaeth i'r Comisiwn Brenhinol ar Addysg ym 1886–7, sylwodd T. Marchant Williams fod y Cymry yn rhyfeddol o swil ac anghyfforddus yng nghwmni Saeson am eu bod wedi eu cyflyru i gredu mai anfantais ac anghlod iddynt oedd bod yn Gymry.[37] Yn ôl H. Isambard Owen, a ysgrifennai yn *Y Cymmrodor* ym 1887, yr oedd y syniad fod y Gymraeg yn iaith israddol a gyfyngwyd gan anghenion y gorffennol wedi arwain at 'a depressing sense of helplessness and inferiority in the people'.[38] Ar lawer ystyr, gwastraffwyd cyfleoedd yn ystod canol oes Victoria, ac erbyn i bleidwyr dwyieithrwydd ailgynnau'r fflam yn y 1880au yr oedd y difrod seicolegol eisoes wedi digwydd.

Trown yn awr at y peuoedd hynny a hawliai'r Gymraeg yn eiddo iddi ei hun ac y ceisiai ymgyrraedd atynt. Er gwaethaf diboblogi (problem a effeithiai ar bob sir wledig yng Nghymru o 1871 ymlaen) a lledaeniad yr hyn y mae Rees Pryce yn ei alw y parth dwyieithog, parhâi craidd y 'Gymru fewnol', mewn termau cymdeithasol-ieithyddol, yn rhyfeddol o gadarn. Ym mharth y gymuned wledig (y tu hwnt i'r hen Saesonaethau sefydledig a'r dyffrynnoedd isel Seisnigedig), yr iaith Gymraeg a oedd yn llywodraethu. Hyd yn oed mor ddiweddar â 1901, ond i raddau llai erbyn 1911, yr oedd oddeutu 90 y cant o'r boblogaeth yn siarad Cymraeg yn y gadwyn gref a di-dor o siroedd a oedd yn ymestyn dros ogledd a

[36] Geraint H. Jenkins, *The Welsh and their Language in a British Context* (St. Petersburg, 1997), tt. 17–20.

[37] J. E. Southall (gol.), *Bi-lingual Teaching in Welsh Elementary Schools* (Newport, 1888), tt. 80–1.

[38] Isambard Owen, 'Race and Nationality', *Y Cymmrodor*, VIII (1887), 22.

gorllewin Cymru (Môn, Caernarfon, Meirionnydd, Aberteifi a Chaerfyrddin). Ym 1911 yn y siroedd a grybwyllwyd yn y drefn uchod, yr oedd canrannau'r siaradwyr Cymraeg uniaith yn 37.3, 36.4, 37.5, 34.8 a 20.8.[39] Pan gynhaliodd Henry Sweet astudiaeth beilot o 'Gymraeg llafar gogledd Cymru' yn Nant Gwynant, sir Gaernarfon, ar ddechrau'r 1880au, canfu mai cyfran fechan iawn o eiriau Saesneg a ddefnyddiai pobl yn eu sgwrs feunyddiol er gwaethaf y cysylltiad hir ac agos a fuasai rhwng siaradwyr y ddwy iaith.[40] Gwelir cyfoeth a chryfder Cymraeg cefn gwlad ar ei gorau yn 'Llythurau 'Rhen Ffarmwr', a gyhoeddwyd gan William Rees (Gwilym Hiraethog) yn *Yr Amserau*, ac yn y 'serch llawen, digywilydd' a fynegid ym marddoniaeth y telynegwyr a'r baledwyr.[41] Y Gymraeg, heb unrhyw amheuaeth, oedd yr iaith feunyddiol mewn cymunedau gwledig, ac nid oes dwywaith na roddai i'r trigolion ymdeimlad cryf o berthyn, elfen o barhad, a phatrwm byw mewn gŵyl a gwaith. Yn y caeau, yn y farchnad ac yn y ffair, y Gymraeg a deyrnasai, ac wrth drefnu gwaith y fferm, yn enwedig adeg y cynhaeaf gwair, codi tatws a dyrnu, clymid trigolion gwledig Cymraeg eu hiaith ynghyd trwy gydymdrechu, cydgyfeillachu'n llawen a chydymfalchïo yn eu medrusrwydd a'u llwyddiant.[42] Câi dulliau dosbarthu cymdeithasol a galwedigaethol, yn ogystal â gwerthoedd y gymuned, eu mynegi trwy gyfrwng patrymau arbennig y dafodiaith leol, ac y mae'n arwyddocaol fod llawer o briod-ddulliau a throsiadau cyfoethog yn frith o gyffyrddiadau ethnig a lleol, er enghraifft 'gwŷr y cawl erfin' (gwŷr sir Gaerfyrddin), 'gwin yr hen Gymro' (dŵr ffynnon) a 'mwyalch Seisnig' (ffŵl).[43] Ceid enwau Cymraeg ar gnydau, da byw, offer fferm a bwydydd.

Serch hynny, nid oedd popeth yn dda yng nghefn gwlad. Dioddefai'r Gymru wledig newyn, malltod, terfysg a chythrwfl, ac yn y rhan fwyaf o'r rhain yr oedd gwahaniaethau ieithyddol yn bur arwyddocaol. Yr oedd eiddo a chyfoeth cefn gwlad yn nwylo nifer bychan o deuluoedd tiriog. Gan mai hwy oedd yr elît llywodraethol, caent rwydd hynt i dra-arglwyddiaethu ar fywyd y werin-bobl. Wrth i'r blynyddoedd fynd rhagddynt, deuai ffermwyr, tyddynwyr a gweision a

[39] Jones, *Statistical Evidence relating to the Welsh Language*, tt. 228–37.

[40] Henry Sweet, 'Spoken North Welsh', *Trans. Philological Society* (1882–4), 484. Gw. hefyd David Thorne, 'Map Tafodieithol John Rhŷs: Y Cefndir Ieithyddol', *CLlGC*, XXIV, rhifyn 4 (1986), 448–62.

[41] Thomas Parry, *Hanes Llenyddiaeth Gymraeg hyd 1900* (3ydd arg., Caerdydd, 1953), t. 257; E. G. Millward, *Cenedl o Bobl Ddewrion: Agweddau ar Lenyddiaeth Oes Victoria* (Llandysul, 1991), t. 9.

[42] David Jenkins, *The Agricultural Community in South-West Wales at the turn of the Twentieth Century* (Cardiff, 1971), tt. 10–13. Gw. hefyd yr ysgrifau yn Elwyn Davies ac A. D. Rees (goln.), *Welsh Rural Communities* (Cardiff, 1960).

[43] 'Yr Hen Gyrus', 'Brawddegau y Werin', *Taliesin*, II, rhif 8 (1861), 286–7; Morris Davies, 'Amrywieithoedd y Gymraeg', *Y Traethodydd*, III (1847), 1–16. Gan ofni bod 'many dialectal words and idioms which have important bearings upon the history of the Welsh language are now being disused', aeth rhai ieithegwyr yng Nghymru ati ym 1889 i sefydlu Cymdeithas Llafar Gwlad. Robert Owen Jones, 'Datblygiad Gwyddor Tafodieitheg yng Nghymru', *BBCS*, XXXIII (1986), 28.

grafai fywoliaeth ar ffermydd bychain i gredu bod eu meistri yn eu trin yn wael. Nid dyma'r lle i drafod y llu ffactorau a achosai gynnen rhwng tirfeddiannwr a thenant, ond ni ddylem anwybyddu'r ffaith fod carfan gref o Ymneilltuwyr radicalaidd yn benderfynol o ddarlunio meistri tir fel pobl greulon, ormesol ac esgeulus yn anterth yr ymgyrchoedd gwrth-ddegwm a datgysylltu. Fel y datgela Richard Moore-Colyer, gwaethygwyd y berthynas fregus rhwng landlord a thenant gan y gwahanfur ieithyddol. Er bod rhai tirfeddianwyr yn esgus ymddiddori yn yr iaith Gymraeg, ychydig ohonynt a oedd yn gyfforddus, heb sôn am fod yn rhugl, ynddi. Iddynt hwy, y Saesneg oedd iaith statws a bri, tra oedd y Gymraeg yn iaith henffasiwn ac yn rhwystr i lwyddiant economaidd. Ychydig o Gymry bonheddig, pa mor garedig bynnag y teimlent at iaith hynafol Cymru, a fyddai wedi dadlau â Syr Llewelyn Turner, tirfeddiannwr o sir Gaernarfon, a ddatganodd yn gyhoeddus: 'Wales . . . has ignorned [*sic*] herself by the isolation of so large a number of those who speak *only* Welsh . . . Providence and Parliament help those who honestly help themselves . . . *the only* road *by* which [Welshmen] can obtain the full advantages of that connection [with Great Britain] is by the broad highway of the language of the majority.'[44] Yr oedd agweddau o'r fath, a leisid yn ogystal gan stiwardiaid ac asiantwyr uniaith Saesneg, yn eu dieithrio oddi wrth weddill cymdeithas ac yn dylanwadu'n drwm ar y rhaniadau a'r tensiynau dosbarth a oedd yn bodoli eisoes. Yn ôl Beriah Gwynfe Evans, gwyddai'r dyn cyffredin 'mai Cymraeg oedd iaith y cymynwyr coed a'r gwehynwyr dwfr, iaith llafur a lludded, iaith caledi ac angen, tra mai Saesneg oedd iaith pawb oeddent esmwyth eu byd, bychan eu llafur, a mawr eu cyflogau'.[45] Yn ddieithriad, câi gelyniaeth at landlordiaeth ffiwdal ei mynegi yn Gymraeg, ac ni cheid cadlef fwy grymus na 'Trech gwlad nag arglwydd'. Er hynny, rhaid peidio â gor-ddweud. Yn y gymuned Gymraeg ei hiaith, ni cheid rhaniadau ieithyddol tebyg i'r mur ieithyddol a gadwai'r landlord a'r stiward ar wahân i'r bobl gyffredin. Parhâi'r Gymraeg yn gyfrwng uno grymus yn y 'Gymru Fewnol'.[46]

Er bod cenedlgarwyr yn tueddu i gysylltu'r dull Cymreig honedig o fyw â chefn gwlad, yr oedd y mewnlifiad sylweddol o fudwyr o gefn gwlad i ddyffrynnoedd diwydiannol de Cymru yn golygu bod cyfran lawer uwch o siaradwyr Cymraeg ym Maes Glo De Cymru, yn enwedig yng nghymunedau Morgannwg. Erbyn 1911 yr oedd nifer y siaradwyr Cymraeg ym Morgannwg (393,692) yn fwy na chyfanswm y siaradwyr Cymraeg yn siroedd Môn, Caernarfon, Dinbych, Y Fflint, Meirionnydd ac Aberteifi. Yn amlwg, felly, ceid

44 *North Wales Observer and Express*, 30 Rhagfyr 1887.

45 Beriah Gwynfe Evans, '"Cymro, Cymru a Chymraeg", yn eu cysylltiad ag Addysg', *Trans. Liverpool Welsh National Society* (1889), 67–8. Gw. hefyd T. J. Hughes (Adfyfr), *Neglected Wales* (London, 1887), t. 7.

46 E. G. Bowen, *Daearyddiaeth Cymru fel Cefndir i'w Hanes* (Llundain, 1964); David Howell, 'A "Less Obtrusive and Exacting" Nationality: Welsh Ethnic Mobilisation in Rural Communities, 1850–1920' yn idem (gol.) mewn cydweithrediad â Gert von Pistohlkors ac Ellen Wiegandt, *Roots of Rural Ethnic Mobilisation* (Aldershot & New York, 1993), tt. 51–98.

parth diwydiannol Cymraeg ei iaith. Achoswyd mudo mewnol rhyfeddol gan ddiwydiannu a threfoli, ac o fewn y pentrefi a'r trefi poblog a gorlawn ymddangosodd patrymau ieithyddol cymhleth a chynnil. Fel y datgelwyd mewn cyfrolau cynharach yn y gyfres hon, yr oedd y ddwy iaith yn cystadlu yn erbyn ei gilydd yn y cymunedau hyn, a'r patrwm cyffredinol tan y 1890au o leiaf oedd mai'r iaith Gymraeg oedd oruchaf, ac eithrio yn y dyffrynnoedd hynny lle'r oedd niferoedd sylweddol o fewnfudwyr o Loegr, Iwerddon a'r Alban wedi ymgasglu ac yn gwrthsefyll y prosesau cymathu.[47] Ym 1896 cafodd y Rhondda – ardal fwyaf poblog Maes Glo De Cymru – ei dynodi gan Gomisiynwyr Tir Cymru yn ardal drefol lle y ceid 'defnydd cyson' o'r iaith Gymraeg, a hyd yn oed mor ddiweddar â 1911 ceid yno 76,796 (55.9 y cant) o siaradwyr Cymraeg.[48] Yn ystod cam cyntaf diwydiannu, yr oedd yn ddisgwyliedig – yn ofynnol hyd yn oed – i fewnfudwyr feistroli rhywfaint o Gymraeg, pa mor llac bynnag yr oedd hynny, fel y gallent gydweithio â glowyr uniaith Gymraeg. Gan eu bod yn gweithio mewn mannau cyfyng a pheryglus am oriau hir, yr oedd y cyswllt ieithyddol yn hanfodol am resymau cymdeithasol a diogelwch. Yn ôl J. E. Southall, credai'r glöwr o Gymro fod y ffas lo yn fan cysegredig a'i fod yn feistr yno.[49] Gan ddyfynnu tystiolaeth yr hanesydd a aned ym Merthyr, David Watkin Jones (Dafydd Morganwg), mynnodd D. Isaac Davies ym 1885 fod deunaw o bob ugain o lowyr de Cymru yn siarad Cymraeg wrth eu gwaith: 'Hyhi ydyw iaith y glofeydd.'[50] Ceir tystiolaeth hefyd fod mewnfudwyr di-Gymraeg yn gymathadwy. Mewn glofa a gyflogai oddeutu pum cant o lowyr yn Nhreherbert, yr oedd 147 ohonynt wedi eu geni y tu allan i Gymru. Gallai wyth deg o'r rheini siarad Cymraeg yn rhugl, yr oedd ugain ohonynt yn ei deall, a dim ond saith a oedd yn dal i fod yn uniaith Saesneg.[51] Pan ofynnodd John Griffiths, archddiacon Llandaf, i un o lowyr Morgannwg – 'A ydyw'r glowyr Saesneg yn ymdoddi'n weddol dda â'r Cymry; sut maent yn cyd-dynnu o dan ddaear?' – ei ateb oedd: 'Anaml y bydd gennym y fath beth â glöwr o Sais; ar ôl iddo fod o dan ddaear am chwe mis, daw allan yn Gymro.'[52]

Os oes coel ar dystiolaeth William Thomas (Glanffrwd), y dafodiaith a siaredid yng nglofeydd Morgannwg – sef cymysgedd o dafodieithoedd mewnfudwyr o

[47] Jenkins (gol.), *Iaith Carreg fy Aelwyd*, passim; Parry a Williams, *Miliwn o Gymry Cymraeg!*, tt. 31–212.

[48] K. S. Hopkins (gol.), *Rhondda Past and Future* (Rhondda Borough Council, d.d.), t. 121; Jones, *Statistical Evidence relating to the Welsh Language*, t. 230.

[49] Southall, *Bi-lingual Teaching in Welsh Elementary Schools*, t. 61. Am ragor o enghreifftiau o'r defnydd o'r Gymraeg, gw. *Tarian y Gweithiwr*, 4 Ionawr 1878, 21 Chwefror 1879. Gw. hefyd Sian Rhiannon Williams, *Oes y Byd i'r Iaith Gymraeg: Y Gymraeg yn Ardal Ddiwydiannol Sir Fynwy yn y Bedwaredd Ganrif ar Bymtheg* (Caerdydd, 1992), pennod 4.

[50] D. Isaac Davies, *1785, 1885, 1985! Neu, Tair Miliwn o Gymry Dwy-Ieithawg mewn Can Mlynedd* (Dinbych, 1885), t. 43.

[51] J. E. Southall, *Wales and her Language* (Newport, [1892]), t. 150.

[52] Idem, *Bi-lingual Teaching in Welsh Elementary Schools*, t. 61.

siroedd Aberteifi, Penfro a Brycheiniog – oedd '[y] mwyaf llygredig o dafodieithoedd yr holl siroedd Cymreig'.[53] Y mae tafodieithegwyr yr ugeinfed ganrif, fodd bynnag, wedi darganfod bod cyfoeth o eirfa Gymraeg i'w chael yn y cymunedau glofaol, gan gynnwys trigain a dau o eiriau am wahanol fathau o lo.[54] Dywedid bod glo a oedd yn hawdd ei weithio yn 'gwitho fel blawd' yn Llangennech, yn 'gwitho fel dŵr' ym Mhontyberem ac yn 'gwitho fel menyn' mewn sawl pwll ym Morgannwg a sir Gaerfyrddin. Ym Maes Glo Gogledd-Ddwyrain Cymru, hefyd, yr oedd glowyr Rhosllannerchrugog yn enwog am eu geirfa nodedig, eu hidiomau a'u dawn dweud arbennig yn y ffas lo, ac ystyrid y diwydiant cloddio llechi yn y gogledd-orllewin yn ddiwydiant Cymraeg ei iaith.[55] Er bod y chwarelwyr wedi mabwysiadu rhai geiriau Saesneg megis rwbel, jermon a sgrapar ac yn galw llechi yn Cwîns, Princus a Dytchis, yn ôl eu maint a'u hansawdd, credent na allai unrhyw siaradwr Saesneg feistroli eu crefft gymhleth hwy oni fyddai'n ymrwymo i ddysgu'r Gymraeg yn rhugl a meistroli'r eirfa dechnegol briodol.[56] Yr oedd 'hollti llechi' yn destun cyffredin ar gyfer traethodau mewn eisteddfodau lleol, ac yn ystod y trafodaethau a'r cystadlaethau a gynhelid amser cinio, yn anaml iawn yr amheuid awdurdod y crefftwyr gorau.[57] Hoffai'r chwarelwyr feddwl am eu gweithle fel caer o Gymreictod, a mawr oedd eu hatgasedd at berchenogion, rheolwyr ac asiantwyr Saesneg eu hiaith. Gwrthdaro diwylliannol a oedd wrth wraidd y Streic Fawr yn Chwarel y Penrhyn ym Methesda rhwng 1900 a 1903, ac y mae grymuster y modd y lleisiwyd cwynion dilys y chwarelwyr yn dystiolaeth ddiamheuol o Gymreigrwydd y diwydiant hwn.

Erbyn troad y ganrif, fodd bynnag, nid oedd rhagolygon disglair iawn i'r Gymraeg fel cyfrwng sgwrsio bob dydd yn y diwydiant glo ager. O'r 1890au ymlaen cafwyd newid pendant yn niferoedd y rhai o'r tu allan i Gymru a fudodd i Faes Glo'r De. Ym 1917 daeth y Comisiwn a fu'n ymchwilio i'r anniddigrwydd diwydiannol yn yr ardal i'r casgliad hwn:

> Until some 15 to 20 years ago, the native inhabitants had, in many respects, shown a marked capacity for stamping their own impress on all newcomers, and communicating to them a large measure of their own characteristics; of more recent years the process of assimilation has been unable to keep pace with the continuing influx of immigrants.[58]

53 Glanffrwd, 'Gwlad, Pobl, Iaith, a Defion Morganwg', *Y Geninen*, III, rhif 1 (1885), 18. Gw. hefyd Peter Wynn Thomas, 'Dimensions of Dialect Variation: a dialectological and sociological analysis of aspects of spoken Welsh in Glamorgan' (traethawd PhD anghyhoeddedig Prifysgol Cymru, 1990).

54 Lynn Davies, *Geirfa'r Glöwr* (Amgueddfa Werin Cymru, 1976), tt. 47–8. Gw. hefyd *Ffraethebion y Glowr Cymreig* (Caerdydd, [1928]).

55 J. Rhosydd Williams, *Hanes Rhosllannerchrugog* (Rhosllannerchrugog, 1945), t. 36; R. Merfyn Jones, *The North Wales Quarrymen 1874–1922* (Cardiff, 1981), t. 60.

56 Emyr Jones, *Canrif y Chwarelwr* (Dinbych, d.d.), tt. 123–63.

57 R. Merfyn Jones, 'Y Chwarelwr a'i Gymdeithas yn y Bedwaredd Ganrif ar Bymtheg' yn Geraint H. Jenkins (gol.), *Cof Cenedl: Ysgrifau ar Hanes Cymru* (Llandysul, 1986), tt. 139–40.

58 *Commission of Enquiry into Industrial Unrest, No. 7 Division. Report of the Commissioners for Wales, including Monmouthshire* (London, 1917) (PP 1917–18 (Cd. 8668) XV), t. 15.

Yn ein hastudiaethau cynharach, yn enwedig ein gwaith ar gyfrifiad 1891, gwelwyd bod ymchwydd y llif o fewnfudwyr o Loegr, Iwerddon a'r Alban i ardaloedd y glo ager yn golygu bod y ffiniau ieithyddol yn symud. Ceisiai grwpiau sylweddol o'r newydd-ddyfodiaid hyn ddiogelu eu hunaniaeth a'u gwerthoedd diwylliannol eu hunain trwy fyw gyda'i gilydd mewn cymunedau clòs a'u hynysai oddi wrth siaradwyr Cymraeg. Yr oedd rhywfaint o addasu a chyfaddawdu yn siŵr o ddigwydd wrth gydweithio dan ddaear, fodd bynnag, ac yn y pen draw câi gwahaniaethau ieithyddol ac ethnig eu herydu. Oni bai fod eu diffyg gwybodaeth o'r Gymraeg yn eu rhoi dan anfantais yn gymdeithasol ac yn economaidd, yr oedd mewnfudwyr yn ddigon bodlon parhau'n siaradwyr uniaith Saesneg a gwrthsefyll y prosesau cymathu. Yn y cymunedau diwydiannol, yn enwedig mewn trefi yn rhan ddwyreiniol y maes glo, yr oedd nifer y Cymry Cymraeg a oedd yn gyfarwydd â'r Saesneg yn tyfu'n sylweddol. Ofnai un o ohebwyr y *Pontypridd Chronicle* fod 'goresgyniad Seisnig' ar droed: 'The invader is more subtle, more tangible; advancing silently, secretly and invisibly. He is not corporeal but lingual.'[59] Yr oedd y Saesneg yn atyniadol oherwydd ei bod yn agor drysau i gyfleoedd economaidd newydd ac yn cynnig amrywiaeth ehangach o weithgareddau diwylliannol a gweithgareddau hamdden i'r gweithwyr eu mwynhau, gan gynnwys rygbi a phêl-droed, theatrau, sinemâu a neuaddau cerdd. Yn y tymor hir yr oedd y duedd yn ne Cymru diwydiannol yn eglur: yr oedd nifer y siaradwyr di-Gymraeg yn cynyddu i'r fath raddau fel nad oedd modd i'r prosesau ymgymathu traddodiadol lwyddo.[60] Parhâi'r Gymraeg yn brif iaith y ffas lo yng nghymunedau'r glo caled, ond yn ardaloedd mwy sylweddol y glo ager yr oedd ei defnydd yn gwanhau. Cynyddu a wnâi'r farn y byddai dwyieithrwydd, ac o bosibl Seisnigo llwyr, yn fantais yn hytrach nag yn golled.

Yn y cymunedau gwledig a'r cymunedau diwydiannol fel ei gilydd, credid bod gan y fam swyddogaeth hollbwysig o ran diogelu'r iaith, yn enwedig gan fod oddeutu traean y boblogaeth dan bymtheg oed.[61] Wrth astudio cyfrifiad 1891, gwelsom mai ychydig o dystiolaeth a geid o lithriad ieithyddol rhwng cenedlaethau mewn teuluoedd Cymraeg eu hiaith, ac eithrio yn yr ardaloedd diwydiannol dwys lle'r oedd llawer mwy o bobl yn gyfarwydd â'r Saesneg a lle'r oedd y cymhelliad i ddiogelu'r Gymraeg yn llai. Yn ystod oes Victoria yr oedd grymoedd ideolegol grymus ar waith.[62] Y nod oedd cryfhau'r uned deuluol, ac mewn pennod ddadlennol y mae Rosemary Jones yn trafod dynameg iaith y fenyw yng nghyd-destun y syniad o sfferau gwahanol i wrywod a benywod. Yr

[59] T. I. Williams, 'Patriots and Citizens: Language, Identity and Education in a Liberal State; the Anglicisation of Pontypridd 1818–1920' (traethawd PhD anghyhoeddedig Prifysgol Cymru, 1989), t. 754.

[60] Philip N. Jones, 'Y Gymraeg yng Nghymoedd Morgannwg *c.*1800–1914' yn Jenkins (gol.), *Iaith Carreg fy Aelwyd*, tt. 143–76.

[61] Jones, *Statistical Evidence relating to the Welsh Language*, t. 11.

[62] Russell Davies, *Secret Sins: Sex, Violence and Society in Carmarthenshire 1870–1920* (Cardiff, 1996), tt. 156–61.

oedd i Frad y Llyfrau Gleision, 1847, ran bwysig yn y datblygiad hwn hefyd, a chafwyd gwrth-brawf cyflym a phendant i'r syniad fod merched Cymru yn anniwair ar ffurf llif cyson o weithiau didactig a llyfrau 'cynghori' a geisiai osod canllawiau ymddygiad penodol ar gyfer merched. (Ysgrifennwyd y rhan fwyaf, ond nid y cwbl, o'r rhain gan ddynion.) Disgwylid i Gymraes fod yn bur, yn dduwiol, yn barchus, yn anymwthgar, yn ostyngedig ac yn wraig tŷ dda. Fel y pwysleisiodd Jane Aaron yn ddiweddar: 'O burdan enllib y Sais ymrithiodd yr arwres newydd, yn bur, yn dduraidd, ac yn hunan-ymwybodol Gymreig.'[63] Swyddogaeth arbennig 'Angel yr Aelwyd' oedd diogelu'r iaith frodorol trwy feithrin yn ei phlant gariad dwfn a pharhaol at eu hiaith a'u diwylliant. Yn ymhlyg yn hynny hefyd yr oedd cyfrifoldeb i warchod ei phlant rhag dylanwadau niweidiol o'r tu allan, oherwydd yng ngolwg Ymneilltuwyr nid oedd unpeth yn fwy Cymreig na duwioldeb, gonestrwydd, diweirdeb, darbodaeth a dirwest. Go brin, fodd bynnag, fod merched Cymru yn derbyn y rhethreg hon ynghylch cadw tŷ a sfferau preifat, a'u bod yn cydymffurfio â'r modelau a osodwyd ger eu bron.[64] Nid oedd merched yn fud nac yn oddefol yng Nghymru oes Victoria, ac yn sicr ni ddiflannodd eu harfogaeth eiriol draddodiadol, sef rhegi, dwrdio, swnian a chlebran, dros nos. Yn wir, defnyddiai'r merched mwyaf eofn a miniog eu tafod eu rhyw a'u gallu geiriol i wrthryfela yn erbyn y cyfyngiadau beunyddiol ac yn erbyn y darlun cyfyng a delfrydol o'r modd y dylent ymddwyn (a luniwyd ar eu rhan gan ddynion). Gan arfer grym yn ogystal â dulliau mwy cynnil a chyfrwys, defnyddiai merched amrywiaeth o ddyfeisiadau geiriol i gyrraedd eu nod, ac yr oedd eu hagweddau at yr iaith ac at ei diogelu dipyn yn fwy amrywiol nag y mae haneswyr wedi tybio. Y mae'r bennod hon, felly, yn ymdrin â'r syniad o Gymraes ddelfrydol, ac yn datgelu i ba raddau yr oedd iaith ac ymddygiad y fenyw yn wahanol i'r gwirebau a geid mewn llenyddiaeth brintiedig Gymraeg.

Y pwnc nesaf i'w ystyried yw crefydd. Er na thywyllodd hanner poblogaeth Cymru addoldy ar Sul y Cyfrifiad Crefydd ym 1851, y gred gyffredinol drwy Brydain oedd fod y Cymry yn bobl arbennig o grefyddol. Dim ond wrth edrych yn ôl y gwelwn nad oedd crefydd gyfundrefnol, o anghenraid, yn llunio nac yn llywio credoau niferoedd mawr o bobl, a bod llawer o had efengylaidd y bedwaredd ganrif ar bymtheg wedi syrthio ar dir caregog. Eto i gyd, yr oedd crefydd yn rhan annatod o'r diwylliant Cymraeg, ac ni ellir gorbwysleisio ei

[63] Jane Aaron, *Pur fel y Dur: Y Gymraes yn Llên Menywod y Bedwaredd Ganrif ar Bymtheg* (Caerdydd, 1998), t. 10.

[64] Am y cefndir, gw. Catherine Hall, 'The Early Formation of Victorian Domestic Ideology' yn eadem (gol.), *White, Male and Middle Class* (Cambridge, 1992), tt. 75–93. Ymdriniwyd â hyn yn ddiweddar gan Amanda Vickery, 'Golden Age to Separate Spheres? A Review of the Categories and Chronology of English Women's History' yn Pamela Sharpe (gol.), *Women's Work: The English Experience 1650–1914* (London, 1998), tt. 294–332. Gw. hefyd R. Tudur Jones, 'Daearu'r Angylion: Sylwadau ar Ferched mewn Llenyddiaeth, 1860–1900' yn J. E. Caerwyn Williams (gol.), *Ysgrifau Beirniadol XI* (Dinbych, 1979), tt. 194–212.

dylanwad.[65] Fel yr eglura R. Tudur Jones, nid oedd amheuaeth ynghylch Cymreigrwydd Ymneilltuaeth. Yn wir, trwy bwysleisio datblygiad di-dor a diwrthdro 'y genedl Ymneilltuol Gymraeg', creodd ysgrifenwyr Ymneilltuol eu fersiwn eu hunain o'r 'dehongliad Chwigaidd o hanes'.[66] Wrth i Ymneilltuaeth fynd ati i fynegi ei hyder trwy adeiladu llu o gapeli drudfawr anferth, dadleuai ei hamddiffynwyr fod y grefydd Ymneilltuol ac 'iaith Cambria' yn 'efeillesau'r gwirionedd'.[67] Cysylltid yr Eglwys sefydledig ag 'esgobion Sacsonaidd' a gredai mai 'ffwlbri noeth' oedd y Gymraeg,[68] a honnid bod ei chlerigwyr, oherwydd eu harferion Seisnigedig, yn hynod anghymwys i arwain eu praidd. Honnai Ymneilltuaeth, ar y llaw arall, y gallai ennill calonnau a meddyliau'r dosbarth canol a'r dosbarth gweithiol trwy gynnal gwasanaethau grymus a diwylliant festri capel a gynhwysai gyfarfodydd gweddi a seiadau, y Gobeithlu, *penny readings*, eisteddfodau, gwyliau dirwest, cymanfaoedd canu ac ysgolion cân. Yn bwysicach oll, prin iawn oedd y peuoedd y tu allan i'r uned deuluol a oedd mor gryf eu Cymreictod â'r ysgol Sul. Ym 1883 amcangyfrifodd Dr Thomas Rees fod 461,468 o ddisgyblion (oddeutu 30 y cant o'r boblogaeth gyfan) yn mynychu ysgolion Sul Ymneilltuol,[69] a oedd, yn ôl y sosialydd David Thomas, wedi eu trefnu mor effeithiol â'r American Standard Oil Company.[70] Trwy annog plant ac oedolion fel ei gilydd i gyfrannu'n llafar, cryfhaodd yr ysgolion Sul y Gymraeg, yn ogystal â datblygu'r arfer o ddarllen a magu blas at drafod athrawiaethau. Yr oedd yn amlwg trwy Gymru benbaladr fod Ymneilltuaeth yn ffynnu orau mewn ardaloedd lle y ceid y niferoedd mwyaf o siaradwyr Cymraeg. Nid yw'n rhyfedd yn y byd, felly, fod ei chefnogwyr mwyaf brwd yn credu mai rhodd gan Dduw oedd y Gymraeg a'i bod yn arbennig o addas ar gyfer cyfleu gwirioneddau crefyddol. Yn ôl T. E. Watkins (Eiddil Ifor), a ysgrifennai ym 1853: 'Ymneillduaeth wedi ennill y werin. Paham? Y Gymraeg yw ei hiaith; y Cymry ydynt ei dëadelloedd.'[71]

Ond wrth iddynt frolio eu llwyddiannau yn uchel a'u hargyhoeddi eu hunain mai hwy oedd gwir gynrychiolwyr Cymreictod ar ei orau, aeth yr Ymneilltuwyr

[65] Glanmor Williams, *Religion, Language and Nationality in Wales* (Cardiff, 1979), tt. 25, 227–8; Ieuan Gwynedd Jones, *Mid-Victorian Wales: The Observers and the Observed* (Cardiff, 1992), tt. 59–66.

[66] Credai Thomas Rees fod Cymru wedi newid o fod yn 'wilderness of irreligion and superstition into a well-cultivated garden of Evangelical Protestant Nonconformity'. Thomas Rees, *History of Protestant Nonconformity in Wales* (ail arg., London, 1883), t. 466. Gw. hefyd R. Tudur Jones, *Grym y Gair a Fflam y Ffydd: Ysgrifau ar Hanes Crefydd yng Nghymru*, gol. D. Densil Morgan (Bangor, 1998).

[67] 'Mancunian', 'On the Advantages accruing to Englishmen from a knowledge of the Welsh language', *The Cambrian Journal*, III (1859), 248.

[68] E. T. Davies, *Religion in the Industrial Revolution in South Wales* (Cardiff, 1965), t. 118. Am olwg mwy cydymdeimladwy ar yr Eglwys sefydledig, gw. Matthew Cragoe, 'A Question of Culture: The Welsh Church and the Bishopric of St Asaph, 1870', *CHC*, 18, rhif 2 (1996), 228–54.

[69] Rees, *History of Protestant Nonconformity in Wales*, t. 464.

[70] Deian Hopkin, '"Y Werin a'i Theyrnas": Ymateb Sosialaeth i Genedlaetholdeb, 1880–1920' yn Geraint H. Jenkins (gol.), *Cof Cenedl VI: Ysgrifau ar Hanes Cymru* (Llandysul, 1991), t. 176.

[71] *Seren Gomer*, XXXVI, rhif 452 (1853), 205–6.

yn hunanfodlon ac erbyn diwedd oes Victoria yr oeddynt wedi colli cryn dir. Ar lawer ystyr, yr oedd eu llwyddiant wedi peri iddynt fabwysiadu polisïau annoeth a danseiliai eu Cymreictod a'u hunan-barch. Fe'u beirniadwyd yn gwbl deg gan Robin Okey am beidio â phwyso'n gryf am gynnwys y Gymraeg yng nghwricwlwm yr ysgolion elfennol, trywydd a ddilynwyd yn frwdfrydig gan grwpiau iaith yn Ewrop.[72] Yn wir, wrth i nifer y capeli a'r aelodau gynyddu yn sgil diwygiadau crefyddol grymus, dechreuodd Ymneilltuwyr dosbarth-canol, dan ddylanwad iwtilitariaeth Benthamaidd a Darwiniaeth,[73] weithredu polisïau Seisnigo er mwyn cwrdd ag anghenion mewnfudwyr Saesneg eu hiaith. Yr oedd eu rhagflaenwyr – pregethwyr blaenllaw megis John Elias a Christmas Evans (gweision fferm), William Rees (bugail), Owen Thomas (saer maen) a John Jones, Tal-y-sarn (chwarelwr) – wedi ymfalchïo erioed yn y ffaith fod eu gweinidogaeth hwy yn un Gymraeg ei hiaith. Ond erbyn y 1860au yr oedd pobl megis J. R. Kilsby Jones, Lewis Edwards a Thomas Rees yn dechrau holi'n gyson, 'A oes unrhyw ddefnydd ymarferol i'r iaith Gymraeg?' ac 'A yw hi'n iaith a fydd yn helpu ein plant i ddod ymlaen yn y byd?' Achosodd yr arfer o ddarparu capeli a gwasanaethau Saesneg er budd mewnfudwyr – 'yr Inglis Côs', chwedl Robert Ambrose Jones (Emrys ap Iwan) – ddadlau brwd am ei fod yn tanseilio delwedd Ymneilltuaeth fel crefydd genedlaethol Cymru a hefyd am ei fod, trwy annog siaradwyr Cymraeg i ymuno â'r achosion Saesneg er mwyn i'r rheini dalu, yn dwyn aelodau o blith cynulleidfaoedd gwreiddiol, Cymraeg eu hiaith. Yr oedd cefnogwyr 'yr Inglis Côs', fodd bynnag, yn argyhoeddedig y byddai eu polisi hwy yn dod â llawer mwy o fanteision yn ei sgil nag a wnaethai'r ymdrech wantan i hybu iaith nychlyd yr oedd Rhagluniaeth eisoes wedi ei thaflu i fasged sbwriel hanes. Wrth i'r Ymneilltuwyr ddechrau credu eu propaganda eu hunain, profodd yr Eglwyswyr adfywiad rhyfeddol. Oherwydd ei delwedd anffafriol a'r bygythiad y câi ei datgysylltu, ysgogwyd yr Eglwys sefydledig i weithredu. Bu mor llwyddiannus nes ei bod, erbyn 1910, wedi adennill ei safle blaenllaw fel y corff crefyddol mwyaf yng Nghymru.[74] O ran ei niferoedd yn ogystal â'i dylanwad, yr oedd Ymneilltuaeth yn llawer llai amlwg a chadarn erbyn y cyfnod Edwardaidd, ac y mae'n rhaid bod colli tir i sefydliad a ddarparai ddwywaith cymaint o wasanaethau Saesneg ag o rai Cymraeg wedi bod yn brofiad chwerw. Bu cysylltiad agos erioed rhwng Ymneilltuaeth a'r Gymraeg, ac wrth i'r naill ddechrau dirywio bu dirywiad yn y llall yn ogystal.

Elfen lawn mor hanfodol o ran cynnal a datblygu'r iaith oedd y wasg Gymraeg, a ddaeth yn gyfrwng newid pwysig iawn.[75] Yn ogystal â bod yn faes hollbwysig

[72] Robin Okey, *Cymru a'r Byd Modern* (Aberystwyth, 1986), t. 10.

[73] John Wolffe, *God and Greater Britain: Religion and National Life in Britain and Ireland 1843–1945* (London, 1994).

[74] Matthew Cragoe, *An Anglican Aristocracy: The Moral Economy of the Landed Estate in Carmarthenshire, 1832–1895* (Oxford, 1996), tt. 243–4, 246.

[75] Philip Henry Jones ac Eiluned Rees (goln.), *A Nation and its Books: A History of the Book in Wales* (Aberystwyth, 1998).

ynddo'i hun, sylweddolai llawer o bobl y cyfnod fod y wasg yn ffactor allweddol o safbwynt datblygiadau cymdeithasol-ieithyddol. Cyfeiriodd Dafydd Llwyd Isaac o Bont-y-pŵl ati fel '*propellum power*',[76] ac aeth siaradwr yn y Gyngres Eglwysig a gynhaliwyd yn Abertawe ym 1879 mor bell â'i disgrifio fel 'y peiriant mwyaf grymus islaw Duw' ('the most powerful engine under God').[77] O ran maint ei chynnyrch, yr oedd y wasg Gymraeg ar ei hanterth yn ystod y cyfnod hwn. Cyfnod cynhyrchiol iawn i'r byd cyhoeddi Cymraeg oedd y bedwaredd ganrif ar bymtheg, a thrwy fuddsoddi yn y gair printiedig llwyddodd awduron, argraffwyr a chyhoeddwyr nid yn unig i greu masnach lyfrau lewyrchus, ond barn gyhoeddus groyw yn ogystal. Yn ôl amcangyfrif Philip Henry Jones, cyhoeddwyd oddeutu 10,000 o eitemau Cymraeg eu hiaith ar dir Cymru, ac at y rhain rhaid ychwanegu oddeutu 400 o gylchgronau Cymraeg, yn ôl cyfrif Huw Walters. Yr oedd arwyddocâd hanfodol i hynny o ran llunio a chyflwyno hunaniaeth newydd oherwydd, fel y nododd Adrian Hastings, 'once an ethnicity's vernacular becomes a language with an extensive living literature of its own, the Rubicon on the road to nationhood appears to have been crossed'.[78] Am y tro cyntaf yn ei hanes, yr oedd gan Gymru gyhoeddwyr mawr a dylanwadol a allai ledaenu gwybodaeth a syniadau i gynulleidfa eang a oedd yn amlwg yn awchu am ddeunydd darllen. Ymhlith y nifer cynyddol o olygyddion a gohebwyr ceid gwŷr galluog eithriadol megis Thomas Gee, William Rees, John Griffith ('Y Gohebydd'), Lewis William Lewis (Llew Llwyfo), Beriah Gwynfe Evans ac R. D. Rowlands (Anthropos). Yr oedd rhai o'r prif gyhoeddiadau yn gerrig milltir yn hanes datblygiad hunaniaeth y genedl: yn eu plith yr oedd gwaith swmpus Thomas Charles, *Geiriadur Ysgrythyrawl* (4 cyfrol, 1805–11), a'r geiriadur anferth, deg cyfrol, *Y Gwyddoniadur Cymreig*, a gymerodd bedair blynedd ar hugain i'w gwblhau ac a ailargraffwyd ym 1891. Er iddi ddechrau cyhoeddi cynnyrch o natur wahanol o ganol y bedwaredd ganrif ar bymtheg ymlaen – ac ni ddylem ddiystyru'r ymdrechion arwrol i gyhoeddi deunydd gwyddonol yn y Gymraeg – ystyrid mai llawforwyn crefydd oedd y wasg Gymraeg at ei gilydd. Y mae'n wir fod y Cymry yn awchu am wybodaeth am y ffantasïau a'r ffugiadau ynghylch Gomer, mab Japheth, am hynafiaid Caerdroea, ac am y mythau Derwyddol a boblogeiddiwyd gan Iolo Morganwg, ond ceid galw mawr hefyd am yr ysgrythurau, am hanes enwadau a chapeli, hunangofiannau a chofiannau, esboniadau ac ysgrifennu didactig. Hyrwyddid hynny i raddau helaeth gan y deallusion Ymneilltuol a gredai fod darllen yn peri bod gwŷr a gwragedd yn ymateb yn fwy ffafriol i brofiadau ysbrydol dwys ac yn eu hysgogi i geisio bodloni eu dyheadau i'w gwella eu hunain. Y mae rhai wedi dadlau bod gan ffermwyr, gweithwyr fferm, chwarelwyr, crefftwyr a glowyr fwy o ddiddordeb mewn gwleidyddiaeth, heddwch a

[76] Bethan Hopkins Williams, 'Hanes Cymdeithasol yr Iaith Gymraeg ar sail tystiolaeth y cylchgronau rhwng 1840 a 1860' (traethawd MPhil anghyhoeddedig Prifysgol Cymru, 1998), t. 3.

[77] Cragoe, *An Anglican Aristocracy*, t. 242.

[78] Hastings, *The Construction of Nationhood*, t. 12.

rhyfel yn Ewrop a thu hwnt nag mewn dadlau diwinyddol chwerw,[79] a gellir tybio nad oedd pob glöwr yn treulio ei amser yn trafod manylion megis 'Sut i gysoni sofraniaeth Duw â chyfrifoldeb dyn'.[80] Yr oedd deunyddiau amrywiol, yn enwedig baledi (y cyhoeddwyd tua 8,000 ohonynt),[81] almanaciau a dychangerddi hefyd yn apelio at y gweithlu llythrennog, ond ni chafodd y dosbarth gweithiol Cymreig ei annog i 'ddarllen, darllen, darllen' er mwyn cyfrannu at frwydr y dosbarthiadau tan ddiwedd y cyfnod hwn.[82]

Eto i gyd, nid yw'r ffaith fod toreth o ddeunydd Cymraeg yn cael ei gyhoeddi yn gwarantu ei fod o ansawdd da. Mewn ymgais i amddiffyn barddoniaeth a rhyddiaith y bedwaredd ganrif ar bymtheg rhag y feirniadaeth hallt a fu arni'n ddiweddarach, ceir gan Robert Rhys arolwg beirniadol o weithiau awduron llai adnabyddus ym myd barddoniaeth a rhyddiaith, yn ogystal â'r rhai enwog. Llesteiriwyd y traddodiad llenyddol Cymraeg gan ei hiraeth am y gorffennol, y cyswllt rhyngddo ac Ymneilltuaeth, a'i gysylltiadau â chyfundrefn addysg a roddai fri ar ddysgu ar y cof. Dan ddylanwad andwyol Adroddiad 1847, aeth llawer o feirdd ati i gyfansoddi epigau cenedlaethol a fyddai'n deilwng o Homer, Fyrsil a Milton, gan obeithio y byddai hynny'n adfer safle'r Cymry yn llygad y byd.[83] Ni welai beirdd telynegol megis Ceiriog, a gynhyrchai ddeunydd siwgwraidd, dagreuol, unrhyw anghysondeb mewn coleddu sentiment cenedlaethol a'r iaith Gymraeg ar y naill law ac uchelgais imperialaidd y wladwriaeth Saesneg ar y llaw arall. Fel y cyfeddyf Rhys, heblaw am eithriadau nodedig megis Daniel Owen, Emrys ap Iwan ac O. M. Edwards, 'ni feddai llawer o wŷr llên y ganrif y cyneddfau beirniadol na'r chwaeth ddatblygedig i gynhyrchu llenyddiaeth a oedd yn deilwng o'u hamcanion uchelgeisiol'. Yr oedd chwaeth pobl yn amrywio, y safonau yn hynod anwastad ac weithiau'n druenus o isel, a ffuglen boblogaidd mor enbyd o brin nes peri i Daniel Owen gael ei ddyrchafu'n gawr yn y byd llenyddol. Fel y nododd Thomas Rees, ymdriniai'r mwyafrif llethol o lyfrau'r cyfnod â diwinyddiaeth, hanes, barddoniaeth ac ieitheg Gymraeg,[84] ac erbyn cyfnos oes Victoria daethai'n amlwg fod angen lluniaeth mwy maethlon i fodloni chwaeth darllenwyr a oedd wedi dechrau cael blas ar storïau byrion a nofelau Saesneg, yn ogystal ag ar yr hyn a alwai J. E. Southall yn 'sothach pur'.[85] Er gwaethaf yr ymgais egnïol i gynhyrchu llyfrau Cymraeg ac i feithrin delwedd o Gymru fel 'Gwalia dlos', 'hen Gymru wen' a 'hen wlad y menig gwynion', yr oedd y cynnyrch

79 D. Tecwyn Lloyd, 'The Welsh Language in Journalism' yn Meic Stephens (gol.), *The Welsh Language Today* (Llandysul, 1973), tt. 152–3.

80 Christopher Turner, 'The Nonconformist Response' yn Trevor Herbert a Gareth E. Jones (goln.), *People and Protest: Wales 1815–1880* (Cardiff, 1988), t. 99.

81 Y mae'r ffigur hwn yn seiliedig ar gronfa ddata o ddeunydd baledol yn LlGC.

82 C. M. Baggs, 'The Miners' Institute Libraries of South Wales 1875–1939' yn Jones a Rees (goln.), *A Nation and its Books*, t. 297.

83 E. G. Millward, *Yr Arwrgerdd Gymraeg: Ei Thwf a'i Thranc* (Caerdydd, 1998).

84 Thomas Rees, *Miscellaneous Papers on subjects relating to Wales* (London, 1867), t. 45.

85 Southall, *Wales and her Language*, t. 307.

llenyddol yn llai creadigol a goleuedig nag y byddai rhywun wedi gobeithio. Ni throsglwyddwyd yr awenau i ddwylo newydd a mwy creadigol tan ddiwedd y bedwaredd ganrif ar bymtheg.

Er bod cyfnodolion a chylchgronau yn cynnig amrywiaeth eang o ddeunydd darllen ar bynciau megis addysg, dirwest, datgysylltu a diwygiadau tir, cynigiai'r nifer cynyddol o bapurau newydd gyfle pellach i ehangu ffiniau'r iaith. Er i'r llif o deitlau newydd Cymraeg eu hiaith arafu'n raddol wrth i'r degawdau fynd rhagddynt, blodeuodd y fasnach newyddiadurol yn eithriadol yn sgil dileu'r dreth ar hysbysebion (erbyn 1855) a'r stampdoll ar bapurau newydd.[86] Rhwng 1860 a 1893 yr oedd nifer y papurau newydd a gyhoeddid yng Nghymru wedi codi o 25 i 95 (pump yn unig ohonynt a oedd yn Gymraeg), ac yn nhyb J. E. Vincent yr oedd twf o'r fath bron â bod yn wyrthiol.[87] Yr oedd *Baner ac Amserau Cymru*, a sefydlwyd gan Thomas Gee ym 1857, y peth tebycaf a oedd gan Gymru i bapur newydd gwir genedlaethol, yn gwerthu 13,000 o gopïau fan lleiaf erbyn y 1880au.[88] Er i newyddiaduron Cymraeg megis *Tarian y Gweithiwr* a *Llais Llafur* ei chael hi'n anodd i ddal eu tir yn erbyn papurau newydd Saesneg grymus Caerdydd, megis y *Western Mail* (o 1869 ymlaen) a'r *South Wales Daily News* (o 1872 ymlaen), at ei gilydd llwyddasant i ddatblygu eu geirfa, eu rhethreg a'u hamcanion eu hunain. Yn wir, deil Aled Jones fod y wasg newyddiadurol, mewn modd newydd a diddorol, wedi dod â'r iaith Gymraeg 'i lygaid y cyhoedd ar ffurf ddynamig a modern'.

Tybir yn aml fod Eisteddfod Genedlaethol Cymru wedi bod yn ganolog i'r ymdrech i gynnal yr iaith a'r diwylliant Cymraeg. Ond y gwir amdani yw nad am ei llwyddiannau diwylliannol nac am hybu'r iaith frodorol y cofir yr Eisteddfod yn y bedwaredd ganrif ar bymtheg. I'r gwrthwyneb, y hi oedd un o'r sefydliadau mwyaf effeithiol o ran lledaenu'r iaith Saesneg. Hyd yn oed yn negawdau cynnar y ganrif, yn y dyddiau pan oedd beirdd o glerigwyr, hynafiaethwyr a selogion o dras fonheddig yn cynnal yr eisteddfodau taleithiol ac eisteddfodau'r Cymreigyddion, digon amwys ar y gorau oedd agwedd pobl at y Gymraeg. Yn ystod y blynyddoedd wedi 1847, pan ddrylliwyd hunanhyder y genedl yn sylweddol gan y Llyfrau Gleision, meddiannwyd yr Eisteddfod Genedlaethol, a gynhaliwyd yn flynyddol o 1861 ymlaen, gan Seisgarwyr dosbarth-canol. Wrth i ddeallusion Lloegr ddilorni'r ffugwyr rhodresgar a hygoelus[89] a oedd bob amser mor awyddus i ennill anrhydeddau eisteddfodol neu i rodresa yn seremonïau'r Orsedd, penderfynodd iwtilitariaid megis Hugh Owen a Thomas Nicholas gyfyngu'n llym

[86] Aled Gruffydd Jones, *Press, Politics and Society: A History of Journalism in Wales* (Cardiff, 1993).

[87] Beti Jones, *Newsplan: Report of the Newsplan project in Wales. Adroddiad ar gynllun Newsplan yng Nghymru* (London / Aberystwyth, 1994), t. 40.

[88] Philip Henry Jones, 'Cylchrediad *Y Faner*, ffeithiau a chwedlau', *Y Casglwr*, 28 (1986), 10–11.

[89] J. E. Southall, *The Future of Welsh Education* (Newport, 1900), t. 49.

ar y defnydd a wneid o'r Gymraeg yn 'Olympiad llenyddol' Cymru.[90] Honnwyd peth fel hyn ym 1864: 'Tri pheth anfynych mewn eisteddfod: pob ymgeisydd yn foddlawn, y Cymry yn siarad Cymraeg, a'r beirdd yn dychwelyd adref heb brofi rhywbeth cryfach na phop a sinsir bîr.'[91] Daeth prif ddigwyddiad blynyddol y genedl yn fwyfwy dan ddylanwad yr hyn a ddilornwyd gan R. J. Derfel fel 'y gwallgofrwydd Seisnig'.[92] Yn yr areithiau huawdl a draddodwyd oddi ar lwyfan Eisteddfod Genedlaethol Wrecsam ym 1876, er enghraifft, yr oedd y tensiwn rhwng y Celtoffobiaid a'r werin-bobl yn ddigon amlwg. Honnodd Joshua Hughes, esgob Llanelwy, na allai Cymru bellach obeithio ei hynysu ei hun rhag dylanwadau Seisnig, ac edrychai ymlaen at y dydd pan na fyddai'r Cymry 'wedi eu cau i mewn' gan eu hiaith. Yn ei ymateb iddo, dywedodd y Parchedig D. Howell, ficer Wrecsam, ei fod yn amau na fyddai miloedd o bobl ddosbarth-gweithiol yn ymgynnull i wrando ar 2,270 o gystadleuwyr yn unrhyw wlad arall yn y byd, a mawr oedd y gymeradwyaeth pan ddaeth â'i araith i ben â'r gri, 'Oes y Byd i'r Iaith Gymraeg'. Yn flin oherwydd ei fod yn gorfod cyfyngu ei araith i bum munud, a chan gymryd yn ganiataol fod tranc y Gymraeg gerllaw, anogodd Henry T. Edwards, deon Bangor, y gynulleidfa dawel i dalu'r gymwynas olaf iddi pan fyddai farw, a'i thrin fel y byddent yn trin hen ŵr a oedd wedi byw bywyd anrhydeddus. Ysgogodd hyn ymateb cryf gan Morgan Lloyd, AS Bwrdeistrefi Môn, a gafodd gymeradwyaeth fyddarol pan sicrhaodd ei 'gyfaill' pesimistaidd nad oedd yr iaith Gymraeg na'r Cymry yn mynd i farw, a bod y Gymraeg yn ennill tir.[93] Eto i gyd, buddiannau'r iaith Saesneg a apeliai fwyaf at noddwyr yr Eisteddfod Genedlaethol. Ar un olwg, fodd bynnag, y mae modd gorbwysleisio pwysigrwydd yr Eisteddfod Genedlaethol. Hybid y Gymraeg yn llawer mwy effeithiol yn yr eisteddfodau lleol, a oedd, yn naturiol, yn fwy atyniadol i'r werin-bobl gan mai yn yr iaith frodorol y cynhelid yr holl weithgareddau. Yn ôl un amcangyfrif gweddol fras, cynyddodd nifer y lleoedd lle y cynhelid eisteddfodau lleol o saith ym 1847 i wyth a thrigain erbyn 1898.[94] Yn ddiamau, yr oedd yr eisteddfod leol yn elfen rymus ym mywyd diwylliannol y werin Gymraeg ei hiaith.

Gan fod ysgolheigion wedi ymddiddori cryn dipyn ym maes addysg yn ddiweddar, neilltuwyd tair pennod i drafod y pwnc yn y gyfrol hon. Ni cheid odid yr un maes arall lle'r oedd y gogwydd o blaid y Saesneg mor gryf. Yr oedd yn faes allweddol, yn enwedig yn sgil y Llyfrau Gleision bondigrybwyll ym 1847, pan gymerodd y wladwriaeth fwy a mwy o gyfrifoldeb am gyd-destun, cynnwys a

[90] Emyr Humphreys, *The Taliesin Tradition: A Quest for the Welsh Identity* (Bridgend, 1989), tt. 177–8; Hywel Teifi Edwards, 'Eisteddfodau Cenedlaethol Chwe-degau'r Ganrif Ddiwethaf a'r Wasg Saesneg' yn J. E. Caerwyn Williams (gol.), *Ysgrifau Beirniadol VIII* (Dinbych, 1974), tt. 205–25.

[91] *Y Punch Cymraeg*, 12 Mawrth 1864, t. 6.

[92] R. J. Derfel, 'Cadwraeth yr Iaith Gymraeg', 'Yr Eisteddfod', 'Gwladgarwch y Cymry' yn idem, *Traethodau ac Areithiau* (Bangor, 1864), tt. 151–68, 217–27.

[93] 'The National Eisteddfod for 1876, at Wrexham', *Y Cymmrodor*, I (1877), 48, 52, 63–7.

[94] David Morgan Richards, *Rhestr Eisteddfodau hyd y flwyddyn 1901* (Llandysul, 1914).

chyllid y byd addysg. O gyfnod cynnar iawn, yr iaith Saesneg a lywodraethai. Dengys y Llyfrau Gleision y lle amlwg a roddid iddi mewn ysgolion ledled Cymru, a gellir tybio bod y rhieni naill ai'n cymeradwyo hynny neu o leiaf yn ei dderbyn yn dawel. Gan fod mudoledd cymdeithasol a Seisnigeiddio yn brosesau a oedd yn cyd-fynd â'i gilydd, yr oedd yn naturiol fod y dosbarth canol yn awyddus iawn i ddysgu Saesneg. Yr oedd y Saesneg yn rym *moderneiddio*, a thybid mai dim ond ffyliaid gwladaidd a fyddai'n ymwrthod â'r cyfle i ddilyn llwybr Cynnydd. Er na ddangosai'r bobl gyffredin fawr o frwdfrydedd o blaid y Seisnigo hwn, nid eu lle hwy oedd amau na herio doethineb pobl a berthynai i ddosbarth cymdeithasol uwch. Yr oedd yn ddigon anodd cael dau ben llinyn ynghyd heb sôn am gynnal ymgyrch o blaid iaith yr oedd ei diffygion yn ddigon hysbys. A chan fod y Gymraeg yn cael ei diogelu yn y capel a'r ysgol Sul, sut y gellid dadlau y byddai ysgolion cyfrwng Saesneg yn drychineb i'r iaith Gymraeg? Cyn y 1880au, ychydig iawn o drafod a gafwyd ynghylch manteision ac anfanteision defnyddio'r Saesneg fel unig gyfrwng addysg, ac erbyn hynny yr oedd y syniad nad oedd y Gymraeg 'yn talu' wedi hen ymwreiddio. Er bod *Y Punch Cymraeg* yn gweld addysg fel 'y *machinery* dystaw i Seisnigeiddio y Cymry',[95] lleiafrif bychan iawn a oedd yn frwd dros ddysgu'r Gymraeg fel pwnc.

Ar y lefel gynradd a chanolradd, felly, yr oedd dysgu'r Gymraeg naill ai wedi ei wahardd neu wedi ei lesteirio gan ddiffyg cefnogaeth. Yn wir, yr oedd unrhyw ddisgybl a siaradai Gymraeg yn y dosbarth yn euog o drosedd ysgeler. Er gwaethaf ymdrechion a wnaed yn ddiweddar i anwybyddu neu ddiystyru'r defnydd o'r hyn a elwid, mewn gwahanol rannau o Gymru, yn 'Welsh Not', 'Welsh Mark' neu 'Welsh Ticket',[96] ceir digon o dystiolaeth fod ysgolfeistri wedi defnyddio dulliau creulon er mwyn ceisio rhwystro disgyblion rhag siarad Cymraeg yn y dosbarth.[97] Cofiai O. M. Edwards, y mae ei ddisgrifiad o'r 'hen gyfundrefn felltigedig' yn un o'r enghreifftiau mwyaf cofiadwy o effeithiau corfforol a seicolegol y 'Welsh Not', ei ysgolfeistres fel un na 'fedrai wenu ond wrth siarad Saesneg'.[98] Byddai rhai o'r prifathrawon mwyaf eithafol yn chwipio disgyblion Cymraeg eu hiaith ag afiaith sadistaidd ac yn eu hatgoffa bob dydd o'r anfanteision dybryd o fod yn Gymry uniaith Gymraeg. Yr oedd hynny'n fodd i ddyfnhau'r ymdeimlad o israddoldeb a deimlid gan y rhai yr oedd y Gymraeg yn famiaith iddynt. Parheid i

[95] *Y Punch Cymraeg*, 16 Ebrill 1864, t. 6; Pwyllgor Adrannol ar y Gymraeg yng Nghyfundrefn Addysg Cymru, *Y Gymraeg mewn Addysg a Bywyd* (Llundain, 1927), t. 47.

[96] Gw., e.e., Dai Smith, *Wales! Wales?* (London, 1984), t. 161, a Tim Williams, 'Language, Religion, Culture' yn Trevor Herbert a Gareth E. Jones (goln.), *Wales 1880–1914* (Cardiff, 1988), tt. 74–7.

[97] O. M. Edwards, *Clych Atgof* (Wrecsam, 1921), pennod 1; J. Gwili Jenkins (gol.), *Adgofion Watcyn Wyn* (Merthyr Tydfil a Chaerdydd, 1907), tt. 15–16; Henry Jones, *Old Memories* (London, 1922), tt. 30–2; John Jenkyn Morgan, 'Richard William: yr Hen Ysgolfeistr Ungoes (1790–1875)', *Y Tyst*, 23 Chwefror 1956, t. 14; W. C. Elvet Thomas, *Tyfu'n Gymro* (Llandysul, 1972), tt. 101, 107–8; E. G. Millward, 'Yr Hen Gyfundrefn Felltigedig', *Barn*, 207–8 (1980), 93–5; D. Tecwyn Lloyd, *Drych o Genedl* (Abertawe, 1987), t. 48.

[98] W. J. Gruffydd, *Owen Morgan Edwards. Cofiant, Cyfrol 1, 1858–1883* (Aberystwyth, 1937), t. 69.

ddefnyddio'r 'Welsh Not' ymhell ar ôl Deddf Forster 1870, yn enwedig yn y Gymru wledig Gymraeg. Yn ysgol Trefdraeth yn sir Fôn câi'r plant eu dysgu i ganu 'Gwadu'r Iaith Gymraeg', ac yn ysgol Llangynfelyn yn sir Aberteifi gorfodid y disgyblion i lafarganu 'Hurrah for England'.[99] Er mwyn eu trwytho yn ysbryd imperialaidd y cyfnod, anogid y plant i lapio Jac yr Undeb amdanynt ar Ddydd yr Ymerodraeth ac i weddïo dros Goron Prydain Fawr. Câi arwyr hanes Lloegr eu clodfori yn y dosbarth. Pan ymadawodd y llyfrbryf Bob Owen, Croesor (g. 1885), ag ysgol Llanfrothen ym Meirionnydd, yr oedd yn llawer mwy cyfarwydd â daearyddiaeth Ardal y Llynnoedd na daearyddiaeth Eryri, ac er ei fod wedi ei fagu o fewn tafliad carreg i fan geni beirdd megis Rhys Goch Eryri a Dafydd Nanmor, gwaith 'beirdd cigyddlyd trydydd dosbarth Lloegr' a wthiwyd i lawr ei gorn gwddf yn y dosbarth.[100] Cwynai Arolygwyr Ei Mawrhydi am 'broblem dwyieithrwydd' a dirmygent ymdrechion afrosgo'r disgyblion i ailadrodd gwybodaeth yr oeddynt wedi ei hymarfer hyd at syrffed yn y dosbarth.

Ni feddyliodd addysgwyr Cymru o ddifrif am 'gyfle dwyieithrwydd' tan ganol y 1880au, pan ddechreuodd Cymdeithas yr Iaith Gymraeg gael dylanwad pendant mewn uchel fannau a chael rhywfaint o lwyddiant o ran datblygu'r Gymraeg fel pwnc penodol yn y maes llafur.[101] Rhoes prif lefarydd y Gymdeithas, Dan Isaac Davies, ei fryd ar gynllun o addysg ddwyieithog a fyddai'n sicrhau y byddai tair miliwn o bobl Cymru yn hyddysg yn y ddwy iaith erbyn 1985.[102] Byddai'r sinig yn dadlau i'r consesiynau a enillodd y Gymraeg ym mlynyddoedd olaf oes Victoria gael eu rhoi yng ngoleuni'r wybodaeth fod y Saesneg eisoes wedi ymsefydlu yn Iaith Uchel ei Bri y mwyafrif ond, fel y dywedodd William Edwards AEM ym 1887, yr oedd y polisi addysg a oedd mewn grym ar y pryd yn amlwg yn llawn diffygion:

> When his [the pupil's] school career ends, at the early age of 12 or 13, the environment is totally Welsh, and it is not merely antecedently probable but a matter of experience in parts of Cardiganshire, Meirionethshire, and even of Glamorganshire, away from the town, the child frequently in a few months loses almost all his hold of English . . . The people who are sanguine of the speedy success of the present system do not realise the difficulty of killing a language, which at the present moment is very far from moribund, and may live as long as Dutch or Danish.[103]

[99] David A. Pretty, *Two Centuries of Anglesey Schools 1700–1902* (Llangefni, 1977), tt. 149–50, 212, 214–15; Archifdy Ceredigion, Bwrdd Llangynfelyn, Ysgol y Babanod, rhif 46b (llyfr lòg 1883–1902). Gw. hefyd Ysgol Fwrdd Ffordd Alexandra, Aberystwyth, llyfr lòg (Bechgyn) 2Ca.

[100] Dyfed Evans, *Bywyd Bob Owen* (Caernarfon, 1977), t. 13.

[101] E. Glyn Lewis, *Bilingualism and Bilingual Education* (Oxford, 1981).

[102] Davies, *1785, 1885, 1985!*

[103] *The Future Development of the Welsh Educational System. Being the Proceedings of the Cymmrodorion Section of the National Eisteddfod of 1887* (London, 1887), t. 8.

Y mae'n arwyddocaol mai o'r Rhondda a rhai o fwrdeistrefi sirol de Cymru y daeth yr ymateb mwyaf cadarnhaol o blaid gwneud y Gymraeg yn bwnc dewisol mewn ysgolion elfennol.[104] Y mae ein hastudiaeth o gyfrifiad 1891 yn cadarnhau nad oedd polisïau addysg wedi llwyddo o bell ffordd i ddileu unieithrwydd Cymraeg ymhlith disgyblion rhwng 3 a 14 oed. Ar y llaw arall, creodd Deddf Addysg Ganolradd 1889 ysgolion yr oedd yn well ganddynt ddysgu Ffrangeg na Chymraeg. O ganlyniad, crëwyd dosbarth newydd addysgedig a symudol o athrawon, meddygon a gweinidogion a oedd yn agored i'w Seisnigeiddio ac i'w 'hallforio' i Loegr.[105] Er bod y rhaglen ddyneiddiol, wrth-iwtilitaraidd a phleidiol i'r Gymraeg a argymhellwyd gan O. M. Edwards yn ei swydd fel Prif Arolygydd cyntaf Adran Gymreig y Bwrdd Addysg yn wahanol iawn i'r delfrydau a oedd wedi tanio brwdfrydedd Hugh Owen, ychydig iawn o effaith a gafodd ar addysg Gymraeg. Nid aethpwyd i'r afael o ddifrif â swyddogaeth yr iaith Gymraeg mewn addysg gynradd ac uwchradd tan y cyfnod ar ôl 1945.

Yn y byd academaidd, hefyd, yr oedd y Gymraeg yn amlwg absennol. Saesneg oedd yr unig gyfrwng a ddefnyddid at ddibenion addysgol a gweinyddol o fewn y brifysgol genedlaethol, ffederal a sefydlwyd ym 1893. Ofnai John Roberts, Llanbryn-mair, mai ychydig a wnâi'r Coleg Prifysgol cyntaf yn Aberystwyth i gynnal yr iaith frodorol: 'Pa blentyn fu mewn ysgol heb ddeall fod "Welsh Stick" am siarad Cymraeg? A diau y bydd "Welsh Stick" o ryw fath yn Ysgol Aberystwyth.'[106] Gwelwyd yn fuan fod Thomas Charles Edwards, prifathro cyntaf y coleg, yn ymgnawdoliad o'r 'Welsh Stick'. Fe'i hanogwyd gan ei dad i beidio â siarad Cymraeg ac yr oedd yn benderfynol y byddai'r Cymry a astudiai wrth ei draed yn dysgu siarad Saesneg fel gwŷr bonheddig.[107] Cefnogwyd ef gan ei staff, a aeth ati i geisio dileu pob arlliw o acen Gymraeg o'u dosbarthiadau. Yr oedd adroddiadau beirniadol Arolygwyr Ei Mawrhydi yn frith o sylwadau fel: 'Emrys Jones has the Welsh accent rather strong when speaking English' a 'James Hedley Jacob's accent would be noticeable out of Wales'.[108] Pan gyflwynodd canolfannau trefol ffyniannus yng ngogledd Cymru gais am sefydlu coleg prifysgol, honnodd cynrychiolydd o Wrecsam y câi myfyrwyr eu barnu yn ôl eu Saesneg ac na fyddai eu Cymraeg yn dda i ddim iddynt ar daith bywyd.[109] Yn ystod y blynyddoedd cyn y rhyfel câi hyd yn oed y Gymraeg ei dysgu drwy gyfrwng y Saesneg a'i harholi yn Saesneg yn Aberystwyth, Bangor a Chaerdydd. Mewn ysgolion, colegau a

[104] Roger Webster, 'Education in Wales and the Rebirth of a Nation', *History of Education*, 19, rhif 3 (1990), 187.

[105] Gw. Gareth Elwyn Jones, *Controls and Conflicts in Welsh Secondary Education 1889–1944* (Cardiff, 1982).

[106] Jones, *Grym y Gair a Fflam y Ffydd*, t. 220.

[107] T. I. Ellis (gol.), *Thomas Charles Edwards Letters*, *CLlGC* Atodiad, III, rhifyn 3 (1952), t. 110; Geraint H. Jenkins, *Prifysgol Cymru: Hanes Darluniadol* (Caerdydd, 1993), tt. 3, 53.

[108] W. Gareth Evans (gol.), *Fit to Educate: A Century of Teacher Education and Training 1892–1992* (Aberystwyth, 1992), t. 65.

[109] J. Gwynn Williams, *The University College of North Wales: Foundations 1884–1927* (Cardiff, 1985), t. 43.

phrifysgolion, yr oedd statws isel y Gymraeg yn ddiamheuol. Trwy deg a thrwy drais, yr oedd y Gymraeg wedi ei gwthio i'r cyrion.

Un o nodweddion pwysicaf – a mwyaf hynod, o bosibl – y cyfnod hwn yw'r modd yr enillodd y Gymraeg ddylanwad yn y maes gwleidyddol a hynny i raddau na fyddai'r radical Cymreig mwyaf pybyr yn y ddeunawfed ganrif wedi ei ddychmygu. Nid oedd a wnelo hyn ag unrhyw lywodraeth; glynent hwy wrth yr egwyddor, a gadarnheid gan ddeddf gwlad, fod Cymru yn rhan o Loegr ac nad oedd ei hiaith frodorol yn haeddu cael ei chydnabod. Yn ystod y rhan helaethaf o'r bedwaredd ganrif ar bymtheg, fel y nododd J. E. Southall, ystyriai'r llywodraeth y Gymraeg yn rhwystr rhag uno'r wlad.[110] Nod mandariniaid Whitehall oedd gwthio ffiniau'r wladwriaeth yn eu blaenau i greu 'cymdeithas genedlaethol' ym Mhrydain,[111] ac wrth i'r fframwaith gweinyddol ddatblygu – mewn iechyd cyhoeddus, cyllid ac addysg – daeth yr iaith Saesneg, a siaredid gan swyddogion y llywodraeth, arolygwyr a'u gweision, yn llawer mwy amlwg. Yn wir, y farn gyffredin oedd fod swyddogion cyhoeddus yn ceisio estyn y defnydd o'r iaith Saesneg 'as a form of compulsory social welfare'.[112] Yr oedd datblygiadau eraill – y rheilffyrdd, y gwasanaethau post, y telegraff, a dulliau gwell o gynhyrchu a gwerthu ar raddfa eang – i gyd yn peri bod y wladwriaeth yn fwy ymwthgar a gweladwy. Yr oedd y neges yn glir: yr oedd Lloegr a Chymru yn un, a 'Saesneg y Frenhines' oedd iaith y byd swyddogol.

Eto i gyd, y tu allan i San Steffan a Whitehall, ceid dehongliad gwahanol o'r dulliau posibl o ddefnyddio iaith fel offeryn gwleidyddol. Un o nodweddion mwyaf trawiadol y cyfnod o ddyddiau Siartiaeth ymlaen oedd datblygiad trafodaeth wleidyddol fywiog drwy gyfrwng y Gymraeg. Yn hen wleidyddiaeth lwgr ac ystrywgar Eatanswill nid oedd y Gymraeg yn cyfrif o gwbl, ond wrth i daeogrwydd wanhau ac i wleidyddiaeth ddemocrataidd ddatblygu, cafodd yr iaith frodorol gyfle na chawsai mo'i debyg o'r blaen i esgyn i'r llwyfan gwleidyddol a chreu ei llais unigryw, beirniadol ei hun. Er mai o fewn gwleidyddiaeth *Brydeinig* y gweithredai gwleidyddion Cymru,[113] yr oedd eu hymwneud â'r maes, yn baradocsaidd ddigon, fel pe bai'n ysgogi ac yn estyn y defnydd a wneid o'r iaith Gymraeg. Yr allwedd i'r datblygiad hwn oedd radicaleiddio'r dosbarth canol a'r dosbarth gweithiol Cymreig. Bu estyn y rhyddfraint rhwng 1867 a 1884–5 (er mai i ddynion yn unig y rhoddwyd y bleidlais), cael gwared ag anfanteision yn ymwneud â dinasyddiaeth a chrefydd, yn ogystal â thwf addysg, yn fodd i'r Cymry gymryd rhan mewn gwleidyddiaeth ymarferol, gan fagu hunanhyder yn sgil hynny. Daeth yn ffasiynol i'r Rhyddfrydwyr siarad Cymraeg mewn cyfarfodydd gwleidyddol ac i areithiau a chaneuon gwleidyddol gael eu traddodi a'u hargraffu

[110] Southall (gol.), *Bi-lingual Teaching in Welsh Elementary Schools*, t. i.

[111] Gw. Keith Robbins, *Great Britain: Identities, Institutions and the Idea of Britishness* (London, 1998).

[112] Jose Harris, *Private Lives, Public Spirit: A Social History of Britain 1870–1914* (Oxford, 1993), tt. 19–23.

[113] Kenneth O. Morgan, *Wales in British Politics 1868–1922* (3ydd arg., Cardiff, 1981).

yn y ddwy iaith. Ni allai hyd yn oed yr ymgeiswyr Ceidwadol, a gondemnid mor aml yn y wasg radicalaidd, ddiystyru mor rhwydd yr angen i gyfathrebu yn Gymraeg â'r etholwyr a ryddfreiniwyd o'r newydd. Y mae'n anodd barnu, fodd bynnag, i ba raddau y câi eu datganiadau defodol o gefnogaeth i'r iaith frodorol eu deall a'u credu. Fel y noda Neil Evans a Kate Sullivan, daeth y Gymraeg yn offeryn gwleidyddol amlbwrpas a gwydn yn y cyfnod Edwardaidd. Bu'r datblygiad hwn yn gatalydd pwysig yn iaith gwleidyddiaeth. Gwêl Paul O'Leary dri gair allweddol, sef rhyddid, rhinwedd a theyrngarwch, mewn trafodaethau gwladgarol trwy gyfrwng yr iaith Gymraeg yng Nghymru canol oes Victoria, a chan fod hwn yn faes cystadleuol câi iaith gwladgarwch ei defnyddio at wahanol ddibenion gan wahanol grwpiau. Er bod y ddelwedd o Gymru a feithrinid gan Ymneilltuwyr Rhyddfrydol fel Henry Richard yn clodfori'r werin Gymreig fel y bobl fwyaf duwiol, sobr, gweithgar a heddychlon ym Mhrydain,[114] yr oedd modd hefyd i Henry T. Edwards, deon Bangor, dynnu'r gwynt o hwyliau Richard trwy atgoffa'i ddarllenwyr mewn gwaith ac iddo'r teitl pryfoclyd *The Church of the Cymry* (1870) o ddyled Cymru i ddiwygwyr Cymraeg eu hiaith o fewn yr Eglwys sefydledig er oes Elisabeth.[115]

Gallai ymgyrchwyr iaith ymfalchïo hefyd fod siaradwyr Cymraeg megis Henry Richard, William Abraham (Mabon), David Lloyd George a Tom Ellis yn cynrychioli barn pleidleiswyr Cymru yn llawer gwell nag a wnaethai eu rhagflaenwyr. Yn ôl R. W. Morgan, Tregynon, criw o 'hen wrageddos' oedd yr aelodau seneddol Ceidwadol o ran gofalu am fuddiannau'r iaith Gymraeg: 'nis gallant godi cyd-rhyngddynt gymaint o ysbryd a chyw gŵydd neu hen iâr yn clowcian'.[116] Er bod materion megis diwygiadau tir, dirwest, datgysylltu ac addysg yn cael eu trafod yn frwd y tu allan i gylchoedd gwleidyddol Cymreig, yr oedd lle blaenllaw iddynt yng nghalonnau'r Cymry oherwydd eu bod yn cyd-daro â'r egwyddorion ieithyddol a chrefyddol a goleddid ganddynt. Yn ymhlyg, ac weithiau yn amlwg, yn yr ymgyrch dros ddeddfwriaeth annibynnol i Gymru a thros gael sefydliadau cenedlaethol yr oedd yr alwad am fwy o barch i'r iaith frodorol. Gan mai ganddynt hwy yr oedd y nifer mwyaf o aelodau seneddol Cymraeg eu hiaith, yr oedd gan wleidyddion Rhyddfrydol fwy o le i weithredu ac i honni eu bod yn siarad ar ran y 'genedl' wrth ymgyrchu dros gyfieithiadau Cymraeg o ddeddfwriaeth seneddol a thros benodi siaradwyr Cymraeg i safleoedd dylanwadol megis swyddi esgobion a barnwyr.

[114] Prys Morgan, 'The *Gwerin* of Wales: Myth and Reality' yn Hume a Price (goln.), *The Welsh and their Country*, tt. 134–52; Christopher Harvie, 'The Folk and the *Gwerin*: The Myth and the Reality of Popular Culture in 19th-Century Scotland and Wales', *PBA*, 80 (1991 Lectures and Memoirs), 19–48; R. Merfyn Jones, 'Beyond Identity? The Reconstruction of the Welsh', *Journal of British Studies*, 31, rhif 4 (1992), 330–57.

[115] Henry T. Edwards, *The Church of the Cymry* (London, 1870). Gw. hefyd Cragoe, 'A Question of Culture', 243–4.

[116] R. W. Morgan, *Amddiffyniad yr Iaith Gymraeg* (Caernarfon, 1858), t. iv.

Ysgogiad pwysig arall oedd y defnydd a wneid o'r iaith i fynegi cenedligrwydd. Yr oedd Mazzini, Kossuth a Garibaldi yn enwau cyfarwydd mewn cylchgronau a phapurau newydd Cymraeg, ac yn y cyfnod ar ôl 1848 dechreuodd y deallusion drafod mwy ar 'egwyddor cenedligrwydd' a'r meini prawf ar gyfer bod yn genedl.[117] Credid yn gynyddol ymhlith cenhedloedd bychain Ewrop fod gan yr ieithoedd brodorol hawl i ddod yn ieithoedd swyddogol er mwyn datblygu'n gymdeithasol, yn ddiwylliannol ac yn wleidyddol. Daeth geiriau fel 'cenedlgarwch' (1821), 'cenedlaetholdeb' (1858), 'cenedlgarwr' (1864) a 'cenedlaetholwr' (1898) yn rhan o eirfa'r Gymraeg,[118] ac fe'u defnyddid yn eang gan aelodau Cymru Fydd (1886–96), a oedd yn bleidwyr brwd i'r iaith. Fodd bynnag, daethpwyd i gysylltu'r hunaniaeth genedlaethol yn bennaf â Rhyddfrydiaeth Ymneilltuol radicalaidd, gan gau'r drws ar Anglicaniaid, Pabyddion, tirfeddianwyr a diwydianwyr Ceidwadol a mewnfudwyr Saesneg eu hiaith. Canlyniad hynny oedd i ymgyrchwyr mudiad Cymru Fydd gael eu cystwyo'n gyhoeddus gan gynrychiolwyr buddiannau masnachol a threfol yn ne Cymru. Pan ddaeth y mudiad i ben mewn amgylchiadau chwerw ym 1896, cafodd yr ymgyrch i wleidyddoli'r iaith a dyrchafu ei statws cyhoeddus ei gwanhau'n ddifrifol.[119] Enillwyd mân gonsesiynau i'r iaith frodorol, megis darparu cyfieithiadau o ddogfennau a deddfwriaeth seneddol, yn bennaf oherwydd nad oeddynt yn wir fygythiad i oruchafiaeth yr iaith Saesneg.

Fel y mae Kenneth O. Morgan wedi dangos, y mae'n anodd osgoi'r canlyniad mai prif nod y Cymry oedd ennill cydraddoldeb gwleidyddol a chydnabyddiaeth gyhoeddus ym Mhrydain ar ddiwedd oes Victoria ac yn y cyfnod Edwardaidd.[120] Ar ôl cwymp Cymru Fydd, yr oedd yr ymgyrch dros ymwahaniaeth neu 'Ymreolaeth Lwyr' yn ymddangos yn llai atyniadol a phwysig. Er hynny, ceid o hyd seiri cenedl a gredai y gallai'r iaith a'r diwylliant fod wrth galon y Gymru fodern. Yr oedd Michael D. Jones yn gyfarwydd iawn â dyheadau grwpiau ethnig bychain yn Ewrop, ac yn sgil llwyddiant ei fenter yn y Wladfa credai ef fod gan y Cymry ddyletswydd foesol i hyrwyddo'r iaith frodorol fel offeryn gwleidyddol, yn enwedig gan fod diddymu'r Gymraeg, yn ei dyb ef, yn rhan annatod o uchelgais imperialaidd y Saeson. Wrth gondemnio'n ddeifiol 'fawredd' honedig Prydain a dychanu 'Britannia', 'John Bull', cig eidion a phlwm pwdin, ei nod oedd cael

[117] Alun Davies, 'Cenedlaetholdeb yn Ewrop a Chymru yn y Bedwaredd Ganrif ar Bymtheg', *EA*, XXVII (1964), 14–23; Graham Day a Richard Suggett, 'Conceptions of Wales and Welshness: Aspects of Nationalism in Nineteenth-Century Wales' yn Gareth Rees, Janet Bujra, Paul Littlewood, Howard Newby a Teresa L. Rees (goln.), *Political Action and Social Identity: Class, Locality and Ideology* (Basingstoke, 1985), tt. 91–116.

[118] *Geiriadur Prifysgol Cymru. Cyfrol 1* (Caerdydd, 1950–67).

[119] Emyr Price, *Lloyd George y Cenedlaetholwr Cymreig: Arwr ynteu Bradwr?* (Llandysul, 1999), pennod 10.

[120] Kenneth O. Morgan, *Rebirth of a Nation: Wales 1880–1980* (Oxford, 1981), pennod 4.

gwared â'r 'Sais-addoliaeth gwasaidd'.[121] Yr oedd E. Pan Jones, yntau, yn feistr ar ddifrïaeth a dychan, a chodai ei ymgyrch o blaid 'Rhyddid, Cenedlgarwch, a Chydraddoldeb' ofn yng nghalonnau'r tirfeddianwyr breintiedig.[122] Yr oedd yn gas gan Jones 'yspryd trahaus a goresgynol' y Saeson, ac yr oedd wrth ei fodd yn tynnu blewyn o drwyn John Bull yng nghylchgrawn *Y Celt* a *Cwrs y Byd*.[123] Ar y llaw arall, cadwai Emrys ap Iwan ei saethau miniocaf ar gyfer Cymry uchelgeisiol, yn enwedig y rhai a addolai 'y llo Seisnig'. Yr oedd Emrys ap Iwan yn Ffraincgarwr brwd ac yn hyddysg yn y clasuron ac mewn llenyddiaeth Ewropeaidd. Yr oedd yn ddadleuwr penigamp ac nid oedd dim a roddai fwy o bleser iddo na 'Phlicio Gwallt yr Hanner Cymry'. Honnodd sawl tro mai'r Cymry oedd y bobl fwyaf gwasaidd yn Ewrop.[124] Llwyddodd unwaith i lorio J. R. Kilsby Jones mewn modd cofiadwy trwy ddweud wrtho: 'Darfyddai am bob iaith ar wyneb y ddaear pe bai pawb fel chwi.'[125] Ef oedd y gŵr a fathodd y gair 'ymreolaeth', ac fe'i defnyddiodd fel rhyfelgri mewn cyfres o draethodau ac erthyglau a geisiai berswadio'r Cymry fod pob cenedl uchelgeisiol yn parchu ei hiaith frodorol. Yr oedd ymwrthod â'r Gymraeg, meddai, yn weithred gableddus ac anfaddeuol. Yn bwysicaf oll, Emrys ap Iwan oedd y cyntaf i fynnu y byddai pob gweithredu gwleidyddol yn ddiwerth pe collai Cymru ei hiaith. Ym 1892, wedi i ddata pwysig yn ymwneud â'r iaith Gymraeg gael eu casglu yn y cyfrifiad, honnodd mai 'cadw'r Gymraeg yn fyw ydyw y pwnc pwysicaf yng Nghymru ar hyn o bryd'.[126] Y mae'n anodd barnu, fodd bynnag, faint o bobl y tu hwnt i gylch darllenwyr *Y Geninen* a *Cymru* a oedd yn cefnogi cyplysu hawliau ieithyddol ag iaith ymwahaniaeth neu ymreolaeth. Ychydig a wyddai Emrys ap Iwan, er enghraifft, am werthoedd a syniadau trwch y dosbarth gweithiol; i'r mwyafrif ohonynt nid oedd dyfodol yr iaith Gymraeg fel grym gwleidyddol yn bwnc o dragwyddol bwys.

Camgymeriad, fodd bynnag, fyddai credu na fu gan yr iaith Gymraeg unrhyw ran yn natblygiad y mudiad Llafur. Cafodd rhai o'r erthyglau mwyaf pigog ynglŷn â'r cysylltiad rhwng gwladgarwch a sosialaeth eu hysgrifennu gan R. J. Derfel, a'r Gymraeg oedd iaith sosialaeth mewn papurau newydd fel *Y Dinesydd* ac yn y rhan fwyaf o drafodaethau Undeb Chwarelwyr Gogledd Cymru. Daeth *Y Werin a'i Theyrnas* (1910) gan David Thomas, Tal-y-sarn, yn arweinlyfr ar gyfer sosialwyr

121 Michael D. Jones, 'Gwaseidd-dra y Cymry', *Y Geninen*, XII, rhif 4 (1894), 267–70; R. Tudur Jones, 'Michael D. Jones a Thynged y Genedl' yn Geraint H. Jenkins (gol.), *Cof Cenedl: Ysgrifau ar Hanes Cymru* (Llandysul, 1986), tt. 95–124.

122 Evan Pan Jones, *Oes a Gwaith y Prif Athraw y Parch. Michael Daniel Jones, Bala* (Bala, 1903), t. 319.

123 Peris Jones-Evans, 'Evan Pan Jones – Land Reformer', *CHC*, 4, rhif 2 (1968), 143–60; E. G. Millward, 'Beirdd Ceredigion yn Oes Victoria', *Ceredigion*, XI, rhif 2 (1990), 183–8.

124 Emrys ap Iwan, 'Cymru i'r Cymry!', *Y Geninen*, IV, rhif 3 (1886), 155–62; idem, 'Breuddwyd Pabydd wrth ei Ewyllys', ibid., X, rhif 1 (1892), 15–19; ibid., X, rhif 2 (1892), 23–7; D. Myrddin Lloyd (gol.), *Detholiad o Erthyglau a Llythyrau Emrys ap Iwan. II. Llenyddol Ieithyddol* (Clwb Llyfrau Cymreig, 1939), tt. 103–25.

125 Millward, *Cenedl o Bobl Ddewrion*, tt. 164–5.

126 Emrys ap Iwan, 'At y Cymry o'r Cymry', *Y Geninen*, X, rhif 2 (1892), 53.

Cymraeg eu hiaith yng ngogledd Cymru.[127] Ni fyddai'n wir, ychwaith, i ddweud mai dim ond siaradwyr uniaith Saesneg yn ne Cymru a ddenwyd gan y 'grefydd newydd', sef sosialaeth. Gallai siaradwyr Cymraeg megis Mabon, Lewys Afan a Tom Richards fynegi iaith Llafur ac iaith dosbarth yn fedrus iawn yn eu mamiaith, ac ym 1898, blwyddyn sefydlu Ffederasiwn Glowyr De Cymru, lansiwyd y papur newydd Cymraeg *Llais Llafur* gan Ebenezer Rees yn Ystalyfera. Erbyn trothwy'r Rhyfel Mawr, fodd bynnag, yr oedd y defnydd a wneid o'r Gymraeg yng ngwleidyddiaeth Llafur yn y fantol. 'Bread and cheese we want, not language', oedd cri heclwyr yn Aberfan ym 1911 wrth i Clem Edwards AS eu hannerch yn Gymraeg.[128] Yn yr un modd, yr oedd T. E. Nicholas, apostol y dosbarth gweithiol Cymreig a Marcsydd brwd a draddododd ragor na mil o ddarlithoedd ar yr Undeb Sofietaidd yn ystod y blynyddoedd rhwng y rhyfeloedd, yn naturiol yn ymboeni mwy am dlodi ac anghyfartaledd nag am le'r iaith ym mywyd gwleidyddol Cymru: 'Os oes rhaid imi gario rhywun ar fy nghefn, nid yw'n gwneud fawr o wahaniaeth i mi a yw'n gallu siarad Cymraeg ai peidio.'[129] Yn y cymunedau dwyieithog a ddatblygai'n gyflym ym Maes Glo De Cymru, ni ellid dylanwadu ar garfanau mawr o etholwyr ond drwy gyfrwng y Saesneg.

Yr oedd un maes lle'r oedd pobl Cymru yn ymwybodol iawn o bwysau anferth yr iaith Saesneg ar eu gwar, sef y maes gweinyddol a chyfreithiol.[130] Er i'r Gymraeg gael ei defnyddio a'i chlywed yn fynych yn y llysoedd, nid oedd iddi statws cyfreithiol na swyddogol. Y Saesneg oedd cyfrwng swyddogol y farnwriaeth, ac yr oedd ei dylanwad llethol wedi ymwreiddio'n ddwfn yn ymwybyddiaeth y rhai a weinyddai'r gyfraith.[131] Crynhodd John Thomas (Eifionydd), golygydd *Y Geninen*, ddiffrwythdra'r Gymraeg yn y maes hwn mewn englyn:

Y Saesonaeg mewn bri sessiynol – sy'
Ar sedd ein llys barnol, –
Hi yw yr iaith gyfreithiol;
A'r *Gymraeg* – mae hi ar ôl.[132]

Yng Nghymru, credid bod y gyfraith nid yn unig yn fynegiant o fraint a dosbarth ond ei bod hefyd yn cynrychioli Seisnigrwydd. Yr oedd gan siaradwyr Cymraeg uniaith, a phobl a oedd ymhell o fod yn ddwyieithog, dri rheswm dros gredu nad

[127] Hopkin, '"Y Werin a'i Theyrnas"', tt. 176–88.

[128] Dylan Morris, 'Sosialaeth i'r Cymry – Trafodaeth yr ILP', *Llafur*, IV, rhif 2 (1985), 53.

[129] Glyn Jones, 'The Making of a Poet', *Planet*, 113 (1995), 76.

[130] Harold Carter, 'Local Government and Administration in Wales, 1536–1939' yn J. A. Andrews (gol.), *Welsh Studies in Public Law* (Cardiff, 1970), t. 47; Janet Davies, *The Welsh Language* (Cardiff, 1993), t. 52. Ar yr ieithoedd hynny yn Ewrop y dyfarnwyd iddynt statws swyddogol, gw. Glanville Price (gol.), *Encyclopaedia of the Languages of Europe* (Oxford, 1998).

[131] Mark Ellis Jones, 'Law, Legislation and the Welsh Language in the Nineteenth Century' (traethawd PhD anghyhoeddedig Prifysgol Cymru, 1998), t. 295.

[132] D. Lleufer Thomas, '"Y Sessiwn yng Nghymru"', *Y Geninen*, X, rhif 2 (1892), 19.

oedd y gyfraith yn ddiduedd. Yn gyntaf, yr oedd gan rai ohonynt le cyfiawn i fod yn ddig oherwydd y dirmyg trahaus a ddangosai barnwyr, ynadon a chyfreithwyr at y Gymraeg. Yr oedd y casineb chwerw a deimlai protestwyr Beca at dirfeddianwyr i'w briodoli'n rhannol i'r ffaith fod ynadon yn trin ffermwyr-denantiaid 'fel cŵn'. Cydnabu Thomas Campbell Foster, newyddiadurwr uchel ei barch a weithiai i'r *Times*, fod eu hymddygiad 'fel dosbarth' yn ormesol, sarhaus, trahaus ac atgas.[133] Yn ail, cafodd y garfan wrth-Gymraeg lawer o danwydd gwerthfawr gan gomisiynwyr addysg 1847, a honnodd fod yr iaith frodorol yn ystumio'r gwirionedd, yn ffafrio twyll ac yn hyrwyddo anudon.[134] Câi'r sen annheg hon ar gymeriad y Cymry ei hailadrodd yn aml. Cyfeiriodd Arglwydd Penrhyn at y Cymry fel 'cenedl o gelwyddgwn',[135] ac meddai Homersham Cox un tro: 'The infamous perjury committed all over Wales makes one's blood boil.'[136] Datganodd y Cofrestrydd Cyffredinol, Brydges P. Henniker, yn gyhoeddus yn adroddiad swyddogol cyfrifiad 1891 (a gyhoeddwyd ym 1893) fod y Cymry yn gelwyddog.[137] Yn drydydd, yr oedd y Cymro Cymraeg dan anfantais ddybryd mewn llys barn. Wrth sefyll o flaen barnwyr uniaith Saesneg, cyfreithwyr llithrig a chyfieithwyr anfedrus, byddai'n darganfod yn gyflym fod y rhan fwyaf o'r trafodion y tu hwnt i'w ddealltwriaeth. Yng ngolwg y gyfraith, felly, yr oedd y rhai na fedrent siarad Saesneg yn ddinasyddion eilradd, a'r farn swyddogol oedd mai'r hyn yr oedd ei angen ar y cyfryw wladwyr di-glem oedd dos dda o addysg drwy gyfrwng y Saesneg. Tua diwedd y bedwaredd ganrif ar bymtheg, prin y gallai D. Lleufer Thomas, y bargyfreithiwr a aned yn sir Gaerfyrddin, ddirnad yr effaith niweidiol a gawsai cyfundrefn farnwrol mor anaddas ar feddylfryd y Cymry uniaith er y Deddfau Uno: 'Anhawdd synied yr effaith niweidiol y mae y drefn wrthun o weinyddu cyfiawnder drwy farnwyr na fedrant Gymraeg wedi gael ar feddyliau cenedl o Gymry uniaith am dros dri chant o flynyddau.'[138]

Mewn pennod a seiliwyd ar ei draethawd doethuriaeth arloesol, y mae Mark Ellis Jones yn archwilio'r modd y ceisiodd cyfres o grwpiau ymgyrchu ddwyn i'r amlwg anghyfiawnderau a fuasai'n mudlosgi ers amser maith. Yn sgil y penderfyniad hynod amhoblogaidd i ddileu Llys y Sesiwn Fawr ym 1830,[139] cafwyd ymdrechion dygn ar ran cymdeithasau y Cymry yn Llundain, Cylch

[133] David Jones, *Rebecca's Children: A Study of Rural Society, Crime, and Protest* (Oxford, 1989), tt. 96–8.

[134] *Reports of the Commissioners of Inquiry into the State of Education in Wales . . . in three parts. Part II. Brecknock, Cardigan, Radnor, and Monmouth* (London, 1847) (PP 1847 (871) XXVII), t. 66.

[135] 'Nodiadau gwleidyddol', *Cymru Fydd*, III, rhif 11 (1890), 691.

[136] Jones, 'Law, Legislation and the Welsh Language', t. 230.

[137] Census of England and Wales, 1891, *Vol. IV. General Report, with Summary Tables and Appendices* (HMSO, 1893), 'Languages in Wales and Monmouthshire', tt. 81–3.

[138] Thomas, ' "Y Sessiwn yng Nghymru" ', 19.

[139] Mark Ellis Jones, ' "An invidious attempt to accelerate the extinction of our language": the abolition of the Court of Great Sessions and the Welsh language', *CHC*, 19, rhif 2 (1998), 226–64.

Llanofer, a grynhoai o amgylch y Foneddiges Augusta Hall, a chlerigwyr Cymreig a drigai yn West Riding, i hyrwyddo'r achos dros wneud y Gymraeg yn gyfrwng cyfreithiol. Ond er bod penodi barnwyr ac ynadon Cymraeg eu hiaith yn amlwg yn angenrheidiol ac yn gyfiawn, ni chytunai'r rhai a oedd wedi darllen y Llyfrau Gleision ym 1847. Er gwaethaf llawer o brotestio yn y Senedd gan Ryddfrydwyr brwd, dosbarth-canol (a oedd yn sensitif iawn i gyhuddiadau eu bod yn ceisio sefydlu 'Cymru i'r Cymry'), nid aethpwyd i'r afael â'r broblem. Yn wir, gwneid pethau'n waeth yn aml, er enghraifft trwy benodi pobl anaddas – megis y cymeriadau hynod Homersham Cox a Cecil Beresford – gan ddenu gwrthwynebiad mawr. Nid rhyfedd, felly, fod ysgrifennwr dienw yn *Cymru Fydd* yn anobeithio: 'We have . . . alien judges, alien barristers, alien land agents, alien magistrates . . . These Canaanites do not understand us, do not care a fig about us, except as we are the occasion of their being plentifully provided with bread and cheese.'[140] Yr oedd sefyllfa o'r fath yn peri bod cyfiawnder yn destun dirmyg, ac yr oedd hyn yn bwnc llosg iawn ymhlith y Cymry. Eto i gyd, ychydig iawn a wnaed. Ni chafodd beirniadaethau diflewyn-ar-dafod Michael D. Jones ac Emrys ap Iwan, a'r strategaethau anarferol a ddefnyddient i fanteisio ar fylchau yn y gyfraith, eu hefelychu gan eraill, a chafodd pob galwad am ddiddymu'r 'cymal iaith' yn Neddf Uno 1536 naill ai ei hanwybyddu neu ei thaflu o'r neilltu. Yn y maes hwn, yr oedd yr hyn y cyfeiriodd Tom Ellis ato fel 'contemptuous neglect'[141] yn amlwg iawn, ac ni chafodd hawl y Cymro Cymraeg i siarad ei famiaith mewn llys barn ei gydnabod tan Ddeddf yr Iaith Gymraeg 1967.

* * *

Wrth geisio pwyso a mesur statws yr iaith Gymraeg a'i swyddogaeth mewn gwahanol feysydd, dylem geisio diosg, cyn belled ag y bo modd, yr hyn a wyddom am ffawd yr iaith yn yr ugeinfed ganrif. Y mae trin y gorffennol yng ngoleuni datblygiadau'r dyfodol yn anhanesyddol ac yn ddi-fudd, oherwydd ni fyddai pobl y cyfnod cyn 1914 yn ymwybodol fod y Gymraeg yn dirywio a bod cwymp dybryd ar fin digwydd yn nifer ei siaradwyr. Y mae'n wir, serch hynny, fod newidiadau ieithyddol mawr wedi digwydd erbyn degawd cyntaf yr ugeinfed ganrif a bod dwyieithrwydd wedi ymwreiddio'n ddwfn. Erbyn 1911 yr oedd 91.3 y cant o'r boblogaeth yn siarad Saesneg, ac ar lawer ystyr yr oedd dwyieithrwydd yn annog Seisnigo llawn. Ond y mae'n hawdd anwybyddu'r ffaith fod nifer y siaradwyr Cymraeg (977,366 neu 44.6 y cant ym 1911) yn dal i godi ar ddiwedd y bedwaredd ganrif ar bymtheg estynedig a bod y Gymraeg yn parhau i fod yn brif iaith Cymru yn y cyfnod dan sylw – ffaith ryfeddol o gofio'r fath newidiadau cymdeithasol ac economaidd dramatig a brofwyd. Rhyfeddai J. E. Southall, un o

[140] Anhysbys, 'Cymru Fydd', *Cymru Fydd*, II, rhif 5 (1889), 146.
[141] *Carnarvon and Denbigh Herald*, 28 Hydref 1892.

sylwebyddion mwyaf craff diwedd y bedwaredd ganrif ar bymtheg ar faterion ieithyddol, at hoen yr iaith yn wyneb amgylchiadau mor anodd.[142] Yr oedd gan bleidwyr y Gymraeg bob hawl i adleisio seneddwyr yr ail ganrif ar bymtheg wrth ddathlu eu fersiwn hwy o'r 'Hen Achos Da', sef 'Cymru, Cymry, a Chymraeg'.[143]

Y farn draddodiadol yw mai di-nod iawn oedd swyddogaeth a dylanwad y Gymraeg yn y cyfnod hwn a'i bod, trwy gael ei gwthio i'r cyrion – i'r aelwyd, y capel a'r eisteddfod – yn israddol a darostyngedig ei statws.[144] Y mae'n sicr yn wir fod y Gymraeg wedi ei gwahardd o fyd y gyfraith a gweinyddiaeth ac y bernid nad oedd iddi le pwysig ym myd addysg. Gyda rhai eithriadau, yr oedd ei gwerth masnachol yn isel, ac nid oedd yn cyfrif fawr ddim mewn peuoedd megis gwyddoniaeth, technoleg a pheirianneg. Yr oedd gan y Saesneg lawer o'i phlaid ac ni allai neb wadu ei bod (mewn termau cymdeithasol-ieithyddol) yn iaith Uchel ei Bri. Ond, fel y dengys tystiolaeth y gyfrol hon, bu'r prosesau cymhleth a oedd ar waith yn y bedwaredd ganrif ar bymtheg yn gyfrifol am gynnal yr iaith Gymraeg mewn llawer mwy o feysydd nag y mae haneswyr wedi bod yn fodlon cydnabod. Bu'r ffrwydrad poblogaeth, y chwyldro diwydiannol, y gwelliannau mewn trafnidiaeth a chysylltiadau, y diwygiadau crefyddol a'r dulliau o ledaenu gwybodaeth brintiedig i gyd yn fodd i gynnal adeiladwaith yr iaith a'r diwylliant. Er bod y dosbarth canol Cymraeg yn credu, yn sgil y Llyfrau Gleision ym 1847, mai'r ffordd orau o osgoi rhagor o gywilydd cenedlaethol oedd troi poblogaeth a oedd yn llethol Gymraeg ei hiaith yn siaradwyr Saesneg, nid oedd tystiolaeth fod y Gymraeg ar ei gwely angau erbyn 1911. Yr oedd y Gymraeg yn llawer mwy na thrysor neu anfantais (gan ddibynnu ar safbwynt rhywun ar y pryd) ac, er gwaethaf y pwysau allanol arni, yr oedd yn dal i gyfrif mewn nifer rhyfeddol o feysydd. Am y rhan helaeth o'r ganrif, y Gymraeg oedd iaith yr aelwyd, y gweithle (gwledig a diwydiannol fel ei gilydd), y capel ac, i raddau llai, yr eglwys. Llwyddodd y wasg Gymraeg nid yn unig i gynnal yr iaith ond i lunio hunaniaeth ddiwylliannol rymus hefyd. Arweiniodd y 'ddemocratiaeth newydd' yn ail hanner y ganrif y Cymry Cymraeg i ymwneud â gweithgaredd gwleidyddol lleol ac i'w cysylltu eu hunain â'r mudiad cenedlaethol a greodd hunaniaeth fodern Gymreig. Fel y mae'r rhan fwyaf o'r penodau sy'n dilyn yn dangos, yr oedd y rhain yn flynyddoedd pan roddwyd y Gymraeg o dan chwyddwydr a'i harchwilio'n fanwl. Gwnaed camgymeriadau, collwyd cyfleoedd a dysgwyd gwersi chwerw, ond y mae'n haws i'r hanesydd weld y rhain yn gliriach ac, efallai, resynu o'u herwydd nag y gallai pobl ar y pryd. Er bod dwyieithrwydd a Seisnigrwydd wedi ennill tir erbyn 1911, camgymeriad fyddai tybio bod lles yr iaith frodorol yn fater na theimlai'r rhan fwyaf o bobl yn gryf yn ei gylch. Yr *oedd* pobl yn poeni amdani, ac y mae'r ffaith i gynifer o ysgrifenwyr ruthro i'w chefnogi yn brawf o'r hunanhyder cynyddol ynddi yn ogystal ag anfodlonrwydd a dicter ynglŷn â'r gwrthwynebiad iddi a'r

[142] Southall, *Wales and her Language*, t. 361.
[143] Morgan, *Amddiffyniad yr Iaith Gymraeg*, t. iv.
[144] Gwyn A. Williams, *When was Wales? A History of the Welsh* (London, 1985), t. 210.

modd y câi ei thrin mewn meysydd swyddogol. At hynny, ni all neb wadu ei bod yn rhan hanfodol o'r ymwybyddiaeth genedlaethol gynyddol angerddol a nodweddai Gymru yn y cyfnod Edwardaidd.[145]

[145] Morgan, *Rebirth of a Nation*, t. 131.

1

Parthau Iaith, Newidiadau Demograffig a'r Ardal Ddiwylliant Gymraeg 1800–1911

W. T. R. PRYCE

Y MAE ymwybod â chynefin, cysylltiad pendant â lle, cariad at fro ac ymdeimlad cryf o gymuned wedi bod yn annatod glwm wrth y syniad o Gymru a Chymreictod erioed. Yn wir, ar derfyn yr ugeinfed ganrif, un o'r cwestiynau cyntaf y bydd Cymro yn ei ofyn wrth gyfarfod rhywun dieithr yw: 'O ble 'chi'n dod?' Y mae'n amlwg fod Cymru wedi bod mewn bodolaeth fel ffenomenon daearyddol ers amser maith iawn. Golyga'r ffaith fod y Cymry modern yn gofyn cwestiwn o'r fath am leoliad a chymuned fod ganddynt yn eu meddwl ryw syniadau cyffredinol ynghylch y strwythurau gofodol a rhanbarthol y gellir gosod cymunedau unigol ynddynt. Mewn geiriau eraill, y mae model esboniadol yn bodoli sy'n egluro natur a chyfansoddiad eu gwlad a'u cenedl, yr amrywiadau rhanbarthol a'r gwahanol dafodieithoedd.

Parthau Iaith yn nechrau'r Bedwaredd Ganrif ar Bymtheg

Tan yn ddiweddar, braidd yn dameidiog a bylchog oedd y dystiolaeth wybyddus am sefyllfaoedd ieithyddol y gorffennol. Ym 1801 y cynhaliwyd y cyfrifiad poblogaeth cyntaf ym Mhrydain, ac er bod cyfrifiad 1851 wedi cofnodi gwybodaeth am batrymau crefyddol yng Nghymru, ni chofnodwyd tan 1891 unrhyw fanylion ynghylch yr iaith neu'r ieithoedd a siaredid.[1] Rhaid inni, felly, droi at ffynonellau eraill am wybodaeth ynghylch y sefyllfa ieithyddol a oedd yn bodoli mewn gwahanol ardaloedd.

Er gwaethaf twf grymus Ymneilltuaeth, y mae'n amlwg bellach fod yr iaith neilltuol neu'r gymysgedd o Gymraeg a Saesneg a ddefnyddid yn yr eglwysi plwyf ar

[1] W. T. R. Pryce, 'The British Census and the Welsh language', *Cambria*, 13, rhif 1 (1986), 79–100; Edward Higgs, *Making Sense of the Census: The Manuscript Returns for England and Wales, 1801–1901* (London, 1989), t. 29; B. Collins a W. T. R. Pryce, 'Census returns in England, Ireland, Scotland and Wales' yn P. Braham (gol.), *Using the Past: Audio Cassettes on Sources and Methods for Family and Community Historians* (Milton Keynes, 1995), tt. 46, 53; Gwenfair Parry a Mari A. Williams, *Miliwn o Gymry Cymraeg! Yr Iaith Gymraeg a Chyfrifiad 1891* (Caerdydd, 1999).

hyd a lled Cymru yn adlewyrchiad teg o amgylchiadau lleol ar y pryd.[2] Yn sgil Deddf Unffurfiaeth 1662 gorfodwyd esgobion Tyddewi, Llanelwy, Bangor a Llandaf, yn ogystal ag Esgob Henffordd (oherwydd bod amryw o blwyfi Cymraeg eu hiaith ar hyd y gororau yn ei esgobaeth), i sicrhau nid yn unig fod cyfieithiad Cymraeg o'r Beibl a'r Llyfr Gweddi ar gael 'for the soul's health of the flock committed to their charge within Wales', ond hefyd fod 'the whole of the Divine Service shall be said throughout Wales, within the dioceses where the Welsh tongue is commonly used, in the British or Welsh language'.[3] Cymerwyd y gofynion hyn o ddifrif ac, o ganlyniad, byddai gweinyddwyr yr Eglwys yn arolygu'n gyson arferion pob ardal trwy gynnwys cwestiwn ar yr iaith a/neu'r ieithoedd a ddefnyddid mewn plwyfi penodol trwy Gymru benbaladr yn y 'notes and queries' a gâi eu hanfon allan cyn dyddiad y gofwyon esgob.[4] Er bod yr adroddiadau gofwy hyn yn cael eu trefnu'n ganolog, yr oedd iddynt werth arbennig am eu bod yn benodol a lleol eu natur. Am yr union reswm hwn, gallwn fod yn eithaf hyderus fod y cofnod ynghylch iaith yr addoliad wedi ei wneud gan ddynion a chanddynt wybodaeth bersonol a manwl am y cymunedau yr oeddynt yn eu gwasanaethu. Er bod y cofnodion dogfennol eu hunain o bryd i'w gilydd yn datgelu mai ficeriaid a rheithoriaid absennol yn byw mewn amgylchiadau mwy cysurus yn Lloegr a ddaliai rai bywiolaethau, y mae'n amlwg mewn achosion o'r fath i'r adroddiadau gael eu cwblhau ar ran yr offeiriaid hyn gan guradiaid gwerinol, Cymraeg eu hiaith, a chanddynt wybodaeth leol fanwl. Mewn rhai esgobaethau digwyddai'r gofwyon esgob yn rheolaidd bob rhyw dair blynedd. Ond er bod nifer mawr o adroddiadau gofwy wedi goroesi, ni ellir cymryd bod y rhai sydd ar gael i'w dadansoddi yn gofnod cyflawn o bob gofwy a fu ym mhob esgobaeth. Ar y llaw arall, y mae digon o ddata y gellir eu cydgysylltu o gwmpas rhai dyddiadau allweddol. Yn y modd hwn, gallwn archwilio'n fanwl arwyddocâd cymharol y defnydd o'r Gymraeg a/neu'r Saesneg trwy Gymru gyfan, yn rhanbarthol a thiriogaethol.

Ceid mân amrywiadau yn y modd y gofynnid y cwestiwn am iaith yr addoliad yn y gwahanol esgobaethau, ond mater bach yw safoni'r wybodaeth a gyflwynid gan y clerigwyr lleol fel bod pob plwyf yn syrthio i un o'r categorïau statws iaith canlynol: Cymraeg yw unig iaith yr addoliad; Cymraeg yw prif iaith yr addoliad; statws dwyieithog: hynny yw, defnyddio Cymraeg a Saesneg fwy neu lai'n gyfartal, gan ddarparu trwy amryfal ddulliau ar gyfer y ddau grŵp ieithyddol; defnyddio rhywfaint o Gymraeg yn y gwasanaethau, ond Saesneg yw prif iaith yr addoliad; Saesneg yw unig iaith yr addoliad.[5] Wrth gyflwyno canlyniadau'r

[2] W. T. R. Pryce, 'Welsh and English in Wales, 1750–1971: A Spatial Analysis based on the Linguistic Affiliation of Parochial Communities', *BBCS*, XXVIII, rhan 1 (1978), 1–36.

[3] *Statutes at Large*, 14 Car. II, c.27 (1662) (Deddf Unffurfiaeth).

[4] Pryce, 'Welsh and English in Wales, 1750–1971', passim; Council for Wales and Monmouthshire, *The Report on the Welsh Language Today* (London, 1963), t. 13.

[5] Am fanylion pellach, gw. Pryce, 'Welsh and English in Wales, 1750–1971'; W. T. R. Pryce a Colin H. Williams, 'Sources and Methods in the Study of Language Areas: A Case Study of Wales' yn C. H. Williams (gol.), *Language in Geographic Context* (Clevedon, 1988), tt. 213–22.

dadansoddiad ar ffurf gartograffig, dylem gofio mai ymwneud yr ydym â datganiad cyffredinol ynghylch natur yr amgylchiadau rhanbarthol o fewn cyfnod penodol o amser – rhyw fath o 'lun cyfnod' neu 'is-gyfnod' iaith – yn hytrach na thrawstoriad llym o'r union sefyllfa ar ddyddiad penodol, fel, er enghraifft, yr hyn a geir wrth fapio data cyfrifiad modern. Y prif ddyddiadau a ddewiswyd ar gyfer mesur y newidiadau ieithyddol ym mhob plwyf yw 1750, 1800, 1850 a 1900.[6] Dyma yw Ffigur 1. Y mae'r symbolau pwynt, sy'n cynrychioli pob un o'r eglwysi plwyf hynafol, yn amlygu statws ieithyddol y cymunedau lleol ym mlynyddoedd cynnar y bedwaredd ganrif ar bymtheg fel y'u cofnodwyd yn yr adroddiadau gofwy. Ond, fel y dengys allwedd y map, y mae pob un o'r symbolau hyn hefyd yn cofnodi'r *milieu* ieithyddol ym mhob ardal, gan ddynodi pa iaith a arferid yn gyson rhwng oddeutu 1750 a degawd cyntaf y bedwaredd ganrif ar bymtheg neu'r newidiadau a ddigwyddodd rhwng y dyddiadau hyn. Rhaid cofio mai *dod i gasgliad* a wneir ynghylch statws ieithyddol ardaloedd a pharthau cyfain ledled y wlad ar sail y tri phrif barth iaith a welir yn Ffigur 1. Trwy fabwysiadu'r dulliau hyn, defnyddir data a gyfeiriai'n wreiddiol at amgylchiadau lleol a phenodol i roi gwybodaeth llawer ehangach ei harwyddocâd.

Yn Ffigur 1 cawn gipolwg buddiol ar y sefyllfa ieithyddol yng Nghymru ar ddechrau'r bedwaredd ganrif ar bymtheg,[7] pan oedd mwyafrif helaeth y wlad yn Gymraeg ei hiaith. O gymharu â'r amgylchiadau genhedlaeth yn gynharach, gwelir bod y parth dwyieithog yn negawd cyntaf y bedwaredd ganrif ar bymtheg – ac eithrio ychydig drefi yn y gogledd a'r gorllewin – wedi ei gyfyngu'n bennaf, o ran lleoliad, i ardaloedd y gororau a hefyd i rimynnau cul o dir. Yn ne Cymru fe'i cyfyngid i blwyfi arfordirol Morgannwg ac i Benrhyn Gŵyr. Ymhellach i'r gorllewin, gellid olrhain yr un parth dwyieithog ar hyd plwyfi glannau deheuol sir Gaerfyrddin ac ymlaen tua'r gorllewin, gan adleisio llinell y *Landsker* enwog a fu, ers cenedlaethau, yn gwahanu de sir Benfro oddi wrth weddill Cymru.[8]

Derbyniai esgobion adroddiadau o lawer lleoliad gwahanol ar hyd a lled Cymru yn tystio i Gymreictod cryf a dwfn y bobl. Ym 1811 hysbyswyd Esgob Bangor fod gwasanaethau eglwys Llanbedrycennin (yn Nyffryn Conwy) 'always in the language of the Country'.[9] Yr un modd, ym 1809, derbyniodd Esgob Llanelwy ateb o Gerrigydrudion (sir Ddinbych) yn ei hysbysu mai'r Gymraeg a ddefnyddid bob amser yn yr eglwys honno, ond yn achos Trelawnyd (sir Y Fflint), lle'r oeddid wedi cychwyn gwasanaeth Saesneg, parodd y diffyg darpariaeth yn Gymraeg i rai pobl glosio at yr Ymneilltuwyr:

6 Pryce, 'Welsh and English in Wales, 1750–1971', 7–8, 21.

7 Am y sefyllfa *c.*1750, gw. ibid., 11; idem, 'Yr iaith Gymraeg 1750–1961' yn H. Carter (gol.), *Atlas Cenedlaethol Cymru* (Caerdydd, 1981–9), Adran 3.1 (Map 3.1b). Cyhoeddir Ffigur 2 am y tro cyntaf yn y fan hon.

8 Brian S. John, 'The Linguistic Significance of the Pembrokeshire Landsker', *PH*, IV (1972), 7–29.

9 LlGC, Cofysgrifau'r Eglwys yng Nghymru, B/QA/19, 1811.

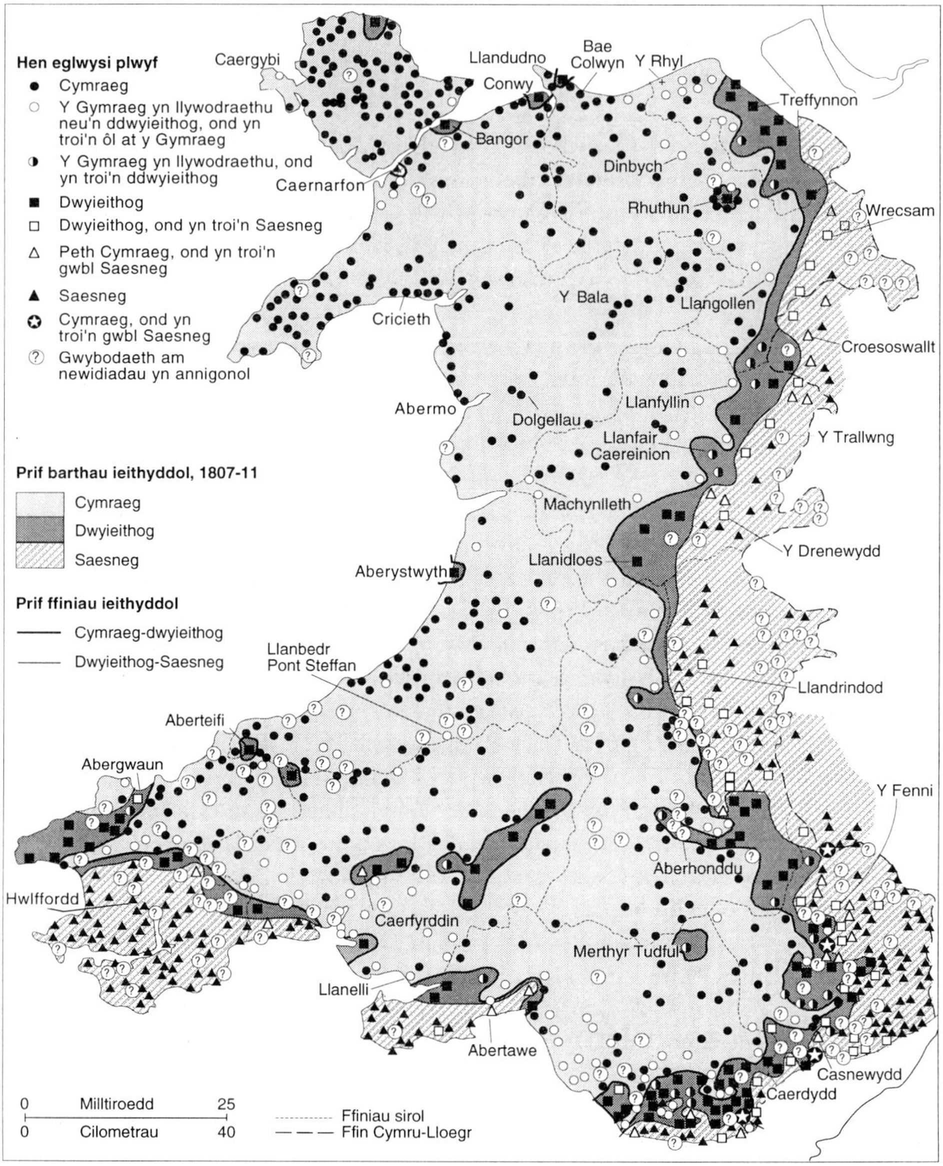

Ffigur 1. Parthau iaith yn y 1800au cynnar

> There are only two persons in the parish who do not understand Welsh, but there are many who, because they do not understand English sufficiently, change the Church for the Dissenters' meeting every other Sunday![10]

Ambell dro âi'r offeiriaid i'r drafferth i bwysleisio pa mor briodol oedd eu penderfyniad i gynnal eu holl wasanaethau cyhoeddus yn Gymraeg. Ym 1811, er enghraifft, ysgrifennodd y Parchedig A. Williams am y sefyllfa yn eglwys Llandudno, eglwys a safai mewn llecyn anghysbell ar ochr ogleddol Y Gogarth yn y dyddiau cyn i'r dref ehangu yn gyrchfan wyliau boblogaidd:

> Divine Service [is] performed as antiently once a [Sun]Day only on account of the Situation of the Church – in Welsh most assuredly, as in Wales it is a Mockery to read the Service in English where the Congregation dont understand it, or indeed don't wish to have the Language of their Forefathers abolished.[11]

Yr oedd rhai eglwysi wedi defnyddio'r Saesneg yn achlysurol, naill ai i gwrdd ag anghenion ymwelwyr neu i fodloni mympwyon teuluoedd bonheddig Seisnigaidd yr ardal. Fel arfer, fodd bynnag, ychydig a fynychai'r gwasanaethau Saesneg.[12] Dengys Ffigur 1 fod rhannau helaeth o ucheldir Morgannwg yn negawd cyntaf y bedwaredd ganrif ar bymtheg yn dal i lynu wrth eu Cymreictod cynhenid.[13] Ceir cadarnhad o hyn yng ngwaith Benjamin Malkin a sylwodd wrth deithio yng nghanol Morgannwg: 'it is very remarkable, that though it lies within little more than a mile of the great road of England to Milford and Ireland, there is perhaps scarcely a village . . . where less English is spoken'.[14]

Ceid sylwadau tebyg am Gymreictod dwfn ucheldiroedd diarffordd Blaenau Morgannwg yng ngwaith topograffwyr eraill o Saeson yn y cyfnod hwnnw. Meddai Wood ym 1813 am y sefyllfa yn rhan uchaf cwm Rhondda, ardal a ddisgrifiwyd ganddo fel un o'r rhai mwyaf gwyllt y gwyddai amdano: 'the English language is scarce ever heard, and a person ignorant of the dialect of the natives would find it very difficult to make his wants known to them, however readily they might be attended to'.[15] Ategir ei sylwadau yn yr adroddiadau gofwy. Ar y llaw arall, yr oedd nifer o blwyfi cyffiniol rhwng Llantrisant, Merthyr Mawr, Maesteg a Margam wedi dechrau cynnwys ychydig o Saesneg yng ngwasanaethau'r eglwys. Dyma'r arwyddion cyntaf mewn cyfres o newidiadau ieithyddol a fyddai'n arwain at ddwyieithrwydd llawn yn y plwyfi hynny erbyn canol y

10 LlGC, SA/QA/15, 1809.
11 LlGC, B/QA/19, 1811.
12 LlGC, B/QA/19, 1811, cofnodion Llanbeblig a thref Caernarfon.
13 W. T. R. Pryce, 'Language Areas and Changes, c.1750–1981' yn Prys Morgan (gol.), *Glamorgan County History. Volume VI. Glamorgan Society 1780–1980* (Cardiff, 1988), tt. 265–303.
14 Benjamin H. Malkin, *The Scenery, Antiquities, and Biography, of South Wales* (London, 1804), tt. 72–3.
15 J. G. Wood, *The Principal Rivers of Wales Illustrated* (London, 1813), Rhan 1, t. 62.

bedwaredd ganrif ar bymtheg (Ffigur 2). Dim ond ym Merthyr Tudful (a oedd eisoes yn un o ganolfannau pwysicaf y gweithfeydd haearn a glo ac yn denu nifer cynyddol o fewnfudwyr o'r tu allan i Gymru) yr adroddwyd bod y defnydd o'r ddwy iaith yn gyfartal yn y dref. Heblaw am yr eithriadau hyn, y Gymraeg i bob pwrpas oedd yr unig iaith a siaredid gan y mwyafrif o'r bobl. Felly yr oedd hi ym 1809 hyd yn oed yng nghymoedd gorllewin sir Fynwy, ardal a brofodd Seisnigo aruthrol a chyflym yn ail hanner y ganrif.[16] Adroddwyd wrth Esgob Llandaf y cynhelid gwasanaethau 'in British' unwaith y Sul yn Llanhiledd; yng Nghapel Newydd yr oedd y gwasanaethau i gyd yn Gymraeg, ac felly hefyd yn Aberystruth, fel ag y bu 'for many ages past'.[17]

Serch hynny, fel y dengys Ffigur 1, yr oedd newidiadau'n dechrau digwydd. O gymharu â'r sefyllfa leol yng nghanol y ddeunawfed ganrif, yr oedd nifer helaeth o blwyfi o fewn y Gymru Gymraeg wedi dechrau defnyddio Saesneg erbyn degawd cyntaf y bedwaredd ganrif ar bymtheg. Yr oedd yr eglwysi hyn i gyd yng ngogledd-ddwyrain Cymru, dwyrain sir Drefaldwyn a sir Faesyfed ac yn gwasanaethu cymunedau a chanddynt gysylltiad uniongyrchol â'r parth dwyieithog ei hun. Gyda'i gilydd ffurfient diriogaeth eang a fyddai, erbyn canol y bedwaredd ganrif ar bymtheg, yn ddwyieithog i raddau llawer mwy helaeth. Erbyn hynny, wrth reswm, yr oedd gogledd-ddwyrain Cymru eisoes yng nghanol y proses o gael ei ddiwydianeiddio ar raddfa fechan.[18] Datgelir yn glir natur gynyddol y newidiadau hyn yn yr adroddiadau gofwy a hefyd yn yr adroddiadau manwl a baratoid gan ddeoniaid gwlad am blwyfi unigol o fewn y parth dwyieithog.[19] Yn sgil diwydianeiddio dwyrain sir Y Fflint, yr oedd llawer o blwyfi a oedd yn Gymraeg eu hiaith yng nghanol y ddeunawfed ganrif yn eglwysi dwyieithog erbyn blynyddoedd cyntaf y bedwaredd ganrif ar bymtheg. O fewn y treflannau diwydiannol newydd ym maes glo dwyrain sir Ddinbych, lleihawyd yn ddirfawr y defnydd o'r Gymraeg mewn eglwysi megis Rhiwabon a Wrecsam, a oedd ym 1749 wedi eu cofnodi'n rhai dwyieithog, ac erbyn 1809 Saesneg oedd prif iaith y plwyfi hynny. Amlygwyd tueddiadau cyffelyb trwy'r holl barth dwyieithog mewn rhannau eraill o Gymru, yn enwedig yn siroedd Trefaldwyn, Brycheiniog, Mynwy, Penfro, ac ym Mro Morgannwg a Phenrhyn Gŵyr.

Dengys yr adroddiadau hyn i gyd fod y parth dwyieithog yn awr yn dechrau ennill tir yn y Gymru Gymraeg. Hyd yn oed draw yn y gorllewin, ymhell y tu

[16] W. T. R. Pryce, 'Language Shift in Gwent, c.1770–1981' yn N. Coupland (gol.), *English in Wales: Diversity, Conflict and Change* (Clevedon, 1990), tt. 48–83.

[17] LlGC, LL/QA/23, 1809.

[18] W. T. R. Pryce, 'Migration and the Evolution of Culture Areas: Cultural and Linguistic Frontiers in North-east Wales, 1750 and 1851', *TIBG*, rhif 65 (1975), 79–107. Gw. hefyd idem, 'Ardaloedd Iaith yng Ngogledd-Ddwyrain Cymru *c.*1800–1911' yn Geraint H. Jenkins (gol.), *Iaith Carreg fy Aelwyd: Iaith a Chymuned yn y Bedwaredd Ganrif ar Bymtheg* (Caerdydd, 1998), tt. 21–60.

[19] LlGC, SA/RD/1–43 (1709–91, 1832, 1844). Nid oes adroddiadau deoniaid gwlad ac eithrio ar gyfer plwyfi o fewn esgobaeth Llanelwy. Gw. W. T. R. Pryce, 'Approaches to the Linguistic Geography of Northeast Wales, 1750–1846', *CLlGC*, XVII, rhifyn 4 (1971–2), 344–5.

hwnt i'r parth dwyieithog ei hun, lle y cofnodwyd bod mwyafrif y plwyfi yn hollol Gymraeg eu hiaith, ceir tystiolaeth fod rhai cymunedau trefol wedi cychwyn gweithredu fel mannau lledaenu Seisnigrwydd. Yn rhannol, adlewyrchai hyn dwf y trefi glan môr fel cyrchfannau gwyliau masnachol. Er bod y ddau wasanaeth a gynhelid ar y Sul yn Abergele ym 1809 yn parhau i fod yn Gymraeg, adroddwyd bod 'part of morning service [is] in English for the Visitors and English Sermon on 1st Sunday in Month'.[20] Erbyn y dyddiad hwn hefyd, ond ymhell cyn i dref newydd Llandudno gael ei hadeiladu,[21] yr oedd eglwys Llanrhos yn cynnal gwasanaethau dwyieithog. Dyma ddechrau tueddiadau a fyddai'n dod â newidiadau aruthrol yn eu sgil wrth i'r dref lan môr newydd ddatblygu. Ym Mangor hefyd yr oedd i'r Saesneg yr un statws â'r Gymraeg yng ngwasanaethau'r eglwys, er ei bod yn amlwg mai'r Gymraeg a ddefnyddid fwyaf yn y gwasanaethau hwyrol ac ar gyfer hyfforddiant crefyddol.[22] Yr unig le arall yng ngogledd-orllewin Cymru, yn ychwanegol at dref Caernarfon, a gofnododd ddefnydd sylweddol o'r Saesneg oedd tref Amlwch, y gellid ei disgrifio fel porthladd bychan a chanolfan mwyngloddio copr.

Ymhellach i'r de, yn Aberystwyth, Aberteifi, Castellnewydd Emlyn a phlwyf Cenarth, ceid cymunedau bychain o siaradwyr Saesneg a fynnai wasanaethau yn eu hiaith eu hunain. Ymddengys fod cryn statws i'r Saesneg yn nhref Caerfyrddin yn ogystal ag ym mhentref Abergwili gerllaw, lle'r oedd plas Esgob Tyddewi. Am resymau nas cofnodwyd, cafodd y Saesneg ei chyflwyno mewn clwstwr o eglwysi yn Nyffryn Tywi, sef Llandybïe, Llandeilo Fawr, Llandingad, Llangadog a Llangathen yn nwyrain sir Gaerfyrddin, a thrwy gydol y bedwaredd ganrif ar bymtheg parheid i gynnal gwasanaethau Saesneg, yn ogystal â rhai Cymraeg, yn y plwyfi hyn.

Fel y nodwyd eisoes, cyfyngid y cymunedau Saesneg eu hiaith i'r ffin ddwyreiniol, i ychydig o blwyfi arfordirol ym Morgannwg ac i dde sir Benfro. Ar hyd a lled yr ardaloedd hyn, cofnododd mwyafrif llethol yr eglwysi plwyf mai'r Saesneg yn unig a ddefnyddid yn eu holl wasanaethau cyhoeddus, yn unol â'r hen arfer lleol. Ond mewn mannau eraill hefyd, daethai patrymau cyffelyb i'r amlwg. Hysbyswyd yr esgob gan offeiriad Llanmerewig yn sir Drefaldwyn mai Saesneg oedd iaith yr unig wasanaeth a gynhelid ar y Sul – 'here is no Welsh duty'. Ond hyd yn oed mewn rhannau o'r Saesonaeth hirsefydlog hon,[23] yr oedd arwyddion nad anghofiwyd y Gymraeg yn llwyr. Er mai Saesneg oedd iaith yr holl wasanaethau yn Nhregynon ym 1809, ceid ambell bregeth Gymraeg, ond yng Nghegidfa, ger tref

[20] LlGC, SA/QA/15, 1809.

[21] Harold Carter, *The Towns of Wales* (Cardiff, 1965), tt. 301–7; idem, 'A Decision-making Approach to Town Plan Analysis: A Case Study of Llandudno' yn Harold Carter a W. K. D. Davies (goln.), *Urban Essays: Studies in the Geography of Wales* (London, 1970), tt. 66–78.

[22] Ym 1811 cafwyd adroddiad o Fangor yn dweud: 'the Welsh Lecture was lately instituted'. Gw. LlGC, B/QA/19, 1811.

[23] E. Estyn Evans, 'An Essay on the Historical Geography of the Shropshire-Montgomeryshire Borderland', *MC*, XL, rhan 3 (1928), 242–71.

farchnad Seisnigaidd Y Trallwng, yr oedd y clerigwyr lleol wedi penderfynu rhoi'r gorau i ddefnyddio'r Gymraeg ym mhob un o'r gwasanaethau.[24] Fel y dengys Ffigur 1, yn nechrau'r bedwaredd ganrif ar bymtheg ymestynnai'r parth dwyieithog drosodd o ogledd-ddwyrain sir Drefaldwyn i orllewin swydd Amwythig ac, felly, i mewn i Loegr. Er eu bod dros y ffin yn Lloegr, daliai amryw o'r plwyfi hyn, gan gynnwys tref Croesoswallt ei hun, i ddefnyddio'r Gymraeg yn eu haddoliad cyhoeddus yng nghanol y ddeunawfed ganrif.[25] Nid oedd hynny'n syndod o gofio'r hen gysylltiadau hanesyddol rhwng y cymunedau hyn a Chymru.[26] Ond erbyn dechrau'r bedwaredd ganrif ar bymtheg, er bod ychydig o wasanaethau Cymraeg yn dal i gael eu cynnal yn eglwys y plwyf yng Nghroesoswallt, ni chofnodwyd bod hynny'n digwydd yn y mwyafrif o'r pentrefi oddi amgylch. Yn ardal Croesoswallt, Llanyblodwel oedd yr unig eglwys a roddai i'r Gymraeg statws cyfartal â'r Saesneg.[27] Y mae'n amlwg, felly, erbyn blynyddoedd cyntaf y bedwaredd ganrif ar bymtheg, fod y parth dwyieithog wedi ymestyn ymhellach i'r gorllewin, i mewn i'r Gymru Gymraeg; atgof yn unig, bellach, oedd yr adeg pan siaredid y Gymraeg yn helaeth yn yr ardaloedd hynny o Loegr.

Ardaloedd Diwylliant a'r syniad o Ranbarth Diwylliant

O astudio'n fanwl y dosbarthiad a ddangosir yn Ffigur 1, gwelwn fod y newidiadau mwyaf wedi digwydd ym mharthau Saesneg eu hiaith dwyrain sir Y Fflint, sir Ddinbych a gogledd-orllewin swydd Amwythig. Yr oedd y mannau hyn i gyd yn dechrau teimlo effeithiau cymdeithasol a diwylliannol y diwydianeiddio cynnar. Mewn lleoedd eraill, dim ond ambell eglwys blwyf a drodd o fod yn ddwyieithog yng nghanol y ddeunawfed ganrif i fod bron yn uniaith Saesneg erbyn dechrau'r bedwaredd ganrif ar bymtheg. Y mae'r berthynas diriogaethol hon rhwng y Gymraeg a'r Saesneg yn dra diddorol, yn enwedig am fod cysylltiad rhwng newidiadau blaengar a datblygiadau economaidd rhanbarthol. Erbyn degawd cyntaf y bedwaredd ganrif ar bymtheg, gweddnewidiwyd economi wledig, ymgynhaliol y ddeunawfed ganrif gan ddiwydianeiddio a threfoli ar raddfa eang.

Ers amser maith, derbynnir yn gyffredinol mai'r iaith Gymraeg yw'r nodwedd allweddol sy'n dangos arwahanrwydd diwylliannol pobl Cymru. Cymerwyd y dybiaeth hon yn ganiataol a, hyd yn oed yn ein hoes ni, nid oes neb yn gwadu hyn:

[24] LlGC, SA/QA/15, 1809.

[25] Pryce , 'Welsh and English in Wales, 1750–1971', 10–12.

[26] B. G. Charles, 'The Welsh, their Language and Place-names in Archenfield and Oswestry' yn Henry Lewis (gol.), *Angles and Britons* (Cardiff, 1963), tt. 85–110. Gw. hefyd J. E. Ambrose, 'A Geographic Study of Language Boundaries in Wales and Brittany' (traethawd PhD anghyhoeddedig Prifysgol Glasgow, 1979).

[27] LlGC, SA/QA/15, 1809.

> Language mapping is more than an academic exercise. It is an enquiry into the identity of a people and how that identity survives in the late twentieth century.[28]

Gwelir tarddiad y syniadau hyn yn yr adroddiad pwysig, *Y Gymraeg mewn Addysg a Bywyd*, a gyhoeddwyd gan y Bwrdd Addysg ym 1927, yn ogystal ag yng ngwaith H. J. Fleure ac yn enwedig yng ngwaith ei olynwyr yn yr adran ddaearyddiaeth ddynol ym Mhrifysgol Cymru, Aberystwyth. Parheir i ddefnyddio dau ddull gwahanol fel fframwaith dehongli i egluro newidiadau dros gyfnod o amser a'r ddynameg sylfaenol sydd wedi dal i lunio daearyddiaeth ranbarthol a hanes diwylliannol Cymru. Y cyntaf o'r rhain yw dull E. G. Bowen o rannu'r wlad yn ddau brif barth diwylliannol, a elwid ganddo yn 'Gymru Fewnol' a 'Chymru Allanol'. Bwriad gwreiddiol Bowen oedd darparu fframwaith cysyniadol eang ar gyfer dehongliad hir-dymor o'r prif ddigwyddiadau yn hanes Cymru. Yn ei dyb ef, gogledd a gorllewin y wlad oedd y Gymru Fewnol. Dadleuai fod yr ardaloedd hyn wedi dibynnu ar eu hadnoddau eu hunain, gan feithrin a chyfoethogi'r diwylliant Cymraeg i'r fath raddau nes medru addasu elfennau newydd o'r tu allan a'u cymathu'n llwyr i'r ffordd Gymreig o fyw. Hyd yn ddiweddar, felly, llwyddodd y Gymru Fewnol i gadw ei harwahanrwydd diwylliannol. Mewn cyferbyniad, yr oedd yr ail brif barth diwylliant – y Gymru Allanol – yn ymylol ei natur ac yn cwmpasu rhannau dwyreiniol a deheuol y wlad. Oherwydd eu lleoliad daearyddol a'r ffaith eu bod yn agored i ddylanwadau o'r tu allan, datblygodd cymunedau'r Gymru Allanol i fod yn llawer llai homogenaidd o ran iaith a diwylliant na rhai'r Gymru Fewnol. Er bod y ddau begwn hyn, am resymau daearyddol sylfaenol, wedi bodoli erioed, pwysleisiai Bowen mai twf diwydiant o'r 1780au ymlaen a oedd yn gyfrifol am gynyddu a chyfnerthu'r gwahaniaethau tiriogaethol.[29]

Y mae'r ail ddull, a gyflwynwyd gyntaf i faes ymchwil ddaearyddol yng Nghymru gan Harold Carter a J. Gareth Thomas,[30] yn dehongli'r gwahaniaethau rhanbarthol o fewn Cymru yn nhermau model rhanbarth diwylliant D. W. Meinig. Lluniwyd y ddyfais esboniadol hon yn wreiddiol er mwyn dadansoddi cyfansoddiad a datblygiad rhanbarth diwylliant y Mormoniaid yn Utah. Seiliwyd dull Meinig ar gydnabod bodolaeth ardal 'graidd' (*core*) a fuasai, am amser maith, o dan ddylanwad grŵp diwylliant neilltuol. Gwelid y crynhoad mewnol hwn fel rhywbeth yn bodoli o fewn cyfres o barthau allanol consentrig a elwid ganddo yn *domain* a *sphere*. Er bod tiriogaethau'r *domain* yn cwmpasu'r holl nodweddion

[28] John Aitchison a Harold Carter, *A Geography of the Welsh Language 1961–1991* (Cardiff, 1994), t. 7.

[29] E. G. Bowen, *Daearyddiaeth Cymru fel Cefndir i'w Hanes* (Llundain, 1964). Ymddangosodd fersiwn Saesneg o'r ddarlith hon (wedi ei chyfieithu gan E. G. Bowen ei hun) yn Harold Carter a Wayne K. D. Davies (goln.), *Geography, Culture and Habitat: Selected Essays (1925–1975) of E. G. Bowen* (Llandysul, 1976), tt. 11–30.

[30] H. Carter a J. G. Thomas, 'The Referendum on the Sunday Opening of Licensed Premises in Wales as a Criterion of a Culture Region', *Regional Studies*, 3, rhif 1 (1969), 61–71.

hanfodol a geir yn yr ardal graidd, parth trawsnewidiol yw hwn mewn gwirionedd, lle y mae gwahaniaethau a phriodoleddau rhanbarthol yn amlwg. Y *sphere* yw'r parth ymylol allanol o fabwysiadu diwylliant (*acculturation*), lle y bydd cynrychiolwyr yr ardal graidd yn gorfod byw fel lleiafrifoedd mewn amgylchedd cynyddol estron. Dibynna parhad y cymhlyg rhanbarthol hwn o'r tair elfen (*core, domain, sphere*) ar fesur helaeth o gyd-ddibyniaeth. Oherwydd hynny, achosir y newidiadau sy'n digwydd dros gyfnod gan naill ai ymlediad neu atchweliad un o'r elfennau unigol. Yn sicr, y mae model rhanbarth diwylliant Meinig yn offeryn grymus a'i gydrannau yn addas i gynnwys yr holl wahanol fathau o ardal a rhanbarth a ddefnyddiwyd i egluro daearyddiaeth ddiwylliannol Cymru (Tabl 1).[31]

Agweddau ar Newidiadau Demograffig, 1801–1911

Byddai twf cymunedau trefol ar ochr Lloegr i'r ffin wleidyddol yn cael effaith ddofn ar Gymru ei hun. I wahanol raddau, byddai trefi'r ffin a dinasoedd mawr Lerpwl, Manceinion a Bryste yn profi'n dynfa gref i genedlaethau o Gymry.[32] Felly, y mae angen ystyried y newid ym mhoblogaeth Cymru yn y cyd-destun ehangach o'r hyn a ddigwyddai dros y ffin yn Lloegr. Er bod swm enfawr o ddata demograffig ar gael mewn adroddiadau cyfrifiad, rhaid i ymchwilwyr ymgodymu ag anawsterau lu oherwydd anghysondebau yn y data. Deillia'r prif broblemau o'r ffaith fod cyfanswm poblogaeth (a gyhoeddid am blwyfi a threflannau unigol), ystadegau geni a marw (dosbarthau ac isddosbarthau cofrestru) a data am fannau geni (wedi eu tablu'n unig ar gyfer siroedd gweinyddol ac, ambell dro, ar gyfer dosbarthau cofrestru) wedi eu darparu am wahanol fathau o unedau tiriogaethol.[33] O ganlyniad, gorfodir yr ymchwilydd i hidlo, trefnu a chydgysylltu'r wybodaeth ystadegol yn ôl nifer o wahanol raddfeydd. O'r holl leoedd gweinyddol hyn, y dosbarth cofrestru yw'r uned diriogaethol leiaf ei maint y gellir ei defnyddio at ddibenion ystadegol a chartograffig.

Oherwydd amryw o newidiadau yn y ffiniau, cyfyd rhagor o ddryswch wrth ymchwilio i newid dros gyfnod o amser. Yr oedd ffiniau rhai o'r dosbarthau cofrestru ar y gororau yn croesi'r ffin swyddogol rhwng Cymru a Lloegr, ac yn sir Y Fflint a sir Faesyfed golygodd cyfres o newidiadau yn y ffiniau fod dosbarthau cofrestru cyfain, neu rannau ohonynt, yn cael eu symud yn ôl a blaen rhwng y ddwy wlad. Er mwyn cael unedau tiriogaethol y gellir eu cymharu dros gyfnod o

31 D. W. Meinig, 'The Mormon Culture Region: Strategies and Patterns in the Geography of the American West, 1847–1964', *Annals of the Association of American Geographers*, 55, rhif 2 (1965), 213–17.

32 C. G. Pooley, 'Welsh Migration to England in the Mid-Nineteenth Century', *Journal of Historical Geography*, 9, rhif 3 (1983), 287–305; W. T. R. Pryce, 'Migration: Concepts, Patterns and Processes' yn J. ac S. Rowlands (goln.), *Welsh Family History: A Guide to Research* (ail arg., Birmingham, 1998), tt. 230–59.

33 Pryce, 'The British Census and the Welsh Language'; Office of Population Censuses and Surveys, *Guide to Census Reports, Great Britain, 1801–1966* (London, 1977).

Tabl 1. Prif nodweddion model rhanbarth diwylliant Meinig, 1967, wedi ei gymhwyso ar gyfer Cymru

Cydrannau rhanbarthol Meinig[1]	Nodweddion hanfodol[1]	Terminoleg Bowen	Terminoleg Carter	Parthau iaith, *c.*1750–1906 (Pryce)[6]
1. Yr ardal 'graidd'	Parth y crynhoad mewnol. Ardaloedd sy'n arddangos y dwysedd uchaf o ran deiliadaeth, trylwyredd trefniadaeth, cryfder, cydrywiaeth, a holl brif nodweddion y diwylliant dan sylw.	Y berfeddwlad[2] neu 'y Gymru Fewnol'[3]	'Y Fro Gymraeg'[4] neu 'Gymru Gymraeg'[5]	Cymraeg/ Cymraeg gan mwyaf
2. Tiriogaethau'r *domain*	Ardaloedd a pharthau lle y mae'r un nodweddion diwylliannol hanfodol yn teyrnasu ond eu bod yn llai dwys a chymhleth nag yn yr ardal 'graidd'. Y mae gwahaniaethau rhanbarthol yn fwy amlwg. Mewn gwirionedd, y *domain* yw'r parth trawsnewidiol lle y mae diwylliant yr ardal 'graidd' yn cael ei heffeithio gan ddylanwadau o'r tu allan.	'Cymru Allanol'[3]	'Cymru Gymraeg'[5]	Dwyieithog (Cymraeg a Saesneg)
3. Y *sphere*	Y parth sydd ar ymylon dylanwad diwylliant arbennig yr ardal 'graidd'. Yn aml, hwn yw'r parth ymylol allanol o fabwysiadu diwylliant, lle y cynrychiolir diwylliant yr ardal 'graidd' gan rai elfennau'n unig a lle y mae'r trigolion yn byw mewn cymunedau ar y cyrion neu yn lleiafrifoedd o fewn amgylchedd diwylliannol gwahanol.	'Cymru Allanol'[3]	'Cymru ddi-Gymraeg'[5]	Saesneg yn bennaf / uniaith Saesneg

1 Yn seiliedig ar D. W. Meinig, 'Cultural geography' yn idem, *Introductory Geography: viewpoints and themes* (Washington D.C., 1967), tt. 99–100.
2 E. G. Bowen, 'The Heartland' yn idem (gol.), *Wales: A Physical, Historical and Regional Geography* (London, 1957), tt. 270–81.
3 E. G. Bowen, *Daearyddiaeth Cymru fel Cefndir i'w Hanes* (Llundain, 1964), t. 25.
4 H. Carter, 'Y Fro Gymraeg and the 1975 referendum on Sunday closing of public houses in Wales', *Cambria*, 3, rhif 2 (1976), 89–101.
5 H. a M. Carter, 'Cyfrifiad 1971: Adroddiad ar yr Iaith Gymraeg yng Nghymru', *Barn*, 137 (1974), 206–11.
6 W. T. R. Pryce, 'Welsh and English in Wales, 1750–1971: A Spatial Analysis Based on the Linguistic Affiliation of Parochial Communities', *BBCS*, XXVIII, rhan 1 (1978), 1–36.

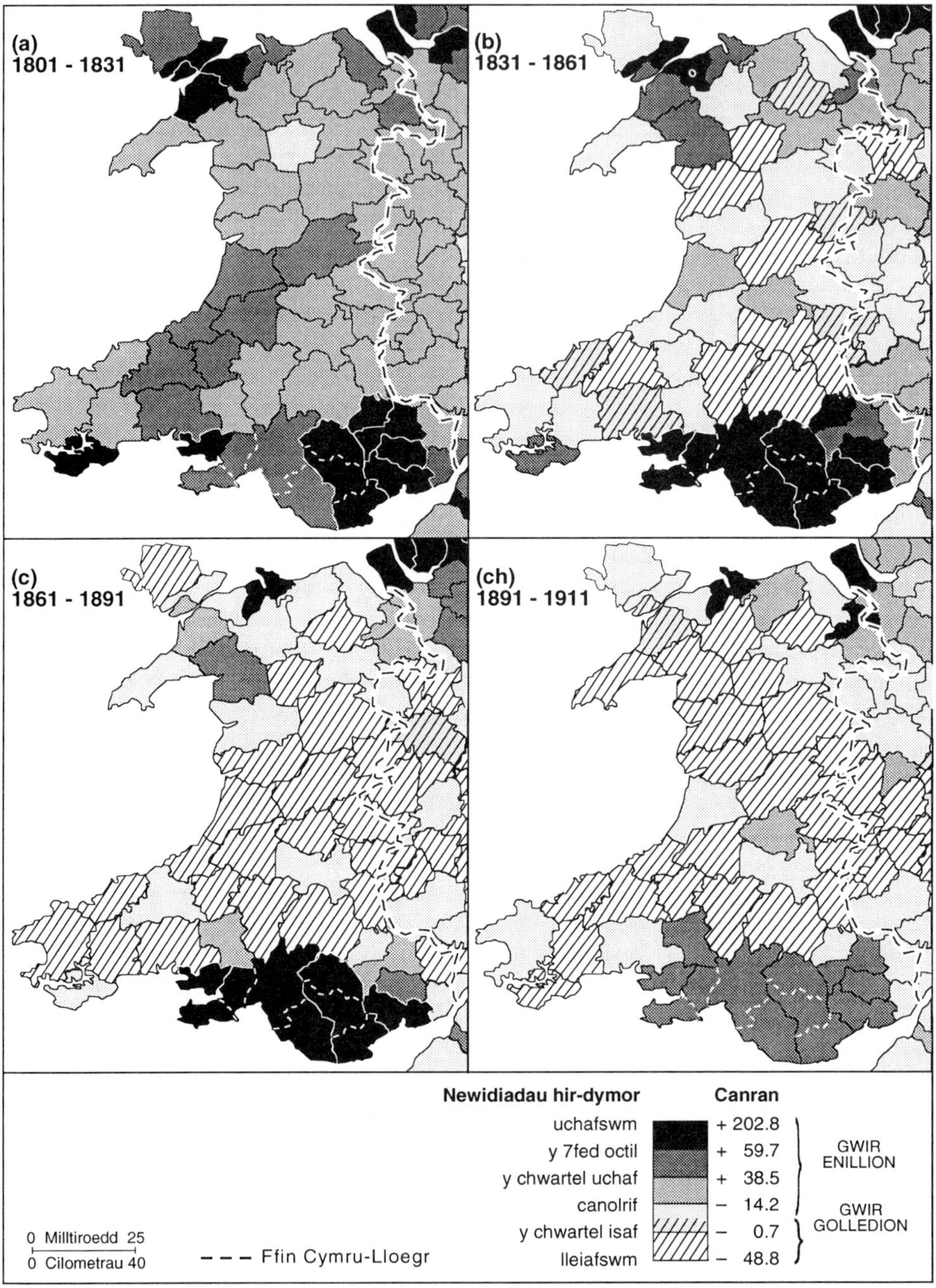

Ffigur 2. Newidiadau hir-dymor yn y boblogaeth: 1801–1831, 1831–1861, 1861–1891 a 1891–1911, yn seiliedig ar gyfanswm y newidiadau degawdol rhyng-gyfrifiadurol ym mhob cyfnod

amser, cyfunwyd amryw o ardaloedd cyffiniol yn y de diwydiannol, y naill i gwmpasu dwyrain Morgannwg a'r llall orllewin Morgannwg. Anfantais hyn yw ein bod yn colli rhai o'r manylion tiriogaethol lleiaf. Fodd bynnag, dan yr amgylchiadau, y mae hyn yn anochel. At hynny, bu'n rhaid ad-drefnu rhai o'r dosbarthau cofrestru trwy ailddyrannu data'r genedigaethau a data'r cynnydd yn y boblogaeth yn ôl cyfrannedd y boblogaeth yn y plwyfi gwreiddiol. O dderbyn y cymwysiadau hyn, erys cyfanswm o 76 o unedau tiriogaethol i'w dadansoddi, 40 ohonynt yn gyfan gwbl o fewn Cymru, 25 yn Lloegr, ac 11 o ddosbarthau cofrestru sy'n ymestyn dros ffiniau'r ddwy wlad (Atodiad).

Yn y mapiau manwl yn Ffigur 2 gwelir yn amlwg yr hyn a oedd yn datblygu fel patrwm craidd ac ymylol. Y mae'n eglur fod pob dosbarth cofrestru wedi cofnodi cynnydd yn y boblogaeth rhwng 1801 a 1831. Mwy na thebyg mai dyma don olaf y twf mawr yn y boblogaeth a gychwynnodd yn chwarter olaf y ddeunawfed ganrif.[34] Buan, fodd bynnag, y dechreuodd amryw o ardaloedd ucheldir Cymru gofnodi gostyngiad sylweddol yn y boblogaeth yn y 1840au a'r 1850au. Dal i ostwng a wnaeth y boblogaeth yn ystod y blynyddoedd rhwng 1861 a 1891 ac ymlaen i'r 1900au cynnar. Mewn gwirionedd, yr oedd hyn yn adlewyrchu dymchweliad terfynol yr hen gymdeithas gyn-ddiwydiannol draddodiadol. O ganlyniad, yr oedd nifer mawr o wladwyr 'dros ben' ar gael i weithio fel labrwyr yn y diwydiannau newydd. Y mae'n arwyddocaol fod yr un colledion demograffig yn cael eu cofnodi mewn ardaloedd gwledig dros y ffin yn Lloegr hefyd. Yn ail hanner y bedwaredd ganrif ar bymtheg, llwyddodd ychydig o ardaloedd, anomalaidd i bob golwg, i gadw neu hyd yn oed gynyddu eu poblogaeth oherwydd mentrau economaidd newydd wedi eu creu gan ddiwydiannau mewn mannau eraill – er enghraifft, chwareli llechi, neu godi argaeau er mwyn cyflenwi dŵr i ddinasoedd yn Lloegr.

Erbyn y cyfnod 1861–91, yr oedd tair ardal ar y blaen o ran twf demograffig, sef hen ranbarth diwydiannol y gogledd-ddwyrain, ardaloedd y chwareli llechi yn siroedd Meirionnydd a Chaernarfon ac, yn bennaf oll, gymoedd y meysydd glo yng ngorllewin sir Fynwy ac yn sir Forgannwg. Erbyn 1911, de Cymru, heb amheuaeth, oedd y rhanbarth lle y ceid y twf demograffig mwyaf. Mewn cyferbyniad llwyr, nid ardaloedd y chwareli bellach a ddangosai dwf mawr yn y boblogaeth, ond y trefi glan môr rhwng Bangor a Phrestatyn. Yng ngogledd-ddwyrain Cymru, yr oedd y twf mwyaf wedi ei gyfyngu i'r dosbarthau cofrestru mewndirol o gwmpas y maes glo. Erbyn hyn, fodd bynnag, rhanbarthol yn fwy na heb oedd natur y twf hwn, a gorlif ydoedd, mewn gwirionedd, o ogledd swydd Gaer, Glannau Mersi a de swydd Gaerhirfryn.[35] Y rhain, felly, oedd bras

[34] Gw. David Williams, 'A Note on the Population of Wales, 1536–1801', *BBCS*, VIII, rhan 4 (1936), 359–63; W. T. R. Pryce, 'Parish Registers and Visitation Returns as Primary Sources for the Population Geography of the Eighteenth Century', *THSC* (1971), 271–93.

[35] R. Lawton, 'Genesis of Population' yn Wilfred Smith (gol.), *A Scientific Survey of Merseyside* (Liverpool, 1953), tt. 120–3.

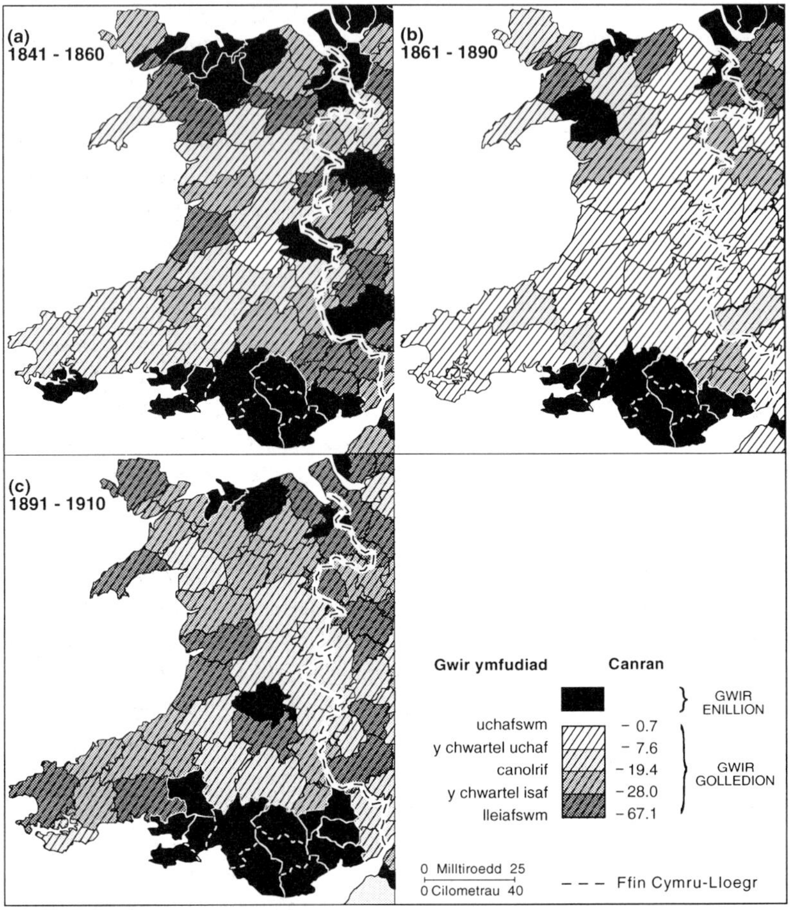

Ffigur 3. Newidiadau yn y gwir fudo, 1841–1860, 1861–1890 a 1891–1910, yn seiliedig ar gyfanswm y newidiadau degawdol rhyng-gyfrifiadurol yn y gwir fudo ym mhob cyfnod

batrymau'r newid, ond yr oedd y peirianwaith demograffig gwaelodol yn ymwneud â newidiadau ym mhwysigrwydd cymharol twf naturiol (rhagor o enedigaethau nag o farwolaethau) ac yn y rhan a chwaraeid gan wir fudo (*net migration*) i mewn neu allan o gymunedau penodol. Oherwydd nad oes data dibynadwy ar gael am enedigaethau a marwolaethau (sy'n hanfodol er mwyn mesur cydbwysedd mudo), ni ellir astudio gogwydd y gwir fudo cyn 1841.

Y mae'r mapiau yn Ffigur 3 yn cadarnhau, yn nhermau mudo, y gostyngiad demograffig dros ran helaeth o'r Gymru wledig. Yn ystod y cyfnod 1841–60, gwelodd pob ardal ac eithrio trefi gwyliau arfordir y gogledd, maes glo y de, Penrhyn Gŵyr a de sir Benfro ostyngiad yn sgil allfudo parhaus, a pharhaodd hyn o 1861 tan 1910. Ac eithrio gogledd Meirionnydd (lle y bu cynnydd yn nifer y gweithwyr a ddenwyd i'r diwydiant llechi yn y 1860au) ac ardal Rhaeadr Gwy yn sir Faesyfed (yn sgil adeiladu cronfeydd dŵr Dyffryn Elan ar gyfer Corfforaeth Birmingham yn y 1890au),[36] cafwyd gostyngiad yn y boblogaeth ym mhobman arall oherwydd allfudo. At hynny, fel y dengys y map am y cyfnod 1891–1910, gwaethygu a wnaeth y gostyngiad tuag at droad y ganrif. Er i'r diwydiant llechi, y Cymreiciaf ei iaith o holl ddiwydiannau Cymru, ddenu nifer sylweddol o fudwyr o bob rhan o ogledd-orllewin Cymru a thu hwnt hyd at y 1860au, crebachu'n gyflym fu ei hanes wedi hynny, wrth i'r galw am lechi leihau. O ganlyniad, cofnodwyd allfudo mawr o'r ardaloedd chwarelyddol i gyd erbyn diwedd y ganrif.[37] Mewn cyferbyniad, daeth y cymoedd glofaol a'r trefi porthladd yn ne Cymru yn gyrchfannau i fudwyr o bob cwr o Gymru ac, yn fwyfwy felly o'r 1890au ymlaen, o'r tu allan hefyd.[38] At hynny, yr oedd yr ecsodus o gefn gwlad yn un cyffredinol ac, fel y dengys y mapiau, effeithiwyd ar gymunedau gwledig dros y ffin yn swyddi Caer, Amwythig a Henffordd yn yr un modd ag yng nghanolbarth a gorllewin Cymru. Y mae'r holl newidiadau demograffig hyn yn gymorth i ddeall gwahanol amgylchiadau'r newid ieithyddol ledled y wlad. A ddiogelwyd cymunedau gwledig Cymraeg eu hiaith am y rheswm syml eu bod wedi colli cynifer o'u pobl trwy allfudo, ynteu am na ddaethant erioed yn gyrchfannau deniadol i fewnfudwyr? Y mae'n amlwg fod llif a chydbwysedd y gwir fudo yn ystyriaeth bwysig. Ffurfiwyd natur y newidiadau i raddau gan faint y mewnfudiad o'i gymharu â maint y gymuned a'i derbyniai.[39] A ellid cymathu'r newydd-ddyfodiaid yn rhwydd? A allai'r bobl newydd gydweddu ac ymdoddi i ddiwylliant hirsefydlog y gymuned a'u derbyniai? Rhaid bod cydbwysedd y niferoedd ar y naill ochr neu'r llall yn dyngedfennol o ran creu newid neu, ar y llaw arall, o ran hybu parhad y *status quo* diwylliannol.

36 Census of England and Wales 1901, *Radnor: County Report* (London 1903), tt. 8–9; Census of England and Wales 1911, *Radnor: County Report* (London, 1914), tt. 30, 32.

37 J. G. Jones, 'The Ffestiniog Slate Industry: The Industrial Pattern to 1831', *CCHChSF*, VI, rhan 1 (1969), 50–65; idem, 'The Ffestiniog Slate Industry: The Industrial Pattern 1831–1913', *CCHChSF*, VI, rhan 2 (1970), 191–213; P. E. Jones, 'Migration and the Slate Belt of Caernarfonshire in the Nineteenth Century', *CHC*, 14, rhif 4 (1989), 610–29.

38 Philip N. Jones, 'Population Migration into Glamorgan 1861–1911: A Reassessment' yn Morgan (gol.), *Glamorgan County History, Vol. VI*, tt. 173–202; A. Poulin, 'La Famille Ouvrière dans une Communauté Minière du Sud du Pays de Galles: Treherbert, 1861–91' (traethawd PhD anghyhoeddedig Prifysgol Montreal, 1996).

39 Yn y cyd-destun hwn diffinnir mudwr fel unrhyw berson na chafodd ei eni yn y sir lle y'i rhifwyd. Yn y dadansoddiad y seiliwyd y bennod hon arno, rhannwyd mudwyr yn (i) y rhai a hanai o siroedd cyfagos, a (ii) y rhai a ddaeth o ardaloedd pellach i ffwrdd. Fodd bynnag, oherwydd maint siroedd unigol a'r angen i ddefnyddio categorïau bras mewn perthynas â man geni (fel a ddisgrifir yn y testun) y mae'r ddau gategori wedi eu cyfuno ar gyfer y cyflwyniad hwn o'r prif symudiadau. Ceir llawer o ddeunydd ar swyddogaeth mudo er hybu cyfnewidiadau diwylliannol. Am drafodaeth ddiweddar ar y themâu hyn, gw. Ruth Finnegan a Brenda Collins, 'Staying and Moving: Links between Migration and Community' yn W. T. R. Pryce (gol.), *From Family History to Community History* (Cambridge, 1994), tt. 162–80.

Hyd yn oed wedi i batrymau'r newid ymsefydlu, y mae dynodi'r achos ac effaith yn gryn her. Yng Nghymru'r bedwaredd ganrif ar bymtheg, syniai'r werin-bobl am yr iaith Saesneg fel gelyn bygythiol i'w mamiaith. Y tebyg yw fod y dyhead i ddysgu Saesneg yn deillio o'r ymdeimlad o israddoldeb a ddaeth yn sgil Deddf Uno 1536. At hynny, ysgogwyd newid agwedd ymhlith y Cymry, yn rhannol o leiaf, gan gysylltiadau personol a chyson â siaradwyr Saesneg. Yr oedd hyn yn arbennig o wir am y sefyllfa ym mhlwyfi'r gororau ond, hefyd, mewn trefi a marchnadoedd yn y Fro Gymraeg lle y deuai'r trigolion i gysylltiad â phobl o'r tu allan. Gallai dyfodiad pobl newydd i gymuned achosi newid mewn statws iaith trwy ledaeniad oherwydd 'adleoli', ond yn ardaloedd y gororau lledaeniad trwy 'ehangu' a geid wrth i'r Saesneg dreiddio'n raddol i mewn i'r Gymru Gymraeg.[40] Ac eithrio cydnabod mai dyna'r sefyllfa yn fras, anodd yw datrys holl gymhlethdodau'r proses hwn.

Ar y llaw arall, y mae gwybod man geni y bobl dan sylw nid yn unig yn allweddol o ran dynodi eu tarddiad, ond hefyd yn datgelu eu hunaniaeth ethnig a'u harbenigrwydd diwylliannol. O ble y daeth y newydd-ddyfodiaid? O'r trefi ynteu o gefn gwlad? Ai Saeson oeddynt yn wreiddiol, ynteu Albanwyr, Gwyddelod, neu Gymry? Os oeddynt yn Gymry o ran genedigaeth, a oeddynt yn hanu o ardal Gymraeg, o 'Gymru Fewnol' E. G. Bowen ynteu o rywle yn y Gymru Seisnigedig, o diriogaethau'r 'Gymru Allanol'? Byddai unigolyn wedi mudo droeon yn ystod ei oes, fwy na thebyg, ac adlewyrchir hyn, yn rhannol, yn y man geni a gofnodwyd ar gyfer y plant. Yn wir, y mae'n bosibl fod rhai wedi dychwelyd i fro eu geni, ond os na restrwyd plant ar y ffurflenni cyfrifiad, nid oes tystiolaeth eu bod wedi mudo fwy nag unwaith. Oherwydd hynny, bernir bod y dystiolaeth am y man geni yn fesur defnyddiol ond anghyflawn o'r mudo yn ystod cwrs bywyd yr unigolyn. Serch hynny, ceir yn yr wybodaeth am y man geni negeseuon pwysig i ymchwilwyr ym maes daear-ieithyddiaeth.[41]

Dengys y dadansoddiad hwn o'r cofnodion mai de-ddwyrain Cymru a swydd Gaer oedd y prif gyrchfannau ym 1861 ac iddynt barhau felly hyd 1911 (Ffigur 4). Erbyn y 1880au (Ffigur 4(c)), yr oedd bron chwarter poblogaeth gogledd-ddwyrain Cymru yn fewnfudwyr. Mewn cyferbyniad llwyr, yr oedd nifer y mudwyr a gofnodwyd yn siroedd gwledig canolbarth a de-orllewin Cymru gryn dipyn yn llai, yn bennaf oherwydd bod y rhain, fel y gwelsom, yn ardaloedd y byddai pobl yn mudo ohonynt yn hytrach nag iddynt. Y mae'n dra arwyddocaol

[40] W. T. R. Pryce, 'North-east Wales, 1750 and 1851', 75, 103–4. Am arolwg o batrwm y lledaeniad, gw. R. Morrill, G. L. Gaile, a G. I. Thrall, *Spatial Diffusion* (London, 1988), tt. 10–13, 34–57.

[41] Casglwyd gwybodaeth ynghylch man geni am y tro cyntaf ym 1841, a hynny mewn dull cyffredinol iawn, trwy gofnodi a gawsai unigolion eu geni yn y sir gofrestru neu yn rhywle arall. Yng nghyfrifiad 1851 rhestrwyd mannau geni yn ôl sir ar gyfer pobl a rifwyd yn y siroedd cofrestru, dosbarthau ac isddosbarthau. Ym 1861 y mabwysiadwyd y sir weinyddol fel yr uned safonol ar gyfer cofnodi man geni a man rhifo.

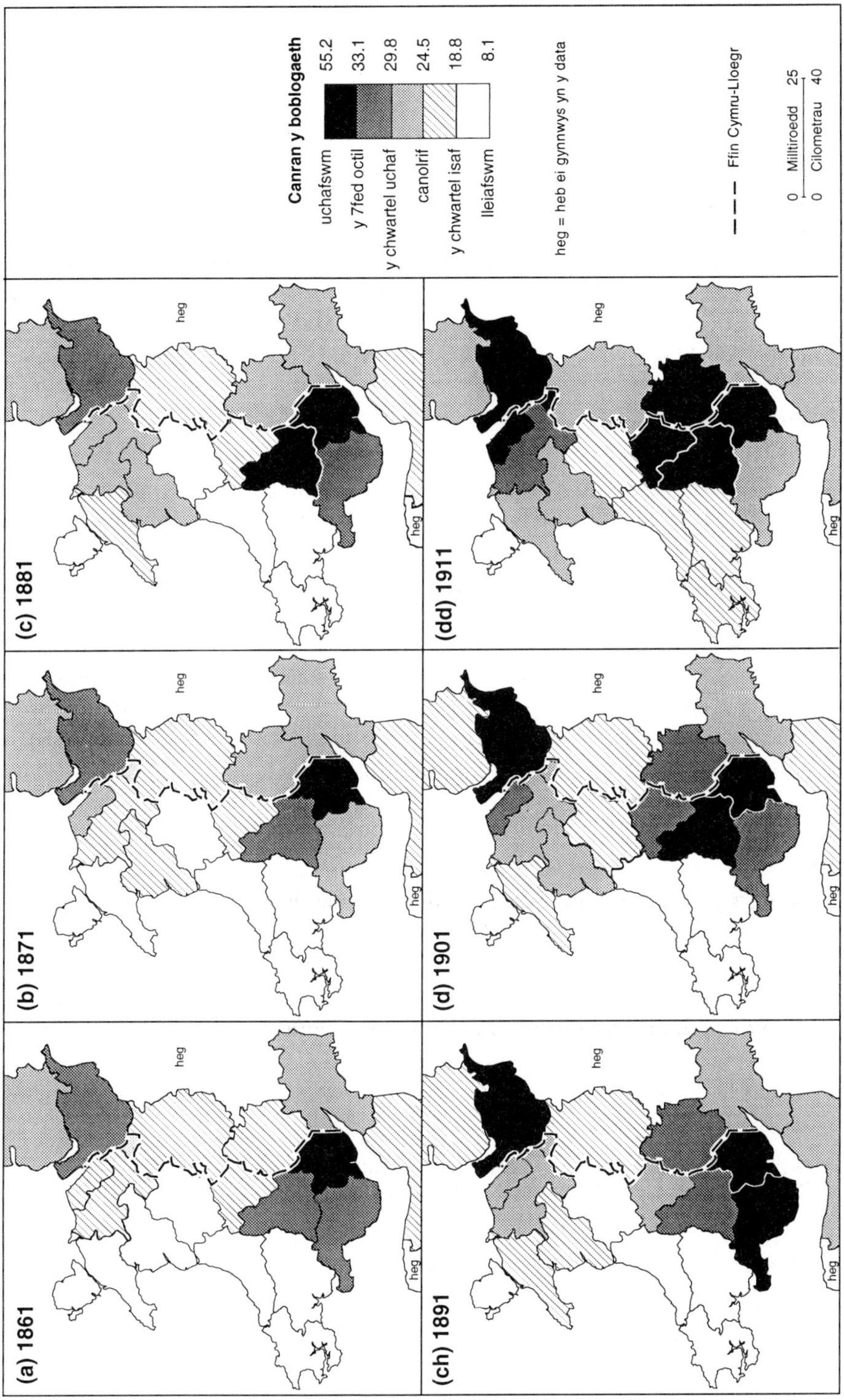

Ffigur 4. Mudo am oes (cyffredinol), 1861–1911

wrth geisio deall daearyddiaeth ddiwylliannol Cymru fod y cyfrannau isaf o fewnfudwyr wedi eu cofnodi'n gyson yn y gorllewin pellaf, yn enwedig yn sir Aberteifi (8.05 y cant ym 1861; 9.28 y cant ym 1871; 10.18 y cant ym 1881; 12.44 y cant ym 1891) ac yn sir Fôn (12.5 y cant ym 1861; 10.93 y cant ym 1891). Pan soniodd E. G. Bowen gyntaf am ei syniadau ynghylch y Gymru Fewnol a'r Gymru Allanol ym 1964, meddai:

> Eironi lleoliad daearyddol y meysydd glo yw iddynt ddigwydd fod [sic] yn y Gymru Allanol, gyda'r canlyniad iddynt wneud y Gymru Allanol ar ôl y chwyldro diwydiannol yn fwy poblog na'r Gymru Fewnol, ac yn fwy Seisnig a chosmopolitan eu hagwedd na dyffrynnoedd tawelach y Gymru Fewnol sy'n wynebu moroedd y gorllewin.[42]

Ategir yn llwyr ddilysrwydd y dehongliad hwn gan y dosbarthu a welir yn Ffigur 4. Erbyn 1911 cofnodid llawer mwy o fewnfudwyr ym mhob sir, gan gynnwys sir Fôn, lle'r oedd 17.26 y cant o drigolion yr ynys wedi eu geni yn rhywle arall, sir Aberteifi (19.5 y cant) a sir Drefaldwyn (20.69 y cant). Serch hynny, er gwaethaf y gymysgfa o bobl, parhâi sir Fôn i gofnodi'r nifer isaf o fewnfudwyr. Fel y dengys y mapiau, yn hanner gorllewinol y wlad a siroedd y dwyrain a'r de, gan gynnwys ardaloedd y gororau, y ceid y prif wahaniaethau rhanbarthol (Ffigur 4(f)).

At hynny, y mae tarddiad rhanbarthol *penodol* y mudwyr o gryn bwys. Gwyddys bod dyfodiad nifer sylweddol o siaradwyr Cymraeg wedi atgyfnerthu Cymreictod cymunedau diwydiannol Morgannwg a gorllewin sir Fynwy fel, yn wir, a ddigwyddodd ryw genhedlaeth ynghynt yng ngogledd-ddwyrain Cymru. Ar y llaw arall, gallai mewnlifiad mawr o Saeson uniaith achosi newid iaith llwyr mewn byr o dro, fel a ddigwyddodd yn rhai ardaloedd glofaol.[43] Er mwyn edrych yn fanylach ar yr agweddau hyn, ailddosbarthwyd y mannau geni ar sail ranbarthol i adlewyrchu prif darddiadau'r mudo. Dosbarthwyd y mudwyr a aned yng Nghymru yn ddau grŵp: y rhai a hanai o'r Gymru Fewnol (siroedd lle'r oedd 80 y cant neu ragor o'r boblogaeth yn siarad Cymraeg ym 1901), a'r rhai a ddeuai o'r Gymru Allanol (lle'r oedd llai nag 80 y cant o'r boblogaeth yn siaradwyr Cymraeg).

Ar sail y crynodeb yn Nhabl 2 gellir cymharu man geni'r mudwyr o fewn Cymru gyfan â man geni'r rhai a fudodd i siroedd y gororau yn Lloegr. Yn y ddau le, mewnfudwyr a aned yn Lloegr a ffurfiai'r rhan fwyaf o'r boblogaeth leol, a bu cynnydd yn eu nifer ym mhobman rhwng 1861 a 1911. Nid yw hyn yn annisgwyl, o gofio bod gan Loegr boblogaeth lawer iawn mwy na Chymru, ac felly nifer mwy o fudwyr posibl. Y grŵp pwysig nesaf yw'r mudwyr a aned yn y Gymru Allanol; ar gyfartaledd, yr oeddynt hwy yn cyfrif am 5.8 y cant o

[42] Bowen, 'Daearyddiaeth Cymru fel Cefndir i'w Hanes', t. 33.

[43] Sian Rhiannon Williams, 'Welsh in the Valleys of Gwent', *Planet*, 51 (1985), 116; eadem, *Oes y Byd i'r Iaith Gymraeg: Y Gymraeg yn Ardal Ddiwydiannol Sir Fynwy yn y Bedwaredd Ganrif ar Bymtheg* (Caerdydd, 1992), tt. 28–33, 103–24.

Tabl 2. Cymarebau mudo cymedrig, 1861, 1891, a 1911

Dengys y tabl hwn y gymhareb gymedrig ar gyfer siroedd geni'r mudwyr. Fe'u rhestrwyd yn nhrefn restrol 1891.

MAN GENI'R MUDWYR		MUDWYR % TRIGOLION	
	1861	**1891**	**1911**
(a) Cymru gyfan			
Lloegr	5.08	7.19	9.08
Cymru Allanol[1]	4.49	5.14	5.84
Cymru Fewnol[2]	2.89	2.91	2.74
Iwerddon	0.90	0.47	0.39
Yr Alban	0.16	0.36	0.22
Tramor[3]	0.17	0.29	0.35
(b) Siroedd y gororau yn Lloegr			
Lloegr	5.35	6.56	8.42
Cymru Allanol[1]	0.89	1.03	1.05
Yr Alban	0.20	0.42	0.21
Iwerddon	0.89	0.41	0.32
Tramor[3]	0.16	0.22	0.24
Cymru Fewnol[2]	0.07	0.10	0.11

1 Siroedd lle y cofnodwyd bod llai nag 80 y cant o'r boblogaeth yn siarad Cymraeg ym 1901: Brycheiniog, Dinbych, Y Fflint, Maesyfed, Morgannwg, Mynwy, Penfro a Threfaldwyn.

2 Siroedd lle'r oedd 80 y cant a throsodd o'r boblogaeth yn siarad Cymraeg ym 1901: Aberteifi, Caerfyrddin, Caernarfon, Meirionnydd a Môn (gw. W. T. R. Pryce, 'Wales as a culture region: patterns of change 1750–1971' yn I. Hume a W. T. R. Pryce (goln.), *The Welsh and their Country* (Llandysul, 1986), t. 59).

3 Rhestrwyd yng nghyfrolau'r cyfrifiad dan 'British Colonies and East Indies' a 'Foreign Parts (1861–71)' neu fel 'British Colonies or Dependencies' a 'Foreign Countries' (1881–1911).

boblogaeth Cymru ym 1911. Yng Nghymru yn gyffredinol, fodd bynnag, ym 1861, 1891 a 1911, cyfran fechan o'r mudwyr a hanai o'r Gymru Fewnol, ac ar gyfartaledd cynrychiolent lai na 3 y cant o'r boblogaeth (Tabl 2, adran (a)). Fel y dengys Ffigur 3, cafwyd dirywiad demograffig yn y Gymru Fewnol o'r 1860au ymlaen yn sgil allfudo cynyddol dros gyfnod o amser. Dim ond oddeutu 0.1 y cant o'r boblogaeth leol a ddeuai o'r Gymru Fewnol i ymgartrefu yn siroedd gororau Lloegr (Tabl 2 (b)). Yn rhannol, adlewyrchai hyn y ffaith fod yr allfudiad o'r Gymru Gymraeg i'r cymunedau diwydiannol newydd yn y Gymru Allanol erbyn y cyfnod hwn yn llawer cryfach na'r allfudiad i gyrchfannau dros y ffin yn Lloegr, a fyddai wedi bod yn llawer nes, yn enwedig i fudwyr o rannau o ogledd a chanolbarth Cymru. Gwelir yn y tueddiadau hyn y modd yr adlewyrchai'r mudo yng Nghymru ar ddiwedd y bedwaredd ganrif ar bymtheg y *milieu* diwydiannol Cymraeg penodol a, mwy na thebyg, fel y byddai cysylltiadau rhwydweithiau gwybodaeth yn arwain at 'fudo cadwyn'.[44] Yn y cyd-destun hwn, y mae'n

44 Am drafodaeth ar natur y 'mudo cadwyn', gw. W. T. R. Pryce a Michael Drake, 'Studying Migration' yn Pryce (gol.), *From Family History to Community History*, tt. 15–16.

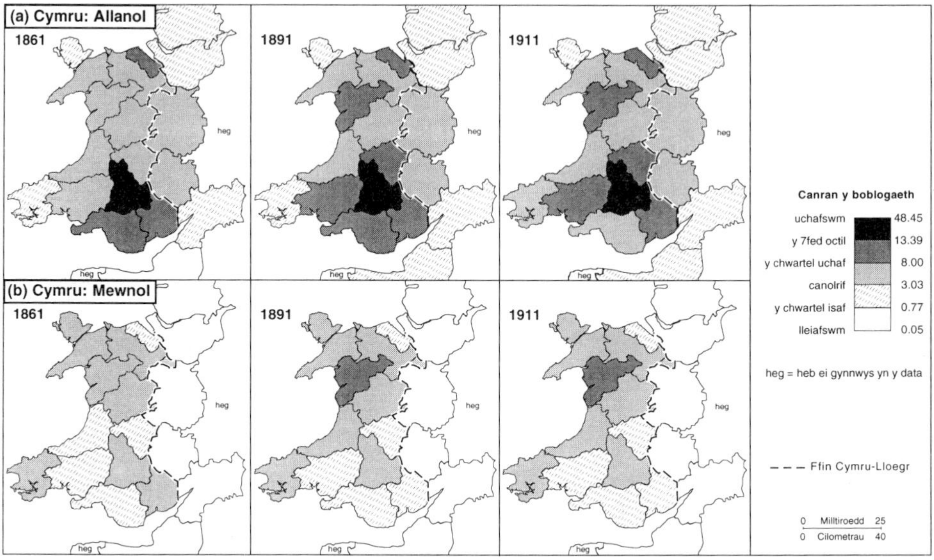

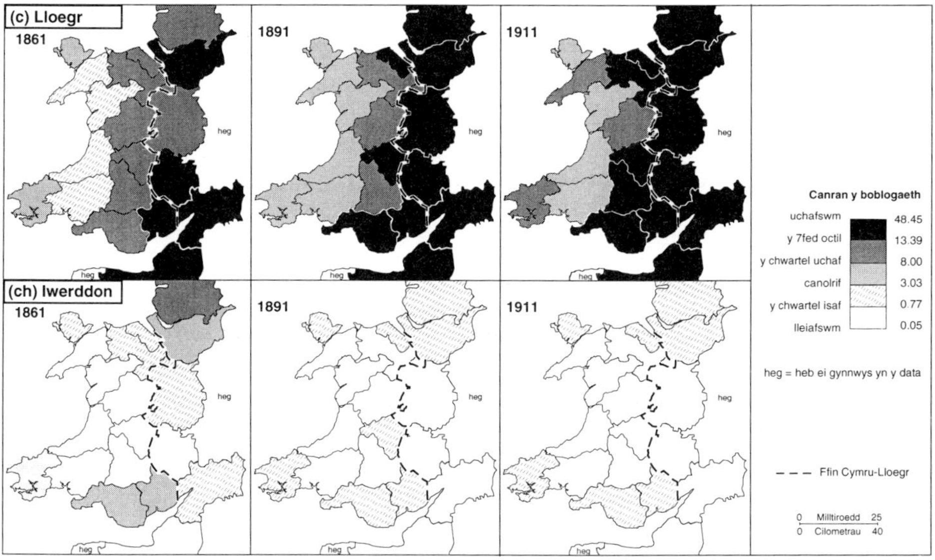

Ffigur 5. Mudo am oes (tarddiad arbennig), 1861, 1891 a 1911

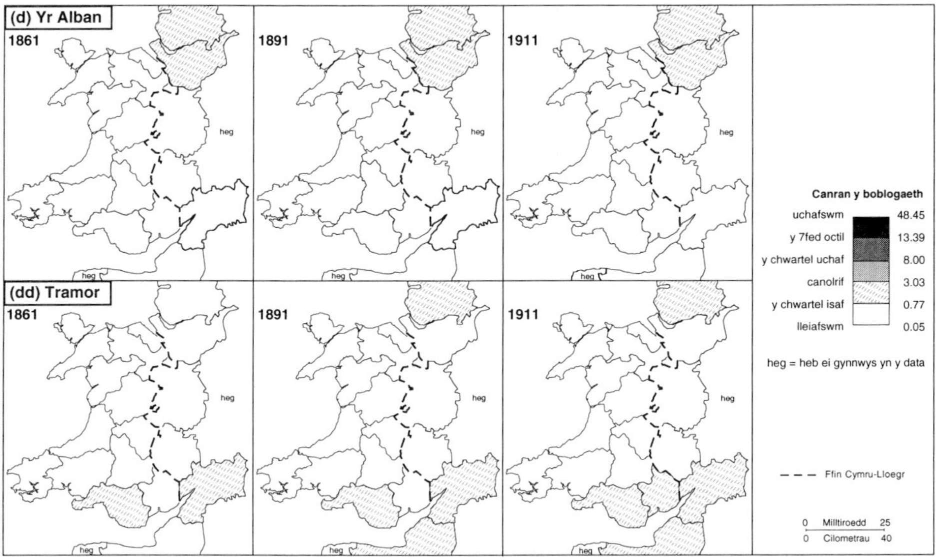

Ffigur 5. (parhad)

arwyddocaol fod poblogaeth siroedd y gororau yn Lloegr yn cynnwys cyfran fymryn yn *uwch* o fudwyr a oedd yn enedigol o Iwerddon neu o'r Alban (ac eithrio ym 1891), neu o dramor (gan gymryd pob gwlad yn unigol), nag o allfudwyr o'r Gymru Fewnol (Tabl 2(b)). Fel y sylwodd Brinley Thomas, gwelwyd ailddosbarthu helaeth ar boblogaeth Cymru yn ystod y bedwaredd ganrif ar bymtheg. Yn wahanol i'r sefyllfa yn Iwerddon, yr oedd y Cymry yn y proses o ailwladychu eu gwlad eu hunain.[45]

Profwyd hyn gan ymchwiliadau manwl yng ngogledd-ddwyrain Cymru (a chyfeirio'n arbennig at y sefyllfa ym 1851) ac yng nghymoedd Ogwr a Garw ym Morgannwg (1881). Ar lefel leol, dengys yr astudiaethau ymchwil hyn fod cysylltiad agos rhwng man geni'r mudwyr a'u cyrchfan.[46] Y mae'r un agweddau ailddosbarthu yn amlwg hefyd yn y mapiau yn Ffigur 5 sy'n dangos tarddiad y mudwyr. Ond erbyn hyn, fodd bynnag, daw dimensiynau newydd i'r golwg.

[45] Brinley Thomas, 'Wales and the Atlantic Economy', *Scottish Journal of Political Economy*, VI, rhif 3 (1959), 169–92.

[46] Pryce, 'North-east Wales, 1750 and 1851'; Philip N. Jones, *Mines, Migrants and Residence in the South Wales Steamcoal Valleys: The Ogmore and Garw Valleys in 1881* (Hull, 1987).

Ymdreiddiai mudwyr o Loegr fwyfwy tua'r gorllewin yng Nghymru ym 1861, 1891 a 1911. Fel y gellid disgwyl ar sail agosrwydd, cofnodwyd y crynodiadau mwyaf ym 1911 yng ngogledd-ddwyrain Cymru ac yn y de-ddwyrain lle'r oedd Morgannwg yn brif gyrchfan (Ffigur 5(c)). Deuai mudwyr a oedd yn enedigol o'r Gymru Allanol hefyd i'r mannau hyn ond, yn nes ymlaen, ym 1891 a 1911, heidient hefyd i Feirionnydd (er gwaethaf y dirywiad yn y diwydiant llechi yno) ac i ardaloedd deheuol y canolbarth lle'r oedd eu presenoldeb yn fwy dylanwadol na thros y ffin yn Lloegr (Ffigur 5(b)).[47]

I ryw raddau, ymddengys fod dosbarthiad rhanbarthol y mudwyr o'r Gymru Fewnol yn gyfartal â llif y mudwyr o'r Gymru Allanol. Tueddai pobl y Gymru Fewnol i gyrchu i fannau yn y gogledd a'r gorllewin yn bennaf. Gwelir sir Feirionnydd eto fel rhyw fath o 'Klondyke' yn denu pobl o'r holl ardaloedd Cymraeg eu hiaith oddi amgylch yn ogystal ag o fannau pellach o fewn y Gymru Allanol (Ffigur 5(b)). Gellir egluro'r cyferbyniadau rhanbarthol hyn yn nhermau natur y prosesau mudo eu hunain. Yr hyn a wnâi pobl yn fynych oedd symud o gefn gwlad i'r ganolfan ddiwydiannol agosaf – hynny yw, ni fyddent yn symud ymhell o'u hardal enedigol. Fel y sylwodd E. G. Ravenstein, cymhellion economaidd yn bennaf a oedd wrth wraidd y mudo.[48]

Cofnodwyd cyfran uwch o bobl o dras Wyddelig yn siroedd Môn a Phenfro nag yn unman arall yn y Gymru wledig, a hynny oherwydd bod gan y ddwy sir gysylltiad morwrol ag Iwerddon. Ond, ac eithrio'r mewnfudiad o Wyddelod a gofnodwyd ym Morgannwg ym 1861, ymddengys mai cymharol ddibwys fu effaith 'mudo am oes' o Iwerddon dros y rhan fwyaf o Gymru. I swyddi Caerhirfryn a Chaer yr ymfudai'r Gwyddelod bron yn ddieithriad. I'r mannau hynny, yn hytrach nag i Gymru, yr aethant yn ystod Newyn Mawr y 1840au, ac adlewyrcha hyn ran allweddol Lerpwl fel y prif borthladd mynediad iddynt (Ffigur 5(d)). Ar ôl y Gwyddelod, ychydig oedd y niferoedd o'r Alban ac o dramor, gydag estroniaid yn cynrychioli llai na 3 y cant o boblogaeth Morgannwg, lle'r oeddynt wedi crynhoi yn y porthladdoedd ac mewn ardaloedd diwydiannol megis Merthyr Tudful (Ffigurau 5(e) a 5(f)).

Ar sail y dadansoddiad hwn, ymddengys fod y ffrydiau mewnol detholus o fudo wedi chwarae rhan ym mharhad y gwahaniaethau diwylliannol rhwng y Gymru Fewnol a'r Gymru Allanol yn ystod y cyfnod o 1861 i 1911, a rhwng cymunedau traddodiadol y Gymru Gymraeg a chymunedau Seisnigaidd y Gymru ddi-Gymraeg.

[47] Y mae'r bennod hon yn archwilio cynnal a newid mewn ardaloedd diwylliannol dros gyfnod o amser. Am y rheswm hwn dengys y mapiau unigol yn Ffigur 5 gyfartaledd y boblogaeth a aned mewn mannau penodol – *nid* cyfartaledd yr holl fudwyr a hanai o fan penodol yn sir y rhifo.

[48] E. G. Ravenstein, 'The laws of migration', *Journal of the Statistical Society*, XLIII (1885), 167–235; Pryce a Drake, 'Studying Migration' yn Pryce (gol.), *From Family History to Community History*, tt. 10–18.

Parthau Iaith yng nghanol y Bedwaredd Ganrif ar Bymtheg

Er bod y Gymraeg yn dal i fod yn brif iaith rhannau helaeth o'r wlad yng nghanol y bedwaredd ganrif ar bymtheg, digwyddai newidiadau tra arwyddocaol wrth i'r parth dwyieithog ehangu ym mhob cyfeiriad i mewn i'r Gymru Gymraeg (Ffigur 6).[49] Yng ngogledd-ddwyrain Cymru erbyn y 1840au yr oedd wedi symud cyn belled i'r gorllewin â'r Rhyl. Yn nwyrain sir Ddinbych, yr oedd plwyfi ar y gororau, megis Y Waun, wedi troi cefn ar y Gymraeg yn gyfan gwbl, lle gynt yr oeddynt wedi bod yn darparu gwasanaethau dwyieithog.[50] Yn nes i'r de, yn sir Drefaldwyn, wrth i'r parth dwyieithog ymdreiddio fwyfwy tua'r gorllewin, troesai cymunedau cadarn eu Cymreictod, megis Llanfechain a Llanfair Caereinion, yn hollol ddwyieithog. Yr un pryd, troi i ddefnyddio Saesneg yn unig a wnaethai plwyfi gwledig megis Cegidfa, Llanllwchaearn (lle y crybwyllwyd yn y cofnodion gofwy fod yno ffatri wlân ym 1842), a Mochdre (lle'r arferai'r gwasanaethau fod yn ddwyieithog yn negawd cyntaf y ganrif).[51] Yn ucheldir sir Faesyfed a gogledd-orllewin sir Frycheiniog, yn ogystal ag mewn nifer mawr o eglwysi yng nghyffiniau tref Aberhonddu, yr oedd y rhan fwyaf o'r eglwysi plwyf wedi ailgychwyn gwasanaethau dwyieithog. Gellir ystyried adroddiadau gofwy Llan-ddew a Llan-y-wern ym 1848 yn rhai nodweddiadol o'r adeg honno. Yn yr eglwysi hyn, cofnododd y rheithor fod y ddau wasanaeth a gynhelid ar y Sul 'partly [in] Welsh', ond ychwanegodd, 'of late owing to an influx of English to the Parish, I preach both languages'.[52]

Digwyddodd newidiadau llawer mwy arwyddocaol ar hyd a lled y treflannau diwydiannol newydd yn ne Cymru, lle'r oedd y parth dwyieithog erbyn hyn wedi meddiannu bron y cyfan o gymoedd gorllewin sir Fynwy. Yn ôl adroddiadau o Landenni a Llangwm yn y Saesonaeth a oedd yn ymledu i'r dwyrain o afon Wysg, 'very few speak or understand any other language than the English now'. Hyd yn oed yn Llanelen (ger Y Fenni) ac yn Nhrefddyn (ger Pont-y-pŵl), lle y defnyddid y Gymraeg yn helaeth yng ngwasanaethau'r eglwys yn chwarter olaf y ddeunawfed ganrif,[53] y Saesneg bellach oedd unig iaith yr addoli. Ond er bod y Gymraeg wedi diflannu o'r gwasanaethau cyhoeddus, byddai'n rhaid i'r clerigwyr lleol siarad yr iaith pan ymwelent â'u plwyfolion.[54] Wrth i'r parth Saesneg ymledu i mewn i'r tir oddi ar arfordir Morgannwg, y mae'n amlwg fod y parth dwyieithog

[49] Seiliwyd Ffigur 6 ar ffurflenni 913 allan o gyfanswm o ryw 1,086 o blwyfi ledled Cymru. Am ragor o fanylion ar ffynonellau'r wybodaeth hon a sut y lluniwyd y mapiau, gw. Pryce, 'Welsh and English in Wales, 1750–1971', 9.

[50] Dehonglir llawer o'r cyfnewidiadau hyn, yn seiliedig ar amrywiaeth o wahanol ffynonellau, yn A. H. Dodd, 'Welsh and English in East Denbighshire: A Historical Retrospect', *THSC* (1940), 34–65, a J. G. Edwards, 'Flintshire One Hundred Years Ago', *FHSJ*, 17(1957), 67–81.

[51] LlGC, SA/RD/52. Cofnodion plwyfi yn Neoniaeth y Trallwng a Chaereinion (1844) a Deoniaeth Cedewain (1842).

[52] LlGC, SD/QA/206, 1848.

[53] LlGC, LL/QA/5, 1771 (Deoniaeth Y Fenni).

[54] LlGC, LL/QA/37 (Deoniaeth Y Fenni a Threfynwy; Deoniaeth Brynbuga).

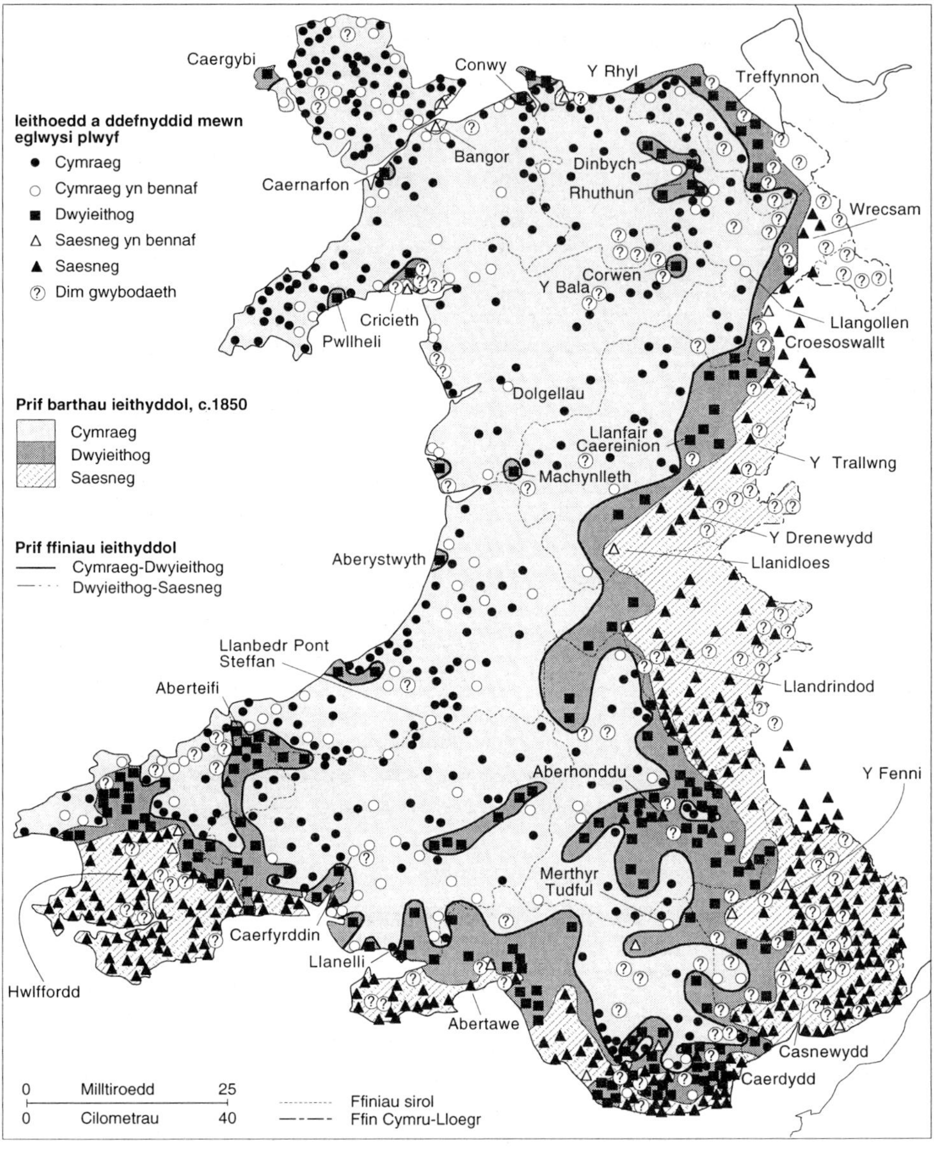

Ffigur 6. Parthau iaith, *c.*1850

hefyd, yn ei dro, yn cael ei ddisodli ac yn ymdreiddio i gymoedd Cymraeg eu hiaith y maes glo, a oedd newydd ddechrau cael ei ddatblygu'n fasnachol.

Cynhwysir yn y cofnodion eglwysig wybodaeth bwysig sy'n dangos bod agweddau gwrth-Gymraeg yn ennill tir. Yn Saint Hilari ni chaniateid i'r plant siarad Cymraeg yn eu dosbarthiadau catecism.[55] Dair blynedd wedi iddynt gefnu ar yr iaith yn eglwys Sant Martin yn Eglwysilan, fodd bynnag, bu'n rhaid cynnal gwasanaethau Cymraeg drachefn wedi i nifer o labrwyr Cymraeg eu hiaith symud i mewn i'r ardal.[56] Ymddengys fod penderfyniad yr eglwysi i fabwysiadu polisi dwyieithog yn rhagamod tuag at Seisnigo llwyr. Byddai angen y Saesneg ar gyfer cyfathrebu â thrigolion mannau cyfagos a oedd eisoes wedi eu Seisnigo. Yn wir, dyma oedd y prif reswm, i bob golwg, dros ehangu'r parth dwyieithog yn y lle cyntaf. Mewn geiriau eraill, daliai'r parth dwyieithog i ddatblygu'n raddol ac ymledu trwy gyswllt uniongyrchol a oedd, o bosibl ond nid o raid, ynghlwm wrth symudiad pobl.

Dengys Ffigur 6 fod ehangu sylweddol wedi digwydd yn hanner gorllewinol Morgannwg, y tu draw i ddyffryn Llwchwr yn sir Gaerfyrddin ac o gwmpas aber afon Tywi. Yn sir Benfro, lle'r oedd y ffin ddeheuol yn dal i gydredeg yn fras â'r *Landsker* hanesyddol, yr oedd arwyddion digamsyniol erbyn y 1850au o ymdreiddio pellach i'r gorllewin tuag at Abergwaun ac i mewn i rannau isaf dyffryn Teifi. Er eu bod yn Gymry, ymddengys fod yr offeiriaid Anglicanaidd yn awyddus i gynnal gwasanaethau yn Saesneg, hyd yn oed yn y lleoedd Cymreiciaf. Er enghraifft, mewn adroddiad i'r esgob dywedodd rheithor Llanstinan a Llanfair Nant-y-gof (oddeutu pum milltir o Abergwaun) – gŵr nad oedd, yn ôl pob tebyg, yn gyfarwydd ag ysgrifennu yn Saesneg – mai un gwasanaeth yn unig a gynhelid yn ei eglwysi ar y Sul 'at 10am and 2½pm on alternate Sabbaths [*sic*] and [I] place the English & Welsh promisceously [*sic*]'![57]

O gymharu â'r sefyllfa ar ddechrau'r ganrif, yr oedd y Saesneg wedi ennill troedle sicr mewn llawer rhagor o blwyfi yng nghefn gwlad. Yn rhannol, yr oedd y newidiadau hyn yn gysylltiedig â'r datblygiadau mewn gwasanaethau cyhoeddus, megis rheilffyrdd a chanolfannau gwyliau, a'r ffaith fod Saeson ariannog yn ymddeol i'r Gymru wledig. O ganlyniad, cynhaliai eglwysi Beddgelert a Chapel Curig wasanaethau yn Saesneg yn ystod misoedd yr haf.[58] Yn Llangorwen i'r gogledd o Aberystwyth, Cymraeg oedd iaith y ddau wasanaeth a gynhelid ar y Sul, ond 'with a post epitome of the Sermon in English'. Ac yn ôl yr adroddiad gofwy am Langrannog ym 1845: 'An English sermon is delivered every Sunday . . . for the benefit of half a dozen people – the other services are in Welsh.' Daw tystiolaeth ddiddorol o odre dyffryn Teifi. Yno, er mai Cymraeg oedd prif iaith yr addoliad cyhoeddus yn Llechryd, 'partly English and partly

[55] Am ragor o fanylion, gw. Pryce, 'Language Areas and Changes, c.1750–1981', 271–81.

[56] LlGC, LL/QA/35, 1848.

[57] LlGC, SD/QA/140, 1848 (Archddiaconiaeth Tyddewi).

[58] LlGC, B/QA/27, c.1850.

Welsh' oedd y disgrifiad o'r ddau wasanaeth a gynhelid nid nepell i ffwrdd yn Nhroed-yr-aur ym 1845. Yn ei Saesneg trwsgl, nododd y rheithor:

> I had at first here one whole English the other wholly Welch but the Rebecca riots drove away most of the English. Since, I have regularly Welch two services where I have no English attendants . . .[59]

I'r dwyrain, dros fynyddoedd gogledd sir Frycheiniog, parhâi'r parth dwyieithog i roi pwysau ar y Gymru Gymraeg, a cheid cyferbyniadau sydyn a thrawiadol mewn plwyfi cyfagos i'w gilydd. Adroddodd nifer go dda o blwyfi eu bod yn defnyddio'r Gymraeg ond bod rhan o leiaf o'r gwasanaeth yn Saesneg, a bod y plant i gyd yn siarad Saesneg.[60]

Digwyddodd newidiadau lleol trawiadol yn y *milieu* ieithyddol yn y plwyfi hynny yng ngogledd sir Benfro a oedd yn agos at y prif barth dwyieithog. Er enghraifft, yn Llanychlwydog, ychydig filltiroedd i'r dwyrain o dref Abergwaun, ym 1845 cynhelid gwasanaethau 'chiefly in the Welsh language', ond ym mhentref Dinas gerllaw yr oedd y sefyllfa yn wahanol: 'the coastguard being now stationed at Dinas and there being 2 or 3 other English residents parts of the Service and Sermon are given in English'.[61] Yn yr un modd, yr oedd amrywiadau i'w canfod rhwng nifer o blwyfi eraill ar hyd y glannau, ac yn enwedig ym mherfedd Bro Morgannwg.[62]

Er gwaethaf yr holl arwyddion hyn o Seisnigo cynnar, fodd bynnag, yr oedd y rhan fwyaf o diriogaeth y wlad yn dal ym meddiant y Gymru Gymraeg. Ymddengys hefyd mai'r Gymraeg oedd dewis iaith mwyafrif y bobl. Adlewyrchir hyn yn y modd y geiriwyd un ymholiad gan esgob Bangor yn ei adroddiad gofwy oddeutu 1850: 'Qu.10 Is English Service ever performed in your Church?'[63] Yng nghyd-destun y cyfnod, y mae hwn yn gwestiwn tra arwyddocaol. Gwasanaethai esgobaeth hynafol Bangor rai o'r plwyfi Cymreiciaf. Y tu allan i'r trefi gwyliau a'r porthladdoedd, ac yn enwedig yn y cymunedau anghysbell, yr oedd y Saesneg yn dal yn iaith gymharol ddieithr, hyd yn oed yng nghanol y bedwaredd ganrif ar bymtheg.[64] Ym Mangor, lle'r oedd y bregeth a'r gwasanaethau corawl yn Saesneg, parheid i ddefnyddio'r Gymraeg ar gyfer y rhannau hynny o'r gwasanaeth a oedd agosaf at y bobl, sef darllen y salmau a chanu emynau.[65] At hynny, hyd yn oed yn yr ardaloedd trwyadl ddwyieithog a nodir yn Ffigur 6, mynychai llawer mwy o

[59] LlGC, SD/QA/17 Llangorwen (Archddiaconiaeth Aberteifi).
[60] LlGC, SD/QA/206, 1848 Llanwrthwl (Archddiaconiaeth Brycheiniog a Maesyfed).
[61] LlGC, SD/QA/17, 1845 (Archddiaconiaeth Aberteifi).
[62] LlGC, SD/QA/77, 1848 (cofnodion Llansamlet, Archddiaconiaeth Caerfyrddin); LlGC, LL/QA/35, 1848 (Llanfihangel-y-Bont-faen a Threfflemin, Pendeulwyn, Llanfihangel-ar-Elái, Deoniaeth Morgannwg).
[63] LlGC, B/QA/27, Crynodeb o'r cofnodion, *c.*1850.
[64] Am fap yn dangos yr hen esgobaethau, gw. Pryce, 'Welsh and English in Wales, 1750–1971', 4.
[65] LlGC, B/QA/27, *c.*1850 (cofnod Eglwys Gadeiriol Bangor).

bobl y gwasanaethau a gynhelid yn gyfan gwbl neu'n bennaf trwy gyfrwng y Gymraeg na'r gwasanaethau Saesneg.[66]

Er hynny, dengys yr adroddiadau fod y defnydd o'r Saesneg yn cynyddu. Yn achlysurol, fodd bynnag, ceir tystiolaeth o dueddiad gwahanol, megis pan hysbyswyd Esgob Bangor na chynhelid gwasanaethau Saesneg yn Aberffro a Llanfaelog wedi i'r rheilffordd gael ei chwblhau.[67] Ond, yn gyffredinol, y duedd oedd defnyddio rhagor o Saesneg. Er mai er budd ymwelwyr haf y cyflwynwyd gwasanaethau Saesneg yn wreiddiol, ymhen amser troes iaith yr addoliad yn Saesneg, yn unig neu'n bennaf, trwy gydol y flwyddyn. Ar ben hyn, fel y dengys y dadansoddiad cartograffig, wrth i'r hierarchaeth drefol dyfu,[68] ymdreiddiai'r Saesneg o'r trefi i gadarnleoedd y Gymraeg, yn enwedig yn y gogledd-orllewin ac ar hyd arfordir Bae Ceredigion.

Yr Ardal Graidd Gymraeg a Phatrymau Newid Rhanbarthol

O gymharu â'r sefyllfa yn y 1850au, yr oedd llawer mwy o gymunedau yn gyfan gwbl ddwyieithog erbyn degawd cyntaf yr ugeinfed ganrif. Eto i gyd, yr oedd llawer o ardaloedd y gogledd a'r gorllewin – y Gymru Fewnol, chwedl E. G. Bowen – yn dal i fod yn graidd Cymreictod (Ffigur 7). Erbyn hyn, yr unig ystadegau y disgwylid i'r offeiriaid eu cyflwyno oedd presenoldeb yn yr eglwys ac iaith/ieithoedd yr addoli. Yn aml, fodd bynnag, byddent yn ychwanegu eu sylwadau eu hunain, gan daflu goleuni pellach ar amgylchiadau lleol. Yn ardal eglwysig newydd Rhos-y-bol yn sir Fôn (a ffurfiwyd allan o ran o blwyf Amlwch ym 1874) Cymraeg oedd iaith y ddau wasanaeth a gynhelid ar y Sul, ond cynhelid gwasanaeth Saesneg 'yn anaml'. Yn Llanfair Pwllgwyngyll a Llandysilio (hefyd yn sir Fôn), lle y cynhelid pum gwasanaeth yn Saesneg a phedwar yn Gymraeg, a hefyd yn Llanbedrog yn Llŷn, yr oedd llawer mwy yn mynychu'r gwasanaethau Cymraeg na'r rhai Saesneg. Yn Llanddeiniolen, cyfyngid y Saesneg i'r capel anwes a chynhelid holl wasanaethau eglwys y plwyf yn gyfan gwbl trwy gyfrwng y Gymraeg. Mewn nifer o eglwysi defnyddid y Saesneg ym misoedd yr haf yn unig neu, fel yn Nhal-y-llyn, dim ond 'when English parties are present'.[69]

Erbyn 1902 yr oedd y parth dwyieithog wedi ymwthio tua'r gorllewin i mewn i sir Drefaldwyn. O ganlyniad, ceid gwahaniaethau sylweddol o fewn daearyddiaeth iaith canol y sir. Y mae'r trawsnewid ieithyddol rhwng y Gymraeg yn y gorllewin a'r Saesneg yn y dwyrain, rhwng tref fechan a'i chyffiniau gwledig, yn

[66] LlGC, B/QA/27, *c.*1848 (cofnod Caergybi).

[67] LlGC, B/QA/27, *c.*1850 (Deoniaeth Môn).

[68] Harold Carter, *The Growth of the Welsh City System* (Cardiff, 1969); hefyd Harold Carter a C. R. Lewis, *An Urban Geography of England and Wales in the Nineteenth Century* (London, 1990), tt. 54–92.

[69] LlGC, B/QA/33, 1900 cofnodion Llanenddwyn a Llanddwywe; cofnod Tal-y-llyn (Meirionnydd); SA/QA/28, 1902, cofnodion Llanuwchllyn, Corwen a'r Rug (capel anwes) (Meirionnydd); cofnod Bryneglwys (sir Ddinbych).

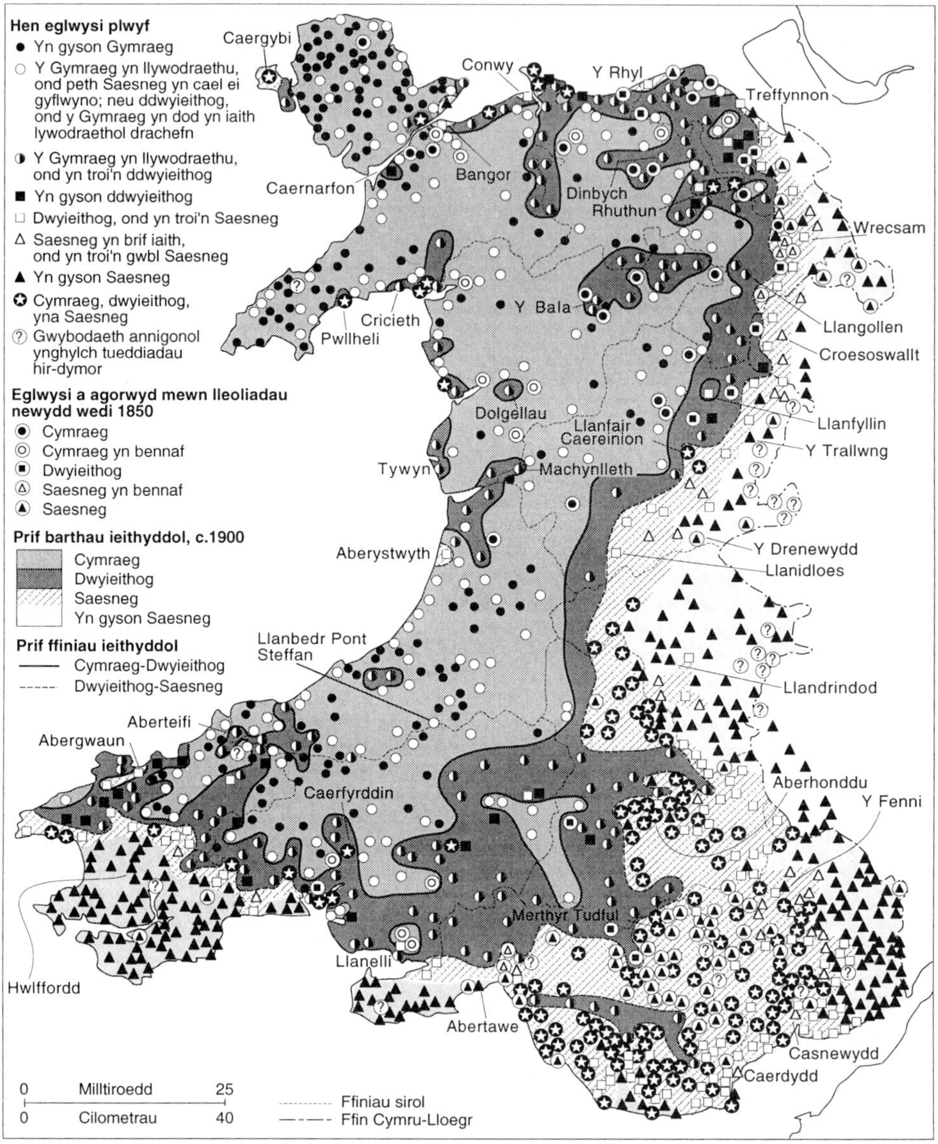

Ffigur 7. Parthau iaith yn y 1900au cynnar a thueddiadau hir-dymor mewn mannau arbennig, *c.*1750–1906

cael ei amlygu'n eglur gan y sefyllfa mewn clwstwr o eglwysi yn Nyffryn Banw. Ym mhlwyf ucheldirol Garthbeibio, Cymraeg oedd iaith y gwasanaethau i gyd ac ni chynhelid ond dau wasanaeth y flwyddyn yn Saesneg. Ychydig yn nes i lawr y dyffryn yn Llanerfyl, a hefyd yn eglwys Pontrobert (a sefydlwyd ym 1854), cynhelid mwyafrif y gwasanaethau yn Gymraeg, ond yr oedd nifer y gwasanaethau Saesneg wedi cynyddu i un y mis. 'Yn achlysurol' y cynhelid gwasanaeth Saesneg yn eglwys Dolanog (a sefydlwyd ym 1856). Yn nhref farchnad Llanfair Caereinion, fodd bynnag, lle y ceid crefftwyr, gwaith cynhyrchu gwlân, siopau, banciau a swyddi proffesiynol, heb sôn am gysylltiadau mwy niferus â'r byd mawr y tu allan, cynhelid gwasanaeth yn Gymraeg ac yn Saesneg bob yn ail wythnos yn eglwys blwyf helaeth y dref.[70]

Pur arwyddocaol yw'r enghreifftiau o ymdreiddio o'r parth dwyieithog i mewn i'r Gymru Gymraeg oherwydd eu bod yn cadarnhau bod goresgyniad diwylliannol yr ardaloedd craidd Cymraeg wedi dwysáu (cymharer Ffigur 7 â Ffigur 6). Yn y gogledd, yr oedd 'siarad Saesneg' wedi graddol dreiddio ar hyd y glannau cyn belled â Chaernarfon, gan gysylltu Bangor, Porthaethwy a Biwmares â'r prif drefi gwyliau. Erbyn hynny hefyd yr oedd dyffrynnoedd Conwy a Chlwyd wedi mynd yn goridorau i'r proses Seisnigo lifo ar hyd-ddynt, gan lastwreiddio Cymreictod yr ardaloedd craidd yng nghefn gwlad. Troes y gwasanaethau yn ddwyieithog hefyd mewn llawer rhagor o eglwysi plwyf ar hyd Bae Ceredigion. Yn amlwg, yr oedd lledaeniad y Saesneg i mewn i'r Gymru wledig yn gysylltiedig â phrosesau trefoli. Yn wir, cadarnha'r ffeithiau a gyflwynir yn Ffigur 7 y pwynt pwysig a wnaed gan S. W. Williams, sef bod y prosesau lledaenu wedi bod yn gweithredu ymhell cyn 1901.[71] Yr oedd y trefi dan sylw yn dal yn fychan iawn a heb eu datblygu, a thu allan i'r canolfannau ymdoddai'r *milieu* ieithyddol yn fuan i Gymreictod traddodiadol y cefn gwlad. Llwyddodd y Gymru wledig, felly, i gadw Cymreictod a hunaniaeth ddiwylliannol y genedl yn fyw, er gwaethaf y ffaith iddi golli cynifer o'i phobl o'r 1830au ymlaen.

Ceir yn y sylwadau ychwanegol a anfonwyd gyda'r ffurflenni gofwy lawer o wybodaeth werthfawr am y sefyllfa leol a'r newidiadau a fu mewn ardaloedd Saesneg eu hiaith. Yr oedd holl eglwysi Penrhyn Gŵyr wedi cynnal eu gwasanaethau yn Saesneg er 1755 o leiaf. Serch hynny, ym mhlwyf Llanrhidian (gan gynnwys Pen-clawdd) ym 1900, yn Gymraeg y traddodid testun y bregeth ac ambell bregeth hefyd.[72] Ond, fel y nododd y rheithor, nid oedd yr un o'r plant a allai siarad Cymraeg yn gallu darllen yr iaith, ac meddai: 'All the intelligent W. Folk are Nonconformists – practically without exception'![73] Ymhellach i'r gorllewin, yn ne sir Benfro, parheid i ddefnyddio rhywfaint o Gymraeg yn Ninbych-

[70] LlGC, SA/QA/28, 1902. Crëwyd plwyf Dolanog allan o Lanfihangel-yng-Ngwynfa.

[71] S. W. Williams, 'The Urban Hierarchy, Diffusion, and the Welsh Language: A Preliminary Analysis, 1901–71', *Cambria*, 8, rhif 1 (1981), 37.

[72] LlGC, SD/QA/61, 1755 (Archddiaconiaeth Caerfyrddin).

[73] LlGC, SD/QA/114, 1900 (Archddiaconiaeth Caerfyrddin).

y-pysgod (ar gyfer Cymry Cymraeg a oedd yno ar wyliau, yn ôl pob tebyg), ond yr oedd plwyf Uzmaston yn 'absolutely English, except a few [who] have migrated into it and perhaps use Welsh in private'.[74]

Erbyn blynyddoedd cyntaf yr ugeinfed ganrif Saesneg oedd unig iaith y gwasanaethau ym mwyafrif llethol y plwyfi ar y gororau yn sir Faesyfed a sir Frycheiniog. Yng Nghefn-llys (ger tref ffynhonnau Llandrindod), lle y gwyddys i wasanaethau dwyieithog gael eu cynnal tan 1762,[75] dywedwyd wrth yr esgob yn eithaf pendant ond yn hollol gyfeiliornus, 'Welsh died out 200 years ago'. Er mai Saesneg oedd iaith y boblogaeth breswyl ers cenedlaethau, cynhelid gwasanaethau Cymraeg ar brynhawn Sul yn eglwys blwyf Llanfair-ym-Muallt yn ystod tymor y gwyliau, ond, yn ôl y rheithor, 'too few came to encourage me to continue'. Tystia'r sylwadau a ddaeth o amryw o blwyfi sir Frycheiniog fod agweddau gwrth-Gymraeg hollol agored yn bodoli. Yn Llanfihangel Abergwesyn pwysleisiwyd: 'the children's parents *want* English'. Er mai Cymraeg oedd iaith yr ysgol Sul yn Llanwrtyd, ychydig yn nes i'r de, ym Mochrwyd, honnid (eto'n gyfeiliornus): 'No Welsh is spoken in the country.' Llawer nes at y gwir oedd yr hyn a ddywedwyd am Grucywel, sef 'Sunday school children here do not speak or understand Welsh', gan awgrymu, wrth reswm, fod y bobl hŷn yn dal i siarad yr iaith.[76]

I bob diben, felly, ac yn enwedig mewn ardaloedd lle'r oedd pwysigion lleol yn weithredol wrthwynebus i'r Gymraeg, ymddengys mai cyfnod o drawsnewid yn ystod y proses unffordd tuag at Seisnigo llwyr oedd dwyieithrwydd.[77] Oherwydd yr amgylchiadau a'r agweddau a fodolai trwy gydol y bedwaredd ganrif ar bymtheg, unwaith y deuai cymuned yn ddwyieithog methai'r genhedlaeth nesaf â chadw'r Gymraeg yn iaith lafar fyw. Wrth i lanw diwydianeiddio a Seisnigo ymledu ymhellach i'r broydd Cymraeg, gadawyd 'mewngreigiau' o siaradwyr Cymraeg o fewn y prif barth dwyieithog, megis ym Morgannwg (Ffigur 7). Yn wir, cymoedd diwydiannol sir Fynwy a sir Forgannwg a gofnododd y goresgyniad tiriogaethol mwyaf o Seisnigrwydd yng Nghymru gyfan. Profodd y ddwy sir hyn, yn anad unman arall, y newidiadau diwylliannol dyfnaf trwy ddiwydianeiddio, trefoli a dyfodiad niferoedd mawr o fewnfudwyr rhwng oddeutu 1850 a degawd cyntaf yr ugeinfed ganrif. Yn ei ddadansoddiad pwysig o'r newidiadau ieithyddol a ddigwyddodd mewn rhyw 500 o gapeli a berthynai i enwad y Bedyddwyr yn yr

[74] LlGC, SD/QA/175, 1900 (Archddiaconiaeth Tyddewi).

[75] LlGC, SD/QA/181, 1762 (Archddiaconiaeth Brycheiniog).

[76] LlGC, SD/QA/248, 1900 (Archddiaconiaeth Brycheiniog a Maesyfed).

[77] Hyd yn ddiweddar ymddengys fod sylwebyddion hyddysg wedi tybio mai newid un-ffordd yn arwain at Seisnigo llwyr oedd dwyieithrwydd. Gw., e.e., Iorwerth C. Peate, *Syniadau* (Llandysul, 1969), tt. 77–88; idem, *Tradition and Folk Life: A Welsh View* (London, 1972), t. 137. Ar ddiwedd yr ugeinfed ganrif y mae llwyddiant y mudiad ysgolion Cymraeg yn herio dilysrwydd y farn honno.

union gymunedau hyn, ategwyd yn annibynnol gan Philip N. Jones y modd yr oedd y Gymru Fewnol yn colli tir.[78]

Y Cymhlyg Rhanbarth Diwylliant ym Mlynyddoedd Cynnar yr Ugeinfed Ganrif

Y mae model rhanbarth diwylliant Meinig yn cynnig fframwaith pwysig a phriodol ar gyfer dehongli'r holl newidiadau a drafodir yn y bennod hon. Erbyn diwedd y ganrif, yr oedd y parth dwyieithog nid yn unig wedi ymdreiddio ymhellach i'r ardal 'graidd' Gymraeg ond wedi ehangu hefyd i feddiannu tiriogaeth lawer helaethach nag yn y ganrif flaenorol. O'r pwys mwyaf yn ogystal yw'r modd y daeth bron pob tref fechan neu gyrchfan wyliau o fewn y Gymru Gymraeg yn ganolfan leol i ledaenu'r iaith Saesneg ymhellach. Mewn rhai rhannau o Gymru, megis ar hyd arfordir y gogledd, daliai'r mannau hyn i ffynnu ac i erydu ardaloedd craidd y Gymraeg.

Oherwydd yr anghysonderau yn y raddfa ddaearyddol rhwng y data demograffig ac ieithyddol, ni allwn ddynodi'r dolennau achos ac effaith uniongyrchol rhwng newidiadau'r ardal ddiwylliant a'r symudiadau demograffig. Serch hynny, ymddengys fod Cymreictod yr ardaloedd craidd wedi ei gadw'n fyw oherwydd, yn baradocsaidd, fod y cymunedau hyn ar yr un pryd yn ardaloedd anfon a derbyn yn y proses mudo. Awgryma tystiolaeth y cyfrifiad fod rhai o leiaf o'r allfudwyr o'r ardaloedd craidd mewnol yn cael eu disodli gan fewnfudiad detholus o bobl a aned mewn rhannau eraill o Gymru, yn enwedig y Gymru Fewnol.

Yn ei ddatganiad gwreiddiol o'r syniad o ranbarth diwylliant, honnodd Meinig mai gwrthdaro ac nid cydweithredu a oedd, fwy na thebyg, yn nodweddu'r pwyntiau cyswllt rhwng gwahanol bobloedd. O ran tirwedd, gallai hynny godi o anghydfod ynghylch meddiant tir a chodi amddiffynfeydd, gwrthgloddiau a phethau o'r fath, a ddynodai fod rhywrai wedi ceisio goresgyn tiroedd pobl neilltuol. Yn achos Cymru, y parth dwyieithog rhwng y Gymru Fewnol a'r Gymru Allanol, sef parth y trawsnewid rhwng y Gymru Gymraeg a'r Gymru ddi-Gymraeg, sydd fwyaf arwyddocaol yn hyn o beth. Ar sail y dystiolaeth ddaearyddol a drafodir yn y bennod hon, ymddengys fod y parth dwyieithog wedi gweithredu fel y diriogaeth lle'r eid i'r afael â grymoedd allanol, a daeth felly'n gyfwerth o ran swyddogaeth â *domain* Meinig. Yng ngoleuni agweddau'r bedwaredd ganrif ar bymtheg, a oedd gymaint o blaid cyflwyno'r Saesneg i'r bobl i gyd, gellir hefyd synio am y parth dwyieithog fel y 'ffrynt strategol', a defnyddio term Meinig. Mewn gair, y parth dwyieithog oedd y parth Seisnigo lle y ceid y bygythiadau mwyaf, o 1800 ymlaen, i barhad hir-dymor yr ardaloedd craidd Cymraeg ym mherfedd gwlad.

[78] Philip N. Jones, 'Baptist Chapels as an Index of Cultural Transition in the South Wales Coalfield before 1914', *Journal of Historical Geography*, 2, rhif 4 (1976), 346–60.

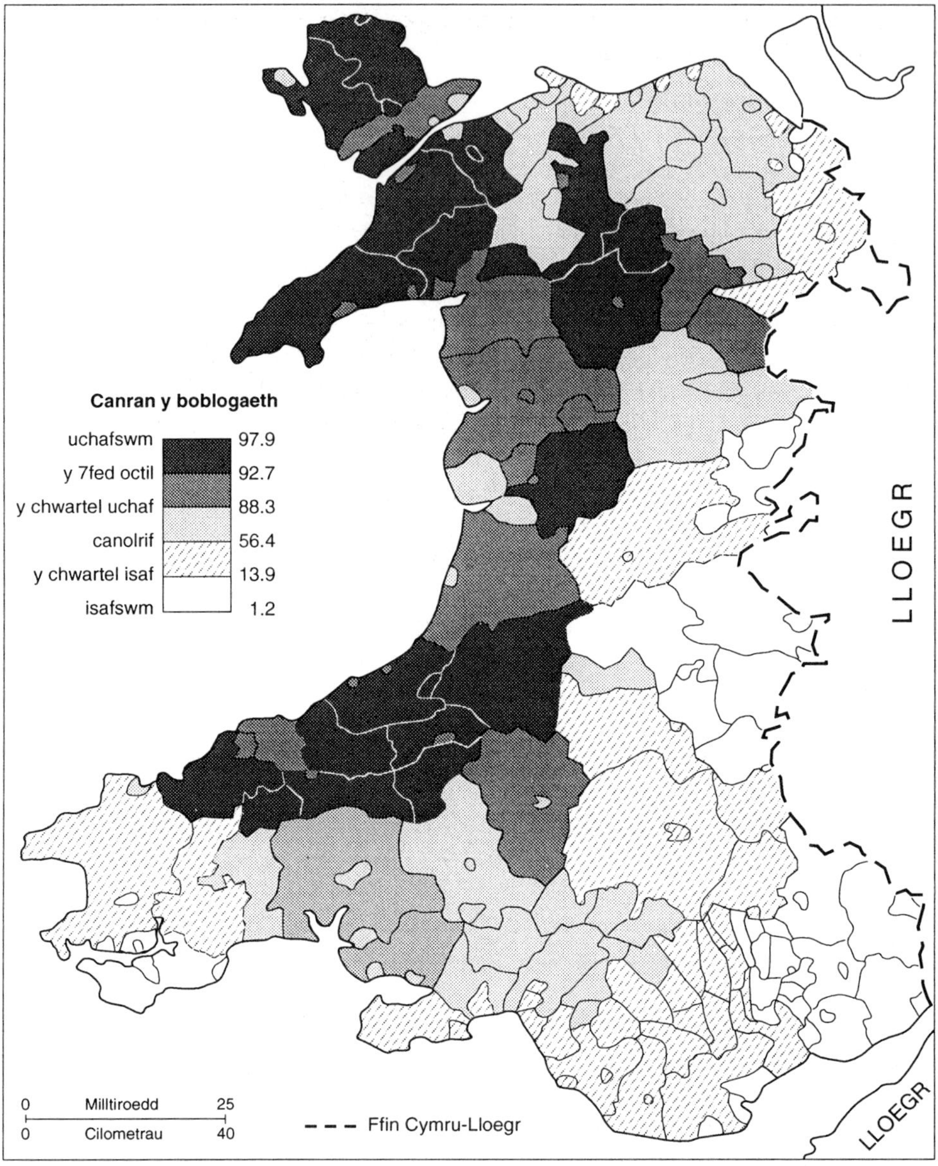

Ffigur 8. Siaradwyr Cymraeg (uniaith a dwyieithog) 3 oed a hŷn, 1911

Daearyddiaeth Iaith ym 1911

Er mai ardaloedd gweinyddol trefol a gwledig (ond nid plwyfi) a gynhwysid yng nghyfrifiad 1901, yr oedd y data ynghylch siaradwyr y Gymraeg a geid ynddo yn welliant sylweddol ar y cyfrif cyntaf ohonynt ym 1891.[79] Gan ddechrau ym 1901, gallwn ddefnyddio'r data hyn i astudio'r newidiadau manwl o ddegawd i ddegawd. Dengys Ffigur 8 ddosbarthiad y boblogaeth Gymraeg ei hiaith (yn Gymry uniaith a dwyieithog 3 oed a throsodd) ym 1911. Atega ystadegau'r cyfrifiad yr wybodaeth fanwl, fesul ardal, a gafwyd wrth ddadansoddi iaith yr addoliad yn yr eglwysi. Y mae'n drawiadol fod yr ardaloedd craidd Cymraeg (ardaloedd a chanddynt 88 y cant neu ragor o siaradwyr Cymraeg) yn parhau i fod yn y mwyafrif, er bod y trefi, fel rheol, yn cofnodi cyfraneddau llai na'r wlad o'u hamgylch. Diddorol iawn yw'r ffaith fod y craidd Cymraeg ym 1911 yn ymestyn ar draws gogledd Cymru hyd at y ffin â Lloegr yn ardal Llansilin, ychydig o filltiroedd i'r gorllewin o Groesoswallt. O gryn ddiddordeb hefyd yw'r modd y cofnododd cymunedau dwyrain sir Gaerfyrddin (yng nghyffiniau Llanelli, ac yn enwedig cymoedd Gwendraeth ac Aman) gyfraneddau uchel iawn o siaradwyr Cymraeg. Yn y lleoedd hyn ceid cyfuniad o ffermio traddodiadol ac o weithio tymhorol yng ngweithfeydd y glo caled. O ganlyniad, ceid llai o fewnfudwyr yn yr ardaloedd hyn nag ym Morgannwg, a pharhâi'r Gymraeg i fod yn iaith bob dydd cymunedau cyfain.[80]

Mewn cyferbyniad llwyr, cynrychiolir y Gymru Allanol gan yr ardaloedd dwyreiniol hynny lle y cofnodwyd llai na 14 y cant o'r boblogaeth leol yn siaradwyr Cymraeg ym 1911. Yr oedd y rhain yn cynnwys yr holl ardaloedd llywodraeth leol ar y gororau: ardal Maelor yn nwyrain sir Y Fflint, Y Trallwng a'r Drenewydd yn nyffryn Hafren, sir Faesyfed gyfan, a sir Fynwy bron i gyd. Yn llawer iawn o'r mannau hyn yr oedd llai na 3 y cant o'r boblogaeth yn siaradwyr Cymraeg. Ym mwrdeistref Mynwy, lle'r oedd cyn lleied ag 1.2 y cant o'r boblogaeth yn siarad Cymraeg, y ceid y gyfran isaf o siaradwyr Cymraeg yng Nghymru gyfan.

O'u hystyried ochr yn ochr ag ardaloedd cyfagos, gellir synio am holl ardaloedd y gororau fel darlun o barthau mwyaf allanol Cymreictod. Er eu bod yn dal i gael eu gweinyddu fel rhan o Gymru, yr oedd y cymunedau hyn, am resymau hanesyddol ac economaidd, ynghlwm wrth 'drefi sirol' dros y ffin yn Lloegr, a pharhaent i gynnal cysylltiadau cymdeithasol a diwylliannol agos â'r trefi hynny. Ni fyddai lleoedd o'r fath yn debygol o ddenu Cymry i ymsefydlu ynddynt am

[79] Cyhoeddwyd nifer y siaradwyr Cymraeg mewn plwyfi sifil am y tro cyntaf ym 1921, gw. Pryce, 'The British Census and the Welsh Language'. Gw. hefyd J. E. Southall, *The Welsh Language Census of 1891* (Newport, 1895); idem, *The Welsh Language Census of 1901* (Newport, 1904).

[80] H. Carter a J. G. Thomas, 'Population and Language' a G. M. Howe, 'The South Wales Coalfield' yn E. G. Bowen (gol.), *Wales: A Physical, Historical and Regional Geography* (London, 1957), tt. 254, 387.

resymau economaidd na diwylliannol. Mewn gair, yr oedd yr ardaloedd hyn yn arddangos nodweddion cynhenid y tiriogaethau *sphere* ym model rhanbarth diwylliant Meinig.

Oherwydd yr amrywiadau yn eu maint, nid yw'r ardaloedd llywodraeth leol yn darparu rhwydwaith ystadegol digon mân i adlewyrchu'r gwahaniaethau lleol, yn enwedig yng nghanolbarth Cymru. Yr ardaloedd sy'n ymddangos eu bod yn dod agosaf at barthau *domain* Meinig yw'r mannau helaeth hynny a welir yn Ffigur 8, lle y gostyngodd cyfrannedd y siaradwyr Cymraeg o fewn yr amrediad rhyngchwarterol (*inter-quartile range*) (hynny yw, rhwng 88.3 a 13.94 y cant). Y rhain yw'r ardaloedd trawsnewidiol a oedd, ym 1911, yng nghanol newidiadau demograffig ac ieithyddol, yn enwedig y rheini a ostyngai o dan y canolrif o 54.62 y cant o siaradwyr Cymraeg (Ffigur 8). Yn eu plith yr oedd trefi glan môr y gogledd lle y byddai pobl yn mynd ar wyliau neu'n ymddeol iddynt. Felly hefyd y treflannau diwydiannol ger maes glo'r gogledd-ddwyrain, rhan helaeth o dde sir Drefaldwyn a dyffryn Hafren, a sir Frycheiniog i gyd. Yn ne Cymru, gellid cynnwys cymoedd glofaol sir Fynwy, rhannau o ddwyrain a chanol Morgannwg, tref Abertawe (ond nid ei chyffiniau diwydiannol), Penrhyn Gŵyr a chryn dipyn o sir Benfro. Dylid nodi, fodd bynnag, gan fod ardaloedd yr awdurdodau lleol mor fawr, fod y manylion lleol yn mynd ar goll a'r sefyllfa ieithyddol a ddangosir ar y map hwn ar gyfer sir Benfro yn llawer rhy gyffredinol.

Gellir astudio rhywfaint rhagor ar y ddynameg sylfaenol trwy enwi'r mannau lle y digwyddodd y newidiadau iaith mwyaf arwyddocaol rhwng 1901 a 1911. Gan fod hyd yn oed mân newidiadau mewn poblogaeth sail fechan yn dangos newid canrannol mawr a chamarweiniol, hepgorwyd yn y dadansoddiad hwn (Ffigur 9) yr ardaloedd hynny lle y ceid llai na 500 o siaradwyr Cymraeg ym 1901. Y mae'n arwyddocaol fod y cynnydd mwyaf yng nghyfradd y siaradwyr Cymraeg yn nechrau'r ugeinfed ganrif wedi digwydd yng nghymunedau diwydiannol gorllewin sir Forgannwg a dwyrain sir Gaerfyrddin – sef mewn cylchran o gymunedau diwydiannol yn ymestyn o Fargam yn y dwyrain ac yn cynnwys cymoedd Aman a Gwendraeth yn y gorllewin. Ardal arall lle y cynyddodd niferoedd y siaradwyr Cymraeg yn sylweddol oedd Cwm Rhymni ar hyd y ffin rhwng siroedd Morgannwg a Mynwy. Yr oedd y rhain ymhlith y lleoedd mwyaf bywiog eu Cymreictod. Cafwyd cynnydd hefyd yn y cymoedd yng nghanol y maes glo ager.

Dengys yr holl dystiolaeth fod y Cymry yn negawdau cyntaf yr ugeinfed ganrif yn dal i wladychu eu gwlad eu hunain. Deuai llif cyson o siaradwyr Cymraeg i gyfnerthu Cymreictod nid yn unig y cymunedau glofaol ond hefyd y canolfannau diwydiannol eraill megis Llanelli, a welodd gynnydd o 16.49 y cant yn nifer ei siaradwyr Cymraeg ym 1901–11. Y tu hwnt i'r maes glo, yr oedd y cynnydd yn llai yn nes i'r de yn Aberafan (9.80 y cant ym 1901–11) ac yn y trefi porthladd newydd, megis Porth Tywyn (13.87 y cant) a'r Barri (7.03 y cant o gynnydd). I raddau helaeth, achoswyd y cynnydd gan fewnfudiad gweithwyr o gymunedau

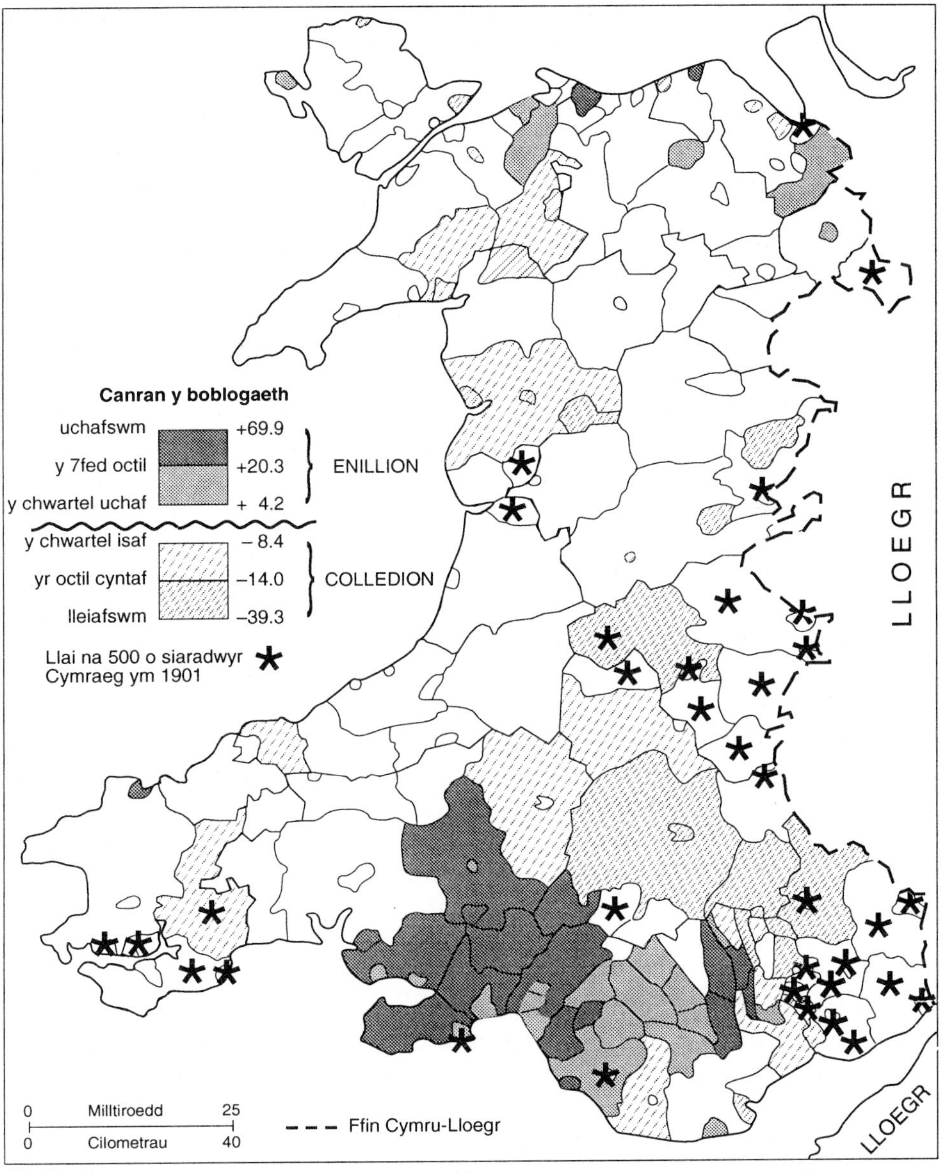

Ffigur 9. Siaradwyr Cymraeg: newidiadau canrannol rhwng 1901 a 1911
(Ni ddengys y map hwn ond yr ardaloedd a oedd â'r enillion mwyaf (h.y. uwchben y chwartel uchaf o'r holl newidiadau) a'r colledion pennaf (o dan y chwartel isaf) o blith ardaloedd llywodraeth leol. Ni chynhwyswyd ardaloedd a chanddynt lai na 500 o siaradwyr Cymraeg ym 1901 yn y dadansoddiad o'r newidiadau.)

gwledig o fewn maes y mudo i ardaloedd diwydiannol de Cymru. O'r herwydd, bu gostyngiad sylweddol yn ogystal yn nifer y siaradwyr Cymraeg yn ucheldir sir Faesyfed, gogledd sir Gaerfyrddin, sir Frycheiniog, gogledd sir Fynwy, arfordir de-ddwyrain Cymru a sir Benfro. Erbyn 1911 yr oedd yr holl ardaloedd hyn wedi bod yn anfon mudwyr i'r cymunedau diwydiannol newydd am fwy na dwy genhedlaeth.[81]

Yng ngogledd Cymru yr oedd trefi gwyliau megis Prestatyn (cynnydd o 24.59 y cant ym 1901–11), Bae Colwyn (cynnydd o 23.11 y cant) a Phenmaen-mawr (cynnydd o 10.52 y cant) wedi cofnodi rhagor o siaradwyr Cymraeg ym 1911 nag a oedd ganddynt ddeng mlynedd ynghynt. Ymhlith y mannau eraill a brofodd dwf o'r fath yr oedd Bwrdeistref Dinbych (cynnydd o 4.81 y cant), Dosbarth Gwledig Penarlâg yn sir Y Fflint (11.6 y cant), a Wrecsam (15.82 y cant). Erbyn hynny, yr oedd Wrecsam, a feddai ar holl nodweddion cymuned drefol o'r iawn ryw,[82] wedi datblygu'n ganolfan o bwys ar gyfer gwasanaethau cyhoeddus ac wedi dod yn brif dref y gogledd-ddwyrain diwydiannol.

Atega'r holl gynnydd hwn fod y Cymry yn awr yn ymateb yn eu lluoedd i'r newidiadau economaidd-gymdeithasol sylweddol a ddigwyddasai mewn llai na chan mlynedd yn eu gwlad eu hunain. Ceisient gyfleoedd newydd nid yn unig fel labrwyr, ond hefyd yn y gwasanaethau a'r proffesiynau. Yr oedd porthladdoedd megis Caergybi (cynnydd o 4.66 y cant yn nifer y siaradwyr Cymraeg rhwng 1901 a 1911) ac Abergwaun (cynnydd o 34.76 y cant) ymhlith y mannau lle'r oedd yr iaith yn cryfhau. I'r gwrthwyneb, achosodd y lleihad yn y galw am ddefnyddiau adeiladu ddirywiad yn y cymunedau chwarelyddol a ffynnai gynt. Cofnododd Bethesda, Dolwyddelan, Blaenau Ffestiniog a Chorris ostyngiad sylweddol yn eu poblogaeth. Gan fod trigolion y cymunedau hyn wedi byw a gweithio'n bennaf drwy gyfrwng y Gymraeg, byddai'r fath golledion yn effeithio'n ddifrifol yn y pen draw ar barhad Cymreictod yr ardaloedd craidd canolog.

Mwyafrifoedd Ardaloedd Iaith ym 1911

Y mae'r gwahaniaethau yn y modd y byddai pobl yn synio amdanynt eu hunain, eu cymunedau, eu hiaith a'u tiriogaeth yn gynhenid i lawer o'r pynciau llosg cenedlaethol a drafodid trwy gydol y bedwaredd ganrif ar bymtheg, boed ynglŷn ag addysg, tirfeddiannaeth neu grefydd.[83] Wrth ymchwilio i'r materion ynghylch yr ysgarmesoedd maith rhwng Ymneilltuaeth a'r Eglwys sefydledig, cymerodd y Comisiynwyr Brenhinol safiad a ddeilliai o ystyriaethau diwylliannol yn bennaf.

[81] Jones, 'Population Migration into Glamorgan, 1861–1911', tt. 173–202.

[82] Sandon Irish, 'Spatial Patterns in the Small Town in the Nineteenth Century – a Case Study of Wrexham' (traethawd PhD anghyhoeddedig Prifysgol Cymru, 1987).

[83] *Reports of the Commissioners of Inquiry into the State of Education in Wales . . . in three parts* (London, 1847); Royal Commission on Land in Wales and Monmouthshire, *Report* (London, 1896) (PP 1896 XXXIV); Royal Commission on the Church of England and Other Religious Bodies in Wales and Monmouthshire, *Report* (5 cyf., London, 1910–11).

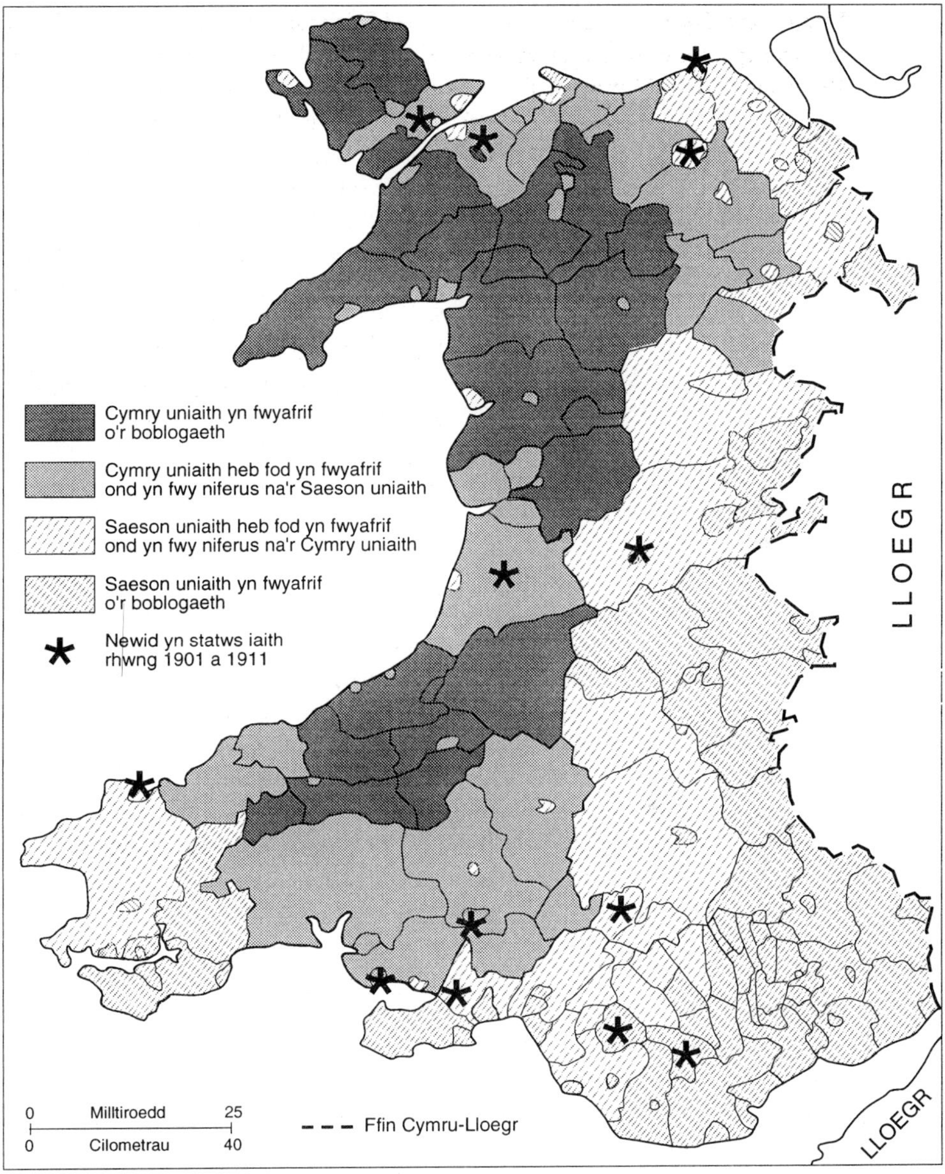

Ffigur 10. Mwyafrifoedd ieithyddol, 1911, a newidiadau yn y mwyafrifoedd ieithyddol rhwng 1901 a 1911

Paratoesant fapiau a ddosbarthai bob ardal awdurdod lleol yn un o bedwar categori gwahanol o ran statws iaith, yn ddibynnol ar iaith fwyafrifol y bobl ym 1901. Lle nad oedd mwyafrif clir, gwneid cymariaethau i ganfod yr iaith gyntaf ymhlith y bobl uniaith. Mewn gwirionedd, lluniodd y comisiwn fap a oedd yn dangos holl nodweddion hanfodol yr ardal ddiwylliant Gymraeg fel yr oedd wedi datblygu erbyn diwedd y bedwaredd ganrif ar bymtheg.[84] Y mae Ffigur 10, sy'n dangos y sefyllfa ieithyddol ym 1911, wedi ei seilio ar yr un patrwm. Y mae'r math hwn o fap yn cynnig golwg synoptig ar y berthynas diriogaethol rhwng y ddwy iaith, yn seiliedig ar werthoedd cymharol a newidiadau canran. Cyflwynir y data mewn ffordd sy'n wahanol ond eto'n gyflenwol i Ffigurau 8 a 9. Unwaith eto, y mae ardaloedd craidd eang y Gymru Fewnol, lle'r oedd Cymry uniaith Gymraeg yn y mwyafrif, yn hollol amlwg yn y gogledd-orllewin a gorllewin y canolbarth, yn enwedig sir Aberteifi a gogledd sir Benfro. Ar ben arall y sbectrwm ieithyddol, gwelir y Gymru Allanol yn y cymunedau dwyreiniol ar hyd y gororau, lle'r oedd y boblogaeth uniaith Saesneg yn y mwyafrif o ddigon. Felly, yng nghyd-destun morffolegol rhanbarth diwylliant Meinig, y cymunedau hyn yw tiriogaethau'r *sphere*. Rhwng y ddwy brif dalaith ddiwylliant, gellir adnabod tiriogaethau trawsnewidiol pwysig y *domain*. Yn y lleoedd hyn gweithredai prosesau newid iaith a goruchafiaeth, ac nid oedd y naill na'r llall o'r grwpiau uniaith yn y mwyafrif.

Ond yn ychwanegol, datgela Ffigur 10 hefyd dystiolaeth am y newidiadau graddol a oedd i barhau trwy gydol degawdau olaf yr ugeinfed ganrif. Gwelir yn amlwg enciliad tiriogaethol yr ardaloedd craidd Cymraeg mewn nifer o fannau allweddol y mae eu lleoliad rhanbarthol yn arwyddocaol: Prestatyn a thref Dinbych yn y gogledd-ddwyrain; ardaloedd awdurdodau lleol o boptu afon Menai yn y gogledd-orllewin; maes glo Morgannwg a maes y glo caled yn ymestyn i ddwyrain sir Gaerfyrddin; ac Abergwaun hefyd. Yn fwy arwyddocaol na'r cyfan oedd y newidiadau statws yng nghanolbarth Cymru yn ardal Cyngor Dosbarth Gwledig Aberystwyth, lle y peidiodd y Cymry uniaith â bod yn y mwyafrif ym 1911. Dylid ystyried y newidiadau hyn yng nghyd-destun y cysylltiadau a oedd yn datblygu rhwng yr ardaloedd hyn a chymunedau Seisnigedig de sir Drefaldwyn y tu draw i'r mynyddoedd yn rhan uchaf dyffryn Hafren. Gwelwn yma'r arwyddion cyntaf o'r chwalfa a oedd i ddigwydd wrth i'r ardal graidd ymrannu'n ddarnau gogleddol a deheuol. Achosodd hyn gryn bryder ar ôl cyfrifiad 1971.[85]

[84] Royal Commission on the Church of England and Other Religious Bodies, *Report*, I, rhan 2 (1911), Atodiad, 'Language map of Wales and Monmouthshire (based on the census of 1901)' (London, 1911). Cloriennir y dull o gasglu yn Pryce a Williams, 'Sources and Methods in the Study of Language Areas: A Case Study of Wales', tt. 189–90.

[85] E. G. Bowen a H. Carter, 'Preliminary Observations on the Distribution of the Welsh Language at the 1971 Census', *The Geographical Journal*, 140, rhan 3 (1974), 432–40.

Er nad oedd ei Chymreictod mor gadarn ag yn nechrau'r bedwaredd ganrif ar bymtheg, yr oedd yr ardal graidd fewnol yn dal i fodoli ym 1911. Erbyn hynny, fodd bynnag, yr oedd wedi crebachu yn sylweddol, ond yr oedd yn dal i fod ynghlwm, yn symbiotig, â'r gyfres allanol o strwythurau rhanbarthol cydganolog. Yr oedd y strwythurau hyn yn hanfodol i barhad y rhanbarth diwylliant yn ei gyfanrwydd.

Yn Ffigur 10 gwelwn fod y wlad wedi cyrraedd ei 'Edwardian high noon', chwedl Kenneth O. Morgan.[86] O hynny ymlaen, er i ymwybod y bobl ynghylch eu cenedligrwydd gryfhau ac i'w hyder gynyddu, yr oedd llai a llai o gymunedau yn defnyddio'r Gymraeg fel eu hiaith bob dydd. Dyna'n sicr a ddigwyddodd o fewn yr ardaloedd trawsnewidiol (y *domain*, yn ôl Meinig) ar gyrion yr ardaloedd craidd yng ngogledd a gorllewin y wlad. O fewn y cymunedau canolraddol hyn, daliai'r Gymraeg yn fyw, fe'i defnyddid yn helaeth a dangosid parch tuag ati. Serch hynny, cyfyngid y defnydd ohoni fwy a mwy i rwydweithiau a fframweithiau cymdeithasol neilltuol, yn enwedig i weithgareddau crefyddol, bywyd amaethyddol traddodiadol, busnesau cymunedol bychain a theuluoedd unigol.[87]

[86] Kenneth O. Morgan, *Rebirth of a Nation: Wales 1880–1980* (Oxford, 1982), tt. 123–55.

[87] Trafodir sut y cyfyngwyd y defnydd o'r Gymraeg i feysydd penodol (ac nid i ardaloedd arbennig yn ôl model Meinig o ardal ddiwylliant) yn yr arolwg hanesyddol a geir yn John Aitchison a Harold Carter, *A Geography of the Welsh Language 1961–1991* (Cardiff, 1994), t. 30 ymlaen.

Atodiad

Cymru a'r gororau: unedau tiriogaethol at ddibenion ystadegol a chartograffig 1801–1911

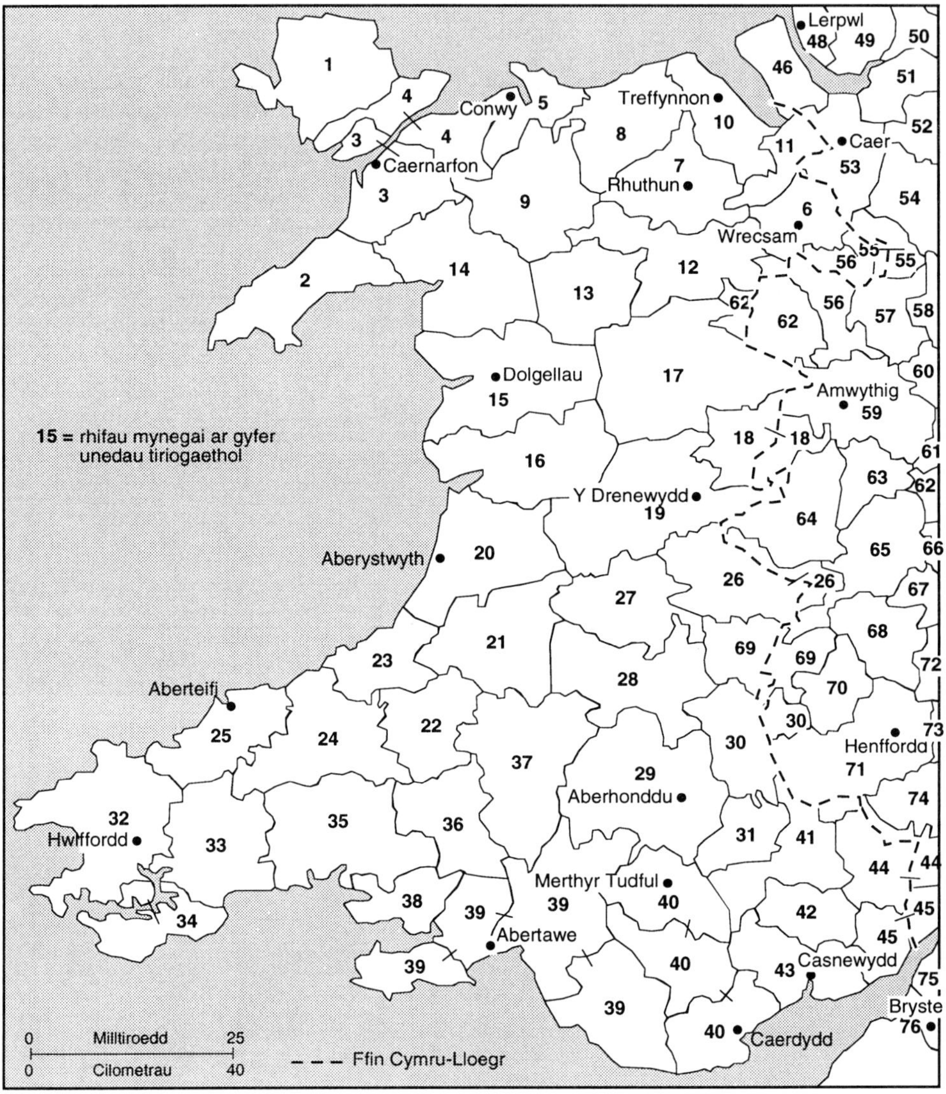

Ffigur 11. Unedau tiriogaethol at ddibenion ystadegol a chartograffig (data demograffig)

Seiliwyd yr ardaloedd a restrwyd isod yn uniongyrchol ar gyfansoddiad dosbarthau cofrestru fel y'u cofnodwyd yng nghyfrifiad 1871. Oherwydd yr anghysondeb yn y ffiniau addaswyd a safonwyd rhai o'r unedau tiriogaethol i greu'r ardaloedd a ddangosir ar y map. Ceir manylion am yr addasiadau hyn yn y nodiadau isod.

Nodir â ⋆ yr ardaloedd sy'n croesi ffin Cymru-Lloegr.

Cyfeirnod map sylfaenol	Enw'r uned	Tarddiad (Dosbarth cofrestru: cyfeirnod ac enw)	Sir Gofrestru
1	Môn	627 Anglesey	Môn
2	Pwllheli	623 Pwllheli	Caernarfon
3	Caernarfon	624 Carnarvon	Caernarfon
4	Bangor	625 Bangor	Caernarfon
5	Conwy	626 Conway	Caernarfon
6	Wrecsam	615 Wrexham	Dinbych
7	Rhuthun	616 Ruthin	Dinbych
8	Llanelwy	617 St Asaph	Dinbych
9	Llanrwst	618 Llanrwst	Dinbych
10	Treffynnon	614 Holywell	Y Fflint
11	Penarlâg[1]	452 Chester (rhan)	Caer
12	Corwen	619 Corwen	Meirionnydd
13	Y Bala	620 Bala	Meirionnydd
14	Ffestiniog	622 Festiniog	Meirionnydd
15	Dolgellau	621 Dolgelley	Meirionnydd
16	Machynlleth	610 Machynlleth	Trefaldwyn
17	Llanfyllin	613 Llanfyllin	Trefaldwyn
18	⋆Ffordun	612 Forden	Trefaldwyn
19	Y Drenewydd	611 Newtown	Trefaldwyn
20	Aberystwyth	601 Aberystwith	Aberteifi
21	Tregaron	602 Tregaron	Aberteifi
22	Llanbedr Pont Steffan	599 Lampeter	Aberteifi
23	Aberaeron	600 Aberayron	Aberteifi
24	Castellnewydd Emlyn	598 Newcastle in Emlyn	Aberteifi
25	Aberteifi	597 Cardigan	Aberteifi
26	⋆Trefyclo[2]	607 Presteigne; 608 Knighton	Maesyfed
27	Rhaeadr	609 Rhayader	Maesyfed
28	Llanfair-ym-Muallt	603 Builth	Brycheiniog
29	Aberhonddu	604 Brecknock	Brycheiniog
30	⋆Y Gelli	606 Hay	Brycheiniog
31	Crucywel	605 Crickhowell	Brycheiniog
32	Hwlffordd	596 Haverfordwest	Penfro
33	Arberth	594 Narberth	Penfro
34	Penfro	595 Pembroke	Penfro
35	Caerfyrddin	593 Carmarthen	Caerfyrddin
36	Llandeilo Fawr	592 Llandilofawr	Caerfyrddin

Cyfeirnod map sylfaenol	Enw'r uned	Tarddiad (Dosbarth cofrestru: cyfeirnod ac enw)	Sir Gofrestru
37	Llanymddyfri	591 Llandovery	Caerfyrddin
38	Llanelli	590 Llanelly	Caerfyrddin
39	Gorllewin Morgannwg[3]	586 Bridgend; 587 Neath; 588 Swansea; 589 Gower	Morgannwg
40	Dwyrain Morgannwg[3]	583 Cardiff; 584 Pontypridd; 585 Merthyr Tydfil	Morgannwg
41	Y Fenni[4]	579 Abergavenny; 580 Bedwellty	Mynwy
42	Pont-y-pŵl	581 Pontypool	Mynwy
43	Casnewydd	582 Newport	Mynwy
44	*Trefynwy	578 Monmouth	Mynwy
45	*Cas-gwent	577 Chepstow	Mynwy
46	Cilgwri a Phenbedw[5]	453 Wirral; 454 Birkenhead	Caer
47	Lerpwl	455 Liverpool	Caerhirfryn
48	West Derby	456 West Derby	Caerhirfryn
49	Prescot	457 Prescot	Caerhirfryn
50	Warrington	460 Warrington	Caerhirfryn
51	Runcorn	448 Runcorn	Caer
52	Northwich	449 Northwich	Caer
53	Caer[1]	452 Chester (rhan)	Caer
54	Nantwich	451 Nantwich	Caer
55	*Whitchurch	356 Whitchurch	Amwythig
56	*Ellesmere	354 Ellesmere	Amwythig
57	Wem	355 Wem	Amwythig
58	Market Drayton	357 Market Drayton	Amwythig
59	*Amwythig	351 Atcham	Amwythig
60	Wellington	358 Wellington	Amwythig
61	Madeley	350 Madeley	Amwythig
62	Bridgnorth	348 Bridgnorth	Amwythig
62	Croesoswallt	353 Oswestry	Amwythig
63	Church Stretton	346 Church Stretton	Amwythig
64	Clun	345 Clun	Amwythig
66	Cleobury Mortimer	347 Cleobury Mortimer	Amwythig
65	*Llwydlo	344 Ludlow	Amwythig
68	Llanllieni	342 Leominster	Henffordd
69	*Ceintun	343 Kington	Henffordd
70	Weobly	340 Weobly	Henffordd
71	*Henffordd	339 Hereford	Henffordd
72	Bromyard	341 Bromyard	Henffordd
73	Ledbury	337 Ledbury	Henffordd
74	Ross	338 Ross	Henffordd
75	Thornbury	323 Thornbury	Caerloyw
76	Bryste	320 Bristol; 321 Clifton	Caerloyw

Nodiadau

1 Y mae ardal Penarlâg (ardal rhif 11) yn cynnwys Isddosbarth Cofrestru Penarlâg (plwyfi Higher Kinnerton, Penarlâg, Saltney, Treuddyn, Yr Hob, Marford a Hoseley) a oedd, ym 1871, yn rhan o rif 452. Ym 1871 yr oedd hwn yn rhan o Ddosbarth Cofrestru Caer 452. Casglwyd data o'r dosbarth cofrestru hwn (452) ar sail cyfrannau canrannol lleol y boblogaeth.

2 Ar 1 Gorffennaf 1877 diddymwyd Dosbarth Cofrestru Llanandras a rhannwyd y diriogaeth rhwng dosbarthau cofrestru Trefyclo (sir Faesyfed) a Cheintun (swydd Henffordd). Y mae'r rhan o Drefyclo a ddefnyddiwyd at ddibenion mapio yn seiliedig ar gyfuniad o hen ddosbarthau cofrestru Llanandras, Trefyclo a Llanbister am y cyfnod 1841-71. Rhannwyd y data rhwng ardaloedd Trefyclo a Cheintun ar sail cyfrannau canrannol lleol y boblogaeth.

3 Oherwydd y newidiadau yn y ffiniau o 1871 ymlaen, cyfunwyd dosbarthau cofrestru Caerdydd, Pontypridd a Merthyr Tudful i ffurfio ardal Dwyrain Morgannwg at ddibenion mapio. Y mae Gorllewin Morgannwg yn cynnwys dosbarthau cofrestru Pen-y-bont ar Ogwr, Castell-nedd, Pontardawe, Abertawe a Gŵyr.

4 Crëwyd Dosbarth Cofrestru Bedwellte trwy ailddosbarthu rhannau o Ddosbarth Cofrestru Y Fenni ar 1 Gorffennaf 1861. Cyfunwyd y data ar gyfer y ddau ddosbarth cofrestru hyn er mwyn creu un uned diriogaethol ddigyfnewid rhwng 1801 a 1911.

5 Oherwydd y newidiadau yn y ffiniau cyfunwyd y data ar gyfer dosbarthau cofrestru Lerpwl a Toxteth Park (a adwaenid fel West Derby hyd at 1871) er mwyn creu un uned diriogaethol ddigyfnewid at ddibenion ystadegol a chartograffig.

2

Pair Dadeni: Y Boblogaeth a'r Iaith Gymraeg yn y Bedwaredd Ganrif ar Bymtheg

BRINLEY THOMAS

MEWN ERTHYGL yn dwyn y teitl 'Wales and the Atlantic Economy', a gyhoeddwyd ym 1959,[1] dadleuais fod y ffrwydrad ym mhoblogaeth Cymru yn ail hanner y bedwaredd ganrif ar bymtheg wedi profi'n fendith i'r iaith Gymraeg. Nid oedd raid i'r Cymry a oedd yn gorfod gadael cefn gwlad fudo i Loegr neu dramor: yn hytrach, gallent fudo i'r ardaloedd diwydiannol a oedd yn prysur ehangu yn ne a gogledd Cymru, lle y byddai modd iddynt fagu eu teuluoedd mawr yn Gymry Cymraeg. Dengys cyfrifiad 1891 fod 870,730 o siaradwyr Cymraeg yng Nghymru (ac eithrio sir Fynwy), a bod 72 y cant ohonynt yn byw yn y pum sir yr effeithiwyd arnynt fwyaf gan y diwydiannu, sef Morgannwg, Caerfyrddin, Dinbych, Y Fflint a Chaernarfon. Mentrais ddod i'r casgliad a ganlyn:

> Instead of bemoaning the rural exodus, the Welsh patriot should sing the praises of industrial development. In that tremendous half-century before the First World War, economic growth in Wales was so vigorous that her net loss of people by emigration was a mere 4 per cent. of her bountiful natural increase over the period. Few countries in Europe came anywhere near to that. The unrighteous Mammon in opening up the coalfields at such a pace unwittingly gave the Welsh language a new lease of life and Welsh Nonconformity a glorious high noon.[2]

Ni chafodd y ddamcaniaeth hon groeso brwd, a hynny am ei bod yn groes i'r farn uniongred a fynegid mewn gwerslyfrau hanes Cymru. Oni chawsom oll ein magu i gredu bod diwydiannaeth a chyfalafiaeth yn rymoedd Seisnig cryf a ysgubodd dros y rhan fwyaf o Gymru yn y bedwaredd ganrif ar bymtheg, gan adael y siroedd gwledig yn y gogledd a'r gorllewin yn gadarnleoedd y traddodiad Cymreig? Ystyrid cefn gwlad yn fro a ddiogelai bopeth oesol a berthynai i'n diwylliant cenedlaethol a chredid bod yr holl gefnu a fu ar y wlad wedi profi'n afiechyd

1 Brinley Thomas, 'Wales and the Atlantic Economy', *Scottish Journal of Political Economy*, VI, rhif 3 (1959), 169–92; adargraffwyd yr erthygl yn Brinley Thomas (gol.), *The Welsh Economy: Studies in Expansion* (Cardiff, 1962), tt. 1–29.

2 Thomas, 'Wales and the Atlantic Economy', *Scottish Journal of Political Economy*, 192.

parlysol. Dyma a ddywed David Williams yn ei gyfrol enwog, *A History of Modern Wales*, a gyhoeddwyd ym 1950:

> In the course of the nineteenth century the industrialisation of Wales added a further division in so far as it brought in a large non-Welsh population which has never been assimilated . . . The building of roads and railways, and the enormous growth of Welsh industry as part of the economic development of Britain, profoundly affected Welsh life; so much so that there is a marked tendency to regard Welsh culture as being in essence the culture of rural Wales and not of the industrial areas.[3]

Arweiniodd fy astudiaethau i at gasgliad hollol wahanol; o safbwynt yr iaith Gymraeg, arwr – ac nid bradwr – oedd diwydiannaeth y bedwaredd ganrif ar bymtheg. Ni chafodd y syniad hwn ei dderbyn ar unwaith, ond yna dechreuodd yr hinsawdd ddeallusol newid a daeth yr honiad ysgubol yn ddigon parchus i gael ei ddefnyddio fel cwestiwn mewn papur arholiad lefel 'A' yn hanes Cymru. Ymroes amryw o haneswyr a daearyddwyr economaidd i ymchwilio i'r maes hwn a chasglwyd swm sylweddol o dystiolaeth newydd. Yn wir, ymddengys fod yr hyn a oedd yn heresi ddoe yn cael ei dderbyn yn awr yn farn uniongred.

Eto i gyd, y mae rhywfaint o anghydfod yn parhau. Yn ei gyfrol ar fudo yn Lloegr a Chymru rhwng 1861 a 1900[4] y mae Dudley Baines yn beirniadu'r hyn a eilw ef yn 'ddamcaniaeth Brinley Thomas', sef fod patrymau mudo yng Nghymru yn wahanol i rai Lloegr.[5] Hanfod ei ddadl ef yw hyn:

> Emigration (abroad, including Scotland and Ireland) from rural Wales was at its peak in the decade (1880s) when the South Wales coalfield was at its maximum rate of expansion in the century . . . The pattern of emigration from rural Wales was no different from the pattern from most of the English urban and rural counties. Consequently, the industrialization of Wales cannot have seriously affected either the rate or the timing of emigration from the Welsh rural counties.[6]

Seiliwyd y ddadl hon ar ystadegau camarweiniol. Y mae cyfanswm Baines o nifer y bobl a aned yn y Gymru wledig ac a allfudodd yn y 1880au, sef 40,600, yn cynrychioli'r holl allfudwyr a aned yn y Gymru wledig, waeth ble'r oeddynt yn byw yng Nghymru a Lloegr.[7] Dylid cywiro'r ffigur i gyfateb i wahanol gamau'r allfudiad, hynny yw, personau a oedd wedi eu geni yn y Gymru wledig ac a oedd

[3] David Williams, *A History of Modern Wales* (London, 1950), t. 269.

[4] Dudley Baines, *Migration in a Mature Economy: Emigration and Internal Migration in England and Wales, 1861–1900* (Cambridge, 1985). Neilltuwyd Pennod 10 i 'Wales and the Atlantic Economy, 1861–1910'.

[5] Ibid., t. 268.

[6] Ibid., t. 270. Y Gymru wledig, yn ôl dadansoddiad Baines, yw holl siroedd Cymru ac eithrio Morgannwg a Mynwy.

[7] Ibid., Tablau 10.2 a 10.3, yn seiliedig ar Atodiad 1.

wedi symud naill ai i sir Forgannwg neu i sir Fynwy neu i Loegr, cyn ymfudo drachefn o'u preswylfeydd newydd i wledydd tramor. Amcangyfrif Baines o gyfartaledd gwahanol gamau'r allfudo o gefn gwlad Cymru rhwng 1861 a 1900 yw 43 y cant o wrywod a 40.5 y cant o fenywod.[8] Dyma'r ffigurau, o'u cywiro, fel a ganlyn:

Yr ardaloedd yr ymadawodd yr allfudwyr a aned yn y Gymru wledig â hwy	1881–90
Lloegr	10,300
Siroedd Morgannwg a Mynwy	6,800
Y Gymru wledig	23,500

Felly, 23,500 ac nid 40,600 yw'r gwir allfudiad uniongyrchol o gefn gwlad Cymru yn y 1880au, sef 2.4 y cant o'r boblogaeth frodorol yn hytrach na'r 4.2 y cant a oedd gan Baines. Mewn cyferbyniad, 3.5 y cant oedd y gyfradd allfudo o Loegr yn y degawd hwnnw.[9] Ni ellir felly gyfiawnhau honiad Baines fod cyfradd yr allfudo o'r Gymru wledig yn y 1880au yn 'neilltuol o uchel',[10] ac yn cydymffurfio â'r patrwm Seisnig. Y diwydiannu a oedd yn digwydd yng Nghymru oedd y prif ffactor a oedd yn gyfrifol am gyfradd ac amseriad yr allfudo o siroedd gwledig a diwydiannol Cymru. Y mae Baines yn cyfaddef hyn trwy ddweud bod y patrwm ymfudo yn y Gymru ddiwydiannol yn y de ac yn Llundain yn hollol wahanol i'r hyn a geid yn y siroedd trefol eraill,[11] a bod y patrwm arbennig hwn yn gyson â'r syniad fod y gylchred adeiladu yn Llundain a de Cymru yn wahanol i'r hyn ydoedd ym Mhrydain yn gyffredinol.[12] Y mae hyn yn cadarnhau fy nadansoddiad i.[13]

Mynegodd Baines farn gref ynglŷn â Seisnigo a'r diwylliant Cymraeg, heb gyfeirio o gwbl at bwysigrwydd y cyfrifiad fel ffynhonnell gwybodaeth ynghylch yr iaith Gymraeg. Pwysleisiodd fod hanner poblogaeth sir Forgannwg ym 1901 yn hanu o Loegr ac na allai'r ffaith fod Cymry gwledig wedi mudo i Forgannwg a Mynwy, *ynddo'i hun*, wrthbrofi'r farn fod y Gymru ddiwydiannol wedi ei Seisnigo ar ddiwedd y bedwaredd ganrif ar bymtheg a dechrau'r ugeinfed ganrif.[14] Nid oes unrhyw amheuaeth na chafwyd ton gref o Seisnigo ar ddechrau'r ugeinfed ganrif nac ychwaith fod sir Fynwy wedi ei llwyr Seisnigo erbyn diwedd y bedwaredd

[8] Ibid., t. 254. Y mae Baines yn tynnu sylw at y ffaith fod 'most of the lifetime migrants from the counties of Montgomery, Merioneth, Flint, Caernarfon and Anglesey were living in Lancashire and the West Midlands, where the natives were also more likely to emigrate in the 1880s' (t. 257). Am astudiaeth o gymunedau Cymreig yn Lloegr, gw. Emrys Jones, 'Yr Iaith Gymraeg yn Lloegr *c.*1800–1914' yn Geraint H. Jenkins (gol.), *Iaith Carreg fy Aelwyd: Iaith a Chymuned yn y Bedwaredd Ganrif ar Bymtheg* (Caerdydd, 1998), tt. 225–53.

[9] Baines, *Migration in a Mature Economy*, Tabl 10.3.

[10] Ibid., t. 270.

[11] Ibid., t. 245.

[12] Ibid., t. 206.

[13] Gw. Brinley Thomas, *Migration and Urban Development* (London, 1972), tt. 26–39.

[14] Baines, *Migration in a Mature Economy*, t. 277.

ganrif ar bymtheg. Y pwynt dadleuol yw graddfa'r Cymreictod a ddatblygodd yng Nghymru (ac eithrio sir Fynwy) erbyn diwedd y bedwaredd ganrif ar bymtheg, a rhan ymfudiad a'r cynnydd naturiol a achoswyd gan ddiwydiannu yn y proses hwnnw.

Nodwedd bwysig patrwm y mudo yng Nghymru oedd y duedd o blaid cymunedau'r cymoedd yn hytrach na threfi'r glannau. Ym 1891 yr oedd 197,283 (65 y cant) o'r 301,957 a drigai yn nosbarthau cofrestru Merthyr Tudful, Pontypridd a Chastell-nedd yn siarad Cymraeg, o gymharu â 22,515 (14 y cant) o'r 164,134 a drigai yn Nosbarth Cofrestru Caerdydd.[15] Fel y nodwyd gan Philip Jones, arweiniodd y clystyru hwn at 'bentyrru cronfeydd' ('a massing of reserves'),[16] gyda'r canlyniad fod Cymreictod y cymoedd yn ddwys a dwfn yn hytrach nag wedi ei ledaenu'n denau dros ardal eang.[17] Yng Nghymru (ac eithrio sir Fynwy) ym 1891, yr oedd 870,730 allan o boblogaeth o 1,425,581, neu 61 y cant, yn siarad Cymraeg. Fe'u dosberthid fel a ganlyn: 320,072, neu 37 y cant, yn sir Forgannwg; 306,980, neu 35 y cant, yn y siroedd rhannol ddiwydiannol; a 243,678, neu 28 y cant, yn y siroedd gwledig.[18] Y ffactorau a oedd yn bennaf cyfrifol am hyn oedd y gwir ymfudo o'r Gymru wledig i'r ardaloedd diwydiannol, ynghyd â chynnydd naturiol y mewnfudwyr hynny a'r Cymry brodorol yn yr ardaloedd diwydiannol, ar ôl cymryd i ystyriaeth fod rhai wedi gadael Cymru. Nid oes dim yn llyfr Baines sy'n gwrthbrofi'r ddadl hon. Ar ôl gwerthuso'r dystiolaeth yn drwyadl, daeth Philip Jones i'r casgliad canlynol:

> Seen in the perspective of the economic history of the Celtic countries from the late eighteenth century forward, Professor Thomas's argument is a very valid one. During the eighty or so years after 1800 Welsh rural emigration was diverted to an industrial region within Wales, where it immensely strengthened the fabric of Welsh cultural life in the *nineteenth century*, rather than being dissipated in the alien culture realms of England, America, or Australasia.[19]

Bwriedir bwrw golwg eang yn awr ar y bedwaredd ganrif ar bymtheg yn ei chyfanrwydd. Daeth teitl y bennod hon i'm meddwl wrth imi ddarllen llyfr godidog Emyr Humphreys, *The Taliesin Tradition: A Quest for the Welsh Identity*. Yn y paragraff a ganlyn, y mae'r awdur yn cyfeirio at Bedair Cainc y Mabinogi:

[15] Dot Jones, *Statistical Evidence relating to the Welsh Language 1801–1911 / Tystiolaeth Ystadegol yn ymwneud â'r Iaith Gymraeg 1801–1911* (Caerdydd, 1998), t. 226.

[16] Philip N. Jones, 'Some Aspects of Immigration into the Glamorgan Coalfield between 1881 and 1911', *THSC* (1969), 88.

[17] Ibid.

[18] Jones, *Statistical Evidence relating to the Welsh Language*, t. 226.

[19] Jones, 'Some Aspects of Immigration into the Glamorgan Coalfield between 1881 and 1911', 93.

> Great works of art are rarely put together by accident. These dramatic tales have a timeless element, but they were written for an audience well acquainted with the repertoire. There was, for example, a story about Pwyll and Pryderi leading an expedition to Annwn (the Underworld or the Otherworld) in order to capture its chief treasure, the cauldron of rebirth, or resuscitation. A poem of considerable antiquity known as *Preiddiau Annwfn* (The Spoils of Annwfn) deals with a similar raid, but led on that occasion by Arthur. This obscure poem has a refrain: '*Nam saith ni ddyriaith*' ('Only seven came back'), which would seem to be echoed in the ending of the tragic second story in the *Pedair Cainc, Branwen Ferch Llŷr* (Branwen the daughter of Lear) where only seven warriors returned from the ill-fated expedition to Ireland, which also involved a cauldron of rebirth. The contemporary audience must have been well aware of the symphonic correspondences both between incidents and between variant versions. In this case they would also have been alive to the military value of a utensil that could be used for recycling dead soldiers. A people at the wrong end of an historic sequence of demographic swings would know just how much value, ironic or otherwise, to attach to such a conception.[20]

Yr oedd swyn arbennig yn perthyn i'r frawddeg olaf – 'an historic sequence of demographic swings'. Yn y cymal hwn, dangosodd Emyr Humphreys fod ganddo reddf am iaith demograffwyr. Thema'r bennod hon yw fod Cymry'r bedwaredd ganrif ar bymtheg ar y pen *cywir* i gyfres hanesyddol o bendiliadau demograffig; cipiwyd pair y dadeni demograffig oddi ar gyfalafiaeth ddiwydiannol (y gallwn ei hystyried yn Isfyd neu Arall-fyd, yn ôl ein chwaeth). Rhwng 1841 a 1901 dyblodd poblogaeth Cymru i dros ddwy filiwn, ac yr oedd ymron 50 y cant ohonynt yn siarad Cymraeg. Mewn cyferbyniad llwyr, yr oedd Iwerddon a'r nifer a siaradai Wyddeleg ar y pen *anghywir* i gyfres hanesyddol o bendiliadau demograffig. Rhwng 1841 a 1901 yr oedd poblogaeth Iwerddon bron wedi haneru o 8,175,000 i 4,459,000, a dim ond 19 y cant o'r rhain a siaradai Wyddeleg. Cyhoeddodd Dr Garret FitzGerald, cyn-brif weinidog Iwerddon, ddadansoddiad rhagorol o ddirywiad yr Wyddeleg yn y *Proceedings of the Royal Irish Academy* ym 1984.[21] Dengys mai yn ystod hanner cyntaf y bedwaredd ganrif ar bymtheg – cyn y Newyn Mawr a chyn cyflwyno addysg gynradd dan nawdd y wladwriaeth – y dechreuodd y dirywiad cyflym ymhlith y bobl ifainc.

Yr hyn a oedd wrth wraidd y mudo sylweddol ymhlith siaradwyr Cymraeg oedd y ffaith fod Cymru yn digwydd meddu ar gyflawnder o adnoddau gwerthfawr o lo, haearn, dur, metelau anfferrus a llechi o safon uchel. Gwelodd Cymru ddatblygiadau mawr mewn technoleg a buddsoddiad cyfalafol dynamig. Nid oes a wnelo'r ddadl hon â'r cyfnod ar ôl 1900. Cyrhaeddwyd y trobwynt ar ddiwedd y bedwaredd ganrif ar bymtheg. Ac eithrio sir Fynwy, ni ddigwyddodd

20 Emyr Humphreys, *The Taliesin Tradition: A Quest for the Welsh Identity* (Bridgend, 1989), tt. 25–6.

21 Garret FitzGerald, 'Estimates for Baronies of minimum level of Irish-speaking amongst successive decennial cohorts: 1771–81 to 1861–71', *Proceedings of the Royal Irish Academy*, 84, C, rhif 3 (1984), 117–55.

y cynnydd mwyaf sylweddol yn nifer y mewnfudwyr o Saeson a ddaeth i Gymru tan ddegawd cyntaf yr ugeinfed ganrif (er i David Williams honni mai yn y bedwaredd ganrif ar bymtheg y digwyddodd hynny). Y cwestiwn yw: beth oedd effaith y twf yn y boblogaeth a'r mudo ar y nifer a siaradai Gymraeg yng Nghymru ar ddiwedd y bedwaredd ganrif ar bymtheg? Mewn geiriau eraill, oni bai am y glo, yr haearn, y dur, y metelau anfferrus a'r llechi, beth a fyddai wedi digwydd i'r boblogaeth Gymraeg ei hiaith yn y bedwaredd ganrif ar bymtheg pe bai Cymru, fel Iwerddon, wedi parhau yn gymdeithas amaethyddol a heb brofi chwyldro diwydiannol?

Y Chwyldro Diwydiannol

Gellir synio am y chwyldro diwydiannol fel ymateb Prydain i argyfwng ynni yn ail hanner y ddeunawfed ganrif.[22] Craidd y broblem oedd prinder dybryd o goed a chynhyrchion coed, megis siarcol; yr oedd Prydain yn beryglus o ddibynnol ar ffynonellau tramor – yn enwedig Norwy, Sweden a Rwsia – am gyflenwadau o goed a haearn. Ni ellid datrys yr argyfwng hyd nes y gellid cyfnewid glo a golosg am siarcol ar gyfer puro haearn crai yn haearn barrau. Yr oedd yn angenrheidiol newid ffynhonnell ynni yr economi o danwydd coed i danwydd ffosiledig, hynny yw, o *lif* o ynni'r haul at *stoc* o ynni tanddaearol yr haul. Wedi i lawer o ddyfeiswyr geisio'n ofer ddatrys y problemau technegol, daeth llwyddiant o'r diwedd ym 1784 pan roes y dyfeisiwr nodedig Henry Cort batent ar ei broses o bwdlo a rhowlio. Yr oedd hwn yn gam eithriadol bwysig. Yn awr, gellid cyfnewid y cyflenwadau helaeth o lo a geid ym Mhrydain am siarcol i gynhyrchu math newydd sbon o haearn barrau. Ansawdd haearn barrau newydd Henry Cort, ynghyd â pheiriant ager James Watt, a ganiataodd i'r byd modern gael offer peiriannol, rheilffyrdd a llongau ager. I raddau helaeth, nerthwyd y diwydiannu a ddigwyddodd ledled y byd yn y ddau gan mlynedd diwethaf gan y gynhysgaeth ddaearol o lo, haearn, olew, trydan a nwy.

Yr oedd y chwyldro diwydiannol fel drama dair act. Yn yr act gyntaf, rhwng 1784 a 1800, cafodd yr argyfwng ynni ei ddatrys; yn yr ail act, rhwng 1800 a 1846, gosodwyd seiliau'r economi fodern drwy greu offer peiriannol, rheilffyrdd a llongau ager; a'r drydedd act, rhwng 1846 a 1900, oedd y cyfnod pan ddaeth Prydain i'w llawn dwf fel gweithdy'r byd a chanolbwynt economi'r Iwerydd.[23] Yr oedd gan dde Cymru ran bwysig yn nhair act y ddrama fawr hon. Yn ne Cymru y defnyddiwyd y proses pwdlo newydd a'r locomotif ager am y tro cyntaf. Dechreuodd Richard Crawshay ddefnyddio proses pwdlo yng Nghyfarthfa ym mis Tachwedd 1787, ac yr oedd gan Richard Trevithick beiriant ager yn rhedeg

[22] Brinley Thomas, 'Towards an Energy Interpretation of the Industrial Revolution', *Atlantic Economic Journal*, VIII (1980), 1–15.

[23] Idem, *Migration and Economic Growth: A Study of Great Britain and the Atlantic Economy* (ail arg., Cambridge, 1973), pennod XV.

ar hyd tramffordd ym Merthyr Tudful ym 1804, sef y cyntaf yn y byd. Erbyn canol y bedwaredd ganrif ar bymtheg, yr oedd de Cymru ymhlith cynhyrchwyr mwyaf blaenllaw haearn crai; ar ôl 1860 yr oedd ei glo ager dihafal ar y blaen ym marchnadoedd y byd. Yn y bedwaredd ganrif ar bymtheg yr oedd Cymru yn wlad ddynamig yn mwynhau twf diwydiannol na welwyd mo'i fath yn hanes y wlad na chynt nac wedyn. Rhwng 1780 a 1901 cynyddodd poblogaeth Cymru bum gwaith drosodd, o oddeutu 400,000 i fwy na dwy filiwn. Y mae goblygiadau hynny yn anochel. Heb y pair dadeni economaidd a demograffig hwn a'r dosbarth gweithiol diwydiannol mawr o siaradwyr Cymraeg a grëwyd, ni ellid bod wedi cael yr hyn a alwyd yn aileni cenedl erbyn diwedd y bedwaredd ganrif ar bymtheg.

Ystyrir yn awr y berthynas rhwng y newid diwydiannol a thwf niferoedd y Cymry Cymraeg yn nhair act drama'r chwyldro diwydiannol.

Diwedd y Ddeunawfed Ganrif

Yn nau ddegawd olaf y ddeunawfed ganrif yr oedd Cymru yng nghanol cyffro dadeni diwylliannol yn ogystal â dadeni diwydiannol. O ganlyniad i'r Diwygiad Methodistaidd, ysgolion teithiol Griffith Jones a'r ysgolion Sul, yr oedd mwyafrif y bobl yn llythrennog yn eu mamiaith. Ar wahân i'w harwyddocâd crefyddol dwfn, yr oedd yr ymgyrch lythrennedd hon ymhlith y mwyaf nodedig mewn hanes. Ym Mro Morgannwg, er enghraifft, yn ail hanner y ddeunawfed ganrif cafwyd cynnydd sylweddol yn nifer y siaradwyr Cymraeg. Gellir rhoi enghraifft o hynny drwy ddyfynnu allan o lythyr a ysgrifennodd Iolo Morganwg yn y 1780au a'r ateb a gafodd gan Lewis Hopkin o Landyfodwg. Fel hyn y gwelodd Iolo bethau:

> . . . y mae'r Gymraeg ym Morganwg ar ei mawr gynnydd fel y gwelir yn eglur, a hynn mewn rhan fawr drwy'r ysgolion Cymreig yn amlach yn ein sir ni na braidd sir o Gymru, ac hefyd lawer iawn drwy'r ymneillduwyr y rhai sydd un ac oll yn ddarllenwyr Cymreig. ag yn amryw o blwyfau Morganwg lle nid oedd eithr Gwasanaeth Eglwys yn Saesoneg, y mae yn awr yn Gymraeg neu o leiaf ei hanner felly.[24]

Dyma ateb Lewis Hopkin:

> am eich tyb am y Gym[raeg] ym Morganwg yr ydych yn gyfiawnfarn ei bod a'r wellhaad . . . nis gwn i am nemawr o blwyfau lle mae'r Gwasanaeth Eglwysig oll yn Saesoneg o *Lan Wysg i Lynn Nedd* oddierth Caerdyf, Casnewydd, y Bontfaen a Llanilltyd fawr, digon yn y Llefydd hyn o eisiau Cymraeg gan fod y Cyffredin yr [*sic*] arfer mwy ar y Gymraeg ynddynt na'r Saesoneg.[25]

[24] B. Ll. James, 'The Welsh Language in the Vale of Glamorgan', *Morgannwg*, XVI (1972), 24.
[25] Ibid., 25.

Erbyn dechrau'r bedwaredd ganrif ar bymtheg, fel y dangosodd gwaith ymchwil Brian James,[26] y Gymraeg oedd prif iaith Bro Morgannwg – ac eithrio ymhlith y bonheddwyr, wrth gwrs. Ni feiddiwn ddychmygu'r hyn y byddai Iolo Morganwg yn ei ddweud pe dychwelai i'w annwyl Fro heddiw a chael ei bod wedi ei Seisnigeiddio bron yn llwyr, gydag ond ychydig o enwau lleoedd Cymraeg hyfryd ar ôl yn atgof trist o ddiwylliant cyfoethog y dyddiau gynt.

Yr oedd y diwylliant hwnnw ar ei gyfoethocaf ar ddiwedd y ddeunawfed ganrif, fel y dangosodd Prys Morgan yn ei gyfrol olau, *The Eighteenth Century Renaissance*.[27] Un o feibion amlycaf y Fro oedd Richard Price, awdur *Observations on the Nature of Civil Liberty* (1776), cefnogwr cadarn i'r Chwyldro yn America a Ffrainc, a gŵr y bu ei syniadau yn anogaeth i Edmund Burke ysgrifennu ei *Reflections on the Revolution in France* (1790). Yr oedd Morgan John Rhys yn gynrychiolydd nodedig o'r cysylltiad â'r Iwerydd, ac yr oedd gan y Cymmrodorion a'r Gwyneddigion hwythau ddylanwad eang hefyd. Portreadwyd y cysylltiad ag America yn drawiadol gan Gwyn A. Williams yn ei 'Druids and Democrats', *The Search for Beulah Land* a *Madoc: The Making of a Myth*.[28]

Ar ddiwedd y ddeunawfed ganrif yr oedd Cymru yn arwain y chwyldro diwydiannol ac yr oedd ganddi etifeddiaeth goeth o Gymreictod, a hybid gan Ymneilltuaeth grefyddol, dadeni diwylliannol a radicaliaeth wleidyddol. Camodd Cymru i mewn i'r bedwaredd ganrif ar bymtheg gydag ymwybyddiaeth gref o genedligrwydd, a deuai llawer o'i hysbrydoliaeth oddi wrth haid o Gymry hynod yn Llundain, gwir brifddinas Cymru y pryd hwnnw.

1800–1846

Yn ystod pymtheng mlynedd gyntaf y ganrif newydd, yr oedd Prydain yn rhyfela. Un o fanteision mawr 'Oes yr Haearn newydd' a ddaeth i fod drwy'r chwyldro diwydiannol oedd y gellid cynhyrchu gynnau mawr ysgafnach a chanddynt fwy o rym tanio, ac yr oedd hynny yn ffactor hanfodol yn y fuddugoliaeth yn erbyn Napoleon. Enillwyd Brwydr Waterloo nid ar feysydd chwarae Eton ond yn ffwrneisiau pwdlo de Cymru.

Cynyddodd cynhyrchion haearn crai yn ne Cymru ddengwaith cymaint rhwng 1806 a 1847 (o 71,000 i 707,000 tunnell), ac yng ngogledd Cymru yr oedd y cynnydd yn bum gwaith cymaint (o 3,000 i 16,000 tunnell). Cynyddodd cynhyrchion glo yn ne Cymru saith gwaith cymaint (o 1,200,000 i 8½ miliwn o dunelli), ac yng ngogledd Cymru cynyddasant bedair gwaith cymaint i 1½ miliwn o dunelli. Denai'r ardaloedd hyn, a drowyd yn ferw o brysurdeb diwydiannol mor rhyfeddol o gyflym, filoedd o weithwyr ifainc o'r ardaloedd gwledig – yn

[26] Ibid., 23–8.

[27] Prys Morgan, *The Eighteenth Century Renaissance* (Llandybïe, 1981).

[28] Gwyn A. Williams, *The Welsh in their History* (London, 1982), tt. 31–64; idem, *The Search for Beulah Land* (London, 1980); idem, *Madoc: The Making of a Myth* (London, 1979).

enwedig gweithwyr amaethyddol o siroedd Penfro, Caerfyrddin, Brycheiniog ac Aberteifi. Yn hanner cyntaf y bedwaredd ganrif ar bymtheg tyfodd poblogaeth de Cymru o 315,000 i 726,000. O'r cynnydd hwn o 411,000, yr oedd tua dwy ran o dair wedi mudo i siroedd Morgannwg a Mynwy, ac yr oedd mwyafrif helaeth y mewnfudwyr yn siarad Cymraeg.

Crud y chwyldro diwydiannol yng Nghymru oedd Merthyr Tudful, a dyna grud o Gymreictod ydoedd! Wrth lwc, gwnaed arolwg ystadegol o'r dref ym 1841 gan G. S. Kenrick, rheolwr gwaith Y Farteg, ac fe'i cyhoeddwyd yn y *Journal of the Statistical Society of London* ym 1846.[29] Yr oedd poblogaeth Merthyr yn 33,000, ac yr oedd 84 y cant ohonynt yn Gymry. Ceid yno chwech ar hugain o gapeli Ymneilltuol a lle ynddynt i dros 13,000 o bobl: Cymraeg oedd iaith y capeli hyn, a dywedid eu bod yn 'llawn' neu'n 'gyfforddus lawn'. Daliai'r ddwy eglwys a berthynai i Eglwys Loegr 1,500 o addolwyr ac amcangyfrifid bod cyfanswm y ddwy gynulleidfa yn 850. Ceid yno 6,800 o blant rhwng tair a deuddeng mlwydd oed, a mynychai saith o bob deg o'r rheini ysgol Sul Gymraeg.

Amlygwyd goruchafiaeth enfawr Ymneilltuaeth yng Nghyfrifiad Crefydd 1851. Ym 1851 ceid yng Nghymru 2,770 o gapeli Ymneilltuol Cymraeg a chyfanswm o 611,000 o eisteddleoedd, sef 70 y cant o'r holl leoedd ar gyfer cynulleidfaoedd eglwysig.[30] Yr oedd gwahaniaeth diddorol rhwng arferion addoli'r eglwyswyr a'r capelwyr. Drwy Gymru benbaladr ym 1851, dim ond 40,000 o bobl a fynychai wasanaethau *hwyrol* Eglwys Loegr, ond yn y capeli Ymneilltuol ceid deg gwaith y nifer hwnnw, sef 369,000.[31] Ni ellid cwblhau'r gwaith o godi eglwysi newydd yn yr ardaloedd diwydiannol yn ddigon buan i gwrdd â'r cynnydd eithriadol yn y boblogaeth. Yng ngogledd-ddwyrain Cymru, yn ôl W. T. R. Pryce, dyblodd nifer y siaradwyr Cymraeg o 62,000 i 118,000 yn hanner cyntaf y bedwaredd ganrif ar bymtheg yn sgil twf diwydiannol.[32] Erbyn 1851 yr oedd poblogaeth Cymru gyfan yn 1,188,914. Yr oedd wedi dyblu ymron er 1801; Ymneilltuwyr oedd y mwyafrif llethol o'r boblogaeth, a thrigai tri allan o bob pump yn yr ardaloedd diwydiannol.

Teflir ffrwd o oleuni ar ddylanwad y chwyldro diwydiannol gan hanes yr iaith Gymraeg yn sir Fynwy yn y 1820au a'r 1830au. Y mae angen gwahaniaethu

[29] G. S. Kenrick, 'Statistics of Merthyr Tydvil', *Journal of the Statistical Society of London*, IX (1846), 14–21.

[30] Census of Great Britain 1851, *Religious Worship. England and Wales. Report and Tables* (London, 1853) (PP 1852–3 LXXXIX), Tabl B.

[31] Ibid. Parhaodd sêl angerddol yr Ymneilltuwyr Cymraeg dros addoliad crefyddol drwy gydol ail hanner y bedwaredd ganrif ar bymtheg. Ni chafodd y dystiolaeth fawr o argraff ar Baines yn y gyfrol y cyfeiriwyd ati eisoes. Gellir barnu safon ei ddadl yn wyneb yr honiad canlynol: 'It does not follow from the fact that the Rhondda had 151 nonconformist chapels containing 85,105 seats which "alone could accommodate three-quarters of the entire population of the Rhondda Urban District", that the seats were filled, or that they were filled by Welshmen.' (Baines, *Migration in a Mature Economy*, t. 277).

[32] W. T. R. Pryce, 'Migration and the evolution of culture areas: cultural and linguistic frontiers in North-east Wales, 1750 and 1851', *TIBG*, 65 (1975), 92.

rhwng yr hen enwadau Ymneilltuol a ddechreuodd yn yr ail ganrif ar bymtheg a'r rhai newydd a ddaeth yn sgil y diwygiad Cymreig yn y ddeunawfed ganrif. Saesneg oedd iaith yr Hen Ymneilltuaeth. Yn nwyrain a gogledd sir Fynwy ar ddiwedd y ddeunawfed ganrif yr oedd yr eglwysi Ymneilltuol a sefydlwyd gan Howel Harris a'i ddilynwyr lawn mor Seisnig â rhai John Wesley. Newidiwyd hyn i gyd yn sgil y mudo a achoswyd gan y chwyldro diwydiannol. Symudodd miloedd o Gymry Cymraeg ifainc o ardaloedd gwledig siroedd Trefaldwyn, Brycheiniog, Caerfyrddin ac Aberteifi i gymoedd sir Fynwy a newidiwyd cydbwysedd ieithyddol y sir yn llwyr gan y mewnfudiad anferth hwn o Fethodistiaid Calfinaidd Cymraeg. Sefydlwyd eglwysi Cymraeg newydd yn Y Farteg a Nant-y-glo (1829), Glynebwy (1830) a Rhymni (1837). Yr oedd yr Hen Ymneilltuwyr bellach yn y lleiafrif, a'r Wesleaid yn enwad Cymraeg. Adfeddiannwyd sir Fynwy, y sir hon ar y gororau a fuasai mor agored i ddylanwadau Seisnig, gan boblogaeth fawr Gymraeg ei hiaith. Bu hwn yn sylfaen demograffig ar gyfer diwygiad diwylliannol Cymraeg yn sir Fynwy, diwygiad yr oedd yr eisteddfod yn nodwedd amlwg ohono. Yr oedd hefyd yn sylfaen i dwf dosbarth gweithiol milwriaethus Cymraeg yng nghymoedd sir Fynwy, lle'r oedd y gwaith haearn yn ehangu'n gyflym. Ymdriniwyd â swyddogaeth hanfodol mudo yn hanes twf a dirywiad yr iaith Gymraeg yng Ngwent yn astudiaethau Sian Rhiannon Williams.[33]

Bu'n rhaid i dreflannau poblog yr ardaloedd haearn a glo ym Morgannwg a sir Fynwy ddygymod â'r chwyldro diwydiannol. Yn y pum mlynedd ar hugain wedi 1815 yr oedd de Cymru yn llosgfynydd a ffrwydrodd lawer gwaith. Yn ardaloedd amaethyddol sir Gaerfyrddin a gogledd sir Benfro arweiniodd y dirwasgiad difrifol a ddaeth ar ôl y rhyfel yn erbyn Napoleon at Derfysgoedd Beca. Yn sgil y mudo, ffurfiwyd cysylltiadau agos rhwng yr ardaloedd cefn gwlad a'r ardaloedd diwydiannol a oedd yn prysur ehangu. Daeth y sefyllfa i'w hanterth yn nherfysg arfog y Siartwyr ym 1839.

Dengys gwaith ymchwil diweddar fod dylanwad cryf y gwrthglawdd ethnig a wahanai'r Cymry oddi wrth y Saeson wedi dylanwadu'n gryf ar ymateb gweithwyr Cymru i'r anghyfiawnderau a'r gorthrwm a achoswyd gan y chwyldro diwydiannol. Bu llywodraethwyr Seisnig am ganrifoedd yn ceisio difetha hunaniaeth y Cymry. Estroniaid o Loegr oedd mwyafrif y meistri haearn a reolai'r Cymry yn awr. Yr oedd y gweithwyr yn ymwybodol eu bod nid yn unig yn perthyn i ddosbarth darostyngedig ond eu bod hefyd yn rhan o genedl wahanol a chanddi ei hiaith a'i diwylliant ei hun. Nid y cyfalafwr, fel y cyfryw, oedd y gelyn yn gymaint â'r cyfalafwr Seisnig atgas. Drwy eu cynnal yn Gymraeg, llwyddwyd i gadw'r paratoadau ar gyfer y gwrthryfel arfog ym 1839 yn gyfrinachol rhag yr

[33] Sian Rhiannon Williams, 'Welsh in the Valleys of Gwent', *Planet*, 51 (1985), 112–18; eadem, *Oes y Byd i'r Iaith Gymraeg: Y Gymraeg yn Ardal Ddiwydiannol Sir Fynwy yn y Bedwaredd Ganrif ar Bymtheg* (Caerdydd, 1992); eadem, 'Y Gymraeg yn y Sir Fynwy Ddiwydiannol *c.*1800–1901' yn Jenkins (gol.), *Iaith Carreg fy Aelwyd*, tt. 197–223.

awdurdodau, ac yr oedd mwyafrif y boblogaeth o du'r gwrthryfelwyr. Er gwaethaf y sicrwydd a roed i John Frost, arweinydd y Siartwyr, ni chafwyd cefnogaeth gan weithwyr mewn rhannau eraill o Brydain. Gorchfygwyd yr ymosodiad arfog ar Gasnewydd ym mis Tachwedd 1839 gan filwyr Seisnig. Yr oedd arwyddocâd y gwrthryfel yn ddwfn. Yn ei lyfr meistrolgar ar y pwnc daw Ivor Wilks i'r casgliad: 'industrialisation produced the first serious challenge to the English dominion in Wales since, perhaps, the fifteenth century'.[34]

Yr oedd y cyfuniad o Ymneilltuaeth, Cymreictod a radicaliaeth wleidyddol yn rym pwerus mewn cyfnod pan oedd diwydiannu direol a didostur ar gerdded. Nid oedd gan y llywodraeth yn Llundain a'r awdurdodau a reolai yn ne Cymru unrhyw amheuaeth ynghylch y bygythiad. Beth oedd yr ateb? Sut y gellid peri i'r Cymry Cymraeg dosbarth-gweithiol milwriaethus hyn gallio? Ym 1846 penderfynodd Tŷ'r Cyffredin sefydlu comisiwn i ymchwilio i gyflwr addysg yng Nghymru, ac ym 1847 syfrdanwyd Cymru gan gynnwys gwarthus y Llyfrau Gleision. Yr oedd y gŵr a ddug y cynnig gerbron, sef William Williams, AS Coventry, gŵr busnes llwyddiannus a Chymro Cymraeg, wedi mynegi ei strategaeth yn glir:

> It should be borne in mind that an ill-educated and undisciplined population, like that existing amongst mines in South Wales, is one that may be found most dangerous to the neighbourhood in which it dwells, and that a band of efficient schoolmasters is kept up at a much less expense than a body of police or soldiery.[35]

Derbyniodd ei araith gymeradwyaeth fyddarol yn Nhŷ'r Cyffredin. Prin y cafwyd eglurhad mor fanwl a chroyw o'r polisi rheolaeth gymdeithasol, sef y byddai dyrnaid o ysgolfeistri effeithlon yn fwy cost-effeithiol o lawer na llu o hedd-weision neu filwyr.

Un sylw yn unig sydd raid ei wneud ynglŷn â Brad y Llyfrau Gleision. Ni lwyddodd yr holl ymdrechion i orfodi addysg Seisnig ar Gymru i rwystro'r cynnydd digymell yn niferoedd y siaradwyr Cymraeg rhwng y 1850au a'r 1890au. Profodd y pair dadeni demograffig yn fwy effeithlon o lawer nag ysgolfeistri Seisnigaidd oes Victoria. Ni freuddwydiodd neb ym 1847 y byddai dros filiwn o bobl yn siarad Cymraeg ymhen hanner can mlynedd.

Y mae dylanwad cymdeithasol y chwyldro diwydiannol yn dwyn i gof y Cymro mawr hwnnw, Robert Owen. Ganed y person enigmatig hwnnw – y gellid ei ddisgrifio fel perchennog melinau a'i lygad ar y milflwyddiant, cyfalafwr llwyddiannus a sylfaenydd sosialaeth Brydeinig – yn Y Drenewydd ym 1771. Yr oedd yn ŵr a oedd ymhell o flaen ei oes. Yn ei eiriau ef ei hun: 'the general diffusion of manufacture throughout a country generates a new character in its

[34] Ivor Wilks, *South Wales and the Rising of 1839* (London, 1984), t. 251.
[35] *Parliamentary Debates* (Hansard), 3edd gyfres, cyf. 84, col. 848 (10 Mawrth 1846).

inhabitants . . . and will produce the most lamentable and permanent evils unless its tendency be counteracted by legislative interference and direction.'[36] Yr oedd ei ysgolion enwog ar gyfer plant gweithwyr ei felinau newydd yn New Lanark ymhlith rhyfeddodau'r oes, ac ymwelodd dros 20,000 o bobl â hwy rhwng 1815 a 1825. Mewn llyfr eithriadol o wreiddiol, *A New View of Society* (1814), cynigiodd Owen y dylid sefydlu Gweinyddiaeth Gyflogi er mwyn trefnu buddsoddiad cyhoeddus i atal diweithdra ar adegau o ddirwasgiad, ynghyd â system ar gyfer cofnodi ystadegau diweithdra a chyflogau ym mhob sir. Aeth can mlynedd heibio cyn i'w freuddwyd gael ei wireddu. Aethai Robert Owen i Lundain yn ifanc iawn am fod ganddo frawd yn byw yno. Petai'r brawd yn byw ym Merthyr Tudful, efallai y byddai Robert Owen wedi dod yn feistr haearn yn hytrach nag yn berchennog melin decstilau. Byddai de Cymru wedi bod ar ei ennill o gael cyfalafwr a chanddo gydwybod sosialaidd.

1846–1900

Dechreuodd yr act olaf yn y ddrama ddiwydiannol ym 1846, sef y flwyddyn pan ddioddefodd Iwerddon ergyd ddinistriol yn sgil methiant trychinebus y cnydau tatws, a phan ddiddymodd Prydain y Deddfau Ŷd, a thrwy hynny ddechrau cyfnod o fasnach rydd.

Ym 1851 nid oedd poblogaeth plwyf Ystradyfodwg (a ddaeth yn ddiweddarach yn rhan helaeth o'r Rhondda) ond 950 yn unig. Lleolid y plwyf mewn cwm coediog a phrydferth odiaeth, a'r adeg honno gallai gwiwer go heini fynd yr holl ffordd o Donypandy i'r Maerdy heb i'w thraed gyffwrdd â'r ddaear. Erbyn 1871, yn sgil agor ugain o byllau glo ager a Rheilffordd Dyffryn Taf, yr oedd poblogaeth y plwyf wedi cynyddu o 950 i 17,000. O ganlyniad i'r galw anniwall ledled y byd am lo ager Cymru, cynyddodd poblogaeth cymoedd y Rhondda drachefn rhwng 1871 a 1911 – o 24,000 i 153,000. Ar ddiwedd yr ehangu syfrdanol hwn yr oedd yno 24,000 o bersonau i bob milltir sgwâr o dir trefol. Fel hyn y disgrifiwyd y Rhondda ym 1896 yn Adroddiad Comisiwn Tir Cymru:

> Speaking broadly, the characteristics of Welsh life, its Nonconformist development, the habitual use of the Welsh language, and the prevalence of a Welsh type of character, are as marked as in the rural districts of Wales.[37]

Gellid olrhain y twf yn niferoedd y siaradwyr Cymraeg nid yn unig i'r mudo o ardaloedd cefn gwlad Cymru ond hefyd i'r cynnydd naturiol (sef mwy o enedigaethau nag o farwolaethau) yn yr ardaloedd diwydiannol. Dynion rhwng

[36] Robert Owen, *Observations on the Effects of the Manufacturing System* (London, 1815), t. 5. Gw. Brinley Thomas, 'Robert Owen of Newtown (1771–1858)', *THSC* (1960), 18–35.

[37] Royal Commission on Land in Wales and Monmouthshire, *Report* (London, 1896) (PP 1896 XXXIV), t. 176.

15 a 30 oed oedd mwyafrif yr ymfudwyr, a phriodent yn ifanc. Yr oedd pob ton o fewnfudwyr yn ysgogiad adfywiol; yr oedd cyfradd y priodasau yn eithriadol o uchel a chyfradd y genedigaethau yn ardaloedd y pyllau glo yr uchaf ym Mhrydain. Yn y deugain mlynedd rhwng 1861 a 1901 cynyddodd poblogaeth Morgannwg fwy na hanner miliwn; achoswyd llai na thraean y cynnydd hwnnw (167,000) gan fewnfudiad net a thros ddau draean (367,000) gan y ffaith fod mwy o enedigaethau nag o farwolaethau.[38] Yr oedd y nifer helaeth o blant a fagwyd yng nghymoedd glofaol Cymru yn elfen dra phwysig.

Y Diwylliant Ymneilltuol Cymreig

O ganol y ganrif ymlaen datblygodd y cymunedau diwydiannol newydd fywyd diwylliannol rhyfeddol a oedd yn drwm dan ddylanwad Ymneilltuaeth. Yr oedd oes y rheilffordd wedi cyrraedd a gwelwyd cynnydd mewn teithio ac yn y cyfryngau cyfathrebu. Yr oedd y diwylliant democrataidd yn ei fynegi ei hun mewn ystod anarferol o gyhoeddiadau yn yr iaith Gymraeg. Erbyn diwedd y 1890au cyhoeddid cyfanswm o 32 o gylchgronau, sef 28 misolyn, dau gylchgrawn chwarterol a dau gylchgrawn deufisol, yn ogystal â 25 o newyddiaduron. Yr oedd cylchrediad y cyfnodolion wythnosol Cymraeg yn fwy na 120,000 a chylchrediad y cylchgronau Cymraeg yn 150,000. Ni châi'r plant eu hanwybyddu ychwaith, ac yr oedd cylchrediad *Trysorfa y Plant*, er enghraifft, yn sylweddol iawn. Yn siroedd Morgannwg a Chaerfyrddin yr oedd y prif ganolfannau cyhoeddi yn y de, ac yn sir Gaernarfon a sir Ddinbych yn y gogledd. Yn ôl amcangyfrif un cwmni Cymraeg blaenllaw ar y pryd, yr oedd yr holl lenyddiaeth Gymraeg a gyhoeddid yn flynyddol yn werth £200,000.[39]

Yr oedd hwn yn ddiwylliant crefyddol iawn ac yn llawn hunanhyder pybyr. Hawdd fyddai gorbwysleisio ei ddifrifwch, fel y gwna rhai haneswyr megis A. L. Rowse. Ni allai'r elfen lem yn yr agwedd Biwritanaidd at fywyd ddiffodd yr hyn a ddisgrifiwyd gan John Cowper Powys fel 'that peculiar vein of Rabelaisian humour which appears not only in a genius like Twm o'r Nant but is forever cropping up out of the hidden recesses of the Welsh nature'.[40] Yn unol â'u natur, troes y capeli Ymneilltuol eu cefn ar y wladwriaeth a dibynnu'n gyfan gwbl ar eu hadnoddau eu hunain. Yr oedd y diwylliant democrataidd hwn yn arbennig o gyfoethog a chreadigol yn ardaloedd chwarelyddol gogledd Cymru. Gellir gweld y gwrthgyferbyniad rhwng y 1870au a'r 1830au yng nghryfder y mudiad dirwestol a ddechreuasai fel pwnc crefyddol ond a ddatblygodd nod gwleidyddol

[38] Brinley Thomas, 'The Migration of Labour into the Glamorganshire Coalfield, 1861–1911', *Economica* (1930); adargraffwyd yr erthygl yn W. E. Minchinton (gol.), *Industrial South Wales, 1750–1914* (London, 1969), tt. 37–55.

[39] D. Lleufer Thomas, 'Bibliographical, Statistical and other Miscellaneous Memoranda', Royal Commission on Land, *Report* (1896), atodiad C, tt. 195–7.

[40] John Cowper Powys, *Obstinate Cymric: Essays 1935–47* (London, 1973), t. 40.

pwysig. Fel y pwysleisiodd Kenneth O. Morgan, yr oedd y Ddeddf Cau ar y Sul yng Nghymru yn garreg filltir yn hanes cyfansoddiadol Prydain, gan mai hwn oedd y datganiad deddfwriaethol cyntaf o genedligrwydd Cymru.[41] Yn y cylchoedd diwydiannol, yr oedd pethau'n gymharol dawel; anrhydeddid arwyr y gorffennol, megis Dic Penderyn a Lewsyn yr Heliwr, ond arweinydd carismatig glowyr de Cymru yn ystod oes Victoria oedd William Abraham (Mabon), yr Ymneilltuwr heddychlon.

Nid ymhél â phynciau crefyddol yn unig a wnâi'r wasg Gymraeg yn oes Victoria. Y mae Ieuan Gwynedd Jones wedi taflu goleuni newydd ar yr ystod eang o faterion diwylliannol a drafodid yn y newyddiaduron a'r cylchgronau, ac yn yr eisteddfodau lleol niferus.[42] Mewn cyhoeddiadau megis *Taliesin*, *Seren Cymru*, *Y Gwron*, *Y Gweithiwr*, a dwsinau o rai eraill, trafodid cyfoeth o bynciau, yn amrywio o athroniaeth drom i adloniant ysgafn. Un o'r hoff themâu oedd pwysigrwydd yr iaith Gymraeg ym mrwydr y gweithiwr cyffredin dros gyfiawnder.

O ganlyniad, yr oedd y rhaglen hir-dymor o reolaeth ddiwylliannol a ddyfeisiwyd gan y sefydliad Seisnig ym 1847 yn fethiant llwyr o safbwynt y dosbarth gweithiol Cymraeg. Yr oedd y pair dadeni yn drech na'r Llyfrau Gleision gwaradwyddus. Ym 1886 cyhoeddodd D. Isaac Davies gyfrol o ysgrifau dan y teitl, *Yr Iaith Gymraeg, 1785, 1885, 1985! neu Tair Miliwn o Gymry Dwy-ieithawg mewn Can Mlynedd*.[43] Edrychai'r gymdeithas newydd tua'r dyfodol ag optimistiaeth gadarn. Yn wir, yr oedd y llanw demograffig yn llifo mor gryf o blaid yr iaith Gymraeg yn y 1880au fel na allai Isaac Davies a'i ddilynwyr weld gwendidau yn eu polisi dwyieithog hir-dymor.[44]

Yr oedd yr iaith Gymraeg yn ddiogel mewn cymunedau lle'r oedd twf niferoedd y Cymry Cymraeg yn sylweddol uwch na'r mewnfudiad o Loegr. Hyd at y 1890au, yn ôl adroddiad comisiwn ymchwil ym 1917, 'the native inhabitants had, in many respects, shown a marked capacity for stamping their own impress on all newcomers, and communicating to them a large measure of their own characteristics'.[45] Ceid amryw o enghreifftiau o fewnfudwyr di-Gymraeg yn dysgu Cymraeg er mwyn gallu gwneud eu gwaith. Dywedodd un arolygydd mwynfeydd ym 1885 fod naw o bob deg o'r glowyr ym mhyllau glo ager de Cymru yn siarad Cymraeg yn eu gwaith bob dydd.[46] Am flynyddoedd wedi 1900

[41] Kenneth O. Morgan, *Rebirth of a Nation: Wales, 1880–1980* (Oxford, 1981), tt. 36–7.

[42] Ieuan Gwynedd Jones, *Communities: The Observers and the Observed* (Cardiff, 1985), tt. 13–20.

[43] D. Isaac Davies, *Yr Iaith Gymraeg 1785, 1885, 1985!* (Dinbych, 1885); gw. hefyd J. Elwyn Hughes, *Arloeswr Dwyieithedd: Dan Isaac Davies 1839–1887* (Caerdydd, 1984).

[44] Robin Okey, 'The First Welsh Language Society', *Planet*, 58 (1986), 90–6.

[45] *Commission of Enquiry into Industrial Unrest, No. 7 Division. Report of the Commissioners for Wales, including Monmouthshire* (London, 1917) (PP 1917–18 (Cd. 8668) XV), t. 15.

[46] Davies, *Yr Iaith Gymraeg*, t. 43.

daliai Ffederasiwn Rhanbarth y Rhondda o Lowyr De Cymru i argraffu ei reolau yn Gymraeg ac yn Saesneg, ac i roi crynodeb o bob adroddiad yn Gymraeg.[47]

Gwelid rhai arwyddion o newid a oedd yn achos pryder, fodd bynnag, hyd yn oed cyn i'r iaith Gymraeg gyrraedd ei hanterth. Dewisai'r dosbarth canol y Saesneg fwy a mwy fel yr allwedd i elw materol. Petai Syr Hugh Owen wedi cael ei ffordd byddai'r Eisteddfod Genedlaethol wedi datblygu yn Gymdeithas Gwyddor Gymdeithasol ddwyieithog, a barddoniaeth a cherddoriaeth wedi eu gwthio i'r cyrion. Drwy drugaredd, ni ddigwyddodd hynny, a daeth yr Eisteddfod Genedlaethol yn rym nerthol ym mywyd Cymru. Ym maes crefydd, yr oedd yr enwadau Cymraeg yn selog eu gofal am anghenion ysbrydol y mewnfudwyr Saesneg, gan ddarparu gwasanaethau Saesneg a chapeli ar wahân ar eu cyfer, ond, fel y dangosodd un o weinidogion yr Annibynwyr yn sir Fynwy mor gynnar â 1867, gwnaeth hyn fwy i Seisnigo'r Cymry nag i ddwyn yr efengyl i sylw'r Saeson.[48] Mewn llawer agwedd ar fywyd cyhoeddus arferai'r Cymry Cymraeg cwrtais droi i'r Saesneg pan fyddai un neu ddau na fedrent siarad Cymraeg yn bresennol. Gellid dweud, felly, fod y ffordd tuag at Seisnigeiddio wedi ei phalmantu â sawl gweithred a ddeilliai o fwriadau da ar ran y Cymry.

Dechreuodd y Gymraeg edwino'n gynnar yn rhai ardaloedd, megis Bro Morgannwg, er enghraifft, lle y buasai'n iaith bywyd beunyddiol, llenyddiaeth a chrefydd ar ddechrau'r ganrif. Ym 1884 bu Thomas Powel, Athro Celteg yng ngholeg newydd Caerdydd, yn daer ei anogaeth ar i'r Cymmrodorion wneud arolwg o'r defnydd o'r iaith mewn ysgolion elfennol yn yr ardaloedd lle y siaredid y Gymraeg.[49] O'r 123 o ysgolion a holwyd ym Morgannwg, cafwyd bod 77 o blaid cyflwyno'r Gymraeg a 48 yn gadarn yn erbyn gwneud hynny. Honnai'r gwrthwynebwyr mai gwahardd y Gymraeg oedd y ffordd sicraf o hyrwyddo cymhwysedd mewn Saesneg; ac yr oedd un o'r rhesymau a roed gan y rhai a ddymunai gael y Gymraeg yn yr ysgolion yn arwyddocaol, sef y byddai'n cael gwared o'r ymdeimlad o warth a deimlid gan lawer o blant a siaradai Gymraeg. Nid oes unrhyw amheuaeth nad oedd llawer o'r rhai a fagwyd ar aelwydydd Cymraeg wedi mynd yn ddifater ynglŷn â'u mamiaith a hyd yn oed yn gyndyn i ganiatáu i'w plant ei siarad. Collfarnwyd yr agwedd hon gan arweinwyr y genedl, yn eu plith D. Isaac Davies. Gresynai ef fod gan gymaint o Gymry, yn enwedig gwragedd a merched yn eu harddegau, gywilydd eu bod yn medru'r Gymraeg, ac yr oedd yn argyhoeddedig y byddai canlyniadau unrhyw gyfrifiad yn gamarweiniol oni lwyddid i ddarbwyllo'r Cymry di-hid i ymfalchïo yn y ffaith eu bod yn ddwyieithog.[50] Yr hyn a oedd yn bennaf cyfrifol am y Seisnigo yn sir Fynwy oedd mewnfudiad nifer sylweddol o Saeson a'r ffaith fod miloedd o Gymry, yn

[47] David Smith, 'Introduction' yn idem (gol.), *A People and a Proletariat* (London, 1980), t. 12.
[48] Williams, 'Welsh in the Valleys of Gwent', 116.
[49] J. Parry Lewis, 'The Anglicisation of Glamorgan', *Morgannwg*, IV (1960), 38.
[50] Davies, *Yr Iaith Gymraeg*, tt. 22–3.

sgil dirywiad y diwydiant haearn, wedi symud i'r cymunedau glo ffyniannus yng nghymoedd y Rhondda ac Aberdâr.

Daeth trobwynt yn hanes yr iaith yn y 1890au. Cyn hynny, yr oedd y grymoedd cymathol yn gryfach dros y rhan fwyaf o Gymru na'r mewnfudiad Seisnig. Siaredid y Gymraeg gan dros filiwn o bobl. Yna, yn sydyn, yn ystod deng mlynedd gyntaf yr ugeinfed ganrif, daeth llif o 100,000 o fewnfudwyr i Gymru. Hyd yn oed yn y Rhondda, cymaint oedd y bygythiad i statws y Gymraeg nes i David Jones (Defynog), ysgrifennydd Cymdeithas yr Iaith Gymraeg ers pum mlynedd ar hugain, gyhoeddi *The Rhondda Scheme for Teaching Welsh* ym 1910 er mwyn ceisio cynnal gwybodaeth o'r Gymraeg ymhlith y to ifanc. Lleihaodd y gyfran o Gymry Cymraeg yng Nghymru o 49.9 y cant ym 1901 i 43.5 y cant ym 1911. Dyma ddechrau cyfnod hir o ddirywiad a barhaodd nes i'r gyfran o siaradwyr Cymraeg gyrraedd 20.8 y cant ym 1971, 18.9 y cant ym 1981 ac 18.7 y cant ym 1991.[51]

Yr iaith Ffrangeg yng Nghanada

Gall cymhariaeth rhwng ffyniant a dirywiad yr iaith Gymraeg a thynged yr iaith Ffrangeg yng Nghanada fod yn fuddiol. Nid oedd Cymru yn unigryw yn ei phrofiad o bair dadeni, oherwydd bu diwydiannu yn fendith i'r iaith Ffrangeg hithau yn nhalaith Quebec. Bu'r sector diwydiannol ac ariannol sylweddol ym Montreal a ddatblygwyd gan gyfalafwyr o'r Alban yn fodd i alluogi pobl Ffrangeg eu hiaith, a oedd wedi ymfudo i Quebec o'r ardaloedd gwledig, i gael gwaith yng Nghanada. Gallent, felly, lynu wrth eu diwylliant eu hunain. Fel yn hanes y glowyr yng nghymoedd de Cymru, yr oedd nifer y genedigaethau ymhlith y Canadiaid Ffrengig yn lluosog, a chynyddodd y boblogaeth Ffrangeg ei hiaith yn gyflym. Ym 1871 yr oedd 930,000 o siaradwyr Ffrangeg yn byw yn Quebec, y mwyafrif ohonynt yn yr ardaloedd gwledig; erbyn 1961 yr oedd yno 4½ miliwn o siaradwyr Ffrangeg, gyda thros 3 miliwn ohonynt yn byw yn yr ardaloedd diwydiannol.[52] Oni bai am fenter y cyfalafwyr hynny – Albanwyr yn bennaf – byddai mwyafrif y Canadiaid Ffrengig a oedd yn gadael ardaloedd gwledig Quebec wedi gorfod ymfudo i'r Unol Daleithiau ac ymgynefino â'r iaith Saesneg.

Y mae'n eironig fod y pleidiau cenedlaethol yng Nghymru ac yn Quebec wedi ymosod mor ffyrnig ar y diwydiannu oherwydd ei ddylanwad andwyol honedig ar eu hieithoedd. I'r Cymro, y mae hefyd yn eironig fod agwedd gefnogol llywodraethau Saesneg y bedwaredd ganrif ar bymtheg at yr iaith Ffrangeg yng Nghanada yn gwbl groes i'w hagwedd ddinistriol at yr iaith Gymraeg. Cyhoeddodd comisiwn 1847: 'the Welsh language is a vast drawback to Wales

[51] Am ddadansoddiad diweddar o ganlyniadau'r cyfrifiadau hyn, gw. John Aitchison a Harold Carter, *A Geography of the Welsh Language 1961–1991* (Cardiff, 1994).

[52] *Canada Population Census* (Ottawa, 1971).

and a manifold barrier to the moral progress and the commercial prosperity of the people. It is not easy to overestimate its evil effects'.[53] Ar y llaw arall, pleidiai Cyfansoddiad Canada, a oedd yn seiliedig ar Adroddiad Durham (1867), iaith a diwylliant y Canadiaid Ffrengig. Apeliodd René Levesque, arweinydd cenedlaetholwyr Quebec, at y cyfansoddiad hwn yn ei frwydr yn erbyn polisi Pierre Trudeau ar gyfer dyfodol ffederaliaeth yng Nghanada. Yma, sut bynnag, seiliodd y naill lywodraeth Brydeinig ar ôl y llall ei pholisi at yr iaith Gymraeg ar athrawiaethau trahaus Llyfrau Gleision 1847. Yr oedd mympwy croestynnol yn agwedd y Saeson. Yr oedd ganddynt gydymdeimlad ag ieithoedd lleiafrifol mewn gwledydd pellennig, ond yr oeddynt yn hollol ddirmygus o'r ieithoedd Celtaidd a fodolai ar garreg eu drws yn yr ynysoedd hyn. Petai llywodraethau Prydain yn y bedwaredd ganrif ar bymtheg wedi mabwysiadu'r un polisi iaith gwareiddiedig mewn perthynas â'r Gymraeg ag a fabwysiadwyd ganddynt yn achos poblogaeth Ffrengig Canada, byddai statws a thynged y Gymraeg wedi bod yn bur wahanol.

Rhai Damcaniaethau

Beth a fyddai wedi digwydd petai Cymru wedi bod yn wlad hollol amaethyddol a heb ei diwydiannu? Efallai y byddai'r boblogaeth o 400,000 wedi tyfu i oddeutu 700,000 rhwng canol y ddeunawfed ganrif a chanol y bedwaredd ganrif ar bymtheg, ond ar ddau amod, sef bod y Cymry wedi cymryd at y daten fel y gwnaethai'r Gwyddelod, a bod amaethyddiaeth Cymru wedi gallu cystadlu ag Iwerddon drwy allforio cynhyrchion llaeth a grawn i ardaloedd diwydiannol Lloegr. Ond gallai Cymru ym 1845 fod wedi dioddef o glwy tatws tebyg i'r un a ddifethodd Iwerddon, a byddai trychineb o'r fath wedi peri ymfudo ar raddfa anferth i Loegr a thramor. Y mae'n debygol y byddai'r boblogaeth wedi gostwng yn sgil hynny i tua 400,000. Hyd yn oed petai Cymru wedi llwyddo i osgoi trychineb o'r fath, ni allai amaethwyr Cymru fod wedi osgoi canlyniadau trychinebus y dirwasgiad amaethyddol mawr a ddechreuodd yn y 1880au, pan lwythwyd y farchnad â bwyd rhad o wledydd tramor. Nid oedd gan amaethyddiaeth Cymru unrhyw fantais arbennig; er bod ganddi rym prynu enfawr yn yr ardaloedd glofaol ar garreg drws yr ardaloedd amaethyddol, gostyngodd y nifer o ddynion a gyflogid ar ffermydd i'r hanner rhwng 1881 a 1901. Heb y farchnad ddiwydiannol honno, byddai'r sefyllfa wedi bod yn llawer gwaeth. Yn ôl pob tebyg, byddai poblogaeth Cymru wedi gostwng i lai na hanner miliwn erbyn 1901. Hyd yn oed petai'r gyfran o siaradwyr Cymraeg mor uchel â 70 y cant, ni fyddai hynny yn fwy nag oddeutu 300,000 ar ddechrau'r ugeinfed ganrif, yn hytrach na thros filiwn fel yr oedd pethau. Ni fyddai cymdeithas amaethyddol mor

[53] *Reports of the Commissioners of Inquiry into the State of Education in Wales . . . in three parts* (London, 1847) (PP 1847 XXVII).

fechan wedi bod â'r adnoddau i greu sefydliadau megis y Llyfrgell Genedlaethol, yr Amgueddfa Genedlaethol, a'r Brifysgol.

Ymateb y gwladgarwr, fodd bynnag, yw holi'r cwestiwn: oni fyddai ansawdd yn well na niferoedd? Hyd yn oed petai'n genedl o ffermwyr mynydd yn crafu bywoliaeth fain, gallai'r genedl fechan hon o oddeutu hanner miliwn o Gymry, a wreiddiwyd yn ddwfn yn ei chefn gwlad traddodiadol, fod wedi creu dadeni mawr ym maes llenyddiaeth Gymraeg. Byddai hynny, yn sicr, yn bosibl. Ond byddai'n rhaid i Gymru fod wedi wynebu nid yn unig ddirwasgiad amaethyddol sylweddol y 1880au ond hefyd lif didostur o ddylanwadau Seisnig ac Americanaidd yn yr ugeinfed ganrif. Yn ystod yr ugeinfed ganrif, ni allai plant Cymru fod wedi aros ar y tir; fel y Gwyddelod, byddai raid iddynt fod wedi mudo i Loegr neu dramor. O ganlyniad, y mae'n debygol mai cymdeithas wledig oedrannus a fyddai cenedl y Cymry, rhyw *casa geriatrica* o le, yn hytrach na chymdeithas fawr drefol o bobl ifainc a all fforddio sefydliadau diwylliannol i fynegi a chryfhau eu hunaniaeth genedlaethol.

Nid felly y mae'r beirdd yn ei gweld hi. Yn ôl R. S. Thomas, mewn cerdd a ysgrifennodd ym 1974:

> The
> industrialists came, burrowing
> in the corpse of a nation
> for its congealed blood. I was
> born into the squalor of
> their feeding and sucked their speech
> in with my mother's
> infected milk, so that whatever
> I throw up now is still theirs.[54]

A dyma eiriau Saunders Lewis ym 1939:

> Mae'r tramwe'n dringo o Ferthyr i Ddowlais,
> Llysnafedd malwoden ar domen slag;
> Yma bu unwaith Gymru, ac yn awr
> Adfeilion sinemâu a glaw ar dipiau di-dwf; . . .
> Iaith na thafodiaith ni fedrwn, na gwybod sarhad,
> A'r campwaith a roisom i hanes yw seneddwyr ein gwlad.[55]

Gan bwy y mae'r gwirionedd – gan y bardd ynteu'r rhyddieithwr? Fel rhywogaeth fiolegol, bu'r Cymry yn ffodus; yn y bedwaredd ganrif ar bymtheg, fe'u

[54] R. S. Thomas, *What is a Welshman?* (Llandybïe, 1974).

[55] Saunders Lewis, 'Y Dilyw 1939' yn idem, *Byd a Betws: Cerddi* (Aberystwyth, 1941), t. 9.

cawsant eu hunain yn amlhau'n gyflym. Cynyddodd eu niferoedd bum gwaith drosodd ac adfywiwyd eu hiaith yn sgil cyfres unigryw o bendiliadau demograffig. Ffawd a oedd yn gyfrifol am hyn ac ni allai cynnydd o'r fath barhau. Yn anterth optimistiaeth oes Victoria, y breuddwyd oedd y byddai tair miliwn o Gymry dwyieithog erbyn 1985, ond troes y breuddwyd hwnnw yn hunllef yn yr ugeinfed ganrif. Ffrwynwyd twf cyfalafiaeth, ynghyd â'r cynnydd yn y boblogaeth, a daeth oes aur Ymneilltuaeth i ben. Dirywiodd yr economi a phrin y bu unrhyw gynnydd ym mhoblogaeth Cymru. Yn ôl cyfrifiad 1991, dim ond 18.7 y cant neu 508,098 allan o'r boblogaeth gyfan o 2,723,623 (3 blwydd oed a hŷn) a oedd yn medru'r Gymraeg.

I gloi. Rhaid dweud gair am yr hyn a elwir yn argyfwng hunaniaeth Gymreig. Deil Emyr Humphreys yn huawdl mai parhad yr iaith Gymraeg a'i llenyddiaeth, sy'n dyddio o'r chweched ganrif, yw sylfaen hanfodol Cymreictod. Y parhad hwn a achubodd y Cymry rhag difodiant. Safbwynt cwbl wahanol a fynegir gan Gwyn A. Williams:

> The existence of a historic British nation, dominated by but qualitatively distinct from the English polity, is a central fact in the modern history of these islands . . . The history of Welsh is totally incomprehensible without it. The Welsh, the original British, have survived by finding a distinctive place for themselves within a British nation.[56]

Dyma draddodiad Taliesin yn erbyn effaith Gramsci!

Er mwyn datrys y ddadl hon, y mae'n bwysig cydnabod mai un o'r prif resymau dros ddirywiad yr iaith Gymraeg oedd cwymp economi Cymru ar ôl y Rhyfel Byd Cyntaf. Rhwng 1860 a 1913, de Cymru oedd y rhan fwyaf dynamig o economi cyfalafol Prydain. Nid trefedigaeth hawdd ei hecsbloetio oedd Cymru yn y cyfnod hwn ond gwlad â'i heconomi yn datblygu'n gynt nag unrhyw ran o Loegr neu'r Alban. Oherwydd y pinaclau syfrdanol a gyrhaeddwyd ychydig cyn y Rhyfel Byd Cyntaf, yr oedd y gwymp a'u dilynodd yn fwy trychinebus fyth. Dwysaodd rhyfel y dosbarthiadau yn ardaloedd y pyllau glo, ac efengyl Marx yn hytrach nag efengyl y Methodist a oedd yn denu. Cafodd dirwasgiad mawr y cyfnod rhwng y ddau Ryfel Byd yr un effaith ar economi Cymru ag a gafodd y newyn tatws ar economi Iwerddon. Yn yr ugeinfed ganrif, y mae'r crebachu economaidd a demograffig, dirywiad Ymneilltuaeth, diweithdra dybryd ac allfudo, ynghyd â nifer o ffactorau pwysig eraill, wedi profi'n felltith i'r iaith.

Nid yw hynny'n golygu mai hunaniaeth Brydeinig ail-law a fydd gan Gymry'r dyfodol. Y mae parhad diwylliannol ac ieithyddol yn amod angenrheidiol ar gyfer bod yn genedl ar wahân. Pan fydd llenyddiaeth Gymraeg wedi peidio â'i hadnewyddu ei hun ac wedi mynd yn ddim ond atgof pur, byddwn wedi colli rhan hanfodol o'n hunaniaeth. Os yw Cymru i oroesi, y mae'n rhaid parhau i

[56] Williams, *The Welsh in their History*, t. 195.

wneud popeth posibl i wrth-droi'r dirywiad maith yn hanes yr iaith Gymraeg. Y mae'r gwastatáu trawiadol a fu yng ngraddfa'r dirywiad rhwng 1971 a 1991 yn deyrnged fawr i lafur di-ildio miloedd o wladgarwyr Cymreig a wnaeth yr iaith yn ganolbwynt eu hymdrech genedlaethol. Cenedl heb iaith, cenedl heb galon.

3

Tirfeddianwyr, Ffermwyr ac Iaith yn y Bedwaredd Ganrif ar Bymtheg

R. J. MOORE-COLYER

Y MAE ceisio canfod swyddogaeth ddiamwys a phendant i iaith yng nghyswllt perthnasau cymdeithasol ac economaidd yn y Gymru wledig yn ystod y bedwaredd ganrif ar bymtheg fel ceisio dal cysgodion. Y mae'r diffyg data ystadegol dibynadwy ynglŷn â dosbarthiad cymdeithasol a daearyddol yr iaith Gymraeg yn ystod y rhan helaethaf o'r ganrif, a'r modd y defnyddiwyd ac yr ystumiwyd pwnc yr iaith gan amrywiol grwpiau er mantais wleidyddol, yn cymylu llawer ar y gwir ddarlun. Gwyddom, neu o leiaf fe *gredwn* ein bod yn gwybod, oherwydd bod iaith yn gyfrwng hanfodol i ddiwylliant, y byddai gwahanfur ieithyddol rhwng dosbarthiadau cymdeithasol yn dylanwadu'n anochel ar y modd y byddent yn synio am ei gilydd, ac yn peri iddynt bellhau oddi wrth ei gilydd. Ond ai rhith yn unig yw hwn, math o broffwydoliaeth hunangyflawnol sy'n cadarnhau'n daclus y gyfundrefn o ragfarn a fodolai eisoes? Wedi'r cyfan, cyn belled ag yr oedd y berthynas rhwng tirfeddianwyr a thenantiaid eu ffermydd yn y cwestiwn, ac o ran hynny y berthynas rhwng y tenantiaid hynny a'u gweithwyr hwythau, nid oedd y sefyllfa yng Nghymru yng nghanol oes Victoria mor wahanol â hynny i'r sefyllfa yn Lloegr. Wrth i ymwybyddiaeth o ddosbarth ddyfnhau ac i'r ffiniau rhwng grwpiau cymdeithasol ddod yn rhan amlwg o wead cymdeithas cefn gwlad yn y bedwaredd ganrif ar bymtheg, daeth yn anos cynnal cydberthynas a chyd-ddealltwriaeth. Wrth gwrs, yr oedd syniadau'r gyfundrefn addysg a'r Eglwys ynglŷn â dosbarth yn britho llenyddiaeth cefn gwlad a daethant yn rhan annatod bron o dirluniau a phaentiadau *genre*.[1] Ar gefndir fel hwn, mater dibwys, y mae'n debyg, oedd bod nifer o wŷr bonheddig Cymru, na allent siarad iaith eu hynafiaid, yn cael trafferth i gyfathrebu â'u tenantiaid. Yn syml, yr oedd ymddieithrwch wedi hen ennill ei blwyf mewn cyfundrefn ddosbarth a oedd o ran ei natur yn llesteirio cyfathrebu, pa iaith bynnag a siaredid. Byddai hyd yn oed Cymro Cymraeg megis Thomas Colby o Bantyderi, aelod o deulu pendefigaidd Colby o Ffynhonnau, sir Benfro, a gŵr a oedd yn byw'n syml a chymedrol, yn

[1] John Barrell, *The Dark Side of the Landscape: The Rural Poor in English Painting, 1730–1840* (Cambridge, 1980), passim.

parhau i gynnal y gwahaniaeth rhyngddo ef ei hun a'r gweision a eisteddai gydag ef wrth ei fwrdd.[2] Eto i gyd, fel y bydd y bennod hon yn dangos, byddai ffermwyr a llafurwyr a oedd yn rhannu nid yn unig yr un iaith ond, mewn rhai achosion, yr un math o gefndir economaidd yn ogystal, yn ufuddhau i fân reolau gwahaniaethau dosbarth.

Yn ei hanfod, bydd y rhan fwyaf o'r bennod hon yn ymwneud ag archwilio'r perthnasau cymdeithasol hyn ac yn astudio i ba raddau yr oeddynt yn dylanwadu ar reolaeth yr ystad a'r economi amaethyddol. Wrth wneud hynny, ceisir trafod pwysigrwydd (neu ddiffyg pwysigrwydd) yr iaith Gymraeg fel cyfrwng i fusnes ystad ac amaethyddiaeth. Fel man cychwyn, cyfeirir at gasgliad cyfyngedig braidd o ystadegau mewn perthynas â sefyllfa ieithyddol y bedwaredd ganrif ar bymtheg, ymarferiad sy'n amlygu dwy broblem sylfaenol, ac anorchfygol, i bob golwg. Ym mhlwyf Llanidloes ym 1872, yn ôl yr hanesydd lleol Edward Hamer, yr oedd tua thri chwarter y trigolion yn medru'r Gymraeg, a thua'u hanner yn ddwyieithog.[3] Erbyn 1891, pan gafwyd am y tro cyntaf ystadegau swyddogol ynghylch iaith, yr oedd mwyafrif llethol poblogaeth dosbarth cofrestru Llanidloes wedi dod yn siaradwyr Saesneg neu Saesneg/Cymraeg; dim ond 187 o bobl a gofnodwyd yn Gymry uniaith. Ymhlith y rhain rhestrwyd nifer o bobl broffesiynol, gan gynnwys Samuel Jones (rheolwr banc), David Lewis (clerc i gyfreithiwr) a Mary, Elizabeth a Louise Jones, tair o athrawesau di-briod. Anodd iawn credu y gallai'r bobl hyn gyflawni eu gwaith yn effeithiol mewn cymuned fel Llanidloes petaent yn Gymry uniaith! Enghraifft arall o ddiffyg cywirdeb y cyfrifiad yw achos Elizabeth Davies, ffermwraig o Lanaman, sir Gaerfyrddin. Cofnodwyd mai Cymraeg yn unig a siaradai Mrs Davies, ac er bod ei mab Thomas a'i merch Elizabeth yn ddwyieithog, honnwyd mai Saesneg yn unig a siaradai ei dwy ferch ieuengaf, Margaret a Sarah! Yn ddiau, yr oedd gan bobl eu rhesymau eu hunain dros honni neu wadu eu medrusrwydd yn y naill iaith neu'r llall. Wrth edrych ar enwau'r rhai a gofnodwyd yn ddwyieithog, tanlinellir yr ail anhawster o ran fframwaith y cyfrifiad ieithyddol, sef penderfynu beth yn union y mae dwyieithrwydd yn ei olygu. Yng nghyd-destun y bennod hon, a oedd ffermwr dwyieithog yn gallu siarad a darllen y ddwy iaith, ac felly'n gallu manteisio ar y llenyddiaeth amaethyddol dechnegol a ddatblygai'n gyflym yn Saesneg? A allai'r tirfeddiannwr, yr honnid ei fod yn ddwyieithog, drafod manylion cytundebau tenantiaeth a chyfraith y tir â'r ffermwyr mewn Cymraeg tafodieithol? Ynteu a oedd dwyieithrwydd yn golygu gwybodaeth drylwyr o un iaith a gafael ansicr a phetrus ar y llall? Yn y pen draw, anodd yw penderfynu oni bai fod gwybodaeth fanwl ar gael am gefndir y person arbennig hwnnw. Er y byddai ffermwyr, efallai, yn gallu siarad Saesneg, a'u gweithwyr yn medru ychydig ar yr iaith honno, fel y sylwodd awdur anhysbys a fu'n croniclo hanes plwyf Llanfechain, sydd ar y ffin â Lloegr,

[2] David Jenkins, *The Agricultural Community in South-West Wales at the turn of the Twentieth Century* (Cardiff, 1971), tt. 18–19.

[3] Edward Hamer, 'A Parochial Account of Llanidloes', *MC*, V (1872), 17.

ym 1872, 'it is most certain that none of them can fully understand a protracted address made to them in the English tongue'.[4]

Erbyn 1901 yr oedd oddeutu hanner poblogaeth Cymru yn dal i siarad Cymraeg, cyfartaledd sy'n cuddio amrywiadau eang rhwng siroedd gweinyddol. Felly, yn siroedd Aberteifi, Caernarfon, Caerfyrddin, Meirionnydd a Môn, yr oedd mwy na 90 y cant o'r trigolion yn Gymry Cymraeg, cyfran weddol debyg i'r hyn a geid ganrif cyn hynny. Mewn mannau eraill, yn siroedd Morgannwg, Brycheiniog a'r Fflint, er enghraifft, yr oedd canran y siaradwyr Cymraeg wedi gostwng o'r tri chwarter a amcangyfrifwyd ym 1801 i rhwng 40 a 50 y cant erbyn diwedd y bedwaredd ganrif ar bymtheg, ac ym Maesyfed dim ond 6 y cant a fedrai'r iaith erbyn hynny.[5]

Rhesymol fyddai tybio y byddai'r fferm, oherwydd ei natur, yn parhau'n gynheiliad ac yn gadarnle i'r heniaith, ond y mae arolwg bychan o dri phlwyf yn sir Drefaldwyn yn tueddu i gadarnhau'r dystiolaeth anecdotaidd fod y Saesneg, hyd yn oed yno, yn dod yn gyfrwng mwyfwy cyffredin erbyn canol y ganrif. Yn ystod gaeaf 1846 goruchwyliodd y Parchedig Robert Thomas (1817–88) arolwg ar addysg ym mhlwyfi Llanfair Caereinion, Castell Caereinion a Manafon, gan nodi'n ofalus alwedigaethau a galluoedd ieithyddol yr ymatebwyr. Dengys Tabl 1, a luniwyd ar sail arolwg Thomas, er bod nifer sylweddol o weithwyr a gweision fferm yn parhau'n Gymry uniaith, fod dwyieithrwydd yn dod yn nodwedd fwyfwy pwysig yn y cymunedau hyn, cymunedau a oedd yn rhai amaethyddol yn bennaf.[6]

Tua hanner can mlynedd ar ôl i Thomas gynnal ei ymchwiliadau, dengys ffigurau'r cyfrifiad ar gyfer sir Drefaldwyn wrthgyferbyniad llwyr rhwng gallu ieithyddol ffermwyr a gweithwyr a drigai mewn ardaloedd hollol wledig a'r rhai a drigai gerllaw canolfannau trefol Y Trallwng a'r Drenewydd, lle'r oedd dylanwad y Saesneg yn drwm. Y mae'n arwyddocaol fod nifer mawr o ffermwyr yn ardal Llanbryn-mair wedi eu cofnodi yn Gymry uniaith, a'u plant ar y llaw arall yn ddwyieithog. Ar yr un pryd, ymhlith grŵp Y Trallwng/Y Drenewydd, yr oedd gan bron pob ffermwr a gweithiwr dwyieithog gyfenw a swniai'n Gymreig, yn wahanol i gyfenwau'r siaradwyr Saesneg uniaith. Y mae hyn yn cadarnhau bod dwyieithrwydd fel arfer yn golygu mai'r siaradwr brodorol sy'n dysgu'r iaith allanol yn hytrach nag i'r gwrthwyneb. Os oedd ffermwyr a'u gweithwyr yn siroedd dwyreiniol Cymru a'r rhai a drigai gerllaw canolfannau trefol yn dod yn fwyfwy cyfarwydd â'r Saesneg, parhâi'r iaith Gymraeg i dra-arglwyddiaethu mewn cymunedau amaethyddol yn siroedd y gogledd a'r de-orllewin. Yng Nglanaman yn sir Gaerfyrddin, er enghraifft, lle'r oedd ffermwyr a'u gweithwyr yn ffurfio 8 y cant o'r boblogaeth, ni cheid siaradwyr Saesneg uniaith, a dim ond 10 y cant a allai siarad y ddwy iaith. Yr un modd, yn Llanymawddwy yn sir Feirionnydd, lle'r oedd

[4] 'A Slight Historical and Topographical Sketch of the Parish of Llanfechain', ibid., 273–4.

[5] W. T. R. Pryce, 'Welsh and English in Wales, 1750–1971: A Spatial Analysis based on the Linguistic Affiliation of Parochial Communities', *BBCS*, XXVIII, rhan 1 (1978), 27.

[6] LlGC, Llsgr. 23220E. Yr wyf yn ddiolchgar i Mrs Dot Jones am y cyfeiriad hwn.

Tabl 1. Gallu ieithyddol mewn tri phlwyf yn sir Drefaldwyn, 1846

Galwedigaeth	Cymraeg	Cymraeg/Saesneg	Saesneg
Ffermwyr (gwrywod)	41	243	16
Ffermwyr (benywod)	3	7	2
Perthnasau ffermwyr (gwrywod)	26	109	14
Gweithwyr/gweision fferm	61	109	16
Gweithwyr/morynion fferm	62	54	10

Tabl 2. Gallu ieithyddol yn nosbarthau cofrestru Llanbryn-mair, Y Trallwng a'r Drenewydd, 1891

	Ffermwyr Cymraeg	Ffermwyr Saesneg	Ffermwyr Y ddwy	Gweithwyr/ gweision fferm Cymraeg	Gweithwyr/ gweision fferm Saesneg	Gweithwyr/ gweision fferm Y ddwy
Llanbryn-mair	109	0	8	96	1	2
Y Trallwng/ Y Drenewydd	0	46	21	0	103	30

rhagor na thraean o'r gymuned naill ai'n ffermwyr neu'n weithwyr fferm, dim ond pump allan o gyfanswm o 158 a gofrestrwyd yn ddwyieithog. Yn eu plith yr oedd y bugail, y cowmon a'r wagenwr, Robert Jones, a aned yn lleol ac a oedd yn 70 oed, a gŵr o'r enw Mathew Tye a oedd, o bosibl, yn un o'r enghreifftiau prin o weithiwr o Sais a lwyddasai i feistroli'r iaith Gymraeg.

Ystyrid y Saesneg gan lawer yn 'language of infidelity and atheism, of secularism, of the higher criticism, of extreme liberality in theology', ond drwyddi hi, er hynny, y ceid cynnydd cymdeithasol ac economaidd, a pha mor angerddol bynnag y teimlai'r Cymry ynglŷn â'u mamiaith yr oedd gwybodaeth o'r Saesneg yn un ffordd o ennill budd materol.[7] Yn wir, nodwyd ym 1844 fod anwybodaeth gyffredinol ynglŷn â'r Saesneg yn anfantais fawr i ddatblygiad y gymuned.[8] I gydnabod hyn, mynnai'r bardd John Ceiriog Hughes siarad Saesneg ar blatfform yr orsaf ac yn ei gartref wedi iddo gael ei benodi yn orsaf-feistr Llanidloes ar Reilffordd y Cambrian ym 1865.[9] Mor ddwfn ac eang oedd yr awydd i ddysgu Saesneg fel yr ymlafniai rhieni, nad oedd ganddynt ond y mymryn lleiaf o wybodaeth o'r iaith honno, i'w siarad â'u plant, tra byddai eraill hyd yn oed yn caniatáu iddynt ddysgu'r Catecism cyn belled ag y dysgid ef yn Saesneg.[10] Bu cyfres

[7] Ieuan Gwynedd Jones, *Mid-Victorian Wales: The Observers and the Observed* (Cardiff, 1992), t. 70.
[8] *Report of the Commissioners of Inquiry for South Wales* (PP 1844 XVI), t. 36.
[9] Gw. Pennod 4, t. 146.
[10] Jones, *Mid-Victorian Wales*, t. 121.

o arolygwyr ysgolion, o Matthew Arnold i'r Parchedig Shadrach Pryce, yn traethu hyd at syrffed am anfanteision yr iaith Gymraeg (heblaw, efallai, fel cyfrwng i ddysgu Saesneg), ac er y ceid rhywfaint o gydymdeimlad â dwyieithrwydd erbyn y 1890au, ni ddaeth yn gonglfaen i bolisi'r Bwrdd Addysg hyd nes y penodwyd O. M. Edwards yn Brif Arolygwr ym 1907.[11] Wrth i'r to ifanc o ffermwyr yng ngogledd Cymru ddechrau cynefino fwyfwy â'r ail iaith erbyn diwedd y bedwaredd ganrif ar bymtheg, ni chafodd eraill gyfle i wneud hynny oherwydd eu bod yn trigo mewn mannau anghysbell.[12] Felly, yn y fro hollol Gymraeg o amgylch Tregaron yn sir Aberteifi, byddai llanciau nad oeddynt yn amaethwyr yn mynd y tu allan i'r ardal i chwilio am waith, ac yn aml i ddysgu Saesneg, ond byddai'n rhaid i feibion fferm aros gartref oherwydd natur eu gwaith.[13]

Er hynny, y Gymraeg oedd iaith yr ysgubor, y beudy ac aelwyd y gegin, a byddai'n parhau i fod felly. Yn yr ystyr honno yr oedd yn fynegiant o barhad diwylliant, yn rhoi ymdeimlad o berthyn ac o sicrwydd, ac yn amddiffynfa rhag y byd ansicr a pheryglus oddi allan. Darparai'r iaith ryw fath o undod ysbrydol a chydlyniad cymdeithasol a brofai'n hynod werthfawr ar yr adegau hynny pan fygythid y gymuned gan rymoedd allanol, os nad dieithr. Dro ar ôl tro, wynebid comisiynwyr cau tiroedd a gweinyddwyr Deddf y Tlodion gan gymunedau Cymraeg eu hiaith a oedd yn benderfynol o amddiffyn yr hyn a ystyrid ganddynt yn hawliau traddodiadol. Cafodd yr hynod Augustus Brackenbury ('Y Sais Bach') ddigon o achos i gofio mor effeithiol y gallai gweithredu torfol fod pan roes y gorau o'r diwedd i'w ymgais i darfu ar drigolion ardal Mynydd Bach yn sir Aberteifi. Wrth i Beca, ceidwad 'deddf y bobl', grwydro cefn gwlad yng nghanol y 1840au, cyfathrebai ei dilynwyr â'i gilydd yn Gymraeg, gan drefnu eu gweithgareddau dirgel a'u cyfarfodydd cyfrinachol mewn iaith a oedd yn annealladwy i'r rhan fwyaf o filwyr a heddweision a phobl eraill a gynrychiolai'r awdurdodau. Câi'r llwon a'r addunedau a dyngid uwchben bidogau a beiblau ym môn clawdd neu mewn bythynnod diarffordd eu mynegi yn y Gymraeg; yr iaith ddirgel hon oedd llais rhwystredigaeth ac anfodlonrwydd.[14] Ac, wrth gwrs, yr oedd yn iaith yr oedd y rhai a'i siaradai yn falch eithriadol ohoni, a hyd yn oed pe mynegent rywfaint o ddiddordeb ymarferol mewn dysgu Saesneg, at y Gymraeg y troent bob amser i addoli, i ddarllen ac i gymdeithasu. Yn ei dystiolaeth i Gomisiwn Tir Cymru, a oedd yn gyfrifol am ddarganfod achosion sylfaenol y dirwasgiad yn y byd amaethyddol yng Nghymru, crynhodd David Owen Edwards o Landyfi, sir Aberteifi, agwedd y Cymro at ei iaith mewn brawddeg syml ond huawdl, a oedd yn gyforiog o is-ystyron. Wrth ymateb trwy gyfieithydd

[11] W. Gareth Evans, 'The "Bilingual Difficulty"; HMI and the Welsh Language in the Victorian Age', *CHC*, 16, rhif 4 (1993), 494–507.

[12] Royal Commission on Land in Wales and Monmouthshire, *Minutes of Evidence*, cyf. I (1894), cwestiwn 4687.

[13] Royal Commission on Land, *Minutes of Evidence*, cyf. III (1895), cwestiwn 46670.

[14] David Williams, *The Rebecca Riots* (Cardiff, 1955), t. 56; David J. V. Jones, *Rebecca's Children: A Study of Rural Society, Crime and Protest* (Oxford, 1989), t. 313.

i'r awgrym ei fod yn siŵr o fod yn gallu siarad Saesneg, meddai: 'Nac ydwyf, nid wyf yn Sais o gwbl; ni chymeraf arnaf fy mod yn un; yr wyf yn fwy teyrngar i'm hiaith a'm gwlad fy hun.'[15]

Fel ei gyd-wladwyr drwy Gymru gyfan, rhaid oedd i David Owen Edwards feistroli'r nifer cynyddol o dermau technegol a berthynai i fyd amaeth y bedwaredd ganrif ar bymtheg a'r crefftau gwledig a oedd yn gysylltiedig ag ef. Ar y naill law yr oedd angen terminoleg Gymraeg addas ar gyfer y cyfarpar newydd a ddeuai o Loegr, ac ar y llaw arall ceid pob math o amrywiadau lleol yn enwau'r offer llaw cynhenid – yr hadlestri, y bilwgau, y rhawiau mawn a'r picweirch – pob un â'i enw tafodieithol arbennig ei hun.[16] At hynny, ceid enwau Cymraeg penodol ar rannau gwahanol o'r cyfarpar a ddefnyddid i drin y tir, ac ni fyddai unrhyw ffermwr o'r iawn ryw yn cyfaddef na wyddai'r gwahaniaeth rhwng 'tas ben-glin' a 'thas law'.[17] Pwysig iawn oedd cofio cynaeafu'r ceirch pan oeddynt 'o liw'r ysguthan', ac mai'r unig ddull priodol o gyfrif ysgubau oedd y 'drefa' (sef uned o 24 o ysgubau). O ystyried y pethau hyn, buan y sylweddolir y byddai'r Gymraeg yn parhau yn iaith pob dydd byd amaeth am gyfnod maith.

Tirddaliadaeth, Ffermio ac Addysg

Erbyn 1872 yr oedd holl dir amaethyddol Cymru yn eiddo i oddeutu 16,000 o bobl; er enghraifft, yr oedd dros hanner erwau hen sir amaethyddol Gwynedd ym meddiant 37 o deuluoedd.[18] Fodd bynnag, ni châi'r wlad i gyd, o bell ffordd, ei rheoli gan dirfeddianwyr, oherwydd mewn rhai ardaloedd yr oedd meddiannaeth rydd-ddaliadol yn gyffredin, os nad yn arferol. Ar ddiwedd y ddeunawfed ganrif yn sir Drefaldwyn yr oedd mwy na 40 y cant o'r tir yn nwylo rhydd-ddeiliaid neu berchenogion bychain, a meddianwyr rhydd-ddaliadol yn ffermio traean o dir siroedd y de-orllewin.[19] Yn yr un modd, ym mhlwyfi Blaenpennal, Nancwnlle, Lledrod, Llanbadarn Fawr, Llangeitho a Llanrhystud yn sir Aberteifi, lle na cheid yr un perchennog mawr unigol yn teyrnasu, yr oedd rhwng 22 a 48 y cant o'r tir yn parhau'n rhydd-ddaliadol erbyn y 1890au.[20] Tarddiad gweddol ddiweddar oedd i lawer o'r rhydd-ddaliadau hyn (a grëid yn aml o dir comin, tir diffaith neu dir mynydd, a hynny gyda chefnogaeth fud y meistri tir mawr). Yr oedd rhai ohonynt wedi eu prynu wrth i'r ystadau ddechrau cael gwared ar eiddo pellennig

15 Royal Commission on Land, *Minutes of Evidence*, cyf. III (1895), cwestiwn 49599.

16 J. Geraint Jenkins, *Agricultural Transport in Wales* (Cardiff, 1962), passim.

17 Ffransis G. Payne, *Yr Aradr Gymraeg* (Caerdydd, 1975), passim.

18 John Davies, 'The End of the Great Estates and the Rise of Freehold Farming in Wales', *CHC*, 7, rhif 2 (1974), 187.

19 Melvin Humphreys, *The Crisis of Community: Montgomeryshire, 1680–1815* (Cardiff, 1996), t. 98.

20 Royal Commission on Land, *Minutes of Evidence*, cyf. II (1894), tt. 580–97; R. J. Moore-Colyer, 'Farmers and Fields in Nineteenth-century Wales: The Case of Llanrhystud, Cardiganshire', *CLlGC*, XXVI, rhifyn 1 (1989), 32–57.

yn y 1870au a'r 1880au.[21] Mewn mannau eraill, parhaodd hen deuluoedd rhydd-ddaliadol i ddal gafael yn eu hetifeddiaeth, gan ymwrthod â pherswâd eu cymdogion cyfoethocach, a rhoddai eu hymlyniad angerddol wrth y tir nerth iddynt mewn cyfnodau o galedi a chyni ariannol.[22]

I lawer o wladwyr radical ym Mhrydain yn y bedwaredd ganrif ar bymtheg, yr oedd twf ffermio rhydd-ddaliadol yn cynnig ateb i rai o broblemau cymdeithasol cefn gwlad. Ystyrid ei fod nid yn unig yn fodd i atal anfodlonrwydd cymdeithasol, ond hefyd yn ddull o greu dosbarth 'moesol iach' o dirddeiliaid bychain annibynnol a chryf. Ond er y byddai bod yn berchen ar ychydig erwau o dir yn rhoi statws i rywun yng ngolwg cymdeithas, gallai pwysau'r angen i godi blaendal ar y pryniad, ynghyd â'r taliadau morgais anochel (a oedd yn aml yn costio mwy yn flynyddol nag y byddai'r rhent am nifer cyfatebol o erwau), olygu na fyddai sefyllfa ariannol y rhydd-ddeiliad newydd wedi gwella llawer ac, yn wir, y byddai o bosibl yn waeth ei fyd na phe byddai wedi parhau yn denant. Os nad oedd ganddo lawer o gyfalaf, nid oedd gan y rhydd-ddeiliad fawr o ddewis ond symud adnoddau o'i fusnes ffermio i'w fusnes meddiannu tir, ac felly yr unig ffordd y gallai oroesi mewn dirwasgiad economaidd oedd trwy fanteisio ar lafur di-dâl ei deulu neu'r hen arfer anrhydeddus o dynhau'r gwregys. Yr oedd yr 84 o rydd-ddeiliaid a geid yn Nhre-lech a'r Betws yn sir Gaerfyrddin, dwy ran o dair ohonynt yn byw mewn daliadau a oedd yn llai na chan erw, yn mwynhau statws cymdeithasol arbennig, ond talent amdano drwy lafur caled, di-baid.[23] Pan fyddai'r rhydd-ddaliad yn llai na hanner can erw, yr oedd bron yn amhosibl ennill bywoliaeth yn ystod blynyddoedd dirwasgedig diwedd y bedwaredd ganrif ar bymtheg, a gorfodid y perchenogion naill ai i chwilio am waith ychwanegol neu i rentu mwy o dir gan landlordiaid cyfagos, sef yr union bobl y llwyddasent i ddianc rhag eu hawdurdod trwy gyfrwng rhydd-ddaliadaeth.

Ond, wrth gwrs, yr hyn a wnâi rhydd-ddaliadaeth uwchlaw popeth oedd hyrwyddo rhyddid, rhyddid i ffermio fel y dymunai rhywun, rhyddid barn o ran gwleidyddiaeth a chrefydd, a rhyddid ieithyddol. Yr oedd rhydd-ddaliadaeth yn ennyn parch cyd-amaethwyr ac, yn bwysicach efallai, barch y bonedd lleol, na allent anwybyddu'r ffaith fod gan rydd-ddeiliaid hawliau pleidleisio. Waeth pa mor wrthun i rai tirfeddianwyr oedd y ddiwinyddiaeth Ymneilltuol a'r agweddau cymdeithasol a oedd yn gysylltiedig â hi, yr oeddynt yn llawn sylweddoli y gallai rhydd-ddeiliaid, mewn cymuned lle'r oedd Ymneilltuaeth yn gryf, gydweithredu i ddylanwadu ar ganlyniad gornest etholiadol. Doeth, felly, oedd eu trin yn ofalus, a phan geisiodd grŵp o Ymneilltuwyr ganiatâd i godi addoldy ar dir a oedd yn

[21] Am eiddgarwch tenantiaid i brynu'r hyn a ystyrient yn enedigaeth-fraint gw., inter alia, Roger Phillips, *Tredegar: The History of an Agricultural Estate, 1300–1956* (Newport, 1990), t. 222; William R. Morgan, *A Pembrokeshire Countryman Looks Back* (Tenby, 1988), t. 80; Philip Riden a Keith Edwards, *Families and Farms in Lisvane, 1850–1950* (Cardiff, 1993), tt. 56–8.

[22] Royal Commission on Land, *Report* (1896), tt. 557–71.

[23] Jones, *Rebecca's Children*, t. 49.

eiddo i ystad Gogerddan, dyma'r cyngor a roddwyd i'r perchennog gan ei asiant lleol: 'I am of opinion it is of your interest to grant them a lease as there are many freeholders belonging to that congregation and will be affronted if you will refuse it.'[24]

I'r rhan fwyaf o bobl o'r tu allan, yr oedd y ffermwr cyffredin yng Nghymru'r bedwaredd ganrif ar bymtheg, boed yn rhydd-ddeiliad neu'n denant ystad, yn wrthrych tosturi a dirmyg. Yr oedd teithwyr o Loegr, stiwardiaid tir o'r Alban, landlordiaid Seisnigedig a ffermwyr Cymreig mwy cefnog wrthi am y gorau yn collfarnu trwch yr amaethwyr fel rhai araf, plwyfol, tywyllfrydig, diog a di-uchelgais. Meddai Thomas Herbert Cooke, gŵr a dreuliodd gyfnod stormus yn asiant ar ystad Plas Middleton yn sir Gaerfyrddin yn ystod Terfysgoedd Beca: 'My English ways do not suit Welsh notions and my opinion of the Welsh farmers is that they know less than their own horses. They are too ignorant to be taught. They are 100 years behind the worst managed English districts.'[25] Ugain mlynedd yn ddiweddarach ysgrifennodd E. C. L. Fitzwilliams o Gilgwyn am ddwy fferm o'i eiddo a newidiasai ddwylo yn ddiweddar: 'The state in which these farms have been left is deplorable. Neither of them laid out a single penny in repairs in the twenty years they have had the premises. I am afraid that this is only a type of most of the Welsh farmers of the neighbourhood who speak nothing but the blessed "iaeth [*sic*] Gymraeg".'[26] Ceir rhagor o sylwadau angharedig a phur gamarweiniol fel y rhain, y gellid eu dyfynnu hyd at syrffed. Cwynodd hyd yn oed T. J. Jenkin, a ddaeth yn ddiweddarach yn Gyfarwyddwr y Fridfa Blanhigion Gymreig, am yr olwg anniben a oedd ar ffermydd ac am natur 'ddigychwyn' ffermwyr y 1920au. Yr oedd ffermwyr Cymru yn ddi-sêl, meddai, ac nid oedd ganddynt falchder mewn ffermio fel galwedigaeth na chariad at ffermio da er ei fwyn ei hun.[27] Y mae sylwadau fel y rhain (a fynegwyd yn achos Jenkin gan ddyn o gefndir amaethyddol a dderbyniai gyflog hael) yn fwy o adlewyrchiad o syniadau dryslyd nag o wir ddealltwriaeth o economi amaethyddol Cymru. Heb ystyried pethau megis ansawdd y pridd a safon wael adeiladau, ac ati, rhaid sylweddoli bod agwedd y ffermwr o Gymro yng nghanol y bedwaredd ganrif ar

[24] Am enghreifftiau eraill, gw. Richard Colyer, 'The Pryse Family of Gogerddan and the Decline of a Great Estate, 1800–1960', *CHC*, 9, rhif 4 (1979), 407–31.

[25] LlGC, Llsgr. 21209C.

[26] LlGC, Llsgr. Cilgwyn 36. Am fanylion am ffermio ymarferol yn y bedwaredd ganrif ar bymtheg, gw. R. J. Colyer, 'Aspects of the Pastoral Economy in pre-Industrial Wales', *JRASE*, 144 (1983), 30–56; idem, 'Crop Husbandry in Wales before the Onset of Mechanisation', *Folk Life*, 21 (1982–3), 49–70; idem, 'Horses and Equine Improvement in the Economy of Modern Wales', *AHR*, 39, rhan 2 (1991), 126–42; idem, 'The Size of Farms in late eighteenth and early nineteenth century Cardiganshire', *BBCS*, XXVII, rhan 1 (1976), 119–26. Yn ogystal â'u cyndynrwydd i droi cefn ar arferion traddodiadol, methai'r ffermwyr â manteisio ar y cyfleoedd marchnata a gynigid yn sgil ehangu'r rheilffyrdd. D. W. Howell, 'The Impact of Railways on Agricultural Development in Nineteenth-Century Wales', *CHC*, 7, rhif 1 (1974), 62.

[27] T. J. Jenkin, 'The Expression of Welsh Agriculture', *Journal of the Agricultural Society. UCW*, XXIV (1935), 11.

bymtheg at ei alwedigaeth yn sylfaenol wahanol i agwedd y rhan fwyaf o'i gymheiriaid yn Lloegr. Rhoddai amaethu gyfran o'r tir i'r Cymro, a chyn belled â'i fod yn gallu cynhyrchu digon ar y tir hwnnw i'w alluogi i dalu'r rhent a chynnal ei deulu, ni phoenai'n ormodol am wneud elw mawr. Iddo ef, yr oedd dyletswydd grefyddol, clymau teuluol a safle yn y gymdeithas o'r pwys mwyaf ac, fel y dangosodd Alwyn D. Rees mor eglur, yr oedd llunio cerdd neu ysgrif ar gyfer yr eisteddfod leol yr un mor bwysig â chreu llond gwlad o gyfoeth. Waeth beth fyddai'r tywydd, ni fyddai'r rhan fwyaf o ffermwyr yn mentro lladd gwair ar ddydd Sul, oherwydd 'loss of crops is preferable to the loss of status which would result from unfaithfulness, not only to one's God, but to the standards cherished by one's forbears'.[28]

Yr oedd agwedd o'r fath, ynghyd ag ymdeimlad dwfn o berthyn i'r tir, balchder mewn annibyniaeth, traddodiad a brogarwch a rhin yr iaith, yn rhoi gwead clòs i'r gymdeithas wledig. Tybid mai'r hen arferion a oedd orau bob amser: yr hen drefn, yr hen draddodiadau, yr hen ddulliau. Rhoddai hyn sicrwydd i unigolion ac i grwpiau fel ei gilydd, ac ni châi'r sicrwydd hwnnw ei danseilio tan y ganrif ganlynol pan fwrid ef yn galed gan ergydion seicolegol y datblygiadau technolegol newydd.[29] Parhâi'r hen draddodiadau, ac amlygid hynny'n glir gan y gyd-ddibyniaeth a fodolai o hyd ymhlith ffermwyr ar adegau allweddol yn ystod y flwyddyn. Yr oedd y parhad hwn yn hwb i ddal ati, ond ar yr un pryd yn llesteirio newid a mentro. Mewn sefyllfa o'r fath, ystyrid bod rhywun a dorrai ei gwys ei hun, gan awgrymu newidiadau, yn herio sicrwydd y grŵp ac yn osgoi ei ddyletswyddau traddodiadol at y gymdeithas. Yn gysylltiedig â'r agwedd hon yr oedd amheuaeth ddofn o bobl a dylanwadau o'r tu allan.[30] Dyna paham y byddai 'arferion Seisnig' T. H. Cooke yn cael eu hystyried yn ymyrraeth, yn fygythiad i sicrwydd ac yn fodd dichellgar o danseilio ymddiriedaeth. Y mae'n debyg yr ystyrid ei iaith hefyd yn ddylanwad drwg ac aflonyddol; er ei bod yn iaith cynnydd yr oedd hefyd yn iaith dilynwyr Mamon ac yn iaith safbwyntiau moesol amheus a fyddai, yn y pen draw, yn bygwth y sefydlogrwydd a feithrinwyd yn ofalus dros genedlaethau.

O ran y ffermwr cyffredin a fagwyd o fewn y traddodiad hwn, ymddengys mai ychydig iawn o effaith a gafodd bwriadau da yr aelodau tadol hynny o ddosbarth y bonedd hynod Seisnigedig a geisiodd hyrwyddo dulliau amaethyddol newydd

[28] Alwyn D. Rees, *Life in a Welsh Countryside: A Social Study of Llanfihangel yng Ngwynfa* (Cardiff, 1950), t. 144. Yr un oedd daliadau fy nhaid, eglwyswr a Thori o swydd Northampton, yn y 1930au.

[29] David Parry-Jones, *My Own Folk* (Llandysul, 1972), tt. 91–2. Am bethau cyffelyb yn Lloegr, gw. Richard Jefferies, *The Toilers of the Field* (London, 1892), t. 246, ac am newidiadau technolegol gw., inter alia, J. Geraint Jenkins, *Agricultural Transport in Wales* (Cardiff, 1962), tt. 11–27; idem, 'Rural Industry in Brecknock', *Brycheiniog*, XIV (1970), 1; Elfyn Scourfield, 'Rural Society in the Vale of Glamorgan' yn Prys Morgan (gol.), *Glamorgan County History. Volume VI. Glamorgan Society 1780–1980* (Cardiff, 1988), tt. 225–32.

[30] A. H. Bunting (gol.), *Change in Agriculture* (London, 1970), passim.

trwy gyfrwng y cymdeithasau amaethyddol sirol. Pa dacteg bynnag a ddefnyddiai'r bonheddwyr hyn i egluro eu cymhellion, ni allai rhai pobl lai nag amau bod gweithgareddau'r gymdeithas amaethyddol leol yn gymaint o ymgais i wneud iawn i'r tenant bychan neu'r llafurwr am fod ar waelod yr ysgol economaidd ag ydoedd o gyfraniad cadarnhaol i ffyniant amaethyddiaeth.[31] Er mai yn Saesneg y cynhelid holl fusnes y cymdeithasau sirol, daeth defnydd o'r Gymraeg yn fwyfwy cyffredin ymhlith y cymdeithasau mwy democrataidd a sefydlwyd yn ystod y 1840au a'r 1850au ac a weinyddid gan y ffermwyr eu hunain. Er hynny, yr oedd y rhan fwyaf o'r rhai a fynychai'r digwyddiadau hyn, a sefydlwyd er mwyn rhoi fforwm addysgol i bobl na allent fforddio mynychu'r sioeau a'r gweithgareddau eraill a noddid gan yr hen gymdeithasau sirol, yn bobl a chanddynt ddigon o fodd ac amser i allu bod yn absennol o'u ffermydd.[32]

Ar wahân i gefnogi'r cymdeithasau amaethyddol sirol, yr oedd y bonedd, pa un a oeddynt yn trigo ar eu hystadau ai peidio, yn awyddus i hyrwyddo dulliau amaethu newydd ar ffermydd y plasau. Gwelwyd felly gyflwyno gwartheg Alderney, Guernsey ac Ayrshire, defaid Southdown, rhesi taclus o faip, ac enghreifftiau eraill o'r hyn y cyfeirid ato'n aml fel 'ysbryd gwelliant'.[33] Darparai'r ffermydd hyn gynnyrch ar gyfer y tŷ a'r stablau, a rhywfaint dros ben i'w werthu yn y gymuned leol, ac ystyriai llawer o dirfeddianwyr eu bod yn fodd i hyrwyddo amaethyddiaeth, gan gynnig cyfle i denantiaid weld drostynt eu hunain dechnegau newydd yn cael eu defnyddio.[34] Dibynnai effeithiolrwydd y rhain yn llwyr ar ba mor berthnasol i'r ardal honno yr oedd y systemau a ddefnyddid ac ar allu'r tirfeddiannwr neu ei asiant i gyfleu gwybodaeth i'r tenantiaid mewn modd dealladwy. Un peth oedd sôn am yr egwyddor ddigon rhesymegol o gylchdroi cnydau, ond mater arall oedd peri i'r cnydau hynny lwyddo. Yr oedd angen egluro'n ofalus a manwl y medrau cyfrin a'r gwaith cynllunio a oedd yn angenrheidiol; nid oedd datganiad moel mewn cytundeb tenantiaeth yn ddigon. Yn anad dim, rhaid oedd profi bod systemau a thechnolegau anghyfarwydd yn ymarferol cyn y byddai unrhyw obaith y mabwysiedid hwy gan y tenantiaid. Gwaetha'r modd, nid oedd llawer o'r dulliau newydd o amaethu a gyflwynwyd

[31] Am fanylion, gw. Richard Colyer, 'Early Agricultural Societies in South Wales', *CHC*, 12, rhif 4, (1985), 567–81; D. W. Howell, 'Merioneth Agriculture and the Farming Community a Century Ago', *CCHChSF*, VIII, rhan 1 (1977), 71–8; H. Edmunds, 'History of the Brecknockshire Agricultural Society, 1755–1955', *Brycheiniog*, II (1956), 32–6; W. H. Howse, 'Radnorshire Agriculture Societies', *TRS*, XV (1945), 28; J. D. K. Lloyd, 'Montgomery in the Nineteenth Century', *MC*, LVIII (1963–4), 94; I. Rees, *Rings and Rosettes: The History of the Pembrokeshire Agricultural Society, 1784–1977* (Llandysul, 1977), passim.

[32] Thomas J. Hopkins, 'Two Hundred Years of Agriculture in Glamorgan', *GH*, 8 (1974), 70–4.

[33] Benjamin H. Malkin, *The Scenery, Antiquities, and Biography, of South Wales* (2 gyf., London, 1807), I, t. 416.

[34] Francis Jones, 'The Vaughans of Golden Grove', *THSC* (1966), 188; idem, 'Some Farmers of Bygone Pembrokeshire', *THSC* (1943–4), 133–51; D. W. Howell, 'The Economy of the Landed Estates of Pembrokeshire c. 1680–1830', *CHC*, 3, rhif 3 (1967), 267; R. J. Colyer, 'The Gogerddan Demesne Farm 1818–22', *Ceredigion*, 7, rhif 2 (1973), 170–88.

gan y bonedd yn broffidiol nac ychwaith yn berthnasol i amgylchiadau go iawn byd amaeth yng Nghymru. Y mae'r gweithgareddau amaethyddol rhyfeddol, ac od iawn weithiau, a welwyd gan Thomas Johnes (m.1816) o'r Hafod, sir Aberteifi, yn enghraifft braidd yn eithafol o gymhellion aruchel a bwriadau clodwiw ar y naill law a diffyg synnwyr cyffredin ar y llall. O dan arweiniad ei gyfaill a'i gynghorwr, yr amaethydd a'r economegydd gwleidyddol o'r Alban, James Anderson (a dynnai ar ei brofiad yn nhiroedd amaethyddol ffrwythlon East Lothian), ceisiodd Johnes berswadio ei denantiaid i dyfu maip a gwenith, i gyflwyno bridiau dieithr o wartheg nad oeddynt yn ymaddasu'n dda, ac i wneud cawsiau Stilton, Caerloyw a Pharmesan heb ystyried o gwbl mor anodd y byddai i'w marchnata mewn ardal lle'r oedd mwy o groeso i fwydydd traddodiadol. Yr oedd gan y tenantiaid ddigon o synnwyr cyffredin i anwybyddu'r rhan fwyaf o'i argymhellion ac yr oeddynt yn arbennig o amheus o'i awydd i wella ansawdd gwlân yr ardal trwy roi defaid Merino ar fryniau gwlyb, asidig sir Aberteifi. O gofio y gall dafad gyffredin drengi'n hawdd ar y bryniau, byddai'n rhaid i rywun fod yn credu mewn gwyrthiau i dybio y gallai brid â'i wreiddiau yng ngwastatiroedd sych canoldir Sbaen ffynnu yng ngorllewin Cymru![35] Nid yw'n syndod felly i'r tenantiaid yr honnwyd eu bod yn 'araf' ymwrthod â syniadau rhyfedd a dieithr fel y rhain a dal ati i ffermio yn ôl eu hen ddulliau gofalus a cheidwadol drwy gydol y ganrif bron. Ar ben hynny, teg yw casglu, y mae'n debyg, *pe byddai* tenantiaid wedi bod yn barod i efelychu systemau a fabwysiadwyd gan eu landlordiaid, y byddent wedi bod yn fwy tebygol o wrando ar ysgwïer a oedd yn siarad Cymraeg ac yn trigo'n lleol, a'i ddiddordebau, o'r herwydd, yn debycach i'w rhai hwy, nag ar berchennog absennol a drosglwyddai ei gyfarwyddiadau trwy asiant o Sais neu Sgotyn.

Er gwaethaf y sylwadau a wnaed gan William Fream a William Somerville o Newcastle, dysgawdwyr cynnar ym maes addysg amaethyddol, na ddylai llafurwyr ymhél â gwyddoniaeth ond yn hytrach fodloni ar lafurio, byddai grwpiau lleol o ffermwyr yn cyfarfod yn gyson i drafod materion amaethyddol yn Gymraeg ar ddiwedd y bedwaredd ganrif ar bymtheg.[36] Er y trefnid rhai o'r cyfarfodydd hyn ar anogaeth selogion lleol neu arweinwyr barn, cynhelid eraill fel dosbarthiadau efrydiau allanol gan ysgolion gwledig. Er enghraifft, ym 1893 cydweithiodd Thomas Jones, prifathro Ysgol Fwrdd Penmorfa, Penbryn (sir Aberteifi), yn agos â'i ddisgybl-athro Tom Elias i drefnu dosbarth amaethyddol i ffermwyr o bob oed yn ardal Rhydlewis.[37] Ond y prif ysgogwyr yn y maes hwn oedd yr Adrannau Amaethyddiaeth a sefydlwyd yng ngholegau Prifysgol Cymru yn Aberystwyth a

35 R. J. Moore-Colyer, *A Land of Pure Delight: Selections from the Correspondence of Thomas Johnes of Hafod, Cardiganshire (1748–1816)* (Llandysul, 1992), tt. 32–4.

36 Cyril Tyler, 'The History of the Agricultural Education Association, 1894–1914', *Agricultural Progress*, 48 (1973), 3.

37 W. S. Jones, 'A Brief Survey of Agricultural Education in Wales during the past twenty-five years', *Journal of the Agricultural Society. UCW*, XXVII (1938), 14–15.

Bangor ar ddechrau'r 1890au. Rhyw ugain mlynedd cyn hynny, yn ystod sesiwn 1877–8 yn y Coleg newydd yn Aberystwyth, cawsai cyfres o ugain darlith ar amaethyddiaeth wyddonol, a draddodwyd gan yr Athro Henry Tanner o'r Coleg Amaethyddol Brenhinol yn Cirencester, dderbyniad gwresog. Talwyd am y fenter hon trwy rodd o £200 gan Henry Parnall, gŵr busnes o Lundain ac Is-lywydd y Coleg, a defnyddiwyd gweddill yr arian i dalu am gyfieithiad Cymraeg o lyfr Tanner 'First Principles of Agriculture', gan Cadwaladr Davies o Fangor, a dosbarthwyd copïau ohono am ddim i ffermwyr. Ym mis Mehefin 1891, er mwyn adeiladu ar sylfeini Tanner, penododd y Prifathro, T. Francis Roberts, Thomas Parry yn ddarlithydd ar amaethyddiaeth, y cyntaf o dri. Gyda'i gydweithwyr James Wilson ac Alan Murray, y ddau yn Albanwyr, rhoddwyd i Parry y gorchwyl o ddarlithio ar amaethyddiaeth mewn canolfannau efrydiau allanol ac o gynnal arddangosiadau ymarferol o amrywiaeth eang o weithgareddau amaethyddol. Gan nad oedd gan y tri hyn fawr o ddewis ond teithio ar drên, ar droed, neu ar gefn ceffyl neu feic, a'r tywydd yng ngorllewin Cymru yn ddigon garw yn aml, yr oedd rhywbeth yn arwrol yn y modd y crwydrent y wlad yn lledaenu eu neges â sêl genhadol. Ond, er eu brwdfrydedd, Parry oedd yr unig un o'r tri a allai siarad Cymraeg, ac y mae hynny'n arwyddocaol wrth edrych ar fanylion y niferoedd a ddeuai i'r dosbarthiadau. Er enghraifft, traddodwyd chwe darlith gan Wilson yn Sanclêr yn ystod gaeaf 1892. Daeth hanner cant o bobl i'r sesiwn gyntaf, ond gostyngodd y nifer wedi hynny i wyth. Daeth 120 o bobl i ddarlith gyntaf Murray yng Nghynwyl Gaeo, sir Gaerfyrddin, ond, er annifyrrwch mawr iddo ef y mae'n siŵr, ni ddaeth undyn byw i'r ddarlith olaf yn y gyfres. Byddai Parry, ar y llaw arall, yn denu cynulleidfaoedd o ragor na dau gant yn gyson, ac yr oedd hynny'n deyrnged i'w allu ieithyddol yn ogystal ag i'w allu fel athro.[38] Yr oedd yn amlwg yn gyfathrebwr effeithiol ac argyhoeddiadol, fel y tystiodd J. Morgan Davies o Ffrwd-fâl, a ddywedodd wrth Gomisiynwyr Tir Cymru fod Parry yn llwyddo i ddefnyddio'r iaith Gymraeg at ddibenion gwyddonol yn well nag unrhyw un a glywsai erioed.[39] Er mwyn ceisio hyrwyddo buddiannau'r byd amaeth yn lleol, yr oedd Coleg y Brifysgol yn Aberystwyth wedi sefydlu nifer o ysgoloriaethau amaethyddol erbyn canol y 1890au. Mewn araith ym 1904, mynegodd Alan Murray ei siom fod cyn lleied o ffermwyr wedi cyflwyno eu meibion ar gyfer yr ysgoloriaethau hyn, o gymharu â'r nifer a ymgeisiai am ysgoloriaethau mewn diwinyddiaeth. Ni sylweddolai Murray y rhoddid cymaint o fri ar ddyrchafiad mewn eglwys a chapel. At hynny, yr oedd y rhagolygon i'r diwydiant amaethyddol yn ymddangos yn llwm iawn ar y pryd, a'r amgylchiadau yn anffafriol felly ar gyfer hyrwyddo astudiaeth academaidd yn y

[38] Daeth ei yrfa i ben yn sydyn ym 1900 pan ddiswyddwyd ef o'r coleg yn sgil honiadau iddo ymosod ar ddwy ddynes yn nhafarn y Farmers' Arms ym Mrynaman. Am hyn a llawer o'r paragraff blaenorol, gw. Richard Colyer, *Man's Proper Study: A History of Agricultural Science Education in Aberystwyth, 1878–1978* (Llandysul, 1982), tt. 30–6.

[39] Royal Commission on Land, *Minutes of Evidence*, cyf. III (1895), cwestiynau 37560–1.

maes.[40] Efallai'n wir fod y ffermwyr yn tueddu i gytuno ag awdur Llyfr Ecclesiasticus mai anodd ydyw i ddyn ddod yn ddoeth 'ac yntau wrth gyrn yr aradr . . . heb fod ganddo unrhyw sgwrs ond am loi teirw'.[41]

Yn Lloegr ar ddechrau'r bedwaredd ganrif ar bymtheg, yr oedd y wasg amaethyddol yn blodeuo ac yn gymorth i'r we gymhleth o ddolennau cyswllt a fodolai rhwng gwahanol ffynonellau o wybodaeth ynghylch ffermio. Erbyn 1810 gwerthid oddeutu 20,000 o gopïau o gylchgronau wythnosol yn ymdrin â'r diwydiant llaeth, magu stoc, dofednod a materion amaethyddol cyffredinol.[42] At y rhain ceid nifer o gyfnodolion hirsefydlog megis y *Journal of the Royal Agricultural Society of England*, y *Transactions of the Highland and Agricultural Society*, a llu o destunau arbenigol a chyffredinol. Gyda'i gilydd, ffurfient gorff sylweddol o wybodaeth am amaethyddiaeth. Yng Nghymru yr oedd y sefyllfa yn bur wahanol, ac er bod rhyw gymaint o wybodaeth am amaethyddiaeth, a thaflenni, llyfrynnau a thraethodau yn cael eu cyhoeddi dan nawdd eisteddfodau, ychydig iawn o weithiau gwir arwyddocaol a oedd ar gael yn yr iaith a siaredid gan y mwyafrif llethol o ffermwyr.[43] Yng nghyfieithiad William Owen Pughe o feddyginiaethau Thomas Johnes, *Cynghorion priodor o Garedigion I ddeiliaid ei dyddynod* (1800), yr oedd y sillafu a'r dafodiaith mor hynod nes bod y gyfrol yn annealladwy i'r rhan fwyaf o ffermwyr, ac o'r herwydd yn ddiwerth. Er i'r awdur amaethyddol William Youatt honni ym 1837 y gellid priodoli'r gwelliant diweddar yn safon defaid mynydd Cymreig yn rhannol i'r ffaith fod 'some tracts of plain instruction' wedi eu cyfieithu i'r Gymraeg, yr oedd testunau gwirioneddol ddefnyddiol yn brin eithriadol.[44] Er gwaethaf bwriadau da diwinyddion Ymneilltuol megis y Parchedig John Owen o Dy'n-llwyn (1808–76), y bu galw mawr am ei gyhoeddiad *Detholiad Magwriaeth a Rheolaeth y Da Byw mwyaf priodol I Dywysogaeth Cymru* (1860), cyfaddefodd Comisiynwyr Tir Cymru fod prinder llenyddiaeth amaethyddol safonol yn y Gymraeg yn llesteirio cynnydd.[45] Y flwyddyn ar ôl cyhoeddi adroddiad terfynol y Comisiwn, ceisiodd yr academydd a'r gwas sifil Cadwaladr Bryner Jones (1872–1954) bennu egwyddorion gwyddonol gwrteithio yn ei gyfrol *Egwyddorion Gwrteithio*. Yn ei ragair, eglurodd iddo ysgrifennu'r llyfr mewn ymateb i gŵynion gan ffermwyr ledled Cymru nad oedd ffynhonnell

[40] Colyer, *Man's Proper Study*, t. 36.

[41] Ecclesiasticus 38: 25.

[42] Nicholas Goddard, 'The Development and Influence of Agricultural Periodicals and Newspapers, 1780–1880', *AHR*, 31, rhif 2 (1983), 123.

[43] Y mae Atodiad B o Adroddiad Comisiwn Tir Cymru yn rhestru nifer o ysgrifau arobryn mewn eisteddfodau a gweithiau o'r fath. O'r 64 adroddiad ar bynciau amaethyddol a ddaeth o golegau Aberystwyth a Bangor, saith yn unig a oedd yn Gymraeg.

[44] Honnwyd yn gynnar yn y 1930au nad oedd ond tair cyfrol yn ymwneud ag amaethyddiaeth ar gael yn Gymraeg. A. O. Evans, 'Some Welsh Agricultural Writers', *Welsh Journal of Agriculture*, VIII (1932), 71–84.

[45] Royal Commission on Land, *Report* (1896), t. 288.

hylaw o wybodaeth am y pwnc hwnnw ar gael yn Gymraeg.[46] Rai blynyddoedd cyn hynny, yr oedd y Bwrdd Amaeth wedi dechrau cyhoeddi fersiynau Cymraeg o rai o'u taflenni cynghori, er na chafwyd ffurflenni dwyieithog ar gyfer Cofnodion Amaethyddol swyddogol mis Mehefin tan 1907.[47] Ond dim ond braidd-gyffwrdd â'r broblem a wnaed. Fel yr oedd Adroddiad Comisiwn Tir Cymru yn awyddus i nodi, nid oedd nemor un o arolygwyr y Bwrdd Amaeth a deithiai o amgylch Cymru yn deall Cymraeg, ac nid oedd yr un o'r darnau o ddeddfwriaeth y bwriadwyd iddynt wella amgylchiadau byd amaeth, gan gynnwys y Ddeddf Helfilod Daear, y Ddeddf Rhandiroedd a'r Ddeddf Gwrteithiau a Bwydydd Porthiant, wedi eu cyfieithu. Honnwyd bod y Ddeddf Daliadau Amaethyddol (1883) wedi ei chyfieithu gan 'fargyfreithiwr o Gymro', ond nid oedd y cyfieithiad hwnnw ar gael i'r cyhoedd, ac felly nid oedd llawer o ffermwyr yn ymwybodol fod deddf oddefol 1875 wedi ei diwygio gan ddeddfwriaeth dynnach 1883.[48]

Ni cheisir honni uchod, fodd bynnag, na cheid unrhyw lenyddiaeth gyfnodol berthnasol o gwbl yn y Gymraeg; er i gylchgronau misol megis *Yr Amaethydd* a'r *Amaethwr* fynd i'r wal ychydig ar ôl eu sefydlu, ceid sylwadau ar y byd amaeth ac ar faterion gwledig mewn cyhoeddiadau eraill. Er enghraifft, rhoddai *Seren Gomer* fanylion am sefyllfa'r farchnad, ynghyd â barn ar amrywiaeth eang o bynciau yn ymwneud â chefn gwlad, gan gynnwys rhenti, tiroedd comin, degymau a'r deddfau hela. Yn y cylchgrawn misol radicalaidd, *Y Diwygiwr*, ceid nodiadau golygyddol rheolaidd ar gyflwr y byd ffermio yn y Gymru a oedd ohoni. Ynghyd â chyfnodolion eraill, byrrach eu parhad, rhwng 1830 a 1850, câi *Seren Gomer* a'r *Diwygiwr* eu darllen gan fwy na deng mil o bobl bob mis ac, yn ôl Thomas Williams, clerc ynadon Llanbedr Pont Steffan, hwy oedd prif ffynhonnell gwybodaeth pobl.[49] Yr oedd cylchgrawn Samuel Roberts, *Y Cronicl*, a'r *Traethodydd* dan ofal Thomas Gee hefyd yn rhoi sylw i gŵynion niferus y gymuned amaethyddol o ganol y 1840au. Yn yr un modd, denid llawer o ddarllenwyr gan y golofn 'Llythurau 'Rhen Ffarmwr' gan William Rees (Gwilym Hiraethog), a ymddangosai yn *Yr Amserau*, papur pythefnosol y bu Gwilym Hiraethog yn olygydd arno am ddeng mlynedd gyntaf ei fodolaeth. Wedi uno'r *Amserau* â *Baner Cymru* Thomas Gee, daeth y newyddiadur newydd, *Baner ac Amserau Cymru*, mor boblogaidd ymhlith y ffermwyr â'r *Genedl Gymreig*. Er eu bod yn rhoi rhywfaint o sylw i agweddau ymarferol ar ffermio, gwleidyddol oedd natur cynnwys amaethyddol y cyfnodolion a'r newyddiaduron hyn yn ei hanfod, fodd bynnag, a

[46] Am fanylion ynghylch gyrfa'r gŵr rhyfeddol hwn, a fu'n ymhél â phob agwedd ar ddatblygiad amaethyddiaeth am hanner canrif, gw. Llewelyn Phillips, 'Prominent Welsh Agriculturists: Cadwaladr Bryner Jones, 1872–1954', *Journal of the Agricultural Society. UCW*, LX (1979), 143–9.

[47] Yn ei 'Notes on Ox Warble Fly', yr oedd y Bwrdd yn cydnabod y gwahaniaethau ieithyddol rhwng gogledd a de. Felly, *Nodiadau ar Gleren yr Ych* a *Nodiadau ar Wybedyn y Gweryd*.

[48] Royal Commission on Land, *Report* (1896), tt. 91–2.

[49] Jones, *Rebecca's Children*, t. 81.

cheid ymrwymiad cryf i hyrwyddo buddiannau ffermwyr yn y ddadl ynghylch pwnc y tir ac yn enwedig i roi cyhoeddusrwydd i'w hachos mewn perthynas â phwnc dadleuol degymau.[50] Fel y nododd Ieuan Gwynedd Jones ynglŷn â'r sylwadau gwleidyddol a geid yng nghyfnodolion Cymraeg y cyfnod, yr oedd yr arddull drofaus a'r dadleuon cwmpasog yn tueddu i gymylu'r gwir ddarlun.[51] A pha un bynnag, yr oedd y ffaith nad oedd testunau gwyddonol a thechnegol awdurdodol ar gael yn iaith y mwyafrif llethol ohonynt yn sicr yn faen tramgwydd i ffermwyr.

Y Ffermwr a'i Ddynion

Nid oes angen edrych yn fanwl iawn ar gelfyddyd weledol y ddeunawfed ganrif a'r bedwaredd ganrif ar bymtheg i sylwi ar y newidiadau sylweddol a ddigwyddodd yn ystod y cyfnod o ran y modd y darlunnid y llafurwr gwledig yng nghymdeithas Prydain. Erbyn diwedd y ddeunawfed ganrif daethai'r ddelweddaeth hiraethus ac artiffisial i ben, ac yn ei lle cafwyd portread llon (a di-chwaeth braidd, i'r llygad modern) o'r 'tlotyn diwyd'. Ymhen rhai degawdau ildiodd y darlun hwn ei le i ddelwedd ramantus o gytgord naturiol lle'r oedd y llafurwr bron yn un â'i gefndir, a'i fwthyn yn llechu yn y cysgodion. Rhinwedd bennaf y gweithiwr oedd y gellid ei weld ond nid ei glywed. Ac yntau'n craffu o'r gwyll i gyfeiriad plasty crand y cyfoethog neu gorlan llawn y ffermwr, fe'i darlunnir fel cymeriad y cysgodion; y mae yn y golwg, wrth gwrs, ond yn ddigon pell i ffwrdd i arbed y sawl sy'n edrych ar y darlun rhag gorfod wynebu cwestiynau annifyr megis paham y mae mor garpiog neu paham y mae'r olwg ar ei wyneb yn dangos her ac anobaith yr un pryd. Yn y cyfamser, tyfu a wnâi statws a chyfoeth y ffermwyr a'u cyflogai, yn enwedig ar ôl Rhyfeloedd Napoleon, a ddaeth â ffyniant na welwyd mo'i debyg i'r byd amaethyddol. Y mae gwaith awduron Saesneg megis Clare, Eliot a Cobbett, Flora Thompson ac M. R. Mitford, hyd at awduron megis Hardy a Richard Jefferies, yn tystio i ysfa gynyddol y ffermwr am statws, a amlygid wrth iddo ddangos ei rym ariannol trwy wario.[52] Wrth i hunan-barch y ffermwr ddyfnhau, lledu a wnâi'r gagendor rhyngddo a'i weithwyr. Fel y nodwyd mewn ysgrif olygyddol yn y *Times* ym 1844, nid oedd pethau fel y buont: '. . . the closeness of the tie between master and man is broken; the term of servitude is now a more uncertain and changeable one'.[53]

[50] Royal Commission on Land, *Report* (1896), Atodiad B.

[51] Ieuan Gwynedd Jones, *Explorations and Explanations: Essays in the Social History of Victorian Wales* (Llandysul, 1981), t. 110.

[52] Paul Johnson, 'Conspicuous Consumption and Working-Class Culture in late Victorian and Edwardian Britain', *TRHS*, 38 (1988), 27–42; am enghreifftiau nodweddiadol, gw. *Select Committee on Agriculture, Minutes of Evidence*, BPP 2, 1833, t. 527 a Flora Thompson, *Lark Rise to Candleford* (London, 1944), tt. 52–4; R. J. Moore-Colyer, 'Farmer and Labour Force in the Nineteenth Century', *JRASE*, 148 (1987), 120–9.

[53] *The Times*, 10 Mehefin 1844.

Yn ei dystiolaeth gerbron Comisiwn Tir Cymru, ceisiodd Tom Ellis wneud yn fach o'r gwahaniaethau cymdeithasol rhwng y ffermwr a'r gweithiwr yng Nghymru trwy bwysleisio bod y cwlwm cyffredin a oedd rhyngddynt, sef Ymneilltuaeth, yn creu sail gyfartal.[54] I rai haneswyr modern hefyd, y mae parhad hir y traddodiad yng Nghymru o gael gweithiwr yn byw ar y fferm ac yn cydweithio'n agos â'i gyflogwr, yn dangos nad oedd y gwahaniaeth cymdeithasol rhyngddynt yn fawr.[55] Y mae eraill wedi dadlau, fodd bynnag, fod llawer gormod o bwyslais wedi ei roi ar y syniad fod crefydd ac iaith gyffredin yn esgor ar ddemocratiaeth, ac mai'r gwir oedd bod y ffermwr yn ymdrechu ym mhob dull a modd i gadw pellter cymdeithasol amlwg rhyngddo a'i weithwyr. Dyna oedd meddylfryd propagandwyr o blaid y ffermwyr yn y bedwaredd ganrif ar bymtheg yn ogystal. Ni chredai Samuel Roberts a Gwilym Hiraethog, gwŷr a bleidiai achos y ffermwr bach yn erbyn degymau, trethi a materion llosg eraill, fod llawer o fantais wleidyddol i'w hennill trwy gyffroi'r gweithwyr amaethyddol: 'they counted for nothing and could be virtually disregarded.'[56] Tystiolaeth bellach o'r gwahaniaeth eglur a phendant hwn yw'r cytundebau ysgrifenedig rhwng y ddwy garfan, lle y defnyddir y teitl 'Mr' ar gyfer y ffermwr yn unig. Yn yr un modd, y mae cofnodion ysgrifenedig y ffermwyr mwyaf cefnog, sy'n cynnwys manylion am fân fanteision ac am dalu cyflogau yn rhannol mewn nwyddau, yn tanlinellu'r gwahaniaethau bwriadus a geid rhwng dosbarthiadau. Y mae angen, wrth gwrs, nodi bod gwahaniaeth, o safbwynt y ffermwr, rhwng safle'r 'gwas' a drigai ar y fferm a'r 'gweithiwr' a ddeuai yno i weithio o ddydd i ddydd. Fodd bynnag, y mae tystiolaeth heddiw yn awgrymu mai anodd iawn fyddai dadlau mai un dosbarth di-haen oedd dosbarth y ffermwyr a'r llafurwyr.[57] Ond dyma'n union a wnaeth Comisiwn Tir Cymru: yr oedd eu dadl hwy nad oedd rhaniad cymdeithasol yn bodoli wedi ei seilio i raddau helaeth ar y ffaith fod ffermwyr yn barod iawn i anfon eu meibion i weithio ar ffermydd eraill.[58] Nid oeddynt wedi sylweddoli, fodd bynnag, mai'r prif reswm dros anfon y bechgyn hyn oddi cartref oedd i fagu profiad, a bod y ffermydd a'u derbyniai yn cydnabod eu statws fel meibion fferm trwy eu croesawu i fwyta wrth fwrdd y meistr a'r feistres yn y 'gegin orau' yn hytrach nag yn y 'gegin gefn' yng nghwmni y gweithwyr a'r

[54] Royal Commission on Land, *Minutes of Evidence*, cyf. I (1894), cwestiynau 1700–09.

[55] D. W. Howell, 'The Agricultural Labourer in Nineteenth-Century Wales', *CHC*, 6, rhif 3 (1973), 284–5; idem, 'Labour Organization among Agricultural Workers in Wales, 1872–1921', *CHC*, 16, rhif 1 (1992), 63–92.

[56] David A. Pretty, *The Rural Revolt that Failed: Farm Workers' Trade Unions in Wales, 1889–1950* (Cardiff, 1989), tt. 2–5. Ni chafodd y labrwr ei anwybyddu'n llwyr gan y wasg gylchgronol. Pleidiwyd achos y labrwr gan *Y Celt*, a sefydlwyd ym 1878 ac a oedd yn ddadleuwr cyson dros genedlaetholi tir, a chefnogwyd undeb byrhoedlog y labrwr, a oedd â'i wreiddiau yn siroedd Môn ac Arfon, yn *Y Werin*, dan olygyddiaeth John Jones (Ap Ffarmwr).

[57] Richard Colyer, 'Conditions of Employment amongst the Farm Labour Force in nineteenth century Wales', *Llafur*, 3, rhif 3 (1982), 33–41.

[58] Royal Commission on Land, *Report* (1896), t. 598.

gweision.[59] Yn yr un modd â'r dyn canlyn stalwyn neu'r ffermwr, byddai mab fferm a âi i ymweld â fferm arall yn cael aros dros nos yn y llofft orau ac ni fyddai disgwyl iddo fynd at y gweision i'r llofft stabl.[60] Câi'r rheini eu rhoi fel arfer yn oerni a thywyllwch y cytiau fferm, a hyd yn oed pe caniateid i rai ohonynt dreulio ychydig oriau yn y gegin gefn ar noswaith o aeaf, disgwylid iddynt fynd yn ôl i'r stabl ac i'w llofft i gysgu.[61] Gan ategu sylw ei gymydog agos Richard Rowlands nad oedd ffermwyr o'r farn fod eu gweision a'u gweithwyr wedi eu gwneud o'r un cnawd â hwy, credai John Hughes o Aberffraw, sir Fôn, yn gryf fod y bwlch rhwng y dosbarthiadau yn deillio o wahaniaethau mewn addysg. Gan gyfaddef, gyda thystion eraill gerbron Comisiwn Tir Cymru, fod y ffermwyr *lleiaf* yn anfon eu plant i'r un ysgolion â phlant eu gweithwyr, nododd Hughes ei bod yn dod yn fwyfwy cyffredin i'r rhai mwyaf cefnog anfon eu plant i ysgolion preswyl.[62] Yn y modd hwn byddai'r cwlwm a oedd rhyngddynt, sef iaith gyffredin, yn cael ei ddatod gan yr agweddau cymdeithasol a feithrinid gan gefndir cymdeithasol breintiedig ac ymwybyddiaeth o ddosbarth.

O gofio bod ffermwyr llwyddiannus yn gweithredu fel mân weinyddwyr yn ogystal ag fel cyflogwyr, yr oedd ganddynt rym eithaf sylweddol yn eu cymdogaethau. Gallai ffermwr, pe dymunai, fanteisio i'r eithaf ar y grym hwnnw; y mae'n debyg mai rhinweddau personol a magwraeth yr unigolyn a fyddai'n penderfynu a ddewisai wneud hynny ai peidio. Dim ond 10 y cant o ffermwyr Cymru ar ddechrau'r 1920au a oedd wedi codi o'r dosbarth gweithiol, tra oedd tri chwarter ohonynt yn feibion fferm. Nid oedd y mwyafrif llethol o'r rhain wedi gwneud unrhyw beth heblaw byw neu weithio ar fferm eu rhieni, a gellid dadlau bod hynny ynddo'i hun yn hwb i barhad safbwyntiau ac agweddau cymdeithasol traddodiadol.[63]

Yr oedd y cysylltiad traddodiadol rhwng y fferm a'r gymuned, a feithrinwyd ac a atgyfnerthwyd gan batrwm hirsefydlog o gydymddibyniaeth, yn graddol ymddatod erbyn degawdau olaf y bedwaredd ganrif ar bymtheg.[64] Yn ardaloedd tir âr Cymru, cyflymwyd y newid gan ddyfodiad y peiriant medi a rhwymo, dyfais a ddefnyddid yn gyffredin iawn erbyn 1900, gan leihau'n sylweddol yr angen am lafur rhan-amser.[65] Mewn mannau eraill, nid dyfodiad peiriannau a oedd yn bennaf cyfrifol am y lleihad yn yr angen am weithwyr rhan-amser. Digwyddodd hynny yn hytrach oherwydd i amaethwyr, yn sgil y dirwasgiad yn y byd

59 Jenkins, *Agricultural Community*, tt. 55–7.

60 Ibid., t. 266.

61 Royal Commission on Land, *Report* (1896), tt. 640–1.

62 Royal Commission on Land, *Minutes of Evidence*, cyf. II (1894), cwestiynau 20937–42, 21975–6, 22542–4.

63 A. W. Ashby a J. M. Jones, 'The Social Origin of Welsh Farmers', *Welsh Journal of Agriculture*, II (1926), 19.

64 Am gydweithrediad wrth gyflawni tasgau ar y fferm, gw. Jenkins, *Agricultural Community*, passim.

65 David H. Morgan, *Harvesters and Harvesting, 1840–1900: A Study of the Rural Proletariat* (London, 1981), tt. 17–21.

amaethyddol yn yr wythdegau a'r nawdegau, ymwrthod yn eu lluoedd â hynny a oedd yn weddill o'r systemau tir âr llafurddwys, a throi at bori da byw.[66] Wrth i'r galw am weithwyr tymhorol leihau yn yr ardaloedd lle y megid da byw (sef y dull ffermio mwyaf cyffredin yng Nghymru o hyd, wrth gwrs), yr oedd yn dal yn angenrheidiol i gadw gweithlu parhaol ac ymrwymedig i wasanaethu'r economi a oedd yn seiliedig ar dda byw. Deuai hynny'n fwyfwy anodd wrth i bobl fudo, gyda chymorth y rheilffyrdd, i ardaloedd diwydiannol y de, a oedd yn datblygu'n gyflym, gan arwain at brinder gweithwyr yng nghefn gwlad. Cafwyd gostyngiad o 45.7 y cant yn nifer y gweithwyr amaethyddol rhwng 1851 a 1911.[67] Arweiniodd y llif hwn o weithwyr amaethyddol ifainc i gymoedd y de at gryfhau'r Gymraeg yn sylweddol yn y mannau hynny, ac erbyn 1885 Cymraeg a siaredid gan oddeutu 90 y cant o lowyr de Cymru yn eu gwaith beunyddiol.[68] Ar wahân i'r effaith feintiol syml, golygai'r allfudiad o'r ardaloedd gwledig fod lefelau cyflog yn y byd amaethyddol yn cynyddu mewn termau gwirioneddol. Wrth i'w sefyllfa ariannol wella, yr oedd llai o angen cilfanteision ar y gweithiwr ac arweiniodd hynny at wanhau'r gwaseidd-dra a oedd yn ymhlyg mewn system lle y telid cyflogau yn rhannol mewn nwyddau. Felly, yn ogystal â rhyddid gwleidyddol newydd, cafodd y gweithiwr ei ollwng hefyd o hualau'r angen i fynd at ei feistr 'â'i gap yn ei law', ac o'r herwydd yr oedd yn anochel y byddai newid yn eu perthynas.[69]

Yn y de, lle'r oedd cynhyrchu grawn yn parhau'n rhan bwysig o'r economi amaethyddol, câi gweithlu'r cynhaeaf, a oedd yn prinhau o ran nifer, ei chwyddo pan fyddai angen gan griwiau o weithwyr fferm a ddeuai'n flynyddol o ardaloedd amaethyddol dirwasgedig megis Wiltshire, swydd Gaerloyw, Dyfnaint a Gwlad yr Haf. Gan mai aros am gyfnod byr a wnâi'r rhan fwyaf o'r bobl hyn, ni fyddai eu presenoldeb yn effeithio llawer ar yr iaith yn ei chadarnleoedd; er hynny, y mae'n rhaid bod eu dyfodiad bob blwyddyn wedi dylanwadu mewn rhyw fodd ar syniadau, agweddau a gobeithion y boblogaeth gynhenid.[70] Mewn rhannau eraill o Gymru, yn enwedig y canolbarth a'r gorllewin, câi problem y diffyg gweithwyr ei datrys yn aml trwy gyflogi plant o ysgolion penyd yn Lloegr. Yn aml, y rhain fyddai'r unig siaradwyr Saesneg mewn cymunedau uniaith Gymraeg. Am gyfnodau byr yn unig, wrth gwrs, yr arhosai rhai o'r plant, er y ceir tystiolaeth anecdotaidd i'r ffynhonnell hon o lafur rhad gael ei defnyddio'n gyson dros gyfnod cymharol hir. Tybiai llawer fod y plant hyn yn ddylanwad niweidiol a drwg oherwydd eu bod yn cyflwyno arferion peryglus ac enbyd megis ysmygu i'r brodorion diniwed. Ar y llaw arall, yr oedd eraill yn awyddus i sicrhau gwasanaeth plant yr ysgolion penyd er mwyn i'w plant hwy ddysgu Saesneg. Y mae'n debyg

66 Royal Commission on Labour, *The Agricultural Labourer. Wales.* Adroddiadau gan D. Lleufer Thomas (PP 1893–4 [c6894 – xiv] XXXVI), t. 7.

67 Howell, 'The Impact of Railways', 59.

68 Gw. Pennod 2, t. 92.

69 L. J. Williams a Dot Jones, 'The Wages of Agricultural Labourers in the Nineteenth Century: the evidence from Glamorgan', *BBCS*, XXIX, rhan 4 (1982), 752.

70 Royal Commission on Land, *Report* (1896), t. 602.

mai pur anfoddhaol fyddai safon y Saesneg a ddysgid yn y modd hwn! Yn y cyfamser, dechreuodd capeli, a boenai am les ysbrydol y dieithriaid hyn, ddefnyddio'r iaith Saesneg yn rhai o'u gwasanaethau. Yn hynny o beth, y mae'n bosibl fod presenoldeb y plant wedi bod yn ddylanwad cryf o ran Seisnigo'r capeli. Felly, fel y mynegodd Brinley Thomas mewn sylw cofiadwy, câi'r ffordd tuag at Seisnigeiddio ei phalmantu â sawl gweithred a ddeilliai o fwriadau da gan Gymry.[71] Nid oedd fawr ddim yn newydd, fodd bynnag, yn y newid ieithyddol hwn a ddigwyddai trwy gysylltiad rhwng pobl. Ers cenedlaethau yr oedd crwydradau porthmyn a theithwyr eraill a groesai'r ffin wedi bod yn fodd i gyflwyno elfennau Seisnig i iaith feunyddiol pobl, ac yn yr ardaloedd gerllaw Môr Hafren yr oedd yr iaith Saesneg yn dilyn llwybrau masnach.[72]

Y Bonedd a'r Iaith Gymraeg

Er gwaethaf ei dras Gymreig ddilychwin (tras yr oedd yn falch iawn ohoni), ni allai Thomas Johnes o'r Hafod siarad na darllen Cymraeg, fel y cyfaddefodd â chryn gywilydd wrth Walter Davies (Gwallter Mechain).[73] Hollol anghywir, fodd bynnag, fyddai honni nad oedd gan y bonedd *fel dosbarth* unrhyw wybodaeth o'r Gymraeg erbyn y bedwaredd ganrif ar bymtheg. Yr hyn sy'n debygol yw fod y dystiolaeth sydd gennym, sef tystiolaeth anecdotaidd yn bennaf, yn cuddio'r ffaith y ceid o leiaf ryw gymaint o ddwyieithrwydd o fewn y grŵp cymdeithasol hwn. Ar ddechrau'r ganrif, er enghraifft, yr oedd teuluoedd yn y de-orllewin megis Lloydiaid Coedmor, teulu Colby, Ffynhonnau, a Boweniaid Llwyn-gwair yn siaradwyr Cymraeg rhugl; yn wir, anfonai George Bowen, Llwyn-gwair, ei blant i ysgolion Sul Cymraeg yn rheolaidd. Hyd yn oed yn ne sir Benfro, gorfu i Hugh Owen o Orielton ddysgu Cymraeg yn ystod ei wyliau ysgol, er nad yw'n wybyddus pa mor awchus yr oedd i ymgymryd â'r dasg honno![74] Efallai, hyd yn oed, fod y Gymraeg yn iaith feunyddiol i fân fonheddwyr megis teulu Davies, Ffrwd-fâl, sir Gaerfyrddin, neu gymeriadau dirodres megis Thomas Colby, Pantyderi, Tregaron, nad oedd ei ddull o fyw yn wahanol iawn i eiddo ei denantiaid mwyaf cefnog.[75] Ymhlith y tirfeddianwyr mawr ar ddiwedd y ganrif, pobl megis W. R. M. Wynne o Beniarth a Hugh Ellis Nanney o'r Gwynfryn, Cricieth, yr oedd y Gymraeg ymhell o fod yn iaith farw, gan y credai'r ddau ŵr hyn fod gwybodaeth o'r Gymraeg yn ei gwneud yn haws iddynt ymdrin â'u tenantiaid.[76] Yr oedd perthynas iddynt, Syr Watkin Williams Wynn (1772–1840),

[71] Gw. Pennod 2, t. 93.

[72] M. I. Williams, 'Some Aspects of the Economic and Social Life of the Southern Regions of Glamorgan 1600–1800', *Morgannwg*, 3 (1959), 36–7.

[73] LlGC, Llsgr. 1805, ff. 517.

[74] D. W. Howell, *Patriarchs and Parasites: The Gentry of South-West Wales in the Eighteenth Century* (Cardiff, 1986), tt. 199–200.

[75] LlGC, Llsgrau Castle Hill, 2536–7; Jenkins, *Agricultural Community*, t. 19.

[76] Royal Commission on Land, *Minutes of Evidence*, cyf. I (1894), cwestiynau 9564, 11318.

pumed barwnig Wynnstay, wedi priodi merch i brif weinidog a gwrthod is-raglawiaeth India; er hynny, cadwodd ei Gymraeg a châi ei barchu'n fawr fel landlord teg, cydymdeimladol a dynol.[77] Yn nhueddau'r de, yr oedd cyfoeswyr Syr Watkin yn Aberpergwm, Cwm Nedd, yn Llwynmadog, sir Frycheiniog, ac yn Nolau Cothi, sir Gaerfyrddin, hefyd yn ystyried mai peth priodol oedd bod â rhyw afael ar y Gymraeg.[78]

Ni ellir ond dyfalu pa mor *dda* oedd Cymraeg y bobl hyn, a pha mor ymroddedig yr oeddynt o ran annog eu plant i'w siarad. Efallai na ddylid rhoi gormod o sylw i dystiolaeth John Aeron Thomas gerbron Comisiwn Tir Cymru, yn canmol diddordeb cynyddol y bonedd a'u plant yn y Gymraeg, gan y ceir nifer mawr o enghreifftiau sy'n gwrthbrofi hynny.[79] Yr oedd John Jones AS o Ystrad (m.1842), a oedd yn Gymro Cymraeg gwâr a diwylliedig, yn hollol wrthwynebus i gynnal y Gymraeg, a chondemniwyd yr iaith gan y radical Edward Crompton Lloyd Hall, y bu ganddo ran mor amwys yn Nherfysgoedd Beca, oherwydd y credai ei bod yn ystumio'r gwirionedd ac yn 'iaith caethwasiaeth'.[80] Tua'r un adeg, gwelwyd Jane Evans o Highmead, sir Gaerfyrddin, a hanai o deulu Cymreig hynafol iawn ac a allai siarad ac ysgrifennu Cymraeg yn rhugl, yn gwahardd ei phlant rhag gwneud hynny oherwydd, fel y datganodd H. M. Vaughan â diffyg chwaeth rhyfeddol, 'bilingualism in early youth tends to stunt rather than to enlarge the juvenile mind and talents'.[81] Bwriwyd amheuaeth ar honiad yr Unoliaethwr rhonc Syr Pryse Pryse (1838–1906), Gogerddan, sir Aberteifi, a'i fab Pryse Loveden Pryse (1862–1900) eu bod yn rhugl yn y Gymraeg, a hynny gan bostfeistr Aberaeron, Thomas Davies, yn y 1890au. Yn ei dystiolaeth gerbron Comisiwn Tir Cymru, cyfaddefodd fod Syr Pryse yn medru siarad ychydig o Gymraeg, ond na ellid ei alw ef, na sawl gŵr bonheddig arall yr oedd ganddo grap ar y Gymraeg, yn Gymro. Yn wir, ychwanegodd, ac eithrio'r Uwchgapten Hughes, Allt-lwyd, a Mr Lloyd, Waunifor, ychydig iawn o wŷr bonheddig sir Aberteifi y gellid eu galw'n Gymry trwyadl.[82]

Gellid tybio, ar sail yr arolwg bras hwn, mai elfennol iawn oedd gallu'r mwyafrif llethol o'r bonedd i siarad Cymraeg erbyn diwedd y bedwaredd ganrif ar bymtheg. Er bod hynny'n ddigon i'w galluogi i roi cyfarwyddiadau syml i'w tenantiaid a'u gweithwyr ystad, gellid cymharu eu gallu i gynnal sgwrs â sefyllfa Sais ar ddiwedd yr ugeinfed ganrif yn ceisio, yn ei Ffrangeg bachgen ysgol, esbonio rheolau criced i ŵr o Baris. Fodd bynnag, yr oedd y bonedd yn gyffredinol, pa un a oeddynt yn byw yn eu hardaloedd neu'n absennol ohonynt, ynteu yn Gymry Seisnigedig neu'n fewnfudwyr o Loegr, yn parhau'n ymwybodol

77 T. W. Pritchard, *The Wynns at Wynnstay* (Caerwys, 1982), tt. 150–2.
78 H. M. Vaughan, *The South Wales Squires* (London, 1926), t. 201.
79 Royal Commission on Land, *Minutes of Evidence*, cyf. III (1895), cwestiwn 51862.
80 Williams, *The Rebecca Riots*, tt. 14–24.
81 Vaughan, *South Wales Squires*, t. 202.
82 Royal Commission on Land, *Minutes of Evidence*, cyf. III (1895), cwestiynau 47844–51.

o'u dyletswyddau fel noddwyr y diwylliant brodorol. Tanysgrifient i lyfrau a chyfnodolion Cymraeg, hyrwyddent eisteddfodau a chefnogent sefydliadau hynafiaethol megis Cymdeithas y Cymmrodorion a Chymdeithas Hen Saethyddwyr Prydain, cymdeithas a sefydlwyd ym 1818 dan nawdd teulu Wynnstay.[83] Yn yr un modd, yr oedd llawer ohonynt yn barod i estyn cymorth ymarferol ar gyfer adeiladu ac adnewyddu ysgolion, talu am fferyllfeydd lleol i'r tlodion, gwarantu Cymdeithasau Cyfeillgar lleol, ynghyd â mentrau elusengar eraill.[84] Yr oedd cymysgedd cymhleth o gymhellion y tu ôl i'w hagwedd at elusen ac Ymneilltuaeth; ymhlith y rhain yr oedd ymwybyddiaeth o ddyletswydd Gristnogol, pwysigrwydd eu diogelu eu hunain, ymdeimlad o *noblesse oblige* a chyfleustra gwleidyddol. Wrth gwrs, ceid eithafwyr megis Edward Corbet o Ynysymaengwyn a John Hugh Pryse o Fathafarn, dau dirfeddiannwr a oedd yn ffyrnig yn erbyn Methodistiaeth ac a ystyriai fod ymddieithrio oddi wrth yr Eglwys wladol yn gyfystyr â brad. Er hynny, yr oedd tirfeddianwyr at ei gilydd yn ddigon goddefgar o Ymneilltuaeth grefyddol yn ei gwahanol ffurfiau.[85] Ychydig ohonynt a ymboenai am fanion diwinyddol, a hyd yn oed os oedd y delfrydau rhyddfrydol a oedd yn rhan o Ymneilltuaeth yn anathema i ddosbarth a gredai'n gryf yn safle'r bendefigaeth yn nhrefn cymdeithas, byddai synnwyr cyffredin fel arfer yn ddigon i sicrhau bod eu hagwedd yn fwy cymedrol. Sylweddolent fod y capeli yn dechrau ennill y frwydr am galonnau a meddyliau'r bobl, ar draul yr eglwysi, ond gofalent ymateb yn ffafriol i geisiadau gan yr Ymneilltuwyr am dir i adeiladu tai cwrdd, gan gyfrannu arian eu hunain i grwpiau Ymneilltuol a oedd wrthi'n codi adeiladau.[86]

Fel yng ngweddill Prydain, byddai llawer o dirfeddianwyr Cymru yn y bedwaredd ganrif ar bymtheg, am wahanol resymau, yn absennol o'u hystadau am gyfnod neu yn barhaol. Nid yw hynny'n awgrymu nad oedd ganddynt ddiddordeb yn eu heiddo; y mae'r llyfrau swmpus o ohebiaeth rhyngddynt ac asiantau, beilïaid a stiwardiaid yn dangos mai fel arall yr oedd hi. Yn ei hanfod, nid oedd dim byd o'i le ar absenoliaeth, cyn belled â bod yr ystad yng ngofal asiant cymwys a dibynadwy. Ond byddai cyfuniad o dirfeddiannwr absennol ac asiant di-glem ac anoleuedig yn sicr o greu anfodlonrwydd ymhlith tenantiaid, gweithwyr ystad a'r llu mawr o bobl yn y gymuned a ddibynnai ar yr ystad am eu

83 Gw., yn arbennig, Prys Morgan, 'The Hunt for the Welsh Past in the Romantic Period' yn E. J. Hobsbawm a T. Ranger (goln.), *The Invention of Tradition* (Cambridge, 1983), tt. 43–100.

84 Gw., e.e., R. J. Colyer, 'The Gentry and the County in Nineteenth-Century Cardiganshire', *CHC*, 10, rhif 4 (1981), 497–535, passim; A. M. E. Davies, 'Wages, Prices, and Social Improvements in Cardiganshire, 1750–1850', *Ceredigion*, X, rhif 1 (1984), 46–9.

85 H. Thomas, 'Edward Corbet, Ynysymaengwyn: an eccentric country squire', *CCHChSF*, IV, rhan 2 (1962), 143–5; Peter R. Roberts, 'The Social History of the Merioneth Gentry c. 1680–1840', *CCHChSF*, IV, rhan 3 (1963), 219.

86 Am adeiladu eglwysi a chapeli, gw. Ieuan Gwynedd Jones, 'The Rebuilding of Llanrhystud Church', *Ceredigion*, VII, rhif 2 (1973), 99–116; LlGC, Adnau Rogers Lewis, 1971: LlGC, Mân Adnau 1088A; LlGC, Llsgrau. Aberglasney 28.

bywoliaeth.[87] Gan fod agweddau cyfreithiol rheoli ystad yn dod yn fwyfwy cymhleth yn y bedwaredd ganrif ar bymtheg, dechreuodd hyd yn oed y perchenogion preswyl gyflogi asiant gan obeithio gweithredu rhywfaint o broffesiynoldeb mewn materion megis casglu rhenti a setlo prydlesau, a'r holl faterion eraill a godai yn sgil y berthynas rhwng ystad a'i thenantiaid.[88] Oherwydd yr awydd i feithrin agwedd broffesiynol at reoli, rhoddwyd y gorau i'r drefn o ddewis stiwardiaid ystad o blith y mân foneddigion Cymraeg eu hiaith, a dechreuwyd cyflogi dynion a hyfforddwyd yn arbennig ar gyfer y gwaith mewn swyddfeydd ystad. Pan gyflogodd y cymeriad didoreth hwnnw, ail Iarll Powys, asiant o'r enw John Probert, cafodd ŵr proffesiynol cystal â'r asiant hynod fedrus ac effeithlon, Hall W. Keary, a weithiai i Ddug Newcastle yn yr Hafod yn y 1830au.[89] Yr oedd y dynion hyn, 'professed land-stewards, well versed in several departments of rural economy', fel y nododd Walter Davies (Gwallter Mechain), yn wahanol iawn i eraill: 'others aspire no higher than receiving of rents and fees, and drawing of cumbersome leases and contracts, little calculated to benefit either landlord or tenant'.[90] Yn aml nid oedd y garfan olaf hon, yr oedd llawer ohonynt yn gyfreithwyr neu'n glerigwyr, yn gyfarwydd ag arferion y ffermwr-denant a chaent eu beirniadu'n hallt o bulpud y capel a chan y wasg radicalaidd am fod yn farus a gormesol, os nad yn hollol faleisus, wrth ymdrin â phobl lai ffodus na hwy eu hunain.[91] Nid oedd Comisiwn Tir Cymru wedi ei argyhoeddi'n llwyr gan y pregethau ysgubol hyn yn erbyn asiantiaid, ond byddai angen bod yn haelfrydig iawn i beidio â chondemnio'r hynod Herbert Lloyd o Gaerfyrddin. Yr oedd y cyfreithiwr a'r asiant byrbwyll a barus hwn yn pysgota'n hapus yn nyfroedd budr cynllwynion gwleidyddol lleol, a thrwy fanteisio ar hoffter y bonedd o fynd i gyfraith llwyddodd i gronni cyfoeth sylweddol.[92] Yn eironig, yr oedd Lloyd yn Gymro Cymraeg a gellid bod wedi disgwyl iddo ddangos goddefgarwch a chydymdeimlad at y dulliau ffermio, yr honnid eu bod yn anacronistig, a ddefnyddid gan denantiaid yr ystadau a reolid ganddo. Fodd bynnag, yr oedd aneffeithlonrwydd ac anwybodaeth y tenantiaid yn mynd o dan groen y Saeson neu'r Albanwyr a oedd yn asiantiaid yn rhai o'r ystadau mwyaf, ac y mae eu llyfrau llythyrau yn berwi o rwystredigaeth a dicter. Câi unrhyw ymdrech gan y ddwy ochr i ddod i ddeall ei gilydd ei llesteirio gan anallu'r bobl hyn i siarad Cymraeg ac, mewn rhai achosion, eu dirmyg agored at yr iaith a phopeth a gynrychiolid ganddi.

87 C. S. Read, 'On the Agriculture of South Wales', *JRASE*, Ser. I, X (1849), 148.

88 Richard Colyer, 'The Land Agent in Nineteenth-Century Wales', *CHC*, 8, rhif 2 (1977), 401–25.

89 Humphreys, *Crisis of Community*, tt. 136–7; R. J. Moore-Colyer, 'The Hafod Estate under Thomas Johnes and Henry Pelham, Fourth Duke of Newcastle', *CHC*, 8, rhif 4 (1977), 282–4.

90 Walter Davies, *General View of the Agriculture and Domestic Economy of South Wales* (2 gyf., London, 1815), I, t. 120.

91 Henry Richard, *Letters and Essays on Wales* (ail arg., London, 1883), t. 122.

92 R. G. Thomas, 'Herbert Lloyd of Carmarthen', *THSC* (1971), 109–19.

Nid oedd gan Thomas Johnes o'r Hafod, er ei fod yn gefnogol i'r iaith Gymraeg a'r ysgolheictod a oedd ynghlwm wrthi, fawr o barch at rinweddau moesol na chorfforol ei gyd-wladwyr. Yn wir, fe lynai wrth y farn draddodiadol fod gweithwyr Cymru – yn hollol wahanol i'r Albanwyr darbodus a gweithgar y daethai ar eu traws pan oedd yn fyfyriwr ym Mhrifysgol Caeredin – yn ddiog, yn adweithiol, yn annibynadwy ac yn hoff o'r ddiod. Yr oedd ganddo gymaint o feddwl o gymeriad glew pobl gogledd Prydain fel y ceisiodd gymorth ei gyfeillion, y diplomydd Syr Robert Liston, a'r llawfeddyg a golygydd yr *Edinburgh Review*, Robert Anderson, i ddenu tenantiaid cefnog o'r Alban i'r Hafod. Credai'n ddiniwed y byddai'r brodorion cyndyn yn dilyn esiampl unigolion dawnus fel y rhain ac yn mabwysiadu amgenach dulliau o amaethu. Ar yr un pryd, daeth â garddwr a beili o'r Alban, sef James Todd a John Greenshields, ynghyd ag argraffydd crintach o Gaeredin, James Henderson, i sir Aberteifi i'w gynorthwyo i wireddu ei freuddwyd yn yr Hafod.[93] Yn fuan iawn, dilynwyd hwy gan eraill, ac erbyn 1812 yr oedd gŵr o'r enw McFarlane yn rheoli ystad Falcondale yn sir Aberteifi, a George Robson ac Adam Murray yn gweithio yn Nhrawsgoed gerllaw. Brawd Robson, Thomas, a oruchwyliai ystad Nanteos, William Pitt Currie a ofalai am erwau helaeth Slebech, a cheid pobl ag enwau megis McLaren, Flutter a Mackie yn dal swyddi mewn amryw o ystadau eraill.[94] Wrth ddewis asiantiaid a beilïaid o'r Alban, yr oedd gan dirfeddianwyr Cymru fwy o ddiddordeb yn eu galluoedd proffesiynol nag yn eu rhinweddau personol. Yr oedd Syr Stephen Glynne o Benarlâg, er ei fod yn hynafiaethydd diflino, yn landlord aneffeithiol a ddibynnai'n helaeth ar ei asiant, George Robertson o swydd Kincardine. Cawsai Robertson ei argymell iddo gan Syr John Gladstone, a'i disgrifiodd fel 'a first rate agriculturalist and excellent man of business', ac o'r herwydd dewisodd Glynne anwybyddu'r ffaith ei fod yn Bresbyteriad ac, ar ben hynny, fod ganddo ddau blentyn anghyfreithlon gyda dwy wraig wahanol.[95]

Nid oes dwywaith nad oedd penodi pobl o'r fath ar draul Cymry lleol yn achosi drwgdeimlad ac yn cryfhau'r gwahanfur ieithyddol a fodolai ar lawer o ystadau.[96] Gerllaw'r ffin â Lloegr, lle'r oedd y Saesneg yn iaith gyffredin ers amser, ychydig o anawsterau ieithyddol a geid erbyn diwedd y bedwaredd ganrif ar bymtheg, a gallai gwŷr fel J. H. Warburton Lee, asiant ystad Hanmer yn sir Y Fflint, honni ei bod cyn rhwydded iddo drin ei fusnes yn Saesneg â'r tenantiaid ag y byddai i wneud hynny drwy gyfrwng y Gymraeg.[97] Ar y llaw arall, y mae'n debyg y byddai haeriad, trahaus braidd, Robert Gardiner o'r Trawsgoed y gallai 'synhwyro'

[93] Moore-Colyer, *Land of Pure Delight*, tt. 3–4. Yr oedd Henderson, a argraffodd nifer o gyfieithiadau Johnes o groniclau Ffrainc o'r Rhyfel Can Mlynedd, yn un o'r ychydig Albanwyr a lwyddodd i feistroli'r Gymraeg.

[94] S.C. Agriculture, 1833, B.P.P, 2, 13; Hilary M. Thomas, 'Margam Estate Management, 1765–1860', *GH*, VI (1968), 14; LlGC, Falcondale 26, 128; LlGC, Misc. Deeds, 1921.

[95] A. G. Veysey, 'Sir Stephen Glynne, 1807–74', *FHSJ*, 30 (1982), 151–70.

[96] Jones, *Rebecca's Children*, t. 57.

[97] Royal Commission on Land, *Minutes of Evidence*, cyf. IV (1895), cwestiynau 56438, 57652.

anghenion y tenantiaid ac nad oedd iaith, felly, yn rhwystr i'w waith o ddydd i ddydd, wedi taro nodyn ffals yng nghlustiau ei wrandawyr.[98] Yr oedd crynswth y dystiolaeth a gyflwynwyd gerbron Comisiwn Tir Cymru yn awgrymu mai fel arall yr oedd hi, a llu o ffermwyr-denantiaid o bob rhan o Gymru yn tystio i'r problemau a godai yn sgil anallu'r asiantiaid i ddeall iaith y bobl. Er i'r Cyrnol Wynne-Finch o'r Foelas gyfaddef mai dymunol fyddai cyflogi asiantiaid a oedd yn siarad Cymraeg, yr oedd ei asiant ef ei hun yn Sais uniaith, ac er ei fod yn ŵr hynaws ar lawer cyfrif yr oedd y tenantiaid yn gyndyn i fynd ato.[99] Yn Rhiwlas, nid nepell oddi wrth ffin tiroedd Wynne-Finch, cawsai'r tenantiaid eu goruchwylio gan dri asiant di-Gymraeg yn y deng mlynedd ar hugain flaenorol, ac o'r saith asiant a gyflogwyd ar ystad Syr Arthur Stepney yn Llandybïe yn ystod y genhedlaeth a fu, dim ond dau a ddeallai Gymraeg.[100] Yn ogystal â mater yr iaith, honnid nad oedd llawer o'r asiantiaid hynny wedi eu hyfforddi'n briodol ac nad oedd y medrau angenrheidiol ganddynt o ran rheoli ystad nac o ran amaethyddiaeth.[101] Yn ardal Y Bala, ymgymerid weithiau â gwaith asiant gan fasnachwyr bychain a oedd nid yn unig yn anwybodus o ran gofynion y swydd ond hefyd yn barod i gamddefnyddio eu sefyllfa trwy droi ffermwyr yn erbyn ei gilydd ac i ddefnyddio'r dylanwad a oedd ganddynt ar landlordiaid i setlo hen gownt.[102] Yn anorfod, fodd bynnag, amrywiai safon y rheoli o asiant i asiant, a dibynnai i raddau helaeth ar ba mor benderfynol yr oedd y perchenogion i sicrhau safon broffesiynol dda. Trwy benodi Henry Currie yn brif asiant, sicrhaodd perchennog ystad Gwedir ger Llanrwst wasanaeth gŵr proffesiynol a chanddo gymwysterau uchel; anfonodd Currie is-asiantiaid lleol i'w swyddfeydd yn yr Alban i'w hyfforddi ym mhob agwedd ar y gwaith.[103] Ond nid oedd yr hyfforddiant hwnnw yn cynnwys dysgu Cymraeg, ac felly yr oedd y rhan fwyaf o aelodau tîm rheoli Gwedir, fel yn achos llawer o ystadau eraill, yn dibynnu ar wasanaeth cyfieithwyr. Arweiniodd hyn at anawsterau difrifol o ran egluro cymhlethdodau cyfreithiol ac iaith dechnegol, ac yn bwysicach, o ran diffyg cyfrinachedd. Cafwyd enghraifft nodweddiadol ar ystad Nanteos yn sir Aberteifi. Yn ystod tenantiaeth oes y Cymro Cymraeg W. E. Powell (1788–1854) bu perthynas dda rhwng y tenantiaid a swyddfa'r ystad, er gwaethaf y ffaith fod Powell i ffwrdd yn aml. Yn ei absenoldeb, goruchwylid yr ystad gan gyfreithiwr o Aberystwyth, James Hughes o Lanrheidol. Yr oedd etifedd Powell, W. T. R. Powell (1815–78), yn ddyn hollol wahanol i'w dad: yr oedd yn greadur anghwrtais a enynnodd lawer o ddigofaint yn yr ardal adeg etholiad 1868. Ni allai ef na'i asiant, W. E. Phelp, siarad Cymraeg, ac yn eu hymwneud â ffermwyr dibynnent ar fedrau cyfieithu

[98] Ibid., *Minutes of Evidence*, cyf. III (1895), cwestiwn 49130.
[99] Ibid., *Minutes of Evidence*, cyf. I (1894), cwestiwn 15091.
[100] Ibid., *Minutes of Evidence*, cyf. III (1895), cwestiwn 38354.
[101] Ibid., *Minutes of Evidence*, cyf. I (1894), cwestiwn 12721.
[102] Ibid., *Minutes of Evidence*, cyf. I (1894), cwestiwn 16623 (a).
[103] Ibid., *Minutes of Evidence*, cyf. I (1894), cwestiwn 14114.

dyn o'r enw Davy Edwards, cymeriad braidd yn amheus a oedd yn dueddol o roi ei liw ei hun ar sgyrsiau.[104] Bu James Jones, tenant Tyllwyd, Llanfarian, yn swyddfa'r ystad yn ystod cyfweliad rhwng Phelp ag un o'i denantiaid uniaith, pryd y methodd Edwards yn llwyr â chyfleu safbwynt y naill siaradwr i'r llall.[105] Yr oedd pethau'n draed moch, felly, a chyfrinachedd yn amhosibl o dan y fath amgylchiadau.

Wrth iddynt grynhoi'r dystiolaeth swmpus a oedd o'u blaenau, daeth Comisiynwyr Tir Cymru i'r casgliad, sut bynnag yr oedd pethau yn y gorffennol, na ellid derbyn y ddadl gyffredinol fod asiantiaid y 1890au yn ddidostur, diegwyddor, gormesol a chreulon. Er hynny, ni allent anwybyddu mater yr iaith, gan ei fod wrth wraidd aml i gamddealltwriaeth. Eu barn ddiamwys, felly, oedd y dylai'r gallu i siarad Cymraeg fod yn amod bendant ar gyfer cyflogi asiantiaid mewn ardaloedd lle'r oedd y Gymraeg yn iaith feunyddiol. At hynny, yr oedd yn angenrheidiol fod dynion o'r fath nid yn unig wedi derbyn yr hyfforddiant technegol angenrheidiol, ond eu bod yn meddu ar 'the average degree of culture and knowledge of a University man'.[106] Wrth wneud hynny byddent yn meithrin dynoldeb, doethineb a goddefgarwch, rhinweddau a fuasai'n druenus o brin ymhlith asiantiaid cyn hynny.

Rheoli Ystadau a'r Berthynas rhwng Pobl ar Ystadau

Y mae astudiaethau diweddar o economi a rheolaeth ystadau Cymru yn y bedwaredd ganrif ar bymtheg wedi codi cwestiynau dwys ynglŷn â dibynadwyedd rhai o'r ymosodiadau mwyaf eithafol a gafwyd yn erbyn landlordiaid mewn cyfnod cynharach. Gan anghofio pwnc dadleuol y Deddfau Hela – a oedd yn gymaint o broblem yn Lloegr ag yng Nghymru – a materion gwleidyddol sydd y tu hwnt i faes y bennod hon, y mae'n angenrheidiol ystyried a oedd yr agweddau sefydliadol ar reoli ystad yn dylanwadu'n sylweddol ar y berthynas rhwng landlord a thenant.[107] Yn ogystal, y mae'n bwysig trafod y beirniadu cyffredinol a geid ar y dosbarthiadau tiriog Cymreig yn ystod y cyfnod – beirniadaeth a oedd yn cynnwys materion technegol megis systemau deiliadol, cyfuno ffermydd a hawliau'r tenant – a hynny yng nghyd-destun y trafferthion economaidd difrifol a wynebai lawer o ystadau erbyn degawdau olaf y ganrif.

[104] R. J. Colyer, 'Nanteos: A Landed Estate in Decline, 1800–1930', *Ceredigion*, 9, rhif 1 (1980), 58–77.

[105] Royal Commission on Land, *Minutes of Evidence*, cyf. III (1895), cwestiwn 48645.

[106] Ibid., *Report* (1896), tt. 249–76.

[107] Am chwaraeon maes a'r Deddfau Hela, gw., inter alia, R. J. Moore-Colyer, 'Gentlemen, Horses and the Turf in Nineteenth Century Wales', *CHC*, 16, rhif 1 (1992), 47–62; idem, 'Field Sports, Conservation and the Countryside in Georgian and Victorian Wales', *CHC*, 16, rhif 3 (1993), 308–25; C. P. Chenevix Trench, *The Poacher and the Squire* (London, 1967); P. B. Munsche, *Gentlemen and Poachers: The English Game Laws, 1671–1831* (Cambridge, 1981); Royal Commission on Land, *Report* (1896), tt. 499–505.

Y gwir amdani yw fod llawer o ystadau, oherwydd amryfal resymau, rhai ohonynt wedi eu hachosi ganddynt hwy eu hunain ac eraill gan ffactorau allanol, yng nghanol dirwasgiad economaidd difrifol erbyn y 1880au. Felly, er eu bod yn cydnabod eu dyletswydd at eu tenantiaid a phwysigrwydd diogelu'r etifeddiaeth ar gyfer cenedlaethau'r dyfodol, yr oedd yr angen i dynhau ceg y pwrs yn eu hatal rhag cyflawni eu hymrwymiadau. Wrth iddynt gael eu gorfodi i wneud pethau megis cyfuno ffermydd, rhywbeth a oedd yn annymunol iddynt hwy ac yn anathema i'r tenantiaid, daeth eu hagwedd at reoli eu hystadau yn fwyfwy pwrpasol a llym, a hynny oherwydd eu bod am geisio sicrhau y trosglwyddid o leiaf ran o'r eiddo i'w hetifeddion.[108]

Erbyn canol y bedwaredd ganrif ar bymtheg yr oedd y drefn o brydles am oes wedi ildio ei lle bron yn gyfan gwbl naill ai i brydles am gyfnod penodol o flynyddoedd neu i denantiaeth flynyddol. Er hynny, yr oedd olyniaeth deuluol mewn ffermydd yn parhau'n gyffredin iawn; câi'r traddodiad fod meibion yn olynu eu tadau a gweddwon yn olynu eu meibion ei gadw bron yn ddieithriad.[109] Gan amlaf, derbyniai tenantiaid gytundebau wedi eu hargraffu a gynhwysai bob math o gyfamodau a gwaharddiadau caeth ynglŷn ag arferion cylchdroi. Diben y rhain oedd annog hwsmonaeth dda ac ychwanegu at werth y fferm a ffyniant y tenant. Er bod y cytundebau hyn yn ganmoladwy o ran eu bod yn dangos awydd y landlord i wella safon y ffermio ar ei ystad, yr oedd llawer ohonynt wedi eu seilio i raddau helaeth ar rai a ddefnyddid yn Lloegr, ac y mae'n gwestiwn pa mor berthnasol yr oeddynt i amgylchiadau Cymru. Câi'r dogfennau hynafol a chymhleth hyn eu beirniadu gan rai a gredai y dylid symleiddio cytundebau er mwyn ei gwneud yn haws i'r tenant ddefnyddio'i synnwyr cyffredin, ac i roi hyblygrwydd iddo i ymateb i amodau newidiol y farchnad.[110] Mewn gwirionedd, fodd bynnag, yn anaml iawn y gorfodid pobl i lynu wrth y cytundebau hyn i'r llythyren oherwydd gallai hynny achosi caledi gwirioneddol, yn enwedig mewn cyfnodau o ddirwasgiad yn y byd amaethyddol. Ond y mae'n amlwg yn ogystal, er bod rhai swyddfeydd ystad yn ystyried y cyfamod yn ddull o hyrwyddo achos hwsmonaeth dda, fod eraill yn ei weld yn ffordd o dynhau gafael yr ystad ar y tenantiaid, yn ffon i fygwth y sawl a gâi ei demtio i botsio neu, o bosibl, i fwrw ei bleidlais mewn modd annerbyniol.

Yr oedd rhoi cytundebau tenantiaeth ac iddynt gymalau cyfyngol yn gyffredin yng Nghymru ac yn Lloegr, er bod y Saeson wedi hen roi'r gorau i fynnu'r hen renti bwyd a gwasanaeth a arferai fod yn rhan o gytundeb tenantiaeth. Yng Nghymru, fodd bynnag, yr oedd amodau o'r fath yn dal mewn grym mewn llawer o ystadau ar ddiwedd y bedwaredd ganrif ar bymtheg a hyd yn oed ar

[108] Am fanylion, gw. Colyer, 'The Gentry and the County', passim; Royal Commission on Land, *Report* (1896), Atodiad.

[109] Lewis W. Lloyd, 'Corsygedol, Ardudwy's Principal Estate', *CCHChSF*, VIII, rhan 1 (1977), 36; Colyer, 'Farmers and fields in nineteenth-century Wales', 32–57.

[110] Royal Commission on Land, *Report* (1896), tt. 488–99.

ddechrau'r ugeinfed ganrif. Ym 1900 yr oedd disgwyl i denantiaid ystad y Cilgwyn roi dau dwrci neu ddwy ŵydd i'w landlord adeg Gŵyl Fihangel, a rhwng 1876 a 1878 anfonwyd cynifer â 12 twrci, 56 o wyddau, 12 hwyaden, 628 ffowlyn, 2,570 o wyau a dau dafod gan denantiaid Gogerddan i geginau'r plas.[111] Y mae'n bur debyg yr ystyrid hyn gan y tenant yn ddull hollol amlwg o gadarnhau ei daeogrwydd, yn arwydd eglur o'r wrogaeth y disgwylid iddo ei dangos tuag at landlord nad oedd, mwy na thebyg, yn gallu siarad ei iaith ac a gâi drafferth hyd yn oed i gofio ei enw.

I'r tenantiaid, yr oedd yr iaith yr ysgrifennwyd y cytundeb ynddi yr un mor bwysig â'i gynnwys a'i gyd-destun, oherwydd peth hollol ynfyd fyddai disgwyl i ddyn lynu'n gaeth wrth delerau dogfen a oedd mewn iaith na allai ei deall. Mewn rhai ystadau lle'r oedd y perchenogion a'r asiantiaid yn ymwybodol o anghenion y tenantiaid, yr oedd cytundebau dwyieithog ar gael ers rhai blynyddoedd, ond mewn ystadau eraill yr oeddynt yn uniaith Saesneg, ac yr oedd gan y tenantiaid achos cyfiawn dros gwyno am hynny.[112] Er y câi tenant ofyn am gyfieithiad (a baratoid fel arfer gan glerc yn swyddfa'r asiant a allai siarad Cymraeg), gallai'r iaith gyfreithiol astrus a'r problemau a allai godi oherwydd gwahaniaethau trwch blewyn mewn cyfieithiad arwain at anawsterau, a'r gred gyffredinol erbyn diwedd y ganrif oedd ei bod yn hanfodol cael cytundebau *printiedig* yn y Gymraeg.[113] Ond yr oedd rhai yn anghytuno. Yn nhyb Syr John Russell Bailey, dyn yr oedd ei diroedd mewn ardal Seisnigedig, nid oedd fawr o ddiben darparu prydlesau yn y Gymraeg, ac yn ôl Thomas Prichard, Cymro Cymraeg, ffermwr a chynghorydd sir o Fôn, byddai cyfieithiadau Cymraeg yn creu dryswch. I gefnogi'r farn hon soniodd am achos cyfreithiol ynghylch ewyllys Gymraeg, 'in which there was a great dispute about the meaning of certain words in the Welsh language and it cost more than the property was worth'.[114] Ychwanegodd fod tenantiaid yn aml yn colli eu prydlesau a'u cytundebau yn fwriadol ac awgrymodd, pe darperid cyfieithiadau neu ffurflenni printiedig, mai'r fersiwn Saesneg a ddylai fod yn gyfreithiol rwymol.

Er bod landlordiaid fel arfer yn caniatáu i denantiaeth gael ei hetifeddu'n naturiol, yr oedd y diffyg sicrwydd yn nhrefn y denantiaeth flynyddol yn achos pryder i denantiaid ffermydd. Gwneid hynny'n waeth gan yr ofn y gallai pobl ddigydymdeimlad o'r tu allan brynu ystadau, neu diroedd pellennig a berthynai i ystadau, gan greu cenhedlaeth newydd o landlordiaid a fyddai'n awyddus i adennill rhywfaint o'r cyfalaf a fuddsoddwyd ganddynt trwy wasgu am fwy o renti. Dadleuid, felly, y byddai'r ansicrwydd hwn yn peri na fyddai tenantiaid yn barod iawn i fuddsoddi cyfalaf na gwella eu dulliau ffermio yn gyffredinol. Asgwrn cynnen pwysig arall oedd nad oedd gan denantiaid hawl gyfreithiol i iawndal.

[111] Colyer, 'The Pryse Family of Gogerddan', 407–31.
[112] Royal Commission on Land, *Minutes of Evidence*, cyf. II (1894), cwestiynau 19693–6.
[113] Ibid., cwestiynau 19198–200.
[114] Ibid., cwestiwn 19395.

Nodwedd amlwg iawn o'r byd amaethyddol yng nghanol y bedwaredd ganrif ar bymtheg oedd y cynnydd mawr a fu mewn prynu nwyddau a gwasanaethau o'r tu allan i'r fferm – gwrteithiau, bwydydd artiffisial, draenio ac ati. Ym Mhrydain yn gyffredinol yr oedd hwn yn fuddsoddiad ariannol sylweddol gan denantiaid. Yn ôl fframwaith penodedig y berthynas rhwng landlord a thenant, nid oedd unrhyw fodd cyfreithiol o roi iawndal i denantiaid am welliannau anhysbydd fel y rhain pe dewisent roi'r gorau i'w ffermydd. Trwy gydol y 1850au a'r 1860au bu carfan rymus ac uchel ei chloch yn ymgyrchu dros gydnabyddiaeth gyfreithiol i'r egwyddor o dalu iawndal.[115] Am resymau technegol ac economaidd, parhâi buddsoddiad cyfalaf tenantiaid Cymru, fesul erw, yn sylweddol is na'r hyn ydoedd yn Lloegr. Er hynny, ymunodd tenantiaid Cymru â'r gri am hawl *gyfreithiol* i denantiaid ac nid oedd y trefniadau iawndal y bu eu landlordiaid yn eu harfer ers amser maith yn eu bodloni. Fodd bynnag, ceisiodd y rheini eu gorau i ddiogelu'r trefniadau hynny, a hyd yn oed ar ôl pasio deddf oddefol 1875, sef y Ddeddf Daliadau Amaethyddol, a'r statud ym 1883, a'i gwnâi'n orfodol yn ôl y gyfraith i dalu iawndal, byddent yn aml yn methu ag ufuddhau i lythyren y ddeddf. Wrth wneud hynny, yr oeddynt yn cadarnhau'r hyn a ystyrient hwy yn hawl arglwyddiaethol i gael y llaw drechaf yn eu perthynas â'u tenantiaid, ac ar yr un pryd yn rhoi rhagor o arfau brwydr i'w cystwywyr ac i'r rhai a oedd yn benderfynol o yrru hollt rhwng y bonedd a'r ffermwyr.

A dweud y lleiaf, y mae'r dystiolaeth a gyflwynwyd i Gomisiwn Tir Cymru yn amwys o ran y darlun a rydd o'r berthynas rhwng landlord a thenant, yn enwedig ar fater yr iaith. Yn yr ardaloedd hynny o'r wlad lle y bu'r iaith Saesneg yn oruchaf ers sawl cenhedlaeth, ni theimlai'r tirfeddianwyr, eu hasiantiaid na'u tenantiaid fod gwahanfuriau ieithyddol na chrefyddol yn dylanwadu ar eu perthynas â'i gilydd.[116] Datgelodd Syr John Russell Bailey o Glanusk, gŵr na welai fawr o ddiben i'r iaith Gymraeg, mai 1,585 o bobl yn unig o'r 19,515 a drigai yng nghymdogaeth Crucywel a honnai eu bod yn Gymry uniaith, ac meddai, 'and where they are I am sure I do not know; I never find them'.[117] Awgrymodd eu bod, efallai, yn gallu siarad Saesneg ond nad oeddynt am gyfaddef hynny. Yr oedd graddau'r anhawster a grëid gan y rhaniad ieithyddol yn yr ardaloedd Cymraeg yn dibynnu, y mae'n debyg, ar ba mor ddoeth ac ystyriol yr oedd y tirfeddianwyr a'u hasiantiaid lleol. Yn nhyb John Morgan Davies, Ffrwd-fâl, asiant ystadau Bronwydd, Tre-gib, Dolau Cothi a Glansefin, yr oedd llawer o'r perchenogion, o bosibl, yn deall tipyn ar yr iaith er nad oeddynt yn ei siarad. Pa un bynnag, trwyddo ef, sef yr asiant, y cynhelid perthynas dda â'r tenantiaid.[118] Cafwyd darlun gwahanol gan dystion eraill

[115] J. R. Fisher, 'Landowners and English Tenant Right, 1845–1852', *AHR*, 31, rhan 1 (1983), 15–25; J. R. McQuiston, 'Tenant Right: Farmer against Landlord in Victorian England, 1847–1883', *Agricultural History*, XLVII (1973), 95–113.

[116] Royal Commission on Land, *Minutes of Evidence*, cyf. III (1895), cwestiynau 52445, 53239, 53838.

[117] Ibid., cwestiynau 49786–948.

[118] Ibid., cwestiwn 37525.

a ddisgrifiodd berthynas lugoer, os nad hynod oerllyd. Yn ôl Thomas Williams o Gydweli yr oedd tirfeddianwyr yn 'alien in race, language, religion and politics'. At hynny, meddai, yr oeddynt yn fwy na pharod 'to lend their ears to low and unprincipled persons who try and wriggle into their favour by telling them tales about their tenants'.[119] Adleisiwyd y farn hon i raddau helaeth yn nhystiolaeth Enoch Davies, llawfeddyg o Landysul, a honnodd fod y berthynas 'gartrefol' wedi dirywio, gan awgrymu ymhellach ei bod o fantais i asiant na allai ei gyflogwr siarad Cymraeg oherwydd bod hynny'n cryfhau ei rym yntau.[120] Yr oedd y landlord uniaith Saesneg, felly, wedi ei ddal rhwng y diafol a'i gynffon.

A gosod rhaniadau ieithyddol o'r neilltu, y mae'n debyg nad oedd y berthynas rhwng y bonedd a'u tenantiaid mor elyniaethus ag yr honnid y pryd hwnnw. Wedi'r cyfan, yr oedd tenantiaid ffermydd yn dal yn barod iawn i guro ar gyfer criwiau hela, i gefnogi'r helfa lwynogod leol, i gyfrannu at brynu anrhegion i etifeddion pan ddeuent i oed, ac i gymryd rhan yn gyffredinol yn nefodau amrywiol bywyd y plas. Ym 1890, er enghraifft, cynhaliodd tenantiaid Castell Gorfod a Glanbrydan yn sir Gaerfyrddin gyfarfodydd i drafod dulliau o ddathlu bod etifeddion y ddwy ystad yn dod i oed. Rhoes tenantiaid Dinefwr lyfr o ffotograffau a chyfeiriadau i'w landlord i goffáu ei ddiweddar wraig.[121] At hynny, nid oedd ffermwyr, yn eu hymgyrchoedd di-drefn a braidd yn ysbeidiol, yn frwdfrydig iawn o blaid yr achosion amrywiol hynny a fyddai'n arwain at andwyo eu perthynas â'u landlordiaid. Y mae diffyg cynnydd Cynghrair Gwrthwynebu'r Deddfau Ŷd yng Nghymru yn dangos hynny.[122] Yn yr un modd, pan geisiodd Thomas Gee, perchennog *Y Faner*, papur a wrthwynebai'r bonedd yn frwd, sefydlu Cynghrair y Tir yn y 1880au, dim ond swm pitw, sef £62, y llwyddodd i'w gasglu ymhlith y ffermwyr. Ar ddiwedd yr wythdegau, yn wyneb diffyg diddordeb y ffermwyr, gwanhau a wnaeth ymdrechion Gee i fegino fflamau 'Rhyfel y Degwm'. Ystyrid bod ymgyrchu yn erbyn y degwm[123] yn arwain at bethau mwy – datgysylltu'r eglwys, seciwlareiddio addysg a sefydlu prifysgol i Gymru – materion a oedd, fel y syniadau ynghylch cenedlaetholdeb diwylliannol a gwleidyddol a leisid gan gymdeithasau Cymru Fydd, yn gymharol ddibwys i'r

[119] Ibid., cwestiwn 37076. Am gynllwynion Maciafelaidd o'r fath, gw. Moore-Colyer, *Hafod Estate*, passim.

[120] Royal Commission on Land, *Minutes of Evidence*, cyf. III (1895), cwestiynau 44303–4.

[121] Matthew Cragoe, *An Anglican Aristocracy: The Moral Economy of the Landed Estate in Carmarthenshire, 1832–1895* (Oxford, 1996), t. 254.

[122] Ryland Wallace, 'The Anti-Corn Law League in Wales', *CHC*, 13, rhif 1 (1987), 22; J. Graham Jones, 'Select Committee or Royal Commission?: Wales and the "Land Question", 1892', *CHC*, 17, rhif 2 (1994), 208.

[123] R. M. Morris, 'The Tithe War', *TCHSDd*, 32 (1983), 51–97; D. Richter, 'The Welsh Police, the Home Office and the Welsh Tithe War of 1886–1891', *CHC*, 12, rhif 1 (1984), 50–75. O gymharu â'r angen i ddwyn tir Cymru o ddwylo preifat o ba genedl bynnag, yr oedd pynciau megis iaith, crefydd a hunanlywodraeth yn isel yn rhestr blaenoriaethau gwŷr megis Evan Pan Jones, a oedd yn drwm dan ddylanwad mudiad Alfred Russel Wallace i genedlaetholi tir. Gw. Peris Jones-Evans, 'Evan Pan Jones: Land Reformer', *CHC*, 4, rhif 2 (1968), 143–59.

rhan fwyaf o ddynion ymarferol. Byddai dicter yn erbyn anrheithiau'r lleygwyr a hawliai ddegymau, yn ogystal ag yn erbyn eglwys nad oedd ganddynt lawer o gydymdeimlad na chariad ati, yn sicr wedi taro tant yn ddwfn yn eneidiau ffermwyr Cymru.[124] Ond, uwchlaw popeth, yr oeddynt yn bobl realistig. Yn wyneb dirwasgiad enbyd ym myd amaeth, sylweddolent fod angen penderfyniad diwyro ar eu rhan hwy a'u landlordiaid er mwyn goroesi'n ariannol ar y tir. Felly, er gwaethaf ymdrechion catalytig diwinyddion Ymneilltuol, eilbeth iddynt hwy oedd gwahaniaethau diwylliannol, crefyddol a gwleidyddol.[125] Hyd yn oed os oedd llawer ohonynt yn derbyn dadl y beirniaid radical nad oedd landlordiaid wedi cyflawni rhai o'u dyletswyddau traddodiadol a'u bod wedi ymwrthod â'u hetifeddiaeth ieithyddol, yr oedd y ffermwyr yn ymwybodol iawn, serch hynny, o gyfraniad cadarnhaol sawl aelod o'r teuluoedd bonheddig i amaethyddiaeth a rheolaeth tir. Er i'r beirniaid fod wrthi'n ymosod ar geyrydd braint ac yn traethu ynghylch pynciau megis y gorthrwm gwleidyddol a'r ymddieithrio diwylliannol honedig, methu a wnaethant yn eu hymdrech i ddinistrio'n llwyr y berthynas rhwng y perchenogion a'r amaethwyr. Rhaid dweud, er hynny, nad oedd y berthynas honno wedi ei seilio bellach ar sentiment, ond yn hytrach ar realiti economaidd. Yn y cyfamser, brwydrai'r ffermwyr i gynnal eu statws cymdeithasol a'u lles economaidd yn negawd dirwasgedig y nawdegau. Tra cafodd tenantiaid rywfaint o gymorth yn sgil gostyngiadau mewn rhenti, câi'r rhydd-ddeiliaid newydd eu gwaedu'n ddidrugaredd gan ad-daliadau morgeisi. Bellach, y maen prawf ar gyfer goroesi fyddai sicrhau rhywfaint o elw, a chan mai'r Gymraeg oedd iaith yr aelwyd a byd gwaith yn y Gymru Gymraeg o hyd, ceid pwysau cynyddol i ddysgu Saesneg, iaith a ystyrid yn gyffredinol yn iaith ffyniant materol. Byddai'r gwyddonydd, yr athronydd a'r gweithredwr, R. G. Stapledon, gŵr haeddiannol enwog y mae ei gyfraniad i ddatblygiad amaethyddiaeth yng Nghymru yn ddiguro hyd heddiw, yn pregethu hynny wrth ei fyfyrwyr yn Aberystwyth yn y 1920au. Gan bwysleisio mor bwysig yr oedd hi i'r ffermwr a'r gwyddonydd amaethyddol feistroli'r Saesneg, meddai: 'Wales is not nearly big enough for you Welshmen – you all want to get reputations outside Wales and a very great number of you want to get jobs outside Wales – and you Welshmen as a whole cannot talk or write English for nuts. Also I have a grave suspicion that your language is not a good one in which to think accurately and progressively.'[126] Nid oes gennym gofnod o ymateb ei fyfyrwyr, ond wrth fynegi'r safbwyntiau hyn yr oedd Stapledon yn adlewyrchu agwedd Saeson a nifer cynyddol o Gymry at eu mamiaith. I bobl o'r tu allan, wrth i'r bedwaredd ganrif ar bymtheg dynnu tua'i

[124] Jill Barber, '"A Fair and Just Demand?": Tithe Unrest in Cardiganshire, 1796–1823', *CHC*, 16, rhif 2 (1992), 183.

[125] J. E. Vincent, *The Land Question in South Wales* (London, 1897), tt. 18–24; J. P. D. Dunbabin, *Rural Discontent in Nineteenth-Century Britain* (London, 1974), penodau 10–13.

[126] R. G. Stapledon, nodiadau darlith anghyhoeddedig, ar hyn o bryd yn archif Sefydliad Astudiaethau Gwledig, Aberystwyth.

therfyn, rhyw hynodrwydd henffasiwn oedd yr iaith Gymraeg, rhywbeth a enynnai angerdd ffyrnig ymhlith y rhai a'i harferai, ond nad oedd yn berthnasol iawn i oes newydd amaethyddiaeth wyddonol. Byddai Stapledon ac eraill wedi croesawu'r syniad o gynnal dosbarthiadau tiwtorial drwy gyfrwng y Gymraeg ar egwyddorion ac ymarfer gwrteithio â'r un brwdfrydedd â phe bai rhywun wedi awgrymu y dylid eu cynnal mewn Serbo-Croateg. Byddai'n rhaid aros yn hir iawn am adfywiad a dadeni.

4

Dyfodiad y Rheilffordd a Newid Iaith yng Ngogledd Cymru 1850–1900[1]

DOT JONES

Ac unir pob mynydd, pob moel a phob dyffryn,
Bydd cyflym a difyr, a dedwydd pob taith;
Pryd hyn bydd y Reilffordd yn ddrych ac arwyddlun
O undeb ysbrydol pob llwyth a phob iaith.[2]

Yng nghanol y bedwaredd ganrif ar bymtheg yr oedd dyfodiad y rheilffyrdd yn addo dyfodol euraid, chwyldro economaidd a chymdeithasol a fyddai'n uno pawb ac yn galluogi Cymru i fanteisio i'r eithaf ar ei hadnoddau naturiol cyfoethog ac i gael ei chydnabod yn y byd mawr. Prin oedd y bobl a gredai y pryd hwnnw fod y rheilffyrdd yn fygythiad i'r iaith frodorol. A phaham y dylent? Ac eithrio mewn ardaloedd ar gyrion y wlad, a oedd eisoes wedi eu hen Seisnigeiddio, Cymraeg oedd iaith pob dydd trwch helaeth y boblogaeth. Trigai llai nag un y cant o boblogaeth siroedd Môn, Caernarfon, Meirionnydd ac Aberteifi mewn plwyfi lle'r oedd y gwasanaethau eglwysig yn uniaith Saesneg.[3] A hyd yn oed yn y cymunedau diwydiannol a oedd yn datblygu yn siroedd Morgannwg a Mynwy yr oedd rhaid i fewnfudwyr di-Gymraeg ddysgu siarad yr iaith frodorol os oeddynt am ymgartrefu a gweithio mewn lleoedd lle'r oedd naill ai nifer mawr o Gymry Cymraeg cynhenid neu lle'r oedd mewnfudwyr eraill o ardaloedd Cymraeg eu hiaith yn byw.[4]

[1] Yr wyf yn ddiolchgar i John Williams am ei sylwadau ar fersiwn cynharach o'r bennod hon, ac i Neil Evans, William P. Griffith, Paul O'Leary, Ernest Sandberg a Mari A. Williams am gyfeiriadau defnyddiol. Yr wyf yn ddyledus hefyd i Huw Walters o Lyfrgell Genedlaethol Cymru am ei gymorth hael gyda ffynonellau Cymraeg eu hiaith.

[2] Pedair llinell olaf y gerdd fuddugol yn Eisteddfod 1856 yn Llanelli, sef 'Dyfodiad y Reilffyrdd i Gymru' gan 'Gwilym Teilo' (William Davies, Llandeilo), a gyhoeddwyd yn *Detholiad o'r Cyfansoddiadau Buddugol yn Eisteddfod Llanelli* (Llanelli, 1857), tt. 155–8.

[3] Gw. W. T. R. Pryce, 'Welsh and English in Wales, 1750–1971: A Spatial Analysis Based on the Linguistic Affiliation of Parochial Communities', *BBCS*, XXVIII, rhan 1 (1978), 1–36.

[4] Am dystiolaeth o Went, gw. Sian Rhiannon Williams, 'Welsh in the Valleys of Gwent', *Planet*, 51 (1985), 112–18. Gw. hefyd John Brunton, *John Brunton's Book: Being the Memoirs of John Brunton, Engineer* (Cambridge, 1939), tt. 17–18. Bu'n rhaid i Brunton ddysgu Cymraeg ar gyfer ei swydd gyntaf fel peiriannydd ar y gwaith o adeiladu tramffordd o Waith Dur Ynyscedwyn ym mhen uchaf Cwm Tawe ym 1830.

Ac eto hanner can mlynedd yn ddiweddarach, ymhen dwy genhedlaeth, yr oedd sefyllfa'r iaith Gymraeg yn dra gwahanol. Yn ôl cofnodion cyfrifiad 1901 yr oedd cyfran y bobl a siaradai 'Gymraeg yn unig' yn y pedair sir Gymreiciaf wedi disgyn i oddeutu 50 y cant a thrwy Gymru gyfan yr oedd y gyfran mor isel â 15 y cant. Yr oedd cyfuniad cymhleth o ffactorau yn gyfrifol am y dirywiad cyfrannol hwn, gan gynnwys mudo, newidiadau economaidd, polisïau addysg ac agweddau cymdeithasol. Cyfrannwyd yn sylweddol at y proses hwn gan dwf carlamus y rheilffyrdd yn ail hanner y bedwaredd ganrif ar bymtheg, ynghyd â'r gwelliannau mewn cyfathrebu a ddaeth yn eu sgil.

Fel yr honnodd John Davies: 'Anodd darganfod unrhyw agwedd ar fywyd Cymru na thrawsffurfiwyd mohoni gan *locomotion*.'[5] Er lluosoced y llyfrau am ddatblygiad y rheilffyrdd yng Nghymru, rhaid cyfaddef mai ar gyfer y rhai sy'n ymddiddori mewn trenau yr ysgrifennwyd y mwyafrif ohonynt yn hytrach nag ar gyfer haneswyr cymdeithasol.[6] Eithriad yn hyn o beth yw cyfrol ardderchog Jack Simmons, *The Victorian Railway*, lle y ceir ymdriniaeth deg â materion Cymreig o fewn cyd-destun Prydeinig. Mewn pennod dan y teitl 'Language and Literacy' ceir adran fer ar yr iaith Gymraeg, lle y crybwyllir y modd y cyflwynid termau Saesneg a methiant cwmnïau rheilffordd i gydnabod mai'r Gymraeg oedd unig iaith llawer o'u cwsmeriaid yng Nghymru. Sonnir hefyd am yr honiadau o anffafriaeth tuag at weithwyr Cymraeg eu hiaith a gododd yn ystod y cyfnod rhwng 1890 a 1895.[7]

Y rhai mwyaf blaenllaw eu hymwneud â lledaenu rhwydwaith y rheilffyrdd oedd y gwŷr hynny a fu'n gysylltiedig â'r gwaith o'u hadeiladu a'u gweithredu. Yn y bennod hon, sy'n seiliedig yn bennaf ar lyfrau rhifwyr y cyfrifiad, yn ogystal ag ar dystiolaeth rhai sylwebwyr cyfoes, canolbwyntir ar allu ieithyddol gweithwyr rheilffordd fel grym i newid iaith. Rhoddir sylw pur fanwl i fater rhagfarn honedig cwmni'r London and North Western Railway yn erbyn cyflogi gweithwyr uniaith Gymraeg, a holir pa mor ymarferol oedd polisi o'r fath yn yr ardaloedd Cymraeg eu hiaith. Rhoddir y sylw pennaf yn y bennod hon i ogledd Cymru, ond gellid dadlau bod y casgliadau'n berthnasol i Gymru benbaladr.

Yr oedd gan Gymru ran amlwg yn natblygiadau cynnar y rheilffyrdd. Ym Mhenydarren ym 1804 y profwyd y locomotif ager cyntaf a gynlluniwyd yn arbennig i redeg ar gledrau. Y rheilffordd gyntaf i gludo teithwyr a dalai am gael eu cario oedd Rheilffordd Ystumllwynarth, a adeiladwyd ym 1807, ac ym 1836

[5] John Davies, *Hanes Cymru* (London, 1990), t. 395.

[6] Yn y gyfres *A Regional History of the Railways of Great Britain*: cyf. 11, Peter E. Baughan, *North and Mid Wales* (ail arg., Nairn, 1991); cyf. 12, D. S. M. Barrie, *South Wales* (Newton Abbot, 1980). Ceir rhestr ddefnyddiol o gorfforaethau, adeiladwaith a chyfuniadau rheilffordd, yn nhrefn amser, yn R. Emrys Jones, *Rheilffyrdd Cymru: The Railways of Wales* (Caernarfon, 1979). Gw. hefyd Rex Christiansen, *Forgotten Railways: North and Mid Wales* (Newton Abbot, 1976); J. Page, *Forgotten Railways: South Wales* (Newton Abbot, 1979). Ceir rhagor o gyfeiriadau Cymreig yn George Ottley, *A Bibliography of British Railway History. Supplement* (London, 1988), tt. 166–77.

[7] Jack Simmons, *The Victorian Railway* (New York, 1991), tt. 193–4.

adeiladwyd y rheilffordd gul gyntaf erioed, sef Rheilffordd Ffestiniog, i gludo llechi o Flaenau Ffestiniog i Borthmadog. Eto i gyd, yn ystod y tri a'r pedwardegau prin gyffwrdd â Chymru a wnaeth yr haint Seisnig o wirioni ar reilffyrdd.[8] Yr oedd patrwm twf y rheilffyrdd yn wahanol iawn yng Nghymru i'r hyn a geid yn Lloegr, a hynny oherwydd patrwm y datblygiad diwydiannol, ymgrynhoad cyfalaf, y modd yr oedd y boblogaeth wedi ei gwasgaru, a thopograffi'r wlad. Ym 1850 nid oedd ond dwy brif reilffordd ar gyfer teithwyr, sef y rhai a ddefnyddid gan y trenau a gludai'r post i Iwerddon ac a adeiladwyd gyda'r bwriad o gysylltu Lloegr â'r wlad honno. O ran trenau nwyddau, fodd bynnag, yr oedd nifer da o reilffyrdd lleol a gludai haearn, llechi a glo, gan gynnwys Rheilffordd enwog Dyffryn Taf rhwng Merthyr Tudful a Chaerdydd. Yn y 1860au a'r 1870au y bu'r twf mwyaf yng Nghymru pan gafwyd berw o brysurdeb ymhlith cwmnïau mawr a bach. Cynlluniau hapfasnachol oedd swm a sylwedd y prysurdeb hwn – cynlluniau a aeth i'r gwellt cyn i neb eu rhoi ar waith erioed, adeiladau newydd llawn uchelgais, cynlluniau i uno cwmnïau ac i gymryd busnesau drosodd. Erbyn 1922 yr oedd 136 o gwmnïau wedi rhedeg rheilffyrdd yng Nghymru, er na fu rhagor na 54 yn gweithredu ar yr un pryd, a hynny ddiwedd y 1870au. Yn raddol cymerwyd yr awenau gan dri chwmni mawr, sef y London and North Western yn y gogledd a'r dwyrain, y Great Western yn y de, a rheilffordd y Cambrian yng nghanolbarth Cymru. Yn Lloegr yr oedd pencadlys y tri ohonynt.

Ond yn y 1850au datblygiad a oedd yn perthyn i'r dyfodol oedd yr holl weithgarwch hwn, a mawr oedd y disgwyl amdano oherwydd yr oedd cryn frwdfrydedd yng Nghymru ynghylch y cynnydd a gynrychiolid gan y rheilffyrdd. Yr oedd y gwaith o godi'r rheilffyrdd yn cynnwys rhyfeddodau ym myd peirianneg sufil nad oedd neb cyn hynny wedi dychmygu amdanynt a châi pobl bleser o gymharu'r gorchestion hynny â champau mawr hanes. Cymerwn yn enghraifft y rheilffordd o Lundain i Birmingham: bu 20,000 o ddynion wrth y gwaith o'i hadeiladu dros gyfnod o bum mlynedd a symudwyd 400 miliwn troedfedd giwbig o bridd ganddynt. Honnid mai dyma'r gwaith cyhoeddus mwyaf yr ymgymerwyd ag ef erioed.[9] Yr oedd hyd yn oed yr addurniadau ar raddfa fawreddog. Pan godwyd pont diwb ysblennydd Britannia ar reilffordd gogledd Cymru, gosodwyd arni bedwar llew anferthol 35 troedfedd o hyd a 12 troedfedd o uchder yn eu cwrcwd, dau bob ochr, fel y dynesid at y bont, wedi eu

[8] Gw. F. Llewellyn-Jones, 'Wales and the Origins of the Railway Revolution', *THSC* (1983), 115–31. Am 'The First Known Account of a Railway Journey' ar reilffordd Ystumllwynarth, gw. Elizabeth Isabella Spence, *Summer Excursions through parts of Oxfordshire . . . and South Wales* (ail arg., 1809), ii, 98, a ddyfynnwyd yn Jack Simmons, *Railways: An Anthology* (London, 1991), tt. 8–9.

[9] Frederick S. Williams, *Our Iron Roads: Their History, Construction, and Social Influences* (London, 1852), tt. 128–9.

cerfio o garreg galch. Oni bai fod y cwmni wedi profi anawsterau ariannol buasai cerflun anferth o Britannia[10] ar y tŵr ar ganol y bont yn ogystal.[11]

Yn draddodiadol, yr oedd gan weithwyr rheilffordd enw drwg: 'that despicable race of men' fel y gelwid hwy. Lledaenid hanesion am eu diffyg parch at gyfraith a threfn, eu meddwdod a'u hanfoesoldeb cyn iddynt gyrraedd yn aml.[12] Yn sgil eu pryder ynghylch ymddygiad gresynus pobl ifainc Yr Allt-wen yn sir Forgannwg ar y Sul ('ffair, marchnad (diodydd a gwirodydd, a phethau felly), gwleddoedd, chwareuyddiaethau, cyfeddach a diota, carwriaeth, mabsantau, terfysgoedd, ymladdau, etc.'), daeth penteuluoedd yr ardal ynghyd ym mis Ionawr 1847 i drafod sut i 'achub ieuenctyd ein hardal o afael y llygredigaethau hyn; y rhai, wrth bob tebyg, a gynhydda yn ddirfawr, pan ddel yr holl *Navigators* o leoedd ereill i weithio ar yr reilffyrdd newyddion'.[13]

Ymddengys na fu i ddelwedd y nafis wella gydag amser. Bum mlynedd ar hugain yn ddiweddarach rhybuddiwyd darllenwyr *Y Tyst a'r Dydd* ynglŷn ag anonestrwydd y nafis a oedd ar fin cyrraedd ardal Maesteg yn eu lluoedd:

> Yr oeddwn wedi arfer meddwl nad oedd y lle hwn yn cael ei flino rhyw lawer gan y bachau pum bys. Modd bynag y mae y rheilffyrdd wedi dwyn lluaws ohonynt yn mherson *navvies*. Y maent eisoes wedi dangos eu hystranciau anonest. Yspeiliwyd £14 a rhyw sylltau oddi wrth rhyw weithiwr tlawd o'r enw David Emanuel, ac nid yw wedi clywed sôn amdanynt. Heblaw hynyna, y mae rhai masnachwyr wedi cael y *smooth side* ganddynt. Hyderaf y bydd hyn yn rhybudd i bobl y lle hwn rhag llaw. Dysgwylir rhyw ruthr ofnadwy o honynt pan y bydd y rheilffyrdd hyn yn eu llawn gwaith. Nid yw *navvy* yn ddyn i'w *drustio*. Purion yw codi y doll wrth fod y creadur yn pasio y dollfa. Pobl ddefnyddiol ydynt i rwygo y ddaear, a phethau felly; ond pan elont i rwygo llogellau a meddianau pobl wirion, gwareder ni rhagddynt.[14]

Yr oedd y cyhuddiadau ynglŷn ag anhrefn yn rhai difrifol. Cyflogwyd aelodau o Gymdeithas Genhadol y Dref i ddarllen yr Ysgrythur ar reilffordd gogledd Cymru, ond ni fu hyn yn fodd i rwystro terfysg ar adegau.[15] Yn ystod yr helyntion

[10] Ibid., p. 181, lle yr honnir ar gam mai 'Science' yw'r ffigur.

[11] *Illustrated London News*, 23 Mawrth 1850. Gw. hefyd Peter E. Baughan, 'Open Throughout – The Britannia Tubular Bridge', *The Chester and Holyhead Railway*, cyf. I (Newton Abbot, 1972), tt. 120–42; Wilfred L. Steel, *The History of the London and North-Western Railway* (London, 1914), tt. 213–24. Ceir adroddiad diddorol o'r syniadau, yr arbrofion rhagbaratoawl, ac adeiladu pontydd Britannia a Chonwy gan y peiriannydd preswyl yn Edwin Clark, *The Britannia and Conway Tubular Bridges with General Inquiries on Beams and on the Properties of Materials used in Construction* (2 gyf., London, 1850). Gw. hefyd N. Rosenberg a W. G. Vincenti, *The Britannia Bridge: The Generation and Diffusion of Technical Knowledge* (Cambridge, Mass. & London, 1978).

[12] Gw. David Brooke, *The Railway Navvy: 'That Despicable Race of Men'* (Newton Abbot, 1983); Terry Coleman, *The Railway Navvies* (London, 1965); James E. Handley, *The Navvy in Scotland* (Cork, 1970).

[13] 'Pen-Teulu' (Philip Griffiths), 'Cyfarfod Neillduol yn yr Alltwen', *Y Diwygiwr*, XII, rhif 139 (1847), 50–1.

[14] *Y Tyst a'r Dydd*, 5 Medi 1873, t. 6.

[15] Cwestiwn 1765, tystiolaeth Capt. C. R. Moorsom, Cyfarwyddwr Caer a Chaergybi, gerbron y Pwyllgor Dethol ar Labrwyr Rheilffordd, BPP 1846 (530) XIII.

gwrth-Wyddelig ym mis Mai 1846, anfonodd ynadon Bangor gais am filwyr wedi i'r Cymry a'r Saeson a'r Albanwyr a weithiai ar y lein fygwth erlid y Gwyddelod o'r ardal.[16] Er bod llawer o'r hanesion am weithredoedd ysgeler y nafis yn sicr o fod yn wir, anghofir weithiau y byddai dynion lleol yn arfer ymuno â'r criw o nafis profiadol 'proffesiynol'. Gweithwyr amaethyddol a oedd yn ddi-waith neu'n brin o waith oedd y rhain fel arfer, ac yr oeddynt hwythau hefyd ymhell o fod yn ddi-fai. Amddiffynnwyd y nafis yn ddiweddar gan David Brooke, a dynnodd sylw at eu crefft a'r hyn a gyflawnwyd ganddynt, a hynny'n aml dan amodau byw ac amodau gwaith dychrynllyd.[17]

Yn llyfrau cyfrifwyr gogledd Cymru ar gyfer cyfrifiad 1851 prin oedd yr enghreifftiau o'r gair 'nafi'. Y cofnod arferol am waith o'r fath yw 'gweithiwr rheilffordd', a ailddiffinnid yn aml fel 'gosodwr cledrau', er, a bod yn fanwl, perthynai'r gosodwr cledrau i giang mwy parhaol o weithwyr a oedd yn gyfrifol am gynnal a chadw rhan o'r lein ac ochr y trac a'r ffensys, ynghyd ag unrhyw gylfat neu bont. Pan fyddai'n niwlog, hwy hefyd a fyddai'n gyfrifol am sicrhau diogelwch trwy ddal lampau signal i rybuddio gyrwyr y trenau.[18]

Dengys llyfrau'r cyfrifwyr am sir Fôn fod rhagor na 300 o weithwyr rheilffordd yn gweithio ar y lein rhwng Llanfair a Chaergybi ym mis Ebrill 1851. Yr oedd y rhan hon o'r rheilffordd ar agor ers yn agos i dair blynedd, ond parhâi'r gwaith o ymestyn y rheilffordd yng Nghaergybi. Dengys Tabl 1 fan geni'r rhai a gofnodwyd yn weithwyr rheilffordd neu'n osodwyr cledrau yn sir Fôn yng nghyfrifiad 1851. Gan na cheid cwestiwn penodol ynghylch iaith tan 1891, bu'n rhaid defnyddio man geni fel arwydd o allu ieithyddol, ac y mae'n amlwg fod y rhai hynny a hanai o siroedd Môn, Caernarfon a Dinbych yn fwy tebygol o fod yn Gymry Cymraeg na'r gweddill. Y mae perthynas gweithiwr â phenteulu'r cartref lle y cafodd ei rifo yn arwydd o'i sefydlogrwydd; gweithwyr dros-dro oedd lletywyr ac ymwelwyr gan amlaf. Dengys y ffigurau hyn yn eglur i ba raddau y cyfrannodd y Cymry i'r gwaith o adeiladu'r rheilffyrdd; hanai dros 50 y cant o'r gweithwyr o sir Fôn ac 80 y cant o ogledd Cymru. Hanai bron pob un o'r ychydig beirianwyr ac arolygwyr rheilffordd a ddaliwyd yn rhwyd y cyfrifiad o Loegr.

Dengys cyfrifiad 1861 batrwm cyflogi cyffelyb yn y cyfnod pan oedd y gwaith ar hafnau enwog Talerddig ar Reilffordd Y Drenewydd a Machynlleth, a roddwyd ar gontract i David Davies, Llandinam, yn ei anterth. Y toriad 115 troedfedd hwn yn y graig oedd y dyfnaf yn y byd y pryd hwnnw, camp ryfeddol o ran gwaith trefnu ac ymdrech gan ddefnyddio dim ond powdwr gwn a nerth

[16] Brooke, *The Railway Navvy*, tt. 117–18; Coleman, *The Railway Navvies*, t. 24.

[17] Brooke, *The Railway Navvy*, tt. 168–9, a ddyfynnwyd fel 'A Just Appraisal' yn Jack Simmons, *Railways: An Anthology* (London, 1991), tt. 172–3.

[18] Am ddosbarthiad a disgrifiad cyfoes o'r gwahanol swyddi a oedd ar gael gw. [awdur anhysbys], *Railways and Railway Men* (London & Edinburgh, 1892).

Tabl 1. Gweithwyr rheilffordd/gosodwyr cledrau, man geni yn ôl statws o fewn y tylwyth. Môn 1851

Man geni	Penteulu	Perthynas	Ymwelydd	Lletywr	Cyfanswm	*Canran*
Môn	74	52	8	41	**175**	*54.4*
Caernarfon	13	4	4	8	**29**	*9.0*
Dinbych	13	1	1	29	**44**	*13.7*
Y Fflint	4	–	1	11	**16**	*5.0*
Eraill Cymru*	3	–	3	2	**8**	*2.5*
Iwerddon	2	–	–	11	**13**	*4.0*
Lloegr	14	5	–	14	**33**	*10.3*
Yr Alban	–	1	–	1	**2**	*0.6*
Sweden	–	–	–	1	**1**	*0.3*
CYFANSWM	**123**	**63**	**17**	**118**	**321**	*100.0*
Cyfartaledd	*38.3*	*19.6*	*5.3*	*36.8*	*100.0*	

* Sir Aberteifi 1, sir Gaerfyrddin 2, sir Forgannwg 1, sir Feirionnydd 1, sir Fynwy 1, sir Benfro 2.
Ffynhonnell: llyfrau cyfrifwyr Môn, 1851.

bôn braich dynion.[19] Ni ddefnyddiwyd ond nifer cymharol fychan o nafis o'r tu allan; o'r plwyfi cyfagos y deuai'r mwyafrif o'r gweithwyr o ddigon, ac fel arfer lletyai'r rhai nad oeddynt yn byw yn lleol gyda chyd-weithwyr neu gymdogion iddynt. Yr argraff a geir yw eu bod wedi dod yn rhan o'r gymuned leol. Y mae hyn, fodd bynnag, yn awgrymu trosiant uchel ymhlith y gweithwyr; fel yr âi'r gwaith yn ei flaen, dychwelai rhai dynion adref, a deuai eraill i gymryd eu lle. Cyflwynir tystiolaeth gyffelyb gan David Brooke mewn astudiaeth fanylach o ddeunydd cyfrifiad ar gyfer y cyfnod 1851–71, lle y ceir ffigurau ar gyfer nifer y gweithwyr rheilffordd yng Nghymru, yn seiliedig ar gwmnïau rheilffordd a man geni y gweithwyr.[20] Er bod astudiaeth ehangach Brooke yn dangos bod patrymau cyflogi gwahanol ar reilffyrdd eraill – er enghraifft, y Gwyddelod a gyflogid ar Reilffordd Dyffryn Taf ym 1851 a Rheilffordd Merthyr, Tredegar a'r Fenni ym 1861 – eto yn achos adeiladu'r rheilffyrdd yng ngogledd a chanolbarth Cymru gellid dadlau, er bod y peirianwyr a'r arolygwyr yn ddieithriad yn Saeson, fod y galw ychwanegol am weithwyr yn lleol wedi atal y llif allan o gefn gwlad i'r graddau fod y nifer ychwanegol o Gymry a gyflogid wedi gweithredu megis byffer rhag mewnlifiad o weithwyr crwydrol di-Gymraeg.

Er gwaethaf yr ofnau am y llygru moesol a ddeuai yn sgil y fyddin nafis, yr oedd y rheilffyrdd at ei gilydd yn cynrychioli cynnydd a bu croeso brwd iddynt yng

[19] Am adroddiad llawn ar y gwaith ar yr hafn enwog hwn, gw. Herbert Williams, *Davies the Ocean: Railway King and Coal Tycoon* (Cardiff, 1991), tt. 59–63, a Gwyn Briwnant-Jones, *Railway through Talerddig* (Llandysul, 1990).

[20] Y mae Brooke, *The Railway Navvy*, Atodiad, tt. 171–4, yn trafod sut y rhifwyd gweithwyr y rheilffordd. Ceir y rhifau ar gyfer Cymru yn Nhablau IV a V, tt. 181–2, 190, ac fe'u dadansoddwyd ar tt. 30–2.

Nghymru'r bedwaredd ganrif ar bymtheg.[21] Cyfansoddwyd ac adroddwyd nifer o draethodau a cherddi a ganai glodydd y rheilffyrdd naill ai am resymau economaidd synhwyrol a chall neu'n unig er mwyn dathlu drama a rhamant pur teithio ar y trên.[22] Cyfeiriwyd at y cyfnod rhwng 1840 a 1875 fel oes aur barddoniaeth rheilffyrdd yng Nghymru; disgrifiwyd y rheilffordd yn ei thro fel 'Haiarnfarch' neu 'Farch Haearn', ac 'Agerfarch'.[23] Boddid y lleisiau hynny a fynegai amheuon ynglŷn â manteision y rheilffyrdd a Chynnydd gan genllif o frwdfrydedd. Pan rybuddiodd y bardd Talhaiarn: 'Pan anwyd y *steam engine*, ganwyd angau y Gymraeg',[24] cyhoeddodd y cyfnodolyn *Y Punch Cymraeg* gartŵn yn gwneud hwyl am ei ben. Dengys Gymru yn croesawu Dic Siôn Dafydd, y Cymro hurt a fuasai'n dynwared arferion y Saeson er dyddiau'r Tuduriaid, ac a oedd yn awr yn dod â chynnydd a chyfoeth i Gymru yn sgil datblygiad y rheilffyrdd.[25] Credid yn sicr fod y wasg Gymraeg fywiog a grym Ymneilltuaeth yn ddigon cryf i wrthsefyll unrhyw fygythiad i ffyniant yr iaith. Efallai y byddai'r Saesneg yn datblygu'n iaith byd busnes ac arian, ond ni fyddai'n effeithio ar rym y Gymraeg mewn meysydd allweddol eraill. Dadleuid na ddylid ofni dwyieithrwydd ond yn hytrach ei dderbyn â breichiau agored. Dyma fel y canodd offeiriad o Ddinbych am yr Wyddfa:

> All-conquering English rushes on apace,
> Railways already drive it to thy base:
> Soon shall a 'Dim Saesneg' be a sound gone by,
> And, like the echoes of the breezes, die.
> 'Tis well 'twere so! the people now are one,
> Need but one tongue to work in unison.[26]

Yr oedd hyd yn oed y rhai hynny a ragwelai ddirywiad yr iaith yn credu mai achos llawenhau yn hytrach na gresynu oedd Seisnigeiddio Cymru.

[21] E.e., yn 'Teithio gyda'r Trên', *Y Byd Cymreig*, 1 Mawrth 1866, t. 1, y mae John Lloyd James (Clwydwenfro) yn annog darllenwyr i deithio ar y trên ac yn cynnig cyngor defnyddiol megis osgoi yfed diod feddwol a bod yn amyneddgar wrth aros am docyn.

[22] Y mae 'Masnach yn Nghymru a'i Rhagolygon mewn cyssylltiad a Ffyrdd Haiarn', *Seren Cymru*, 10 (Hydref 1862), 405–6, yn adrodd ar bapur a draddodwyd gan L. Hartley yn Eisteddfod Caernarfon. Yn Eisteddfod Genedlaethol Aberystwyth ym 1865 cynigiwyd gwobr am y chwe englyn gorau ar y testun 'The Aberystwyth Railway'.

[23] D. Tecwyn Lloyd, *Safle'r Gerbydres ac Ysgrifau Eraill* (Llandysul, 1970), tt. 101–25.

[24] Dyfynnwyd yn Dewi M. Lloyd, *Talhaiarn* (Caernarfon, 1993), t. 54. Gresynai rhai awduron Saesneg at effaith y rheilffordd yng Nghymru. Gw. John Kimberley Roberts, 'A Note on English Writers and Welsh Railways', *The Anglo-Welsh Review*, 17, rhif 39 (1968), 136–8.

[25] Y mae modd dehongli'r cartŵn hwn yn wahanol. Gw. Hywel Teifi Edwards, 'Y Gymraeg yn y Bedwaredd Ganrif ar Bymtheg' yn Geraint H. Jenkins (gol.), *Cof Cenedl II: Ysgrifau ar Hanes Cymru* (Llandysul, 1987), t. 131. Fodd bynnag, yr oedd *Y Punch Cymraeg* yn adnabyddus am ei safbwynt modernaidd ac am achub pob cyfle i watwar yr eglwyswr Talhaiarn.

[26] T. Hughes, a ddyfynnwyd gan Raymond Garlick, *An Introduction to Anglo-Welsh Literature* (Cardiff, 1970), t. 56, ac yn Keith Robbins, *Nineteenth-Century Britain* (Oxford, 1988), t. 28.

Ond wrth i rwydwaith y rheilffyrdd ehangu câi cwmnïau lleol eu meddiannu gan gwmnïau mawrion, pob un ohonynt â'i bencadlys y tu hwnt i Glawdd Offa. Yng ngogledd Cymru ymunodd y Chester and Holyhead Railway a'r Bangor and Caernarfon ym 1854. Pan draflyncwyd y lein hon ym 1867 gan y London and North Western Railway Company, yr oedd y LNWR eisoes wedi bod yn ei rhedeg ar les ers wyth mlynedd.[27] Cafodd hyn effaith uniongyrchol ar raddfa cyflymdra'r newid iaith yn yr ardaloedd y teithiai'r lein drwyddynt. Polisi recriwtio'r LNWR o safbwynt iaith eu gweithwyr oedd rhoi pwysau cynyddol ar swyddogion lleol i benodi staff Saesneg eu hiaith. Mewn cyfarfod o'r Pwyllgor Trafnidiaeth yn Euston ym 1868, y flwyddyn ar ôl i'r LNWR gymryd drosodd y lein, gofynnodd Peiriannydd Ardal Caergybi, gŵr o'r enw Hedworth Lee, a fuasai cyn hynny'n Rheolwr Peirianyddol ar y lein rhwng Caer a Chaergybi, a ellid cyhoeddi fersiwn Cymraeg o Lyfr Rheolau y LNWR er budd y gweithwyr hynny yn ei ardal ef na allent siarad Saesneg. Gallai fod wedi disgwyl cael gwrandawiad cydymdeimladol, o leiaf. Yng nghyfnod cynnar y Chester and Holyhead Railway gwnaed penderfyniad i benodi siaradwyr Cymraeg cyn belled â bod hynny'n bosibl, er mwyn hwyluso'r gwaith o ddelio â chynhyrchwyr mwynau ac amaethwyr lleol. Yn sgil prynu'r lein, fodd bynnag, a symud y pencadlys i Lundain, bu cryn newid yn agwedd y cwmni. Dyma sut y cofnodwyd ymateb y Pwyllgor Trafnidiaeth yn Euston:

> In future no Welshman to be appointed to a responsible post who cannot read and write English, and the men now employed for whom the rule book is proposed to be translated to be informed that they must learn to speak and read English, to entitle them to remain in the service.[28]

Dychwelodd Hedworth Lee i Fangor yn ŵr siomedig. Ymddengys na roddwyd cyhoeddusrwydd i'r rheol newydd ac na chafodd ei gweithredu'n eang ychwaith, ond cododd y mater drachefn ym 1890 pan aeth William Dawson, a oedd newydd ei benodi'n Beiriannydd Adrannol, ati i ddarllen yr holl gofnodion a oedd wedi eu cadw oddi ar 1850. Digwyddodd iddo daro ar y rheoliad a luniwyd ugain mlynedd ynghynt. Gan nad oedd yn sicr wedyn sut i symud ymlaen, anfonodd gopi o'r rheoliad at Harry Footner, prif beiriannydd y cwmni yn Euston, gan ofyn am gyfarwyddiadau pellach. Ysbardunodd y cais syml hwn ohebiaeth ddadlennol sy'n dangos rheolwr cydwybodol ond anesmwyth yn gwneud ei orau i weithredu cyfarwyddiadau anymarferol a drosglwyddwyd iddo gan swyddog anwybodus neu ansensitif a weithiai yn rhyw swyddfa ganolog ymhell iawn o ogledd Cymru.

[27] Am hanes Rheilffordd Caer a Chaergybi a'r LNWR, gw. Peter E. Baughan, *The Chester and Holyhead Railway*, cyf. 1 (Newton Abbot, 1972); Wilfred L. Steele, *The History of the London and North-Western Railway* (London, 1914); George P. Neele, *Railway Reminiscences* (arg. cyntaf 1904, adarg. Wakefield, 1974).

[28] PRO Rail 410/2053.

Ym mis Ionawr 1891, ddeufis ar ôl iddo dderbyn y cais, daeth y cyfarwydd-iadau oddi wrth Footner:

> obtain from your Foreman when any man is engaged, a certificate that he can speak English, or make some arrangement which will ensure our having only men who can well understand instructions given to them and who can express themselves clearly on any question that forms part of their duty.[29]

Anfonodd Dawson y cyfarwyddiadau hyn ymlaen at Arolygwyr y Permanent Way. Bu'n rhaid iddo hefyd ddarparu rhestr i Footner o'r dynion uniaith Gymraeg a gyflogid. Pan ofynnwyd iddo paham yr oedd gweithwyr na allent siarad Saesneg wedi eu cyflogi yn ystod y flwyddyn flaenorol, fel hyn yr amddiffynnodd Dawson ei hun:

> I understand the Directors instructions that no Welshman must be appointed to a *responsible position* who cannot speak English and this instruction has been observed since I first became aware of it. As a matter of fact the total number of men taken on since 1889 who cannot speak English is 20, all of whom are *labourers* . . . I do not think we could carry out our work if the order applied to all men.

Ond, gwaetha'r modd, nid oedd gan Footner yr un owns o gydymdeimlad: 'If you cannot get the requisite number of labourers, let me know and I will endeavour to send you some.' Yn ôl atgofion Dawson o'r adeg pan gyfarfu'r ddau yn Euston ym mis Mehefin 1894, ceryddodd Footner ef am ganiatáu i labrwyr a fforddolwyr na allent siarad Saesneg gael eu cyflogi a dywedodd wrtho am gael gwared ohonynt. Megis Hedworth Lee o'i flaen, dychwelodd William Dawson i Fangor yn ŵr siomedig a phenisel. Y tro hwn, fodd bynnag, gweithredodd ar fyrder. Heb oedi dosbarthodd i'r arolygwyr yr hyn a ddaeth yn gyfarwydd yn ddiweddarach dan yr enw 'THE CIRCULAR':

> Permanent Way Dept., Bangor   To Inspectors
> June 19, 1894
> Circular
>
> *Men Unable to Speak English*
>
> Notwithstanding any instructions on the subject I find that a number of men have been taken on who cannot speak English, or can only speak English a little.
>
> The service of all such men is to be dispensed with, as it is contrary to the company's rules, to have them in their employ. Let me know which of the men you can dispense with first.
>
> I do not wish you to serve all the men with a week's notice at once, but they must be

[29] Ibid.

paid off gradually, unless they learn to speak English in the meantime. Let me have your report on the subject before the end of the month.
Signed: W. Dawson[30]

Anfonwyd ail gylchlythyr allan ddechrau Gorffennaf. Dyna pryd y cafodd y Cymry achlust o'r hyn a oedd ar droed. Anfonodd 'Cymro Fedr Siarad "Saesneg"' lythyr i *Baner ac Amserau Cymru:*

Pa 'gebyst' sydd ar y Saeson yma? A raid i ni fod dan eu traed dros byth?

Mae'n cael ei chwedleua yn y cornelau, tua Bangor yma, na chaiff neb weithio ar y ffordd haiarn toc, os nad all efe siarad Saesneg. Maent wedi rhoi Saeson yn *gangers* ym mhob man, bron. Saeson sydd yn cael y swyddi goreu ar hyd y llinell, er fod Cymro sydd yn medru Saesneg yn dda yn deall y gwaith lawn cystal, a gwell na llawer ohonynt.

A chlywais sibrwd fod tua deugain o Saeson yn Crewe, wedi eu dethol yn barod i gymmeryd lle y Cymry nad allant siarad Saesneg, er y gallant ei deall.

Os ydyw hyn yn bod, y mae'n gywilyddus i'r cwmni eu bod yn bwriadu gwneyd y fath beth, ac yn ddiraddiad ar ein genedl na ddylid ei oddef.[31]

Cyhoeddwyd gyda'r llythyr sylw i'r perwyl fod y stori hon, er mor anodd ei chredu, yn codi pwnc a haeddai gael ei drafod yn y wasg. Cyn cyhoeddi'r llythyr yr oedd Thomas Gee, golygydd *Y Faner*, wedi ysgrifennu at Dawson i ofyn a oedd yn wir fod Cymry uniaith ar fin cael eu diswyddo. Cafodd y llythyr hwn ei anfon ymlaen at Footner fel y gallai roi cyfarwyddyd ynglŷn â sut i ymateb, ond gan na dderbyniwyd unrhyw gyngor ganddo nid atebwyd y llythyr. Aeth sawl wythnos heibio, ac o'r diwedd cyhoeddwyd erthygl flaen yn *Y Faner* yn gofyn unwaith eto am eglurhad.[32] Unwaith yn rhagor, ni fu unrhyw ymateb. Yn ystod yr wythnosau dilynol diswyddwyd un ar ddeg o osodwyr cledrau ym Môn o ganlyniad i gyfarwyddyd gan Dawson. Aeth yr hanes am y diswyddo hwn fel tân gwyllt trwy ogledd Cymru a thynnwyd sylw pobl at yr anghyfiawnder a ddioddefodd y gweithwyr a gollodd eu swyddi a'r sen i genedl y Cymry. Cododd hyn ofn ar Dawson, a honnai ar y dechrau nad oedd y diswyddo ond rhan o'r cwtogi arferol a ddigwyddai yn yr hydref. Nid yw'n syndod nad oedd neb yn ei gredu. Trafodwyd y mater gan gynghorau lleol; cynhaliwyd cyfarfodydd cyhoeddus arbennig; ysgrifennwyd rhagor o lythyrau protest a chanfasiwyd am syniadau ynglŷn â sut y gellid cael esboniad o groen y Cwmni. Yr oedd y penderfyniadau a basiwyd yng Nghyngor Dosbarth Tref Blaenau Ffestiniog ym mis Ionawr 1895 yn nodweddiadol o'r rhai a gadarnhawyd gan lawer o Gynghorau, Byrddau Gwarcheidwaid a chyrff eraill. Yr oedd tri min i'r ymosodiad: anfonwyd llythyr

30 Ibid.
31 *BAC*, 18 Gorffennaf 1894, t. 9.
32 Ibid., 5 Medi 1894, t. 9.

protest at Gyfarwyddwyr y Cwmni, gofynnwyd i gwmnïau lleol beidio â chefnogi'r LNWR, a gofynnwyd i Aelodau Seneddol Cymru atal pob deddf seneddol a oedd yn ymwneud â'r Cwmni hyd nes bod yr anghydfod wedi ei ddatrys.[33] Awgrymodd eraill y gellid talu'r pwyth yn ôl trwy ailbrisio gwerth trethadwy eiddo'r Cwmni. Honnai Cadeirydd Bwrdd Gwarcheidwaid Conwy mai gwaith cwbl ddi-fudd oedd ysgrifennu llythyrau ac y byddai'n rhaid iddynt fynd a 'bwliragio'r llew yn ei ffau' drwy anfon dirprwyaeth i Lundain.[34] Ond gwrthodai'r Cwmni gyfarfod ag unrhyw ddirprwyaeth na rhoi unrhyw eglurhad. Ystyrient mai hyfdra oedd ymyrryd â'u polisi recriwtio ac y mae'n amlwg eu bod yn disgwyl y byddai'r storm yn chwythu ei phlwc mewn byr amser.

Fodd bynnag, pan adroddwyd yn y *Times* fod Cyngor Tref Y Fflint wedi collfarnu'r Cwmni, cafwyd bod y mater wedi cyrraedd Llundain ac na ellid bellach ei anwybyddu.[35] Ond gellid ei wneud yn gyff gwawd, debyg iawn. Bachodd *Punch* ar y cyfle i gyhoeddi darn dychanol byr dan y teitl 'Travels in Taffy-land; or, Wales Blowing'. Dyma'r frawddeg agoriadol: 'Would you tell me Porter, if the next train is the one for Aberystwyth? I am really much obliged for your reply, but as I have not a Cymric dictionary at hand, I am totally unable even to guess at your meaning.' Âi'r erthygl rhagddi yn yr un cywair, gan groniclo'r holl gamddealltwriaethau a thrychinebau a ddigwyddodd ar siwrnai na chyrhaeddodd ben y daith, sef Aberystwyth. 'Thank Heaven! I am back at Chester, where the hotel people do talk English; and in future I shall vote steadily at elections against any party that does not make the total suppression of all so-called "national tongues" within the British Isles a part of its recognised programme.'[36]

Ond nid oedd yn bosibl trin y mater yn ysgafn ac yna ei fwrw dros gof. Ym mis Chwefror 1895 cynhaliodd Bwrdd yr LNWR ei gyfarfod chwe mis yn Euston. Pan godwyd y mater gan J. Bryn Roberts, cyfranddaliwr o Gymro Cymraeg ac AS Caernarfon, dechreuodd yr Arglwydd Stalbridge yn gymodlon trwy gyfaddef eu bod wedi anwybyddu'r hen reol a rhoes ei air nad oedd y Cwmni'n wrthwynebus o gwbl tuag at weithwyr uniaith Gymraeg ond, oherwydd ystyriaethau diogelwch, mynnai na ddylai unrhyw giang gynnwys mwy nag un Cymro uniaith. Ond nid oedd modd tawelu Bryn Roberts ar chwarae bach. Gan honni bod ganddo gefnogaeth o du Ceidwadwyr a Rhyddfrydwyr, Eglwyswyr ac Ymneilltuwyr, bonedd a gwrêng, a Saeson, yn wir, yn ogystal â Chymry, gwrthododd y ddadl ynghylch diogelwch a dadlau i'r gwrthwyneb y dylai staff gorsafoedd allu siarad Cymraeg. Parodd hyn chwerthin ymhlith y rhai a oedd yn bresennol, a chollodd y Cadeirydd ei limpin:

[33] Ernest Jones, *Senedd Stiniog: Hanes Dinesig Ffestiniog, 1895–1974* (Blaenau Ffestiniog, 1975), tt. 21–2.

[34] *Carnarvon and Denbigh Herald*, 18 Ionawr 1895, t. 3.

[35] *The Times*, 2 Ionawr 1895, t. 9.

[36] *Punch*, 12 Ionawr 1895, 21.

> If the nationality of Wales was imperilled in consequence of eight men out of a thousand being discharged in the autumn he did not think the London & North Western Company could be blamed . . . it must be remembered that before very long there would be nobody in Wales who could not speak English as well as Welsh . . . in a few years this case would not arise.[37]

I bob golwg, yr oedd yr ateb hwn wrth fodd y Bwrdd; ni fynegwyd prin ddim cydymdeimlad â'r gŵyn ac ni wnaed unrhyw gonsesiynau.

Nid oedd y Cadeirydd nac aelodau'r Bwrdd, fodd bynnag, wedi sylweddoli mor gryf a chynyddol oedd nerth y gwrthwynebiad. Yr oedd Aelodau Seneddol Cymru yn arbennig o weithgar y pryd hwnnw, a châi materion Cymreig le amlwg ar agenda'r Senedd, yn enwedig Datgysylltiad, Addysg a'r Comisiwn Tir. Yn sgil ymgais aflwyddiannus i godi'r mater yn ystod trydydd darlleniad Mesur y London and North Western Railway, ymgais seiliedig ar yr honiad fod y Cwmni'n defnyddio grym a roddwyd iddo gan y Senedd i ragfarnu yn erbyn gweithwyr a oedd yn Gymry uniaith, trafodwyd y mater yn y diwedd fel cynnig o gerydd ar wahân. Yn y cynnig, beirniadwyd y Cwmni am wrthod cyflogi Cymry uniaith i weithio yn yr ardaloedd lle'r oedd y Gymraeg gryfaf er ei fod, ar yr un pryd, yn cyflogi swyddogion na wyddent yr un gair o iaith y bobl y byddent yn cysylltu neu'n masnachu â hwy. Cynigiwyd gwelliant yn galw am sefydlu pwyllgor dethol i drafod y mater yn fanwl.

Yr oedd Aelodau Seneddol a Chyfarwyddwyr eisoes wedi derbyn llythyr maith, wedi ei eirio'n ofalus, gan David Lloyd George yn amlinellu'r cwynion. Collfarnai'r Cwmni am weithredu 'a definite and deliberate policy, the object of which is getting rid of all the Welsh monoglot Workmen on the Company's line'. Tynnodd sylw at y ffaith y byddai'r rheol iaith, pe gorfodid hi, yn torri allan drwch y gymuned waith yng ngogledd Cymru, ac nad oedd gwybodaeth o'r Saesneg yn angenrheidiol i osod cledrau yn India. I'r gwrthwyneb, meddai, yr oedd gwybodaeth o'r iaith frodorol yn gymhwyster angenrheidiol i'r prif swyddogion ar amryw o reilffyrdd yn y wlad honno. Pwysleisiodd ymhellach nad oedd dim anhawster ymarferol o ran cyfieithu'r rheoliadau ac nad oedd yr un ddamwain wedi digwydd o ganlyniad i gamddealltwriaeth ieithyddol.[38]

Yn ystod y ddadl siaradodd Lloyd George, Bryn Roberts, Syr George Osborne Morgan ac Abel Thomas i gyd yn erbyn gweithredoedd y Cwmni, a ddaliai i haeru ei fod yn ddiniwed ac yn cael bai ar gam. Credai David Plunket, Aelod Seneddol Prifysgol Dulyn ac un o gyfarwyddwyr LNWR, fod y cyhuddiadau yn chwerthinllyd: 'the Company', meddai, 'had the most friendly feelings, not only for Welsh nationality, but for the Welsh language.' Wedi digio'n llwyr, eglurodd Abel Thomas:

[37] *Carnarvon and Denbigh Herald*, 22 Chwefror 1895, t. 2.
[38] PRO Rail 410/2053.

> This particular line went through a district in many parts of which more than 70 per cent of the population spoke Welsh only, and it might happen that the guard, through not being able to communicate with a man who lived in a cottage by the side of the line and spoke Welsh only, might not be able to signal to stop a train, and so avert an accident. If the London and North Western Railway Company were not going to employ guards who spoke both English and Welsh then the company ought to buy up all the cottages along the line and fill them with people who spoke English. That was the ridiculous argument followed to its ridiculous conclusion.

Ac eto, ar derfyn dadl ffyrnig, a thynnu'r cynnig yn ôl, unig gonsesiwn y Cwmni oedd y byddent yn archwilio'r mater ymhellach. Ond ni newidiwyd y polisi ar gyfer y dyfodol. Ni châi dynion a oedd yn Gymry uniaith weithio mewn unrhyw swydd gyfrifol lle y gallai eu gwaith beryglu diogelwch y teithwyr.[39] Cymerid yn ganiataol, hyd yn oed ym mherfeddion y Gymru Gymraeg, mai Saesneg oedd iaith diogelwch.

Defnyddiodd y Cwmni amryw o dactegau i anwybyddu'r gŵyn: distawrwydd, celwyddau, gwamalrwydd, esgusodion a dicllonedd fod eraill yn meiddio cwestiynu ei bolisi cyflogi, ac anhyblygrwydd ac imperialaeth trahaus y Cwmni a orfu oherwydd troes aelodau seneddol Cymru eu sylw at faterion eraill. Fis yn ddiweddarach, mewn cynhadledd o Gynghorau Sir Gogledd Cymru, yr oedd y Cadeirydd, Alexander McKillop, o'r farn fod y cwynion wedi eu setlo ac anogodd y cyfarfod i wahodd y tri chwmni rheilffordd i ymestyn cyn belled ag yr oedd modd i mewn i ogledd Cymru.[40] Ymddengys fod popeth wedi ei faddau a'i anghofio.

Ysgrifennwyd a thraethwyd nifer mawr o eiriau am y mater dan sylw. Ond beth yn union a ddigwyddodd? A lwyddodd William Dawson druan, a gystwyid gan y naill ochr a'r llall, i gael gwared â phob gweithiwr rheilffordd na fedrai siarad Saesneg? Er i'r LNWR fynnu bod eu staff yn medru'r Saesneg, a oedd modd gweithredu hyn mewn ardaloedd lle'r oedd 90 y cant o'r boblogaeth, yn ôl cofnodion y cyfrifiad, yn Gymry uniaith?

Dengys Tabl 2 nifer y gweithwyr rheilffordd ym mhedair sir gogledd Cymru, sef Môn, Caernarfon, Meirionnydd a gorllewin Dinbych, wedi eu dosbarthu ar sail gwaith a gallu ieithyddol fel y'u cofnodwyd yng nghyfrifiad 1891.[41] Gweithwyr LNWR oedd y mwyafrif ohonynt, er nad y cyfan; y mae'n cynnwys Rheilffordd y Cambrian, ar hyd yr arfordir o Ddolgellau, ac o Abermo i Bwllheli, y Great Western o Gorwen drwy Gyffordd Y Bala i Ddolgellau a Blaenau Ffestiniog, a Rheilffordd Ffestiniog o Borthmadog i Flaenau Ffestiniog.

[39] *Parliamentary Debates* (Hansard), 4edd gyfres, cyf. 32, col. 1023–4 (5 Ebrill 1895), col. 1605–10 (25 Ebrill 1895); ibid., cyf. 33, col. 780–5 (9 Mai 1895), col. 961–96 (10 Mai 1895).

[40] *Carnarvon and Denbigh Herald*, 14 Gorffennaf 1895, t. 3.

[41] Y mae isddosbarth cofrestru Wrecsam wedi ei hepgor o'r astudiaeth hon oherwydd, yn ôl cyfrifiad 1891, yr oedd eisoes wedi Seisnigo.

Tabl 2. Yr iaith a siaredid gan weithwyr rheilffordd yng ngogledd Cymru[1]

Math o weithiwr	Nifer				*Canran*			
	Cymraeg yn unig	Cymraeg a Saesneg	Saesneg yn unig	Cyfanswm	*Cymraeg yn unig*	*Cymraeg a Saesneg*	*Saesneg yn unig*	*Cyfanswm*
Arolygwyr/ uwch swyddogion	3	9	41	52	*5.8*	*17.3*	*78.8*	*100.0*
Gorsaf-feistri	8	56	35	99	*8.1*	*56.6*	*35.4*	*100.0*
Clercod	16	93	34	143	*11.2*	*65.0*	*23.8*	*100.0*
Porthorion, gards, dynion signal	196	338	99	633	*31.0*	*53.4*	*15.6*	*100.0*
Gyrwyr trenau, tanwyr, ac ati	130	157	56	343	*37.9*	*45.8*	*16.3*	*100.0*
Gosodwyr cledrau/ labrwyr	399	192	45	636	*62.3*	*30.2*	*7.1*	*100.0*
Staff lluniaeth/ stondin lyfrau	3	4	23	30	*10.0*	*13.3*	*76.7*	*100.0*
Cyfanswm (yn cynnwys 'amryw')	**755**	**851**	**342**	**1948**	***38.8***	***43.7***	***17.6***	100.0
Poblogaeth dros 2 oed[2]					***65.5***	***24.8***	***9.7***	100.0

[1] Siroedd Dinbych (ac eithrio Wrecsam), Meirionnydd, Caernarfon a Môn.
[2] Hepgorwyd nifer bychan nad oeddynt wedi nodi eu gallu ieithyddol, neu a siaradai ieithoedd eraill.

Cofnodwyd oddeutu 2,000 o weithwyr rheilffordd gan y cyfrifiad, ac yr oedd eu traean naill ai'n osodwyr cledrau neu'n labrwyr. Y mae mor amlwg â'r dydd, felly, paham y dychrynodd Dawson pan y'i gorchmynnwyd i 'gael gwared ohonynt'; yn ôl cofnodion y cyfrifiad, y mae'n debyg fod tua 300 o labrwyr a gosodwyr cledrau a oedd yn methu siarad Saesneg yn ogystal ag oddeutu 250 o staff eraill a gyflogid gan yr LNWR. Yr oedd yn amlwg fod nifer y gweithwyr uniaith Gymraeg yn rhy uchel i'w ddadlennu'n gyhoeddus. Ar y llaw arall, y mae'r rhifau a adlewyrchir yn nhermau canrannau yn dangos mai yn achos y gosodwyr cledrau a'r labrwyr yn unig yr oedd y canrannau ieithyddol yn bras gyfateb i allu ieithyddol y boblogaeth gyfan. Yr oedd medru siarad Saesneg yn fantais amlwg ar gyfer pob swydd arall ar y rheilffordd.

Bu llawer o gwyno dros gyfnod hir ynghylch yr arfer o benodi Saeson heb unrhyw grap ar y Gymraeg yn orsaf-feistri. Cwynodd 'Sylwedydd' ym 1872:

> Gofynwch rywbeth yn Gymraeg i Lordiaid y Railway, cymerant arnynt nad ydynt yn eich deall. Os gofynwch iddynt yn Saesneg, nid yw yn bosibl eu deall hwythau. Edrychant ar y Cymro fel *clown*, ac edrych y Cymro arnynt hwythau fel bonglerwyr diegwyddor.[42]

[42] 'Y Rheilffyrdd', *Y Tyst a'r Dydd*, 27 Medi 1872.

Yr un oedd y gŵyn a leisid ym 1895:

> In many a Welsh locality the doctor and lawyer must know Welsh, the shopkeeper could not turn a penny without it, the clergyman must know it by law, but the stationmaster remains throughout the years ignorant of the language of the customers of the Company he serves.[43]

At ei gilydd ategir hyn gan dystiolaeth y cyfrifiad. Yn ôl cyfrifiad 1891, ni allai traean y gorsaf-feistri a weithiai yng ngogledd Cymru siarad Cymraeg. Ar reilffyrdd y LNWR, gorsaf-feistr Dolwyddelan oedd yr unig un a gofnodwyd yn Gymro uniaith. Y mae peth amheuaeth ynglŷn â'i safle ef, fodd bynnag, gan mai lletywr ydoedd, yn ôl y cofnod; y mae'n ddigon posibl, felly, mai llenwi bwlch dros dro a wnâi. Yr unig reilffordd i deithwyr a gyflogai staff uniaith Gymraeg mewn nifer sylweddol o orsafoedd yng ngogledd Cymru ym 1891 oedd Rheilffordd Ffestiniog; medrai pob un o'i gorsaf-feistri Gymraeg.[44] Y Cymreiciaf o'r tri chwmni mawr (yr LNWR, y Great Western a'r Cambrian), o ran cynllunio a chyllid, yn ogystal ag o ran ei hadeiladu a'i gweithredu, oedd Rheilffordd y Cambrian, a oedd â'i phencadlys yng Nghroesoswallt. Er hynny, clywir yr un cyhuddiadau cyfarwydd a chyfeirir at yr un anawsterau ymarferol yn atgofion y gyrrwr trên Edwin Evans am y rheilffordd honno yn y 1880au:

> The first stationmaster of whom I have a recollection were men drafted from other lines, on the same principle as the engineers, without a knowledge of the language and custom of the Principality. The appointments without a doubt frequently caused inconvenience and controversy, especially at outlying stations from a business point of view, owing to the inability of the official to converse in the vernacular. The writer of these lines when a mere youth recollects being called on to act as interpreter in many cases between traders and stationmasters when transacting business.[45]

At hynny, pan wahoddwyd David Davies, Llandinam, prif ysgogwr adeiladu rheilffyrdd y Cambrian, i draddodi araith yn Eisteddfod Genedlaethol Cymru yn Aberystwyth ym 1865, adroddwyd yn yr *Aberystwyth Observer:*

> He claimed himself a great admirer of the old Welsh language, and he had no sympathy with those who reviled their country and language (applause). Still he had seen enough of the world to know that the best medium to make money by was English; and he would advise every one of his countrymen to master it perfectly (applause). If they were content with brown bread, let them of course remain where they were; but if they

[43] Ni roddir enw'r awdur (y golygydd, O. M. Edwards, ydoedd yn ôl pob tebyg), 'An Expensive Misconception', *Wales*, II (1895), 213–14.

[44] Y mae toreth o ddeunydd am reilffordd Ffestiniog. Gw., e.e., J. I. C. Boyd, *The Festiniog Railway. Vol. 1. History and Route, 1800–1953* (Blandford, 1975).

[45] *Cambrian News*, 22 Gorffennaf 1932, t. 2.

> wished to enjoy the luxuries of life with white bread to boot, the way to do so would be by the acquisition of English. He knew what it was to eat both (cheers).[46]

Yn achos y gorsaf-feistr a'r gosodwr cledrau, ystyrid mai Saesneg oedd yr iaith fwyaf cymeradwy ym myd y rheilffyrdd.

Serch hynny, nid mewnfudwyr o Loegr oedd yr unig rai a gâi bleser o ddefnyddio Saesneg mewn cymunedau trwyadl Gymraeg. Mynnai John Ceiriog Hughes, bardd telynegol enwocaf Cymru, siarad Saesneg gartref ac yn ei waith hefyd pan oedd yn orsaf-feistr yn Llanidloes ar Reilffordd y Cambrian ym 1865 ac yn ddiweddarach pan oedd yn rheolwr rheilffordd y Fan a gysylltai Caersŵs wrth y gweithfeydd plwm yn y Fan. Tra oedd yn gweithio fel clerc ar y rheilffordd ym Manceinion yr oedd ei gyfaill a'i gyd-fardd William Williams (Creuddynfab) wedi ei annog i ddychwelyd i Gymru: 'Bydd pobl gyffredin yn edrych i fyny atoch a phobl fawr yn ymgyfeillachu. Y mae Station Master yng Nghymru yn "rankio" yn uwch o lawer na Station Master yn Lloegr.'[47] Yr oedd Ceiriog yn gymeriad diddorol ac ecsentrig o ran ei wisg a'i ymddygiad. Dyma David Jones, a gadwai siop groser yn y Fan, yn disgrifio ei gyfarfyddiad ag ef ym 1875: 'Gwisgai "top hat", o'r defnydd goreu, "frock-coat", a gwasgod oleu. A'i gerddediad fel pe bai wedi cael triniaeth filwrol.'[48] Yn ei dyb ef, yr oedd y torsythu militaraidd a'r siarad Saesneg mawr yn ei ddyrchafu uwchlaw ei gyd-bentrefwyr.

Yn y cymunedau mwy gwledig, gallai dylanwad y gorsaf-feistr a'i deulu ar agwedd y bobl leol tuag at newid iaith fod yn fwy na dylanwad y ficer neu'r ysgolfeistr. Yn nosbarth cofrestru'r Groeslon, ger Caernarfon, er enghraifft, ymddengys mai Saesneg yn unig a siaradai Samuel Walton, y gorsaf-feistr, a hanai o Frodsham yn swydd Gaer, ac ef oedd yr unig benteulu allan o gyfanswm o 182 na lanwodd ffurflen gyfrifiad yn Gymraeg. Yn Ystradmeurig yn sir Aberteifi yr unig bobl ddi-Gymraeg a gofnodwyd yn y plwyf oedd y gorsaf-feistr Henry Young o Hwlffordd, a'i wraig, a'i ferch 18 oed. Yr oedd y teulu Young yn gynwysedig yn y cyfanswm o dri ar ddeg o bobl ddi-Gymraeg a gofnodwyd yn isddosbarth cofrestru Gwnnws, Tregaron, lle'r oedd cyfanswm y boblogaeth yn 2,475. Eto i gyd, y mae'n bwysig ymdrin yn ofalus â chofnodion y cyfrifiad o safbwynt gallu ieithyddol. Fel y mae Ernest Sandberg wedi dangos, yr oedd gweithwyr rheilffordd yn aml yn cael eu cofnodi yn ddi-Gymraeg oherwydd eu bod yn debygol o fod yn ansefydlog, ond hefyd ar gyfrif '[a] kind of elitism that

46 *Aberystwyth Observer*, 30 Medi 1865, fel y'i dyfynnwyd yn Williams, *Davies the Ocean*, tt. 97–8.

47 Fel y'i dyfynnwyd yn Hywel Teifi Edwards, *Ceiriog* (Caernarfon, 1987), t. 7. Gw. hefyd Williams, *Davies the Ocean*, tt. 144–7.

48 Edwards, *Ceiriog*, t. 9.

emphasised an English orientation and work culture'.[49] Ac o'r holl weithwyr rheilffordd, y gorsaf-feistr oedd y mwyaf tebygol o bwysleisio'r ffaith ei fod yn siarad Saesneg.

Er mai Saeson oedd llawer o'r gorsaf-feistri, ac iddynt gael eu cofnodi yn y cyfrifiad yn siaradwyr Saesneg uniaith, eto yr oedd gobaith o leiaf i Gymro dwyieithog gael dyrchafiad i'r swydd honno. Ond nid oedd gobaith mul gan Gymro uniaith gael gwaith yn cynorthwyo yn yr ystafelloedd lluniaeth nac ar y stondinau llyfrau. Yn ddieithriad bron, mewnfudwyr uniaith o Loegr a gyflawnai waith o'r fath. Dim ond teithiwr hollol ddi-glem a ofynnai am 'baned o de' yn hytrach nag am 'cup of tea' yn unrhyw un o'r gorsafoedd ar brif linellau'r LNWR yng ngogledd Cymru. Cofnodir yn y cyfrifiad mai Saesneg yn unig a siaradai Jane Sutherland, rheolwraig caffi gorsaf Bangor, a hanai o Dudley Port yn swydd Stafford, a'i dwy gynorthwywraig, Clara Jones o Lundain ac Ada Head o Nottingham. Yr un oedd y sefyllfa ym Metws-y-coed lle y cofnodwyd mai Saesneg oedd unig iaith y rheolwraig, y gŵr a weithiai y tu ôl i'r bar a'r selerwr. Brodorion o Congleton, Birmingham a Walsall oeddynt hwy. Y mae'r patrwm ieithyddol ymhlith y gweithwyr rheilffordd eraill yn fwy cymhleth, ond y mae'n eglur ddigon fod y rhai a aned yng Nghymru yn llawer mwy tebygol o fod yn ddwyieithog na'r rhai a aned yn Lloegr. Hanai llawer o'r rheini o ardaloedd 'railway rich' megis swydd Gaer a Chanolbarth Lloegr.

Ymhlith y geiriau Saesneg o fyd y rheilffyrdd a dreiddiodd i eirfa Cymry'r gogledd gellir cynnwys 'trên' (*train*), 'steshon' (*station*, er y defnyddid y ffurf lenyddol 'gorsaf' yn ogystal), 'portar' (*porter*), 'sliper' (*sleeper*), a 'bocs signals' (*signal box*). Honna Jack Simmons ei bod yn ymddangos mai'r Gymraeg oedd yr unig iaith yng ngorllewin Ewrop na fenthyciodd y gair *locomotive* o'r Saesneg. Cynrychiolid y gair gan 'injan drên' ('train engine') yng ngogledd Cymru, a chan 'endjin' yn y de.[50] Yn y gerdd 'Tri Tro Trên', sy'n sôn am deithiau ar y trên, defnyddiodd Ceiriog eiriau Saesneg megis 'a number', 'lumber', 'waiting-room' a 'lumber train', geiriau a gyflwynwyd yn sgil y rheilffyrdd ac a ddefnyddid yn helaeth gan orsaf-feistri.[51] Brithid y llythyrau a'r erthyglau am reilffyrdd a gyhoeddid mewn papurau newydd a chylchgronau Cymraeg gan dermau Saesneg. Ac nid oedd yr ymdrechion i'w cyfieithu – boed o'r Gymraeg i'r Saesneg neu fel arall – bob amser yn taro deuddeg. Ym 1875 dangoswyd yr arwydd hwn mewn gorsaf yng ngogledd Cymru:

[49] Ernest Sandberg, 'Bala and Penllyn: the demographic and socio-economic structures of an embryonic Welsh town in the second half of the nineteenth century' (traethawd MPhil anghyhoeddedig y Brifysgol Agored, 1994), tt. 357–8. Y mae'r gwaith hwn hefyd yn cynnwys adran ddiddorol ar 'The railway navvies in Arenig, 1881', tt. 279–82.

[50] Jack Simmons, 'The Welsh Language' yn idem, *The Victorian Railway*, tt. 193–4. Am sylwadau diddorol ar ieithwedd y rheilffordd yn gyffredinol, gw. ibid., tt. 174–94, a Frank McKenna, *The Railway Workers, 1840–1970* (London, 1980), tt. 230–54.

[51] John Ceiriog Hughes, *Yr Oriau Olaf* (Liverpool, 1888), tt. 97–8.

> List of booking. You passengers must be careful. For have them level money for ticket and to apply at once for asking tickets when will booking window open. No tickets to have after departure of the train.[52]

Un arall, yn Gymraeg y tro hwn, o fan gerllaw Abertawe; ceir ynddo gamgymeriadau sillafu, cystrawen anghywir a geirfa ryfedd:

> Cadwch y glwyd hon yng ngaued Dderwi am gadail yn agored Dau gen swllt – wyrth orchymyn.[53]

Erbyn diwedd y bedwaredd ganrif ar bymtheg ni ellid beio twristiaid o Loegr am dybio mai prin oedd nifer y bobl yng Nghymru a siaradai Gymraeg mewn gwirionedd. Yn wahanol i'r Cymry, gallent hwy deithio ar y trên heb unrhyw drafferthion ieithyddol.[54] Ond daliai'r cwmnïau rheilffordd i fod yn gwbl glustfyddar i honiadau lleol fod rhagfarnu'n digwydd yn erbyn gweithwyr o Gymry uniaith, hyd yn oed pan fyddai'r protestiadau hynny'n dod dan drafodaeth yn y senedd. Gyda dyfodiad y rheilffyrdd cyflwynwyd system brifwythiennol newydd a grymus a fu'n gyfrifol nid yn unig am osod staff uniaith Saesneg yng nghadarnleoedd y Gymraeg ond hefyd am chwyldroi cysylltiadau yng Nghymru. Y mae David Howell eisoes wedi dangos sut y cafodd dyfodiad y rheilffyrdd effaith ar farchnadoedd amaethyddol.[55] Effeithiwyd ar arferion cymdeithasol yn ogystal. Dyma sylwadau D. Lleufer Thomas ar y plwyfi y pasiai prif linell yr LNWR drwyddynt ym Môn:

> I do not know of any district which, while still remaining purely agricultural, has been so greatly influenced by the introduction of railways as this portion of Anglesey. It has enabled the poorer classes to make large sums of money out of commodities which, in other districts, are generally neglected, and it has also enabled them to spend such money freely upon excursions and other forms of pleasure previously unknown to them.[56]

[52] Dyfynnwyd yn Simmons, *The Victorian Railway*, t. 185.

[53] 'Y Rheilffyrdd', *Y Tyst a'r Dydd*, 27 Medi 1872.

[54] Gw. Henry T. Edwards, *Wales and the Welsh Church* (London, 1889), t. 196. Am adroddiad ar gyfraniad y rheilffordd i ddatblygiad Llandudno, Bae Colwyn Bay a'r Rhyl, gw. Allan Fletcher, 'The Role of Landowners, Entrepreneurs and Railways in the Urban Development of the North Wales Coast during the Nineteenth Century', *CHC*, 16, rhif 4 (1993), 514–41.

[55] David Howell, 'The Impact of Railways on Agricultural Development in Nineteenth-century Wales', *CHC*, 7, rhif 1 (1974), 40–62, ac idem, *Land and People in Nineteenth-Century Wales* (London, 1977), tt. 121–7.

[56] Royal Commission on Labour, *The Agricultural Labourer. Wales*. Adroddiadau gan D. Lleufer Thomas (PP 1893–4 [c6894 – xiv] XXXVI), t. 128. Am farn gyfoes yn gwadu bod y rheilffordd yn Seisnigo ardaloedd cefn gwlad, gw. golygyddol 'Y Gymraeg', *Y Gwladgarwr*, 30 Mai 1868.

Fel y dymchwelai'r rheilffyrdd yr amddiffynfeydd a ynysai gefn gwlad, gwreiddiodd y syniad mai Saesneg oedd iaith llewyrch masnachol ac iaith y dyfodol. Yr oedd chwyldro'r rheilffyrdd yn fater a oedd yn ymwneud â diwylliant a chymdeithas yn gymaint ag economeg; y mae'n un o brif achosion newid iaith yng Nghymru'r bedwaredd ganrif ar bymtheg, ochr yn ochr â mudo ac addysg.

5

Twristiaeth a'r Gymraeg yn y Bedwaredd Ganrif ar Bymtheg

DAVID LLEWELYN JONES a ROBERT SMITH

> Y mae cymdeithas drwyddi draw wedi deffro, gan ymysgwyd o'r llwch, ac ymddatod oddi wrth rwymau ei gwddf; gan ddechreu gwisgo ei nerth, a symud ymlaen gyda mawrhydri teilwng i gymeryd ei sedd a'i safle ymhlith cenhedloedd y ddaear.[1]

Felly yr ysgrifennodd y Parchedig Thomas Jones, Llanrwst, mewn erthygl yn olrhain cynnydd economaidd a chymdeithasol Cymru yn ystod y bedwaredd ganrif ar bymtheg. Ymhlith y bendithion a restrwyd ganddo oedd twf trefi gwyliau megis Llandudno, Bae Colwyn ac Aberystwyth, a nodwyd hefyd mai twristiaeth a oedd yn bennaf cyfrifol am ffyniant economaidd y cyfryw drefi. Erbyn adeg llunio'r erthygl hon yr oedd twristiaeth yn rhan allweddol o economi nifer o drefi glan môr Cymru. Yn sgil cynnydd economaidd degawdau olaf y bedwaredd ganrif ar bymtheg yr oedd gwyliau wedi dod yn rhan o brofiad ystod cymdeithasol ehangach, yn bennaf am fod y chwyldro diwydiannol wedi chwyddo maint y dosbarth canol; er enghraifft, cynyddasai'r nifer a gyflogid mewn swyddi gweinyddol neu ysgrifenyddol yn Lloegr a Chymru o ychydig dros 100,000 ym 1861 i dros 750,000 ym 1911, gan greu haen o weithwyr nad oedd-ynt ynghlwm wrth fferm na gweithdy ac nad oeddynt yn wynebu'r ansicrwydd ariannol a oedd yn gymaint baich ar weithwyr cyffredin yr oes.[2] Daeth gwyliau blynyddol yn rhan annatod o batrwm bywyd y dosbarth canol ac o ganlyniad i ymweliadau trigolion cefnog gogledd-orllewin Lloegr ehangwyd trefi glan môr megis Llandudno, Bae Colwyn, Y Rhyl ac Abergele. Cam pwysig arall yn natblygiad y trefi hyn oedd dyfodiad y rheilffyrdd yn ystod ail hanner y ganrif. Bu cwblhau'r rheilffordd i Gaergybi ym 1848 yn gymorth aruthrol i ddatblygiad canolfannau gwyliau'r gogledd, fel yn wir y bu'r rheilffordd o Lundain i'r gorllewin yn allweddol i ffyniant Y Barri, Porth-cawl a Dinbych-y-pysgod. Cyfrannodd y rheilffordd i ddatblygiad twristiaeth yng nghanolbarth Cymru

[1] T. Jones, 'Cynnydd Trigain Mlynedd', *Cymru*, XVII, rhif 96 (1899), 98.

[2] Jose Harris, *Private Lives, Public Spirit: A Social History of Britain 1870–1914* (Oxford, 1993), tt. 129–34.

hefyd. Yn sgil agor Rheilffordd y Cambrian ym 1864 cysylltwyd Bae Ceredigion â chanolfannau masnachol canolbarth a gogledd-orllewin Lloegr ac yn sgil hynny denid ymwelwyr i drefi megis Aberystwyth, Aberdyfi, Abermo a Thywyn.[3] Trafodir yn yr astudiaeth hon oblygiadau cymdeithasol ac ieithyddol twristiaeth i'r gymdeithas frodorol yn Abergele ac Aberystwyth yn ystod degawdau olaf y bedwaredd ganrif ar bymtheg.

Abergele

Yn y bedwaredd ganrif ar bymtheg yr oedd Abergele yn un o drefi marchnad hynaf a mwyaf llewyrchus arfordir gogledd Cymru.[4] Ers diwedd y canol oesoedd bu'n ganolfan fasnachol bwysig i ffermwyr Dyffryn Clwyd a hefyd yn gyrchfan i werin gwlad a ddenid gan y ffeiriau a'r atyniadau bywiog a gynhelid yno.[5] Cafwyd cynnydd economaidd pwysig ar ddechrau'r bedwaredd ganrif ar bymtheg. Dechreuwyd cloddio am haearn a phlwm yn yr ardal a bu'r chwareli calch hefyd yn llewyrchus yn yr un cyfnod. Yr oedd twristiaeth yn elfen bwysig yn economi'r dref a thyrrai nifer cynyddol o ymwelwyr yno, yn enwedig yn ystod blynyddoedd cynnar teyrnasiad Victoria. Er hynny, darlun go annymunol a geir o Abergele yn atgofion rhai ymwelwyr.[6] Cyfeiriodd un teithiwr at y lle fel 'small shabby town',[7] a dilornus iawn oedd sylwadau Richard Fenton hefyd ym 1808.[8] Eto i gyd, heidiai nifer cynyddol o ymwelwyr i Abergele bob haf ac mewn byr amser daeth y dref yn gyrchfan boblogaidd i'r hen a'r methedig. Disgrifiwyd Castell Gwrych fel 'the lion of Abergele',[9] ac fe'i cyffelybwyd gan Henry Irwin Jenkinson i gastell un o dywysogion y dwyrain pell.[10] At hynny, denid cannoedd o ymwelwyr gan y traethau hyfryd a chan harddwch yr ardal wledig rhwng Abergele a Llanfair Talhaearn a Llangernyw. Fel hyn y disgrifiwyd yr olygfa wrth deithio o Gonwy i gyfeiriad Abergele ym 1808:

> . . . the principal object of attraction is a fine expanse of the main ocean, which now owing to the fineness of the morning, bore a very placid and beautiful appearance. Green, blue, yellow, purple and pink, some of these colours pure, others indiscriminately blended together, decked its bosom in gay confusion, whilst a variety of vessels, each pursuing its destined tracks, and gradually diminishing from the broad

[3] Gw. y gyfres *A Regional History of the Railways of Great Britain:* cyf. 11, Peter E. Baughan, *North and Mid Wales* (ail arg., Nairn, 1991); cyf. 12, D. S. M. Barrie, *South Wales* (Newton Abbot, 1980).

[4] Ellis Wynne Williams, *Hanes Eglwys Mynydd Seion Abergele* (Dinbych, 1968), t. 8.

[5] Frank Price Jones, *Crwydro Gorllewin Dinbych* (Llandybïe, 1969), tt. 129–30; Ellis Wynne Williams, *Abergele: The Story of a Parish* (Abergele, 1968), tt. 44–5.

[6] Lucy Toulmin Smith, *The Itinerary in Wales of John Leland* (London, 1906), t. 95.

[7] Archifdy Clwyd, Rhuthun, DD/DM/228/78.

[8] Richard Fenton, *Tours in Wales (1804–1813)* (London, 1917), t. 4.

[9] *Abel Heywood's Guide Book: Illustrated Guide to Abergele*, t. 7.

[10] Henry Irwin Jenkinson, *Smaller Jenkinson's Practical Guide to North Wales* (London, 1878), t. 42.

whiteness of a sail, to a speck, fairly discernible on the level line of the horizon diversified the wide flat-surface of the sea, and added to the whole scene an air of cheerfulness and of active life.[11]

Daeth twristiaeth yn rhan annatod o economi'r ardal yn ystod hanner cyntaf y bedwaredd ganrif ar bymtheg ac, fel y dengys Tabl 1, cynyddodd poblogaeth Abergele mewn cyfnod pan oedd poblogaeth pentrefi cyfagos yn disgyn:

Tabl 1. Poblogaeth Abergele yn ôl rhyw, 1801–1911

Blwyddyn	Dynion	Merched	Cyfanswm	Nifer +/−	*Canran +/−*
1801	848	900	1748		
1811	926	1018	1944	196+	*11.2+*
1821	1161	1156	2317	373+	*19.2+*
1831	1250	1256	2506	189+	*8.2+*
1841	1369	1292	2661	155+	*6.2+*
1851	1397	1458	2855	194+	*7.3+*
1861	1594	1714	3308	453+	*15.9+*
1871	1518	1676	3194	114–	*3.4–*
1881	1496	1676	3172	22–	*0.7–*
1891	1505	1681	3186	14+	*0.4+*
1901	1479	1671	3150	36–	*1.1–*
1911	1469	1709	3178	28+	*0.8+*

Cafwyd cynnydd cyson yn y boblogaeth ym mhob degawd, gan gyrraedd uchafbwynt o 3,308 ym 1861. Wedi hynny bu gostyngiad bychan ym maint y boblogaeth, yn rhannol oherwydd i drefi cyfagos megis Y Rhyl, Llandudno a Bae Colwyn ddenu ymwelwyr ar draul Abergele. Ym 1820 dim ond 'a few scattered sod cabins' a geid yn Y Rhyl, ond yn ystod y degawd dilynol gweddnewidiwyd yr ardal a buan y daeth yn dref wyliau brysur lle y gellid mwynhau pleserau'r promenâd a'r pier.[12] O ganlyniad, bwriwyd Abergele i'r cysgod gan drefi gwyliau cyfagos ac, er i gynlluniau gael eu paratoi ar gyfer codi pier a phromenâd yn Abergele a Phen-sarn, nis gwireddwyd.[13] Arhosodd poblogaeth ardal Abergele yn gymharol sefydlog rhwng 1871 a 1911, er bod poblogaeth trefi gwyliau eraill y gogledd wedi cynyddu'n sylweddol yn ystod yr un cyfnod. Y prif reswm am

[11] Archifdy Clwyd, Rhuthun, DD/DM/228/78, *Journal of an excursion made in the autumn of 1808 through several counties of north Wales – Romantic Cambria, Hail!* (1808).

[12] A. H. Dodd, 'The Rise of the North Wales Coastal Resorts', *Llandudno Conference Souvenir of the National Union of Teachers* (London, 1939), t. 78; *Black's Picturesque Guide through North and South Wales and Monmouthshire* (Edinburgh, 1858), t. 30.

[13] Archifdy Clwyd, Rhuthun, QSD/DP/1–2, 9, Cynlluniau Pier Pen-sarn (Abergele); Williams, *Abergele: The Story of a Parish*, t. 51; idem, *Plastai'r Fro* (Abergele, 1994), t. 9; Allan Fletcher, 'The Role of Landowners, Entrepreneurs and Railways in the Urban Development of the North Wales Coast during the Nineteenth Century', *CHC*, 16, rhif 4 (1993), 514–41.

hynny oedd amharodrwydd perchenogion tair prif ystad y dref – Cinmel, Gwrych a Phentre – i werthu tir ar gyfer datblygu ystadau o dai.

Er na chafwyd cynnydd trawiadol ym mhoblogaeth Abergele ar ddiwedd y bedwaredd ganrif ar bymtheg, bu'r hanner canrif rhwng 1861 a 1911 yn gyfnod o ddatblygiad yn y dref. Ym 1867 adeiladwyd neuadd y dref a helaethwyd rhai o'r capeli.[14] Tyrrai niferoedd cynyddol o ymwelwyr yno i ymdrochi yn y môr ac i fwynhau'r golygfeydd ysblennydd. Y traethau ym Mhen-sarn yn hytrach na thref Abergele ei hun oedd y prif atynfa i'r ymwelwyr hyn. Agorwyd gorsaf reilffordd ym Mhen-sarn ym 1845, ynghyd â thai gwyliau ysblennydd,[15] ac ym 1878 nododd Henry Irwin Jenkinson mai Pen-sarn ac nid Abergele oedd prif gyrchfan yr ymwelwyr bellach.[16] Ategwyd tystiolaeth Jenkinson mewn llawlyfr i deithwyr a gyhoeddwyd ym 1885 ac a honnai fod Abergele yn 'somewhat eclipsed as a watering-place by Pen-sarn, a modern rival, near the station, which extends its terrace and villas, many of them lodging-houses, along the sea, and close to the smooth sands'. Yn *Abel Heywood's Guide Books: Illustrated Guide to Abergele*, a gyhoeddwyd ym 1893, cyfeiriwyd yn benodol at y ddarpariaeth ar gyfer plant ym Mhen-sarn ac at y cyfleusterau yno ar gyfer criced, tennis a bowls. Yn wir, ymddengys mai unig anfantais Pen-sarn oedd bod y tai gwyliau yn cefnu ar y môr a bod angen cerdded cryn bellter at y traeth, ond ni cheir tystiolaeth fod hynny wedi amharu'n andwyol ar ei datblygiad.

Yn sgil datblygiad Pen-sarn, digwyddodd newid ym mhatrwm ieithyddol Abergele a'i chymdogaeth.[17] Pan deithiodd yr enwog Ddr Samuel Johnson drwy'r dref ym 1774, sylwodd mai Cymraeg oedd iaith trwch y boblogaeth ac mai yn achlysurol yn unig y defnyddid yr iaith Saesneg, hyd yn oed yn yr eglwys.[18] Ond cynyddodd niferoedd y siaradwyr Saesneg yn ddirfawr yn ystod ail hanner y bedwaredd ganrif ar bymtheg, yn bennaf oherwydd bod rhai o drigolion swydd Gaerhirfryn a arferai fwrw'r haf yno wedi ymddeol i'r ardal. Daeth nifer sylweddol o'r tai ysblennydd a godwyd ym Mhen-sarn yn gartrefi i Saeson. Saesneg oedd iaith adloniant yn yr ardal ac er bod ambell gân Gymraeg i'w chlywed yn y cyngherddau mawreddog a gynhelid yn neuadd y dref, Saesneg oedd prif iaith y gweithgareddau. Er enghraifft, ar 1 Medi 1883 cyhoeddodd yr *Abergele Visitor* fod Sam Hague's Minstrels wedi cyrraedd ac y byddent yn diddanu'r dorf â'u caneuon Eingl-Americanaidd.[19] Fodd bynnag, rhaid peidio â thybio mai dim ond ymwelwyr a oedd yn gyfrifol am Seisnigo'r arlwy adloniadol. Yn ystod yr hydref

[14] Williams, *Abergele: The Story of a Parish*, t. 84.

[15] Mark Luke Louis, *Gleanings in north Wales with historical sketches* (Liverpool, 1854), t. 27.

[16] *Smaller Jenkinson's Practical Guide to North Wales*, t. 7.

[17] Jones, *Crwydro Gorllewin Dinbych*, tt. 129–30.

[18] J. O. Halliwell-Phillips, *Notes of Family Excursions in North Wales* (London, 1860), t. 447; Adrian Bristow, *Dr Johnson & Mrs Thrale's Tour in North Wales 1774 – with an introduction and notes* (Wrexham, 1995), t. 45.

[19] *The Abergele and Pensarn Visitor*, 1 Medi 1883.

a'r gaeaf trefnid 'penny readings' Saesneg gan drigolion di-Gymraeg y dref,[20] ac ychydig iawn a fynychai weithgareddau Cymraeg megis y cyfarfod llenyddol a gynhaliwyd yn ysgoldy St Paul's dan arweiniad yr archdderwydd Clwydfardd ar ddiwedd mis Mai 1882.[21]

Y mae ymateb arweinwyr y capeli i ddylanwad ymwelwyr yn enghraifft arall o'r proses Seisnigo yn Abergele. Ceisiwyd diwallu anghenion ysbrydol ymwelwyr a mewnfudwyr trwy ddarparu gwasanaethau Saesneg ar eu cyfer. Er mai'r Gymraeg oedd iaith gwasanaethau'r Eglwys wladol yn ystod ugain mlynedd gyntaf y bedwaredd ganrif ar bymtheg, gwneid ymdrech gynyddol i ddarparu gwasanaethau Saesneg ar gyfer ymwelwyr yn ystod misoedd yr haf.[22] Yn ddiweddarach y gwelodd yr Ymneilltuwyr yr angen i ddarparu gwasanaethau Saesneg. Ym 1858 penderfynodd Mynydd Seion, capel Cymraeg y Methodistiaid Calfinaidd yn Abergele, gynnal gwasanaethau Saesneg ym Mhen-sarn ar gyfer ymwelwyr yn ystod tymor yr haf, ac ym 1876 penderfynwyd mai da o beth fyddai sefydlu capel Saesneg parhaol yno. Yr oedd datblygiad fel hwn wrth fodd Dr Owen Thomas, arweinydd y Methodistiaid Calfinaidd yn ninas Lerpwl ac un o bregethwyr mwyaf nodedig ei oes. Mewn seremoni i ddathlu gosod carreg sylfaen y capel, honnodd nad oedd modd gwrthsefyll y llanw Seisnig a oedd yn bygwth gorchuddio glannau gogledd Cymru:

> I consider it wisdom and sound policy on the part of Welshmen to encourage as far as necessary the movement on foot for providing religious accommodation for the English-speaking portion of the community in the Principality, as well as those who in perpetually increasing numbers visit it. I yield to no man in patriotism; I am ready to cry with the most vehement 'Oes y byd i'r iaith Gymraeg.' I do not see that the Welsh language is dying as rapidly as some would have us think; it won't die while I live, and I do not expect it will die soon. Nevertheless, the growth of English is apparent; even the lads in the streets at their play speak it, which to me is incontestable a proof as any that the language is gaining ground. When the late Dr Arnold heard the sound of the first railway whistle, he exclaimed, 'Here is an end of despotism in England!' I think I may similarly say in reference to the incursions of the steam highway into our country, 'Here is an end of Welsh for Wales.' In the natural course of things the language cannot exist more than a century or two, and it is our duty to provide against the future.[23]

Yr un oedd byrdwn nifer o siaradwyr eraill hefyd. Honnodd David Roberts, Tan'rallt, gŵr amlwg ym mywyd capeli Cymraeg Abergele, nad oedd dyfodol i'r Gymraeg yn Abergele oherwydd mai Saesneg oedd iaith yr ymwelwyr ac mai

[20] John R. Ellis, *A History of Abergele and District* (Abergele, 1948), t. 77.
[21] *The Abergele and Pensarn Visitor*, 27 Mai 1882.
[22] LlGC, Cofnodion yr Eglwys yng Nghymru, SA/QA/6.
[23] *The Abergele and Pensarn Visitor*, 28 Gorffennaf 1877.

Saesneg hefyd oedd iaith yr ysgolion. Anelwyd sawl ergyd at y sawl a wrthodai gydnabod bod newid ieithyddol ar gerdded, yn eu plith Robert Ambrose Jones (Emrys ap Iwan), gŵr a oedd yn enwog yn y cylch am ei safiad dros y Gymraeg.[24] Pan oedd Emrys ap Iwan oddeutu deunaw oed, lluniodd draethawd byr yn Ffrangeg yn disgrifio Abergele:

> Nid yw'r dref ei hun yn hardd iawn nag yn fawr, ond y mae ei safle yn un tra dymunol, a'i chwmpasoedd yn dra hardd, llawer o dai newyddion a helaeth wedi eu cyfodi ar gyfer yr ymwelwyr a ddenir bob haf gan y golygfeydd amrywiol, ac yn enwedig gan ei thraethau enwog.[25]

Yn ystod ei blentyndod ef clywid 'Cymraeg rhywiog, Cymraeg cyfoethog Dyffryn Clwyd a Mynydd Hiraethog' ar strydoedd Abergele,[26] ond gwyddai cystal â neb fod Saesneg bellach yn prysur ennill tir. Gwrthwynebai yn chwyrn yr egwyddor o sefydlu achosion Saesneg mewn ardaloedd Cymraeg, gan honni y byddai codi capel di-Gymraeg ym Mhen-sarn yn llesteirio pob ymdrech i gymathu ymwelwyr i'r gymdeithas Gymraeg ac y byddai hynny yn arwain yn anorfod at ddirywiad y Gymraeg yn y gymdogaeth.[27] Serch hynny, ofer fu ei safiad, a ffynnai'r 'Inglis Côs' yn y dref.

Tabl 2. Iaith a leferid gan boblogaethau Abergele a sir Ddinbych (2 flwydd oed a throsodd)

	Abergele		**Sir Ddinbych**	
	Nifer	*Canran*	Nifer	*Canran*
Cymraeg	1171	*38.6*	37195	*33.6*
Dwyieithog	1444	*47.7*	35030	*31.7*
Saesneg	416	*13.7*	38310	*34.7*
Cyfanswm	**3031**	***100.0***	**110535**	***100.0***

Dengys Tabl 2 fod oddeutu hanner poblogaeth Abergele (47.7 y cant) yn ddwyieithog ym 1891, ond bod cyfran uchel o'r trigolion yn uniaith Gymraeg (38.6 y cant); golygai hynny fod 86.3 y cant o boblogaeth y dref yn medru'r Gymraeg a bod 61.4 y cant yn medru siarad Saesneg. Dengys Tabl 2 hefyd fod gwahaniaeth trawiadol rhwng Abergele a gweddill sir Ddinbych. Yr oedd canran y siaradwyr uniaith Gymraeg yn ddigon tebyg, ond ceid canran uwch o bobl uniaith Saesneg yn y sir a chanran uwch o bobl ddwyieithog yn Abergele.

[24] Ellis Wynne Williams, '*Emrys ap Iwan*', *Y Ddarlith Flynyddol, Cymdeithas Emrys ap Iwan Abergele* (Clwyd, 1983), t. 7.

[25] T. Gwynn Jones, *Emrys ap Iwan – Cofiant* (Caernarfon, 1912), t. 7.

[26] Gwynfor Evans, *Seiri Cenedl y Cymry* (ail arg., Llandysul, 1987), t. 237.

[27] Williams, '*Emrys ap Iwan*', t. 6.

Tabl 3. Iaith a leferid yn ôl oedran (2 flwydd oed a throsodd)

	Nifer				*Canran*			
	Cymraeg	Y Ddwy	Saesneg	Cyfanswm	*Cymraeg*	*Y Ddwy*	*Saesneg*	*Cyfanswm*
2–4	114	60	28	202	*56.4*	*29.7*	*13.9*	*100.0*
5–14	296	346	94	736	*40.2*	*47.0*	*12.8*	*100.0*
15–29	202	413	104	719	*28.1*	*57.4*	*14.5*	*100.0*
30–44	187	279	79	545	*34.3*	*51.2*	*14.5*	*100.0*
45–60	162	212	59	433	*37.4*	*49.0*	*13.6*	*100.0*
60–74	164	109	47	320	*51.2*	*34.1*	*14.7*	*100.0*
75+	46	25	5	76	*60.5*	*32.9*	*6.6*	*100.0*
Cyfanswm	**1171**	**1444**	**416**	**3031**	***38.6***	***47.7***	***13.7***	***100.0***

Dengys Tabl 3 fod gallu ieithyddol yn amrywio yn ôl oedran. Ac eithrio'r rhai dros 65 oed, yr oedd canran y siaradwyr uniaith Saesneg yn gymharol gyson, ond ceid amrywiadau trawiadol ymhlith y bobl uniaith Gymraeg a'r rhai dwyieithog. Er bod 56.4 y cant o blant rhwng dwy a phedair oed yn uniaith Gymraeg, yr oedd canran y siaradwyr uniaith Gymraeg gryn dipyn yn is ym mhob grŵp oedran o dan 60 oed. Y mae'r ffaith mai ymhlith yr hen a'r ifanc y ceid y cyfartaledd uchaf o bobl uniaith Gymraeg yn awgrymu'n gryf mai'r Gymraeg oedd iaith yr aelwyd ond bod gofynion yr economi leol a dylanwad yr ysgolion yn hybu gwybodaeth o'r Saesneg.

Tabl 4. Iaith a leferid yn ôl man geni (2 flwydd oed a throsodd)

	Nifer				*Canran*			
	Cymraeg	Y Ddwy	Saesneg	Cyfanswm	*Cymraeg*	*Y Ddwy*	*Saesneg*	*Cyfanswm*
Abergele	629	735	54	1418	*44.4*	*51.8*	*3.8*	*100.0*
Gweddill sir Ddinbych	333	337	9	679	*49.0*	*49.7*	*1.3*	*100.0*
Gweddill Cymru	196	290	27	513	*38.2*	*56.5*	*5.3*	*100.0*
Lloegr	12	76	281	369	*3.2*	*20.6*	*76.2*	*100.0*
Yr Alban	–	1	20	21	–	*4.8*	*95.2*	*100.0*
Iwerddon	–	3	17	20	–	*15.0*	*85.0*	*100.0*
Eraill	1	2	8	11	*9.1*	*18.2*	*72.7*	*100.0*
Cyfanswm	**1171**	**1444**	**416**	**3031**	***38.6***	***47.7***	***13.7***	***100.0***

Dengys Tabl 4 fod mwyafrif trigolion Abergele wedi eu geni yn yr ardal. Ganed 1,418 (46.8 y cant) yn y dref ei hun, a 679 (22.4 y cant) mewn ardaloedd eraill yn sir Ddinbych. Hanai 513 (16.9 y cant) o rannau eraill o Gymru, a 369 (12.2 y cant) o Loegr. Dim ond 44 y cant o'r rhai a aned yn Abergele a oedd yn Gymry uniaith. Eto i gyd, rhaid bod yn ofalus wrth bwyso a mesur y dystiolaeth hon. Er enghraifft, y mae'r ffaith fod 5 (8.9 y cant) o'r 56 a aned yn Lerpwl yn uniaith Gymraeg a 23 (41.1 y cant) yn ddwyieithog yn profi bod y Gymraeg yn gryf mewn rhannau o ddinas Lerpwl ar ddiwedd y bedwaredd ganrif ar bymtheg.

Tabl 5. Iaith a leferid yn ôl rhanbarthau'r cyfrifiad (2 flwydd oed a throsodd)

Rhanbarth	Nifer				*Canran*			
	Cymraeg	Y Ddwy	Saesneg	Cyfanswm	*Cymraeg*	*Y Ddwy*	*Saesneg*	*Cyfanswm*
3	320	482	58	860	*37.2*	*56.0*	*6.8*	*100.0*
4	263	534	227	1024	*25.7*	*52.1*	*22.2*	*100.0*
5	167	225	78	470	*35.5*	*47.9*	*16.6*	*100.0*
6	98	140	32	270	*36.3*	*51.8*	*11.9*	*100.0*
7	139	27	1	167	*83.2*	*16.2*	*0.6*	*100.0*
8	184	36	20	240	*76.7*	*15.0*	*8.3*	*100.0*
Cyfanswm	**1171**	**1444**	**416**	**3031**	***38.6***	***47.7***	***13.7***	***100.0***

Rhennid Abergele yn chwe dosbarth cofrestru ac yr oedd y patrymau iaith yn wahanol ym mhob un ohonynt. Ceid y ganran uchaf o drigolion di-Gymraeg (22.2 y cant) yn rhanbarth 4, ardal y glannau a oedd yn cynnwys Pen-sarn a'r orsaf. Yno hefyd y ceid y ganran isaf o Gymry uniaith (25.7 y cant). Yr oedd 16.6 y cant o'r rhai a gofrestrwyd yn rhanbarth 5 yn ddi-Gymraeg. Dyma'r rhanbarth a oedd yn cynnwys pentref Tywyn, ger Y Rhyl, ac y mae'n amlwg mai'r ardaloedd gwyliau ar yr arfordir oedd y rhai mwyaf Seisnig ym 1891. Trigai'r ganran uchaf o Gymry uniaith (83.2 y cant) yn rhanbarth 7. Dyma'r dosbarth cofrestru a oedd yn cynnwys rhan ddeheuol Abergele a'r ardal wledig o amgylch Llanfair Talhaearn. Yn y dosbarth hwn y ceid y ganran isaf o drigolion uniaith Saesneg (0.6 y cant). Yr oedd y ganran uchaf o bobl ddwyieithog (56 y cant) yn byw yn rhanbarth 3, sef yr ardal orllewinol ger Castell Gwrych a Llanddulas. Yn ardal Pen-sarn (19.3 y cant) a Thywyn (13.0 y cant) y ceid y ganran uchaf o fewnfudwyr o Loegr, ac yn y rhan ddeheuol y ceid y ganran uchaf o bobl a aned yn sir Ddinbych (94.0 y cant). Dengys Tabl 6 mai yn yr ardaloedd gwyliau y ceid y canrannau uchaf o bobl a oedd wedi eu geni y tu hwnt i ffiniau Cymru:

Tabl 6. Iaith a leferid yn ôl man geni (2 flwydd oed a throsodd)

Rhanbarth	Nifer					*Canran*				
	Sir Ddinbych	Gweddill Cymru	Lloegr	Eraill	Cyfanswm	*Sir Ddinbych*	*Gweddill Cymru*	*Lloegr*	*Eraill*	*Cyfanswm*
3	640	144	68	8	860	*74.4*	*16.7*	*8.0*	*0.9*	*100.0*
4	634	174	198	18	1024	*61.9*	*17.0*	*19.3*	*1.8*	*100.0*
5	286	112	61	11	470	*60.9*	*23.8*	*13.0*	*2.3*	*100.0*
6	203	36	18	13	270	*75.2*	*13.3*	*6.7*	*4.8*	*100.0*
7	157	7	2	1	167	*94.0*	*4.2*	*1.2*	*0.6*	*100.0*
8	177	40	22	1	240	*73.7*	*16.7*	*9.2*	*0.4*	*100.0*
Cyfanswm	**2097**	**513**	**369**	**52**	**3031**	***69.2***	***16.9***	***12.2***	***1.7***	***100.0***

Nodir yn y cyfrifiad fod 57 (1.9 y cant) o drigolion Abergele a Phen-sarn yn ddibynnol ar dwristiaeth am eu cynhaliaeth; gwragedd oedd 50 (87.7 y cant) ohonynt (Tabl 7). O'r 57, yr oedd 15 (26.3 y cant) yn uniaith Gymraeg, 34 (59.7 y cant) yn ddwyieithog, ac 8 (14.0 y cant) yn uniaith Saesneg. Yr oedd 60 y cant o'r boblogaeth uniaith Gymraeg dros 60 oed, a 44.1 y cant o'r rhai rhwng 45 a 60 oed yn ddwyieithog. Trigai 31 o'r 44 (66.7 y cant) a gadwai westai a thai gwyliau yn ardal Pen-sarn. Cyfunai ambell un ddwy alwedigaeth: er enghraifft, cadwai Catherine Davies, gwraig weddw 51 oed o Lannefydd, laethdy a llety i ymwelwyr yn Bowdon House. O'r ceidwaid llety a aned yn Lloegr, dim ond un a gofnodwyd yn ddwyieithog, sef Anne Williams, gwraig weddw 73 oed; brodor o Lerpwl oedd hi, a chadwai dŷ lojin yn 2 Teras y Castell. Yr oedd gweddill y ceidwaid llety a hanai o Loegr yn cynnwys brodorion o swyddi Caer, Lincoln, Stafford a Warwick. Cofrestrwyd cynifer â 250 o forynion yn Abergele a chyflogid 27 (10.8 y cant) ohonynt mewn tai lojin neu westai. Yr oedd 23 (85.2 y cant) ohonynt yn ddwyieithog, dwy yn uniaith Gymraeg a dwy arall yn uniaith Saesneg.

Tabl 7. Iaith ceidwaid gwestai, tai lojin a lletyau yn ôl man geni

Man geni	Nifer				*Canran*			
	Cymraeg	Y Ddwy	Saesneg	Cyfanswm	*Cymraeg*	*Y Ddwy*	*Saesneg*	*Cyfanswm*
Abergele	6	10	–	16	*37.5*	*62.5*	–	*100.0*
Gweddill sir Ddinbych	5	8	–	13	*38.5*	*61.5*	–	*100.0*
Gweddill Cymru	4	15	1	20	*20.0*	*75.0*	*5.0*	*100.0*
Lloegr	–	1	7	8	–	*12.5*	*87.5*	*100.0*
Cyfanswm	**15**	**34**	**8**	**57**	***26.3***	***59.7***	***14.0***	***100.0***

Cynhaliwyd y cyfrifiad ar nos Sul, 5 Ebrill 1891, cyn cychwyn y tymor gwyliau.[28] O'r herwydd dim ond 34 o ymwelwyr a gofrestrwyd yn Abergele, sef 19 o wragedd a 15 o wrywod. Yn ôl y disgwyl, yr oedd mwy na'u hanner, sef 18 (52 y cant), yn lletya ym Mhen-sarn. Er bod Abergele a Phen-sarn yn cael eu hysbysebu fel canolfannau addas ar gyfer gwyliau i'r teulu, dengys y cyfrifiad fod 26 o'r ymwelwyr a oedd yno ym mis Ebrill yn ddi-briod, pump yn briod, a thair yn weddwon. Er bod Abergele yn denu ymwelwyr o bob oed yn ystod yr haf, yr oedd mwyafrif y rhai a ddeuai yno yn y gwanwyn rhwng 15 a 59 oed. Ni cheir unrhyw fanylion ynglŷn â galwedigaeth deuddeg o'r ymwelwyr a gofnodwyd yn y cyfrifiad, ond yr oedd chwech yn byw ar eu hadnoddau eu hunain ac yr oedd galwedigaethau'r gweddill yn dra amrywiol. Lletyai Thomas Birchall, ffermwr di-briod 56 oed o Rainford, swydd Gaerhirfryn, yng nghartref Robert ac Elizabeth

[28] Edward Higgs, *Making a Clearer Sense of the Census* (London, 1996), t. 173.

Hughes yn yr Old Chandler yn Market Street a lletyai W. Blake Marsh, meddyg 41 oed o sir Fynwy, ym Mhlas Ucha ar gyrion y dref. Saesneg oedd unig iaith y ddau ohonynt. Yng nghartref Catherine Jones yn 12 Water Street, Abergele, lletyai dau bacmon uniaith Gymraeg, y naill yn frodor o Gaernarfon a'r llall yn ŵr lleol. Hanai 14 (41.1 y cant) o'r ymwelwyr o Loegr, ac yr oeddynt oll, ac eithrio un, yn uniaith Saesneg. Hanai chwech ohonynt o swydd Gaerhirfryn a thri o Hampshire. Yr unig ymwelydd Cymraeg ei iaith a hanai o Loegr oedd John Mellor, gŵr sengl 28 oed o swydd Efrog.

Y mae'r cyfrifiad, felly, yn ffynhonnell anghyflawn o safbwynt gwybodaeth am ymwelwyr. Ni fyddai llawer o bobl yn mynd ar eu gwyliau ym mis Ebrill a dengys tystiolaeth o ardaloedd eraill nad twristiaid oedd llawer o'r rhai a gofnodwyd yn 'ymwelwyr' yn y cyfrifiad. Fodd bynnag, ceir tystiolaeth fwy gwerthfawr yn y rhestrau a gyhoeddid yn y wasg leol bob wythnos yn yr haf. Y mae'r rhestrau hyn yn cynnwys cofnod am bob gwesty a thŷ gwyliau ac yn nodi enwau'r ymwelwyr ynghyd â'r dref lle'r oeddynt yn byw. Eto i gyd, rhaid bod yn ofalus wrth ystyried y dystiolaeth hon. Er enghraifft, nid yw'n bosibl amcangyfrif nifer yr ymwelwyr ar unrhyw adeg benodol oherwydd bod y rhestrau'n nodi teuluoedd yn hytrach nag unigolion; tueddir i nodi bod 'Mr a Mrs Jones a'r teulu' yn aros mewn un tŷ lojin a bod 'Messrs Davies' neu 'Misses Harris' yn aros mewn tŷ lojin arall. Nid yw'r rhestrau yn nodi iaith yr ymwelwyr ychwaith a chamgymeriad fyddai rhagdybio bod pob ymwelydd o Loegr yn ddi-Gymraeg a phob ymwelydd o Gymru yn medru'r Gymraeg. Serch hynny, ni ellir anwybyddu'r dystiolaeth hon ac felly astudiwyd rhestrau mis Awst 1873, 1878, 1883, 1888, 1893 a 1898.

Tabl 8. Cyfanswm yr ymwelwyr a gofnodwyd yn Abergele a Phen-sarn 1873–1903

Blwyddyn	Gorffennaf	Awst	Medi
1873	578	861	491
1883	393	720	592
1893	247	842	783
1903	229	646	595

Ym 1873 hanai 14.3 y cant o'r ymwelwyr o swydd Gaerhirfryn a chafwyd cynnydd sylweddol yn y ganran hon yn ystod degawdau olaf y bedwaredd ganrif ar bymtheg. Yr oedd cynifer â 43.5 y cant o'r ymwelwyr a gofrestrwyd yn y dref yn ystod wythnos olaf mis Awst 1898 yn dod o swydd Gaerhirfryn, a nifer sylweddol ohonynt o ddinas Lerpwl. Ym 1873 pump yn unig o ymwelwyr a hanai o Lerpwl, ond pymtheng mlynedd yn ddiweddarach yr oedd y cyfanswm yn 58. Cafwyd cynnydd tebyg yn y nifer a ddeuai o Fanceinion; deunaw yn unig a deithiasai o'r ddinas honno i Abergele a Phen-sarn ym 1873, ond erbyn 1898 yr oedd y nifer wedi codi i 52. Dim ond pedwar a ddaethai o Gaer ym 1873, o gymharu ag ugain ym 1893. Yn ystod y blynyddoedd dan sylw, deuai'r rhan fwyaf o'r ymwelwyr o swyddi Caer a Chaerhirfryn, a chan fod cynifer o Gymry yn byw yn Lerpwl a Manceinion rhaid bod o leiaf rai o'r ymwelwyr hyn yn Gymry Cymraeg.[29] Er hynny, y mae'n amlwg mai Saeson uniaith oedd mwyafrif yr ymwelwyr ac o dipyn i beth cawsant ddylanwad ar sefyllfa ieithyddol Abergele a Phen-sarn. Arhosodd canol tref Abergele yn 'definitely Welsh', yn ôl tystiolaeth W. T. Palmer,[30] yn bennaf oherwydd mai Pen-sarn Seisnigedig oedd cyrchfan y rhan fwyaf o'r ymwelwyr. Yn sgil y dirywiad yng ngrym a dylanwad ystadau Cinmel, Gwrych a Phentre Mawr, nid oedd dim i atal datblygiad y diwydiant ymwelwyr yn Abergele yn ystod y blynyddoedd wedi'r Rhyfel Byd Cyntaf,[31] a newidiodd y patrwm ieithyddol yn sylweddol o ganlyniad. Mewn ysgrif a luniwyd ym 1932 sylwodd H. V. Morton fod arfordir gogledd Cymru bellach yn faes chwarae i ymwelwyr o ogledd-orllewin Lloegr a'r Canolbarth:

> Along the forty-odd miles of this road between Rhyl and Carnarvon are dotted some of the best-known and best-liked towns in the whole of Wales. This stretch of lovely coast is the playground of the individual cities of the Midlands and the North. No true Midlander and no true son of Lancashire is entirely ignorant of it. It is a part of Wales designed by nature and Man to capture the leisure moments of crowds.[32]

I grynhoi. Tref farchnad a thref wyliau yn darparu ar gyfer ymwelwyr o ogledd-orllewin Lloegr oedd Abergele yn ystod y bedwaredd ganrif ar bymtheg. Er bod dylanwadau Seisnig ar gynnydd, y Gymraeg oedd y gryfaf o'r ddwy iaith ar ddiwedd y ganrif. Dim ond un o bob wyth o'r trigolion a oedd yn ddi-Gymraeg ym 1891 ac yr oedd ymron 40 y cant yn Gymry uniaith. Eto i gyd, ychydig iawn o oedolion ifainc a oedd yn uniaith Gymraeg erbyn 1891. Bu'r mewnlifiad blynyddol o ymwelwyr o ogledd-orllewin Lloegr yn bendant yn gyfrwng i ddi-Gymreigio Abergele ac nid damwain oedd bod canolfannau gwyliau megis Tywyn a Phen-sarn yn cynnwys canran gymharol uchel o drigolion a oedd yn uniaith Saesneg ac mai nifer bychan o Gymry uniaith a gofnodwyd yn yr ardaloedd hynny ym 1891. Saesneg oedd iaith adloniant a difyrrwch yn Abergele a Phen-sarn, ac ni wneid unrhyw ymdrech i gyflwyno'r diwylliant brodorol i ymwelwyr nac i drefnu gweithgareddau ar eu cyfer yn yr iaith frodorol. At hynny, cofleidiai arweinwyr dinesig Abergele yr iaith Saesneg yn ystod degawdau olaf y ganrif, ac yr oedd gweinidogion a blaenoriaid y capeli Ymneilltuol hwythau'n fodlon ildio i bwysau'r llif Seisnig. I raddau, yr oedd y parodrwydd hwn i bleidio manteision yr iaith Saesneg i'w briodoli i'r ffaith fod trigolion y fro yn cymharu

[29] R. Merfyn Jones a D. Ben Rees, *Cymry Lerpwl a'u Crefydd: Dwy Ganrif o Fethodistiaeth Galfinaidd Gymreig* (Lerpwl, 1984), t. 23.

[30] W. T. Palmer, *Things Seen in North Wales* (London, 1928), t. 26.

[31] Williams, *Abergele: The Story of a Parish*, t. 51.

[32] H. V. Morton, *In Search of Wales* (London, 1932), t. 60.

ffyniant trefi gwyliau Seisnig megis Y Rhyl a Bae Colwyn â thlodi'r ardaloedd gwledig Cymraeg eu hiaith. Yn sgil y pwyslais cynyddol ar bwysigrwydd twristiaeth i ffyniant economaidd Abergele, anwybyddid cwynion y sawl a geisiai wrthsefyll dylanwadau Seisnig.

Aberystwyth

> Y mae Aberystwyth yn dref o hen adgofion i mi, ac yn rhan o'm breuddwydion. Ond y mae ei gwedd yn newid ym mis Awst, a phrin y gwn ple'r wyf. Acen Birmingham, papurau Birmingham, chwaeth Birmingham, – o'r dau cant oedd yn aros yn yr un ty a mi, nid oedd un yn gwybod mwy am Gymru na fod yr awyr yn iach a'r bwyd yn dda.[33]

Felly yr ysgrifennodd Mawddwy mewn erthygl a gyhoeddwyd yn y cylchgrawn *Cymru* ym 1905. Erbyn y cyfnod hwnnw yr oedd Aberystwyth yn gyrchfan boblogaidd i gannoedd o ymwelwyr bob haf ac yn un o ganolfannau gwyliau pwysicaf Cymru. Ers diwedd y ddeunawfed ganrif, denid ymwelwyr gan atyniadau megis caer Pen-dinas, prydferthwch aber afon Rheidol a'r golygfeydd godidog o gopa Pumlumon.[34] Denid cleifion hefyd gan yr hinsawdd. Nododd meddyg amlwg o'r enw Syr Charles Clarke 'that in certain cases a fortnight spent at Aberystwyth will do more good than a month at any other watering place', ac er mai chwilio am adloniant a wnâi ymwelwyr gan amlaf yr oedd Aberystwyth hefyd yn orffwysfan i'r hen a'r afiach.[35] Eto i gyd, nid oedd twristiaeth ond un elfen o economi Aberystwyth. Yr oedd y dref yn ganolfan fasnachol brysur a thyrrai trigolion yr ardaloedd gwledig cyfagos yno i werthu eu cynnyrch ac i brynu nwyddau. Elwodd masnach y dref yn sgil agor gorsaf Rheilffordd y Cambrian ym 1864 a gwelwyd cynnydd pellach wedi agor y rheilffordd i'r de ym 1867. At hynny, yr oedd y dref yn ganolfan diwydiant pysgota ffyniannus.[36] Dengys Tabl 9 fod poblogaeth Aberystwyth wedi cynyddu'n gyson trwy gydol y bedwaredd ganrif ar bymtheg, ac eithrio'r degawd rhwng 1881 a 1891. Er gwaethaf y ffaith fod ffiniau'r dref wedi eu hymestyn ym 1883, gan ychwanegu 559 o drigolion at ddosbarth cofrestru Aberystwyth, gostyngodd y boblogaeth o 7,088 i 6,900 rhwng 1881 a 1891. Ni ellir

[33] Mawddwy, 'Gwibdaith Haf', *Cymru*, XXIX, rhif 168 (1905), 263–4.

[34] Gw. T. O. Morgan, *Morgan's New Guide to Aberystwyth and Neighbourhood* (Aberystwyth, 1874), tt. 70–88; *Slater's Commercial Directory* (Manchester, 1868); *Kelly's Commercial Directory* (London, 1891); Askew Roberts ac Edward Woodall, *Gossiping Guide to Aberystwyth and District* (Wrexham, d.d.), t. 16. Gw. hefyd R. C. B. Oliver, 'Holidays at Aberystwyth: 1798–1823 (From the Diary of Captain Frederick Jones)', *Ceredigion*, X, rhif 3 (1986), 269–86.

[35] Dyfynnir yn *Slater's Commercial Directory* (1868), t. 23. Yr oedd Syr Charles Mansfield Clarke (1782–1857) yn feddyg a chanddo ddiddordeb yn iechyd merched a phlant. Ni wyddys am ba hyd y bu yn Aberystwyth.

[36] William Troughton, 'The Barque *Hope* of Aberystwyth', *Ceredigion*, XII, rhif 3 (1995), 85–101.

Tabl 9. Poblogaeth Aberystwyth yn ôl rhyw, 1801–1911

Blwyddyn	Dynion	Merched	Cyfanswm	Nifer +/–	*Canran +/–*
1801	733	1025	1758		
1811	939	1325	2264	506+	*28.8+*
1821	1498	2050	3556	1292+	*57.1+*
1831	1820	2308	4128	572+	*16.1+*
1841	2128	2788	4916	788+	*19.1+*
1851	2284	2905	5189	273+	*5.5+*
1861	2400	3162	5562	373+	*7.2+*
1871	2943	3777	6720	1158+	*20.8+*
1881	3119	3969	7088	368+	*5.5+*
1891	2894	4006	6900	188–	*2.7–*
1901	3434	4580	8014	1114+	*16.1+*

cynnig rheswm penodol am hyn, ond y mae'n debyg fod dirywiad y mwynfeydd plwm a'r diwydiant pysgota yn rhannol gyfrifol am y gostyngiad.[37]

Bu Rheilffordd y Cambrian yn hwb aruthrol i ddatblygiad twristiaeth yn Aberystwyth ac un arwydd gweledol o hynny oedd codi'r Queen's Hotel, gwesty moethus ar lan y môr a adeiladwyd gan yr Hafod Hotel Company ym 1866.[38] Yr oedd cynllun yr adeiladwr rheilffyrdd Thomas Savin i godi gwesty ysblennydd ym mhen deheuol rhodfa'r môr hyd yn oed yn fwy uchelgeisiol. Comisiynwyd y pensaer enwog, J. P. Seddon, i gynllunio'r Castle Hotel ar safle creigiog ger y castell. Methiant fu'r fenter hon, fodd bynnag, ac felly ni chafwyd gwesty mawr yn Aberystwyth a allai gystadlu â'r Queen's Hotel.[39] Gwir fod gwestai moethus i'w cael, megis y Belle Vue ar lan y môr, y Gogerddan Arms yn Great Darkgate Street, y Commercial Hotel gyferbyn â'r orsaf a'r Talbot Hotel yn Market Street, ond darparu ar gyfer gwŷr busnes a wnâi'r rhain yn bennaf, yn hytrach nag ar gyfer twristiaid, ac ymddengys na fu Aberystwyth yn gyrchfan i'r dosbarthiadau uwch a fynychai westai crand tebyg i'r rhai a geid yn Llandudno a Dinbych-y-pysgod.[40] Bu ymdrechion cyrff cyhoeddus Aberystwyth hefyd yn hwb i'r diwydiant ymwelwyr. Rhoddwyd sylw manwl i'r gwaith o gynllunio'r tai sylweddol a deniadol a godwyd yn Queen's Road, Marine Terrace, Portland

[37] W. J. Lewis, *Born on a Perilous Rock* (Aberystwyth, 1980), tt. 11–16, 200–12; Ieuan Gwynedd Jones (gol.), *Aberystwyth, 1277–1977* (Llandysul, 1977); E. L. Ellis, *The University College of Wales Aberystwyth* (Cardiff, 1972), tt. 33–65; Iwan Morgan (gol.), *University College of Wales Aberystwyth: The College by the Sea (A Record and a Review)* (Aberystwyth, 1928), yn enwedig W. R. Evans, 'The First Student's Reminiscences', tt. 53–6; J. M. Angus, 'Reminiscences of the Early Years', tt. 57–60; C. H. Herford, 'Impressions of Aberystwyth (1887–1901)', tt. 96–100; Waldo Williams, 'Digs', tt. 233–6.

[38] Herbert Williams, *Davies the Ocean: Railway King and Coal Tycoon* (Cardiff, 1991), tt. 95–112.

[39] Iwan Morgan, 'The Story of the Buildings' yn idem (gol.), *The College by the Sea*, tt. 29–46.

[40] Ivor Wynne Jones, *Llandudno, Queen of the Welsh Resorts* (Cardiff, 1975), tt. 16–19.

Street a North Parade.[41] Yr oedd y mwyafrif o'r rhain yn dai tri neu bedwar llawr ac o'r herwydd yn addas iawn ar gyfer cadw ymwelwyr.[42]

Yn ystod degawdau cynnar y bedwaredd ganrif ar bymtheg ni cheid fawr mwy i ddiddori ymwelwyr na llwybrau Craig Las, Coedwig y Cwm, Elysian Grove a Phen-dinas, ac ambell gyngerdd gan gerddorion teithiol o'r Almaen.[43] Ond o ddiwedd y 1860au ymlaen cafwyd tro ar fyd.[44] Ar Ddydd Gwener y Groglith 1865 agorwyd pier chwe chan troedfedd o hyd ym mhen deheuol y promenâd. Agorwyd baddonau cyhoeddus yn Newfoundland Street ym 1877, a gosodwyd *camera obscura* yng ngerddi'r castell. Gellid bellach fwynhau cyngherddau a dramâu yn y Bijou Theatre a daeth bocsio a saethu yn rhan o weithgareddau'r dref yn ystod y 1880au.[45] Cam pwysig yn natblygiad y dref oedd sefydlu'r Aberystwyth Improvement Company, cwmni a wnaeth lawer i hybu'r ddarpariaeth ar gyfer ymwelwyr ac i wella safon byw yn y dref. Bu'r cwmni hwn yn gyfrifol am welliannau i'r promenâd, am godi pafiliwn ar y pier ym 1896, ac am sefydlu rheilffordd drydan i gludo teithwyr i ben Craig Las.[46] Ar noson o haf, goleuid Craig Las gan gannoedd o lampau bychain a buan y daeth tân gwyllt a sioeau conffeti yn rhan o'r adloniant a ddarperid ar gyfer ymwelwyr. Cynhelid cyngherddau mawreddog yn y pafiliwn ar y pier ac yn y Coliseum yn Terrace Road, ac agorwyd canolfan sglefrio gyferbyn â Neuadd y Dref.[47] Aberystwyth oedd y dref lan môr fwyaf sylweddol a bywiog ym Mae Ceredigion, a broliai mai hi oedd 'Biarritz Cymru'.[48]

Bron yn ddieithriad, Saesneg oedd iaith adloniant yn Aberystwyth. Brithir colofnau'r *Cardigan Bay Visitor* â chyfeiriadau at yr adloniant hwyliog a ddarperid gan yr Harry Collins Minstrels, grŵp o ddawnswyr croenddu a ddeuai i'r dref yn flynyddol yn y 1890au.[49] Byddai rhai o sêr llwyfan Llundain, megis Arthur Robertson a Harold Wardroper, hefyd yn perfformio ar y pier yn ystod y cyfnod hwn a cheid perfformiadau gan gwmni pantomeim Arthur Sturgess yn ystod tymor yr haf.[50] Awyrgylch Seisnig a oedd i neuadd y Coliseum hefyd. Yno y perfformiai'r Gigantic Vaudeville Company ac y cynhelid cyngherddau gan Ella

[41] Harold Carter a Sandra Wheatley, 'Residential Patterns in Mid-Victorian Aberystwyth' yn Jones (gol.), *Aberystwyth*, tt. 46–84.

[42] Douglas Hague, 'The Architecture of the Town' yn ibid., tt. 88–95; H. M. Colvin, 'An Architectural Sideshow – Aberystwyth in the Eighteenth and Nineteenth Centuries', *Wales*, IV, rhif 6 (1945), 68–72.

[43] Lewis, *Born on a Perilous Rock*, tt. 201–2.

[44] Ibid., tt. 11–16.

[45] Ibid.

[46] *Cardigan Bay Visitor*, 30 Mehefin 1896.

[47] Ibid.

[48] Ymhlith y disgrifiadau a ddefnyddid yn ystod y bedwaredd ganrif ar bymtheg ac ar ddechrau'r ugeinfed ganrif yr oedd 'the Biarritz of Wales', 'the Naples of Wales' a 'the Queen of Welsh Watering Places'.

[49] *Cambrian News*, 11 Awst 1893, 19 Mehefin 1897.

[50] Ibid., 13 Gorffennaf 1905.

Hills ac Ethel Dyon a chan y Royal Strolling Players, actorion a draethai'n ddigrif mewn Hen Saesneg.[51] Fel yn achos canolfannau ymwelwyr eraill yng Nghymru oes Victoria, nid oedd iaith a diwylliant Cymru yn rhan o'r adloniant. Prin iawn oedd y cyfeiriadau at Gymru mewn rhaglenni, ac eithriadau oedd achlysuron megis hwnnw pan ddaeth Clara Novello Davies â chôr o ferched o Gymru i'r dref ym 1905. Er i aelodau'r Rheidol United Juvenile Choir wisgo gwisg Gymreig i berfformio'r gantawd *The Prince of Wales* gan Owain Alaw, Saesneg oedd iaith eu canu.[52] Saesneg hefyd oedd iaith adloniant mwy stwrllyd y llawr sglefrio a'r sgwâr bocsio.[53]

Anodd credu bod adloniant tebyg i'r hyn a geid yn y sgwâr bocsio a'r Bijou Theatre yn rhyngu bodd arweinwyr Ymneilltuol y dref.[54] Rhybuddiai sylwebyddion megis Mawddwy fod twristiaeth yn bygwth tanseilio moesau pobl ifainc a oedd eisoes yn ymwrthod â'r iaith a'r grefydd a drysorid gan eu rhieni:

> Y mae Aberystwyth yn mynd yn dlysach ac yn gyfoethocach o hyd. Ond y mae elfennau goreu ei bywyd mewn perygl. Gwneir camwri dybryd a'i phlant. Ni welant hwy ond ymbleseru a chwarae, a thybiant mai hynny yw prif amcan bywyd. Ni fedrant sylweddoli mai ar eu gwyliau y mae'r Saeson hyn, ni wyddant mor galed ac egniol y gweithiant ym mwg Birmingham trwy gydol y flwyddyn i ennill eu hwythnos wyliau. Nid oes dim a'm gwna mor brudd yn Aberystwyth a chydmaru'r hen a'r ieuanc, – y naill yn ddiddan, yn weithgar, ac yn feddylgar; y llall yn ddiddim, Seisnigaidd a llac.[55]

Er hynny, dengys R. T. Jenkins yn ei atgofion am ei gyfnod fel myfyriwr yn Aberystwyth nad oedd adloniant anfoesol a di-chwaeth yn rhan o fywyd y dref yn ystod yr haf a bod y ddiod gadarn yn wrthun i lawer o wŷr blaenllaw y dref.[56] Ni cheid peiriannau yn dangos *What the Butler Saw* nac ychwaith unrhyw *peep show* yn Aberystwyth yn oes Victoria nac ar ddechrau'r ugeinfed ganrif.[57]

Adlewyrchir y ddelwedd barchus hon yn ymdrechion glew arweinwyr crefyddol Aberystwyth i ddarparu ar gyfer anghenion ysbrydol ymwelwyr.[58] Codwyd neu ehangwyd addoldai Saesneg eu hiaith er mwyn gofalu am eneidiau twristiaid. Adnewyddwyd eglwys Sant Mihangel ym 1833 a bu'r Ymneilltuwyr, hwythau, yn weithgar yn codi capeli Saesneg hardd yn Newfoundland Street,

[51] Ibid., 3 Awst 1905.
[52] Ibid., 17 Awst 1905.
[53] Ibid., 5 Awst 1910.
[54] Gwyn A. Williams, *The Making of a Unitarian: David Ivon Jones 1883–1924* (London, 1995), tt. 14–20.
[55] Mawddwy, 'Gwibdaith Haf', 263–4.
[56] R. T. Jenkins, *Edrych yn Ôl* (Dinbych, 1968), tt. 102–35.
[57] Goronwy Rees, *A Bundle of Sensations* (London, 1960), tt. 19–32.
[58] Hague, 'The Architecture of the Town' yn Jones (gol.), *Aberystwyth*, tt. 88–95; Ieuan Gwynedd Jones, 'Religion and Politics: the rebuilding of St Michael's Church Aberystwyth and its political consequences', *Ceredigion*, VII, rhif 2 (1973), 117–30.

Portland Street ac Alfred Place.[59] Yr oedd arweinwyr y capeli Cymraeg hefyd yn ymwybodol o bwysigrwydd ymwelwyr ac o'r angen i borthi eneidiau Cymry Cymraeg a oedd ar wyliau yn y dref. Estynnid gwahoddiad i hoelion wyth y gwahanol enwadau i bregethu yng nghapeli Seilo, Tabernacl, Bethel a Seion yn ystod tymor yr haf.[60] Er enghraifft, bu pregethwyr o fri megis y Parchedigion Owen Jones, Ffestiniog, a Robert Davies, Amwythig, yn pregethu yn Seilo ddechrau mis Awst 1869. Bu'r Parchedig D. C. Davies o Lundain yn pregethu yn yr un capel yn ystod haf 1873, William Jones, Penrhyndeudraeth, ym mis Awst 1878, a Lewis Edwards o'r Bala yn haf 1883.[61] Parhaodd y traddodiad yn yr ugeinfed ganrif a llwyddai pregethwyr grymus megis T. J. Edwards, Merthyr, W. E. Prydderch, Abertawe, a Philip Jones, Porth-cawl, i swyno'r tyrfaoedd.[62] Eid ati'n fwriadol i drefnu bod pregethwyr enwog yn ymweld â'r dref yn ystod misoedd Gorffennaf ac Awst er mwyn denu ymwelwyr i ymuno â chynulleidfaoedd y capeli a'r eglwysi.

Cofnodwyd 6,680 o unigolion dros ddwy flwydd oed yn Aberystwyth yng nghyfrifiad 1891. Nid oes cofnod o'r iaith a siaredid gan ddeugain o unigolion ac yr oedd pump yn siarad ieithoedd tramor, sef tri siaradwr Ffrangeg a dau siaradwr Eidaleg. Cofnodwyd 1,751 yn uniaith Gymraeg, 3,482 yn ddwyieithog, a 1,402 yn uniaith Saesneg (Tabl 10). Yr oedd dros dri chwarter y boblogaeth, sef 5,233

Tabl 10. Iaith a leferid gan boblogaethau Aberystwyth a sir Aberteifi (2 flwydd oed a throsodd)

	Aberystwyth[1]		**Sir Aberteifi[2]**	
	Nifer	*Canran*	Nifer	*Canran*
Cymraeg	1751	*26.4*	61624	*74.5*
Dwyieithog	3482	*52.5*	17111	*20.7*
Saesneg	1402	*21.1*	3979	*4.8*
Cyfanswm	**6635**	***100.0***	**82714**	***100.0***

[1] Hepgorwyd 40 unigolyn nad oeddynt wedi nodi eu gallu ieithyddol neu eu hoedran, 3 siaradwr Ffrangeg, a 2 siaradwr Eidaleg.

[2] Hepgorwyd 255 nad oeddynt wedi nodi eu gallu ieithyddol a 10 a siaradai ieithoedd eraill.

[59] Mary Brown, *English Methodism in Aberystwyth* (Aberystwyth, 1969), tt. 30–5, 42–66; W. J. Lewis, *The English Congregational Church, Portland Street, Aberystwyth, 1866–1966* (Aberystwyth, d.d.), tt. 20–5; T. I. Ellis, *Thomas Edward Ellis: Cofiant* (Lerpwl, 1944), t. 48.

[60] E. D. Jones, *Trem ar Ganrif yn Hanes Eglwys Gynulleidfaol Baker Street, Aberystwyth* (Aberystwyth, 1978), tt. 3–11; Moelwyn I. Williams, *Y Tabernacl Aberystwyth, 1785–1985* (Aberystwyth, 1986), tt. 32–47; F. W. Jones, *Canmlwydd Seilo Aberystwyth* (Aberystwyth, 1963), tt. 15–31; Llewelyn Morgan, *Hanes Wesleyaeth yn Aberystwyth* (Aberystwyth, 1911), tt. 25–43.

[61] LlGC, Archifau'r MC 18197. Llyfr Cyfrifon y Weinidogaeth, Capel Seilo, Aberystwyth.

[62] Ibid.

(78.9 y cant), yn medru'r Gymraeg ac ychydig yn llai, sef 4,884 (73.6 y cant), yn medru'r Saesneg. Dengys Tabl 10 fod y sefyllfa ieithyddol yn Aberystwyth yn wahanol iawn i'r hyn a geid yn yr ardaloedd gwledig oddi amgylch y dref. Yr oedd cynifer ag 89.3 y cant o drigolion Dosbarth Cofrestru Aberystwyth yn medru'r Gymraeg a dim ond 10.7 y cant yn uniaith Saesneg. Dengys y cyfrifiad hefyd mai Aberystwyth oedd yr ardal fwyaf Seisnigedig yn sir Aberteifi oherwydd yr oedd ymron tri chwarter poblogaeth y sir yn Gymry uniaith a dim ond 4.8 y cant yn ddi-Gymraeg. Trigai 64.6 y cant o'r bobl ddi-Gymraeg a gofrestrwyd yn Nosbarth Cofrestru Aberystwyth yn y dref ac yno hefyd y trigai 35.2 y cant o drigolion di-Gymraeg sir Aberteifi.

Tabl 11. Iaith a leferid yn ôl oedran (2 flwydd oed a throsodd)

Oed	Nifer				*Canran*			
	Cymraeg	Y Ddwy	Saesneg	Cyfanswm	*Cymraeg*	*Y Ddwy*	*Saesneg*	*Cyfanswm*
2–5	167	167	119	453	*36.8*	*36.9*	*26.3*	*100.0*
6–14	311	638	283	1232	*25.2*	*51.8*	*23.0*	*100.0*
15–24	299	922	326	1547	*19.3*	*59.6*	*21.1*	*100.0*
25–44	400	939	362	1701	*23.5*	*55.2*	*21.1*	*100.0*
45–64	376	627	238	1241	*30.3*	*50.5*	*19.2*	*100.0*
65+	198	189	74	461	*43.0*	*41.0*	*16.0*	*100.0*
Cyfanswm	**1751**	**3482**	**1402**	**6635**	***26.4***	***52.5***	***21.1***	***100.0***

Yr oedd ymron tri chwarter y boblogaeth ym mhob grŵp oedran yn medru'r Gymraeg ym 1891. Nid oedd y gyfran a siaradai Gymraeg yn dirywio fesul cenhedlaeth, er bod nifer y Cymry uniaith yn gostwng ymhlith yr ifanc. Yr oedd nifer y Cymry uniaith yn isel iawn ymhlith pobl rhwng 15 a 24 oed, ac y mae'n arwyddocaol fod bron chwarter poblogaeth Aberystwyth yn perthyn i'r grŵp oedran hwn. O ganlyniad, yr oedd ansawdd bywyd y gymdogaeth ifanc hon yn wahanol iawn i eiddo pentrefi gwledig sir Aberteifi. Bu'r cynnydd yn nifer y rhai a fynychai ysgol yn sgil Deddf Addysg 1870 yn gymorth i ledaenu'r Saesneg ymhlith y grŵp oedran hwn.[63] At hynny, yr oedd natur yr economi leol, gan gynnwys twristiaeth, yn ddylanwad trwm ar iaith y brodorion ifainc. Cyflogid canran uchel o'r rhai rhwng 15 a 24 oed fel gweision neu forynion ac ymgymerai eraill â gwaith tymhorol yn gysylltiedig â'r diwydiant ymwelwyr. O ganlyniad, deuent i gysylltiad rheolaidd â'r iaith Saesneg a chaent gyfle i ymarfer yr hyn a ddysgasent yn yr ysgol.

Dengys Tabl 12 fod mwyafrif trigolion Aberystwyth wedi eu geni yn y dref neu yn yr ardaloedd gwledig oddi amgylch. Yr oedd cynifer â 3,440 (51.8 y cant) yn

[63] Griffith G. Davies, 'Addysg Elfennol yn Sir Aberteifi 1790–1902', *Ceredigion*, IV, rhif 4 (1963), 359; A. L. Trott, 'Aberystwyth School Board and Board School 1870–1902', ibid., II, rhif 1 (1952), 3–17; idem, 'The Implementation of the 1870 Forster Education Act in Cardiganshire', ibid., III, rhif 3 (1959), 207–30.

Tabl 12. Iaith a leferid yn ôl man geni (2 flwydd oed a throsodd)

Man geni	Nifer				*Canran*			
	Cymraeg	Y Ddwy	Saesneg	Cyfanswm	*Cymraeg*	*Y Ddwy*	*Saesneg*	*Cyfanswm*
Aberystwyth	972	2148	320	3440	*28.3*	*62.4*	*9.3*	*100.0*
Gweddill sir Aberteifi	630	700	24	1354	*46.5*	*51.7*	*1.8*	*100.0*
Gweddill Cymru	128	485	254	867	*14.7*	*55.9*	*29.4*	*100.0*
Lloegr	15	138	722	875	*1.7*	*15.8*	*82.5*	*100.0*
Eraill	–	11	57	68	–	*16.1*	*83.9*	*100.0*
Heb ei nodi	6	–	25	31	*19.4*	–	*80.6*	*100.0*
Cyfanswm	**1751**	**3482**	**1402**	**6635**	***26.4***	***52.7***	***20.9***	***100.0***

enedigol o Aberystwyth a'r mwyafrif llethol ohonynt, sef 3,120 (90.7 y cant), yn Gymry Cymraeg; o'r rhain yr oedd 972 (31.2 y cant) yn Gymry uniaith. Er bod 1,354 wedi eu geni yn ardaloedd gwledig y sir, yr oedd llai na'u hanner yn Gymry uniaith. Awgryma hyn fod llawer o'r bobl a fudodd i Aberystwyth o bentrefi lle'r oedd mwyafrif y boblogaeth yn drwyadl Gymraeg wedi ymgynefino â Saesneg ar ôl symud i'r dref. Yr oedd 867 (13.1 y cant) o drigolion y dref yn fewnfudwyr o siroedd eraill yng Nghymru, a chanran uchel ohonynt yn hanu o siroedd Trefaldwyn a Meirionnydd. Er bod y mwyafrif ohonynt yn siarad Cymraeg, ychydig iawn yn eu plith a oedd yn Gymry uniaith. Yr oedd 875 (13.2 y cant) o'r rhai a gyfrifwyd yn Aberystwyth yn fewnfudwyr o Loegr. Yr oedd bron un o bob pump ohonynt yn siarad Cymraeg, y mwyafrif ohonynt wedi eu geni yn Lerpwl, Llundain a siroedd y gororau, lle y ceid cymunedau Cymraeg lluosog. Ni chafwyd unrhyw dystiolaeth fod nifer sylweddol o fewnfudwyr o Loegr wedi dysgu Cymraeg ar ôl cyrraedd Aberystwyth.

Tabl 13. Iaith ceidwaid gwestai, tai lojin a lletyau yn ôl man geni

Man geni	Nifer				*Canran*			
	Cymraeg	Y Ddwy	Saesneg	Cyfanswm	*Cymraeg*	*Y Ddwy*	*Saesneg*	*Cyfanswm*
Aberystwyth	9	61	3	73	*12.3*	*83.6*	*4.1*	*100.0*
Gweddill sir Aberteifi	13	20	–	33	*39.4*	*60.6*	–	*100.0*
Gweddill Cymru	–	10	5	15	–	*66.7*	*33.3*	*100.0*
Lloegr	–	3	9	12	–	*25.0*	*75.0*	*100.0*
Eraill	–	1	2	3	–	*33.3*	*66.7*	*100.0*
Cyfanswm	**22**	**95**	**19**	**136**	***16.2***	***69.9***	***13.9***	***100.0***

Nododd 136 o drigolion Aberystwyth eu bod yn cadw tai lojin (Tabl 13), ac yr oedd mwyafrif y tai hynny yn dai tri-llawr cymharol fawr. Gan amlaf, byddai dau neu dri lojer yn lletya yn y tai hyn a dengys y rhestrau ymwelwyr fod dau neu dri theulu yn ymuno â hwy yn ystod yr haf. Dim ond 22 (16.2 y cant) o berchenogion tai lojin Aberystwyth a oedd yn Gymry uniaith a dim ond 19 (13.9 y cant) a oedd yn ddi-Gymraeg. Yr oedd 125 (91.9 y cant) yn wragedd a 46 (33.8 y cant) ohonynt yn benteuluoedd. Y mae'n arwyddocaol mai gwragedd morwyr, porthorion a gweithwyr cyffredin eraill oedd llawer o'r gwragedd priod a oedd yn cadw tai lojin. Y mae'n amlwg, felly, fod twristiaeth yn fodd i gynnal teuluoedd a oedd yn amddifad o enillion penteulu neu deuluoedd lle'r oedd cyflog y penteulu yn isel.[64] Pobl o'r ardal yn hytrach na mewnfudwyr o Loegr oedd mwyafrif ceidwaid llety Aberystwyth. Yr oedd cynifer ag 106 (77.9 y cant) yn enedigol o sir Aberteifi a ganed 73 ohonynt yn nhref Aberystwyth. Y mae'r ffaith fod cyn lleied o Gymry uniaith ymhlith y rhai hynny o drigolion y dref a aned yn ardaloedd gwledig sir Aberteifi yn brawf pellach fod twristiaeth wedi cyfrannu at newid ieithyddol yn y dref.

Dengys y cyfrifiad fod 515 o drigolion Aberystwyth yn weision neu'n forynion. O'r 53 a oedd yn gweithio mewn tai lojin yr oedd 31 (58.5 y cant) yn ddwyieithog, 17 (32.1 y cant) yn ddi-Gymraeg, a phump yn unig (9.4 y cant) yn Gymry uniaith. Dengys hyn fod y gallu i siarad Saesneg yn gymhwyster pwysig i'r sawl a wasanaethai dwristiaid yn Aberystwyth. Pobl o'r ardal oedd mwyafrif y morynion a'r gweision hyn; yr oedd 32 (60.4 y cant) yn enedigol o sir Aberteifi, hanai 8 o ardaloedd eraill yng Nghymru, a dim ond 13 a aned yn Lloegr neu dramor. Y mae hyn yn cadarnhau'r dystiolaeth fod twristiaeth yn ffon gynhaliaeth i lawer o frodorion sir Aberteifi a'i bod hefyd yn gyfrifol am ledaenu gwybodaeth o'r Saesneg ymhlith perchenogion y tai llety, ynghyd â'u gweision a'u morynion. Yr oedd dylanwad y Saesneg hyd yn oed yn gryfach ar y sawl a weithiai mewn gwestai a thafarnau. Ymhlith y 49 o geidwaid gwestai a thafarnau, yr oedd 19 (38.8 y cant) yn ddi-Gymraeg ac yr oedd hynny'n wir hefyd am 19 (51.4 y cant) o'r rhai a weinai y tu ôl i'r bar.

Dengys y cyfrifiad fod 1,558 o aelwydydd yn Aberystwyth ar 5 Ebrill 1891. Dim ond 588 (37.7 y cant) o'r rhain a oedd yn deuluoedd cnewyllol, yn bennaf oherwydd fod cynifer o'r tai yn ddigon helaeth i gynnwys teuluoedd estynedig, lojers, byrddwyr neu ymwelwyr. Cofnodwyd 391 o letywyr neu fyrddwyr a 164 o ymwelwyr, sef cyfanswm o 555 neu 8.4 y cant o'r boblogaeth dros ddwy flwydd oed. Dengys y cyfeiriaduron masnach fod 53 (40.0 y cant) o'r tai a oedd yn cynnwys lletywyr hefyd yn dai gwyliau a bod rhai o berchenogion gwestai Aberystwyth yn llogi ystafelloedd i letywyr neu fyrddwyr trwy gydol y flwyddyn ac ystafelloedd eraill i ymwelwyr yn ystod yr haf. Dengys y cyfrifiad fod nifer helaeth o Gymry Cymraeg yn aros yng ngwestai a thai lojin Aberystwyth yn Ebrill

[64] John K. Walton, *The Blackpool Landlady: A Social History* (Manchester, 1978), t. 9.

1891. Yr oedd cynifer â 30 o'r 164 yn Gymry uniaith, 63 yn ddwyieithog a 71 yn ddi-Gymraeg. Yr oedd cynifer â 56 (34.1 y cant) yn enedigol o sir Aberteifi ac wedi ymweld â'u hen gynefin ym mis Ebrill 1891. Er bod pymtheg glöwr, saith gwniadwraig a dau fwynwr plwm ymhlith yr ymwelwyr, yr oedd y mwyafrif ohonynt yn perthyn i'r dosbarth canol neu'r dosbarth canol is. Yr oedd 71 (43 y cant) o'r ymwelwyr rhwng 15 a 29 oed a 35 arall (21.6 y cant) rhwng 30 a 44 oed.[65] Dengys hyn nad tref wyliau ar gyfer yr hen a'r methedig yn unig oedd Aberystwyth ym machlud oes Victoria ond, yn hytrach, gyrchfan boblogaidd a chanddi atyniadau arbennig ar gyfer yr ifanc.

Tabl 14. Nifer yr ymwelwyr yn Aberystwyth, fesul cyfeiriad y cartref, 1873–93

	Nifer			*Canran*		
	1873	1883	1893	*1873*	*1883*	*1893*
Sir Aberteifi	3	9	11	*0.5*	*1.4*	*1.4*
Gweddill Cymru	135	132	213	*25.7*	*20.0*	*26.6*
Swydd Amwythig	31	40	5	*5.9*	*6.1*	*0.6*
Swydd Gaerhirfryn	27	70	78	*5.1*	*10.6*	*9.7*
Swydd Gaerloyw	36	21	23	*6.8*	*3.2*	*2.9*
Swydd Gaerwrangon	8	15	10	*1.5*	*2.3*	*1.2*
Swydd Henffordd	20	19	26	*3.8*	*2.9*	*3.2*
Llundain	78	84	47	*14.8*	*12.7*	*5.9*
Swydd Stafford	30	46	95	*5.7*	*7.0*	*11.9*
Swydd Warwick	48	83	171	*9.1*	*12.6*	*21.3*
Gweddill Lloegr	76	103	78	*14.5*	*15.6*	*9.7*
Eraill	12	13	8	*2.2*	*2.0*	*1.0*
Heb ei nodi	21	25	36	*4.3*	*3.7*	*4.5*
Cyfanswm	**525**	**660**	**801**	***100.0***	***100.0***	***100.0***

Adlewyrchir yn y rhestrau ymwelwyr dwf cyson y diwydiant ymwelwyr trwy gydol chwarter olaf y bedwaredd ganrif ar bymtheg. Cynyddodd cyfanswm y cofnodion o ymwelwyr yn ystod wythnos olaf mis Awst o 525 ym 1873 i 660 ym 1883, gan gyrraedd penllanw, sef 801, ym 1893, er bod y gostyngiad i 644 erbyn 1898 yn awgrymu bod 1893 yn flwyddyn anarferol o lewyrchus (Tabl 14). Yr oedd ymron tri chwarter y bobl a nodwyd yn y rhestrau yn ymwelwyr o Loegr. Yn wythnos gyntaf mis Awst 1873 dynodai'r cofnodion mai o Loegr y deuai 354 (67.4 y cant) o'r ymwelwyr. Deuai 77 o Lundain, 48 o swydd Warwick, 35 o swydd Gaerloyw, 31 o swydd Amwythig a 30 o swydd Stafford. Gan fod 21 o'r 30 o swydd Stafford yn byw naill ai yn Wolverhampton neu West Bromwich a bod 40 o'r 48 o swydd Warwick yn byw yn Birmingham, yr oedd 61 (11.6 y cant) o'r ymwelwyr yn hanu o'r ardaloedd diwydiannol yng ngorllewin canolbarth Lloegr. Ategir y dystiolaeth hon gan y rhestrau am 1883 sy'n dangos bod canran uchel o'r ymwelwyr a oedd yn aros yn Aberystwyth yn dod o ganolbarth Lloegr. At hynny,

[65] *Welsh Gazette*, 24 Awst 1905.

deuai nifer cynyddol o ymwelwyr o'r ardaloedd diwydiannol ar gyrion dinas Manceinion ac o rannau eraill o swydd Gaerhirfryn. Erbyn degawd cyntaf yr ugeinfed ganrif yr oedd nifer yr ymwelwyr a ddeuai o dde-orllewin Cymru, yn enwedig o'r maes glo caled, yn cynyddu. Arhosai llawer ohonynt yn y gwestai rhataf lle y byddai'r ymwelwyr yn arfer dod â'u bwyd eu hunain ac yn talu gwraig y tŷ am ei goginio. Yr oedd y rhain hefyd yn addolwyr mynych a selog yng nghapeli'r dref.

Yr oedd twristiaeth yn hanfodol bwysig i ffyniant yr economi leol ac yr oedd hefyd yn fodd i gynnal teuluoedd mewn tref lle'r oedd swyddi da yn brin. Cyflogid llawer o blant y dref mewn swyddi ysgafn dros dro, ac yr oedd eu henillion hwy yn gyfraniad amhrisiadwy i incwm teuluoedd mewn cyfnod o gyni yng nghefn gwlad. Datblygodd twristiaeth yn Aberystwyth yn sgil ymgais mewnfudwyr megis Thomas Savin i greu atyniadau newydd deniadol a bu'r modd yr hyrwyddwyd Bae Ceredigion gan hysbysebion Cwmni Rheilffordd y Cambrian yn gyfraniad pellach i lwyddiant y dref. Bu ymdrechion y trigolion hefyd yn gyfraniad pwysig i ddatblygiad y dref. Bu buddsoddiad ariannol yr Aberystwyth Improvement Company yn ysgogiad i letywyr wella ansawdd gwestai a thai lojin. Er bod y rhan fwyaf o'r lletywyr yn Gymry Cymraeg, nid oedd llawer ohonynt yn Gymry uniaith. Daethai llawer o'r gwragedd a gadwai dai lojin a hefyd y morynion a gyflogid mewn gwestai yn Aberystwyth yn rhugl eu Saesneg am eu bod yn ei defnyddio wrth weini ar ymwelwyr, ac yr oedd hynny'n rhannol gyfrifol am y gostyngiad yn nifer y Cymry uniaith yn Aberystwyth. At hynny, fel yr awgrymai Mawddwy, Saesneg oedd iaith adloniant yn Aberystwyth a chysylltid y Gymraeg ag Ymneilltuaeth aflawen. Gan mai Saesneg oedd iaith y rheilffyrdd, byd busnes a'r gyfundrefn addysg, argyhoeddwyd llawer o drigolion y dref fod y gallu i siarad Saesneg yn hanfodol i'w ffyniant. Erbyn troad y bedwaredd ganrif ar bymtheg, Aberystwyth oedd yr ardal fwyaf Seisnigedig yn sir Aberteifi.

Diweddglo

Yn ystod ail hanner y bedwaredd ganrif ar bymtheg daeth twristiaeth yn elfen gynyddol bwysig yn economi trefi glan môr Cymru.[66] Tyfodd Aberystwyth yn un o drefi gwyliau pwysicaf Cymru, yn bennaf oherwydd bod yr awdurdod lleol a buddiannau preifat wedi ehangu'r ddarpariaeth ar gyfer ymwelwyr. Ni ddigwyddodd hynny i'r un graddau yn Abergele a chyn bo hir byddai mwy o ymwelwyr yn mynychu trefi glan môr bychain megis Pwllheli a Llanfairfechan.[67] Ar y cychwyn, tyrrai ymwelwyr i Aberystwyth ac Abergele i fwynhau'r traethau, y môr a'r golygfeydd trawiadol, ac yr oedd y ffaith fod y ddwy dref hefyd yn

[66] W. J. Thomas, 'The Economics of the Welsh Tourist Industry' (traethawd MA anghyhoeddedig Prifysgol Cymru, 1951); C. Baber a D. W. Howell, 'Wales' yn F. M. L. Thompson (gol.), *The Cambridge Social History of Britain 1750–1950* (3 cyf., Cambridge, 1990), I, tt. 281–354.

[67] Walton, *The Blackpool Landlady*, t. 27.

hawdd i'w cyrraedd ar y trên yn elfen bwysig.[68] Erbyn y 1890au, fodd bynnag, yr oedd Aberystwyth yn fwy ffyniannus nag Abergele oherwydd bod yr awdurdod lleol a gwŷr busnes y dref wedi llwyddo i ddarparu atyniadau amrywiol tebyg i'r rhai a geid yn Y Rhyl a threfi gwyliau poblogaidd Lloegr. Eto i gyd, yr oedd diwylliant y *music hall* a'r *cabaret* yn rhan annatod o fywyd y ddwy dref yn ystod tymor y gwyliau, ac yr oedd geiriau caneuon poblogaidd Lloegr yn gyfarwydd iawn i'w trigolion.[69] Er hynny, rhaid cydnabod mai trefi glan môr parchus oedd Abergele ac Aberystwyth. Nid oedd y *peep show* yn rhan o fywyd y naill dref na'r llall; ni châi gwŷr a gwragedd orwedd ar yr un traeth nac ychwaith ymdrochi yn noethlymun.[70] Disgwylid i ymwelwyr ufuddhau i reolau caeth eu llety, a chredai llawer o'r lletywyr mai dŵr y diafol oedd y ddiod gadarn a bod mwynhau pleserau'r cnawd yn bechod anfaddeuol.

Yr oedd twristiaeth, felly, yn elfen hanfodol o economi Aberystwyth ac Abergele. Yr oedd cadw gwesty neu dŷ lojin yn fodd i wragedd, yn enwedig gweddwon a merched dibriod, ennill bywoliaeth mewn cyfnod pan oedd swyddi ar gyfer merched yn brin. At hynny, gan fod llawer o'r rhai a gadwai westai yn briod â dynion a enillai gyflogau isel yr oedd twristiaeth yn fodd i chwyddo incwm y teuluoedd hynny.[71] Yn achos Aberystwyth ac Abergele fel ei gilydd yr oedd canran sylweddol o berchenogion y gwestai, ynghyd â'r rhai a weinai ynddynt, wedi eu geni mewn pentrefi gwledig cyfagos. Dengys cyfrifiad 1891 fod rhai pobl ifainc wedi ymgartrefu yn y trefi glan môr a chael gwaith fel morynion neu weision mewn gwestai a thai lojin. O ganlyniad, bu twristiaeth yn fodd i ehangu strwythur economi'r trefi hyn a'r ardaloedd gwledig o'u hamgylch.[72] Bu twristiaeth hefyd yn hwb i ddatblygiad adnoddau cyhoeddus yn Aberystwyth ac Abergele. Elwodd trigolion tref Aberystwyth yn sgil ymdrechion yr awdurdod lleol i wella safon glendid a chyfleusterau cyhoeddus y dref er mwyn denu mwy o ymwelwyr.[73]

Er hynny, deilliai anfanteision hefyd o'r ffaith fod economi'r gymdogaeth mor ddibynnol ar dwristiaeth. Pan brofai ardaloedd diwydiannol Lloegr drybini economaidd, byddai twristiaeth yn Abergele ac Aberystwyth yn dioddef. Gallai dirwasgiad yn Lloegr gael effaith anghymesur ar ffyniant y ddwy dref oherwydd bod cynifer o bobl yn ddibynnol ar dwristiaeth am eu cynhaliaeth.[74] At hynny, gwaith tymhorol i bobl heb grefft a gynigid gan dwristiaeth, a chyflog bychan

[68] Allan Williams a Gareth Shaw, 'Riding the Big Dipper: the rise and decline of the British seaside resort in the twentieth century' yn Shaw a Williams (goln.), *The Rise and Fall of British Coastal Resorts: Cultural and Economic Perspectives* (London, 1997), tt. 1–18.

[69] H. Cunningham, 'Leisure and Culture' yn Thompson (gol.), *The Cambridge Social History of Britain 1750–1950*, II, tt. 310–13.

[70] Walton, *The Blackpool Landlady*, t. 140.

[71] Ibid., tt. 87–9.

[72] Baber a Howell, 'Wales', tt. 281–354.

[73] Allan Williams a Gareth Shaw (goln.), *Tourism and Economic Development: Western European Experiences* (London, 1988), tt. 1–3.

[74] *Aberystwyth Observer*, 1 Medi 1898.

iawn a enillid gan lawer o'r rhai a weinai ar ymwelwyr. Cyflogid canran uchel o blant a phobl ifainc a'u gorfodi i gyflawni gwaith diraddiol.[75]

Datblygodd Abergele (yn enwedig Pen-sarn) yn sgil llwyddiant masnachol Lerpwl a Manceinion yn oes Victoria, ac elwai Aberystwyth ar ffyniant Birmingham. Ond yr oedd yr ardaloedd diwydiannol ar gyrion Manceinion a Birmingham hefyd yn bwysig i'w datblygiad. Cynyddodd nifer yr ymwelwyr a deithiai i Aberystwyth o ganolbarth Lloegr wrth i'r ardal boblog honno ymgyfoethogi yn sgil datblygiad diwydiannau peirianyddol mewn trefi megis Wolverhampton, West Bromwich a Wednesbury. Sefydlwyd nifer o ffatrïoedd bach a gweithdai yn sgil y diwydiant hwnnw ac yr oedd llawer ohonynt yn eiddo i gwmnïau teuluol neu bartneriaeth. O ganlyniad datblygodd dosbarth lluosog o wŷr busnes cefnog yn yr ardal honno a denid llawer ohonynt gan brydferthwch glannau a chefn gwlad Cymru.[76] Fel yn achos nifer o drefi glan môr gogledd Cymru, llwyddai Abergele i ddenu nifer cynyddol o ymwelwyr dosbarth-gweithiol o ardaloedd diwydiannol swydd Gaerhirfryn. Deuai canran sylweddol ohonynt o'r ardal a oedd yn ddibynnol ar y diwydiant brethyn; cynyddai'r nifer a ddeuai o'r trefi hynny o ganlyniad i ddeddfau a fabwysiadwyd yn y 1870au i gyfyngu ar oriau'r ffatrïoedd brethyn a phenderfyniad cyflogwyr i ganiatáu ambell ddiwrnod gŵyl i'w gweithwyr. Cyflogid llawer o wragedd priod yn y ffatrïoedd brethyn ac yr oedd eu henillion hwy yn ychwanegiad pwysig at gyflog eu gwŷr. Canlyniad hyn oedd bod rhai o deuluoedd dosbarth-gweithiol swydd Gaerhirfryn yn gymharol gyfforddus eu byd ac yn medru fforddio mynd ar wyliau i drefi glan môr gogledd Cymru. At hynny, yr oedd cymdeithasau gwirfoddol a'r mudiad cydweithredol yn hynod o bwysig ym mywyd aelodau parchus o'r dosbarth gweithiol yn swydd Gaerhirfryn. Cynilai llawer o'r aelodau ar gyfer eu gwyliau blynyddol a hwy oedd rhai o gwsmeriaid mwyaf ffyddlon trefi glan môr gogledd Cymru.[77]

Yr oedd cyflwr llewyrchus y trefi glan môr a'r trefi ffynhonnau yn dra gwahanol i fywyd llwm amaethwyr cefn gwlad. Yr oeddynt yn gymunedau egnïol, yn llawn asbri pobl ifainc a oedd yn ganran bwysig o boblogaeth y cymdogaethau hynny, ac adlewyrchid y bywiogrwydd hwn ym miri'r promenâd a'r *music hall.* I raddau helaeth, deilliai'r llewyrch hwn o'r modd y deuai nifer cynyddol o ymwelwyr dosbarth-canol, a rhai ymwelwyr dosbarth-gweithiol, o Loegr ar wyliau i drefi glan môr Cymru yn sgil gwelliannau sylweddol yn rhwydwaith y rheilffyrdd. Erbyn diwedd y bedwaredd ganrif ar bymtheg yr oedd y ddwy dref yn ganolfannau gwyliau llwyddiannus, er bod poblogrwydd Abergele

[75] Shaw and Williams (goln.), *The Rise and Fall of British Coastal Resorts*, tt. 1–18; Archifdy Gwynedd, Dolgellau, Cofnodion Pwyllgor Mynychu Ysgol Dolgellau, A/11/26.

[76] Asa Briggs, *The History of Birmingham: Borough and City, 1865–1938* (2 gyf., London, 1952), II, tt. 28–66; Richard Dennis, *English Industrial Cities of the Nineteenth Century: A Social Study* (Cambridge, 1984), tt. 186–99.

[77] Cunningham, 'Leisure and Culture', t. 285.

ar drai yn sgil y cynnydd ym mhoblogrwydd trefi cyfagos ac amharodrwydd arweinwyr cyhoeddus y dref i ehangu darpariaeth ar gyfer ymwelwyr. Yr oedd y ddwy dref hefyd yn gymunedau a oedd yn cyfuno gwerthoedd Ymneilltuol a bywiogrwydd y *music hall.* Yr oedd yr iaith Gymraeg yn gryfach yn Abergele ac Aberystwyth nag yn nemor un dref wyliau arall o'r un maint; bron yn ddieithriad, cedwid gwestai a thai gwyliau gan Gymry Cymraeg lleol. Eto i gyd, dim ond canran fechan iawn o berchenogion y gwestai a'r gweision a'r morynion a oedd yn uniaith Gymraeg, er bod llawer ohonynt yn hanu o bentrefi lle'r oedd mwyafrif y boblogaeth yn drwyadl Gymraeg.

Dengys yr astudiaeth hon fod newid iaith wedi digwydd yn y ddwy dref yn ystod y bedwaredd ganrif ar bymtheg wrth i niferoedd y Cymry uniaith ostwng fesul cenhedlaeth. Yr oedd y gyfundrefn addysg yn rhannol gyfrifol am ledaenu'r Saesneg, a Saesneg oedd iaith masnach a busnes yn Abergele ac Aberystwyth, fel ymron pob tref arall. Ond y mae'n ddiau hefyd fod twristiaeth wedi Seisnigo'r ddwy dref. Daethai llawer o'r trigolion i arfer â'r Saesneg oherwydd eu hymwneud ag ymwelwyr. Er mai Cymraeg oedd iaith gyntaf canran sylweddol o drigolion y ddwy dref, yr oedd peuoedd y Gymraeg yn bur gyfyng, ac yn sicr nid oedd iddi le mewn masnach, bywyd cyhoeddus na thwristiaeth. Erbyn diwedd y bedwaredd ganrif ar bymtheg, credai arweinwyr y dosbarth canol ymwthiol a oedd yn ceisio datblygu economi Abergele ac Aberystwyth ei bod yn bwysig fod y brodorion yn medru siarad Saesneg yn rhugl. Treiddiai'r agwedd hon i weddill y gymdogaeth, gan ddylanwadu'n drwm ar y newid ieithyddol a oedd ar gerdded ar drothwy'r ganrif newydd.

6

'Sfferau ar wahân'?: Menywod, Iaith a Pharchusrwydd yng Nghymru Oes Victoria

ROSEMARY JONES

FEL Y DADLEUODD sawl ieithyddwr cymdeithasol, a hynny'n argyhoeddiadol, nid yw iaith yn agwedd 'naturiol', statig ar ymwneud pobl â'i gilydd, nac ychwaith yn ddull cwbl iwtilitaraidd o gyflwyno gwybodaeth. Yn hytrach, y mae iaith – megis rhyw neu ddosbarth – yn ei hanfod yn ffenomen *ddiwylliannol*, ac y mae, o'r herwydd, wedi'i chydblethu'n glòs â'r strwythurau cymdeithasol ac â'r cyfundrefnau gwerthoedd sydd i gymunedau penodol ar adegau penodol yn eu hanes. Nod y bennod hon yw gwyntyllu'r berthynas gymhleth sy'n bodoli rhwng iaith, rhyw a gwerthoedd cymdeithasol ehangach Cymru oes Victoria, yn bennaf drwy drafod syniadaeth gyfoes ynghylch bod yn wraig barchus. Cofier bod iaith – a ffiniau cydnabyddedig sgwrs fenywaidd, barchus – yn chwarae rhan ganolog wrth sefydlu gwerthoedd y rhywiau yn ystod y bedwaredd ganrif ar bymtheg ac yr oedd yn hanfodol i'r modelau newydd o fenywdod a ddaethai'n fwyfwy cyffredin yn llenyddiaeth boblogaidd y cyfnod, modelau a oedd ar yr un pryd yn amrywiol ac weithiau'n gwrthdaro â'i gilydd.

Yr oedd iaith, wrth gwrs, yn symbol pwysig o statws i fenywod, yn fwy felly nag i'w cymheiriaid gwrywaidd. Yr oedd prif nodweddion sgwrs menywod – tôn llais, geirfa, a chyd-destun sgwrs – i gyd yn ffactorau a benderfynai lefel eu parchusrwydd a'u statws o fewn y gymuned ehangach. Yn wahanol i ddynion, a oedd yn meddu ar ddulliau eraill i sicrhau statws a pharch o fewn y gymdeithas – trwy ddilyn gyrfa broffesiynol, er enghraifft – gorfodid menywod a oedd am gadarnhau eu safle cymdeithasol i dalu gwrogaeth i'r norm cymdeithasol a oedd eisoes yn bodoli. At hynny, er bod iaith – a chyfyngiadau geiriol – yn ganolog i'r ddelwedd o fenywdod parchus a geid yn llenyddiaeth boblogaidd oes Victoria, yr oedd iaith hefyd yn ganolog i'r dull o saernïo modelau gwahanol, llai derbyniol, o fenywdod, ac yn ei thro yn hanfodol i'r proses o wthio'r modelau hynny i'r cyrion. Gwelir hynny, er enghraifft, yn y delweddau o'r fenyw chwedleugar a hydreiddiai lenyddiaeth Gymraeg y cyfnod. I ddarlunio'r themâu hyn, bydd y drafodaeth isod yn canolbwyntio ar y cysyniad o 'sfferau ar wahân', fel y'i gelwir, sydd i ddynion a menywod – a chwlt cysylltiedig y wraig tŷ, ideoleg hollbwysig i'r syniadaeth gyfoes ynglŷn â menywdod parchus a dyndod parchus.[1] Fel y dangosir, chwaraeodd y cysyniad o 'sfferau ar wahân' ran amlwg wrth strwythuro ac ailbatrymu gwerthoedd y rhywiau yn ystod degawdau canol y bedwaredd ganrif ar bymtheg, a rhoes gyfyngiadau llym ar ymddiddan ac ymarweddiad menywod 'parchus', yn enwedig ar eu rhyddid i lefaru yn 'gyhoeddus', neu ym mhresenoldeb dynion.

Yr oedd y farn gyffredin am fenywdod Cymreig ac am briodas, a oedd yn nodwedd lywodraethol ar lenyddiaeth Gymraeg cyn oes Victoria, yn pwysleisio natur ymosodol diwylliant llafar merched, a'u hymddygiad gynhenid stwrllyd, yn enwedig yn eu perthynas â'u gwŷr. Cyflwynid 'tafod gwraig' – prif arf menyw wrth ymosod – yn achos anghydfod priodasol diderfyn a gelyniaeth ddi-ben-draw rhwng y rhywiau.[2] Yn wahanol i'r patriarch Fictoraidd yr oedd ei swyddogaeth gymdeithasol, wleidyddol, ac economaidd mewn perthynas â'i wraig wedi ei diffinio i raddau, yr oedd gwŷr mewn cenedlaethau cynharach yn teimlo dan fygythiad oherwydd grym y tafod benywaidd ac yn rhoi pob gewyn ar waith i gyfyngu ar ei awdurdod. Gorfodid gwragedd cecrus i ddioddef cawod o gosbau defodol, rhai ohonynt yn greulon, megis cael eu trochi ym mhwll y pentref neu eu tynnu drwy'r afon, neu gwneud iddynt orymdeithio drwy'r ardal yn gocyn hitio i'r fro gyfan.[3] Gan fod y berthynas rhwng dau gymar o fewn priodas yn y

[1] Ar y cysyniad 'sfferau ar wahân' (*separate spheres*), gw., e.e., Leonore Davidoff a Catherine Hall, *Family Fortunes: Men and Women of the English Middle Class, 1780–1850* (London, 1987), yn enwedig penodau 3 a 8; Catherine Hall, *White, Male and Middle-Class: Explorations in Feminism and History* (Cambridge, 1992), yn enwedig penodau 3 a 4; Anna Clark, 'The Rhetoric of Chartist Domesticity: Gender, Language, and Class in the 1830s and 1840s', *Journal of British Studies*, 31, rhif 1 (1992), 62–88; Wally Seccombe, 'Patriarchy stabilized: the construction of the male breadwinner wage norm in nineteenth-century Britain', *Social History*, 11, rhif 1 (1986), 53–76; Sonya O. Rose, 'Gender and Labor History: the nineteenth-century legacy', *International Review of Social History*, 38 (1993), 145–62. Am y delfryd domestig yng Nghymru'r bedwaredd ganrif ar bymtheg, gw. Sian Rhiannon Williams, 'The True "Cymraes": Images of Women in Women's Nineteenth-Century Welsh Periodicals' yn Angela V. John (gol.), *Our Mothers' Land: Chapters in Welsh Women's History, 1830–1939* (Cardiff, 1991), tt. 69–91.

[2] Ar y berthynas rhwng y rhywiau cyn oes Victoria, gw., e.e., Anna Clark, *The Struggle for the Breeches: Gender and the Making of the British Working Class* (London, 1995); Susan D. Amussen, *An Ordered Society: Gender and Class in Early Modern England* (Oxford, 1988); eadem, 'The Gendering of Popular Culture in Early Modern England' yn Tim Harris (gol.), *Popular Culture in England, c.1500–1850* (Basingstoke, 1995), tt. 48–68. Am ddelweddau o ferched cecrus neu stwrllyd yng Nghymru, gw., e.e., *Dyddan-Gerdd; Sef, Casgliad o Ganiadau Difyr. O Waith Ioan Siencyn, y Bardd Bach o Aberteifi* (Carmarthen, 1823), tt. 3–21, a Charles Redwood, *The Vale of Glamorgan: Scenes and Tales among the Welsh* (London, 1839), tt. 271–95.

[3] Ar y dulliau o gosbi gwragedd cecrus yn y cyfnod modern cynnar gw., yn arbennig, David Underdown, 'The Taming of the Scold: the enforcement of patriarchal authority in early modern England' yn Anthony Fletcher a John Stevenson (goln.), *Order and Disorder in Early Modern England* (Cambridge, 1985), tt. 116–36, a Martin Ingram, '"Scolding women cucked or washed": a crisis in gender relations in early modern England?' yn Jenny Kermode a Garthine Walker (goln.), *Women, Crime and the Courts in Early Modern England* (London, 1994), tt. 48–80. Ceir trafodaeth fer ar gosbi gwragedd cecrus yng Nghymru cyn oes Victoria yn Rosemary A. N. Jones, 'Women, Community and Collective Action: The *Ceffyl Pren* Tradition' yn John (gol.), *Our Mothers' Land*, tt. 26–8. Gw. hefyd Redwood, *The Vale of Glamorgan*; 'Brecknockshire traditions', *AC*, IV (1858), 159; Marie Trevelyan, *Glimpses of Welsh Life and Character* (London, 1893), t. 81.

cyfnod hwnnw yn cael ei hystyried yn gonglfaen sefydlogrwydd cymdeithasol a gwleidyddol ehangach, pennid gwaharddiadau a gyfyngai ar rym mynegiant y fenyw stwrllyd, ac a atgoffai fenywod eraill o'u swyddogaeth israddol o fewn y sefydliad patriarchaidd ehangach.

Yr oedd delweddau o'r wraig dafotrwg (neu 'ysgowldwraig'), ymgorfforiad o'r grym ac o'r 'anhrefn' benywaidd, mewn cyferbyniad eglur â'r delfryd ystrydebol o fenywdod Cymreig a fodolai yn ystod oes Victoria. Y mae'r newid pwyslais hwn – ynghyd â diflaniad, i bob pwrpas, y sancsiynau poblogaidd yn erbyn y wraig gecrus – yn arwydd o'r newidiadau sylfaenol a ddigwyddodd yn y berthynas rhwng y rhywiau, ac yng ngwerthoedd amryfal y rhywiau, erbyn canol y bedwaredd ganrif ar bymtheg. Erbyn hynny, yr oedd llawer o'r tyndra a achoswyd gan berthynas anniddig rhwng y rhywiau, ac a oedd yn nodwedd ar gyfnodau cynharach, i bob pwrpas wedi diflannu, a daeth yn amlwg fod dynion bellach yn llawer llai sensitif ynghylch grym y tafod benywaidd. O leiaf nid oedd 'ymddiddan anhrefnus' y gwragedd, hyd yn oed o'i defnyddio yn erbyn y penteulu, yn cael ei hystyried yn fygythiad gwirioneddol i'r sefydliad cymdeithasol a gwleidyddol ehangach.

Nid dyma'r lle i drafod y newid a fu ym mherthynas y rhywiau â'i gilydd, ond o tua'r 1830au ymlaen bu polareiddio cynyddol rhwng swyddogaethau'r ddwy ryw, ac elfen ganolog y syniadaeth newydd hon oedd y cysyniad o 'sfferau ar wahân' ar gyfer dynion a menywod. Hanfod y syniad oedd bod gweithgareddau a dyletswyddau neilltuol yn perthyn i ryw arbennig. Câi dynion eu cysylltu fwyfwy â byd 'cyhoeddus' y gweithle ac ymgyrchu gwleidyddol ffurfiol, ac yr oedd disgwyl iddynt fod yn benteuluoedd da yn ogystal ag amddiffyn yn foneddigaidd y 'rhyw wannach'. Byd 'preifat' y cartref a'r teulu oedd tiriogaeth y menywod, ar y llaw arall, ac yr oedd disgwyl iddynt hwythau ddarparu safon uchel o gysur yn y cartref yn ogystal â chynnig noddfa i'w gwŷr rhag pwysau economaidd a gwleidyddol y byd y tu allan. Yr oedd disgwyl o hyd i wragedd fod yn ymostyngol ac ildio i ewyllys eu gwŷr, ond rhoddid iddynt hefyd reolaeth lwyr dros diriogaeth arbennig, sef y cartref a'r teulu, ac o fewn terfynau'r diriogaeth honno caent fwy o barch, statws ac annibyniaeth.

Nid oedd y cysyniad o 'sfferau ar wahân' a chwlt cysylltiedig y wraig tŷ yn ideoleg hollol newydd. Gellid ei olrhain i'r newidiadau crefyddol a ddigwyddodd yn y ddeunawfed ganrif,[4] ond datblygodd yn gyflym yn ystod oes Victoria wrth i'r diffiniad o fenywdod gael ei gysylltu'n bennaf â'r cartref a'r teulu ac wrth i'r cysyniad o 'sfferau ar wahân' ar gyfer dynion a menywod gael ei ystyried yn gonglfaen sefydlogrwydd cymdeithasol a gwleidyddol ehangach. Câi'r delfrydau

[4] Am drafodaethau cynharach ar briodas sy'n ein hatgoffa o'r ideoleg ddomestig, gw., e.e., William Williams (Pantycelyn), *Ductor Nuptiarum: neu Gyfarwyddwr Priodas, Mewn Dull o Ymddiddan rhwng Martha Pseudogam, a Mary Eugamus* (Aberhonddu, 1777) a Roger Owen, *Traethawd ar y Cyflwr Priodasol . . .* (Aberystwyth, 1813).

hyn, a sylfaenwyd ar Ymneilltuaeth grefyddol, eu hategu yng nghyfnodolion Cymraeg y cyfnod, a'u lledaenu â chryn egni ac argyhoeddiad mewn cylchgronau megis *Y Gymraes* a'r *Frythones*, a anelid yn benodol at gynulleidfa fenywaidd ac a wnâi ymgais fwriadol i ddyrchafu cymeriad menywod Cymru drwy sicrhau eu bod yn ddefnyddiol o fewn y cartref fel gwragedd, mamau a morynion ffyddlon.[5] At hynny, er i'r delfrydau hyn gael eu cysylltu'n aml â'r dosbarth canol, y mae angen pwysleisio nad oedd ymlyniad wrth y syniad o 'sfferau ar wahân' wedi ei gyfyngu i un dosbarth neilltuol. Yn wir, ymddengys iddo gael ei gofleidio a'i gefnogi gan drawstoriad eang yn y gymdeithas Gymreig, yn ddosbarth gweithiol yn ogystal â dosbarth canol.

Gellir dadlau i ba raddau yr adlewyrchid y cysyniad o 'sfferau ar wahân' ym mhrofiadau beunyddiol y ddwy ryw yng Nghymru. Yng Nghymru wledig, er enghraifft, nid oedd y syniad o ŵr yn ennill cyflog a'i wraig yn aros gartref yn ddewis ymarferol i lawer o deuluoedd dosbarth-gweithiol neu amaethwyr, a pharhaodd llafur menywod yn hollbwysig i'r economi amaethyddol drwy gydol y bedwaredd ganrif ar bymtheg. Ar y llaw arall, y mae data'r cyfrifiadau yn awgrymu mai canran gymharol isel o fenywod Cymru a oedd yn gweithio yn yr economi ffurfiol – llai, yn wir, nag yn Lloegr – a bod y strwythur cyflogaeth yn atgyfnerthu rhaniadau rhyw anhyblyg, gyda dynion yn cael eu cysylltu'n gynyddol â diwydiant trwm a'r menywod hynny a geisiai waith am gyflog y tu allan i'r tŷ yn ymgymryd fwyfwy â gwasanaeth domestig, y math o waith a oedd, mewn ffordd, yn cryfhau'r cysylltiad rhyngddynt a'r cartref. Yn ardaloedd diwydiannol de Cymru, er enghraifft, yr oedd y cysyniad o 'sfferau ar wahân' yn realiti economaidd i'r mwyafrif o deuluoedd dosbarth-gweithiol. Yr oedd y gweithle ffurfiol wedi ei gyfyngu i ddynion a phrin oedd y cyfleoedd cyflogaeth i fenywod y tu allan i'r cartref.[6]

Serch hynny, beth bynnag am realiti economaidd y sefyllfa, ymddengys fod y cysyniad o 'sfferau ar wahân' yn ddelfryd a chanddo wreiddiau dwfn a goleddid yn eang, ac iddo ymdreiddio i bob agwedd ar fywyd cymdeithasol, diwylliannol, crefyddol a gwleidyddol Cymru yn oes Victoria. Llwyddodd yn ddi-os ar lefel rethregol ac ideolegol, os nad bob amser ar lefel ymarferol cysylltiadau pob dydd, a chafodd ddylanwad ar y safonau ymddygiad a ddisgwylid gan barau priod parchus. Gwnaeth lawer i wanhau'r elyniaeth rhwng y rhywiau a fu mor frith mewn cyfnodau cynharach a bu o gymorth i gynhyrchu modelau newydd o fenywdod a ddisodlodd ddelweddau cynharach o'r 'ysgowldwraig' flin. Yn fwyaf arbennig, bu'n hwb i'r ymgais i ramanteiddio swyddogaeth y fenyw fel gwraig tŷ a mam Gristnogol. Ni châi gwraig ei phortreadu bellach fel tafodwraig gecrus a chynllwyngar â'i bryd ar gipio grym oddi ar y penteulu. I'r gwrthwyneb,

[5] Gw., e.e., gyflwyniad y golygydd yng nghyfrol gyntaf *Y Gymraes*, a gyhoeddwyd ym 1850.

[6] Ar ferched yn gweithio yng Nghymru'r bedwaredd ganrif ar bymtheg, gw. L. J. Williams a Dot Jones, 'Women at Work in Nineteenth Century Wales', *Llafur*, 3, rhif 3 (1982), 20–32 ac Angela V. John, 'Introduction' yn John (gol.), *Our Mothers' Land*, tt. 1–2.

pwysleisiai'r delweddau cyfoes eiddilwch y fenyw, a châi gwragedd eu darlunio fwyfwy fel creaduriaid mwyn, ymostyngol ac israddol yr oedd angen cyd-ymdeimlad ac amddiffyniad boneddigaidd arnynt. Yn anad dim, cafodd y syniad ddylanwad dwys ar iaith ac ymarweddiad menywod – neu o leiaf ar y safon ddelfrydol o iaith ac ymarweddiad y ceisiai menywod Cymreig parchus ei hefelychu. Mewn canrifoedd cynharach cyfyngid ar rym y 'tafod benywaidd' drwy gyfrwng cosbi cyhoeddus a gwatwar, ond o ganol y bedwaredd ganrif ar bymtheg ymlaen caethiwid mwyfwy ar 'eiriau menyw', i'r graddau y bernid hwy yn fygythiad i sefydlogrwydd cymdeithasol, gan rym cyfyngiadau ideolegol, ac yn enwedig gan bwysau cymdeithasol i gydymffurfio â syniadaeth y cyfnod ynghylch benyweidd-dra parchus. Cafodd hyn, yn ei dro, effaith ddwys nid yn unig ar iaith ac ymarweddiad merched unigol ond hefyd ar y diwylliant llafar a fu ers cenedlaethau yn sail i rwydweithiau cymdeithasol o fewn cymunedau clòs y Gymru wledig a'r Gymru ddiwydiannol. Drwy ymosod ar 'glebran' merched, er enghraifft, yr oedd pleidwyr y delfryd domestig, mewn ffordd sylfaenol iawn, yn cynllwynio i ddarnio a dibrisio'r gwahanol beirianweithiau answyddogol a fu mor ffurfiannol wrth gryfhau cysylltiadau cymdeithasol ac economaidd rhwng cymdogion benywaidd a'i gilydd.[7] At hynny, drwy danseilio a dwyn gwarth cyson ar glebran merched, yr oedd cynheiliaid y delfryd yn fygythiad uniongyrchol i un o'r ychydig ddulliau a oedd gan fenywod at eu defnydd i ddylanwadu ar y farn gyhoeddus ac ar ymddygiad pobl yn gyffredinol. Yr oedd clebran yn ddull gwerthfawr o reoli cymdeithas: gallai ddod ag enw da i rywun, neu enw drwg, ac ni ddylid bychanu ei bwysigrwydd yn llaw y ferch – ceidwad hunanbenodedig moesoldeb cymdeithasol. Drwy ymwneud â rhwydweithiau megis y Clwb Te, cylch clebran i fenywod a oedd yn arbennig o boblogaidd yn ne Cymru hyd yn gynnar yn y bedwaredd ganrif ar bymtheg, gallai menywod arfer mesur o rym anffurfiol, lled-gyhoeddus, dros eu cymdogion agosaf.[8]

Nod y bennod hon, felly, yw gwyntyllu dylanwad 'sfferau ar wahân' a chwlt y cartref nid yn unig ar iaith ac ymarweddiad menywod unigol a geisiai godi yn y byd ond hefyd ar y diwylliant benywaidd o gymdogaeth gyfrannol a fodolai yn ystod oes Victoria. At hynny, ceisir mesur union ddylanwad ymarferol y delfrydau hyn ar fywyd pob dydd mwyafrif merched Cymru yn y bedwaredd ganrif ar

[7] Y mae llawer wedi ei ysgrifennu ar 'glebran' merched, ond gw., yn enwedig, Melanie Tebbutt, *Women's Talk? A Social History of 'gossip' in Working-class Neighbourhoods, 1880–1960* (Aldershot, 1995); eadem, 'Women's talk? Gossip and "women's words" in working-class communities, 1880–1939' yn Andrew Davies a Steven Fielding (goln.), *Workers' Worlds: Cultures and Communities in Manchester and Salford, 1880–1939* (Manchester, 1992), tt. 49–73; Ellen Ross, '"Not the sort that would sit on the doorstep": respectability in pre-World War I London neighbourhoods', *International Labor and Working Class History*, rhif 27 (1985), yn enwedig 51–2.

[8] Ar y Clwb Te, gw., e.e., Isaac Foulkes, *'Cymru Fu': yn Cynwys Hanesion, Traddodiadau, yn nghyda Chwedlau a Damhegion Cymreig* (Liverpool, 1863), tt. 90–1, ac Edward Matthews, *Hanes Bywyd Siencyn Penhydd* (Gwrecsam, 1867), tt. 43–4. Yn rhai ardaloedd yn ne Cymru, yng nghyfarfodydd y Clwb Te y cyflwynid gwragedd a oedd newydd briodi yn ffurfiol i gylch clebran eu cymdogion.

bymtheg. I ba raddau, er enghraifft, y manteisiai merched ar y delfrydau hyn, a'u defnyddio i wella eu safle cymdeithasol *vis-à-vis* eu cymdogion benywaidd llai parchus? I ba raddau, os o gwbl, y ceisiai menywod ddymchwel neu aildrafod ffiniau 'sfferau ar wahân' fel y'u hamlinellid yng nghyfnodolion Cymraeg yr oes? Cyn trafod materion o'r fath, fodd bynnag, dylid canolbwyntio ar brif ganllawiau'r delfryd domestig, fel y'u gwelir yn llenyddiaeth boblogaidd y dydd, a'r union gyfyngiadau y gobeithiai'r canllawiau hynny eu gosod ar ryddid menywod i lefaru yn ogystal ag ar eu symudiadau.

Yr oedd y farn gyffredin am fenywdod Cymreig yn ystod oes Victoria yn pwysleisio swyddogaeth ymostyngol a distaw y fenyw o fewn byd 'preifat' y cartref a'r teulu. Yn wahanol i'r hyn a gredid yn y canrifoedd blaenorol, ystyrid bellach fod grym menyw yn deillio o'i dylanwad matriarchaidd, tawel a hollbresennol yn y cartref. Disgwylid i'r wraig a'r fam Fictoraidd barchus, yr 'angel yn y tŷ' a gâi ei haddoli am ei llafur hunanaberthol, ofalu yn ufudd am anghenion y penteulu, yn ogystal ag anghenion ei phlant, ac ymatal rhag cymryd rhan yn unrhyw weithgareddau 'cyhoeddus' anweddus a allai beryglu ei moesoldeb, ei gwyleidd-dra neu ei phreifatrwydd. 'Hardd ar ferch, bod yn ddistaw', medd y ddihareb, a châi menywod parchus eu hannog i ymddiddan mewn llais tawel.[9] Ym 1881, er enghraifft, anogid darllenwyr *Y Frythones* i osgoi siarad yn uchel ac ymosodol:

> Siaradwch yn esmwyth. Y mae llais uchel, ystormus, yn profi diffyg dygiad i fyny. Egwyddor gyntaf a dyfnaf moesgarwch ydyw, gwneuthur i'r rhai o'n cwmpas deimlo yn hyfryd a mwynhaol; ac y mae dull a thôn arw ac eofn o siarad yn annymunol i'r rhan amlaf o bobl.[10]

Er bod gwyleidd-dra a gostyngeiddrwydd ymhlith rhinweddau pennaf y fenyw barchus Fictoraidd, yr oedd hefyd yn addysgedig a gwybodus, ac adlewyrchid hyn yn y pynciau dyrchafol y byddai'n eu trafod.[11] Yn *Y Brython* ym 1860, er enghraifft, cyferbynnir ymddiddan doeth a chraff 'Y Ferch Rinweddol' â siarad di-glem a disylwedd ei chwiorydd llai dysgedig:

> Mae yn *ferch synwyrol yn ei hymddiddanion*. 'Hi a egyr ei genau yn ddoeth' . . . Mae ei chalon wedi ei llenwi â gwybodaeth, ac o helaethrwydd y galon hono y llefara hi. Mae llawer o ferched yng Nghymru na chlywir byth mo honynt yn llefaru yn gall. Rhyw goeg-ddigrifwch, ac ymadroddion ffol a ddeuant yn wastad dros eu gwefusau. Rhyw bethau gwrthun a dibwys hefyd, y rhan amlaf ydynt destynau eu hymddyddanion. Yn ofer y ceisir ymddiddan â hwy am ddim buddiol a gwerthfawr.[12]

9 J. J. Evans, *Diarhebion Cymraeg (Detholiad, gyda Chyfieithiad i'r Saesneg)* (Llandysul, 1965), t. 34.
10 'Hyn a'r Llall', *Y Frythones*, III, rhif 7 (1881), 225; gw. hefyd *Y Gymraes*, VIII, rhif 94 (1904), 101.
11 'Diwylliad y Rhyw Fenywaidd', *Y Beirniad*, V (Hydref, 1864), 156.
12 'Y Ferch Rinweddol', *Y Brython*, III, rhif 24 (1860), 381.

Eto, er gwaethaf ei gallu i fynegi barn ar amryw o bynciau, nid oedd y fenyw Fictoraidd yn hunandybus; gwyddai pryd i siarad a phryd i fod yn ddistaw yng nghwmni pobl eraill, a phlygai i'r sawl a oedd yn 'gwybod yn well' na hi. Fel y pwysleisiai cylchgronau merched y cyfnod mor aml, elfen angenrheidiol o'r 'gelfyddyd' o ymgomio oedd gwybod yn reddfol pryd i ymatal rhag siarad: 'Yr ydym yn siarad gormod, fel rheol. Feallai mai y wers gyntaf i'r sawl a fyn ddysgu siarad ydyw dysgu tewi . . . Mae tewi yn fynych yn golygu mwy o nerth na'r areithio mwyaf hyawdl. Nid oes dim yn tynu oddiwrth ein dylanwad yn fwy na bod yn siaradus.'[13] Yn ogystal, byddai'r fenyw Fictoraidd yn ymatal rhag defnyddio iaith 'fras' neu anweddus, gan yr ystyrid hynny yn ddiffyg moesol a oedd yn tynnu oddi ar ei harddwch naturiol.[14] Yr oedd purdeb moesol yn gofyn am burdeb iaith: 'Rhaid i fenyw nid yn unig fod yn ddiwair (*chaste*) mewn ymddygiad *allanol*, ond rhaid i'w chalon, ei meddyliau, a'i hymddyddanion fod yn bur, onide bydd ei gwylder yn dwyllodrus . . .'[15] Fel y nodwyd yn *Y Frythones* ym 1883: 'Y mae geiriau anweddus gan ferch yn gwanhau ymddiried ynddi, yn oeri cariad tuag ati; y mae megys yn pylu y teimladau tyneraf, ac yn peryglu y cysylltiadau pwysicaf.'[16] Ystyrid iaith fras yn fwy gwrthun fyth pan ddefnyddid hi gan fenyw, a buasai llawer o gyfoeswyr wedi cytuno â'r haeriad 'ei fod yn fwy annioddefol i'r glust a'r teimlad glywed merched yn siarad yn arw ac anrasol na chlywed bechgyn a gwyr . . .'[17]

Yn ei hymwneud â'i gŵr, yr oedd disgwyl i'r wraig Fictoraidd ymddwyn yn wylaidd ac ufudd, a'i gyfarch mewn geiriau parchus, cynnil ac ymostyngol.[18] Ym 1861, er enghraifft, canmolai *Cyfaill y Werin* briodoleddau 'Y Wraig Rinweddol' fel a ganlyn:

> Nid yw yn feistrolgar ar ei phriod – ymresyma ac ymgynghora ag ef ar bob achos da a phwysig, a chydsynia ag ef mewn pob peth rhesymol. Mynega rinweddau ei phriod, a chuddio ei golliadau. Diwygia ef gyda sirioldeb, pwyll, a hynawsedd. Defnyddia bob moddion i feithrin cariad a thangnefedd. Ceidw yn glir oddiwrth ymrysonau, ac ymrafaelion. Ymddyga yn mhob peth yn ddoeth – cymhedrol ei hymadroddion – serchus a chyfeillgar – teimladwy a hoffus o'i phriod.[19]

Mewn gwrthgyferbyniad â delweddau cynharach o briodas, a bwysleisiai'r elfennau cynhennus a chystadleuol yn y berthynas rhwng gŵr a gwraig, rhoddid mwy o bwyslais bellach ar gytgord priodasol a'r angen hollbwysig i feithrin

[13] Ellen Hughes, 'Ymgom a'r Genethod', *Y Gymraes*, VII, rhif 82 (1903), 99–100. Am farn gyffelyb, gw. hefyd ibid., VI, rhif 66 (1902), 34–6.
[14] *Y Frythones*, III, rhif 9 (1881), 274: sylwadau gan 'Hen Lanc'.
[15] 'Diwylliad y Rhyw Fenywaidd', 155.
[16] 'Geiriau Anweddus Merched a Gwragedd', *Y Frythones*, V, rhif 4 (1883), 129.
[17] Ibid. Gw. hefyd ibid., IV, rhif 4 (1882), 127 am farn gyffelyb.
[18] E.e. *Y Gymraes*, I, rhif 3 (1850), 95.
[19] 'Y Wraig Rinweddol', *Cyfaill y Werin*, 20 Rhagfyr 1861, t. 14.

ymdeimlad o gyd-barch a chydweithrediad.[20] Yn fwyaf arbennig, yr oedd y model newydd hwn o gytundeb priodasol yn gofyn i'r naill a'r llall gyfarch ei gilydd mewn ffordd garedig a pharchus.[21] Rhoddid y prif gyfrifoldeb dros sicrhau cytgord yn y cartref yn gadarn ar ysgwyddau'r wraig, a disgwylid iddi wneud ei gorau glas i osgoi anghydfod neu i dawelu'r dyfroedd. Yn wahanol i dafodwraig gegog ac ymosodol y cenedlaethau a fu, a oedd yn ystyried ei chartref yn faes y gad lle y gallai ddatgan ac amddiffyn ei goruchafiaeth dros ei gŵr, byddai gwraig ufudd oes Victoria yn darparu noddfa lonydd a heddychlon i'w gŵr ddianc rhag pwysau'r byd y tu allan. Yn wir, ystyrid bod priodi merch o natur dawel a chariadus yn hanfodol er mwyn sicrhau cytgord ar yr aelwyd.[22] Fel y nododd *Y Dysgedydd* ym 1859: 'Y mae tymher dda y wraig yn cynnyrchu tymher dda yn y gwr . . . ac yn sicrhau cartref heb gweryl nac un anghydfod o'i fewn.'[23] O'i ran ef, byddai'r gŵr yn ystyried y cysuron cartref hyn yn bleserau a'i cadwai rhag mynychu'r dafarn, a byddai'n treulio mwy o amser gartref gyda'i deulu neu'n cymryd rhan mewn gweithgareddau hamdden teuluol 'rhesymegol'.

Ystyrid mai mater preifat oedd y berthynas rhwng gŵr a gwraig, ac ymataliai'r wraig ffyddlon rhag mynegi diffygion ei gŵr yng nghlyw pobl eraill, yn enwedig yng nghwmni ei chymdogesau, gan y byddai hynny'n sicr o danseilio parchusrwydd y naill a'r llall:

> Gofaler rhag ymddiried i chwedleuwyr unrhyw goll neu anmherffeithrwydd a ganfydda yn ei gwr, nac un o'r mân ymrafaelion a gymerant le yn achlysurol yn y sefyllfa briodasol . . . Os gwneir y fath ymddiriedaeth, pa mor gryf bynag fyddo'r archiad ar un llaw, a'r ymrwymiad ar y llaw arall, o berthynas i ddirgelrwydd y pethau, gellir bod yn sicr y byddant yn fuan yn sylwedd ymddyddanion y gymmydogaeth.[24]

Byddai'r wraig hefyd yn ymatal rhag beirniadu neu wneud hwyl am ben ei gŵr ym mhresenoldeb ei phlant, ac yn dysgu iddynt sut i gyfarch y penteulu â'r parch a haeddai.[25]

Cydnabyddid hefyd y dylanwad mawr a oedd gan famau dros ddatblygiad moesol, diwylliannol ac ysbrydol eu plant. Fel y sylwodd *Y Frythones* ym 1879:

> Mynych y clywir plant yn dweyd, 'Fel hyn a'r fel y gwelsom ein tad a'n mam yn gwneyd, ac yr ydym ninau am wneyd yr un modd.' Os bydd y rhieni gan hyny yn

[20] Diogelwyd y darlun hwn o briodas yn Rheolau Disgyblaeth y Methodistiaid Calfinaidd Cymraeg. Gw. *Hanes, Cyfansoddiad, Rheolau Dysgybliaethol, ynghyd a Chyffes Ffydd y Corff o Fethodistiaid Calfinaidd yn Nghymru* (Salford, 1876), t. 30.

[21] *Y Gwladgarwr*, 7 Chwefror 1863, t. 3.

[22] 'Gair at Miriam o Benllyn', *Y Geiniogwerth*, IV (Medi, 1850), 248.

[23] 'Aelwyd lan, prydau parod, a thymer dda', *Y Dysgedydd*, XXXVIII (Medi, 1859), 343.

[24] 'Dyledswyddau a Chyfrifoldebau Mam', *Y Brython*, II, rhif 1 (1858), 5.

[25] Gw., e.e., *Y Dysgedydd*, XXXVIII (Medi, 1859), 344 a'r *Brython*, II, rhif 1 (1858), 5.

anfoesgar, yn gelwyddog, yn rhodiana o dŷ i dŷ, felly fel rheol y bydd eu plant. Oddiar wefus y fam, ac oddiwrth ei hesiampl hi, y rhaid cael y dylanwad i adfer y byd. Yr hon oedd gyntaf yn y camwedd, ac a barodd y dinystr, a ddylai hefyd fod yn gyntaf yn y rhinweddau a weithiant tuag at ei adferiad. Dylanwad mam, dan fendith y Goruchaf, yw'r oruchwyliaeth ddynol benaf er dychweliad yr hil ddynol at eu dyledswyddau, ac i ystad o ddedwyddwch.[26]

Ar y fam y disgynnai'r prif gyfrifoldeb dros gyfarwyddo'r plant. Yr oedd ganddi ddylanwad cryf dros eu datblygiad ysbrydol yn ogystal â'u datblygiad moesol yn ystod eu blynyddoedd cynnar.[27] Serch hynny, fel y dywedodd Evan Jones (Ieuan Gwynedd), golygydd *Y Gymraes*, ym 1850, y fam, yn hytrach na'r tad, a gâi'r dylanwad pennaf ar iaith ac ymddygiad y plant: '"Iaith y Fam" fydd iaith y plentyn, – arferion y fam fydd ei arferion yntau; fel y meddylia hi y meddylia yntau, oblegid hi ydyw pob peth yn ei addysg.'[28] Câi mamau eu hannog i osod esiampl dda drwy ddefnyddio iaith gynnil a moesgar ym mhresenoldeb eu plant, ac i ddysgu iddynt sut i sgwrsio ac ymddwyn yng nghwmni pobl eraill:

> Arferer hwynt i ymddwyn a siarad yn weddaidd, ac i ymwrthod ag ofersain, ac arfer geiriau ac enwau anaddas . . . Dylent arferyd rhoddi parch dyladwy i'r rhai uwch-radd, cyd-radd, ac îs-radd iddynt, ac i ochel hyfdra a chynefindod tuag at y personau mwyaf adnabyddus iddynt . . . Gofaler rhag rhoddi annogaeth iddynt i fod yn rhy siaradus, yn enwedig mewn cwmpeini . . . Gocheler haeriadau a gwrth-ddywedyd, a phob taeru ac ymgecru . . . Bod yn ofalus rhag siarad ar draws ereill a fyddo yn ymddyddan . . . Gocheler gwneyd ystumiau neu ymddangos yn chwithig wrth eistedd neu siarad mewn cwmpeini; . . . Peidio adrodd chwedlau hirfaith a diflas mewn cwmpeini . . .[29]

Un o ddyletswyddau pennaf eraill y fam oedd sicrhau bod iaith y cartref yn bur a gwarchod ei phlant rhag iaith anllad, anweddus neu eithafol, gan y credid mai dyma'r cam cyntaf yn nirywiad moesol a rhywiol yr unigolyn.[30] Ystyrid bod defnyddio iaith bur ar yr aelwyd yn fodd i amddiffyn a meithrin moesau'r genedl:

> I fagu cenedl lân ei moes, a dyrchafol ei hysbryd, rhaid cael aelwyd bur ei hiaith a'i harferion . . . Ar aelwydydd isel o ran iaith ac arferion y megir rhegwyr, meddwon, troseddwyr, a phuteiniaid. Prin y mae rhieni yn ystyried fod eu geiriau a'u

26 'Gwarchod Cartref', *Y Frythones*, I, rhif 12 (1879), 372. Gw. hefyd *Y Cronicl*, VII, rhif 79 (1849), 335; *Y Brython*, V, rhif 41 (1863), 320; *Y Beirniad*, X (Gorffennaf, 1869), 17; a'r *Frythones*, V, rhif 4 (1883), 129, am ddylanwad moesol a diwylliannol mamau Cymru.

27 Am ddwy erthygl ddiddorol ar y thema hon, gw. y Parchedig W. Jones (Fourcrosses), 'Y Fam ac Addysg Grefyddol y Plant', *Y Gymraes*, XIII, rhif 151 (1909), 54–5, a 'Gwragedd Cymru a'r Ddyledswydd Deuluaidd', ibid., IV, rhif 48 (1900), 131–2; ibid., rhif 49, 157.

28 *Y Gymraes*, I, rhif 1 (1850), 6; cyflwyniad y golygydd.

29 *Y Brython*, I, rhif 1 (1858), 6.

30 E.e. *Y Gymraes*, I, rhif 4 (1850), 134–5.

> hymddygiadau beunyddiol, yn ymwthio i mewn rhwng plygion dirgelaf natur y plant, ac yn dylanwadu ar eu bywyd. Druan o lawer plentyn bach! Ni chafodd gynorthwy gan ei fam i dyfu yn gymeriad prydferth![31]

Câi'r fenyw barchus ei hannog i oruchwylio iaith pawb a oedd byw yn ei chartref, gan gynnwys lletywyr a gweision, ac i ddweud y drefn wrth y sawl a feiddiai ddefnyddio iaith aflan neu eithafol yn ei chlyw.[32]

Y tu allan i'r cartref hefyd yr oedd disgwyl i'r wraig Fictoraidd barchus osgoi cwmni pobl a ddefnyddiai iaith fras, ac os oedd hynny yn amhosibl fe'i siersid i'w ceryddu'n llym.[33] Yn fwyaf arbennig, yr oedd disgwyl i ferched ifainc parchus osgoi cwmni llanciau a ddefnyddiai iaith anweddus yn eu gŵydd, gan fod hynny'n arwydd o ddiffyg parch tuag atynt.[34] Cwyn gyffredin, hefyd, oedd bod ar fenywod ofn mentro ar hyd ffyrdd cyhoeddus lle'r oedd dynion yn arfer ymgynnull, yn bennaf oherwydd yr iaith amharchus a ddefnyddient. Y mae llythyr gan 'An Unprotected Female', a gyhoeddwyd yn y *Cambrian News* ym 1878, yn cwyno: 'I am afraid to venture out after dark . . . Heaps of young sailors keep possession of the corners of the streets, and their language is so horrible, cursing, swearing, and using such shocking words that no female can pass near them.'[35] Câi menywod parchus eu hannog hefyd i osgoi lleoedd a oedd yn gysylltiedig â byd 'cyhoeddus' dynion – megis y gweithle, y dafarn, ffeiriau a marchnadoedd – gan fod lleoedd o'r fath, yn nhyb pobl barchus, yn hybu iaith fras ac ymddygiad anllad. Byddai sylwebyddion dyngarol yn aml yn mynegi pryder am ferched a weithiai yng nghwmni dynion, gan gredu eu bod yn colli eu benyweidd-dra ac yn wynebu gwarth moesol. Pryderent yn fawr, er enghraifft, am dynged y merched hynny a gyflogid i weini mewn tafarndai lle'r oeddynt yn gorfod byw yn sŵn 'cânu maswedd, adrodd celwyddau, a rhegi'.[36] Yn ôl y diwygiwr dirwest, Daniel Dafydd Amos, yn ei 'Gair at Forwynion Tafarnwyr ac Ereill' a gyhoeddwyd yn *Y Diwygiwr* ym 1849, yr oedd y dafarn yn fagwrfa drygioni 'lle mae pob math o gellwair, *sport*, chwerthin, coegddigrifwch, maswedd, oferdod, tyngu, rhegi, cablu, erlid, gwawdio, a phob anaddas iaith'.[37]

Lleisid pryderon cyffelyb am yr effaith andwyol y tybid bod iaith fras y ffeiriau a'r marchnadoedd yn ei chael ar iaith a moesoldeb merched ifainc Cymru. Ym 1881, er enghraifft, collfarnodd *Y Frythones* iaith anweddus y llanciau a heidiai i'r ffeiriau hyn:

[31] 'Mamau y Genedl', *Y Gymraes*, XV, rhif 173 (1911), 26.

[32] Gw., e.e., Bert L. Coombes, *These Poor Hands: The Autobiography of a Miner working in South Wales* (London, 1939), t. 24.

[33] E.e. *Y Frythones*, VI, rhif 2 (1884), 62.

[34] E.e. *Y Gymraes*, IV, rhif 48 (1900), 133.

[35] *Cambrian News*, 22 Mawrth 1878.

[36] 'Gair at Forwynion Tafarnwyr ac Ereill', *Y Diwygiwr*, XIV, rhif 172 (1849), 331.

[37] Ibid.

> . . . y mae yn waradwydd i grefydd a gwareiddiad ein gwlad, y fath eiriau isel, anweddus, anniwair, a ffiaidd, a ddefnyddia y llanciau hyn mewn ymddyddan â merched ieuainc hyd y ffair. Bydd y rhai hyny, ysywaeth, yn gallu gwrando arnynt heb gymaint a gwrido, ac hyd yn nod ar brydiau gan ddangos boddhad, a'u hateb yn yr un iaith, a thrwy yr un geiriau anweddus ac anghymeradwy.[38]

At hynny, dadleuid bod y llanciau hyn yn temtio menywod ifainc i fynychu tafarndai pan oeddynt yn y ffair, ac y gallai'r iaith anweddus a glywid yn y lleoedd hyn arwain at ddirywiad moesol a rhywiol:

> Teimlem dosturi wrth weled merched ieuainc gwridog a phrydweddol wedi syrthio mor isel yn ngraddfa moesoldeb, fel ag i gymeryd eu tynu a'u llusgo gan hogiau ffol a haner meddw, i dafarndai! . . . Pa fodd y mae merched ieuainc . . . yn hoffi aros yn swn rhegfeydd a dadwrdd bloesg y rhai sydd wedi yfed yn ehelaeth o'u damnedigaeth eu hunain; pa fodd yr ymddangosant megys yn gysurus yng nghanol ymladdfeydd, ymgecraeth, ac annuwioldeb, nid ydym yn abl dyfalu. Ofnwn fod llawer merch ieuanc brydweddol, benderfynol hefyd hwyrach o fyw bywyd rhinweddol a phur, wedi crwydro ymaith i lwybrau'r ysbeilydd, heb ddychwelyd yn hir os byth, a hyny fel canlyniad dechreu yn y fan hon – yn y ffair, ac yn y dafarn.[39]

Yr oedd iaith ac ystumiau anllad dynion hefyd yn gyfiawnhad digonol, yn ôl llawer o ysgrifenwyr, dros wahardd menywod o fannau gwaith y dynion. Er enghraifft, mewn erthygl dan y teitl 'Y priodoldeb, neu ynte yr anmhriodoldeb i fenywod weithio allan', a gyhoeddwyd yn *Y Cronicl* ym 1853, honnid bod iaith anweddus dynion yn y gwaith yn tanseilio moesoldeb a diweirdeb y menywod a weithiai gyda hwy:

> . . . nid oes genyf un ammheuaeth nad yw yr arferiad yn achosi ymddyddanion anweddaidd, ymddygiadau afreolus, drychfeddyliau llygredig, a moesau drwg; ac nid wyf yn petruso dweyd ei fod yn eu hanaddasu i gyflawni y dyledswyddau priodasol fel y dylent, . . . ac i fod yn famau addas o ran cyrff a meddyliau i ddwyn, i feithrin, ac addysgu y genedl ddilynol.[40]

Yn ei hymwneud â'i chymdogesau, disgwylid i'r fenyw Fictoraidd barchus amlygu anian tawel a rhadlon ac ymatal rhag creu anghydfod a gwrthdaro yn y gymuned ehangach. Câi ei hannog i feithrin ysbryd cymodlon a chytûn, yn unol â'r hyn a ddisgwylid gan gymydog da, ac i fod yn bwyllog wrth geisio datrys mân ffraeo rhwng cymdogion:

[38] 'Ffeiriau Cymru', *Y Frythones*, III, rhif 9 (1881), 287.

[39] Ibid.

[40] 'Y priodoldeb, neu ynte yr anmhriodoldeb i fenywod weithio allan', *Y Cronicl*, XI, rhif 120 (1853), 111.

> Y mae yn caru personau ei chymydogion; edrych yn siriol arnynt, ac ymddyddana yn gyfeillgar â hwynt . . . Y mae y wraig dda yn caru bod mewn heddwch â'i chymydogion. Nid â i anghydfod â hwynt ei hun; ac os gwel hwy yn myned, yn lle bod yn danwydd i chwanegu y tân, ceisia ei ddiffodd . . . nid yw yn 'myned o dŷ i dŷ' i daenu chwedlau ofer, ac i farnu pwy sydd uniawn, a phwy sydd heb fod.[41]

Er enghraifft, y mae'r ysgrif goffa i Mrs Mary Davies, gwraig o'r Borth a fu farw ym 1881, yn ei chanmol am fod yn gymdoges dda:

> Un o egwyddorion rhagorol ei hysbryd ydoedd, na fyddai byth yn siarad yn isel am ereill yn eu habsenoldeb. Byddai hefyd yn wyliadwrus iawn wrth siarad am wendidau a diffygion dynion, ac yn hynod o ochelgar yn ei chondemniad o bawb. Gwerthfawr iawn ydoedd yn mysg ei ffryndiau a'i chydnabod ar gyfrif ei thymer a'i thalent i wneuthur heddwch, ac i ddwyn tangnefedd i mewn. Os, yn anffodus, y cymerai rhyw annealldwriaeth neu anghydfod le rhwng rhywrai a'u gilydd, byddai hi bob amser, gyda'i geiriau synwyrol, a'i rhesymau cryfion, yn llwyddo i dawelu llawer ar yr ystorm gynhyrfus . . .[42]

Ni ddylai menywod parchus ffraeo na mynd i dai ei gilydd i hel straeon a chodi cynnen. Yn ôl *Y Frythones* ym 1879, gartref yn gofalu am ei theulu y dylai'r wraig Gristnogol fod, ac nid yn hel tai ac yn ymyrryd â hawl ei chymdogion i breifatrwydd:

> Y mae yr Ysgrythur yn gorchymyn yn bendant, fod i wragedd 'warchod gartref yn dda', a gofalu yn ddigoll am achosion y teulu. Gartref, gan hyny, y dylent hwy fod; nid yn rhodiana o dŷ i dŷ, gan fod yn wag-siaradus, yn ymyraeth â materion rhai ereill, yn hel a thraethu chwedlau, ac heb ofalu fawr pa un a fyddont ai gwir ai gau. Nid oes nemawr drefn ar gartrefi y gwragedd s'yn hoff o grwydro oddiamgylch.[43]

Ei chartref a'i theulu oedd 'priod' feysydd y fenyw Fictoraidd, a dylai unrhyw amser a dreuliai oddi cartref gael ei neilltuo i weithgareddau buddiol neu elusennol, megis ymweld â chleifion, yn hytrach nag yn hau hadau anghydfod ymhlith ei chymdogion.[44]

At hynny, ystyrid bod hel straeon a difenwi pobl yn groes i ddysgeidiaeth yr Ysgrythurau ac y dylid ei gondemnio'n llwyr.[45] Yr oedd yn gwbl anghydnaws â

[41] 'Rhinweddau Gwraig Dda', *Y Dysgedydd*, XXXVIII (Rhagfyr, 1859), 461–2.

[42] *Y Frythones*, III, rhif 7 (1881), 214–15. Am ysgrif goffa debyg, sy'n cymharu cymeriad tawel yr ymadawedig â natur gwerylgar gwragedd straegar a chynhennus eraill, gw. ibid., II, rhif 6 (1880), 178 (ysgrif goffa Anne Owens o Langrannog).

[43] 'Gwarchod Cartref', *Y Frythones*, I, rhif 12 (1879), 372. Gw. hefyd *Cyfaill y Werin*, 20 Rhagfyr 1861, a'r *Gymraes*, XIII, rhif 156 (1909), 136, am sylwadau tebyg.

[44] *Y Beirniad*, V (Hydref, 1864), 159.

[45] E.e. *Y Frythones*, VI, rhif 4 (1884), 113–14 a'r *Gymraes*, VII, rhif 78 (1903), 35–6.

bywyd y Cristion ac yn arbennig felly i wraig gweinidog.[46] Fel y gwelir mewn sawl ysgrif goffa, teimlai gwragedd gweinidogion fod dyletswydd arnynt i gadw eu cymdogesau o hyd braich. Er enghraifft, adroddwyd bod gwraig y Parchedig Cadwalader Jones, Dolgellau, yn osgoi 'ymyraeth mwy na'i rhan yn materion eraill. "Gwrachïaidd chwedlau" oeddynt gas bethau ganddi. Llywodraethai ei holl drafodiaeth â chymdeithas yn ol barn a doethineb. Fel hyn yr ennillodd ymddiried cyflawn, a pharch calon, yn annedd y cyfoethog, a bwthyn y tlawd'.[47] Yr un modd, ni fyddai Anne Jones, gwraig y Parchedig David Jones o Fiwmares a Bangor, yn ymuno â'i chymdogion i hel clecs:

> Yr oedd ynddi gasineb a gwrthwynebrwydd calon at yr arferiad cyffredin, ond iselwael hwnw, sef cerdded tai i glywed ac adrodd ystoriau; a byddai rhai o'r rhywogaeth grwydrol hyn yn cwyno weithiau, y byddai bob amser yn absenoli ei hun o'u cyfarfodydd. Ei hatebiad iddynt fyddai, 'Nid yw yn fy natur; y mae gan bob gwraig ddigon o waith yn ei thŷ ei hun'.[48]

Y capel a'r gweithgarwch a oedd ynghlwm ag ef, yn ogystal â 'gweithredoedd da' eraill, oedd prif ddiddordeb gwraig gweinidog y tu allan i'w chartref. Pan fyddai gofyn iddi ymweld â thŷ un o'i chymdogion, âi allan o'i ffordd i gadw'r sgwrs yn barchus fel na ellid byth ei chyhuddo o fod yn straegar:

> Pan y byddai yn achlysurol yn galw yn nhai ei chyfeillion, a phan y byddai ei chymydogesau yn ymweled â hithau, byddai yn ddigon gwyliadwrus a chrefyddol i beidio athrodi nac enllibio neb; ac yn gyffredin, os nid bob amser, cymerai ryw ddull i droi yr ymddyddan am bethau crefyddol . . . Agorai ei genau yn ddoeth bob amser, a chyfraith trugaredd oedd ar ei thafod.[49]

Câi clepwragedd ar y llaw arall eu portreadu bron yn ddieithriad fel gwragedd tŷ didoreth, diog ac anniben a ymhyfrydai mewn creu anghydfod a ffraeo parhaus rhwng cymdogion. Yn ogystal â gwastraffu enillion prin eu gwŷr ar de a phethau moethus eraill, 'anaml y gwelir hwy gartref yn y dydd, yn glanhau eu tai . . . Mae gwragedd ystraellyd . . . yn ddiareb am eu diofalwch . . .'[50] Yn nhyb gohebydd yn *Y Gwladgarwr* ym 1865: 'Yn y boreu, braidd cyn codi yr haul . . . ceir ei gweled,

[46] Gw., e.e., William Williams (Pantycelyn), *Drws y Society Profiad* (Caernarfon, arg. 1906), tt. 51–2, lle'r anogid gwragedd gweinidogion i osod esiampl dda yn hyn o beth. Adargraffwyd *Drws y Society Profiad*, a gyhoeddwyd gyntaf ym 1777, ym 1839 a byddai wedi cael ei ddarllen yn eang yng nghanol y bedwaredd ganrif ar bymtheg. Yr wyf yn ddiolchgar i Dr Eryn Mant White am y cyfeiriad hwn.

[47] 'Llais o'r Bedd', *Y Dysgedydd*, XXIX (Ebrill, 1851), 109.

[48] *Seren Cymru*, 11 Hydref 1872, t. 2.

[49] *Y Dysgedydd*, XXXVII (Awst, 1858), 297; ysgrif goffa Mrs Elizabeth Griffiths (gwraig y Parchedig Evan Griffiths), brodor o Abermo, a ymfudodd i Wisconsin yn nes ymlaen.

[50] 'Y Drwg o Chwedleua', *Y Brython*, II, rhif 5 (1859), 69.

ac un neu ddau o blant ar ei breichiau, ei gwyneb heb weled lliw'r dwfr am yr wythnos flaenorol, ei gwallt heb ei gribo, mal blew yr afr, a'r plant yn dwyn nodau sweeps Wolverhampton.'[51] Yr un darlun ystrydebol o'r glepwraig fel gwraig tŷ flêr ac esgeulus a geir yn y disgrifiad canlynol o 'Sianw Gorsddu' yng nghyfres 'Efail y Gof' yn *Seren Cymru*:

> . . . 'does dim yn gasach genyf nâ gweled benyw front, hagr, yn sefyll fel post glwyd ar ben trothwy ei drws, gan wylied symudiadau pawb a phob peth; neu ynte yn myned o dŷ i dŷ, gan siglo ei chynffon fel *spaniel*, a chasglu yn nghyd holl glecs a budreddi y gymmydogaeth. Edrychwch ar ei thŷ! Caiff y lludw aros o dan y tân nes dyfod i gyssylltiad â'r barau; bydd y cloc heb ei *windo* oddiar y noswaith o'r blaen; y gïeir ar y bwrdd yn bwyta'r toes; ci y tŷ nesaf a'i drwyn yn y crochan a'r cawl; y plant yn rhedeg ar hyd y llawr yn nhroed eu hosanau; y gath yn cysgu ar ei *shawl* oreu; y *tea kettle* wedi berwi yn sych ar y tân; hen het wellt yn stopio'r gwynt drwy'r ffenestr; a'r mochyn wedi talu ymweliad â'r parlwr. Buasai gystal genyf gael fy nghlymu wrth gorn tarw a gorfod cydfyw a menyw o'r nodwedd hyn: dyna beth fuasai *transportation for life* . . . buasai gryn getyn ddoethach i Sianw Gorsddu aros gartref i grafu tatws, i gyweirio hosanau, a golchi crys Twm ei gwr, nâ myned ar hyd y wlad i hau clecs, a gwasgaru celwyddau.[52]

Yr oedd delweddau difrïol fel y rhain yn cadarnhau'r syniad poblogaidd fod gwragedd a dreuliai eu hamser yn hel clecs yn esgeuluso eu dyletswyddau traddodiadol yn y tŷ. O ganlyniad, câi dynion eu hannog i beidio â phriodi merched a hoffai glebran, gan y byddent, fe dybid, yn wragedd gwael a di-hid. Ym 1860, er enghraifft, rhybuddiwyd darllenwyr *Y Gwladgarwr* rhag priodi merch '. . . os y bydd hi yn chwerthinllyd, ac yn chwedleua yn uchel, ac os y bydd ei thraed yn myned yn aml o dy ei thad . . .'[53] Yr un modd, siersid menywod ifainc i beidio â siarad gormod os oeddynt â'u bryd ar ddenu gŵr.[54]

Dadleuid hefyd fod tafodau maleisus y menywod yr un mor gyfrifol am dlodi moesol ac ariannol nifer helaeth o deuluoedd yng Nghymru â meddwdod cyson y penteulu.[55] Yn wir, mewn rhai achosion credid bod meddwdod y gŵr yn ganlyniad uniongyrchol i'r ffaith fod ei wraig yn treulio'i hamser yn hel clecs yn hytrach nag yn darparu'r cysuron a ddisgwylid ganddo ac a'i cadwai rhag mynychu'r dafarn.[56] Yn yr un modd ag yr oedd tafodwragedd cecrus wedi gyrru eu gwŷr i'r dafarn yn ystod y ganrif flaenorol, felly hefyd yr oedd gwragedd cegog a esgeulusai eu dyletswyddau yn tanseilio cyfundrefn foesol ac economaidd eu cartrefi drwy orfodi

[51] *Y Gwladgarwr*, 22 Gorffennaf 1865, t. 2.

[52] *Seren Cymru*, 24 Rhagfyr 1880, t. 3. Cynhwysai colofn 'Efail y Gof' gyfres o sgyrsiau doniol rhwng cymeriadau dychmygol.

[53] *Y Gwladgarwr*, 6 Hydref 1860, t. 2; gw. hefyd *Pembrokeshire Herald*, 13 Medi 1850.

[54] Gw., e.e., y sgwrs ddychmygol rhwng dau hen lanc â'u bryd ar briodi a ymddangosodd yn *Y Gymraes*, V, rhif 62 (1901), 166.

[55] E.e. *Yr Annibynwr*, VII, rhif 78 (1863), 137.

[56] Gw. *Y Dysgedydd*, XXXVIII (Medi, 1859), 341–4.

eu gwŷr i foddi eu gofidiau yn ogystal â cheisio cysuron arferol y cartref – megis tân a phryd poeth – yn y dafarn leol.[57] Trwy ymgymryd yn ddiwyd ac ufudd â'u dyletswyddau a gofalu bod eu gwŷr yn cael digon o fwyd a dillad glân, dadleuid y gallai gwragedd chwarae rhan allweddol yn eu hachub rhag drygau'r ddiod gadarn, gan sicrhau aelwyd hapusach a gwell safon byw i'r teulu cyfan.

Yn ogystal â chael eu hystyried yn wragedd tŷ anniben, câi clepwragedd eu darlunio fel mamau diofal ac anghyfrifol a roddai ychydig iawn o bwys ar les corfforol, diwylliannol ac ysbrydol eu plant.[58] Yr oeddynt nid yn unig yn llesteirio eu datblygiad moesol ac addysgol hwy eu hunain ond yr oeddynt hefyd, drwy fethu gosod esiampl dda i'w plant, yn gyfrifol am esgeuluso eu datblygiad hwythau.[59] Credid bod hel clecs yn arfer a ddeilliai o anwybodaeth a'i fod yn un o'r prif resymau dros y gwendidau diwylliannol a deallusol yr honnid eu bod mor gyffredin ymhlith plant Cymru:

> Diffyg dysg yw yr achos o'u ffaeleddau. Hyny sydd wedi crebachu eu meddwl, a llygru eu chwaeth, – nes ydyw yn fwy dewisol gan lawer o honynt wrando chwedlau Bessi'r Glap, na darllen y GYMRAES. Hyny sydd yn peri eu bod yn fudr ac anfedrus yn eu trefnidedd deuluaidd. A hyny hefyd sydd yn eu hanghymwyso i addysgu a dysgyblu eu plant. Magant dueddfryd at glap a chleber ffol yn eu merched, yn lle at wybodaeth fuddiol. Dywedant wrthynt yn eu siamplau, fod hustyngiaeth Nani'r Wyau yn werthfawrocach nâ diliau Elen Egryn.[60]

Yn hytrach na gwastraffu eu hamser yn clebran a gwag-siarad, anogid mamau Cymru i'w haddysgu eu hunain ac i feithrin chwaeth a moesgarwch, er budd datblygiad moesol, ysbrydol a deallusol eu plant a'r genedl yn gyffredinol.[61]

Yr oedd cysylltiad annatod felly yn oes Victoria rhwng y collfarnu ar ferched am glebran a'r ymgyrch i hybu syniadau poblogaidd am y teulu delfrydol a pharchusrwydd benywaidd. Er mwyn pwysleisio doethineb a duwioldeb y fenyw barchus, câi delweddau o'r 'wraig rinweddol' eu cyferbynnu â'r darlun o'r 'wraig chwedleugar'.[62] Ymosodid ar hel clecs mewn ffordd a oedd yn dyrchafu ac yn atgyfnerthu'r delfrydau a'r gwerthoedd hyn, gan danseilio yr un pryd y diwylliant cymdeithasgar a goleddid gan fenywod mewn cyfnodau cynharach. Mewn gair, yr oedd hel clecs yn groes i bopeth a gyfrifid yn urddasol a rhinweddol yn y fenyw

57 Am enghraifft o faled gynharach sy'n dychanu gwraig gecrus am yrru ei gŵr i'r dafarn, gw. Hugh Jones, *Cerdd o Ymddiddan rhwng yr Oferddyn a'r Dafarn-wraig*. LlGC, Casgliad Baledi a Cherddi, cyf. 15, rhif 5.

58 E.e. *Y Brython*, II, rhif 5 (1859), 69.

59 E.e. *Y Frythones*, VI, rhif 9 (1884), 274.

60 'Merched Cymru', *Y Gymraes*, I, rhif 4 (1850), 362–3.

61 'At Ferched Ieuainc Cymru', ibid., I, rhif 5 (1850), 143.

62 Adlewyrchir y gwahaniaeth rhwng y ddwy fodel hyn o'r ferch Fictoraidd nodweddiadol mewn sgwrs ddychmygol ar glebran, dan y teitl 'Y Ddwy Gyfeillach', a gyhoeddwyd yn *Y Frythones*, III, rhif 10 (1881), 318–21; ibid., rhif 12, 377–9.

Fictoraidd. Ystyrid bod y glepwraig yn her i'r delweddau o fenywdod, priodas a chydweithrediad rhwng y rhywiau yr oedd y pulpud a'r wasg yn ceisio eu meithrin; disodlodd, i raddau helaeth, yr 'ysgowldwraig' fel y prif arwydd diwylliannol a symbolaidd o'r 'broblem' fenywaidd yng Nghymru yn ystod oes Victoria.

Er cael eu cysylltu yn bennaf â'r dosbarth canol Seisnig, ymddengys i'r delfryd domestig a'r syniad o 'sfferau ar wahân' ar gyfer dynion a menywod apelio'n ddirfawr at y Cymry. Yn wir, gellid dadlau bod delfryd y wraig tŷ – a'r delweddau rhamantus o fenywdod Cymreig a hyrwyddid ganddi – yn ganolog i ddatblygu ymdeimlad o ymwybyddiaeth genedlaethol a balchder diwylliannol yng Nghymru'r bedwaredd ganrif ar bymtheg. Rhaid cofio bod sylfaen crefyddol cryf i'r delfryd hwn, ffaith sydd efallai yn esbonio paham ei fod mor boblogaidd yng Nghymru, lle'r oedd gan yr enwadau Ymneilltuol ddylanwad grymus dros fywyd cymdeithasol, diwylliannol, crefyddol a gwleidyddol y genedl drwy gydol y ganrif. Atgyfnerthwyd poblogrwydd y delfryd domestig hefyd gan ddadl y Llyfrau Gleision ym 1846–7, dadl a fu'n ganolog i'r ymdrechion i fynegi a hybu syniadau poblogaidd am barchusrwydd benywaidd yn ystod oes Victoria.[63] Pardduwyd cymeriad y Cymry yn Adroddiad 1847 a'u cyhuddo o fod yn bobl gyntefig, dlawd ac israddol, yn foesol ac yn ddiwylliannol. Bu'r adroddiad yn arbennig o drwm ei lach ar famau Cymraeg, gan honni mai eu llacrwydd moesol a'u trythyllwch rhywiol hwy a oedd wrth wraidd anwybodaeth ac amddifadedd y genedl gyfan. Nid yw'n syndod i'r prif gyfrifoldeb dros wadu'r honiadau hyn ddisgyn ar ysgwyddau merched Cymru ac, wrth i'r ganrif fynd yn ei blaen, daethpwyd i ystyried yr aelwyd Gymreig – a'r mamau a lywodraethai dros y cadarnle hwnnw – yn brif amddiffynfa'r genedl yn erbyn dirywiad moesol a diwylliannol. Fel y datganodd *Y Frythones* ym 1889:

> Y cartref ydyw y sefydliad pwysicaf yn yr holl fyd. Yno y derbynia y meddwl dynol yr argraffiadau cyntaf a dyfnaf, ac y dodir sylfaen y cymeriad i lawr. Cartrefi Cymru, i raddau helaeth, sydd yn gyfrifol am gymeriad cenedl y Cymry; os cartrefi digysur a llygredig, gostyngir safon purdeb yn meddwl y genedl, cynefinir ei chwaeth a'r hyn sydd annheilwng a diraddiol, gwneir hi yn egwan a llwfr i wynebu temtasiynau ac anhawsderau, ac yn ddiegni i gymeryd gafael ar yr hyn sydd fawr a da mewn bywyd. O'r ochr arall, os cartrefi dedwydd a da, lle y plenir ac y meithrinir egwyddorion rhinwedd a moes, bydd y dynion a'r merched sydd yn troi allan o honynt i lenwi y gwahanol sefyllfaoedd mewn cymdeithas, yn ddynion a merched cywir a da, teilwng o ymddiried a pharch, yn eofn dros y gwir a'r sylweddol, yn llafurus a diwyd i ragori yn yr hyn sydd wir dda a gwir fawr, a'u bywydau yn lles a bendith i'r byd.[64]

[63] Ar y cefndir i anghydfod y Llyfrau Gleision, gw. Prys Morgan (gol.), *Brad y Llyfrau Gleision: Ysgrifau ar Hanes Cymru* (Llandysul, 1991); idem, 'From Long Knives to Blue Books' yn R. R. Davies, Ralph A. Griffiths, Ieuan Gwynedd Jones a Kenneth O. Morgan (goln.), *Welsh Society and Nationhood: Historical Essays Presented to Glanmor Williams* (Cardiff, 1984), tt. 199–215.

[64] Papur a ddarllenwyd gan Anna Ionawr i 'Gymdeithas Ryddfrydol Merched Penllyn, Meirionydd', dan y teitl 'Cyfran y Merched yn Ffurfiad Cymeriad Cenedl y Cymry'. *Y Frythones*, XI, rhif 10 (1889), 302–3.

Yr oedd yr aelwyd yn ganolog i ddiwygiad moesol a chymdeithasol, a chredid bod moesoldeb y cenedlaethau i ddod yn dibynnu ar ddylanwad rhadlon y fam Gymreig o fewn y cartref. Mewn erthygl ar bwysigrwydd 'Yr Aelwyd' a gyhoeddwyd yn *Y Gymraes* ym 1896, honnwyd:

> Ar famau ieuainc Cymru, y tuhwnt i bawb eraill, yr ymddibyna 'Cymru Fydd'. Nid ar y Senedd, na'r Brifysgol, na'r Colegau, na'r Ysgolion, ond yn benaf ar athrofa yr aelwyd. Y fam yw brenhines yr aelwyd, a thra urddasol yw ei swydd a'i theyrnas . . . Oddiwrthi hi y daw elfenau uchaf, puraf, a mwyaf cysegredig bywyd cymdeithasol dyn, ac ar ei chymeriad a'i dylanwad hi yn benaf y gorphwys dyfodol y byd.[65]

Yn wir, drwy gymryd rhan yn y proses hwn o adfywio rhuddin moesol y genedl, ystyrid bod menywod Cymru wedi darganfod eu 'gwir' alwedigaeth.[66]

Yr oedd yn anochel y byddai'r croeso a roddid i'r delfryd domestig yn cael dylanwad cryf ar y delweddau o Gymreigrwydd ac o genedligrwydd Cymreig a ddatblygai yn oes Victoria. Gwreiddiodd y gwerthoedd hyn mor ddwfn ym meddylfryd y Cymry fel yr ystyrid bod ymlyniad sentimental wrth yr aelwyd yn nodwedd gynhenid Gymreig.[67] Yr oedd rhamanteiddio swyddogaeth y fam fel gwraig tŷ, ac yn enwedig swyddogaeth yr aelwyd Gymraeg, yn nodwedd amlwg yn llenyddiaeth Gymraeg y cyfnod ac, ar un olwg, credid bod parchusrwydd y genedl gyfan yn dibynnu ar gymeriad ei menywod. Yn wir, daeth yn fater o falchder cenedlaethol, yn ogystal â lleol, i amddiffyn anrhydedd merched Cymru rhag cyhuddiadau beirniaid o'r tu allan. At hynny, ystyrid bod y Gymraes ddelfrydol, fel y darlunnid hi yn llenyddiaeth boblogaidd y cyfnod, yn arddel y gwerthoedd a'r credoau a oedd yn gysylltiedig â chwlt yr aelwyd. Yn nhreigl amser daethpwyd i ystyried bod llawer o'r rhinweddau a'r priodoleddau moesol a gysylltid â benywdod Fictoraidd parchus yn nodweddion cynhenid a 'naturiol' y 'wir Gymraes' ac nid oedd y merched hynny a wrthodai yn agored y delfrydau hyn yn cael eu cyfrif yn wir 'Gymruesau' mwyach.[68]

Câi'r berthynas ddofn rhwng y delfryd domestig a chysyniadau o Gymreigrwydd ei hatgyfnerthu ymhellach gan y pwyslais a welid mor aml yn llenyddiaeth y cyfnod ar yr angen i gynnal a hybu defnydd eang o'r iaith Gymraeg yn y cartref. Unwaith eto, ystyrid mai un o brif ddyletswyddau'r fam barchus a gwladgarol yng Nghymru oedd diogelu rhuddin moesol y genedl drwy sicrhau bod yr iaith Gymraeg, y credid ei bod yn gyfrwng mwy addas na'r Saesneg ar gyfer hybu bywyd cymedrol a chyfiawn, yn cael ei throsglwyddo o'r naill genhedlaeth i'r llall. Fel y dywedodd 'Gwenllian Gwent' yn y gyfrol gyntaf o'r *Gymraes* a gyhoeddwyd ym 1850:

65 *Y Gymraes*, I, rhif 2 (1896), 19. Am sylwadau tebyg, gw. hefyd ibid., II, rhif 21 (1898), 84.
66 E.e. *Y Frythones*, XI, rhif 10 (1889), 305.
67 E.e. *Y Gymraes*, I, rhif 1 (1896), 1; sylwadau gan Archddiacon Howell o Gresffordd.
68 Williams, 'The True "Cymraes"', t. 187.

> Famau Cymru! siaradwch Gymraeg wrth eich plant. Eich esgeulustod beius *chwi*, a brâd eich calon fydd yr achos, os na bydd i'ch hiliogaeth floesg swnio eu geiriau cyntaf yn yr iaith a roddodd Duw i'n henafiaid yn moreu y byd. Oddiwrthych chwi (ac nid eu tadau) y dysgant garu Duw yn eu hiaith eu hunain . . . bydded iaith yr aelwyd, ac iaith crefydd, yr hon a osododd Duw yn rhan i'r Cymry, a chyhyd ag y cadwont hi, ni raid iddynt ofni na bydd iddynt darian ac astalch yn erbyn Satan a'i gynllwynion. Ffurfiwch yn meddyliau eich plant, a chefnogwch yn eich gwyr, benderfyniad i amddiffyn iaith Cymru. Nac arweinier chwi ar gyfeiliorn gan wag-falchder, ac na chymhellwch hwy i ddynwared eu bod yn Saison. Gwerthfawrogwch eich cymydogion Seisonig am yr hyn sy dda ynddynt, a gochelwch y drwg. Ond cedwch eich hawl ddiymwad i fod yr hyn y gwnaeth Duw chwi – i siarad yr iaith a ddysgwyd i chwi gan Dduw – ac uwchlaw y cyfan i'w addoli Ef yn eich iaith eich hunain; yr hon, yn nesaf at hyny, sydd i chwi ac i'ch plant yn rhagfur o gadernid yn erbyn ymosodiad arferion drwg a llygredigaethau.[69]

Yn nhyb Gwenllian Gwent, a chenedlgarwyr eraill o gyffelyb fryd, yr oedd perthynas annatod rhwng meithrin balchder cenedlaethol Cymreig a chreu ymdeimlad ehangach o bwrpas ac uniondeb moesol. Byddai'r 'wir Gymraes' yn euog o esgeuluso ei dyletswydd foesol yn ogystal â'i dyletswydd wladgarol petai'n methu meithrin ymdeimlad o gariad at eu gwlad a'u diwylliant brodorol yn ei phlant.

Yr oedd safbwyntiau megis y rhain yn gyffredin drwy gydol oes Victoria, ond caent eu lleisio yn arbennig o rymus ar ddiwedd y bedwaredd ganrif ar bymtheg a dechrau'r ugeinfed ganrif, gan chwarae rhan allweddol yn adfywiad ymwybyddiaeth genedlaethol y Cymru. Cyfnod oedd hwn a roddai bwyslais o'r newydd ar y cysylltiadau rhwng yr iaith a chymeriad y genedl, ac unwaith eto bernid mai mamau Cymru, a anogid i siarad Cymraeg â'u plant, a oedd yn gyfrifol am drosglwyddo i'r cenedlaethau i ddod bopeth a ystyrid yn dda ac urddasol yn y gymdeithas a'r diwylliant Cymraeg. Fel y dywedwyd yn *Y Gymraes* ym 1910:

> Y mae cartrefi gwlad, un ai yn amddiffynfa i'r genedl, neu yn fedd iddi. Adeiladwyr y cartrefi yw gwir adeiladwyr y genedl . . . Rhaid i bob gwraig gofio fod athrylith cenedl yn gudd yn yr iaith. Pan gyll cenedl ei hiaith, cyll ei nodweddion gwahaniaethol. Mam wan o feddwl yw hono a adawa i'w phlentyn golli iaith ei wlad a'i genedl ei hun, tra yn medru ieithoedd cenhedloedd eraill – na alwer hi yn fam![70]

Parhaodd cwlt yr aelwyd – a'r ddelwedd ramantus o'r fam Gymraeg ei hiaith a deyrnasai dros ei chartref – yn arf canolog yn yr ymgyrch i gynnal nodweddion unigryw y Cymry ac i greu ymdeimlad o ymwybyddiaeth a balchder cenedlaethol hyd ddegawdau cynnar yr ugeinfed ganrif o leiaf. Fel y cyhoeddodd *Y Gymraes* eto ym 1912:

[69] *Y Gymraes*, I, rhif 1 (1850), 10. Y mae'n debyg mai ffugenw a ddefnyddid gan Arglwyddes Llanofer oedd 'Gwenllian Gwent' (gw. Williams, 'The True "Cymraes"', t. 73).

[70] 'Geiriau un o Ferched yr Iwerddon', *Y Gymraes*, XIV, rhif 164 (1910), 66.

> . . . a chollir tir wna Cymru hyd nes yr el yn ol at hen arferion aelwydydd y dyddiau gynt. Cartrefi Cymru sydd wedi ei gwneyd yn wahanol i bob gwlad arall. Ynddynt y dysgai y plant adnodau, ac emynau, alawon ein gwlad, a chanu'r delyn . . . Mae'n hen bryd i ni, os am gadw ein cenedlaetholdeb i edrych ati fod nodweddion cartrefi Cymreig yn cael eu cadw. Pa raid i ni oddef i'n nodweddion gael eu llyncu i fyny gan arferion yr estroniaid sydd yn dyfod i fyw yn ein plith?[71]

Y mae angen pwysleisio, er hynny, nad y model o fenywdod Cymreig a oedd mor boblogaidd yn llenyddiaeth Gymraeg y cyfnod oedd yr unig fodel i ennill bri yng Nghymru oes Victoria. Er i lawer o fenywod yn ddi-os ymgyrraedd at y ddelwedd o fenywdod parchus a hyrwyddid gan y pulpud a'r wasg, y mae'n sicr i eraill droi cefn ar eu gwreiddiau diwylliannol a chenedlaethol, a ystyrid ganddynt yn rhwystr i gynnydd cymdeithasol ac economaidd, gan ymgyrraedd yn hytrach at y modelau o fenyweidd-dra 'soffistigedig' a pharchus yr oedd eu chwiorydd Seisnig neu Seisnigaidd yn eu cofleidio.[72] Er mai yn Gymraeg, gan amlaf, y byddai'r mwyafrif o ferched yn sgwrsio am y rhan helaethaf o'r bedwaredd ganrif ar bymtheg, yr oedd mwy a mwy ohonynt yn troi at y Saesneg, yn enwedig pan fyddent yng nghwmni pobl 'fonheddig'. Fel y dywedodd un ysgrifenwraig ym 1901 yng ngholofnau *Young Wales*: 'it must be confessed that in the past the Welshwoman of culture and refinement systematically tabooed her *hên iaith* – (and) that in the present day she is still following the same unpatriotic line'.[73] Mewn llawer cylch cymdeithasol, yn enwedig ymhlith y dosbarthiadau proffesiynol ac yn yr ardaloedd trefol mwy 'cosmopolitaidd', yr oedd tuedd gynyddol i fawrygu popeth Seisnig – ffenomen a elwid yn ddirmygus yn 'Saisaddoliaeth' yn y wasg Gymraeg – ac ystyrid y gallu i siarad Saesneg yn gaffaeliad cymdeithasol arbennig o werthfawr gan fenywod ffasiynol a awchai am ddod ymlaen yn y byd.

Yng Nghymru oes Victoria, pryd yr ymddengys fod iaith yn arwydd pwysig o statws cymdeithasol i lawer o ferched (mwy felly nag i ddynion) a phryd y rhoddid bri mawr ar ddysgu Saesneg, menywod yn aml a oedd yn fwyaf brwd dros hybu'r iaith honno. Y mae'n debyg fod y gallu i ymddiddan yn Saesneg – iaith dyrchafiad cymdeithasol a 'dod ymlaen yn y byd' – yr un mor bwysig i fenywod dosbarth-gweithiol parchus ag yr oedd i wragedd dosbarth-canol ac, o gyfnod cynnar, ceir tystiolaeth sy'n awgrymu i lawer o famau Cymraeg eu hiaith wneud ymdrech fwriadol i siarad Saesneg â'u plant yn y gred y byddai hynny o fantais iddynt. Cofiai'r Parchedig Evan Evans, Nant-y-glo, er enghraifft, glywed mam o Bont-y-pŵl, yn ystod y 1820au, yn defnyddio cymysgedd rhyfedd o Gymraeg a Saesneg wrth siarad â'i phlant:

71 'Dadl: Cartrefi Cymru', *Y Gymraes*, XVI, rhif 187 (1912), 51–2.

72 Gellir canfod rhai o'r tensiynau a'r anghysondebau sy'n oblygedig yn y ddwy fodel wrthgyferbyniol hyn o wragedd parchus mewn deialog ddychmygol ar yr iaith Gymraeg yn *Y Gymraes*, VIII, rhif 96 (1904), 140–2.

73 'The Women of Wales Circle', *Young Wales*, rhif 78 (1901), 137.

> Un o'r pethau cyntaf dynodd fy sylw at iaith fratiog y werin yno oedd clywed gwraig nas medrai nemawr Saesneg yn ceisio siarad Saesneg â'r plant, ac un diwrnod yn dweyd wrth ei merch fechan, 'Go to shop yn glou, glou, to fetch a pound o fenyn i fi. Make haste yn ol.' Yr oedd llawer o blant y Cymry yn y dref a'i chwmpasoedd y pryd hwnw nas medrent siarad na Chymraeg na Saesneg yn briodol . . .[74]

Nid oedd dymuniad y Cymry i ddysgu Saesneg yn deillio yn gyfan gwbl o'u hawydd i sicrhau gwell byd. Yn gynnar iawn, ystyrid y Saesneg yn iaith boneddigeiddrwydd a chwaeth. Ym 1841, er enghraifft, nododd y Parchedig William Jones, curad Llanbeulan, fel y byddai'r dosbarthiadau uchaf yng Nghymru yn siarad 'in a broken manner, and mix abundance of English words with their Welsh. The more this is done the more elegant the speaker considers himself to be'.[75] Ymddengys fod tuedd i bobl ym mhob carfan o'r gymdeithas Gymraeg, gan gynnwys menywod dosbarth-canol is a dosbarth-gweithiol a ddymunai ddringo'r ysgol gymdeithasol, gynnwys llu o eiriau Saesneg yn eu sgwrs neu geisio siarad eu hiaith frodorol â llediaith amlwg.[76] Yr oedd y Saesneg fwy neu lai'n orfodol yn rhai cylchoedd moesgar, hyd yn oed i'r rheini nad oedd ganddynt ond crap ar yr iaith. Fel y sylwodd Ebenezer Thomas (Eben Fardd) ym 1839 pan orfodwyd ef i gymdeithasu â merched lleol ymhongar yng Nghaernarfon:

> The females were disgusting companions on accnt. of their foppishness & affection . . . though they could speak English but imperfectly, much less write it, and one of them could neither speak nor write, yet they talked Welsh so affectedly and englishly that you might almost fancy them native English women having learnt a little Welsh . . . They were, therefore, puerile and despicable in my sight.[77]

Drwy gydol y bedwaredd ganrif ar bymtheg, ymddengys fod y delweddau o fenywod Cymraeg parchus a geid mewn cylchgronau megis *Y Frythones* a'r *Gymraes* yn wahanol iawn i realiti profiadau beunyddiol y bobl, ac y byddai llawer o ferched Cymru wedi cydymdeimlo â'r hyn a fynegwyd gan wraig mewn deialog ddychmygol ar y pwnc yn *Y Gymraes* ym 1904: 'Byddaf yn teimlo fod rhywbeth yn vulgar mewn siarad Cymraeg.'[78]

[74] *Cyfaill yr Aelwyd*, VI, rhif 10 (1886), 275.

[75] William Jones, *A Prize Essay, in English and Welsh, on the Character of the Welsh as a Nation, in the Present Age* (London & Carnarvon, 1841), t. 22.

[76] Gw., e.e., yr erthygl a ysgrifennwyd gan Gymraes Gymraeg o Birmingham, a oedd yn condemnio'r arfer ymhlith Cymry Cymraeg o ddefnyddio geiriau Saesneg wrth sgwrsio â'i gilydd yn eu mamiaith. *Y Gymraes*, I, rhif 3 (1850), 81.

[77] E. G. Millward (gol.), *Detholion o Ddyddiadur Eben Fardd* (Caerdydd, 1968), t. 116. Yr wyf yn ddiolchgar i Mr Trefor M. Owen am y cyfeiriad hwn.

[78] 'Ymgom dwy am yr Iaith Gymraeg', *Y Gymraes*, VIII, rhif 96 (1904), 140–2.

Ymddengys, felly, fod nifer o'r merched a gyfrannai at y delfryd domestig yn gwneud hynny o fewn fframwaith Seisnig neu Eingl-ganolog ac yn ymwrthod â'r agweddau hynny a ddehonglid yn rhai hanfodol Gymreig, ac a ystyrid yn annymunol neu'n amherthnasol i'w hamgylchiadau a'u chwaeth bersonol hwy, megis y lle parchus a roddid i'r aelwyd Gymraeg ei hiaith fel prif gadarnle moesol y genedl. Felly, y mae'n deg gofyn i ba raddau y câi'r gwerthoedd a'r cyfyngiadau a gysylltid â 'sfferau ar wahân' ac â chwlt y cartref eu derbyn a'u cymeradwyo gan fwyafrif merched Cymru yn oes Victoria. I ba raddau yr oedd y syniadau am barchusrwydd benywaidd a hyrwyddid gan brif gyfnodolion Cymraeg y dydd yn adlewyrchu ac yn ysbrydoli bywyd pob dydd merched 'cyffredin' Cymru? I ba raddau, os o gwbl, yr oedd y gwerthoedd hynny yn cael eu hosgoi, eu haddasu, eu hailwampio, neu hyd yn oed eu gwrthod o'r bron gan ferched Cymru?

Er gwaethaf dylanwad pellgyrhaeddol 'sfferau ar wahân', dylai haneswyr ochel rhag gweld y fenyw Fictoraidd yn ysglyfaeth oddefol, barhaol i awdurdod ei gŵr. Dim ond cynrychioli barn a gobeithion y merched a gofleidiai'r ddelwedd honno yn y lle cyntaf a wnâi'r ddelwedd barchus o fenywdod a gyflwynid yng nghylchgronau'r cyfnod. Nid dyma'r lle i drafod yr eirfa helaeth yr oedd menywod yn parhau i'w defnyddio i ddadlau o blaid eu buddiannau eu hunain a buddiannau eu teuluoedd, ond y mae digon o dystiolaeth fod llawer o fenywod yn gwrthod delfrydau'r cylchgronau, neu o leiaf yn eu hosgoi dros dro, ac yn galw enwau ar ei gilydd, er enghraifft, neu'n dwrdio a phlagio eu gwŷr, a rhegi a lladd ar eu cymdogion agosaf. Parhaodd y math hwn o ffraeo ymhlith cymdogesau yn rhan annatod o ddiwylliant cymdogaeth menywod mewn rhannau helaeth o Gymru o leiaf hyd ddegawdau cynnar yr ugeinfed ganrif. Weithiau, pan dynnid menywod neu'r gymuned gyfan i'r ddadl, byddai ffrae yn troi'n anghydfod hynod gynhyrfus. Ym 1863, er enghraifft, cyhoeddodd *Y Gwladgarwr* adroddiad ar anghydfod go danllyd rhwng preswylwyr dwy stryd yn Aberdâr:

> Drwg genym hysbysu fod cymydogaethau rhanau uchaf Monk ac Ynyslwyd Streets . . . wedi cael eu haflonyddu yn fawr ddiwedd yr wythnos ddiweddaf, trwy fod menywod (a'r rhai hyny yn rhai Cymreig) yn trafod eu gilydd a'u tafodau. Yr oedd eu lleferydd yn warthus, ac yn iselhad i ddynoliaeth.[79]

Yn yr un modd, chwaraeai merched ran ganolog yn llawer o'r helyntion answyddogol, cymunedol a godai mewn ardaloedd gwledig a diwydiannol drwy gydol y bedwaredd ganrif ar bymtheg.[80] Er nad oedd gan y rhan fwyaf o ferched

[79] *Y Gwladgarwr*, 28 Chwefror 1863, t. 5.

[80] Am ran merched mewn gwrthdystiadau, gw. David J. V. Jones, *Before Rebecca: Popular Protest in Wales 1793–1835* (London, 1973), yn enwedig penodau 1 a 2; idem, *Rebecca's Children: A Study of Rural Society, Crime and Protest* (Oxford, 1989), yn enwedig pennod 4; Jones, 'Women, Community and Collective Action', yn enwedig 31–7; Angela V. John, 'A Miner Struggle? Women's Protests in Welsh Mining History', *Llafur*, 4, rhif 1 (1984), 72–90.

rym gwleidyddol ffurfiol, byddai gwrthdystwyr benywaidd yn aml ar flaen y gad yn erbyn 'gelynion' cydnabyddedig y gymuned ac yn chwyrn eu hymosodiadau ar unigolion amhoblogaidd, megis beiliaid, tirfesurwyr, cynffonwyr, a chlepgwn. Er enghraifft, yn ystod streic yn Aberdâr ym 1857, dywedid bod yr awyr wedi ei rhwygo gan 'mingled ironical cheers, groans and hisses' wrth i dyrfaoedd o fenywod a phlant frygawthan yn erbyn cynffonwyr a chodi dychryn arnynt wrth iddynt fynd yn ôl ac ymlaen i'r gwaith.[81] Yn ystod 'Rhyfel y Degwm' (fel y'i gelwid), ar ddiwedd y 1880au ac yn gynnar yn y 1890au, pan oedd poenydio geiriol yn erbyn beiliaid, arwerthwyr, a swyddogion degwm eraill yn ddigwyddiad beunyddiol bron, dilornwyd 'women and girls acting indecently, filling the air with filthy expressions that would shame the strumpets of . . . anywhere' gan lythyrwr yn y *Western Mail*.[82] Drwy gymryd rhan mewn gweithredoedd o anufudd-dod geiriol, a thrwy hynny danseilio'r ddelwedd gyfoes o fenywdod parchus a ddisgrifiwyd eisoes, gallai aelodau 'gwannaf' (tybiedig) y gymdeithas gyfleu eu gwrthwynebiad symbolaidd i'r safle a bennwyd iddynt o fewn cynllun ehangach y berthynas a fodolai rhwng y rhywiau, ac o fewn dosbarth cymdeithasol. Gellid dadlau hefyd, ar un ystyr, fod y menywod hynny a ddaethai i'r amlwg mewn protestiadau cymunedol wedi elwa ar fanteision eu rhyw – sef rhyddid i 'ddweud y gwir' am reolwyr anghyfiawn – ac o ganlyniad i'r syniadau cryfion hyn ynglŷn â rhagorfreintiau benywaidd, efallai iddynt ar adegau deimlo bod ganddynt y grym angenrheidiol i ymddwyn mewn ffordd a oedd hyd yn oed yn fwy afreolus ac anllad na'r dynion.[83]

Serch hynny, y mae'n rhaid cyfaddef bod cwlt y cartref yn oes Victoria, ynghyd â'r cysyniad o 'sfferau ar wahân', wedi dylanwadu'n drwm ar statws a dylanwad menywod yn y byd 'cyhoeddus', yn enwedig ym maes gwleidyddiaeth a chrefydd. Yr oedd y pwyslais cynyddol ar y cartref fel priod diriogaeth y fenyw, ynghyd â datblygiad dulliau gwrthdystio gwleidyddol mwy sefydliadol, megis undebau llafur a grwpiau gwasgedd ffurfiol a reolid bron yn gyfan gwbl gan ddynion, yn sicrhau mai cymharol ychydig o fenywod a gâi gyfle i gymryd rhan yng ngweithgareddau'r gymuned ehangach. Daeth gwleidyddiaeth sefydliadol i gael ei hystyried fwyfwy yn faes dynion yn unig ac, fel y mae Sally Alexander, Dorothy Thompson a haneswyr cymdeithasol eraill wedi dadlau, câi merched eu gyrru i'r cyrion neu eu gorfodi i ildio eu lle wrth i ddulliau sefydliadol a reolid gan ddynion ddisodli ffurfiau traddodiadol, cymunedol ar wrthdystio (y chwaraeai menywod

[81] *The Cambrian*, 25 Rhagfyr 1857.

[82] *Western Mail*, 30 Mehefin 1891; llythyr gan '"Student 69–70", Carmarthenshire'.

[83] Am syniadau ynghylch breintiau merched mewn protestiadau, gw., e.e., E. P. Thompson, *Customs in Common* (London, 1991), tt. 325–31, a Natalie Zemon Davis, *Society and Culture in Early Modern France* (Oxford, 1987), pennod 5.

ran allweddol ynddynt fel rheol).[84] Er bod menywod yn parhau i ddefnyddio dulliau llafar o brotestio, trwy refru ar feilïaid neu dorwyr streic, yr oedd y tactegau uniongyrchol hyn, a oedd â'u gwreiddiau yn y gymuned, yn fwy ymylol erbyn diwedd y bedwaredd ganrif ar bymtheg. Ni chaent eu hystyried fel rheol yn ddim mwy nag ychwanegiad at y tactegau gwleidyddol ffurfiol a ddyfeisid gan eu gwŷr mwy 'parchus'. Yr oedd byd 'cyhoeddus' yr areithydd gwleidyddol ffurfiol yn cael ei feddiannu fwyfwy gan ddynion, a'r unig ddewis a oedd gan fenywod a ddymunai gymryd rhan mewn gwrthdystiadau gwleidyddol oedd mabwysiadu eu swyddogaeth 'afreolus' draddodiadol. Yn ystod Rhyfel y Degwm, er enghraifft, ystyrid areithyddiaeth wleidyddol ffurfiol, megis honno a gafwyd mewn cyfarfod o ffermwyr a gynhaliwyd ym mhlwyf Llanddewi Aber-arth ym 1888, lle y gwnaeth pob aelod ymdrech 'to outdo the previous speaker in emphatic protests', yn briod faes dynion.[85] Cyfyngid doniau 'areithio' y merched i weiddi a brygowthan ar stiwardiaid y degwm a'r beilïaid.

Yn ystod degawdau canol y bedwaredd ganrif ar bymtheg cadarnhawyd safle dynion fel dinasyddion gwleidyddol cyfrifol a oedd â llais cryf yn y proses gwleidyddol tra câi'r mwyafrif o ferched eu cyfyngu i'r cartref ac i ddistawrwydd cyhoeddus. Ystyrid bod areithio gan fenywod yn ffenomen ryfedd na ddylid ei hannog. Fel y cofiai Alice Gray Jones (Ceridwen Peris), diwygwraig ddirwest gynnar: 'Yr oedd gwaith merch yn esgyn i lwyfan i siarad yn gyhoeddus yn taro yn erbyn y syniad cyffredinol am safle merch mewn cymdeithas. Yr aelwyd oedd lle merch, a distawrwydd oedd ei rhinwedd – dyna farn y cyhoedd y pryd hynny.'[86] Er i ychydig o fenywod lwyddo i sicrhau peth dylanwad yn y byd 'cyhoeddus', yr oeddynt yn gorfod gweithredu o fewn canllawiau llym iawn ac o fewn meysydd crefyddol cyfyng, megis pregethu lleyg a'r mudiad dirwest. Hyd yn oed o fewn byd parchus Ymneilltuaeth, ystyrid bod eu safle yn israddol ac ymylol ac ni chaent eu derbyn yn flaenoriaid nac yn weinidogion. Gwaherddid y genhedlaeth gyntaf o ddiwygwragedd dirwest yn aml rhag pregethu yn y pulpud – braint a neilltuid i ddynion bron yn ddieithriad – ac ar adegau ni chaniateid iddynt ddefnyddio'r capel ei hun hyd yn oed, gan eu gorfodi i gynnal eu cyfarfodydd yn yr ysgoldy cyfagos.[87]

[84] Am wybodaeth bellach ar sut y gwthiwyd merched i gyrion gwleidyddiaeth y dosbarth gweithiol yn Lloegr ar ddechrau a chanol y ganrif, gw. Dorothy Thompson, 'Women and Nineteenth-Century Radical Politics: A Lost Dimension' yn Juliet Mitchell ac Ann Oakley (goln.), *The Rights and Wrongs of Women* (Harmondsworth, 1976), tt. 112–38; Sally Alexander, 'Women, Class and Sexual Differences in the 1830s and 1840s: some reflections on the writing of a feminist history', *History Workshop Journal*, rhif 17 (1984), 125–49; Hall, *White, Male and Middle Class*, yn enwedig penodau 6, 7; a Clark, *Struggle for the Breeches*.

[85] *Cambrian News*, 23 Mawrth 1888.

[86] Alice Gray Jones (Ceridwen Peris), *Er Cof a Gwerthfawrogiad o Lafur Mrs Mathews* (Lerpwl, 1931), t.14. Fe'i dyfynnwyd yn Ceridwen Lloyd-Morgan, 'From Temperance to Suffrage?' yn John (gol.), *Our Mothers' Land*, t. 148.

[87] Gwrthodwyd caniatâd i Sarah Jane Rees (Cranogwen), un o'r ychydig ferched a oedd yn bregethwr lleyg, i bregethu o'r pulpud. Gw. Williams, 'The True "Cymraes"', t. 88.

At hynny, yr oedd dynion yn amheus a dirmygus o'r menywod hynny a fynnai lais gwleidyddol ac a lwyddai i ennill ychydig o ddylanwad cyhoeddus drwy fudiadau megis y mudiad dirwest. Er enghraifft, wrth ddisgrifio ei hoedfa gyntaf fel pregethwr lleyg, noda cofiannydd Cranogwen fod llawer o ddynion yn feirniadol iawn ohoni ac, yn wir, yn ei chael yn dra bygythiol: 'Pan welsant Cranogwen yn y pulpud yn annerch torf o ddynion, credasant fod diwedd y byd wedi dod. Bu'n wych ganddynt awgrymu mai gwryw ar wedd benyw, neu fenyw ar wedd gwryw, ydoedd; a chlywsom rai yn awgrymu nad oedd yn perthyn i'r naill ryw neu'r llall.'[88] Credai'r mwyafrif o flaenoriaid Ymneilltuol y dylai merched aros gartref, yn ddistaw ac ymostyngol, ac ystyrient fod y rheini a heriai gonfensiwn drwy annerch cyfarfodydd cyhoeddus, ar draul cyflawni eu dyletswyddau traddodiadol fel gwragedd, yn aml yn eu 'dadfenyweiddio' eu hunain wrth wneud hynny.

Er gwaethaf natur gyfyngedig a gormesol braidd y 'sfferau ar wahân', ceir tystiolaeth helaeth fod llawer o fenywod dosbarth-canol a dosbarth-gweithiol yn cofleidio'r fath werthoedd yn eiddgar, gan eu hystyried yn rhan angenrheidiol ac annatod o barchusrwydd allanol. Rhaid pwysleisio bod mwy i gwlt yr aelwyd nag ideoleg batriarchaidd a orfodid ar fenywod gan ddynion. Fel y mae Joanna Bourke wedi dangos, nid oedd menywod o anghenraid yn ystyried bod cadw tŷ a gofalu am deulu yn orthrymus nac yn ddiraddiol.[89] Ymfalchïai llawer ohonynt yn eu swyddogaeth newydd fel gwragedd tŷ, gan ei bod yn gyfrwng gwerthfawr ar gyfer hunan-fynegiant yn ogystal ag yn fodd i gryfhau eu grym o fewn y cartref. Yn nofelau Kate Roberts, er enghraifft, a ddisgrifiwyd gan Noragh Jones fel 'a celebration of domesticity and female solidarity', y mae'r merched yn diffinio eu swyddogaeth ac yn eu mynegi eu hunain a'u perthynas â phobl eraill yn ôl y gwerthoedd a'r dyletswyddau cymdeithasol sy'n gysylltiedig â'r delfryd domestig.[90] Hefyd, fel y dangoswyd eisoes, yr oedd llawer o ferched yn argyhoeddedig fod y dylanwad ysbrydol, diwylliannol a hyd yn oed wleidyddol a oedd ganddynt mewn cymdeithas yn deillio o'u goruchafiaeth yn y cartref. Yn fwyaf arbennig, drwy lywodraethu dros yr aelwyd Gymraeg ei hiaith, a sicrhau bod y gwerthoedd diwylliannol a oedd ynghlwm wrth Gymreictod yn cael eu trosglwyddo o'r naill genhedlaeth i'r llall, gallai'r fam wladgarol ymfalchïo yn ei swyddogaeth a'i harneisio i hyrwyddo achos gwleidyddol a chenedlaethol ehangach.

Yn ogystal, fel y mae Catherine Hall a haneswyr cymdeithasol eraill wedi dangos, byddai merched yn aml yn chwarae rhan allweddol yn diffinio union

[88] D. G. Jones, *Cofiant Cranogwen* (Caernarfon, 1933), tt. 88–9. Ceir y dyfyniad hwn yn Lloyd-Morgan, 'From Temperance to Suffrage?', t. 149.

[89] Joanna Bourke, 'Housewifery in Working-Class England 1860–1914', *P&P*, rhif 143 (1994), 167–97.

[90] Gw. Noragh Jones, 'The Comforts and Discomforts of Home: Feminism and Kate Roberts' Domestic Themes', *Planet*, 107 (1994) 75–82. Ymfalchïai Kate Roberts yn ei chartref ac yr oedd yn ddirmygus o ferched a ddiraddiai'r gwerthoedd a oedd yn gysylltiedig â bod yn wraig tŷ.

ffiniau yr ideoleg newydd. Nid ymgais ar ran dynion i danseilio a gwanhau grym llafar menywod oedd yr unig feirniadu a geid ar 'glepwragedd'. Byddai merched hefyd yn aml yn mewnoli ac yn cymeradwyo'r gwerthoedd hyn, gan eu defnyddio i ddynodi'r ffin gymdeithasol rhyngddynt hwy a'u chwiorydd llai parchus, a chan gychwyn ymosodiadau ar ferched nad oeddynt yn cydymffurfio â'r safonau disgwyliedig. Menywod a ysgrifennai lawer o'r ymosodiadau ffyrnig ar yr arferiad o hel clecs a ymddangosai mewn cylchgronau megis *Y Frythones* a'r *Gymraes*. Yr un modd, y mae'r ysgrifau coffa niferus yn y wasg Gymraeg yn awgrymu i lawer iawn o ferched crefyddol a geisiai barchusrwydd ymbellhau rhag y rhwydweithiau clebran a oedd yn bodoli yn y cymunedau yr oeddynt yn perthyn iddynt. Er enghraifft, yr oedd hel clecs yn amlwg yn wrthun gan Mrs Tibbott, a fu farw yn Llanfyllin ym 1852: 'Ni wastraffai ei hamser trwy rodiana a myned o dŷ i dŷ, ond yn unig mor bell ag y byddai achosion cyfreithlawn yn galw am hyny.'[91] Felly'r oedd hi hefyd yn achos Mrs Evans o Lanengan, yr ymddangosodd ei hysgrif goffa yn *Y Gymraes* ym 1908; yr oedd hi 'yn dra gofalus o'i hamser, yr un mor ofalus am ei geiriau, a braidd nad ymffrostiai (yn wylaidd) am nad a i "byth i dŷ neb heb neges!" '[92] Yr oedd menywod parchus fel y rhain yn hynod ofalus yn eu hymwneud â'u cymdogion. Yn ôl ysgrif goffa Mrs Jones o Landygwydd, er enghraifft, a gyhoeddwyd yn *Seren Gomer* ym 1880: 'Ni lefarai air isel am neb, ac nid oedd enllib yn cael dod yn agos i'w thrigfan . . . Os nad oedd ganddi air da i ddweyd am ei chymmydogion, ni ddywedai ddim.'[93] At hynny, byddai menywod o'r fath yn llym eu beirniadaeth o ferched straegar. Dywedwyd am Mrs Sarah Evans o Lanedi, a fu farw ym 1880: 'Groesaw tlawd a gafai yr athrodwr a'r enllibwr ganddi. Wedi y gwnelai y dosparth yma arllwys eu llysnafedd allan unwaith yn ei phresenoldeb, ni theimlent awydd gwneyd yr un peth drachefn.'[94] Yr un modd, nid oedd gan Miss Rachel James, a fu'n gofalu am y 'Branch shop' yn Abermeurig am sawl blwyddyn, unrhyw ddiddordeb yn y straeon a adroddid gan y merched eraill a weithiai yn y siop ac a oedd tua'r un oed â hi: 'Gwahaniaethai yn gyflym rhwng teilyngdod ystorïau, ac ni wnelai fawr o sylw o'r rhai gwag, masw, a disylwedd.' Yn hytrach, siaradai yn garedig a pharchus am bobl eraill bob amser a gwrthodai ildio i bwysau'r cwsmeriaid i hel clecs yn y siop: '*Ni charai . . . ddweyd yn ddrwg am neb*; a chan fod llawer yn hoffi hyny, yr oedd yn well ganddi hi dewi na'u boddhau. Ni chlywyd hi nemawr un amser yn rhedeg neb i lawr, a synai yn fawr fod rhai yn gallu gwneyd hyny mor hawdd – rhai yn proffesu pethau gwell.'[95] Yr oedd yn well gan fenywod fel y rhain gymdeithasu â menywod crefyddol eu natur, fel Mrs Jones o Wernymynydd, a fu farw ym 1855. Yr oedd hi 'yn llawn o ysbryd crefydd bob amser. Dyna fyddai

[91] 'Pregeth Anghladdol', *Y Dysgedydd*, XXXI (Ebrill, 1852), 103.
[92] *Y Gymraes*, XII, rhif 143 (1908), 123.
[93] *Seren Cymru*, 20 Chwefror 1880, t. 5.
[94] Ibid., 10 Rhagfyr 1880, t. 7.
[95] *Y Frythones*, I, rhif 4 (1879), 113–14. Bu farw pan oedd yn ugain mlwydd oed.

testun yr ymddyddan gartref, wrth rodio ar hyd y ffordd, a phan gyfarfyddai â'i chyfeillion a'i chyfeillesau'.[96]

Cadarnheir ymlyniad carfan sylweddol o fenywod wrth y gwerthoedd hyn hefyd gan agwedd amddiffynnol merched a gyhuddid, yn uniongyrchol neu'n anuniongyrchol, o fod yn hoff o chwedleua. Er enghraifft, pan gâi cyhuddiad o'r fath ei anelu at fenywod mewn cymdogaeth arbennig, byddent yn aml yn ymateb yn ffyrnig i amddiffyn eu henw da. Ym 1865, pan anfonwyd llythyr ar ddrygau hel clecs i'r *Gwladgarwr* gan berson yn defnyddio'r ffugenw 'Carw Coch', cynddeiriogwyd ei gymdogesau gan ei ddarlun poblogaidd ac ystrydebol o'r glepwraig fel gwraig tŷ flêr a slebogaidd a esgeulusai ei dyletswyddau ar yr aelwyd, a bygythiwyd dial arno yn ddi-oed: 'Y mae ef . . . wedi tynu holl ferched a gwragedd Trecynon yn ei ben. Y maent yn bygwth cynal cyfarfod i gyhoeddi uwch ei ben y geiriau ofnadwy hyn, "Anathema Maranatha", neu rywbeth cyffelyb.'[97] Y mae sensitifrwydd menywod a'u parodrwydd i'w hamddiffyn eu hunain pan gaent eu henllibio fel hyn yn un rheswm paham y byddai gohebwyr papur newydd a wawdiai glepwragedd mewn cymuned arbennig yn aml yn pwysleisio nad oedd eu sylwadau dirmygus wedi eu hanelu at y menywod eraill mwy parchus a drigai yn yr un gymdogaeth ac nad oeddynt yn dilorni 'enw da' y gymuned gyfan.[98]

Nid oes amheuaeth ychwaith na chafodd y gwerthoedd a oedd ynghlwm wrth y delfryd domestig, a chwlt parchusrwydd yn gyffredinol, gryn effaith ar gysylltiadau cymdogol a rhwydweithiau clebran merched. Er enghraifft, bu dirywiad mawr yn hanes y Clwb Te – sefydliad cymdeithasol i ferched yn unig – o ganlyniad i'r tueddiadau hyn. Fel y sylwodd Isaac Foulkes ym 1864 am y Gymdeithas De, fel y'i galwodd: 'Ymddengys, fel y mae gwaetha'r modd, fod y Cymdeithasfaau hyn yn marw yn gyflym, oherwydd fod y wlad yn ymanwareiddio cymaint mewn moes, dysg, a chrefydd.'[99] Ystyrid bod hel clecs yn tanseilio bywyd teuluol preifat, a byddai menywod 'parchus' yn aml yn ymbellhau oddi wrth y diwylliant poblogaidd cwmnigar a oedd yn sylfaen i rwydweithiau cymdogol merched. Rhaid bod poblogrwydd y delfryd newydd, a'r ystrydebau a'r rhagdybiaethau negyddol am ddiwylliant menywod a ddisgrifiwyd eisoes, wedi cael effaith andwyol ar y cylchoedd cymdeithasol hyn ac yn enwedig ar ddiwylliant llafar torfol merched. Wedi'r cwbl, yr oedd collfarnu hel clecs, yn ogystal â bychanu a dibrisio iaith ac ymddygiad merched unigol, yn bychanu eu perthynas â'u cymdogesau ac yn tanseilio ac yn israddio'r ysbryd o gymdogaeth, cydweithrediad a chyd-ddibyniaeth a oedd yn nodweddiadol o ddiwylliant

96 *Y Dysgedydd*, XXXIV (Mehefin, 1855), 220.

97 *Y Gwladgarwr*, 5 Awst 1865, t. 6: llythyr gan 'G. Medi' ynghylch 'Helynt Trecynon'. Am y llythyr gwreiddiol gan 'Carw Coch', dan y teitl 'Cwd y Glap', gw. *Y Gwladgarwr*, 22 Gorffennaf 1865, tt. 2–3.

98 Gw., e.e., y sylwadau dilornus am glepwragedd Porthmadog a gyhoeddwyd yn *Y Gymraes*, II, rhif 12 (1851), 372.

99 Foulkes, '*Cymru Fu*', tt. 90–1.

menywod yn gyffredinol. Oherwydd hyn, rhaid bod y menywod hynny a ymbellhaodd yn wirfoddol oddi wrth gylchoedd hel clecs eu cymdogion wedi profi ymddieithrwch ac unigedd dwys ar adegau. Ni fyddai Mrs Mary Jones, Tanygrisiau, er enghraifft, yr ymddangosodd ei hysgrif goffa yn y *Methodist* ym 1856, byth yn hel straeon â'i chymdogesau – 'yr oedd yn rhy goethedig ei meddwl i allu ymbleseru yn yr ymddyddanion fyddai yn cael eu dwyn yn mlaen ar y fath achlysuron . . .' ac o ganlyniad: 'Byddai yn cael ei beio gan rai o'i chymydogion, am na byddai yn cydfyned o gwmpas i dalu ymweliadau i dŷ ei chymydogion.'[100] Fel y mae Ellen Ross wedi dangos, yr oedd menywod a gadwai eu pellter o gylchoedd hel clecs eu cymdogesau hefyd yn ymwrthod â rhwydweithiau cyd-gymorth a gwerthoedd y gymuned ehangach ac, oherwydd hynny, yn gorfod talu pris cymdeithasol uchel yn aml am y fraint o fyw bywyd preifat.[101]

Y mae angen pwysleisio hefyd, fodd bynnag, nad oedd hyd yn oed y merched hynny a gydymffurfiai'n allanol â'r syniadau poblogaidd am barchusrwydd benywaidd mor ymostyngol ag y gellid tybio. O fewn cyfyngiadau eu byd arwahanol a phriodas batriarchaidd, yr oedd cryn le iddynt gryfhau eu safle eu hunain. Er i oes Victoria weld cryn newid yn y safonau ymddygiad delfrydol a reolai'r berthynas briodasol, yr oedd y gwrthdaro traddodiadol rhwng gŵr a gwraig yn parhau'n nodwedd gyffredin mewn llawer priodas, hyd yn oed ymhlith parau a oedd yn arddel y delfryd patriarchaidd.[102] Fel y datganodd un o drigolion Llangrannog: 'Nid oedd y gwr a'r wraig yn gydradd. Bydde'r wraig yn feistres ar y gwr neu'r gwr yn feistr ar y wraig, ac yr oedd gormes bron ymhob ty.'[103] Nododd sawl sylwebydd cyfoes mai tafod miniog y wraig oedd ei hamddiffyniad gorau rhag ei gŵr, a bod gwragedd yn dal i ddefnyddio amryw o dactegau llafar gwrthryfelgar – megis iaith gref a 'chega' di-baid – i ennill rhywfaint o rym ac annibyniaeth o fewn eu priodas.[104] Er nad oedd yr 'ysgowldwraig' yn gocyn hitio mewn llenyddiaeth boblogaidd bellach, ceir tystiolaeth fod tafod llym y wraig yn parhau i beri gwrthdaro, yn ogystal â bod yn ffordd effeithiol o gael y llaw uchaf mewn llawer o gartrefi.[105] Fel y sylwodd ynad yn y Rhondda pan wysiwyd gŵr y

[100] 'Adgofion am Mrs Jones, Tanygrisiau', *Methodist*, III (Mehefin, 1856), t. 181.

[101] Ross, 'Not the sort that would sit on the doorstep', 52.

[102] Dadleua Anna Clark na wnaeth y cysyniad o 'sfferau ar wahân' ddim i ddatrys y gwrthdaro traddodiadol rhwng dynion a merched ac eithrio ar lefel ideolegol: 'it succeeded only on the level of rhetoric, not everyday experience'. Gw. Anna Clark, 'Womanhood and manhood in the transition from plebeian to working-class culture: London, 1780–1845' (traethawd PhD anghyhoeddedig Rutgers, New Jersey, 1987), t. iii.

[103] LlGC, Llsgr. David Thomas B62, t. 25 (tystiolaeth gan dyst anhysbys o Langrannog).

[104] Joanna Bourke, *Working-Class Cultures in Britain 1890–1960: Gender, Class and Ethnicity* (London & New York, 1994), tt. 74–81; eadem, 'Housewifery in Working-Class England', 191–4. Am sylwadau tebyg ar y defnydd o iaith gref gan wragedd, gw. Sheila Rowbotham, 'The Trouble with Patriarchy' yn Raphael Samuel (gol.), *People's History and Socialist Theory* (London, 1981), t. 365.

[105] Am ddarlun diddorol yn dyddio o ganol y bedwaredd ganrif ar bymtheg o wraig 'blagus', gw. y faled 'Tychangerdd Newydd i'r Glep-wraig' (defnyddiwyd y gair 'clepwraig' yn y cyd-destun hwn i ddisgrifio gwraig blagus yn hytrach nag un straegar). LlGC, 'Baledi a Cherddi', cyf. 25, rhif 125.

byddai ei wraig yn cega arno'n ddi-baid i ymddangos gerbron y fainc am ei gadael: 'The tongue is a very cruel weapon, and many . . . are driven out of their senses by the nagging of someone else.'[106] Yn wir, mewn llawer cartref byddai'r gŵr yn rhestru iaith wrthryfelgar, herfeiddiol, neu ymosodol ei wraig yn rheswm digonol dros ei churo. Er enghraifft, dangosodd astudiaeth o drais yn y cartref a wnaed yn ardaloedd pyllau glo Cymru a'r Alban yn y 1920au fod gwŷr yn aml yn cyfiawnhau'r ffaith iddynt gam-drin eu gwragedd drwy fynnu iddynt gael eu cythruddo drwy air neu weithred.[107] Câi'r gwragedd hefyd eu hannog i dderbyn mai arnynt hwy yr oedd y bai am bob anghydfod am iddynt gega ar eu gwŷr neu eu pryfocio mewn rhyw ffordd neu'i gilydd.

Yn ogystal â herio ei gŵr a gwrthryfela yn agored yn ei erbyn, fel y disgrifiwyd uchod, gallai'r wraig ymostyngol a oedd wedi diflasu ar ei awdurdod patriarchaidd droi at amryw o ddulliau llafar ystrywgar a heddychlon o'i wrthwynebu, megis cynllwynio cynnil, anwadalrwydd bwriadol, distawrwydd dirmygus neu wneud hwyl am ei ben yng ngŵydd cymdogion. Llwyddai llawer o wragedd i gael y llaw uchaf drwy ddefnyddio'r tactegau hyn, a oedd yn arbennig o effeithiol mewn cartrefi lle'r oedd y gŵr yn fyr ei dymer. Hefyd, gallai gwraig flin fychanu ei gŵr neu danseilio ei enw da a'i hygrededd o fewn y gymuned drwy ei sarhau neu ei enllibio yn gyhoeddus. Nododd gohebydd i'r *Cylchgrawn* ym 1854 y gallai ffraeo rhwng gŵr a gwraig ddod yn hysbys i bawb: 'Nid anfynych y clywir gwragedd yn trin eu gwŷr ar gyhoedd pentref neu gymydogaeth. Gallesid meddwl wrth eu clywed fod ganddynt y gwŷr mwyaf creulawn – y gwaethaf yn y wlad, pan efallai, y byddant gystal a neb yn y gymydogaeth.'[108] Aeth un wraig yn Llanelli, a amheuai fod ei gŵr yn cael perthynas odinebus â menyw iau, mor bell â lledu si i'r perwyl hwnnw drwy'r dref, gyda'r canlyniad i ddelweddau o'i gŵr a'i gariad honedig gael eu llosgi gan gymdogion blin.[109] Felly, yr oedd hel clecs, athrod a lledu cyhuddiadau maleisus yn parhau yn arfau poblogaidd yn nwylo'r wraig ddicllon.

Yr un modd, nid oedd llawer o fenywod a gydsyniai ag egwyddorion sylfaenol cwlt yr aelwyd o anghenraid yn byw bywyd ynysig a phreifat. Er enghraifft, y mae'n sicr i lawer un a ymbellhaodd oddi wrth ddiwylliant stryd cwmnigar eu cymdogesau llai parchus barhau'n ymwybodol o rym a chysur emosiynol gweithgareddau cymunedol megis hel straeon. Er y gallai merched dosbarth-canol,

[106] *Rhondda Leader*, 22 Mehefin 1918, t. 4.

[107] Stuart Macintyre, *Little Moscows: Communism and Working-class Militancy in Inter-war Britain* (London, 1980), t. 142. Sylwyd mewn astudiaethau eraill fod beiddgarwch gwraig yn ddigon o gyfiawnhad dros ei cham-drin. Gw., e.e., Nancy Tomes, 'A "Torrent of Abuse": Crimes of Violence Between Working-Class Men and Women in London, 1840–1875', *Journal of Social History*, 11, rhif 3 (1978), 328–45.

[108] 'Gair at wragedd Cymru', *Y Cylchgrawn*, IV, rhif 34 (1854), 20. Fodd bynnag, yr oedd yr awdur yn ddigon parod i dynnu sylw at y ffaith fod gwragedd yn aml yn prysuro i amddiffyn eu gwŷr pan fyddai rhywun arall yn eu beirniadu.

[109] *South Wales Press*, 18 Ebrill, 13 Mehefin 1895.

yn enwedig gwragedd ffermwyr cyfoethog a dynion proffesiynol, fforddio osgoi rhwydweithiau cyd-gymorth eu cymdogesau tlotach, parhaodd cysylltiadau cymdeithasol ac adloniadol â menywod o gyffelyb fryd yn bwysig iddynt ac yr oedd cylchoedd hel clecs yn arbennig o boblogaidd o hyd fel dull o gynnal cysylltiadau o'r fath. Nid oedd parchusrwydd yn golygu bod yn rhaid iddynt droi cefn yn llwyr ar fywyd cymdeithasol; yr hyn a wnâi menywod 'parchus' oedd bod yn fwy gofalus ynghylch materion o'r fath, gan geisio cyfryngau mwy cymdeithasol dderbyniol ar gyfer mynegi barn am ddiffygion eu cymdogion. Yr oedd hel clecs yn awr yn digwydd mewn sefyllfaoedd llai agored megis cylch gwnïo'r capel neu sesiynau yfed te ffurfiol mewn cartrefi yn hytrach nag yn gyhoeddus ar y rhiniog ac yn y stryd. At hynny, yn wahanol i'w chwiorydd dosbarth-gweithiol, ni ddisgwylid i fenywod dosbarth-canol parchus gadw tŷ agored i'w cymdogesau; byddai ymweliadau cymdeithasol yn cael eu trefnu ymlaen llaw drwy wahoddiad ffurfiol ac fe'u cyfyngid yn aml i 'ddiwrnod galw' penodol. Mewn cyferbyniad llwyr â sesiynau yfed te swnllyd, hwyliog – a meddw, yn aml – y cyfnodau cynharach, yr oedd y 'partïon te' a fynychid gan fenywod parchus ar ddiwedd y bedwaredd ganrif ar bymtheg yn achlysuron ffurfiol a thrymaidd, lle y glynid yn anhyblyg wrth reolau moesgarwch Fictoraidd a lle y câi llestri gorau'r teulu eu harddangos yn eu holl ogoniant er budd y cymdogesau. Er gwaethaf cymedroldeb, syberwyd a pharchusrwydd allanol y cyfarfodydd cymdeithasol hynod o ffurfiol hyn, yr oeddynt yn gyfrwng pwysig i wragedd gadw cysylltiad â'u cylch o gymdogesau a lledu'r clecs diweddaraf. Yng ngeiriau T. Gwynn Jones, a aned ym 1871 ac a fu'n dyst, pan oedd yn fachgen ifanc, i sawl achlysur o'r fath:

> 'Diwrnod galw' fyddai'r dydd y dôi cymdogesau neu hen gyfoedion i edrych am fy mam, neu yr âi hi i edrych amdanynt hwy. Byddai te mewn hen 'lestri c'heni', a gedwid yn ofalus mewn cwpwrdd cornel, ar y diwrnod hwnnw . . . rhai wedi bod yn y teulu er amser Nain . . . Byddai'n rhaid i hogyn bach fod yn boenus o lonydd ac yn annaturiol o dda. Er bod fy mam yn un lawen wrth natur a braidd yn ffraeth ei gair, go gwynfannus fyddai'r ymddiddan bron bob amser ar achlysur felly, sôn am drwbl ac afiechyd hon a'r llall, neu am ferch rhyw hen gydnabod wedi priodi yn is na'i stad, felly beth oedd i'w ddisgwyl ond trwbl? Ar dro byddai sôn fod merch un arall wedi 'priodi'n dda' dros ben, hynny yw, yn uwch na'i stad, efallai. Trwbl fyddai weithiau ar ôl y fargen honno hefyd. Dywedid yn aml yn ystod yr ymddiddan mai 'dyna fel y mae hi yn yr hen fyd yma'.[110]

Gallai'r capel hefyd fod yn gyfrwng parchus ar gyfer lledu straeon ac, yn wir, ar gyfer hybu'r cyfryw weithgarwch, gan fod y rheolau disgyblaeth a oedd yn gysylltiedig â bod yn aelod o gapel yn aml yn creu diwylliant cymdeithasol a gymeradwyai feirniadaeth dorfol gyhoeddus o ymddygiad preifat pobl eraill.[111]

[110] T. Gwynn Jones, *Brithgofion* (Llandybïe, 1944), tt. 58–9.

[111] Un o brif amcanion cymdeithas y Methodistiaid Calfinaidd oedd dwyn cymod pan fyddai anghytundeb yn codi rhwng eu haelodau. Gw. *Hanes, Cyfansoddiad, Rheolau Dysgybliaethol, ynghyd a Chyffes Ffydd y Corff o Fethodistiaid Calfinaidd yn Nghymru.*

Eto i gyd, rhaid nodi bod llawer o fenywod a dderbyniai'n llwyr rai agweddau ar y delfryd domestig yr un mor frwdfrydig dros weithgareddau cymdeithasol eraill a oedd yn groes i egwyddorion sylfaenol y delfryd hwnnw. Nid oedd nifer mawr o ferched, yn enwedig y rheini a oedd yn byw yng nghymunedau dosbarth-gweithiol clòs Maes Glo De Cymru, yn cofleidio safonau ymddygiad dosbarth-canol gyda'u gorbwyslais ar breifatrwydd personol. Yn hytrach, addaswyd y delfryd ganddynt i weddu i'w hanghenion a'u gwerthoedd penodol hwy eu hunain. Efallai iddynt gydnabod pwysigrwydd safonau glanweithdra uchel yn y cartref a'u dyletswydd fel mamau i reoli iaith ac ymddygiad y dynion ar yr aelwyd, ond diogelwyd hefyd nodweddion torfol a chwmnigar y diwylliant cymdogol traddodiadol a roddai bwys ar fanteision a chyfrifoldebau cyd-ddibyniaeth ac undod cymunedol. Yn fwyaf arbennig, parhaodd hel straeon yn rhan annatod o'r rhwydweithiau cydgefnogaeth a gynhelid gan fenywod drwy gydol y bedwaredd ganrif ar bymtheg. A hwythau heb lawer o weithgareddau hamdden eraill i'w difyrru, yr oedd menywod tlawd mewn ardaloedd dosbarth-gweithiol yn parhau i hel clecs ar y stryd, ar y rhiniog, yn y popty neu'r golchdy cymunedol, ac yn y siop a'r farchnad. Câi drysau ffrynt eu gadael ar agor drwy'r dydd a gwyddai cymdogesau fod perffaith ryddid iddynt alw i mewn i dai ei gilydd am gwpanaid o de a sgwrs.[112] At hynny, byddai'r rheini a fynnai ormod o breifatrwydd neu a fyddai'n cadw'u pellter, gan wrthod cadw tŷ agored neu hel clecs, yn cael eu hosgoi gan y gymuned ehangach o ferched. Yn wahanol i fenywod dosbarth-canol, a oedd yn fwy cefnog, ni allai menywod dosbarth-gweithiol fforddio diystyru cefnogaeth eu cymdogesau. Teimlent fod rheidrwydd arnynt i fod yn rhan o'r gymuned am resymau economaidd ymarferol yn ogystal ag am resymau cymdeithasol, ac yr oedd cymryd rhan mewn hel clecs yn rhan angenrheidiol o'r proses cyfannu hwn.[113]

At hynny, er i'r glepwraig gael ei phortreadu bron yn ddieithriad fel gwraig tŷ flêr a thlawd a oedd yn esgeuluso ei chartref a'i theulu, mewn gwirionedd nid ystyriai'r rhan fwyaf o fenywod dosbarth-gweithiol fod hel clecs a gweithio'n galed i gadw tŷ glân a chysurus yn weithgareddau anghydnaws. I'r gwrthwyneb, ymddengys fod agwedd ddisgybledig at waith tŷ, ynghyd â balchder mewn llafur domestig, yn nodweddiadol o feddylfryd menywod yn y mwyafrif o gymdogaethau dosbarth-gweithiol drwy gydol oes Victoria. Er enghraifft, yr oedd gwragedd Maes Glo De Cymru yn enwog am eu glanweithdra a sylwodd llawer o gyfoeswyr ar eu hobsesiwn â llafur domestig.[114] Yn wir, yr oedd eu safonau

[112] E.e. Philip Massey, 'Portrait of a Mining Town', *Fact*, rhif 8 (1937), 49; James Hanley, *Grey Children: A Study in Humbug and Misery* (London, 1937), tt. 51, 54–5; Coombes, *These Poor Hands*, tt. 22–3.

[113] Cymh. Ross, 'Not the sort that would sit on the doorstep'.

[114] Am gyfeiriadau at wragedd a chanddynt obsesiwn ynghylch gwaith tŷ, gw. e.e., Rosemary Crook, '"Tidy Women": Women in the Rhondda between the Wars', *Oral History*, 10, rhif 2 (1982), 40–6; S. Minwel Tibbott a Beth Thomas, *O'r Gwaith i'r Gwely: Cadw Tŷ 1890–1960 / A Woman's Work: Housework 1890–1960* (Cardiff, 1994).

glanweithdra uchel a'u gallu i reoli'r cartref (ynghyd â'u diweirdeb a'u gallu i drin arian ac i ddysgu eu plant sut i ymddwyn yn barchus) yn ffon fesur bwysig wrth farnu parchusrwydd a statws menyw mewn perthynas â'i chymdogesau, a byddai'r menywod hynny a fethai gyrraedd y safonau glanweithdra a ddisgwylid gan y gymuned yn aml yn destun siarad a gwawd yn y gymdogaeth.[115] Dan yr amgylchiadau hyn, yr oedd cadw wyneb o'r pwys mwyaf ac, yn eironig, gallai menywod orfodi cwlt yr aelwyd a'r rhaniad gwaith rhwng dyn a menyw ar ei gilydd drwy eu cylchoedd hel clecs eu hunain a sancsiynau llafar eraill.

Gellir dod i'r casgliad, felly, i'r mwyafrif o fenywod, yn enwedig y rheini a oedd yn byw mewn ardaloedd dosbarth-gweithiol, ddangos cryn ddyfeisgarwch wrth addasu'r delfryd domestig yn unol â'u hanghenion a'u hamgylchiadau unigol. Gosodasant eu safonau ymddygiad eu hunain, safonau a seiliwyd i ryw raddau ar gwlt yr aelwyd ond a ddiogelai hefyd yr agweddau hynny ar ddiwylliant merched a bwysleisiai undod cymunedol, cyd-ddibyniaeth a'r cysylltiadau cymhleth rhwng teuluoedd a chymdogion. Fel y mae sawl hanesydd cymdeithasol wedi dadlau yn ddiweddar, camarweiniol a simplistig yw trafod ymddygiad menywod yn nhermau modelau syml megis 'gorthrymwr' yn erbyn 'gorthrymedig', neu yn gyfan gwbl o fewn cyd-destun y byd cyhoeddus a'r byd preifat.[116] Yn ymarferol, yr oedd profiadau merched unigol a deongliadau o safonau ymddygiad parchus yn amrywio'n fawr, a symudai llawer o ferched yn eithaf hawdd rhwng dau fodel o fenywdod a sgwrs fenywaidd a ymddangosai yn anghyson a chroes i'w gilydd. At hynny, trwy hel clecs yn 'gyhoeddus' am fywyd 'preifat' unigolion – gan ddylanwadu, yn anuniongyrchol, ar ffawd 'gyhoeddus' troseddwyr moesol – gallai merched osgoi'r gwahaniaethau mympwyol a fodolai rhwng y 'cyhoeddus' a'r 'preifat'.[117] Nid bodau goddefol, gorthrymedig neu ddi-lais oedd menywod oes Victoria; yr oeddynt yn arbennig o wydn a dyfeisgar. Efallai eu bod yn cymeradwyo'r delfryd, ond gwnaent hynny yn aml ar eu telerau eu hunain, gan barhau i ddefnyddio amryw o gosbau llafar fel dull o fynnu'r 'gair olaf' ac o sicrhau statws, awdurdod ac annibyniaeth o fewn eu priodasau ac o fewn y sefydliad patriarchaidd ehangach.

[115] Cymh. Crook, '"Tidy Women"'.

[116] Gw., e.e., Kermode a Walker (goln.), *Women, Crime and the Courts*, tt. 7–8.

[117] Ni ddylid tanbrisio grym yr arfer o hel clecs i ddylanwadu ar ffawd gyhoeddus neu economaidd y dioddefwyr. Ym 1857, e.e., bu'n rhaid i heddwas yn Y Rhyl ymddiswyddo wedi i'w garwriaeth odinebus â gwraig briod ddod yn wybyddus. Gw. Archifdy Clwyd, Papurau Heddlu Sir Y Fflint, FP/2/7, Chief Constable's Order Book, 1857–75, t. 31; FP/2/1, Letter Book, 1857–8, t. 195.

7

Yr Eglwysi a'r Iaith Gymraeg yn y Bedwaredd Ganrif ar Bymtheg

R. TUDUR JONES

YN ÔL Walter T. Morgan, y broblem fwyaf astrus y bu'n rhaid i'r Eglwys yng Nghymru geisio ei datrys yn y bedwaredd ganrif ar bymtheg oedd sut i ddiwallu'r holl blwyfolion â moddion gras yn iaith eu dewis.[1] Daw'n amlwg maes o law paham yr oedd yn broblem astrus, ond y mae'r cefndir cyffredinol yn arwyddocaol. Yr oedd yr Eglwys yng Nghymru trwy'r bedwaredd ganrif ar bymtheg yn dal yn rhan o Eglwys Loegr. Golygai hynny, wrth gwrs, nad oedd, o safbwynt arweinwyr yr eglwys honno, ond pedair esgobaeth yn nhalaith Caergaint, i'w trin yn yr un ffordd unffurf â'r esgobaethau eraill. O ganlyniad yr oedd yn naturiol i uchel swyddogion yr Eglwys wrthod croesawu unrhyw wahaniaethau ieithyddol am eu bod yn creu anhwylustod ac yn llesteirio symudiad clerigwyr di-Gymraeg i rannau o'r Eglwys yng Nghymru.

Yr oedd rhywbeth heblaw anhwylustod ar waith hefyd. Yr oedd bod ynghlwm wrth y wladwriaeth yn golygu bod yn drwm dan ddylanwad rhagfarnau a rhagdybiau arweinwyr gwleidyddol ac eglwysig Lloegr. Erbyn y bedwaredd ganrif ar bymtheg yr oedd cenedlaetholdeb ymosodol Lloegr yn nesu at awr anterth ei ymestyniad ymerodrol. Digwyddodd hynny gyda chyhoeddi'r Frenhines Victoria yn Ymerodres India ym 1876. Er mwyn gweinyddu ymerodraeth fawr, gymysg iawn ei phobl, yr oedd yn fantais cael un iaith swyddogol. Rhan gynhenid o'r meddylfryd imperialaidd oedd dyrchafu'r iaith Saesneg ar draul dirmygu ieithoedd eraill. Gwir fod eithriadau lawer ymhlith gweinyddwyr yr ymerodraeth oherwydd yr oedd unigolion a fynnai ddysgu ieithoedd y bobl yr oeddynt yn llywodraethu trostynt, ond at ei gilydd yr oedd teyrngarwch i'r Ymerodraeth Brydeinig yn golygu bod Saeson yn cael hwyl am ben ieithoedd eraill. Gwnaeth R. R. W. Lingen y pwynt yn glir wrth drafod ysgolion siroedd Caerfyrddin, Penfro a Morgannwg yn Llyfrau Gleision 1847:

[1] Walter T. Morgan, 'The Diocese of St David's in the Nineteenth Century. C. The Unreformed Church (iii)', *JHSCW*, XXIII, rhif 28 (1973), 28.

> I have no hesitation in saying that a child might pass through the generality of these schools without learning either the limits, capabilities, general history, or language of that empire in which he is born a citizen.[2]

Gweld addysg fel llawforwyn imperialaeth yr oedd Lingen yn y datganiad hwn. Ond yr oedd elfennau crefyddol cryfion yn imperialaeth Lloegr. Yr oedd offrymu ymbiliau tros y teulu brenhinol yn rhan o drefn gwasanaeth y Llyfr Gweddi Gyffredin ers dyddiau Thomas Cranmer, ond erbyn oes Victoria datblygodd hyn yn fath o ddiwinyddiaeth ymerodrol a ystyriai fod concro amrywiol genhedloedd a meddiannu gwledydd tramor yn rhan o oruchwyliaeth Rhagluniaeth. Cyrhaeddodd y defosiwn hwn ei anterth emosiynol yn 'Recessional' Rudyard Kipling a gyhoeddwyd ar ddiwrnod Jiwbilî Diemwnt Victoria, 22 Mehefin 1897, ond a ddefnyddiwyd lawer gwaith hyd yn oed yng Nghymru fel emyn ar Ddydd y Cadoediad. Yn y gân Duw yw'r Un 'Beneath whose awful Hand we hold Dominion over palm and pine', a deisyfir arno warchod caredigion yr ymerodraeth rhag 'Such boasting as the Gentiles use Or lesser breeds without the Law'. Ac nid peth dieithr oedd rhestru'r Cymry ymhlith y 'lesser breeds'. Cafwyd mynegiant oeraidd i'r syniad fod gan Loegr genhadaeth grefyddol i lwythau israddol mewn achos cyfreithiol yn Llys y Bwâu ym 1773 pan geisiodd wardeiniaid plwyf Trefdraeth a Llangwyfan ym Môn, gyda chefnogaeth Cymdeithas y Cymmrodorion, herio penodiad Sais uniaith yn berson y plwyf. Ymhlith pethau eraill dywedodd y cyfreithiwr a ddadleuai o blaid y penodiad:

> Wales is a conquered country; it is proper to introduce the English language, and it is the duty of the bishops to promote the English, in order to introduce the language . . . It has always been the policy of the legislature to introduce the English language into Wales.[3]

Hynny yw, yr oedd cymhelliad crefyddol ar gael yn ysgogi'r awydd i ddifa'r iaith, a hynny er bod y gyfraith yn ei gwneud hi'n eglur fod yn rhaid penodi personiaid a wyddai Gymraeg i blwyfi lle'r oedd Cymry Cymraeg yn preswylio. Yr oedd deddf a basiwyd ar ddechrau teyrnasiad Victoria yn gwbl glir ar y mater:

> Whereas in many benefices in Wales . . . many of the inhabitants are imperfectly, or not at all, instructed in the English language, it is expedient that persons to be hereafter instituted or licensed to such benefices should possess an adequate knowledge of the Welsh language.[4]

2 *Reports of the Commissioners of Inquiry into the State of Education in Wales . . . in three parts. Part I. Carmarthen, Glamorgan, and Pembroke* (London, 1847) (PP 1847 (870) XXVII), t. 28.

3 *The Depositions, Arguments and Judgment in the Cause of the Church-Wardens of Trefdraeth, in the County of Anglesea, against Dr Bowles* (London, 1773), t. 59.

4 1 a 2 Victoria, c.106, adran 103. Gw. D. R. Thomas, *The History of the Diocese of St. Asaph* (3 cyf., Oswestry, 1908), I, t. 181.

Nid oedd y cymal hwn yn un cryf oherwydd 'it is expedient' a ddywedir am benodi clerigwyr Cymraeg eu hiaith ac nid 'y mae'n orfodol'. Sut bynnag, un peth yw pasio deddfau; peth gwahanol iawn yw newid rhagfarnau cryfion pobl ddylanwadol. Rhwng popeth, yr oedd ymdrechion caredigion y Gymraeg y tu mewn i'r Eglwys yng Nghymru yn gorfod wynebu anawsterau sylweddol iawn.

Rhaid dechrau gyda'r esgobion. Yn ei lythyr hir at W. E. Gladstone ar 22 Ionawr 1870, gosododd Henry T. Edwards y mater mewn iaith gref:

> The regeneration of the Church of the Cymry, by the restoration of the masses into her fold, can assuredly be effected by none other than native Bishops and native clergy . . . It requires no arguments to prove that the presence in Wales during a hundred and fifty years of Bishops incapable of performing Episcopal functions in the language of the people, has been an indecent violation of the principle of the twenty-fourth Article, and an undeserved outrage upon the national sensibilities of the Cymric people.[5]

Yr oedd neges y bedwaredd erthygl ar hugain ymhlith Erthyglau Crefydd Eglwys Loegr yn syml a diamwys: 'Peth llwyr wrthwyneb i Air Duw, ac i arfer y Brif Eglwys gynt, yw, gweddïo yn gyhoedd yn yr Eglwys, neu weinyddu'r Sacramentau, mewn tafodiaith na bo'r bobl yn ei deall.' Ond ychydig iawn o ddefnydd a wnaed ohoni yn ystod yr ymdrechion i sicrhau amgenach safle i'r Gymraeg yn yr Eglwys.

I ba raddau yr oedd cyfiawnhad tros eiriau llymion Henry T. Edwards am yr Eglwys yn y bedwaredd ganrif ar bymtheg? Gwasanaethwyd pedair esgobaeth Cymru yn ystod y ganrif gan bump ar hugain o esgobion; bu William Cleaver yn esgob Bangor o 1800 hyd 1806 ac yn esgob Llanelwy o hynny hyd 1815.[6] Tipyn o gymysgfa oedd y rhain, dim ond pump yn Gymry, un (sef James Colquhoun Campbell a oedd yn esgob Bangor o 1859 hyd 1890) yn Sgotyn, a'r gweddill yn Saeson. Ac eithrio Joshua Hughes, a raddiodd yn B.D. yng Ngholeg Dewi Sant, Llanbedr Pont Steffan, yr oedd y gweddill yn gynnyrch prifysgolion Rhydychen a Chaer-grawnt. Yr oedd rhai ohonynt, fel Thomas Burgess, Connop Thirlwall a Thomas Vowler Short, yn ysgolheigion o fri. Cyfaill y Brenin Siôr IV oedd

[5] Henry T. Edwards, *Wales and the Welsh Church* (London, 1889), t. 162. Ceir bywgraffiad o Edwards (1837–84) ar ddechrau'r gyfrol. Ficer Caernarfon ydoedd ar y pryd. Dyrchafwyd ef yn ddeon Bangor ym 1876.

[6] Dichon y bydd yn hwylus enwi'r esgobion a blwyddyn eu hethol. Bangor: William Cleaver (1800), John Randolph (1807), Henry William Majendie (1809), Christopher Bethell (1830), James Colquhoun Campbell (1859), Daniel Lewis Lloyd (1890). Llanelwy: Lewis Bagot (1790), Samuel Horsley (1802), William Cleaver (1806), John Luxmore (1815), William Carey (1830), Thomas Vowler Short (1846), Joshua Hughes (1870), Alfred George Edwards (1889). Llandaf: Richard Watson (1782), Herbert Marsh (1816), William van Mildert (1819), Charles Richard Sumner (1826), Edward Copleston (1827), Alfred Ollivant (1849), Richard Lewis (1883). Tyddewi: Lord George Murray (1801), Thomas Burgess (1803), John Banks Jenkinson (1825), Connop Thirlwall (1840), William Basil Tickell Jones (1874). Y mae'r rhain i gyd yn *DNB*, ac eithrio Campbell a Lewis Lloyd.

Charles Richard Sumner – nes iddo bleidleisio tros ryddfreinio'r Pabyddion ym 1829. Ar 21 Mai 1826 cafodd ei gysegru yn esgob Llandaf ond yr oedd ar yr un pryd yn ddeon Sant Paul, Llundain. Ymwelodd unwaith â'i esgobaeth i gynnal gofwy ymhen y flwyddyn ond cyn i neb gael cyfle i'w adnabod yr oedd wedi ei ddyrchafu yn esgob Caer-wynt – hynny ar 12 Rhagfyr 1827, un mis ar bymtheg ar ôl ei ddyfodiad i swydd esgob Llandaf. Yr oedd yn dilyn yn ôl traed ei ragflaenydd, Richard Watson. Cafodd ef ei ethol yn Athro Cemeg yng Nghaer-grawnt ym 1764, heb wybod dim cemeg, wedyn yn Athro Brenhinol mewn Diwinyddiaeth, heb wybod dim diwinyddiaeth, ac yn esgob Llandaf yn Hydref 1782, heb wybod dim am Gymru. Gwir iddo lwyddo o dipyn i beth i wneud cryn enw iddo'i hun fel cemegydd a diwinydd, ond ni chymerai'r diddordeb lleiaf yn helyntion ei esgobaeth. Treuliai ei amser yn mwynhau ei gyfoeth yn ei blas yn Westmorland ac yn arbrofi ar y ffyrdd gorau i drin y tir.[7] Am John Banks Jenkinson, esgob Tyddewi rhwng 1825 a 1840, cyhoeddodd nad oedd yn fwriad ganddo ddysgu'r Gymraeg, a sut bynnag yr oedd yn gas ganddo Gymru gyfan, ac eithrio sir Drefaldwyn![8] Pan oedd William Cleaver yn esgob Bangor rhwng 1800 a 1806 yr oedd hefyd yn Brifathro Coleg y Trwyn Pres, Rhydychen, a gwell oedd ganddo dreulio'r rhan fwyaf o'i amser yno nag yn ei esgobaeth. Gwell gan yr Arglwydd George Murray, esgob Tyddewi rhwng 1801 a 1803, dreulio ei amser yn ceisio perffeithio system delegraff i'r llynges nag yn ymgyfarwyddo â diwylliant ei esgobaeth. I grynhoi, nid oedd gan fwyafrif yr esgobion estron unrhyw ddealltwriaeth o anghenion arbennig yr Eglwys yng Nghymru, ni chymerent ddiddordeb yn yr iaith, ac ni wyddent ddim am ei llenyddiaeth nac am ddiwylliant cenedlaethol eu plwyfolion. Ac un gŵyn gyson yn eu herbyn oedd eu bod yn chwannog i benodi dynion di-Gymraeg i swyddi a phlwyfi yng Nghymru. Dywedwyd bod bron y cwbl o bwysigion esgobaeth Llandaf tua 1816 yn Saeson ac i hynny gael effaith andwyol ar waith a datblygiad yr Eglwys yn ne Cymru.[9] Mynnai A. J. Johnes ei fod yn anorfod fod esgobion estron yn penodi estroniaid[10] neu, fel y dywedodd Henry T. Edwards, yr oedd esgobaeth estron yn meithrin clerigiaeth ar ei llun a'i delw ei hun.[11]

Nid oedd pawb o'r esgobion hyn yn ddi-hid o'r Gymraeg. Sais o Fanceinion oedd Alfred Ollivant. Bu'n is-brifathro Coleg Dewi Sant o 1827 hyd 1843 pan benodwyd ef yn Athro Brenhinol mewn Diwinyddiaeth yng Nghaer-grawnt. Pan oedd yng Ngholeg Dewi Sant daliai ficeriaeth Llangeler a byddai'n pregethu yn

[7] Ceir erthygl ddeifiol gan 'Morfa', 'Richard Watson, Esgob Llandaf' yn *Yr Haul*, VII, rhifyn 82 (1905), 433–9.

[8] D. T. W. Price, *A History of Saint David's University College Lampeter. Volume One: to 1898* (Cardiff, 1977), t. 28, n. 22, t. 32, n. 42.

[9] E. C. M. Willmott, *The Cathedral Church of Llandaff* (London, 1907), t. 89.

[10] A. J. Johnes, *On the Causes which have produced Dissent from the Established Church in the Principality of Wales* (London & Llanidloes, 1870), t. 56.

[11] Edwards, *Wales and the Welsh Church*, t. 162. Y mae ganddo eiriau miniog hefyd ar ddylanwad penodi estroniaid ar y clerigwyr Cymraeg, ibid., t. 164.

gyson yno yn Gymraeg.[12] Dywedwyd mai ei wybodaeth o'r Gymraeg oedd un ystyriaeth o bwys wrth ei ethol yn esgob Llandaf ym 1849.[13] Ond ceir tystiolaeth mai pur garbwl oedd ei Gymraeg.[14] Dywedir ambell dro na wyddai Christopher Bethell air o Gymraeg. Nid gwir mo hyn. Parai beth syndod i fynychwyr y gadeirlan ym Mangor am mai ef oedd y cyntaf i ymwrthod â'r berwig, rhan o wisg draddodiadol esgobion, ond atyniad arall oedd rhyfeddod ei Gymraeg. Yr oedd ynganu 'ch' ac 'll' yn drech nag ef. Ar ôl lladrad yn ei blas ymosododd mewn pregeth ar y 'ffliw-ffleidr' a oedd yn gyfrifol! Cymerodd gryn amser i'w gynulleidfa sylweddoli mai cyfeirio yr oedd at 'chwiw-leidr'. Mewn gair, ni feistrolodd yr iaith.[15] Sgotyn o Argyll oedd yr Esgob James Colquhoun Campbell. Pan ddeallwyd bod Bangor am gael esgob a oedd yn medru'r Gymraeg daeth tyrfa enfawr i'r gadeirlan i glywed ei bregeth gyntaf ym 1859. Ond eu siomi a gawsant – yr oedd ei bregeth bron yn hollol annealladwy.[16]

Llundeiniwr oedd Connop Thirlwall, wedi ei eni ym mhlwyf Stepney. Ar ôl gorffen ei gwrs yng Nghaer-grawnt bu'n fargyfreithiwr am gyfnod byr. Dyma pryd y cyhoeddodd esboniad Schleiermacher ar Luc a dod i gryn amlygrwydd o'r herwydd. Ar ôl ei ordeinio ym 1827 ymroes fwyfwy i waith ysgolheigaidd. Ffrwyth aeddfetaf ei lafur oedd ei waith wyth cyfrol ar hanes Gwlad Groeg.[17] Daeth Thirlwall i fri mawr fel un o brif ysgolheigion y deyrnas, digon o fri i sicrhau bedd iddo'i hun yn Abaty Westminster ar ddiwedd y daith. Yr oedd yn hyddysg mewn Ffrangeg, Eidaleg ac Almaeneg, yn ogystal ag yn yr ieithoedd clasurol. Ond prin oedd ei wybodaeth am Gymru a phan gynigiwyd esgobaeth Tyddewi iddo bu cryn feirniadu ar y dewis. Teimlai David James (Dewi o Ddyfed) mor gryf ynglŷn â'r mater fel yr ysgrifennodd lythyr cryf ato ar 3 Awst 1840 yn pwyso arno i wrthod y gwahoddiad:

> Efallai eich bod yn wybodus mai yr iaith Gymraeg a arferir yn Esgobaeth Tŷ-ddewi . . . a bod yn angenrheidiol i'r Esgob, tu ag at weinyddu amrywiol ddyledswyddau pwysig ei swydd uchel gydag effeithioldeb, ac er boddlonrwydd, fod yn feddiannol ar wybodaeth drwyadl o'r iaith Gymraeg . . . Bydd yn eithafnod anghyssondeb os cymerwch yr Esgobaeth; ond gweddiaf ar Dduw, ar fod yn wiw ganddo gadw y niwed o'm gwlad.[18]

[12] Price, *A History of Saint David's University College Lampeter*, t. 35. Gw. hefyd J. Morgan, *Four Biographical Sketches* (London, 1892), tt. 1–60, *DNB* a *Bywg*.

[13] J. Vyrnwy Morgan (gol.), *Welsh Political and Educational Leaders in the Victorian Era* (London, 1908), t. 125.

[14] Wilton D. Wills, 'The Clergy in Society in Mid-Victorian South Wales', *JHSCW*, XXIV, rhif 29 (1974), 28.

[15] William Hughes, *Recollections of Bangor Cathedral* (Bala, 1904), tt. 23–4. Dywedodd y Deon Cotton am Bethell, 'he was like a teapot that drew well, but was defective in the spout', ibid., t. 22.

[16] Ibid., t. 56.

[17] Connop Thirlwall, *A Critical Essay on the Gospel of Luke* (London, 1825); idem, *History of Greece* (8 cyf., London, 1835–44).

[18] *Yr Haul*, V, rhif 63 (1840), 281–3; ibid., rhif 64 (1840), 315. Am Ddewi o Ddyfed (David James, 1803–71), gw. *Bywg*.

Derbyn y swydd a wnaeth Thirlwall, serch hynny, ac ar y Sul cyntaf ar ôl iddo gyrraedd Abergwili, cyhoeddodd y Fendith yn Gymraeg ac mewn llythyr at ei gyfaill, R. M. Miles, ar 26 Medi 1840, dywedodd: 'I am learning Welsh much faster than I expected and can now read any common Welsh book with tolerable ease.'[19] Nid oedd neb yn amau gallu Thirlwall fel ieithydd. O safbwynt ei ddeiliaid newydd, yr oedd ei ddiddordeb yn y Gymraeg yn argoeli'n dda. Ond rhagymadrodd i flynyddoedd o oerni rhyngddynt a'u hesgob oedd hyn. Gŵr aristocrataidd ei osgo oedd yr esgob. Nid da ganddo'r clerigwyr cyffredin a gallai fod yn greulon o anghwrtais wrth eu trin.[20] O ran hynny yr oedd ymddygiad o'r math hwn yn bur gyffredin a cheid cwyno cyson amdano. Soniai W. J. Rees, Casgob, am bwysigion yr Eglwys yn trin clerigwyr y plwyfi fel 'inferior "caste" '.[21] Ac yr oedd Thirlwall, trwy gadw ei glerigwyr o hyd braich, yn ei gwneud yn anos iddo loywi ei Gymraeg. Fel yr oedd hi, câi ei gynulleidfaoedd drafferth i'w ddilyn pan bregethai. Ond nid oedd yn ddibris o'r sawl a geisiai roi i'r iaith ei lle priodol, fel pan gynigiodd swydd archddiacon i Ddewi o Ddyfed. Gwelwyd enghraifft o'i awydd i sicrhau clerigwyr Cymraeg eu hiaith mewn plwyfi Cymraeg yn achos plwyf Llanbedr Felffre, Penfro. Penodwyd Richard Lewis, gŵr o Henllan a ddaeth yn ddiweddarach yn esgob Llandaf, yn berson y plwyf hwnnw ym 1851. Codwyd cwestiwn ynglŷn â'i feistrolaeth tros y Gymraeg. Ar orchymyn Thirlwall gorfu iddo sefyll arholiad – a methodd y prawf. Apeliodd at Archesgob Caer-gaint a dyfarnwyd bod yn rhaid iddo arwain gwasanaeth a phregethu o flaen cynulleidfa feirniadol yng Nghaernarfon. Bodlonwyd y gynulleidfa honno a chadarnhawyd y penodiad.[22]

Beth am y Cymry ar y fainc esgobol? Cymro glân gloyw o Nyfer, Penfro, oedd Joshua Hughes a phregethwr gyda'r huotlaf yn ei genhedlaeth. Dywedwyd amdano: 'he loved the old language of his countrymen . . . He pointed out the cruel wrong that had been done in countless instances by ignoring the fact that the Welsh language was the only language properly understood by a very large number of his countrymen.'[23] Cymro oedd Alfred George Edwards, a ddaeth yn esgob Llanelwy ym 1889 ac yn archesgob cyntaf Cymru ym 1920. Ond nid oedd yn rhannu pryderon eirias ei frawd, y Deon Henry T. Edwards, ynglŷn â'r Gymraeg. Am W. Basil Jones, nid oedd fawr wahaniaeth rhyngddo a'r 'Esgyb Eingl'. Gallai siarad Cymraeg, ond yn ddigon clonciog. Braidd yn ffuantus yw sôn am ei 'reddfau gwladgarol'[24] oherwydd, mewn llythyr at Joshua Hughes ar 14 Hydref 1869, dywedodd: 'Welsh nationality is little more than an exaggerated

[19] John Connop Thirlwall, *Connop Thirlwall: Historian and Theologian* (London, 1936), t. 122.

[20] Am enghreifftiau, gw. ibid., tt. 125–8.

[21] Johnes, *An Essay on the Causes*, t. 66.

[22] *Y Geninen*, XXIV, rhif 1 (1906), 1–2.

[23] J. Vyrnwy Morgan (gol.), *Welsh Religious Leaders in the Victorian Era* (London, 1905), t. 56.

[24] Idem, *Welsh Political and Educational Leaders in the Victorian Era*, t. 150.

provincialism.'[25] Yr oedd dwy farn am Gymreictod Richard Lewis a etholwyd i Landaf ym 1883. Crybwyllwyd eisoes am y prawf ar ei Gymraeg ar ddechrau ei yrfa. Mewn erthygl goffa iddo ysgrifennodd deon Bangor:

> Fel gwladgarwr Cymreig dangosai ofal neillduol am fod hawliau Cymry unieithog yn cael eu cydnabod . . . Os byddai angen am offeiriad yn gwybod Cymraeg mewn plwyf, ni chai un anwybodus o'r iaith byth ei bennodi.[26]

Tinc gwahanol sydd yn erthygl goffa *Yr Haul*. Y mae'n amlwg nad oedd pawb yn gwerthfawrogi 'gwladgarwch' Richard Lewis:

> . . . gallasai yr Esgob Lewis wneyd mwy o'r Gymraeg yn ei esgobaeth, a chydnabod yn well lafur y clerigwyr Cymreig . . . nid oes Eglwysi gwir gryfion o Gymry yn addoli yn iaith eu mham, ond mewn rhyw ddwsin o fanau yn yr holl Esgobaeth![27]

Cymro Cymraeg oedd Daniel Lewis Lloyd a ddyrchafwyd yn esgob Bangor ym 1890, y Cymro cyntaf i ddal y swydd ers dwy ganrif. Yr oedd ef yn arbenigwr ar hanes emynau, fel y dengys ei waith yn paratoi *Emyniadur yr Eglwys*.

Yr esgob a roes fwyaf o hwb i'r Gymraeg yn ystod y bedwaredd ganrif ar bymtheg oedd Thomas Burgess,[28] gŵr a aned yn Odiham, Hampshire. Daeth yn esgob Tyddewi ym 1803 ac fe'i symudwyd i esgobaeth Caersallog ym 1823. Yr oedd yn ysgolhaig o fri ac yn feistr ar yr ieithoedd clasurol ond, er iddo roi cynnig ar feistroli'r Gymraeg, fe'i cafodd yn anodd ac yr oedd ei ynganiad yn peri anhawster i'w gynulleidfaoedd.[29] Yn Hydref 1804 sefydlodd y Gymdeithas er lledaenu Gwybodaeth Gristnogol ac Undeb Eglwysig yn Esgobaeth Tyddewi. Un o amcanion y Gymdeithas oedd cyhoeddi traethodau crefyddol yn Gymraeg a Saesneg, ond nid oedd Burgess o blaid ysgolion Cymraeg.[30] Newidiodd ei agwedd yn nes ymlaen, nid yn lleiaf o dan ddylanwad Eliezer Williams,[31] ficer Llanbedr Pont Steffan, a oedd yn cynnal ysgol lewyrchus yn y dref ac yn rhoi cryn bwys ar Gymraeg llafar ac ysgrifenedig o safon uchel. Daeth Williams i Lanbedr ar wahoddiad Burgess a thrwyddedodd ef yr ysgol fel man cymwys i hyfforddi darpar offeiriaid.[32]

[25] Dyfynnir gan Price yn *A History of Saint David's University College Lampeter*, t. 116. Dywed T. I. Ellis yn ei erthygl arno yn *Bywg*., 'ni faliai lawer am genedligrwydd arbennig Cymru'. Gw. hefyd *Y Geninen* (Gŵyl Ddewi, 1897), 39–41.

[26] Griffith Roberts, 'Diweddar Esgob Llandaf', *Y Geninen*, XXIV, rhif 1 (1906), 5.

[27] *Yr Haul*, VII, rhif 74 (1905), 55.

[28] Am ei yrfa, gw. D. W. T. Price, *Yr Esgob Burgess a Choleg Llanbedr* (Caerdydd, 1987).

[29] Ibid., t. 36.

[30] Ibid., t. 32.

[31] J. W. James, *A Church History of Wales* (Ilfracombe, 1945), t. 171. Yr oedd Eliezer Williams (1754–1820) yn fab i Peter Williams yr esboniwr, gw. *Bywg* .

[32] Am ddisgrifiad llawn o'r ysgol a'i chwricwlwm, gw. Price, *A History of Saint David's University College Lampeter*, tt. 9–11 ac Owain W. Jones a David Walker (goln.), *Links with the Past: Swansea & Brecon Historical Essays* (Llandybïe, 1974), t. 179.

Daeth Burgess i gymryd diddordeb cynnes yn y diwylliant Cymraeg. Credai, fel amryw eraill, mai un rheswm am lwyddiant Methodistiaeth yn ei esgobaeth oedd bod yr Eglwys yn esgeuluso'r iaith. Rhoes gefnogaeth i'r 'personiaid llengar'. Ef a sicrhaodd benodiad John Jenkins (Ifor Ceri) i blwyf Ceri ym Maldwyn ym 1807[33] a W. J. Rees i ficeriaeth Casgob, Maesyfed, ym 1806.[34] Awgrymodd David Rowland (Dewi Brefi), curad Eglwys Sant Pedr, Caerfyrddin, er mis Ionawr 1818,[35] y dylid sefydlu cymdeithas i ddiogelu a hybu'r traddodiad barddol yn ne Cymru. Penderfynodd yr esgob mai'r enw priodol arni fyddai 'Cymdeithas Cambria' – yn wir, gadawodd Dewi Brefi i'r esgob gymryd y clod fel yr un a feddyliodd am sefydlu'r gymdeithas. Gobeithiai'r esgob y byddai hi'n codi safonau ysgolheigaidd clerigwyr ac yn sicrhau defnydd helaethach o'r Gymraeg yn y plwyfi.[36] Galwodd gyfarfod yng Nghaerfyrddin ar 28 Hydref 1818 ac ynddo penderfynwyd sefydlu Cymdeithas Cambria yn Nyfed, a thrannoeth ym Mhlas yr Esgob yn Abergwili lluniwyd rhaglen waith uchelgeisiol ar ei chyfer. Ymhlith pethau eraill, yr oedd i lunio catalog cyflawn o lawysgrifau Cymraeg, gyda Iolo Morganwg yn gyfrifol am oruchwylio'r dasg. Yr oedd hefyd yn fwriad creu casgliad o lyfrau printiedig Cymraeg i'w cadw yn hen lyfrgell y Cymmrodorion yn ysgol Gray's Inn Lane yn Llundain. Y gobaith oedd y ceid rhwydwaith o gymdeithasau cyffelyb yn gweithio yng Ngwynedd, Powys a Gwent. Sefydlwyd Cymdeithas Gymroaidd Gwynedd ym Medi 1819, Cymmrodorion Powys ym Mehefin 1819 a Chymdeithas Gwent yn Rhagfyr 1821.[37] Sefydlodd pob un ohonynt eisteddfod, gan ddechrau gydag Eisteddfod Caerfyrddin, 8–10 Gorffennaf 1819.

Yr oedd yr 'hen bersoniaid llengar' yn parhau traddodiad a oedd yn ymestyn yn ôl yn yr Eglwys at rai fel William Salesbury, Richard Davies, William Morgan, Edmwnd Prys a John Davies, Mallwyd. Cyfunent gariad at eu heglwys a balchder yng ngorffennol llenyddol ac ysgolheigaidd Cymru. Yr arweinwyr yn y bedwaredd ganrif ar bymtheg oedd Walter Davies (Gwallter Mechain),[38] Ifor Ceri a W. J. Rees, gyda Rees yn cario pen trymaf y baich trefnu. Yr oeddynt yn gohebu â'i gilydd er 1810. Yr oedd Gwallter yn ddolen gyswllt â llenorion y ddeunawfed ganrif, rhai fel Owen Jones (Owain Myfyr), William Owen Pughe ac Evan Evans (Ieuan Fardd). Eraill a oedd mewn cysylltiad â chylch Ceri oedd Dewi Brefi, y crybwyllwyd ei enw eisoes, Rowland Williams, ficer Meifod rhwng 1819

33 Am Jenkins (1770–1829), gw. *Bywg.*

34 Am William Jenkins Rees (1772–1855), gw. *Bywg.* a Mary Ellis, 'W. J. Rees, 1772–1855: A Portrait', *TRS*, XXXIX (1969), 24–35; ibid., XL (1970), 21–8; ibid., XLI (1971), 76–85; ibid., XLII (1972), 55–63.

35 Am David Rowland (Dewi Brefi, 1782–1820), gw. *Bywg.* Am astudiaeth o weithgareddau'r clerigwyr hyn, gw. Bedwyr Lewis Jones, *'Yr Hen Bersoniaid Llengar'* (Penarth, 1963).

36 Price, *Yr Esgob Burgess*, t. 44.

37 Am fanylion yr hanes, gw. Price, ibid., tt. 45–6.

38 Am Walter Davies (Gwallter Mechain, 1761–1849), gw. D. Silvan Evans (gol.), *Gwaith y Parch. Walter Davies* (3 cyf., Caerfyrddin, 1866–8) a *Bywg.*

a 1830,[39] a David Richards (Dewi Silin) a'i frawd Thomas, a gadwai ysgol yn Aberriw rhwng 1813 a 1826 pan dderbyniodd fywoliaeth Llangynyw. O deulu Darowen yr hanai'r ddau olaf, meibion Thomas Richards.[40] Yr oedd John Blackwell (Alun) ac Evan Evans (Ieuan Glan Geirionydd) yn ddisgyblion i Thomas Richards, y mab.[41] Ni wnaeth neb gyfraniad mwy sylweddol at gyflawni amcanion y mudiad hwn na Thomas Price (Carnhuanawc). Fe'i hordeiniwyd yn offeiriad ar 12 Medi 1812 ac ar ôl gwasanaethu fel curad mewn nifer o blwyfi, cafodd ficeriaeth Llanfihangel Cwm-du ym 1825. Bu'n gefnogwr brwd i'r eisteddfodau ac enillodd amryw wobrwyon ynddynt. Gwnaeth enw iddo'i hun trwy gyhoeddi *Hanes Cymru a Chenedl y Cymry* (1836–42, yn rhannau). Dysgodd Lydaweg a dod yn ddigon hyddysg yn yr iaith i gywiro cyfieithiad Le Gonidec. Sefydlodd ysgol yng Ngellifelen, ym mhlwyf Llanelli, Brycheiniog, lle'r oedd yr hyfforddiant trwy gyfrwng y Gymraeg. Fel deon gwlad, defnyddiodd ei awdurdod i bwyso ar glerigwyr i ddefnyddio'r Gymraeg wrth hyfforddi plant a phobl. Rhwng popeth, yr oedd Carnhuanawc yn arloeswr ym mater defnyddio'r Gymraeg.[42]

Caredigion yr iaith oedd y rhain, ond yr oedd ganddynt yn yr Eglwys wrthwynebwyr ffyrnig i'w gweithgareddau. Gresynai rhai o glerigwyr sir Benfro rhag gwaith yr Esgob Burgess yn cychwyn Cymdeithas Cambria am mai effaith hynny fyddai 'to transmute a Christian praying, preaching Priesthood into a Parcel of minstrels, Harpers and God knows what unsanctified articles'.[43] A cheid rhai fel David Williams, Romsey, yn bytheirio yn y papurau Saesneg yn erbyn unrhyw weithgarwch a allai estyn oes yr iaith Gymraeg. Ei ddelfryd ef a rhai tebyg iddo oedd dileu'r iaith er mwyn gwneud Cymru yn rhan o'r genedl Seisnig.

Y 'personiaid llengar' hefyd a fu'n gyfrifol am gychwyn a chynnal cylchgrawn eglwysig dan yr enw *Y Gwyliedydd*. Yr oedd dan ofal Rowland Williams ac yn ystod cyfnod ei gyhoeddi o 1822 hyd 1837 bu'n lladmerydd i ddiddordebau ac argyhoeddiadau'r clerigwyr hyn. Er gwaethaf dygnwch W. J. Rees yn ceisio perswadio pobl i gefnogi'r eisteddfodau mewn gwahanol rannau o Gymru rhwng 1819 a 1824, ni fu llwyddiant sylweddol ar ei ymdrechion. Ceisiwyd ennill cefnogaeth y dosbarth bonheddig i'w noddi, ond yr oedd y dosbarth hwnnw bellach wedi Seisnigo gormod i gymryd unrhyw ddiddordeb. Byr oedd eu hamynedd hefyd â chynlluniau llenyddol cylch Ifor Ceri a'r Esgob Burgess. At hynny, yr oedd arogl hynafiaethol ar y bwriadau. O safbwynt ysgolheictod, yr

39 Am Rowland Williams (1779–1854), gw. *Bywg*.

40 Y mae'r erthyglau ar David Richards (Dewi Silin, 1783–1854) a Thomas Richards (1785–1855) yn *Bywg*. o dan enw eu tad Thomas Richards (1754–1837). Am lythyrau gan Gwallter Mechain at y tad a'r mab, Thomas, gw. Myrddin Fardd, '*Adgof uwch Anghof*' (Pen y Groes, 1883), tt. 53–69.

41 Am John Blackwell (Alun, 1797–1840), rheithor Maenordeifi, gw. *Ceinion Alun* (Llundain, 1851) a *Bywg*.

42 Am Thomas Price (Carnhuanawc, 1787–1848), gw. Jane Williams (Ysgafell), *The Literary Remains of the Rev. Thomas Price Carnhuanawc with a Memoir of his Life* (Llandovery, 1854–5) a phortread Mary Ellis ohono yn *Yr Haul a'r Gangell* (Gaeaf, 1974), 32–40.

43 Mewn llythyr at David Rowland, Medi 1818. Fe'i dyfynnir yn Jones, '*Yr Hen Bersoniaid Llengar*', t. 23.

oedd hynny'n berffaith ganmoladwy, ond os oedd y Gymraeg i ffynnu yn yr Eglwys yng Nghymru yr oedd yn rhaid ennill clust a chalon gwerin gwlad.

Y werin honno a oedd gan Burgess mewn golwg wrth lunio rhaglen waith ei Gymdeithas Undeb Eglwysig a sefydlwyd ganddo ar 10 Hydref 1804. Ymhlith ei hamcanion yr oedd bwriad i ddosbarthu traethodau crefyddol yn Gymraeg a Saesneg yn ogystal â dosbarthu copïau o'r Beibl a'r Llyfr Gweddi Gyffredin am bris gostyngol. Bu'r gymdeithas yn hynod ddiwyd. Ym 1805 sicrhaodd 20,126 o lyfrau i'w dosbarthu yn ogystal â naw mil o gyhoeddiadau a argraffodd ar ei chost ei hun.[44] Yn ychwanegol at hynny yr oedd Cymdeithas Traethodau Eglwys Loegr, a sefydlwyd ym Mryste ym 1811, yn dosbarthu rhai traethodau Cymraeg fel *Paratoad erbyn marw, neu'r Eglwyswr ar ei glaf wely* a *Bywyd William Tindal* a *Sylwadau ar Addoliad Cyhoeddus*, hyn tua 1818. Dyma'r amrywiol ffyrdd y cyfrannodd Thomas Burgess at roi amgenach bri ar y Gymraeg yn ei esgobaeth. Ond ei gyfraniad mwyaf hirhoedlog oedd sefydlu Coleg Dewi Sant, er ei fod wedi symud o esgobaeth Tyddewi cyn ei agor. Fe ddeuwn at bwnc addysg yn nes ymlaen.

Yr oedd paratoi deunydd darllen yn Gymraeg yn ddiddordeb i bobl yn yr esgobaethau eraill hefyd. Ym 1830 sefydlwyd cymdeithas i rannu traethodau yn Llanelwy, gyda Richard Richards, Caerwys, yn ysgrifennydd a John Blackwell yn drysorydd.[45] Yn esgobaeth Bangor yr oedd cwmni o glerigwyr y gellir eu cymharu â chylch Ifor Ceri o ran eu brwdfrydedd tros ddefnyddio'r Gymraeg yn helaethach, er bod eu diddordebau llenyddol yn fwy cyfyng. Ar 3 Rhagfyr 1804 cynhaliwyd cyfarfod yn Ystafell y Cabidwl yn y gadeirlan, gyda'r Deon John Warren yn y gadair. Ynddo penderfynwyd sefydlu cymdeithas i 'gyhoeddi traethodau bychain ar bynciau crefyddol yn Gymraeg'.[46] Etholwyd John Jones, ficer Bangor rhwng 1802 a 1819, yn ysgrifennydd a'r deon yn drysorydd am y flwyddyn. Ar derfyn y flwyddyn etholwyd Rowland Williams yn ysgrifennydd a pharhaodd yn y swydd o hynny ymlaen a Hugh Owen yn drysorydd, ond ar ben yr ail flwyddyn etholwyd John Williams, Treffos, Môn, yn drysorydd. Yr oedd John Warren, John Jones, Rowland Williams, Hugh Owen a John Williams wedi eu haddysgu yng Ngholeg Iesu, Rhydychen, ffaith sy'n ein hatgoffa mai un o gymwynasau'r coleg hwnnw oedd meithrin diddordeb yn y Gymraeg yn llawer o'i fyfyrwyr.

Penodwyd John Warren yn ddeon Bangor yn Nhachwedd 1793 a cheir tabled goffa iddo yn y gadeirlan. Sefydlwyd Richard Davies yn rheithor Llantrisant,

[44] Argraffwyd adroddiad y gymdeithas yn flynyddol rhwng 1804 a 1823. Gw. hefyd Price, *Yr Esgob Burgess*, t. 30.

[45] *Y Gwyliedydd*, VII (1830), 293. Mab hynaf Thomas Richards, Darowen, oedd Richard Richards (1780–1860), curad, ac wedi hynny reithor, Caerwys rhwng 1816 a 1849. Ceir portread hyfryd iawn ohono gan Mary Ellis yn *Yr Haul a'r Gangell* (Gwanwyn, 1976), 15–20. Gw. hefyd *Bywg*.

[46] Cyhoeddwyd y cofnodion gan A. Owen Evans yn *The Minutes and Proceedings of an old Tract Society of Bangor Diocese (1804–1812)* (Bangor, 1918).

Môn, yn Hydref 1802. Cynhaliai hen draddodiad lletygar clerigwyr llengar y gorffennol trwy noddi beirdd a llenorion.[47] Bu John Jones (a fu farw 13 Mai 1834 yn 58 oed) yn ficer Bangor rhwng 1802 a 1819 ac yn Archddiacon Meirionnydd rhwng 1809 a 1834. Ef a gyfansoddodd y geiriau ar gofeb Goronwy Owen yn y gadeirlan. Bu farw John Williams, Treffos, ar 5 Medi 1826, yn 86 oed. Sefydlwyd ef yn rheithor Llansadwrn ym Medi 1782 ac yn ganon cyntaf yn y gadeirlan ym 1821. Adeg ffurfio'r Gymdeithas Traethodau yr oedd Rowland Williams yn athro yn Ysgol Friars, Bangor, ac yn gurad Llandygái. Bu'n dal sawl bywoliaeth wedyn, gan gynnwys Meifod o 1819 hyd 1836 lle y daeth i gysylltiad â chylch Ifor Ceri. Yr oedd Thomas Ellis Owen, ffrewyll y Methodistiaid, yn rheithor Llandyfrydog o 1794 hyd 1812. Trydydd canon yn y gadeirlan o 1793 hyd 1805 oedd Hugh Owen, a fu farw ar 15 Mawrth 1810 yn 62 oed. Bu Evan Rees yn rheithor y Rhiw, Llŷn, o 1776 ymlaen. Bu farw ar 19 Tachwedd 1811 yn 75 oed. Sefydlwyd Richard Jones yn rheithor Llanhychan, sir Ddinbych, yng Ngorffennaf 1806 a bu farw ar 23 Ebrill 1814.[48]

Yn ystod y cyfnod rhwng Ionawr 1805 ac Ebrill 1809 dosbarthwyd tros bymtheg o draethodau a thaflenni Cymraeg ac yr oedd cyfanswm y copïau yn fwy na phymtheg mil. Aethpwyd i drafferth i drefnu cylchrediad effeithiol iddynt. Rhoddid pwyslais arbennig ar sefydlu ysgolion Sul. Er enghraifft, cytunwyd ar 1 Hydref 1807 i roi deuddeg copi o dri thraethawd i bob clerigwr a fyddai'n cychwyn ysgol Sul yn ei blwyf. Mynegodd yr Esgob John Randolph (a oedd ym Mangor o 1806 hyd 1809) ei gefnogaeth mewn geiriau cynnes i'r bwriad 'i gyhoeddi traethodau byrion yn yr iaith Gymraeg'.[49] Ond byr fu hoedl y gymdeithas; am resymau nad ydynt yn gwbl eglur, daeth ei gweithgarwch i ben ym 1811. Nid oedd cysylltiad uniongyrchol rhyngddi hi a'r gymdeithas traethodau a sefydlwyd ym Mangor ugain mlynedd yn ddiweddarach.

Dynion parchus, cymedrol, yn troedio'n ofalus oedd y rhain. Ar wahân i Carnhuanawc a Dewi Brefi, nid oedd yr un ohonynt yn debyg o roi'r grug ar dân. Ond cyn bo hir yr oedd lleisiau crasach i'w clywed gan glerigwyr a oedd yn barod i herio cyfundrefn a oedd, yn eu tyb hwy, yn gwneud cam â'r Gymraeg ac â'r Eglwys yng Nghymru. Dynion oedd y rhain a oedd yn gweinidogaethu yn ddigon pell oddi wrth geryddon esgobion Cymru. Yr oedd nifer o glerigwyr Cymraeg yn gwasanaethu plwyfi yn swydd Efrog ac ym 1821 dechreuasant gyfarfod i ddathlu Dydd Gŵyl Dewi. Ond ym 1835 penderfynwyd ymffurfio'n gymdeithas fwy trefnus. Felly, ar Ddydd Gŵyl Dewi 1835, cyfarfu'r cwmni yn

47 Gw. *Awdlau Newyddion, sef, dwy Farwnad er coffadwriaeth am y Parch. Richard Dafies, A.M. o Fangor* (Bangor, 1820). Dafydd Ddu Eryri a Gutyn Arfon a gyfansoddodd yr awdlau.

48 Ceir bywgraffiadau byrion o'r rhain yn argraffiad A. O. Evans o gofnodion y gymdeithas a rhai hefyd yn ei waith, *A Chapter in the History of the Welsh Book of Common Prayer* (3 cyf., Bangor, 1922), III, tt. 237–324.

49 Ceir ei lythyr at ysgrifennydd y gymdeithas, dyddiedig 18 Ionawr 1807, yn Evans, *Minutes and Proceedings*, tt. 52–3.

ficerdy Almondbury lle'r oedd Dewi o Ddyfed yn gurad,[50] ac ef a gadeiriodd y cyfarfod. Felly y ffurfiwyd yr 'Association of Welsh Clergy in the West Riding of the County of York'. Unwaith y flwyddyn y byddent yn cyfarfod, a hynny yn nhai ei gilydd i ddathlu'r ŵyl genedlaethol, ond yr oedd ganddynt rywbeth tebyg i bwyllgor gwaith a fyddai'n cyfarfod ymlaen llaw i benderfynu pa faterion y byddai'n fuddiol eu trafod. Eu hysgrifennydd oedd Joseph Hughes (Carn Ingli), brodor o Drefdraeth yn sir Benfro a gafodd ei addysg yn Ystradmeurig a Choleg Dewi Sant. Er ei ordeinio gan yr Esgob Jenkinson yn esgobaeth Tyddewi ym 1829, byr fu ei weinidogaeth yng Nghymru. Bu'n gurad yn Llanfihangel Penbedw yn sir Benfro, ond yn Lloegr y bu ar ôl hynny. Bu'n gwasanaethu yn Almondbury, ac wedyn yn Lerpwl, cyn dychwelyd i fywoliaeth Meltham yn swydd Efrog. Yr oedd yn eisteddfodwr pybyr ac yn dychwelyd i Gymru i gymryd rhan amlwg fel arweinydd a chystadleuydd.[51] Y cymeriad mwyaf dynamig yn y gymdeithas oedd Lewis Jones, gŵr o Lanfihangel Genau'r-glyn, sir Aberteifi, yntau hefyd wedi ei addysgu yn ysgol Ystradmeurig. Aeth yn berson i Almondbury ym 1822 a bu'n eithriadol brysur yno. Cododd ddeunaw o eglwysi newydd a gosod Cymry ym mhob un ohonynt. Ef oedd llywydd Cymdeithas y Clerigwyr.[52] Aelod amlwg arall o'r Gymdeithas oedd Thomas James (Llallawg) a aned ym Manordeifi yn sir Benfro. Fe'i gwahoddwyd gan Lewis Jones i ddod i swydd Efrog a threuliodd ei yrfa yn ficer All Saints, Netherthong, o 1846 ymlaen. Ef oedd cofiannydd Joseph Hughes a Lewis Jones, ac un o sefydlwyr y Cambrian Archaeological Association.[53]

Yr oedd gan y clerigwyr hyn ddiddordeb ym mhob agwedd ar fywyd Cymru a buont yn deisebu'r awdurdodau ar faterion addysg yn ogystal â gweinyddu'r gyfraith. Ond y pwnc a oedd yn eu cyffroi fwyaf oedd diffygion yr Eglwys yng Nghymru a'r driniaeth a gâi'r iaith Gymraeg ganddi. Yn wahanol i'w rhagflaenwyr, mynnent godi godre'r gyfundrefn a gwneud hynny trwy ddeisebu'r senedd neu trwy ymosod yn uniongyrchol ar yr esgobion di-Gymraeg. Ym 1835 anfonasant genadwri at Syr Robert Peel, y Prif Weinidog, yn galw am benodi esgobion Cymraeg i bedair esgobaeth Cymru. Dyna, meddent yn eu cofnodion, oedd eu hamcan o'r dechrau ac nid oeddynt wedi gwyro oddi wrtho o gwbl.[54] Nid oedd blwyddyn yn pasio heb iddynt dynnu sylw'r llywodraeth at y mater. A lle'r oedd esgob yn euog yn eu tyb hwy o ddiystyru'r Gymraeg, eu harfer oedd anfon ato i brotestio. Er enghraifft, ar fater penodi esgobion di-Gymraeg, mynnent fod hawl gan Gymru, ar dir cenedlaethol ac ysgrythurol, i fynnu cael

50 Am David James (Dewi o Ddyfed, 1803–71), gw. *Bywg.*

51 Am Joseph Hughes (1803–63), gw. *Yr Haul*, 10, rhif 116 (1866), 230–3 a *Bywg.* Yn Adroddiad y Gymdeithas, 1 Mawrth 1853, dywed Carn Ingli eu bod yn cyfarfod ar 'the thirty-second anniversary of this society', *Report of the Proceedings of the Association of Welsh Clergy . . . March 1st 1853*, t. 4.

52 Am Lewis Jones (1793–1866), gw. *Bywg.*

53 Am Thomas James (1817–79), gw. *Bywg.*

54 *Report of the Proceedings . . . March 1st 1855*, t. 26.

penodi esgobion a oedd yn hyddysg mewn Cymraeg llafar a llenyddol.[55] Mewn cyfarfod ym 1853 mynegwyd gresyndod fod y pedwar esgob wedi awdurdodi defnyddio'r Llyfr Gweddi Diwygiedig Cymraeg heb ddeall yr un sillaf o'r iaith. Ac ym 1853 hefyd lluniwyd deiseb at yr esgobion yng Nghymru gan ddweud, ymhlith pethau eraill:

> . . . the systematic appointment of Englishmen, utterly ignorant of the language, to fill that important office [h.y., swydd esgob] in Wales, is a ruthless violation of the first principles of common sense, of common justice, and of the Gospel of our Lord Jesus Christ – leading to the practical exhibition of that barbarous anomaly in the Welsh Church, which St. Paul deprecated and put down in the church at Corinth – that a minister should speak in the church in a language not understood of the people . . . [56]

Yr oedd gan y gwŷr hyn nifer o syniadau digon pendant am le'r iaith mewn addoliad, fel y gwelir, a hefyd glynent wrth y ddamcaniaeth am natur yr Eglwys yng Nghymru a geid yn 'Epistol at y Cembru' (1567) yr Esgob Richard Davies. 'Yr Eglwys yng Nghymru', meddai Carn Ingli ym 1853, 'yw unig gynrychiolydd yr hen Eglwys Geltaidd yn y deyrnas hon' ac aeth ati i olrhain ei tharddiad i Bran, fab Caradog, yr un a ddaeth â Christnogaeth gyntaf i Brydain o Rufain. Wedyn ymosododd Hughes ar 'y mynach Awstin a feddai'r balchter a'r haerllugrwydd i ysgymuno'r esgobion Prydeinig am iddynt wrthod cydymffurfio ag arferion ac ofergoelion Rhufain'. Gwir mai chwedloniaeth yw hyn, ond ni ddylid ei diystyru ychwaith oherwydd yr oedd syniadau fel hyn yn cyfrannu at fagu hyder yn nhraddodiad cenedlaethol yr Eglwys yng Nghymru. Ac yr oedd hynny yn ei dro yn meithrin argyhoeddiad fod yr iaith yn hanfodol i fywyd y genedl. A chyda llaw, un o bryderon y clerigwyr hyn (fel Thomas Burgess yntau) oedd bod yr Eglwys Babyddol yn dysgu Cymraeg i'w hoffeiriaid.[57] Rhwng popeth, y mae lle arwyddocaol i brotestiadau clerigwyr swydd Efrog yn stori'r ymdrechion i gael gan yr Eglwys yng Nghymru roi lle anrhydeddus i'r Gymraeg yn ei bywyd a'i gweinyddiad.

Faint o gyfiawnhad oedd tros gŵynion y gwŷr hyn? Gwnaeth Walter T. Morgan gymwynas â haneswyr trwy ddadansoddi yn fanwl hynt yr iaith yn esgobaeth Tyddewi yn hanner cyntaf y ganrif ar sail Adroddiad y Comisiwn ar Enillion Ariannol yr Eglwys[58] a gofwy'r esgob 1828. Y mae ei gasgliadau yn drawiadol. O graffu ar nifer y bywiolaethau a oedd yn llaw'r esgobion i'w rhoi, y mae'n rhaid sylwi bod gwahaniaeth amlwg rhwng dwy esgobaeth gogledd Cymru a dwy esgobaeth y de. O'r 144 bywoliaeth yn esgobaeth Llanelwy, yr oedd 120 yn

[55] Ibid. (1853), t. 16.
[56] Ibid., t. 17.
[57] Ibid., tt. 27–30.
[58] Morgan, 'The Diocese of St David's in the Nineteenth Century', 18–55. Ym 1835 y sefydlwyd y Comisiwn Eglwysig i archwilio cyflwr yr Eglwys ac ar sail *Ecclesiastical Revenues Commission Report*, Appendix, t. 46, y gwnaeth ei ddadansoddiad.

llaw'r esgob. Ym Mangor yr un modd, yr oedd 78 bywoliaeth allan o 124 dan nawdd yr esgob. Ond yn Llandaf dim ond 6 allan o 192 a oedd ym meddiant yr esgob ac yn Nhyddewi, 102 allan 413. Rhyw 66 bywoliaeth yn esgobaeth Tyddewi a oedd yn yr ardaloedd lle'r oedd medru Cymraeg yn anhepgor. Ychydig o'r rhain, yn ôl dyfarniad Walter Morgan, a oedd ym meddiant personiaid na wyddent ryw gymaint o Gymraeg.[59] Y man lle y mae'n deg gweld bai ar yr esgobion 'Eingl' yw ynglŷn â phenodiadau i swyddi a phrebendau yng nghadeirlan Tyddewi a Choleg Crist, Aberhonddu. Dyma lle y gellid bod wedi cydnabod gwasanaeth Cymry da. Ond, at ei gilydd, nid felly y bu. O'r ugain prebend yn Aberhonddu ym 1833, dim ond pedwar Cymro a anrhydeddwyd, er bod W. J. Rees, Casgob, a'r Archddiacon Thomas Beynon, yn eu plith. Yn y plwyfi, y rhai a oedd yn euog o benodi clerigwyr anghyfiaith oedd noddwyr preifat, esgobion estron a chorfforaethau fel prifysgolion a cholegau. Yr oedd yr esgobion na wyddent Gymraeg yn arbennig o feius am beidio ag anrhydeddu pregethwyr da a allai gyfathrebu yn hynod effeithiol â'r Cymry Cymraeg, rhai fel David Griffiths, Nyfer, David Parry, 'Y Gloch Arian', a David Herbert, Llansanffraid, sir Aberteifi.[60] Beth am y plwyfi? Yn esgobaeth Tyddewi yr oedd darpariaeth helaeth yng ngwasanaethau'r Eglwys ar gyfer y Cymry Cymraeg. O'r 103 eglwys yn archddiaconiaeth Aberteifi, dim ond yn 16 ohonynt y ceid gwasanaeth Saesneg. Yn archddiaconiaeth Caerfyrddin ceid gwasanaeth Cymraeg ym mhob eglwys ond 23 ohonynt. Yn archddiaconiaeth Tyddewi yr oedd 108 o eglwysi a cheid gwasanaethau Cymraeg yn 31 ohonynt, ac yn sir Frycheiniog ceid Cymraeg ym mhob un ond 9 o'r 74 plwyf. Amrywiai'r ddarpariaeth yn ôl y gofyn. Nid nad oedd eithriadau. Yr oedd tref Abertawe, er enghraifft, yn dangos fel y gellid ymatal rhag darparu gwasanaethau Cymraeg. Dywedai'r periglor, y Canghellor Hewson (na fedrai Gymraeg), na fu gwasanaethau Cymraeg yno ers hanner canrif, ac eto pregethai curad parhaol Llangyfelach gerllaw i gynulleidfaoedd o fil a mwy, y rhan fwyaf ohonynt wedi mudo yno o dref Abertawe. Y casgliad y mae'n rhaid ei dynnu ar sail dadansoddiad Walter T. Morgan yw fod grym ym meirniadaeth clerigwyr swydd Efrog a'r Deon Henry T. Edwards yn ddiweddarach ar yr esgobion di-Gymraeg, ond bod y ddarpariaeth yn y plwyfi lawer yn well nag y buasai dyn yn tybio wrth wrando ar rai o'r pethau mwyaf carlamus a ddywedwyd am Seisnigrwydd yr Eglwys ym mhoethder brwydr Datgysylltiad.

Ymhlith rhai o arweinwyr yr Eglwys yng Nghymru y gwnaethpwyd yr ymdrech fwyaf ymwybodol i sicrhau lle teilwng i'r Gymraeg mewn addysg uwch ar gyfer clerigwyr. Breuddwyd yr Esgob Thomas Burgess pan ddaeth i Dyddewi ym 1803 oedd cael coleg teilwng yn ei esgobaeth ar gyfer hyfforddi clerigwyr, ac

[59] Morgan, 'The Diocese of St David's in the Nineteenth Century', 24.

[60] Ceir hanes David Griffiths (1756–1834), David Parry (1794–1877) a'i dad-yng-nghyfraith, David Herbert (1762–1835), yn *Bywg*.

aethpwyd ati i godi arian ar unwaith. Erbyn 1809 yr oedd yr esgob a'i gynorthwywyr wrthi'n cynllunio manylion trefniadau'r coleg. Yr enw arno fyddai 'Coleg Dewi Sant', a byddai ganddo staff o chwech, gan gynnwys prifathro a dau ddarlithydd y byddai'n ofynnol iddynt fedru siarad Cymraeg.[61] Felly, fel 'coleg Cymraeg' yr oedd llawer yn meddwl amdano. Er i'r dasg o gasglu digon o arian fod yn un fawr, perffeithiwyd y cynlluniau ac ar 12 Awst 1822, ar ddiwrnod eithafol o boeth, gosododd yr Esgob Burgess y garreg sylfaen ar ôl methu gorffen ei araith am fod dagrau'n llifo i lawr ei ruddiau. Tra oedd yr adeilad yn cael ei godi, symudwyd yr esgob i Gaersallog ym 1825. Agorodd y coleg ei ddrysau i fyfyrwyr ar Ddydd Gŵyl Dewi 1827.

Y gŵr a oedd fel angel gwarcheidiol y Gymraeg yno oedd yr Archddiacon Thomas Beynon,[62] a bryderai o'r dechrau na châi'r Gymraeg le teilwng ym mywyd a maes llafur y coleg. Nid gŵr i gymryd ei ddiystyru ar chwarae bach oedd Beynon. Bu'n eithriadol hael ei gefnogaeth ariannol i'r coleg a chymerai'n ganiataol y perchid ei farn, ond ei siomi a gafodd a cholled sylweddol oedd iddo benderfynu peidio â gadael dim i'r 'coleg Seisnig' yn ei ewyllys.[63] Nid oedd Beynon yn meddwl llawer o feistrolaeth Rice Rees ar y Gymraeg,[64] ond ef oedd Athro'r Gymraeg yn y coleg rhwng 1827 a 1839. Bu'r gadair yn wag o 1843 hyd 1854 ac er bod darlithwyr yn gwneud y gwaith yr oedd pryder na châi bwriadau'r sylfaenwyr eu cyflawni.[65] Bu dadlau brwd mewn pamffledi ac erthyglau yn y wasg ac ysgrifennwyd pethau pur hallt am y coleg, gan gynnwys ei agwedd at y Gymraeg, gyda'r Archddiacon John Williams a Syr Benjamin Hall yn porthi'r gynnen.[66] Ac yn wir yr oedd ganddynt le i gwyno. Yr oedd D. T. Jones yn gwbl anghymwys i fod yn Athro'r Gymraeg ac ni chawsai D. Silvan Evans amser i gael ei draed tano fel ysgolhaig gan nad oedd ond wedi treulio dwy flynedd yn y coleg.[67] Nid oedd David Williams, a'i dilynodd fel darlithydd ac athro, yn gymwys ychwaith ac un awr yr wythnos o hyfforddiant a roddai yn y Gymraeg. Y gwir yw na fu fawr o drefn ar y pwnc nes i John Owen – Cymro glân gloyw o Lanengan yn Llŷn – gymryd yr awenau ym 1879. Yr oedd ef yn ysgolhaig aeddfed a sicrhaodd fod y Gymraeg yn rhan o gwrs gradd y coleg. Cafodd Owen gyfle i

61 Gan fod D. T. W. Price wedi cyflwyno'r hanes yn llawn yn ei lyfr, *A History of Saint David's University College Lampeter*, nid oes angen lluosogi cyfeiriadau at y gyfrol. Rhoes sylw manwl i le'r Gymraeg yn yr hanes.

62 Am Thomas Beynon (1744–1833), noddwr beirdd ac eisteddfodau, gw. *Bywg.*

63 Price, *A History of Saint David's University College Lampeter*, t. 38.

64 Am Rice Rees (1804–39), gw. *Bywg.*

65 Dyma'r olyniaeth: Athrawon Cadeiriol: Rice Rees, 1827–39; David Thomas Jones, 1839–43; David Williams, 1854–67; Joseph Hughes, 1868–79; John Owen (yr esgob yn ddiweddarach), 1879–85; Owen Evans, 1886–9 a Robert Williams, 1889–1903. Darlithwyr: Daniel Silvan Evans, 1848; David Williams, 1849–54.

66 Am fanylion y ddadl a'r rhai a gyfrannodd ati, gw. Price, *A History of Saint David's University College Lampeter*, tt. 78–85.

67 Am Daniel Silvan Evans (1818–1903), a benodwyd yn Athro'r Gymraeg yng Ngholeg Prifysgol Cymru, Aberystwyth, ym 1875, gw. *Bywg.*

gadarnhau'r gwelliant yn safle'r iaith pan ddaeth yn brifathro ym 1892.[68] Y gwir oedd bod uchel swyddogion y coleg yn llugoer tuag at y Gymraeg. Ni ellid disgwyl y mymryn lleiaf o frwdfrydedd gan y prifathrawon Llewelyn Lewellin na Francis John Jayne ac yr oedd yr isbrifathro J. J. S. Perowne yn bendant yn erbyn dysgu'r Gymraeg ac yn credu y dylid ei hysgymuno o'r maes llafur. Rhwng popeth ni lwyddodd Coleg Dewi Sant i sylweddoli gobeithion caredigion yr iaith nac i gydymffurfio'n llawn â dibenion ei sefydlu.

Yr oedd y stori yn wahanol yn achos rhai o'r ysgolion eglwysig. Mynnai Eliezer Williams roi lle anrhydeddus i'r Gymraeg yn y cwrs uwchraddol a gynigiai i'w ddisgyblion yn ei ysgol yn Llanbedr, a chadwodd Ysgol Ystradmeurig ei chymeriad fel noddreg y Gymraeg o dan 'Yr Hen Syr', John Williams, a ddilynodd ei sylfaenydd, Edward Richard, fel prifathro. Cymraeg oedd iaith yr ysgol o dan Richard, a llwyddodd i fagu yn ei ddisgyblion sêl dros yr iaith a'i llenyddiaeth.[69] Daeth John Williams, mab 'Yr Hen Syr' ac un o ysgolfeistri disgleiriaf ei genhedlaeth, yn brifathro cyntaf Coleg Llanymddyfri, a sefydlwyd ym 1847, sefydliad arall a roddai fri ar y Gymraeg.

Cyn gadael byd ysgolheictod, rhaid crybwyll mater a oedd yn bwnc cynhennu poethlyd, yn enwedig ymhlith clerigwyr. Mewn cyfnod pan oedd hyfforddiant yn y Gymraeg, ei gramadeg a'i chystrawen a'i llenyddiaeth, yn brin, y Beibl oedd y safon yng ngolwg llu mawr o bobl. Ni châi disgyblion yr ysgolion Sul eu dysgu sut i ysgrifennu Cymraeg ac felly yr oedd yn rhaid wrth ganllawiau ynglŷn â sillafu a brawddegu. O ganlyniad, yr oedd orgraff y Beibl Cymraeg yn gymdeithasol ac addysgol bwysig.

Sefydlwyd 'Y Fibl Gymdeithas Frytanaidd a Thramor' ar 7 Mawrth 1804 a chan i Thomas Charles o'r Bala fod â rhan amlwg yn ei sefydlu penderfynwyd mai ei chynnyrch cyntaf fyddai Beibl Cymraeg dan ei olygyddiaeth ef. Penderfynodd gymryd Beibl 1799, a gyhoeddwyd gan yr SPCK, yn batrwm ac aeth ati i'w gywiro. Ar 21 Mehefin 1804 gofynnodd y Gymdeithas iddo a oedd 'Mr Owen, Penton Street' yn gymwys i ddarllen y proflenni. Oedd, yr oedd yn gymeradwy gan Charles. 'Mr Owen' oedd William Owen Pughe.[70] Pan gafodd John Roberts, curad Tremeirchion,[71] achlust o'r hyn a oedd yn digwydd, penderfynodd brotestio. Ef oedd golygydd Beibl 1799 ac ysgrifennodd at George Gaskin,

[68] Am John Owen (1854–1926), gw. dwy gyfrol Eluned E. Owen, *The Early Life of Bishop Owen: A Son of Lleyn* (Llandysul, 1958) a *The Later Life of Bishop Owen* (Llandysul, 1961).

[69] Am Edward Richard (1714–77) a John Williams (1745/6–1818), gw. *Bywg.* Am yr ysgol a'r enwogion a addysgwyd ynddi, gw. D. G. Osborne-Jones, *Edward Richard of Ystradmeurig* (Carmarthen, 1934).

[70] Yr astudiaeth safonol ar Charles (1755–1814) yw D. E. Jenkins, *The Life of the Rev. Thomas Charles, B.A., of Bala* (3 cyf., Denbigh, 1908). Ceir hanes yr ymrafael ynghylch yr orgraff yn yr ail gyfrol gyda holl fanylion y gohebu a fu rhwng y gwahanol bleidiau. Am Pughe, gw. Glenda Carr, *William Owen Pughe* (Caerdydd, 1983). Mabwysiadodd y cyfenw Pughe ar ôl marw Rice Pughe, ficer Nantglyn, perthynas pell iddo, ar 8 Hydref 1806, gan adael eiddo sylweddol iddo.

[71] Am John Roberts (1775–1829), gw. *Bywg.* Fe'i dyrchafwyd yn ficer Tremeirchion ym 1807.

ysgrifennydd yr SPCK, ar 31 Rhagfyr 1804, yn tynnu ei sylw at fwriadau Cymdeithas y Beibl.[72] Nid oedd wedi gweld cywiriadau Charles ond yr oedd wedi sylwi bod dylanwad damcaniaethau William Owen Pughe ar orgraff *Trysorfa Ysprydol* (1799) Thomas Charles ac ofnai fod yr un egwyddorion yn mynd i gael eu cymhwyso at Feibl newydd Cymdeithas y Beibl. Buan y daeth y mater i sylw arweinwyr yr Eglwys. Ar 9 Ionawr 1805 ysgrifennodd Gaskin at Beilby Porteus, esgob Llundain ac un o is-lywyddion Cymdeithas y Beibl.[73] Dyma hwnnw yn ysgrifennu at yr Arglwydd Teignmouth, llywydd Cymdeithas y Beibl.[74] Yr un diwrnod, 9 Ionawr 1805, ysgrifennodd William Agutter at Teignmouth ar gais yr SPCK yn troi amheuon John Roberts yn ffeithiau. Yr oedd y gymdeithas honno wedi clywed darllen llythyr John Roberts ac yr oedd yn amlwg iddi:

> that in the new edition of the Bible in Welsh very unwarrantable liberties are taken in altering the translation. For this there can be no authority; and it has already excited a prejudice against the designs of the Society. Perhaps some alterations might be desirable, yet without an adequate authority it could establish a dangerous precedent.[75]

Chwarae teg i John Roberts, nid honni bod Charles yn newid y cyfieithiad yr oedd ond ei fod yn newid yr orgraff, ond diau fod peth felly yn dipyn o ddirgelwch i'r Saeson. O dipyn i beth câi mwy a mwy o bwysigion, yn esgobion, clerigwyr ac ysgolheigion, eu tynnu i'r trobwll. Ac i wneud y cawl yn waeth yr oedd anghytundeb rhwng Cymdeithas y Beibl a'r SPCK ynglŷn â pha argraffiad o'r Beibl Cymraeg i'w ddewis yn batrwm, ai argraffiad 1799, ynteu 1752, ynteu 1746. Yr oedd yn bryd dod â phethau i fwcwl. Dewisodd Cymdeithas y Beibl Gwallter Mechain fel dyfarnwr rhwng y ddwyblaid – dewis rhyfedd, o gofio ei fod yn gyfaill agos i John Roberts. Erbyn 22 Chwefror yr oedd Charles wedi gorffen cywiro'r Beibl ac anfonodd ef at Gwallter Mechain. Yr oedd John Roberts yn dal yn anesmwyth ac ailfynegodd ei bryder mewn llythyr at Thomas Smith, Ysgrifennydd Cymdeithas yr Ysgol Sul, gan ddweud: 'Like the British Constitution, our Welsh orthography is already fixed and established; any attempt to overthrow the one as well as the other, I think equally improper.'[76] Iddo ef, orgraff Dr John Davies, Mallwyd, oedd y safon, sef orgraff Beibl 1620. Ac yn awr aeth y ffrae yn fwy cyhoeddus fyth gyda chyhoeddi *An Address to Lord Teignmouth . . . By a Country Clergyman* (1805). Thomas Sikes, ficer Guilsborough yn swydd

[72] Dyma enw'r gymdeithas heddiw ac y mae'n fwy hylaw na'r enw gwreiddiol!

[73] Am Beilby Porteus (1731–1808), gw. *DNB*. Ceir y llythyr yn William Dealtry, *A Vindication of the British and Foreign Bible Society* (ail arg., London, 1811), Atodiad C, tt. viii–ix.

[74] Ibid., t. viii. Barwn cyntaf Teignmouth oedd John Shore (1751–1834). Yr oedd yn llywydd y gymdeithas o 1804 hyd ei farw, gw. *DNB*.

[75] Dealtry, *A Vindication*, Atodiad C, tt. x–xi. Caplan yr 'Asylum for Female Orphans' yn Llundain oedd Agutter.

[76] Jenkins, *Life of the Rev. Thomas Charles*, II, tt. 569–70.

Northampton, oedd yr awdur dienw.[77] Ymosodiad llym ar Gymdeithas y Beibl yw'r pamffled a cheir y cyfeiriadau at y Beibl Cymraeg mewn atodiad byr. Yn y Beibl hwnnw, meddai, 'such liberties are taken in its translation as are by no means warrantable'. Cydnebydd na ŵyr air o Gymraeg ac felly ni all fynegi barn ar gywirdeb y si.[78] Atebwyd Sikes ar unwaith mewn pamffled yn dwyn y teitl, *A Letter to a Country Clergyman, occasioned by his Address to Lord Teignmouth . . . By a Sub-urban Clergyman*. Yr awdur oedd John Owen, Ysgrifennydd Cymdeithas y Beibl.[79] Pan ddaeth i drafod ensyniadau Sikes ynglŷn â'r Beibl Cymraeg, esboniodd nad newid y cyfieithiad yr oedd Charles ond cysoni'r orgraff a'i fod yn gwneud hynny ar sail yr amrywiol argraffiadau awdurdodedig yn unig.[80] Mewn gair, rhoddodd gaead yn effeithiol iawn ar biser Sikes. Yr oedd miniogrwydd yr ymosodiadau ar ei waith yn dipyn o ddirgelwch i Charles, ond mewn llythyr at Robert Jones, Rhos-lan, dywed iddo gael sicrwydd mai 'J. Humphreys' a oedd wrth wraidd y cwbl, y gŵr a fu'n ei gynorthwyo gyda'r *Geiriadur Ysgrythyrawl* ac a bwdodd pan ddiddymwyd y bartneriaeth yn Awst 1804.[81] Er y cythrwfl i gyd, ar 13 Mai 1805 penododd Cymdeithas y Beibl William Owen Pughe i ddarllen proflenni'r Beibl newydd. Yr oedd gwaith y Gymdeithas wedi ysbarduno'r SPCK i baratoi argraffiad newydd a thrannoeth, 14 Mai, gwnaethpwyd y trefniadau. A phwy oedd y golygyddion? John Roberts a Gwallter Mechain. Buasai Gwallter yn brysur yn chwarae'r ffon ddwybig yn ystod yr wythnosau hyn ac yn dal ei afael yn dynn yn y Beibl cywiriedig a anfonodd Charles ato.

Gorffennodd Thomas Charles y gwaith golygu ac anfonwyd y Beibl i Wasg Caer-grawnt i'w argraffu. Gwnaeth William Owen Pughe gymaint o stomp wrth ddarllen y proflenni fel yr ymwrthododd Cymdeithas y Beibl ag ef a'i orgraff. Ac felly cyhoeddwyd Testament Newydd Cymdeithas y Beibl ym 1806 a'r Beibl cyfan y flwyddyn ddilynol – heb orgraff William Owen Pughe. Daliodd y ddadl i fudlosgi ac enynnodd yn fflam eto ym 1810 pan gyhoeddodd Christopher Wordsworth *Reasons for declining to become a Subscriber to the British and Foreign Bible Society*. Yr oedd Wordsworth yn frawd ieuengaf i'r bardd ac yn ysgolhaig sylweddol a ddaeth ym 1820 yn Feistr Coleg y Drindod, Caer-grawnt.[82] Ymosodiad ar Gymdeithas y Beibl ydyw fel sefydliad gelyniaethus tuag at Eglwys

77 Bu farw ar 14 Rhagfyr 1834 yn 68 oed. Gw. J. Owen, *The History of the Origin and First Ten Years of the British and Foreign Bible Society* (London, 1816), tt. 32, 155–9, 222–5.

78 Thomas Sikes, *An Address to Lord Teignmouth . . . By a Country Clergyman* (London, 1805), tt. 35–6.

79 Curad Fulham, Middlesex, oedd John Owen (1766–1822) a rheithor Pegelsham, Essex, o 1808 ymlaen. Gw. *Gentleman's Magazine*, LXXXIII (1813), 226–8 a *DNB*.

80 John Owen, *A Letter to a Country Clergyman* (London, 1805), t. 57.

81 Cyfieithiad Saesneg o'r llythyr at Robert Jones sydd yn Jenkins, *Life of the Rev. Thomas Charles*, II, tt. 578–9. Gŵr o Gaerwys oedd John Humphreys (1767–1829) a ordeiniwyd gan y Methodistiaid Calfinaidd ym 1816. Da gallu dweud bod Charles ac yntau wedi cymodi'n ddiweddarach.

82 Yn yr erthygl arno yn *DNB* dywedir ei fod yn ŵr 'with sympathy for whatever was good and noble in others, and tolerance for dissenters'. Prin fod y pamffled yn gwireddu'r disgrifiad hwn ohono.

Loegr a rhoes dro ar yr hen ensyniadau yn erbyn y Beibl Cymraeg, gan ddweud iddo beri 'braw mawr' i glerigwyr Cymru a'u bod yn troi at yr SPCK am gyflenwad o Feiblau cywir.[83] Atebodd William Dealtry yn *A Vindication of the British and Foreign Bible Society* (1810). Gwnaeth stomp o'r cyfeiriadau Cymraeg; gwelodd Charles y pamffled ac anfonodd gywiriadau at Dealtry, ac ymddangosodd ail argraffiad ym 1811 yn cynnwys y cywiriadau.[84] Y mae ei *Vindication* yn waith bywiog a difyr sy'n cynnwys amddiffyniad medrus o Gymdeithas y Beibl yn ogystal â gwybodaeth werthfawr am y ffordd y paratowyd Beibl y Gymdeithas. Bu cyfnewid pamffledi pellach rhwng Wordsworth ac yntau.

Nid cynt yr oedd Cymdeithas y Beibl wedi penderfynu cyhoeddi argraffiad newydd nag yr oedd John Roberts – cefnogydd brwd y Gymdeithas – yn codi rhagor o gwestiynau.[85] Awgrymodd geisio sêl bendith esgobion Cymru ar yr argraffiad newydd. Yr oedd Charles yn bur ddigalon wrth glywed am yr amheuon newydd, ond gyda'r haelfrydedd a oedd yn nodweddiadol ohono, ychwanegodd: 'ni wnaf ddim i'w dilorni ond ceisio dilyn esiampl yr Un "pan ddifenwyd na ddifenwodd drachefn"'.[86] Pan gyfarfu Pwyllgor Cymdeithas y Beiblau ar 30 Hydref 1813 penderfynodd fabwysiadu awgrym John Roberts ac anfonwyd proflenni'r Beibl at yr esgobion a rhoesant hwythau eu cefnogaeth iddo. Yn ôl cofnodion Cymdeithas y Beibl, yn y cyfarfod a gynhaliwyd ar 3 Hydref 1814 rhoddwyd copi o'r Beibl Cymraeg newydd, wedi ei batrymu ar Feibl 1810 yr SPCK, i bob aelod. Dau ddiwrnod yn ddiweddarach, bu farw Thomas Charles. Y mae ar Gymru ddyled bur sylweddol i John Roberts am ddiogelu'r Beibl Cymraeg rhag ffolineb William Owen Pughe, ac i Thomas Charles am ei hynawsedd yng nghanol yr holl feirniadu arno ac am ei hyblygrwydd yn derbyn awgrymiadau John Roberts.

Y mae storm fach arall ynglŷn â'r orgraff yn haeddu ei chofnodi. Ar 11 Tachwedd 1825 ysgrifennodd Joseph Tarn, Ysgrifennydd Cymdeithas y Beibl, at John Jones (Tegid),[87] Pencantor Eglwys Crist, Rhydychen, yn awgrymu cyhoeddi Testament Newydd dwyieithog. Yr oedd hwnnw i'w noddi gan yr SPCK er mai cywaith gyda Chymdeithas y Beibl ydoedd. Ar unwaith ysgrifennodd John Jones at ei gyfaill, Gwallter Mechain, yn gofyn pa gyfundrefn orgraffyddol y dylid ei mabwysiadu. Yr oedd hefyd wedi ymgynghori â Dr Charles Lloyd ynglŷn â'r mater a'i gyngor ef oedd gweithredu 'in a quiet way without consulting the

[83] Christopher Wordsworth, *Reasons for declining to become a Subscriber to the British and Foreign Bible Society* (London, 1810), t. 13.

[84] Graddiodd William Dealtry (1775–1847) yr un flwyddyn â Wordsworth o Goleg y Drindod, Caer-grawnt. Yr oedd y ddau'n adnabod ei gilydd er eu bod am y pegwn â'i gilydd fel Eglwyswyr.

[85] Y mae D. E. Jenkins, *Life of the Rev. Thomas Charles*, III, t. 495, ac mewn mannau eraill, yn rhy hallt ei farn am John Roberts a'i gyfeillion. Yr oedd Charles ac yntau'n rhannu'r un argyhoeddiadau efengylaidd a dengys llythyrau Roberts mai eiddigedd didwyll dros ddiogelu cywirdeb testun y Beibl Cymraeg a oedd yn ei ysgogi.

[86] Jenkins, *Life of the Rev. Thomas Charles*, III, t. 498.

[87] Am John Jones (1792–1852), gw. *DNB* a *Bywg*.

"Blind leader of the Blind", the Polyphemus of the flock, the Rev. J. Roberts, of Tremeirchion'.[88] Dilynwyd y cyngor ffôl hwn ac ymddangosodd y gwaith dan y teitl, *The New Testament in Welsh and English. Testament Newydd . . .* (1826). A dyma hi'n helynt. Un o bleidwyr orgraff William Owen Pughe oedd John Jones. Daeth William Bruce Knight, ficer Margam a changhellor esgobaeth Llandaf o 1825 ymlaen, i'r maes i'w wrthwynebu.[89] Yr oedd Knight yn ysgolhaig Hebraeg rhagorol ac yn feistr ar y Gymraeg. Yn wir, dywedodd Syr John Morris-Jones mai iddo ef yr oedd 'the chief credit' am achub y Beibl Cymraeg 'from the vandalism of Pughe's followers'[90] – dyfarniad nad yw'n gwbl deg â John Roberts, Tremeirchion. Yn Eisteddfod Caerfyrddin ym 1823 enillodd John Roberts wobr am draethawd a gyhoeddwyd wedyn dan y teitl, *Reasons for rejecting the Welsh Orthography that is proposed and attempted to be introduced, with a view to superseding the system that has been established since the publication of Dr Davies's Grammar and Dictionary, and Bishop Parry's Edition of the Welsh Bible* (1825). Y mae'r teitl yn dangos beth oedd safbwynt Roberts ac yr oedd William Bruce Knight yn cytuno'n hollol ag ef. Yn ddigon naturiol, yr oedd Gwallter Mechain yn hynod flin gyda hwy ill dau. Am Roberts ysgrifennodd: 'a pious man, and a good divine according to the Geneva creed; but bigoted in his system of orthography'.[91] Ac yr oedd Knight, meddai, 'yn sefyll ar ysgwyddau Mr Roberts'.

Yng ngwanwyn 1828 cyhoeddwyd testun Cymraeg y Testament Newydd ar ei ben ei hun o dan olygyddiaeth John Jones.[92] Ar unwaith mynegodd Knight ei wrthwynebiad i'r orgraff a dechreuwyd deisebu yn erbyn y Testament. Yn esgobaeth Bangor llofnodwyd deiseb i'r esgob gan 72 o glerigwyr[93] ac yn Llandaf llofnododd Knight ac 80 o'i gefnogwyr un arall.[94] Credai John Jones mai Henry Majendie[95] a oedd y tu ôl i'r prysurdeb hwn ac mai John Roberts a'i hysgogodd i weithredu. Diwedd y gân oedd i'r SPCK a Chymdeithas y Beibl ymwrthod â Thestament John Jones ac ataliwyd yr argraffiad, er bod nifer sylweddol o gopïau wedi eu gwerthu. Yr oedd John Jones yn ddiedifar. Amddiffynnodd ei safbwynt yn ei bamffled, *A Defence of the Reformed System of Welsh Orthography* (1829) a'r flwyddyn ddilynol cyhoeddodd y traethawd a enillodd y fedal aur iddo mewn eisteddfod yng Nghaerfyrddin, sef *Traethawd ar Iawn-lythreniad neu Lythyraeth yr*

88 Llythyr 12 Tachwedd 1825, yn D. Silvan Evans (gol.), *Gwaith Gwallter Mechain. Cyfrol III. The English Works of the Rev. Walter Davies* (Carmarthen & London, 1868), tt. 220–1.

89 Am Knight (1785–1845), gw. Evans, *A Chapter in the History of the Welsh Book of Common Prayer*, III, tt. 237–50 a *Bywg.*

90 John Morris-Jones, *A Welsh Grammar, historical and comparative* (Oxford, 1913), t. xviii.

91 Evans, *Gwaith Gwallter Mechain. Cyfrol III*, t. 248.

92 Ibid., tt. 232, 239.

93 Y rhif, yn ôl John Jones, oedd 75. Ibid., t. 238.

94 Am y deisebau, gw. William Bruce Knight, *Remarks, Historical and Philological, on the Welsh Language* (Cardiff, 1830).

95 Ficer Speen yn Berkshire oedd Henry Majendie, Prebendari Penmynydd yng Nghadeirlan Bangor a mab yr Esgob William Majendie. Am amheuaeth Jones, gw. Evans, *Gwaith Gwallter Mechain. Cyfrol III*, tt. 238–9.

Iaith Gymraeg. A phwy oedd y beirniaid? Neb llai na Gwallter Mechain a William Owen Pughe.[96] Yr oedd hyn yn fwy nag y gallai William Bruce Knight ei oddef ac atebodd gyda *Remarks, Historical and Philological, on the Welsh Language* (1830). Y mae'n gosod ei ddadleuon dysgedig o blaid yr orgraff glasurol yn fedrus ac yn argyhoeddiadol iawn. Ac, ar wahân i gyhoeddi dau bamffled pellach, y naill gan Jones a'r llall gan Knight, dyna ddiwedd ar ymgais William Owen Pughe a'i ddilynwyr i ymyrryd ag orgraff y Beibl Cymraeg.[97]

I grynhoi. Y peth sy'n dod yn amlwg wrth fanylu ar yr hanes yw'r tyndra trwy gydol y ganrif rhwng dwy garfan. Ar y naill law, yr oedd yr esgobion ac uchel swyddogion yr Eglwys yn ddibris o'r Gymraeg ac yn gwybod fawr ddim am lenyddiaeth a hanes y wlad. Credai rhai ohonynt mai cymwynas fyddai prysuro ei thranc. Gwir fod eithriadau fel Thomas Burgess a Connop Thirlwall, ond eithriadau oeddynt. Yr oedd yn anorfod fod esgobion estron yn penodi clerigwyr a oedd naill ai'n estroniaid eu hunain neu'n rhannu eu rhagfarnau ynglŷn â'r Gymraeg. Dyna un garfan. Ar y llaw arall, cafwyd trwy'r ganrif olyniaeth o glerigwyr a edrychai ar yr Eglwys fel sefydliad hanfodol Gymraeg. Ymhyfrydent yn ei chyfraniad at fywyd diwylliannol ac ysbrydol Cymru yn y gorffennol. Nid hawdd oedd brwydro yn erbyn rhagfarnau cryfion eu gwrthwynebwyr gan mai yn nwylo'r rheini yr oedd y gallu i benderfynu pwy oedd yn cael ei anrhydeddu â dyrchafiad yn yr Eglwys.

Tua diwedd y ganrif rhoddwyd mynegiant huawdl i'r tyndra gan Canon David Jones, gŵr a fagwyd yn Fethodist Calfinaidd yn Llangeitho ac a dyfodd yn ysgolhaig Cymraeg rhagorol ac yn un o bregethwyr mwyaf grymus yr Eglwys. Bu hefyd yn darlithio yn Gymraeg yng Ngholeg y Santes Fair ym Mangor rhwng 1889 a 1895. Yn ei lyfr, *The Welsh Church and Welsh Nationality* (1893), dadleuodd yn nerthol dros roi ei phriod le i'r Gymraeg yn yr Eglwys yng Nghymru. Iddo ef, Eglwys Cymru oedd hi, er ei galw'n Eglwys Loegr. Ymhyfrydai yng ngwaith yr arweinwyr hynny a ddiogelodd urddas y Gymraeg o'r Esgob Richard Davies hyd at y Deon Henry T. Edwards ac nid ymataliai rhag gosod ei chwip ar war yr urddasolion eglwysig a oedd yn dirmygu'r iaith. Dyma fel y gwelai ef y frwydr ar ddiwedd y ganrif:

> The body of the clergy are becoming more and more sympathetic with the genius, the national temperament, and characteristics of the people. Authority and power are from above; popular influence and reform have hitherto come from below. The inferior clergy, as they are called, are winning their way among the Welsh-speaking masses, in the face of formidable difficulties; but the dignitaries, as such, are still content, for the most part, to confine their attention to the English-speaking section . . . it can be proved that . . . [the Church] was saved from actual extinction in Welsh centres, not by

[96] Llythyr Jones at Charles Lloyd, 31 Mawrth 1829. Ibid., tt. 237–9.

[97] Am yr ymdderu uwchben diwygio'r Llyfr Gweddi ar ôl esgyniad Victoria i'r orsedd, gw. Evans, *A Chapter in the History of the Welsh Book of Common Prayer*, passim.

> well-paid incumbents, but by Welsh-speaking curates, who kept alive the fire on her altars for a miserable pittance, while the alien and alienised pluralists who hired them, were accumulating or dissipating fortunes in luxury and lethargy.[98]

Geiriau llymion, ond nid heb gyfiawnhad. Yr oedd y darlun yn gymysg ac os oedd gan y Gymraeg ei gelynion yr oedd ganddi hefyd gyfeillion gwresog iawn trwy'r ganrif. Ond yr oedd pobl fel David Jones mewn sefyllfa anodd. Yr oedd ef ei hun yn pleidio cenedlaetholdeb diwylliannol â'i holl galon, ond arswydai rhag unrhyw fath o genedlaetholdeb gwleidyddol. Erbyn 1893 yr oedd datgysylltiad yr Eglwys yn bwnc llosg. A fyddai datgysylltu'n golygu prysuro diwedd yr Eglwys ynteu a fyddai'n sicrhau gwell chwarae teg i'r iaith? Ar y llaw arall, yr oedd bod gyhyd yn rhan annatod o Eglwys Sefydledig Lloegr wedi costio'n ddrud i'r Gymraeg. Byddai'n rhaid aros i gael gweld yn ffafr pwy y byddai'r frwydr gymysglyd hon yn troi.

[98] David Jones, *The Welsh Church and Welsh Nationality* (Bangor, 1893), tt. 113–14; am David Jones (bu farw 2 Mehefin 1909 yn 62 oed), gw. R. R. Hughes, *Biographical Epitomes of the Bishops and Clergy of the Diocese of Bangor* (1932), Rhan IV, tt. 462–3. Yr oedd yn rheithor Llanfair-pwll, 1888–95.

8

Ymneilltuaeth a'r Iaith Gymraeg yn y Bedwaredd Ganrif ar Bymtheg

R. TUDUR JONES

ER Y BYDD yn rhaid amodi'r gosodiad wrth ddatblygu'r dadansoddiad, at ei gilydd gellir dweud mai Cymraeg oedd iaith yr eglwysi Ymneilltuol yn y bedwaredd ganrif ar bymtheg. Cymraeg oedd iaith yr eglwysi hyn yn eu haddoliad, eu gweinyddiad a'u cyfathrach â'i gilydd mewn cynhadledd, cymanfa a chymdeithasfa. Yr oedd, wrth reswm, eithriadau i'r rheol cyn 1800 ac ar ôl hynny. Yn Saesneg yr ysgrifennwyd Llyfr Eglwys Mynydd-bach (Llangyfelach), fel sawl un arall, a pheth digon cyffredin oedd rhoi arysgrif Saesneg ar dalcen capel i ddweud beth oedd 'Baptist Chapel' neu 'Salem Independent Chapel'.[1] Erbyn 1800 yr oedd yr enwadau hyn yn llwyddo i gyfathrebu ar raddfa gynyddol â gwerin ddi-Saesneg. At hynny, yr oedd nifer cynyddol o'r arweinwyr yn dod o blith yr un dosbarth. Un o nodweddion yr eglwysi hyn oedd rhoi lle amlwg i'r aelodau yn eu gweinyddiad, nid yn unig ym mywyd mewnol yr eglwysi unigol ond hefyd mewn cyfarfodydd cydeglwysig, fel y cymdeithasfaoedd ymhlith y Methodistiaid. Yr oedd yn anorfod o ganlyniad mai Cymraeg oedd yr iaith naturiol yn y cyfarfodydd hyn.

Fel yn achos yr holl eglwysi Protestannaidd, rhoddent y lle canolog i'r Beibl. A'r Beibl Cymraeg oedd hwnnw. Disgwylid i bob aelod eglwysig fod yn berchennog ar Feibl a dod yn feistr ar ei gynnwys. Ond disgwylid hefyd i aelodau gymathu ei gynnwys y tu mewn i ffrâm athrawiaethol. Felly, yr oedd paratoi canllawiau diwinyddol ar gyfer hynny yn anhepgor. Ymhlith yr 'Hen Ymneilltuwyr' – yr Annibynwyr a'r Bedyddwyr – yr oedd dysgu catecismau yn ddisgyblaeth gyson. Defnyddid 'Catecism Byrraf y Gymanfa' yn helaeth, sef y catecism a gyflwynwyd i'r Senedd gan Gymanfa Westminster yn Ebrill 1648. Dyna, er enghraifft, *Catechism o'r Scrythur, Yn Nhrefn Gwyr y Gymanfa* a gyhoeddwyd ym 1717 gyda chymeradwyaeth un ar ddeg o weinidogion Anghydffurfiol. Yn wir, un o'r llyfrau cyntaf i'w argraffu ar dir Cymru oedd *Eglurhaad o Gatechism Byrraf y Gymanfa* (1719), cyfieithiad John Pugh, gweinidog Annibynnol Henllan,

[1] Ceir ffotograffau o rai ohonynt yn Anthony Jones, *Capeli Cymru* (Caerdydd, 1984), darluniau 59–70.

o'r Saesneg gwreiddiol gan Thomas Vincent. Ac yr oedd *Catecism byr i Blant* o waith Matthew Henry wedi ei gyfieithu gan Jenkin Evans, gweinidog Croesoswallt, ar gael er 1708. Câi Catecism Eglwys Loegr ei ddefnyddio yn helaeth y tu allan yn ogystal â'r tu mewn i'r eglwys honno, fel y câi Catecism Griffith Jones, Llanddowror. Gyda gwawr y bedwaredd ganrif ar bymtheg, cyhoeddwyd argraffiad cyntaf *Hyfforddwr* Thomas Charles o'r Bala ym 1807. Erbyn diwedd y ganrif yr oedd wedi ymddangos mewn pedwar ugain o argraffiadau. Ac yn ystod y ganrif cyhoeddwyd nifer sylweddol o gatecismau, rhai ohonynt yn rhai lleol iawn eu cylchrediad.

Er mwyn sylweddoli arwyddocâd defnyddio'r catecismau hyn, dylid esbonio bod pobl a phlant, yn enwedig plant, yn cael eu trwytho ynddynt. Yr oedd eglwysi lle'r oedd meistroli'r catecism yn amod derbyniad i gyflawn aelodaeth. Rhaid bod degau o filoedd o blant a fagwyd yn eglwysi'r Methodistiaid Calfinaidd wedi cario cynnwys *Yr Hyfforddwr* yn eu cof ar hyd eu hoes. O safbwynt iaith, golygai hyn ymarfer â thrin pynciau digon astrus yn rhwydd trwy gyfrwng y Gymraeg. Yn wir, yr oedd pwyslais trwm ar waith cof yn yr eglwysi Ymneilltuol. Nid oedd pawb mor gofus â Margaret Jones o'r Ganllwyd, Meirionnydd, a ddysgodd y Testament Newydd i gyd, ac eithrio tair pennod, yn ogystal â deuddeg pennod ar hugain o'r Hen Destament, y cyfan yn ystod y flwyddyn 1821, neu Dr Owen Thomas a allai adrodd y Testament Newydd yn ei grynswth pan oedd yn blentyn,[2] ond yr oedd llu mawr o bobl yn gyfarwydd â'r un ddisgyblaeth.

Yr oedd disgyblaeth yr eglwysi yn cyfuno'r gair printiedig â'r gair llafar. Prin fod cyfnod yn hanes Cymru pan oedd cynifer o bobl yn clywed cymaint o areithio cyhoeddus o bob math ag a glywai pobl y bedwaredd ganrif ar bymtheg. Y ffurf amlycaf ar yr areithio oedd pregethu, a theithiai'r pregethwyr gorau o fan i fan er mwyn taenu'r Efengyl. Yn y ddeunawfed ganrif nid oedd yr Hen Anghydffurfwyr yn cymeradwyo gwaith y Methodistiaid yn crwydro'r wlad i bregethu, ond cyn diwedd y ganrif yr oeddynt hwythau wedi mabwysiadu'r arfer. Dyna Christmas Evans, er enghraifft, ym 1790 yn cychwyn ar daith o Lŷn i'r de. Cerdded a wnâi, gan fod Bedyddwyr Llŷn yn rhy dlawd i brynu ceffyl iddo. Teithiodd i Benrhyn-coch, wedyn i Aberystwyth a Chastellnewydd Emlyn, ymlaen i Aberteifi ac oddi yno i Blaen-waun a Threfdraeth. Nid mynd ar wahoddiad unrhyw eglwys neu bwyllgor yr oedd, ond mynd ar ei liwt ei hun. Nid oedd y pregethu wedi ei gyfyngu i gapeli ychwaith. Yn ôl ei dystiolaeth ef ei hun: 'Byddai llon'd y mynwentydd a'r tai cyrddau o wrandawyr yn ymdyru i'm gwrando yn nghanol y cynhauaf medi. Byddwn yn pregethu allan yn fynych yn yr hwyr – a'r canu a'r molianu yn parhau dan ddydd goleu.'[3] Fel y dywed ei gofiannydd diweddaraf: 'Mae hi'n bur debyg na theithiodd yr un pregethwr, o ba enwad bynnag, yn

[2] *Y Dysgedydd*, I, rhif 11 (1822), 344; D. Ben Rees, *Pregethwr y Bobl: Bywyd a Gwaith Dr Owen Thomas* (Lerpwl, 1979), t. 19.

[3] William Morgan, *Cofiant, neu hanes bywyd, y diweddar Christmas Evans* (Caerdydd, 1839), t. 25.

amlach trwy Gymru benbaladr, ac ymhellach, yn ei ddydd na Christmas Evans.'[4] Yn ystod ei oes teithiodd rhwng y gogledd a'r de dair gwaith a deugain a thraddododd mewn cymanfaoedd 164 o bregethau.[5] Neu dyna John Jones, Tal-y-sarn, yn cychwyn ar ei daith bregethu olaf yn y de, sef yng Nghaerdydd ar 14 Hydref 1855, ac yn mynd drwy Fro Morgannwg i Gaerfyrddin, Llechryd, Blaenannerch, Aberteifi, Tŵr-gwyn, Castellnewydd Emlyn, Abertawe ac yn ôl i'r gogledd, i Langollen a Wrecsam, gan orffen ar 27 Tachwedd. Prin ei fod wedi cael ei wynt ato nag yr oedd yn codi ei bac eto ar 3 Rhagfyr i fynd ar daith trwy sir Feirionnydd a sir Gaernarfon, gan orffen ar y dydd olaf o'r flwyddyn.[6] Erbyn hynny yr oedd oes y pregethu crwydrol yn ôl yr hen drefn ar droed neu ar gefn ceffyl yn tynnu i'w therfyn. Fel yr oedd y rheilffyrdd yn ymestyn fel gwe tros Gymru, yr oedd crwydro o fan i fan yn colli ei apêl. Dechreuwyd cyfundrefnu'r pregethu crwydrol mewn rhwydwaith enfawr o gyfarfodydd pregethu a chymanfaoedd, gyda'r pregethwyr yn gwibio a'u traed yn sychion mewn trenau. Amcan y gweithgarwch hwn gan dyrfa fawr o bregethwyr oedd efengylu. A gwrthrychau'r efengylu oedd gwerin Gymraeg y wlad. O safbwynt iaith, gan fod miloedd yn cael eu denu i wrando, yr oedd miloedd hefyd yn cael cyfle i glywed Cymraeg rhywiog. Yr oedd yn cyfoethogi geirfa pobl ac yn hyfforddiant ardderchog mewn siarad cyhoeddus. Cynigiai'r pregethwr batrwm i bobl sut y dylid defnyddio'r Gymraeg yn y bywyd cyhoeddus.

Beth oedd y pregethwyr yn ei wneud o'r iaith fel cyfrwng? Un o'r anawsterau wrth drafod y pwnc hwn yw ein bod gymaint ar drugaredd pregethau printiedig gan fod cenedlaethau i basio cyn bod recordio'r llais yn bosibl. A châi pregethau eu golygu'n drwm, yn ôl canonau ffasiynol y cyfnod, cyn eu hargraffu. Prin yw'r enghreifftiau lle y cofnodwyd pregeth mewn llaw fer wrth ei gwrando, fel yn achos y bregeth a draddododd Evan Harries, Merthyr, yn Y Bala ym 1836[7] neu'r wyth pregeth ar hugain o eiddo John Jones, Tal-y-sarn, a gofnodwyd gan ei fab, Thomas Lloyd Jones.[8] Y mae'n bosibl cael syniad cliriach am ansawdd y pregethu ym mhennod drawiadol Owen Thomas ar hanes pregethu Cymru, yn enwedig pan yw'n disgrifio pregethwyr a glywsai ef ei hun.[9]

Gyda chynifer o bregethwyr ar y maes yn ystod y ganrif, ceid amrywiaeth mawr yn y modd y defnyddient yr iaith. Yn y naill ben ceid arddull urddasol, drefnus

[4] D. Densil Morgan, *Christmas Evans a'r Ymneilltuaeth Newydd* (Llandysul, 1991), t. 82.

[5] J. T. Jones, *Christmas Evans* (Llandyssul, 1938), t. 47.

[6] Owen Thomas, *Cofiant y Parchedig John Jones, Talsarn* (Wrexham, [1874]), tt. 711–13, 717.

[7] Roger Edwards, *Y Gofadail Fethodistaidd* (Dinbych, 1880), tt. 144–8. Ganed Harries ym 1784, yn ôl y gyfrol hon, ond 1786 oedd blwyddyn ei eni yn ôl *Bywg*. Bu farw ar 20 Tachwedd 1861. Gw. hefyd Thomas Levi, *Cofiant a phregethau y Parch. Evan Harries, Merthyr* (Abertawy, [1869]).

[8] Thomas, *Cofiant John Jones*, t. 1032.

[9] Ibid., tt. 792–970. Yr oedd gan Owen Thomas gof neilltuol afaelgar. Pan oedd yn blentyn dysgodd Epistol Iago tra oedd ei rieni mewn oedfa. Cadwai gofnodion o'r pregethau a glywai. Ymddengys ei fod yn gallu darllen Cymraeg a Saesneg pan oedd rhwng pedair a phump oed. John J. Roberts, *Cofiant y Parch. Owen Thomas, Liverpool* (Caernarfon, 1912), t. 24, a Rees, *Pregethwr y Bobl*, t. 17.

rhai fel Henry Rees neu Edward Morgan, Dyffryn Ardudwy, ac yn y pen arall, wreiddioldeb hwyliog Dafydd Rolant.[10] Y tu hwnt iddo ef ceid rhai fel Dafydd Evans, Ffynnonhenri, gyda'i esboniadau lliwgar ar hanesion y Beibl yn ymylu ar anweddustra gwerinol, heb sôn am y 'Jacs' pregethwrol y byddai David Owen (Brutus) yn eu pastynu'n ddychanus.[11] Yr oedd pum dylanwad ar arddull lenyddol y pregethau – y Piwritaniaid, Hugh Blair, Dr Edward Williams, arddull Saesneg gyfoes, a Chymraeg llafar. Cyffesodd Henry Rees fod darganfod llyfrau'r Piwritaniaid wedi cael argraff ddofn arno a 'bu cyfarfod â'r Dr Owen . . . yn foddion i ffurfio cyfnod newydd yn fy mywyd . . .'[12] Yr oedd Dr John Owen (1616–83) yn rhyfeddol boblogaidd yn hanner cyntaf y bedwaredd ganrif ar bymtheg, canlyniad y ffaith ei fod yn orwyr i'r Barwn Lewis Owen a bod Hugh Owen, Bronclydwr, yn gefnder cyfan i'w fam. Dylanwadodd ar ddynion mor annhebyg i'w gilydd â William Rees (Gwilym Hiraethog), John Davies, Nercwis, Edward Morgan, Dyffryn Ardudwy, Owen Thomas, a llawer un arall. Yn achos Henry Rees, cafodd dynwared pregethu'r Piwritaniaid ddylanwad andwyol ar ei bregethau drwy beri iddo gynnwys cynifer o bennau, is-bennau, ac is-is-bennau. Ond buan yr ymgroesodd rhag y dull hwn. Ni pheidiodd â chyfansoddi yn fanwl, fodd bynnag, gan ailysgrifennu ei bregethau deirgwaith a phedair.[13] Ym 1762 y penodwyd Hugh Blair yn Athro Brenhinol mewn Rhethreg a Belles Lettres ym Mhrifysgol Caeredin. Cyhoeddodd ei ddarlithiau ar Rethreg ym 1783 a daeth yn eithriadol boblogaidd. Yna, ym 1777, dechreuodd gyhoeddi ei bregethau a daeth y rheini hefyd i fri eithriadol. Yng ngolwg y cyhoedd, ei bregethau ef oedd yr enghraifft orau o arddull gaboledig y ddeunawfed ganrif.[14] Dywedid amdano ei fod yn cymryd cymaint o amser i wisgo ei bregethau nes peri iddynt gael annwyd.[15] Rhoddwyd cryn sylw i syniadau Blair mewn cysylltiad â barddoniaeth Gymraeg,[16] ond nid yr adrannau lle y datblygodd y syniadau sydd o ddiddordeb i'r sawl sy'n astudio'r traddodiad barddol a ddylanwadodd (os o gwbl) ar arddull y

[10] Am Henry Rees (1798–1869), gw. Owen Thomas, *Cofiant y Parchedig Henry Rees* (2 gyf., Wrexham, 1891) a *Bywg.*; am Edward Morgan (1817–71), gw. Griffith Ellis, *Cofiant y Parchedig Edward Morgan, Dyffryn* (Dinbych, 1906) a *Bywg.* Am Dafydd Rolant (1795–1862), gw. Owen Jones, *Cofiant y diweddar Dafydd Rolant y Bala* (Wrexham, [1863]) a *Bywg.*, s.n. Rowland, David.

[11] Am Dafydd Evans (1778–1866), gweinidog y Bedyddwyr, gw. *Bywg.* a Benjamin Thomas (Myfyr Emlyn), *Dafydd Evans, Ffynonhenry, Castellnewydd-Emlyn* (Llanelli, 1870), llyfr y gwerthwyd miloedd o gopïau ohono. Am David Owen (Brutus, 1795–1866), gw. *Bywg.* Am ei ymosodiadau ar y 'Jacs', gw. David Owen (Brutus), *Wil Brydydd y Coed*, gol. Thomas Jones (Caerdydd, 1949) ac idem, *Bugeiliaid Epynt*, gol. Thomas Jones (Caerdydd, 1950).

[12] Thomas, *Cofiant y Parchedig Henry Rees*, I, tt. 116–17.

[13] Ibid., I, t. 121.

[14] Am Hugh Blair (1718–1800), gw. Nigel M. de S. Cameron (gol.), *Dictionary of Scottish Church History and Theology* (Edinburgh, 1993) a'r rhagymadrodd i'w *Lectures on Rhetoric and Belles Lettres* (London, 1823), I.

[15] John W. Oman, *Concerning the Ministry* (London, 1936), t. 124.

[16] Gwnaed hyn gan Gwenallt yn ei astudiaeth o Islwyn, gan Huw Llywelyn Williams yn *Safonau Beirniadu Barddoniaeth yng Nghymru yn y Bedwaredd Ganrif ar Bymtheg* (Llundain, 1941) a chan E. G. Millward, 'Eben Fardd fel Beirniad', *LlC*, III, rhif 3 (1955), 162–87.

pregethau. Adrannau eraill o'i waith sy'n berthnasol wrth drafod y pwnc hwnnw. Y mae ganddo lawer i'w ddweud yn nhair cyfrol ei ddarlithiau am iaith, cystrawen a gramadeg. Pwysicach na hynny, y mae ganddo benodau ar arddull pregethu yn ogystal â disgrifiad manwl o'r ffordd orau i lunio anerchiad neu bregeth. Pan ddywedodd rhywun wrth Christmas Evans nad oedd yn cyfansoddi yn ôl rheolau Blair, atebodd ei fod yn 'Blair iddo'i hun'.[17] Cyfeirio yr oedd at y rhannau hyn o ddarlithiau Blair. Cymhwysai ei egwyddorion cyffredinol at bregethu – ei bwyslais ar 'arucheledd' – ac y mae'n dal bod rhannau helaeth o arddull y Beibl yn batrwm addas oherwydd mai gwrthrychau aruchel sy'n britho ei dudalennau. Rhaid i'r pregethwr ymwrthod â'r bychanus a'r cyffredin yn ogystal â'r marwaidd a rhaid gofalu bod iaith pregethu yn bur ac yn syml, gan sicrhau na sarheir yr aruchel â geiriau amhriodol na chwyddo'r distadl a'i drin fel petai'n aruchel.[18]

Yr amlycaf o ddisgyblion Blair yng Nghymru oedd William Williams (Caledfryn), er nad oedd yn derbyn pob un o sibolethau Blair. Ym 1861 y lluniodd ei erthygl ar 'Arddull y Pulpud'.[19] Diben pregethu, meddai, yw 'dysgu, boddhau, ac effeithio'. Gan Dr Edward Williams y cafodd y diffiniad hwn, meddai ymhellach. Yn ddi-os, cyfeirio y mae at lyfr Williams, *The Christian Preacher* (1800).[20] Yn hwnnw daw'r diffiniad o ysgrif gan John Claude, gweinidog Protestannaidd Ffrengig. Ond Cicero biau'r diffiniad gwreiddiol a chymhwyswyd ef at bregethu Cristnogol gan Awstin Fawr.[21] Felly, diffiniad cwbl glasurol yw hwn. Myn Caledfryn fod yn rhaid wrth feddyliau mawreddog mewn pregeth. Ond y mae'r rheini i'w cael eisoes yn y Beibl ac ni ddylai arddull y pregethwr geisio ychwanegu at fawrion bethau'r Ysgrythur trwy ddefnyddio arddull fawreddog a throeon ymadrodd carlamus. Ymadroddion syml a dirodres sy'n gweddu i bynciau mawr y pregethwr – y mae'n ailadrodd Blair bron air am air. Rhaid i'r pregethwr wrth amrywiaeth arddull a rhaid iddo osgoi 'chwyddiaith ar un llaw, ac iaith isel salw, ar y llaw arall'.[22] Ac yna â rhagddo i sôn am bwysigrwydd iaith. Rhaid deall gramadeg yn iawn. Rhaid osgoi tafodiaith. Dylid ymgadw rhag tywyllwch meddwl ac ymadrodd trwy ddefnyddio geiriau gwneud fel 'cythreuledigion' a 'thragwyddoldebau'. Ymesyd yn llym ar ymadroddion anweddus ac amhriodol yn y pulpud fel 'braich o gnawd'. Meddai: 'Braich o gnawd! nid ydyw braich o gnawd werth dim; ni ddeil ddim pwysau; nid oes dim

[17] John Thomas, *Traethodau, Pregethau, yn nghyd a hanes ei daith yn America* (Utica, N.Y., 1865), t. 128.

[18] Blair, *Lectures*, I, tt. 69, 75, 87, 89.

[19] William Williams, *Cofiant Caledfryn* (Bala, 1877), tt. 107–34. Am William Williams (Caledfryn, 1801–69), gw. hefyd *Bywg*.

[20] Gw. sylwadau diddorol W. T. Owen arno yn *Edward Williams D.D. 1750–1813: His Life, Thought and Influence* (Cardiff, 1963), tt. 72–5.

[21] Gw. Charles Rollin, *The Method of Teaching and Studying the Belles Lettres* (London, 1734), II, tt. 51, 304–5.

[22] Williams, *Cofiant Caledfryn*, t. 114; cymharer Blair, *Lectures*, II, t. 293.

asgwrn mewn braich o gnawd.' Daw trosiadau a throeon ymadrodd anghymwys o dan yr ordd yn yr un ffordd, gan gyrraedd uchafbwynt mewn cyrch ffyrnig yn erbyn pregethwyr a adroddai hanesion a straeon yn y pulpud.[23] Y mae'n drwm ar gamynganu'r iaith, defnyddio geiriau Saesneg a dangos ysgolheictod. Mewn gair, yr oedd yn dilyn Blair yn bur ffyddlon. Yn wir, gwelir y tebygrwydd rhwng y ddau mewn ffordd drawiadol os cymherir pregethau gan y ddau ar yr un testun – 'dull y byd hwn yn myned heibio' – yn *Sermons* Blair a *Cofiant Caledfryn*. Y Sgotyn a'i piau hi fel brawddegwr, ond y mae cymharu'r ddwy yn eu crynswth yn ddadlennol iawn. Y gwir amdani yw fod protest Caledfryn yn awgrymu bod angen rhybuddio pregethwyr i roi gwell trefn ar eu harddull, er bod perygl amlwg i'w bwyslais clasurol esgor ar bregethu wrth reol.

Yr oedd tuedd i rai pregethwyr fynd dros ben llestri. Nid oedd Brutus am y pared â'r gwirionedd yn ei ymosodiadau ar y 'Jacs'. Un rheswm am hyn oedd bod rhai pregethwyr wedi cydio yn natganiadau Blair ar arucheledd heb ddarllen yn fanwl ei esboniad maith ar ei syniadau. Dyma a greodd y 'pregethu barddonol' a oedd yn cyffroi cynddaredd Dr John Thomas, Lerpwl:

> Y mae gennym ddosbarth o bregethwyr barddonol. Mae yr hyn a elwir yn grebwyll a darfelydd yn gryf iawn ynddynt. Rhoddant dafod ac iaith i bob peth trwy y greadigaeth; personolant y cwbl mewn natur, crwydrant trwy y cyfan-fyd yn ol ac yn mlaen, ffrwynant y gwynt, a marchogant y cwmwl . . . A phan y byddo dychymyg barddonol cryf yn cael ei ffrwyno gan farn gywir . . . y mae yn brydferth dros ben. Ond pan y clywom ddynion yn mwrddro meddyliau, yn cymysgu ffugyrau, ac yn galw yr epäod disynwyr yr esgorodd eu heneidiau bwhwmanllyd arnynt, yn 'syniadau barddonol', ac yn disgwyl i ni gydnabod dychmygion eu hymenyddiau meddalion yn 'farddoniaeth ysgrythyrol', y mae yr haerllugrwydd yn fwy nag a all ein natur ddyoddef.[24]

Pwy tybed oedd y rhain gyda'u 'crebwyll' a'u 'darfelydd'? Nid ydym heb awgrym. Yn *Y Dysgedydd* (Chwefror, 1850), ymddangosodd erthygl gan 'Siôn Gymro' yn ymosod ar 'bregethu dychmygion'. 'Dychmygion' i John Davies (Siôn Gymro) oedd gosodiadau fel: 'Bod Duw yn codi *mortgage* ar yr haul cyn gwerthu pechadur', neu'n disgrifio uffern 'fel man y byddai cloc ynddo, a'r *pendulum* wedi sefyll ar hanner nos', neu 'Cymeryd plu draig i addurno a chryfhau adenydd angel', neu 'rhoi enaid yn y *best sitting room* yn y nef i chwareu y *pianoforte*'.[25]

[23] Williams, *Cofiant Caledfryn*, tt. 122–3. Dywed mai rhyw ddeugain mlynedd ynghynt (h.y., tua 1820) y dechreuodd yr arfer. Y mae'n rhestru pregethwyr na fyddent byth yn adrodd straeon yn eu pregethau: David Charles, John Elias, Ebeneser Morris, Ebenezer Richards, Thomas Richards, George Lewis, Thomas Phillips, Griffith Hughes (Y Groes-wen), William Jones (Pen-y-bont ar Ogwr), Williams o'r Wern, David Morgan (Machynlleth), John Breese, Joseph Harris, John Herring a Christmas Evans.

[24] Thomas, *Traethodau, Pregethau*, tt. 118–19.

[25] Am John Davies (Siôn Gymro, 1804–84), gw. *Bywg.* a chofiant gan Ben Davies, *Siôn Gymro, sef buchedd a gwaith John Davies, Glandŵr a Moreia, Penfro* (Llandysul, 1938).

Y mae'n arwyddocaol mai'r gŵr a ddaeth i'r maes i feirniadu clasuriaeth Siôn Gymro oedd John Roberts (J.R.). Ei ddadl ef oedd bod trosiadau a chyffelybiaethau tebyg yn y Beibl a bod y rhai a boenai Siôn Gymro yn gymaint barddoniaeth â'r rhai beiblaidd. Aeth y ddadl ymlaen tan 1852 ond ni allodd Siôn Gymro ddal caer clasuriaeth yn erbyn dadleuon J.R. a'i ffrindiau. Yr oedd 'pregethu barddonol' wedi cyrraedd.[26] Nid oes fawr ddadl nad J.R. oedd apostol y dull hwn o bregethu trwy ei bregethu syml, sgwrslyd, diddorol. Yn ddiweddarach aeth i gymysgu'r arddull sgwrsio â gweiddi eithafol.[27] Cafodd ddylanwad mawr ar bregethwyr ifainc. Pan oedd Edward Humphreys yn dechrau ei yrfa gan ddefnyddio brawddegau byrion, cynganeddol, J.R. oedd ei batrwm, ond ofnai Dr Hugh Jones na wnâi Samuel Davies ei gefnogi gan fod sêl enwadol Davies yn ymestyn hyd yn oed at arddull pregethu a chredai mai un o ryfeddodau'r Annibynwyr oedd pregethu barddonol.[28] Dull Annibynnol neu beidio, cariodd Humphreys ef yn llwyddiannus i'r gwersyll Wesleaidd. Rhaid mynd un cam ymhellach. Cyfaddefodd H. Elvet Lewis (Elfed) mai'r dylanwad mwyaf ar ei bregethu ef oedd J.R.,[29] ac wedi iddo gyhoeddi ei gyfrol pregethau *Planu Coed a Phregethau Eraill* ym 1898, cafodd lu mawr o ddynwaredwyr.

Gwelir fel yr oedd iaith pregethwyr yn symleiddio gyda threiglad y ganrif. Tra oedd dylanwad Blair ac arddull Saesneg y cyfnod yn ymglymu â damcaniaethau William Owen Pughe,[30] ceid enghreifftiau erchyll o ysgrifennu Cymraeg, yn enwedig yng nghyfnodolion chwarter cyntaf y ganrif. Gwelir yr un gwendid mewn pregethau printiedig, ond yr oedd synnwyr cyffredin a gofynion ymarferol cyfathrebu yn diogelu iaith lafar y pulpud rhag y dirywiad hwn. Rhoes David Jones, Gwynfe, y peth mewn ffordd ddiddorol, yn ystod sgwrs gydag Evan Lewis, Brynberian:

> Dywedai wrthyf ryw dro wedi iddo ddechreu pregethu ei fod am ddysgu siarad ac areithio, ac iddo brynu *Blair's Rhetoric* . . . ond iddo ef ddysgu mwy yn Nghaerfyrddin un tro pan yn pasio y *conduit*. Yr oedd yno dyrfa o wragedd a phlant yn edrych ac mewn cyffro; fe drodd i wrando beth oedd yn bod, ac fe ddeallodd yn fuan fod yno ddwy wraig yn dyfrio eu gilydd, ac fe sylwodd arnynt. Yr oeddent yn troi eu lleisiau ac yn cymhwyso eu geiriau, ac yn gofalu gosod y pwys lle byddai yn debyg o bigo y llall. 'Ac

[26] Ceir crynodeb o'r ddadl gan E. Pan Jones, *Cofiant y Tri Brawd o Lanbrynmair a Conwy* (Bala, 1892), tt. 254–8. Am John Roberts (J.R., 1804–84), gw. *Bywg.* ac R. Tudur Jones, 'J.R., Conwy', *TCHSG*, 21 (1960), 149–71. Yr oedd J.R. yn frawd i S.R.

[27] Gw. J. Thomas, *Hanes Eglwysi Annibynol Cymru. Cyfrol V* (Dolgellau, 1891), t. 309.

[28] Edward Davies, *Cofiant y Parch. Edward Humphreys* (Bangor, 1915), t. 37. Gweinidog Wesleaidd oedd Humphreys (1846–1913). Dr Hugh Jones (1837–1919) oedd ysgrifennydd Cylchdaith Llanrhaeadr ar y pryd a Samuel Davies ('Yr Ail', 1818–91) oedd arolygwr y gylchdaith. Y mae Jones a Davies yn *Bywg.*

[29] Emlyn G. Jenkins, *Cofiant Elfed, 1860–1953* (Aberystwyth, 1957), t. 52. Am Howell Elvet Lewis (1860–1953), gw. hefyd Dafydd Owen, *Elfed a'i Waith* (Abertawe, 1963).

[30] Am y rhain, gw. Glenda Carr, *William Owen Pughe* (Caerdydd, 1983).

mi ddysgais fwy wrth wrando y gwragedd yn tafodi eu gilydd na ddysgais yn *Blair's Rhetoric*, sef bod yn naturiol – dyna yr *art* oll.'[31]

Y mae'n ddiddorol sylwi mai ym 1818 y dechreuodd David Jones bregethu ac mai'r awdurdod ar rethreg y pryd hwnnw oedd Blair, ond hawdd ar ôl clywed merched Caerfyrddin yn ffraeo oedd gwadu ei awdurdod! At hynny, yr oedd llawlyfrau eraill ar rethreg yn disodli Blair. Ym 1817 arholwyd myfyrwyr Caerfyrddin (yn Saesneg) mewn gramadeg cyffredinol a 'Belles Lettres' ymhlith pynciau eraill[32] ac erbyn 1832 yr oedd Rhethreg yn bwnc arholiad.[33] Yn Athrofa Gwynedd yr oedd Rhethreg yn bwnc arholiad ym 1823.[34] Rhoes pwyllgor academi'r Bedyddwyr yn Y Fenni ganiatâd i brynu darlithiau Blair ar Rethreg mor gynnar â 23 Mehefin 1814, ac erbyn 1828 yr oedd Rhethreg yn rhan sefydlog o gwrs yr academi.[35]

Erbyn ail hanner y ganrif daeth llawlyfrau newydd yn boblogaidd. Ym 1866 cyhoeddodd Alexander Bain, Athro Rhesymeg ym Mhrifysgol Aberdeen, ei lyfr *A Manual of English Composition and Rhetoric* a daeth yn llawlyfr yng ngholegau Trefeca,[36] Hwlffordd,[37] a Phont-y-pŵl.[38] Yng Nghaerfyrddin, fodd bynnag, defnyddid llyfr Ebenezer Porter, *Lectures on Homiletics*.[39] Y peth sy'n drawiadol ynglŷn â'r mater hwn yw mor Seisnig oedd yr hyfforddiant. Yr oedd 'dosbarth pregethu', lle'r oedd y myfyrwyr yn pregethu o flaen yr athrawon a'u cyd-fyfyrwyr, yn rhan o hyfforddiant y colegau diwinyddol ar ddiwedd y ganrif, ond oherwydd prinder gwybodaeth y mae'n anodd dweud faint o bregethu Cymraeg a geid yn y dosbarthiadau hyn.

Faint o astudio'r Gymraeg a geid yn yr academïau a hyfforddai weinidogion ac offeiriaid? Yn Athrofa Llanfyllin ym 1821 ceid arholiad Cymraeg, sef dosrannu Eseia 53 'yn ol rheolau dwnedyddiaeth',[40] sef dosrannu'n ramadegol, a'r un modd Diarhebion I ym 1823.[41] Erbyn 1825 yr oedd y Gymraeg wedi diflannu, ond ym 1833 cafodd yr academi bwniad gan ddirprwyaeth o Lundain a bwysleisiodd werth dysgu'r iaith frodorol![42] Yr oedd polisi Academi'r Bedyddwyr yn Y Fenni

[31] D. M. Lewis, *Cofiant Evan Lewis, Brynberian* (Aberystwyth, 1903), tt. 9–10. Mab Evan Lewis (1813–96) oedd awdur y *Cofiant*, sef David Morgan Lewis (1851–1937), athro Ffiseg yng Ngholeg Prifysgol Cymru, Aberystwyth, rhwng 1891 a 1919, gw. *Bywg*. Bu David Jones farw ar 25 Ebrill 1859 yn 71 oed. Gw. T. Rees a J. Thomas, *Hanes Eglwysi Annibynol Cymru* (4 cyf., Liverpool, 1871–5), III, tt. 571–2.

[32] H. McLachlan, *English Education under the Test Acts* (Manchester, 1931), t. 59.

[33] G. Dyfnallt Owen, *Ysgolion a Cholegau yr Annibynwyr* (Abertawe, 1939), t. 64.

[34] *Y Dysgedydd*, II, rhif 8 (1823), 240.

[35] *An Account* (yr adroddiad blynyddol) (1815), t. 10; ibid. (1828), t. 8.

[36] *Y Drysorfa*, XLIII, rhif 515 (1873), 344–6.

[37] *Report* (adroddiad blynyddol) (1881), t. 11.

[38] *Report* (adroddiad blynyddol) (1875), t. 12.

[39] *Y Diwygiwr*, XXXVI (Awst, 1871), 254.

[40] *Seren Gomer*, IV, rhif 70 (1821), 220–1.

[41] *Y Dysgedydd*, II, rhif 8 (1823), 240.

[42] Owen, *Ysgolion a Cholegau'r Annibynwyr*, t. 118.

yn bendant wrth-Gymraeg. Ym 1822 pwysleisiwyd mai amcan y sefydliad oedd hyfforddi gwŷr ifainc yn nirgelion yr iaith Saesneg, ei gramadeg a'i hynganiad.[43] Ond onid gwaith colegau'r enwad ym Mryste, Bradford neu Stepney oedd dysgu Saesneg i Gymry? Ddim o gwbl! Canolfur y gwahaniaeth rhwng Cymry a Saeson yw'r iaith Gymraeg; gwaith yr athrofa yw ei ddatod trwy gymhwyso Cymry i dderbyn addysg yn Lloegr yn hytrach na throsglwyddo'r addysg iddynt trwy gyfrwng y Gymraeg.[44]

Man gwan y colegau hyn trwy'r ganrif oedd y Gymraeg. Hyd yn oed ym 1865 cawn Dr John Kennedy, un o arholwyr Coleg Aberhonddu, yn cwyno bod anwybodaeth y myfyrwyr o'r Saesneg yn llesteirio eu datblygiad ac yn anhwyluso'r arholiad, a dichon fod cwyn o'r fath yn esbonio paham y diflannodd Cymraeg o'r cwrs.[45] Daeth tro er gwell yn saithdegau'r ganrif pan ddechreuwyd arholi ar sail gramadeg David Rowlands (Dewi Môn).[46] Nid oedd gan Goleg Presbyteraidd Caerfyrddin ddim i'w ddweud wrth y Gymraeg, er i ddirprwywyr y Bwrdd Presbyteraidd ym 1834 fynnu y dylai'r myfyrwyr gadw eu gwybodaeth o'r famiaith a bod yn abl i'w defnyddio'n rymus.[47] Ni welwyd unrhyw newid tan 1894 pan benderfynwyd cynnwys yr iaith yn y cwrs a rhoi chwe darlith yn flynyddol ar iaith a llenyddiaeth Cymru.[48] Glynodd Coleg y Bedyddwyr ym Mhont-y-pŵl wrth bolisi Academi'r Fenni, gan ysgymuno'r Gymraeg o'r cwrs. Yr oedd hynny yn ofid i Robert Jones, Llanllyfni, erbyn 1877:

> Fel rheol gyffredin, y mae yn rhaid i bregethwr, cyn y gallo wneyd yn dda, fod yn gyfarwydd âg iaith y bobl y byddo yn llafurio yn eu mysg . . . y mae yma filoedd heb wybod dim Saesonaeg, a dylai pregethwyr wybod hyny, a gofalu am eiriau Cymraeg . . . Dylai, ar bob cyfrif, fod mwy o ymgeledd nag sydd i'r iaith Gymraeg yng Ngholegau Cymru. Y mae yn anhawdd i lawer o fechgyn a fagwyd lle y mae Cymraeg gwael, i fod yn Gymreigwyr da.[49]

Nid oedd Lewis Edwards yn rhoi fawr o le i'r Gymraeg yng Ngholeg y Methodistiaid Calfinaidd yn Y Bala. Cymerai ei lle yn y cwrs ochr yn ochr â Mathemateg a Groeg, ond nid oedd yr arholiadau yn Gymraeg. Yn Saesneg yr

43 *An Account of the Baptist Educational Society* (London, 1822), t. 7.

44 Ibid., t. 4.

45 *Report* (adroddiad blynyddol) (1864–5), t. vii. Am John Kennedy (1813–1900), Cadeirydd Undeb Cynulleidfaol Lloegr a Chymru, 1872, gw. *Congregational Year Book* (London, 1901), tt. 192–4.

46 *Report* (adroddiad blynyddol) (1874), t. 6. Am David Rowlands (Dewi Môn, 1836–97), athro a phrifathro Coleg Aberhonddu, 1871–97, gw. *Bywg.* lle y dywedir mai ym 1897 y cyhoeddwyd ei ramadeg, ond dichon ei fod yn defnyddio ei gynnwys cyn hynny yn y coleg.

47 Owen, *Ysgolion a Cholegau'r Annibynwyr*, t. 71.

48 Ibid., t. 92.

49 Mewn llythyr at y Parchedig Thomas Phillips Davies, Bethesda, Arfon, 26 Mai 1877, yn Owen Davies, *Cofiant a Llythyrau y Parch. Robert Jones, Llanllyfni* (Llangollen, 1903), tt. 347–8. Am Jones (1806–96), gw. hefyd *Bywg.*

ysgrifennodd pawb ond un o'r myfyrwyr eu papurau pan arholai Roger Edwards ym 1867.[50] Yn wir, y casgliad y daeth Trebor Lloyd Evans iddo ar sail ei ymchwil ar yrfa Lewis Edwards oedd mai:

> Saesneg oedd iaith swyddogol y Coleg ar hyd ei flynyddoedd ef, er mai i'r Weinidogaeth Gymraeg yr âi naw o bob deg o'r myfyrwyr, ac er mai o'r werin Gymraeg y deuent yno . . . coleg hollol Seisnigaidd oedd Coleg Lewis Edwards.[51]

Ac eto, ceir David Elias, brawd John Elias a gŵr enwog am ei ragfarnau a'i besimistiaeth, yn siarad yn goeglyd am y coleg ym 1852, gan ddweud, 'naill ai mae yr athrawon yn rhy anfedrus i ddysgu yr ysgolheigion yn yr iaith Saesneg, neu fod yr ysgolheigion yn amddifad o dalent i ddysgu Saesneg, neu fod y lle yn rhy Gymreig'.[52] Yng Ngholeg Trefeca disgwylid i'r myfyrwyr gyfansoddi traethawd Cymraeg – a dyna'r cwbl.[53] Yn swyddogol, fodd bynnag, yr oedd y Gymraeg yn un o bynciau Dr J. Harris Jones ar ôl 1866.[54] Ac wedi 1874 bu Edward Matthews wrthi'n ddygn yn ceisio ffurfio casgliad teilwng o lyfrau Cymraeg i'r coleg.[55]

Gyferbyn â choleg Lewis Edwards yr oedd Coleg Annibynnol Y Bala dan lywyddiaeth Michael D. Jones. Os coleg Saesneg yn dysgu peth Cymraeg oedd coleg Lewis Edwards, coleg Cymraeg yn dysgu peth Saesneg oedd un Michael D. Jones. Yn ei adroddiad am y flwyddyn 1855–6 dywed pwyllgor y coleg: 'Yr ydys yn rhoi gryn sylw i'r Gymraeg . . . yn gystal ag i'r pynciau yr addysgir Myfyrwyr ynddynt mewn Athrofâu eraill'[56] a bu'r Gymraeg yn bwnc arholiad ac yn gyfrwng addysgu nes y collodd y coleg ei Gymraeg gydag ymddeoliad Michael D. Jones. Byddai ef yn darlithio yn Saesneg a disgwylid i'r myfyrwyr ymarfer â siarad yn gyhoeddus yn Saesneg. Un o bryderon y myfyrwyr oedd gorfod gweddïo yn Saesneg yn y gwasanaeth yn y coleg.[57] Ymhlith y Bedyddwyr, yr oedd Cymraeg yn bwnc arholiad ym 1865, ond diflannodd yn fuan wedyn.[58] Dechreuwyd dysgu gramadeg Cymraeg yng Ngholeg Hwlffordd ym 1869 ond nid oedd yn bwnc

[50] *Y Drysorfa*, XXI, rhif 248 (1867), 294.

[51] Trebor Lloyd Evans, *Lewis Edwards, ei fywyd a'i waith* (Abertawe, 1967), t. 123. Am Edwards (1809–87), gw. T. C. Edwards, *Bywyd a Llythyrau y diweddar Lewis Edwards* (Liverpool, 1901); G. Tecwyn Parry, *Y diweddar Barch. Lewis Edwards, M.A., D.D., Bala, a'i Weithiau* (Llanberis, 1896) a *Bywg.*

[52] Llythyr gan John Hughes at Lewis Jones, Y Bala, 29 Tachwedd 1852, yn John Williams, *Cofiant a phregethau . . . gan John Hughes* (Liverpool, 1899), t. lxi. John Hughes (1827–95), Lerpwl a Chaernarfon oedd hwn. Am David Elias (1790–1856), gw. *Bywg.*

[53] *Y Drysorfa*, XLIII, rhif 515 (1873), 344–6.

[54] W. P. Jones, *Coleg Trefeca 1842–1942* (Llandysul, 1942), t. 37. Am John Harris Jones, gw. Edward Matthews a J. Cynddylan Jones, *Cofiant y Parchedig J. Harris Jones* (Llanelly, 1886).

[55] Jones, *Coleg Trefeca*, t. 42.

[56] *Adroddiad Pwyllgor Athrofa Ogleddol yr Annibynwyr am 1855–6.*

[57] David Silyn Evans, *Cofiant Robert Rowlands, Aberaman*, t. 24. Am faes llafur y coleg, gw. W. J. Parry, *Cofiant Tanymarian* (Dolgellau, 1886), tt. 26–7.

[58] *Y Greal* (1865), 210–11.

arholiad.[59] Pan aeth T. Witton Davies i wasanaethu'r coleg ym 1881, rhoes le amgenach i'r Gymraeg. Ym 1888–9 cynhaliai ddosbarth yn trafod *Gramadeg Cymraeg*.[60] Ym 1890 gweithiodd trwy *Gweledigaetheu y Bardd Cwsc*, gan ddefnyddio'r Gymraeg fel cyfrwng.[61]

A'u cymryd yn eu crynswth, y Gymraeg oedd man gwan y sefydliadau hyn, a hynny am amryw o resymau. Yr oedd y gred na ellid cyfrannu addysg uwch ond yn Saesneg yn gryf iawn ac i barhau felly hyd ganol yr ugeinfed ganrif. Yr oedd dylanwad Lloegr yn trymhau trwy'r bedwaredd ganrif ar bymtheg ac yn wyneb lledaeniad byd-eang yr Ymerodraeth, a hynny'n golygu lledaeniad yr iaith Saesneg, buan y cryfhaodd y syniad nad oedd dyfodol i'r Gymraeg. Nid oedd bod yn Gymro uniaith, serch hynny, yn unrhyw rwystr i lanc ddod yn oleuni llachar yn y byd crefyddol Cymraeg. Yr enghraifft fwyaf trawiadol yw John Jones, Tal-y-sarn, na wyddai (meddir) air o Saesneg hyd ei fedd.[62] Eto i gyd, os oedd am ymgyfarwyddo â llyfrau ysgolheigaidd, rhaid oedd i fyfyriwr feistroli Saesneg. Ond yr oedd yn gred gyndyn fod gan y sawl a allai siarad Cymraeg ddigon ohoni at ddibenion bywyd pob dydd ac nad oedd angen rhoi sylw ysgolheigaidd i'r iaith mewn cwrs coleg. Yr un modd, os oedd myfyriwr â'i fryd ar weinidogaethu mewn mannau lle'r oedd llawer o Saesneg, gwell fyddai i'r colegau ganolbwyntio ar ei baratoi ar gyfer hynny. Dywedodd Dr William Davies, Ffrwd-fâl, wrth John Williams, Castellnewydd Emlyn, y byddai'n well iddo fynd i goleg os oedd am weinidogaethu mewn tref fel Llanelli, ond nad oedd angen coleg arno os oedd am fod yn weinidog gwlad,[63] ac ar hynny gadawodd Williams yr ysgol a mynd i'r weinidogaeth. A rhaid cydnabod bod teimlad cryf iawn yn gyffredinol mai gwybodaeth o Saesneg oedd y cyfrwng i ddianc o'r tlodi yng Nghymru i fywyd esmwythach yn Lloegr neu'r trefedigaethau. Fel y dywedodd J. R. Kilsby Jones mewn traethiad hynod amrwd ar 'Y Fantais a ddeillia i'r Cymro o feddu gwybodaeth ymarferol o'r iaith Saesneg': 'Mae anwybodaeth y Cymry o iaith eu cymydogion anturiaethus a goludog y Saeson wedi bod yn rhwystr mawr iddynt i wella eu hamgylchiadau. Nid oes dim wedi costio, na dim yn costio yn bresenol, mor ddrud i'r Cymro â iaith ei fam.'[64] Gwelid y pryder ynglŷn â meistroli Saesneg ym mywyd personol llawer o'r arweinwyr crefyddol. Yn Saesneg yr ysgrifennai

[59] *Report* (1869), t. 12.

[60] *Report* (1889). Am Thomas Witton Davies (1851–1923), Athro yng Ngholeg Hwlffordd, 1881–91; Prifathro Coleg Bedyddwyr Nottingham, 1891–8; Athro Hebraeg Coleg y Bedyddwyr, Bangor, 1898–1905; Athro Hebraeg Prifysgol Cymru, Bangor, 1905–21, gw. *Bywg*. Am Hugh Hughes (Tegai, 1805–64), gweinidog Annibynnol, gw. *Bywg*.

[61] *Report* (1890), t. 13.

[62] Thomas, *Cofiant John Jones*, t. 229.

[63] B. Williams (gol.), *Cofiant y diweddar Barchedig John Williams* (Abertawy, 1874), t. 24. Am Williams (1819–69), gw. Rees a Thomas, *Hanes Eglwysi Annibynol*, III, tt. 421–2. Am Davies (1805–59), gweinidog Annibynnol, gw. *Bywg*. Cadwai ysgol uwchraddol yn Ffrwd-fâl, Llansawel, 1835–54. Bu'n athro Hebraeg yng Ngholeg Caerfyrddin, 1856–9.

[64] J. Vyrnwy Morgan, *Kilsby Jones* (Wrexham, 1898), tt. 208–9. Gweinidog Annibynnol oedd James Rhys Kilsby Jones (1813–89).

John Hughes, awdur *Methodistiaeth Cymru* (3 cyf., 1851–6), at ei ferch, Catherine.[65] Yn yr un modd ysgrifennai Robert Jones, Llanllyfni, mewn Saesneg (digon toredig) at Abel J. Parry.[66] Yn Saesneg yr ysgrifennai Henry Rees at ei ferch ac at ei ŵyrion bach.[67] Byddai ei frawd, Gwilym Hiraethog, yn cyfansoddi marwnad Saesneg ar ei ôl, yn ogystal â llythyru â'i ferched yn Saesneg a chyfansoddi gweddïau parod yn Saesneg iddynt ar gyfer eu hysgol ym Mhorthmadog![68] Pur gloff oedd Saesneg William Williams o'r Wern ac eto yn yr iaith honno y mynnai gadw'r addoliad teuluol ar yr aelwyd 'am fod Mrs Williams a'r plant oll yn fwy cynefin' â hi nag â'r Gymraeg.[69] Dywedodd A. J. Parry unwaith mai darllen *Drych y Prif Oesoedd* a'i gwnaeth 'yn genedlgarwr angerddol, ac yn Sais gasäwr yr un cymaint â hynny' ac eto Saesneg a siaradai ar yr aelwyd ac yn ei stydi, ac yn Saesneg, meddai, y meddyliai fel arfer.[70] Rhyfeddach na'r cwbl yw'r ffaith mai yn Saesneg y mae llythyrau caru Michael D. Jones i gyd.[71] Nid oes diben lluosogi enghreifftiau oherwydd bod cymaint ohonynt. Yr oedd rhyw anwadalwch ynglŷn â'r iaith, ac amheuon ynghylch ei dyfodol, yn nodweddu llawer iawn o arweinwyr crefydd yn y cyfnod hwn. Er hyn i gyd, yr oedd esgeuluso'r Gymraeg gan y colegau diwinyddol yn syndod gan fod cyfartaledd mor uchel o'u myfyrwyr yn mynd i dreulio eu hoes yn gwasanaethu cynulleidfaoedd Cymraeg.

Ymhlith y sefydliadau yr esgorodd yr eglwysi arnynt, un o'r rhai mwyaf dylanwadol oedd yr ysgol Sul.[72] Er bod peth gwrthwynebiad iddi pan ddechreuodd yn niwedd y ddeunawfed ganrif, unwaith yr enillodd ei phlwyf daeth yn eithriadol boblogaidd. Am ei bod yn cael ei chynnal yn Gymraeg, apeliai at y sawl na wyddai iaith arall ac ni ddychmygodd neb yng Nghymru ddefnyddio'r ysgol Sul fel cyfrwng i ddysgu Saesneg. At hynny, yr oedd diffyg cyfleusterau addysg yn golygu ei bod yn foddion i'r anllythrennog ddysgu darllen. Ac, wrth gwrs, mewn cyfnod pan oedd gweithwyr cyffredin yn llafurio drwy gydol yr wythnos heb fawr o hamdden, yr oedd yn gallu manteisio ar hynny am ei bod yn cael ei chynnal ar ddydd Sul. Yn wahanol i'r arfer mewn gwledydd eraill, yr oedd pobl mewn oed a phlant yn perthyn iddi. Ceid cyfarwyddiadau sut orau i gynnal ysgol Sul mewn

65 R. Edwards a J. Hughes (goln.), *Buchdraeth y diweddar Barch. John Hughes Liverpool* (Wrexham, [1864]), t. 192.

66 Owen Davies, *Cofiant a Llythyrau y Parch. Robert Jones, Llanllyfni* (Caernarfon, 1903), tt. 398–9.

67 Thomas, *Cofiant Henry Rees*, t. 723.

68 T. Roberts a D. Roberts, *Cofiant y Parch. W. Rees, D.D. (Gwilym Hiraethog)* (Dolgellau, 1893), tt. 385–90, 409–12. Am Rees (1802–83), gw. hefyd *Bywg.*

69 D. S. Jones, *Cofiant Darluniadol y Parchedig William Williams, o'r Wern* (Dolgellau, 1894), tt. 381, 202. Am Williams (1781–1840), gw. hefyd W. Rees (Gwilym Hiraethog), *Cofiant y Diweddar Barch. W. Williams o'r Wern* (Dinbych, 1842) a *Bywg.* Ceir cofiant ei wraig yn *Y Dysgedydd*, XV, rhif 176 (1836), 201–3.

70 T. Frimston (gol.), *Cyfrol Goffa: Hanner Canrif o Lafur Gweinidogaethol y Parch. Abel J. Parry* (Colwyn Bay, 1906), tt. 63, 208. Am Parry (1833–1911), gweinidog gyda'r Bedyddwyr, gw. *Bywg.*

71 Yng nghasgliad llawysgrifau Llyfrgell Prifysgol Cymru, Bangor.

72 Ceir amlinelliad hwylus o un haen yn hanes yr ysgol Sul gan G. Wynne Griffith, *Yr Ysgol Sul: Penodau ar Hanes yr Ysgol Sul yn bennaf ymhlith y Methodistiaid Calfinaidd* (Caernarfon, 1936).

llawlyfrau fel un Thomas Charles, *Rheolau i ffurfiaw a threfnu yr Ysgolion Sabbothawl* (1813). Y dasg gyntaf oedd dysgu darllen, boed y disgyblion yn blant neu'n bobl mewn oed. I helpu gyda'r gwaith gellid defnyddio *Arweinydd i'r Anllythrenog i ddysgu darllain Cymraeg* a gyhoeddwyd ym 1798 gan Robert Davies, Nantglyn, lleygwr yn yr Eglwys yng Nghymru,[73] neu *Drych i'r Anllythrennog* a gyhoeddwyd ym 1788 gan Robert Jones, Rhos-lan. Profodd y llyfr hwn yn hynod boblogaidd a chafwyd un argraffiad ar ddeg ohono erbyn 1820.[74] Y rhain, gyda *Hyfforddwr* Thomas Charles, oedd blaenffrwyth y cnwd mawr o lyfrau a baratowyd yn ystod y ganrif ar gyfer yr ysgol Sul. Yr oedd yn rhaid wrth esboniadau ar gyfer y dosbarthiadau hŷn yn yr ysgol, llyfrau fel *Esponiad ar y Testament Newydd* o waith Dr George Lewis[75] neu ei lawlyfr diwinyddol swmpus, *Drych Ysgrythyrol* (1796). Yr oedd *Geiriadur Ysgrythyrawl* yn hynod boblogaidd hefyd a chyhoeddwyd saith argraffiad ohono yn ystod y ganrif. Cyhoeddwyd sawl argraffiad o'r Beibl gyda nodiadau eglurhaol ar ei gynnwys.[76] Ond yn chwarter olaf y ganrif dechreuwyd cyhoeddi esboniad ar lyfrau unigol y Beibl, un bob blwyddyn, ar gyfer gwersi'r ysgolion Sul, a phob enwad yn paratoi ei esboniad ei hun. Yr oedd cylchrediad sylweddol iawn i'r rhain a'u harwyddocâd oedd bod aelodau'r dosbarthiadau pobl mewn oed yn mynd drwyddynt â chrib fân yng nghorff y flwyddyn. Erbyn hynny, yn enwedig ar ôl dathlu canmlwyddiant yr ysgol Sul ym 1885, dechreuwyd cynnal arholiadau ysgrifenedig. Gwaith llafar oedd gwaith yr ysgol Sul cyn hynny, ond yn awr dechreuwyd hyfforddi pobl ifainc yng nghrefft ysgrifennu, gan ddynwared, wrth gwrs, yr hyn a oedd yn digwydd yn yr ysgolion dyddiol.

Soniwyd eisoes am bwysigrwydd cateceisio a'r pwysigrwydd a roddid ar waith cof. Ym 1885 cynhyrchodd Henaduriaeth Arfon adroddiad manwl ar ei hysgolion Sul, adroddiad a rydd ddarlun clir iawn o'r gwaith enfawr a oedd yn digwydd ynddynt. Dyna ysgol Sul Beddgelert, er enghraifft. Yr oedd ynddi 670 o ddisgyblion, er mai 480 oedd cyfartaledd presenoldeb tros Suliau'r flwyddyn. Dyma'r 'llafur cof' am 1885: adnodau o'r Beibl, 195,774; penodau o'r *Hyfforddwr*, 216; penodau o'r *Rhodd Mam*, 115; penodau o'r *Rhodd Tad*, 102; penillion, 5,580; adrodd y Deg Gorchymyn, 19. Ac y mae ystadegau'r Adroddiad am yr henaduriaeth gyfan yn syfrdanol: adnodau o'r Beibl, 2,228,775; penodau o'r *Hyfforddwr*, 3,921; penodau o'r *Rhodd Mam*, 11,878; penodau o'r *Rhodd Tad*,

[73] Am Robert Davies (Bardd Nantglyn, 1769–1835), bardd a gramadegwr, gw. *Bywg*.

[74] Newidiwyd peth ar gynnwys ei lyfr gyda'r blynyddoedd. Am Jones (1745–1829), gw. *Bywg.* a G. M. Ashton (gol.), *Drych yr Amseroedd [gan] Robert Jones Rhos-lan* (Caerdydd, 1958), 'Rhagymadrodd'.

[75] Cyfrol I, 1802; Cyfrol II, 1807; Cyfrol III, 1810; Cyfrol IV, 1815. Ei fab-yng-nghyfraith, Edward Davies (1796–1857) a olygodd Cyfrol V, 1825; Cyfrol VI, 1828; Cyfrol VII, 1829. Am Lewis (1763–1822), gw. *Bywg.* a T. Lewis, 'George Lewis, 1763–1822', *Y Cofiadur*, 10–11 (1934), 1–32.

[76] R. Tudur Jones, 'Esbonio'r Testament Newydd yng Nghymru, 1860–1890' yn Owen E. Evans (gol.), *Efrydiau Beiblaidd Bangor III* (Abertawe, 1978), tt. 161–99; idem, 'Astudio'r Hen Destament yng Nghymru, 1860–1890' yn Gwilym H. Jones (gol.), *Efrydiau Beiblaidd Bangor II* (Abertawe, 1977), tt. 150–78.

3,592; penillion, 58,991; adrodd y Deg Gorchymyn, 1,338.[77] Aeth cenhedlaeth ddiweddarach o addysgwyr i siarad yn ddilornus am roi'r fath bwyslais ar ddysgu cymaint o bethau ar dafodleferydd. Ond o safbwynt yr iaith Gymraeg, a hynny yn y blynyddoedd pan nad oedd dim Cymraeg yn yr ysgolion dyddiol, yr oedd yr ysgol Sul yn rhoi cyfle i filoedd lawer o blant ymarfer yr iaith, cymathu geirfa ac idiomau'r Beibl, a thrysori ar eu cof rai o'r emynau clasurol. Dichon fod Nefydd yn mynd dros ben llestri pan ofynnodd:

> . . . paham mae cymaint o ysgrifenwyr galluog yn Nghymru, yn ysgrifio traethodau campus; ac hefyd yn llanw y cyhoeddiadau misol â gweithiau talentog (heb gael na Choleg, nac Athrofa, nac hyd yn oed ddiwrnod o Ysgol) mwy nâ'n cymydogion yn Lloegr, a'r Iwerddon, a gwledydd eraill?

Ei ateb yw 'Yr Ysgol Sul'.[78] Er yr ormodiaith, y mae ganddo rywbeth o dan ei fawd hefyd. O leiaf, gellir dweud bod hyfforddiant yr ysgol Sul yn fan cychwyn i laweroedd a ddaeth yng nghyflawnder yr amser yn llenorion a beirdd hyglod.

Wedi'r cwbl, yr oedd yr ysgol Sul yn sefydliad sylweddol iawn. Erbyn 1891 yr oedd nifer yr athrawon ysgol Sul yng Nghymru yn 73,802 o gymharu â 10,839 o athrawon yn yr ysgolion dyddiol. Erbyn 1905, pan wnaeth y Comisiwn Datgysylltiad ei ymholiadau manwl, yr oedd pedwar o bob deg o holl boblogaeth Cymru yn mynychu'r ysgol Sul. Yn sir Aberteifi yr oedd 67 y cant yn mynychu ysgol Sul. Yn y Rhondda ym 1905 yr oedd bron 43 y cant o'r boblogaeth yn mynychu ysgol Sul, fel y gwnâi dros 67 y cant o boblogaeth Penllyn.[79] O'r un ffynhonnell gwelwn fod y canrannau mewn mannau eraill yn uchel: 57 y cant ym Mangor, 60 y cant ym Methesda, 55 y cant yng Nghaernarfon a 76 y cant yn Ffestiniog. Yn naturiol, yr oedd rhai o'r ysgolion unigol yn sefydliadau mawr iawn. Yr oedd 940 o ddisgyblion yn Salem, Caernarfon, 701 yn Hyfrydle, Caergybi, a 467 yn Jerwsalem, Ffestiniog. Y man gwan oedd na welodd yr arweinwyr yn ddigon buan fod yn rhaid diogelu cymwynas fawr yr eglwysi a'r ysgolion Sul i'r Gymraeg trwy gael deddfwriaeth gadarn i sicrhau bri cyhoeddus ar yr iaith, yn enwedig yn yr ysgolion dyddiol. Ond y tu mewn i'w libart eu hunain, gwnaethant gyfraniad cyfoethog iawn.

Yn y bennod flaenorol trafodwyd anawsterau'r Eglwys yng Nghymru wrth geisio darparu moddion gras ar gyfer cymdeithas ddwyieithog. Daw'r cylch yn grwn yn awr wrth inni ddangos bod yr un anawsterau yn poeni'r eglwysi Ymneilltuol, er nad yn yr un ffordd. Yn gyffredinol, y drefn a fabwysiadwyd oedd

77 Y mae'r Adroddiad yn Archifdy Gwynedd yng Nghaernarfon.

78 William Roberts, *Crefydd yr Oesoedd Tywyll* (Caerfyrddin, 1852), t. 35. Am William Roberts (Nefydd, 1813–72), gweinidog y Bedyddwyr, gw. *Bywg.*

79 Royal Commission on the Church of England and other Religious Bodies in Wales and Monmouthshire, *Report, Volume V, Appendices to Minutes of Evidence. Church of England* (1910), t. 100 (PP 1910 (Cd. 5436) XVIII); ibid., *Volume VI, Appendices to Minutes of Evidence. Nonconformist County Statistics*, tt. 278–92, 298 (PP 1910 (Cd. 5437) XVIII).

cyfansoddi eglwysi Cymraeg ac eglwysi Saesneg ar wahân. At ei gilydd, gweithiai'r dull hwn yn ddigon boddhaol, ond o dro i dro bu'n rhaid wynebu anawsterau.

Trown at y Methodistiaid Wesleaidd i ddechrau. Trwy Weithred y Datganiad,[80] 9 Mawrth 1784, trefnodd John Wesley fod ei awdurdod personol ef dros ei fudiad i'w gorffori mewn cynhadledd yn cynnwys cant o bregethwyr. Hwn fyddai uchel lys yr enwad newydd. Nid oedd lleygwyr i'w cynnwys ymhlith y 'Cant Cyfreithiol'. Yn wir, bwriad Wesley oedd sicrhau bod yr awdurdod ym mhob rhan o'r enwad yn nwylo gweinidogion. Golygai hyn fod y drefn yn un oligarchaidd ac yn cael ei rheoli o'r canol.[81] Gwir fod hanesydd yr enwad, Dr Hugh Jones, yn dweud, 'y mae gan y Talaethau Cymreig raddau helaethach o hunanreolaeth nag un adran arall o'r Cyfundeb',[82] ond yr oedd ef yn ysgrifennu ym 1911 ac, yn ystod y can mlynedd cyn hynny, cawsai'r Wesleaid Cymraeg achos fwy nag unwaith i gwyno oherwydd diffyg cydymdeimlad penaethiaid yr enwad â'r Gymraeg. Yn ystod y blynyddoedd yn union ar ôl sefydlu'r 'Genhadaeth Gymreig' ym 1800, cynyddodd Wesleaeth yn hynod gyflym. Ond ym 1814 gwnaethpwyd nifer o gyfnewidiadau gweinyddol. Unwyd cylchdeithiau Wesleaidd Abertawe, Aberhonddu, Caerdydd, Merthyr a Chaerfyrddin â'i gilydd. O ganlyniad aeth yn bur boeth rhwng y rhai a ddymunai gael pregethu yn Gymraeg yn unig a'r rhai a bleidiai bregethu Saesneg. Ym 1815 argymhellodd yr arweinwyr lleol y dylid rhannu'r cylchdeithiau yn ôl eu hiaith, gan adfer y drefn fel yr oedd cyn 1814. Mabwysiadodd Cynhadledd 1815 yr awgrym. Parhaodd hyn am flwyddyn yn unig oherwydd newidiodd y Gynhadledd ei meddwl eto ac ailgadarnhau'r cyfuno cylchdeithiau a lleihau nifer y pregethwyr Cymraeg. Yn ôl A. H. Williams: 'In 1816 Welsh Wesleyan Methodism undoubtedly received the greatest blow in all its history.'[83]

Yn ystod y ganrif dioddefodd Wesleaeth nifer o rwygiadau, a'r hyn a oedd yn gyffredin iddynt oedd annifyrrwch gydag awdurdod eithafol Cynhadledd y gweinidogion.[84] Nid ymddengys fod y protestwyr Cymraeg yn rhoi lle penodol i gŵynion ynglŷn â'r iaith ond yn sicr yr oedd y pwnc yn rhan o'r cefndir. Cafwyd ysgarmes arall yn nes ymlaen yn y ganrif sy'n adleisio'r ysbryd cenedlaethol newydd. Yr oedd Cyfarfod Taleithiol y De ym 1880 wedi codi comisiwn i lunio cynllun i uno cylchdeithiau, a chyflwynodd ei adroddiad mewn Cyfarfod Taleithiol ar 23 Mai 1881. Yr oedd yn argymell bod yr holl achosion yn y de, Cymraeg a Saesneg (ar wahân i rai yng ngogledd yr ardal, fel Aberystwyth,

[80] 'Deed of Declaration and Deed Poll'.

[81] Gyda threfniadau Wesley ym 1784, 'Autocracy was to give way to hierarchy, but a hierarchy none the less autocratic', A. H. Williams, *Welsh Wesleyan Methodism 1800–1858: Its Origins, Growth and Secessions* (Bangor, 1935), t. 196.

[82] Hugh Jones, *Hanes Wesleyaeth Cymreig* (4 cyf., Bangor, 1911–14), I, t. 7.

[83] Williams, *Welsh Wesleyan Methodism*, t. 139.

[84] Y mae A. H. Williams yn mynd dros hanes y rhwygiadau fel y mae a wnelont â Chymru yn ibid., Adran III.

Llanidloes ac Ystumtuen), i'w ffurfio yn un dalaith. Yr oedd Samuel Davies ('Yr Ail') ar y Comisiwn ac awgrymodd ef, yn wyneb cryn wrthwynebiad, y dylid cymryd pwyll. Ond gwrthodwyd y cynllun o 34 pleidlais i 18. Cynigiwyd gwelliant ar y cynllun i'r perwyl fod 'ffurfio Wesleyaeth De, Gogledd a Mynwy, yn Gymry a Saeson, yn un Gynhadledd'. Gwrthwynebodd Samuel Davies hynny gan nad oedd o blaid cyfrwng i uno de a gogledd.[85] Cymhelliad Samuel Davies oedd ceisio amddiffyn y cylchdeithiau Cymraeg rhag mynd o dan fawd y cylchdeithiau Saesneg. Trwy'r cwbl, prin iawn oedd cydymdeimlad y Gynhadledd yn Lloegr â safbwynt y Cymry Cymraeg. Er enghraifft, beth fuasent yn ei wneud o'r hyn a ddigwyddodd yng nghyfarfod pregethu'r Sulgwyn ym Mhenmachno ym 1884? Yr oedd yr Hybarch Richard Roberts, Llundain, yn bresennol fel ymwelydd ond adnabuwyd ef a'i orfodi, yn groes iawn i'w ddymuniad, i 'ddweud gair'. Gwthiwyd ef i'r pulpud a dechreuodd annerch yn Saesneg. Ar hynny dyma'r gynulleidfa'n gweiddi 'Cymraeg, Cymraeg!' a dal ati nes iddo ufuddhau.[86] Nid pobl i gymryd eu trin yn ysgafala oedd y Wesleaid Cymraeg. Ond, ar y llaw arall, yr oedd lleisiau gwahanol i'w clywed. Dyma un gohebydd yn datgan: 'yr wyf gyntaf oll yn Fethodist, ac anwylach i mi nag hyd yn nod iaith fy mam yw y Cyfundeb yr addysgwyd fi yn ei egwyddorion ganddi hi', ac felly y mae'n llawenhau yn llwyddiant yr achosion Saesneg.[87]

Gan mai trefn gynulleidfaol a oedd gan yr Annibynwyr a'r Bedyddwyr, nid oedd y tyndra rhwng dwy iaith yn eu poeni yn yr un ffordd. Iddynt hwy, yr oedd pob cynulleidfa yn uned sofran ac yn berffaith rydd i ddefnyddio'r iaith a fynnai yn ei gweithgareddau. Gydag ymestyniad y chwyldro diwydiannol ganol y ganrif yn dwyn llu o weithwyr di-Gymraeg i Gymru a datblygiad y rheilffyrdd yn denu twristiaid, yr oedd y cwestiwn yn codi pa gyfraniad a allai'r Annibynwyr ei wneud at drefnu moddion gras ar eu cyfer. Yr ateb oedd ffurfio eglwysi Saesneg eu hiaith a chodi capeli ar eu cyfer. Prif ladmerydd yr argyhoeddiad hwn oedd yr hanesydd Thomas Rees, Abertawe.[88] Yr oedd wedi cychwyn achos Saesneg pan oedd yn weinidog Ebeneser, Aberdâr (1840–2), a thrachefn yn ystod ei gyfnod yng Ngharmel, Cendl (1849–61), cychwynnodd achos Saesneg ac agorwyd y capel yn Ebrill 1859 a'i alw'n Gapel Barham, o barch at yr Arglwyddes Barham, noddreg pregethwyr.[89] Ym 1853 galwodd gynhadledd yn Cendl i ystyried sefydlu achosion Saesneg yng Nghymru, gyda Thomas Thompson, mab-yng-nghyfraith yr

[85] Hugh Jones, *Cofiant y Diweddar Barch. Samuel Davies* (Bangor, 1904), tt. 141–2.

[86] Ibid., t. 173.

[87] *Y Gwyliedydd*, XVII, rhif 894 (1893), 1.

[88] Am Thomas Rees (1815–85), gw. John Thomas, *Cofiant y Parchedig T. Rees, D.D., Abertawy* (Dolgellau, 1888) a *Bywg.*

[89] Am Diana (1762–1823), merch Charles Middleton (Baron Barham ar ôl 1805) a phriod Gerard Noel Edwardes, a newidiodd ei gyfenw yn Noel ym 1798, gw. Donald M. Lewis (gol.), *The Blackwell Dictionary of Evangelical Biography 1730–1860* (Oxford, 1995), tt. 58–9. Yr oedd ganddi dri ar ddeg o blant. Ym 1813, pan etifeddodd deitl ei thad, symudodd i fyw i Fairy Hill, Gŵyr. Am yr achos yn Cendl (Beaufort), gw. *The Evangelical Magazine*, XXXIII (1855), 274–5.

Arglwyddes Barham, yn llywyddu.[90] Ni wnaethpwyd unrhyw drefniadau ffurfiol yno. Ym mis Hydref 1858 yr oedd Thomas Rees yn darllen papur yng nghyfarfod blynyddol Undeb Cynulleidfaol Lloegr a Chymru yn Halifax. Amlinelliad bras o hanes Annibynwyr Cymru oedd y papur, ond manteisiodd ar y cyfle i ddweud bod yr iaith Saesneg ar gynnydd yng Nghymru a bod galw am 'bregethu Saesneg effeithiol'.[91] Ym mis Tachwedd 1860 cynhaliwyd cynhadledd yng Nghaerdydd o dan lywyddiaeth W. D. Wills, Bryste, gyda phobl fel Samuel Morley a Henry Richard yn bresennol.[92] Yno cytunwyd i sefydlu 'Cymdeithas Achosion Seisonig Deheudir Cymru a Mynwy'. Y prif symudwyr gyda Thomas Rees oedd John Davies, Caerdydd,[93] a Thomas Williams, Merthyr, y naill yn Ysgrifennydd y Gymdeithas a'r llall yn Drysorydd.[94] Ym 1876 y sefydlwyd 'Cymdeithas Achosion Seisnig Gogledd Cymru' ac erbyn 1879 yr oedd John Thomas Lerpwl yn brif arweinydd iddi, ac yn teithio hwnt ac yma i bleidio ei hawliau.[95] Ni ellir dweud bod y datblygiad hwn wedi peri llawer iawn o gynnwrf, ar wahân i gynnau dirmyg Michael D. Jones a'i gefnogwyr. Ym 1878 ysgrifennodd fod Disraeli wedi gwneud Saesneg yn iaith swyddogol Ynys Cyprus 'gan obeithio mewn amser y gall Saeson wthio'r iaith Saesneg â bidogau Prydeinig i lawr gyddfau y Cypriaid', gan ychwanegu, 'Dyma faes ardderchog i Gymdeithas y Capeli Seisnig i eangu ei gweithrediadau drwy helpu Saeson i godi capeli Seisnig i'r Cypriaid er mwyn difodi eu hiaith.'[96] Ysgrifennodd erthygl hynod grafog yn sgrafellu'r gymdeithas,[97] ond nid oedd gwaith y gymdeithas yn peri fawr gynnwrf, ac eithrio yn yr eglwysi Cymraeg y gofynnid i rai o'u haelodau fynd yn gnewyllyn i ffurfio eglwysi Saesneg.

I'r graddau yr oedd tyndra ymhlith Bedyddwyr ynglŷn â sut orau i drafod y ddwy iaith, digwyddai ym mherthynas y cymanfaoedd â'i gilydd. Y gymanfa oedd y sefydliad lle'r oedd cynrychiolwyr y cynulleidfaoedd unigol yn gallu trafod materion a oedd o ddiddordeb cyffredin neu gydweithio mewn amcanion

[90] Dywed John Thomas yn *Cofiant . . . T. Rees*, t. 193, mai yn 'Bath' yr oedd yn byw, ond yn Rees a Thomas, *Hanes Eglwysi Annibynol*, II, t. 333, rhoddir ei gyfeiriad fel 'Piercefield Park, Chepstow'.

[91] Ceir yr anerchiad yn Thomas Rees, *Miscellaneous Papers on Subjects relating to Wales* (London, 1867), tt. 70–83.

[92] Am William Day Wills (1798–1879), gw. B. L. Manning, *The Protestant Dissenting Deputies* (Cambridge, 1952), t. 485. Fel smociwr diarbed, yr oedd Thomas Rees yn gwsmer da i'w ffatri faco. Am Samuel Morley (1809–86), gw. *The Congregationalist* (1886), 711–19 a *DNB*. Am Henry Richard (1812–88), gw. *DNB* a *Bywg*.

[93] Am John Davies (1824–74), gw. Rees a Thomas, *Hanes Eglwysi Annibynol*, IV, 286–300 a John Thomas, *Cofiant y Parch. J. Davies, Caerdydd* (Merthyr Tydfil, 1883), tt. 139–40.

[94] Am Thomas Williams (1823–1903) (gyda darlun), gw. *Y Dysgedydd*, LXXXI (Mehefin, 1902), 213–16; ibid., LXXXII (Awst, 1903), 308–10; *Y Diwygiwr*, LXVIII (Medi, 1903), 261–5. Dywedodd Pedrog mai'r cyntaf i dynnu sylw'r Undeb Cynulleidfaol (ym 1854) at yr angen am gapeli Saesneg oedd Richard Parry (Gwalchmai). Am hanes cychwyn y Gymdeithas, gw. John Thomas, *Cofiant . . . T. Rees*, tt. 191–4.

[95] Owen Thomas a J. Machreth Rees, *Cofiant y Parchedig John Thomas, D.D. Liverpool* (Llundain, 1898), tt. 358–9.

[96] *Y Celt*, 23 Awst 1878, 8.

[97] Ibid., 2 Mai 1890, 1–2.

cyhoeddus neu gydeglwysig. Dywed hanesydd yr enwad, T. M. Bassett: 'Rhannwyd yr un Gymanfa fawr yn dair yn 1790 ac fel y cynyddodd aelodaeth yr enwad yn ystod y bedwaredd ganrif ar bymtheg ac, i raddau, fel y cynyddodd nifer yr eglwysi Saesneg rhannwyd y tair drachefn.'[98] Bu cryn dipyn o newid yn ffiniau'r cymanfaoedd o bryd i'w gilydd,[99] ond yr oedd yn rhaid cymryd y gwahaniaeth iaith i ystyriaeth wrth ddatblygu'r trefniadau hyn. Fel hyn y bu hi:

> Sefydlwyd Cymanfa Saesneg Mynwy yn 1857 ac yn 1860 sefydlwyd Cymanfa Saesneg arall o blith eglwysi Morgannwg a Chaerfyrddin. Rhannwyd yr olaf yma drachefn yn 1913 yn Gymanfa Saesneg Dwyrain Morgannwg ac yn Gymanfa Saesneg Gorllewin Morgannwg a Chaerfyrddin . . . Yn y Gogledd ffurfiwyd Undeb Bedyddwyr Saesneg Gogledd Cymru yn 1879 . . .[100]

Felly, yr oedd y Bedyddwyr yn osgoi anawsterau ieithyddol mewn cyfarfodydd cymanfaol trwy ddosbarthu'r eglwysi yn ôl eu hiaith i wahanol gymanfaoedd. Sefydlwyd Undeb Bedyddwyr Cymru ar 21 Awst 1866. Nid oedd y cymanfaoedd Cymraeg i gyd yn prysuro i berthyn iddo ac ni ddaeth Cymanfa Saesneg Mynwy i mewn o gwbl na Chymanfa Saesneg Morgannwg a Chaerfyrddin. Ond beth am yr eglwysi Saesneg a oedd yn perthyn i'r Undeb? Erbyn 1900 nid oedd neb o'u cynrychiolwyr yn cyfrannu yn amlwg at waith yr Undeb ac nid oedd yntau'n cynnal ei gyfarfodydd yn eu hardaloedd. O ganlyniad, sefydlwyd Adran Saesneg o'r Undeb a dechreuodd hwnnw weithredu yn gyfochrog â'r Adran Gymraeg o 1902 ymlaen.[101]

Ymhlith y Methodistiaid Calfinaidd y bu'r ddadl a dynnodd fwyaf o sylw cyhoeddus – dadl yr 'Inglis Côs', fel y daethpwyd i'w galw. Ym Medi 1802 derbyniodd Cymdeithasfa Bangor genadwri gan Henaduriaeth Caerhirfryn yn dweud 'y mae yn hysbys fod yr iaith Saesonig . . . wedi enill tir yn fawr yn amryw o brif drefi a chymydogaethau mwyaf poblog Cymru, a phob peth yn argoeli mai parhau i fyned rhagddi a wna yn y blynyddau dyfodol' ac felly y dylai'r enwad fwrw ati yn drefnus i godi addoldai Saesneg. Codwyd pwyllgor i ystyried y mater ac yng Nghymdeithasfa Abergele, ym mis Rhagfyr 1862, mabwysiadwyd ei awgrym y dylai pregethwyr ddangos parodrwydd i gynnal oedfaon Saesneg lle bynnag yr oedd galw am hynny.[102] Ym Medi 1867 ysgrifennodd Lewis Edwards i'r *Drysorfa* ar 'Ein gwaith fel Cyfundeb' ac ymhlith pethau eraill dywedodd:

[98] T. M. Bassett, *Bedyddwyr Cymru* (Abertawe, 1977), t. 322.
[99] Gw. ibid., t. 322 am y manylion.
[100] Ibid., tt. 322–3.
[101] Ibid., t. 340.
[102] Edward Jones, *Y Gymdeithasfa* (Caernarfon, 1891), t. 394.

> Y mae yn fwy na phryd i ni godi addoldai i bregethu yn yr iaith Saesoneg yn holl brif drefydd y Dywysogaeth. Nid y gofyniad ydyw, A ddylem ni wneuthur a allom i gadw a choledd yr iaith Gymraeg? Gobeithiaf nad oes neb o honom yn gwadu hyn. Ond y gofyniad syml ydyw, Os byddwn yn gweled, er ein holl ymdrechion, fod yr iaith Gymraeg yn darfod yn rhai o drefydd Cymru, pa beth yw ein dyletswydd yn y cyfryw amgylchiad?

Iddo ef yr oedd y llanw Seisnig yn rhan o 'drefniadau'r Hollalluog' ac felly, 'Ein doethineb yn gystal â'n dyledswydd yw ymostwng i drefn Rhagluniaeth'. Erbyn 1869 yr oedd yn llawn brwdfrydedd tros y cynlluniau i godi capeli Saesneg. Ysgrifennodd at Richard Davies, Treborth, ar 9 Ebrill, yn dweud petai dymuniad i godi achos Saesneg yn rhywle fel Y Rhyl neu Landudno, y cam cyntaf fyddai cael un o'r gweinidogion i lafurio yno a chael pregethwyr amlwg, Annibynwyr neu Bresbyteriaid, i dynnu sylw at yr achos. Y cam nesaf fyddai annog nifer o aelodau'r achos Cymraeg i ffurfio cnewyllyn cynulleidfa Saesneg 'and before they can be of any use they must not only extend their patronage to the English cause by an occasional visit but pass over bodily to the English'.[103] Yr awgrym hwn oedd un o'r pethau a godai wrychyn llawer yn yr eglwysi. Nid rhyfedd, felly, fod Dr Owen Thomas yng Nghymanfa Gyffredinol Lerpwl ym mis Mai 1869 wedi cynnig penderfyniad pur ddiplomatig i geisio tawelu'r dyfroedd. Dechreuodd trwy ddweud: 'Wedi cymeryd sylw o gynydd lledaeniad yr iaith Saesoneg yn Nghymru, a'r posibilrwydd y gallai yn gynt fe ddichon nag yr ydym ni yn tybied, ddyfod, o leiaf yn ein prif drefi, yn iaith y werin' ac yna annog 'ein cydwladwyr er mwyn gwladgarwch, ac yn neillduol er mwyn crefydd, i ymlynu yn ffyddlawn wrth, ac i ddwyn eu plant i fyny i ddysgu yr iaith Gymraeg'. Ond ergyd y penderfyniad oedd annog yr holl Gyfundeb i fwrw ati yn frwdfrydig i gefnogi mudiad y capeli Saesneg.[104] Yna, yng Nghymdeithasfa Dolgellau ym Mehefin 1870, penderfynwyd sefydlu Cronfa yr Achosion Saesneg, ac enwyd Caernarfon, Bangor, Machynlleth, Llanidloes a'r Bala fel lleoedd cymwys i gychwyn achosion felly, a hynny trwy 'anfon o'u mysg nifer o ddynion difrifol a gweithgar i ffurfio Achosion Saesonig' – adlais o awgrym Lewis Edwards yn ei lythyr at Richard Davies, a oedd yn aelod o un o'r pwyllgorau a oruchwyliai'r gwaith.[105] Ym 1876 cychwynnodd Emrys ap Iwan ar ei ymgyrch yn erbyn y mudiad gyda'i erthygl, 'Y Dwymyn Seisnig yng Nghymru', a gyhoeddwyd ar 27 Rhagfyr yn *Y Faner*, papur Thomas Gee a oedd yn cefnogi ei safiad yn frwd. Ym 1881 sefydlwyd Cynhadledd yr Eglwysi Saesneg i roi cyfle i'w cynrychiolwyr gyfarfod â'i gilydd.

[103] Edwards, *Bywyd a llythyrau . . . Lewis Edwards*, t. 417. Am Richard Davies (1818–96), masnachwr ac aelod seneddol, gw. *Bywg*. Yr oedd yn briod ag Anne, merch Henry Rees. Am olwg feirniadol ar ochr fasnachol teulu Davies, gw. Aled Eames, *Ships and Seamen of Anglesey 1558–1918: Studies in Maritime and Local History* (Denbigh, 1973), tt. 214–70.

[104] Jones, *Y Gymdeithasfa*, tt. 357–8.

[105] Ibid., t. 395.

Erbyn 1887 yr oedd deugain o eglwysi Saesneg yn y Gogledd a'u capeli wedi eu codi ar draul o £40,000.

Ond yr hyn a dynnodd sylw'r cyhoedd at yr ymdderu ynglŷn â'r achosion Saesneg oedd y sgarmes rhwng Lewis Edwards a'i gyn-fyfyriwr, Emrys ap Iwan. Yng Nghymdeithasfa Dolgellau ym Mehefin 1880 siaradodd Lewis Edwards yn wresog o blaid mudiad yr achosion Saesneg. 'Gan fod y deyrnas yn mynd yn Saeson, y mae yn rhaid i ninnau fyned ar ei hôl', meddai, 'ac y mae perygl i ni wrth ymladd yn erbyn y Saesneg golli golwg ar eneidiau y bobl, ac ymladd yn erbyn cynnydd a pharhad y Cyfundeb.' Hyd yma nid oedd wedi dweud dim nad oedd wedi ei ddweud o'r blaen. Ond cyn gorffen, dywedodd rywbeth rhyfedd iawn. Anogai'r pregethwyr i fod yn deyrngar i'r enwad ac yna mynegodd ei fod yn dymuno i'r blaenoriaid atal y rhai annheyrngar rhag pregethu. Yr oedd am iddynt 'roddi marc ar y gwr hwnnw na byddo yn gweithio gyda'r achosion ag y mae y Gymdeithasfa wedi penderfynu myned ymlaen gyda hwy. Rhoddi marc arno – ei farcio allan, nid yn gyhoeddus ond dangos eu hangymeradwyaeth o'i waith mewn rhyw ddull nacaol'.[106] Hynny yw, peidio â rhoi cyhoeddiad iddo bregethu. Cythruddwyd Emrys ap Iwan gan y sylwadau hyn dan dybiaeth ei fod ef ei hun yn un o'r rhai a ddaeth dan lach 'y *bull* o'r Bala', fel y galwodd ef. Yn ei lythyr yn ateb anerchiad Lewis Edwards treuliodd Emrys ap Iwan gryn ofod yn ei biwsio trwy ogrwn ei resymu cyn dod at fêr y ddadl rhyngddynt. Dyma'r darn allweddol yn ei lythyr:

> Nid wyf fi, fel un o'r ffyddloniaid Cymreig, yn erbyn i rai ddysgu yr iaith Saesneg . . . Ond dywedyd yr ydwyf na ddylent wneud dim i ddisodli eu hiaith eu hunain. Hyn yw y gwahaniaeth rhyngof fi a Dr Edwards: sef, ei fod ef yn pleidio y trefniant goreu a ddychmygwyd erioed i droi y Cymry yn Saeson uniaith; a minnau yn pleidio trefniant a bair iddynt gadw eu Cymraeg wrth ddysgu Saesneg . . . Pe bae y Doctor a'i blaid, yn siarad ac yn gwario hanner cymaint i Gymreigio y Cymry ag y maent yn ei siarad a'i wario i'w Seisnigo; a phe bae ein haelodau seneddol, yn hytrach na gwastraffu eu hamser i helpu y Saeson i wneud deddfau Seisnig, yn ymuno â'u gilydd i fynnu deddfau cyfaddas i'r Cymry, byddai gwybodaeth, a moes, a chrefydd yn llawer uwch yng Nghymru nag ydynt yn awr . . .[107]

Wrth gwrs, nid oedd a wnelo awgrym Lewis Edwards ynglŷn â gwastrodi ei wrthwynebwyr ddim byd â chraidd y ddadl ynglŷn â'r achosion Saesneg, ac yr oedd Emrys ap Iwan yn mynd dros ben llestri wrth awgrymu 'fod gwobrwyon mawr y cyfoethogion wedi denu [Lewis Edwards] i bleidio eu mympwyon'. Fel

[106] Ceir yr adroddiad gwreiddiol yn *Y Goleuad*, 3 Gorffennaf 1880, ac yn T. Gwynn Jones, *Emrys ap Iwan. Dysgawdr, Llenor, Cenedlgarwr: Cofiant* (Caernarfon, 1912), tt. 86–7.

[107] Jones, *Emrys ap Iwan*, t. 92. Ceir y llythyr hefyd yn D. Myrddin Lloyd (gol.), *Detholiad o Erthyglau a Llythyrau Emrys ap Iwan* (3 cyf., Aberystwyth, 1937, 1939, 1940), III, tt. 81–8.

llawer o rai tebyg iddo, yr oedd Lewis Edwards yn gallu bod yn anwadal yn ei agwedd at y Gymraeg, ambell dro yn wresog ei sêl drosti a thro arall, fel gyda'r achosion Saesneg, yn drwm dan ddylanwad y gred nad oedd atal ar y 'llanw Seisnig'.[108] Y peth sy'n arwyddocaol yn y ddadl yw fod Emrys ap Iwan, fel Michael D. Jones, yn cynnig athroniaeth letach na Lewis Edwards a'i gyfeillion am berthynas iaith â chymdeithas ac â chrefydd.

I grynhoi. Beth yw arwyddocâd cymdeithasol y dystiolaeth? Trwy eu gwaith yn efengylu, yn pregethu, yn cynnal ysgolion Sul ac yn cyhoeddi swm enfawr o lenyddiaeth, magodd yr eglwysi Ymneilltuol yn ystod y ganrif ddegau o filoedd o ddarllenwyr Cymraeg ac o bobl a oedd yn gyfarwydd â mynegi eu meddyliau yn effeithiol trwy gyfrwng yr iaith. Yr oedd y sgiliau a ddatblygwyd fel hyn yn y cylch crefyddol yn rhai y gellid eu cymhwyso yn rhwydd at waith y tu allan i'r cylch hwnnw. A chan fod rhai o brofiadau dwysaf pobl wedi eu cysylltu'n agos â'r Gymraeg, yr oeddynt yn teimlo ymlyniad grymus tuag ati yn y cylch crefyddol.

At ei gilydd, y patrwm a fabwysiadwyd fwyfwy fel yr oedd nifer y siaradwyr Saesneg uniaith yn cynyddu oedd gwahanu'r gwasanaethau Cymraeg oddi wrth y rhai Saesneg. Profiad yr Eglwys yng Nghymru oedd bod gwasanaethau dwyieithog yn annerbyniol ac mai gwell oedd cynnal y rhai Cymraeg a'r rhai Saesneg ar wahân, ond, gyda rhai eithriadau at ddiwedd y ganrif, yn yr un adeilad. Y trefniant gyda'r enwadau eraill oedd corffori eglwysi yn ôl eu hiaith mewn addoldai gwahanol. Y tu ôl i'r gwahanu hwn yr oedd deuoliaeth ddyfnach. Yr oedd llawer o'r arweinwyr, yn ogystal â'u dilynwyr, wedi eu mesmereiddio gan y gred nad oedd oes hir i'r Gymraeg ac mai trefniant dros dro oedd darparu ar ei chyfer. Yn aml cyfeirid at 'y llanw Seisnig'. I Michael D. Jones, yr oedd defnyddio trosiad fel hwn yn ffolineb. Meddai: 'Gellid meddwl wrth hyn mai rhywbeth fel y dilyw a foddodd y cynfyd . . . yw y dilyw Seisnig, pan mewn gwirionedd mai y Cymry eu hunain yn unig a ddifodant y Gymraeg trwy ei thaflu allan o'r teulu, o'r addoldy, o fasnach, ac o'r ysgolion dyddiol.'[109] Y mae'r sylw hwn yn tanlinellu'r ddeuoliaeth a oedd yn nodweddu meddwl llawer arweinydd crefyddol. Yr oeddynt wedi datblygu rhwyg rhwng y cylch crefyddol a'r cylch seciwlar, y naill yn Gymraeg a'r llall yn Saesneg. Un canlyniad oedd ansicrwydd ynglŷn â lle yn union yr oedd y ffin rhyngddynt. A dyna paham y ceid Cymry glân gloyw yn ysgrifennu at ei gilydd yn Saesneg a hyd yn oed yn magu eu plant yn ddi-Gymraeg.

Sectau (yn yr ystyr gymdeithasegol i'r gair) oedd yr eglwysi Ymneilltuol ar ddechrau'r ganrif. Un o nodweddion amlycaf sect yw diogelu arbenigrwydd ei chred a'i disgyblaeth trwy godi mur cadarn rhyngddi a'r byd gelyniaethus o'i chwmpas.[110] Cymraeg oedd iaith y sectau hyn ac yn aml iawn ystyrid yr iaith yn

[108] Ceir mantoliad cytbwys iawn o'i agwedd gan Trebor Lloyd Evans, *Lewis Edwards*, tt. 162–7.

[109] *Y Celt*, 24 Ebrill 1891, 1.

[110] Am ddadansoddiad manwl o'r datblygiad, gw. traethawd Alun Tudur, 'O'r Sect i'r Enwad: Datblygiad Enwadau Ymneilltuol Cymru 1840–1870' (traethawd PhD anghyhoeddedig Prifysgol Cymru, 1993).

amddiffynfa rhag anffyddiaeth Lloegr ac America. Ond daeth cyfnewidiad fel y deuwn at ganol y ganrif. Gyda'r cynnydd mawr yn eu haelodaeth, gwelliant mewn cyfleusterau addysg, estyniad yr etholfraint, a lledaeniad syniadau radicalaidd, tyfodd y sectau Ymneilltuol yn enwadau â'u llygaid ar ddylanwadu ar y byd o'u cwmpas a dod yn actorion llwyddiannus ar y llwyfannau ehangach. Ac i wneud marc felly, yr oedd yn rhaid wrth Saesneg. Ond yr oedd ffactorau grymus ar waith yn y byd hwnnw a filwriai yn erbyn safle ac anrhydedd y Gymraeg. Un ohonynt oedd bod cynifer o'r arweinwyr wedi llyncu yn ddihalen athroniaeth economaidd *laissez-faire* ac wedi ei thrawsblannu i fyd diwylliant. Rhoes John Roberts, Conwy, fynegiant digon amrwd i'r gred pan ddywedodd: 'Rhydd fasnach a chydymgeisio yw yr hyn a geidw y byd yn ei le'; yn wir, daliai mai 'trefn y nef' yw 'cydymgeisio'.[111] O gymhwyso efengyl masnach rydd at iaith (fel y gwnaeth J.R.), yr oedd o angenrheidrwydd yn amhosibl i'r Gymraeg ddal ei thir yn erbyn iaith a oedd yn cael ei noddi gan yr holl gyfryngau a oedd at wasanaeth gwladwriaeth nerthol. Yr oedd y 'cydymgeisio' yn sylfaenol annheg. Yr oedd dylanwadau seicolegol a chymdeithasegol ar waith hefyd, yn gymaint â bod snobyddiaeth ac ethos dosbarth-canol Lloegr, gyda'u rhagfarnau cryfion yn erbyn ieithoedd eraill yn llygad-dynnu'r Cymry a oedd yn awyddus i wneud argraff ffafriol arnynt.

Ond cododd rhai i herio'r ddeuoliaeth rhwng y cylch sanctaidd Cymraeg a'r cylch seciwlar Saesneg. Dyna arwyddocâd protestiadau pobl fel clerigwyr swydd Efrog, Thomas Price (Carnhuanawc), Evan Jones (Ieuan Gwynedd), Michael D. Jones ac Emrys ap Iwan. Yr oedd ganddynt hwy athroniaeth iaith ac yr oedd hi'n lletach ac yn ddyfnach nag un pobl fel yr Esgob Basil Jones, Kilsby Jones, Lewis Edwards, a 'chyfoethogion newydd' fel Richard Davies, Treborth, am eu bod am gymhwyso yr un egwyddorion Cristnogol mewn ffyrdd beirniadol at bolisïau llywodraeth Lloegr tuag at ddiwylliant. Mynegodd Emrys ap Iwan yr argyhoeddiad mewn geiriau cryfion:

> Cofiwch . . . eich bod yn genedl, trwy ordeiniad Duw; am hynny, gwnewch yr hyn a alloch i gadw'r genedl yn genedl, trwy gadw'i hiaith, a phob peth arall a berthyno iddi . . . Gan i Dduw eich gwneuthur yn genedl, ymgedwch yn genedl; gan iddo gymmeryd miloedd o flynyddoedd i ffurfio iaith gyfaddas ichwi, cedwch yr iaith honno . . .[112]

[111] *Y Cronicl* (1873), 105; ibid. (1874), 224–6.

[112] Robert Ambrose Jones (Emrys ap Iwan), *Homilïau* (Dinbych, 1906), t. 53. Gw. hefyd R. Tudur Jones, 'Yr Eglwysi a'r Iaith yn Oes Victoria', *LlC*, 19 (1996), 146–67.

9

Llenyddiaeth Gymraeg y Bedwaredd Ganrif ar Bymtheg

ROBERT RHYS

Y MAE PENODAU eraill yn y gyfrol hon sy'n darparu'r cefndir y mae'n rhaid darllen llên y ganrif yn ei erbyn, ynghyd â'r cyd-destun na ddylid ceisio deall cynnyrch beirdd a llenorion hebddo. Rhaid i unrhyw ymgais i gloriannu barddoniaeth y ganrif gydnabod dylanwad enfawr yr eisteddfodau, er gwell, neu, yn ôl y farn gyffredin, er gwaeth, ac ystyried hefyd y galw o du'r cysegr, ac yn gynyddol yn ystod ail hanner y ganrif o du'r neuadd gyngerdd, am ddeunydd addas at ganiadaeth gyhoeddus unigol a chynulleidfaol. Pa fath o hanes fyddai i ryddiaith y ganrif, ei hail hanner yn sicr, heb y ffrwydrad diwylliannol hwnnw a gysylltir â'r wasg? Y mae twf ffuglen yn annatod glwm wrth brifiant diwylliant newyddiadurol a roddai gyfle i William Rees (Gwilym Hiraethog) a Robert Ambrose Jones (Emrys ap Iwan) ar dudalennau'r *Faner*, David Owen (Brutus) yn yr *Haul*, a Daniel Owen yn *Y Drysorfa* a'r *Cymro*. Cyd-destun arall sy'n cau amdanom yw natur yr ymateb beirniadol a fu i lên y ganrif yn ystod yr ugeinfed ganrif. Yn amlach na pheidio, yn ystod y ganrif honno cynodiadau negyddol a dibrisiol a fu i'r ymadrodd 'y ganrif ddiwethaf'. Agorodd Saunders Lewis ei gyfrol *An Introduction to Contemporary Welsh Literature* ym 1926 gyda'r datganiad ysgubol mai ym 1870 y cyraeddasai llenyddiaeth Gymraeg ei hisafbwynt eithaf, a'i bod wedi plymio i'r dyfnderoedd tywyll dan bwysau disgwyliadau philistaidd cymdeithas Ymneilltuol.[1] Flwyddyn ynghynt yr oedd W. J. Gruffydd wedi lambastio yn *Y Llenor* un o'r beirdd a berchid fwyaf gan ei gyfoedion yn y ganrif flaenorol, sef David Owen (Dewi Wyn o Eifion).[2] Dwy enghraifft yn unig yw'r rhain o ymchwydd hyderus y genhedlaeth o lenorion a beirniaid a gredai eu bod, wrth godi dŵr drachefn o bydewau'r hen draddodiad brodorol, yn rhoi i lenyddiaeth eu cenedl ryw adfywiol rin. Ac aros yn yr un cywair, a siarad yn fras, a wnaeth yr ymatebion beirniadol ar hyd y ganrif. Llais John Morris-Jones a W. J. Gruffydd a glywir o hyd yn ymwneud Thomas Parry â'r ganrif yn ei *Hanes Llenyddiaeth Gymraeg* (1944) ac ymddiheurol iawn oedd un o ddisgyblion Parry, Bedwyr Lewis Jones, yn ei ragymadrodd i *Blodeugerdd o'r*

[1] Saunders Lewis, *An Introduction to Contemporary Welsh Literature* (Wrexham, 1926), tt. 1–16.
[2] W. J. Gruffydd, 'Dewi Wyn o Eifion', *Y Llenor*, IV (1925), 9–24.

Bedwaredd Ganrif ar Bymtheg ym 1965.[3] Cafwyd adwaith yn erbyn y dyfarniad cyson fychanus ar ganu'r ganrif gan R. M. Jones yn ei flodeugerdd ef o gerddi'r ganrif ym 1988, a hynny mewn rhagymadrodd a fu'n asgwrn cynnen lenyddol ddadleugar ar dudalennau'r wasg Gymraeg am rai misoedd.[4] Amser a ddengys a ystyrir rhagymadrodd R. M. Jones yn flaenffrwyth agweddau mwy ffafriol at gynnyrch y ganrif, ond y mae angen nodi nad oedd yr un o'r beirniaid eraill a grybwyllwyd yn ddieithriad eu condemniad.

O ystyried swmp anferthol cynnyrch llenyddol y ganrif, amcan cyfyngedig, o raid, a fydd i'r bennod hon, sef ceisio rhoi darlun dilys a nodweddiadol o'i chynnyrch trwy gyflwyno arolwg feirniadol ddethol o'i llên, yn farddoniaeth a rhyddiaith.

Barddoniaeth

Yr oedd diwylliant barddonol Cymraeg y bedwaredd ganrif ar bymtheg yn amrywiol ac amlganghennog. Yr oedd symudiadau ysbrydol, cymhellion cymdeithasol-wleidyddol a chonfensiynau llenyddol gwahanol ar waith yn mowldio meddwl a geiriau'r beirdd, rhai ohonynt, fel yr awdl eisteddfodol a'r emyn efengylaidd, â'u gwreiddiau yn gadarn yn y ddeunawfed ganrif, eraill fel y delyneg 'seciwlar' yn ddyledus i ryw raddau i'r hen ganu rhydd ond yn efelychu confensiynau cyfoes Seisnig yn ogystal.

Dechreuwn ein harolwg gyda chasgliad o ddegawd cyntaf y ganrif, sef cyfrol David Thomas (Dafydd Ddu Eryri), *Corph y Gaingc* (1810). Ei waith ef ei hun yw'r rhan helaethaf o'r gyfrol, ond cynhwysodd hefyd rai cerddi gan ei arwr, Goronwy Owen, a chan feirdd cyfoes eraill, yn eu plith Robert Williams (Robert ap Gwilym Ddu), Dewi Wyn o Eifion a John Roberts (Siôn Lleyn). Yr oedd Dafydd Ddu wedi cyrraedd yr hanner cant erbyn 1810 ac y mae'r gyfrol, sy'n ddathliad o'i weithgarwch fel bardd ac athro beirdd, yn dymuno creu'r argraff o gyswllt traddodiadol ffrwythlon a di-dor rhwng tair cenhedlaeth o feirdd, sef prif fardd canol y ganrif flaenorol yn y mesurau caeth, Goronwy Owen, a fuasai farw'n alltud ym 1769 pan oedd Dafydd Ddu yn ddeg oed, Dafydd Ddu ei hun yn bont yn y canol, ac yna ei 'gywion', sef y rhai a fu'n mynychu ei ddosbarthiadau barddoniaeth yn sir Gaernarfon er eu sefydlu ym 1783. Canu crefftus a chymen a geir gan amlaf gan Dafydd Ddu, boed hynny yn y mesurau caeth traddodiadol (gwir y dywedodd Bedwyr Lewis Jones fod adleisiau amlwg o Goronwy yn ei

[3] Bedwyr Lewis Jones, *Blodeugerdd o'r Bedwaredd Ganrif ar Bymtheg* (Aberystwyth, 1965), tt. xi–xl.

[4] R. M. Jones (gol.), *Blodeugerdd Barddas o'r Bedwaredd Ganrif ar Bymtheg* (Cyhoeddiadau Barddas, 1988), tt. 11–29. Gw. adolygiad Hywel Teifi Edwards, 'Blodeugerdd y Cyfle a Gollwyd', *Barn*, 312 (1989), 38–40. Ymatebodd Bobi Jones mewn tair ysgrif, 'Barddoniaeth y 19eg Ganrif, 1', *Barn*, 316 (1989), 35–7; 'Barddoniaeth y 19eg Ganrif, II', ibid., 317 (1989), 33–5; 'Barddoniaeth y 19eg Ganrif, III', ibid., 318/19 (1989), 33–6. Cafwyd ymateb pellach gan Hywel Teifi Edwards yn 'R. M. Jones a'i Flodeugerdd', *Barn*, 321 (1989), 9–10, gan Bobi Jones eto yn 'Cerddi a'r Ysbryd', *Barn*, 325 (1990), 6–9 ac yn olaf gan Hywel Teifi Edwards, 'R. M. Jones a'i Flodeugerdd', *Barn*, 326 (1990), 35–6.

ganu),[5] yn y carolau gaeaf a haf a luniodd ar y patrwm a fu'n boblogaidd ers dyddiau Huw Morys yn yr ail ganrif ar bymtheg o leiaf, neu'r caniadau duwiol 'ar ystyr rhai Isaac Watts' ac ar y mesur salm a gysylltir yn bennaf ag Edmwnd Prys. Y mae ambell gerdd rydd fel 'Fy anwyl Fam fy hunan' yn edrych yn ôl o ran mesur at yr hen ganu rhydd ac ymlaen o ran cywair at y canu telynegol diweddarach, ond y peth agosaf at 'newydd-deb' yn ei waith yw'r awdlau a luniwyd yn ymateb i anogaeth eisteddfodau'r Gwyneddigion ar ddiwedd y ddeunawfed ganrif, ac y mae'r farn feirniadol ar ansawdd llenyddol y rheini yn unfryd gondemniol. Canu efelychiadol di-wefr ydyw felly, canu sy'n atgynhyrchu confensiynau yn ffyddlon ddigon, ond heb feistrolaeth awdurdodol Goronwy Owen na chyffro awenyddol Thomas Edwards (Twm o'r Nant), y bardd a'r anterliwtiwr a fu farw ym mlwyddyn cyhoeddi *Corph y Gaingc*.

Yr enwocaf o blith y cyfoedion y cynhwyswyd darnau o'u gwaith yn *Corph y Gaingc* oedd y ddau amaethwr o Eifionydd, Robert Williams, y Betws Fawr (Robert ap Gwilym Ddu) a David Owen, y Gaerwen (Dewi Wyn o Eifion). Bu Dafydd Ddu Eryri yn llythyru â'r ddau, a chawsai dipyn o'u cwmni yn ystod ei dymor yn ysgolfeistr yn Llanystumdwy. Bu tuedd yn ystod yr ugeinfed ganrif i synied am Dewi Wyn fel ymgorfforiad o bopeth a aeth o'i le ar farddoniaeth Gymraeg yn y bedwaredd ganrif ar bymtheg – yr awdlau traethodol, meithion, di-fflach, a'r arddull chwyddedig, goreiriog ac annaturiol. Defnyddiwyd poblogrwydd diamheuol Dewi Wyn yn ystod ei oes wedyn yn fflangell i chwipio diffyg chwaeth affwysol darllenwyr a beirniaid y ganrif. Gwir i Dewi Wyn wneud tipyn o enw iddo'i hun fel bardd eisteddfodol trwy gyfrwng awdlau fel 'Amaethyddiaeth', a luniwyd ar gyfer Eisteddfod Tremadog ym 1811, ac yn enwedig ei gerdd enwocaf, yr awdl anfuddugol a luniodd ar gyfer Eisteddfod Dinbych 1819 ar y testun 'Elusengarwch'. Ond anodd yw cael hyd i ddarnau boddhaol, heb sôn am gyffrous, yn ei waith. Eto i gyd, cafwyd ymdriniaeth graff â'i waith, er enghraifft, gan fardd arall o Eifionydd, Ebenezer Thomas (Eben Fardd),[6] ac y mae'n bur debyg fod ei gymydog yn y Betws Fawr yn un o'r rhai a ddeallai ddiffygion canu Dewi Wyn hefyd, oherwydd llwyddodd Robert ap Gwilym Ddu i ymarfer yn ei waith y ddisgyblaeth a'r cynildeb sydd ar goll yng ngwaith Dewi Wyn. Arwydd amlwg o'i reddfau llenyddol sicr oedd ei benderfyniad i beidio â mynd yn agos at gors ddiffaith yr awdl eisteddfodol. Cafwyd ganddo gorff o ganu, yn englynion, cywyddau, carolau ac emynau, a fodlonodd chwaeth darllenwyr dwy ganrif, ac ef oedd y mwyaf amryddawn a sicr ei drawiad o'r beirdd ifainc a oedd yn ysgrifennu ar dro'r ganrif. Y mae mwy o swmp i yrfa lenyddol bardd y Betws Fawr, ac y mae'n bersonoliaeth lenyddol mewn ffordd nad yw'n wir am ei gyfoedion. Er mai yn y mesurau traddodiadol y mae'n canu, yr un mesurau â Dafydd Ddu Eryri, y mae ganddo ei lais ei hun, llais a glywir groywaf, hwyrach,

5 Jones, *Blodeugerdd o'r Bedwaredd Ganrif ar Bymtheg*, t. 86.

6 Eben Fardd, 'Athrylith ac Ysgrifeniadau Dewi Wyn', *Y Traethodydd*, I (1845), 356–64.

yn y cywydd coffa ingol i'w unig ferch a fu farw yn bymtheg oed. Nid atgynhyrchu patrymau cywrain ond cyfarwydd y carolau a wnaeth yn ei ganu crefyddol ychwaith – y mae ei emynau gorau ('Mae'r gwaed a redodd ar y groes' yw'r un enwocaf) yn cyfuno uniongyrchedd mynegiant a defnydd ymatalgar o'r dyfeisiau llenyddol mwy ymwybodol a ddaeth yn rhan o arfogaeth emynwyr y gogledd.[7]

Un wedd yn unig ar y diwylliant barddol Cymraeg oedd y draddodiadaeth grefftus a feithrinid gan Dafydd Ddu Eryri a'i gylch. Bardd ei fro a'i ranbarth oedd Dafydd Ddu Eryri, wedi'r cwbl, a gogleddwyr oedd mwyafrif llethol y cannoedd tanysgrifwyr i *Corph y Gaingc*, a'r rhan fwyaf o'r rheini wedyn yn hanu o Arfon. Y cyfrwng llenyddol poblogaidd, torfol, yn ddi-os, oedd yr emyn efengylaidd, ac erbyn dechrau'r bedwaredd ganrif ar bymtheg yr oedd y gagendor digymod a nodweddasai berthynas bardd rhydd arloesol Llanfair-ar-y-bryn a chlasurydd ceidwadol Llanfair Mathafarn wedi culhau cryn dipyn, diolch yn bennaf efallai i gyfraniad ysblennydd Thomas Jones, Dinbych, bardd medrus yn y mesurau caeth – fel y tystiai ei 'Gywydd i'r aderyn bronfraith' (1793) – ac emynydd solet.[8] Wrth i'r ganrif fynd rhagddi gwelid bod rhai o feirdd praffaf y gogledd, Eben Fardd, Peter Jones (Pedr Fardd) ac Evan Evans (Ieuan Glan Geirionydd), hefyd yn awduron emynau arhosol dderbyniol gan gynulleidfaoedd Cymraeg.

Yn ystod degawd cyntaf y ganrif cyhoeddwyd dau gasgliad arwyddocaol o emynau, sef *Grawnsyppiau Canaan* (1805) gan Robert Jones, Rhos-lan, a *Hymnau o fawl i Dduw a'r Oen* a gyhoeddwyd gan Thomas Charles flwyddyn yn ddiweddarach. Yn y casgliadau hyn yr ymddangosodd gwaith Ann Griffiths o blwyf Llanfihangel-yng-Ngwynfa yn sir Drefaldwyn am y tro cyntaf. Bu Ann Thomas, fel yr oedd hi cyn priodi, fyw y rhan fwyaf o'i hoes fer yn ystod y ddeunawfed ganrif, a gwresogrwydd efengylaidd tanbaid emynyddiaeth y ganrif honno a glywir yn ei gwaith. Ond ym mlynyddoedd cyntaf y bedwaredd ganrif ar bymtheg y lluniodd ei phenillion, ac yn ystod y ganrif honno y rhoddwyd trefn ar y penillion hynny a gofnodwyd gan y Parchedig John Hughes, Pontrobert, oddi ar gof ei wraig Ruth a fuasai'n forwyn yng nghartref Ann. Cynyddu a wnaeth bri Ann Griffiths, a phoblogrwydd ei hemynau, hyd nes y gallai'r cofnod arni ym mhumed gyfrol *Y Gwyddoniadur Cymreig* ym 1866 ddweud: 'y mae swyn a nefoleidd-dra ei hymnau bron yn anghymarol, ac wedi gwneyd ei choffadwriaeth yn fendigedig yn nghalon pob Cristion sydd wedi eu darllen ac wedi profi eu melusder.'[9] Erbyn i O. M. Edwards ddarlunio'n llesmeiriol hanes ei ymweliad â

7 Cyhoeddwyd *Gardd Eifion*, casgliad o waith Robert ap Gwilym Ddu wedi ei olygu gan y Parchedig William Williams (Gwilym Caledfryn) ym 1841. Ceir detholiad hwylus o'i waith yn Stephen J. Williams, *Robert ap Gwilym Ddu: Detholion o'i Weithiau* (Caerdydd, 1948).

8 Trafodwyd y cywydd gan Saunders Lewis, 'Cywydd gan Thomas Jones, Dinbych', *Y Llenor*, XII (1933), 133–43.

9 *Y Gwyddoniadur Cymreig* dan olygyddiaeth y Parchedig John Parry, Cyf. V (Dinbych, 1866), t. 149. Ceir gweithiau Ann Griffiths yn E. Wyn James (gol.), *Rhyfeddaf Fyth . . . Emynau a Llythyrau Ann Griffiths, ynghyd â'r byrgofiant iddi gan John Hughes, Pontrobert, a rhai llythyrau gan gyfeillion* (Gregynog, 1998).

Dolwar Fach yn *Cymru* ar ddechrau'r nawdegau,[10] yr oedd coffadwriaeth yn dechrau ildio ei lle i elfennau mytholegol a chwltaidd, tuedd a fu ar gynnydd ar hyd yr ugeinfed ganrif, ac a gyfoesai, yn arwyddocaol ddigon, â'r ymgais i fwrw hollt rhwng 'y danbaid, fendigaid Ann', chwedl Cynan, a chrefydd Galfinaidd ei chyfnod. Yng ngwres effeithiau pregethu Calfinaidd eneiniedig ar ei meddwl a'i chalon y lluniwyd rhai o'i phenillion, yn eu plith yr emyn enwog 'Wele'n sefyll rhwng y myrtwydd', sy'n nodweddiadol o'r modd y mynegir profiadau goddrychol angerddol trwy gyfrwng fframwaith cyfeiriadaeth ysgrythurol.

Yr oedd ymchwydd yr emyn efengylaidd fel cyfrwng llenyddol yn dal yn gryf ar ddechrau'r ganrif, fel y tystia cyfrolau'r emynwyr cadarn Titus Lewis, *Mawl i'r Oen a laddwyd: sef, Pigion o Hymnau*, ac Edward Jones, Maes-y-plwm, *Hymnau &c. Ar Amryw Destunau ac Achosion* ym 1810. Ni feddai'r rhain ar gyffro iasol Ann Griffiths, nac ychwaith ar raenusrwydd Pedr Fardd, y gŵr o Eifionydd a dreuliodd y rhan fwyaf o'i oes yn Lerpwl, ac a gyhoeddodd gyfrolau o emynau ym 1825 ac 1830. Pedr Fardd yw'r enghraifft orau, efallai, o'r closio rhwng pegynau Llanfair Mathafarn a Llanfair-ar-y-bryn. Cyhoeddasai ei gyfrol gyntaf, *Mêl Awen*, ym 1823; cyfrol o ganu caeth ydyw, a'r ddyled i Goronwy Owen yn dra hyglyw. Adlais o fyrdwn hiraethus Goronwy a glywir, er enghraifft, yn ei 'Anerchiad i Dewi Wyn a Robert ap Gwilym Ddu, dau o brif-feirdd Eifionydd yn Swydd Caernarfon'.[11] Ond er cryfed y confensiynau llenyddol a'i tynnai at Goronwy, yr oedd y cysylltiadau cymdeithasol â diwylliant Ymneilltuol Lerpwl yn gryfach. Yr oedd yn flaenor yng nghapel y Methodistiaid Calfinaidd, Pall Mall, ac ar gyfer gwyliau blynyddol ysgolion Sul ei enwad yn y ddinas y lluniodd lawer o'i emynau. Ar gyfer y gynulleidfa leol sylweddol honno y lluniodd emynau trefnus, melys fel 'Daeth ffrydiau melys iawn', a 'Cyn llunio'r byd', gan elwa ar ei hyfedredd technegol wrth greu clymiadau o gynghanedd sain ar fesurau'r emyn. Am emynwyr fel Pedr Fardd a'u tebyg y dywedodd Thomas Parry fod 'rhai o'u hemynau gorau mor gain â'r delyneg ddiweddar',[12] sylw sy'n adlewyrchu eto ragdybiaeth yr ugeinfed ganrif mai hi oedd piau'r safon y dylid mesur cyfnodau eraill yn ei erbyn; mewn gwirionedd, wrth gwrs, yr emynwyr a roes i'r telynegwyr lawer o'u patrymau ffurfiol.

Perthyn i genhedlaeth iau a wnâi Eben Fardd, ac y mae ei yrfa lenyddol ef yn enghreifftio'n ddestlus y modd y denid beirdd ei genhedlaeth i byncio yn ôl galw gwahanol gonfensiynau. 'Cychwynnodd Eben Fardd ei yrfa', meddai E. G. Millward, 'â'i wreiddiau yng nghlasuriaeth y ddeunawfed ganrif a thraddodiad barddol Eifionydd. Cyn bo hir, bu'n ymagweddu fel beirdd cyn-ramantaidd Lloegr a chyn diwedd ei fywyd nid gormod dweud ei fod yn un o arloeswyr

[10] 'Dolwar Fechan', *Cymru*, I (1891), 8–13.

[11] *Mêl Awen – sef Gwaith Awenyddawl Peter Jones o Lynlleifad neu Pedr Fardd, yn cynnwys Awdlau, englynion a chywyddau ar amrywiol destunau* (Llynlleifiad, 1823), tt. 77–82.

[12] Thomas Parry, *Hanes Llenyddiaeth Gymraeg hyd 1900* (Caerdydd, arg. 1979), t. 250.

pwysicaf rhamantiaeth Gymreig.'[13] Cytunir bod ei awdl 'Dinistr Jerusalem gan y Rhufeiniaid',[14] awdl a enillodd iddo gadair Eisteddfod Powys ym 1824, yn un o uchafbwyntiau'r canu caeth eisteddfodol, er gwaethaf dylanwad ieithwedd wneuthuredig William Owen Pughe, a gyhoeddasai *Coll Gwynfa*, ei gyfieithiad rhyfedd o *Paradise Lost*, bum mlynedd ynghynt.[15] Fe'i siomwyd yn ddybryd gan fethiant ei arwrgerdd Gristnogol ar destun 'Yr Adgyfodiad' i gipio cadair Eisteddfod Rhuddlan, 1850, ond derbyniodd glod aruthrol, anghymesur yn wir, gan Lewis Edwards ar dudalennau'r *Traethodydd*, a gyfeiriodd at y gerdd fel 'y cyfansoddiad mwyaf mawreddus a ymddangosodd erioed yn yr iaith Gymraeg'.[16] Er hawsed rhestru diffygion celfyddydol y gerdd, ac er cywired gresynu iddi gymell cynifer o feirdd eraill i fustachu'n fwy anghelfydd fyth yn yr un cywair, y mae ymdrech Eben Fardd, ynghyd â chydnabyddiaeth anfeirniadol Lewis Edwards, o leiaf yn tanlinellu'r dymuniad i ymestyn gorwelion y Gymraeg, i'w gwneud yn gyfrwng llenyddiaeth mwy uchelgeisiol, mwy aruchel ac arddunol, a defnyddio un o hoff ansoddeiriau'r cyfnod. Ond yn y darnau llai uchelgeisiol y gwelir doniau Eben Fardd yn cael llonydd gan oruchelgais ei gyfnod: yn y 'Cywydd Ymweliad â Llangybi, Eifionydd' (1854), yn y tribannau swynol, 'Molawd Clynnog', yn y gerdd ar y mesur tri-thrawiad i'w fro enedigol, 'Eifionydd', ac yn bennaf oll yn yr emyn ingol brofiadol, 'Crist yn Graig Ddisigl' a gyhoeddwyd yn ei *Hymnau* (1861). O blith ei holl gerddi, afraid dweud mai'r gyffes seml honno a ddaeth yn rhan o gynhysgaeth ddiwylliannol boblogaidd y Cymry.[17]

Yr oedd cyfrol gyntaf Eben Fardd, *Caniadau* (1841), yn cynnwys cerdd 30 llinell, 'Myfyrdod ar Lan Afon'. Ynddi ymglywir â naws a thuedd y farddoniaeth delynegol, fyfyrdodus a ddeuai'n gynyddol boblogaidd. Gwelir y tueddiadau hyn yn eglurach fyth yn ystod y pedwardegau yng nghanu'r bardd ifanc o Geredigion, Daniel Silvan Evans, awdur *Blodau Ieuainc* (1843) a *Telynegion* (1846). Y mae'r gerdd rydd 'Llinellau i'r Gog' o'i gyfrol gyntaf yn enghreifftio'n chwithig yr iaith farddonllyd newydd a âi â bryd cynifer o feirdd, ond a fethai'n llwyr o'i chymharu â dillynder crefft yr emyn. Aeth D. Silvan Evans yn ei flaen i wneud cyfraniad sylweddol fel geiriadurwr a golygydd, a chyfeirir ato weithiau fel un o'r enghreifftiau disgleiriaf o'r 'hen bersoniaid llengar', term a luniwyd gan R. T. Jenkins ac a ddefnyddiwyd gan Bedwyr Lewis Jones yn deitl ar ei astudiaeth o gyfraniad gwŷr eglwysig hanner cyntaf y bedwaredd ganrif ar bymtheg i ddysg a diwylliant Cymraeg.[18] Nid oes a wnelom ag olrhain eu hymdrechion ym meysydd

13 E. G. Millward, *Eben Fardd* (Caernarfon, 1988), t. 49.

14 Cyhoeddwyd yr awdl yng nghyfrol gyntaf y bardd, *Caniadau* (Caernarfon, 1841).

15 *Coll Gwynfa*, cyfieithiad gan Idrison [William Owen Pughe] (Llundain, 1819).

16 Eben Fardd, 'Yr Adgyfodiad: Pryddest', *Y Traethodydd*, VII (1851), 24–77.

17 Ceir y cerddi a nodwyd yn Jones, *Blodeugerdd Barddas o'r Bedwaredd Ganrif ar Bymtheg*, tt. 160–8, 187.

18 Bedwyr Lewis Jones, *'Yr Hen Bersoniaid Llengar'* (Penarth, 1963).

yr eisteddfod ac ysgolheictod, ond y mae barddoniaeth D. Silvan Evans yn ein cyfeirio at y berthynas ffrwythlon rhwng twf y canu telynegol Cymraeg a'r symudiad eglwysig a ganolid o gwmpas gweithgarwch diflino dynion megis John Jenkins (Ifor Ceri) a W. J. Rees. Annibynnwr a droes yn eglwyswr oedd Silvan Evans, a pheth cyffredin oedd symud o gefndir Ymneilltuol i fod dan adain nawdd yr offeiriaid llengar. Deuai'r symudiad yn aml yn sgil llwyddiant eisteddfodol; dyna fu hanes dau o feirdd mwyaf sylweddol ail chwarter y ganrif, sef John Blackwell (Alun), ac Ieuan Glan Geirionydd.[19] Er i'r ddau ysgrifennu'n raenus mewn gwahanol fesurau – y mae awdlau Alun ymhlith goreuon ei gyfnod, ac yn cymharu'n ffafriol ddigon ag amryw o awdlau arobryn yr ugeinfed ganrif, ac emynau Ieuan Glan Geirionydd, 'Ar lan Iorddonen ddofn' a 'Fy Nhad sydd wrth y llyw', yn haeddiannol gyfarwydd – â'r delyneg y cysylltir y ddau yn bennaf, ac o ystyried safle canolog y ffurf honno yn adfywiad llenyddol-ddiwylliannol yr ugeinfed ganrif nid gwiw diystyru'r symudiadau cynnar. Wedi dweud hynny, nid yw mantell yr arloeswr blaengar yn gorwedd yn esmwyth ar ysgwyddau'r naill na'r llall; yn wir, y mae'r cymhelliad hynafiaethol yn amlwg yn ymwneud Alun â'r canu rhydd, a'r cynnyrch weithiau, fel yn achos 'Cerdd Hela', a leolir ym Morgannwg oherwydd ei seilio ar gerdd debyg gan Lewis Hopcyn, yn siomedig o eildwym ac efelychiadol.[20] Daethai Alun ar draws y gerdd o Forgannwg, y mae'n bur debyg, yng nghasgliad llawysgrifau Ifor Ceri yn rheithordy Ceri yn sir Drefaldwyn, canolfan ddeniadol gyfleus i'r darpar offeiriaid llengar a ddeuai i dreulio tymor yn ysgol Thomas Richards yn Aberriw.[21] Yr oedd y dwymyn gasglu hen lyfrau a chwedlau a phenillion wedi gafael yn Alun cyn iddo fynd i Faldwyn, fel y tystia ei lythyr at R. Llwyd o Gaer ddechrau 1824: 'I have derived considerable pleasure and profit in the perusal of these curiosities, and a few pieces which I thought excelled, I have taken the liberty to copy . . . I am determined to bestow my exertions to collect, and my mind to study such remains of our forefathers.'[22] Nid chwythu'r llwch oddi ar hen greiriau yn unig a wnâi ychwaith; yr oedd y traddodiad gwerin yn ddigon byw o hyd yn ystod blynyddoedd ffurfiannol y beirdd dan sylw. Dengys arolwg Robert Griffith o weithgarwch telynorion y cyfnod fod amryw delynorion wrthi yn Nyffryn Conwy, bro Ieuan Glan Geirionydd, ac yn wir hyfforddwyd Ieuan ei hun yn y grefft.[23] Dangosodd Gwen Guest a Bedwyr Lewis Jones fod y beirdd hefyd yn derbyn dylanwad

[19] Ceir byr-gofiannau i John Blackwell yn Griffith Edwards (Gutyn Padarn) (gol.), *Ceinion Alun* (Llundain, 1850), tt. 1–59, ac i Evan Evans yn Richard Parry (Gwalchmai) (gol.), *Geirionydd* (Rhuthyn, 1862), tt. 9–50.

[20] Gw. Bedwyr Lewis Jones, 'Rhamantiaeth "Yr Ysgol Ramantaidd a Thelynegol"' yn J. E. Caerwyn Williams (gol.), *Ysgrifau Beirniadol VII* (Dinbych, 1971), tt. 104–14.

[21] Gw. Stephen J. Williams, 'Ifor Ceri – Noddwr Cerdd' yn Brynley F. Roberts (gol.), *Beirdd ac Eisteddfodwyr: Erthyglau gan Stephen J. Williams* (Abertawe, 1981), tt. 18–46.

[22] Gutyn Padarn, *Ceinion Alun*, t. 86.

[23] Robert Griffith, *Llyfr Cerdd Dannau* (Caernarfon, 1913).

beirdd Saesneg poblogaidd y cylchgronau llenyddol, barddoniaeth gymharol eilradd a ailgylchid mewn papurau fel y *Chester Chronicle*.[24] Dadleuwyd hefyd fod Ieuan ac Alun yn braenaru'r tir ar gyfer llwyddiant ysgubol diweddarach John Ceiriog Hughes, John Jones (Talhaiarn) a Richard Davies (Mynyddog) trwy barchuso'r hen ganu rhydd, ei ddiheintio o naws a sawyr tŷ tafarn, a rhoi iddo haen o'r lledneisrwydd hwnnw y byddai cynulleidfaoedd ail hanner y ganrif yn mynnu ei gael.

Yn ystod pumdegau'r ganrif gwelid cenhedlaeth newydd o feirdd yn cyhoeddi eu cyfrolau cyntaf. Er nad yr offeiriad llengar, Owen Wyn Jones (Glasynys), oedd y galluocaf ohonynt, y mae'n amlwg fod ei gyfrolau *Fy Oriau Hamddenol* (1854) a *Lleucu Llwyd ynghyda Chaneuon eraill* (1858) yn ateb y galw am ganu naturiol, diymhongar, rhydd o ddyfeisiau llenyddol ymwthgar, fel y tystiai geiriau hynod ddadlennol adolygydd dienw y *Brython* am *Lleucu Llwyd* ym 1858:

> Bardd o'r iawn ryw yw Glasynys, ac y mae mwy o wir farddoniaeth yn fynych mewn un ganig o'r eiddo, nag a geir mewn cryn lyfryn o waith ambell un a gymmer arno ei fod yn fardd pwysig dros ben, ac a'ch gosodai chwi i lawr ym mhlith anwybodusion penaf y greadigaeth, pe methai genych ganfod barddoniaeth o'r fath ardderchocaf yn ei waith. Os caiff ambell un o'n rhigymwyr ddigon o glec yn y llinell, a digon o gydseiniaid geirwon i ymfrwydro â'u gilydd, a digon o dywyllwch i ordoi'r cwbl, dyna farddoniaeth, yn ei dyb ef . . . Y mae yn iechyd calon i un gyfarfod ag ambell lyfryn fel llyfryn Glasynys, wedi i un gael hanner ei ddieneidio wrth geisio ymlwybran trwy gyfansoddiadau llyffetheiriog beirdd y glec, y sothach, a'r ansynwyr.[25]

Dyma gri o'r galon yn erbyn y llurgunio ffuantus ar yr iaith lenyddol a'r *poseurs* ffugenwol coegfalch. Y mae'r brotest yn erbyn ffolinebau barddas yn arwydd baroted oedd y tir i dderbyn pyncwyr melysaf trydydd chwarter y ganrif, sef Talhaiarn, a gyhoeddodd ei gyfrol gyntaf ym 1855, a Ceiriog, y daeth ei *Oriau'r Hwyr* o'r wasg ym 1860. Wrth wrando ar Ceiriog yn trafod manylion ei grefft a disgwyliadau'r gynulleidfa yn adran agoriadol *Y Bardd a'r Cerddor* (1863) y synhwyrwn orau naws ac estheteg y cyfnod. Fe'i gwelwn yn poblogeiddio ymhellach y math ar ganu rhydd a luniwyd gan Alun ac eraill, canu 'telynegol' yn llythrennol yn aml oherwydd ei lunio i'w ganu ar geinciau telyn, ac yn ymateb i alwadau taer y farchnad ddiwylliannol newydd a ganolid ar yr eisteddfod a'r neuadd gyngerdd. 'Awgrymiadau ynghylch ysgrifennu caneuon a geiriau i gerddoriaeth' yw enw'r adran, cyfuniad o faniffesto llenyddol a chynghorion technegol craff a phwrpasol. Nid oedd gan yr awdur unrhyw amheuaeth ei fod yn

[24] Jones, 'Rhamantiaeth "Yr Ysgol Ramantaidd a Thelynegol"', tt. 104–14; Gwendoline Guest, 'Bywyd a Gwaith John Blackwell (Alun) 1797–1840' (traethawd MA anghyhoeddedig Prifysgol Cymru, 1971).

[25] *Y Brython*, 9 Gorffennaf 1858, 37. Ceir y cyflwyniad gorau i fywyd a gwaith Glasynys yn Saunders Lewis, *Straeon Glasynys* (Aberystwyth, 1943).

llefaru ar adeg chwyldroadol yn hanes y diwylliant Cymraeg: 'Y mae mwy o alwad nag erioed y dyddiau hyn am eiriau i'w canu, ac achlysuron i wneud defnydd o'r cyfryw ganeuon, mewn cyngherddau a chyrddau adlonawl, wedi dyblu a threblu rhagor yr hyn oeddynt flynyddoedd yn ol. Y mae cymdeithas hefyd wedi esgyn ris yn uwch, nes mae lluaws o'r hen gerddi wedi myned yn anaddas i chwaeth bresenol y bobl. Yn wir y mae cyfnod newydd wedi dechreu ar ganiadau y genedl.'[26] Ac y mae cyhoeddi'r cyfnod newydd yn gorfod cyd-fynd ag ymwrthod â'r hen: 'Y mae adeg prydyddiaeth y dafarn, fel duwinyddiaeth dderwyddol, wedi cyrhaedd pen pellaf ei bodolaeth . . . y mae yr hyn oedd boblogaidd gynt wedi dyfod yn fwrn gwrthwynebus i'r chwaeth bresenol. Ni oddefir un testyn yn awr os na bydd o duedd ddyrchafedig neu foesol.'[27] Ond yr oedd pris i'w dalu, wrth reswm, am barodrwydd Ceiriog i fod yn was i'r cerddor, ac i chwaeth a chyraeddiadau'r lliaws. 'Bardd y piano oedd Ceiriog; bardd y gyngerdd', meddai Gwenallt,[28] a'r bardd hwnnw sy'n datgan 'pan ddigwyddo fod tôn adnabyddus mewn angen am eiriau, yna rhaid i'r bardd fyned yr holl ffordd at y cerddor';[29] ef hefyd sy'n dweud wrth y bardd am fabwysiadu agwedd cwbl ymarferol at ei waith. Bu Ceiriog yn rhy anfeirniadol ufudd i'w gynulleidfa gyfoes i obeithio plesio darllenwyr diweddarach mwy beirniadol, er i feirniaid mor wahanol ag R. Williams Parry ac R. M. Jones gydnabod camp rhyfeddol ei delynegion gorau, y naill yn galw 'Nant y Mynydd' yn 'delyneg berffeithiaf barddoniaeth Gymraeg', y llall yn dweud y 'gallai ambell dro daro nodyn o burdeb syn'.[30] Ond y mae'r bylchau a adewir gan sentimentaliaeth Ceiriog yn ddigon rhwydd i'w canfod, er iddo roi ambell arwydd y carai lacio ychydig ar y goler Fictoraidd, weithiau yn ei ganeuon, ond yn enwedig yn ei ryddiaith afieithus ddychanol. Bid a fo am hynny, ni ellir gwadu ei safle fel cynhyrchydd llên boblogaidd ac fel lluniwr delweddau o'r bywyd Cymraeg a barhaodd i fod yn atyniadol, er gwell neu er gwaeth, am ganrif a mwy.[31]

Yr oedd y delyn y clywodd ef ei chanu yng ngwesty'r Harp yn nyddiau ei blentyndod yn Llanfair Talhaiarn yn agos at galon Talhaiarn yntau, a lluniodd nifer o ganeuon hwylus a rhwydd, yn eu plith 'Mae Robin yn swil'. Nid oedd ei awen naturiol yn ddigon llednais i blesio chwaeth ei gyfnod, ond fe'i plygodd i'r patrwm disgwyliedig wrth ysgrifennu geiriau ar gyfer alawon a gosodiadau John Owen (Owain Alaw) a John Thomas (Pencerdd Gwalia).[32] Yn ôl Saunders Lewis,

[26] John Ceiriog Hughes, *Y Bardd a'r Cerddor: gyda Hen Ystraeon am danynt* (Gwrecsam, 1863), t. 5.
[27] Ibid., t. 32.
[28] D. Gwenallt Jones, 'Ceiriog' yn Dyfnallt Morgan (gol.), *Gwŷr Llên y Bedwaredd Ganrif ar Bymtheg a'u Cefndir* (Llandybïe, 1968), t. 212.
[29] Hughes, *Y Bardd a'r Cerddor*, t. 36.
[30] R. Williams Parry, 'Ceiriog – Bardd heb ei debyg' yn Bedwyr Lewis Jones (gol.), *Rhyddiaith R. Williams Parry* (Dinbych, 1974), tt. 108–17; Jones, *Blodeugerdd Barddas o'r Bedwaredd Ganrif ar Bymtheg*, t. 24.
[31] Gw. Hywel Teifi Edwards, *Ceiriog* (Caernarfon, 1987).
[32] Gw. Dewi M. Lloyd, *Talhaiarn* (Caernarfon, 1993).

wrth adolygu *Hanes Llenyddiaeth Gymraeg* ym 1946, 'Talhaiarn oedd yr unig fardd yn ei gyfnod a chanddo ymwybod â thrasiedi bywyd dyn, a hynny'n angerddol.'[33] Ar sail cynnwys y gerdd hir, neu'r casgliad o gerddi 'Tal ar Ben Bodran' yr honnir hyn. Cerdd ugain canto yw hon a luniwyd ar batrwm cerddi tebyg gan Byron, arwr llenyddol Talhaiarn, ac sy'n gwneud defnydd o'r mesur *ottava rima* a welid yng nghanu'r bardd Saesneg. Y sgwrsio rhwng y bardd a'i Awen yw'r wythïen gysylltiol amlwg ond ni ddylid disgwyl cerdd gymesur, gydlynol. Ystryw ydyw'r ddyfais, yn ôl Dewi M. Lloyd, 'i ddwyn i'r gwaith efelychiadau, dychan, ymarfer ar wahanol fesurau, sylwadau beirniadol a cherddi gwreiddiol',[34] ond wrth i'r gwaith fynd rhagddo daw iddo'r elfennau dwys, myfyriol a ddenodd sylw Saunders Lewis.

Ni chrybwyllwyd hyd yn hyn un bardd o bwys a gyhoeddasai ei gyfrol gyntaf yn y 1850au, sef William Thomas (Islwyn) o Ddyffryn Sirhywi yn sir Fynwy. Cyhoeddodd gyfrol denau o gerddi, *Barddoniaeth*, ym 1854, ond taniwyd ei awen gan farwolaeth ei ddyweddi, Ann Bowen, ym mis Tachwedd 1853, ac er na chyhoeddodd ei ail gyfrol, *Caniadau*, tan 1867, y mae'n hysbys i'r cyfnod 1854–6 fod yn rhyfeddol o gynhyrchiol iddo.[35] Dyma pryd y lluniodd ambell gerdd gyfarwydd fel yr emyn 'Gwêl uwchlaw cymylau amser' ynghyd â'r arwrgerdd gyntaf ar destun 'Y Storm', a gadwyd mewn llawysgrif ac na chafwyd argraffiad cyflawn ohoni tan 1980, er i O. M. Edwards gyhoeddi darnau yn *Gwaith Islwyn* ym 1897.[36] Er iddo lunio awdlau di-fflach, un o bleidwyr rhyddid y mesurau digynghanedd oedd Islwyn. 'Pan fyddo yr athrylith barddonol yn esgyn i'w gylchoedd uchelaf', meddai yn ei ysgrif ar y bardd a'r beirniad o'r Alban, Alexander Smith, 'agosaf i'r nefol a'r didranc, nis gall fforddio, gan ysblander y weledigaeth, i ddisgyn i lawr i'r daearol i droi tudalennau geirlyfr am gyfodlair.'[37] Er ei holl wendidau, Islwyn sy'n tywys yr awen Gymreig i fyd cymhlethdod delweddol ac uchelgais deallusol. Prin odiaeth, serch hynny, oedd y cerddi boddhaol a luniwyd yn y cywair arbennig hwnnw gan Islwyn na neb o'i gyfoedion o gyffelyb fryd. Llwyddodd cerddi gorau Islwyn, fodd bynnag, i foddhau deall a dychymyg darllenwyr sawl cenhedlaeth, ac y mae detholiad R. M. Jones yn llwyddo i gyfleu egni awenyddol Islwyn ar ei orau.[38]

Yn ofer y chwilir am genhedlaeth o faintioli tebyg yn codi rhwng 1870 ac 1890, a hawdd fyddai oedi'n feirniadol uwch cynnyrch beirdd a gafodd gryn lwyddiant eisteddfodol megis Thomas Tudno Jones (Tudno), y cyhoeddwyd ei weithiau ar ôl ei farw yn y gyfrol *Telyn Tudno* (1897), J. J. Roberts (Iolo Carnarvon), enillydd tair coron genedlaethol yn olynol yn ystod 1890–2, a John Owen Williams (Pedrog),

[33] Saunders Lewis, *Meistri a'u Crefft* (Caerdydd, 1981), tt. 271–2.

[34] Lloyd, *Talhaiarn*, t. 70.

[35] Gw. D. Gwenallt Jones, *Bywyd a Gwaith Islwyn* (Lerpwl, 1948).

[36] Meurig Walters (gol.), *'Y Storm' gyntaf gan Islwyn* (Caerdydd, 1980).

[37] Islwyn, 'Alexander Smith', *Y Llenor*, XI (1897), 33.

[38] Jones, *Blodeugerdd Barddas o'r Bedwaredd Ganrif ar Bymtheg*, tt. 299–340.

casglwr dodrefn eisteddfodol niferus. Dyma'n fras ddosbarth 'y Bardd Newydd', y beirdd-bregethwyr maith eu cyfansoddiadau a thraethodol eu dull a fu'n gocynnau hitio delfrydol i feirniaid diweddarach. Am y rhain y dywedodd Alun Llywelyn-Williams: 'Y gwir plaen yw nad oedd y Bardd Newydd ddim yn fardd, nad oedd ganddo glem ar farddoniaeth.'[39] Ceir mwy o ysgafnder yma a thraw, yng ngwaith Watkin Hezekiah Williams (Watcyn Wyn), er enghraifft, awdur *Caneuon* (1871), *Odlau'r Efengyl* (1882) a *Hwyr Ddifyrion* (1883),[40] ond heb amheuaeth y bardd mwyaf diddorol a ddaeth i'r amlwg yn y blynyddoedd hyn oedd y pregethwr ifanc o Flaen-y-coed, sir Gaerfyrddin, Howell Elvet Lewis (Elfed). Ganed Elfed ym 1860 a bu fyw hyd 1953, gan brifio'n ffigur cenedlaethol poblogaidd iawn. Lluniodd rai o emynau mwyaf poblogaidd y cyfnod diweddar ond llym fu'r ymateb beirniadol i'w waith tuag at ddiwedd yr ugeinfed ganrif, ac y mae dyfarniad y *Cydymaith i Lenyddiaeth Cymru* yn datgan yn blwmp ac yn blaen: 'Ni pherthyn dim arbenigrwydd i'w farddoniaeth, ac eithrio ei emynau.' Digon digyffro yw ei gynnyrch at ei gilydd, ond plesiodd ei gyfoedion yn fawr, a hynny i raddau helaeth oherwydd iddo fedru apelio at edmygwyr Ceiriog ac Islwyn drwy gyfuno pertrwydd y naill a rhyw fesur o fyfyrdod athronyddol y llall.[41] Fe'i hystyrir hefyd yn rhyw fath o seren fore i'r adfywiad yn hanes barddoniaeth a ddaeth ar ei ôl, gan iddo arddangos glendid crefft diymhongar, ynghyd â pharodrwydd i gloddio ym maes y chwedlau brodorol am ei ddeunydd a'i ddelweddau. Nid yw'n anodd canfod pwyslais ac idiom y cydiwyd ynddynt mewn modd mwy penderfynol gan y beirdd ifainc a ddaeth i'w hoed yn y ganrif newydd. Lluniodd nifer o gerddi a oedd yn rhannol lwyddiannus, beth bynnag, yn yr wythdegau a'r nawdegau – yn eu plith y bryddest boblogaidd 'Gorsedd Gras' (a fu'n gysur i Daniel Owen yn ystod ei waeledd olaf), y rhieingerdd 'Llyn y Morynion', 'Gwyn ap Nudd', a'r gerdd sy'n cynnwys un o'i linellau enwocaf, 'Nid cardod i ddyn ond gwaith', sef 'Rhagorfraint y Gweithiwr'.[42] Awgryma tystiolaeth y blynyddoedd hyn fod Elfed, er gwaethaf ei frychau, yn gosod seiliau ar gyfer gyrfa farddonol arwyddocaol, ond nid felly y bu, ac nid oes iddo ran o werth ym mywyd barddonol yr ugeinfed ganrif.

Os Elfed ar sawl cyfrif yw bardd mwyaf diddorol y blynyddoedd hyn, y mae'n bur debyg mai John Morris-Jones oedd y mwyaf dylanwadol. Ym 1907 y cyhoeddwyd ei unig gyfrol o farddoniaeth, ond ymddangosodd ei gyfieithiadau o Heine, ynghyd â'r awdl glasurol ei dull a radicalaidd ei neges 'Cymru Fu: Cymru Fydd', ar dudalennau *Cymru* O. M. Edwards ar ddechrau'r nawdegau.[43] Er mwyn

[39] Alun Llywelyn-Williams, 'Y Bardd Newydd' yn Morgan, *Gwŷr Llên y Bedwaredd Ganrif ar Bymtheg*, t. 277.

[40] Gw. Bryan Martin Davies, *'Rwy'n gweld o bell . . .' Bywyd a Gwaith Watcyn Wyn* (Gwasanaeth Diwylliant Llyfrgell Dyfed, 1980), a Huw Walters, *Canu'r Pwll a'r Pulpud* (Cyhoeddiadau Barddas, 1987).

[41] Gw., er enghraifft, Branwen Jarvis, '"Garedig Ysbryd": golwg ar ganu Elfed', *LlC*, XVIII, rhifyn 1 a 2 (1994), 114–26.

[42] Cyhoeddwyd ei waith yn *Caniadau Elfed* (Caerdydd, 1909).

[43] John Morris Jones, *Caniadau* (Rhydychen, 1907).

deall yn union beth yr oedd Morris-Jones yn adweithio yn ei erbyn, dyfynnwn ychydig linellau o un o bryddestau Iolo Carnarvon, 'Ardderchog Lu y Merthyri':

> Tystion i a thros wirionedd oeddynt hwy yn mhlith eu rhyw;
> *Tystion* – cynddrychiolent Iesu Grist yn marw ac yn byw.
> Credent wirioneddau sanctaidd nes y deuent drwy eu ffydd
> Gref yn wirioneddau dysglaer dröent nos ein byd yn ddydd.[44]

Cynhwysai'r gerdd gyfan dros naw cant o linellau yn y cywair hwn. Yr oedd apêl gwrthgyferbyniol y cryno, y tlws a'r amhregethwrol synhwyrus yn amlwg. Yr hyn sy'n taro'r darllenydd gryfaf ynghylch rhai o ymarferion cynnar Morris-Jones yw'r modd y mae'n ymblesera'n foethus yn seiniau'r Gymraeg ac yn sŵn barddoniaeth er ei fwyn ei hun, yn fwriadol ddiathrawiaeth a dineges, ond bellach, yn wahanol i rai o'i ragflaenwyr yn ystod y ganrif, gyda hyder ac awdurdod academaidd. Y mae'r 'Llythyrau' ('At O. M. E.') a luniodd rhwng 1886 a 1889 yn enghreifftio hynny i'r dim, fel y dengys pennill cyntaf yr ail yn y gyfres:

> I Fynwy fawr o'r Fona fau,
>   O lannau Menai lonydd
> I lannau Hafren lydan lon,
>   At union bert awenydd,
> Cyfeirio cerdd am gerdd a wnaf,
>   Os medraf, megis mydrydd.[45]

Ni chanai Morris-Jones mor ddiofal o ffri bob amser ychwaith, a dangosodd Alun Llywelyn-Williams arwyddocâd awdlau'r nawdegau, 'Cymru Fu: Cymru Fydd' a 'Salm i Famon', wrth i'r bardd fwrw ei lid ar agweddau philistaidd a materol y gymdeithas gyfoes mewn dull a awgrymai ddyled i William Morris a John Ruskin, ac a drawai nodyn protestgar tebyg i'r hyn a glywid yng ngwaith bardd ifanc o Fetws-yn-rhos, T. Gwynn Jones.[46] Ym mlynyddoedd olaf y ganrif yr aeth Morris-Jones ati i lunio ei farddoniaeth fwyaf gorffenedig, sef ei gyfieithiad gorchestol o *Ruba'iyat* Omar Khayyam.[47] Fel Elfed, ni ddatblygodd gyrfa farddol Morris-Jones yn y ganrif newydd, a rhaid ei ystyried yn bennaf, efallai, yn fardd enghreifftiol a gododd arwyddion ffyrdd ar gyfer beirdd cyfoethocach eu dychymyg a'u mynegiant megis T. Gwynn Jones.

44 J. J. Roberts (Iolo Carnarvon), *Ymsonau* (Caernarfon, 1895), t. 13.

45 Morris Jones, *Caniadau*, t. 34.

46 Alun Llywelyn-Williams, *Y Nos, y Niwl a'r Ynys: Agweddau ar y Profiad Rhamantaidd yng Nghymru, 1890–1914* (Caerdydd, 1960), tt. 58–62, 110–11.

47 Morris Jones, *Caniadau*, tt. 161–82.

Rhyddiaith

Yn ei ragymadrodd i'w nofel fawr *Enoc Huws* (1891), gallai Daniel Owen fwrw trem yn ôl ar y cyfnewidiadau enfawr a welsai yn y diwylliant llenyddol Cymraeg yn ystod ei oes ef. Prin y gallai neb wadu, meddai, fod gan y Cymry bellach lenyddiaeth. Ond llenyddiaeth o fath arbennig ydoedd, wrth gwrs, a llenyddiaeth gyfyng ei moddau a'i chyweiriau. Yr oedd yn naturiol i'r nofelydd nodi'r bylchau amlwg yn y maes y bu ef yn arloesi ynddo; yr oedd rhan helaeth o'r bywyd Cymreig o hyd yn bridd heb ei droi na'i drafod gan awduron y genedl. At y bywyd cymdeithasol allanol y cyfeiriai Daniel Owen. Yr oedd tirlun y bywyd mewnol ysbrydol wedi derbyn sylw rhai o wŷr trymaf y genedl, ac yr ydym yn sôn hefyd am genedl a gyflawnodd wyrthiau ym maes llenyddiaeth addysgiadol, gyda chyhoeddi *Geiriadur Ysgrythyrawl* Thomas Charles a'r *Gwyddoniadur Cymreig* yn uchafbwyntiau amlwg. Beiwyd y cymhelliad addysgiadol, buddiol am lwydni unffurf llên y ganrif, wrth gwrs, ond camgymeriad mawr fyddai tynnu'r llenni'n rhy ffwr-bwt ar yr hyn sydd ganddi i'w gynnig. Tybir yn gyffredin mai Thomas Jones (Caerwys, Yr Wyddgrug a Dinbych) oedd y mwyaf abl o lenorion y Methodistiaid ar ddechrau'r ganrif. Cyflawnodd ei lafur pennaf a mwyaf poblogaidd yn ei gyfnod fel cyfieithydd Gurnal ac addasydd Fox ac eraill, ond ym mlwyddyn ei farw, sef 1820, cyhoeddwyd clasur o hunangofiant ganddo.[48] O ystyried y beirniadu a fu ar goegbarchusrwydd a lledneisrwydd llenyddiaeth ddiweddarach y ganrif, mor arwyddocaol yw parodrwydd Thomas Jones i graffu ar droeon trofaus yr enaid ac ar flinderau annymunol ac arteithiol y corff ac i'w cofnodi'n gywir a di-lol.

'Ar ddymuniad ei gyfaill parchedig Mr Charles' yr aeth Thomas Jones ati i gofnodi ei atgofion. Buasai'r ddau yn gyd-olygyddion *Y Drysorfa Ysbrydol* (1799) ac yn gyd-lafurwyr dygn. Y mae'n sicr nad ystyriai Charles ei hun yn gystal Cymreigiwr â'i gyd-weithiwr, ac eto ni ellir peidio â mynegi'r farn fod y *Geiriadur Ysgrythyrawl* (1805–11) yn cynnwys toreth o ysgrifau cwbl nodedig ar gyfrif trylwyredd eu dysg, manylrwydd eu hymresymu, ac angerdd nwyfus, eneiniedig eu mynegiant.[49] Charles hefyd a anogodd Robert Jones, Rhos-lan, i roi rhai o

[48] Ceir rhestr o gyhoeddiadau Thomas Jones yn Jonathan Jones, *Cofiant y Parch. Thomas Jones o Ddinbych* (Dinbych, 1897), tt. 396–406. Cyhoeddwyd *Y Cristion mewn Cyflawn Arfogaeth*, ei gyfieithiad o adrannau o glasur y Piwritan Saesneg, William Gurnal, *The Christian in Compleat Armour*, yn ddwy ran, yn Yr Wyddgrug ym 1796 ac yn Rhuthun ym 1809. Argraffwyd y cyfan yn un gyfrol gan Wasg Gee yn Ninbych yn ystod y ganrif, ym 1862, er enghraifft, ac mor ddiweddar â 1883. Cyhoeddwyd ei *Hanes y Merthyron yn Mhrydain Fawr* yn gyfrol 1,165 tudalen yn Ninbych ym 1813. Bu darllen arni a galw amdani ar hyd y ganrif; cyhoeddwyd 'argraphiad rhad' yn ddwy gyfrol gan Gee yn Ninbych ym 1893. Cyhoeddwyd ei hunangofiant yn wreiddiol dan y teitl *Cofiant, neu Hanes Bywyd a Marwolaeth y Parch. Thomas Jones* (Dinbych, 1829); gw. hefyd Idwal Jones (gol.), *Hunangofiant y Parch Thomas Jones o Ddinbych* (Aberystwyth, 1937).

[49] Cyhoeddwyd y *Geiriadur* yn bedair rhan rhwng 1805 a 1811. Ceir hanes bywyd a llafur Thomas Charles yn drylwyr gyflawn yn D. E. Jenkins, *The Life of the Rev. Thomas Charles of Bala . . . in three volumes* (Denbigh, 1908). Cyhoeddwyd y seithfed argraffiad o'r *Geiriadur* yn un gyfrol (xvi + 944 tudalen) gan Hughes and Son, Wrecsam, ym 1893.

hanesion Methodistiaeth ar gof a chadw. Gwnaeth hynny yn *Drych yr Amseroedd* (1820), cyfrol a osododd y cywair ar gyfer llawer o ysgrifennu atgofiannol, anogaethol gan Fethodistiaid y bedwaredd ganrif ar bymtheg, a chyfrol y bu beirniaid yr ugeinfed ganrif yn ddigon parod i'w chynnwys o fewn canon y traddodiad rhyddiaith.[50] O blith awduron eraill y cyfnod, un o'r mwyaf diwyd oedd Azariah Shadrach (1774–1844), a dreuliodd ei gyfnod mwyaf cynhyrchiol fel awdur yn weinidog gyda'r Annibynwyr yn Aberystwyth. Cyhoeddodd dros ugain o lyfrynnau rhwng 1800 a 1840 a chyfeiriwyd ato fel 'Bunyan Cymru' yn ei feddargraff.[51] Nid yw'n anodd deall poblogrwydd Shadrach. Deallodd werth rhannu deunydd addysgol ac athrawiaethol yn adrannau byrion, bachog, ac yn aml defnyddir cerddi o'i waith i danlinellu'r wers. Y mae'r llyfryn 36 tudalen *Allwedd Myfyrdod neu Arweinydd i'r Meddwl Segur* (Caerfyrddin, 1809) yn cynnwys un ar bymtheg o benodau byrion yn dwyn teitlau megis 'Allwedd Myfyrdod wrth rodio ar Lan y Môr' ac 'Allwedd Myfyrdod wrth ddal yr Aradr'.

Awgrymwyd eisoes na ellir gorbwysleisio arwyddocâd y papur newydd yn natblygiad rhyddiaith y ganrif, ac yn hynny o beth yr oedd sefydlu *Yr Amserau* yn Lerpwl dan olygyddiaeth Gwilym Hiraethog ym 1843 yn garreg filltir bwysig. Yr oedd cyfraniadau'r golygydd ei hun yn neilltuol o ddylanwadol. Ymdrin â phynciau'r dydd a wnâi 'Llythurau 'Rhen Ffarmwr' a gyhoeddwyd yn gyfres yn *Yr Amserau* rhwng 1846 ac 1851 (ac yna'n gyfrol ym 1878), a'u harbenigrwydd yw'r modd y defnyddir tafodiaith frodorol yr awdur (o Lansannan yn sir Ddinbych yr hanai) yn gyfrwng llenyddol amgen, ac addas iawn, ar gyfer mynegi argyhoeddiadau radicalaidd a heriai'r drefn. Sylweddolodd Gwilym Hiraethog fod angen rhyddid y cyweiriau answyddogol, amharchus ar y Gymraeg os oedd am fod yn gyfrwng ysgrifennu ffraeth a bywiog. Ond, wrth gwrs, bu'n rhaid iddo fel golygydd geryddu ei *alter ego* ''Rhen Ffarmwr' oherwydd ei iaith afledneis! ('Mor anweddaidd ac erchyll yw yr ymadroddion – "myn diaist", – "cynddeiriog", – "bogs arnynt" – "i'w crogi": &c . . . Ni buasem yn gadael iddynt ymddangos ar wyneb yr *Amserau*, ond yn unig er cael y fantais i ddangos eu gwrthuni').[52] Ailgodi trywydd Twm o'r Nant a John Jones (Jac Glan-y-gors) o ddiwedd y ganrif flaenorol a wnaeth Gwilym Hiraethog, fel y dadleuodd E. G. Millward, ond yr oedd yn ailgodi dylanwadol iawn o ran un wedd ar arddull rhyddiaith y ganrif. O safbwynt ffurfiau llenyddol, yr oedd menter fawr nesaf Hiraethog yn fwy dylanwadol fyth. Ym 1853 cyhoeddodd *Aelwyd F'Ewythr Robert: Neu, Hanes Caban F'Ewythr Tomos*, addasiad o nofel ysgubol boblogaidd Harriet Beecher Stowe, *Uncle Tom's Cabin*. Yn ôl E. G. Millward, 'rhoes poblogrwydd *Aelwyd F'Ewythr Robert* hwb grymus i dwf ffuglen yn Gymraeg ac fe'i defnyddid yn aml fel prawf y gallai'r "nofel" fod yn llesol ac yn fuddiol, yn union fel *Taith y*

50 Robert Jones, *Drych yr Amseroedd*, golygwyd gan Glyn M. Ashton (Caerdydd, 1958).

51 Gw. Charles Ashton, *Hanes Llenyddiaeth Gymreig, o 1651 O.C. hyd 1850* (Liverpool, 1893), tt. 506–12.

52 *Yr Amserau*, 25 Chwefror 1847, 3.

Pererin'.[53] O 1853 ymlaen daeth y ffugchwedl yn elfen gyffredin yn arlwy'r newyddiaduron a'r cylchgronau Cymraeg. Pan gyhoeddwyd addasiad Gwilym Hiraethog yn gyfrol ym 1853, yr oedd Daniel Owen yn brentis teiliwr, ac y mae'n bur debyg mai yng ngweithdy Angell Jones yn Yr Wyddgrug y clywodd ddarllen y chwedl gyntaf. Erbyn diwedd y degawd yr oedd yn troi ei law at gyfieithu moeswers boblogaidd ei hun. Ym 1859, ar dudalennau *Charles o'r Bala*, yr ymddangosodd ei addasiad o nofel Timothy Shay Arthur, *Ten Nights in a Bar-Room and What I Saw There*.[54] Afraid dweud nad gan y chwedleuwyr moeswersol y cafwyd ysgrifennu difyrraf trydydd chwarter y ganrif. Rhaid troi yn hytrach at awduron mwy cymhleth eu cymhellion llenyddol a mwy ffri eu hysbryd, rhai sy'n gwyro oddi wrth y safonol a'r disgwyliedig. Y mae hynny'n arbennig o wir ym maes y cofiant, ffurf y gellir olrhain ei dechreuadau i'r un cymhelliad hanesyddol, anogaethol ag a esgorodd ar *Hunangofiant* Thomas Jones a *Drych yr Amseroedd*. Olrheiniwyd datblygiad y ffurf gan Saunders Lewis, a roes glod haeddiannol i John Owen, cofiannydd Daniel Rowland, ac i Owen Thomas, cofiannydd John Jones, Tal-y-sarn, ymhlith eraill.[55] Ond yr oedd bron yn anochel y byddai'r ffurf yn dirywio i fod yn ddiflas ystrydebol ei dull ac weithiau yn wenieithus ei hysbryd. Ys dywedodd Emyr Gwynne Jones: 'Wedi llwyr ddiflasu ar y canmol a'r delfrydu diddiwedd ar lu o fucheddau digon anniddorol a di-liw, hyfrydwch pur yw taro ar ambell gofiant sydd mewn rhyw ffordd neu'i gilydd yn *wahanol*.'[56] Cymhellid yr adwaith gwahanol hwn nid yn unig gan reddf pob llenor a bardd medrus i fynnu llefaru mewn idiom sy'n rhydd o ystrydebau meirw eraill, ond hefyd gan yr awydd i ddweud y gwir yn ddiweniaith a difaldod.

Gallai amcanu dweud y gwir dramgwyddo, wrth reswm, fel y canfu Edward Matthews, y pregethwr a'r golygydd poblogaidd o Fro Morgannwg, wrth gyhoeddi ei 'gofiant' trawiadol wahanol *Hanes Bywyd Siencyn Penhydd* ym 1849. Jenkin Thomas (1746–1807), un o bregethwyr di-ddysg y Methodistiaid yw'r gwrthrych, 'cymeriad' ar gyfrif ei wisg, ei ymddygiad a'i ddywediadau. Wrth ddathlu'n ddychmygus, ar sail y straeon a glywsai yn y Fro, fywyd gŵr a fuasai farw chwe blynedd cyn ei eni ef, yr oedd Matthews yn fwriadol yn chwistrellu dos o Fethodistiaeth werinol, arw, ond bywiol Morgannwg y ddeunawfed ganrif i gorff parchus ei enwad ym 1850. Wrth drafod y 'cymeriadau lliwgar, gwerinol, grotesg' a geir gan Matthews yn ei weithiau, dadleuodd Ioan Williams fod dylanwad Syr Walter Scott i'w weld yn amlwg.[57] Gwyro yn ddychmygus, ddifyrrus oddi ar lwybr y cofiant swyddogol, felly, a wnaeth Edward Matthews.

[53] E. G. Millward, 'Gwilym Hiraethog: Llenor y Trawsnewid' yn idem, *Cenedl o Bobl Ddewrion: Agweddau ar Lenyddiaeth Oes Victoria* (Llandysul, 1991), t. 91; gw. hefyd Ioan Williams, *Capel a Chomin: Astudiaeth o Ffugchwedlau Pedwar Llenor Fictoraidd* (Caerdydd, 1989), tt. 31–54.

[54] Gw. Bedwyr Lewis Jones, 'Deng Noswaith yn y "Black Lion", Daniel Owen', *LlC*, VIII, rhifyn 1 a 2 (1964), 84–6.

[55] Saunders Lewis, 'Y Cofiant Cymraeg', *THSC* (1935), 157–73.

[56] Emyr Gwynne Jones, 'Cofiannau' yn Morgan, *Gwŷr Llên y Bedwaredd Ganrif ar Bymtheg*, t. 181.

[57] Williams, *Capel a Chomin*, tt. 8–9.

Wrth droi at waith David Owen (Brutus), deuwn at awdur a gredai nad oedd y cofiant yn ddim ond un enghraifft o ragrith hunandybus y dosbarth gwaethaf o Ymneilltuwyr, y 'Jacs' fel y cyfeiriai yn ddifrïol atynt. Fel cynifer o ddychanwyr milain, gŵr blin a chanddo asgwrn i'w grafu oedd Owen. Tynnodd helynt a chywilydd yn ei ben trwy geisio cael arian trwy ddichell gan gronfa grefyddol, fe'i diarddelwyd gan y Bedyddwyr, fe'i siomwyd gan yr Annibynwyr a throes at yr Eglwys, gan ddechrau golygu cylchgrawn newydd *Yr Haul* ym 1835. Oherwydd ei amgylchiadau personol troes Owen mewn gwirionedd yn herwr, yn ddyn a safai y tu allan i gymdeithas barchus ei ddydd ac a allai ddryllio delwau a herio sibolethau crefyddol a llenyddol gyda mesur o ryddid a waherddid i eraill. Aeth ati ag afiaith anghyffredin i ddychanu'r cofiant Ymneilltuol (er iddo lunio cofiannau confensiynol ei hun), fel yr awgryma teitlau ei ffug-gofiannau *Cofiant Wil Bach o'r Pwll-dŵr, Cofiant Siencyn Bach y Llwywr* a *Cofiant Dai Hunan-dyb*. Ei waith enwocaf, a'r gwaith a ddenodd sylw neilltuol beirniaid yr ugeinfed ganrif, yw *Wil Brydydd y Coed*, a ymddangosodd yn gyfres yn *Yr Haul* rhwng 1863 a marw'r awdur ym 1866.[58] Nid yw'n anodd derbyn disgrifiad Thomas Jones o'r gwaith fel 'nofel ddychan amrwd a llac ei gwead',[59] mor llac yn wir fel nad yw'r ffaith ei bod yn anorffenedig yn mennu dim ar ei chryfderau. Amcan yr hanes yw colbio Ymneilltuaeth, yn enwedig Annibynia Fawr, am ei sectyddiaeth a'i chapeli sblit a'i phregethwyr di-ddysg a disynnwyr, a gwneir hynny trwy greadigaeth gomig gwir gofiadwy, sef y prif gymeriad William Morgans, rhagrithiwr ifanc glwth, dichellgar a chnawdol. Yn ogystal â pharodïo'n hwyliog rai o ystrydebau dirywiedig pregethau'r cyfnod, defnyddiodd Owen holl adnoddau ei dafodiaith frodorol i baentio darluniau Hogarthaidd o gampus o griw o bobl y mae eu bol yn dduw iddynt. Er ei fod yn aml yn ddychanwr annheg ac anghynnil, y mae i briod-ddull Brutus le arwyddocaol yn natblygiad rhyddiaith ddychmygus y ganrif.

Os gwyriadau direidus oddi ar lwybrau'r ystrydebol sy'n arddangos y Gymraeg ar ei bywiocaf yn aml, rhaid gofalu peidio â dibrisio ychwaith yr urddas a osodwyd ar yr iaith ysgrifenedig gan rai o fentrau cyhoeddi ysblennydd uchelgeisiol trydydd chwarter y ganrif. Y mwyaf uchelgeisiol oedd *Y Gwyddoniadur Cymreig*, a gyhoeddwyd yn rhannau, yn bennaf dan olygyddiaeth John Parry, rhwng 1854 a 1879.[60] Ar raddfa lai, ond nodweddiadol o hyder egnïol cynifer yn y cyfnod, cafwyd *Hanes y Brytaniaid a'r Cymry* (1872–4) gan R. J. Pryse (Gweirydd ap Rhys), detholiad poblogaidd Robert Jones, Llanllyfni, *Gemau Diwinyddol* (1865), geiriadur bywgraffyddol defnyddiol Isaac Foulkes, *Enwogion Cymru* (1870), a'r gyfrol a olygwyd gan Owen Jones, *Cymru, yn Hanesyddol, Parthedegol a*

[58] David Owen (Brutus), *Wil Brydydd y Coed*, golygwyd gan Thomas Jones (Caerdydd, 1949).

[59] Ibid., t. xxviii.

[60] Gw. Roger Jones Williams, 'Hanes Cyhoeddi *Y Gwyddoniadur Cymreig*', *LlC*, IX, rhifyn 3 a 4 (1967), 135–65; idem, 'Rhai sylwadau ar gynnwys *Y Gwyddoniadur Cymreig*', *LlC*, XII, rhifyn 1 a 2 (1972), 92–116.

Bywgraphyddol (1875). Yn goron ar holl ysgrifennu cofiannol yr oes cafwyd *Cofiant John Jones, Talsarn* gan Owen Thomas ym 1874.

Gadawsom y ffugchwedl ym mhydew llafurus foeswersol storïau dirwest y pumdegau. Gwnaethpwyd ymdrechion dygn yn ystod y blynyddoedd canlynol i osod y ffurf newydd ar ei thraed gan Gwilym Hiraethog, Lewis William Lewis (Llew Llwyfo) ac Isaac Foulkes.[61] Un o'r chwedleuwyr mwyaf diflino oedd Roger Edwards o'r Wyddgrug, golygydd *Y Drysorfa*, misolyn y Methodistiaid Calfinaidd, a gyhoeddodd bum nofel ar dudalennau'r cylchgrawn rhwng 1866 a 1872. Cyflenwi angen amlwg am lenyddiaeth ddiddorol ac eto adeiladol, llenyddiaeth a allai roi 'bodd a budd', oedd nod Edwards. Ni feddai'r doniau llenyddol i ddwyn ei amcan i ben, fodd bynnag, a Methodist iau o'r Wyddgrug a ymaflodd yn nofel realaidd, foesol Oes Victoria a'i gwneud yn gyfrwng dehongliad cyfoethog o'i fyd a'i fetws ef ei hun. Yr oedd y gŵr hwnnw, Daniel Owen, yn fyfyriwr yng Ngholeg Y Bala pan ymddangosodd chwedl gyntaf Edwards, 'Y Tri Brawd a'u Teuluoedd', ar dudalennau'r *Drysorfa*, ac erbyn iddo lunio ei ffugchwedl gyntaf ei hun ym 1878 yr oedd pob gwrthwynebiad ystyrlon i'r ffurf newydd wedi diflannu o blith y Methodistiaid.[62] Y mae'n werth nodi mai ym mlwyddyn cywilydd eithaf llenyddiaeth Gymraeg, yn ôl Saunders Lewis, sef 1870, y cyhoeddodd Daniel Owen ei ryddiaith wreiddiol gyntaf, ysgrif bortread ddiweniaith a dadleuol ar un o hoelion wyth y Methodistiaid. Yr oedd y braslun neu'r sgets newyddiadurol yn gonfensiwn hynod ddylanwadol yn nhwf ffuglen y cyfnod, fel y tystia gweithiau cynnar Dickens a Thackeray, er enghraifft, a'r ysgrif bortread oedd sail chwedl gyntaf Daniel Owen, 'Cymeriadau ymhlith ein Cynulleidfaoedd', a gyhoeddwyd yn *Y Drysorfa*, dan anogaeth daer Roger Edwards, ym 1878.[63]

Buasai Daniel Owen ers blynyddoedd yn un o filwyr traed Edwards yn Yr Wyddgrug, yn ymladdwr ffyddlon ym mrwydrau Ymneilltuaeth ymosodol y dydd yn erbyn anghrediniaeth, anghyfiawnder ac Anglicaniaeth. Ac yr oedd yn gwbl ddiffuant wrth eilio byrdwn ei athro ynghylch cymhelliad moesol diwylliant. Ond ni roes ei ddoniau llenyddol at wasanaeth y mudiad ychwaith.[64] Er bod ei yrfa lenyddol yn flynyddoedd cynnydd o ran amlhau aelodau ac adeiladau a dylanwad (honnodd R. Tudur Jones, wedi'r cwbl, mai 'Gwlad Gristionogol oedd Cymru ym 1890. Yr oedd y genedl â'i hwyneb tua'r wawr'),[65] eto i gyd yr oedd pryf yn y pren ysbrydol, yn ôl tystiolaeth amryw o gyfranwyr *Y Drysorfa*. Sôn am fachlud, nid gwawr, a wnâi'r rheini, a chwynid bod trai o ran ansawdd a dilysrwydd ysbrydol yn

61 Am restr o ffugchwedlau'r ganrif, gw. E. G. Millward, 'Ffugchwedlau'r Bedwaredd Ganrif ar Bymtheg', *LlC*, XII, rhifyn 3 a 4 (1973), 244–64.

62 Ymddangosodd ffugchwedl Roger Edwards yn *Y Drysorfa* rhwng Chwefror 1866 ac Ebrill 1867.

63 Gw. D. Gwenallt Jones, 'Nofelau Cylchgronol Daniel Owen', *LlC*, IV, rhif 1 (1956), 1–14. Trafodir datblygiad cynnar y nofelydd gan Ioan Williams yn *Capel a Chomin*; gw. hefyd Robert Rhys, 'Neilltuaeth Cystudd 1876–1881: Pregethau, Cymeriadau, Nofel', *Taliesin*, 92 (1995), 49–78.

64 Gw. Robert Rhys, 'Cristnogaeth a Llenyddiaeth: Partneriaid Anghymarus? Golwg ar Yrfa Daniel Owen', *Diwinyddiaeth*, XLVI (1995), 3–23.

65 R. Tudur Jones, *Ffydd ac Argyfwng Cenedl, Cyfrol 1 Prysurdeb a Phryder* (Abertawe, 1981), t. 15.

cydredeg â'r llanw mawr o ran niferoedd, parchusrwydd a dylanwad moesol, a hwyrach yn ganlyniad iddo. Nid rhethregu'n ddychmygus am deg oleuni blaen y wawr ryddfrydol-Ymneilltuol a wnâi Owen, ond mynd ati gyda manylder treiddgar i baentio lliwiau'r machlud. A chan ei fod yn gwneud hynny o'r tu mewn i'r gwersyll, ac yn cyfuno gofid dilys am gyflwr pethau â pharodrwydd i gofnodi'r agweddau doniol ar y dirywiad, cafwyd ganddo destunau llawer cyfoethocach eu harwyddocâd nag eiddo'r propagandwyr Ymneilltuol a'r gwrth-bropagandydd Brutus fel ei gilydd. Ni chyfyngid y gonestrwydd hwn i faterion eglwysig ychwaith, oherwydd ni fynnai ymuno â rhengoedd y rheini a ymatebai i'r hinsawdd ar ôl 1847 trwy gynhyrchu delweddau digyfnewid ddyrchafol ac amddiffynnol o'r bywyd Cymreig. Gwawdiodd y duedd honno ym mharagraff agoriadol ysgytiol *Enoc Huws* pryd y mynnodd y traethydd nad ydyw cau y llygaid yn unrhyw arwydd o sancteiddrwydd, ac mai ffŵl yn unig a gredai ei fod yn cael holl hanes Cymru yn y caneuon poblogaidd 'Cymru Lân, Gwlad y Gân' a 'Hen Wlad y Menig Gwynion'.[66] Cofleidiodd egwyddor fawr y nofelwyr realaidd Saesneg, *truth-to-life*, am ei fod, fel hwythau, yn casáu rhagrith, ond hefyd am iddo etifeddu pwyslais y pregethwyr mawr ar ymholi dwys a chywir.

Er ei fod yn dilyn trywydd cyffesol Methodistaidd yn amlach nag a dybir, rhaid cytuno â'r beirniaid hynny a fynnodd mai nofelydd cymdeithasol, un a oedd ar ei orau wrth drafod pobl gyda'i gilydd, oedd Daniel Owen yn bennaf.[67] Cipiodd ei gyfle i ddefnyddio'r nofel realaidd i gynhyrchu sylwebaeth ddeifiol-ddeallus ar ei gymdeithas a'i gyfnod. Câi drafferth i ganfod llinyn storïol argyhoeddiadol ond, fel y sylwodd Dafydd Glyn Jones ac Ioan Williams,[68] nid yw honno'n ystyriaeth ganolog arwyddocaol, gan mai trwy'r cymeriadau, neu yn hytrach trwy'r gwrthdaro rhwng cymeriadau, y mynegir gwerthoedd a gweledigaeth y nofelau. A'r elfen fwyaf dadlennol ynghylch y cymeriadau, yn amlach na pheidio, yw eu ffordd o siarad. Dyma ddod at yr allwedd i athrylith Daniel Owen ac i'w fawredd fel Cymreigiwr yn y bedwaredd ganrif ar bymtheg. Er na fyddai ei orgraff na'i gystrawennau yn plesio puryddwyr mwyaf pedantig y ganrif newydd, nid oes amheuaeth ynghylch meistrolaeth y nofelydd ar gyweiriau ei gyfnod nac, o ran hynny, ynghylch ei allu i ddychanu arddull mwyaf ffuantus ei oes. Trwy eu lleferydd y mae ei gymeriadau yn eu bradychu eu hunain, a sylweddolodd yr awdur fod rhaniad cymdeithasol mawr oes Victoria, rhwng y bobl barchus a'r rhai nad oeddynt, yn cael ei adlewyrchu mewn priodieithoedd cyferbyniol. Gwelir y ddyfais gyferbyniol hon ar waith yn ei weithiau cynharaf, er enghraifft, yn yr ymdaro rhwng yr hen wraig dduwiol blaen ei thafod, Gwen Rolant, a'r blaenor uchelgeisiol a ffôl, George Rhodric yn *Offrymau Neillduaeth*.[69] Ceir un o'r

[66] Daniel Owen, *Profedigaethau Enoc Huws* (Wrexham, 1891), t. 14.

[67] Gw., e.e., John Rowlands, *Ysgrifau ar y Nofel* (Caerdydd, 1992), t. 29.

[68] Dafydd Glyn Jones, '*Enoc Huws* a Hunan-dwyll' yn J. E. Caerwyn Williams (gol.), *Ysgrifau Beirniadol III* (Dinbych, 1967), tt. 289–314; Williams, *Capel a Chomin*.

[69] Daniel Owen, *Offrymau Neillduaeth* (Wyddgrug, 1879), tt. 121–4.

enghreifftiau doniolaf ac amlycaf ei ergyd yn *Y Dreflan* wrth i Mr Smart, y blaenor sy'n rhoi cymaint pwys ar *appearance* ac ar fod yn *respectable*, ddod i gysylltiad â Peter Pugh werinol a dirodres.[70] Gwneir defnydd cynilach ac amwysach o'r ddyfais yn *Rhys Lewis* (1885), yn yr ymrysonfeydd geiriol ysblennydd rhwng Bob a Mari Lewis sy'n cyfleu'r tyndra rhwng dwy genhedlaeth wrth i wleidyddiaeth fwy radical herio bydolwg yr hen do o Fethodistiaid Calfinaidd a hiraethai fwy am yr hen awelon nag am y wawr newydd Sosialaidd. Bob Lewis yw arwr mwyaf deniadol y nofelydd yng ngolwg llawer o ddarllenwyr, ond amodir cefnogaeth y nofelydd iddo trwy beri ei fod yn siarad yn anghyfforddus o debyg i rai o'r ymhonwyr hunangyfiawn a gondemnir yn bendant yn y nofelau eraill, yn enwedig o'i gymharu â'i fam, gwraig y mae ei hieithwedd yn gyfuniad cyfoethog o ymadroddi ysgrythurol a thafodiaith Dyffryn Alun. Profodd Daniel Owen yn y nofel hon hefyd ei athrylith wrth droi ei gynhysgaeth hunangofiannol ei hun yn brofiad llenyddol cyffrous a ddeuai'n nes na'r hanesydd at ddal ysbryd ei oes ac a argraffai'n fywiol ar ddychymyg ei ddarllenwyr ddarluniau o addysg canol y ganrif, addysg golegol yn Y Bala a therfysg diwydiannol, ymhlith pethau eraill.

Uchafbwynt ei yrfa, ac uchafbwynt ysgrifennu dychmygus y ganrif, oedd *Profedigaethau Enoc Huws*, nofel a ymddangosodd gyntaf yn ystod 1890–1 yn *Y Cymro*, wythnosolyn newydd a gyhoeddid ac a olygid gan Isaac Foulkes yn Lerpwl. Gwyddai Foulkes y gallai nofel newydd gan Daniel Owen roi baban newydd y wasg Gymraeg ar ei draed, ac felly y bu. Yma y ceir myfyrdod aeddfetaf a mwyaf angerddol yr awdur ar y trywydd a godwyd gyntaf yn yr ysgrif 'Hunan-dwyll', sef y modd y mae rhyw weddau ar ragrith a thwyll yn rhan o we ac ystof pob haen ar gymdeithas. Yn *Enoc Huws* defnyddiodd un o sgandalau mawr ei gyfnod a'i gynefin, sef twyll siawnsfentrwyr y diwydiant plwm, yn ddelwedd rymus, gan bwysleisio bod prif hyrwyddwr y twyll, Capten Trefor, yn rhagrithiwr crefyddol. Ym mhob peth a ysgrifennodd hyd at *Enoc Huws*, y mae Daniel Owen yn edrych ar fywyd ei enwad a'i wlad â llygad agored ac yn ei gofnodi, at ei gilydd, â chywirdeb eironig-ddeallus. Yr oedd yn dal i ysgrifennu, dan gymhelliad taer golygyddion fel Foulkes ac O. M. Edwards, yn ystod pum mlynedd olaf ei oes, blynyddoedd o ddihoeni, ond ni pherthyn yr un angerdd i'r cynnyrch bellach, ac yn *Gwen Tomos* a *Straeon y Pentan* y mae'n bodloni ar adrodd straeon am yr hen ddyddiau yn rhwydd a difyr.[71]

Nid gyrfa lenyddol Daniel Owen oedd yr unig un y rhoddwyd sbardun allweddol iddi ym 1876: 'Yn fuan wedi dyfod adref o'r Cyfandir, dechreuodd Emrys ysgrifennu i'r papurau, gwaith a wnaeth yn fedrus ac egnïol am flynyddoedd.' Geiriau T. Gwynn Jones yw'r rhain yn ei gofiant hynod ddylan-

[70] Idem, *Y Dreflan: Ei Phobl a'i Phethau* (Wrexham, 1881), tt. 87–96.

[71] Trafodir prif nofelau Daniel Owen yn helaeth yn Rowlands, *Ysgrifau ar y Nofel*, a Williams, *Capel a Chomin*. Cafwyd astudiaethau cynharach gan Saunders Lewis, *Daniel Owen* (Aberystwyth, 1936) a John Gwilym Jones, *Daniel Owen: Astudiaeth* (Dinbych, 1970).

wadol i Emrys ap Iwan a gyhoeddwyd ym 1912.[72] Ysgrifwr, neu'n gywirach hwyrach, pamffletîr oedd Emrys ap Iwan, a'r llythyr polemig i'r wasg oedd ei brif gyfrwng. Rhwng 1876 a 1903 cyhoeddodd genllif o ysgrifau, yn bennaf yn *Y Faner* a'r *Geninen*, yn taranu yn erbyn taeogrwydd y Cymry yn eu hagwedd at y Saeson a'r Saesneg (gan gadw rhai o'i bicelli miniocaf ar gyfer ei enwad ei hun, y Methodistiaid Calfinaidd, a'u hymgyrch i sefydlu achosion Saesneg), yn beirniadu tlodi affwysol arddull llawer o Gymraeg ysgrifenedig ei ddydd, gan gymell dos o'r clasuron yn feddyginiaeth, ac yn llefaru hefyd ar faterion crefyddol. Yn ei ddydd yr oedd Emrys ap Iwan yn gymeriad dadleuol ar gyfrif ei safbwyntiau a'i barodrwydd i herio gwŷr megis Lewis Edwards yr oedd tuedd i'w heilunaddoli. Fe'i hystyrid gan ei gyfoedion yn ddyn galluog a gonest, ond braidd yn anhyblyg a hwyrach ychydig yn hunandybus. Y mae arlliw o'r un feirniadaeth yng ngeiriau Saunders Lewis pan edliwiodd iddo mai unigolyn ydoedd na cheisiodd sefydlu mudiad a ymgyrchai dros ei egwyddorion.[73] Ni chyhoeddodd gyfrol o lenyddiaeth yn ystod ei fywyd, ond ar ôl ei farw fe'i dyrchafwyd gan feirniaid yr ugeinfed ganrif i safle uwch nag odid neb o wŷr y bedwaredd ganrif ar bymtheg. Fe'i cyfrifir yn dad cenedlaetholdeb gwleidyddol Cymraeg a derbyniodd lawer o'r clod am ailgysylltu rhyddiaith Gymraeg â chyfoeth clasurol ei gorffennol, gan fraenaru'r tir ar gyfer dadeni'r ugeinfed ganrif. Cafodd ei arddel gan awduron yr ugeinfed ganrif, sef y bobl a fu mor barod i fflangellu gwendidau eu rhagflaenwyr, fel un ohonynt hwy. Er bod perygl i ni golli golwg ar gyfoeth amrywiol y ganrif wrth roi clod i Emrys ap Iwan, John Morris-Jones ac O. M. Edwards, nid oes modd amau mawredd dylanwad Emrys ap Iwan, ei agweddau lawn cymaint â'i arddull, ar hynt meddwl y Cymry yn yr ugeinfed ganrif. Nododd Saunders Lewis ddylanwad chwyldroadol cofiant T. Gwynn Jones ar fywyd milwyr Cymraeg yn ystod y Rhyfel Mawr,[74] a chymerodd Emrys ap Iwan yn batrwm delfrydol o lenor Cymraeg, yn gwrthod dylanwadau Seisnig ac yn elwa yn hytrach ar ddiwylliant Ewrop, yn enwedig Ffrainc, ac ar oreuon ei draddodiad ef ei hun. Cyhoeddwyd tair cyfrol o'i erthyglau dan olygyddiaeth D. Myrddin Lloyd yn ystod 1937–40,[75] blynyddoedd yr adwaith i Benyberth a'i ganlyniadau, gan ennill i'r llenor o Abergele garfan newydd o edmygwyr, ynghyd â safle digon pwysig yn nhwf y meddwl modernaidd Cymraeg.

Yn ôl Thomas Parry, y ddau awdur rhyddiaith a ddarparodd y 'cerrig sarn' i arwain llenyddiaeth Cymru allan o gors y bedwaredd ganrif ar bymtheg oedd Emrys ap Iwan ac O. M. Edwards.[76] Fel yn achos Emrys ap Iwan a Daniel Owen, aeth Owen Edwards o Lanuwchllyn i Goleg Y Bala, ond yn ei flaen wedyn i

[72] T. Gwynn Jones, *Emrys ap Iwan. Dysgawdr, Llenor, Cenedlgarwr: Cofiant* (Caernarfon, 1912), t. 55.

[73] Saunders Lewis, 'Emrys ap Iwan' yn idem, *Ysgrifau Dydd Mercher* (Aberystwyth, 1945), t. 75.

[74] Ibid., t. 74.

[75] D. Myrddin Lloyd (gol.), *Detholiad o Erthyglau a Llythyrau Emrys ap Iwan* (3 cyf., Aberystwyth, 1937, 1939, 1940).

[76] Parry, *Hanes Llenyddiaeth Gymraeg*, t. 293.

Aberystwyth a Rhydychen. Fe'i cyferbynnir yn aml ag Emrys ap Iwan oherwydd ei ddehongliad mwy dyrchafol a delfrydol o'r werin Gymraeg, a lleisir ei gymhellion gwleidyddol-lenyddol yn groyw ddigon yn ei ragymadrodd i gyfrol gyntaf un o'r amryw gylchgronau a sefydlodd, sef *Cymru*, ym 1891:

> Amcan *Cymru* ydyw gwneyd yr ychydig allaf fi a'm cydweithwyr . . . i adrodd hanes Cymru, i adrodd ei thraddodiadau, i roddi llafar eto i'w beirdd a'i llenorion, i godi arwyr ein hen wlad yn eu hol. A gwnawn hyn oherwydd mai cyfnod addysg Cymru ydyw'r cyfnod hwn. Yng nghyfnod ei haddysg, ni ddylid anghofio beth fu Cymru, trwy 'godi'r hen wlad yn ei hol' y rhoddir cryfder i gymeriad Cymro, purdeb i'w enaid, dysg i'w athrylith, a dedwyddwch i'w fywyd . . . Ni cheisiaf gelu f'ymdrech i wneyd *Cymru*'n ddyddorol. Hoffwn i'w holl erthyglau fod, nid yn unig yn glir a sylweddol, ond hefyd yn fyw ac yn ddifyr . . . yr wyf yn credu hefyd fod tuedd yng Nghymru i feddwl mai dysg ydyw tywyllwch ymadrodd, ac na fedrir gosod meddwl dwfn allan ond yn glogyrnaidd a thrwy eiriau celfyddyd. Ni waeth gennyf os dywedir fod erthyglau *Cymru*'n 'ysgeifn ac yn boblogaidd', os llwydda eu hysgrifenwyr i osod y gwir allan ym mhurdeb tryloew ei dlysni.[77]

Nid agenda ar gyfer pobl eraill oedd hon wrth reswm, gan fod Edwards eisoes wedi cyhoeddi ysgrifau taith a'r gyntaf o ysgrifau *Cartrefi Cymru*, sef 'Dolwar Fechan'. Dadleuodd Saunders Lewis mai newyddiaduraeth, *reportage*, yw cryfder yr awdur hwn, a'i fod 'yn cyfuno'r hanesydd a'r llenor a'r gweledydd'.[78] Yr oedd ysgrifennu swynol, diriaethol Owen Edwards yn enghreifftio i'r dim yr egwyddorion y bu'r ysgolhaig ifanc John Morris-Jones yn traethu arnynt yn y wasg Gymraeg er 1887. Yr oedd perthynas glòs rhwng y ddau, wrth gwrs, gan eu bod yn perthyn i'r criw a sefydlodd Gymdeithas Dafydd ap Gwilym yn Rhydychen ym 1886. Cyfeiriwyd eisoes at safle canolog Morris-Jones yn natblygiad barddoniaeth Gymraeg tuag at ddiwedd y ganrif; nid yw'n llai dylanwadol ym myd rhyddiaith. Nid fel awdur y gwnaeth hynny ond fel ysgolhaig a golygydd, a hynny mewn cyfres o erthyglau, ac yna yn ei ragymadrodd swmpus i'w olygiad newydd o glasur Ellis Wynne, *Gweledigaetheu y Bardd Cwsc*, ym 1898.[79] Y mae'r paragraff canlynol o fawl i arddull Ellis Wynne yn dangos cystal â dim natur agenda Morris-Jones ar gyfer ysgrifenwyr Cymraeg ei ddydd, sef ymwrthod â dylanwadau Saesneg ac ailddarganfod cyfrinach athrylith rhyddiaith Gymraeg trwy astudio'r clasuron. Ac yr oedd arddull y golygydd ei hun, wrth gwrs, yn enghreifftio ei ddadl:

77 Rhagymadrodd i *Cymru*, I (1891).

78 Saunders Lewis, 'Owen M. Edwards' yn Gwynedd Pierce (gol.), *Triwyr Penllyn* (Caerdydd, 1956), t. 35.

79 Gw. Geraint Bowen, 'John Morris-Jones' yn idem, *Y Traddodiad Rhyddiaith yn yr Ugeinfed Ganrif* (Llandysul, 1976), tt. 55–76. Am enghreifftiau o waith Morris-Jones, gw. 'Gomer ap Iapheth', *Y Geninen*, VIII, rhif 1 (1890), 1–7; idem, 'Cymraeg Rhydychen', ibid., 214–23.

> Nis gallodd neb ar ôl Elis Wyn, oddigerth fe allai Oronwy Owen, ysgrifennu cryfed a chyfoethoced Cymraeg rhydd. Y mae ei arddull yn lân oddiwrth y priod-ddulliau Seisnig a'r ymadroddion llac, eiddil sy weithian, ysywaeth, mor gyffredin. Ni ddywed efe 'oeddynt wedi gweled' am 'welsent', neu 'oedd wedi myned' am 'aethai'; ac nid yw'n tra-mynychu'n ddiachos eiriau gwan fel *cael*, – ni ddywed 'wedi cael eu claddu' am 'wedi eu claddu', neu 'gwelwn y lleill yn cael eu taflu', am 'gwelwn daflu'r lleill', nac 'y mae hi yn cael ei galw' am 'hi a elwir'. Y dull cryf cryno sydd gan Elis Wyn; ond yr awron rhy fynych y gwelir y dulliau gwan gwasgarog a ollyngwyd i'n Cymraeg ysgrifenedig o iaith dlodaidd mân siaradach.[80]

Y mae'n llym ei feirniadaeth ar bawb a fu'n gyfrifol am lygru ffynnon bur yr iaith gysefin; nid yw William Morgan yn osgoi cerydd, ond William Owen Pughe sy'n cael y bai am arwain ysgrifenwyr ar gyfeiliorn ar faterion orgraff, geirfa a chystrawen. Ymglywodd Morris-Jones â'i gyfrifoldeb a'i gyfle hanesyddol i ddad-wneud Puwiaeth a'r dylanwadau Saesneg trwy ddyrchafu'r 'dull cryf cryno' yn batrwm ar gyfer llenorion y ganrif newydd. Defnyddiodd ei rym fel athro prifysgol, beirniad eisteddfodol cyson a golygydd i hyrwyddo'r patrwm. Ac fe'i mabwysiadwyd yn afieithus, er nad yn gwbl slafaidd, gan awduron o athrylith. Ni ellir gwerthfawrogi'n llawn arddull ysgrifau Parry-Williams, na storïau Kate Roberts, na *Monica* Saunders Lewis, heb gydnabod gwaith Morris-Jones.

* * *

Ym 1902 cyhoeddwyd, dan olygyddiaeth y Parchedig J. Morgan Jones, *Trem ar y Ganrif, sef Arolwg ar y Bedwaredd Ganrif ar Bymtheg, Parthed Crefydd, Gwleidyddiaeth, Addysg, Barddoniaeth, Caniadaeth Gynulleidfaol, a Llenyddiaeth.* Neilltuir hanner y gyfrol 320-tudalen i drafod crefydd y ganrif, gan roi pennod i bob enwad. Y bennod fyrraf o ddigon yw un y golygydd ar 'Lenyddiaeth Gyffredinol y Ganrif', sef rhyddiaith. Evan Rees (Dyfed) oedd awdur y bennod ar farddoniaeth y ganrif, ac y mae'n werth oedi uwchben pwyslais yr awduron hyn. Anwybyddir llenyddiaeth ffuglennol 'ddychmygus' yn llwyr gan y golygydd yn ei ysgrif ef. Efallai iddo gael ei siomi gan gyfrannwr arfaethedig, ond y mae holl drywydd ei gyfraniad yn awgrymu nad ystyriai rai o'r awduron a drafodwyd yn y bennod hon – Matthews, Brutus, Daniel Owen ac O. M. Edwards – yn rhai a haeddai sylw, ac yn sicr nid ar draul uchafbwyntiau cedyrn a sylweddol cyhoeddi crefyddol y ganrif. Wrth groniclo pinaclau ail hanner y ganrif, felly, llyfrau hanesyddol, esboniadol, athrawiaethol a hyfforddiadol yn unig a grybwyllir, yn eu plith gofiannau Owen Thomas i John Jones a Henry Rees, *Testament yr Ysgol Sabbothol*, *Y Tadau Methodistaidd* ac, wrth gwrs, *Y Gwyddoniadur*, 'ar lawer cyfrif . . . y llyfr

[80] Ellis Wynne, *Gweledigaetheu y Bardd Cwsc*, golygwyd gan J. Morris Jones (Bangor, 1898), tt. xxxiii–iv.

pwysicaf . . . yn yr iaith Gymraeg'. Er y byddai beirniaid diweddarach yn gresynu at gyfyngder cywair arolwg John Morgan Jones, dylem ystyried bod ei ragfarn ef o blaid gweithiau a oedd yn gynnyrch llafur diarbed a difrifoldeb pwrpas unplyg a chwbl arwrol yn aml. Ac yn sicr yr oedd enillion diwylliannol y difrifoldeb pwrpas hwnnw, a seiliwyd ar fydolwg Cristnogol hyderus a chlir ei nod, yn anhraethol fwy nag unrhyw golledion tybiedig. Y mae sylwadau rhai o gyfranwyr eraill y gyfrol yn ein hatgoffa, fodd bynnag, na feddai llawer o wŷr llên y ganrif y cyneddfau beirniadol na'r chwaeth ddatblygedig i gynhyrchu llenyddiaeth a oedd yn deilwng o'u hamcanion uchelgeisiol.

Y mae mwy nag un o gyfranwyr *Trem ar y Ganrif* yn ymffrostio yn niwydrwydd anhygoel y cyfnod. Cymhellir J. Myfenydd Morgan yn ei ysgrif ar 'yr Eglwys Sefydledig' i holi 'Pa beth fu y rhai oeddynt yn byw yn y canrifoedd blaenorol yn wneyd?'[81] Y mae Dyfed yntau yn ymfalchïo yn ystadegol – 'efallai na fu nifer ein prydyddion yn lluosocach mewn un cyfnod'[82] – ac yn feirniadol yng nghanu'r ganrif – 'Wrth gymeryd golwg eang fel hyn ar farddoniaeth Gymreig y ganrif, a chydmaru cynyrchion gwahanol oesoedd, yn ngoleuni beirniadaeth deg, credwn ei bod yn anhraethol ragorach nag y bu erioed o'r blaen.'[83] Hawdd deall yr hyder cyfeiliornus hwn wrth ystyried cynifer o gampau gwirioneddol a gyflawnwyd yn ystod y ganrif, ond ni allai diffyg crebwyll mor sylfaenol â hyn beidio â gwneud drwg i safonau llenyddol y cyfnod. Nid yw Dyfed yn amddifad o ddirnadaeth o bell ffordd, ac y mae'n ddigon parod i gydnabod bod digon o 'fonglerwyr' ymhlith y lleng barddonol, ond eto y mae cyfyngder ei ddarllen neu hualau rhagfarn foesol yn ei arwain i ddweud bod cywyddau David Richards (Dafydd Ionawr) 'yn well na dim yn y mesur hwnw yn yr iaith', ac nad yw cywyddau serch Dafydd ap Gwilym, 'o'u cydmaru ag eiddo Dafydd Ionawr . . . ond clindarddach drain dan grochan'.[84] Alun oedd un o feirdd mwyaf destlus y ganrif, yn ddi-os, ond prin ei fod yn haeddu ei gyfarch fel yr un a 'ddysgodd i'r bardd Cymreig sut i ganu Marwnad'.[85] Adlewyrchir y rhagfarnau cyffredin yn erbyn popeth nad oedd yn ymwybodol 'fuddiol' yn y driniaeth ffwrdd-â-hi a ddaw i ran Twm o'r Nant ('am ei deilyngdod llenyddol, nid oedd yn ddim amgen na baledwr pen ffair')[86] a Thalhaiarn ('bardd ydoedd heb ei ddifrifoli').[87]

Adweithiwyd yn briodol yn erbyn y math ar ddallineb beirniadol a enghreifftir yn sylwadau Dyfed gan genhedlaeth o ysgolheigion o wŷr llên yr agorwyd eu deall a'u synhwyrau i glasuron cyfnodau ac ieithoedd eraill ac i bwysigrwydd glendid mynegiant a chysondeb orgraff. Gormodiaith fyddai honni bod y pwyslais

[81] J. Morgan Jones (gol.), *Trem ar y Ganrif* (Dolgellau, 1902), t. 79.
[82] Ibid., t. 49.
[83] Ibid., t. 74.
[84] Ibid., tt. 54–5.
[85] Ibid., t. 60.
[86] Ibid., t. 54.
[87] Ibid., t. 71.

ar adfer cystrawennau cysefin a safoni'r orgraff wedi arwain at ffurf newydd ar ddallineb beirniadol, ond dyna sy'n esbonio'r driniaeth a gafodd nofelau Daniel Owen – campweithiau diamheuol – gan olygyddion hanner cyntaf yr ugeinfed ganrif, yn ogystal â rhai o'r sylwadau ysgubol ddibrisiol a wnaed am ryddiaith y ganrif.[88] Yr oedd dyrchafu'r gelfyddyd gwta ym maes barddas a rhyddiaith yn adwaith cwbl ddealladwy gan genhedlaeth 'adfywiad' yr ugeinfed ganrif yn erbyn eithafion gwaethaf eu rhagflaenwyr, ond yr oedd iddo ei sgil-effeithiau anffodus, yn eu plith arafu datblygiad y nofel Gymraeg am hanner can mlynedd a chyfyngu ar uchelgais y beirdd. Canrif doreithiog ei chynnyrch, anwastad ei safon ac ansicr ei chwaeth – tebyg iawn na lwyr ddiwygir y farn a fynegir mewn ymadroddion ystrydebol o'r fath. Ond bu gormod o ysbryd y llyffant blwydd yn ymddygiad yr ugeinfed ganrif at ei rhagflaenydd, ac y mae'n bosibl mai yn yr unfed ganrif ar hugain, pan fydd y bedwaredd ganrif ar bymtheg wedi peidio â bod yn 'ganrif ddiwethaf', yr iawnbrisir ei chyfraniad i gynhysgaeth lenyddol y Cymry.

[88] Er enghraifft, golygiad llym Thomas Parry o *Gwen Tomos* (Wrecsam, 1937).

10

Y Gymraeg yn yr Eisteddfod

HYWEL TEIFI EDWARDS

WEDI CYFRIF siaradwyr y Gymraeg yn swyddogol am y tro cyntaf ar gyfer cyfrifiad 1891, cafodd J. E. Southall fod 2,012,876 o drigolion yng Nghymru a bod oddeutu miliwn ohonynt yn Gymry Cymraeg.[1] Gan anwybyddu'r ffaith fod nifer ei siaradwyr, fel canran o'r boblogaeth, wedi bod yn gostwng yn gyson trwy gydol y ganrif, ymffrostiwyd bod mwy nag erioed o'r blaen yn hanes y genedl yn parablu 'iaith y nefoedd'. Os oedd ystadegau o'i phlaid, pa raid oedd ofni am ei dyfodol mewn oes a brisiai gynnydd mesuradwy gymaint? Y gwir plaen, fodd bynnag, oedd bod gan Gymry cyfrifol y dwthwn hwnnw bob achos i ofni'r dyfodol a wynebai'r Gymraeg am fod cynifer o agweddau negyddol, megis cynrhon mewn afal, wrthi'n ei difa, ac o bob dim gwrthun gellid gweld yr agweddau hynny ar eu salwaf yn yr Eisteddfod Genedlaethol – caer honedig Cymreictod. Adeg prifwyl Abertawe, 1891, barnai'r *Cambria Daily Leader* ei bod yn bryd rhoi llai o le i'r famiaith wrthodedig:

> The Gorsedd is the only seat from which Cymraeg has not been ousted, and its tenure of even that sacred spot is shaky. On the platform Welsh is a barbarous tongue and at the Cymrodorion gatherings it tumbles at the sound of its own voice.[2]

Na chreder mai eithriad oedd barn o'r fath. Bu'r Gymraeg yn gocyn hitio yn yr Eisteddfod Genedlaethol Fictorianaidd o'r foment y cynhaliwyd y gyntaf ohonynt yn Aberdâr ym 1861. Darfu am y gyfres gyntaf ym 1868, a phan ddechreuwyd y gyfres gyfredol ym Merthyr Tudful ym 1881 cafodd y Gymraeg ei hun drachefn ar drugaredd hyrwyddwyr y genedl. Trannoeth prifwyl Caernarfon, 1886 – Caernarfon oedd calon sir lle y siaradai 89.5 y cant o'i phoblogaeth yr heniaith, yn ôl cyfrifiad 1891 – taerai'r *Faner* mai'r 'unig barch' a gawsai 'oedd ei chadw allan mor llwyr ag oedd yn bosibl bron, heb gydnabod ei marwolaeth'. Yn hytrach na

[1] J. E. Southall, *Wales and her Language* (Newport, 1892).
[2] Hywel Teifi Edwards, 'Eisteddfod Genedlaethol Abertawe, 1891' yn Ieuan M. Williams (gol.), *Abertawe a'r Cylch* (Llandybïe, 1982), t. 26.

rhagrithio am 'Oes y byd i'r iaith Gymraeg', dylid 'gosod i fyny "Beware of the Welsh".' Byddai hynny 'yn annhraethol fwy cysson ac anrhydeddus yn y pwyllgorau'. Pan gyfrannodd y cenedlaetholwr, Michael D. Jones, at symposiwm ar y brifwyl yn *Y Traethodydd*, 1890, fel ' "stondin" daffy fawr i werthu melusion i bendefigion, ysweiniaid a Dic Shon Dafyddion' y syniai amdani, ac y mae'n arwyddocaol nad âi Robert Ambrose Jones (Emrys ap Iwan), yr arch-ymgyrchwr yn erbyn 'John Bull' a'i gynffonwyr yng Nghymru, ar ei chyfyl. Ym 1902, cyn ei gadeirio ym mhrifwyl Llanelli, 1903, am awdl ar 'Y Celt', barn y prifardd, y Parchedig J. T. Job, ar y sbloet Seisniglyd flynyddol oedd mai 'Ein hyspryd gwasaidd ac anghymreigaidd ni ein hunain sydd yn cyfrif am y danteithion Seisnig sydd gennym ar ein bwrdd mor aml'. Y mae'r pwynt yn ddigon clir heb amlhau tystion. Os mynnir meddwl am brifwyl oes Victoria fel caer, meddylier am y Gymraeg ynddi fel Branwen yng nghegin Matholwch.[3]

Cenhedlwyd Eisteddfod Genedlaethol y 1860au yng nghysgod 'Brad y Llyfrau Gleision', ac y mae'n hysbys fod y tri chomisiynydd – R. R. W. Lingen, J. C. Symons a H. Vaughan Johnson – a gyhoeddodd eu hadroddiad tramgwyddus yn sgil 'an inquiry into the state of education in Wales, especially into the means afforded to the labouring classes of acquiring a knowledge of the English language', yn unfryd eu barn fod y Gymraeg yn cadw'r Cymry 'dan yr hatsys'. Hyhi oedd gwreiddyn eu harafwch a'u hanfoes ac, yn ôl Symons, tystiai'r Cymry yn y parthau yr ymwelodd ef â hwy fod eu hanwybodaeth o'r Saesneg 'a constant and almost an insurmountable obstacle to their advancement in life'. Er i nifer o Anglicaniaid ac Ymneilltuwyr wadu llawer o gasgliadau'r adroddiad yn bur effeithiol, agorodd bennod ddryslyd, ddolurus a cholledus iawn yn hen, hen stori ansadrwydd y Gymraeg. Ym 1849 dywedodd E. R. G. Salisbury, sefydlydd y llyfrgell enwog yng Nghaerdydd a gŵr a ymffrostiai ei fod yn un o ddisgynyddion William Salesbury, cyfieithydd rhan o'r Testament Newydd i'r Gymraeg ym 1567, ei fod 'pretty well convinced that the extermination of the Welsh language (as a *living* one) would be the greatest possible blessing to Wales'; ym 1851 ni phetrusai H. A. Bruce, AS (Arglwydd Aberdâr wedi hynny) ddatgan ei farn fod ei pharhad yn 'serious evil, a great obstruction to the moral and intellectual progress of my countrymen', ac ym 1860, pan gyhoeddodd John Jenkins ei *Report on the State of Popular Education in the 'Welsh Specimen Districts'*, ymwrthododd â dwyieithrwydd ac ategodd farn comisiynwyr 1847 i'r perwyl fod y Gymraeg yn ddiwerth fel cyfrwng cyfrannu addysg ymarferol a gwyddonol: 'The Welsh language . . . contains no materials to supply, nor is its literature adequate to meet the requirements of knowledge in modern times; it is the language of the past and not of the present.' Cwbl gyfeiliornus, fel y dangosodd E. G. Millward ac R. Elwyn Hughes, oedd gosodiad o'r fath, ond dyna oedd y safbwynt 'progressive', a

[3] *BAC*, 10 Tachwedd 1886, t. 6; Michael D. Jones, 'Yr Eisteddfod', *Y Traethodydd*, XLV (1890), 439; J. T. Job, 'Awgrymiadau Y'nglyn a'r Eisteddfod Genedlaethol', *Y Geninen*, XX, rhif 4 (1902), 255.

dyna oedd safbwynt Lingen, Symons a Vaughan Johnson a gyhoeddodd, yn ogystal, nad oedd gan y Cymry ddim llenyddiaeth gwerth sôn amdani. Yn eisteddfodau cenedlaethol oes Victoria, gwaetha'r modd, ni fyddai'r comisiynwyr, na Salisbury, na Bruce, na Jenkins heb gefnogaeth.[4]

Ni fwriedir trafod llenyddiaeth eisteddfodol yn y bennod hon. Yn hytrach, ceisir braslunio'r cyd-destun diwylliannol sy'n cyfrif i raddau helaeth iawn am dlodi cyffredinol y cynnyrch a gafwyd – yn bennaf gan feirdd a ddiffygiodd mewn oes ddi-hid o'u holyniaeth a dibris o'u hiaith. O'r ugeiniau a gystadlai, dim ond Ceiriog a gyfansoddodd gerddi buddugol a gyffrôdd ymateb cenedl, sef ei rieingerdd, 'Myfanwy Fychan o Gastell Dinas Bran' ym 1858, a'i fugeilgerdd, 'Alun Mabon', ym 1861 – dwy gerdd yn delfrydu cariadon Cymru yn nannedd collfarn Llyfrau Gleision 1847. Mydryddodd Ceiriog yn felys adwaith ei bobl i sarhad y comisiynwyr, a daeth yn brifardd iddynt heb ennill na Chadair na Choron. Y mae'n hysbys mai cyfyng iawn oedd apêl y farddoniaeth eisteddfodol a, gwaetha'r modd, ychydig a wnaeth prifwyliau'r ganrif ddiwethaf i hyrwyddo ffuglen Gymraeg. Ni ddaeth yr un nofel o bwys o'r un ohonynt. Mewn canrif y mae swm ei chynnyrch ym mhob rhyw faes yn tystio i'w hyder, y mae'n drawiadol fod swm helaeth y llenyddiaeth eisteddfodol yn gloff o ddiffyg hyder. Yn wyneb y dibristod o'i iaith, o'i fesurau – os oedd yn gynganeddwr – a'i swyddogaeth mewn oes iwtilitaraidd, hawdd iawn ydoedd i'r bardd o Gymro ymwybod â seithuctod.[5]

Y mae'n bwysig sylweddoli bod tynged y Gymraeg yn y brifwyl Fictorianaidd wedi ei phenderfynu gan yr hyn a ddigwyddodd iddi yn yr eisteddfodau taleithiol – deg ohonynt i gyd – a gynhaliwyd rhwng 1819 a 1834, ac yn eisteddfodau Cymreigyddion Y Fenni – deg ohonynt hwythau – a gynhaliwyd rhwng 1835 a 1853. Yn syml, er bod gan brif gefnogwyr y ddwy gyfres awydd cychwynnol cryf i ddyrchafu statws y Gymraeg ac estyn cylch ei dylanwad, cawsant eu hunain, er eu gwaethaf, yn darparu llwyfan i'r Saesneg uwchraddol ar draul y famiaith. O dderbyn mai doeth, yng ngeiriau John Jones (Talhaiarn), oedd gweithredu'n unol â'r 'broad principle of considering what will be most attractive to the aristocracy, the gentry, the middle classes and the people generally', yr oedd gofyn bod yn barod i siarad iaith 'our best people' a bodloni ar glywed canmol y Gymraeg wladaidd droeon a thro gan y Saesneg grinolinaidd. Ac o'r cychwyn, dyrchafwyd gwerth Prydeinig y Gymraeg fel iaith pobl reolus, ddaionus – iaith pobl fodlon ar eu hystad. Prawf o'i defnyddioldeb oedd ei bod yn haeddu ei chanmol yn Saesneg mewn eisteddfod.

[4] Gareth Elwyn Jones, 'Llyfrau Gleision 1847' yn Prys Morgan (gol.), *Brad y Llyfrau Gleision: Ysgrifau ar Hanes Cymru* (Llandysul, 1991), tt. 35, 42–3; J. Gwynn Williams, *The University Movement in Wales* (Cardiff, 1993), t. 196; H. A. Bruce, *The Present Position and Future Prospects of the Working Classes in the Manufacturing Districts of South Wales* (Cardiff, 1851), t. 12; E. G. Millward, 'Pob Gwybodaeth Fuddiol' yn Morgan (gol.), *Brad y Llyfrau Gleision*, tt. 146–65; R. Elwyn Hughes, *Nid am Un Harddwch Iaith: Rhyddiaith Gwyddoniaeth y Bedwaredd Ganrif ar Bymtheg* (Caerdydd, 1990).

[5] Hywel Teifi Edwards, *Codi'r Hen Wlad yn ei Hôl 1850–1914* (Llandysul, 1989), tt. 27–58.

Menter eglwysig oedd yr eisteddfodau taleithiol, ond na thybier ei bod o'r herwydd yn fenter Seisnig yn ei hanfod. I'r gwrthwyneb, yr oedd ei symbylydd, y Parchedig John Jenkins (Ifor Ceri), ficer Ceri ger Y Drenewydd, a'r clerigwyr a'i cefnogai, yn frwd dros sylweddoli bwriadau'r enwog Edward Lhuyd a'r Cymmrodorion a'r Gwyneddigion. Y mae'n wir nad oeddynt mor ymosodol eu hagwedd â'r 'Association of Welsh Clergy in the West Riding of the County of York' a sefydlwyd ar Ddygwyl Dewi, 1835, dan arweiniad y Parchedig David James (Dewi o Ddyfed) a'r Parchedig Joseph Hughes (Carn Ingli), ond yr oeddynt o ddifri. Eu gobaith oedd cyflawni gwaith arloesol ym meysydd llên, cerddoriaeth, hanes a hynafiaethau a arddangosai gyfoeth y diwylliant Cymraeg, a chawsant Thomas Burgess, Esgob Tyddewi, o'u plaid, yn ogystal â'r Archddiacon Thomas Beynon.[6]

Sefydlwyd pedair cymdeithas i ddwyn y gwaith i ben, sef Cymdeithas Gymroaidd Dyfed ym 1818 dan lywyddiaeth Arglwydd Dinefwr, Cymdeithas Gymroaidd Gwynedd dan lywyddiaeth Syr Robert Vaughan a Chymdeithas Cymmrodorion Powys dan lywyddiaeth Syr Watkin Williams Wynn ym 1819, a Chymdeithas Gymroaidd Gwent a Morgannwg dan lywyddiaeth Syr Charles Morgan ym 1821. Ymgysylltwyd, hefyd, â'r ymdrechion yn Llundain i adfer Anrhydeddus Gymdeithas y Cymmrodorion, ac o ganlyniad ail-lansiwyd 'The Cymmrodorion Society, or the Metropolitan Cambrian Institute' ym 1820. Golygodd y cyswllt â Llundain, ynghyd â thynfa llywyddiaeth bendefigaidd y pedair cymdeithas, y byddai drws agored i ffasiynoldeb y diwylliant metropolitan yn yr eisteddfodau taleithiol o'r cychwyn, a chyn claddu Ifor Ceri ym 1829 yr oedd wedi ei ddadrithio'n llwyr gan seithuctod y 'Cambrian Olympiads' a gynhaliwyd yng Nghaerfyrddin (1819 a 1823), Wrecsam (1820), Caernarfon (1821), Aberhonddu (1822 a 1826), Y Trallwng (1824), Dinbych (1828), Biwmares (1832) a Chaerdydd (1834).

Yn anorfod, aeth yr eisteddfodau taleithiol o afael selogion cylch Ceri a cholli eu priod bwrpas pan aeth ymateb i ddisgwyliadau 'diwylliant uwch', a phrofi teyrngarwch Prydeinig y Cymry, yn drech na'r awydd i borthi'r diwylliant brodorol. O awchu am nawdd pendefigion heb fawr fwy i'w gynnig – ac eithrio'u gwobrau – na geirda Saesneg yn dâl am weniaith, buan y peidiai hyrwyddo'r Gymraeg mewn difrif â bod yn *sine qua non* eisteddfodol. Ar ôl i'r Is-iarll Clive ymweld ag Eisteddfod Y Trallwng ym 1824, i Ddug Sussex, brawd Siôr IV, ymweld ag Eisteddfod Frenhinol Dinbych ym 1828, ac i Dduges Caint a'i merch, y Dywysoges Victoria, ymweld ag Eisteddfod Biwmares ym 1832, yr oedd yn amlwg fod llewyrch ysblander Llundain wedi dallu'r Cymry i'r hyn a oedd mewn

[6] Bedwyr Lewis Jones, '*Yr Hen Bersoniaid Llengar*' (Penarth, 1963); Mari Ellis, 'Rhai o Hen Bersoniaid Llengar Maldwyn' yn Gwynn ap Gwilym a Richard H. Lewis (goln.), *Bro'r Eisteddfod: Cyflwyniad i Faldwyn a'i Chyffiniau* (Llandybïe, 1981), tt. 85–116; Hywel Teifi Edwards, *Yr Eisteddfod: Cyfrol Ddathlu Wythganmlwyddiant yr Eisteddfod 1176–1976* (Llandysul, 1976), tt. 34–49.

golwg gan gylch Ceri, a daeth y fenter daleithiol i ben yng Nghaerdydd ym 1834 yn sŵn meirch a cherbydau'r bendefigaeth yn cyrchu'r 'ball' yn y castell.

O edrych yn ôl y sylweddolir mai ildio i swynion Seisnigrwydd a wneid o'r foment y daeth y Parchedig John Bowen â charfan o'r Bath Harmonic Society i gynnal dau gyngerdd yng Nghaerfyrddin adeg Eisteddfod 1819, a denu 'an assemblage of rank, fashion, and respectability' i'w cymeradwyo. Yr un pryd, ar lawnt yr Ivy Bush, daliodd Iolo Morganwg ar gyfle i briodi Gorsedd y Beirdd â'r Eisteddfod, gan urddo, ymhlith eraill, Esgob Tyddewi yn dderwydd anfoddog. Byddai'r cyngerdd yn trawsfeddiannu'r brifwyl o 1863 ymlaen, a byddai'r Orsedd yn achos annifyrrwch parhaus i'r blaengarwyr yr oedd dirmyg gwasg Lloegr yn pwyso'n drymach arnynt na Dydd y Farn. Yn y cyngerdd hanfodol Seisnig ei naws, ymuniaethai'r Cymry â'r diwylliant metropolitan. Rhwng meini'r Orsedd safent ar wahân yn ffantasïwyr chwerthinllyd na fynnent dderbyn bod oes eu hofergoel, fel y Gymraeg hithau, drosodd. Ym 1819, yn yr eisteddfod bwysig gyntaf a gynhaliwyd yn y bedwaredd ganrif ar bymtheg, rhoddwyd i'r Gymraeg ddelwedd iaith echdoe, a bu'n gaeth i'r ddelwedd honno am weddill y ganrif.[7]

Yn sgil penodi John Parry (Bardd Alaw), 'Registrar of Music' y Cymmrodorion, i drefnu cyngherddau'r eisteddfodau taleithiol o 1820 ymlaen, aeth bwriadau Ifor Ceri i'r gwellt. Cafodd achos da i felltithio 'Anglo-Italian farce' Parry a chwynodd Angharad Llwyd, hithau, nad oedd y beirdd namyn 'catspaws of the musicians'. Sylwodd Ifor Ceri yn chwerw ar ddirywiad Cymreictod 'our great people', gan broffwydo oes fer i'r cyngerdd; ond nid felly y bu. Gydag ymffrost cynyddol y genedl yng 'Ngwlad y Gân' yn ail hanner y ganrif, aeth apêl cyngerdd a chymanfa ganu mor benfeddwol â'i gilydd, a chwynai'r beirdd golli y gogoniant a fu. Gresynai Syr Robert Bulkeley ym 1832 iddynt golli cymaint o'u bri, oherwydd tybiai, er ei fod yn 'totally ignorant' o'u hiaith, eu bod mor ddawnus ag erioed. Un peth, fodd bynnag, oedd bod o'u plaid hwy adeg eisteddfod; peth arall oedd ymroi i helaethu cylch dylanwad y Gymraeg yn y byd go iawn. Un peth, er enghraifft, oedd gwobrwyo englynion i'r trên; peth arall oedd dal y dylai'r rheilffordd fod yn fenter Gymraeg ei hiaith.[8]

Ond os oedd amddiffynwyr derwyddol y Gymraeg yn rhoi iddi ddelwedd negyddol, ac oni ellid dadlau'n argyhoeddiadol dros ei defnyddioldeb masnachol, yr oedd iddi swyddogaeth gyfoes gwbl berthnasol, sef canllawio iawn ymddygiad a theyrngarwch gwerin gwlad nad oedd mo'i rhagorach o fewn terfynau'r Ymerodraeth. Yn y 'Cambrian Olympiads' dechreuwyd propagandeiddio'n fwriadus dros y Gymraeg fel un o'r 'languages of containment' a oedd, medd Rod Mengham, yn ystod y cyfnod ffrwydrol rhwng y 1790au a'r 1840au, i wrthsefyll drwg y 'language of conflict, disruption and renewal' a afaelodd yn yr

[7] Meredydd Evans, 'Cyngherddau'r Ganrif Ddiwethaf' yn Gwynn ap Gwilym (gol.), *Eisteddfota 2* (Abertawe, 1979), tt. 80–98.

[8] William Jones (gol.), *The Gwyneddion for 1832: Containing the Prize Poems etc., of the Beaumaris Eisteddfod and North Wales Literary Society* (London, 1839), t. iii.

ymwybyddiaeth gyffredinol â'r modd y câi cenhedloedd a chymdeithasau eu creu a'u cynnal. I'r Saeson, wrth gwrs, ac i nifer mawr o Gymry oes Victoria, dim ond un 'language of containment' a allai fod ym Mhrydain, ond i'r Cymry hynny nad ewyllysient dranc y Gymraeg, y ddadl safadwy o'i phlaid oedd mai hi yn ddiamau oedd priod iaith ufudd-dod y Cymry. Wrth ei dirmygu yr oedd y Saeson yn ddall i'w mantais. Yn union sgil cyhoeddi'r Llyfrau Gleision, gorseddwyd 'Cymru lân, Cymru lonydd' yn 'ffaith' emblematig gan yr englyn a gyfansoddodd y Parchedig William Williams (Caledfryn) ym 1848 yn ateb i'w sen. Y Gymraeg a gadwai Gymru yn lân a llonydd – yr oedd y Parchedig Evan Evans (Ieuan Glan Geirionydd) wedi cynganeddu'r gwirionedd hwnnw yn ei 'Awdl ar Hiraeth Cymro am ei Wlad mewn Bro Estronawl' a enillodd y Gadair iddo yn Eisteddfod Wrecsam, 1820 – a byddai i'w glywed am weddill canrif o rethregu eisteddfodol dros yr heniaith.[9]

Daeth y Sais, Reginald Heber, Esgob Calcutta o 1823 tan ei farw ym 1826, i Wrecsam ym 1820 i ddweud bod erlid mamiaith cenedl yn gyfystyr â cheisio difa ei hathrylith gynhenid, ac felly yn anwarineb. Ymgywilyddiai wrth feddwl am 'the systematic and persevering hostility, of which, on the part of your English Rulers, the Welsh Language was for many years the object'. Gobeithiai fod dyddiau'r felltith drosodd ac anogodd ei wrandawyr i gryfhau 'their patriotic exertions till they have compensated for ages of past depression, or indifference'. Heb siarad mor blaen â Heber, cafwyd gan y Parchedigion Thomas Price (Carnhuanawc), ficer carismataidd Cwm-du, John Blackwell (Alun), Edward Hughes (Y Dryw) ac Ieuan Glan Geirionydd draethu taer o dro i dro o blaid y Gymru Gymraeg hydrin y dylai Lloegr ddiolch amdani mewn dyddiau cythryblus. Carnhuanawc oedd ei phleidiwr mwyaf enillgar hi, ac iddo ef yr oedd hawl yr heniaith i oroesi yn ddigwestiwn. Gan ei bod yn gyfrwng creu 'as happy, as peacable, and as loyal a people, as any in the British dominions, surely it has every claim to be encouraged as an instrument of invaluable service'. Ym 1832, a'r cof am derfysg Merthyr eto'n fyw iawn, gallai'r Victoria ifanc ddychwelyd i Lundain yn dawel ei meddwl, oherwydd yn ôl Alun: 'In the days of sedition and threatened anarchy, the Principality has always been tranquil and happy as Goshen.' Yr oedd cynnydd y werin yn ddigamsyniol – 'they are growing in intelligence, and are growing in moral worth' – a phrawf o hynny oedd eu parodrwydd i adael llywodraeth gwlad i'w gwell. Llawer pwysicach na'u hanneall gwleidyddol oedd eu bod yn 'learned and exemplary in all the duties of their stations: they fear their God; they honour their king'.[10]

[9] Rod Mengham, *The Descent of Language, writings in praise of Babel* (London, 1993), tt. 123–40; Caledfryn, 'Cymro, a'i Iaith, a'i Wlad', *Y Dysgedydd*, XXVII (Awst, 1848), 247; Ieuan Glan Geirionydd, 'Awdl ar Hiraeth Cymro am ei Wlad mewn Bro Estronawl', *Powysion; sef Odlau ac Ynglynion a ddanfonwyd i Eisteddfod Gwrecsam, Medi 13, 1820* (Dinbych, 1821), tt. 105–6.

[10] Jones, *The Gwyneddion for 1832*, tt. xxv–vi, xxxvii–ix; Jane Williams (Ysgafell), *The Literary Remains of the Rev. Thomas Price, Carnhuanawc* (2 gyf., Llandovery, 1855), II, t. 136.

Erbyn 1834 gwnaethai'r Eisteddfod ei rhan i sefydlu daioni'r Gymraeg yn ddadl ddiwrthdro dros ei hawl i barhau. Nid oedd gwadu ei heffeithlonrwydd antiseptig. Os oedd yn rhaid i'r Cymry wrth Saesneg i lanw eu pocedi, yr oedd arnynt angen eu mamiaith i swcro'r galon a'r enaid. Ac os na ellid gwadu bod y Gymraeg yn gorfod ildio'n feunyddiol i'r Saesneg yn y byd seciwlar, gellid ymgysuro yn y gred na fedrai'r Cymry fyw'n rhinweddol hebddi, a'i bod felly'n anghenraid cenedlaethol. Ym 1824, yn Eisteddfod Y Trallwng, rhoddwyd gwobr am englynion 'Bedd-argraph Dic Sion Dafydd' – y Cymro diarhebol sâl hwnnw a fynnai fod yn Sais – y barnwyd iddo drengi yn Eisteddfod Caerfyrddin, 1823, ar ôl clafychu o'r darfodedigaeth ym 1819. Yr oedd gwobr arall i'w hennill am englynion ar 'Gwarth y Cymro a gywilyddio arddel Iaith ei Wlad'. Yr oedd Dic, wrth gwrs, i oroesi'r gladdedigaeth a chamu yn ei flaen yn fras trwy'r ugeinfed ganrif, ond rhoddai cystadlaethau o'r fath gyfle i wadu ffaith ei fodolaeth ddrycsawr, a chynganeddu dyhead:

> Boed gan Gymro, 'mhob broydd, – o'i brifiaith
> Bur fost, yn lle c'wilydd;
> Fel na ddel, tra y del dydd,
> Lediaith ar ein haelwydydd.[11]

Pan ystyrir y gyfres o eisteddfodau a gynhaliwyd gan Gymreigyddion Y Fenni rhwng 1834 ac 1853 gwelir eto, fel yn achos menter cylch Ceri, i'r bwriadau cychwynnol gael eu drysu gan ddiffyg Cymraeg trwch y cefnogwyr – yn enwedig y cefnogwyr uchaf eu hystad – na ellid eu denu a'u dal heb roi i'r Saesneg ei phriod le yn y canol. Sefydlwyd y gymdeithas ym 1833 'er coleddiad yr Iaith Gymmraeg', a gosodwyd yn un o'r rheolau 'fod i bob ymddiddan neu lafariad parhaus gael eu dwyn ymlaen yn yr Iaith Gymmraeg yn unig'. Am ddeng mlynedd, tra oedd Thomas Bevan (Caradawc) a John Evans (Ieuan ap Gruffydd) yn ysgrifenyddion, cedwid y cofnodion yn Gymraeg, ond er gwaethaf yr ewyllys da o'i phlaid nid oedd yn ddigon o forglawdd i gadw llanw'r Saesneg rhag ei boddi. Yn Y Fenni, fel yn yr eisteddfodau taleithiol, po fwyaf ymwybodol oedd y Cymry fod llygaid Lloegr arnynt, mwyaf yn y byd oedd y perygl o fodloni ar ganmol y Gymraeg 'fel jwg ar seld'. Ar nodyn tra Phrydeingar y daeth yr olaf o'r eisteddfodau hyn i ben ym 1853.[12]

Un o epil y fam gymdeithas a sefydlwyd yn Llundain ym 1792 oedd Cymreigyddion Y Fenni, a chwiorydd amlwg iddi yn y De oedd Cymreigyddion Merthyr Tudful, Aberdâr a Phontypridd. Cynhaliwyd eisteddfodau bywiog yn y tair canolfan hyn – ymroes Cymreigyddion Merthyr i gefnogi dirwestiaeth a'r nofel mewn eisteddfod arwyddocaol ym 1854 – ac ym Mhontypridd hyrwyddwyd

[11] *Powysion, sef Awdlau, Cywyddau ac Ynglynion, a ddanfonwyd i Eisteddfod Trallwng, Medi, 1824* (Y Bala, 1826), t. 242.

[12] Mair Elvet Thomas, *Afiaith yng Ngwent: Hanes Cymdeithas Cymreigyddion y Fenni, 1833–1854* (Caerdydd, 1978), tt. 4, 38; Edwards, *Yr Eisteddfod*, tt. 49–57.

myth derwyddol Iolo Morganwg gan 'Gymdeithas y Maen Chwyf' a gynhaliai orseddau ar y comin uwchlaw'r dref. Ond Cymreigyddion Y Fenni, heb os, oedd y fwyaf pellgyrhaeddol ei hapêl a'i dylanwad o'r cymdeithasau hyn, a hynny oherwydd iddi gael yn gefn iddi noddreg dra anghyffredin o ran ei chyfoeth a'i hymserchu yn y Gymraeg a'i diwylliant.

Yn wraig i Syr Benjamin Hall, ŵyr William Crawshay, Cyfarthfa, yr oedd Augusta Waddington, Arglwyddes Llanofer, yn wraig awdurdodol yr oedd cylchoedd cymdeithasol uchaf y deyrnas yn agored iddi. Dan ddylanwad, y mae'n ymddangos, yr Arglwyddes Coffin Greenly, Llys Titley, swydd Henffordd – boneddiges a fedrai'r Gymraeg yn dda ac a gystadlai yn yr eisteddfodau taleithiol dan y ffugenw 'Llwydlas' – canfu Augusta hithau werth yr heniaith, er na feistrolodd mohoni i'r un graddau, a dwysawyd ei hawydd i'w hymgeleddu ar ôl clywed Carnhuanawc yn areithio yn Eisteddfod Aberhonddu, 1826. Y mae'n ddiau i 'achos y Gymraeg' apelio'n fawr at y rhamantydd yn Arglwyddes Llanofer, ond ni fodlonodd ar freuddwydio. Tan ei marw ym 1896, troes Gwrt Llanofer yn dŷ brwd i'r math o Gymreictod a brisiai hi, a bu'n gyson ei gofal am les y Gymraeg ym meysydd crefydd, addysg a diwylliant gwerin. Nid yw'n ormod dweud iddi gadw'r delyn deires rhag diflannu trwy gyfrwng cystadlaethau yn eisteddfodau'r Fenni, iddi fynnu amlygrwydd gwaredigol i'r alawon a'r dawnsiau gwerin, ac iddi – nid er llawenydd i holl ferched Cymru mae'n sicr – gonsurio gwisg genedlaethol a weddai i'r Gymraes ddiledryw. Ni flinodd ar genhadu dros y math o Gymreictod a ystyriai'n gredyd i'r Cymry ac yn addurn ar Brydain, ac fel menter hysbysebol y dylid edrych ar y gyfres eisteddfodau y bu hi a Carnhuanawc, tan ei farw ef ym 1848, yn bennaf cyfrifol am ei llywio. Hysbysebreg fatriarchaidd ydoedd yn ei hanfod, a'i bryd ar greu delwedd o Gymreictod nad amheuid mo'i dilysrwydd yng Nghymru nac yn Lloegr.[13]

Yn Eisteddfod Caerdydd, 1834, enillodd wobr am draethawd 'On the advantages of preserving the language and dress of Wales', ac yn fuan wedyn fe'i hurddwyd yn ofyddes mewn Gorsedd ym Mhontypridd a rhoi iddi'r enw tra phriodol, 'Gwenynen Gwent'. Yn ei thraethawd arobryn mynnodd mai 'hiliogaeth ddigalon a dirywiedig' fyddai'r Cymry heb eu hiaith. Byddent yn rhywiocach deiliaid i'r frenhines â'r Gymraeg ar eu tafodau, fel y byddai merched y werin yn eu gwlanen genedlaethol, a'u clocs, yn rhagorach tystion i rinwedd a challineb cynhenid y Gymraes na glöynnod y trefi yn eu cotwm a'u hesgidiau bach. Anelwyd yr union wirioneddau argymhellol at ddarllenwyr *Y Gymraes* (1850–1), y cylchgrawn Cymraeg cyntaf i ferched wedi ei olygu gan eu hymgeleddwr, Evan Jones (Ieuan Gwynedd), a'i gyhoeddi trwy nawdd yr Arglwyddes, ac y mae'n ffaith iddo fethu'n fuan o ddiffyg prynwyr. Er gwaethaf Llyfrau Gleision 1847, ymddengys na fynnai merched Cymru mo'u gwasgu i'w lle rhwng cloriau anogaethau cystwyol.[14]

[13] Thomas, *Afiaith yng Ngwent*, tt. 119–26; Prys Morgan, *Gwenynen Gwent* (Eisteddfod Genedlaethol Casnewydd, 1988).

[14] Gwenynen Gwent, 'Y Buddioldeb a Ddeillia oddiwrth Gadwedigaeth y Iaith Gymraeg, a Dullwisgoedd Cymru', *Y Geninen Eisteddfodol*, VIII (1890), 68–71.

Diolch i statws a chysylltiadau teulu Cwrt Llanofer, cafwyd cefnogaeth teuluoedd goludog y de a'r gororau i eisteddfodau'r Fenni a gynhaliwyd yn flynyddol o 1834 tan 1838, ac yna ym 1840, 1842, 1845, 1848 a 1853. Ac yntau'n aelod seneddol er 1831 ac wedi ei benodi yn Gomisiynydd Gwaith ym 1855, yr oedd Syr Benjamin Hall, yn ogystal â bod yn gefn i'w wraig a menter Y Fenni, yn ddolen gyswllt hollbwysig â chylchoedd crandiaf Llundain, ac yr oedd y cyswllt hwnnw i'w gryfhau gan briodas Frances, chwaer Augusta, â'r Chevalier Charles Bunsen, Prwsiad a benodwyd ym 1842 yn 'Envoi Extraordinary and Minister Plenipotentiary to the Court of St. James'. Heb amau bod gan deuluoedd fel Morganiaid Tredegyr, Guests Dowlais, Williamsiaid Aberpergwm a Rolls yr Hendre gydymdeimlad cynhenid â bwriadau'r Cymreigyddion, ni raid gwadu, ychwaith, eu bod yn diogelu eu hystad wrth gefnogi eisteddfodau yr oedd Tywysog Cymru a Connop Thirlwall, Esgob Tyddewi, yn barod i'w harddel, eisteddfodau a ddenodd rai o ysgolheigion Celtaidd y Cyfandir i gystadlu ynddynt ac a groesawodd dywysogion o'r India, Chundermohun Chatterjee ym 1842, ac ym 1845 ei ewythr, Dwarkanauth Tagore, tad-cu'r bardd Rabindranath Tagore, i urddasoli'r gweithgareddau. Datblygodd eisteddfodau'r Fenni yn achlysuron cymdeithasol egsotig braidd. Yn y gorymdeithiau llachar a flaenorai'r cystadlu – gorymdeithiau a roddai le amlwg i ddiwydiant gwlân y fro – ymrôi'r gwŷr mawr yn eu coetsys addurnedig i greu'r argraff fwyaf trawiadol, ac erbyn 1845 cymaint oedd poblogrwydd y sioe fel y bu'n rhaid codi neuadd bwrpasol ar gyfer yr eisteddfodwyr.[15]

Y Gymraeg a dalodd bris rhwysg Y Fenni. Yng Nghylchwyl 1834 mynegasai Carnhuanawc y gobaith y câi fyw i weld yr iaith yn canu marwnad i'r Saesneg, gan ychwanegu 'ond nid tebygol'. Yn wir, bu'n rhaid iddo y pryd hwnnw droi i'r Saesneg cyn tewi gan fod cyn lleied o'i wrandawyr yn ei ddeall. O dderbyn mai tynnu sylw'r 'best people' a wnâi fwyaf o les i Gymru, yr oedd tynged y Gymraeg wedi ei setlo. Y mae'n drawiadol mai dyna oedd pwrpas y prif weithiau a ddeilliodd o'r Fenni, megis casgliad alawon gwerin arloesol Maria Jane Williams, Aberpergwm, a wobrwywyd ym 1837 a'i gyhoeddi gyda chymorth Arglwyddes Llanofer ym 1844 dan y teitl *Ancient National Airs of Gwent and Morganwg*, a thraethawd beirniadol nodedig Thomas Stephens, Merthyr, ar 'The Literature of Wales during the Twelfth and Succeeding Centuries' a enillodd wobr Tywysog Cymru – gwobr o 25 gini – ym 1848 a'i gyhoeddi ym 1849 ar draul Syr Josiah John Guest dan y teitl, *The Literature of the Kymry*. Fel y nododd Daniel Huws, argraffwyd yr *Ancient National Airs* yn breifat, tanysgrifiwyd am 368 o gopïau, fe'i cyflwynwyd i'r Frenhines Victoria, a bu'n llyfr prin erioed. Esboniodd Thomas Stephens iddo ysgrifennu traethawd eisteddfodol pwysicaf y bedwaredd ganrif ar bymtheg yn Saesneg gan mai dyna'r ffordd orau i wasanaethu ei wlad, 'as the preponderance of England is so great, that the only hope of obtaining attention to

[15] Thomas, *Afiaith yng Ngwent*, tt. 1–52, 119–26.

the just claims of the Principality is by appealing to the convictions and sympathies of the reading part of the English population. It is full time for some of us to do this . . .'[16]

Yr oedd y Cymry i ymffrostio yng nghamp Stephens, fel yr oeddynt yn ymlawenhau yn y ffaith fod dau o ysgolheigion yr Almaen, Albert Schulz a Carl Meyer, wedi ennill dwy wobr anferth, 80 gini ym 1840 a 70 gini ym 1842, am draethodau yn ymdrin â dylanwad y Gymraeg a'i llenyddiaeth ar lenyddiaethau Ewrop. Y mae maint y gwobrau'n dweud mwy na digon am bwysigrwydd y testun yng ngolwg y Cymry, a phan wobrwyodd y Chevalier Bunsen draethawd Almaeneg Schulz ym 1840, traethawd a gyfieithwyd i'r Saesneg gan Mrs Berrington, chwaer Syr Benjamin Hall, a'i gyhoeddi ym 1841 dan y teitl, 'An Essay on the Influence of Welsh Tradition upon the Literature of Germany, France and Scandinavia', yr oedd Carnhuanawc, a fuasai'n brolio pwysigrwydd Ewropeaidd y Gymraeg droeon, uwchben ei ddigon: 'a foreigner, a profound scholar, says we are right, and traces the progress of the traditions of Wales through foreign lands'. Nid llai oedd y boddhad ym 1842 pan wobrwywyd traethawd Ffrangeg Meyer gan James Cowles Prichard, awdur hyglod *The Eastern Origin of the Celtic Nations* (1831), ac ni wnaeth penodi Meyer yn llyfrgellydd Castell Windsor yn sgil hynny ond dyblu'r boddhad. Cyfieithwyd ei draethawd i'r Saesneg gan Jane Williams (Ysgafell), cofiannydd Carnhuanawc, ac ymddangosodd yn y *Cambrian Journal* ym 1854 dan y teitl, 'An Essay on the Celtic Languages, in which they are compared with each other, and considered in connection with the Sanscrit, and the other Caucasian Languages'.[17]

Sylwer nad yn Gymraeg yr ysgrifennwyd cyfansoddiadau arbenicaf eisteddfodau'r Fenni. Ni chafwyd dim barddoniaeth na rhyddiaith Gymraeg o bwys llenyddol yn un o'r deg eisteddfod. Defnyddio'r Saesneg i ddatgelu cyfoeth y Gymraeg oedd y gamp i'w phrisio, ac yr oedd sefydlu'r Welsh MSS Society ym 1836, a chyhoeddi cyfieithiad Charlotte Guest o'r *Mabinogion* ym 1839 gyda chymorth Arglwyddes Llanofer, mewn cytgord ag amcanion y Cymreigyddion. Yn Eisteddfod 1842, wrth arddangos argraffiad o *Liber Landavensis* (Llyfr Llandaf) fel enghraifft o werth yr MSS Society, bost Carnhuanawc oedd ei fod 'not only valuable as an antiquarian document, but evidence that the banks of the Towy are not less fertile in the works of art than those of the Thames or Seine . . .'[18]

Ym 1845, i Carnhuanawc y dyfarnodd James Cowles Prichard y brif wobr am draethawd ar 'The Comparative Merits of the Remains of Ancient Literature in the Welsh, Irish and Gaelic Languages, and their value in elucidating the Ancient History, and the Mental Cultivation of the Inhabitants of Britain, Ireland and

[16] *Ancient National Airs of Gwent and Morganwg. Casglwyd a threfnwyd gan Maria Jane Williams. Ffacsimile o Argraffiad 1844. Gyda Rhagymadrodd a nodiadau ar y caneuon gan Daniel Huws* (Cymdeithas Alawon Gwerin Cymru, 1988), t. vii; Thomas, *Afiaith yng Ngwent*, t. 101.

[17] Thomas, *Afiaith yng Ngwent*, tt. 85–91.

[18] Williams, *Literary Remains*, II, t. 295.

Gaul'. Traethwyd llawer am y cwlwm Celtaidd yn Y Fenni, ac ym 1838, pan arweiniodd y Comte de Villemarqué a François Rïo ddirprwyaeth o Lydaw i'r Eisteddfod, gwnaed addunedau fil i dynhau'r cwlwm a chydlafurio er datgelu gwychder gorffennol y Celtiaid a sicrhau parhad. Ni ddaeth dim o hynny. Nid tan 1899, yn Eisteddfod Genedlaethol Caerdydd, y darparwyd llwyfan i Ŵyl Ban-Geltaidd, ac ni fu honno'n llwyddiant. Braidd yn ddi-chwaeth – onid peryglus – yng ngolwg y Cymry sobr oedd afiaith ciltiog yr Albanwyr a thanbeidrwydd y Gwyddyl. Yr oedd eu gofal hwy yn bennaf, fel y sylwodd Padraig Pearse yn ddirmygus, dros gytgord â Lloegr.[19]

Ym 1848, blwyddyn marw Carnhuanawc, daeth yr hanesydd ffroenuchel, Henry Hallam, i'r eisteddfod a gynhaliwyd dan nawdd Tywysog Cymru. Gwrthodasai ymweld â hi ym 1838 pan wobrwyodd draethawd John Dorney Harding, 'An Essay on the Influence of Welsh Tradition upon European Literature', gan gymaint y drwgdybiai wladgarwch y Cymry, ond erbyn 1848 barnai, er mawr bleser i'w gynulleidfa, nad oedd lle i amau eu teyrngarwch i'r Goron. Fe'i sicrhawyd gan yr Archddiacon John Williams, gwobrwywr traethawd Thomas Stephens, na fynnai'r Cymry ymwahanu oddi wrth Loegr; eu hunig ddymuniad oedd byw 'on equal terms with their friends beyond the Severn'. Er cymaint oedd dicter Carnhuanawc ac Arglwyddes Llanofer yn erbyn Llyfrau Gleision 1847, ni throwyd Eisteddfod 1848 yn gwrdd protest. I'r gwrthwyneb, yr oedd y pwyslais o hyd ar greu cymod a theilyngu cymeradwyaeth.[20]

Daeth menter Y Fenni i ben ym 1853 mewn ffrwd o Brydeingarwch. Yno'n gwrando yn werthfawrogol yr oedd Arglwydd Wellesley, nai y Dug Wellington, a gododd i yfed iechyd Pwyllgor y Cymreigyddion am iddynt drefnu eisteddfod mor frenhingar. Cawsai yntau ei wefreiddio gan berfformiad Talhaiarn, y bardd o bensaer a gyflogwyd gan Syr Joseph Paxton i arolygu adeiladu'r Palas Grisial ar gyfer Arddangosfa Fawr 1851. Yn feddw o hyd ar hwyl y gyntaf o Gymanfaoedd ymerodrol teyrnasiad Victoria, darllenodd Talhaiarn ei 'Address to the Queen' a gyfansoddodd i ddathlu ei hymweliad adeiniog â Chymru ym 1852, a chlensiodd ei benillion tinlyfgar trwy siarsio'r gynulleidfa i gofio eu bod wedi eu breintio i fod ynghlwm wrth genedl anhraethol fwy, un yr oedd ei thra-rhagoriaeth i'w weld ledled daear. Er mor falch yr oedd ef o'i dras, 'nothing shall tempt me to utter one word in disparagement of England and the English'. Yn Ionawr 1854 darfu am Gymreigyddion Y Fenni, ond yr oedd Talhaiarn ym 1853 wedi gosod prif gywair *raison d'être* yr eisteddfodau cenedlaethol a oedd i'w cynnal o 1861 ymlaen. Byddai'r mawr awydd i greu prifwyl a ddileai'r cof am gollfarn Llyfrau Gleision 1847 ac a ddarparai gyfle blynyddol i frolio gwerth Cymru fel ased ymerodrol yn agor y drws i flaengarwyr a oedd yn fwy na pharod i roi'r Gymraeg

19 Thomas, *Afiaith yng Ngwent*, tt. 127–37; Clive Betts, *A Oedd Heddwch?* (Caerdydd, 1978), tt. 67–92.

20 Thomas, *Afiaith yng Ngwent*, t. 45.

rwystrus o'r neilltu. Yng ngeiriau R. J. Derfel, wynebai'r mudiad eisteddfodol ar flynyddoedd 'y gwallgofrwydd Saesneg'.[21]

Ym Medi 1858 cynhaliwyd Eisteddfod Fawr Llangollen. Fe'i trefnwyd gan y Parchedig John Williams (Ab Ithel), y selocaf o ddilynwyr Iolo Morganwg, a bu'n ddigon digwyddlon i dyfu'n chwedl. Ag un digwyddiad y mae a wnelom yma. Bwriad Ab Ithel a'i gefnogwyr oedd dyrchafu Gorsedd y Beirdd a threfnu cystadlaethau a fyddai'n bennaf yn datgelu ysblander gorffennol y genedl, ei rhan yng ngogoniant Prydain a thegwch ei chyflwr cyfoes. Y mae'n amlwg yn ôl ei rhaglen fod bwriadau Ifor Ceri heb eu hanghofio, ac yn sicr yr oedd y cof am Lyfrau Gleision 1847 yn dal yn fyw. Cadeiriwyd Ebenezer Thomas (Eben Fardd) am awdl ar 'Maes Bosworth' – maes y waredigaeth, yn ôl bost Cymry oes Victoria, oherwydd i'w cyndeidiau ym 1485 roi cychwyn i'r brenhinlin Tuduraidd a gosod seiliau'r Ymerodraeth. Yr oedd gwobr o ugain punt a Seren Arian i'w hennill, hefyd, am 'Essay on the discovery of America in the 12th Century by Prince Madoc ap Owen Gwynedd'.

Disgwyliai Ab Ithel draethawd a brofai, diolch i'r Cymro, hawl Prydain ar y Byd Newydd, ond y gorau oedd traethawd yr hyglod Thomas Stephens o Ferthyr a chwalodd y chwedl am Fadog yn llwyr. Gwrthododd Ab Ithel ei wobrwyo, a phan gododd Stephens i brotestio gorchmynnwyd y band i roi taw arno. Mynnodd y gynulleidfa hawl iddo siarad, a'i gymeradwyo'n frwd pan ddywedodd mai ei uchelgais oedd bod yn gyflwynydd gonest hanes a llên ei genedl i'r byd. Testun cywilydd oedd i genedl geisio ymenwogi ar gorn ffantasïau: 'He, for one, would be content with simple truthfulness; he would never be a jackdaw decked out with borrowed feathers, but would be content with his own plumage, brilliant or plain as that might be.' Dyna lais ysgolhaig a lafuriai'n gyson dan gysgod y Llyfrau Gleision, a gyrrodd ei sarhau'n gyhoeddus haid o eisteddfodwyr blin i'r 'Cambrian Tent' i alw am ddiwygiad eisteddfodol. Yr oedd bellach, yn oes y trên a wnaeth 'extravaganza' Llangollen yn bosibl, wir angen am Eisteddfod Genedlaethol flaengar, drefnedig na roddai achos i neb amau na'i gonestrwydd na'i defnyddioldeb.[22]

Yn Eisteddfod Dinbych, 1860, penderfynwyd lansio 'Yr Eisteddfod', sefydliad cenedlaethol dan lywodraeth nifer o 'gyfarwyddwyr' a oedd i ymffurfio'n Gyngor gweithredol wedi ei ethol gan Bwyllgor Cyffredinol helaeth. Aeth misoedd heibio cyn llunio cyfansoddiad 'Yr Eisteddfod', ond ym mis Mai 1861 cyhoeddwyd cynllun William Morris (Gwilym Tawe), a'i fabwysiadu gan y Cyngor 'with a few trivial alterations . . . as the basis on which the Eisteddfod should be conducted in future'. Y wedd ar gynllun Gwilym Tawe sy'n cyfrif o safbwynt y bennod hon yw'r pwyslais ar Gymreigrwydd yr eisteddfodau cenedlaethol arfaethedig:

21 Hywel Teifi Edwards, *Gŵyl Gwalia: Yr Eisteddfod Genedlaethol yn Oes Aur Victoria 1858–1868* (Llandysul, 1980), tt. 302–5.

22 G. J. Williams, 'Eisteddfod Llangollen, 1858', *TCHSDd*, 7 (1958), 139–61; J. Iorwerth Roberts, 'Eisteddfod Fawr Llangollen, 1858', ibid., 8 (1959), 133–56; Gwyn A. Williams, *Madoc: The Making of a Myth* (London, 1979), tt. 199–202.

> Eu hamcan ddylai fod cynnal i fyny yr iaith Gymraeg, llenyddiaeth, arferion, celfyddydau, etc., cadwraeth ei chofianau, hynafiaethau, iawnderau, breiniau, anrhydedd, a'i gogoniant; cefnogi ymchwiliadau i'w hanes, ei chelfau, defodau, cymdeithasau, ei hiaith, llenyddiaeth, a'i chyfreithiau, ei sefyllfa foesol, feddyliol, a gweithyddol, etc., ac yn gyffredinol llwydd Cymru a'i phobl, gyda thuedd a sel genhedlaethol.[23]

Gweld creu 'Sefydliad Gwladwriaethol Cymreig' oedd gobaith Gwilym Tawe, sefydliad a hyrwyddai wladgarwch, oherwydd iddo ef 'dyma yr unig lwybr i'w chadw rhag diystyrwch, os nid difodiant'. A chan mai'r beirdd erioed fuasai cynheiliaid pybyraf y Gymraeg, dylai fod iddynt le breintiedig yng ngweinyddiaeth 'Yr Eisteddfod'. Yn wir, dylai hanner aelodau'r Cyngor fod yn feirdd. Yng ngoleuni'r hyn a ddigwyddodd rhwng 1861 a 1868, y mae un peth yn glir. Os derbyniwyd cynllun Gwilym Tawe, ni weithredwyd mohono.

Cyn dweud mwy am gyfnod 'Yr Eisteddfod', y mae'n rhaid nodi'n fyr rai datblygiadau yn niwylliant Lloegr yn hanner cyntaf y ganrif ddiwethaf a gyflyrodd yr ymateb yng Nghymru i'r Llyfrau Gleision ym 1847, ac a barodd feddwl am bosibiliadau'r Eisteddfod Genedlaethol o safbwynt barn debygol y Saeson ar ei defnyddioldeb. Byddai honno, fel y gweddai i 'the greatest and most highly civilized people that ever the world saw', fel y mynnodd Macaulay ddisgrifio ei genedl, yn farn dra dyrchafedig.[24]

Yn ei lyfr, *Racial Myth in English History* (1982), dangosodd Hugh A. MacDougal sut y cyrhaeddodd myth Eingl-Sacsoniaeth ei benllanw yn y bedwaredd ganrif ar bymtheg. Pwysleisiai'r myth fod blaenoriaeth y Saeson i'w briodoli i'w tras Tiwtonig. Rhagoriaethau Tiwtonig a'u gosododd yn ben ar bobloedd eraill ac a'u gwnaeth yn rheolwyr wrth natur. A dangosodd Nancy Stepan yn *The Idea of Race in Science: Great Britain 1800–1960* (1982) fod ailymddangosiad y gred yng Nghadwyn Bod rhwng 1800 a 1850 wedi dwysáu grym a gafael myth Eingl-Sacsoniaeth. Canrif fawr i wyddor hil fu'r bedwaredd ganrif ar bymtheg, y ganrif ymerodrol a welodd ddysgedigion ledled Ewrop ac America yn chwilio am esboniad ar y gwahaniaethau corfforol, deallusol a moesol rhwng yr hilion, a'r modd y rhagorai rhai ohonynt mewn gwarineb gymaint ar y lleill. O du Darwiniaeth a'r gwyddorau biolegol newydd, ac o du ethnoleg ac anthropoleg, ieithyddiaeth a ffrenoleg, chwiliai'r imperialwyr am 'brofion' a gyfiawnhâi gredu mewn 'deddf hil' a bennai fodolaeth pobloedd uwchradd ac israddd. Ymosodwyd ar y safbwynt monogenaidd traddodiadol gan hyrwyddwyr y safbwynt polygenaidd a fynnai na ellid gwadu, yn wyneb y gwahaniaethau llym rhwng yr hilion, fodolaeth mwy nag un rhywogaeth. Ac o gredu yng Nghadwyn Bod, gellid pennu 'gwerth' y gwahanol hilion a'u graddio yn ôl lefel eu 'datblygiad'. Gellid dadlau bod hierarchaeth yr hilion yn ffaith anwadadwy. Ni ffafriwyd neb yn fwy

[23] Edwards, *Gŵyl Gwalia*, tt. 9, 13.

[24] Hugh A. MacDougal, *Racial Myth in English History: Trojans, Teutons and Anglo-Saxons* (Montreal, 1982), t. 91.

gan yr hinsawdd hwn na'r Sais, a'i cafodd ei hun, fel y seren loywaf yn y ffurfafen Diwtonig, yn edrych i lawr ar y 'lesser breeds', neu'r 'cheap races', a defnyddio ymadrodd sgornllyd Charles Dilke.[25]

Bu'n rhaid i'r Eisteddfod Genedlaethol newydd-anedig wynebu'r dibristod o'r 'cheap races' a nodweddai osgo ymerodrol Lloegr yn y bedwaredd ganrif ar bymtheg. Y mae'n rhaid cofio bod ei hawdurdod wedi ei herio gan y Gwrthryfel yn yr India ym 1857, ac fe'i trwblwyd yn fawr ym 1865 gan derfysg Bae Morant yn Jamaica, a brwydro'r Maori yn Seland Newydd dros ei ryddid rhwng 1864 a 1868. Yr oedd ei 'hawl' i reoli eraill yn cael ei wadu, ac fel y dywedodd Edward Said, yn y 1860au prin y gallai ymwybod y Saeson a'r Ffrancwyr â'u pŵer ganiatáu iddynt gredu y gallai'r brodorion dan eu pawennau fyth beri iddynt ildio eu trefedigaethau neu ddweud dim 'that might perhaps contradict, challenge or otherwise disrupt the prevailing discourse'. O safbwynt y Celtiaid, a oedd ar hyd y ganrif yn fodau amheus ar y gorau, fel y tystia sylwadau awduron mor awdurdodol â Macaulay, Carlyle, Mill, Freeman, Froude, Acton a Green, enynnwyd llid ymerodrol tuag atynt gan ymgyrch fomio'r Ffeniaid rhwng 1865 a 1867. Epäwyd 'Paddy' yng nghyfnod y dyfalu dig am y 'missing link', a rhoddwyd ffrwyn ar war 'Celtophobia'. Pechod y Gwyddyl, yng ngeiriau Ronald Hyam, oedd wfftio'r 'Anglo-Saxonist "magic" sense of superiority', ac yr oedd yn drosedd chwerw.[26]

Fel y Gwyddyl, bu'n rhaid i'r Cymry, a ymgroesai'n fynych rhag rhysedd eu cefndryd yn Iwerddon, wynebu arf parotaf y Sais, sef ei ddirmyg. Ac yn yr Alban, fel y dangosodd Colin Kidd mor glir, bu'n rhaid i'r Ucheldirwyr ddioddef casineb nifer o Iseldirwyr nad oedd yn rhengoedd Tiwtonaddolwyr Prydain eu butrach. Ym 1861 cwynai David Masson, yr Albanwr a olygai *Macmillan's Magazine*, fod digowntio'r Celt wedi ei wneud yn esgymun mewn rhai cylchoedd, 'and anyone who is in that unfortunate predicament has to go back in his pedigree for some Teutonic grandmother, or other female progenitor, through whom he may plead his blood as at least decent half-and-half'. O'r foment y sefydlwyd 'Yr Eisteddfod' ym 1860, hyd at ei thranc ym 1868, gwatwarwyd y brifwyl yn flynyddol gan rai o gynrychiolwyr amlycaf y wasg Saesneg, rhag iddi, mae'n rhaid, borthi diwylliant arwahanol, onid gwrthryfelgar. Y ddadl gyson oedd na allai ateb yr un pwrpas adeiladol heb ymseisnigo'n drwyadl. Cydnabu gwŷr y Cyngor y gofyn, Seisnigeiddiwyd y brifwyl, dathlwyd, fel is-bartner, yr undeb â Lloegr, a darostyngwyd y Gymraeg, i bob pwrpas yn ddiedifar.[27]

Fel y gwnaethai yn yr olaf o eisteddfodau'r Fenni ym 1853, daeth Talhaiarn i'r olaf o eisteddfodau cenedlaethol y Cyngor ym 1868 i aberthu i Loegr Victoria:

[25] Nancy Stepan, *The Idea of Race in Science: Great Britain 1800–1960* (London, 1982), penodau 1–4; MacDougal, *Racial Myth in English History*, t. 99.

[26] Edwards, *Gŵyl Gwalia*, tt. 309–21; Edward W. Said, *Culture and Imperialism* (London, 1993), t. xxiv.

[27] David Masson, 'Gaelic and Norse Popular Tales: An Apology for the Celt', *Macmillan's Magazine*, 3, (1860–1), 213–24; Colin Kidd, 'Teutonist Ethnology and Scottish Nationalist Inhibition, 1780–1880', *Scottish Historical Review*, LXXIV (1995), 45–68.

'We are a quiet, law-loving people, and we never require to be dragooned into obedience. We are eminently loyal, and we willingly submit to the rule of our gracious Queen and her government.' Ac fel petai'n dâl am hynny, y flwyddyn honno dyfarnwyd gwobr o 150 gini – y fwyaf o ddigon yn ystod teyrnasiad 'Yr Eisteddfod' – i John Beddoe, llywydd Cymdeithas Anthropolegol Bryste, am draethawd 'On the Origin of the English Nation, more especially with reference to the question how far they are descended from the Ancient Britons'. Yr oedd y testun wedi ei gynnig yn aflwyddiannus er 1862 pan gynigiwyd 50 gini i'r buddugol, ac ymhlith yr anffodusion yr oedd Dr Thomas Nicholas a gyhoeddodd ei lyfr, *The Pedigree of the English People*, ym 1867. Fe'i cyhuddwyd o lên-ladrad gan un arall o'r anffodusion, Luke Owen Pike, ond fe'i cafwyd o afael y gyfraith gan George Osborne Morgan, AS. Holl bwrpas llyfr Nicholas oedd argyhoeddi'r byd o ran y Cymry yn ymddangosiad 'one of the most colossal creations of time – the English nation', yn ogystal â sicrhau'r Cymry fod hynny'n fwy na digon o iawn am golli eu rhyddid – a'u hiaith, hwyrach.[28]

Penderfynodd teyrnasiad 'Yr Eisteddfod' dynged y Gymraeg yn yr Eisteddfod Genedlaethol am weddill y ganrif. Byddai'r pwyslais ar fod yn Brydeinwyr, ar ddal i arddel y Gymraeg fel iaith gwladgarwch hydrin a chrefyddgarwch, ac ar feddwl yn iwtilitaraidd am anghenion Cymru yng nghyfarfodydd cynyddgar, uniaith Saesneg 'Social Science Section' Hugh Owen ac Adran y Cymmrodorion a'i holynodd ym 1880. Yn ganolog i'r fenter yr oedd yr angen i haeddu geirda Lloegr, i basio'r prawf. Yn gwbl ddifrifol y dywedodd y Rheithor John Griffiths, Llywydd Cyngor yr Eisteddfod, ym 1867 fod y Cymry yn ymwybodol 'that we shall have many eyes upon us, that we shall be scanned narrowly . . . We are aware that there is an annual judgment passed upon us'. Nid ef oedd yr unig un i siarad â llais diwylliant gwarth yn ystod degawd nodedig o niwrotig yn hanes y brifwyl a'r Gymraeg.[29]

Y mae'r flwyddyn 1866 yn siarad cyfrolau. Gwahoddwyd Matthew Arnold i lywyddu yn Eisteddfod Genedlaethol Caer yn sgil traddodi ei ddarlithiau ar lenyddiaeth Geltaidd yn Rhydychen rhwng Rhagfyr 1865 a Mai 1866, darlithiau a gyhoeddwyd dan y teitl *On the Study of Celtic Literature* ym 1867, y flwyddyn a welodd gyhoeddi hefyd ei gyfrol enwocaf, *Culture and Anarchy*. Ynddynt, ymosododd eto ar 'Philistiaeth' dosbarth canol Lloegr a'r gorbwyslais cwrs ar waddol Diwtonig y Saeson. Yr oedd yn hen bryd arddel y waddol Geltaidd ysbrydol a ddisgrifiai fel 'Celtic magic', sef diléit dychmyglon y Celtiaid ym myd natur a'u hymwrthod â'r 'despotism of fact' yn enw'r awen, a rhoi cyfle iddi wrthweithio'r fateroliaeth remp a oedd yn hagru bywyd Lloegr. Ni fedrai annerch yng Nghaer, ond gyrrodd lythyr i danlinellu'r pwyntiau a wnaethai yn ei ddarlithiau, gan ychwanegu ei bod yn bryd i'r Celtiaid ddylanwadu er gwell ar y

[28] Edwards, *Gŵyl Gwalia*, tt. 304–5, 380–1, 451–2.
[29] Ibid., t. 334.

Saeson megis y dylanwadodd y Groegiaid ar y Rhufeiniaid. Y mae'n bwysig deall mai fel apostol 'sweetness and light' y siaradai Arnold, apostol a oedd yn ddigon sicr o ragoriaeth y Saeson ar y Celtiaid fel nad ofnai dramgwyddo ei gyd-wladwyr wrth eu hannog i weld gwerth yn rhai o nodweddion pobl lai breintiedig na hwy. Ond yr oedd yn gofyn gormod. Ffrwydrodd y *Times*.[30]

Ar y Gymraeg y disgynnodd ei lid drymaf, er bod Arnold ei hun am weld ei diflaniad buan. Tra oedd yn Arolygwr Ysgolion a chanddo ofal, am gyfnod, dros rannau o Gymru, mynnai ei dileu. Yn ei ddarlithiau yn Rhydychen ewyllysiai ei thranc er lles 'homogeneity' Prydain Fawr, a gwadodd fod iddi unrhyw bwrpas pellach fel iaith llên. Hen, hen win oedd ei 'Celtic magic': 'For all serious purposes in modern literature . . . the language of a Welshman is and must be English . . . I repeat, let us all as soon as possible be one people; let the Welshman speak English, and, if he is an author, let him write English.' Imperialydd diwylliannol a amddiffynnodd 'administrative massacre' y Llywodraethwr Eyre yn Jamaica oedd Arnold, ac yn ôl Edward Said credid bod ei gysyniad ef o 'ddiwylliant' i'w ystyried, yn benodol, yn atalfa ar aflywodraeth. Gresyn na sylwodd Said ar ei agwedd at y Gymraeg yn *Culture and Imperialism* (1993), lle y trafodir amryfal ymdrechion imperialwyr i droi buddugoliaethau maes cad yn goncwest ddiwylliannol lwyr trwy atal y gorchfygedig rhag dweud eu stori mwyach. Y mae'n gwbl glir fod dwyn stori'r Gymru Gymraeg i ben yn fwriad gan Arnold pan draethodd 'megis angel' yn Rhydychen.[31]

Er hynny, yng ngolwg y *Times*, y *Daily Telegraph* a'r *Liverpool Daily Post* hyd yn oed, yr oedd yn euog o sarhau ei hil. Yr oedd yn annichon i'r 'lesser breeds' ddyrchafu eu gwell, yn ôl y 'Post', ac yn ofer y disgwylid arweiniad gan y Celtiaid: 'They are not the race to light or lead the way to progress.'[32] Y prawf pendant o hynny yng Nghymru oedd parhad y Gymraeg. Ailadroddwyd yn y *Daily Telegraph* yr hen anwiredd am iaith heb yr un term 'that will help in the smallest degree the spread of science',[33] ond ymroi i labyddio a wnaeth y *Times*:

> The Welsh language is the curse of Wales . . . Their antiquated and semibarbarous language, in short, shrouds them in darkness . . . If Wales and the Welsh are ever thoroughly to share in the material prosperity, and, in spite of Mr Arnold, we will add the culture and the morality of England, they must forget their isolated language, and learn to speak English, and nothing else . . . For all practical purposes Welsh is a dead language.[34]

Deuai gwaredigaeth i Gymru o Loegr, ac o Loegr yn unig, a dyletswydd y Cymro call oedd dysgu ei gyd-wladwyr i werthfawrogi 'eu cymdogion' yn fwy na hwy eu

[30] Ibid., tt. 326–31.
[31] Said, *Culture and Imperialism*, tt. 157–8.
[32] Edwards, *Gŵyl Gwalia*, t. 329.
[33] Ibid.
[34] Ibid., tt. 327–8.

hunain. Ffolineb oedd i'r Cymry ymffrostio mewn Arddangosfa Ddiwydiannol, 'the sooner all Welsh specialities disappear from the face of the earth the better', a gwagedd oedd credu y gallai pobl mor araf siarad dwy iaith. Yr oedd un iaith yn ddigon i'r 'mass'; drysu'r drefn, creu 'bilingual difficulty' a wnâi dwyieithrwydd, amlhau problemau ac anawsterau costus. Yn llithiau golygyddol y *Times* ym mis Medi 1866, yr oedd cynrychiolydd y disgleiriaf o'r 'dear races' yn 'siarad i lawr' ag un o'r 'cheap races' fel petai cadw Cadwyn Bod rhag ymddatod yn dibynnu ar hynny.

Y mae'r helynt a achoswyd ym 1866 yn ddadlennol. Dengys pa mor ffyrnig barod oedd y Saeson i ddiogelu eu huchafiaeth ac mor drist o eiddgar oedd y Cymry blaengar i groesawu i'w prifwyl ladmerydd diwylliant ymerodrol a garai ramantu am eu harallfydedd, a'u hannog ar yr un anadl i ymwrthod â'u mamiaith. A oes rhaid dweud mwy am ofal 'Yr Eisteddfod' am y Gymraeg yn wyneb yr awydd i roi'r llwyfan i feirniad o Sais a fynnai roi taw bythol ar ei llên? Y mae hyn i'w ychwanegu. Yn union sgil helynt Caer, cynhaliwyd Eisteddfod y Cymry yng Nghastell-nedd, eisteddfod a drefnwyd gyda chefnogaeth Arglwyddes Llanofer, Maria Jane Williams a chyfansoddwyr 'Hen Wlad fy Nhadau' ymhlith eraill, i gywilyddio'r brifwyl estron. Bu'n fethiant ariannol dybryd. Ni ddaeth y torfeydd, yn bennaf oherwydd bod y geri marwol yng Nghastell-nedd, ond i'r 'progressives' yr oedd y methiant i'w groesawu fel prawf o ynfydrwydd cynnal eisteddfod Gymraeg yn oes Cynnydd. Mewn sgit yn *Cronicl Cymru* disgrifiwyd David Livingstone, wedi ofer chwilio amdano yn Affrica, yn cyrraedd Cymru a dod o hyd i'r 'missing link' wrth wylio seremonïau'r Orsedd yn Eisteddfod y Cymry. Fel 'Paddy' anystywallt, haeddai'r eisteddfodwr 'traddodiadol' yntau ei epaeiddio yn enw blaengaredd.[35]

Digowntiodd Cyngor 'Yr Eisteddfod' y brotest yng Nghastell-nedd. Ni fynnent ei harddel: 'We repudiate exclusiveness as incompatible with advance. Our great object is "SOCIAL PROGRESS", and we believe that the course of action that we advocate has a tendency to elevate and refine a thriving and a most orderly people.' Yr oedd John Griffiths wedi gwadu'n huawdl ym 1863, 1865 a 1866 mai pwrpas yr Eisteddfod Genedlaethol oedd rhwystro lledaeniad yr iaith Saesneg, ac ym 1867 fe'i gwadodd yn huotlach nag arfer:

> We conduct our proceedings in English, our papers in the several departments of Art and Social Science are written in English. We offer prizes for essays showing the advantages to Wales of being in union with England. Oppose the spread of the English language! Nothing more preposterous.

Ni allai 'Yr Eisteddfod' fforddio treulio amser i sicrhau parhad y Gymraeg; edrychai'r iaith ar ei hôl ei hunan: 'I think our time might be better employed

[35] Ibid., tt. 371–6; *Cronicl Cymru*, 29 Medi 1866.

than in bolstering-up a language that may be of a questionable advantage.' Dyna farn John Griffiths, gŵr a gyfrifid gan ei gyd-Gymry y pybyraf o iaithgarwyr.[36]

Yn y wasg Gymraeg, yn enwedig yn *Y Faner* a'r *Gwladgarwr*, ymosodwyd o bryd i'w gilydd ar y Sais trahaus a fynnai i'r byd ymdebygu iddo. Condemniodd Thomas Gee y *Spectator* ym 1863, y *Times* ym 1866 a'r *London Review* ym 1867 am fynnu mai Saeson y dylai'r Cymry fod, ond yr oedd Gee ei hun, ac yntau wrthi ar y pryd yn cyhoeddi *Y Gwyddoniadur Cymreig* (1854–79), yn ildio'r byd materol i'r Saesneg yn y 1860au, gan ddadlau y byddai'r Gymraeg byw ar aelwyd ac mewn capel, ac onid e, siawns na châi fywyd newydd, waeth beth am fywyd tragwyddol, ar lannau'r Mississippi! Ar lwyfan y brifwyl, fodd bynnag, nid oedd croeso i siarad plaen dros y Gymraeg, heb sôn am edliw ei fai i'r Sais fel y gwnaethai Reginald Heber ym 1820. Y mae'n wir i Dewi o Ddyfed ymosod arno ym mhrifwyl Abertawe yn ôl ei hen arfer, ond dyna'r unig gyfle a gafodd i drwblu'r dyfroedd. Tramgwyddwyd 'Gohebydd' *Y Faner* gan ei annoethineb, ac ni chafodd Dewi o Ddyfed bechu mwyach.[37]

Y ffordd briodol i siarad dros y Gymraeg oedd yr hen ffordd, ffordd y Parchedig Edward Hughes (Y Dryw) ym 1828 pan ddiolchodd iddi am gadw'r werin rhag 'the pestilent contamination of such writers as Paine, Hone [*sic*], Carlisle [*sic*] and I will even add Cobbett!', y ffordd a ddilynodd Caledfryn ym 1865 pan glodforodd eto fyth 'the language of containment': 'Ni feiddiodd Tom Payne [*sic*] a Voltaire ddangos eu gwynebau erioed yn Gymraeg. Cenedl o bobl lonydd a heddychol, a hynod o ffyddlawn i'r llywodraeth, ydyw'r Cymry. Pa bryd y clywyd am danom fel 'cenedl' yn codi mewn gwrthryfel? Erioed!' Ac wedi cyhoeddi'r gwirionedd gwasanaethgar hwnnw nid oedd rhaid iddo ond darllen cerdd yn darogan bywyd i'r heniaith 'tra byddo gwaed y Cymro/Yn ergydio dan ei fron'. Byddai'n drech na'r trên a'r mewnfudwyr locustaidd, a chyn belled ag yr oedd y llu Cymry ymwrthodgar yn bod, nid oedd rhaid poeni. Gellid, yn syml, ffugio nad oeddynt yn bod, neu o leiaf nad oeddynt yn cyfrif. Yr oedd William Thomas (Glanffrwd) i ganu yn yr un ffordd yn union yn ei bryddest fuddugol ar 'Y Gymraeg' yn Eisteddfod Genedlaethol Llundain, 1887.[38]

Byddarwyd cynulleidfaoedd 'Yr Eisteddfod' yn flynyddol ag areithiau'n moli'r undod â Lloegr, a mynych siars i ddysgu a pharablu Saesneg, iaith y waredigaeth. Dywedwyd pethau rhyfedd ac ofnadwy i gyfiawnhau gollwng y Gymraeg, gan ddefnyddio Duw a'i ragluniaeth fawr ar y naill law, a theori esblygiad Darwin ar y llaw arall, yn ddadleuon yn erbyn ceisio gwneud dim 'artiffisial' i estyn ei heinioes. Cyn belled ag yr oedd y Gymraeg yn bod, seithug fyddai ymyrryd â threfn Duw a dyn. Ac nid llai rhyfedd ac ofnadwy oedd ysfa Hussey Vivian AS i berswadio ei

36 Edwards, *Gŵyl Gwalia*, t. 358.

37 Ibid., tt. 324–5, 329, 333, 368–9.

38 *The Gwyneddion or, An Account of the Royal Denbigh Eisteddfod, held in September, 1828* (Chester, 1830), t. 15; Edwards, *Gŵyl Gwalia*, tt. 362–3, 365–6; E. Vincent Evans (gol.), *Cofnodion a Chyfansoddiadau Eisteddfod Genedlaethol 1887 Caerludd* (Caerdydd, d.d.), tt. 104–25.

wrandawyr ym 1863 fod yn rhaid iddynt fod yn Saeson yn ogystal â Chymry, ac ymegnïo i wneud Cymru y wlad orau yn Lloegr; neu'r modd y mynnodd John Williams, Treffos, Môn ym 1866 nad oedd gwir garedigion Cymru am 'atgyfodi' mamiaith a fuasai unwaith yn drysor pobl 'highly refined': 'They did not want to have it back again: it was nonsense to think of such a thing'; neu'r modd y troes maer Rhuthun at y Saeson ger ei fron ym 1868 a dweud wrthynt, pan aeth y galw am Gymraeg yn rhy groch i'w anwybyddu: 'The English ladies and gentlemen are proverbial for one good quality, that is, their patience and forbearance. I now beg of them to exercise this good quality for a few minutes, while I am addressing the Welsh audience as requested in their native tongue.' Nid oes sôn i un o'r 'English friends' wrthwynebu.[39]

Wrth gloi, y mae'n rhaid tanlinellu dylanwad 'Social Science Section' Hugh Owen ar holl ethos prifwyliau'r 1860au, a'r rhai a'u dilynodd o 1880 ymlaen. Ac yntau'n was sifil yn Llundain a roesai ei fryd er y 1840au ar godi 'educational edifice' yng Nghymru, yr oedd wedi gweld gwerth 'Social Science Association' ei gyfaill, y Parchedig Henry Solly, cyn iddo ymweld â'r Eisteddfod Genedlaethol gyntaf yn Aberdâr ym 1861. Ym 1862 impiodd ei Adran wrth y brifwyl ac fe'i hydreiddiwyd hi o hynny hyd at 1868 gan feddylfryd iwtilitaraidd Owen a'i gefnogwyr, gŵyr megis Dr Thomas Nicholas o Goleg Presbyteraidd Caerfyrddin, J. B. R. James o Goleg Hyfforddi St John's, Highbury, a Lewis Hartley, gŵr busnes o Fanceinion – tri a'i gwnaeth hi'n bwynt i ddirmygu traddodiad barddol Cymru wrth bwysleisio ymarferoldeb proffidiol astudio daeareg, rhagor y mesurau caeth, ac wrth alw am gyfundrefn addysg Saesneg i'r wlad a'i gwnâi'n bosibl i blant y dosbarth canol gystadlu â'u cyfoedion ledled Prydain. Yn sgil sesiwn arbennig o'r Adran ym 1863 i drafod yr angen am addysg uwch yng Nghymru y daeth yr ymgyrch a welodd sefydlu Coleg Aberystwyth ym 1872, ac nid yw'n ddim syndod nad oedd lle i'r Gymraeg yno pan agorodd ei ddrysau. Y mae'n wir na wnâi Prifysgol Llundain, a oedd i warantu graddau coleg cyntaf Prifysgol Cymru, gydnabod y Gymraeg yn bwnc gradd, ond y mae darllen papur Thomas Nicholas, 'High Schools and a University for Wales', yn ddigon o brawf nad oedd sicrhau lle i'r Gymraeg yn ei feddwl o gwbl wrth iddo gynllunio ar gyfer y dyfodol ym 1863. Ac yr oedd yr un peth yn wir am Hugh Owen, y 'diwygiwr' a wahoddodd Matthew Arnold i Gaer ym 1866. Yn yr Eisteddfod Genedlaethol a'r Coleg yn Aberystwyth fel ei gilydd, Saesneg oedd iaith y goleuni a ddatgelai Gymru i'r byd.[40]

Dangoswyd hynny'n berffaith glir gan y Cardi o ysgolfeistr ym Môn a ddaeth i Eisteddfod Genedlaethol Llandudno i draethu ar 'Welsh Philology' yn y 'Social Science Section'. Yr oedd awdurdod ysgolhaig a oedd eisoes yn hyddysg yn

[39] Edwards, *Gŵyl Gwalia*, tt. 348, 357, 376.

[40] Ceir trafodaeth lawn ar 'Social Science Section' Hugh Owen yn Edwards, *Gŵyl Gwalia*, tt. 53–112.

egwyddorion ieitheg gymharol yn ei leferydd, a chanodd gnul ffantasïwyr megis John Edwards (Meiriadog) a oedd mewn traethawd buddugol ar 'Ardderchogrwydd yr Iaith Gymraeg' ym mhrifwyl 1861 wedi olrhain y Gymraeg yn ôl at Adda: 'Nid oes ond yr annysgedig a wada hyn'! Fe'i gwadwyd gan John Rhŷs.[41]

Ar anogaeth y Canghellor James Williams aeth Rhŷs i Rydychen – bu'n gwrando ar ddarlithiau Matthew Arnold – ac ym 1868 daeth drachefn i'r brifwyl yn Rhuthun i draethu ar 'Cymro, Cymru a Chymraeg'. Yr oedd newydd draddodi'r ddarlith gerbron y 'Société de Linguistique de Paris' ac yr oedd ganddo newyddion da i'w cyhoeddi. Er na welai obaith parhad i'r Gymraeg, gallai'r 'hwyl' Gymreig oroesi hebddi, a chan mai ildio i 'noble antagonist' fyddai ei rhan, dylid ymroi yn ddi-oed i'w hastudio, 'and carefully registering all its idioms and vocables, they would do more to perpetuate it and advance Celtic philology, than by for ever rhyming and inflicting useless reading on their friends'. Yn Eisteddfod Gordofigion Lerpwl, 1871, seiniodd gnul yr iaith eto; ni ellid mo'i chadw. Felly: 'Gan weled a chydnabod, fel yr ydym yn gwneyd, fod ein mam-iaith yn ymadael, gadawer iddi ymadael mewn heddwch.' Dyna fyddai dymuniad pob gwir Gymro a dylai pob Sais ei barchu gan fod terfyn i raslonrwydd Cymro: 'Gall Celtiad, hwyrach, esgusodi ysbeilio ei logell, os gwneir hyny mewn ffordd foneddigaidd, ond ni faddeua byth i'r dyn a archolla ei deimladau yn fwriadol.' Ym 1876 aeth ati yn Eisteddfod Genedlaethol Wrecsam i watwar Gorsedd y Beirdd a oedd yn pedlera 'flapdoodle' i'r genedl, ac ym 1877 aeth i Rydychen yn ddeiliad cyntaf y Gadair Astudiaethau Celtaidd a sefydlwyd wedi ple Matthew Arnold o'i phlaid ym 1866. Y mae'n rhaid fod y penodiad wrth ei fodd.[42]

Pan ddaeth cyfnod 'Yr Eisteddfod' i ben, apeliodd Hugh Owen am gymorth cyhoeddus i glirio'r ddyled, gan 'gyfaddef' bod ar y brifwyl wir angen nawdd y werin. Nid ymatebwyd i'w apêl a bu'n rhaid iddo ef a John Griffiths dalu canpunt yr un i gadw 'Yr Eisteddfod' rhag y gyfraith. Fodd bynnag, pan sefydlwyd Cymdeithas yr Eisteddfod Genedlaethol dan ei sbardun ef ym 1880, a dechrau'r ail gyfres o eisteddfodau cenedlaethol, yr un fu tynged y Gymraeg. Ym 1886, ugain mlynedd ar ôl cynnal Eisteddfod y Cymry yng Nghastell-nedd, yr oedd Arglwyddes Llanofer eto'n barod i gefnogi gŵyl brotest arall, y tro hwn yng Nghaerwys. Rhoes Thomas Gee, hefyd, ei fendith arni, ond ni throes mo'r llanw.[43]

Daeth Adran y Cymmrodorion i gyflawni swyddogaeth y 'Social Science Section', a pharodd ymweliad Tywysog Cymru a'i deulu ag Eisteddfod y Jiwbilî yn Llundain ym 1887, ac eilwaith ag Eisteddfod Genedlaethol Caernarfon ym 1894, i'r 'gwallgofrwydd Saesneg' ferwi drosodd. Ni fu'r Gymraeg yn y brifwyl ddim elwach, ychwaith, o'r brwdfrydedd 'cenedlgarol' a roes fod i fudiad 'Cymru

[41] Ibid., tt. 360–1.
[42] Ibid., tt. 376–7.
[43] Ibid., tt. 49–52, 394–6.

Fydd' rhwng 1885 a 1896, a phriodol iawn, gan i Matthew Arnold ymddangos yn fawr ei barch ar ei llwyfan, oedd sefydlu ym mhrifwyl Aberdâr, 1885, 'The Society for Utilizing the Welsh Language for the Purpose of Serving a Better and More Intelligent Knowledge of English'. Ni raid amau diffuantrwydd awydd Dan Isaac Davies a'i gefnogwyr i ennill troedle i'r Gymraeg yn yr ysgolion elfennol. Yr hyn sy'n ddadlennol yw fod teitl Saesneg Cymdeithas yr Iaith Gymraeg yn dangos bod ei hyrwyddwyr o'r farn mai yn llawforwyn i'r Saesneg yr oedd fwyaf tebygol o gael mynediad i'r 'educational edifice'. Byddai dadlau dros ddysgu'r Gymraeg yn rhinwedd ei gwerth cynhenid yn annoeth, ac yn y 'Memorial' a anfonodd y Gymdeithas at Gomisiwn Cross ar Addysg Elfennol ym 1886 gwnaeth ei gorau i fod yn rhesymol: 'The "maintenance" of the Welsh language is no part of this Society's objects . . .' Mater i ragluniaeth oedd parhad y Gymraeg. Pan ymddangosodd Dan Isaac Davies gerbron y Comisiwn mynegodd ei obaith y gwelid ei disodli yn yr ysgolion gan un o ieithoedd y Cyfandir. Llwyddodd y dacteg, ond canlyniad dyhuddo'r Philistiaeth yr ymosododd 'Siluriad' arni yn *Y Geninen* ym 1885 oedd israddoli'r Gymraeg yn y gyfundrefn addysg am genedlaethau.[44]

Ym 1893 dadleuodd W. Llewelyn Williams dros 'The Claims of the Welsh Language' gerbron y Cymmrodorion ym mhrifwyl Pontypridd, gan ddal y dylai plant ymfudwyr i Gymru orfod ei dysgu, heb sôn am blant y brodorion. I'r mwyafrif o'i wrandawyr yr oedd yn siarad iaith afrealaeth, a thynnodd y brifwyl at ddiwedd canrif yn ddiedifar Saesneg ei lleferydd. Yn ei ddwy awdl, 'Cymru Fu, Cymru Fydd' (1892–4) a 'Salm i Famon' (1893–4), fe'i gwawdiwyd gan John Morris-Jones cyn ei ddyrchafu'n Athro'r Gymraeg ym Mangor ym 1894, lle y mynnodd, fel y gweddai i un o gyn-ddisgyblion Syr John Rhŷs, draethu ei lên yn Saesneg wrth ei fyfyrwyr tan ei farw ym 1929. O 1902 ymlaen yr oedd i serennu ar lwyfan y brifwyl fel arch-feirniad cystadleuaeth y Gadair, heb awydd cydnabod, fe ymddengys, na chawsai gyfle i ddangos ei orchest oni bai am gyndynrwydd Gorsedd y Beirdd a oroesodd ei ddirmyg ef a'r rhawt 'progressive' a'i blaenorodd.[45]

Nid i ddoethion y 'Social Science Section' a'r Cymmrodorion y mae diolch am ddiogelu lle, waeth pa mor ymylol, i'r Gymraeg yn y brifwyl a'i bradychodd yn oes Victoria. Ymlyniad 'colledigion' wrth 'draddodiad' a'i diogelodd ac a'i galluogodd i wynebu adfywiad yn yr ugeinfed ganrif.

[44] J. Elwyn Hughes, *Arloeswr Dwyieithedd: Dan Isaac Davies 1839–1887* (Caerdydd, 1984), tt. 209–11; Siluriad, '"Philistiaeth" yng Nghymru', *Y Geninen*, III, rhif 4 (1885), 276–83.

[45] John Morris-Jones, *Caniadau* (Rhydychen, 1907), tt. 55–70, 71–92.

11
Argraffu a Chyhoeddi yn yr Iaith Gymraeg 1800–1914

PHILIP HENRY JONES

Er y 1950au, dylanwadwyd yn drwm ar ein dehongliad o hanes y wasg Gymraeg yn ystod y bedwaredd ganrif ar bymtheg gan honiad yr Athro G. J. Williams mai ail hanner y ganrif – ac yn fwy penodol y blynyddoedd rhwng tua 1860 a 1890 – oedd 'oes aur' cyhoeddi llyfrau Cymraeg.[1] Honnodd yr Athro fod y galw am lyfrau Cymraeg mor fawr nes y gellid cyhoeddi gweithiau sylweddol heb unrhyw anhawster er gwaethaf tlodi'r darllenwyr. Yn wir, yr oedd y farchnad lyfrau Gymraeg mor broffidiol – amcangyfrifai'r cyhoeddwr blaengar, Charles Hughes, fod oddeutu £100,000 wedi ei wario ym 1875 ar 'lenyddiaeth Gymraeg o bob math'[2] – nes bod sawl cwmni enwog o Loegr a'r Alban wedi manteisio ar hynny drwy gyhoeddi llyfrau drudfawr fesul rhan.[3] Yn ôl dehongliad Williams, priodolir y gostyngiad sydyn a ddigwyddodd ar ddechrau'r ugeinfed ganrif yn nifer y llyfrau Cymraeg a gyhoeddid yn bennaf i'r Seisnigeiddio a ddaeth yn sgil cyfundrefn addysg y wladwriaeth: wrth i'r siaradwyr uniaith farw yr oedd eu holynwyr dwyieithog yn troi at lyfrau Saesneg. Nid yw hyn, fodd bynnag, yn egluro paham yr oedd yn well gan ddarllenwyr dwyieithog lyfrau Saesneg, nac ychwaith yn ystyried y posibilrwydd y gallai gwendidau yn y farchnad lyfrau Gymraeg fod yn rhannol gyfrifol am y newid. Mewn ymgais i ateb y ddau gwestiwn hyn, trafodir yn y bennod hon faint, natur, dulliau, a phroblemau'r fasnach lyfrau Gymraeg yn ystod y bedwaredd ganrif ar bymtheg.

Oes fer a gafodd mwyafrif y gweisg a sefydlwyd mewn un ar bymtheg o ganolfannau yng Nghymru rhwng 1718 a 1780. Er i Gaerfyrddin ddod yn brif

[1] G. J. Williams, *Y Wasg Gymraeg Ddoe a Heddiw* (Y Bala, 1970) ac idem, 'Cyhoeddi Llyfrau Cymraeg yn y Bedwaredd Ganrif ar Bymtheg', *JWBS*, IX, rhif 4 (1965), 152–61. Ond gw. Philip Henry Jones, 'A Golden Age Reappraised: Welsh-language Publishing in the Nineteenth Century' yn Peter C. G. Isaac a Barry McKay (goln.), *Images & Texts: Their Production and Distribution in the 18th and 19th Centuries* (Winchester, 1997), tt. 121–41.

[2] *Report of the Committee appointed to inquire into the Condition of Intermediate and Higher Education in Wales and Monmouthshire: Vol. II, Minutes of Evidence and Appendices* (Aberdare Evidence) (PP 1881 (C. 3047) XXXIII), cwestiwn 6281.

[3] Ailgloriannir y datblygiad hwn yn Philip Henry Jones, 'Scotland and the Welsh-language Book Trade during the Second Half of the Nineteenth Century' yn Peter Isaac a Barry McKay (goln.), *The Human Face of the Book Trade* (Winchester, 1999), tt. 117–36.

ganolfan argraffu yn y Gymraeg o ddauddegau cynnar y ddeunawfed ganrif ymlaen, ni sefydlwyd argraffdai yn y canolfannau Seisnigedig eraill tan ddegawdau olaf y ganrif: yn Wrecsam ac Aberhonddu ym 1772, yn Hwlffordd ym 1779, ac yn Abertawe ym 1780. Bu ehangu sylweddol o ddiwedd wythdegau'r ganrif ymlaen oherwydd y galw cynyddol am ddeunydd printiedig o bob math. O ganlyniad i ddatblygiadau diwydiannol, twf y trefi, a chysylltiadau economaidd a chymdeithasol mwy cymhleth, gwelwyd cynnydd yn y galw am fân argraffu, sef prif gynhaliaeth y rhan fwyaf o'r gweisg. Er gwaethaf prisiau uchel yn ystod y rhyfel parhaodd y twf yn ddi-dor yn sgil y galw cynyddol am waith printiedig. Ni ellir priodoli datblygiadau yng Nghymru i ffactorau cynhenid yn unig, fodd bynnag, gan fod y fasnach lyfrau yn Lloegr hefyd yn tyfu'n gyflym yn ystod yr un cyfnod. Erbyn diwedd y 1820au yr oedd o leiaf un argraffty ym mhob tref o bwys ymron (y tu allan i Faesyfed Seisnigedig), a sefydlodd y rhain draddodiad sydd, at ei gilydd, wedi parhau yn ddi-dor hyd heddiw.

Hwyluswyd twf argraffu yn yr iaith Gymraeg gan ddatblygiadau y tu hwnt i'r fasnach lyfrau, yn enwedig y cynnydd yn nifer y siaradwyr Cymraeg a thwf llythrennedd yn y Gymraeg, dwy elfen a fu'n gyfrifol am greu nifer mawr o ddarllenwyr uniaith Gymraeg. Trowyd darllenwyr posibl yn ddarllenwyr go-iawn gan bwysau crefyddol a diwylliannol a roddai fri mawr ar ddarllen, a bu'r cynnydd mewn incwm, er ei fod yn fychan ac yn fregus, yn hwb i brynu llyfrau. O'r 1840au ymlaen yr oedd y fasnach lyfrau ar ei hennill yn ogystal o ganlyniad i'r gwelliannau sylweddol mewn cyfleusterau cludiant, gwasanaethau post, a throsglwyddo arian. Wrth i argraffu o fewn ffiniau Cymru gynyddu, gwelwyd dirywiad yn argraffdai trefi'r gororau, er i Gaer barhau yn ganolfan argraffu bwysig tan y 1840au. O blith y trefi yn Lloegr a ddenai ymfudwyr o Gymru, Lerpwl oedd yr unig un i ddatblygu gwasg Gymraeg sylweddol, a pharhaodd hon yn bwysig tan ganol yr ugeinfed ganrif. Fel yr ehangai'r wasg denwyd argraffwyr o'r tu allan i Gymru, yn bennaf o drefi cyfagos megis Caer, lle y bwriodd Robert Saunderson a Thomas Gee yr hynaf eu prentisiaeth, ond ambell un o fannau pellach, megis Charles Heath o Drefynwy, a fwriodd ei brentisiaeth yn Nottingham. Yr oedd y newydd-ddyfodiaid hyn yn gymorth i gynnal y safonau uwch a sefydlwyd tua diwedd y ddeunawfed ganrif,[4] a throsglwyddent, yn eu tro, eu sgiliau i'w prentisiaid.

Yn Lloegr yn y bedwaredd ganrif ar bymtheg yr oedd cysylltiad agos rhwng llyfrgelloedd a'r fasnach lyfrau. Yn wir, yr oedd rhai mathau o gyhoeddiadau, megis y nofel dair cyfrol, yn dibynnu'n llwyr ar farchnad y llyfrgelloedd. Gan mai yn bur anaml y prynai llyfrgelloedd lyfrau Cymraeg o unrhyw fath, yr oedd yn rhaid i'w cyhoeddwyr ddibynnu yn gyfan gwbl ar y gwerthiant i unigolion.[5] Ni

[4] Eiluned Rees, *The Welsh Book-trade before 1820* (Aberystwyth, 1988), tt. xxix–xxx.

[5] Philip Henry Jones, 'Welsh Public Libraries to 1914' yn idem ac Eiluned Rees (goln.), *A Nation and its Books: A History of the Book in Wales* (Aberystwyth, 1998), tt. 277–86.

ellir dweud yn bendant beth oedd nifer posibl prynwyr llyfrau Cymraeg. Y mae amcangyfrif Thomas Rees ym 1867 nad oedd mwy na hanner miliwn o bobl yn prynu cylchgronau a newyddiaduron Cymraeg yn amlwg yn rhy uchel, ac y mae'n debyg fod ei awgrym o 120,000 fel cyfanswm cylchrediad cylchgronau a phapurau newydd yn nes at wir botensial y farchnad ar gyfer deunydd Cymraeg yn y 1860au.[6] Gan fod sail i gredu bod darllenwyr yn prynu cylchgronau neu bapurau newydd yn hytrach na llyfrau, efallai y dylai hyd yn oed y ffigwr hwn fod yn is.

Fel y pwysleisiodd Thomas Rees, yr oedd prynwyr llyfrau Cymraeg nid yn unig yn weddol brin ond perthynent i'r dosbarthiadau tlawd yn y gymdeithas, sef 'crefftwyr, glowyr, ffermwyr bychain a gweision fferm'. Ychydig flynyddoedd yn ddiweddarach honnodd Charles Hughes mai 'aelodau o'r dosbarth gweithiol, masnachwyr, a siopwyr' a brynai'r llyfrau a gyhoeddid gan ei gwmni ef.[7] Gan na allai eu cwsmeriaid fforddio gwario llawer ar ddeunydd darllen, bu raid i gyhoeddwyr Cymru ganolbwyntio trwy gydol y ganrif ar gynhyrchu llyfrau rhad. Chwe cheiniog oedd pris y mwyafrif o'r llyfrau Cymraeg a restrid gan John Evans, Caerfyrddin, yn ei gatalog am y flwyddyn 1812,[8] ac mor ddiweddar â'r 1890au gellid dweud mai chwe cheiniog neu swllt oedd 'the two Welsh national prices'.[9] Er bod llyfr 3*s.* 6*d.* yn gymharol rad yn ôl safonau Lloegr,[10] yr oedd llyfrau Cymraeg a gostiai 3*s.* 6*d.* neu fwy yn llawer llai cyffredin nag a dybiai G. J. Williams. Ymfalchïai Charles Hughes ei fod wedi cyhoeddi dwsin neu fwy o deitlau am y pris hwnnw,[11] ac ym 1885 honnodd Daniel Owen fod cyhoeddi llyfr Cymraeg a gostiai bedwar swllt yn fenter beryglus.[12]

Un o'r prif resymau paham na ellid cynhyrchu llyfrau Cymraeg cyn rhated â llyfrau Saesneg oedd bod y farchnad ar gyfer llyfrau Cymraeg gymaint yn llai. Gan nad oedd llyfrau Cymraeg, yn nhyb llawer un, yn cynnig cymaint o werth am arian â llyfrau Saesneg, ceir sawl awgrym o'r 1840au ymlaen (os nad yn gynharach) fod y darllenwyr hynny a oedd â'r dewis yn cefnu ar lyfrau Cymraeg 'drudfawr' ac yn prynu llyfrau yn 'yr iaith y cânt gymaint yn ychwaneg am eu harian'.[13] Ar y llaw arall, cyhuddid darllenwyr Cymraeg gan nifer o awduron fel Evan Jones (Ieuan Gwynedd) o fod yn amharod i dalu pris realistig am eu llyfrau gan eu bod 'yn rhy awyddus am lyfrau rhad ac am wasgu y ffyrling eithaf allan o grafanc awdwr a chyhoeddwr'.[14] Pa un a oedd darllenwyr Cymraeg yn gybyddlyd neu'n rhy chwannog i fynnu gwerth eu harian, yr un oedd y canlyniad, yn ôl T. M. Jones:

6 Thomas Rees, *Miscellaneous Papers on Subjects relating to Wales* (London & Swansea, 1867), t. 48.
7 *Aberdare Evidence*, cwestiynau 6276, 6285.
8 Rees, *Welsh Book-trade*, t. xli.
9 W. Eilir Evans, 'Welsh Publishing and Bookselling', *The Library*, VII, rhif 84 (1895), 395.
10 Simon Eliot, *Some Patterns and Trends in British Publishing 1800–1919* (London, 1994), t. 60.
11 *Aberdare Evidence*, cwestiwn 6281.
12 Daniel Owen, *Hunangofiant Rhys Lewis, Gweinidog Bethel* (Wrecsam, 1885), t. [5].
13 'Mentor', 'Sefyllfa Bresenol yr Iaith Gymraeg', *Y Diwygiwr*, XI, rhif 129 (1846), 114.
14 Evan Jones, 'Crybwyllion Llenyddol', *Y Gymraes*, II, rhif 12 (1851), 380.

> Os eir i swyddfeydd argraphu Cymru ac i'r masnachdai llyfrwerthol, ceir gweled rhai o'r llyfrau Cymreig goreu yn haenau trwchus heb neb yn eu ceisio! . . . Nid oes dim wedi bod mor ddamniol i lenyddiaeth buraf llyfrau Cymreig na thelerau llawer iawn rhy uchel i'r bobl allu cydymffurfio â hwy.[15]

Y mae penderfynu faint o eitemau a gyhoeddwyd yn yr iaith Gymraeg yn ystod y bedwaredd ganrif ar bymtheg yn codi llu o broblemau gan nad oes llyfryddiaeth gynhwysfawr o gyhoeddiadau Cymraeg i'w chael rhwng diwedd *Libri Walliae* ym 1820 a dechrau *Bibliotheca Celtica* ym 1909. Yr amcangyfrif mwyaf adnabyddus yw'r un a roddwyd gan Charles Ashton i Gomisiwn Tir Cymru ym 1896, sef bod 8,425 cyhoeddiad Cymraeg wedi ymddangos rhwng 1801 a 1895.[16] Fodd bynnag, yr oedd Ashton ei hun yn cydnabod iddo fethu cofnodi llawer o lyfrau a gyhoeddwyd yng Nghymru,[17] ac y mae'n bosibl fod oddeutu 10,000 o deitlau Cymraeg wedi cael eu cyhoeddi yng Nghymru rhwng 1801 a 1900. O gynnwys argraffiadau unigol o faledi a deunydd cyffelyb, gallai'r cyfanswm fod yn llawer mwy. Cynhyrchid niferoedd sylweddol o rai teitlau, yn enwedig y rhai rhataf, gan gynnwys 70,000 copi o *Almanac y Miloedd*, almanac ceiniog 16 tudalen, ym 1877,[18] 27,700 copi o'r *Llythyr Ysgrifydd Saesonig a Chymraeg*, a gostiai 1*s*. 6*d*., rhwng 1870 a 1898,[19] a 10,000 copi o'r rhan fwyaf o'r teitlau yng nghyfres rad Gee ar gyfer ysgolion Sul yn y 1870au.[20] Yr oedd gwerthiant llawer o'r cyfrolau swllt o farddoniaeth boblogaidd a gyhoeddid gan Hughes Wrecsam o'r 1860au ymlaen yn dra sylweddol; argraffwyd cynifer â 17,500 copi o *Y Trydydd Cynyg*, casgliad o farddoniaeth Richard Davies (Mynyddog), rhwng 1877 ac 1899.[21]

Cynyddodd y nifer a gyflogid ym myd argraffu a'r crefftau cysylltiedig yng Nghymru o 1,238 ym 1851 i 6,899 ym 1911,[22] er y dylid priodoli llawer o'r cynnydd hwn i dwf argraffu papurau newydd Saesneg yn ne Cymru ac i'r diwydiant gwneud papur a ddarparai ar gyfer y farchnad ledled Prydain. Nid oedd hyd yn oed yr argraffwyr-gyhoeddwyr Cymraeg mwyaf megis Gee yn Ninbych neu Hughes yn Wrecsam yn cyflogi mwy na tua hanner cant o weithwyr, ac ymgymerid â llawer o waith argraffu yn yr iaith Gymraeg gan fusnesau llawer llai

15 Thomas Morris Jones, 'Rhagoriaethau a Diffygion y Wasg Gymreig', *Cofnodion a Chyfansoddiadau Buddugol Eisteddfod Bangor, 1890* (Liverpool, 1892), t. 139.

16 Atgynhyrchwyd yn John Rhys a David Brynmor-Jones, *The Welsh People* (London, 1900), tt. 532–3.

17 Erbyn 1897 mynnodd ei fod wedi darganfod llawer mwy (Charles Ashton, 'Welsh Literature of the Victorian Period', *Young Wales*, III (1897), 166).

18 LlGC, Llsgr. 15517C, t. 9.

19 Ibid., t. 59; Llsgr. 15518C, ff. 16r.

20 LlGC, Llsgrau. Thomas Gee J 1, Machine-room and piece book, 1868–77.

21 Yn ogystal ag argraffiadau Wrecsam a gofnodwyd yn LlGC, Llsgr. 15517C, t. 88 a Llsgr. 15518C, ff. 28r, cyhoeddwyd yr argraffiad cyntaf (maint yn anhysbys) yn Utica, Efrog Newydd, yn ystod ymweliad Mynyddog â'r Unol Daleithiau ym 1877.

22 Seiliwyd ar Dablau Llafur 1 yn John Williams, *Digest of Welsh Historical Statistics: Crynhoad o Ystadegau Hanesyddol Cymru* (2 gyf., The Welsh Office, 1985), I, tt. 95–102.

megis eiddo John Jones, Llanidloes, a gyflogai bum dyn ym 1851, neu Adam Evans o Fachynlleth, a gyflogai un dyn ac un bachgen ym 1861.[23] Yr oedd y mwyafrif o'r cwmnïau bychain hyn yn fodlon ar ennill bywoliaeth gymharol ddiogel fel argraffwyr, gan gynhyrchu ambell lyfr ar ran ei awdur. Er enghraifft, tri ar ddeg yn unig o'r 109 teitl a argraffwyd gan Adam Evans rhwng 1849 a 1896 sy'n dwyn ei enw fel cyhoeddwr.[24] I gwmnïau bychain fel y rhain, yr oedd argraffu llyfrau yn ategol at eu gwaith arferol o gyflenwi'r galw lleol am fân-argraffu ac o bosibl hefyd o gynhyrchu cylchgrawn enwadol neu bapur newydd wythnosol.[25] Ychydig iawn o argraffwyr-gyhoeddwyr Cymraeg a geisiai werthu eu cynnyrch trwy Gymru benbaladr. Yn wir, gellid dadlau nad oedd gwir farchnad genedlaethol yn bodoli ar gyfer llyfrau Cymraeg. Y mae'r ffaith y gallai J. E. Southall ddweud mai William Spurrell, Caerfyrddin, oedd 'the only important Welsh book firm in South Wales'[26] yn ategu'r honiad 'North Wales cares little and knows less, about books published in South Wales . . . on the other hand, South Walians are somewhat partial to books published in North Wales'.[27]

Llyfrau a fwriedid ar gyfer darllenwyr o fewn cylch daearyddol cyfyngedig oedd llawer o'r gwaith a gyhoeddid, megis cynnyrch mân awduron neu gyfansoddiadau eisteddfodau lleol. Mewn siroedd megis Môn ac Aberteifi, cyfyngid argraffu i raddau helaeth i'r farchnad leol neu, ar y gorau, i'r farchnad ranbarthol, trwy gydol y ganrif.[28] Cyfeiriodd J. E. Southall at ganlyniadau anffodus hyn yn gynnar yn y 1890au:

> By far the larger part of the 1,000 poetical works estimated to have been issued during this century have been put in the hands of small printers . . . who have trusted to their own immediate circle for the sale of their works. The result has been a low bill for inferior workmanship, poor paper, and poor ink, and a very limited circulation; they would like to get at all Wales, instead of half a county, but how to do it they know not, and perhaps after a few years the remainder of their stock is destroyed, or sold for waste paper.[29]

Gorfodwyd hyd yn oed y prif gwmnïau argraffu-cyhoeddi i ychwanegu at yr elw a ddeilliai o gyhoeddi llyfrau (neu, yn wir, i geisio cynnal cyhoeddi llyfrau) trwy

[23] J. Iorwerth Davies, 'A History of Commercial Printing and Printers in Montgomeryshire, 1789–1960' (traethawd FLA anghyhoeddedig, 1975), tt. 511, 505.

[24] Yn seiliedig ar y rhestr, ibid., tt. 55–80.

[25] Trafodir enghraifft nodweddiadol yn Philip Henry Jones, 'The Welsh Wesleyan Bookroom, 1824–8: A New Set of Printing Accounts' yn Peter Isaac a Barry McKay (goln.), *The Reach of Print: Making, Selling and Using Books* (Winchester, 1998), tt. 37–49.

[26] J. E. Southall, *Wales and her Language* (Newport, 1892), t. 305.

[27] Evans, 'Welsh Publishing and Bookselling', 394–5.

[28] Am sir Fôn, gw. Bedwyr Lewis Jones, *Argraffu a Chyhoeddi ym Môn* ([Llangefni], 1976), tt. 16–17; am sir Aberteifi, David Jenkins, 'Braslun o Hanes Argraffu yn Sir Aberteifi', *JWBS*, VII, rhif 4 (1953), 174–92.

[29] Southall, *Wales and her Language*, t. 308.

weithgareddau atodol. Cyhoeddai Gee, er enghraifft, newyddiadur dwywaith-yr-wythnos proffidiol, ac o'r 1860au ymlaen yr oedd Hughes yn prysur ddod yn brif gyhoeddwr cerddoriaeth Gymreig. Ni newidiodd yr un cwmni argraffu-cyhoeddi ei hun yn dŷ cyhoeddi. I'r gwrthwyneb: buddsoddodd cwmni Hughes – a orfodwyd o'r 1850au ymlaen i osod llawer o'r gwaith o gynhyrchu llyfrau ar gytundeb i gwmnïau yn Llundain a Chaeredin oherwydd prinder lle – lawer mewn adeiladau ac offer newydd yng nghanol y 1890au er mwyn ehangu ei weithgareddau argraffu.

Yr oedd gan y prif argraffwyr-gyhoeddwyr ddigon o adnoddau ariannol i oroesi sawl menter gyhoeddi aflwyddiannus yn olynol. Yr oeddynt hefyd mewn sefyllfa dda i elwa o bryd i'w gilydd ar anawsterau cyhoeddwyr llai nad oedd ganddynt ddigon o gyfalaf wrth gefn. Manteisiodd Hughes, er enghraifft, ar y cyfle i brynu yn rhad iawn nifer o deitlau y gwyddai y byddent yn gwerthu'n dda wedi i Griffith Jones, Y Bala, fynd i drafferthion ariannol yn y 1860au,[30] a'r un modd yn achos Isaac Foulkes ac Isaac Clarke ym 1872.[31] Ehangai'r fath gynnydd ar draul cystadleuwyr gwannach y bwlch rhwng y prif argraffwyr-gyhoeddwyr a'r cwmnïau bychain lleol yn ystod ail hanner y ganrif. Fodd bynnag, gan fod hyd yn oed y cwmnïau Cymraeg mwyaf yn gymharol fach, yr oedd yn rhaid iddynt hwythau fod yn ofalus. Fel y dywedodd Charles Hughes wrth Bwyllgor Aberdâr: 'We only publish what we think will pay for publishing.'[32] Ni allai fforddio mentro ar anturiaethau ansicr:

> There is an increasing acquaintance with the English language, and as the providing of a supply of books in Welsh is a thing entirely dependent on private enterprise, it is difficult to get persons to risk the laying out of their capital on scientific and literary books in the Welsh language on the chance of whether they would take.[33]

Deng mlynedd yn ddiweddarach, nododd T. M. Jones fod y gwerthiant cyf-yngedig yn rhwystro cyhoeddwyr Cymreig rhag mentro:

> Gwelir fod cylch darllenwyr Cymreig yn gyfyng a bychan. Canlyniad naturiol hyn ydyw fod yn dra anhawdd cael cyhoeddwr yn Nghymru yn barod i ymgymeryd â chyhoeddi llyfr Cymraeg o werth. Dywedir yn ddystaw fod genym awdwyr galluog yn cael eu gwrthod gan gyhoeddwyr! Onid yw hyn yn tueddu a [*sic*] digaloni athrylith Gymreig?[34]

30 LlGC, Rhodd Hughes a'i Fab 1958, llyfr llythyrau Hughes 1, 1862–73, (28[b]), R. Hughes a'i Fab at Griffith Jones, 23 Gorffennaf 1863.

31 LlGC, Rhodd Hughes a'i Fab 1958, llyfr llythyrau Hughes 1, 1862–73, (143–4), Hughes a'i Fab at Ll. Adams, Rhuthun, 2 Awst 1872.

32 *Aberdare Evidence*, cwestiwn 6428.

33 Ibid., cwestiwn 6324.

34 Jones, 'Rhagoriaethau a Diffygion y Wasg Gymreig', t. 139.

Cadarnheir ei honiad gan gynnwys llythyr a anfonwyd gan Charles Tudor Hughes ym 1887 at un o'i awduron mwyaf poblogaidd, y Parchedig Owen Evans. Gan wrthod ei lyfr, meddai:

> We could not entertain any proposal to bring such a Volume out; the sale of Volumes of Sermons (be they ever so good) is at a minimum, we are sure that we have already involved ourselves in considerable loss by the publishing of such Volumes, and there seems no prospect now, of our being able to retrieve our loss.[35]

Trwy gydol y ganrif tueddai'r wasg Gymraeg i ganolbwyntio ar gyhoeddi gweithiau crefyddol, casgliadau o farddoniaeth, bywgraffiadau crefyddol, gramadegau a geiriaduron, ac astudiaethau hynafiaethol. Erbyn canol y ganrif yr oedd yr anghydbwysedd hwn yn achosi cryn bryder, o bosibl o ganlyniad i'r pwyslais wedi 1847 ar 'wybodaeth fuddiol'. Ym 1850 cwynai Ieuan Gwynedd fod cyhoeddi 'miloedd o bregethau nad ydynt amgenach nâ bragawthan, a miloedd o farwnadau llai eu teilyngdod nâ nadau asyn' wedi bod yn rhwystr i dwf gwybodaeth fuddiol. 'Esgeulusir y gwyddorion a'r celfau am shibboleth; cedwir elfenau gwybodaeth gyffredinol o'r neilldu, a gadewir heibio efrydiaeth o wybodaeth ymarferol, hyd yr ail dranoeth ar ol y milflwyddiant.'[36] Gan na wnaethpwyd fawr o ymdrech i ehangu ar y meysydd yr ymdrinnid â hwy mewn llyfrau Cymraeg, gallai T. M. Jones ddal i honni ddeugain mlynedd yn ddiweddarach: 'Yr ydym yn hynod ddigynyrch mewn llyfrau ar y gwyddorau poblogaidd, ac nid yw yr hyn a feddwn fawr gwell na chyfieithiad o'r hyn geir yn yr iaith Saesneg. Mor dlawd ydym mewn llyfrau safonol a pharhaol ar athroniaeth feddyliol a moesol!'[37] Câi ieuenctid Cymru, meddai'n drist, eu gorfodi i droi at lyfrau Saesneg a oedd yn eu gwneud yn agored i ddylanwadau amheus. Ategir y fath honiadau yng nghofiannau a hunangofiannau Cymry Cymraeg a fagwyd yn ystod rhan olaf y bedwaredd ganrif ar bymtheg. I R. T. Jenkins, Saesneg oedd iaith llyfrau cyffrous,[38] ac meddai W. J. Gruffydd am yr O. M. Edwards ifanc: 'Darllenai lawer ar draws ac ar hyd yn llenyddiaeth Lloegr; hyd yn hyn [1880] nid oedd wedi cael gafael ar ddim llyfrau Cymraeg o nemor werth.'[39]

Adlewyrchai'r nifer mawr o weithiau crefyddol a gyhoeddid y cysylltiad agos iawn a fodolai rhwng y wasg a'r pulpud. Oherwydd eu haddysg, eu horiau hamdden, a'r problemau ariannol a ddeilliai o'r anghyfartaledd rhwng eu hincwm

[35] LlGC, Rhodd Hughes a'i Fab 1958, llyfr llythyrau Hughes 2, 1887 (32), Hughes a'i Fab at y Parchedig Owen Evans, 20 Ebrill 1887.

[36] Evan Jones, 'Llenyddiaeth Gymreig', *Y Gymraes*, I, rhif 12 (1850), 371.

[37] Jones, 'Rhagoriaethau a Diffygion y Wasg Gymreig', t. 144.

[38] R. T. Jenkins, *Edrych yn ôl* (London, 1968), tt. 31–2.

[39] W. J. Gruffydd, *Owen Morgan Edwards, Cofiant. Cyfrol I, 1858–1883* (Aberystwyth, 1937), t. 164.

a'u statws, yr oedd yn naturiol i weinidogion Ymneilltuol ymroi i ysgrifennu.[40] Gan fod llawer o'r argraffwyr-gyhoeddwyr yn bregethwyr neu'n wŷr amlwg yn eu henwadau, mynegai cynnyrch eu gweisg eu gwerthoedd hwy. Trwy gydol y ganrif, wrth drafod y wasg Gymraeg, canmolid ei 'phurdeb'. Er enghraifft, honnodd David Rees ym 1861:

> Hyd yma nid oes llyfr annuwiaidd, amheuaethol, ffugebol, aflwys, na brwnt, wedi cael cenad i ymwisgo yn ein hoff iaith ni; ac y mae y werin Gymreig wedi ei chadw gan ei hiaith i raddau mawr, a chan y llenyddiaeth bur yr ymarferent â hi i raddau mwy, rhag ysbwrial meddwol ffugebiaeth, annuwiaeth, a bryntni y wasg Seisnig.[41]

Yn ystod degawdau cynnar y ganrif galwai darllenwyr am weithiau diwinyddol trwm (yn aml yn trafod rhyw bwnc llosg), ond erbyn chwarter olaf y ganrif daeth galw am ddeunydd ysgafnach. Ar ddiwedd y 1870au honnid bod chwaeth darllenwyr Ffestiniog wedi dirywio ers canol y chwedegau; yr oedd papurau newyddion wedi disodli cyfrolau diwinyddol swmpus ac yn bygwth creu 'cenhedlaeth ysgafn o ddarllenwyr'.[42] Ym 1893 haerodd Watkin Hezekiah Williams (Watcyn Wyn): 'Credwn mai braidd yn frith a brysiog yw darllen Cymru y dyddiau hyn: *Tit-Bits* Seisnig, a Thitiau Bitiau bach Cymraeg, lawer o honynt hefyd',[43] ac ym 1899 collfarnodd Evan Williams y newid yn chwaeth chwarelwyr Cymraeg; er eu bod yn darllen mwy, yr oedd yn well ganddynt lyfrau diddorol a hawdd eu deall na'r gweithiau sylweddol yr oeddynt yn ffafrio gynt.[44]

Dadleuwyd yn argyhoeddiadol fod haneswyr y nofel Gymraeg wedi rhoi gormod o sylw i'r collfarnu cyfoes ar ffuglen,[45] ond, er gwaethaf parchusrwydd cynyddol y nofel Gymraeg o'r 1850au ymlaen yn sgil cyhoeddi hanesion propagandaidd megis y cyfieithiadau o *Uncle Tom's Cabin*, parheid i amau'r cyfrwng tan yn hwyr yn y 1880au.[46] Dyna paham, efallai, yr atebwyd y galw am ffuglen Gymraeg yn bennaf gan storïau cyfres mewn cylchgronau a phapurau newydd wythnosol yn hytrach na chan nofelau ar ffurf llyfrau.

Fel yn y canrifoedd o'r blaen, cyfieithid llawer o lyfrau i'r Gymraeg gan fod darllenwyr uniaith Gymraeg yn awyddus i ddarllen y llyfrau Saesneg mwyaf poblogaidd. Yr oedd tua deg y cant o'r llyfrau a gyhoeddwyd gan Gee yn ystod ail

40 Honnai Gwilym Hiraethog y bu'n rhaid iddo geisio gwneud 'two and two into something more than four, by the labours of my pen'. T. Roberts a D. Roberts, *Cofiant y Parch. W. Rees, D.D. (Gwilym Hiraethog)* (Dolgellau, 1893), t. 220.

41 *Y Diwygiwr*, XXVI, rhif 315 (1861), 360.

42 William Jones, *Hanes Plwyf Ffestiniog* (Blaenau Ffestiniog, 1879), tt. 84–6.

43 Watcyn Wyn, 'Cymru ar Ddiwedd y Bedwaredd Ganrif ar Bymtheg', *Y Geninen*, XI, rhif 3 (1893), 186.

44 Evan Williams, 'Y Chwarelwyr', *Cymru*, XVI, rhif 93 (1899), 216.

45 Yn enwedig gan E. G. Millward: gw. 'Tylwyth Llenyddol Daniel Owen' yn idem, *Cenedl o Bobl Ddewrion: Agweddau ar Lenyddiaeth Oes Victoria* (Llandysul, 1991), tt. 120–36.

46 Ceir enghraifft ddifyr tua diwedd awdl Dyfed, 'Cariad at ein Gwlad, ei Sefydliadau, a'i Llenyddiaeth' (1888), a argraffwyd yn *Y Geninen*, XI, rhif 4 (1893), 242–6.

hanner y ganrif yn gyfieithiadau uniongyrchol, ac efallai rhwng pump a deg y cant arall yn rhydd gyfieithiadau, addasiadau, neu efelychiadau.[47] Tueddai cyhoeddwyr i ffafrio cyfieithiadau gan eu bod yn ffynhonnell rad o ddefnydd. Nid oedd cytundeb hawlfraint rhyngwladol i ddiogelu gweithiau a gyhoeddwyd yn yr Unol Daleithiau ym Mhrydain tan y 1890au, ac fel arfer gellid sicrhau hawliau cyfieithu gweithiau a gyhoeddwyd yn Lloegr yn weddol rad. Prif nod awduron gweithiau crefyddol Saesneg oedd sicrhau bod eu neges yn cyrraedd y Cymry: dyna paham na chododd y cyhoeddwr Saesneg ar Gee am yr hawl i gyhoeddi cyfieithiad o *Addresses* D. L. Moody, gan obeithio y byddai Duw yn dwyn bendith ar y cylchrediad ymhlith llawer o eneidiau yng Nghymru.[48] Dengys y ffaith fod R. O. Pringle wedi dweud wrth Gee mai ef a allai farnu orau beth oedd gwerth yr hawl i gyfieithu *Animals of the Farm*[49] nad oedd gan awduron gweithiau seciwlar unrhyw syniad yn aml o werth hawliau cyfieithiadau Cymraeg.

Erbyn canol y ganrif creai'r ddibyniaeth drom ar gyfieithiadau gryn anesmwythyd. Haerai Noah Stephens fod gormod ohonynt ac mai 'ychydig iawn o'r cyfryw lyfrau sydd wedi eu cyfieithu yn ol priod-ddull y Gymraeg'.[50] Ofnai Thomas Stephens y gallai gorddibyniaeth ar 'dderbyniadau estronol' arwain at 'gaethwasanaeth deallol';[51] tybiai Lewis Edwards fod cyfieithiadau yn difetha llenyddiaeth Gymraeg;[52] ac fe'u condemniwyd gan R. J. Derfel fel symptom arall o ddiffyg hunan-barch cenedlaethol:

> Os gellir cyhoeddi cyfieithiadau o lyfrau Seisnig uchelbris yn Gymraeg, paham, yn enw gwladgarwch a synwyr cyffredin, nad ellir cyhoeddi llyfrau dysgedig a drudfawr o waith Cymry yn iaith y Cymry hefyd?[53]

Fodd bynnag, ni fu unrhyw ymgais yn y bedwaredd ganrif ar bymtheg i herio grym y cyhoeddiadau Saesneg trwy hybu cyfieithu gweithiau a gyhoeddwyd mewn ieithoedd eraill. Ni chafwyd, er enghraifft, ddim byd tebyg i'r llif o gyfieithiadau o deitlau Slafonaidd a Romawns a gyfieithwyd i'r iaith Tsiec o 1860 ymlaen yn benodol er mwyn rhyddhau llenyddiaeth Tsieceg o ddylanwad gormesol yr Almaeneg.[54]

47 Cyfaddefodd awdur *Ysbryd yw Duw*, pamffledyn a gyhoeddwyd gyntaf gan Gee ym 1860, 'Yn nghyfansoddiad y llyfryn bychan hwn, benthyciwyd llawer o ddywediadau a sylwadau, ynghyd a dullwedd y Parch. John Todd o America.'

48 LlGC, Llsgrau. Thomas Gee P 63, James C. Hawkins at Thomas Gee, 12 Awst 1875.

49 LlGC, Llsgrau. Thomas Gee P 49, R. O. Pringle at Thomas Gee, 26 Rhagfyr 1874.

50 Noah Stephens, 'Llenyddiaeth bresenol Cymru', *Y Diwygiwr*, XIV, rhif 167 (1849), 167.

51 Dyfynnwyd yn R. J. Owen, 'Agwedd Bresennol Llenyddiaeth Gymreig', *Y Llenor*, VI (1896), 64–5.

52 LlGC, Casgliad Saunders Lewis, Llythyrau gan Lewis Edwards at Owen Thomas, 1849–82, I (166–71), Lewis Edwards at Owen Thomas, 27 Ionawr 1860.

53 R. J. Derfel, *Traethodau ac Areithiau* (Bangor, 1864), t. 99.

54 Eliska Ryznar a Murlin Croucher, *Books in Czechoslovakia: Past and Present* (Wiesbaden, 1989), t. 35.

Ac eithrio'r ychydig newyddiadurwyr amser-llawn a gyflogid gan gylchgronau ac yn gynyddol gan bapurau newydd, yr oedd ysgrifennu yn alwedigaeth ran-amser i awduron Cymraeg. Ym 1848 gofynnodd John Thomas: 'Pwy yn Nghymru a gyhoeddai lyfr er mwyn elw *personol*? Yn aml iawn y mae ein hawdwyr yn syrthio yn golledwyr',[55] ac ym 1850 cwynai Ieuan Gwynedd: 'Yn Lloegr, mae yr awdwyr yn cael eu talu; yn Nghymru maent yn cael eu newynu . . . Nid oes gefnogaeth i neb i droi yn awdwr, ac am hyny cyhoeddir llyfrau ar ddamwain neu er mwyn budd achlysurol.'[56] Amheuai J. R. Kilsby Jones ym 1863 nad oedd mwy na thri dyn yn ennill bywoliaeth trwy ysgrifennu yng Nghymru,[57] a honnodd ugain mlynedd yn ddiweddarach mai 'ofer yw dysgwyl y medr Cymro, fel awdwr llyfrau i ddyrnaid o'i gydwladwyr, a'r rhei'ny, gan mwyaf, mewn amgylchiadau canolig, enill ei fara, heb son am gaws ac ymenyn'.[58]

Trwy gydol y ganrif arferai awduron Cymraeg gyhoeddi a gwerthu eu llyfrau eu hunain yn aml iawn, arfer a ddisgrifiwyd ym 1895 fel rhywbeth arbennig a chynhenid i Gymru.[59] Ni ellir barnu i sicrwydd i ba raddau y gwneid hyn gan fod argraffnodau Cymreig yn fynych yn amwys.[60] Weithiau gorfodid awduron i gyhoeddi eu gweithiau eu hunain oherwydd bod cyhoeddwyr yn amau eu hapêl fasnachol. Nid oedd llawer o gymhelliad i argraffwyr-gyhoeddwyr fentro eu harian eu hunain ar fentrau ansicr gan y gwyddent y caent eu talu am y gwaith argraffu a wnaent ar ran yr awduron, beth bynnag fyddai tynged y llyfr. Pe digwyddai iddo fod yn neilltuol o boblogaidd, yr oedd gan yr argraffydd obaith da o brynu'r hawlfraint yn y pen draw.[61] Cymhelliad arall i awdur gyhoeddi llyfr ar ei liwt ei hun oedd y gobaith o wneud mwy o elw drwy ymwneud yn uniongyrchol â'r cyhoedd. Fel y dywedodd Ieuan Gwynedd: 'Mae ar Mr. Hwn a Hwn eisiau ugain punt. Sut y gall eu cael? Rhaid iddo ysgrifenu llyfr, cytuno â'r argraphydd am ei argraphu, a myned ar bererindod drwy y wlad i'w werthu.'[62] Yr oedd cyhoeddi gan awduron hefyd yn adlewyrchu'r ddrwgdybiaeth gyffredinol o gyhoeddwyr, er i R. J. Derfel honni nad oedd unrhyw sail i hynny:

> Camgymeriad . . . ydyw i'r awdwr gyhoeddi ei waith ei hun; y cyhoeddwr yw yr un priodol at y gwaith. Gallai ef wneyd i lyfr dalu ag a fyddai yn golled i bawb arall. Ond y mae ar awduron rywfodd gymaint o ofn i'r cyhoeddwr fyned yn gyfoethog ar eu traul,

55 *Y Diwygiwr*, XIII, rhif 155 (1848), 179.

56 Jones, 'Llenyddiaeth Gymreig', 370–1.

57 Vyrnwy Morgan, *Kilsby Jones* (Wrexham, [1897]), t. 212.

58 J. R. Kilsby Jones, 'Pa un ai Mantais neu Anfantais i Gymru fyddai Tranc yr Iaith Gymraeg?', *Y Geninen*, I, rhif 1 (1883), 21.

59 Evans, 'Welsh Publishing and Bookselling', 395.

60 Philip Henry Jones, 'A Nineteenth-Century Welsh Printer: Some Aspects of the Career of Thomas Gee (1815–98)' (traethawd FLA anghyhoeddedig, 1977), t. 31.

61 Fel hyn ym 1853 y sicrhaodd Gee hawlfraint *Anrheg i'r Ieuenctyd*, gwaith a argraffwyd gyntaf gan ei dad ar gyfer yr awdur John Foulkes, ym 1839. Yn ddiweddarach cyhoeddodd Gee sawl argraffiad helaeth o'r gwaith hyd at 1895. Jones, 'A Nineteenth-Century Welsh Printer', t. 39.

62 Jones, 'Llenyddiaeth Gymreig', 371.

> fel y cyhoeddant eu gwaith eu hun . . . os ewch at yr awdwr gyda bwriad i'w gynorthwyo i gael ei lyfr allan, mae yn dechreu pryderu yn y fan yn nghylch y *copyright* . . . Faint tybed ydyw gwerth *copyright* llyfr nad ellir ei werthu?[63]

Fel arfer, cyhoeddai awduron eu llyfrau eu hunain trwy danysgrifio. Ym 1895 dywedid bod cyhoeddi trwy danysgrifio yn digwydd yn achlysurol,[64] ond diau fod hyn yn bychanu ei bwysigrwydd. Sicrhaodd Daniel Owen archebion ymlaen llaw ar gyfer 983 copi o *Rhys Lewis* ym 1885 ac E. Pan Jones gynifer â 1,779 o archebion ar gyfer *Cofiant y Tri Brawd* ym 1893. Nododd R. J. Derfel yn gryno anfantais fwyaf difrifol y drefn: 'Oferedd yw dysgwyl cael digon o enwau at lyfr yn y byd braidd i sicrhau elw cyn i'r llyfr gael ei gyhoeddi.'[65] Dengys hysbysebion yn y wasg a sylwadau golygyddol fod awduron trwy gydol y ganrif yn ei chael hi'n anodd casglu digon o danysgrifwyr i fwrw ymlaen â'u cynlluniau.[66] Yn wir, ni chyhoeddwyd cryn nifer o'r llyfrau yr hysbysebid eu bod yn 'barod ar gyfer y wasg' oherwydd diffyg cefnogaeth. Rhoddai'r problemau hyn gyfle i'r prif argraffwyr-gyhoeddwyr i gael gafael yn rhad ar deitlau addawol. Ym 1867, er enghraifft, prynodd Gee hawlfraint dwy ar hugain o bregethau John Jones, Tal-y-sarn, gan ei fab, Thomas Lloyd Jones, ynghyd â'r cyflwyniad a phopeth arall y bwriadwyd ei gynnwys yn y gyfrol a hefyd enwau'r holl danysgrifwyr a gasglwyd gan Jones.[67] Am drigain punt, cafodd Gee un o'r teitlau a fyddai'n gwerthu orau i'w gwmni; argraffwyd tua deng mil o gopïau ar gyfer yr argraffiad cyntaf.[68]

Defnyddiai cyhoeddwyr nifer o wahanol ddulliau o dalu awduron am eu gwaith. Y dull hynaf, a'r symlaf ohonynt, sef talu yn llawn am yr hawlfraint, a ddefnyddid gan Gee yn ddieithriad. O safbwynt yr awdur yr oedd i'r dull hwn ddwy brif anfantais, sef y byddai'n colli pob rheolaeth dros ei waith, ac na fyddai'n derbyn unrhyw dâl ychwanegol pe profai'r gwaith yn annisgwyl o boblogaidd. Efallai mai'r ffaith fod y dull hwn mor gyffredin a barai i awduron geisio cyhoeddi eu gwaith eu hunain. Yn hytrach na gwerthu'r hawlfraint yn gyfan gwbl, gallai awduron ei roi ar brydles am gyfnod penodol neu werthu'r hawl i gyhoeddi nifer penodol o gopïau. Er enghraifft, gwerthodd Jennette Morgan yr hawl i gyhoeddi mewn deuddeg rhan yr argraffiad cyntaf o rhwng 3,000 a 6,000 copi o bregethau ei diweddar ŵr, Edward Morgan, Dyffryn, am bum punt y fil am bob rhan.[69]

63 Derfel, *Traethodau ac Areithiau*, t. vi.

64 Evans, 'Welsh Publishing and Bookselling', 396.

65 Derfel, *Traethodau ac Areithiau*, t. v.

66 Enghraifft wych o broblemau o'r fath yw'r geiriadur gan Thomas Edwards (Caerfallwch); gohiriwyd cyhoeddi'r gwaith am sawl blwyddyn gan na lwyddwyd i gael ond 350 o enwau allan o'r 1,000 a oedd yn angenrheidiol o fewn wyth mis. *Seren Gomer*, XIX, rhif 250 (1836), 202.

67 LlGC, Llsgrau. Thomas Gee O 16, Erthyglau o Gytundeb rhwng y Parchedig Thomas Lloyd Jones a Thomas Gee, 10 Mehefin 1867.

68 LlGC, Llsgrau. Thomas Gee J 1, Machine-room and piece book, 1868–77.

69 LlGC, Casgliad E. Morgan Humphreys, Gohebiaeth Morgan Dyffryn a Humphreys, Cytundeb rhwng Jennette Morgan a David Humphrey Jones, 1874.

Mabwysiadodd Hughes yn raddol y dull mwy modern o dalu breindal i'w awduron yn ystod ail hanner y bedwaredd ganrif ar bymtheg.[70] Eto i gyd, daliai'r cwmni i brynu hawlfraint ambell gyfrol (megis nofelau Daniel Owen), ac o bryd i'w gilydd defnyddiai ddulliau mwy cymhleth, gan gynnwys prydlesu hawlfraint, gan ymrwymo i werthu platiau stereoteip y gwaith i'r awdur am bris eu cynhyrchu pe na châi'r cytundeb ei adnewyddu.[71]

Pa system bynnag a ddefnyddid, yr oedd bob amser yn fanteisiol i'r cyhoeddwr. Gan yr ymddengys fod digonedd o ddeunydd ar gael, yr oedd popeth o blaid y cyhoeddwr, a gallai fentro taro bargen galed. Yn aml nid oedd gan awduron fawr o syniad o werth eu gwaith mewn arian parod, a phrin oedd y rhai a fedrai fod mor ddi-ildio â Lewis Edwards wrth fargeinio â'u cyhoeddwr:

> There are several booksellers in Wales who would have given me £20 at least for one edition of a sixpenny book on any subject and in fact I had declined offers to that effect . . . I shall write 24 pages for . . . £10. But if you wish me to write 48 pages you must give me £15 . . . and allow the copyright to remain with me.[72]

Amrywiai'r trefniadau ar gyfer talu awduron yn fawr. Câi rhai gopïau o'u llyfr, dull a ryngai fodd pregethwyr yn arbennig gan y gallent werthu eu cyfrol ddiweddaraf tra oeddynt ar daith bregethu neu ddarlithio. Fel hyn y daeth hawlfraint arwrgerdd grefyddol William Rees (Gwilym Hiraethog), *Emmanuel*, a gyhoeddwyd mewn dwy gyfrol, i feddiant Gee yn gyfnewid am 500 copi o'r ail gyfrol.[73] Pan delid arian parod, gallai'r cyhoeddwyr dalu hyd at ddeg neu bymtheg punt yn gyfandaliad. Telid symiau mwy mewn rhandaliadau; er bod ambell awdur dibynadwy yn cael ei dalu felly ar adegau penodol,[74] y drefn arferol oedd cysylltu taliadau â hynt y gwaith drwy'r wasg.[75] Tybid bod yr enillion pitw ac yn enwedig y diffyg cydnabyddiaeth gan gylch ehangach o ddarllenwyr yn rhwystro ysgolheigion rhag ysgrifennu yn Gymraeg, a chan fod y dewis ganddynt, dewisai llawer ohonynt ysgrifennu yn Saesneg. Mor gynnar â'r 1860au honnodd John

70 LlGC, Rhodd Hughes a'i Fab 1958, llyfr llythyrau Hughes 2, 1887 (96), Charles Tudor Hughes at Mrs L. Edwards, 30 Awst 1887.

71 LlGC, Rhodd Hughes a'i Fab 1958, llyfr llythyrau Hughes 1, 1862–73 (48), R. Hughes a'i Fab at Lewis Edwards, 30 Ionawr 1865.

72 LlGC, Casgliad Thomas Charles Edwards, 3264a, Lewis Edwards at R. Hughes a'i Fab, 9 Mawrth 1861.

73 LlGC, Llsgrau. Thomas Gee O 12, Memorandwm o gytundeb rhwng William Rees a Thomas Gee, 29 Tachwedd 1864.

74 Un o'r enghreifftiau prin yw LlGC, Llsgrau. Thomas Gee O 21, Erthyglau o gytundeb rhwng John Ogwen Jones a Thomas Gee, 10 Tachwedd 1870. Ynddynt y mae Gee yn cytuno i dalu £150 mewn chwech o randaliadau chwarterol o £25 o Ebrill 1871 hyd fis Gorffennaf 1872 am esboniad ar y Testament Newydd.

75 LlGC, Llsgrau. Thomas Gee O 20, Erthyglau o gytundeb rhwng Thomas Gee a Mary Morris, 17 Mawrth 1869.

Hughes, Everton, iddo gael trafferth mawr i ddwyn perswâd ar 'y gwŷr mwyaf galluog' i gyfrannu i'r 'Gyfres Gymraeg'.[76]

Chwyldrowyd technoleg argraffu yn ystod y bedwaredd ganrif ar bymtheg wrth i fetel gael ei ddefnyddio yn lle coed ar gyfer y peiriannau, wrth i rym dihysbydd ager ddisodli bôn braich dyn, ac wrth i bapur, y prif ddeunydd crai, ddod yn rhatach ac yn haws ei gael. Ar ddechrau'r ganrif gwneid yr holl bapur argraffu â llaw allan o racs ac yr oedd trethi trwm arno. Oherwydd ei bris uchel, yr oedd costau'r papur yn gyfran sylweddol – hanner neu fwy – o holl gost argraffu llyfr.[77] Ar adegau gallai'r papur y dymunid ei ddefnyddio fod yn brin gan fod y ffordd draddodiadol o wneud papur yn golygu oedi o chwe wythnos (neu fwy, petai sychder neu rew yn amharu ar y proses) rhwng cyflwyno archeb a derbyn y papur.[78] At hynny, gallai tywydd drwg achosi oedi pellach cyn bod y papur yn cyrraedd y cwsmer.[79] Cymaint fu'r cynnydd yn y gallu i gynhyrchu papur o ganlyniad i ddyfodiad y peiriant Fourdrinier, y dechreuwyd ei ddefnyddio o 1804 ymlaen, nes bod mwy o bapur yn cael ei gynhyrchu â pheiriant yn y Deyrnas Unedig mor gynnar â 1824 nag a oedd yn cael ei gynhyrchu â llaw.[80] Yn sgil y cynnydd hwn gwaethygodd y broblem o gael cyflenwad digonol o'r deunydd crai, yn enwedig gan fod llawer o wledydd tramor yn cyfyngu ar allforio rhacs er mwyn diogelu eu diwydiannau papur eu hunain. O 1857 ymlaen, defnyddid glaswellt esparto fwyfwy yn lle rhacs.[81] Gan nad oedd digon o esparto ar gael i gwrdd â'r galw, dechreuwyd defnyddio pwlp coed (bonion wedi eu malu'n fân â pheiriant) ym Mhrydain ar gyfer papur rhad (papur newyddiaduron) yn gynnar yn y 1870au. Buan y daeth y pwlp papur cemegol mwy sefydlog, a ddefnyddid ar raddfa fasnachol o 1883 ymlaen,[82] yn brif ddefnydd ar gyfer cynhyrchu papur at argraffu llyfrau. O ganlyniad i'r camau technolegol hyn, a hefyd ddileu'r trethi ar bapur ym 1861, gostyngodd pris papur ar gyfer argraffu llyfrau o 1*s.* 6*d.* y pwys ar ddechrau'r bedwaredd ganrif ar bymtheg i 2*d.* y pwys ar ei diwedd. Erbyn 1900 yr oedd pris y papur yn gyfrifol am lai na'r ddegfed ran o gostau cynhyrchu llyfr, o gymharu â dau draean y costau ym 1800.[83]

Er y gwyddys bod melinau papur yn gweithio yng Nghymru o 1706 ymlaen, papur lapio bras oedd llawer o'u cynnyrch, ac yr oedd yn rhaid mewnforio'r rhan fwyaf o bapur argraffu o Loegr.[84] Arferai argraffwyr Wrecsam ar ddiwedd y

[76] Owen, 'Agwedd Bresennol Llenyddiaeth Gymraeg', 62.

[77] Rees, *Welsh Book-trade*, t. li.

[78] Marjorie Plant, *The English Book Trade: An Economic History of the Making and Sale of Books* (3ydd arg., London, 1974), t. 329.

[79] *Seren Gomer*, 25 Mawrth 1818, dyfynnwyd yn Rees, *Welsh Book-trade*, t. xxxvi.

[80] A. H. Shorter, *Paper Making in the British Isles: A Historical and Geographical Study* (Newton Abbot, 1971), t. 109.

[81] A. Dykes Spicer, *The Paper Trade: A Descriptive and Historical Survey of the Paper Trade from the Commencement of the Nineteenth Century* (London, 1907), t. 16.

[82] P. Gaskell, *A New Introduction to Bibliography* (Oxford, 1972), t. 222.

[83] Plant, *The English Book Trade*, t. 340.

[84] Shorter, *Paper making in the British Isles*, t. 187.

ddeunawfed ganrif a dechrau'r bedwaredd ganrif ar bymtheg ddefnyddio papur a wneid yn lleol,[85] ond mewn mannau eraill dim ond oherwydd teyrngarwch lleol neu ar gyfer teitlau drudfawr yn yr iaith Saesneg y defnyddid papur a gynhyrchid yng Nghymru.[86] Arweiniodd y defnydd o beiriannau gwneud papur yng Nghymru o 1821 ymlaen at ganoli cynyddol yn y diwydiant.[87] Er gwaethaf yr ehangu a fu mewn cynhyrchu papur yn sir Y Fflint yn ystod ail hanner y ganrif, yn enwedig ym melin Oakenholt a sefydlwyd gan McCorquodale ym 1871,[88] â gwneuthurwyr papur yn Lloegr y deliai Hughes o Wrecsam bron yn gyfan gwbl. Prin yw'r dystiolaeth archifol a fyddai'n ein galluogi i wybod pa gwmnïau a oedd yn darparu papur i argraffwyr-gyhoeddwyr Cymraeg eraill yn ystod y cyfnod hwn, ond y mae dyfrnodau'n dangos bod Gee yn delio â chwmnïau yn swydd Gaerhirfryn, megis James Wrigley o Bury. Yn ddiau, hwylusodd ehangu'r rhwydwaith o reilffyrdd o ganol y ganrif ymlaen (ehangu a gefnogid yn frwd gan Thomas Gee a Charles Hughes) fynediad cwmnïau o Loegr i'r farchnad am bapur yng Nghymru.

Gan fod teip argraffu yn parhau i fod yn ddrud hyd nes i fecaneiddio bwrw teip o ganol y ganrif ddiwethaf ymlaen haneru ei bris,[89] cadwai argraffwyr Cymreig y stoc lleiaf posibl. O ganlyniad gallai hyd yn oed yr argrafftai mwyaf fod yn brin o deip. Er enghraifft, mor ddiweddar â 1855 profodd swyddfa Gee anawsterau oherwydd bod cymaint o deip wedi ei gloi mewn fframiau o deip cadw.[90] Bwriai John Jones, yr argraffydd hynod o Lanrwst, ei deip ei hun,[91] ond y mae'n debyg mai ei ddiddordeb yn y grefft a oedd wrth wraidd hyn yn hytrach nag unrhyw ystyriaethau ariannol. Prynai argraffwyr eraill eu teip gan wneuthurwyr teip yn Lloegr a'r Alban. Gan fod mynychder defnydd llythrennau Cymraeg yn wahanol iawn i'r Saesneg,[92] gallai prinder y llythrennau bychain 'd', 'l', 'w', ac 'y' mewn ffontiau Saesneg achosi problemau i'r rhai a geisiai argraffu Cymraeg gyda chyflenwad cyfyngedig o deip. Yn ystod y bedwaredd ganrif ar bymtheg dechreuodd argraffwyr nodi wrth archebu teip fod arnynt angen 'ffontiau

[85] Eiluned Rees, 'The Welsh Printing House from 1718 to 1818' yn Peter C. G. Isaac (gol.), *Six Centuries of the Provincial Book-trade in Britain* (Winchester, 1990), tt. 111–12.

[86] Defnyddiwyd papur Llangenni drud ar gyfer cyfrol gyntaf Theophilus Jones, *History of the County of Brecknock* (Brecknock, 1805), a phapur ardderchog Afonwen ar gyfer John Jones, *An Address, wherein are considered, the relative Duties of the Rich and Poor* (Denbigh, 1829), esiampl o *vanity publishing* gan glerigwr.

[87] Alun Eirug Davies, 'Paper-mills and Paper-makers in Wales 1700–1900', *CLlGC*, XV, rhifyn 1 (1967), 4.

[88] Shorter, *Paper making in the British Isles*, tt. 188–9.

[89] Gaskell, *A New Introduction to Bibliography*, t. 208.

[90] LlGC, Llsgr. 965E (Thomas Stephens 62) (i) (252), Gweirydd ap Rhys at Thomas Stephens, 14 Rhagfyr 1858.

[91] Gerald Morgan, *Y Dyn a wnaeth Argraff: Bywyd a Gwaith yr Argraffydd Hynod, John Jones, Llanrwst* (Llanrwst, 1982), t. 17.

[92] Lucien Alphonse Legros a John Cameron Grant, *Typographical Printing-surfaces: The Technology and Mechanism of their Production* (London, 1916), tt. 126–7 a Tabl 14, tt. 132–3.

Cymraeg' lle'r oedd cyfrannedd y llythrennau yn adlewyrchu eu mynychder defnydd yn Gymraeg.[93]

Cysodid llyfrau Cymraeg â llaw trwy gydol y ganrif. Gan na ddisgwylid i gysodydd fedru gosod mwy nag oddeutu mil o ddarnau o deip yr awr (a chaniatáu amser ar gyfer darllen a chywiro'r broflen gyntaf a dosbarthu'r teip ar ôl argraffu),[94] cyflogai'r prif gwmnïau nifer sylweddol o gysodwyr. Erbyn 1860 yr oedd gan Gee ddeg neu ddeuddeg o gysodwyr yn gweithio ar lyfrau a mân argraffu, ac wyth neu naw arall yn gosod ei bapur newydd.[95] Cyflogai Hughes hefyd tua dwsin o ddynion y pryd hwnnw,[96] rhai ohonynt yn gwasanaethu wrth y 'case' (gosod teip) yn ogystal â'r 'press' (gweithio'r wasg).

Gan fod cysoni'r orgraff, atalnodi, defnydd o brif lythrennau, ac ati yn gofyn gwybodaeth dda o'r Gymraeg, pwysleisid yr angen am hynny wrth hysbysebu am gysodwyr. Yr oedd diffyg orgraff sefydlog tan 1928 yn broblem ddifrifol, gan fod gan bob argraffty, a phob awdur hefyd, ei system sillafu ei hun. Codai anawsterau dybryd wrth gynhyrchu cylchgronau neu weithiau gan sawl awdur. Ceisiai Gee oresgyn y broblem drwy baratoi rhestr o sillafiadau awdurdodedig ar gyfer 489 o eiriau anodd erbyn 1844,[97] a chefnogai argymhellion ar gyfer diwygio'r orgraff ar ddiwedd y 1850au trwy argraffu *Orgraph yr Iaith Gymraeg* (1859) a mabwysiadu llawer o'i argymhellion.

Defnyddiai'r argrafftai Cymraeg mwyaf y system eang ei defnydd o gynhyrchu cyfredol, sef gweithio ar nifer o dasgau ar yr un pryd, gan roi blaenoriaeth i waith brys megis mân argraffu neu gylchgronau, a defnyddio gwaith ar lyfrau i gadw cysodwyr yn brysur ar adegau cymharol dawel. Oherwydd hyn, gallai teitlau nad oedd eu hangen ar fyrder gymryd amser maith i'w cysodi, a byddai awduron yn cwyno'n aml am yr oedi.[98] Yr oedd hyblygrwydd y system o gynhyrchu cyfredol, fodd bynnag, yn caniatáu cynhyrchu llyfrau yn gyflym, petai angen, trwy ganolbwyntio holl adnoddau'r argraffty arnynt. Er enghraifft, rhoes Gee chwe chysodydd ar waith rhwng 19 Chwefror a 27 Mai 1890 i osod y 279 tudalen o gofiant H. M. Stanley er mwyn manteisio ar frwdfrydedd y cyhoedd yn sgil ei briodas ym mis Gorffennaf y flwyddyn honno.[99] Oherwydd y dull brysiog hwn o weithio, collfernid hyd yn oed yr argrafftai mwyaf a oedd â'r cyfarpar gorau a'r drefn fwyaf proffesiynol yn eu swyddfeydd am ddiffyg cywirdeb; mewn adolygiad

93 LlGC, Rhodd Hughes a'i Fab 1958, llyfr llythyrau Hughes 1, 1862–73 (113[b]), R. Hughes a'i Fab at Miller & Richard, Caeredin, 16 Medi 1869.

94 Gaskell, *A New Introduction to Bibliography*, t. 54.

95 LlGC, Llsgrau. 10897D, 20151C.

96 Yn ôl llyfr rhifwr cyfrifiad 1861, cyflogai Hughes ddeuddeg o ddynion, saith o fechgyn a naw o enethod.

97 LlGC, Llsgr. 964E (Thomas Stephens 61) (i) (65), D. Silvan Evans at Thomas Stephens, 13 Ionawr 1859.

98 Credai Lewis Edwards fod Gee yn rhy araf o lawer yn gosod *Athrawiaeth yr Iawn* (LlGC, Casgliad Saunders Lewis, Llythyrau gan Lewis Edwards at Owen Thomas, 1849–82, I (166–71), Lewis Edwards at Owen Thomas, 27 Ionawr 1860).

99 LlGC, Llsgrau. Thomas Gee J2, Machine-room and piece book 1877–90.

o *Gyfansoddiadau* Eisteddfod Genedlaethol Conwy 1861 beirniadwyd Hughes am y nifer annerbyniol o wallau argraffu,[100] ac mor ddiweddar â 1890 gallai T. M. Jones honni:

> Ceir, mewn rhai amgylchiadau, y cyhoeddwyr mewn brys gormodol am ddwyn y llyfr allan, heb gymeryd y pwyll a'r gofal digonol i ddiwygio y prawf-leni, a'r canlyniad ydyw i gamgymeriadau anhapus iawn ddigwydd, ac ychydig o lyfrau gyhoeddir na bydd raid cael tudalen i'r 'Gwelliant Gwallau'.[101]

Er gwaethaf y gost ychwanegol (codid am y Gymraeg fel 'iaith estron'),[102] cysodid nifer sylweddol o lyfrau yn Llundain, o gopi printiedig ac o lawysgrif awduron, hyd at ddiwedd y 1860au.[103] Gweithiai nifer o gysodwyr profiadol, Cymraeg eu hiaith, yn argrafftai Llundain,[104] a chyflogid ambell gysodydd o Gymru (megis Gwenlyn Evans) hefyd gan gwmnïau yn yr Alban a oedd am elwa ar y farchnad yng Nghymru o'r 1860au ymlaen.[105]

Ceir y defnydd cyntaf o beiriannau cysodi yng Nghymru gan argraffwyr newyddiaduron Saesneg de Cymru, lle y defnyddid peiriannau metel oer (hynny yw, teip a oedd eisoes wedi ei fwrw) yn ystod y 1870au.[106] Disodlwyd y peiriannau hyn gan y peiriant metel poeth cyntaf, y Linotype, a allai gyflawni gwaith rhwng wyth a deg cysodydd. Defnyddiwyd y Linotype yng Nghymru o'r 1890au cynnar ymlaen: cafodd Gee ei beiriant cyntaf ym 1895–6.[107] Er defnyddio'r Linotype yn llwyddiannus i osod teip ar gyfer llyfrau yn yr Unol Daleithiau, fe'i cyfyngwyd i osod newyddiaduron yn unig ym Mhrydain; ni ddechreuwyd cysodi llyfrau yn fecanyddol tan ddyfodiad y Monotype, peiriant y dechreuwyd ei ddefnyddio yng Nghymru ym 1904.[108]

Oherwydd cost uchel teip a breuder y fframiau teip, yr oedd cadw llawer o ddefnydd mewn teip ar gyfer adargraffiadau yn ddrud ac yn anghyfleus. Yr oedd y dewis arall, sef ailgysodi, hefyd yn ddrud, a gallai arwain at gamgymeriadau. Trwy alluogi argraffwyr i gynhyrchu copïau metel cymharol rad o dudalennau o deip y gellid eu cadw a'u hailddefnyddio yn ôl y gofyn, yr oedd stereoteipio yn ei gwneud hi'n bosibl i gyhoeddi gweithiau sylweddol mewn rhannau ac i

[100] *Yr Herald Cymraeg*, 20 Tachwedd 1863.

[101] Jones, 'Rhagoriaeth a Diffygion y Wasg Gymreig', tt. 143–4.

[102] Ellic Howe (gol.), *The London Compositor . . . 1785–1900* (London, 1947), t. 331.

[103] LlGC, Rhodd Hughes a'i Fab 1958, llyfr llythyrau Hughes 1, 1862–73 (11), R. Hughes a'i Fab at [?Clay, Son and Taylor], 11 Rhagfyr 1862.

[104] Davies, 'A History of Commercial Printing', t. 326.

[105] *Caernarvonshire Record Office Bulletin*, 3 (1970), 14.

[106] Aled Gruffydd Jones, *Press, Politics and Society: A History of Journalism in Wales* (Cardiff, 1993), t. 74.

[107] D. Delta Evans, '*Y Faner* 50 Mlynedd yn ôl: Atgofion Hen Ysgriblwr', *BAC*, 21 Gorffennaf 1943.

[108] *Monotype Recorder*, 36 (3), (1937), 10.

gynhyrchu adargraffiadau rhad o lyfrau poblogaidd.[109] Felly, stereoteipio oedd y datblygiad technolegol a oedd yn bennaf cyfrifol am wneud yr 'oes aur' yn hanes cyhoeddi yn y Gymraeg yn bosibl.

Er bod y dull ymarferol cyntaf, y proses plastr Paris, yn ddrud a chymhleth, fe'i mabwysiadwyd gan ychydig o argraffwyr yng Nghymru. Sefydlodd Gee ei ffowndri ym 1853–4 a datblygodd stoc sylweddol o blatiau yn fuan;[110] yn ystod y 1860au cynnar fe'i dilynwyd gan Hughes. Cynigiai stereoteipio fanteision ychwanegol i gwmni Hughes gan y gallai anfon platiau o waith a gysodwyd yn Wrecsam i'w hargraffu mewn mannau eraill. Disodlwyd y dull plastr Paris gan y dull 'wet-flong' (*papier mâché*). Y mae'n bosibl mai Hugh Humphreys o Gaernarfon oedd un o'r rhai cyntaf yng Nghymru i ddefnyddio'r dull hwn ym 1863.[111] Gan nad oedd yr offer yn ddrud (costiai lai nag £20 erbyn y 1880au),[112] yr oedd modd bellach i'r argrafftai llai ymgymryd â'u stereoteipio eu hunain. Mantais ychwanegol oedd bod y proses newydd mor rhad fel ei bod yn ymarferol i fabwysiadu'r arfer o baratoi mowldiau o bob llyfr a gyhoeddid.

Yn ddamcaniaethol, gallai'r wasg law bren – nad oedd wedi newid yn hanfodol er dyddiau Gutenberg – argraffu 250 o ddalennau yr awr, ond yn ymarferol yr oedd maint y cynnyrch yn llawer llai.[113] Er bod gweisg llaw haearn ar gael o ddegawd cyntaf y ganrif ymlaen – y Stanhope yn gyntaf, ac wedi hynny y Columbian a'r Albion – nid oedd y rhain yn fwy cynhyrchiol na'r hen wasg bren. Er eu bod yn gallu argraffu arwynebedd ehangach o deip ag un tyniad, yr oedd angen llawer iawn mwy o amser i baratoi'r gweisg manwl hyn ar gyfer argraffu.

Defnyddiwyd gweisg haearn yng Nghymru am y tro cyntaf yn ystod ail ddegawd y bedwaredd ganrif ar bymtheg, i ddechrau mewn swyddfeydd papurau newydd; ym mis Chwefror 1819 hysbysebodd John Daniel, Caerfyrddin, fod ganddo ar werth wasg Stanhope a ddefnyddiwyd ar gyfer argraffu'r *Carmarthen Journal*.[114] Defnyddid gweisg haearn ar raddfa helaeth o'r 1830au ymlaen wrth i brisiau gweisg newydd ostwng ac i farchnad mewn gweisg ail-law ddatblygu. Tybiai'r rhan fwyaf o argraffwyr fod gan bob math o wasg ei rhinweddau arbennig ei hun, a cheisiai rhai, fel William Bird o Gaerdydd, a brynodd weisg 'demy Columbian', 'double-royal Columbian ' a 'crown folio Albion',[115] gael cyfres o fodelau. Er gwaethaf y defnydd cynyddol o weisg haearn, defnyddid gweisg pren

[109] Mewn hysbyseb a argraffwyd ar gloriau rhan 3 o adargraffiad Gee o Gyfrol 1 o *Testament yr Ysgol Sabbathol* (1872) amlinellir rhaglen uchelgeisiol o adargraffiadau mewn rhannau a oedd i gychwyn ym mis Gorffennaf 1871.

[110] Philip Henry Jones, 'Ymweliad "Y Gohebydd" â Swyddfa Argraffu Thomas Gee, Awst 1860', *TCHSDd*, 40 (1991), 22–4.

[111] *Golud yr Oes*, Rhagfyr 1863, 514.

[112] John Southward, *Practical Printing: A Handbook of the Art of Typography* (London, 1882), t. 552.

[113] Gaskell, *A New Introduction to Bibliography*, tt. 139–40.

[114] R. D. Rees, 'A History of the South Wales Newspapers to 1855' (traethawd MA anghyhoeddedig Prifysgol Reading, 1955), t. 384.

[115] Ifano Jones, *A History of Printing and Printers in Wales to 1810* (Cardiff, 1925), t. 106.

o hyd ochr yn ochr â hwy mewn rhai swyddfeydd hyd ganol y ganrif. Fel arfer, yr oedd John Jones, Llanrwst, yn eithriad; adeiladodd nifer o weisg ar batrwm Ruthven ar gyfer ei ddefnydd ef ei hun yn ystod y 1820au.[116]

Er i beiriannau argraffu a yrrid gan rym stêm gael eu defnyddio ar gyfer argraffu'r *Times* ym mis Tachwedd 1814, nid oedd y peiriannau cynharaf yn addas ar gyfer argraffu llyfrau gan eu bod yn cynhyrchu gwasgiad gwael ac yn tueddu i dreulio'r teip yn annerbyniol o gyflym. Ni ddechreuodd argraffwyr Llundain ddefnyddio peiriannau a ddatblygwyd yn arbennig ar gyfer argraffu llyfrau tan 1823.[117] Cyndyn iawn i fecaneiddio oedd argraffwyr Seisnig y tu allan i Lundain (ac eithrio argraffdai papurau newydd): ni ddefnyddid peiriannau gan gwmni mor bwysig â Clay o Bungay tan 1855.[118] Thomas Gee oedd yr argraffydd cyntaf yng Nghymru i fecaneiddio'r gwaith o argraffu. Wedi iddo sylweddoli bod y galw cynyddol am ddefnyddiau yn y Gymraeg yn fwy nag y gellid ei gyflenwi trwy argraffu â llaw, mynnodd ddau beiriant ager i'w swyddfa. Yr oedd y rhain ar waith erbyn mis Mawrth 1853,[119] ychydig wythnosau yn gynt na pheiriannau'r *Cambrian*, newyddiadur wythnosol Abertawe, a gydnabyddir yn gyffredinol fel y cyntaf yng Nghymru i ddefnyddio peiriannau ager.[120] Yr oedd cwmni Hughes, Wrecsam, wedi prynu ei beiriant cyntaf (gan ychwanegu at dair gwasg law) ym 1857,[121] a P. M. Evans, Treffynnon, wedi mecaneiddio erbyn 1858.[122] Disgrifiai Hugh Humphreys, Caernarfon, ei hun yn 'printer by steam' ym 1862, a gwyddys ei fod yn berchen ar ddau beiriant erbyn 1863.[123] Rhaid oedd ystyried yn ofalus cyn buddsoddi mewn peiriannau drud: er eu bod yn cyhoeddi newyddiadur wythnosol, penderfynodd J. T. Jones a T. I. Jones, Aberdâr, ym 1856 y byddai'n ddoeth gohirio prynu peiriant am y tro.[124]

Cyn bo hir yr oedd yn rhaid ychwanegu at y peiriannau cyntaf neu gael rhai newydd yn eu lle. Erbyn Awst 1860 yr oedd pedwar peiriant yn swyddfa Gee, gan gynnwys peiriant 'double platen' a ddefnyddid ar gyfer argraffu llyfrau a pheiriant silindr a ddefnyddid ar gyfer newyddiaduron.[125] Gwerthodd Hughes ei beiriant 'double demy' gwreiddiol am £90 ym 1863,[126] gan brynu, yn ôl pob tebyg, beiriant silindr yn ei le a ddisodlwyd yn ei dro gan beiriant 'double demy platen'

[116] Morgan, *Y Dyn a wnaeth Argraff*, tt. 9–11.
[117] W. B. Clowes, *Family Business 1803–1953* (London, [1953]), tt. 21–4.
[118] James Moran, *Clays of Bungay* (Bungay, 1978), t. 78.
[119] *Y Cronicl*, Mawrth 1853, t. 74.
[120] Jones, *A History of Printing*, t. 185.
[121] Philip Henry Jones, 'Richard Hughes a Hanes Cynnar Hughes a'i Fab', *Y Casglwr*, 54 (1994–5), 5.
[122] *Y Traethodydd*, XIV (1858), 240.
[123] *Golud yr Oes*, Rhagfyr 1863, 514.
[124] LlGC, Llsgr. 3367E, Thomas L. Jones at J. T. Jones, 1 Rhagfyr 1856.
[125] Jones, 'Ymweliad "Y Gohebydd" ', 21.
[126] LlGC, Rhodd Hughes a'i Fab 1958, llyfr llythyrau Hughes 1, 1862–73 (23), R. Hughes a'i Fab at berson anhysbys, 5 Mai 1863.

newydd gwerth £280 yng ngwanwyn 1869.[127] Erbyn hynny yr oedd gan Hughes gymaint o waith argraffu nes i'r cwmni ystyried prynu peiriant silindr ychwanegol gan William Dawson o Otley.[128] Fel yn Lloegr, y peiriant mwyaf poblogaidd o'r 1860au hyd at ddiwedd y ganrif ac wedi hynny oedd peiriant silindr-stop Wharfedale, a gynlluniwyd gan Dawson, a pheiriannau a'i hefelychai. Tueddai argraffwyr bychain – a fyddai o bryd i'w gilydd, yn ychwanegol at fân argraffu, yn cynhyrchu llyfrau neu bamffledi ar gyfer awduron lleol – i brynu'r peiriannau platen a yrrid â throedlath ac a oedd ar gael o'r 1860au ymlaen.[129] Gan fod y peiriannau hyn yn hyblyg, yn gynhyrchiol, ac yn rhad i'w prynu a'u defnyddio – gellid eu gadael dan ofal llanciau ar gyflog bychan – bu gostyngiad sydyn a sylweddol yng nghostau mân-argraffu. Y mae'n bosibl i hyn symbylu sefydlu nifer o argrafftai bychain.[130]

Hyd nes i beiriannau nwy mwy hyblyg ac economaidd ymddangos yn gynnar yn y 1870au, gyrrid peiriannau argraffu ag ager.[131] Erbyn degawd cyntaf yr ugeinfed ganrif, yr oedd nwy yn dechrau cael ei ddisodli yn ei dro gan drydan.[132] Cafwyd cynnydd sylweddol ym maint y cynnyrch o ganlyniad i ddefnyddio peiriannau ager. Mor gynnar â 1855 yr oedd dau o argraffwyr Gee yn gallu argraffu pump ar hugain o 'docynnau' neu fwy (dros 6,000 o wasgiadau) mewn diwrnod gwaith, a rhwng 1 Ionawr a chanol Chwefror 1861 yr oedd ei ystafell beiriannau yn cynhyrchu ar gyfartaledd 4,800 o wasgiadau y dydd.[133] Gallai peiriannau diweddarach megis y Wharfedale wneud 800–1,200 o wasgiadau yr awr, ond gan eu bod (gan ddibynnu ar eu maint a maint y ffrâm a oedd i'w hargraffu) yn gallu argraffu ar ddalen maint dwbwl neu bedwarplyg, amrywiai'r cynnyrch posibl rhwng 1,600 a 2,400 neu rhwng 3,200 a 4,800 gwasgiad yr awr. Yn ymarferol, yn anfynych iawn (os o gwbl) y byddai argraffwyr Cymreig yn gyrru'r peiriannau mor gyflym â hyn. Nid oedd angen iddynt wneud hynny gan fod y peiriannau argraffu a oedd ar gael erbyn diwedd y 1860au yn ddigon cynhyrchiol i gwrdd ag unrhyw alw tebygol am lyfrau yn yr iaith Gymraeg.

Yng nghyfnod argraffu â llaw, golygai'r angen am gael cydbwysedd rhwng costau cysodi a chostau argraffu fod y rhediad argraffu gorau posibl rywle rhwng 500 a 2,000 o gopïau.[134] Pan ddefnyddid peiriannau, fodd bynnag, ceid gostyngiad

[127] LlGC, Rhodd Hughes a'i Fab 1958, llyfr llythyrau Hughes 1, 1862–73 (90), R. Hughes a'i Fab at Messrs Davies & Primrose, Leith, 26 Ionawr 1869.

[128] LlGC, Rhodd Hughes a'i Fab 1958, llyfr llythyrau Hughes 1, 1862–73 (93), R. Hughes a'i Fab at William Dawson & Sons, 16 Chwefror 1869.

[129] James Moran, *Printing Presses: History and Development from the Fifteenth Century to Modern Times* (London, 1973), t. 149.

[130] Moran, *Printing Presses*, t. 153.

[131] Richard E. Huws, 'A History of the House of Spurrell, Carmarthen, 1840–1969' (traethawd FLA anghyhoeddedig, 1981), t. 67. Gw. hefyd idem, 'Spurrell of Carmarthen' yn Jones a Rees (goln.), *A Nation and its Books*, tt. 189–96.

[132] Adlewyrchir hyn gan enwau swyddfeydd argraffu megis Y Wasg Drydan, Aberdâr (*c.*1911).

[133] LlGC, Llsgr. 20151C.

[134] Gaskell, *A New Introduction to Bibliography*, tt. 160–3.

eithaf sydyn yn y gost uned ar gyfer y 10,000 copi cyntaf, a pharhâi'r gost i ostwng yn fwy graddol wedi hynny.[135] Mewn geiriau eraill, unwaith yr oedd argraffty wedi mecaneiddio ei argraffu, rheolid maint yr archeb brint gan werthiant disgwyliedig y gwaith yn hytrach na chan gyfyngiadau technegol. Sylweddolodd rhai argraffwyr Cymreig mor gynnar â 1840 y byddai yr arbedion maint a ddeilliai o fecaneiddio yn anochel yn peri y byddai llyfrau Cymraeg yn parhau i fod yn fwy costus na'r rhai a gynhyrchid ar gyfer y farchnad Saesneg enfawr:

> A chofied hefyd fod argraffu *cant* o lyfrau ymron mor gostus ag argraffu *mil*, ïe, *deng mil*, oddigerth gwerth y papur a'r gwasgiad. Felly bwrier fod argraffiad 500 o lyfrau Cymreig yn costio £50, ac argraffiad 10,000 o lyfrau Seisonig o'r un faintioli yn costio £200, pa un o'r ddau gyhoeddwr a gaiff fwyaf o elw? Onid hawdd fydd i'r Sais roi mwy am arian?[136]

Ceir tystiolaeth ddibynadwy ynglŷn â maint argraffiadau yn y bedwaredd ganrif ar bymtheg yn archifau'r cyhoeddwyr, yn enwedig rhai Gee a Hughes. Gan fod gan Gee ddigon o le i storio llyfrau, manteisiai'n llawn ar fecaneiddio er mwyn argraffu hyd at 10,000 o gopïau ar y tro, ond ni fyddai Hughes fel arfer yn argraffu mwy na 1,500 i 3,000 o gopïau oherwydd prinder lle yn ei warws. Ar y llaw arall, o'r 1860au ymlaen syrthiai Gee yn aml i'r demtasiwn o geisio gostwng y gost uned trwy argraffu mwy o gopïau nag yr oedd eu hangen, ac o ganlyniad yr oedd gan y cwmni filoedd o lyfrau dros ben erbyn diwedd y ganrif.[137]

Gan osod o'r neilltu ystyriaethau lleol fel y rhain, yr oedd cysylltiad fel arfer rhwng cost llyfr a maint yr argraffiad, gyda'r gweithiau rhataf yn cael archebion argraffu mwy a/neu ailargraffiadau amlach na'r llyfrau drutaf. Cynhyrchwyd rhai gweithiau costus, fodd bynnag, ar raddfa fawr: argraffwyd 6,000 o gopïau o argraffiad cyntaf *Y Gwyddoniadur* i gychwyn (ac ychwanegwyd at hyn yn sylweddol wedi hynny),[138] a 5,000 o gopïau o argraffiad cyntaf *Traethodau Llenyddol* Lewis Edwards.[139] Gan fod awduron a gyhoeddai eu gweithiau eu hunain yn naturiol yn gyndyn i fentro rhag ofn iddynt golli arian, tueddent i argraffu llai o gopïau nag y gwnâi argraffwyr-gyhoeddwyr. Yr oedd yn edifar gan Evan Evans, er enghraifft, na fynnodd argraffu mwy na 2,000 o gopïau o'i *Esboniad ar Ddammegion Crist* ym 1859, gan iddo sylweddoli'n fuan y gallai fod wedi gwerthu 3,000 o gopïau petai wedi 'eu rhoddi yn y *Trade*'.[140]

O gyfnod datblygu'r codecs hyd at y 1820au, yr oedd y rhwymiad yn rhan annatod o'r llyfr gorffenedig. Gan fod pob rhwymiad yn cael ei wneud â llaw, ni

[135] Ibid., t. 304.

[136] *Y Gwladgarwr*, VIII, rhif LXXXIX (1840), clawr, t. [2].

[137] *BAC*, 16 Medi 1903.

[138] LlGC, Llsgrau. Thomas Gee J 1, Machine-room and piece book, 1868–77.

[139] LlGC, Rhodd Hughes a'i Fab 1958, llyfr llythyrau Hughes 1, 1862–73 (48), R. Hughes a'i Fab at Lewis Edwards, 30 Ionawr 1865.

[140] Hysbyseb yn Evan Evans, *Coleg y Darllenydd* (Wrexham, 1860).

ellid elwa ar arbedion maint. Er mwyn osgoi clymu eu cyfalaf yn anghynhyrchiol mewn rhwymiadau, byddai cyhoeddwyr fel arfer yn darparu eu llyfrau yn ddalennau i'w rhwymo gan y llyfrwerthwr neu'r rhwymwr yn ôl gofynion y prynwr. Yr unig lyfrau yr arferid eu gwerthu wedi eu rhwymo yn barod oedd cyfrolau megis llyfrau gweddi y gellid disgwyl eu gwerthu yn fuan.

Erbyn dechrau'r bedwaredd ganrif ar bymtheg cynigid rhai llyfrau ar werth mewn byrddau papur fel rhwymiad dros-dro ar gyfer darlleniad cyntaf. Defnyddid byrddau papur mwy addurniadol gan ambell argraffwr-cyhoeddwr Cymreig o ddechrau'r 1820au ymlaen,[141] ond fe'u disodlwyd gan ddatblygiad casys lliain parod y gellid gludio'r llyfrau i mewn ynddynt. Gellid felly rannu'r prosesau o baratoi'r llyfr ar gyfer rhoi'r cas arno, gwneud y cas, a glynu'r llyfr yn y cas, yn gamau y gellid eu mecaneiddio fesul un. Serch hynny, yr oedd rhwymwyr ym Mhrydain yn araf i fecaneiddio, yn rhannol oherwydd bod llawer o'r peiriannau cynnar yn anfoddhaol, ac yn rhannol oherwydd cost mecaneiddio, ond yn bennaf oherwydd nad oedd y rhan fwyaf o'r prosesau yn galw am lawer o gryfder corfforol; gellid felly eu cyflawni trwy lafur rhad merched. Cyflogai argraffty Gee, er enghraifft, tua phymtheg o wragedd a merched yn yr adran rwymo erbyn 1860.[142]

Daeth nifer cynyddol o argraffwyr-gyhoeddwyr Cymreig i ymddiried y gwaith o rwymo eu cynnyrch i gwmnïau arbenigol yn Lloegr.[143] Yn ogystal â rhoi'r gwaith o rwymo argraffiad i rwymwyr masnachol yn Llundain (ac yn ddiweddarach yng Nghaeredin), gwnâi Hughes, yn ei adran rwymo yn Wrecsam, ddefnydd helaeth o gasys parod a gynhyrchid yn unol â'i ofynion gan gwmnïau yn Llundain megis cwmni James Burn. O'r 1850au ymlaen daeth casys yn fwyfwy addurniedig wrth i gost blociau goreuro a gwasgaddurniadau gwag neu inc ostwng yn raddol. Adlewyrchai'r rhwymiadau mwy trawiadol y ffaith y gallai llyfrau ateb sawl diben – gallent fod yn rhan ffasiynol o'r dodrefn, yn arwydd o statws (fel y piano yn y parlwr), yn wobr neu gydnabyddiaeth ysgol Sul, neu yn arwydd o barch: pa rodd fwy priodol a ellid ei rhoi i fugail a oedd yn ymadael na set gyflawn o'r *Gwyddoniadur* wedi ei rhwymo mewn 'morocco extra' gydag ymylon y dalennau wedi eu goreuro? Ar begwn isaf y farchnad, cynigid llawer o lyfrau Cymraeg ar werth mewn amlenni papur yn ogystal â rhwymiad lliain, arfer a briodolid yn sorllyd gan Ieuan Gwynedd i gybydd-dod y Cymry: 'Yn Lloegr, dibrisir llyfr heb glawr iddo, ond yn Nghymru, grwgnechir chwe cheiniog am rwymiad lliain, fel pe byddai yn bwyta calon y greadigaeth.'[144] Mewn gwirionedd, gan fod darllenwyr Cymraeg yn sylweddoli bod cost y rhwymiad yn cynrychioli cyfran uchel – efallai draean – o gost llyfr rhad, yr oedd eu harfer o brynu llyfrau

[141] *Powysion*, a argraffwyd gan Gee ym 1821, yw'r enghraifft gynharaf i mi ei gweld.
[142] Jones, 'Ymweliad "Y Gohebydd"', 24.
[143] Ar y dechrau gwnâi cwmni Spurrell ei rwymo ei hun ond erbyn y 1880au anfonai archebion sylweddol i gwmnïau yn Llundain. Huws, 'A History of the House of Spurrell', t. 65.
[144] Jones, 'Llenyddiaeth Gymreig', 370.

mewn cloriau papur a thalu am rwymo nifer ohonynt gyda'i gilydd yn rhad yn ddiweddarach yn fwy economaidd.

At ei gilydd, mabwysiadodd y prif argraffwyr-gyhoeddwyr y datblygiadau technolegol priodol ar yr adeg cywir. Erbyn y 1830au yr oeddynt wedi dal i fyny ag argraffwyr rhanbarthol Lloegr, ac erbyn diwedd y 1860au yr oedd ganddynt beiriannau a fedrai gwrdd â'r galw am lyfrau Cymraeg. Yr oedd eu marchnad gyfyng, fodd bynnag, yn eu rhwystro rhag manteisio'n llawn ar yr holl arbedion maint a ddeilliai o fecaneiddio. Nid oes unrhyw dystiolaeth ychwaith fod y datblygiadau technolegol wedi gwella ansawdd nac apêl esthetig llyfrau Cymraeg. Fel hyn y cwynai Noah Stephens ym 1849:

> Mae llawer llyfryn a'i bapyr mor wael, a'i gysodiad mor esgeulus, a'i argraffwaith mor arw, a'i rwymiad mor anghelfydd, a'i ymddangosiad allanol mor amddifad o chwaeth, modd y llenwir y meddwl o ragfarn ato cyn darllen un gair sydd ynddo.[145]

Adleisiwyd ei feirniadaeth ddeugain mlynedd yn ddiweddarach gan T. M. Jones:

> Nid yw y Wasg Gymreig bob amser yn ddigon gofalus fod y llyfrau a gyhoeddir ganddi o'r *gwneuthuriad allanol goreu a phrydferthaf* . . . Weithiau ceir papyr teneu, brau, a darfodedig . . . Pryd arall ceir llythyren (*type*) fân iawn – llawer rhy fân, aneglur, a thywyll i fod yn ddarllenadwy iawn.[146]

Y mae'n eithaf posibl fod y ddelwedd wael o'r llyfr Cymraeg fel cynnyrch ar gyfer pen isaf y farchnad, cynnyrch a wnaethpwyd am bris ond nad oedd yn werth yr arian, wedi atgyfnerthu'r syniadau negyddol am ei gynnwys, a ddeilliai o amrediad cyfyngedig ei gynnwys ac, yn aml, yr ymdriniaeth henffasiwn.

Hysbyswyd Pwyllgor Aberdâr gan Charles Hughes mai un o broblemau dwysaf y fasnach lyfrau Gymraeg oedd diffyg 'peirianwaith' i'w dosbarthu. Gan na chafwyd unrhyw ddull effeithiol i 'ddod â llyfrau o fewn cyrraedd y cyhoedd' tan y 1860au cynnar, honnodd iddo ef a'i dad orfod 'creu dosbarth o bobl' i werthu eu llyfrau.[147] Er bod Hughes, efallai o ganlyniad i'w brofiad o'r fasnach lyfrau yn Llundain, hwyrach yn gorliwio'r sefyllfa, yr oedd sawl nodwedd arbennig yn perthyn i'r fasnach lyfrau yng Nghymru yn oes Victoria.

Trwy gydol y ganrif cwynai darpar brynwyr ei bod yn anodd cael gafael ar lyfrau Cymraeg. Mewn cyfres o lythyrau a gyhoeddwyd ym 1886 yn *Baner ac Amserau Cymru* (yr oedd yr ail lythyr mor feirniadol o gyhoeddwyr Cymreig fel y mynnodd Gee ei liniaru), nododd Dan Isaac Davies mai diffyg gwasanaeth

[145] Stephens, 'Llenyddiaeth Bresenol Cymru', 167.
[146] Jones, 'Rhagoriaeth a Diffygion y Wasg Gymreig', tt. 143–4.
[147] *Aberdare Evidence*, cwestiwn 6299.

cyfanwerthu canolog oedd y broblem allweddol.[148] Datblygwyd ei farn ef gan nifer o ysgrifenwyr yn ystod y 1890au:

> In Wales there is no central emporium where books and periodicals published in the vernacular can be procured. Every Welsh publisher plays for his own hand, and no more. No general Welsh catalogue is ever published, and . . . it is impossible to say what books are printed or to know where to seek for information. This selfish and short-sighted policy on the part of Welsh publishers recoils to their own disadvantage and does injustice to the author, for it limits the circulation and sets an unnecessary tariff on the sale, with the result that Welsh readers, failing to get what they want in Welsh, are often driven to the English market, where they buy things 'cheap and nasty'.[149]

Erbyn 1908 gallai O. M. Edwards honni bod llawer o lyfrwerthwyr (yn enwedig yn ne Cymru) wedi penderfynu bod llyfrau Cymraeg yn fwy o drafferth nag o werth, gan eu bod mor ddrud, bod delio'n uniongyrchol â lliaws o gyhoeddwyr yn anghyfleus, a bod cyn lleied o wybodaeth ynghylch y teitlau a oedd ar gael.[150] Yr oedd yntau hefyd yn argyhoeddedig mai'r ateb oedd sefydlu asiantaeth gyfanwerthu:

> Angen llenyddol pennaf Cymru yn y dyddiau hyn yw cael ystordy yn Llundain lle y cedwir cyflenwad o bob llyfr Cymraeg gyhoeddir . . . Oni fyddai'n werth i gyhoeddwyr Cymru ymgyfuno i gael siop gyfanwerthol mewn rhywle cyfleus yn Llundain, fel y geill pob *agent* Llundeinig anfon unrhyw lyfr Cymraeg mor ddidrafferth ag unrhyw lyfr Saesneg?[151]

Er gwaethaf y consensws fod angen y cyfryw wasanaeth, ni sefydlwyd Canolfan Llyfrau Cymraeg tan 1966.

Gwerthid llyfrau i'r cyhoedd drwy nifer o wahanol sianelau. Yn aml, byddai adwerthu llyfrau megis ar gyrion y busnes. Er bod siopau llyfrau arbenigol yn graddol amlhau, ychydig ohonynt a gadwai stoc dda o lyfrau Cymraeg. Yng nghanol y 1890au honnodd Richard Jones Owen (Glaslyn): 'prin y caiff llyfr Cymraeg le o gwbl yn ffenestri ein llyfrwerthwyr. Bum yn ddiweddar yn edrych dros un o ystol-lyfrau Smith, a'r unig lyfr Cymraeg a gefais yno oedd y *Cymru*, ynghyd â dau neu dri o newyddiaduron Cymreig',[152] ac meddai O. M. Edwards am drefi de Cymru ym 1913: 'Nis gwn am unlle ond Abertawe a Chaerfyrddin lle rhoir llyfrau Cymraeg i demtio'r dyrfa.'[153] Erbyn canol y 1920au gellid dweud hyn:

[148] J. Elwyn Hughes, *Arloeswr Dwyieithedd: Dan Isaac Davies 1839–1887* (Caerdydd, 1984), tt. 56, 127–8.
[149] Evans, 'Welsh Publishing and Bookselling', 396.
[150] O. M. Edwards, 'Diwedd Blwyddyn', *Cymru*, XXXV, rhif 209 (1908), 247.
[151] Idem, 'Llyfrau a Llenorion', *Cymru*, XLV, rhif 266 (1913), 141.
[152] Owen, 'Agwedd Bresennol Llenyddiaeth Gymraeg', 57.
[153] Edwards, 'Llyfrau a Llenorion', 141.

> Nid oes fwy na deg o siopau llyfrau trwy Gymru benbaladr lle y gellir prynu llyfr Cymraeg newydd heb drafferth anarferol. Llenwir ffenestri eu siopau gan nofelau Saesneg rhad, a phan ddangosir llyfrau Cymraeg, nid ydynt yn rhy aml namyn 'hen stoc', llyfrau ni eill fod ond ychydig o alw amdanynt.[154]

Câi nifer anghymesur o'r ychydig siopau a arbenigai mewn gwerthu llyfrau Cymraeg eu rhedeg gan wŷr ecsentrig megis W. J. Roberts (Gwilym Cowlyd)[155] neu gymeriadau diniwed megis John Athanasiws Jones (Athan Fardd).[156]

Parhâi'r dulliau traddodiadol o ddosbarthu ochr yn ochr â'r mentrau masnachol hyn. Daeth yr hen arfer o werthu llyfrau mewn capeli Ymneilltuol dan y lach yn y 1840au. Ym 1849 tybiai Noah Stephens ei bod yn angenrheidiol ailddatgan yr amddiffyniad traddodiadol: 'Mae purdeb llenyddiaeth Gymreig, i raddau, i'w briodoli i'r dull a arferir i gyhoeddi a dosbarthu llyfrau . . . [mae'r] wasg hyd eto wedi bod dan nawdd y dosbarth puraf ac uwchaf eu moesau.'[157] Fodd bynnag, peidiodd yr arfer, o bosibl cyn i ddulliau digonol eraill o ddosbarthu llyfrau ddatblygu.

Yr oedd y llyfrwerthwyr teithiol a fyddai'n gwerthu llyfrau newydd ac yn cael gwared â llyfrau na fedrai'r cyhoeddwyr eu gwerthu[158] yn bwysig iawn gan eu bod yn ymweld â'r ardaloedd gwledig mwyaf anhygyrch ac yn dwyn eu nwyddau i gartrefi eu cwsmeriaid. Er bod llawer ohonynt – megis Richard Jones, Aberangell[159] – yn onest a dibynadwy, bu'n rhaid i Charles Hughes rybuddio John Curwen fod '[a] very much greater risk with these itinerant Booksellers than those who keep a shop.'[160] Problem arall oedd eu cyndynrwydd i drafod llyfrau rhad: 'They are not partial to any small Books, no Book of less value than 2d will be noticed by them',[161] pwynt a ailadroddwyd gan Hughes yn ei dystiolaeth gerbron Pwyllgor Aberdâr: 'It is difficult to get the booksellers of Wales who, many of them, are colporteurs, to take a small publication like a tract; if they can get a sixpenny book they will take it rather than take a halfpenny tract.'[162]

Yr oedd gan ddosbarthwyr lleol, y rhan fwyaf ohonynt yn gwerthu llyfrau a chylchgronau fel galwedigaeth atodol, swyddogaeth gwbl allweddol yng ngwerthiant llyfrau Cymraeg:

[154] Pwyllgor Adrannol ar y Gymraeg yng Nghyfundrefn Addysg Cymru, *Y Gymraeg mewn Addysg a Bywyd* (Llundain, 1927), t. 168.

[155] G. Gerallt Davies, *Gwilym Cowlyd 1828–1904* (Caernarfon, 1976).

[156] Watcyn Wyn, 'Athan Fardd', *Cymru*, III, rhif 13 (1892), 83–4.

[157] Stephens, 'Llenyddiaeth Bresenol Cymru', 166.

[158] Fel hyn yr hysbysebodd Hugh Jones, Llangollen, 'old remainders [. . .] at very low prices' ar gyfer 'itinerant booksellers and others' (*Yr Amserau*, 31 Awst 1853).

[159] A. Lloyd Hughes, 'Richard Jones, Aberangell (1848–1915): Llyfrwerthwr Teithiol', *CCHChSF*, VIII, rhif 4 (1980), 447–9.

[160] LlGC, Rhodd Hughes a'i Fab 1958, llyfr llythyrau Hughes 1, 1862–73 (69[a] & 70), R. Hughes a'i Fab at John Curwen, 2 Rhagfyr 1867.

[161] LlGC, Rhodd Hughes a'i Fab 1958, llyfr llythyrau Hughes 1, 1862–73 (69 [a] a 70), R. Hughes a'i Fab at John Curwen, 2 Rhagfyr 1867.

[162] *Aberdare Evidence*, cwestiwn 6286.

> Yr oedd y gwŷr hyn yn gyfrwng perffaith bron i ddosbarthu pob math o lenyddiaeth, ac ni buasid wedi cyhoeddi'r fath nifer enfawr o lyfrau yn y bedwaredd ganrif ar bymtheg onibai am eu hymroad a'u diwydrwydd.[163]

Oherwydd cyfraddau postio rhatach ar gyfer deunydd printiedig a llafur clercio rhad yr oedd yn economaidd i gyhoeddwyr gadw llu o gyfrifon bychain gyda dynion megis Evan Lloyd, gof a oedd yn dosbarthu gwerth rhyw bedair neu bum punt y flwyddyn o gyhoeddiadau Gee yn ardal Corwen yn ystod y 1860au.[164] Yr oedd y dosbarthwyr yn dal yn bwysig tan ddiwedd y ganrif; mor ddiweddar â 1887 honnai Charles Tudor Hughes fod saith o bob deg copi o eiriadur beiblaidd drudfawr wedi eu gwerthu trwy ddosbarthwyr yn hytrach na llyfrwerthwyr.[165] Wedi hynny gostyngodd eu niferoedd mor gyflym nes y gellid dweud erbyn canol y 1920au: 'Erbyn heddiw y maent wedi diflannu bron yn llwyr, ac y mae bywyd Cymru yn dlotach o'r herwydd, a'r iaith mewn enbytach cyflwr.'[166] Cwynai Charles Hughes yn aml am y lwfans hael yr oedd yn rhaid i'w gwmni ei dalu i'r adwerthwyr er mwyn sicrhau bod ganddynt ddiddordeb byw yng ngwerthiant ei lyfrau.[167] Tan ddechrau 1922 disgwyliai'r adwerthwyr a oedd yn cadw cyhoeddiadau'r cwmni ddisgownt o draean ar bob copi a werthid ac un copi yn rhad ac am ddim am bob dwsin a âi drwy eu dwylo, yn ogystal â chwe mis o gredyd, yr un telerau a geid yn Lloegr ar gyfer llyfrau rhad.[168]

Ni waeth pa mor esthetig ddymunol neu dechnegol ddigonol oedd y cynnyrch, dibynnai llwyddiant yn y pen draw ar fantoli'r cyfrifon. Am ran helaeth o'r ganrif ni fu'n hawdd gwneud hyn; fel y cwynai Charles Hughes, y drafferth fwyaf oedd nid yn gymaint gwerthu'r stoc ond casglu'r arian.[169] Yr oedd adwerthwyr yn gyndyn i dalu eu dyledion i'r cyhoeddwyr: 'very rarely do we get our a/cs settled at the end of 6 months even when we get amongst old established people. There is so much hanging back when the time of payment comes.'[170] Yn wir, yn ôl Ieuan Gwynedd, ni setlid rhai cyfrifon byth:

> Tystia un o gyhoeddwyr gorau y Dywysogaeth nad yw yn cael tâl am fawr fwy nâ haner ei lyfrau. Nid ydym yn meddwl fod neb yn dysgwyl tâl am fwy nâ thri o bob pedwar, a

[163] *Y Gymraeg mewn Addysg a Bywyd*, t. 167.
[164] Prifysgol Cymru, Bangor, Llsgr. Bangor 8468B.
[165] LlGC, Rhodd Hughes a'i Fab 1958, llyfr llythyrau Hughes 2, 1887 (18), Charles Tudor Hughes at Thomas Thomas, 28 Mawrth 1887.
[166] *Y Gymraeg mewn Addysg a Bywyd*, t. 167.
[167] LlGC, Rhodd Hughes a'i Fab 1958, llyfr llythyrau Hughes 1, 1862–73 (48), R. Hughes a'i Fab at Lewis Edwards, 30 Ionawr 1865.
[168] Plant, *The English Book Trade*, t. 408.
[169] LlGC, Rhodd Hughes a'i Fab 1958, llyfr llythyrau Hughes 1, 1862–73 (46), R. Hughes a'i Fab at John Roberts, 'Ieuan Gwyllt', 6 Rhagfyr 1864.
[170] LlGC, Rhodd Hughes a'i Fab 1958, llyfr llythyrau Hughes 1, 1862–73 (13), Charles Hughes at berson anhysbys, 5 Ionawr 1863.

dedwydd fyddant os daw hyny i law yn gynt na'r amser a dreuliodd yr Hen Wr Llwyd o'r Cornel i wrando y gerddoriaeth a'i swynodd.[171]

Ond buan y gallai dyledion drwg gynyddu'n ddychrynllyd: ym mis Gorffennaf 1865 yr oedd ar bedwar llyfrwerthwr yn ne Cymru gyfanswm o ddyled o dros £94 i Hughes.[172] Câi cyhoeddwyr eraill drafferthion cyffelyb: ym 1870 bu raid i J. T. Jones a'i Fab o Aberdâr argraffu cylchlythyr i'w anfon at danysgrifwyr i'w *Eiriadur Bywgraffyddol* enfawr yn erfyn arnynt i dalu eu dyledion gan fod y cwmni wedi colli 'rhwng tri a phedwar cant o bunau ar law dynion diegwyddor, y rhai ydynt wedi ymfudo i America a lleoedd eraill'.[173] Ym 1886 yr oedd Adam Evans yn dal i dderbyn tâl am lyfr yr oedd ei ran olaf wedi ymddangos ym 1879.[174] Dengys helyntion y gŵr mentrus ond prin o gyfalaf, Isaac Clarke, sut y byddai mân argraffwyr-gyhoeddwyr yn rhygnu byw; ym 1861 dywedodd wrth John Ceiriog Hughes na fedrai dalu £12 iddo mewn arian parod am hawlfraint *Oriau'r Bore*: 'Mae fy arian mewn cysylltiad a *Taliesin*, y *Gems*, a'r argraffiad 1af o'r *Oriau*, ar hyd y wlad o Gaerdydd i Gaergybi, – ac yn wir gwaith anhawdd iawn yw eu hela i mewn.'[175] Ceisiodd y prif argraffwyr-gyhoeddwyr fynd i'r afael â phroblem y dyledion drwg yn ystod y 1860au. Nithiodd Hughes ei gwsmeriaid yn ofalus, gan gael gwared â'r lleiaf dibynadwy: 'This year we have been very unfortunate, however we are very careful and gradually drawing the string tighter with customers who are not to be depended upon.'[176] Cyn diwedd y ganrif yr unig adwerthwyr a gâi gredyd gan y cwmni oedd y rhai a allai ddarparu geirda boddhaol gan fanc neu fusnes, ac erbyn dechrau'r ugeinfed ganrif yr oedd cymdeithas diogelu masnach o Lerpwl yn erlid dyledwyr. Enillodd Gee enw drwg iddo'i hun oherwydd ei barodrwydd i ddwyn dyledwyr megis Gwilym Cowlyd gerbron y llys sirol.[177]

Cryfhawyd y cysylltiad rhwng cyhoeddwyr ac adwerthwyr yn ystod y 1860au wrth i'r cwmnïau Cymraeg mwyaf ddilyn yr esiampl a osodwyd gan y fasnach lyfrau Saesneg genhedlaeth yn gynharach,[178] sef cyflogi trafaelwyr.[179] Er enghraifft, galwai Joseph Roberts ddwywaith y flwyddyn ar ran Hughes ar bob llyfrwerthwr

[171] Jones, 'Llenyddiaeth Gymreig', 371.

[172] LlGC, Rhodd Hughes a'i Fab 1958, llyfr llythyrau Hughes 1, 1862–73 (52[a] – 53[b]).

[173] Cylchlythyr printiedig a gynhwyswyd yn LlGC, Llsgr. 3370B.

[174] Davies, 'A History of Commercial Printing', t. 54.

[175] LlGC, Llsgr. 10181D (Ceiriog 17) (48), Isaac Clarke, Rhuthun, at John Ceiriog Hughes, 30 Gorffennaf 1861.

[176] LlGC, Rhodd Hughes a'i Fab 1958, llyfr llythyrau Hughes 1, 1862–73 (46), R. Hughes a'i Fab at John Roberts, 'Ieuan Gwyllt', 6 Rhagfyr 1864.

[177] Davies, *Gwilym Cowlyd*, tt. 39–40.

[178] Graham Pollard, 'The English Market for Printed Books: The Sandars Lectures, 1959', *Publishing History*, IV (1978), 40.

[179] Bu Robert Williams, clerc Gee, yn gweithredu fel trafaeliwr i'r cwmni hwnnw am dros hanner canrif (*BAC*, 25 Awst 1943); hysbysebodd H. Humphreys, Caernarfon, am drafaeliwr ym 1867 (*Yr Herald Cymraeg*, 2 Medi 1867); hysbysebodd P. M. Evans am drafaeliwr yng ngogledd a de Cymru ym 1870. Chwiliai am berson 'experienced, a careful book-keeper, energetic and of a good character' (*Y Goleuad*, 8 Hydref 1870).

o bwys yng Nghymru ac yn y trefi hynny yn Lloegr lle y ceid cymunedau Cymraeg sylweddol er mwyn rhoi cyhoeddusrwydd i lyfrau newydd, i dderbyn archebion, ac i geisio casglu arian a oedd yn ddyledus i'r cwmni.[180] Gan fod llyfrau Cymraeg hefyd yn cael eu prynu gan ymfudwyr Cymreig i wledydd tramor, ymddengys i'r prif argraffwyr-gyhoeddwyr megis Gee a Hughes gredu y byddai'n broffidiol iddynt benodi cynrychiolwyr yn yr Unol Daleithiau yn ystod y 1860au a'r 1870au.[181]

Parai'r patrwm datganoledig hwn o werthu llyfrau drwy amrywiaeth mawr o ffynonellau i'r cwmnïau mwyaf ddod yn hynod ymwybodol o werth cyhoeddusrwydd. Yn ogystal â thalu am hysbysebion mewn cylchgronau, gallai Gee hysbysebu ddwywaith yr wythnos am ddim yn ei newyddiadur, *Y Faner*. Defnyddiai Hughes, yntau, ei fisolyn cerddorol, *Y Cerddor*, a'i *Almanac y Miloedd*, i hysbysebu ei gyhoeddiadau. Ceisiai'r ddau gwmni hefyd ennill cyhoeddusrwydd ffafriol i lyfrau newydd yn y wasg. Anfonai Gee gopïau cyfarch yn gyson at Gymry blaenllaw er mwyn denu sylwadau canmoliaethus y gallai ddyfynnu detholion ohonynt yn ei hysbysebion. O ganol y ganrif ymlaen, yn ychwanegol at yr hysbysebion a'r catalogau a rwymid mewn llyfrau, cyhoeddai'r ddau gwmni gatalogau swmpus o'u cyhoeddiadau.[182] Hybid rhai teitlau unigol, hyd yn oed llyfrau gweddol rad a werthai am swllt neu ddeuswllt, trwy gyfrwng prosbectysau, a chyhoeddid rhai ohonynt ar raddfa fawr iawn: er enghraifft, argraffodd Gee 11,000 o gopïau o brospectws ar gyfer *Y Gwyddoniadur* ym 1871.[183] Rhoddid cyhoeddusrwydd hefyd i deitlau newydd a chynigion arbennig trwy gynhyrchu taflenni a phosteri. Yn ystod y 1860au bu Hughes yn arbrofi, yn aflwyddiannus braidd, trwy gynnal arddangosfeydd o lyfrau yn yr Eisteddfod Genedlaethol, yn ogystal â cheisio gwerthu llyfrau yn uniongyrchol i'r cyhoedd yno,[184] ond bu'n rhaid iddo roi'r gorau i'r arbrawf oherwydd cwynion gan lyfrwerthwyr.[185]

O ddiwedd y 1880au ymlaen, wynebai cyhoeddwyr llyfrau Cymraeg amgylchiadau a oedd yn gynyddol anffafriol. Methodd rhai sylweddoli bod chwaeth darllenwyr yn newid. Meddylfryd y pum a'r chwedegau a geid yn nifer o fentrau mawr Gee yn y 1880au a'r 1890au, megis *Yr Allor Deuluaidd*, casgliad o wasanaethau teuluol, a bu gweithiau o'r fath yn fethiannau costus.[186] Yr oedd Hughes

[180] LlGC, Rhodd Hughes a'i Fab 1958, llyfr llythyrau Hughes 1, 1862–73 (69[a] & 70), R. Hughes a'i Fab at John Curwen, 2 Rhagfyr 1867.

[181] D. Hywel E. Roberts, 'The Printing of Welsh Books in the United States – An Introductory Survey', *JWBS*, XII, rhif 1 (1983–4), 22. Gw. hefyd idem, 'Welsh publishing in the United States of America' yn Jones a Rees (goln.), *A Nation and its Books*, tt. 253–64.

[182] E.e. cyhoeddodd Hughes 5,000 o gopïau o gatalog o'i lyfrau ym Mehefin 1877 a 10,000 o gopïau yng Ngorffennaf 1886 (LlGC, Llsgr. 15517C, tt. 87, 147).

[183] LlGC, Llsgrau. Thomas Gee J 1, Machine-room and piece book, 1868–77.

[184] Yn ôl adroddiad yn *Yr Herald Cymraeg*, 27 Hydref 1866, yr oedd Hughes wedi arddangos dau gant o lyfrau yn eisteddfod Caer.

[185] LlGC, Llsgr. 10183D (Ceiriog 19), Charles Hughes at John Ceiriog Hughes, 1 Awst 1871.

[186] Prifysgol Cymru, Bangor, Llsgr. Bangor 3590 (83), Morris T. Williams at Thomas Richards, 11 Medi 1940.

yn fwy ymwybodol o'r newid hinsawdd; er bod Charles Hughes ym 1880 o'r farn nad oedd marchnad sylweddol ar gyfer nofelau Cymraeg,[187] aeth ei olynydd, Charles Tudor Hughes, ati'n frwdfrydig i gyhoeddi gweithiau Daniel Owen o ganol yr wythdegau ymlaen. Ceisiodd Isaac Foulkes, y cyhoeddwr o Lerpwl, wynebu her ddifrifol cyfresi o adargraffiadau rhad yn Saesneg trwy lansio dwy gyfres o glasuron Cymraeg, sef cyfres swllt, 'Cyfres y Ceinion', ac wedi hynny ym 1898 gyfres 3*d*., 'Y Clasuron Cymreig'. Ar ddiwedd y ganrif dechreuodd Hughes elwa ar y syniad o ailgylchu teitlau poblogaidd o ôl-restr y cwmni trwy ddatblygu 'Cyfres Boblogaidd yr Aelwyd', a lansio llyfrau newydd fel rhan o gyfresi megis 'Cyfres yr Ugeinfed Ganrif' a 'Cyfres Milwyr y Groes'.

At ei gilydd, fodd bynnag, ymateb yn negyddol a wnâi cyhoeddwyr Cymraeg i'r newidiadau trwy fod yn fwyfwy amharod i dorri tir newydd neu i ehangu apêl eu rhestrau. Yn waeth na hynny, yn ôl O. M. Edwards ym 1899, yr oeddynt yn amharod i adargraffu gweithiau llwyddiannus, ac yn dechrau cael gwared ar y llyfrau a oedd yn weddill ganddynt fel papur gwastraff:

> Aeth *Gwaith Goronwy Owen*, er cystal ei bapur a'i lythyrau, i lapio siwgr. Gwelais gyfrolau gweddill *Llenyddiaeth y Cymry* yn myned ym Mangor am rôt yr un. Clywais y gallesid gweled cyfrolau *Cofiant Ieuan Gwynedd* yn yr un cyflwr yng Nghaerfyrddin dro yn ôl. Onid oes rhyw gyhoeddwr gwladgarol ariangarol yn gweled fod gwerthiant parhaus i'r cyfrolau hyn?[188]

Mewn ymgais i hybu gwerthiant, aeth Hughes ati o ddechrau'r 1890au i docio prisiau trwy roi cynigion arbennig megis cwponau prisiau rhad, parseli bargen o gyfrolau gweddill, neu 'roddion' o gopïau am ddim o hen deitlau i'r sawl a brynai weithiau newydd.[189] Dilynodd cwmni Gee ei esiampl ym 1903 trwy gynnal arwerthiant er mwyn cael gwared ar filoedd o gyfrolau gweddill, rhai ohonynt yn dyddio'n ôl i'r 1860au.[190]

Crynhodd E. Morgan Humphreys falltod y blynyddoedd cyn y Rhyfel Byd Cyntaf mewn llythyr at T. Gwynn Jones:

> . . . onid oes rhywbeth difrifol o'i le ar gyhoeddwyr Cymreig? Y mae rhyw ddiffyg anturiaeth, diffyg hysbysebu, neu ryw falldod felly arnynt. Nid wyf yn sicr prun ai ar y cyhoeddwyr yntau ar y llyfrwerthwyr y mae'r bai mwyaf, ond y mae cryn ddiffyg ar y naill fel y llall.[191]

[187] *Aberdare Evidence*, cwestiwn 6299.
[188] *Cymru*, XVII, rhif 98 (1899), 108.
[189] Hysbysebwyd amryw o fargeinion ar gloriau'r *Cerddor* ym mis Ionawr 1892.
[190] *BAC*, 16 Medi 1903.
[191] LlGC, Casgliad T. Gwynn Jones, G 2187, E. Morgan Humphreys at T. Gwynn Jones, 17 Mawrth 1912.

Ategir ei feirniadaeth gan lyfrau llythyrau Hughes am 1912–14, sy'n dangos agwedd hynod negyddol. Ym mis Awst gwrthododd y cwmni gyhoeddi cyfrol o farddoniaeth Gymraeg, gan honni 'nid yw y wlad yn prynnu barddoniaeth ar hyn o bryd';[192] wrth wrthod llawysgrif arall, dywedwyd wrth ei hawdur: 'We do not feel disposed to buy anything in the way of copyrights just at present, the market for Welsh publications being much too uncertain;[193] ac ym mis Ionawr 1914, pan ddywedwyd wrth W. Llewelyn Williams y cymerai dair blynedd i werthu'r 300 copi a oedd yn weddill o *Gwilym a Benni Bach*, ychwanegodd Hughes:

> We may say that we are finding it increasingly difficult to get sales for Welsh books to make it profitable. The sale of Welsh books during the last 5 or 6 years has steadily diminished, but we are hoping each year to [?see] a revival in this respect, and 2 or 3 years hence we trust there will be a brighter outlook.[194]

Daeth yr ymateb mwyaf creadigol i'r her newydd o'r tu allan i'r farchnad lyfrau pan ddechreuodd O. M. Edwards o ddiwedd y 1880au ymlaen gyhoeddi cylchgronau a llyfrau gyda'r bwriad o apelio at ei werin ddelfrydol. Er i'w gylchgrawn misol, *Cymru*, fod yn llwyddiant ysgubol, siomedig fu gwerthiant nifer o'i lyfrau. Y mae'r ffaith iddo fethu sicrhau y nifer angenrheidiol o danysgrifwyr ar gyfer ei gyfres o glasuron Cymraeg, *Cyfres y Fil*,[195] yn tystio unwaith eto i'r lleihad yn y galw am lyfrau Cymraeg erbyn dechrau'r ugeinfed ganrif. Yr oedd y frwydr eisoes wedi ei cholli pan fethodd cyhoeddwyr 'yr oes aur' gynhyrchu a hybu cynnyrch newydd a allai fod wedi creu cenhedlaeth newydd o brynwyr i gymryd lle'r farchnad uniaith Gymraeg a oedd yn anorfod yn crebachu.

[192] LlGC, Rhodd Hughes a'i Fab 1958, llyfr llythyrau Hughes 4, 1913–14 (141), R. Hughes a'i Fab at G. O. Parry, Y Bala, 27 Awst 1913.
[193] LlGC, Rhodd Hughes a'i Fab 1958, llyfr llythyrau Hughes 4, 1913–14 (171[b]), R. Hughes a'i Fab at D. L. Jones, Aberteifi, 12 Medi 1913.
[194] LlGC, Rhodd Hughes a'i Fab 1958, llyfr llythyrau Hughes 4, 1913–14 (409[b]), R. Hughes a'i Fab at W. Llewelyn Williams, 7 Ionawr 1914.
[195] E. D. Jones, 'Cefndir Cyfres y Fil', *Y Casglwr*, 1 (1977), 12.

12

Y Gymraeg a'r Wasg Gylchgronol

HUW WALTERS

Y MAE GWREIDDIAU gwasg gylchgronol y bedwaredd ganrif ar bymtheg i'w canfod yn y ganrif flaenorol pan sefydlwyd dau fath o gylchgrawn gan ddau fudiad tra gwahanol i'w gilydd. Y mae i'r flwyddyn 1735 arwyddocâd arbennig i'r ddau fudiad a'r cylchgronau a gynhyrchwyd ganddynt. Yn y flwyddyn honno y sefydlwyd *Tlysau yr Hen Oesoedd*, y cylchgrawn Cymraeg cyntaf, gan Lewis Morris o Fôn. Sylweddolodd Morris fod y diwylliant Cymraeg yn gwanychu wrth i'r boneddigion raddol Seisnigo a throi cefn ar y traddodiad barddol, ac felly ceir yn *Tlysau yr Hen Oesoedd* ddetholiad o ryddiaith a barddoniaeth Gymraeg – gweithiau Dafydd ap Gwilym a Tomos Prys o Blas Iolyn, a hanesion am Daliesin wedi eu codi o'r llawysgrifau Cymraeg – 'er mwyn denu'r Cymry Seisnigaidd i ddarllen Cymraeg, ac i graffu ar beth na chlywsant erioed braidd sôn amdano, – sef bod addysg a gwybodaeth gynt yng Nghymru'.[1]

Ond methiant fu'r ymgais hon i sefydlu cylchgrawn Cymraeg, ac ni fu gan y Cymry yr un cylchgrawn arall i'w gwasanaethu tan ddiwedd y ganrif pan gyhoeddwyd pedwar o deitlau radicalaidd byrhoedlog.[2] Er hynny, *Tlysau yr Hen Oesoedd* yw'r math cyntaf o gylchgrawn a brofodd yn boblogaidd ymhlith carfan fechan o Gymry a oedd yn byw yn Llundain. Yr oedd Llundain yn ystod y cyfnod

[1] *Tlysau yr Hen Oesoedd* (Caergybi, 1735), t. 3.

[2] Ceir disgrifiadau llawn o gynnyrch y wasg gylchgronol Gymreig o'i dechreuad ym 1735 hyd 1850 yn Huw Walters, *Llyfryddiaeth Cylchgronau Cymreig, 1735–1850* (Aberystwyth, 1993). Ar ddatblygiad y wasg gylchgronol yng Nghymru gw. idem, *Y Wasg Gyfnodol Gymreig, 1735–1900* (Aberystwyth, 1987); Brynley F. Roberts, 'Welsh Periodicals: A Survey' yn Laurel Brake, Aled Jones, Lionel Madden (goln.), *Investigating Victorian Journalism* (London, 1990), tt. 71–84; Aled Gruffydd Jones, 'Y Wasg Gymreig yn y Bedwaredd Ganrif ar Bymtheg' yn Geraint H. Jenkins (gol.), *Cof Cenedl III: Ysgrifau ar Hanes Cymru* (Llandysul, 1988), tt. 89–116; idem, *Press, Politics and Society: A History of Journalism in Wales* (Cardiff, 1993); E. Morgan Humphreys, *Y Wasg Gymraeg* (Lerpwl, 1945); T. H. Lewis, 'Y Wasg Gymraeg a Bywyd Cymru, 1850–1901', *THSC* (1964), 93–127, 222–36; G. J. Williams, *Y Wasg Gymraeg Ddoe a Heddiw* (Y Bala, 1970); E. G. Millward, 'Cymhellion Cyhoeddwyr yn y XIX Ganrif' yn Thomas Jones (gol.), *Astudiaethau Amrywiol a gyflwynir i Syr Thomas Parry-Williams* (Caerdydd, 1968), tt. 67–83. Ceir yng nghyfrol T. M. Jones (Gwenallt), *Llenyddiaeth Fy Ngwlad* (Treffynnon, 1893), lawer o wybodaeth werthfawr, ond ei defnyddio â gofal. Gw. hefyd J. Ifano Jones, *A History of Printing and Printers in Wales to 1810* (Cardiff, 1926).

hwnnw yn ganolfan bwysig i fudiadau Cymreig ac, ar lawer ystyr, hi oedd prifddinas Cymru. Tyrrai miloedd o Gymry i brifddinas Lloegr yn ystod y ddeunawfed ganrif ac yn eu plith ddynion yr oedd coleddu'r Gymraeg, ei hanes a'i llên yn nod pendant ganddynt. Gwŷr oedd y rhain fel y brodyr Richard a Lewis Morris, Owen Jones (Owain Myfyr) a William Owen Pughe, ac aethant ati gyda chryn frwdfrydedd i ffurfio cymdeithasau fel Anrhydeddus Gymdeithas y Cymmrodorion ym 1751 a Chymdeithas y Gwyneddigion ym 1770.[3] Dan nawdd Cymdeithas y Gwyneddigion y cyhoeddwyd *The Cambrian Register* yn dair cyfrol rhwng 1795 a 1818, dan olygyddiaeth William Owen Pughe. Cymdeithasau'r Gwyneddigion a'r Cymreigyddion hefyd a noddai'r *Greal: Sev Cynulliad o Orchestion ein Hynaviaid a Llofion o Vân Govion yr Oesoedd* y cyhoeddwyd naw o'i rifynnau rhwng 1805 a 1807, unwaith yn rhagor dan olygyddiaeth William Owen Pughe. Y Cymreigyddion a noddai'r *Cambro-Briton*, misolyn arall a gyhoeddwyd yn Llundain rhwng 1819 a 1822 dan olygyddiaeth y gŵr rhyfedd ac anodd hwnnw, John Humffreys Parry.

Ar ddechrau'r bedwaredd ganrif ar bymtheg, felly, y cymdeithasau alltud hyn a oedd yn arwain ym myd cyhoeddi cylchgronau Cymraeg. Ond daeth trai ar eu gweithgarwch yn y man, a symudodd canolfan y bywyd llenyddol Cymraeg o Lundain yn ôl i Gymru, a chymerwyd lle'r cymdeithasau alltud gan nifer o offeiriaid plwyf yng Nghymru, yn eu plith John Blackwell (Alun), Walter Davies (Gwallter Mechain), John Roberts, Tremeirchion, Evan Evans (Ieuan Glan Geirionydd), John Jenkins (Ifor Ceri), Thomas Price (Carnhuanawc), John Williams (Ab Ithel), ac yn ddiweddarach Daniel Silvan Evans. Y gwŷr hyn, felly, oedd etifeddion y traddodiad a gychwynnwyd yn Llundain, a'r rhain a fu'n llywio rhai o brif gylchgronau Cymraeg y bedwaredd ganrif ar bymtheg, megis *Y Gwyliedydd*, *Y Gwladgarwr*, *Cylchgrawn y Gymdeithas er Taenu Gwybodaeth Fuddiol*, *The Cambrian Journal* a'r *Brython*.

Ond dychwelwn i'r flwyddyn 1735 unwaith yn rhagor. Yn ystod gwanwyn y flwyddyn honno, pan oedd Lewis Morris wrthi'n paratoi i argraffu *Tlysau yr Hen Oesoedd*, aeth Howel Harris trwy fwlch yr argyhoeddiad mewn gwasanaeth cymun yn eglwys Talgarth. Daeth yr un profiad i ran Daniel Rowland, curad dwy ar hugain oed Nancwnlle a Llangeitho, eto ym 1735, a daeth y ddau yn y man yn brif arweinwyr y mudiad Methodistaidd, un o'r mudiadau grymusaf a mwyaf pellgyrhaeddol ei ddylanwad a welodd y Gymru fodern. Erbyn diwedd y ddeunawfed ganrif sylweddolodd arweinwyr y mudiad hwn fod angen deunydd darllen addas ar gyfer pregethwyr teithiol, ac athrawon a disgyblion yr ysgolion

[3] Am hynt a helynt y Cymry yn Llundain, gw. G. J. Williams, 'Bywyd Cymreig Llundain yng nghyfnod Owain Myfyr', *Y Llenor*, XVIII (1939), 73–82, 218–32; R. T. Jenkins a Helen M. Ramage, *A History of the Honourable Society of Cymmrodorion and of the Gwyneddigion and Cymreigyddion Societies* (London, 1951); Glenda Carr, 'William Owen Pughe yn Llundain', *THSC* (1982), 53–73; eadem, 'Bwrlwm Bywyd y Cymry yn Llundain yn y Ddeunawfed Ganrif' yn Geraint H. Jenkins (gol.), *Cof Cenedl XI: Ysgrifau ar Hanes Cymru* (Llandysul, 1996), tt. 59–87.

Sul. Ym 1799 aeth Thomas Charles o'r Bala a Thomas Jones o Ddinbych ati i sefydlu cylchgrawn yn dwyn y teitl *Trysorfa Ysprydol*, y cylchgrawn crefyddol ac enwadol cyntaf. Fe'i cyhoeddwyd yn achlysurol rhwng 1799 a 1827, a rhoes sail gadarn i bob cylchgrawn enwadol arall a'i dilynodd.

Y mae'r cylchgronau enwadol hyn yn lleng, ac y mae anferthedd y cynnyrch yn nodedig, yn enwedig pan gofiwn am ddiffyg cyfleusterau addysgol ac amgylchiadau economaidd y cyfnod. Nid yr un oedd Cymru David Rees, Llanelli, a Lewis Edwards, Y Bala, â Chymru Lewis Morris ganrif ynghynt. Digwyddasai chwyldro cymdeithasol eithriadol ym mywyd y genedl yn ystod y cyfnod hwnnw. Profwyd cyfres o ddiwygiadau crefyddol grymus iawn, cafwyd twf aruthrol ym mhoblogaeth y wlad, a thrawsnewidiwyd ei heconomi o ganlyniad i ddatblygiadau diwydiannol newydd. Gellir ystyried twf a datblygiad y wasg gylchgronol, felly, yn ymateb uniongyrchol i'r chwyldro cymdeithasol hwn, ac y mae'n amlwg o ddarllen llenyddiaeth y cyfnod fod y Cymry eu hunain yn ymwybodol o'r twf hwnnw. Fel hyn yr ysgrifennodd Lewis Edwards, er enghraifft, wrth adolygu *Gwaith Dafydd Ionawr* yn *Y Traethodydd* ym 1852:

> Yn y dyddiau hyn o gyffröad llênyddol, pan mae y wasg Gymreig yn fwy cynnyrchiol nag erioed . . . y mae yn rhaid i bawb addef nad oes y tebygolrwydd lleiaf fod yr iaith Gymraeg mewn perygl o farw yn fuan, nac ychwaith fod athrylith y Cymry wedi gwanhau . . . a'n barn ddiduedd ydyw, fod y cyfnod hwn yn rhagori ar bob un a fu o'i flaen yn hanes y genedl, ac yn rhagarwyddo oes euraid mewn llênyddiaeth Gymreig.[4]

Fe dâl inni ein hatgoffa ein hunain am brif deitlau'r wasg enwadol. Yr oedd John Parry o Gaer eisoes wedi sefydlu *Goleuad Cymru*, cylchgrawn i'r Methodistiaid Calfinaidd ym 1818, ac ymddangosodd *Y Drysorfa*, prif gylchgrawn yr enwad ym 1830. Yr oedd y Wesleaid eisoes wedi sefydlu'r *Eurgrawn Wesleyaidd* mor gynnar â 1809, a'r *Eurgrawn* oedd y mwyaf hirhoedlog o'r cyhoeddiadau enwadol hyn. Ailgychwynnwyd *Seren Gomer*, y papur newydd Cymraeg cyntaf, fel cylchgrawn pythefnosol ym 1818, a daeth i'r amlwg fel cylchgrawn i'r Bedyddwyr er nad oedd iddo gysylltiad swyddogol â'r enwad hwnnw tan 1880. Yr oedd *Seren Gomer* yn wahanol iawn i'r mwyafrif o'r cylchgronau enwadol oherwydd ni chyfyngai ei hun i faterion crefyddol yn unig. Ond prif gyhoeddiadau'r Bedyddwyr yn ystod y cyfnod hwn oedd *Cyfrinach y Bedyddwyr*, John Jenkins, Hengoed, a *Greal y Bedyddwyr*, John Herring, Aberteifi. I bedwardegau'r ganrif y perthyn *Y Gwir Fedyddiwr* a fu'n cylchredeg yn ardaloedd y de-ddwyrain am gyfnod o ugain mlynedd, ac o swyddfa'r enwad yn Llangollen y cyhoeddwyd *Y Greal* rhwng 1858 a 1919.

Yr oedd yr Annibynwyr, hwythau, hefyd yn gyhoeddwyr blaenllaw. Eu prif gylchgrawn hwy oedd *Y Dysgedydd* a sefydlwyd ym 1821. Bu David Owen

[4] [Lewis Edwards], 'Adolygiad: *Gwaith Dafydd Ionawr*', *Y Traethodydd*, VIII (1852), 94.

(Brutus) yn llywio'r *Efangylydd* yn ystod y tridegau cynnar, a sefydlwyd *Y Diwygiwr* gan David Rees, Llanelli, i wasanaethu cynulleidfaoedd y de ym 1835. Wyth mlynedd yn ddiweddarach ymddangosodd *Cronicl y Cymdeithasau Crefyddol* am y tro cyntaf: misolyn dylanwadol, os cecrus a phigog, oedd hwn, a olygwyd ar wahanol adegau gan y brodyr John a Samuel Roberts o Lanbryn-mair. Gwawriodd *Yr Haul*, cylchgrawn yr Eglwys sefydledig, yn Llanymddyfri ym 1835 – eto dan olygyddiaeth Brutus, ac ymhlith y cyhoeddiadau eglwysig eraill gellir rhestru *Yr Eglwysydd*, *Baner y Groes*, misolyn Mudiad Rhydychen, ac *Amddiffynydd yr Eglwys*. Yr unig gylchgrawn enwadol a sefydlwyd cyn 1850 y parheir i'w gyhoeddi heddiw yw'r *Ymofynydd* Undodaidd a welodd olau dydd gyntaf ym 1846.

Y rhain, felly, oedd y prif gyfnodolion enwadol, ond cyhoeddwyd hefyd nifer o fân gylchgronau eraill a dderbyniai nawdd gan yr enwadau crefyddol, a'r rheini yn aml iawn yn ffrwyth rhwygiadau enwadol ac eglwysig. Dyna gylchgronau'r Bedyddwyr Albanaidd a'r Bedyddwyr Campbellaidd, er enghraifft, neu fân gylchgronau'r Wesleaid diwygiedig, 'y Wesle bach', fel yr adwaenid hwy. Ceid rhai cylchgronau, fel *Trysorfa Grefyddol Gwent a Morganwg*, *Yr Ystorfa Weinidog-aethol*, a *Trysorfa Efangylaidd*, a wasanaethai ardaloedd arbennig, neu blwyfi arbennig, neu eglwysi a chapeli unigol. Gwiw inni gofio'r mân sectau hefyd, megis y Mormoniaid a'r Swedenborgiaid, a fu'n gyfrifol am ryw hanner dwsin o deitlau rhyngddynt rhwng 1847 a dechrau'r ugeinfed ganrif. Yn ail hanner y ganrif, yn sgil y datblygiadau newydd a gafwyd mewn canu cynulleidfaol a'r twf ym mhoblogrwydd cyfundrefn y tonic sol-ffa, cyhoeddwyd cryn nifer o gylchgronau cerddorol, megis *Y Cerddor Cymreig*, *Greal y Corau*, *Cerddor y Cymry* a'r *Solffaydd*, er enghraifft, a gweinidogion fel John Roberts (Ieuan Gwyllt) a John Mills (Ieuan Glan Alarch) yn olygyddion arnynt. Yr enwadau crefyddol a oedd yn gyfrifol am y llu cylchgronau dirwestol a chenhadol, a hefyd gylchgronau plant y cyfnod, yn eu plith *Addysgydd*, *Pethau Newydd a Hen*, *Yr Athraw i Blentyn*, *Y Tywysydd*, *Y Cyfaill Eglwysig*, *Y Winllan*, *Perl y Plant* a *Trysorfa y Plant*. Byrhoedlog fu'r mwyafrif llethol o'r teitlau hyn, er ei bod yn wir dweud i rai ohonynt barhau am ganrif neu fwy. Nid yw'n annisgwyl, efallai, o gofio chwaeth yr oes, nad yw cynnwys cylchgronau plant y cyfnod mor wahanol i gynnwys cylchgronau'r oedolion. Amcan y cyhoeddiadau hyn, wedi'r cyfan, oedd bod yn llawforwyn i foesoldeb a chrefydd a'r gwerthoedd hynny a fawrygid gymaint gan gymdeithas oes Victoria. Ystyrid mai'r dull gorau o ddiogelu plant rhag temtasiynau'r byd oedd trwy beri ofn yn eu calonnau a'u cael i roi eu bywydau i wasanaethu Duw. O ganlyniad, brithir y cyfnodolion hyn â straeon crefyddol a hanesion am farwolaeth plant rhinweddol, a phrin fod gan eu golygyddion, a hwythau'n ddieithriad yn weinidogion, y syniad lleiaf ynglŷn â'r hyn a apeliai at ddarllenwyr ifainc.

Er bod yna gyfnodolion mwy seciwlar fel *Y Traethodydd*, *Yr Adolygydd*, *Golud yr Oes*, *Y Gwerinwr* a llu o gylchgronau tebyg, gweinidogion a phregethwyr yr enwadau crefyddol oedd golygyddion y cyhoeddiadau hynny hefyd. Yr oedd nifer ohonynt yn golygu mwy nag un cylchgrawn. Bu William Williams (Caledfryn), er enghraifft, yn gyfrifol am olygu un ar ddeg o deitlau i gyd, ac Owen Jones (Meudwy Môn) am hanner dwsin o gylchgronau.[5] Yr oedd eraill o'u plith yn argraffwyr ac yn gyhoeddwyr yn ogystal â bod yn weinidogion, megis David Rees yn Llanelli, John Jenkins yn yr Hengoed, Josiah Thomas Jones yng Nghaernarfon ac wedyn yng Nghaerfyrddin ac Aberdâr, Evan Griffiths yn Abertawe, a Hugh Jones yn Llangollen.[6] Ceir dwy brif ffrwd, felly, wrth ystyried gwasg gylchgronol Gymreig y bedwaredd ganrif ar bymtheg, a'r ddwy ffrwd yn tarddu yn y ddeunawfed ganrif, gyda'r cymdeithasau Cymreig yn Llundain ar y naill law, a'r mudiad Methodistaidd ac Ymneilltuol yng Nghymru ar y llaw arall.

Gwyddys mai un o brif ddiddordebau y Cymry yn Llundain, gwŷr megis Owain Myfyr, William Owen Pughe a John Humffreys Parry, oedd hynafiaeth y Gymraeg, ac yr oedd mater gwyddoniaeth yr ieithoedd Celtaidd yn faes chwarae braf i lawer o ffug ysgolheigion y cyfnod hwnnw. Dyma pryd yr aeth ysgolheigion y gwledydd Celtaidd ati i geisio profi mai eu mamiaith arbennig hwy oedd yr iaith gyntefig, wreiddiol, ac mai tarddiadau ohoni oedd pob iaith arall.[7] I William Owen Pughe, felly, y Gymraeg – *Gomeraeg* – iaith Gomer, ŵyr Noa, oedd yr iaith gyntaf, a honnodd ymhellach fod arwyddocâd arbennig yn perthyn i bob sillaf, ac mai tarddiadau uniongyrchol neu anuniongyrchol o'r Gymraeg gyntefig hon oedd y mwyafrif o'r ieithoedd eraill. O ganlyniad daeth yn ffasiynol ystyried y Gymraeg yn rhodd gyntefig ddwyfol. Hon oedd iaith Gardd Eden ac iaith y nefoedd, a dyna paham y brithir cyfnodolion y cymdeithasau Llundeinig â thraethodau meithion ar destunau fel 'The progress of the colonization of Europe from the dispersion of Babel to the commencement of history' a 'The Welsh language and its affinity to the oriental languages, and those of the south of Europe'.

Llyncwyd nifer o ddamcaniaethau Pughe gan John Humffreys Parry, golygydd *The Cambro-Briton*, a cheir yn y cyhoeddiad hwn eto nifer o erthyglau ar destunau fel 'The Language of Paradise', 'Affinity between Welsh and Hebrew', a llu o fân draethodau ar Goelbren y Beirdd a chreadigaethau eraill gan Iolo Morganwg. Yr un fwy neu lai oedd natur cynnwys *Greal* William Owen Pughe, ac eithrio'r ffaith fod y golygydd wedi mabwysiadu ei orgraff ryfedd ei hun yn hwnnw. Ac orgraff

[5] Gwilym Rees Hughes, 'Caledfryn fel Golygydd', *Y Cofiadur*, 35 (1966), 34–56; Huw Walters, 'Cyfnodolion Meudwy Môn', *TCHNM* (1993), 69–81.

[6] Ar weithgarwch y gwŷr hyn, gw. Iorwerth Jones, *David Rees: Y Cynhyrfwr* (Abertawe, 1971), tt. 69–131; John a Llewelyn Jenkins, *Hanes Buchedd a Gweithiau Awdurol y Diweddar John Jenkins D.D., Hengoed* (Caerdydd, 1859), tt. 99–107; Glyn M. Ashton, 'Josiah Thomas Jones 1799–1873', *Y Cofiadur*, 35 (1966), 3–22; R. Maldwyn Thomas, 'Josiah Thomas Jones yn Nhref Caernarfon', ibid., 37 (1972), 69–84; Owen Morris, 'Llyfryddiaeth Ieuan Ebblig: A Checklist of the Publications of Evan Griffiths, Swansea, between 1830 and 1867', *CLlGC*, XXVI, rhifyn 2 (1989), 59–101, 165–221; Huw Walters, 'Cyfnodolion Hugh Jones, Llangollen', *TCHSDd*, 41 (1992), 93–104.

[7] Gw. y bennod 'Anfeidrol Ynfydrwydd' yn Glenda Carr, *William Owen-Pughe* (Caerdydd, 1983), tt. 70–95; G. J. Williams, 'William Owen [-Pughe]', *LlC*, VII, rhifyn 1 a 2 (1962), 1–14.

Pughe yn y pen draw a arweiniodd at dranc y cylchgrawn. Cwynai Iolo Morganwg fod cystrawennau ac idiomau'r *Greal* yn anghymreig – 'nothing but rank Hottentotic', meddai.[8] O ganlyniad, daeth y cyhoeddiad i ben gyda'r nawfed rhifyn, ond nid cyn i William Owen Pughe olygu argraffiad newydd o *Egluryn Phraethineb* Henri Perri fel atodiad i'r rhifyn olaf. Yr oedd *Egluryn Phraethineb*, a gyhoeddwyd gyntaf ym 1595, o ddiddordeb arbennig i Pughe oherwydd yr arbrofion a wnaeth Henri Perri a'r dyneiddwyr eraill â'r orgraff. Ac y mae'n fwy na thebyg fod Pughe yn ei ystyried ei hun yn olynydd i'r dyneiddwyr hyn gan mai'r un yn y pen draw oedd ei amcanion yntau.

Cafodd syniadau William Owen Pughe ddylanwad pellgyrhaeddol. Nid cyd-ddigwyddiad ydoedd mai *Seren Gomer* oedd *Seren* Joseph Harris, Abertawe. Ac nid cyd-ddigwyddiad ydoedd ychwaith fod teitl y cylchgrawn hwnnw wedi ei argraffu yn llythrennau cyfrin Coelbren y Beirdd ar gloriau'r rhifynnau cynharaf. Ond parhaodd dadl yr orgraff yn hir, yn enwedig rhwng tri dosbarth o lenorion: credinwyr fel Thomas Edwards (Caerfallwch) a John Jones (Tegid); rhai petrus a gadwai lwybr canol fel Gwallter Mechain; a gwrthwynebwyr – gwŷr fel John Roberts, Tremeirchion, golygydd *Cylchgrawn Cymru*, a Daniel Silvan Evans yn ddiweddarach. Dyfeisiodd Beriah Gwynfe Evans ei orgraff ei hun a'i defnyddio am gyfnod yn ei gylchgrawn poblogaidd *Cyfaill yr Aelwyd* yn wythdegau'r ganrif. Nid ar chwarae bach, felly, y llwyddwyd i berswadio'r Cymry mai ffolineb oedd y damcaniaethau a grëwyd gan William Owen Pughe a Iolo Morganwg a'u dilynwyr. Yn wir, parhâi rhai Cymry mwy hygoelus na'i gilydd, megis Edward Foulkes, Owen Morgan (Morien) ac Owen Eilian Owen, i goleddu a hyrwyddo syniadau Pughe a Iolo yng nghylchgronau Cymraeg y nawdegau – ffaith a gythruddodd John Morris-Jones i gymaint graddau fel yr arweiniodd ymgyrch arbennig i'w difa yn nhudalennau'r cyfnodolion ac yn ddiweddarach yn *Y Beirniad*, sef ei gylchgrawn ef ei hun.

Etifeddion y traddodiad a gychwynnwyd gan y cymdeithasau Cymreig yn Llundain oedd yr offeiriaid llengar, ac aeth nifer o'r rhain ati i sefydlu eu cylchgronau eu hunain. Y cyntaf a'r pwysicaf o ddigon oedd *Y Gwyliedydd*, a sefydlwyd ym 1822 dan brif olygyddiaeth Rowland Williams, ysgolhaig a chlerigwr o Ysgeifiog. Yn wahanol i gylchgronau'r Ymneilltuwyr, cynhwysai'r *Gwyliedydd* erthyglau sylweddol ar hanes a hynafiaethau Cymru, ei llenyddiaeth a'i harferion gwerin, ac yr oedd Gwallter Mechain, John Jones (Tegid), ac Ifor Ceri ymhlith y selocaf o'i gyfranwyr. Cyhoeddiad tebyg oedd *Y Gwladgarwr*, a gyhoeddwyd dan olygyddiaeth Ieuan Glan Geirionydd rhwng 1833 a 1841. Yr oedd cylchgrawn nodedig Alun yn dwyn y teitl *Cylchgrawn y Gymdeithas er Taenu*

[8] LlGC, Llsgr. 13221E, ff. 142.

Gwybodaeth Fuddiol ac yn perthyn i ganol y tridegau.[9] Dichon mai D. Silvan Evans oedd yr olaf o'r offeiriaid llengar hyn, a bu yntau'n golygu un o gylchgronau mwyaf poblogaidd y ganrif, sef *Y Brython*, a gyhoeddid yn Nhremadog yn ystod y chwedegau. Cynhwysai'r *Brython* erthyglau ar hanes Cymru a'i llenyddiaeth, cywyddau'r hen feirdd, a detholion o hen benillion telyn, pethau nad oedd neb y pryd hwnnw yn rhoi fawr o bwys arnynt. Ceid ynddo hefyd golofn reolaidd yn dwyn y teitl 'Llên y Werin', ymadrodd a luniodd Silvan Evans ei hun yn gyfieithiad i'r gair Saesneg *folklore*.[10]

Yr oedd y cyfnodolion hyn yn eang iawn eu diddordebau. Gwir fod ynddynt lawer iawn o ddeunydd crefyddol – yn bregethau, esboniadau a hanesion eglwysig – ond rhoddid sylw ynddynt hefyd i wybodaeth gyffredinol, gyda phwyslais ar lenyddiaeth a hynafiaethau yn ogystal. Yn ei ragymadrodd i'r rhifyn cyntaf o'r *Gwladgarwr*, dywedodd y golygydd ei fod yn 'awyddus i gynnysgaeddu y Cymro uniaith â moddion gwybodaeth gyffredinol, a'i addysgu mewn rhai pethau nad yw yn ddichonadwy iddo eu gwybod drwy gyfrwng un cyhoeddiad cylchynol arall'.[11] Dyna paham y ceid rhychwant mor eang o erthyglau ar destunau fel seryddiaeth a gwyddoniaeth, er enghraifft, a phaham yr oedd golygyddion yn sôn cryn dipyn am ymgeleddu'r Gymraeg ac yn hael eu cefnogaeth i bob mudiad a geisiai ei meithrin.

Brithir y cyfnodolion hyn hefyd â llu o adroddiadau am weithgareddau'r cymdeithasau Cymroaidd neu Gymreigyddol a sefydlwyd ledled Cymru, ac am yr eisteddfodau a'r cyfarfodydd cystadleuol a gynhelid ym mhob ardal bron erbyn canol y ganrif. Ond, ar wahân i *Seren Gomer*, ychydig o sylw a roddid i weithgareddau o'r fath gan y cylchgronau enwadol, o leiaf yn nhraean cyntaf y ganrif. Yn wir, gallent fod yn elyniaethus ddigon at y cymdeithasau llenyddol a'r eisteddfodau, fel y dengys sylwadau 'Philus', un o ohebwyr *Y Dysgedydd*, misolyn yr Annibynwyr ym 1825:

> Yn eich Cyhoeddiad clodwiw, yn nghyd ag amryw fanau ereill, yr wyf yn gweled ac yn clywed llawer iawn am Gymdeithasau ac Eisteddfodau, er cadw ac amddiffyn yr iaith Gymraeg; pa rai sydd yn cael mwy o le, na'r cyfarfodydd sydd er amddiffyn duwioldeb. Yr wyf yn credu fy mod mor awyddus, ac eiddigeddus dros yr hen iaith Gymraeg, ag un o'r rhai sydd yn aelodau yn y Cymdeithasau uchod: eto, yr wyf yn ystyried fod taro yn erbyn *pechod, ac amddiffyn duwioldeb*, yn fwy o bwys na chadw'r iaith yn ei phurdeb; ac

[9] Am weithgareddau'r offeiriaid hyn, gw. Bedwyr Lewis Jones, '*Yr Hen Bersoniaid Llengar*' (Penarth, 1963); idem, 'Yr Offeiriaid Llengar' yn Dyfnallt Morgan (gol.), *Gwŷr Llên y Bedwaredd Ganrif ar Bymtheg a'u Cefndir* (Llandybïe, 1968), tt. 42–53. Ceir trafodaethau ar rai o'r cylchgronau hyn yn Lizzie Mary Jones, 'Hanes Llenyddol *Y Gwyliedydd* (1822–1837)' (traethawd MA anghyhoeddedig Prifysgol Cymru, 1936); F. A. Cavenagh, 'Cylchgrawn y Gymdeithas er Taenu Gwybodaeth Fuddiol', *JWBS*, III, rhif 4 (1927), 168–72 ac ibid., rhif 6 (1929), 253–6; Gwendoline Guest, 'Bywyd a Gwaith John Blackwell (Alun), 1797–1840' (traethawd MA anghyhoeddedig Prifysgol Cymru, 1971), tt. 193–219.

[10] Ar *Y Brython*, gw. O. Gaianydd Williams, '*Brython* Tremadog', *JWBS*, III, rhif 4 (1927), 172–80; Thomas Parry, 'Daniel Silvan Evans, 1818–1903', *THSC* (1981), 112–13.

[11] *Y Gwladgarwr*, I (1833), iii.

> mewn gair, yr wyf yn credu, Syr, fod y Cymdeithasau Cymreig yn *bechadurus*, ac o ganlyniad yn debyg o fod yn fwy o ddinystr i'n iaith, na'i chadwraeth . . .[12]

Â bywyd tragwyddol y mae a wnelo'r cylchgronau enwadol hyn. Dyna Brutus, er enghraifft, yn amlinellu polisi *Yr Efangylydd*, un o fisolion yr Annibynwyr y penodwyd ef yn olygydd iddo ym 1835:

> Barnodd yr Ymddiriedolwyr nad ydoedd unrhyw ysgrifau i gael ymddangos yn yr *Efangylydd*, oni fyddent grefyddol a moesol, ac yn tueddu at ehangu gwybodaeth y darllenyddion mewn pethau a berthynant i iechydwriaeth dyn . . . Ystyriwyd mai teithwyr buain tua byd arall ydyw y rhai y mae a wnelom ni â hwynt, ac mai ein dyledswydd ydoedd gadael y pethau a berthynant i blantos heibio, ac mai yr ymgais oreu fyddai i adeiladu ein darllenyddion ar eu sancteiddiaf ffydd, fel y cynnyddont mewn gras a gwybodaeth, ar ddelw Duw eu Hachubwr.[13]

Erbyn mis Gorffennaf 1835 yr oedd Brutus, a fuasai'n weinidog gyda'r Bedyddwyr cyn iddo ymuno â'r Annibynwyr, wedi gadael y 'sectyddion', fel yr hoffai eu galw, ac wedi ymuno â'r Eglwys sefydledig ar ôl ei benodi'n olygydd *Yr Haul*, y misolyn eglwysig. Ac wrth annerch ei ddarllenwyr yn y rhifyn cyntaf hwnnw, honnodd mai nod *Yr Haul* oedd 'bod yn gludai crefydd resymol'.[14] Yr un oedd nod golygyddion a chyhoeddwyr y cylchgronau enwadol eraill hefyd, ac yr oedd eu cynnyrch i gyd, fwy neu lai, yn dilyn yr un patrwm o ran eu cynnwys. Er mai pynciau crefyddol a diwinyddol oedd y cynnwys hwnnw gan fwyaf, ceid ynddynt hefyd newyddion cartref a thramor, crynodeb o weithrediadau'r Senedd, dychmygion a phosau, colofnau barddol, marwolaethau, priodasau a genedigaethau, ac yn achos *Y Diwygiwr* dan olygyddiaeth David Rees, erthyglau misol ar wleidyddiaeth.

Yr oedd yn rhaid gwneud hynny yn Gymraeg, wrth gwrs, am mai Cymraeg oedd iaith, onid unig iaith, y mwyafrif llethol o'r darllenwyr. A thybid mai'r iaith honno, *Gomeraeg*, oedd yr iaith wreiddiol. 'Iaith felusber yr hen Baradwys yw', meddai Joseph Harris yn rhifyn cyntaf *Seren Gomer*, 'yn yr hon yr ymddiddanai Adda ac Efa am anrhaethol rym ac anfeidrol ddoethder eu Creawdwr bendigedig.'[15] Pa ryfedd, felly, y cyfrifid Cymru yn genedl a etholwyd gan Dduw ac yn genedl grefyddol wrth natur? 'Braidd na thueddir ni i dybied', meddai Noah Stephens yn *Y Diwygiwr* ym 1849, 'fod rhywbeth yn nhröad y meddwl Cymreig yn ei bwyntio at dduwinyddiaeth.'[16] O ganlyniad nid oes ryfedd fod cynifer o olygyddion a llenorion y cyfnod o'r farn fod y Gymraeg yn iaith arbennig o addas

[12] *Y Dysgedydd*, IV (1825), 53.
[13] *Yr Efangylydd*, I (1831), iii.
[14] *Yr Haul*, I (1836), 7.
[15] *Seren Gomer*, I (1818), 1.
[16] Noah Stephens, 'Llenyddiaeth Bresenol Cymru', *Y Diwygiwr*, XIV, rhif 167 (1849), 166.

i gynnal dadleuon crefyddol a thrafod pynciau athronyddol ynddi.[17] Prawf pendant o hyn oedd natur cynnyrch y wasg Gymraeg ei hun. 'Welsh literature is remarkable for its religious character and high moral tone', meddai Thomas Rees, yr hanesydd o Abertawe.[18]

Yr oedd rhai o olygyddion cylchgronau'r cyfnod o'r farn na ellid trafod dim ond materion crefyddol a diwinyddol yn Gymraeg, ac nad oedd hi'n iaith addas o gwbl ar gyfer trafodaethau gwyddonol na chelfyddydol. Anghymeradwyodd David Rees, Llanelli, erthygl ar destun gwyddonol a gyhoeddwyd yn un o rifynnau'r *Beirniad* ym 1862. 'Nid ydym yn fawr dros ysgrifenu yn Gymraeg ar bynciau ofyddol', meddai, 'oblegyd y mae'r neb a'u darlleno yn Gymraeg yn debyg o allu eu deall yn well yn Seisneg. Nid yw y termau gwyddorol, athronyddol, a chelfyddydol, wedi cael eu defnyddio yn y Gymraeg.'[19] Er hynny, cynhwysai nifer o'r cyhoeddiadau hyn, hyd yn oed y cylchgronau enwadol, erthyglau ar bynciau gwyddonol, a dangosodd R. Elwyn Hughes fod trafod gwyddoniaeth yn Gymraeg yn weithgaredd llawer mwy cyffredin nag a dybiwyd gynt.[20] Neilltuid rhai cylchgronau yn gyfan gwbl ar gyfer pynciau gwyddonol, yn eu plith *Y Meddyg Teuluaidd* a'r *Cynghorydd Meddygol Dwyieithawg*, dau gylchgrawn meddygol sy'n perthyn i ddauddegau'r ganrif. Enghraifft nodedig arall yw *Y Brud a Sylwydd: The Chronicle and Observer*, cylchgrawn dwyieithog a byrhoedlog Joseph Davies, Lerpwl, y cyhoeddwyd wyth o'i rifynnau ym 1828. Yr oedd gan y golygydd ddiddordeb mawr mewn gwyddoniaeth a thros ledaenu gwybodaeth ohoni ymhlith ei gyd-Gymry, ond trwsgl eithriadol oedd ei iaith. Ceisiai lunio geiriau Cymraeg newydd ar gyfer anghenion yr oes, ac er bod y mwyafrif llethol o'i eiriau bellach wedi llithro i ebargofiant, ychwanegodd at eirfa'r iaith drwy fathu geiriau i gyfarfod â holl ofynion athroniaeth, gwyddoniaeth ac economeg.[21] Cylchgronau eraill a gynhwysai lawer o wybodaeth wyddonol oedd *Y Cymmro, Neu Drysorfa Celfyddyd a Gwybodaeth*, a lwyddodd i oroesi am ddwy flynedd ym 1830–2 er ei gyhoeddi yn Llundain; *Yr Amaethydd*, 1845–6; a'r *Wawr: Sef Cylchgrawn Llenyddol a Chelfyddydol*, misolyn Robert Parry (Robyn Ddu Eryri) a gyhoeddwyd yng Nghaerdydd ym 1850–1.

Yn ystod y cyfnod hwn hefyd y dechreuwyd sefydlu canghennau o'r cymdeithasau dyngarol ledled Cymru. Adrannau o gymdeithasau Seisnig oedd y clybiau hyn gan fwyaf, cymdeithasau megis yr Odyddion, y Coedwigwyr a'r Bugeiliaid, ond datblygodd rhai ohonynt, yn enwedig yr Odyddion, wedd

[17] Ceir trafodaeth ar natur ac ansawdd y deunydd hwn yn Meredydd Evans, 'Athronyddu yn Gymraeg: Braenaru'r Tir', *EA*, LVIII (1995), 68–89.

[18] Thomas Rees 'Welsh Literature' yn idem, *Miscellaneous Papers on Subjects Relating to Wales* (London, 1867), t. 4.

[19] [David Rees], 'Adolygiad: *Y Beirniad*', *Y Diwygiwr*, XXVII, rhif 325 (1862), 352.

[20] R. Elwyn Hughes, *Nid am un Harddwch Iaith: Rhyddiaith Gwyddoniaeth y Bedwaredd Ganrif ar Bymtheg* (Caerdydd, 1990).

[21] Edrydd O. E. Roberts hanes y cylchgrawn yn 'Y Brud a Sylwydd', *Y Faner*, 22 Medi 1978, 12–13.

Gymreig bendant. Fel pob mudiad arall, cyhoeddai'r Cymdeithasau Cyfeillgar hyn eu llenyddiaeth eu hunain, gan gynnwys cylchgronau. Ymddangosodd pedwar rhifyn o'r *Gwron Odyddol* o wasg Josiah Thomas Jones yn Y Bont-faen rhwng misoedd Ionawr ac Ebrill 1840, a chafwyd pedwar rhifyn o'r *Odydd Cymreig* o wasg Llewelyn Jenkins yng Nghaerdydd rhwng misoedd Ionawr a Rhagfyr 1842. Ond datblygodd un gymdeithas ddyngarol gwbl Gymreig yn annibynnol ar y cymdeithasau a sefydlwyd yn Lloegr yn ystod yr un cyfnod, ac yr oedd noddi'r diwylliant a'r iaith Gymraeg yn un o'i phrif amcanion. Adwaenid y mudiad hwn fel Cymdeithas Ddyngarol y Gwir Iforiaid, gan ddwyn i gof enw Ifor ap Llywelyn, neu Ifor Hael o Fasaleg yn Sir Fynwy, noddwr Dafydd ap Gwilym.

Prif nodwedd Cymdeithas y Gwir Iforiaid oedd ei hymlyniad wrth y Gymraeg. Yr oedd dewis swyddogion a fedrai'r Gymraeg, a chynnal holl waith y gyfrinfa yn yr iaith honno, yn rhan o bolisi swyddogol y mudiad oddi ar y cychwyn cyntaf. Rhan o'r cynllun hwn i swcro'r iaith oedd cyhoeddi llenyddiaeth Iforaidd yn Gymraeg, a sefydlwyd nifer o gylchgronau i wasanaethu'r gymdeithas yn ystod y pedwardegau, cylchgronau fel *Yr Iforydd* (1841–2), *Y Gwir Iforydd* (1841–2), *Ifor Hael* (1850–1) a'r *Gwladgarwr* (1851). Er mai gwasanaethu'r gymdeithas oedd bwriad y cylchgronau hyn, gan ddarparu newyddion am weithgareddau'r mudiad a hysbysu'r cyfrinfeydd, o bryd i'w gilydd, o benderfyniadau'r Urdd, cyhoeddwyd ynddynt amrywiaeth o ddefnyddiau o nodwedd gyffredinol yn ogystal. Gan fwyaf cynhwysent newyddion gwladol a thramor, traethodau ar destunau amrywiol fel gwyddoniaeth, llysieuaeth, athroniaeth, hanes, daearyddiaeth, adolygiadau ar lyfrau, barddoniaeth a phosau.[22]

Agorwyd pennod newydd yn hanes y wasg gylchgronol pan sefydlwyd *Y Traethodydd* gan Thomas Gee ym 1845, a Lewis Edwards yn brif olygydd iddo. Patrymwyd *Y Traethodydd* ar gylchgronau chwarterol Saesneg fel *Blackwood's Magazine* a'r *Edinburgh Review*, ac yr oedd ei gynnwys yn adlewyrchu diddordebau ei olygydd mewn diwinyddiaeth, athroniaeth ac addysg.[23] Iaith crefydd a moes-oldeb oedd y Gymraeg, yn nhyb golygyddion y cylchgronau hyn. Yn wir, ystyrid y Gymraeg yn aml yn arf i amddiffyn y Cymry rhag pechodau'r oes. Sylwodd John Roberts, Conwy, golygydd *Cronicl y Cymdeithasau Crefyddol*, fod y Gymraeg ar drai yng nghymoedd Morgannwg a Mynwy pan aeth ar daith bregethu yno yn ystod haf 1870. Gresynodd hefyd at foesau isel rhai o drigolion yr ardaloedd hyn:

> Ond pa beth bynag a ddywedir, myned i lawr y mae hi [y Gymraeg] yn Nghymru, yn enwedig yn y De, ac yn fwy neillduol yn Mynwy. Mae ei haul wedi cyrhaedd ei gaerau,

22 Ar y teitlau hyn, gw. Morgan Bassett, 'Iforiaeth', *Seren Gomer*, XXXII, rhif 4 (1940), 121–8, ac ibid., rhif 6, 192–5.

23 Ar hanes *Y Traethodydd*, gw. J. E. Caerwyn Williams, 'Hanes *Y Traethodydd*', *Y Traethodydd*, CXXXVI (1981), 34–49; idem, 'Hanes Cychwyn *Y Traethodydd*', *LlC*, XIV, rhifyn 1 a 2 (1981–2), 111–42; idem, '*Y Traethodydd*, 1845–1995', *Y Traethodydd*, CL (1995), 5–45. Am agwedd y cylchgrawn at yr iaith yn ystod y ganrif ddiwethaf, gw. Harri Williams, '*Y Traethodydd* a'r Gymraeg', *Taliesin*, 42 (1981), 54–62.

a hanner fyned o'r golwg. Ni bydd yn yr oes nesaf nemawr i son am dani, nac i alaru ar ei hol; a drwg genym weled arwyddion mewn ambell fan y collir gyda hi hen arferiadau crefyddol y Cymry. Y mae gwehilion Saeson Iwerddon, Scotland, a Lloegr, yn dyfod i weithfaoedd y De, ac y mae plant y Cymry yn dysgu eu hiaith a'u harferiadau ffieiddiaf. Gwelsom olygfeydd gwir ofnadwy mewn ambell fan *nos Sadwrn y talu*, – yr holl feibion a'r merched yn feddwon, a'r plant yn ysmocio; ond nid yn Gymraeg, a buasai yn ddrwg genym glywed yr hen iaith yn dyfod allan o'r fath eneuau, ac yn arfer y fath eiriau . . . Yr oedd yn dda genym mai math o Saesonaeg oeddynt yn siarad. Gwell genym i'r hen Gymraeg fod yn y bedd nag yn y fath fudreddi.[24]

Y cyfnod hwn hefyd a welodd agor rheilffyrdd newydd yng Nghymru, ac arswydai golygyddion y cylchgronau rhag y dylanwadau dieithr a ddeuai yn eu sgil. Y mae'r cartŵn a gyhoeddwyd ar dudalennau'r *Punch Cymraeg* yn y chwedegau yn ddigon cyfarwydd. Darlunnir ynddo Gymraes mewn het a gwisg Gymreig yn sefyll ar ganol y rheilffordd yn ceisio atal y trên, a'r trên hwnnw, sy'n cynrychioli Mamon, yn cael ei yrru gan Dic Siôn Dafydd. Rhagwelai David Rees, yntau, Gymru yn cael ei haredig gan reilffyrdd, a'r rheini, meddai, 'yn gyfleus i drosglwyddo Seison anffyddol a llyfrau bryntion o bob math i bob cwr o'r wlad'. Ac ychwanegodd ymhellach: 'Ni bu ieuenctyd Cymru erioed mewn cymaint perygl ag ydynt ynddo yn awr. Nis gellir bod yn rhy lafurus i daenu llenyddiaeth briodol.'[25] Llenyddiaeth grefyddol oedd honno, wrth reswm. Wrth gondemnio gweithiau Emerson, Thackeray, Carlyle a Dickens yn *Y Diwygiwr* ym 1861, dywedodd David Rees: 'Y mae Cymru hyd yma wedi ei dyogelu rhag y fath felldith ofnadwy, o herwydd fod y wasg wedi ei chydio a'r pwlpud, a bod y naill yn ategu y llall.'[26]

Prin y cytunai pob golygydd â David Rees, fodd bynnag, oherwydd yr oedd ffuglen eisoes wedi dod yn boblogaidd yn Gymraeg erbyn canol y bedwaredd ganrif ar bymtheg. Brithir y mwyafrif o gylchgronau'r cyfnod, gan gynnwys y cylchgronau enwadol, â 'ffugchwedlau' a 'chwedlau hanesyddol' o bob math, er na cheir yr un yn *Y Diwygiwr* yng nghyfnod golygyddiaeth David Rees. Sylweddolodd nifer o olygyddion y gallai llenyddiaeth o'r fath ddylanwadu er lles yn ogystal ag er drwg, fel yr eglurodd Roger Edwards, Yr Wyddgrug, golygydd *Y Drysorfa* Fethodistaidd, yn ei ôl-nodyn i'w nofel gyfres 'Y Tri Brawd a'u Teuluoedd', a gyhoeddwyd rhwng mis Chwefror 1866 a mis Ebrill 1867:

Gweled yr oeddem fod ein pobl ieuainc yn arbenig yn chwannog i ddarllen cyfansoddiadau o natur chwedl-adroddiadol, a bod llawer o bethau gwag ac ofer o'r natur hwn, a rhai ohonynt o duedd llygredig a niweidiol, yn cael eu cynnyg iddynt, hyd yn nôd yn yr iaith Gymraeg; a chofiasom am Whitfield yn cymeryd rhai o'r tônau

[24] [John Roberts], 'Gorlifiad y Saesonaeg', *Cronicl y Cymdeithasau Crefyddol*, XXVIII (1870), 220.
[25] *Y Diwygiwr*, XXVI, rhif 315 (1861), 361.
[26] Ibid., 360.

> mwyaf poblogaidd a genid yn y chwareudai i'w defnyddio yn addoldai y Tabernacl a'r Tottenham Court Road; a phan aeth rhywun i ymliw âg ef o'r herwydd, efe a atebodd, 'Beth! a ydych yn meddwl y gadawaf i satan gael y tônau goreu iddo ei hun?' Nid oeddem ninnau yn foddlawn i satan gael iddo ei hun y dull hwn o ysgrifenu sydd mor ddeniadol i'r llïaws yn gyffredinol.[27]

Drwy fabwysiadu'r nofel fel ffurf lenyddol, gallai'r wasg gylchgronol ddylanwadu ar foesau'r Cymry, a chyhoeddwyd llu o nofelau cyfres yn y cyfnodolion Cymraeg hyd at ddechrau'r ugeinfed ganrif.[28] Cyfieithiadau oedd nifer ohonynt, mae'n wir, megis 'Deng Noswaith yn y Black Lion', trosiad cynnar gan Daniel Owen o *Ten Nights in a Bar-Room*, nofel ddirwestol o waith yr Americanwr Timothy Shay Arthur, a ymddangosodd ar dudalennau'r cylchgrawn ac iddo'r teitl mwyaf diddychymyg yn Gymraeg, sef *Charles o'r Bala*, ym 1859.[29] Nid yw'n annisgwyl mai gweinidogion a phregethwyr oedd nifer o'r nofelwyr cynnar hyn ychwaith, gwŷr fel Roger Edwards ei hun, Edward Matthews, Ewenni, a William Rees (Gwilym Hiraethog), ac mai'r capel a'i gymdeithas yn aml iawn oedd prif ddeunydd eu nofelau. Yr oedd yr un peth yn wir hefyd am gynnyrch llenyddol Daniel Owen, y mwyaf o'r nofelwyr hyn y cyhoeddwyd ei gynhyrchion cynharaf yn *Y Drysorfa*.[30] Prawf pendant o dwf a phoblogrwydd y nofel yn Gymraeg yw'r ffaith i William Aubrey o Lannerch-y-medd sefydlu misolyn ceiniog ac iddo'r teitl *Y Nofelydd, a Chydymaith y Teulu* ym 1861. Ymddangosodd deuddeg rhifyn o'r *Nofelydd* cyn iddo ddod i derfyn ei yrfa ym mis Rhagfyr 1861, ac y mae'n bosibl y byddai wedi llwyddo petai cyhoeddwr mwy mentrus a blaengar fel Thomas Gee y tu cefn iddo.

Cyfeiriwyd eisoes at *Cylchgrawn y Gymdeithas er Taenu Gwybodaeth Fuddiol* a olygwyd gan Alun. Patrymwyd y cyhoeddiad hwn ar *The Penny Magazine*, un o gylchgronau mwyaf poblogaidd Lloegr, ac yr oedd yn bolisi pendant gan Alun gynnwys erthyglau ar bynciau cyffredinol yn ei gylchgrawn yn hytrach nag erthyglau crefyddol. Y mae'n eironig iawn, fodd bynnag, mai prinder erthyglau ar bynciau crefyddol a arweiniodd yn y pen draw at dranc *Y Cylchgrawn* wedi i ddeunaw rhifyn ymddangos. Cyhoeddwyd ei ddeuddeg rhifyn cyntaf gan William Rees yn Llanymddyfri cyn ei symud i swyddfa John Evans yng Nghaerfyrddin ym mis Ionawr 1835, ac yno y darfu amdano ym mis Mehefin yr un flwyddyn. Amlinellodd William Rees y rhesymau am aflwyddiant *Y Cylchgrawn* yn y dystiolaeth a roes gerbron dirprwywyr y comisiwn a benodwyd i ymchwilio i gyflwr addysg Cymru ym 1846:

27 [Roger Edwards], 'Y Tri Brawd a'u Teuluoedd', *Y Drysorfa*, XXI (1867), 140.

28 Ceir rhestr o rai o'r nofelau cyfres hyn gan E. G. Millward yn 'Ffugchwedlau'r Bedwaredd Ganrif ar Bymtheg', *LlC*, XII, rhifyn 3 a 4 (1973), 244–64.

29 Bedwyr Lewis Jones, 'Deng Noswaith yn y "Black Lion", Daniel Owen', *LlC*, VIII, rhifyn 1 a 2 (1964), 84–6.

30 Ceir trafodaeth ar nofelau cyfres y pedwar awdur hyn gan Ioan Williams yn *Capel a Chomin: Astudiaeth o Ffugchwedlau Pedwar Llenor Fictoraidd* (Caerdydd, 1989).

> In 1834 I started a Welsh monthly magazine called the *Cylchgrawn* (in connexion with the Society for the Diffusion of Useful Knowledge), on the same plan as *The Penny Magazine*, but published monthly at 6d. I continued it for twelve months, at a loss of £200. When I gave it up, it was continued by Mr Evans of Carmarthen for another six months; who also lost by it, and then it was abandoned. It wanted religious information, and consequently excited but little interest. The people have not been accustomed to think much upon any but religious topics. The great want is good secular education.[31]

Cyfeiriodd Thomas Stephens, y fferyllydd llengar a'r ysgolhaig o Ferthyr Tudful, rai blynyddoedd yn ddiweddarach, at orddibyniaeth y wasg Gymraeg ar yr enwadau crefyddol. 'Nid yw yn glod mawr i'r genedl, ei bod yn analluog, neu yn anewyllysgar, i gynnal un cyhoeddiad, heb ei fod mewn cyssylltiad ag enwadau crefyddol', meddai, 'ond felly y mae.'[32] Gorddibyniaeth ar grefydd gyfundrefnol oedd un o brif nodweddion gwasg gylchgronol Gymraeg y bedwaredd ganrif ar bymtheg, ac y mae geiriau Thomas Stephens yn dwyn i gof eiriau'r comisiynwyr addysg wrth iddynt hwy drafod ansawdd llenyddiaeth Gymraeg y cyfnod: 'Their schools, literature and religious pursuits may have cultivated talents for preaching and poetry, but for every other calling they are incapacitated. For secular subjects they have neither literature or language.'[33]

Er mai yn sgil 'Brad y Llyfrau Gleision' y dechreuodd y Cymry fagu cymhlethdod ynglŷn â'u delwedd yng ngŵydd y byd, bu gan nifer o Gymry gymhlethdodau ynglŷn â'r Gymraeg cyn bod sôn am yr un Llyfr Glas. Yn wir, dair blynedd ar hugain cyn cyhoeddi adroddiad y comisiynwyr addysg, cyhoeddwyd cyfres o erthyglau ar y Gymraeg yn *Seren Gomer* a fu'n achos cynnen a dadl am fisoedd lawer. Eu hawdur oedd David Owen, golygydd *Lleuad yr Oes*, *Yr Efangylydd* a'r *Haul* yn ddiweddarach. Yr erthyglau hyn, a gyhoeddwyd dan y ffugenw 'Brutus', a ddug eu hawdur i amlygrwydd am y tro cyntaf, ac wrth y ffugenw hwnnw yr adwaenid ef fyth wedyn. Ei nod oedd ymosod ar blwyfoldeb y Cymro uniaith a'i gymell i ledu ei orwelion drwy ddysgu Saesneg:

> Yn awr y mae yr Omeraeg yn rhwystr i ni gynnyddu mewn gwybodaeth, ac i ymgeisio at wybodaeth, am hyny ein dyledswydd ydyw gwneuthur aberth o honi a'i dilëu, fel trwy hyny y rhoddem le i iaith, trwy gyfrwng yr hon y gwnawn gynnyddu mewn pethau, ac y mae rhwystrau anorfod o'n blaen, cyhyd ag y coleddom yr iaith Gymraeg.

[31] *Reports of the Commissioners of Inquiry into the State of Education in Wales … in three parts. Part I. Carmarthen, Glamorgan, and Pembroke* (London, 1847) (PP 1847 (870) XXVII), tt. 234–5.

[32] Thomas Stephens, 'Agwedd Bresennol Llëenyddiaeth yn Nghymru', *Y Wawr*, 2, rhif 13 (1851), 37.

[33] *Reports of the Commissioners of Inquiry into the State of Education in Wales*, Part I, t. 235.

> . . . Yn awr yr wyf yn gofyn i bob meddwl diduedd . . . pa un gwell ganddynt fod yn Saeson enwog, neu yn Gymry anenwog?[34]

Adleisiodd J. R. Kilsby Jones y sylwadau hyn yn *Y Traethodydd* bum mlynedd ar hugain yn ddiweddarach ac, fel y cawn weld yn y man, yn *Y Geninen* ar derfyn ei oes yn ystod yr wythdegau.[35]

Bu'r Llyfrau Gleision yn drobwynt yn hanes addysgol a llenyddol Cymru, ac y mae'n rhaid ystyried datblygiad y wasg gylchgronol yng ngoleuni cyhuddiadau'r comisiynwyr addysg. Bu cynnydd eithriadol yn y math o lenyddiaeth a ystyrid yn fuddiol ac yn adeiladol, a daethpwyd i goleddu'r syniad mai drwy addysg a gwybodaeth gyffredinol y gallai'r Cymro cyffredin ddringo'n gymdeithasol. Credai golygyddion y cylchgronau mewn addysg fel meddyginiaeth ar gyfer drygau cymdeithasol, ac yr oedd y gred mai anwybodaeth oedd gwreiddyn drygau'r oes yn gyffredin yn ystod y cyfnod. Athroniaeth Samuel Smiles a gariai'r dydd bellach – byddai addysg yn gyfrwng i alluogi'r Cymro distatlaf i godi yn y byd a gwella ei ystad. Adlewyrchir yr agweddau hyn yng nghynnyrch gwasg gylchgronol ail hanner y ganrif, a chyhoeddwyd nifer o deitlau yn y pumdegau gyda'r amcan o addysgu'r Cymry. Cyfeiriwyd eisoes at *Y Wawr*, misolyn Robyn Ddu Eryri, a gynhwysai lawer o ddeunydd gwyddonol ei natur.[36] Enghraifft arall yw'r *Gwerinwr*, a olygwyd gan John Thomas, Lerpwl, yn ystod y pumdegau. Y mae is-deitl geiriog *Y Gwerinwr* yn ddisgrifiad teg o'i gynnwys a'i amcan, sef *Athraw Misol, er Dyrchafiad Cymdeithasol, Meddyliol a Moesol y Dosbarth Gweithiol.*

Yn ystod yr un cyfnod sefydlwyd *Yr Adolygydd* a'r *Beirniad* gan nifer o weinidogion yr Annibynwyr, a'u patrymu ar *Y Traethodydd*, cylchgrawn mwy adnabyddus Lewis Edwards, a gynhwysai ysgrifau meithion ar destunau fel daeareg, amaethyddiaeth a mwyngloddiaeth.[37] Er na cheir ei enw ar *Yr Adolygydd*, gwyddys mai Evan Jones (Ieuan Gwynedd) oedd ei olygydd cyntaf, ac ef, yn anad neb arall, oedd prif amddiffynnydd Ymneilltuaeth Gymraeg rhag ensyniadau'r Llyfrau Gleision, yn ogystal â phrif ladmerydd addysg wirfoddol. Ieuan Gwynedd hefyd oedd sefydlydd a golygydd *Y Gymraes*, y cylchgrawn cyntaf ar gyfer merched Cymru, ac yn y cyhoeddiad hwnnw cafodd gyfle i achub cam merched a gwragedd y genedl rhag cyhuddiadau'r comisiynwyr addysg. Er na ellir amau teyrngarwch Ieuan Gwynedd at y Gymraeg, eto yr oedd ei grefydd a'i Ymneilltuaeth yn llawer pwysicach iddo. 'Er mor swynol ydyw acenion ein hen iaith hybarch i mi', meddai, 'llawer boddlonach fyddwn iddi hi drengu na

34 *Seren Gomer*, VII, rhif 102 (1824), 83–4.

35 [J. R. Kilsby Jones], 'Yr Angenrheidrwydd o Ddysgu Seisoneg i'r Cymry', *Y Traethodydd*, V (1849), 118–26. Ar Kilsby Jones, gw. E. G. Millward, 'Pob Gwybodaeth Fuddiol' yn Prys Morgan (gol.), *Brad y Llyfrau Gleision: Ysgrifau ar Hanes Cymru* (Llandysul, 1991), tt. 146–65.

36 Ceir trafodaeth ar brif nodweddion *Y Wawr* gan Huw Walters yn 'Gwawr Robyn Ddu Eryri', *Y Casglwr*, 11 (Awst, 1980), 3.

37 Trafodir y ddau deitl anghofiedig ond pwysig hyn gan Huw Walters yn *'Yr Adolygydd' a'r 'Beirniad': Eu Cynnwys a'u Cyfranwyr* (Aberystwyth, 1996).

breintiau crefyddol fy ngwlad.'[38] Yr un oedd barn David Rees, yntau, yn *Y Diwygiwr*. Ni allai neb wneud dim i atal tranc y Gymraeg, meddai, gan fod y cyfan yn llaw rhagluniaeth.[39] Dyna hefyd oedd barn John Roberts yn *Y Cronicl*, ac yn rhifyn cyntaf *Y Geninen* ym 1883 sylwodd Kilsby Jones 'fod parhad iaith yn ddarostyngedig i ddeddfau Rhagluniaeth, ac felly ni fedr dim arall ei lladd neu ei chadw yn fyw'.[40] Dyna paham yr aeth cynifer o'r gwŷr hyn ati gyda chymaint o frwdfrydedd i sefydlu achosion Saesneg o fewn eu henwadau, yn eu plith David Rees, Lewis Edwards, Thomas Rees, Abertawe, a John Davies, Caerdydd, un o olygyddion *Y Beirniad*, chwarterolyn yr Annibynwyr.[41] Pwysleisiodd John Roberts, Conwy, yntau, yr angen i fyfyrwyr y colegau enwadol ymroi i feistroli'r Saesneg ac i'w hathrawon sicrhau lle teilwng iddi yn y maes llafur. Meddai ef ym mis Gorffennaf 1866:

> *Saesoneg* yw iaith Prydain, iaith ein llysoedd, iaith ein masnach, iaith y genedl sydd yn codi yn ein hysgolion Cenedlaethol a Brutanaidd; ie, yr iaith sydd yn llifo dros ddyffrynoedd Cymru, a bron cyrhaedd penau ei mynyddau; ac os na wahoddir hi gan athrawon ein hathrofaau i bulpudau Ymneillduaeth, bydd crefydd ein hynafiaid wedi colli tir yn yr ugain mlynedd nesaf.[42]

Ond ceid agwedd llawer mwy cadarnhaol o blaid y Gymraeg yn y wasg gylchgronol hefyd. Erbyn chwarter olaf y ganrif yr oedd yr hen radicaliaeth a gynrychiolid gan genhedlaeth David Rees, Lewis Edwards a'r brodyr Samuel a John Roberts, a'u pwyslais cyson ar rinweddau'r farchnad rydd ac iwtilitariaeth, ar drai. Rhoddai gwŷr fel R. J. Derfel, Michael D. Jones a Robert Ambrose Jones (Emrys ap Iwan) bwyslais cyson ar y ffaith mai'r Gymraeg, yn anad dim arall, oedd sail eu cenedligrwydd. 'Mae ein hiaith, yn ol amgylchiadau presenol pethau, yr unig rwymyn a ddichon gynnal i fyny ein cenedloldeb', meddai R. J. Derfel mor gynnar â 1853, 'pan dderfydd am ein hiaith, fe dderfydd am ein cenedl . . . A chaniatâu, er mwyn ymresymu, yr ennillai ein cenedl rywbeth drwy ymgolli yn y Saeson, nid wyf yn meddwl yr ennillent ddigon i dalu am eu cenedloldeb.'[43] Y

[38] Dyfynnir gan Geraint H. Jenkins, 'Ieuan Gwynedd: Eilun y Genedl' yn Morgan (gol.), *Brad y Llyfrau Gleision*, t. 122.

[39] *Y Diwygiwr*, XVII, rhif 207 (1852), 319.

[40] J. R. Kilsby Jones, 'Pa un mantais neu anfantais i Gymru fyddai tranc yr iaith Gymraeg?', *Y Geninen*, I, rhif 1 (1883), 18.

[41] Ar hyn, gw. Frank Price Jones, 'Yr Achosion Saesneg', *CCHMC*, LVII, rhif 3 (1972), 66–80; ibid., LVIII, rhif 1 (1973), 2–11; A. H. Williams, 'Thomas Rees a'r Achosion Saesneg', *Y Cofiadur*, 40 (1975), 3–34; R. Tudur Jones, 'Yr Eglwysi a'r Iaith yn Oes Victoria', *LlC*, 19 (1996), 146–67.

[42] *Cronicl y Cymdeithasau Crefyddol*, XXIV (1866), 176. Am drafodaeth ar agwedd John Roberts at y Gymraeg, gw. R. Tudur Jones, 'J. R., Conwy', *TCHSG*, 21 (1960), 168–70.

[43] R. J. Derfel, 'Parhad yr Iaith Gymraeg: Papyr a Fwriadwyd i'w Ddarllen yn un o Gyfarfodydd y Cymreigyddion ym Manceinion', *Y Greal*, II (1853), 222. Ceir trafodaeth ar ei fywyd a'i waith mewn dwy gyfrol a olygwyd gan D. Gwenallt Jones, *Detholiad o Ryddiaith Gymraeg R. J. Derfel* (Llundain, 1945).

mae'n berthnasol sylwi i Derfel alw am sefydlu papur newydd dyddiol Cymraeg mor gynnar â 1864.[44] Sylwodd hefyd fod llawer o'r Cymry yn gwbl ddibris o'u hiaith. 'Nis gall yn y byd a ddichon ladd iaith na chenedl ond y genedl ei hun', meddai ym 1893. 'Os byth y byddwn ninau farw fel cenedl, byddwn farw fel hunan-leiddiaid.'[45] Soniodd yn yr un erthygl fod angen meithrin to o ysgolheigion newydd i olygu a chyhoeddi testunau o farddoniaeth a rhyddiaith y cyfnod Canol, a galwodd am sefydlu Llyfrgell Genedlaethol a fyddai'n fodd i ddiogelu trysorau llenyddol y genedl.

Manteisiodd Michael D. Jones, yntau, ar y cyfle drwy gyfrwng ei gyfraniadau misol i'r *Ddraig Goch* (cylchgrawn at wasanaeth trigolion y Wladfa ym Mhatagonia y cyhoeddwyd pedwar rhifyn ar hugain ohono yn Y Bala rhwng 1876 a 1877 dan olygyddiaeth Richard Mawddwy Jones) i draethu ei farn yn gwbl ddiflewyn-ar-dafod ynglŷn â gwleidyddiaeth Cymru a safle'r Gymraeg. Ymosododd ar imperialaeth Lloegr fwy nag unwaith a phwysleisiodd dro ar ôl tro mai un o effeithiau'r goresgyniad Seisnig oedd gwaseidd-dra'r Cymry. 'Mae goresgyniad wedi gwaseiddio'r Cymry yn ddirfawr, nes y maent mewn llawer o fanau yng Nghymru yn gwaeddi am ddifodi'r iaith Gymraeg, a phob arferion Cymreig, ac y maent am lwyr blygu i oresgyniad y Saeson', meddai ym mis Mehefin 1877.[46] Cythruddwyd ef hefyd gan y duedd gynyddol ymhlith yr enwadau Ymneilltuol i sefydlu achosion Saesneg mewn trefi Cymraeg eu hiaith. Meddai ef:

> Mae y duwinyddion sydd yn ein mysg yn apostolion capeli Seisnig yn mynych son am anuwioldeb beirdd a Chymreigyddion, a'u hergyd bob amser ar goryn Cymreigiaeth. Ni soniant am anuwioldeb y plant beilchion a godant, y merched pluog a diwaith a fagant, ond molant rhyw ddoctoryn bychan o Sais y dygwydd iddynt fod mewn ffafr gydag ef, a Saeson, Saeson, Saeson sydd yn eu geneuau o hyd. Plygu yw hyn oll i fod yn wasaidd ddarostyngedig i oresgyniad Seisnig, a gwneud yn orphenol, yn enw crefydd, yr hyn y mae'r cledd heb ei berffeithio eto. Yr oedd caethfeistri yr Unol Daleithiau yn galw am gymhorth crefydd i gadw caethion. Mae Dic Shon Dafyddiaid Cymru yr un fath yn galw am gymhorth crefydd Crist i orphen goresgyniad ein gwlad.[47]

Condemniodd y cwmnïau rheilffyrdd hefyd am gyflogi Saeson uniaith mewn ardaloedd Cymraeg: 'Ni ddylai un gael swydd ar gledrffordd yn Nghymru os na ddysg iaith y trigolion. Nid yw Sais uniaith o ddim gwerth i fasnachu yn Nghymru, mwy na Chymro uniaith yn Lloegr.'[48]

44 R. J. Derfel, 'Papur newydd dyddiol Cymreig' yn idem, *Traethodau ac Areithiau* (Bangor, 1864), tt. 189–92.

45 Idem, 'Dyletswydd Cymru Sydd tuag at ddyrchafu Cymru Fydd', *Y Geninen*, XI, rhif 2 (1893), 158.

46 *Y Ddraig Goch*, II, rhif 18 (1877), 65.

47 Ibid., I, rhif 10 (1876), 112–13.

48 Ibid., 114.

Diau mai erthyglau Michael D. Jones yn *Y Celt*, un o wythnosolion yr Annibynwyr, a'r *Geninen*, yn ystod y nawdegau, a gafodd y sylw a'r cylchrediad helaethaf. Yr un oedd byrdwn ei neges yn yr erthyglau hyn unwaith yn rhagor. Gwaseidd-dra'r Cymry eu hunain a oedd yn bennaf cyfrifol am ddiymadferthedd a llesgedd y Gymraeg yn erbyn y llif Saesneg, ac yr oedd y gwaseidd-dra hwnnw i'w briodoli yn uniongyrchol i oresgyniad y genedl:

> Wedi goresgyn unrhyw genedl, dull y Seison yw gosod pobl oresgynedig o dan anfanteision, ond drwy ymdoddi i'r genelaeth fawr Seisnig; ac ni cheir dyrchafiad yn un ffordd arall. Ni cheir gweinyddu cyfraith ond yn Seisonaeg, a dyma'r unig gyfrwng y ceir addysg drwyddo, ond rhyw ganiatad bychan diweddar, megys arfer y Gymraeg i ddeall Seisonaeg . . . Mae yr yspryd yma wedi gwaseiddio ein cenedl fel na chariant fasnach ymlaen ond yn iaith y goresgynwr, a llwfrdra anesgusodol sydd yn peri i'r Cymry barhau hyny. Mae hyn yn ei gwneud yn analluadwy i Gymro lwyddo'n gymdeithasol fel bancwr neu fasnachwr heb ymollwng i fod yn Sais, am y rheswm na fyn y Cymry fasnachu ond yn iaith y gorthrymwr, a'r Cymry hyn a godir ganddynt yw'r rhai parotaf o bawb i boeri am ben ein cenedl ar ol eu dyrchafiad.[49]

Honnai mai ar y Cymry eu hunain yr oedd y bai am ddirywiad y Gymraeg:

> Mawr yw sŵn y bobl yma yn aml am y gorlifiad Seisnig sydd yn dyfod ar draws ein gwlad, fel pe byddai gan Seison rhyw fôr anferth o Seisonaeg i'w ollwng ar ein traws, nad allem er pob ymdrech ei wrthwynebu. Y Cymry eu hunain sydd o'u gwirfodd yn gollwng y Seisonaeg i fewn, ac yn gwneud egni i droi y Gymraeg allan o'u teuluoedd, o'u capeli, o'u masnach, ac yn llwfr oddef i Seison i'w throi o'u llysoedd cyfreithiol. Mae at ewyllys y Cymry eu hunain i'r Gymraeg farw neu fyw; ac os lleddir hi, arnynt hwy eu hunain y bydd y bai.[50]

Condemniai hefyd yr arfer o drosi enwau lleoedd gwreiddiol Cymraeg i'r Saesneg, a'r duedd gynyddol ymhlith nifer o Gymry i roi enwau Saesneg ar eu cartrefi. 'Ar ol dysgu tipyn o Seisonaeg', meddai, 'y mae aml i goegen gorniog na fyn alw ei chartref wrth ei hen enw Tygwyn, Tydu, neu Tycoch, wedi ei gyfieithu yn Whitehouse, Blackhouse, a Redhouse. Rhai o deulu yr hogen

49 Michael D. Jones, 'Difodi y Gymraeg yn Barhad o Oresgyniad Cymru', *Y Geninen*, IX, rhif 4 (1891), 244.

50 Ibid., 246. Yr unig gofiant i Michael D. Jones yw eiddo E. Pan Jones, *Oes a Gwaith y Prif Athraw y Parch. Michael Daniel Jones, Bala* (Y Bala, 1903). Gw. hefyd D. Gwenallt Jones, 'Hanes Mudiadau Cymraeg a Chenedlaethol y Bedwaredd Ganrif ar Bymtheg' yn D. Myrddin Lloyd (gol.), *Seiliau Hanesyddol Cenedlaetholdeb Cymru* (Caerdydd, 1950), tt. 118–26; idem, 'Michael D. Jones (1822–1898)' yn Gwynedd Pierce (gol.), *Triwyr Penllyn* (Caerdydd, 1957), tt. 1–27. Ceir trafodaeth fanwl ar gyfraniadau Michael D. Jones i'r *Celt* gan R. Tudur Jones yn 'Cwmni'r *Celt* a Dyfodol Cymru', *THSC* (1987), 113–51. Gw. hefyd idem, 'Michael D. Jones a Nimrodiaeth Lloegr', *Y Genhinen*, 24, rhifau 3 a 4 (1974), 161–4; idem, 'Michael D. Jones a Thynged y Genedl' yn Geraint H. Jenkins (gol.), *Cof Cenedl: Ysgrifau ar Hanes Cymru* (Llandysul, 1986), tt. 95–124.

benwan yma a fynodd alw Penbontarogwy yn "Bridge End", a Melin Wen, ger Caerfyrddin, yn "White Mill".'[51]

Bwriadai Michael D. Jones i Fudiad Cymru Fydd newydd ddisodli'r Blaid Ryddfrydol yng Nghymru, gan ddatblygu'n blaid genedlaethol annibynnol a ymladdai dros ymreolaeth i'r Cymry. Credai fod gwleidyddion Cymru yn rhanedig rhwng gwrthbleidiau a reolai o Lundain, a chredai ymhellach mai ymreolaeth yn unig a allai sicrhau ffyniant y Gymraeg. Ond fe'i siomwyd gan benderfyniad Cymru Fydd i ymladd dros sicrhau datgysylltiad yr Eglwys, addysg a phwnc y tir yn hytrach na thros ymreolaeth. Fel Michael D. Jones, gwrthododd Emrys ap Iwan, yntau, dderbyn bod yn rhaid i'r Gymraeg edwino a marw dan bwysau cynnydd a masnach, neu oherwydd rhyw ddeddf ragluniaethol, fel y mynnai David Rees, Lewis Edwards a Kilsby Jones gredu. Y Gymraeg, meddai, oedd prif gynheiliad cenedligrwydd y Cymro:

> Lle bynnag y bo gwlad fach ynglŷn â gwlad fawr, ac yn enwedig lle y bo pobl y wlad fach yn ddarostyngedig i bobl y wlad fawr, y mae hanes yn dangos mai ei phriod iaith yw anadl einioes y wlad fach. Pan ymadawo hon a'i hiaith, y mae hi yn rhoddi i fyny ei hyspryd; ac ar ôl colli ei hyspryd, y mae ei chorff yn fuan yn newid ei liw, yn llygru, ac yn ymgolli yn y llwch . . . Y Gymraeg sy wedi'n cadw ni yn genedl hyd yn hyn; a'r Gymraeg yn unig a'n ceidw yn genedl rhag llaw.[52]

Mater gwleidyddol oedd tynged yr iaith i Emrys ap Iwan, gŵr yr oedd ei genedlaetholdeb, fel cenedlaetholdeb Michael D. Jones, yn codi yn uniongyrchol o'i argyhoeddiad Cristnogol. 'Nid wyf fi yn cyfrif ffyddlondeb neu anffyddlondeb i iaith yn bwnc dadleuadwy. Nid allwn i bleidio dim a thuedd ynddo i Seisnigo'r Cymry heb fyned yn erbyn fy argyhoeddiadau politicaidd' oedd ei ddatganiad beiddgar yng Nghymdeithasfa Llanidloes ym 1881 pan wrthodwyd ei ordeinio oherwydd iddo wrthwynebu'r duedd gynyddol ymhlith y Methodistiaid Calfinaidd i sefydlu achosion Saesneg mewn ardaloedd Cymraeg.[53] Yng ngholofnau'r *Goleuad* a *Baner ac Amserau Cymru* yr ymladdwyd y frwydr honno yn bennaf, ond yr un oedd neges Emrys ap Iwan yn y llu erthyglau o'i waith a gyhoeddwyd yn *Y Geninen* rhwng 1883 a'i farw ym 1906.

Condemniodd Emrys ap Iwan y defnydd o briod-ddulliau Saesneg yn ogystal ag arddull anystwyth llenorion ei gyfnod yn ei ysgrif enwog 'Plicio Gwallt yr Hanner Cymry' a gyhoeddwyd yn *Y Geninen* ym 1889, lle y rhestrodd rhai degau

[51] Jones, 'Difodi y Gymraeg', 246. Yr oedd mursendod y Cymry hyn yn dân ar groen Michael D. Jones, fel y gwelir yn ei ysgrif ddeifiol 'Mrs Davey, Sunny Cottage, near Carmarthen', *Y Geninen*, X, rhif 1 (1892), 13–14.

[52] Emrys ap Iwan, 'Dysgu Cymraeg yn yr Ysgolion Beunyddiol', *Y Geninen*, XXI, rhif 4 (1903), 217.

[53] T. Gwynn Jones, *Emrys ap Iwan: Dysgawdr, Llenor, Cenedlgarwr* (Caernarfon, 1912), t. 114. Gw. hefyd Saunders Lewis, 'Emrys ap Iwan yn 1881' yn R. Geraint Gruffydd (gol.), *Meistri'r Canrifoedd: Ysgrifau ar Hanes Llenyddiaeth Gymraeg* (Caerdydd, 1974), tt. 371–6.

o enghreifftiau o idiomau Saesneg mewn gwisg Gymraeg. Honnodd hefyd i enwadaeth, a'r dadleuon diwinyddol a ddatblygodd yn ei sgil, gael dylanwad andwyol ar ansawdd Cymraeg ysgrifenedig y cyfnod.[54] Yr un oedd ei neges yn ei gyfres o erthyglau miniog a gyhoeddwyd dan y teitl 'Breuddwyd Pabydd wrth ei Ewyllys' yn *Y Geninen* rhwng 1890 a 1892. Dychan ydyw ar sectyddiaeth a gwaseidd-dra'r Cymry. Breuddwydia'r awdur, sef y Tad Morgan, am gyflwr Cymru yn y flwyddyn 2012. Gwêl Brotestaniaeth wedi cwympo, a'r wlad o'r diwedd, diolch i'r 'Undeb Catholig', wedi ei rhyddhau oddi wrth y sectau Ymneilltuol a fuasai'n ei Seisnigo. Breuddwydia ei fod yn gwrando ar gyfres o ddarlithiau ar hanes Cymru a hanes yr Eglwys Babyddol, a thrwy'r darlithiau rhoddir inni ddarlun o'r hyn y gallai Cymru fod, o ran bywyd ac arferion ac iaith, pe bai hi'n ffyddlon iddi ei hun yn hytrach na dynwared y Saeson.[55] Yr oedd Emrys ap Iwan hefyd am adfer safonau, ac fel rhan o'i genhadaeth, aeth ati i gymell ei ddarllenwyr i ymgyfarwyddo â gweithiau'r meistri Cymraeg, llenorion fel Morgan Llwyd, Charles Edwards, Ellis Wynne a Theophilus Evans. 'Y mae y neb a efelycho yr awduron gora yn eu petha gora yn rhywbeth amgen na dynwaredwr', meddai, 'disgibl yw hwnnw sydd ar y ffordd i fynd yn feistr.'[56] Dyna oedd byrdwn ei neges hefyd yn 'Llenyddiaeth Grefyddol y Cymry Gynt', ysgrif a gyhoeddwyd yn *Y Geninen*. Yn yr ystyr hon, felly, gellir cyfrif Emrys ap Iwan yn rhagflaenydd y dadeni llenyddol a gafwyd yng Nghymru ar ddechrau'r ugeinfed ganrif.[57]

Y mae'n berthnasol sylwi mai yn *Y Geninen*, dan olygyddiaeth John Thomas (Eifionydd), y cyhoeddwyd y mwyafrif llethol o erthyglau R. J. Derfel, Michael D. Jones ac Emrys ap Iwan. Yn yr un cylchgrawn hefyd y cyhoeddwyd rhai o erthyglau arloesol Dan Isaac Davies ar ddwyieithrwydd.[58] Er ei sefydlu ym 1881, rhoes y cylchgrawn chwarterol hwn sylw mawr i rai o faterion llosg y dydd, a bu dadlau mawr ar ei dudalennau yn ystod yr wyth a'r nawdegau ynglŷn ag orgraff y Gymraeg, gyda gwŷr fel John Rhŷs, John Morris-Jones, a John Puleston Jones – 'bechgyn Rhydychain', fel yr adwaenid hwy – yn arwain yr ymgyrch yn erbyn 'Puwiaith'.[59] Yr oedd Eifionydd ei hun yn olygydd medrus a phrofiadol, a rhoddai gyfle i ysgrifenwyr o wahanol safbwyntiau draethu barn ar bynciau llosg y dydd.

[54] 'Nehemiah o Ddyffryn Clwyd', sef Emrys ap Iwan, 'Plicio Gwallt yr Hanner Cymry', *Y Geninen*, VII, rhif 2 (1889), 116.

[55] 'Y Tad Morgan', sef Emrys ap Iwan, 'Breuddwyd Pabydd wrth ei Ewyllys', *Y Geninen*, VIII, rhif 3 (1890), 160e–160h; ibid., IX, rhif 2 (1891), 84–96, 169–71; ibid., X, rhif 1 (1892), 15–19, 23–7.

[56] Emrys ap Iwan, 'Y Classuron Cymreig', *Y Geninen*, XII, rhif 1 (1894), 1.

[57] Ar Emrys ap Iwan, gw. Bobi Jones, 'Emrys ap Iwan a'r Iaith Gymraeg' (Darlith flynyddol Cymdeithas Emrys ap Iwan, Abergele, 1984) (Yr Wyddgrug, 1984), tt. 1–21; Hywel Teifi Edwards, 'Emrys ap Iwan a Saisaddoliaeth: Maes y Gad yng Nghymru'r 70au' (Darlith flynyddol Cymdeithas Emrys ap Iwan, Abergele, 1986) (Yr Wyddgrug, 1986), tt. 1–20.

[58] Dan Isaac Davies, 'Cymru Ddwyieithog', *Y Geninen*, III, rhif 3 (1885), 208–12; idem, 'Plant Cymru, a Phlant y Cymry', ibid., V, rhif 1 (1887), 59–63.

[59] Gw., er enghraifft, yr erthyglau a ganlyn yn *Y Geninen*: John Rhŷs, 'Cymraeg yr Oes Hon', VII, rhif 3 (1889), 129–38; J. Puleston Jones, 'Cymraeg Cymreig', VIII, rhif 2 (1890), 89–93, 249–53; IX, rhif 4 (1891), 247–51.

Yr oedd natur y wasg gylchgronol yn ail hanner y ganrif yn llawer mwy amrywiol na'r hyn ydoedd yn yr hanner cyntaf. Gwelwyd ysgafnhau ychydig ar natur y cynnyrch hefyd. I'r cyfnod hwn y perthyn *Golud yr Oes*, cylchgrawn poblogaidd a gyhoeddwyd gan Hugh Humphreys yng Nghaernarfon ym 1862–4. Yr oedd Humphreys ymhlith y mwyaf anturus a dyfeisgar o argraffwyr ei gyfnod a mabwysiadodd dechnegau argraffu newydd, megis ysgythru oddi ar blatiau dur a chopr. Yr oedd engrafiadau a chartwnau ymhlith prif nodweddion *Y Punch Cymraeg* (1858–64) yn ogystal. Patrymwyd y cyhoeddiad hwn ar *Punch*, gyda'r gwahaniaeth nad ar gyfer pendefigion a thirfeddianwyr y bwriadwyd ef. Gwŷr a gwragedd cyffredin, yn hytrach, oedd cynulleidfa'r *Punch Cymraeg*, a gwnâi ei olygyddion sbort am ben pawb a phopeth a haeddai feirniadaeth wawdiol a choeglyd yng Nghymru'r cyfnod. Mwy difrifol o ran cynnwys oedd *Cyfaill yr Aelwyd* (1881–94), misolyn poblogaidd y cyhoeddwyd ynddo farddoniaeth, nofelau cyfres, ac erthyglau ar wyddoniaeth a phynciau'r dydd dan olygyddiaeth Beriah Gwynfe Evans. Ond gwasg grefyddol ac enwadol oedd y wasg gylchgronol yn bennaf, serch hynny, ac, fel y sylwodd Emrys ap Iwan, un o ganlyniadau anorfod hynny oedd poblogrwydd dadleuon ar bynciau athronyddol, haniaethol. Brithir tudalennau cyfnodolion hanner cyntaf y ganrif gan ddadleuon diwinyddol; dadleuon rhwng Calfiniaid ac Arminiaid, rhwng Bedyddwyr ac Annibynwyr, dadleuon ar yr Iawn, ar fedydd babanod, ac ar etholedigaeth. Ac nid dadleuon athrawiaethol yn unig, ond hefyd ar bynciau moesol, megis honno rhwng dirwestwyr a chymedrolwyr a fu'n trethu amynedd darllenwyr cyfnodolion Cymraeg y tri a'r pedwardegau.[60] Nid oes ryfedd, felly, fod cwyno mynych ymhlith y darllenwyr ynglŷn â'r cecru diddiwedd hwn yn y cylchgronau. 'Nid yw yn weddus i ysbryd o'r fath i ymddangos mewn ysgrifau crefyddwyr', meddai un o ohebwyr *Y Drysorfa Gynnulleidfaol* mor gynnar â 1849. 'Y maent trwy ddadlu', meddai, '[a] sathru ar eu gilydd . . . yn iselhau y Cyhoeddiad i raddau.'[61] Parhaodd sectyddiaeth yn uchel ei bri yn chwarter olaf y ganrif, ac achubai'r enwadau ar bob cyfle i sgrafellu ei gilydd yn y wasg gylchgronol, gan gynnwys y cyfnodolion mwy seciwlar. Yn wir, awgrymodd un gohebydd dienw yn *Y Geninen* ym 1892 mai sectyddiaeth i raddau helaeth a oedd yn bennaf cyfrifol am aflwyddiant y wasg gyfnodol Gymraeg:

> Pa gylchgrawn neu bapyr newydd a allodd fyw yn Nghymru erioed heb iddo gael ei gylchio â rhagfarn enwadol, a'i lanw âg ymosodiadau ar enwadau eraill? Nid oes neb yn meddwl am dderbyn newyddiadur ar gyfrif ei deilyngdod llenyddol, ond am mai ei

[60] Ceir trafodaeth ar natur a chynnwys y cylchgronau dirwestol gan Huw Walters yn 'Y Wasg Gyfnodol Gymraeg a'r Mudiad Dirwest, 1835–1850', *CLlGC*, XXVIII, rhifyn 2 (1993), 153–95.

[61] 'Dadleuaeth y Misolion', *Y Drysorfa Gynnulleidfaol*, VII, rhif 73 (1849), 14. Lleisiwyd yr un gŵyn gan Benjamin Price ('Y Cymro Bach') yn ei erthygl 'At Olygwyr y Misolion Cymreig', *Y Bedyddiwr*, IV (1845), 232–5. Fe'i cyhoeddwyd hefyd yn Samuel Evans (gol.), *'Y Cymro Bach': Sef Casgliad o Weithiau Awdurol y Diweddar Barch. Benjamin Price* (Caerdydd, 1855), tt. 191–9.

enwad ef, neu ei blaid ef yn yr enwad hwnw, sydd yn ei gyhoeddi. A'r canlyniad yw – ni allwyd cadw cyhoeddiad cenedlaethol erioed yn fyw yn Nghymru am gyhyd o amser ag y bu Nebuchodonosor yn pori glaswellt.[62]

Beth, felly, am y Cymro hwnnw na ellid disgwyl iddo gael blas ar ddiwinyddiaeth, athroniaeth crefydd, cofiannau hoelion wyth yr enwadau, a rhai heb fod yn hoelion wyth? Beth am y gŵr cyffredin nad oedd ganddo ronyn o ddiddordeb yn y cecru enwadol diddiwedd? Y mae'n briodol gofyn a oedd gan y wasg gylchgronol Gymraeg rywbeth ysgafn, diddorol a difyr nad oedd angen geiriaduron Beiblaidd nac esboniadau diwinyddol wrth law i'w gynorthwyo i'w ddeall? Wedi'r cyfan, oni allai'r wasg Gymraeg gynnig rhywbeth o werth iddo ef, ni fyddai ganddo'r un dewis arall ond troi at y wasg Saesneg, ac yr oedd gan honno ddigonedd o lenyddiaeth ysgafn, seciwlar a phoblogaidd ar ei gyfer. Ac unwaith y câi'r Cymro cyffredin flas ar y llenyddiaeth hon, a meddwl mai yn Saesneg yn unig yr oedd yn bosibl iddo gael deunydd darllen ysgafn, prin wedyn y gellid ei ennill yn ôl i ddarllen Cymraeg o gwbl.

Sylweddolwyd hyn gan O. M. Edwards a dyna paham yr aeth ati yn ystod nawdegau'r ganrif i ddarparu llenyddiaeth boblogaidd ar gyfer y Cymry Cymraeg, cylchgronau fel *Y Llenor*, *Heddyw*, *Cymru* a *Cymru'r Plant*. Yr oedd Owen Edwards eisoes wedi dod dan ddylanwad Michael D. Jones a'i syniadau.[63] Treuliodd Edwards gyfnod o brentisiaeth fel cyd-olygydd *Cymru Fydd*, cylchgrawn misol, dwyieithog y mudiad o'r un enw. Newidiodd natur y cylchgrawn hwnnw dan ei olygyddiaeth ef a'i gyd-olygydd Richard Humphreys Morgan. Daeth yn llai gwleidyddol ei naws, a diflannodd yr adroddiadau am weithgareddau'r Rhyddfrydwyr a changhennau Cymru Fydd. Yr oedd natur ei erthyglau yn ysgafnach a heb eu cyfyngu i bynciau gwleidyddol yn unig. Eto i gyd, siomwyd Owen Edwards gan fudiad Cymru Fydd. Ni fu'r cylchgrawn a gyhoeddwyd dan nawdd y mudiad yn llwyddiannus ychwaith. Yn wir, ni fu'r un cylchgrawn dwyieithog erioed yn llwyddiant, o ddyddiau *Cylchgrawn Cymru* John Roberts, Tremeirchion (1814–15), hyd at ein dyddiau ni. O ganlyniad, daeth gyrfa *Cymru Fydd* i ben gyda chyhoeddi'r rhifyn am fis Ebrill 1891, ac wrth ffarwelio â'i ddarllenwyr dywedodd Owen Edwards:

> Y mae llawer o'r camddealltwriaeth rhwng y gwahanol bleidiau yng Nghymru yn codi o'r ffaith nad oes yr un blaid yn deall hanes Cymru. Hoffwn yn ol y gallu bychan a roddwyd imi, ddarlunio'r amser a fu fel yr oedd – ac nid fel Rhyddfrydwr neu Geidwadwr, Methodist neu Annibynwr . . . Wrth ystyried hyn oll, penderfynais droi fy llafur dros Gymru i gyfeiriad arall. Penderfynais gyhoeddi misolyn amhleidiol – misolyn a wnai rywbeth dros Hanes a Llenyddiaeth Cymru . . . Ei amcan fydd gwasanaethu

[62] *Y Geninen*, X, rhif 4 (1892), 224.

[63] E. G. Millward, 'O. M. Edwards a Michael D. Jones' yn J. E. Caerwyn Williams (gol.), *Ysgrifau Beirniadol V* (Dinbych, 1970), t. 163.

> efrydwyr hanes a llenyddiaeth Gymreig a chynorthwyo hyrwyddwyr addysg y wlad. Y mae llawer digwyddiad cyffrous yn hanes Cymru, y mae digon yn hanes ein gwlad i godi ein huchelgais, i gryfhau ein gobeithion, i ffurfio moddion addysg i'n plant. Felly – i godi'r hen wlad yn ei hôl yn ystyr eang a heddychlon y geiriau fydd arwyddair *Cymru*.[64]

Cymru, y misolyn newydd a sefydlodd Owen Edwards ym mis Awst 1891, yw'r mwyaf nodedig o holl gynnyrch gwasg gylchgronol Cymru ar ddiwedd y bedwaredd ganrif ar bymtheg, ac y mae maniffesto ei olygydd yn hynod o debyg i faniffesto Lewis Morris yn *Tlysau yr Hen Oesoedd* ganrif a hanner ynghynt. Boneddigion Cymru, prif noddwyr y Gymraeg yn y cyfnodau blaenorol, a oedd yn troi cefn ar yr iaith yng nghyfnod Morris, ond y Cymro cyffredin, y 'werin', a defnyddio gair Owen Edwards ei hun, a oedd yn ymwrthod â hi yn niwedd y bedwaredd ganrif ar bymtheg. Ei nod yn *Cymru* oedd darparu llenyddiaeth boblogaidd ac anenwadol. Llenyddiaeth 'fuddiol', 'adeiladol' a 'dyrchafol' oedd llenyddiaeth Gymraeg y bedwaredd ganrif ar bymtheg, ond dangosodd Edwards y gallai llenyddiaeth fod yn ddifyr a diddorol yn ogystal. Nid cylchgrawn gwleidyddol nac enwadol oedd *Cymru*, ond cyfrwng i ddangos paham yr oedd Cymru yn Gymru, a phaham ei bod yn genedl a chanddi ei hanes, ei diwylliant a'i llenyddiaeth ei hun. Fe'i bwriedid fel cyhoeddiad a fyddai'n dysgu cenedl fod ei hunigrywiaeth yn cwmpasu llawer iawn mwy na phynciau megis datgysylltiad yr Eglwys wladol, pwnc y tir ac addysg, sef y rhai a gâi flaenoriaeth gan fudiad Cymru Fydd. Beth bynnag a ddywedir am fyth y gwerinwr o Gymro a grëwyd i raddau helaeth gan Owen Edwards ei hun, llwyddodd yn *Cymru* i ddarparu cylchgrawn deniadol a phoblogaidd a gynhwysai doreth o ddefnyddiau ar bob math o destunau, cylchgrawn a oedd yn gwbl wahanol i bob cylchgrawn arall a oedd yn perthyn i'r un cyfnod. Gwnaed y cyfan er mwyn, a defnyddio geiriau'r golygydd, 'codi'r hen wlad yn ei hôl'. Edwards hefyd oedd y cyntaf i geisio diwallu anghenion y Cymry di-Gymraeg drwy ddarparu cylchgronau Saesneg ond Cymreig ar eu cyfer.

Ystrydeb bellach yw sôn am y bedwaredd ganrif ar bymtheg fel oes aur cyhoeddi yng Nghymru a'r cyfnod mwyaf cynhyrchiol yn holl hanes ein llenyddiaeth. Eto i gyd, hon yw'r 'ganrif fawr' o safbwynt maint y cynnyrch, beth bynnag a ddywedir am ei ansawdd, ac nid cyd-ddigwyddiad ydyw mai hon hefyd oedd oes aur Ymneilltuaeth Gymraeg. Cyhoeddwyd tua 145 o gylchgronau Cymraeg neu ddwyieithog dan wahanol deitlau rhwng 1800 a 1850, a rhyw 250 o deitlau rhwng 1851 a 1900, gan roi cyfanswm o tua 400 o gyhoeddiadau cylchgronol am y ganrif gyfan. Trefi gwledig cymharol fychain fel Caernarfon, Dolgellau, Llanidloes, Llanymddyfri, Caerfyrddin ac Aberystwyth oedd prif ganolfannau argraffu a chyhoeddi'r cylchgronau hyn yn ystod hanner cyntaf y ganrif. Ond lledodd y gweithgarwch hwn i Aberdâr, Merthyr Tudful, Caerdydd, Llanelli, Blaenau

[64] 'Au Revoir', *Cymru Fydd*, IV, rhif 4 (1891), 233–4.

Ffestiniog, Bethesda a Wrecsam yn ystod ail hanner y ganrif yn sgil datblygiadau diwydiannol yr ardaloedd hynny.[65] Yn wir, erbyn diwedd y ganrif yr oedd gan bob un o'r prif drefi ei hargraffwasg ei hun, a honno'n aml iawn yn cynhyrchu mân gyhoeddiadau cyfnodol, lleol eu natur. Y mae lluosogrwydd y cylchgronau hyn ynddo'i hun yn arwydd sicr o brysurdeb llenyddol, a bu'n ffasiwn tan yn gymharol ddiweddar i fychanu a dilorni'r gweithgarwch llenyddol hwn, gan anghofio, efallai, fod amodau cymdeithasegol i lenyddiaeth hithau.[66] Wedi'r cyfan, gweithwyr cyffredin, at ei gilydd, yn llafurwyr, chwarelwyr a glowyr, oedd prif gynheiliaid y wasg drwy gydol y ganrif. Ac y mae'n bwysig inni geisio deall beth yn union oedd swyddogaeth llenyddiaeth i lenorion y cyfnod – llenyddiaeth sy'n gweld bywyd trwy lygaid y bobl gyffredin, ac sy'n fodd i daflu goleuni ar eu problemau, eu gobeithion a'u dyheadau. Yr oedd cyfran helaeth o olygyddion y wasg gylchgronol Gymraeg yn perthyn i'r un cefndir cymdeithasol â'u darllenwyr, ac y mae'n rhaid, felly, fod y cynnyrch llenyddol ei hun yn ddrych cywir i feddwl y cyfnod. 'Pan edrychwn ar lenyddiaeth Gymraeg, gellir ei galw yn llenyddiaeth y gweithwyr', meddai un o ohebwyr *Yr Eurgrawn Wesleyaidd* ym 1865. 'Y mae yn hollol yn nwylaw y gweithwyr, a gweinidogion yr efengyl, a'r gweinidogion hyny, gan mwyaf, wedi bod unwaith yn weithwyr llengar.'[67]

Y mae'n amlwg hefyd fod marchnad barod ar gyfer y cylchgronau hyn, marchnad a oedd bron yn gyfan gwbl yn nwylo'r enwadau crefyddol. Yn yr eglwysi, y capeli a'r ysgolion Sul y dosberthid y cyhoeddiadau hyn gan amlaf, er bod hynny ynddo'i hun yn dân ar groen nifer o'r saint. Ym 1847 protestiodd Brutus yn *Yr Haul* yn erbyn y duedd gynyddol i werthu llyfrau a chylchgronau yn yr eglwysi,[68] ond parhaodd yr arfer drwy gydol y ganrif.[69] Tasg anodd, fodd bynnag, yw ceisio dod o hyd i ffigurau pendant ynglŷn â chylchrediad y cyhoeddiadau cylchgronol hyn, yn bennaf oherwydd ychydig iawn o archifau a llyfrau

[65] Cafwyd cnwd toreithiog o astudiaethau sy'n trafod y tai cyhoeddi a'r gweisg lleol hyn yn ystod y blynyddoedd diwethaf. Gw., e.e., R. Maldwyn Thomas, 'Y Wasg Gyfnodol yn nhref Caernarfon hyd 1875, gyda sylw arbennig i Argraffwyr a Chyhoeddwyr' (traethawd MA anghyhoeddedig Prifysgol Cymru, 1979); Brynley F. Roberts, 'Argraffu yn Aberdâr', *JWBS*, XI, rhif 1–2 (1973–4), 1–53; J. Iorwerth Davies, 'The History of Printing in Montgomeryshire, 1789–1960', *MC*, 65 (1977), 57–66; ibid., 66 (1978), 7–28; ibid., 68 (1980), 67–85; ibid., 70 (1982), 71–98; ibid., 71 (1983), 48–60; ibid., 72 (1984), 37–44; ibid., 73 (1985), 38–53; David Jenkins, 'Braslun o hanes argraffu yn nhref Aberteifi', *JWBS*, VII, rhif 4 (1953), 174–92; Bedwyr Lewis Jones, *Argraffu a Chyhoeddi ym Môn* (Llangefni, 1976); Huw Walters, 'Gwasg gyfnodol tref Llanymddyfri', *CA*, XXX (1994), 57–69; Stan I. Wicklen, 'The History of Printing in the Conwy Valley up to 1914' (traethawd MA anghyhoeddedig Prifysgol Cymru, 1984).

[66] Gw. ymdriniaethau J. E. Caerwyn Williams, 'Amodau Cymdeithasegol Llenyddiaeth', *Lleufer*, V, rhif 3 (1949), 111–16; T. J. Morgan, *Diwylliant Gwerin ac Ysgrifau Eraill* (Llandysul, 1972).

[67] *Yr Eurgrawn Wesleyaidd*, LVII (1865), 19.

[68] *Yr Haul*, XII (1847), iii–iv. Gw. hefyd sylwadau 'Siôn yr Ochr Draw', 'Y Marchnadoedd Sanctaidd', ibid., XI (1846), 101–2.

[69] Cafwyd dadl frwd ar y pwnc hwn rhwng John Thomas, Bwlchnewydd (Lerpwl yn ddiweddarach) a Robert Jones, Trewen, yn nhudalennau'r *Diwygiwr* rhwng misoedd Chwefror a Rhagfyr 1848. Gw. hefyd 'Llyfrwerthu yn Nghymru', *Y Cylchgrawn*, 2 (1852), 62–3; 'Tŷ Fy Nhad yn Dŷ Marchnad', cyfres o lythyrau yn *Y Tyst a'r Dydd*, 26 Hydref – 14 Rhagfyr 1883.

cofnodion y tai cyhoeddi a'r swyddfeydd argraffu sydd wedi goroesi. Gwnaeth Thomas Stephens, Merthyr Tudful, arolwg o gyflwr y wasg gylchgronol a newyddiadurol Gymraeg ym mlynyddoedd canol y ganrif. Ysgrifennodd at brif gyhoeddwyr ac argraffwyr Cymru yn eu holi ynghylch eu cyhoeddiadau a'u cylchrediad. Eto i gyd, rhaid arfer cryn ofal wrth ddefnyddio'r dystiolaeth hon gan i rai o ohebwyr Stephens fod yn fwy parod nag eraill i ddatgelu eu cyfrinachau. Gwrthododd William Spurrell, yr argraffydd a'r cyhoeddwr o Gaerfyrddin, roi unrhyw fanylion am ei gyhoeddiadau ym 1858, a rhaid mai gwamalu oedd Josiah Thomas Jones, eto o Gaerfyrddin, pan atebodd ymholiad Stephens ynglŷn â chylchrediad *Y Drysorfa Gynnulleidfaol* ym 1846: 'Sir, in answer to your enquiry, I have to inform you that the extent of the *Drysorfa* circulation for this year is 1,500, – but next year it will nearly double the number.'[70] Cyhoeddodd Stephens ffrwyth ei ymchwil gynharaf yn *Y Wawr* ym 1851, a dyry inni ffigurau cylchrediad tri ar hugain o brif gylchgronau Cymru yng nghanol y ganrif. Gan fod manylion am gylchrediad cylchgronau'r cyfnod mor brin, cynhwysir rhestr Stephens yn y fan hon.[71] Rhoddir manylion am eu cysylltiadau enwadol, boed y rheini'n gysylltiadau swyddogol neu answyddogol mewn cromfachau:

Y Geiniogwerth (Methodistiaid Calfinaidd)	12,900
Cronicl y Cymdeithasau Crefyddol (Annibynwyr)	7,320
Y Gymraes	3,500
Y Golygydd (Annibynwyr)	3,000
Yr Athraw i Blentyn (Bedyddwyr)	3,000
Y Wawr-ddydd	2,580
Tywysydd yr Ieuainc (Annibynwyr)	2,500
Y Diwygiwr (Annibynwyr)	2,400
Y Drysorfa (Methodistiaid Calfinaidd)	2,300
Y Bedyddiwr	1,800
Y Wawr	1,700
Y Traethodydd (Methodistiaid Calfinaidd)	1,600
Seren Gomer (Bedyddwyr)	1,500
Y Dysgedydd (Annibynwyr)	1,512
Y Drysorfa Gynnulleidfaol (Annibynwyr)	1,500
Ifor Hael (Cymdeithas Gyfeillgar)	1,050
Yr Athraw (Methodistiaid Calfinaidd)	1,025
Yr Haul (Yr Eglwys Sefydledig)	1,000
Yr Adolygydd (Annibynwyr)	900
Yr Eurgrawn Wesleyaidd	900
Y Tyst Apostolaidd (Bedyddwyr)	900
Yr Ymofynydd (Undodiaid)	800

[70] LlGC, Llsgr. 965E, I, ff. 285.
[71] Stephens, 'Agwedd Bresennol Llëenyddiaeth yn Nghymru', 38.

Dengys y ffigurau hyn gryn amrywiaeth, ond gwyddys bod rhai cylchgronau a sefydlwyd ar ôl 1851, pan wnaeth Stephens ei arolwg, wedi llwyddo'n llawer gwell na'r un teitl a geir yn y rhestr hon. Ar gyfartaledd gwerthwyd 19,000 o gopïau o *Trysorfa y Plant,* misolyn i blant y Methodistiaid Calfinaidd dan olygyddiaeth Thomas Levi, ym 1864, ond cododd y ffigur hwnnw i gyfanswm o 45,000 o gopïau'r mis erbyn 1881.[72]

Cyhoeddiadau enwadol oedd y mwyafrif llethol o gylchgronau Cymraeg traean cyntaf y bedwaredd ganrif ar bymtheg, a dyma, ond odid, eu gogoniant a'u gwendid. Nid tan chwarter olaf y ganrif y gwelwyd ysgafnhau a seciwlareiddio cynnwys y cylchgrawn Cymraeg yn sgil sefydlu teitlau mwy poblogaidd megis *Y Geninen*, *Cyfaill yr Aelwyd*, *Cwrs y Byd*, *Cymru*, *Heddyw* a *Cymru'r Plant*. Yr oedd golygyddion y cyhoeddiadau hyn yn ymwybodol o'r peryglon a wynebai'r Gymraeg yn niwedd y bedwaredd ganrif ar bymtheg. At ei gilydd, felly, iaith crefydd a diwinyddiaeth, iaith eisteddfod a chymanfa oedd y Gymraeg i'r mwyafrif llethol o olygyddion cylchgronau'r ganrif. Nid oedd y Gymraeg o werth i'r sawl a oedd am ddod ymlaen yn y byd, fel yr honnodd John Roberts yn *Cronicl y Cymdeithasau Crefyddol* ym 1877:

> Nid yr ieithoedd goreu, cyfoethocaf eu hadnoddau, sydd yn byw ac ymeangu, onide, buasai gobaith am yr Hebraeg, Groeg, Lladin a'r Gymraeg; ond ieithoedd *masnach* sydd yn byw – ieithoedd cyfoeth ac anrhydedd. Y rhai hyn fynant fod yn ieithoedd swyddfâu, cledrffyrdd, telegraph, stiwardiaid, a'u harglwyddi; banciau, senedd-dai, cyfreithwyr, meddygon, llysoedd barn, a llysoedd brenhinol; a rhaid iddynt ddyfod yn ieithoedd pulpudau ac argraffdai. Dyna paham y mae y Ffrancaeg, Germanaeg, a'r Saesoneg wedi llethu yr ieithoedd a enwyd.[73]

Cyflwr ysbrydol a chrefyddol Cymru a oedd flaenaf ym meddyliau'r gwŷr hyn, ac yr oedd parhad Ymneilltuaeth yn llawer pwysicach yn eu golwg na pharhad y Gymraeg. I David Rees a'i gyd-olygyddion, yr oedd y Gymraeg yn bodoli, a'u dyletswydd hwy oedd ei defnyddio fel cyfrwng i ledaenu eu credoau.[74] Drwy hynny, a hynny'n unig, y gellid dylanwadu ar feddwl y genedl, a chan fod dyfodol yr iaith yn llaw Rhagluniaeth, ni ellid gwneud dim i atal ei thranc, os dyna oedd ewyllys Duw.

Y mae gwasg gylchgronol Gymraeg y bedwaredd ganrif ar bymtheg yn adlewyrchu syniadau a chymhlethdodau Cymry'r cyfnod ynglŷn â'r Gymraeg. Nid tan chwarter olaf y ganrif y gwelwyd ymgyrchu pendant o'i phlaid yn y cylchgronau, a hynny'n bennaf o ganlyniad i'r deffroad a ysgogwyd gan

[72] Ar Thomas Levi a'i gylchgrawn, gw. Dafydd Arthur Jones, *Thomas Levi* (Caernarfon, 1996), tt. 39–58; idem, 'Hen Swynwr y "Sorfa Fach": Thomas Levi (1825–1916)' yn Geraint H. Jenkins (gol.), *Cof Cenedl XI: Ysgrifau ar Hanes Cymru* (Llandysul, 1996), tt. 89–116.

[73] *Y Cronicl*, XXXV, rhif 407 (1877), 73.

[74] *Y Diwygiwr*, XX, rhif 234 (1855), iv.

weithgarwch cenedlaetholwyr fel Michael D. Jones, Emrys ap Iwan ac Owen M. Edwards. Yr hyn sy'n syfrdanol yw fod iaith leiafrifol fel y Gymraeg wedi gallu cynnal cynifer o gyhoeddiadau cyfnodol drwy gydol y ganrif. Yn wir, yr oedd Thomas Watts, Ceidwad Adran Llyfrau Printiedig yr Amgueddfa Brydeinig, eisoes wedi sylwi ar luosogrwydd y cylchgronau Cymraeg mor gynnar â 1861 pan ddywedodd: 'In almost every country the periodical portion of its literature has now assumed an importance unknown to previous stages of its history, but in no country is it so predominant as in Wales.'[75] Yr hyn sy'n destun diolch yw fod yr holl weithgarwch cyhoeddi hwn wedi digwydd yn y Gymraeg o gwbl. Yng nghyfarfodydd Cymanfa Gyffredinol y Methodistiaid Calfinaidd, a gynhaliwyd yn Aberystwyth ym 1867, datganodd Roger Edwards, Yr Wyddgrug, golygydd *Y Drysorfa* ar y pryd, y dylai gweinidogion yr enwad nid yn unig ymroi i bregethu fwyfwy yn Saesneg 'ond y dylai ein hawdwyr hefyd ysgrifenu yn yr iaith hono'.[76] Pe buasai golygyddion ac awduron y wasg gylchgronol Gymraeg wedi gweithredu yn ôl cyngor Edwards, a defnyddio Saesneg yn gyfrwng mynegiant, y mae'n sicr y buasai canlyniadau hynny o safbwynt dyfodol y Gymraeg wedi bod yn wirioneddol arswydus.

[75] Thomas Watts, *A Sketch of the History of the Welsh Language and Literature* (London, 1861), t. 68.
[76] 'Gweithrediadau y Gymanfa Gyffredinol', *Y Drysorfa*, XX, rhif 237 (1866), 388.

13

Yr Iaith Gymraeg a Newyddiaduraeth

ALED JONES

YN DDIARWYBOD IDDO, llwyddodd George Borrow yn ei ddisgrifiad o'i gyfarfyddiad damweiniol â chertmon mewn tafarn yn Llanarmon, sir Ddinbych, un prynhawn ym mis Hydref 1854 i ddal ennyd brin yn hanes yr iaith Gymraeg a newyddiaduraeth Gymraeg. Yn ôl Borrow, yr oedd y certmon yn craffu'n ddyfal ar bapur newydd Cymraeg a oedd yn llawn o adroddiadau digalon ar ryfel y Crimea:

> 'What news?' said I in English.
> 'I wish I could tell you,' said he in very broken English, 'but I cannot read.'
> 'Then why are you looking at the paper?' said I.
> 'Because,' said he, 'by looking at the letters I hope in time to make them out.'[1]

Gan syllu yn ddyfal ond yn ddiddeall ar yr hyn y gwyddai ei fod yn bwysig, safai certmon Borrow ar y ffin rhwng diwylliant llafar poblogaidd a diwylliant a fyddai cyn bo hir yn gyforiog o brint rhad. Yr oedd hyn yn gam ymlaen aruthrol i'r iaith Gymraeg o safbwynt ei hanes cymdeithasol. Y mae'r hanesyn hwn yn dangos dyhead unigolyn i fod yn llythrennog ond, yn fwy na hynny, y mae'n arwydd o dueddiadau dyfnach yn hanes diwylliannol Cymru yn ystod y bedwaredd ganrif ar bymtheg. Er bod ei Saesneg yn garbwl, yr oedd y certmon yn deall ac yn gallu cyfathrebu mewn dwy iaith. Yr oedd cyfrwng cyfathrebu printiedig cymharol newydd wedi dechrau ymwthio i mewn i'r byd llafar dwyieithog hwn. Yr oedd y 1850au, drwy'r Deyrnas Gyfunol, yn dyst i dwf cyflym gwasg bapurau newydd wythnosol a oedd am y tro cyntaf yn rhydd o lyffethair treth.[2] Erbyn y cyfnod hwn

[1] George Borrow, *Wild Wales* (London, 1955), t. 323. Yr wyf yn ddiolchgar i Dr Michael Roberts am dynnu fy sylw at y cyfeiriad hwn.

[2] Am wybodaeth bellach ar ddiddymu'r stampdoll, a adwaenid fel y 'Trethi ar Wybodaeth', gw. C. D. Collet, *History of the Taxes on Knowledge: Their Origin and Repeal* (London, 1933); J. H. Wiener, *The War of the Unstamped: A History of the Movement to Repeal the British Newspaper Tax, 1830–1836* (Ithaca, New York, 1969). Am hanes y wasg bapurau newydd yn Lloegr, gw. A. J. Lee, *The Origins of the Popular Press in England, 1855–1914* (London, 1976) ac L. Brown, *Victorian News and Newspapers* (Oxford, 1985). Am astudiaethau o newyddiaduraeth Gymraeg, gw. E. Morgan Humphreys, *Y Wasg Gymraeg* (Caernarfon, 1944), D. Tecwyn Lloyd, *Gysfenu i'r Wasg Gynt* (Caerdydd, 1980), ac Aled Gruffydd Jones, *Press, Politics and Society: A History of Journalism in Wales* (Cardiff, 1993).

hefyd yr oedd papurau newydd Cymraeg wedi ymledu o'r trefi lle y caent eu hargraffu ar gyfer cefn gwlad, a hynny'n bennaf trwy dafarnau pentref megis yr un yr ymwelodd George Borrow â hi yn Llanarmon. Yn ogystal â chwrw, ceid yn y dafarn y newyddion diweddaraf am y rhyfel yn Rwsia, a deuai cylch ehangach o bobl i glywed yr hanesion hyn ac i sgwrsio, dadlau a chellwair amdanynt. Drwy gyfrwng pobl lythrennog, daethai cynnwys amrywiol y papurau newydd yn wybodaeth gyhoeddus.[3] Bydd y bennod hon yn ystyried rhai o oblygiadau ehangach y newyddiaduraeth hon o safbwynt yr iaith Gymraeg a'i siaradwyr, proses a arweiniodd at roi mwy o sylw cyhoeddus i'r iaith a ffurfiau newydd ar ysgrifennu.

Yr oedd newyddiaduraeth yn gyfrwng cyfathrebu cymharol newydd yng Nghymru, a dilynai batrwm newyddiaduraeth Seisnig i raddau helaeth. Yn wahanol i'r hen almanaciau a'r cylchgronau gwleidyddol a chrefyddol a gyhoeddid yn yr ail ganrif ar bymtheg a'r ddeunawfed ganrif,[4] ni ddaeth y papurau newydd wythnosol i Gymru hyd droad y bedwaredd ganrif ar bymtheg, sef mwy na chanrif yn ddiweddarach na'r papurau newydd cyntaf i ymddangos yn Lloegr.[5] Cyhoeddwyd y rhifyn cyntaf o'r *Cambrian*, papur wythnosol Saesneg, yn Abertawe ym 1804, ac yno, ddeng mlynedd yn ddiweddarach, ym mis Ionawr 1814 y cyhoeddwyd *Seren Gomer*, y papur newydd Cymraeg cyntaf, gan Joseph Harris. Methodd *Seren Gomer* ar ôl deunaw mis ac, yn wyneb y methiant hwn, amharod iawn oedd cyhoeddwyr eraill i fentro cyhoeddi papurau newydd Cymraeg wythnosol. Ail-lansiwyd *Seren Gomer* fel cylchgrawn ym 1818, ond aeth ugain mlynedd a rhagor heibio cyn i gyhoeddwr arall fentro ailadrodd arbrawf newyddiadurol Harris. Yn fuan wedi i'r Dreth Stamp ar bapurau newydd gael ei gostwng o 4*d.* i 1*d.* ym 1836, lansiwyd *Cronicl yr Oes* gan Roger Edwards yn Yr Wyddgrug. Rhoddwyd y gorau i'w gyhoeddi ym mis Rhagfyr 1839 a bu hyn yn anogaeth i William Rees (Gwilym Hiraethog) geisio llenwi'r bwlch yn y farchnad Gymraeg gyda'r *Amserau*, a ymddangosodd gyntaf yn Lerpwl ym 1843. Bu llwyddiant y fenter hon, ynghyd â diddymu'r geiniog a oedd yn weddill o'r Dreth Stamp ym 1855, yn hwb i Thomas Gee lansio *Baner Cymru* ym 1857 (a adwaenid fel *Baner ac Amserau Cymru* pan gymerwyd *Yr Amserau* drosodd ym 1859).[6] Dechreuodd papurau newydd Cymraeg ymddangos mewn trefi eraill yng Nghymru, a lansiwyd y nifer mwyaf ohonynt yn ystod y 1850au, y 1870au a'r 1880au. Fel cyfran o gyfanswm y papurau newydd a gyhoeddid yng Nghymru yn

[3] Er ei fod yn anllythrennog, dangosodd y certmon yn ei sgwrs â Borrow fod ganddo farn gadarn a gwybodus eisoes am gryfderau cymharol byddinoedd Rwsia, Ffrainc a Phrydain, Borrow, *Wild Wales*, t. 323.

[4] Am hanes llawnach, gw. Geraint H. Jenkins, *Literature, Religion and Society in Wales, 1660–1730* (Cardiff, 1978) ac idem, *Thomas Jones yr Almanaciwr 1648–1713* (Caerdydd, 1980).

[5] Ym 1702 y cafodd y papur newydd dyddiol cyntaf ym Mhrydain, sef y *Daily Courant*, ei gyhoeddi. Am gronoleg hanes papurau newydd, gw. G. Boyce, J. Curran, a P. Wingate, *Newspaper History: From the 17th Century to the Present Day* (London, 1978), tt. 407–8.

[6] T. Gwynn Jones, *Cofiant Thomas Gee* (2 gyf., Dinbych, 1913). Gw. hefyd Philip Henry Jones, '*Yr Amserau*: The First Decade 1843–52' yn Laurel Brake, Aled Jones a Lionel Madden (goln.), *Investigating Victorian Journalism* (London, 1990), tt. 85–103.

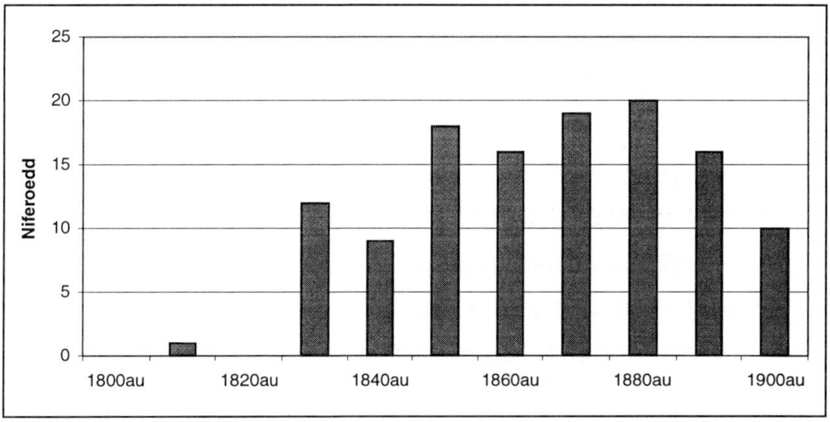

Ffigur 1. Nifer y newyddiaduron Cymraeg a lansiwyd, fesul degawd, 1800–1909

Ffynhonnell: Beti Jones, *Adroddiad ar gynllun NEWSPLAN yng Nghymru* (1994)

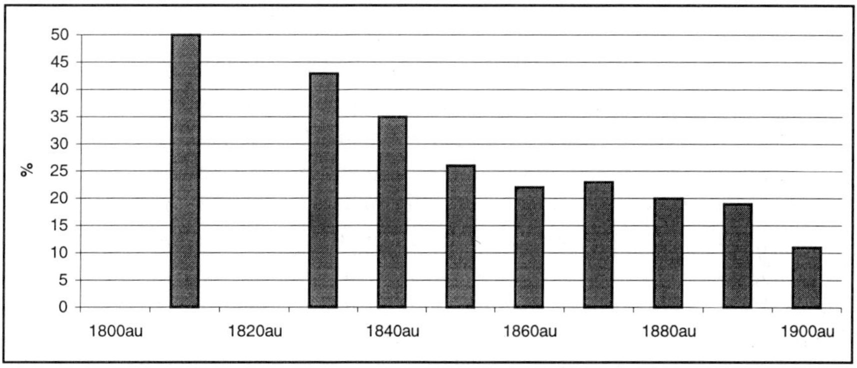

Ffigur 2. Y teitlau newydd Cymraeg a lansiwyd fel canran o gyfanswm y newyddiaduron a gyhoeddid, fesul degawd, 1800–1909

Ffynhonnell: Beti Jones, *Adroddiad ar gynllun NEWSPLAN yng Nghymru* (1994)

ystod y cyfnod hwn, fodd bynnag, bu gostyngiad graddol yn nifer y teitlau newydd a lansiwyd, ac eithrio yn y 1870au. Y rhesymau am hyn oedd twf newyddiaduraeth Saesneg yng Nghymru a'r ffaith fod y papurau newydd Cymraeg a fodolai eisoes wedi gorlwytho'r farchnad Gymraeg. Câi'r papurau newydd Cymraeg eu cynhyrchu mewn canolfannau lle'r oedd technoleg argraffu digonol a staff golygyddol a chysodi medrus yn ogystal â hysbysebwyr a darllenwyr. Y ganolfan gynhyrchu bwysicaf yn y bedwaredd ganrif ar bymtheg oedd Caernarfon, lle y lansiwyd un ar bymtheg o bapurau yn ystod y cyfnod hwn,

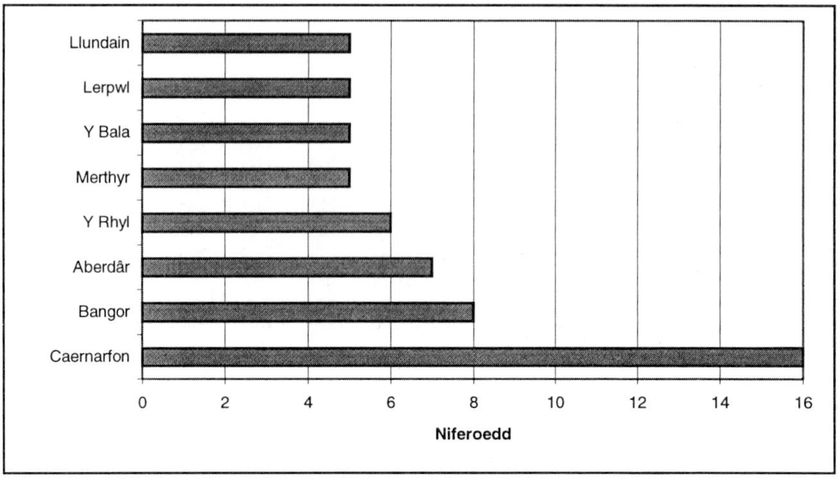

Ffigur 3. Prif ganolfannau cynhyrchu newyddiaduron Cymraeg, 1800–1899

Ffynhonnell: Beti Jones, *Adroddiad ar gynllun NEWSPLAN yng Nghymru* (1994)

ac wedyn Bangor (wyth), Aberdâr (saith), a'r Rhyl (chwech). Y mae'n arwyddocaol fod tair o'r pedair prif ganolfan ar arfordir gogledd Cymru, a'u bod yn ymyl neu o fewn pellter byr i orsafoedd rheilffordd newydd y lein o Gaer i Gaergybi. Yr oedd y rheilffordd yn hanfodol i dwf y papurau newydd. Dyma'r dull rhataf a mwyaf effeithiol o ddosbarthu copïau i fân-werthwyr a thanysgrifwyr, ac yr oedd hefyd yn ddull effeithiol o gasglu newyddion lleol ac o gludo llythyrau a phapurau newydd dyddiol, yn gyflym a rheolaidd, o rannau eraill o'r Deyrnas Unedig.[7] Yr oedd Merthyr a'r Bala, lle y lansiwyd cynifer o bapurau newydd Cymraeg ag yn Lerpwl neu Lundain, yn dilyn yn agos, gyda phum papur yr un.

Serch hynny, yr oedd twf y wasg Gymraeg, a ddiffinnir yn yr achos hwn gan nifer y teitlau newydd a ymddangosodd ym mhob degawd, yn dibynnu cymaint ar gyfuniad o dwf mewn poblogaeth, twf trefol, datblygiadau diwydiannol, gwelliannau technolegol mewn argraffu a diwygiadau deddfwriaethol ag yr oedd ar ddyfodiad y rheilffyrdd. Gydag un eithriad amlwg, yr oedd patrwm y twf hwnnw yn yr holl ganolfannau cynhyrchu Cymraeg eu hiaith yn cyfateb yn agos i batrwm ehangiad cyffredinol y wasg bapurau newydd ym Mhrydain o 1855 ymlaen. O'r ddwy dref ar bymtheg yng Nghymru lle y cynhyrchwyd un teitl

[7] Daeth y rheilffyrdd hefyd â chystadleuwyr Saesneg o du hwnt i'r ffin. Cofiai Borrow weld copi o'r *Bolton Chronicle* ger Llangollen ym 1854 (Borrow, *Wild Wales*, t. 115). Tanseiliwyd y farchnad bapurau newydd Cymraeg ymhellach o'r 1840au ymlaen gan bapurau Sul megis y *News of the World* a *Reynolds's News*. Wrth i nifer y Cymry a allai ddarllen Saesneg gynyddu, cynyddu hefyd a wnaeth cyfran y rheini a ddarllenai bapurau newydd Saesneg a gynhyrchid yng Nghymru, yn ogystal â phapurau'r wasg Brydeinig genedlaethol, ar draul teitlau Cymraeg. Am dwf gwasg Brydeinig 'genedlaethol' rymus, gw. L. Brown, *Victorian News and Newspapers*, passim.

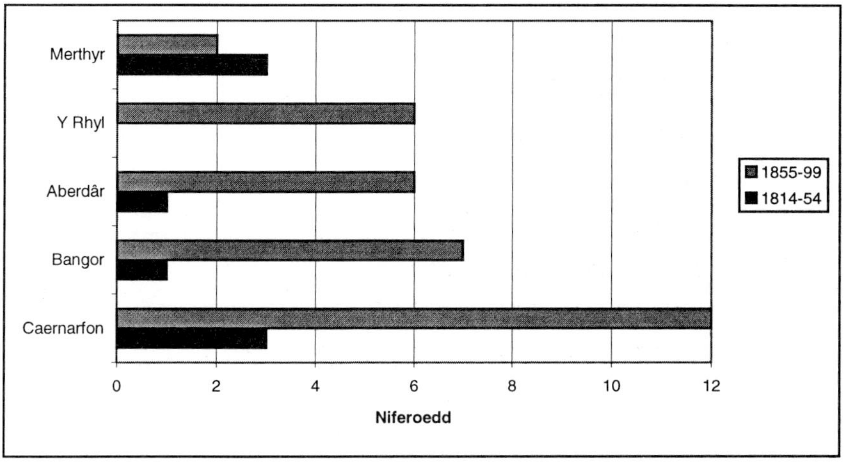

Ffigur 4. Nifer y newyddiaduron Cymraeg a lansiwyd cyn ac ar ôl 1855
Ffynhonnell: Beti Jones, *Adroddiad ar gynllun NEWSPLAN yng Nghymru* (1994)

Cymraeg yn unig yn ystod y bedwaredd ganrif ar bymtheg, dim ond mewn dwy dref, sef Caergybi a'r Bont-faen, y dechreuwyd cyhoeddi'r teitlau hynny cyn 1855, ac o'r wyth canolfan gynhyrchu bwysicaf a restrir yn Ffigur 3, dim ond ym Merthyr y lansiwyd mwy o deitlau Cymraeg cyn 1855 yn hytrach nag ar ôl hynny.

Er bod y papurau newydd Cymraeg yn hynod o debyg i'r llif o bapurau wythnosol rhanbarthol Saesneg a ymddangosai yn ystod y 1850au a'r 1860au o ran eu fformat, eu newyddion a'u hysbysebion, yr oedd, serch hynny, nifer o nodweddion arbennig yn perthyn iddynt, ac er bod eu golygyddion yn ymwybodol iawn o gynnwys, safonau newyddiadurol a thueddiadau gwleidyddol y papurau Saesneg hŷn a chyfoethocach, yr oedd eu hymateb i'r papurau hyn yn amrywio. Un ymateb oedd gwrthrychedd eironig, a gynhwysai elfen o ddirmyg ac ymdeimlad o ragoriaeth. Nid er mwyn talu teyrnged i'r *Times* y dewisodd William Rees yr enw *Yr Amserau* ar ei bapur ef ond yn hytrach er mwyn ei feirniadu a thynnu sylw at lygredd papur Llundain o'i gymharu ag urddas ei bapur yntau:

> Efe a gymer rybudd oddiwrth y dynghedfen druenus a dynodd ei *namesake* (yn yr iaith arall, sef *Times* Llundain,) arno ei hun, trwy droi oddiar lwybr gonestrwydd a gwirionedd, a thynu i lawr yr hyn gynt a adeiladasai; cablu a dirmygu yr egwyddorion o ryddid a chyfiawnder y buasai unwaith yn eu proffesu a'u hamddiffyn; – gwerthu ei hunain i bob isel-fudr wasanaeth, hyd nes aeth ei ddryg-nodwedd yn ddiarebol drwy holl Ewrop . . .[8]

[8] *Yr Amserau*, 23 Awst 1843.

Nodwedd arall a berthynai i bapurau Cymru oedd diffyg ffin ieithyddol bendant. Y mae'n bwysig cofio y ceid deunydd Cymraeg yn y papurau Saesneg yn ogystal ag yn y rhai Cymraeg, ac y gallai'r rhan fwyaf o'r golygyddion a'r gohebwyr Cymraeg eu hiaith, yn ogystal â'r darllenwyr, newid o'r naill iaith i'r llall yn ddidrafferth. Hysbysodd Lewis William Lewis (Llew Llwyfo) ddarllenwyr *Y Gwron* ei fod wedi gadael y papur, a oedd yn eiddo i'r Parchedig Josiah Thomas Jones o Aberdâr, ym mis Ionawr 1858, 'being unable to maintain himself and his family; and that he [had] been engaged to carry out a new project BY A PARTY THAT WILL PAY him for his services'.[9] Y papur y symudodd ato oedd y papur Saesneg, y *Merthyr Telegraph*, a gyhoeddid yn y dref honno gan Peter Williams. Yr oedd ef yn ddigon parod i anwybyddu honiadau cyn-gyflogwr Llew Llwyfo ei fod yn aneffeithiol ac yn absennol o'i waith yn aml. Fe'i cyflogwyd gan y *Merthyr Telegraph* yn bennaf i ofalu am y golofn farddol, sef 'Y Gongl Gymreig', ac yr oedd y rhan fwyaf o'r deunydd a ymddangosai ynddi yn y Gymraeg, er mai Saesneg oedd iaith y papur. Ystyriaeth arall i'r mwyafrif o'r papurau Cymraeg oedd y ffaith nad oedd ganddynt lawer o arian. Ychydig iawn ohonynt a allai ddenu hysbysebion a darllenwyr i'r un graddau â'r papurau Saesneg. Oherwydd hyn, yr oedd yn anodd iawn iddynt gadw gohebwyr poblogaidd megis Llew Llwyfo, a allai gael swyddi brasach gyda phapurau Saesneg. Fel y nododd William Rees yn *Yr Amserau*, yr oedd gwaith golygydd papur Cymraeg yn dra gwahanol ei natur i waith golygydd papur Saesneg, a'r tâl a dderbyniai yn llawer llai:

> beth yw llafur Golygydd Newyddiadur Seisnig mewn cymhariaeth i un Cymreig? Y mae y papurau Seisnig yn gallu helpio eu gilydd, pan y rhaid i'r Golygydd Cymreig, ysgrifenu, nid ei *leading article* yn unig, ond cyfieithu ac ysgrifenu yr holl newyddion gyda hyny . . . am lai na degwm y tâl a ga y Golygyddion Seisnig.[10]

Ond nodwedd hynotaf newyddiaduraeth Gymraeg yn y bedwaredd ganrif ar bymtheg mewn perthynas â hanes yr iaith Gymraeg oedd ffenomen y papur newydd crefyddol. Er eu bod yn debyg i'r papurau masnachol wythnosol o ran eu ffurf, eu maint, eu cynllun a'u cyfuniad o newyddion, erthyglau golygyddol a hysbysebion, yr oedd papurau megis *Y Goleuad*, a lansiwyd gan y Methodistiaid Calfinaidd ym 1869, yn disgrifio'r byd o safbwynt crefydd a gwleidyddiaeth Gymreig. Byddai'r enwadau crefyddol yn noddi'r papurau a roddai lais i'w barn drwy sicrhau golygyddion, gohebwyr, hysbysebwyr, cyhoeddwyr a rhwydweithiau dosbarthu iddynt, ynghyd â chymorth ariannol ar adegau o galedi.[11] Nid cyd-ddigwyddiad oedd y ffaith fod mwyafrif llethol golygyddion y papurau Cymraeg yn y bedwaredd ganrif ar bymtheg yn weinidogion ordeiniedig gydag un o'r prif enwadau crefyddol. Credai'r Ymneilltuwyr yn enwedig fod lledaenu

9 *Merthyr Telegraph*, 2 Ionawr 1858.
10 *Yr Amserau*, 3 Rhagfyr 1846.
11 Am hanes llawnach *Y Goleuad*, gw. R. Buick-Knox, *Wales and 'Y Goleuad'* (Caernarfon, 1969).

newyddion yn y Gymraeg yn weithred grefyddol. Câi darllenwyr *Yr Amserau*, sef y papur yr oedd certmon Borrow yn syllu arno ym 1854, yn fwy na thebyg, eu herio â'r arwyddair 'oni fedrwch arwyddion yr amserau?'[12] Yr oedd y dyfyniad o Mathew 16:3 yn awgrymu bod modd i'r darllenydd ddarganfod arwyddion yr amserau drwy astudio'r papur. Ym 1857 eglurodd Samuel Evans o Gaerfyrddin, golygydd *Seren Cymru*, a ogwyddai tuag at y Bedyddwyr, natur y berthynas rhwng newyddiaduraeth a chrefydd i'r darllenwyr. Dadleuai ei bod yn ddyletswydd ar grefyddwyr i brynu papurau crefyddol Cymraeg am ddau reswm:

> Dylem ni, fel crefyddwyr, ddeffroi o ddifrif; mae y wasg anffyddaidd yn y deyrnas hon yn troi allan fwy o lyfrau ddeg o weithiau bob blwyddyn nâ'r wasg sydd yn cefnogi crefydd! . . . Nid wyf yn golygu mai pethau crefyddol sydd, nac a ddylent fod, mewn pob newyddiadur; ond dylid cofio fod adnabyddiaeth âg amgylchiadau yr oes, ïe, pob gwybodaeth, yn talu treth i grefydd Crist.[13]

Yr oedd goblygiadau ideolegol grymus i'r syniad fod crefydd yn ffenomen wleidyddol, a bod prynu papur newydd yn rhyw fath o dreth grefyddol a wrthweithiai lif y cyhoeddiadau digrefydd ac a alluogai'r rheini a weithredai yn unol â'r wybodaeth ynddynt i fod yn well Cristnogion. Yr oedd hyn i'w weld yn fwyaf amlwg yn iaith newyddiaduraeth wleidyddol. Er bod y wasg Gymraeg ar lawer ystyr ynghlwm wrth wleidyddiaeth bleidiol Brydeinig, datblygodd ei geirfa grefyddol-wleidyddol a'i harddull rethregol ei hun. Y mae'r dyfyniad canlynol o erthygl olygyddol yn *Y Goleuad* adeg gorchfygu Ffrainc a sefydlu Comiwn Paris ym 1871 yn dangos sut y gellid rhoi gwedd hollol Gristnogol ac efengylaidd ar stori newyddion:

> Ffrainc a'i pheryglon
>
> Wedi'r cwbl, y gelyn penaf a fedd Ffrainc i arswydo rhagddo ydyw hi ei hun. Mae ei pherygl y dyddiau hyn yn cyfodi, nid oddiar orthrwm a thrahausder y Germaniaid yn gymaint ag oddiar annoethineb, byrbwylldra, a balchder calon y genedl. Mae drwg-nwydau cenedlaethol y Ffrancod yn amlwg o ddechrau y rhyfel hyd ei derfyniad . . . Mae gennym bob achos i ddiolch am drefn a manteision y sefydliadau yr ydym ni danynt yn y wlad hon: ac yn neillduol am y dylanwad mawr sydd gan y Bibl, ac egwyddorion y Bibl, ar feddwl a chalon helaeth o drigolion Prydain.[14]

Nid cyrff crefyddol yn unig a oedd o blaid creu ffurfiau newydd ar newyddiaduraeth Gymraeg. Bydd y darllenwyr yn gyfarwydd â chyfraniad

12 *Yr Amserau*, 23 Awst 1843.
13 *Seren Cymru*, 3 Hydref 1857.
14 *Y Goleuad*, 11 Mawrth 1871.

Rhyddfrydiaeth Gymreig (y mae'n anodd yn aml gwahaniaethu rhyngddi ac Ymneilltuaeth),[15] ond gwyddys llawer llai am weithgareddau'r Blaid Geidwadol.[16] Ym 1877 cyfieithwyd pamffledi Toriaidd i'r Gymraeg ar gyfer eu dosbarthu yng Nghymru,[17] a blwyddyn yn ddiweddarach rhoddwyd grant i Gynghrair Ceidwadol Gogledd Cymru i'w alluogi i gyhoeddi pamffledi yn y Gymraeg.[18] Ym 1890, yn fuan wedi'r cynnydd yn nifer yr etholwyr yng Nghymru yn sgil Deddf Diwygio'r Senedd 1885, yr oedd William Barton o swydd Birmingham yn feirniadol o'r ffaith fod llenyddiaeth etholiadol Saesneg yn cael ei dosbarthu mewn ardaloedd Cymraeg eu hiaith, ac awgrymodd y byddai yr un mor fuddiol i'w hargraffu mewn Tsieineeg.[19] Ddwy flynedd yn ddiweddarach disgrifiodd F. McLure o Ddwyrain Morgannwg yn ddiflewyn-ar-dafod fel yr oedd bywiogrwydd y wasg Ymneilltuol Ryddfrydol Gymraeg yn tanseilio gobeithion y Blaid Doriaidd yn ne Cymru:

> In addition to the other powers ranged against us, we have also the vernacular press, the Welsh press. It is not only exceedingly radical, but it is edited by nonconformist ministers, and the same conduct they carry on as political agents is carried on in the Welsh press from week to week, and we have no means, no power, of contending with that except by the distribution of literature and also by establishing some papers on our own behalf.[20]

Er gwaethaf galwadau cyson gan gefnogwyr yng Nghymru a Lloegr, ychydig iawn o gymorth a rôi'r Blaid Geidwadol yn ganolog i bapurau newydd Cymraeg Ceidwadol gwan megis *Y Dywysogaeth* i herio goruchafiaeth Ymneilltuaeth Ryddfrydol dros ddiwylliant gwleidyddol Cymru yng nghanol oes Victoria. Ar wahân i'r efengylu gwleidyddol, prif swyddogaeth y papurau newydd oedd gwerthu newyddion a cheid yn y rhan fwyaf ohonynt amrywiaeth o newyddion lleol, cenedlaethol a thramor. Cyfieithiadau neu grynodebau o'r hyn a geid yn y papurau Saesneg oedd y newyddion tramor yn ddieithriad bron. Dyna sut yr oedd cylchgronau megis *Yr Haul* ym 1835 yn gallu cynnwys amrywiaeth mor eang o ddeunydd tramor (cafwyd adroddiadau newyddion o ddeuddeg gwlad ar dri chyfandir mewn un rhifyn cynnar). Ysgrifennid yr adroddiadau lleol, sut bynnag, gan ohebwyr lleol, a gâi eu talu fesul llinell, neu gan y golygydd ei hun. Araf ac

[15] Am astudiaethau o'r gydberthynas rhwng newyddiadurwyr, cyrff Ymneilltuol a'r Blaid Ryddfrydol yng Nghymru, gw., e.e., Kenneth O. Morgan, *Wales in British Politics 1868–1922* (arg. diwygiedig, Cardiff, 1970), ac idem, *Rebirth of a Nation: Wales 1880–1980* (Oxford, 1981).

[16] Y mae'r anghydbwysedd hwn yn cael ei gywiro'n raddol; gw., e.e., Felix Aubel, 'The Conservatives in Wales 1880–1935' yn Martin Francis ac Ina Zweiniger-Bargielowska (goln.), *The Conservatives and British Society, 1880–1990* (Cardiff, 1996), tt. 96–110.

[17] *Archives of the British Conservative Party* (Harvester Microfilm) 1877, t. 4.

[18] Ibid., 1878, t. 4.

[19] Ibid., 1890, t. 49.

[20] Ibid., 1892, t. 32.

ansicr iawn, serch hynny, oedd datblygiad arddull adrodd newyddion ddarllenadwy a phwrpasol yn y Gymraeg. Yr oedd dylanwad y Beibl yn drwm ar arddull amryw o'r adroddiadau lleol cynnar, fel y dengys yr adroddiad canlynol ar ddamwain farchogaeth a ymddangosodd yn *Y Gwron* yng Nghaerfyrddin ym 1852:

> W. G. H. Thomas, Yswain, o'r dref hon, a gyfarfu a dygwyddiad peryglus, yr hyn a allasai droi allan yn angeuol iddo. Yr oedd er ys tro wedi bod yn anhwylus, ac un diwrnod, aeth allan i farchogaeth, ac ar ei ffordd tuag adref, dychrynodd yr anifail a farchogai, ac yntau a syrthiodd i'r llawr oddiar ei gefn. Cafodd archoll ar ei ben, a briwiau ereill; anfonwyd am feddygon yn ddioed, a thrwy diriondeb rhagluniaeth y mae eto ar wellad.[21]

Erbyn 1880, fodd bynnag, ceid arddull fwy soffistigedig. Cymharer y dyfyniad uchod â pharagraff agoriadol yr adroddiad canlynol ar ffrwydrad mewn pwll glo yn Rhisga, a ymddangosodd yn *Baner ac Amserau Cymru* ym mis Mehefin 1880:

> Yn gynnar boreu heddiw, yn Risca, digwyddodd un o'r trychinebau arswydus hyny sydd, fel y mae yn ofidus gorfod dyweyd, yn cymmeryd lle mor fynych yn maes glô Deheudir Cymru, a'r tebygolrwydd ydyw, nad oes dim llai na chwech ugain o fywydau wedi syrthio yn aberth iddo. Pan oedd yr ysgrifenydd yn myned yn nhyfeiriad mangre y trychineb, yr oedd gweithfeydd y Rhiwderyn a Rogerstone yn anfon colofnau anferth o ager a nwy i fyny i'r awyrgylch; a'r rhai hyny yn ymgymysgu gyda ac yn ymgolli yn fuan yn y cymmylau dyfrllyd oeddynt wedi eu taenu yn isel dros yr holl fro.[22]

Nid y ffaith fod un ohonynt yn ymdrin â thrychineb llawer mwy difrifol yw'r unig wahaniaeth rhwng y ddau adroddiad – y mae arddull yr ail ddyfyniad yn llawer mwy brathog. Yn bwysicach fyth, y mae'r ail ddyfyniad yn adroddiad llygad-dyst. Yr oedd y gohebydd yno, a gall y darllenydd ddychmygu ei fod ef yno hefyd. Y mae'r gohebydd, drwy ei ddisgrifiad byw o'r tirlun, yn arwain y darllenydd i mewn i stori'r trychineb enbyd. Y mae gweddill yr adroddiad sylwgar a gwybodus, tudalen gyfan ohono, yn cynnal yr awyrgylch a grëwyd ar y cychwyn, ac y mae nid yn unig yn adrodd stori sy'n ymagor o flaen y darllenydd ond hefyd yn llwyddo i greu ymdeimlad o ofnadwyaeth, digalondid, tristwch a thrasiedi. Yr oedd galw am ddulliau newydd o ysgrifennu i ymdrin â materion diwydiannol, a gwelwn mewn adroddiadau fel hwn nid yn unig ddechreuad ffurf Gymreig newydd ar newyddiaduraeth ond hefyd ddull newydd o ysgrifennu yn y Gymraeg.

Er gwaethaf datblygiadau o'r fath, yr oedd ansawdd yr iaith a ddefnyddid mewn papurau newydd yn destun pryder i rai darllenwyr. Yr oedd amryw o'r farn fod y

[21] *Y Gwron*, 22 Ebrill 1852.
[22] *BAC*, 21 Gorffennaf 1880.

wasg newydd yn gyfrwng nerthol a dueddai i beryglu safonau llenyddol, a dichon i gyfieithiadau brysiog o ffynonellau Saesneg, ynghyd â defnydd o briod-ddulliau'r iaith honno, ychwanegu at yr anfodlonrwydd hwn. Cwynai un adolygiad o'r wasg ar ddiwedd y bedwaredd ganrif ar bymtheg am iaith salw y papurau Cymraeg a chollfarnai eraill eu harddull 'rodresgar, Seisnigaidd'.[23] Wrth edrych yn ôl, gellir dadlau nad oedd y feirniadaeth hon yn hollol deg. Y mae'n amlwg fod rhai golygyddion yn awyddus iawn i'w papurau chwarae rhan flaenllaw yn yr ymgyrch i wella'r Gymraeg, yn llafar ac yn ysgrifenedig. Mewn datganiad 'I'r Cymry' a argraffwyd yn rhifyn cyntaf *Seren Gomer* pan ail-lansiwyd ef ar 28 Ionawr 1818, mynnodd y golygydd nad oedd dirywiad y Gymraeg yn anochel, a cheisiodd ddefnyddio'r papur fel rhan o'r genhadaeth i roi bywyd newydd i'r iaith:

> Yr ydym hyderus fod llawer eto yn ein gwlad yn hiraethlon am weled eu hiaith yn cael ei phuro fwy-fwy, a phob rheidiol nawdd yn cael ei weini iddi, modd y gellai yn ei henaint adnewyddu ei nerth, ac ymddangos fel dynes ieuanc ymlodau ei dyddiau, er bod estroniaid wedi bwyta ei chryfdwr, a phenwyni wedi ymdaenu ar hyd-ddi, a'i haml feibion yn anystyriol o hyny. – Cawsom achos i gredu fod ein *Seren* ddiweddar wedi gwneuthur ychwaneg o ddaioni nag a ragfeddyliasom, trwy dywys cànoedd i ddarllen a deall Cymraeg . . .[24]

Awgrymwyd mai un o gryfderau newyddiaduraeth oedd ei gallu i buro, safoni a meithrin cadernid Cymraeg llafar ac ysgrifenedig:

> Oni chynhelir rhyw gyfrwng cyffredin o'r fath hyn, buan iawn yr â yr hyn a elwir Cymraeg, mor aniben a chlytiog ag yw'r Saesneg a'r Ffrangaeg, ac yn anheilwng o arddeliad; yn awr y mae cryn wahaniaeth mewn siarad, nid yn unig rhwng y bobl yn gyffredin, ymhob sîr, ond rhwng athrawon ac ysgrifenwyr, a'r argraff-wasc wedi ei darostwng i fympwy dynion o wahanol feddyliau a thueddiadau; ac er fod y rhan fwyaf yn galw am iaith ysgrythurol, gan dybied y medrant ddeall eu Beiblau, ond hawdd profi fod llawer o eiriau yn cael eu harferyd mewn gwahanol barthau o'r Dywysogaeth mewn ystyr llwyr wahanol i'r hwn y defnyddir hwy yn y llyfr sanctaidd.[25]

Yn yr un modd, dylai newyddiaduraeth Gymraeg dda wella safon addysg y Cymry yn gyffredinol, fel na chaent eu hystyried yn israddol i'r Saeson o ran gwybodaeth a gallu: 'Hefyd, tost yw meddwl fod Cymro yn amddifad o foddion gwybodaeth, a thrwy hyny yn ymddangos fel creadur wedi ei hurtio, yn ymyl Sais, a fyddo yn

[23] John Rhys a David Brynmor-Jones, *The Welsh People* (London, 1900), t. 510, a *Bywg.*, t. 470, s.v. Owen Jones (Meudwy Môn, 1806–89): 'Y mae ei rwysgedd geiryddol a'i ddiffyg cynildeb yn enghraifft o arddull rodresgar, Seisnigaidd y 19eg g. ar ei gwaethaf.' Bum mlynedd a thrigain ynghynt yr oedd Ieuan Gryg wedi beirniadu safon y Gymraeg ysgrifenedig yn *Y Cenhadydd*, 15 Awst 1841.

[24] *Seren Gomer*, 28 Ionawr 1818.

[25] Ibid.

yr un sefyllfa fydol ag yntef.'[26] Efallai y byddai'n deg edrych ar y datganiad hwn, a welir ar ddechrau'r ail gyfres o *Seren Gomer* ym 1818, fel maniffesto i'r wasg Gymraeg. O'r adeg hon ymlaen gellid dadlau bod newyddiaduraeth Gymraeg yn arddel swyddogaeth ddeublyg. Er bod pob papur, i raddau, yn ceisio cyflwyno gwybodaeth ac addysgu a diddanu ei ddarllenwyr, yr oedd gan y papurau Cymraeg hefyd genhadaeth, uniongyrchol neu anuniongyrchol, i ddiogelu, gwella ac estyn yr iaith Gymraeg.[27] Rhoddai'r dimensiwn ieithyddol a diwylliannol hwn sêl genhadol a phwysigrwydd i'w gwaith (a hunanbwysigrwydd hefyd, efallai) a oedd ymhell y tu hwnt i'r hyn a awgrymid gan eu helw neu eu ffigurau cylchrediad. Nid yw hyn yn golygu, wrth gwrs, fod pob papur yn llwyddo bob amser i gyrraedd safonau uchel *Seren Gomer*, ond gwnaeth nifer ohonynt ymgais fwriadol i ddefnyddio eu dylanwad i 'buro' yr iaith. Er enghraifft, rhoes Samuel Evans, golygydd *Seren Cymru*, gryn sylw i'r materion a godwyd gan y Parchedig Daniel Silvan Evans mewn papur ar wella'r iaith Gymraeg a ddarllenwyd yn Eisteddfod Porthmadog ym mis Hydref 1851. Mynnai Silvan Evans, offeiriad Anglicanaidd a ddaeth yn Athro'r Gymraeg yn y coleg prifysgol newydd yn Aberystwyth ym 1875, y dylid creu orgraff safonol ar gyfer yr iaith ac y dylid ymgynghori ag ysgrifenwyr a beirniaid drwy Gymru er mwyn cytuno ar y rheolau sylfaenol ar gyfer y fenter. Drwy roi lle i'r ddadl hon yn *Seren Cymru*, darparodd Samuel Evans lwyfan lle y gallai'r genedl gyfan drafod y pwnc yn effeithiol, a chwaraeodd yntau ran flaenllaw yn y gwaith o osod fframwaith y ddadl. Eglurodd ei amcanion mewn erthygl flaen a gyhoeddwyd ym mis Hydref 1851:

Eisteddfod Porthmadog a'r Iaith Gymraeg

> Nid ydym ni . . . yn barnu fod yn analluadwy cael yr Iaith, o ran ei sillebiaeth, beth bynag, i ryw radd o unffurfiaeth . . . Er mwyn cyflawni hyn, yr ydym yn awr yn hysbysu y bydd i ni gyhoeddi rhes o Draethodau ar Iawn-lythreniaeth y Gymraeg . . . yn y rhai yr egluw ein barn yn gyflawn ar y pwnc, ac ymdrechwn beidio gosod dim gerbron heb ei fod yn sylfaenedig ar ansawdd a theithi yr Iaith; ac hefyd byddwn yn gwahodd pawb a ewyllysiont, i ddyfod yn mlaen i wneyd sylwadau ar y Traethodau hyny, os byddant yn anghytuno a'u hegwyddorion a'u cynnwysiad; ond gan y byddwn ni yn ysgrifenydd adnabyddus, byddwn yn dysgwyl i bawb ereill ysgrifenu yn eu henwau priodol, er mwyn cadw o fewn terfynau boneddigeiddrwydd a 'chymmydogaeth dda'. Trwy y mesur hwn, bydd i'r pwnc gael ei egluro yn drwyadl, a bydd holl Lenorion Cymru yn deall meddyliau eu gilydd . . .[28]

26 Ibid.

27 Yr wyf yn ddyledus i Mr Dylan Iorwerth am fy narbwyllo o bwysigrwydd tymor-hir y materion a godwyd yn anerchiad agoriadol *Seren Gomer* ym 1818.

28 *Seren Cymru*, 30 Hydref 1851.

Anghytunai'r golygydd â Silvan Evans ar un mater pwysig, fodd bynnag. Yr oedd yr Eisteddfod wedi galw am gynhadledd o ysgrifenwyr (rhyddiaith a barddoniaeth) a beirniaid i geisio datrys yr anawsterau lu a wynebid wrth safoni Cymraeg ysgrifenedig, ond mynnai *Seren Gomer* y dylai carfan arall lai amlwg ond yr un mor gymwys o fewn y byd diwylliannol yng Nghymru fod ynghlwm wrth y fenter, sef yr argraffwyr. Byddai ysgrifenwyr a beirniaid yn anghytuno â'i gilydd ar faterion arddull lenyddol, a chredai Samuel Evans fod gan y cysodwyr yn aml well syniad o sut i sillafu ac atalnodi:

> Gwyddom am rai Cyssodwyr yn Nghymru ag sydd yn deall y pwnc yn lled dda; a gwr Awdwyr hefyd, ei bod yn arferiad cyffredinol ganddynt i 'adael y sillebiaeth a'r attalnodau i ofal y rhai hynny', a chyfaddefa llawer, yn ddigon rhwydd a gonest, 'nad ydynt hwy yn deall dim ar y pynciau hyny'.[29]

Dymunai atgoffa llenorion y dydd fod ansawdd eu gwaith, a'r ffaith ei fod yn ddarllenadwy, yn dibynnu nid yn unig ar eu dawn greadigol ond hefyd ar y modd y câi ei drosglwyddo, hynny yw, ar ymdrechion anhepgor argraffwyr a golygyddion llyfrau, cylchgronau a phapurau newydd, na roid cydnabyddiaeth briodol iddynt yn aml. Ymddangosodd y colofnau hyn ar safoni'r Gymraeg, 'Llythyriaeth yr Iaith Gymraeg', yn gyson yn *Seren Cymru* hyd 13 Mai 1852. Ymddengys i'r mwyafrif, os nad y cyfan ohonynt, gael eu hysgrifennu gan Daniel Silvan Evans ei hun, a chyhoeddodd lyfr yn dwyn yr un pennawd ym 1856. Ddwy flynedd yn ddiweddarach, pan oedd yn olygydd *Y Brython* yn Nhremadog, argraffodd gyfres newydd o erthyglau ar ramadeg, iaith a diwylliant Cymru dan y teitl 'Llên y Werin', 'Ieithyddiaeth' a 'Yr Iaith Gymraeg'.[30] Y mae hefyd yn werth nodi y byddai amryw o olygyddion a chyhoeddwyr papurau newydd yn annog eu darllenwyr i ddysgu siarad ac ysgrifennu Saesneg. Dadleuai David Owen (Brutus), golygydd *Yr Haul* o 1835 hyd ei farwolaeth ym 1865, yn gyson o blaid ehangu gwybodaeth o'r Saesneg yng Nghymru, ac erbyn diwedd y 1870au yr oedd Thomas Gee, cyhoeddwr *Baner ac Amserau Cymru*, wedi darparu nifer o ffyrdd ymarferol i wneud hyn drwy gynhyrchu pum geiriadur Cymraeg-Saesneg a dau lawlyfr poblogaidd ar gyfer dysgu Saesneg.[31]

Câi erthyglau a chyhoeddiadau addysgol o'r fath eu hanelu at ysgrifenwyr a oedd wedi ennill eu plwyf ac at y rheini nad oedd ganddynt fawr ddim profiad o ysgrifennu i'r wasg. Y mae'n anodd dweud a ysgogwyd darllenwyr ganddynt i ysgrifennu ond y mae'n sicr i fodolaeth papurau newydd lleol, rhad, a anogai eu darllenwyr i gyfrannu, symbylu rhai darllenwyr o leiaf i fentro ysgrifennu i'r wasg.

29 Ibid.

30 *Y Brython*, 25 Mehefin 1858, 2 Gorffennaf 1858.

31 Gw. *A Catalogue of Works, Printed and Published by Thomas Gee, Denbigh, Sept 1878*; John Ceiriog Hughes, *Oriau'r Bore: Llyfr II* (Wrexham, [1862]), t. 9.

Gwnaent hyn drwy anfon llythyrau at y golygyddion a chynnig caneuon a cherddi ar gyfer eu cyhoeddi, a llwyddai'r papurau newydd yn enwedig i greu diwylliant bywiog o ysgrifennu poblogaidd mewn llawer rhan o Gymru. Fel y gellid disgwyl, yr oedd llythyrau'r darllenwyr yn ymdrin ag ystod eang o bynciau, yn faterion plwyfol a thramor, gwleidyddol a llenyddol. Byddai rhai golygyddion yn cyhoeddi atebion byr i lythyrau nas argraffwyd, tra byddai eraill yn neilltuo tudalen gyfan i gyfraniadau eu darllenwyr. I'r golygydd yr oedd y cyfraniadau hyn ar eu gorau yn creu dadl a fyddai'n hybu gwerthiant, ac ar eu gwaethaf yn ddull rhad o lenwi gofod, ond i'r darllenydd yr oeddynt o gryn ddiddordeb am ddau reswm: rhoddent amcan o farn unigolion ac, mewn rhai achosion, o'r farn gyhoeddus ar adegau neilltuol, a chynhwysent hefyd, yn anfwriadol yn aml, bytiau gwerthfawr o newyddion a allai fod wedi mynd i ddifancoll. Dengys y llythyr canlynol, a ymddangosodd yn *Y Fellten*, papur wythnosol Merthyr, ym mis Mai 1874, yn glir fel yr oedd rhai o'r llythyrau yn ateb y ddau ddiben:

> Mr Gol., – Yr ydym ninau bellach fel Alcanwyr Ystalyfera, wedi ein taflu i ben ein ffyrdd, ac ni wyddom am ba achos: am hyny penodwyd tri o ddynion cymhwys i siarad â'r meistr ar y mater, a chafwyd yn hysbys mai yr achos oedd, 'am ein bod yn Undebwyr;' ond yr ydym eisoes wedi canfod gormod gwerth mewn Undeb i'w gollwng o'n gafael, a bydded i ni, frodyr anwyl, gadw ein Hundeb i fyny, nes cael holl drais a gormes Ystalyfera, yn gydwastad â chyfiawnder.[32]

Yn dilyn y brawddegau agoriadol grymus hyn cafwyd adroddiad manwl ar orymdaith a rali y gweithwyr tunplat, lle'r anerchwyd y dorf yn y ddwy iaith gan siaradwyr a wrthwynebai'r cloi allan. Y mae'r dyfyniad uchod yn stori newyddion, yn ble dros hawliau undebau llafur yn ogystal ag yn apêl am gefnogaeth gyhoeddus ar seiliau moesol tegwch a chyfiawnder. Dengys y llythyr hwn, a luniwyd gan ŵr nad oedd yn ysgrifennwr proffesiynol, ei fod yn ymwybodol o bwysigrwydd y gair printiedig yn ogystal â'r gair llafar. Y mae'r colofnau barddol ffyniannus hefyd yn dyst i ymrwymiad ysgrifenwyr di-dâl. Mewn ambell achos, yr oedd y papur newydd yn destun cân yn ogystal â chyfrwng cyfleus a pharod ar gyfer cyhoeddi barddoniaeth. Er enghraifft, croesawodd R. Ellis o Sirhywi ymddangosiad y rhifyn cyntaf o *Seren Cymru* gyda'r cywydd hwn:

> Yn lle cawl heb ddim lliwcig,
> A maidd glas meddw-eglwysig,
> A glasdwr hen eglwysdai,
> Cawn drylwyr synwyr a sai',
> Cawn hoff rym ac ynni ffraeth,
> I'n harwain mewn llenoriaeth.

[32] *Y Fellten*, 8 Mai 1874.

'SEREN CYMRU' gy ei gwawr,
A lona bob rhyw lenawr.[33]

Efallai nad yw agwedd Ellis tuag at Anglicaniaeth lastwraidd yn ddim amgenach na sectyddiaeth grefyddol wedi ei mynegi mewn cyfrwng arall, ond nid yw'r cyfansoddiad ei hun yn amddifad o ddawn lenyddol. Yn rhyfedd iawn, yr oedd sefydlu papurau Saesneg hefyd yn achos dathlu ar gân yn y Gymraeg. Y mae 'Congl Gymreig' rhifyn cynnar o'r *Merthyr Telegraph* yn cynnwys yr englyn canlynol gan John Garnon (Ieuan Ferddig):

Englynion i'r *Telegraph*

E fyr noda ei feirniadaeth – hawliau,
Ac helynt dynoliaeth;
Cawn yn ei gol, fuddiol faeth,
Oludog adeiladaeth.[34]

Yr hyn sy'n peri syndod yma yw nid yn gymaint fod y ddau bapur yn cael eu cyfarch mewn ffordd gyffelyb, ond bod y *Merthyr Telegraph*, a oedd yn bapur Saesneg anenwadol, yn cael croeso yr un mor frwd, a hynny yn Gymraeg, â *Seren Cymru*, a oedd yn bapur Cymraeg gyda gogwydd enwadol Ymneilltuol hynod o gryf. O fewn y diwylliant dwyieithog hwn,[35] lle y gallai darllenwyr Cymraeg ddarllen papurau Saesneg yr un mor rhwydd â phapurau Cymraeg, yr oedd cynnwys barddoniaeth mewn papurau newydd yn y ddwy iaith yn gyfystyr i raddau â chynnal eisteddfod wythnosol, a'r wobr i'r bardd buddugol fyddai gweld ei waith mewn print a'r gydnabyddiaeth a ddilynai, boed ar raddfa leol neu genedlaethol. Ond yr oedd y colofnau barddol hefyd yn gallu mynegi tyndra cymdeithasol a dyheadau personol. Ym 1873 ysgrifennodd glöwr o Birchgrove gerdd i bapur wythnosol dwyieithog Merthyr, *Amddiffynydd y Gweithiwr / The Workman's Advocate*, yn dwyn i gof y gorthrwm a welsai yn ystod ei blentyndod yn sir Forgannwg wledig:

Yr wy'n cofio Llansamlet, hen gartrau fy nhad,
Y bechgyn yn wilo, a'u trade yn llawn gwad,
A'r dramwyr yn dramo, gwaith ceffyl yn wir,
A'r meistri yn marchog dros wyneb y tir.[36]

[33] *Seren Cymru*, 13 Awst 1851.
[34] *Merthyr Telegraph*, 23 Ionawr 1858.
[35] Yn ystod ei arhosiad byr ym Merthyr Tudful ym mis Tachwedd 1854, cafodd George Borrow yr argraff mai Cymraeg a siaredid gan amlaf er bod gan y trigolion beth gwybodaeth o'r Saesneg, Borrow, *Wild Wales*, t. 505.
[36] *Amddiffynydd y Gweithiwr*, 11 Hydref 1873.

Nid oes arlliw o ramantiaeth fugeiliol yn y ddelwedd o fywyd gwledig a geir gan y glöwr hwn a ysgrifennai ar gyfer cynulleidfa ddiwydiannol mewn papur newydd trefol. Prin oedd dylanwad confensiynau llenyddol 'aruchel' ar yr ysgrifennu mwy uniongyrchol hwn yn yr iaith frodorol a adlewyrchai falchder a phryderon y dosbarth gweithiol diwydiannol newydd. Y mae cerddi eraill a gyhoeddwyd yn yr un papur yn sôn am gyfyng-gyngor y gweithwyr a symudasai i'r ardaloedd diwydiannol ac agwedd y gweithwyr diwydiannol at eu cyd-wladwyr yng ngorllewin Cymru, sef y rhan honno o'r wlad yr oedd llawer ohonynt hwythau yn hanu ohoni. Y mae un ohonynt, a gyfansoddwyd ym 1874, ac a genid ar yr alaw 'Y mochyn du', yn cyfleu teimladau gweithwyr Merthyr, a oedd newydd ymaelodi ag undebau llafur, tuag at yr ymfudwyr diweddar o'r gorllewin a oedd yn barod i weithio oriau hwy am lai o dâl, gan danseilio undod y gweithwyr diwydiannol Cymraeg eu hiaith:

Deffro f'awen, seinia ganiad
'Nawr yn beraidd i'r Tinceriaid,
Sydd yn ceisio galw'u hunain
Yn Alcanwyr Ynys Prydain.

Cytgan: Gwŷr gwaith mawr sydd yn awr
Gwŷr gwaith mawr sydd yn awr
Yn dystymio crefft Alcanwyr
Trwy holl Gymru lan a lawr.

Dic y Porthmon o Sir Benfro,
A Wil Shibwns, sydd yn brago,
Gallant weithio am dair wythnos
Heb gael hanner awr o orphwys.

Cytgan: ac ati

Gwelir Shoni Goch y Cardi
A'i holl nerth yn gollwng ati,
Yn llawn chwys a snobs yn aflan,
Fel hen hwch ym Mhwll y Domen

Cytgan: ac ati[37]

Y mae'r gwerthoedd a fynegir yma yn arwyddocaol am eu bod wedi eu hanelu nid at y Gwyddelod nac at grwpiau eraill o ymfudwyr, ond at y Cymry eu hunain. Perthynant i draddodiad hŷn yr argrafflen a'r faled, a rhoddant i'r darllenydd modern gipolwg ar Gymru lawer mwy garw a pheryglus, Cymru Gymraeg y

[37] Ibid., 28 Tachwedd 1874.

gwrthdystiadau a'r eisteddfodau tafarn yng nghanol oes Victoria, lle'r oedd y Teirw Scotch hyd yn gymharol ddiweddar wedi ymddangos ar lwyfan anghydfod diwydiannol.[38] Hyd yn oed yng nghyfnod Henry Richard, a enillodd Ferthyr i'r Rhyddfrydwyr ym 1868, parhâi'r papur hwn i roi llwyfan i syniadau a anwybyddid gan yr arweinwyr Rhyddfrydol a chymdeithas y capel.[39]

Credai rhai amheuwyr fod arlliw o'r Gymru arall i'w weld ym mhoblogrwydd cynyddol y nofel Gymraeg, a hyrwyddid gan y cylchgronau misol a'r papurau wythnosol wedi hynny. Yn wahanol i farddoniaeth, nid oedd ffuglen, mwy nag yr oedd adrodd newyddion, wedi ei gwreiddio yn ddwfn yn niwylliant Cymru. Yn wir, ymddangosodd ffuglen ac ysgrifennu newyddion yr un pryd yn union bron: daeth ysgrifennu newyddion i fodolaeth yn sgil diddymu'r stampdoll ar bapurau newydd ym 1855, a chychwynnodd ffuglen yng Nghymru yn Eisteddfod Ddirwest Merthyr, Nadolig 1854, lle y cynigiwyd gwobr am nofel Gymraeg ar y pwnc 'y meddwyn wedi cael diwygiad fel arwr'. Cyhoeddwyd nofelau tri allan o'r chwe chystadleuydd y flwyddyn ganlynol. Digwyddiad arall a gododd awch ar y Cymry am ffuglen oedd cyhoeddi *Uncle Tom's Cabin*, o waith Harriet Beecher Stowe, ym 1852. Yr oedd y nofel hon yn hynod o boblogaidd ac yn cynnwys digonedd o luniau, a chan nad oedd cytundeb hawlfraint rhwng Prydain a'r Unol Daleithiau yr oedd yn gymharol rad i'w phrynu (tri swllt a chwe cheiniog oedd pris yr argraffiad Saesneg cyntaf). Rhoes y nofel hon hwb i William Rees i ysgrifennu ei fersiwn ei hun yn erbyn caethwasiaeth, sef *Aelwyd F'Ewythr Robert*, a gwblhawyd ym 1853 ac a gyhoeddwyd gan Thomas Gee yn Ninbych yn yr un flwyddyn. Arwydd arall o boblogrwydd y nofel oedd penderfyniad Rees i gyhoeddi ei nofel newydd, *Cyfrinach yr Aelwyd*, ar ffurf nofel gyfres yn *Y Dysgedydd* ym 1856. Dilynwyd hyn gan Brutus a gyhoeddodd *Wil Brydydd y Coed* yn *Yr Haul* rhwng mis Medi 1863 a Rhagfyr 1865. Yr oedd Roger Edwards (*Y Tri Brawd a'u Teuluoedd* yn *Y Drysorfa* ym 1866–7) a William Rees (*Helyntion Bywyd Hen Deiliwr* yn *Y Tyst* ym 1867) yn parhau i ysgrifennu ffuglen ar gyfer eu cylchgronau eu hunain cyn i Daniel Owen ddechrau cyhoeddi ei ffuglen ddramatig *Profedigaethau Enoc Huws* yn *Y Cymro* ym 1890.[40] Cyflwynodd cyfresi Daniel Owen sioncrwydd newydd i ffuglen Gymraeg, a edmygid yn fawr gan y darllenwyr er bod ambell garfan ymhlith yr Ymneilltuwyr yn amheus iawn ohonynt. Bu golygyddion papurau newydd, felly, yn gymorth i gyfreithloni ffuglen ac i ymgorffori ffurfiau diwylliannol newydd megis y nofel ym mhrif ffrwd

[38] Adroddiad ar lythyrau bygythiol i dorwyr streiciau wedi eu llofnodi gan 'Horned Bull', *Merthyr Telegraph*, 23 Ionawr 1858.

[39] Am drafodaeth lawnach ar lafur, Rhyddfrydiaeth a chrefydd yn y gymdeithas Gymreig yn y cyfnod hwn, gw. Ieuan Gwynedd Jones, *Communities: Essays in the Social History of Victorian Wales* (Llandysul, 1987), ac idem, *Explorations and Explanations: Essays in the Social History of Victorian Wales* (Llandysul, 1981).

[40] R. Hughes Williams, 'Y Nofel yng Nghymru', *Y Traethodydd*, LXIV (1909), 121; Dafydd Jenkins, 'Y Nofel Gymraeg Gynnar' yn William Rees (Gwilym Hiraethog), *Helyntion Bywyd Hen Deiliwr* (Aberystwyth, 1940), tt. xi–xxxii.

llenyddiaeth gydnabyddedig. Serch hynny, fel y sylwodd Saunders Lewis, yr oedd y nofel Gymraeg yn y bedwaredd ganrif ar bymtheg yn ddyledus iawn i draddodiad hagiograffaidd y cofiant Ymneilltuol Cymreig,[41] ac y mae gwedd addysgol cymaint o ffuglen Gymraeg yn ystod y bedwaredd ganrif ar bymtheg yn dyst i bryderon yr Ymneilltuwyr y gallai danseilio gwerthoedd moesol. Yn wir, dadleuai Mrs Harris, un o gymeriadau *Aelwyd F'Ewythr Robert* gan William Rees, am ragor o ffuglen Gymraeg ar sail foesol:

> Mi fum i'n meddwl lawer gwaith . . . bod arno ni eisieu cael mwy o lyfre fel '*Caban F'Ewythr Tomos*' yn Gymraeg, i ddenu pobol i ddarllen llyfrau fyddo'n cymysgu difyrwch âg adeiladaeth, i loni a dysgu y meddwl ar yr un pryd. Y mae llyfrau o'r fath hono yn bethau lled ddyeithr i ni, yn ein iaith ein hunain. Gallent wneyd lles dirfawr i ddiddyfnu dynion ieuainc, a hen hefyd, oddiwrth yr hen arferion ffiaidd o fyn'd at eu gilydd i'r tafarnau i ymgyfedda a diota – pethau sy'n dinystrio iechyd, ac amgylchiadau, moesau, ac eneidiau dynion.[42]

Drwy ddarparu cyfleoedd newydd i awduron megis Beriah Gwynfe Evans, yn ogystal ag argraffu cyfieithiadau o nofelau cyfres Saesneg a geid drwy asiantaethau megis Tillotson's yn Bolton,[43] bu'r papurau newydd Cymraeg yn gyfrwng i greu ac i ateb y galw am ffuglen boblogaidd. Y mae'n llai sicr a fu iddynt gyfrannu at broses o sefydlogrwydd cymdeithasol, fel y gobeithiai Mrs Harris yn *Aelwyd F'Ewythr Robert*.

Un *genre* cysylltiedig a ddaeth yn eithaf poblogaidd mewn papurau newydd rhwng y 1840au a'r 1870au oedd ysgrifennu mewn tafodiaith. Er bod geiriau ac ymadroddion tafodieithol i'w gweld o bryd i'w gilydd yn llythyrau'r darllenwyr, ymddengys mai'r golygyddion eu hunain oedd yr ysgrifenwyr tafodieithol mwyaf medrus. Gwneid defnydd o dafodiaith yn aml i farchnata nwyddau mewn hysbysebion a hefyd efallai i boblogeiddio'r papur, ond y mae'n anodd gwybod beth yn union oedd bwriad y golygydd na pha effaith y dymunid ei chael ar y darllenwyr. Yr enghraifft orau o ddefnyddio tafodiaith mewn papur newydd yw 'Llythurau 'Rhen Ffarmwr', cyfres a ysgrifennwyd gan William Rees yn *Yr Amserau*. Ymddangosodd y gyfres am y tro cyntaf ym mis Rhagfyr 1846, dan y pennawd 'Yr Hen Roland', a byddai ''Rhen Ffarmwr' yn mynegi ei farn yn groyw yn nhafodiaith gogledd-ddwyrain Cymru. Yn ei 'lythyr' cyntaf disgrifia ei ymlyniad wrth y papur a dywed ei fod o'r farn fod gan ddarllenwyr heb lawer neu ddim addysg ffurfiol rywbeth o werth i'w rannu â'r cyhoedd yn gyffredinol:

41 Saunders Lewis, 'Y Cofiant Cymraeg', *THSC* (1933–5), 157.
42 William Rees, *Aelwyd F'Ewythr Robert* (Dinbych, 1853), t. 167.
43 Am ffuglen a gyhoeddid yr un pryd mewn sawl papur newydd, gw. A. G. Jones, 'Tillotson's Fiction Bureau: the Manchester Manuscripts', *Victorian Periodicals Review*, XVII, rhifau 1–2 (1984), 43–8.

Syr, – Mi rydw i wedi derbyn a darllen yr *Amsere* er pan ddoeth o allan gynta hyd y rwan; ac wedi cael pleser garw iawn wrth i ddarllen o; mi rydw i o'r farn mai papur da o'i hwyl ydi o, ac y mae arna'i ofn direswm iddo beidio dwad allan.

Mi ddaru i mi feddwl ganweth am syfenu rhwbeth i'w roid ynddo fo; ond yr oedd arna'i ofn na 'naech chi mo'i roi o i fewn, am nad ydw i yn ddigon o slaig i syfenu yn ramadegol, fel y byddwch chi, y sleigion mawr yma, yn gneud; ond yr ydw i'n meddwl fod llawer hen wladwr plaen fel fi a fy ffasiwn yn meddu llawn cystal sens a chithe a'ch ffasiwn, ond bod chi hwrach yn medru deyd ych meddwl yn dipyn mwy taclus na mi.[44]

Y mae'r defnydd o dafodiaith yn ddadleuol o ystyried yr ymdrechion a wneid maes o law gan rai golygyddion papurau newydd i safoni'r iaith ysgrifenedig, ond y mae hefyd o bosibl yn gydnabyddiaeth o'r ffaith y darllenid y papurau yn uchel i deulu a chyfeillion. Y mae'n bosibl ei fod hefyd, yn nwylo William Rees, yn ddolen gyswllt rhwng diwylliant llenyddol uchel-ael a chwaeth fwy poblogaidd, a cheir tystiolaeth i gylchrediad *Yr Amserau* gynyddu yn ystod y cyfnod y cyhoeddwyd y llythyrau ffug. Er ei bod, o bosibl, yn haws darllen darn mewn tafodiaith na darn mewn iaith a ystyrid yn iaith 'safonol' y pryd hwnnw, yn enwedig wrth ddarllen yn uchel, y mae'n amheus a fyddai'n haws i'w ysgrifennu. Byddai angen clust dda i rythmau a phriod-ddulliau llafar lleol, a hefyd i acenion Cymraeg ar brydiau, a gallai yn hawdd swnio'n nawddoglyd neu droi yn ffars llwyr. Yr oedd i ysgrifennu mewn tafodiaith, fel comedi dda, amcanion difrifol. Ym 1858, cyn yr ymfudo mawr o ogledd Cymru i byllau glo'r de, daethai Samuel Evans, Caerfyrddin, ag acenion y gogledd a'r de-orllewin at ei gilydd yn ei golofn wythnosol 'Cynnadledd y Cryddion' yn *Seren Cymru*, colofn a ysgrifennid ganddo mewn tafodiaith. Cymerodd weithdy crydd dychmygol o'r enw Morgan Jones yn gefndir, gweithdy a oedd yn '[m]ath o newsroom, ac yn *lecture theatre* i amrai o drigolion y pentref a'r ardal',[45] lle'r ymgasglai dynion a merched i ddarllen *Seren Cymru*, *Y Gwron*, *Yr Amserau* ac ambell bapur Saesneg,[46] a cheisiodd, drwy gyfrwng yr adroddiadau ffug, berswadio'r darllenwyr i edrych y tu hwnt i'w milltir sgwâr a chofleidio'r byd. Yn y dyfyniad hwn y mae Hugh Roberts, gŵr ifanc a hanai o Feirionnydd, yn ceisio darbwyllo Catws, gwraig un o ffyddloniaid y gweithdy ac un na welai werth mewn papurau newydd, i brynu a darllen *Seren Cymru*:

Hugh Roberts. – Wel, Catws, beth yda chi yn feddwl o'r byd 'ma rwan? Yr ydach chi wedi darllen yn y *Times*, neu rw bapyr arall, 'ddyliwn, fod 'Mherawdwr Ffrainc a

[44] *Yr Amserau*, 3 Rhagfyr 1846. Ni chafodd Rees gymaint o lwyddiant wrth geisio trosi'r dafodiaith Affro-Americanaidd a grëwyd gan Beecher Stowe i'r Gymraeg; gw., e.e., *Aelwyd f'Ewythr Robert*, t. 34.

[45] *Seren Cymru*, 3 Hydref 1857. Y mae'n bosibl fod y cymeriad Morgan Jones yn seiliedig ar William Morgan Evans, argraffydd, cyhoeddwr a pherchennog *Seren Cymru*.

[46] Ibid., 13 Mehefin 1857. Ymddangosodd y golofn 'Cynnadledd y Cryddion' gyntaf ar y dyddiad hwn.

'Mherawdwr Rwsia wedi cwrdd yn Germani, ac fod rhyw bwys politicaidd yn eu cyfarfyddiad; beth 'ddyliech chi, Catws, fydd y canlyniad?
Catws. – Beth yw yr ots gen i am yr hen dacle 'ny? Ac w'i yn meddwl dof 'da tithe reitiach gwaith i 'neyd nâ boddran 'da'r hen bapyre newy' 'ma o hyd . . .

Er gwaethaf y gwahaniaethau o ran ynganiad, rhythmau siarad a geirfa rhwng Cymraeg y gogledd-orllewin a'r de-orllewin, ceir yr argraff fod Hugh a Catws yn deall ei gilydd i'r dim. Ildia Catws yn y diwedd, gan addo y caiff ei gŵr brynu papur newydd bob wythnos allan o'r arian cadw tŷ, er bod gan y crydd amheuon ynghylch safon rhai o'r papurau newydd yr oedd wedi eu darllen yn y gorffennol:

Morgan Jones. – Beth sy' gyda fi yn erbyn y cyhoeddiade a'r newspapyrs yma yw, 'u bod nw yn difrïo'u gilydd yn shompol, ac yn hala dyn'on drwg i wherthin am ben crefyddwyrs; ond w'i yn meddwl 'u bod nw 'nawr yn well nâ buo nw . . .

Yna, yng nghanol acenion sir Gaerfyrddin, clywir y gogleddwr eto, mewn llais gwahanol y tro hwn, yn pwysleisio'r angen i ragor o bobl brynu *Seren Cymru*:

Hugh Roberts. – Dyda ni yng Nghymru ran ddim gystal â'r 'Mericanied efo'r darllen 'ma; yr own i yn darllen 'stalwm fod gweithiwrs mewn rhai llefydd yn y 'Merica, yn agos bod y gun yn derbyn y *daily papers.* Ma' llawer o genedl'odd o'n bla'n ni yn y peth hwn. 'Ddyliwn i y b'ase yn dda i wragedd Cymru ddysgu gwers efo gwragedd 'Merica, a gwledydd er'ill. Ma' mwy o ddarllen yn y Gogledd nag yn y South. Dyna yr 'Herald Cymreig,' ma' o ddeuddeg i bymtheg mil o hono fo yn ca'l 'u hargraffu bob wsnos; a pam na alle chi yn y South yma godi circulation SEREN CYMRU i bump neu chwech mil rwan? . . .[47]

Y mae'n anodd barnu i ba raddau yr oedd y defnydd o dafodiaith, gan gynnwys geiriau benthyg, yn gwneud y darllenwyr yn gyfarwydd â gwahanol dafodieithoedd neu yn codi statws yr iaith lafar mewn perthynas â'r ffurf lenyddol. Gellir dyfalu, serch hynny, i'r papurau newydd, drwy argraffu barddoniaeth a rhyddiaith mewn iaith lafar yn rheolaidd am gyfnod hir, lwyddo i ymestyn ffiniau Cymraeg ysgrifenedig.

Bu'r papurau newydd hefyd yn gyfrifol am ehangu'r defnydd o'r Gymraeg mewn maes arall pwysig na wnaed fawr ddim ymchwil iddo hyd yma, sef hysbysebion. Drwy ddatblygu ffurfiau Cymraeg ar gyfer hysbysebion rhoes y papurau wythnosol gyfle i'r iaith Gymraeg gael ei phig i mewn i faes prynwriaeth dorfol os nad byd busnes. Gwnaed defnydd dychmygus o'r Gymraeg a gorfodwyd ffurfiau newydd ac anghyfarwydd arni. Defnyddiwyd y Gymraeg mewn papurau Saesneg i gyfleu elfen o ddirgelwch, ac ymddangosodd hysbysebion ar gyfer

[47] Ibid., 3 Hydref 1857.

'Owain Glyndwr wines and spirits' a 'Cymro Wafers' ('[a] safe and speedy cure for all affections connected with the Lungs and Breath') mewn papurau megis y *Merthyr Telegraph* ym mis Chwefror 1858.[48] Erbyn 1880 yr oedd *Baner ac Amserau Cymru* yn hysbysebu amrywiaeth eang o nwyddau prŷn a meddyginiaethau yn y Gymraeg, gan gynnwys 'Coffi Dant y Llew Wm. Schweitzer', 'Y gwaedburydd Enwog. Pelennau Burdock Thompson', 'Swyn Belenau Peswch Beecham', 'Enaint Holloway' a 'Gwaed-gymmysgedd Bydenwog Clarke's, meddygyniaeth rhag y dropsi'. Hysbysebai yn y Gymraeg yn ei cholofnau swyddi hefyd ('Yn Eisieu, mewn Factory, Nyddwr, cyfarwydd â gwaith gwlad. Cyfle da i ddyn ieuangc sobr a pharchus . . .').[49] Dyma iaith cyfalafiaeth fasnachol Gymreig yn ei dyddiau cynnar, iaith a adlewyrchai'r realaeth mai busnesau bychain oedd y papurau newydd, a bod eu ffortiwn yn dibynnu'n drwm ar allu busnesau bychain eraill i sefydlu cnewyllyn o brynwyr ymhlith darllenwyr Cymraeg. Câi prosbectysau papur newydd, a geisiai ddenu cymorth ariannol ar gyfer mentrau newyddiadurol newydd, eu hargraffu yn y Gymraeg er mwyn cyfarch buddsoddwyr posibl yn eu hiaith eu hunain.

Y mae'r defnydd hwn, a defnydd cyffelyb a wneid o'r iaith ym mhapurau newydd Cymru yn y bedwaredd ganrif ar bymtheg, yn herio'r farn a fynegwyd yn y *Times* ym 1880, mai 'a language confined very much . . . to ordinary conversation, newspapers and periodical writing', oedd y Gymraeg; nid oedd yn 'mercantile language' ac yr oedd yn 'deficient in all educational and technical terms'.[50] Ni wyddai'r *Times* fod y wasg boblogaidd ar flaen y gad yn cywiro'r 'diffygion' hyn a hefyd yn estyn y defnydd cyhoeddus o'r iaith i feysydd newydd megis ysgrifennu newyddion, ffuglen, addysg a byd masnach. Serch hynny, yr oedd ymwybyddiaeth pobl o'r tu allan o'r iaith yn bwysig ac, unwaith eto, yn y wasg y ceid y dystiolaeth amlycaf o'i chyflwr a'i bodolaeth. Nododd y Parchedig William Binns, wrth annerch Cymdeithas Lenyddol a Gwyddonol Blackpool ym mis Tachwedd 1898, nad Saesneg oedd unig iaith Ynysoedd Prydain, a gresynai fod y Gymraeg yn cael ei harfer fel 'mere survival' gan 'what we may call aborigines . . . or partly undeveloped members of the complex national mechanism'. Sicrhaodd Binns ei gynulleidfa y byddai'r Cymry maes o law, neu, a dyfynnu Darwin, 'in the process of evolution', yn barod i ollwng 'their peculiarities, and will be absorbed, to their own advantage, into one body, with many members, of the English-speaking people who occupy Great Britain, Ireland, Canada, Australia, New Zealand, South Africa, islands in many seas, and settlements on many coasts [who] all . . . acknowledge in various degrees the supremacy of the Imperial Government'.[51] Yn nhyb Binns, lledaeniad yr iaith

48 *Merthyr Telegraph*, 20 Chwefror 1858.

49 *BAC*, 21 Gorffennaf 1880.

50 Dyfynnwyd yn y *Cambrian News*, 23 Ionawr 1880.

51 Archifdy Swydd Gaerhirfryn, Preston, cyfeiriad heb ei gatalogio gan y Parchedig William Binns at Gymdeithas Lenyddol a Gwyddonol Blackpool, 17 Tachwedd 1898.

Saesneg oedd yr unig wir arwydd o deyrngarwch pobl i'r Ymerodraeth Brydeinig. A dilyn y ddadl hon i'r pen, ni ddylid moderneiddio'r iaith Gymraeg ac, yn wir, gellid dadlau hyd yn oed yn erbyn parhad yr iaith, ac eithrio fel crair academaidd cyfrin – barn a goleddid gan lawer o'i gyfoeswyr. Ond nid dyna farn pawb. Edrychai Alexander Andrews, y golygydd a'r hanesydd papurau newydd, ar gwestiwn yr iaith Gymraeg o safbwynt hollol wahanol, gan roi ystyriaeth lawn i dwf a statws newyddiaduraeth Gymraeg. Wrth gyfeirio at ddisgrifiad y *Times* o'r iaith Gymraeg 'as the curse of Wales',[52] daeth Andrews i'r casgliad canlynol:

> the preservation and perpetuation of a native tongue may stand in the way of an entire amalgamation and thorough effacing of all distinctive features between the ruling and the dependent race; but it certainly elevates the latter, and puts it upon more equal, and therefore more contented, terms with the dominant and ruling race . . . The periodical press is a far more efficient engine in maintaining the last remnant of a people's pride and rights than any other; and, in the principality of Wales . . . we find it stoutly holding its ground; yet it does not cause any trouble to us – does it nurture plots or foment disorder? In Ireland there is no vernacular press, and what does England gain by Ireland's loss in this respect?[53]

Gall cysyniad Andrews o'r Ymerodraeth fel undod sy'n parchu gwahaniaethau diwylliannol ragdybio math gwahanol o ddibyniaeth, lle y mae'r wasg yn ymgymryd â'r swyddogaeth o sicrhau cydlyniad gwleidyddol drwy reolaeth gymdeithasol, ond yr oedd o leiaf yn cydnabod pwysigrwydd a chyfreithlondeb y rhan a chwaraeid gan y papurau newydd Cymraeg wrth gynnal ac ymestyn 'hawliau a balchder' pobl. Rhoes y papurau newydd lwyfan cyhoeddus i'r iaith Gymraeg, llwyfan y gellid ei weld oddi mewn ac oddi allan i Gymru, gan Gymry Cymraeg a di-Gymraeg. Ysgogodd ddiddordeb yn yr iaith a'i ffurfiau, gan annog darllenwyr ar yr un pryd i feithrin yr un rhugledd a llythrennedd yn y Saesneg. Yn bwysicach fyth, gwnaeth y papurau newydd hi'n bosibl i nifer mawr o bobl ddarllen Cymraeg yn rheolaidd, gan sicrhau ei pharhad fel iaith lenyddol boblogaidd. Er gwaethaf cyfyngiadau ariannol a rhaniadau enwadol, daeth y wasg newyddiadurol â'r iaith Gymraeg i lygad y cyhoedd ar ffurf ddynamig a modern. Drwy syllu ar y ffurfiau printiedig annealladwy ar dudalen papur newydd, dangosodd certmon Borrow ei fod, wedi'r cyfan, yn deall arwyddion yr amserau.

52 *The Times*, 8 Medi 1866.
53 *The Newspaper Press*, 1 Awst 1867, 163.

14

Yr Iaith Gymraeg ym Myd Technoleg a Gwyddoniaeth 1800–1914

R. ELWYN HUGHES

TEITL ANACHRONISTIG yw hwn, gan mai ni, o'n golygfan gyfoes, sy'n categoreiddio pethau yn y fath fodd. Ddwy ganrif yn ôl, ac, yn wir, hyd at ddiwedd y bedwaredd ganrif ar bymtheg, nid oedd dosbarthu o'r math hwn yn bwysig. Ym 1880, yng Nghatalog Humphreys Caernarfon, fel 'Llyfrau Addysg ac Amrywiaethol' y rhestrid llyfrau y byddem ni heddiw yn eu hystyried yn rhai gwyddonol a thechnegol. Eto i gyd, y mae pawb yn gwybod yn iawn beth yn union a olygir, sef defnyddio'r Gymraeg i drafod pynciau a fyddai'n syrthio i'r categori 'gwyddoniaeth' neu 'dechnoleg' heddiw. Y mae'n debyg mai 'Cymraeg cymwysedig' fyddai'r term mwyaf addas.

Nodweddid dechrau'r bedwaredd ganrif ar bymtheg gan ymchwydd trawiadol yn nifer y gweithgareddau gwyddonol a thechnolegol yn y Gymraeg – ar lafar, ac yn bwysicach fyth efallai, trwy'r gair ysgrifenedig. Adlewyrchu'r patrwm Seisnig a wnâi'r newidiadau hyn i raddau helaeth er bod iddynt weddau neilltuol Gymreig. Gellir trafod y cynnydd hwn o ddau bersbectif – y cymhellion a fu'n gyfrifol amdano, a'i ddull o'i amlygu ei hun. Y mae modd trafod y cymhellion, yn eu tro, dan dri phen. Yn gyntaf, y deunydd (llyfrau yn bennaf) a gynhyrchid at ddibenion didactig neu hyfforddiadol; yn ail, yr ymdrech i ehangu gwybodaeth gyffredinol am faterion gwyddonol (yn bennaf drwy erthyglau mewn cylchgronau a darlithiau) ond heb unrhyw amcan o'i defnyddioldeb neu o'i buddioldeb ymarferol; ac, yn drydydd, y trafod ar bynciau gwyddonol yn Gymraeg am resymau ideolegol, megis ategu credoau crefyddol y cyfnod neu (yn rhyfedd iawn) oherwydd y gred y byddai darllen mwy am wyddoniaeth yn y Gymraeg yn symbylu'r darllenydd i ymgyfarwyddo â'r iaith Saesneg.[1]

[1] Wrth gadeirio cyfarfod o'r Gymdeithas er Lledaenu Gwybodaeth Fuddiol yng Nghymru ym mis Mehefin 1850, dywedodd yr Arglwydd Powis y dylai'r Gymdeithas gyhoeddi llyfrau Cymraeg yn ymdrin ag amaethyddiaeth, coginio a dulliau cynhyrchu a pheiriannau. Y flwyddyn flaenorol, fodd bynnag, yr oedd John Jones, un o sefydlwyr y Gymdeithas, wedi mynegi'r farn 'that to raise the intellectual character of the Welsh people by means of their own language . . . prepares them for the acquisition of English . . .' Gw. A. L. Trott, 'The Society for the Diffusion of Useful Knowledge in Wales 1848–1851', *CLlGC*, XI, rhifyn 1 (1959), 33–75.

Tabl 1. Dosraniad y llyfrau 'gwyddonol' Cymraeg a gyhoeddwyd rhwng 1800 a 1920[1]

Pynciau	Nifer y llyfrau
Amaethyddiaeth	44
Botaneg, Llysieulyfrau	16
Cemeg, Ffiseg	12
Coginio, Gwyddor Tŷ	20
Daeareg, Daearyddiaeth	35
Garddwriaeth	18
Llawlyfrau technegol (e.e. mwyngloddiaeth)	11
Meddygaeth	79
Milfeddygaeth	21
Mathemateg	22
Naturiaetheg	13
Seryddiaeth	14
Eraill (Hanes, Gwyddoniaeth Gyffredinol, ayb)	25
Cyfanswm	**330**

[1] Seiliwyd y tabl ar Owain Owain ac Iolo Wyn Williams, 'Llyfrau Gwyddonol Cymraeg: Rhan II – Llyfrau cyn 1940', atodiad i'r *Gwyddonydd*, XIII (1975), i–x, gydag ychwanegiadau gan yr awdur. Gw. hefyd R. Elwyn Hughes, *Llyfrau Ymarferol Echdoe: Llyfryddiaeth gydag Anodiadau* (Pen-tyrch, 1998).

Trown yn gyntaf at y llyfrau hyfforddiadol, sef y dosbarth pwysicaf o gryn dipyn. Yn ystod y cyfnod dan sylw, cyfrifai amaethyddiaeth, garddwriaeth a milfeddygaeth, gyda'i gilydd, am fwy na chwarter yr holl lyfrau gwyddonol Cymraeg; a chyfrifai llyfrau meddygol a lled-feddygol am gyfran gyffelyb.

Y llyfrau meddygol a lled-feddygol, ond odid, oedd y cyhoeddiadau technegol mwyaf diddorol. Nodweddid meddygaeth gan elfen gref o eiddigedd proffesiynol ac amharodrwydd i ddadlennu ei 'chyfrinachau' i'r meddwl lleyg, ac yr oedd y gwahanfur rhwng meddygon go iawn ac eraill (megis meddyg esgyrn) yn fwy pendant nag ymhlith milfeddygon, er enghraifft. O ganlyniad, er i nifer sylweddol o lyfrau meddygol a lled-feddygol ymddangos yn ystod y ganrif, eto i gyd, llyfrau poblogaidd at ddefnydd y cartref oedd y rhan helaethaf ohonynt. Dyma'r maes a gyfatebai i'r hyn a ddisgrifid fel 'domestic medicine' yn Saesneg; yn wir, cyfieithwyd dwy o'r enghreifftiau mwyaf nodedig o'r *genre* hwn i'r Gymraeg, sef *Domestic Medicine* William Buchan, y cyhoeddwyd dros ugain argraffiad Saesneg ohono rhwng 1769 a 1846, a *The Medical Guide* gan Richard Reece, a gyhoeddwyd gyntaf ym 1802.[2] Ar gyfer y 'lleygwr deallus' yn bennaf y lluniwyd y rhain.

[2] [Hugh Jones, cyf.], *Dr Buchan's . . . meddyginiaeth deuluaidd* (Caernarvon, [1823]), tt. xviii, 682; Richard Reece, *Yr Hyfforddwr Meddygol* (Merthyr, 1816), tt. [iii], 287. Yr oedd llyfr Buchan yn hynod o boblogaidd; fe'i cyfieithwyd i'r Eidaleg (1781), Ffrangeg (1783), Sbaeneg (1785), a Phortiwgaleg (1788) yn ogystal ag i'r Gymraeg [1823].

Parheid i gyhoeddi enghreifftiau cyffelyb yn Gymraeg trwy gydol y ganrif, rhai ohonynt yn addasiadau o lyfrynnau poblogaidd Saesneg digon tila eu cynnwys ac ambell un yn waith gwreiddiol Cymraeg, megis llyfr poblogaidd D. G. Evans, *Cynghorion Meddygol a Meithriniad y Claf*, a ysgrifennwyd am nad oedd 'yr un llyfr yn yr iaith Gymraeg i'ch cyfarwyddo pan fo un o dan unrhyw anhwylder corphorol'. Nid 'cynghori neb i geisio gwneyd heb feddyg' oedd bwriad yr awdur ond, yn hytrach, 'tynu eu sylw at y moddion a ellir eu defnyddio cyn ymgynghori â'r meddyg'.[3]

Y mae'n debyg mai'r unig feddyg a geisiodd annerch ei gyd-feddygon mewn gwaith meddygol gwreiddiol Cymraeg oedd William Evan Hughes (m. 1884) o Drefriw a Llanrwst. Yn gynnar yn ei yrfa feddygol, cyhoeddodd Hughes y rhan gyntaf o'r *Meddyg Teuluaidd* (1841), llyfr a fyddai 'mor fuddiol i'r broffes ag i'r cyffredin' ac a fyddai'n cael ei dderbyn gan 'rhai sydd a mwy yn y Coryn, na darllenwyr y dŵr – y rhai cyfarwydd – a'r Doctoriaid Benywaidd'.[4] Hwn oedd y mwyaf uchelgeisiol o'r holl lyfrau technegol Cymraeg a gyhoeddwyd yn ystod y bedwaredd ganrif ar bymtheg. Bwriad Hughes oedd cyfuno gwybodaeth sylfaenol mewn ffisioleg ac anatomeg â'r meddyginiaethau diweddaraf, gan gynnwys cyfeiriadau niferus a manwl at waith y prif awdurdodau yn y maes. Bu'n fwriad ganddo hefyd 'ysgrifenu llyfr ar Ddifyniaeth [anatomeg] yn Gymraeg, yr hwn, os daw allan, a gynnwysa aniandraeth [ffisioleg] y corph dynol' a hefyd lyfr ar Fferylliaeth.[5] Ond ni wireddwyd bwriadau Hughes. Am a wyddys, nid ymddangosodd ei lyfrau arfaethedig ar Ddifyniaeth a Fferylliaeth, a dwy ran yn unig o'r *Meddyg Teuluaidd* a gyhoeddwyd. Llyfr meddygol arall a ddyfeisiwyd yn bennaf ar gyfer gweithwyr proffesiynol oedd *Geni a Magu, sef, Llawlyfr y Fydwraig a'r Fag-wraig* . . . gan D. W. Williams a gyhoeddwyd tua 1870.[6] Ymddengys fod Williams wedi trafod ei lyfr yn Gymraeg â'r llawfeddyg John Pughe, Aberdyfi (cyfieithydd 'Meddygon Myddfai') – enghraifft brin o feddygon o Gymry yn y bedwaredd ganrif ar bymtheg yn gohebu â'i gilydd yn Gymraeg.[7]

Meddygon yn meddu ar gymwysterau proffesiynol a fu'n gyfrifol am y rhan fwyaf o'r cyhoeddiadau uniongred hyn ac am rai o'r llithoedd meddygol a

[3] D. G. Evans, *Cynghorion Meddygol a Meithriniad y Claf* (Wrexham, [1898]), t. [iii].
[4] W. E. Hughes, *Y Meddyg Teuluaidd* (Llanrwst, 1841), nodyn ar y clawr cefn.
[5] Ibid., t. 75; gw. hefyd almanac John Roberts ar gyfer y flwyddyn 1841 lle y ceir hysbyseb am *Y Meddyg Teuluaidd* gan W. E. Hughes, ynghyd â'r nodyn 'Cyhoeddir hefyd, gan yr un awdur Lyfr ar Fferylltiaeth [*sic*]'.
[6] D. W. Williams, *Geni a Magu, sef, Llawlyfr y Fydwraig a'r Fag-wraig* (Caernarfon, d.d.).
[7] R. Elwyn Hughes, 'David William Williams – arloeswr meddygaeth Gymraeg', *Cennad*, 14 (1995), 31–9.

ymddangosai o dro i dro yn y cylchgronau Cymraeg.[8] Ychydig iawn o rai heb gymwysterau meddygol a fentrai drafod meddygaeth bur yn y Gymraeg. Eithriad oedd John Davies, Llandeilo, y cyhoeddwyd ei gyfrol *Y Cyfaill Meddygol* ym 1861.[9] Ysgrifennodd H. Ll. Williams, meddyg trwyddedig yn Efrog Newydd, *Y Meddyg Teuluaidd* ar gyfer ymfudwyr Cymraeg i'r Taleithiau Unedig a'i gyhoeddi yn Utica ym 1851.[10] O ganlyniad, bu raid iddo addasu ei ddeunydd ar gyfer clefydau ac amodau y wlad honno; ei sefyllfa ynysig, efallai, a oedd yn gyfrifol am ei eirfa anghyfarwydd a'i ddewis o eiriau ansathredig megis 'darymred' (dolur rhydd), 'chwilbol' (wrethra), 'rhodnell' (pidyn) ac ati.

Nodweddid y ganrif hefyd gan nifer o lyfrau Cymraeg yn ymwneud â materion 'lled-feddygol' neu ymylol megis ffrenoleg, mesmeriaeth, hydropathi a 'somatoleg'. (Ond nid, am ryw reswm, â ffisiognomi – 'wynebgoeledd', chwedl Thomas Edwards (Caerfallwch) – maes hynod o boblogaidd yn Lloegr ar y pryd.) Wrth droi at y rhain, gwelir bod y sefyllfa yn hollol wahanol am mai rhai nad oeddynt yn feddygon proffesiynol a oedd yn gyfrifol amdanynt, megis William Williams (Creuddynfab), gweithiwr rheilffordd a beirniad llenyddol, a dyn a oedd yn amlwg ei sêl dros ffrenoleg yn hanner cyntaf y ganrif. Yn wir, y mae'r sylw a dderbyniodd ffrenoleg gan y wasg Gymraeg yn ystod y bedwaredd ganrif ar bymtheg yn un o ddirgelion y cyfnod. Yr oedd ffrenoleg yn 'wyddor' lwyr faterol; maentumiai fod holl gyneddfau dyn i'w priodoli i batrymau neilltuol yn yr ymennydd a bod modd dadlennu natur y patrymau hyn trwy archwiliad allanol o siâp y benglog. Dyma ragarfaethiad gaeth a fuasai'n drech na hyd yn oed y Fethodistiaeth fwyaf Calfinaidd. Eto i gyd, croesawyd ffrenoleg gan y wasg Gymraeg â breichiau agored ac ni fu prinder lle iddi ar dudalennau rhai o'r cylchgronau enwadol hyd yn oed, a hynny mewn cyfnod a oedd mor gyndyn i drafod cysyniadau materoliaethol eraill, megis Darwiniaeth, yn y Gymraeg.

Rhwng 1839 a 1897 cyhoeddwyd o leiaf saith llyfr Cymraeg ar ffrenoleg,[11] cyfieithwyd llyfr dylanwadol George Coombe, *The Constitution of Man*, i'r Gymraeg gan Jenkin Evans ym 1883, a chafwyd llu o erthyglau perthnasol yn y cyfnodolion, megis erthyglau Morgan Philip ar 'Pwyllwyddoreg Ymarferol' ac ar

[8] Ymhlith y meddygon trwyddedig a gyfrannodd yn sylweddol i'r cylchgronau Cymraeg gellid enwi John Williams, Llanrwst – erthyglau ar anatomeg yn *Y Gwyliedydd*, 1832, ac ar lysieuaeth yn *Y Protestant*, 1840. Gw. R. Elwyn Hughes, '"Corvinius" a "Llywelyn Conwy"; *Juvenilia* Cymraeg dau naturiaethwr', *CLlGC*, XXIII, rhifyn 4 (1984), 366–76; Jesse Conway Davies – erthyglau ar anatomeg a ffisioleg yn *Y Tyst Apostolaidd*, 1847. Gw. R. Elwyn Hughes, *Nid am Un Harddwch Iaith: Rhyddiaith Gwyddoniaeth y Bedwaredd Ganrif ar Bymtheg* (Caerdydd, 1990), tt. 16, 115–16; ac Ellis Henry Ellis, y disgrifiodd Glyn Penrhyn Jones ei ddeugain erthygl yn *Y Genedl* yn ystod 1877–9 fel 'brilliant expositions in Welsh on neurology'. Glyn Penrhyn Jones, 'Some aspects of the medical history of Caernarvonshire', *TCHSG*, 23 (1962) 67–91.

[9] John Davies, *Y Cyfaill Meddygol: yn traethu ar achosion, natur, ac arwyddion y prif glefydau, damweiniau, etc., ynghyd a chynghorion meddygol er eu gwella. Wedi ei gasglu o weithiau yr awduron goreu . . .* (Llandilo, 1861).

[10] H. Ll. Williams, *Y Meddyg Teuluaidd: yn cynnwys fferylliaeth perthynol i'r corff dynol* (Utica, 1851).

[11] Huw Edwards, *Cylch Cyflawn* (Dinbych, 1994), tt. 111–17.

'Pwyllwyddoreg Ymborth' (sut i newid cyfansoddiad yr ymennydd trwy fwyta'n ddethol) yn *Yr Haul* ym 1848 ac erthygl gynhwysfawr Creuddynfab yn *Golud yr Oes* ym 1863.[12] Nid bod trafod ffrenoleg yn haws na thrafod y 'gwyddorau' eraill. Yn un peth, yr oedd enwau'r gwahanol gyneddfau yn faen tramgwydd go sylweddol, gymaint felly fel yr ysbardunwyd Creuddynfab i lunio geirfa ar eu cyfer, a'r eirfa honno a ddefnyddiwyd gan Jarvis yn ei *Pwyllwyddeg (phrenology) a Mesmeriaeth* ym 1854; cynhwysai dermau megis 'hilgaredd' (*philoprogenitiveness*), 'maethedd' (*alimentiveness*), 'brïedd' (*veneration*) ac ati.[13] Ddeugain mlynedd yn ddiweddarach, 'hilgarwch', 'bwydgarwch' a 'mawrfrydedd' a gafwyd gan J. Valant Williams yn ei restr yntau o dermau ffrenolegol Cymraeg.[14] Y mae cymharu'r ddwy restr yn tanlinellu'r newid a fu yn y dull o fathu geiriau technegol yn ystod y ganrif a'r modd y disodlwyd hen dermau 'Puwaidd' a'u pwyslais ar elfennau hynafol a rhwysgfawr gan dermau mwy cryno a syml.

Gellir cyferbynnu'r ymdrechion hyn i beri i feddygaeth 'swyddogol' dderbyn gwisg Gymraeg â'r traddodiad llysieulyfrol cryf a fodolai yng Nghymru (fel ym mhob gwlad Ewropeaidd arall, o ran hynny). Yr un oedd amcan y ddwy, sef gwella afiechyd, ond rhywbeth 'allanol' a impiwyd ar y Gymraeg o'r tu allan oedd meddygaeth uniongred. Gwybodaeth 'draddodiadol' neu frodorol oedd sylfaen llawer o'r llysieulyfrau – neu dyna a gredid, er bod cyfran helaeth o'r deunydd yn addasiad o'r corpws o ysgrifau meddygol a ddaethai o Ewrop ar hyd y canrifoedd.

Gorfu i'r llyfrau meddygol 'swyddogol' ymgodymu â phroblemau geirfa a chyflwyniad; yn achos llysieulyfrau, ar y llaw arall, y cyfan a oedd raid ei wneud oedd dwyn dau gategori o ddata at ei gilydd, sef enwau planhigion ar y naill law ac enwau afiechydon ar y llall. Ni fu'r llysieulyfrau o unrhyw arwyddocâd arbennig yn natblygiad meddygaeth yn gyffredinol yn ystod y bedwaredd ganrif ar bymtheg. Yn y Gymraeg, fodd bynnag, er nad oeddynt yn niferus, cynrychiolent wedd neilltuol ar gyfathrebu technegol. Yr oedd ambell un yn gyfieithiad neu'n addasiad o lyfr Saesneg: cyhoeddwyd cyfieithiad John Evans o *Primitive Physick* John Wesley ym 1759 a chafwyd nifer o argraffiadau ohono yn ystod y bedwaredd ganrif ar bymtheg. Cafwyd sawl addasiad Cymraeg o lysieulyfr enwog Culpepper yn ystod y ganrif yn ogystal. Y mae dylanwad Culpepper yn amlwg nid yn unig ar y cyfieithiadau hynny sy'n agored gydnabod eu dyled iddo, ond hefyd ar gasgliadau sy'n ymhonni bod yn weithiau gwreiddiol Cymraeg, megis y llyfr bach deniadol *Y Llysieulyfr Teuluaidd* a gyhoeddwyd gan R. Price ac E. Griffith yn Abertawe ym 1849. Os am ymdriniaethau mwy 'brodorol', rhaid ymgynghori â'r casgliadau a sylfaenwyd ar arferion lleol, megis yr adran berthnasol yn *Hanes Plwyf*

12 Morgan Philip, 'Pwyllwyddoreg Ymarferol', *Yr Haul*, XIII (1848), 147–9; idem, 'Pwyllwyddoreg Ymborth', ibid., 189–90; William Williams (Creuddynfab), 'Pwyllwyddeg', *Golud yr Oes*, I (1863), 373–6.

13 A. W. Jarvis, *Pwyllwyddeg (phrenology) a Mesmeriaeth* (Caernarfon, 1854), tt. 11–14.

14 J. Valant Williams, 'Names of the mental faculties in English and Welsh', *The British Phrenological Year Book, 1898* (London, 1898), tt. 33–4.

Llandyssul (1896) neu yn *Y Berllan* (1870), y peth agosaf at 'Fflora' Gymraeg cynnar.[15] Y mae'n anodd osgoi cysylltu poblogrwydd y llysieulyfrau â nodwedd unigryw Gymreig arall, sef yr arferiad o sicrhau bod bron pob geiriadur yn cynnwys rhestr atodol o enwau planhigion, rhywbeth y gellir ei olrhain i *Dictionarium Duplex* Dr John Davies ym 1632.

Perthynai'r drindod – 'amaethyddiaeth, garddwriaeth a milfeddygaeth' – hefyd i'r categori 'llyfrau hyfforddiadol'. Y llyfrau milfeddygol oedd y rhai a ddeuai agosaf at gyrraedd dwyster ymdriniaeth llyfrau cynhwysfawr cyfatebol yn Saesneg. Hawdd deall hyn oherwydd ni ddaeth milfeddygaeth yn broffesiwn cydnabyddedig tan 1844; bu galw, felly, am lyfrau dibynadwy yn eu hiaith eu hunain ar gyfer y ffermwyr rhag iddynt fod (a dyfynnu o'r rhagymadrodd i un o'r llyfrau milfeddygol cynharaf) 'yn ôl o foddion gwybodaeth ynghylch y pethau hyny'.[16] Daeth llyfrau milfeddygol o'r fath yn dra phoblogaidd yn ystod hanner cyntaf y ganrif ac esgorodd nifer ohonynt ar sawl argraffiad.[17] Gan eu bod i gyd yn pwyso'n drwm ar gyhoeddiadau cyfatebol Saesneg, ni pherthynai unrhyw neilltuolrwydd arbennig iddynt. Diau mai'r cynhyrchiad mwyaf proffesiynol ac uchelgeisiol yn y categori hwn oedd *Meddyg y Fferm – Arweinydd i Drin a Gochel Clefydau mewn Anifeiliaid* (1881), cyfieithiad o lyfr Saesneg adnabyddus gan James Law.

Ar ddechrau'r ganrif tybid bod y dulliau Cymreig o amaethu yn bur gyntefig o'u cymharu â'r dulliau mwy goleuedig a geid yn Lloegr. Dyna oedd tiwn gron y llu o 'deithwyr talog' a heidiai i Gymru y pryd hwnnw.[18] Diau mai amcan rhai o'r llyfrau amaethyddol Cymraeg oedd cywiro'r diffyg hwn trwy gyflwyno i'r Cymry syniadau goleuedig amaethyddiaeth Lloegr. I'r diben hwn trefnodd Thomas Johnes o'r Hafod fod cyfieithiad Cymraeg o *A Cardiganshire Landlord's Advice to his Tenants* ar gael ar gyfer ei denantiaid; yn nes ymlaen yn y ganrif cyhoeddwyd gwaith 'dyngarol' arall, sef *Garddwr i'r Amaethwr a'r Bwthynwr* (1860) gan Charles Ewing. Yr oedd Ewing yn arddwr proffesiynol ond y mae'n amheus faint a ddeallai am wir anghenion y 'bwthynwr Cymraeg' – rhydd ymdriniaeth lawnach, er enghraifft, i 'bricyllwydd' *(apricot)* a 'ffigysbren' nag i 'gloron' (tatws). Ysgrifennodd Ewing ei lyfr yn Saesneg a threfnwyd i rywun arall ei gyfieithu i'r Gymraeg a'r fersiwn Cymraeg yn unig a gyhoeddwyd. Fe'i noddwyd gan un ar bymtheg o 'gyfeillion i Gymru' amlwg, yn eu plith Iarll Powis, Arglwydd Llanofer, Arglwydd Palmerston, Esgob Bangor ac Owen Meyrick, Bodorgan.[19]

15 Thomas [Christopher] Evans, 'Traethawd ar "Lysieuaeth Plwyf Llangynwyd"', *Y Berllan: sef Cyfansoddiadau Buddugol Eisteddfod Maesteg . . . 1869* (Cwmafon, 1870), tt. 61–83.

16 'Ewyllysiwr da i'r Cymry', [?C. Griffiths], *Meddyg Anifeiliaid* (Gwrecsam, 1814), t. [iii].

17 Glyn M. Ashton, 'Llyfrau Cymraeg ar Feddyginiaethau Anifeiliaid, 1801–25', *LlC*, XII, rhifyn 3 a 4 (1973) 216–43.

18 Gw., e.e., 'The Welsh Farmer' [*c.*1843] yn A. R. Wallace, *My Life: A record of events and opinions* (2 gyf., London, 1905), I, tt. 206–22; R. Elwyn Hughes, *Alfred Russel Wallace – Gwyddonydd Anwyddonol* (Caerdydd, 1998), tt. 162–82.

19 Charles Ewing, *Garddwr i'r Amaethwr a'r Bwthynwr* (Caernarfon, 1860).

Cytunodd rhai o'r noddwyr i brynu 500 o gopïau yr un i'w dosbarthu ymhlith eu tenantiaid; anodd deall, felly, paham y mae hon, erbyn heddiw, yn gyfrol mor brin.

Yr oedd y llyfrau garddio yn syml a didactig, a'r mwyafrif ohonynt yn 'fenthyciadau' o ddeunydd Saesneg.[20] Cydnabu R. M. Williamson yn ei gyfrol *Y Garddwr Cymreig* (*c.*1870) fod ei ddeunydd yn gasgliad 'allan o waith . . . yr awduron enwocaf'. Yr oedd *Garddwriaeth y Bwthyn . . . yr Ardd Lysiau* [1881] gan 'John Davies, Store-keeper Ystalyfera' yn fwy gwreiddiol ac yn gynnyrch ysgol brofiad. Ceir ganddo sylw diddorol wrth drafod tatws:

> Gan nas gwn ond am un llyfryn cymraeg ar y pwngc, rhoddaf i chwi ei hanes yn fyr . . . Gelwid ef 'Traethawd ar Wrteithiad Bytatws' . . . gan D. Thomas, Brookland, Garddwr Ymarferol, Caerfyrddin, argraffwyd gan W. M. Evans, Swyddfa 'Seren Cymru' 1859, pris 6ch. Gan fod yr awdur yn bregethwr, bu yma ar gefn yr *Hobby*, fel y dywedai Brutus, yn ei werthu. Prynais ef ganddo . . .[21]

Maes arall yr ymledodd y Gymraeg iddo ar ddechrau'r bedwaredd ganrif ar bymtheg oedd coginio, a'r hyn a elwid yn nes ymlaen yn 'wyddor tŷ'. Yr enghraifft brintiedig gynharaf o ddeunydd coginio yn Gymraeg oedd y pymtheg o ryseitiau a ychwanegwyd yn atodiad i argraffiad 1740 o *Llyfr Meddyginiaeth a Physygwriaeth . . .* (Thomas ab Robert Shiffery); yr oedd pedwar ar ddeg o'r rhain yn gyfieithiad moel (er na chydnabyddir hyn gan yr awdur) o'r deunydd cyfatebol yn llyfr Mary Kittelby, *A Collection of above three hundred receipts* (1714).[22] Dilynwyd hwn gan ryw ugain o lyfrau coginio (neu lyfrau yn cynnwys adran goginio) yn ystod y bedwaredd ganrif ar bymtheg, y rhan fwyaf ohonynt yn addasiadau o ddeunydd Saesneg, er na chydnabyddid hynny ond mewn ffordd gyffredinol. Am ryw reswm, y mae copïau o rai o'r llyfrau coginio hyn yn brin iawn bellach. Un o'r rhai prinnaf yw *Holl Gelfyddyd Cogyddiaeth* (*c.*1850), cyfieithiad o lyfr Elizabeth Price, *The New Book of Cookery; or every Woman a perfect Cook* (*c.*1780).

Yn wahanol i rai o'r llyfrau technegol eraill, yr oedd llyfrau coginio, at ei gilydd, yn ddigon hawdd eu deall. Yr unig broblem oedd sut orau i gyfleu ambell broses newydd yn Gymraeg. Rhaid edmygu dull awdur y deunydd coginio cyntaf am ei ffordd o drosi cyfarwyddiadau 'newydd' i'r Gymraeg. 'Gadewch iddynt ferwi hyd onid elont yn gandrill . . .' yw ei gyfieithiad o 'Let it boil until the Meat is all to Rags' ac '. . . ai dewychu ef yn o dew gyda mwydion Bara gwynn a Pheilliaid Gwenith' a gynigir am '. . . and thicken it like thick butter with grated bread and fine flour'.[23]

[20] Melfyn R. Williams, 'Amser i balu – ac i arddio yn Gymraeg', *Y Casglwr*, 1 (1977), 11.
[21] John Davies, *Garddwriaeth y Bwthyn* (Ystalyfera, [1881]), tt. 36–7. Ymddengys na wyddai Davies am lyfr cynharach ar datws, sef *Traethawd ar Drin Pytatws* (Caernarfon, 1846).
[22] R. Elwyn Hughes, 'Welsh Cookery Books', *Petits Propos Culinaires*, 50 (1995), 51–3.
[23] *Llyfr Meddyginiaeth a Physygwriaeth* (Amwythig, d.d.), tt. [45–6].

Yr oedd llyfrau coginio Cymraeg y bedwaredd ganrif ar bymtheg rywfaint yn llai llwyddiannus yn hyn o beth, a nodweddid hwy gan gryn fenthyca oddi ar ei gilydd. Yn y cyfieithiad o lyfr Elizabeth Price, cafodd y ryseitiau hynny y tybid y byddent yn anodd eu trosi i'r Gymraeg, megis 'To ragoo cucumber', eu hepgor. Pur chwithig, hefyd, oedd rhai o'r termau unigol a fathwyd, megis 'hufen llamdro' (*whipped cream*) ac 'oerlydrwydd' (*icing*). Ni fu'r eirfa yn broblem o fath yn y byd i'r gweinidog Wesle, y Parchedig Thomas Thomas, awdur – neu, yn hytrach, gasglwr ac addaswr – y llyfr cynhwysfawr *Llyfr coginio a chadw ty* (*c.*1880); ei ddull ef o oresgyn y broblem o drosi termau anodd oedd defnyddio'r term Saesneg gwreiddiol. O ganlyniad ceir ganddo ymadroddion fel 'Queen's sauce at blum pudding' a 'Forcemeat at pike pobedig'.

Y mae'n debyg mai'r cyhoeddiad Cymreiciaf o'r holl lyfrau coginio oedd *Coginiaeth a Threfniadaeth Deuluaidd cyfaddas i anghenion gwragedd gweithwyr Cymru* gan Mrs S. A. Edwards, Corwen. Ffrwyth cystadleuaeth yn Eisteddfod Caerludd (Llundain) ym 1887 oedd hwn, a gwraig Syr John Rhŷs oedd un o'r beirniaid. Y mae Syr Vincent Evans, yn ei ragair, yn tanlinellu'r gwahaniaeth rhyngddo a'r llyfrau eraill a oedd eisoes ar gael:

> Ceidw deulu y gweithiwr mewn golwg trwy yr holl draethawd. Gŵyr pob gwraig sydd yn cadw tŷ natur y cynghorion a geir yn gyffredin mewn llyfrau ar goginiaeth. Eu bai mynychaf ydyw, mai ar gyfer y cyfoethog yr ysgrifenwyd y rhan fwyaf o honynt, a bod y dysgleidiau a ddisgrifir ynddynt yn ddrudion a gwastraffus. Cymmerant yn ganiataol fod 'y wlad yn llifeirio o laeth a mêl' i bawb – i'r tlawd, yn gystal ag i'r arianog. Ond y mae awdures y traethawd hwn wedi ymgadw yn lled dda rhag llithro gormod yn y cyfeiriad a nodwyd.[24]

Cynhwysai'r adran 'Cogyddiaeth Deuluaidd' (tt. 23–60) gyfarwyddiadau syml sy'n adlewyrchu i'r dim deitl ac amcan y llyfr. Nid oedd ynddo yr un rysáit a oedd yn rhy aruchel, a cheid nifer o rai nodweddiadol Gymreig megis llymru, shot llaeth enwyn, shot posel ac ati. O holl lyfrau coginio Cymraeg y cyfnod dan sylw, llyfr Edwards, yn sicr, a weddai orau i natur a photensial y darllenwyr yr oeddynt wedi eu hysgrifennu ar eu cyfer.

Diau mai ymhlith y llyfrau hyfforddiadol y dylid gosod y llyfrau mathemateg, llawforwyn y gwyddorau. Dyna yn sicr oedd barn John William Thomas (Arfonwyson), yr arloeswr mwyaf brwdfrydig yn y maes arbennig hwn. Yn ystod ei oes fer ac anhapus ymdrechodd yn galed i gyflwyno mathemateg a seryddiaeth i'w gyd-Gymry Cymraeg.[25] Tybiai fod gwybodaeth fathemategol nid yn unig yn fanteisiol ym mywyd beunyddiol y Cymro cyffredin, ond hefyd yn allwedd a

[24] S. A. Edwards, *Coginiaeth a Threfniadaeth Deuluaidd* (Dinbych, 1889), t. iii.

[25] Hughes, *Nid am Un Harddwch Iaith*, tt. 85–8; gw. hefyd Ll. G. Chambers, 'Elfennau rhifyddiaeth: tamaid anorffenedig', *Y Gwyddonydd*, XI (1973), 128–31.

agorai'r drws i'r gwyddorau eraill. Ceir peth tystiolaeth fod ei Saesneg amherffaith wedi milwrio yn erbyn ei yrfa fel cyfrifiannwr yn Greenwich (yn y 'Tremle Brenhinol', chwedl ef ei hun), ac anodd, felly, deall paham yr oedd mor awyddus i'w gyd-Gymry ymgyfarwyddo â gwyddoniaeth yn Gymraeg.[26] Bid a fo am hynny, ni all neb amau ei frwdfrydedd dros yr achos. Bu'n golygu'r cylchgrawn *Tywysog Cymru* am y chwe mis cyntaf o'i fodolaeth ym 1832, gan sicrhau lle amlwg ar ei dudalennau i ysgrifau gwyddonol a phroblemau mathemategol.

Cyhoeddwyd *Darlith ar Seryddiaeth* Arfonwyson tua 1840, ond ei waith pwysicaf oedd *Elfenau Rhifyddiaeth*, a gyhoeddwyd fesul rhan ym 1831–2 pan nad oedd ond 27 oed. Fel y cydnabu ef ei hun, yr oedd o leiaf pump o lyfrau rhifyddeg Cymraeg eraill wedi eu cyhoeddi cyn hyn ond, yn ei dyb ef, perthynai diffygion amlwg iddynt i gyd: 'y maent oll yn ry fyr a rhai o honynt hefyd mor annosbarthus ar y pethau a drinant, fel nas gwyddys yn gyffredin, bod un peth yn wahanol i beth arall ynddynt'.[27] Ond methiant fu'r *Elfenau*. Cyhuddid yr awdur o fod wedi dwyn syniadau awduron eraill a châi rhai ei arddull yn glogyrnaidd a'i dermau yn ddiystyr. 'Ffaeliwyf a chael rhai och geiriau mewn geiriadur, a mae rhai o naddunt yn debig i'w gilydd – deseb yn debig iawn i deiseb, &c', meddai un adolygydd.[28] Rhaid cydnabod bod ei ymdriniaeth yn llawer llai cryno ac yn anos ei deall nag eiddo Evan Lewis yn *Rhifyddiaeth yn rhwyddach*, a gyhoeddwyd bedair blynedd ynghynt; rhaid derbyn hefyd ei fod wedi 'benthyca' peth o'i ddeunydd oddi ar eraill. Ond cafodd yr *Elfenau* gryn sylw yn y wasg Gymraeg a chefnogaeth arbennig o frwd gan gyfaill Arfonwyson, sef Thomas Edwards (Caerfallwch). Eto i gyd, y mae'n amlwg fod nifer sylweddol o'r tanysgrifwyr wedi profi peth anhawster gyda chyfarwyddiadau megis 'Atddodi goddim yn un o'r desebion, sydd yr un a lluosi â nifer coelion y ddeseb hono yn y gyffredin' ac edwinodd eu cefnogaeth. Rhoes Arfonwyson y gorau i'w *magnum opus* arfaethedig ar ôl tri rhifyn yn unig. Methiant yr *Elfenau* oedd siom chwerwaf ei fywyd anhapus.

Er hyn oll, yr oedd gan fathemateg – neu 'rifyddeg' – le anrhydeddus yn y cylchgronau, gan gynnwys, yn rhyfedd iawn, y rhai diwinyddol. Daeth yn un o brif adloniannau'r Cymry llengar i herio eu cyd-Gymry trwy osod posau mathemategol. Brithid cylchgronau megis *Seren Gomer* â phosau o'r fath ar hyd y ganrif a bron na ellid awgrymu bod gwybodaeth o rifyddeg yn gymhwyster ar gyfer golygyddiaeth rhai cylchgronau enwadol yng nghanol y bedwaredd ganrif ar bymtheg.

Ac eithrio'r categorïau hyn, prin iawn oedd y llyfrau hyfforddiadol. Ni chafwyd dim byd a oedd yn cyfateb, dyweder, i'r llu o lyfrau ar bynciau megis naturiaetheg neu bysgota, neu ar wahanol grefftau, a oedd mor nodweddiadol o'r un cyfnod yn Lloegr. Gwir i bedwar neu bump o lyfrau ar fwyngloddio ymddangos ond, at ei

[26] Gw. llythyrau rhwng J. W. Thomas a G. B. Airey, Greenwich Papers, RGO 6/525.

[27] John William Thomas, 'At y Cymry', *Elfenau Rhifyddiaeth*, 2 (1831), nodyn ar y clawr cefn.

[28] 'E. E.', 'Beirniadaeth', *Seren Gomer*, XV, rhif 199 (1832), 109–10.

gilydd, cyfyngid y rhain i dde Cymru ac i ardal y glofeydd; yr un mwyaf uchelgeisiol ohonynt oedd cyfieithiad y Parchedig W. Hughes ym 1892 o lyfr adnabyddus William Hopton, *Ymddiddan ar fwngloddfeydd*. Trafodai rhai cyhoeddiadau unigol bynciau penodol, megis llyfr H. P. Jones a Michael D. Jones, *Y Gwenynydd* (1888), a'r llyfryn *Awyriad Anneddau* a gyhoeddwyd gan Spurrell, Caerfyrddin, ym 1849, ac a adlewyrchai'r gred gyffredin yn nechrau'r ganrif fod sicrhau cyflenwad o awyr iach bron mor bwysig â sicrhau digonedd o fwyd. Ond, at ei gilydd, pur gyndyn oedd Cymry'r bedwaredd ganrif ar bymtheg i fentro i feysydd anghyfarwydd.

Ychydig iawn o ddeunydd hyfforddiadol a ymddangosodd rhwng cloriau'r gwahanol gylchgronau. Ceid ambell eithriad, fodd bynnag, megis erthygl bur dechnegol ar dyfu llin a ymddangosodd yn *Yr Adolygydd* ym 1852,[29] a chyfres o ddeuddeg erthygl ar amaethyddiaeth a gyhoeddwyd yng nghylchgrawn eglwysig *Yr Haul* ym 1840.[30] Ceid ymgais o dro i dro i gychwyn cylchgrawn arbenigol, fel *Yr Amaethydd* (1845–6) a'r *Meddyg Teuluaidd* (1827), ond byrhoedlog a chymharol ddilewyrch fu'r rhain. At ei gilydd, fel y buasid yn disgwyl, llyfrau oedd pennaf cyfrwng y deunydd hyfforddiadol ymhlith y Cymry Cymraeg.

Trown yn awr at yr ail ben, sef y deunydd technegol a gyflwynid naill ai er mwyn ehangu gorwelion y Cymry neu at ddibenion adloniadol pur a heb unrhyw ystyriaeth o fuddioldeb ymarferol. Ar hyd y ganrif brithid tudalennau'r cylchgronau gan ddeunydd o'r fath. Yn wir, ceir yr argraff fod yr awydd am y deunydd hwn yn gryfach ymhlith y Cymry nag ymhlith y Saeson. O ganlyniad, 'lleygwyr' o safbwynt gwyddoniaeth (ambell waith y golygydd ei hun) a fyddai'n gyfrifol am gryn gyfran o'r deunydd gwyddonol a ymddangosai ar dudalennau'r cylchgronau. Yn eu plith yr oedd Rowland Williams, golygydd *Y Gwyliedydd*, a fu'n gyfrifol am y rhan fwyaf o'r 75 o erthyglau naturiaethegol a gyhoeddwyd yn y cylchgrawn rhwng 1822 a 1837,[31] a'r Glan Alun ifanc, golygydd *Y Wenynen* (1835), a fu'n gyfrifol am bron y cyfan o ddeunydd gwyddonol y cylchgrawn hwnnw.[32]

Cuddiai un o arloeswyr y 'wyddoniaeth gylchgronol' y tu ôl i'r llythrennau 'T.E.', ond tybir mai Thomas Edwards, golygydd *Yr Eurgrawn Wesleyaidd* (1816–18) ydoedd. Yr oedd gan T.E. erthygl wyddonol ym mhob rhifyn o'r *Eurgrawn* bron yn ddi-fwlch rhwng 1814 a 1819.[33] Cwmpasai sawl cangen o wyddoniaeth, gan ymgorffori yn ei erthyglau rai o brif nodweddion rhyddiaith wyddonol lwyddiannus. Yn sicr, yr oedd T.E. yn gryn feistr ar ei bwnc.[34]

[29] Dienw, 'Amaethiad Llin', *Yr Adolygydd*, 3 (1853), 318–35.

[30] 'Delta', 'Yr Amaethwr', *Yr Haul*, V (1840), 13–15, 55–7, 89–91, 122–3, 153–5, 185–6, 217–18, 249–50, 280–1, 313–14, 346–7, 378–9.

[31] L. M. Jones, 'Hanes llenyddol "Y Gwyliedydd" (1822–1837) gyda mynegai i'w gynnwys' (traethawd MA anghyhoeddedig Prifysgol Cymru, 1936).

[32] Glan Alun [Thomas Jones], 'Rhagymadrodd', *Y Wenynen* (Gwrecsam, 1836), t. [iii].

[33] R. Elwyn Hughes, '"T.E. . . . Llundain": Arloeswr gwyddoniaeth Gymraeg', *Y Gwyddonydd*, XXII (1984), 44–6.

[34] Idem, *Nid am Un Harddwch Iaith*, tt. 51–66.

Cychwynnodd draddodiad a barhaodd drwy gydol y ganrif, ac o hynny ymlaen cynhwysai bron pob cylchgrawn Cymraeg cyffredinol erthyglau gwyddonol 'addysgiadol' o bryd i'w gilydd. Daeareg a seryddiaeth oedd y meysydd mwyaf poblogaidd, yn bennaf oherwydd yr ystyrid y meysydd hynny yn gydnaws â daliadau crefyddol y cyfnod. Cafwyd, er enghraifft, gyfres o chwe erthygl seryddol gan 'Didymus' yn *Greal y Bedyddwyr* ym 1827, a naw erthygl ar yr un pwnc gan 'L. Williams, Llundain' yn *Y Drysorfa* yn ystod y flwyddyn 1841. Cyhoeddodd James Morris, Merthyr, gyfres o 'lythyrau' yn trafod daeareg yn *Y Diwygiwr* ym 1854 a chafwyd cyfres gyffelyb gan William Richard Jones (Goleufryn) yn *Y Cylchgrawn* ym 1866.

Ond ni chyfyngid y deunydd i seryddiaeth a daeareg yn unig, er mai'r rhain a dderbyniai fwyaf o sylw. Cyhoeddodd yr hynafiaethydd Robert Williams gyfres hir o erthyglau adaryddol yn *Y Gwyliedydd* rhwng 1832 a 1834,[35] a chafwyd sawl ymgais i beri i lysieueg lefaru yn Gymraeg, megis erthyglau'r meddyg John Williams (Corvinius) yn *Y Gwladgarwr* ym 1836 ac yn *Y Protestant* ym 1840.[36] Enghreifftiau eraill oedd cyfres uchelgeisiol D. L. Moses yn *Yr Ymofynydd* o 1851 ymlaen, chwe erthygl Rhys Pryse yn *Y Drysorfa Gynnulleidfaol* ym 1845–8, a chyfres bur aflwyddiannus (yn bennaf oherwydd problemau geirfaol) o waith David Gwalchmai James a ymddangosodd yn *Yr Athraw* ym 1839. Ambell waith mentrid i feysydd llai cyfarwydd, megis yn y saith erthygl gan awdur dienw ar y pwnc 'Tremyddiaeth (Optics)' yn *Y Gwladgarwr* yn ystod y blynyddoedd 1835 a 1836, ac yn yr wyth erthygl ar ffisioleg gan R. Isaac Jones (Alltud Eifion), fferyllydd o Dremadog, a gyhoeddwyd yn *Y Brython* ym 1860.

Sylwer mai mewn cylchgronau diwinyddol yr ymddangosodd y rhan fwyaf o'r erthyglau 'addysgiadol' hyn. Fodd bynnag, ceid ymdrech o dro i dro i gychwyn cylchgrawn a fyddai'n rhoi lle arbennig i ddeunydd technegol, neu 'gelfyddydol', a defnyddio ieithwedd y cyfnod. Dyna oedd bwriad *Y Greal* ym 1805, a gyhoeddodd ei fod am roi sylw arbennig i 'Bywiogaeth . . . seryddiaeth . . . amaethyddiaeth, garddwriaeth, planu coed, gweithiau llaw a mwyngloddio',[37] ond go dila fu ymdriniaeth *Y Greal* â'r pynciau hynny yn ystod ei oes fer. Cychwynnwyd *Y Brud a Sylwydd* ym 1828 yn bennaf er mwyn trafod materion 'gwyddonol' yn Gymraeg:

> Pe nas gallasai ein cydwladwyr, trwy ryw foddion neu gilydd, ymarfer â un gyfran arall o ddysg nag a ddeillient o'r cyhoeddiadau goreu yn y Gymraeg, nis gallent fod yn hyfedr i braidd un drin ag sydd er cynnaliaeth ac ymgeledd y bywyd hwn. Maes yw hwn ag sy'n agos yn hollol ddiwrtaith yn y Gymraeg, er nad yw ein hiaith yn lai hywedd nâg ieithoedd ereill i'w wneyd yn gynnyrchiol.[38]

[35] Idem, '"Corvinius" a "Llywelyn Conwy"', 368–9.
[36] Ibid., 370–2.
[37] *Y Greal*, I (1805), y clawr papur, t. [1].
[38] [Joseph Davies], 'Rhagymadrodd', *Y Brud a Sylwydd*, I (1828), 3.

Ond byrhoedlog fu'r *Brud* hefyd. Cafwyd peth canmol arno am ei fod 'y cyntaf i gynnyg, o ddifrif, ddwyn meddyliau y Cymry at y pethau hyn' ac am 'alw sylw y Cymry at y gwyddorion (*sciences*) hyn . . .',[39] ond cwynai eraill fod yr iaith yn anystwyth, ac wedi cyfnod byr o ddwyieithrwydd arbrofol daeth y cylchgrawn i ben cyn diwedd y flwyddyn. Ddwy flynedd yn ddiweddarach, ymddangosodd *Y Cymro* (1830) [*Y Cymmro* 1831], hwn eto'n gylchgrawn a chanddo ogwydd at faterion gwyddonol; tanlinellwyd ei foderniaeth arfaethedig gan ysgythriad adnabyddus gan Hugh Hughes ar y clawr, sef 'cerfiad' yn portreadu'r byd technolegol newydd a oedd, yn nhyb y golygydd, ar fin gwawrio – 'y cwch angerdd, y weithfa fasnachol, y mwyndai tawdd a'r awyr-ged'. Goroesodd am ddwy flynedd yn unig.

Yr un oedd bwriadau *Yr Adolygydd* y cyhoeddwyd y rhifyn cyntaf ohono ym Mehefin 1850 dan olygyddiaeth Evan Jones (Ieuan Gwynedd). Ymhlith ei amcanion yr oedd 'dangos yr hyn a wneir gan Wyddoriaeth er mwyn dyn'.[40] Ond rhannol yn unig fu ei ymlyniad yntau wrth ei broffes ffydd – allan o'r cant ac ugain o erthyglau a gyhoeddwyd rhwng 1851 a 1853, tair yn unig a allai hawlio'r disgrifiad 'gwyddonol'. Ym 1850 hefyd ymddangosodd *Y Wawr*, 'Cylchgrawn Llenyddol a Chelfyddydol' a roddai bwyslais ar 'Wybodaeth', yn enwedig gwybodaeth wyddonol. Cynhwysai nifer helaeth o erthyglau gwyddonol yn ymwneud yn bennaf â seryddiaeth a ffiseg. Hawdd y gellir cytuno â'r awgrym mai'r *Wawr* oedd y cylchgrawn gwyddonol Cymraeg cyntaf.[41] Yn sgil 'llawer o enllib, athrod a dirmyg', chwedl y golygydd, trengodd ymhen ychydig dros flwyddyn.

Nid ymddengys fod yr ymdrechion hyn i ddiwyllio'r Cymro Cymraeg yn wyddonol wedi gadael unrhyw argraff barhaol ar y rhan fwyaf o ddarllenwyr. Wrth adolygu cyflwr y wasg Gymraeg ym 1851, dywedodd Thomas Stephens:

> Pa beth am leenyddiaeth wyddorol y wlad? Nid oes gennym yr un! Y mae gennym draethawd neu ddau ar Seryddiaeth; cyfieithad o'r *Christian Philosopher*; cyfrol ar Amseryddiaeth gan Lloyd; ac un arall ar Ddaearyddiaeth (Geography) gan Mr J. T. Jones; a thyna'r cwbl . . . [nid] oes gwybodaeth o'r fath yw gael gan Gymro yn un lle arall ond yn y Wawr, ac yn y Chambers Cymraeg . . .[42]

Y mae sylwadau o'r fath, a chan Stephens o bawb, yn annisgwyl braidd. Erbyn 1850 (adeg cyhoeddi ysgrif Stephens), yr oedd ymhell dros gant o lyfrau technegol Cymraeg wedi ymddangos a rhai cannoedd o erthyglau yn y cylchgronau ac y

[39] Idris o Gybi [Robert Roberts], 'Seryddiaeth a Daearyddiaeth', *Y Brud a Sylwydd*, I (1828), 120–1.

[40] Hysbyseb am *Yr Adolygydd* ar glawr cefn *Y Gymraes*, I (1850).

[41] Iolo Wyn Williams, 'Nodiadau o'r Colegau', *Y Gwyddonydd*, IV (1966), 173.

[42] Thomas Stephens, 'Agwedd Bresennol Llëenyddiaeth yn Nghymru', *Y Wawr*, 2, rhif 13 (1851), 62; yr oedd Stephens ei hun wedi cynnig gwobr o bum gini 'Am y cyfieithiad Cymreig [*sic*] goreu o "Mrs. Marcett's [*sic*] Dialogues on Opticks"' yn Eisteddfod Y Fenni, 1848, gw. *Yr Haul*, XIII (1848), 99.

Tabl 2. Dosraniad llyfrau gwyddonol rhwng gwahanol gyfnodau

1800–29	51
1830–59	130
1860–89	106
1890–1919	43

mae'n rhyfedd mai am ryw hanner dwsin o'r rhain yn unig y gwyddai Stephens, ac yntau nid yn unig yn fferyllydd wrth ei alwedigaeth ond hefyd yn gryn hanesydd llên.

Fodd bynnag, tystiodd eraill tua'r un adeg i fethiant yr holl ddeunydd technegol i wneud unrhyw argraff ar ddarllenwyr Cymraeg. Yr oedd cyfrannwr i'r *Diwygiwr* ym 1846 yn ddigon diamwys ei farn ar y pen hwn: 'os chwiliwn y llyfrgelloedd am ysgrifeniadau ar natur a phriodoliaethau yr awyr, grym ac effaith yr elfenau, maintioli a symudiad y planedau, neu gyfansoddiad y byd llysieuog ac anifeilaidd – ni ddaethant etto trwy yr argraffwasg Gymreig!'[43] Barn gyffelyb oedd eiddo David Thomas o Lanelli tua'r un adeg: 'Drwg genym nad yw yr argraffwasg Gymreig wedi cynyrchu nemawr o weithiau gwyddorol, heblaw Daearyddiaeth J. T. Jones, Amseryddiaeth Simon Llwyd, a'r Anianydd Cristionogol, yr hwn sydd gyfieithiad o waith Dr Dick.'[44] Felly, y mae'n amheus i ba raddau y llwyddodd yr ymdrechion yn hanner cyntaf y ganrif i ehangu gwybodaeth gyffredinol y Cymro Cymraeg am faterion gwyddonol trwy'r gair ysgrifenedig. Bron na ellid awgrymu bod gan y meddwl Cymraeg y pryd hwnnw ryw ddallbwynt i wybodaeth wyddonol yn gyffredinol.

Y trydydd cymhelliad dros gyflwyno deunydd gwyddonol i sylw'r Cymry oedd rhesymau ideolegol. Cyfeiriwyd eisoes at y gred farwanedig fod ehangu gwybodaeth 'seciwlar' y Cymry yn debyg o'u denu fwyfwy at ddeunydd yn yr iaith Saesneg.[45] Cafwyd sylwadau i'r perwyl hwn hefyd gan y Parchedig John Jenkins, wrth annerch mewn eisteddfod yn Abertawe ym 1841:

> . . . it was an astounding fact, that there was not in the Welsh language a single work connected with the sciences . . . Mr Jenkins expressed an opinion that in the course of a century or two the Welsh language would altogether cease to be known as a living language. He stated that it was strictly necessary that the Welsh artizan should be furnished with scientific works in his own language; and it was on that principle the Committee offered the prizes for . . . the best translation into Welsh, of the articles on the *General Properties of Matter* and on *Mechanics*, being the first six lectures in Mrs Marcet's *Conversations on Natural Philosophy* [gwobr £15] . . . [this] would have a tendency towards inspiring Welshmen with a desire for a knowledge of the [English] language.[46]

[43] 'Mentor' [R. Owen], 'Sefyllfa bresennol yr iaith Gymraeg', *Y Diwygiwr*, XI, rhif 129 (1846), 113–15.

[44] David Thomas, 'Traethawd ar yr Argraffwasg', *Taliesin*, II (1860), 168–82.

[45] Trott, 'The Society for the Diffusion of Useful Knowledge', passim.

[46] 'Druidic Eisteddfod', *The Cambrian*, 28 Awst 1841, t. 3.

Ond prin fod hwn yn gymhelliad yr oedd y rhai a ysgrifennai ar bync

iau gwyddonol yn Gymraeg yn ymwybodol ohono. Ar y llaw arall, bu cryn wyddona yn Gymraeg am reswm ideolegol arall, sef ategu credoau crefyddol y cyfnod, ac i gyflawni hynny trwy ddefnyddio fframwaith crefydd naturiol. Dyna oedd diben Dafydd Lewys yn cyhoeddi ei gyfrol *Golwg ar y Byd* ym 1725. Dyna hefyd oedd cyfiawnhad Glan Alun, ganrif a mwy yn ddiweddarach, dros gynnwys cyfartaledd cymharol uchel o ysgrifau 'gwyddonol' yn *Y Wenynen*: 'Yn y môr a'r tir, yn yr awyr a'r tân, yn y nos a'r dydd, yn nhymorau'r flwyddyn, yn nghyfansoddiad corph a meddwl dyn . . . yn yr holl bethau hyn y mae mawredd a doethineb, daioni ac amynedd, rhagwybodaeth a rhagddarbodaeth y Goruwchaf yn ymddangos yn eglur iawn. Gyda gwybodaeth eang o'r pethau hyn . . . tybiaf mai anmhosibl i neb beidio bod yn wir Gristion.'[47] Eisoes mynegwyd yr un farn gan Robert Roberts (Idris o Gybi, 1777–1836), awdur *Daearyddiaeth* (1816), sef mai 'trwy seryddiaeth a daearyddiaeth yn unig y cawn un wybodaeth am fawredd Duw'.[48]

I'r perwyl hwn, cyfieithwyd i'r Gymraeg nifer o lyfrau 'crefydd-naturiol' adnabyddus megis *Yr Anianydd Cristionogol* (1860) (cyfieithiad Thomas Levi o *Christian Philosopher* gan Thomas Dick) a *Duwinyddiaeth Naturiol neu Yr Amlygiadau o Dduw mewn Natur* (?1861) (cyfieithiad Hugh Jones o *Natural Theology* gan William Paley). Conglfeini'r grefydd naturiol hon oedd seryddiaeth a daeareg, fel y pwysleisiwyd gan William Rees (Gwilym Hiraethog) yn ei nodiadau golygyddol yn *Y Faner* ym 1857;[49] cyfyngwyd diddordebau gwyddonol nid ansylweddol Hiraethog ei hun i'r ddau faes hyn.[50] Bu'r ymdrechion hyn i beri i grefydd siarad gwyddoniaeth yn gyfrifol am gryn gyfran o'r deunydd gwyddonol Cymraeg yn ail hanner y bedwaredd ganrif ar bymtheg. Ond, fel y dangosir isod, ni weithredai crefydd naturiol bob amser er hyrwyddo gwybodaeth ehangach o wyddoniaeth nac, o ran hynny, er cryfhau daliadau crefyddol.

Yr oedd dau brif ddull, felly, o gyflwyno gwyddoniaeth a thechnoleg trwy gyfrwng y Gymraeg yn ystod y bedwaredd ganrif ar bymtheg. At ei gilydd, cyflwynid y deunydd hyfforddiadol trwy gyfrwng llyfrau, llyfrynnau a phamffledi. Ar y llaw arall, cyflwynid y deunydd dyrchafol neu ddiddanol trwy gyfrwng y miloedd o erthyglau yn y gwahanol gylchgronau. Ond ni chyfyngid y deunydd i'r ddau ddull hyn. Bu dau gyfrwng arall yn rhan o'r ymdrech i Gymreigio gwyddoniaeth, sef darlith ac eisteddfod.

O reidrwydd, byddai'r sawl a ddewisai ddarlithio ar bynciau gwyddonol yn yr ardaloedd Cymraeg yn gwneud hynny yn y Gymraeg. Daeth rhai o'r darlithwyr hyn yn bur adnabyddus, megis Robert Roberts, Caergybi, a ddarlithiai ar

[47] [Glan Alun], 'Arweiniad i Mewn', tt. 2–3.

[48] Idris o Gybi, 'Seryddiaeth a Daearyddiaeth', 121.

[49] 'Daiareg', *Y Faner*, 9 Medi 1857, t. 1.

[50] R. Elwyn Hughes '"Erw o dir ym Middlesex"; Rhai sylwadau ar wyddoniaeth Gwilym Hiraethog', *Y Traethodydd*, CXLII (1987), 172–89.

seryddiaeth, a Gwesyn Jones, Rhaeadr Gwy, a ddarlithiai ar bynciau daearegol.[51] Yr oedd cryn enw hefyd gan John Peter (Ioan Pedr) fel darlithydd ar bynciau gwyddonol; yn wir, enillodd ei Gymrodoriaeth o'r Gymdeithas Ddaeareg yn rhannol oherwydd ei enw fel darlithydd trwy Gymru benbaladr.[52] Ond y mae'n debyg mai'r un a wnaeth fwy na neb i hyrwyddo'r syniad o ddarlithiau gwyddonol Cymraeg oedd y mathemategydd, Griffith Davies. Davies oedd yr FRS cyntaf i ysgrifennu'n helaeth ar faterion gwyddonol yn Gymraeg. Awgrymodd ym 1829 y dylai Cymdeithas y Cymreigyddion yn Llundain gynnal cyfres o ddarlithiau ar 'wybodaeth ddefnyddiol'. Derbyniwyd ei awgrym a bu Davies ei hun yn gyfrifol am draddodi pedair o'r darlithiau, sef 'Mordwyaeth', 'Daearyddiaeth', 'Awyrolaeth' (*pneumatics*) ac 'Awsafiaeth' (hydrostateg). Nid un i guddio ei amryfal ddoniau rhag y cyhoedd oedd Davies a threfnodd gyhoeddi ei ddarlithiau yn y cylchgronau Cymraeg er budd cynulleidfa ehangach. Ni phoenai ychwaith fod yr un ddarlith yn union yn ymddangos mewn mwy nag un cylchgrawn ar yr un pryd a deuir o hyd i'w ddarlithiau yn *Seren Gomer*, *Y Gwyliedydd*, *Y Cymro* a *Lleuad yr Oes* rhwng 1830 a 1832.[53] Anodd dweud faint oedd apêl deunydd Davies i'r Cymro cyffredin gan fod ei bynciau yn gymharol astrus a'i eirfa Buwaidd yn bur ddieithr.

Ar raddfa lai, yr oedd yr eisteddfod hefyd yn gyfrwng i hyrwyddo trafod gwyddoniaeth yn Gymraeg. Yn annisgwyl, efallai, nid yr Eisteddfod Genedlaethol a wnâi'r cyfraniad mwyaf yn y maes hwn, a hynny oherwydd bod ei 'Social Science Section' yn llwyr gaeth i'r egwyddor mai trwy gyfrwng y Saesneg y dylid trafod y gwyddorau yng Nghymru.[54] Mwy ffrwythlon oedd yr eisteddfodau taleithiol. Nid peth dieithr oedd i adrannau rhyddiaith yr eisteddfodau hyn gynnwys cystadleuaeth 'wyddonol'. Ambell waith gofynnid am ymdriniaeth wreiddiol â phwnc gwyddonol penodedig; weithiau cynigid gwobr am y cyfieithiad gorau o waith Saesneg safonol. Yn Eisteddfod Iforaidd Pontypridd ym 1851 cynigiwyd gwobr o gini am 'Y traethawd byr goraf ar Ddeddfau Symudiad (Laws of Motion)' ac yn Eisteddfod Llandudoch ym 1859 bu J. R. James o Aberteifi yn fuddugol am draethawd tra thechnegol ar 'Defnyddioldeb calch

[51] Gw., e.e., 'Seryddiaeth – adroddiad am ddwy ddarlith gan Seryddwr Môn', *Y Gwyliedydd*, VIII (1831), 256; 'Amrywiaethau', *Seren Gomer*, XIII, rhif 173 (1830), 64. Am ddarlithio Gwesyn Jones, gw. *Yr Annibynwr*, I (1857), 251–3; ymgorfforwyd darlithiau Jones yn ei lyfr *Y Byd cyn Adda* (Penybont, 1858).

[52] Hughes, *Nid am Un Harddwch Iaith*, tt. 157–9; ceir fersiynau ysgrifenedig o ddarlithiau gwyddonol Peter (gan gynnwys peth deunydd yn y Gymraeg) yn LlGC, Llsgr. 2618B.

[53] Am fanylion am fywyd a chyhoeddiadau Griffith Davies, gw. Ll. G. Chambers, 'Griffith Davies (1788–1855) FRS Actuary', *THSC* (1988), 59–77; Hughes, *Nid am Un Harddwch Iaith*, tt. 75–6. Paratôdd Hugh Hughes ysgythriadau o wahanol ddarnau o aparatws gwyddonol i'w cyhoeddi gyda darlithiau Davies. Peter Lord, *Hugh Hughes, Arlunydd Gwlad 1790–1863* (Llandysul, 1995), t. 198.

[54] Hywel Teifi Edwards, *'Gŵyl Gwalia': Yr Eisteddfod Genedlaethol yn Oes Aur Victoria 1858–1868* (Llandysul, 1980), tt. 53–112.

mewn amaethyddiaeth'.[55] Cynigiwyd gwobr o ddecpunt am 'Hyfforddwr i'r Gwyddorau . . . cyffelyb i . . . "Joyce's Scientific Dialogues"' yn Eisteddfod Dolgellau ym 1853 ac enillodd J. E. Thomas, Rhaeadr, swm cyffelyb yn Eisteddfod Llandudno ym 1864 am draethawd ar 'Daeareg Cymru'. Un a enillai'n gyson ar bynciau gwyddonol a lled-wyddonol yn yr eisteddfodau lleol oedd John Rhys, Penydarren, Merthyr, lleygwr a oedd, trwy gyfuniad o ddyfalbarhad ac ymarfer eisteddfodol, wedi magu cryn ddeheurwydd wrth drafod materion technegol yn y Gymraeg.[56] Câi nifer o'r traethodau eisteddfodol arobryn eu cyhoeddi, ond ni roddid lle i bynciau meddygol yn rhaglenni'r eisteddfodau, ac y mae hyn eto yn tanlinellu'r gwahaniaeth deallusol tybiedig rhwng meddygaeth a changhennau eraill o ddysg. At ei gilydd, fodd bynnag, bu cyfraniad yr eisteddfodau i fyd gwyddoniaeth a thechnoleg yn bur hael, ac oni bai am y cynnyrch eisteddfodol buasai cyfanswm y cyhoeddiadau gwyddonol a welodd olau dydd yn ystod y ganrif yn llawer llai.

Milwriai tair elfen yn erbyn llwyddiant y mudiad 'gwyddoniaeth Gymraeg' yn ystod y bedwaredd ganrif ar bymtheg, sef natur polareiddiedig neu hierarchaidd y boblogaeth, natur beiblgreiddiol y gymdeithas Gymraeg, a phroblemau geirfaol.

Yn ystod y ganrif honno, prin fod y rhaniad rhwng gweithgareddau Saesneg a Chymraeg yng Nghymru yn amlycach nag ym myd y gwyddorau a thechnoleg. Cymraeg oedd iaith feunyddiol gweithgareddau megis amaethyddiaeth a mwyngloddio, ond nodweddid pob ymgais i ddyrchafu neu ffurfioli gweithgareddau o'r fath gan duedd i droi i'r Saesneg. Saesneg oedd iaith y gwahanol gymdeithasau amaethyddol, hyd yn oed yn yr ardaloedd Cymraeg, a'r un oedd y sefyllfa yn y colegau. Yr oedd gan Goleg (Presbyteraidd) Caerfyrddin draddodiad gwyddonol cryf ac ar ddechrau'r ganrif yr oedd y llyfrgell yno yn gartref i un o'r casgliadau gorau o lyfrau gwyddonol yng Nghymru. Ond ni cheid ymhlith y miloedd llyfrau hyn yr un llyfr Cymraeg, heb sôn am unrhyw ddeunydd gwyddonol yn yr iaith honno.[57] A'r un oedd y darlun mewn llyfrgelloedd cyffelyb ledled Cymru.

Nodweddid pedwardegau'r bedwaredd ganrif ar bymtheg gan dwf rhyfeddol y Sefydliadau Llenyddol a Gwyddonol (*Mechanics' Institutes*) yng Nghymru ac yr oedd cryn gyfran o'u gweithgareddau 'diwyllio' yn ymwneud â phynciau gwyddonol. Ond, hyd y gellir barnu, Saesneg oedd iaith eu gweithgareddau hyd yn oed yn yr ardaloedd Cymraeg.[58] Methiant fu ymgais Hugh Davies i ddwyn perswâd ar yr awdurdodau i gynnwys ei gyfrol *Llysieuaeth Gymreig* ar faes llafur

[55] J. R. James, 'Traethawd ar ddefnyddioldeb calch mewn amaethyddiaeth', *Taliesin*, II (1860), 87–94. Defnyddiodd James y ffugenw 'Gwyddonydd' – enghraifft gynnar o'r gair hwnnw mewn print.

[56] Gw., e.e., Philotheoros [John Rhys/Rees], 'Gwythienau Glo', *Yr Ymofynydd*, I (1848), 115–16; hefyd, Hughes, *Nid am Un Harddwch Iaith*, tt. 93–8.

[57] R. Elwyn Hughes, 'Gwaddol gwyddonol Coleg Caerfyrddin', *Y Gwyddonydd*, XXXI (1994), 4–8.

[58] Thomas Evans, *The Mechanics' Institutes of South Wales* (traethawd PhD anghyhoeddedig Prifysgol Sheffield, 1966).

darpar offeiriaid.[59] Yr un oedd ymateb Lewis Weston Dillwyn, *doyen* naturiaethwyr de Cymru yn hanner cyntaf y ganrif, pan ofynnodd Davies iddo fod yn gyfrifol am werthu copïau o'i *Welsh Botanology* (yr oedd yr ail ran, sef *Llysieuaeth Gymreig*, yn Gymraeg): 'there are very few of those who speak that can read Welsh and among those few I apprehend there would not at present . . . be found many purchasers'.[60] A hynny ar adeg pan oedd cyfran uchel o drigolion de Cymru yn Gymry uniaith! Yr hyn a olygai Dillwyn oedd mai ychydig iawn o aelodau ei gylch dethol ef ei hun a oedd yn deall Cymraeg. Crisialwyd y sefyllfa gan erthygl oleuedig a ymddangosodd yn *The Athenaeum* ym 1856, lle y disgrifiwyd cylchgronau Cymraeg fel 'The peasant literature of Wales'. Hynny yw, rhywbeth a berthynai i'r werin unieithog 'anaddysgedig' oedd y Gymraeg a'i llenyddiaeth, a chan fod gwyddoniaeth yn cael ei hystyried yn weithgaredd 'anwerinol' a dyrchafedig, naturiol oedd derbyn mai'r Saesneg oedd ei phriod iaith.

Yr oedd sefyllfa gwyddoniaeth yn ardal Abertawe a Chwm Nedd (cynefin Dillwyn) yn hanner cyntaf y ganrif yn darlunio i'r dim y ddeuoliaeth ryfedd a fodolai yng Nghymru. Hon oedd prif ganolfan gweithgareddau gwyddonol Cymru, a phan wnaeth Abertawe gais am i'r Gymdeithasfa Brydeinig gynnal ei chyfarfodydd blynyddol yno ym 1848, gallai ddibynnu ar gefnogaeth pump o gymrodyr y Gymdeithas Frenhinol a oedd yn byw yn lleol. Ond ni lyncwyd y cymunedau lleol Cymraeg i mewn i'r gweithgarwch gwyddonol hwn. Gweithiai Alfred Russel Wallace, y naturiaethwr, yn ardal Castell-nedd yn ystod y 1840au, ond er iddo ymroi i ddysgu Cymraeg ac yn nes ymlaen i leisio ei gefnogaeth i ddysgu gwyddoniaeth trwy gyfrwng y Gymraeg, fe'i huniaethodd ei hun yn llwyr â'r sefydliad Saesneg yng Nghastell-nedd.[61] Adlewyrchiad oedd hyn i gyd, wrth gwrs, o'r dybiaeth gyffredin mai Saesneg oedd iaith y byd yng Nghymru a bod gwyddoniaeth (megis addysg) yn rhan bwysig o'r byd hwnnw.

Elfen 'allanol' yn ei hanfod oedd y gred mai Saesneg oedd yr iaith briodol ar gyfer gweithgareddau deallusol yng Nghymru; rhywbeth a impiwyd ar Gymru gan gyfundrefn allanol ydoedd. Ond yr oedd elfen fewnol bwysig yn milwrio yn erbyn gwyddona yn Gymraeg, sef natur feiblgreiddiol (feiblganolog) y gymdeithas Gymraeg. Ni fu'r tyndra rhwng llythrenoldeb y Beibl a darganfyddiadau newydd y gwyddorau yn amlycach yn unman nag yng Nghymru yn ail hanner y bedwaredd ganrif ar bymtheg. Bu gan rai Cymry amlwg ragfarn yn erbyn gwyddoniaeth erioed. 'Er fod gwyddiant [gwyddoniaeth] yn dda, eto fod llenyddiaeth yn well', meddai Lewis Edwards wrth drafod gwella cyflwr deallusol y Cymry.[62] Ymdreiddiodd enghreifftiau sylweddol o wyddoniaeth y cyfnod i

[59] LlGC, Llsgr. 6664C (Rhuddgaer 1), t. 57. Llythyr oddi wrth John Roberts, Croesoswallt.

[60] Ibid., t. 17. Llythyr oddi wrth L. W. Dillwyn, Abertawe.

[61] R. Elwyn Hughes, 'Alfred Russel Wallace; some notes on the Welsh connection', *British Journal for the History of Science*, 22 (1989), 401–18.

[62] Lewis Edwards, 'Llenyddiaeth a Gwyddiant' yn idem, *Traethodau Llenyddol* (Wrexham, d.d.), t. 597.

dudalennau'r *Gwyddoniadur Cymreig*, gan beri peth anesmwythyd meddwl i nifer o arweinwyr Ymneilltuaeth yng Nghymru. Bu John Jones, Tal-y-sarn, yn hallt ei feirniadaeth o gynnwys gwyddonol *Addysg Chambers i'r Bobl* (1851) oherwydd iddo ddangos 'gormod o awydd i droi yr Hollalluog allan o'r byd' a chyfeiriodd yn wawdlyd (a hyn cyn i Darwin gyhoeddi ei ddamcaniaeth esblygiad) at 'y crebachod sydd yn ymffrostio eu bod wedi disgyn oddiwrth yr epa a'r *orang-outang*'.[63]

O ganlyniad, daeth trafod gwyddoniaeth yn Gymraeg yn bwnc sensitif. Yr oedd rhai materion yn 'grefyddol dderbyniol' tra oedd eraill yn llwyr waharddedig. Fel y crybwyllwyd eisoes, credid bod seryddiaeth ac, i raddau llai, daeareg, yn feysydd 'diogel' oherwydd tybid eu bod yn dadlennu doethineb a galluoedd Duw fel Creawdwr ac nad oeddynt yn cynnig unrhyw her amlwg i lythrenoldeb y Beibl. Y ddau faes hyn, felly, a gyfrifai am gyfran uchel o'r cyhoeddiadau 'gwyddoniaeth bur' yn Gymraeg.

Ond arf deufiniog yw crefydd naturiol ac ni fu croeso o fath yn y byd i'r gweddau hynny ar wyddoniaeth a daflai gysgod ar uniongrededd crefyddol y cyfnod. Yr oedd hyn yn ystyriaeth arwyddocaol wrth benderfynu natur y gweithiau gwyddonol a ymddangosai yn Gymraeg. Cyfieithwyd mân us y diwinyddion naturiol, megis gweithiau Chalmers, Dick a Paley, i'r Gymraeg, ond ni cheid sôn am weithiau a oedd yn fwy safonol, ond yn ddiwinyddol amheus, megis *Vestiges of the Natural History of the Creation* (1844) gan Robert Chambers a'r *Origin of Species* (1859) gan Charles Darwin.

Y mae'r ffordd yr anwybyddwyd esblygiad gan y wasg Gymraeg yn tanlinellu'r tyndra hwn. Nodweddid y cyfnod 1840–70 yn Ewrop gan gryn ddiddordeb 'proto-esblygol' yng nghwestiwn tarddiad dyn ac yn y dadleuon o blaid monogenedd neu polygenedd.[64] Yn annisgwyl braidd, cafwyd adlais gwan o'r dadleuon hyn mewn erthygl yn *Yr Adolygydd* ym 1852.[65] Cyffyrddodd Thomas Price (Carnhuanawc), yntau, â'r un broblem yn Saesneg yn *An essay on the physiognomy and physiology of the present Inhabitants of Britain* (1829), ond dyna i gyd. Ni fu unrhyw drafod pellach ar faterion esblygiadol hyd nes cyhoeddi erthygl Ioan Pedr yn *Y Traethodydd* ym 1872. Yr erthygl honno oedd yr ymgais sylweddol gyntaf i gynnig ymdriniaeth gyflawn ar esblygiad a Darwiniaeth yn Gymraeg. Yn ei hanfod, erthygl wrth-Ddarwinaidd oedd hon, yn adlewyrchu dryswch llwyr y meddwl beiblgreiddiol Cymraeg yn wyneb her allanol annisgwyl i'w gredoau mwyaf cysegredig. Cyffelyb oedd ymateb R. D. Roberts i'r sefyllfa. Yr oedd Roberts yn ddarlithydd ym Mhrifysgol Caer-grawnt ac yn wyddonydd tra chymwys. Rhwng 1883 a 1891 cyhoeddodd naw erthygl safonol ar agweddau ar

[63] Owen Thomas, *Cofiant y Parchedig John Jones, Talsarn* (Wrexham, 1874), tt. 720–1.

[64] Nancy Stepan, *The Idea of Race in Science: Great Britain 1800–1960* (London, 1982); gw. hefyd adroddiad am ddarlith gan Dr Thomas Williams, Abertawe, yn *The Cambrian*, 16 Ionawr 1846, t. 2.

[65] Dienw, 'Disgyniad dynolryw o'r un rhieni', *Yr Adolygydd*, 2 (1852), 168–75.

fioleg yn *Y Traethodydd*, gan lwyddo i osgoi trafod esblygiad a Darwiniaeth ym mhob un ohonynt. Tynnodd T. H. Lewis ein sylw at enghraifft arall o allu cyfyngol y meddwl beiblgreiddiol Cymraeg yn ystod y bedwaredd ganrif ar bymtheg, sef y diffyg sôn am Robert Owen ac Oweniaeth yn y wasg Gymraeg: 'Nid oedd Robert Owen yn "grefyddwr", a phwysleisiai ef, yn anad dim, yr angen am wella amgylchfyd dyn. Eithr i grefyddwyr Cymru yn y blynyddoedd hynny, nid peth dibwys ydoedd yr angen am "ras oddi uchod".'[66]

Canlyniad hyn oll oedd tuedd i osgoi nifer o themâu pwysig, megis esblygiad, tarddiad dyn, a'r berthynas rhwng yr ymennydd a'r meddwl. Gan hynny, y mae gwyddoniaeth Gymraeg y cyfnod yn fylchog ac anghynrychioliadol. Diau fod y cyfyngiadau hyn ar natur y deunydd trafod yn rhannol gyfrifol hefyd am y sylw a gâi technoleg a gwyddoniaeth gymwysedig yn y wasg Gymraeg, a hynny ar draul rhai agweddau ar wyddoniaeth 'bur'. Trôi rhai Cymry amlwg fwyfwy i gyfeiriad syniadaeth 'niwtral' technoleg, fel y gwnâi Gwilym Hiraethog yn nhudalennau'r *Faner* a Samuel Roberts yn *Y Cronicl*, er mwyn osgoi'r agweddau hynny ar wyddoniaeth bur a fygythiai gadernid y gymdeithas feiblgreiddiol Gymraeg.[67]

Ond, heb amheuaeth, y broblem fwyaf oedd gorfod cyfleu cysyniadau gwyddonol yn Gymraeg ac ar yr un pryd ymgodymu â phrinder termau technegol addas. Yr oedd bron pawb a ymdrechai i ysgrifennu ar bynciau gwyddonol yn Gymraeg yn ymwybodol o hyn. Yn fynych iawn ceid gan yr ychydig a fentrodd i'r maes sylwadau rhagarweiniol i'r perwyl mai prinder termau addas oedd y prif faen tramgwydd i dwf gwyddoniaeth trwy'r Gymraeg. 'Annichonadwy ydyw ysgrifenu ar unrhyw wyddor yn y Gymraeg heb anurddo yr ysgrif â geiriau Seisnig, neu eiriau chwythig, clogyrnog, anystwyth, ac annghyffredin', meddai awdur erthygl ar ffisioleg dyn yn *Y Beirniad* ym 1860.[68] Bu hon yn broblem yn y Gymraeg erioed, yn fwy felly nag mewn ieithoedd eraill, o bosibl, am nad oedd ganddi unrhyw draddodiad o wyddoniaeth ddatblygol. Gwir fod nifer o dermau 'technegol' neu led-dechnegol Cymraeg yn bodoli mewn meysydd penodol megis amaethyddiaeth, chwarelyddiaeth a mwyngloddio, ond yr oedd y defnydd o'r termau hyn yn gyfyngedig fel arfer i'r bobl a weithiai yn y meysydd hynny. Wrth reswm, amrywiai'r termau a ddyfeisiwyd mewn gwahanol ardaloedd am nad oedd unrhyw gysondeb, nac angen am gysondeb ychwaith, gan mai hwyluso cyfathrebu lleol a mewnol oedd yr unig ddiben.

Gorlifai rhai o'r termau hyn i'r gymdeithas oddi amgylch, ac weithiau goroesent yn Saesneg ar ôl i'r Gymraeg ddarfod. Mor ddiweddar â chanol y bedwaredd ganrif ar bymtheg, ar ôl i'r Gymraeg ddarfod fel iaith fyw yng Nghaerdydd, parheid i ddefnyddio'r hen dermau Cymraeg am fesurau 'llestrad'

66 T. H. Lewis, 'Y Wasg Gymraeg a Bywyd Cymru, 1850–1901', *THSC* (1964), 222–36.

67 Trafodwyd y ddamcaniaeth hon yn Hughes, ' "Erw o dir yn Middlesex" ', passim.

68 Dienw, 'Anianaeth Ddynol', *Y Beirniad*, I (1860), 23–9.

(bwysel) 'cwer-llestrad' (pec) a 'pedwran' (deg pwys a hanner)[69] ym marchnad Seisnigedig y dref. Gellir cyferbynnu gwydnwch y termau 'brodorol' yn hyn o beth â byrhoedledd y llu mawr o dermau 'synthetig' y bu raid eu dyfeisio i drafod y gwyddorau newydd yn ystod y bedwaredd ganrif ar bymtheg. Dyna oedd craidd y broblem – sef dewis rhwng elfennau brodorol a rhai 'cydwladol' mewnforiedig wrth lunio geirfa dechnegol. Wynebir y sawl sydd am lunio geirfa dechnegol mewn iaith leiafrifol gan y ddau bosibilrwydd hyn. Ar y naill law, gellir benthyca neu addasu termau 'cydwladol' (trwy'r Saesneg, gan amlaf, yn achos y Gymraeg), gan eu Cymreigio yn ôl y galw. Ar y llaw arall, gellir manteisio ar adnoddau cysefin y Gymraeg naill ai trwy atgyfodi hen dermau darfodedig a'u gwisgo ag ystyr newydd neu drwy fathu neu synthesu termau newydd trwy dynnu ar adnoddau cynhenid yr iaith.[70]

At ei gilydd, pur amharod oedd Cymry'r bedwaredd ganrif ar bymtheg i ddilyn y llwybr cyntaf trwy fenthyca neu addasu termau cydwladol. Eithriad oedd Robert Ambrose Jones (Emrys ap Iwan) a argymhellodd ffurfiau megis 'sinsur', 'sianel', 'Tolemaig', 'senith', 'botaneg' a 'ffotograffiaeth' wrth drafod 'Y Ffordd i Gymreigio Geiriau Estronol' ym 1881.[71] Ond gwrthod ei gyngor a wnaeth y rhan fwyaf o'r rhai a oedd am drafod gwyddoniaeth yn Gymraeg a'r canlyniad oedd esgor ar nifer helaeth o dermau 'brodorol' anghyfiaith. A phan fethid â dod o hyd i derm brodorol derbyniol, y duedd bob amser fyddai defnyddio'r term Saesneg gwreiddiol wedi ei italeiddio, heb unrhyw ymgais i'w Gymreigio. Amharwyd ar erthyglau tra safonol D. P. Davies ar gemeg amaethyddol gan ei duedd ddilyffethair i ddefnyddio termau technegol Saesneg wedi eu hitaleiddio.[72]

Y mae'n debyg mai'r prif reswm dros ddewis neu fathu termau 'brodorol' yn lle addasu'r rhai cydwladol oedd balchder cenedlaethol y Cymry llengar. Bron na ellid cyfeirio at hanner cyntaf y bedwaredd ganrif ar bymtheg fel cyfnod o genedlaetholdeb geirfaol. Perthynai'r rhan fwyaf o'r 'bathwyr brodorol' i'r olyniaeth a gysylltir yn bennaf â dylanwad Edward Williams (Iolo Morganwg) a William Owen Pughe a'u cred ddi-sigl yn hynafiaeth, purdeb a natur gynhwysfawr y Gymraeg. Yn nhyb Iolo, yr oedd rhychwant cyfathrebol iaith yn ddrych i ehangder diwylliant y gymdeithas a'i cynhaliai:

> . . . a language possessing terms for science, and philosophical ideas of its own unborrowed from any other tongue proves that those nations that spoke it were self-

[69] John Winstone, 'Reminiscences of Old Cardiff', *Transactions of the Cardiff Naturalists' Society*, XV (1883), 60–75.

[70] Gw. L. Hogben, *The Vocabulary of Science* (London, 1969); R. Elwyn Hughes, 'Llunio geirfa wyddonol Gymraeg', *Trafodion y Gymdeithas Wyddonol Genedlaethol*, 4 (1981), 49–52; Berian Williams, 'Termau ar gyfer dysgu gwyddoniaeth trwy gyfrwng y Gymraeg' yn *Y Gymraeg mewn Addysg Uwchradd* (Aberystwyth, 1982), tt. 15–35.

[71] Robert Ambrose Jones (Emrys ap Iwan), *Camrau mewn Grammadeg Cymreig* (Dinbych, 1881).

[72] D. P. Davies, 'Traethawd ar Fferylliaeth Amaethyddol', *Cyfansoddiadau Buddugol Eisteddfod Llanbedr, Alban Hefin 1859* (Aberystwyth, 1860), tt. 33–87.

civilized to a degree corresponding with the science or knowledge that such a set of terms and phrases express and indicate . . .[73]

Mater o falchder cenedlaethol, felly, oedd sicrhau bod termau Cymraeg ar gael ar gyfer holl ffeithiau a chysyniadau gwyddoniaeth. Buasai gorfod defnyddio neu addasu fersiynau Saesneg neu gydwladol wedi adlewyrchu yn anffafriol ar burdeb a hunanddigonolrwydd y Gymraeg. Dyma gyngor Rowland Williams, Ysgeifiog, yntau'n awdur rhai degau o erthyglau naturiaethegol yn *Y Gwyliedydd*:

. . . works of science in this tongue [Cymraeg] are comparatively rare – its appropriate terms not well fixed, and as yet little understood. The inexhaustible resources of the Welsh language are able to supply these by self-evolutions without borrowing (like the English) from the Greek, or other tongue . . .[74]

Ond ag enw William Owen Pughe a'i eiriadur y cysylltir y mudiad 'termau brodorol' yn bennaf. Gellir gweld ar unwaith erfyn mor beryglus oedd Geiriadur Pughe i'w osod yn nwylo'r anghyfarwydd a'r anwybodus. 'Cafwyd am gyfnod lenorion ac areithwyr yn dangos eu "gwybodaeth" drwy ddefnyddio geiriau nad oedd neb erioed o'r blaen wedi eu clywed' oedd barn J. E. Caerwyn Williams am ddylanwad Pughe ar ryddiaith ei gyfnod yn gyffredinol.[75] Bu ei ddylanwad ar ryddiaith wyddonol y ganrif yr un mor andwyol. Bu peth croeso i rai o'i dermau synthetig megis 'alsoddeg' (*algebra*), a oroesodd am nifer o flynyddoedd mewn rhai cyhoeddiadau, ond bu eraill o'i fathiadau – megis 'alwythen' (gwythïen borthol) ac 'afluchiasrwydd' (cathod [electrod]) ac 'elltyflysaidd' (ecsogenaidd) yn llwyr annerbyniol a hyd yn oed yn wyddonol gamarweiniol. Cefnogwyd Pughe gan Thomas Edwards (Caerfallwch), edmygydd hollol anfeirniadol o'i waith a phrif ladmerydd ei syniadaeth gerbron y byd gwyddonol. Diffiniodd Edwards ei safbwynt ef ei hun yn eglur yn y rhagair i'w eiriadur hirddisgwyliedig ym 1850:

English terms in chemistry, geology, anatomy, and other sciences have derived their nomenclatures from the Greek; but in the attempt to compose new words, to fill what I considered a chasm in Welsh literature, my source and authority were the roots of our own language, which were so simple, pure, and copious, as to render it perfectly unnecessary, to have recourse to any other.[76]

Ymddengys fod nifer o ysgrifenwyr wedi mabwysiadu yn gwbl anfeirniadol rai o'r termau gwyddonol a gynigid gan y geiriadurwyr. Eto i gyd, bu peth anesmwythyd

[73] Edward Williams (Iolo Morganwg), 'Miscellanea', LlGC, Llsgr. 13089, ff. 305.

[74] *The Cambrian*, 26 Gorffennaf 1850, t. 3.

[75] J. E. Caerwyn Williams, 'Rhyddiaith ysgolheigion a haneswyr' yn Geraint Bowen (gol.), *Y Traddodiad Rhyddiaith yn yr Ugeinfed Ganrif* (Llandysul, 1976), t. 311.

[76] Thomas Edwards (Caerfallwch), *Geirlyfr Saesoneg a Chymraeg* (Holywell, 1850), t. xi.

– yn un peth yr oedd cryn ddiffyg cysondeb rhwng y gwahanol restrau o dermau. Erbyn canol y ganrif yr oedd o leiaf saith term gwahanol yn cael eu harfer gan wahanol awduron yn lle'r gair Saesneg *oxygen*, sef 'ufelai', 'surbar', 'bywnwy', 'dwrbair', 'ufelnwy', 'oxygene' ac 'oxygen'. Yr oedd William Jones (Gwrgant) eisoes wedi cwyno am hyn yn nhudalennau *Seren Gomer* ym 1834; dangosodd fod cryn anghysondeb rhwng rhai o'r termau yng ngeiriadur Edwards a'r rhai cyfatebol yng ngweithiau Arfonwyson – yntau hefyd yn fathwr hunanbenodedig o beth bri.[77]

Ond gan y gwyddonwyr go iawn y cafwyd y feirniadaeth fwyaf deifiol ar waith y geiriadurwyr. Mewn rhestr a gyhoeddwyd yn *Y Gwyliedydd* ym 1826 awgrymodd Thomas Edwards dermau megis 'ulai' *(hydrogene)* ac 'uvelai' *(oxygen)*, sef yr union eiriau a gafwyd gan Pughe yn ei eiriadur. Gwaetha'r modd, yr oedd Pughe yn hyn o beth wedi bradychu ei anwybodaeth wyddonol trwy ddefnyddio term cyffelyb ('ufelaidd') i gynrychioli *sulphurous*; cam bychan wedyn oedd i Edwards fathu'r gair 'uvelair' i ddynodi *sulphur* yn y rhestr a luniwyd ganddo ym 1826.[78] Ni allai'r meddyg John Williams (Corvinius) dderbyn hyn. Dadleuai y gallai gyfleu'r syniad cyfeiliornus fod perthynas gemegol agos rhwng ocsigen a swlffur:

> Galwa *Caerfallwch* . . . *Sulphur* yn Ufelair; ac efe alwa *Oxygen* yn Ufelai: nid oes dim yn y naill yn tebygu yn ei natur i'r llall, gan hyny paham y tardda yr enwau oddiar yr un gwreiddyn?[79]

Bu eraill ymhlith y gwyddonwyr yn feirniadol iawn o'r hyn a welid yn duedd ar ran geiriadurwyr i ymyrryd mewn materion gwyddonol. Honnodd Conway Davies, meddyg arall o Glwyd, ym 1857: 'Y mae Caerfallwch a Sylvan Evans yn ysgolheigion Cymreig gwych, ond amlwg yw nad ydynt yn fferyllwyr, oddiwrth y geiriau a gynigant',[80] ac, yn ôl Taliesin T. Jones, awdur *Y Traethiadur Gwyddorawl* (1869) a Chymrawd Cymdeithas y Cemegwyr: 'Y mae yr un anmherffeithrwydd yn perthyn i'r celfeiriau yn mhob cangen o wyddoniaeth, i raddau mwy neu lai.'[81]

At ei gilydd, felly, methiant fu'r ymgais i lunio geirfa wyddonol foddhaol yn ystod y bedwaredd ganrif ar bymtheg. Cafodd llaw farw'r geiriadurwyr effaith andwyol ar dwf gwyddoniaeth Gymraeg nid yn unig oherwydd iddynt fathu pentwr o dermau a oedd yn wyddonol anaddas ond hefyd oherwydd iddynt feithrin y gred fod creu Cymraeg chwyddedig a rhethregol yn ddatblygiad

77 William Jones (Gwrgant), 'Unweddiad', *Seren Gomer*, XVII, rhif 223 (1834), 108–9.

78 Thomas Edwards (Caervallwch), 'Yr iaith Gymraeg, Mabinogion, Geirlyvr, etc', *Y Gwyliedydd*, IV (1826), 272–5.

79 John Williams (Corvinius), 'Gofyniad', *Y Gwyliedydd*, X (1833), 88.

80 J. C. Davies (Democritus), *Traethawd ar y Llosgnwy Tanddaearol* (Aberdar, 1857), t. 5.

81 Taliesin T. Jones, *Y Traethiadur Gwyddorawl* (Ffestiniog, 1869), t. 226.

dymunol hyd yn oed mewn gwyddoniaeth. Gellir dwyn i gof yn hyn o beth sylw T. J. Morgan fod tuedd gan eiriadurwyr i drafod y Gymraeg fel pe bai'n ddyfais organig, i briodoli iddi rinweddau dynol ac i'w hanwesu mewn dull hollol anthropomorffig – 'the Genius of Language', chwedl y geiriadurwr John Walters.[82] Yr oedd hyn oll, wrth gwrs, yn gwbl groes i ddull y gwyddonydd o ddefnyddio iaith fel arf at ddibenion cyfathrebu yn unig.

Diddorol nodi bod y duedd i ymwrthod â thermau cydwladol ac i bwyso ar elfennau Cymraeg hynafol wrth fathu termau newydd yn tynnu'n groes i'r hyn a oedd yn digwydd yn Lloegr ar y pryd. Erbyn dechrau'r ganrif yn Lloegr tarddai'r ffrwd o eiriau technegol newydd bron yn gyfan gwbl 'from the springs of far-off Athens and Rome. The borrowings and misusings of ordinary English words had been checked'.[83] Llais unig yn y diffeithwch oedd William Barnes yn ail hanner y canrif a'i ble am fathu termau cyfansawdd Anglo-Sacsoneg megis 'twy-breat'd' (*amphibious*), 'matter-lore' (*chemistry*), 'wire-spell' (*telegram*) a 'pain-dunting' (*anodyne*).[84]

Ni ellir gwadu nad oedd problemau'r eirfa yn elfen lesteiriol bwysig yn natblygiad gwyddoniaeth trwy gyfrwng y Gymraeg. Dryswyd y sefyllfa ymhellach pan gafwyd is-ddadl yn trafod y gyfundrefn rifo yn Gymraeg. Honnodd Iolo Morganwg, Arfonwyson, Hugh Hughes (Tegai), D. Griffiths o Dreffynnon a T. W. Jenkyn (Siencyn ap Tydfil) y dylid rhesymoli'r gyfundrefn rifo trwy fabwysiadu'r dull degol yn lle'r dull traddodiadol.[85] 'Rhwydded a byred fyddai *nawdeg naw*', yn lle pedwar ar bymtheg a phedwar ugain, oedd byrdwn eu dadl.[86] Cafwyd tystiolaeth fod defnyddio'r dull degol i ddysgu rhifyddeg i blant Llanbrynmair yn llwyddiant ysgubol ond er hyn syrthiodd y dadleuon o blaid diwygio'r gyfundrefn rifo – un o'r ychydig drafodaethau cyhoeddus ar agwedd ar gyfathrebu gwyddonol yn Gymraeg – ar dir pur greigiog, a cheidwadaeth naturiol y Cymry a orfu.[87]

Nid rhyfedd, felly, fod gwyddoniaeth trwy'r Gymraeg wedi profi'n dalcen mor galed. Sawl un o ddarllenwyr *Yr Athraw* ym 1839, tybed, a ddeallai erthyglau 'Llysieuwriaeth' David Gwalchmai: '. . . gelwir y blodeuyn yn uwchafol, pan bydd derbynsyl y blodeuyn uwch law y blaendardd *(germ)*, a gelwir yn îsafol pan y bydd îs law y blaendardd . . . gelwir y blodeu sydd â'r cwpansyl a'r gwychliwddail, yn flodau cyflawn . . .'[88] Profodd y math hwn o draethu yn ormod o goflaid i'r werin Gymraeg. Yr oedd fel pe bai'r sefyllfa heb newid dim oddi ar i olygydd *Y Brud a Sylwydd* ddatgan ym 1828: 'Ni chawsom y llawenydd o ddarllain braidd un llyfr . . . àr [*sic*] un pwnc gwyddorol neu gelfyddol, na byddai y Gymräeg yn cael

[82] T. J. Morgan, 'Geiriadurwyr y ddeunawfed ganrif', *LlC*, IX, rhifyn 1 a 2 (1966), 3–18.
[83] T. H. Savory, *The Language of Science* (London, 1967), t. 60.
[84] William Barnes, *An Outline of English Speech-Craft* (London, 1878), tt. 47–83.
[85] Ceir manylion am y dadleuon ynghylch rhifo yn Hughes, *Nid am Un Harddwch Iaith*, tt. 8–10.
[86] Llewelyn, Abertawe, 'Rhifyddiaeth Cymreig', *Seren Gomer*, III, rhif 4 (1820) 111–13.
[87] J. R., Llanbrynmair, 'Rhifyddiaeth Cymreig', ibid., IV, rhif 74 (1821), 334.
[88] D. G. James, 'Llysieuwriaeth: am ffrwythiant', *Yr Athraw*, IV (1839), 228.

ei dirdynu yn echrydus ynddo, heb son am anwybodaeth ei ysgrifenydd am y pwnc y traethai yn ei gylch.'[89] Erbyn diwedd y bedwaredd ganrif ar bymtheg yr oedd nifer y cyhoeddiadau gwyddonol Cymraeg – yn llyfrau yn ogystal ag erthyglau cylchgronol – wedi edwino i'r hanner.

Y mae'n arwyddocaol mai gorchwylion anorffenedig oedd y cyfrolau mwyaf uchelgeisiol a sylweddol, sef *Elfenau Rhifyddiaeth* (1830) gan J. W. Thomas, *Y Meddyg Teuluaidd* (1841) gan W. E. Hughes, ac *Allwedd Llysieuaeth* (?1840) gan Ellis Jones, sy'n awgrymu bod hyd yn oed yr awduron mwyaf dawnus ac uchelgeisiol wedi methu cyfathrebu'n llwyddiannus â'u darllenwyr. Erbyn diwedd y ganrif yr oedd newid sylweddol yn y patrwm ieithyddol yng Nghymru a'r angen i ddiwallu anghenion arbennig y Cymry uniaith gymaint â hynny'n llai. Adlewyrchwyd hyn gan drai pellach yn nifer y cyhoeddiadau gwyddonol Cymraeg. Eto i gyd, esgorodd troad y ganrif ar ddau lyfr a oedd, o ran eu cynnwys a'u diwyg, yn perthyn mwy i'r cyfnod modern nag i'r bedwaredd ganrif ar bymtheg, sef *Egwyddorion Gwrteithio* gan C. Bryner Jones ym 1897 a *Gwersi mewn Llysieueg* gan George Rees ym 1896. Dylid cyfeirio hefyd at *Y Bydoedd Uwchben* gan Caradoc Mills (1914) ac *Adar ein Gwlad* gan John Ashton (1906).

Wedi hyn, bu distawrwydd llethol am gyfnod oherwydd na welai neb unrhyw angen i gyflenwi deunydd gwyddonol Cymraeg ar raddfa eang. Bu'r dadeni a ddigwyddodd yn ail hanner yr ugeinfed ganrif ac a gysylltir ag ysgrifennu arloesol O. E. Roberts ac Eirwen Gwynn ac wedyn â geni'r *Gwyddonydd* a sefydlu'r cymdeithasau gwyddonol Cymraeg yn fudiad llwyr *de novo* yn yr ystyr ei fod yn rhydd o'r amodau a'r cyfyngiadau a lesteiriodd ddatblygiad gwyddoniaeth Gymraeg yn y bedwaredd ganrif ar bymtheg a'i fod hefyd yn tynnu ei nerth o ideoleg newydd. Nid yw'n rhan o unrhyw olyniaeth Gymraeg ac nid yw felly yn ddyledus i ddim byd o'r bedwaredd ganrif ar bymtheg. Digwyddiad ynysig a thros dro oedd gwyddoniaeth Gymraeg yn y cyfnod 1800–1914, a'r hyn sy'n syndod yw gwydnwch yr ymdrech yn hytrach na'r hyn a gyflawnwyd.

[89] [Joseph Davies], *Y Brud a Sylwydd*, I (1828), 121–2.

15

Yr Iaith Gymraeg yn Llyfrau Gleision 1847[*]

GARETH ELWYN JONES

Y MAE agwedd y gwŷr a luniodd Adroddiad 1847 ar gyflwr addysg yng Nghymru yn gyfystyr bellach â rhagfarn; yn wir, yn y Llyfrau Gleision, fel y'u gelwir, y mae bron pob barn a fynegir yn amlygu rhagfarn o ran dosbarth, crefydd ac iaith. Drych yw'r Adroddiad hwn i ragfarnau llywodraeth a hierarchaeth gymdeithasol a gâi gryn anhawster i ddygymod â Chymru newydd y bedwaredd ganrif ar bymtheg. O ganlyniad i effaith diwydiannu a'r twf yn y boblogaeth, tanseiliwyd yr hen werthoedd a'r grymoedd cymdeithasol a fodolai gynt. O gyfnod y Tuduriaid ymlaen, buasai awdurdod tirfeddianwyr Cymru yn ddiamheuol.[1] Yn rhinwedd eu tiroedd, eu genedigaeth-fraint, a'u haddysg, yn ogystal (yn ddelfrydol, o leiaf) â rhinweddau personol megis graslonrwydd, dewrder a thegwch, yr oedd penteuluoedd bonheddig Cymru wedi tra-arglwyddiaethu, gan fynnu'r parch a oedd, yn eu tyb hwy, yn ddyledus iddynt.

Y gwir yw, wrth gwrs, fod y gyfundrefn gymdeithasol hon wedi gorfod ymaddasu, ond ni thanseiliwyd mohoni yn sylfaenol tan yn hwyr yn y ddeunawfed ganrif. Y pryd hwnnw, yn y Gymru wledig ac yn y Gymru drefol, yr oedd gwendidau anochel yn yr hen rwystrau a'r gwrthbwysau. Yr oedd nifer o derfysgoedd wedi digwydd yng Nghymru er y 1790au ac yr oeddynt yn destun pryder i'r llywodraeth a sylwebyddion cymdeithasol. Yr oedd hi'n amlwg i'r llywodraeth – a oedd, er gwaethaf Deddf Diwygio'r Senedd 1832, yn cynrychioli'r buddiannau traddodiadol i gymaint graddau – fod gwrthdystiadau cymdeithasol treisgar yng Nghymru yn ffrwyth meddylfryd terfysglyd. Cyfleir yr agwedd hon i'r dim yng ngwaith R. R. W. Lingen, sef y meddyliwr mwyaf praff, ac eto'r mwyaf llym, o blith comisiynwyr addysg 1846–7, yn enwedig yn nhudalennau cyntaf ei ddadansoddiad o'r sefyllfa yn siroedd Morgannwg, Caerfyrddin a Phenfro. Honnodd fod gan y trigolion 'the most unreasoning

* Yr wyf yn ddyledus iawn i Mrs Shan Davies am ei chymorth ac i'r Athro Geraint H. Jenkins am ei sylwadau gwerthfawr. Cwblhawyd y bennod hon cyn cyhoeddi Gwyneth Tyson Roberts, *The Language of the Blue Books: The Perfect Instrument of Empire* (Cardiff, 1998).

[1] J. Gwynfor Jones, 'Concepts of Order and Gentility' yn idem (gol.), *Class, Community and Culture in Tudor Wales* (Cardiff, 1989), tt. 121–58.

prejudices or impulses',[2] gan gyfeirio at eu rhan yn nherfysgoedd Beca ac ym mudiad y Siartwyr. Yn ymhlyg yn ei ddadansoddiad o'r rhesymau dros y rhagfarnau a'r mympwyon hyn y mae'r cysyniad fod yma iaith ryfedd ac annigonol. Y mae'n rhaid, felly, rhoi'r agweddau at yr iaith a geir yn yr Adroddiad yn eu cyd-destun cymdeithasol ehangaf. Ond yn ddiamau yr oedd y farn barchus yng Nghymru, yn ogystal ag yn Lloegr, yn sylweddoli nad yr iaith Gymraeg oedd yr unig reswm dros anhrefn cymdeithas. Cymdeithas oedd hon a oedd yn cael ei diwydiannu – ni cheid ynddi sadrwydd cymdeithasol dosbarth canol parchus, yr oedd yn chwannog i godi terfysg, yr oedd ei phobl yn byw mewn budreddi, ac nid oedd ganddi'r modd i sefydlogi'r sefyllfa yn y tymor hir nac yn y tymor byr.

Tybiai'r Cymro a oedd yn gyfrifol am ysgogi'r Senedd i roi'r Adroddiad ar waith – sef William Williams, AS Coventry – fod y Gymraeg yn iaith annigonol. Coleddid y farn hon gan lawer o Gymry dylanwadol, yn enwedig y rhai hynny a oedd wedi llwyddo i adael Cymru. Credai'r Cymry yn Llundain fod pobl Cymru dan anfantais ddifrifol oherwydd bod eu hiaith yn ddi-rym a'u hanes wedi ei ramanteiddio. Ymhlith y Cymry yn Llundain, un o'r prif symbylwyr a weithiai dros sefydlu prifysgol yng Nghymru oedd Thomas Nicholas, brodor o Solfach a addysgwyd yn yr Almaen ac a fu am gyfnod yn diwtor yn y coleg diwinyddol yng Nghaerfyrddin. Condemniodd yn ddiflewyn-ar-dafod yr iaith Gymraeg ac ymlyniad y Cymry wrth eu gorffennol:

> Shut in by the barriers of a different speech – a speech which can never be naturalised in the realms of experimental science and commerce – and held in check by an infatuated worship of the past, (Wales) is now sadly in the rear of her nearest neighbour.[3]

Er mai ym 1862 yr ysgrifennwyd y sylwadau hyn, crisialent ragfarnau greddfol y Cymro yng nghanol oes Victoria a wyddai sut i ddod ymlaen yn y byd.

Coleddid yr un daliadau gan y comisiynwyr addysg a chan Gymry megis William Williams a Hugh Owen, a oedd yn byw yn Llundain. Câi'r 'rhagfarnau a'r mympwyon' a oedd, yn ôl y comisiynwyr, wedi arwain y Cymry diniwed i geisio tanseilio sylfeini trefn trwy godi terfysg, eu hadleisio ym meddylfryd 'bright, nimble and fugitive' pobl Cymru, a oedd yn rhy debyg i 'globules of Mercury'[4] er eu lles eu hunain ac er lles y genedl. Beth ond addysg a allai drawsnewid y Cymry o fod yn fygythiad i'r gymdeithas ehangach honno yr oedd golygon y comisiynwyr arni, ac o fod yn 'subjugated enervated race',[5] chwedl Nicholas, i fod yn gyfranogwyr o gyfleoedd dihysbydd ymerodraeth oes Victoria? Hon oedd y

[2] *Reports of the Commissioners of Inquiry into the State of Education in Wales . . . in three parts. Part I. Carmarthen, Glamorgan, and Pembroke* (London, 1847) (PP 1847 (870) XXVII), t. 6.

[3] Dyfynnwyd yn J. Gwynn Williams, *The University Movement in Wales* (Cardiff, 1993), t. 24.

[4] Ibid.

[5] Ibid., t. 25.

grefydd newydd ymhlith y gwyddonwyr cymdeithasol tybiedig, o fewn Cymru yn ogystal â thu hwnt i'w ffiniau. Ac yn nhyb rhai, yr oedd dirfawr angen crefydd newydd yng Nghymru. Yr oedd sylfeini'r hen grefydd yn gwegian mwyfwy yn wyneb cwestiynu gwyddonol, a châi ei hanaddasrwydd ar gyfer y byd newydd rhesymegol a materol a nodweddai oes Victoria, gyda'i bwyslais ar werthoedd y farchnad, ei amlygu mewn iaith a oedd yr un mor amhriodol; fel y cawn weld, bernid bod yr iaith hon yn addas ar gyfer diwinyddiaeth a braidd dim byd arall.

Yng ngolwg y comisiynwyr a'r Cymry yn Llundain byddai unrhyw ad-drefnu cymdeithasol yng nghanol y ganrif yn peri problemau enfawr. Er bod cyfrifiad crefydd 1851 wedi dadlennu bod y Cymry, o ran mynychu man o addoliad os nad dim arall, yn bobl grefyddol iawn, yr oedd Adroddiad 1847 wedi dangos na ellid ar unrhyw gyfrif eu hystyried ymhlith y bobl fwyaf addysgedig. Yr oedd diffygion y gyfundrefn addysg yn amlwg ddigon ar bob lefel. Yn y 1850au a'r 1860au, coleddai Nicholas y farn hynod fod yr addysg elfennol a oedd ar gael yn ddigonol ar gyfer gweithwyr Cymru, ac mai ym maes addysg ganolradd a phrifysgol yr oedd y diffygion mwyaf. Ar y llaw arall, yr oedd Hugh Owen, er yn cyd-fynd â Nicholas ynghylch y diffygion hyn, wedi sylweddoli cymaint oedd y diffygion o ran addysg elfennol.

Y mae'r Llyfrau Gleision, felly, yn cyfleu darlun o ddiffyg adnoddau addysgol. Yn y 1840au darperid addysg elfennol gan yr enwadau, a hynny'n fynych ar y cyd â'r cymdeithasau gwirfoddol, gan fentrau preifat a chan ychydig o ysgolion gweithfeydd. Yr oedd y delfryd Anglicanaidd, sef ysgol ym mhob plwyf, ymhell o gael ei wireddu. Sut bynnag, yr oedd hwn yn ddelfryd a oedd yn fwyfwy anachronistig. Amrywiai plwyfi yn fawr o ran eu maint, ac o ganlyniad i dwf diwydiant yng Nghymru cafwyd cynnydd enfawr ym mhoblogaeth rhai o'r ardaloedd lle'r oedd y ddarpariaeth ar ei gwannaf. Yr unig arbrawf gwirioneddol lwyddiannus mewn addysg dorfol yn y Gymru fodern oedd ysgolion cylchynol Griffith Jones, er bod nod y rhain yn gyfyngedig a'r gyfundrefn yn gyntefig. Yr oedd yr ysgolion Anglicanaidd, pa un a oeddynt yn cael eu cynnal gan y Gymdeithas Genedlaethol ai peidio, yn gwbl annigonol i ddygymod â'r cyfluniadau demograffig a chymdeithasol newydd yng Nghymru. Arafach oedd twf yr ysgolion anenwadol – a gefnogid gan y Gymdeithas Frutanaidd – o ganlyniad i ddiffyg trefniadaeth ac i wrthwynebiad cadarnhaol gan y Gwirfoddol-iaethwyr, yn enwedig yn ne Cymru. Yr oedd rhai o'r ysgolion gweithfeydd, yn enwedig menter Guest ym Merthyr, o safon uchel, ond yr adeg honno dim ond ychydig o ddiwydianwyr a oedd wedi buddsoddi'n sylweddol yn y maes hwn. Gwnaeth rhai diwydianwyr hynny o ran cywilydd ym 1846–7. Fel y byddai'r Llyfrau Gleision yn ei amlygu, yr oedd ysgolion y mentrau preifat, ar eu gorau, yn ddrud ac yn annigonol, ac ar eu gwaethaf yn echrydus o ran safon yr adeiladau a'r addysg. Ychydig yn unig o athrawon hyfforddedig a oedd ar gael, ac ni chafwyd yng Nghymru ddarpariaeth o fath yn y byd ar gyfer eu hyfforddi hyd nes y sefydlwyd coleg yn Aberhonddu ym 1846 (gan symud i Abertawe bum mlynedd yn ddiweddarach) ac un yng Nghaerfyrddin ym 1848.[6]

Felly, yr oedd y Gymraeg yn un o blith nifer o briodoleddau a berthynai i gymdeithas a ystyrid yn wrthryfelgar ac yn ddifreintiedig, ac, yn baradocsaidd ddigon, lle'r oedd yr unig ddaioni yn dod o gyfeiriad crefydd ac addysg ysgol Sul trwy gyfrwng y Gymraeg. Ond, fel y gwelsom, ni thybiai arweinwyr y farn gyhoeddus y gellid ymryddhau o lyffetheiriau'r gorffennol a chyfranogi o gyfoeth a chyfleoedd Prydain Fawr heb osod y Gymraeg o'r neilltu. Nid oes angen cyd-weld yn llwyr â'r cysyniad o wladychu mewnol i weld tebygrwydd rhwng y genhadaeth ymerodrol i ddod â Phrydain wâr i gyrion tywyll y byd a'r agweddau at Geltiaid anystywallt. Yr un oedd yr agwedd at yr ieithoedd brodorol ledled yr ymerodraeth; dylid eu disodli gan iaith wâr y Sais. Defnyddid taclau cyffelyb i'r 'Welsh Not' yn Affrica. Barnai'r Cymry blaengar, gyda golwg ar fuddiannau eu cyd-wladwyr a chan gredu bod ganddynt hwythau hawl i'w cyfran o'r ysbail, mai dyma'r math o bolisïau a dyciai orau. Nid yw'n syndod, felly, fod y comisiynwyr wedi dod i Gymru ym 1846 â'u barn am y Gymraeg wedi ei lliwio gan ragfarnau eu dosbarth, eu hiaith a'u crefydd.

Rhoes James Kay-Shuttleworth, Ysgrifennydd Pwyllgor y Cyngor ar Addysg, amodau gorchwyl penodol i'r comisiynwyr. Buasai Kay-Shuttleworth yn Ysgrifennydd y Bwrdd Iechyd ym Manceinion yn y 1830au, ac yn gomisiynwr cynorthwyol Deddf y Tlodion yn East Anglia, ac yn y swyddi hynny daethai'n ymwybodol o'r amodau echrydus a ddioddefai'r tlodion, o ran afiechydon, budreddi ac anwybodaeth. Wedi ei benodi yn Brif Ysgrifennydd y Cyfrin Gyngor ar Addysg ym 1839, bu'n gweithio'n ddiflino i gyflwyno'r math o ddiwygiadau a oedd, yn ei dyb ef, yn allweddol o ran cael gwared â'r erchyllterau a welsai.[7] Yr oedd ei genhadaeth yn un gymdeithasol yn hytrach nag yn genhadaeth addysgol gyfyng.

Felly, nid yw'r amodau gorchwyl bondigrybwyll yn gymaint o syndod, er y bu cryn ddadlau ynghylch pwy a oedd yn gyfrifol am newid drafft Kay-Shuttleworth i gynnwys ymchwiliad i gyflwr moesol y Cymry. Er ei fod yn addysgwr goleuedig, coleddai Kay-Shuttleworth ragfarnau'r cyfnod. Byddai hwn yn 'inquiry . . . into the state of education in . . . Wales, especially into the means afforded to the labouring classes of acquiring a knowledge of the English language'.[8] Yr oedd pwnc yr iaith yn ganolog i'r comisiwn, ac nid oedd yn fater

[6] W. Gareth Evans, 'The "Bilingual difficulty": the Inspectorate and the Failure of a Welsh Language Teacher-Training Experiment in Victorian Wales', *CLlGC*, XXVIII, rhifyn 3 (1994), 325.

[7] R. Aldridge a P. Gordon, *Dictionary of British Educationists* (London, 1989), t. 138.

[8] *Reports of the Commissioners of Inquiry into the State of Education in Wales*, amodau gorchwyl. Ymhlith y llyfrau diweddaraf i'w cyhoeddi ar yr Adroddiadau y mae Prys Morgan (gol.), *Brad y Llyfrau Gleision: Ysgrifau ar Hanes Cymru* (Llandysul, 1991). Cyhoeddwyd fersiwn o un o'r ysgrifau pwysicaf yn y gyfrol honno, sef '1848 and 1868: "Brad y Llyfrau Gleision" and Welsh Politics' gan Ieuan Gwynedd Jones yn idem, *Mid-Victorian Wales: The Observers and the Observed* (Cardiff, 1992), tt. 103–65.

dadleuol yr adeg honno ymhlith addysgwyr Lloegr nac ymhlith damcaniaethwyr cymdeithasol Cymru. Yr oedd hi'n amlwg iddynt mai'r allwedd i ddarpariaeth addysgol ddigonol ac i unrhyw ddyrchafiad bydol y gallai'r Cymry ddyheu amdano oedd meistrolaeth ar yr iaith Saesneg. Mwy dadleuol o lawer fyddai'r amodau gorchwyl eraill, ynghyd â darganfod pwy a'u lluniodd. Dywedwyd wrth y comisiynwyr am lunio 'some estimate of the general state of intelligence and information of the poorer classes in Wales, and of the influence which an improved education might be expected to produce, on the general condition of society, and its moral and religious progress'.[9] Yn y cymalau hyn ceid potensial i gyhuddo cenedl ac i gondemnio'r hyn a oedd yn annwyl ganddi. O gofio mai'r Gymraeg oedd prif iaith crefydd, yn ogystal ag iaith yr ysgolion Sul (a ddisgrifiwyd gan Kay-Shuttleworth fel 'the most remarkable, because the most general, spontaneous effort of the zeal of Christian congregations for education'), yr oedd arlliw ieithyddol i'r adwaith ffyrnig i'r cyhuddiadau moesol yn yr Adroddiad. Wrth edrych yn ôl, yr oedd hyn yn ei gwneud hi'n dipyn haws i ieuo'r amodau gorchwyl hynny a oedd yn ymwneud â'r iaith wrth feddylfryd 'Welsh Not' y sawl a oedd yn chwilio am fwch dihangol ar gyfer dirywiad y Gymraeg. Ond nid felly yr ystyrid yr amodau gorchwyl ar y pryd.

Gellir olrhain agweddau'r comisiynwyr at y Gymraeg i'w tras. Er enghraifft, addysgwyd R. R. W. Lingen yn Ysgol Ramadeg Bridgnorth a Choleg y Drindod, Rhydychen, lle'r enillodd radd dosbarth cyntaf yn y clasuron. Ym 1841 penodwyd ef yn Gymrawd yng Ngholeg Balliol, a chafodd ei alw i'r bar ym 1847. Daeth yn Ysgrifennydd Pwyllgor y Cyfrin Gyngor ar Addysg yn lle Kay-Shuttleworth ac yn ddiweddarach penodwyd ef i'r swydd uchaf yn y gwasanaeth sifil, sef Ysgrifennydd Parhaol yn y Trysorlys. Ni lwyddodd i ennill serch y Cymry ym 1846–7 nac i ennyn hoffter neb yn y gwasanaeth addysg yn ddiweddarach, ac er ei fod yn feddyliwr treiddgar nid oedd dim wedi ei baratoi ar gyfer yr hyn a oedd yn ei ddisgwyl yng Nghymru.[10] Er bod J. C. Symons a Henry Vaughan Johnson yn hanu o'r un cefndir dosbarth-canol ac eglwysig â Lingen nid oeddynt yn codi cymaint o fraw ar bobl.

Er mwyn cydymffurfio â'u hamodau gorchwyl, yr oedd disgwyl i'r comisiynwyr grynhoi llawer iawn o fanylion, a gwnaed hynny â thrylwyredd a chyflymdra i'w ryfeddu. Anfonwyd amodau gorchwyl Kay-Shuttleworth at y comisiynwyr ar 1 Hydref 1846. Yr oedd Henry Vaughan Johnson yn gyfrifol am gyflwyno adroddiadau ar siroedd Môn, Caernarfon, Dinbych, Y Fflint, Meirionnydd a Threfaldwyn, Symons yn gyfrifol am siroedd Brycheiniog, Aberteifi, Maesyfed a Mynwy, a Lingen am siroedd Morgannwg, Caerfyrddin a Phenfro. Lluniodd pob comisiynwr draethawd eang ei gwmpas yn cynnwys dadansoddiad manwl o'r sefyllfa yn ei ardal, o safbwynt hanesyddol, cymdeithasegol ac

[9] *Reports of the Commissioners of Inquiry into the State of Education in Wales*, amodau gorchwyl.

[10] Aldrich a Gordon, *Dictionary of British Educationists*, t. 150.

ieithyddol; ac yn yr adroddiadau hyn hefyd yr amlygir agweddau cyfoes at y Gymraeg. Seiliwyd yr adroddiadau ar domenni o dystiolaeth fanylach fyth. Er enghraifft, y mae'r wybodaeth ynghylch ardal Lingen, gantref wrth gantref, blwyf wrth blwyf, yn llenwi 266 o dudalennau, a'r ystadegau a'r adroddiadau ystadegol yn llenwi 226 o dudalennau ychwanegol. Y mae adroddiad 1847, yn ei gyfanrwydd, yn cynnwys 1,256 o dudalennau llawn gwybodaeth. Cyflwynodd y comisiynwyr y casgliad enfawr hwn o wybodaeth i Kay-Shuttleworth rhwng mis Mawrth a mis Hydref 1847.

Tynnwyd sylw yn ddi-oed ac mewn modd graffig at y cysylltiad rhwng strwythur cymdeithasol a'r iaith Gymraeg. Yng ngeiriau Lingen: 'My district exhibits the phenomenon of a peculiar language isolating the mass from the upper portion of society . . . the Welsh element is never found at the top of the social scale, nor in its own body does it exhibit much variety of gradation . . . the farmers are very small holders . . . the Welsh workman never finds his way into the office . . .'[11] Deuai'r fath ddadansoddiad yn hawdd i'r comisiynwyr. Y farn gyffredinol oedd fod anhrefn cymdeithasol yn bodoli ar raddfa enfawr ledled Cymru. Rhwng 1821 a 1841 yr oedd poblogaeth Cymru bron wedi dyblu. Bu twf enfawr ac aflonydd yng nghymunedau diwydiannol Morgannwg a Mynwy wrth i boblogaeth niferus y Gymru wledig dlawd heidio i'r ddwy sir. Gwelsom eisoes fod y ffurfiau traddodiadol o reolaeth wedi ymddatod yn sgil y pwysau hyn a gwasgfeydd eraill. Yr oedd y boneddigion wedi hen ymddieithrio oddi wrth gymunedau eu tenantiaid, o ran eu crefydd a'u hiaith yn ogystal ag o ran eu ffordd o fyw. Y boneddigion yn unig a feddai ar yr adnoddau i ddarparu rhywfaint o addysg ar raddfa eang yn y plwyfi gwledig, ond condemniwyd annigonolrwydd affwysol eu cyfraniad – yn gyfraniadau uniongyrchol ac yn gyfraniadau anuniongyrchol – gan y comisiynwyr. Yn yr ardaloedd diwydiannol yr oedd bryd y perchenogion ar gynyddu eu helw hyd yr eithaf ac nid ar addysgu'r gweithwyr. Yn wir, yr oedd Symons yn hynod o lawdrwm arnynt, gan nodi mai'r unig garfan a oedd yn hollol ddi-hid ynghylch ei ymholiadau oedd y meistri haearn.

Yn y cyswllt hwn, y mae sylwadau Lingen ynglŷn â diffyg mudoledd cymdeithasol yn gwbl allweddol. Gan nad oedd gan y rhai a oedd mewn sefyllfa o awdurdod yn y gymdeithas fymryn o ddiddordeb yn y gwaith o addysgu eu tenantiaid neu eu gweithwyr, llesteirid y cymhelliant a allasai fod wedi dod oddi isod gan ddiffyg mudoledd cymdeithasol. Yr oedd priodoli hynny i'r iaith, wrth reswm, yn enbyd o or-syml, ond yng nghyswllt diwydiant ac ymerodraeth canol y ganrif, yr oedd yn ddealladwy.

* * *

Y nodwedd hynotaf, o bosibl, ar hanesyddiaeth y Llyfrau Gleision yw'r parodrwydd i feio'r comisiynwyr am y sefyllfa yr oeddynt yn ei chofnodi. Yr oedd y

11 *Reports of the Commissioners of Inquiry into the State of Education in Wales, Part I*, tt. 2, 3.

gagendor rhwng iaith y werin-bobl ac iaith yr ysgolion dyddiol eisoes yn ffaith yng Nghymru. Nododd Vaughan Johnson fod 80 y cant o boblogaeth y siroedd y bu'n eu harchwilio – Môn, Caernarfon, Dinbych, Y Fflint, Meirionnydd a Threfaldwyn – yn siarad Cymraeg beunydd.[12] Yn y siroedd hyn, dim ond yn un ysgol y dysgid y disgyblion trwy gyfrwng y Gymraeg, ac y mae rhywfaint o amheuaeth ynghylch pa mor fanwl-gywir yr oedd yr wybodaeth a gafwyd ar gyfer yr ysgol honno. Defnyddid y ddwy iaith mewn 46 o ysgolion, a Saesneg oedd cyfrwng y dysgu mewn 530 o ysgolion. Yn ôl Vaughan Johnson, 'the professed object for which day-schools have been established in North Wales is to teach the English language'.[13]

Achosai'r sefyllfa hon ofid i addysgwyr fel Johnson. Yn yr ysgolion cenedlaethol a'r ysgolion Brutanaidd, yn bur anfynych y daethai o hyd i werslyfrau heblaw y Beibl yn Saesneg. Yr oedd hyd yn oed y clerigwyr, meddai, yn dechrau amau doethineb dysgu elfennau darllen yn y fath fodd. Lle bynnag y defnyddid gwerslyfrau eraill, yr oedd hi'n amhosibl iddo eu categoreiddio gan fod y disgyblion yn dod â'u llyfrau eu hunain. O ganlyniad i hynny, byddai'r athrawon yn rhannu'r disgyblion yn grwpiau yn ôl y gwerslyfrau a oedd yn eu meddiant. Gwaethygid y sefyllfa gan anaddasrwydd y gwerslyfrau darllen, ysgrifennu a gramadeg mwyaf cyffredin; yn ôl Johnson, yr oeddynt yn 'difficult and repulsive'.[14] Achosai hyn ddryswch a datblygiad cysyniadol araf, gyda'r disgyblion yn tangyflawni'n gyson. O gyplysu'r priodoleddau hyn â phroblem yr iaith, ceid cymysgedd trychinebus. Rhoddid i blant uniaith Gymraeg ddeunyddiau dysgu anaddas yn Saesneg, a'u cyflwyno heb gymorth yr un geiriadur na gramadeg Saesneg–Cymraeg, a hynny'n fynych gan athrawon yr oedd eu crap hwythau ar Saesneg yn bur elfennol:

> Every book in the school is written in English; every word he speaks is to be spoken in English; every subject of instruction must be studied in English, and every addition to his stock of knowledge in grammar, geography, history, or arithmetic, must be communicated in English words; yet he is furnished with no single help for acquiring a knowledge of English.[15]

Ni allai'r wladwriaeth fod wedi gobeithio am agwedd fwy ymostyngar ar ran ei hathrawon; eu nod pennaf oedd dysgu Saesneg. Yn hyn o beth yr oedd agwedd y comisiynwyr a'r athrawon yn gwbl gymharus. Ond llesteirid y nod gan ddiffyg hyfforddiant addas i'r athrawon. Crynhowyd hyn yn rhagorol gan Johnson:

[12] Ibid., *Part III. North Wales* (PP 1847 (872) XXVII), t. 5.
[13] Ibid.
[14] Ibid., *Part III*, t. 11.
[15] Ibid.

> . . . it is difficult to conceive an employment more discouraging than that of the scholars, compelled as they are to employ six hours daily in reading and reciting chapters and formularies in a tongue which they cannot understand, and which neither their books nor their teachers can explain.[16]

Y mae haneswyr wedi pwysleisio'r diffygion enfawr yn y gyfundrefn addysg Gymreig a ddatgelwyd gan y Llyfrau Gleision. Eto i gyd, rhaid cofio bod adeiladau gwael, deunyddiau dysgu annigonol ac, yn bennaf oll, dulliau dysgu aneffeithiol, yn gyffredin yn Lloegr hefyd, yn enwedig yn yr ardaloedd hynny lle'r oedd diwydiant wedi tyfu ar garlam. Yn wir, y mae'n bosibl fod diffygion y gyfundrefn addysg yn Lloegr, ac anallu'r naill lywodraeth ar ôl y llall i'w hunioni, yn berthnasol i sylwedd a thueddfryd Adroddiad 1847. Yr oedd Johnson, felly, wrth dynnu sylw at ddiffygion dybryd yr athrawon, yn cymysgu beirniadaeth a oedd yr un mor berthnasol i Loegr â beirniadaeth a oedd yn benodol i Gymru. Ym mhlwyf Cilcain, yn sir Y Fflint, cynhelid ysgol fenter breifat gan Thomas Jones, cyn-löwr a orfodwyd i roi'r gorau i'r gwaith hwnnw oherwydd afiechyd. Yr oedd athrawon o'r math hwn yn gyffredin ledled Lloegr hefyd. Yn ôl Johnson, 'his knowledge of English is so limited that I was frequently obliged to interpret my questions into Welsh in order to obtain an answer'.[17] Siopwr a droesai at ddysgu oherwydd anabledd a oedd yn cynnal ysgol yr eglwys yn Llanfair-is-gaer: 'He speaks very broken English, both in point of grammar and pronunciation; and his questions on Scripture were feeble.'[18] Pentyrrodd Johnson y naill enghraifft ar ôl y llall er mwyn pwysleisio'r pwynt.[19] Nid yw'r enghreifftiau hynny yn nodi gwahaniaethau o ran amcanion; y maent yn amlygu diffygion o ran cyrraedd nod cyffredin. Y mae arwyddocâd ehangach, fodd bynnag, i'r feirniadaeth hon ar ddulliau dysgu iaith. Parheir i ddadlau hyd y dydd heddiw ynghylch buddioldeb y dull o lwyr ymdrwytho; o gofio prinder gwybodaeth dybryd yr athrawon o'r iaith Saesneg a pha mor annigonol oedd y gwerslyfrau a oedd ar gael, yr oedd addysgu plant Cymraeg eu hiaith drwy gyfrwng y Saesneg bron yn gwbl ddiwerth. Y mae'r sylwadau canlynol ar ysgol Aberffro yn sir Fôn yn crisialu hyn mewn modd hynod o gryno:

> The master has the reputation of being a good scholar, but he has never been trained to teach, and his method of teaching is very antiquated. He has no books, except one or two Bibles, a Church Catechism, and a copy of Walkinghame's arithmetic. None of the children can read with ease. They understand nothing of what they read in English, and are unable to translate the simplest English words into Welsh. The master assured me that they knew nothing of the meaning of what they read; that it was impossible for

16 Ibid.
17 Ibid., *Part III*, t. 15.
18 Ibid.
19 Ibid., *Part III*, tt. 16, 17.

> them to do so, considering that at home they never heard a word spoken in English, and considering the utter worthlessness of his materials for translation. He does not attempt to assist them by any system of interpretation *viva voce*, or by any kind of explanation in Welsh of what is read or learned.[20]

Tybiai Johnson fod defnyddio'r 'Welsh Not' gwaradwyddus yn y fath gyd-destun yn gwbl niweidiol:

> The *Welsh stick*, or *Welsh*, as it is sometimes called, is given to any pupil who is overheard speaking Welsh, and may be transferred by him to any school-fellow whom he hears committing a similar offence. It is thus passed from one to another until the close of the week, when the pupil in whose possession the Welsh is found is punished by flogging. Among other injurious effects, this custom has been found to lead children to visit stealthily the houses of their school-fellows for the purpose of detecting those who speak Welsh to their parents, and transferring to them the punishment due to themselves.[21]

Dros y blynyddoedd, a hyd heddiw ym marn llawer, yr oedd y 'Welsh Not' yn symbol eithaf o rym trefedigaethol ac estron yn gormesu'r Cymry, gan ddarostwng iaith y genedl, ac, yn ymhlyg yn hynny, ei henaid. Nid hon yw'r neges ym 1847. I'r graddau ei fod yn llefaru ar ran y sefydliad, condemniai Johnson yr arferiad nid yn unig am ei fod yn ddisynnwyr yn addysgol ond hefyd am ei fod yn hybu anonestrwydd. Yr oedd ei sylwadau yn seiliedig ar un enghraifft o Landyrnog yn sir Ddinbych, lle y cyfeiriwyd at yr arferiad o roi darn o bren yn dwyn y geiriau 'Welsh stick' o amgylch gwddf plentyn a oedd wedi ei ddal yn siarad Cymraeg.

Wrth reswm, nod Johnson oedd sicrhau bod y Cymry yn gallu siarad Saesneg. Credai ef mai'r ffordd fwyaf effeithiol o wneud hynny oedd trwy ddefnyddio'r dull dwyieithog, a phe bai'r dull hwnnw wedi ei fabwysiadu ac wedi magu parchusrwydd addysgol, byddai hanes yr iaith yng Nghymru, a'i gwleidyddiaeth, o bosibl, wedi bod yn gwbl wahanol. Ond er mwyn sicrhau hynny, byddai wedi bod yn angenrheidiol i weddnewid y dulliau hyfforddi athrawon a ddefnyddid ledled Cymru a Lloegr, ffaith sy'n ein hatgoffa bod tynged yr iaith yn y bedwaredd ganrif ar bymtheg yn annatod glwm wrth bolisïau a benderfynid ar sail blaenoriaethau Seisnig. Er hynny, y mae cyfosod safon wael athrawon â'r camgymeriadau sylfaenol a oedd i'w gweld wrth ddysgu Saesneg, ynghyd â'r diffygion cyffredinol o ran hyfforddiant athrawon, yn adlais cyson yn adroddiad Johnson. Defnyddiodd dystiolaeth o ysgol yr eglwys, Llanfynydd, yn sir Y Fflint, i bwysleisio hyn:

20 Ibid., *Part III*, t. 17.
21 Ibid., *Part III*, t. 19.

> . . . the master does not understand Welsh, and no kind of interpretation or explanation is attempted. The master was formerly a labourer, and now keeps a toll-gate. He has never been trained to teach, and appears to have been little educated.[22]

Er mwyn cadarnhau'r pwynt fod adroddiad Johnson yn ei hanfod yn feirniadol o safon athrawon yn gyffredinol yn hytrach nag o athrawon Cymru yn benodol, rhaid nodi ei fod wedi pwysleisio mor annigonol oedd safon Saesneg athrawon o siroedd cyfagos yn Lloegr.[23] Yr oedd yn ddiduedd feirniadol o athrawon uniaith Saesneg, ni waeth beth oedd safon eu gramadeg. Tynnodd sylw at brofiad disgyblion ysgol yr eglwys, Brymbo, ger Wrecsam, gan nodi'n gyffredinol 'in schools where English teachers are employed, the confusion and ambiguity is increased'.[24] Beiai'r addysg, yn hytrach na'r iaith, yn ei feirniadaeth lem o athrawon, gan dynnu sylw yn fanwl ac yn ddiarbed at eu diffygion. Yr oedd y fath ddiffygion addysgol yn amlwg hyd yn oed ymhlith yr athrawon hynny a oedd yn hyddysg yn eu pwnc. Yng ngeiriau Johnson, 'ignorance of Scripture . . . is less frequent among Welsh teachers than ignorance of the proper method of teaching Scripture to others'.[25] Gan fod ysgolion Sul Cymru yn darparu ar gyfer oedolion, yn ogystal â phlant, byddai llawer o athrawon ysgolion dyddiol yn eu mynychu ac yn dod yn fwyfwy hyddysg yn yr Ysgrythurau. Ond, yn ôl yng nghynefin yr ysgolion dyddiol, yr oeddynt yn gwbl aneffeithiol: 'being accustomed to read and explain the Bible in Welsh, they are at a loss when confined, as in all day-schools, to the English version and the English language'.[26]

Yr oedd y drefniadaeth gyffredinol ar gyfer dysgu yn yr ysgolion mwyaf yn dwysáu'r broblem. Gan anghofio am funud am gymhlethdodau'r sefyllfa ddwyieithog, yr oedd y feirniadaeth ddeifiol o ddulliau addysgu aneffeithiol a dysgu ar y cof a geid yn yr Adroddiad yr un mor berthnasol i ysgolion Lloegr. Dewiswyd y dulliau dysgu a ddefnyddid yn yr ysgolion Brutanaidd a'r ysgolion cenedlaethol, fel ei gilydd, am eu bod yn rhad, a gweithredai'r system monitoriaid ym mwy na thraean yr ysgolion yn ardal Johnson.[27] Dibynnai'r gyfundrefn hon, lle y byddai'r athro yn cyfarwyddo'r disgyblion hŷn a hwythau, yn eu tro, yn 'dysgu'r' disgyblion iau, ar drefn o orchmynion peiriannol, ymatebion trefnus a dysgu ar y cof. Dim ond ychwanegu at y feirniadaeth ynghylch aneffeithiolrwydd a wnaeth geiriau llym Johnson ynglŷn â'r monitoriaid yn ysgolion Cymru. Gan gyfeirio at yr ysgol Frutanaidd yn Llandderfel, sir Feirionnydd, tynnodd sylw at anaddasrwydd y monitoriaid: 'With one exception, the monitors were unequal to their duties. One of them read more incorrectly than his own pupils. They used

22 Ibid.
23 Ibid., *Part III*, t. 17.
24 Ibid., *Part III*, t. 18.
25 Ibid., *Part III*, t. 24.
26 Ibid., *Part III*, t. 24.
27 Ibid., *Part III*, t. 29.

Welsh to communicate their wishes to the scholars, and appeared to know very little English . . .'[28]

Ailadroddid cydberthynas yr iaith â'r diffygion cyffredinol o ran dysgu yn gyson ac yn ddiduedd. Nid oedd yr ysgolion cenedlaethol, a ddeuai dan adain eglwys Loegr, fymryn gwell na'r ysgolion Brutanaidd. Er nad oedd y plant ieuengaf yn ysgol genedlaethol Llangollen yn deall Saesneg, ychydig iawn o Gymraeg a oedd gan y prifathro, a fuasai'n llyfrwerthwr tan yn gymharol ddiweddar.[29] Ni fyddai'r monitoriaid yno yn gallu gweithredu oni roddai'r athro ei sylw i gyd iddynt. Yn ysgol yr eglwys ym Mhenmachno, sir Gaernarfon, ni fedrai'r disgyblion a holwyd siarad Saesneg, a chlapiog iawn oedd Saesneg yr athro.[30] Yr un oedd y feirniadaeth ar ysgolion y tlotai. Gallai rhai o'r disgyblion a fynychai'r ysgol a berthynai i Undeb Rhuthun ailadrodd rhannau o'r Catecism ar eu cof yn foddhaol ddigon ond, meddid, 'knowledge of English was very limited, and is not likely to increase, for no kind of interpretation is adopted; not a word is allowed to be spoken in Welsh, either by the master or scholars'.[31]

Hyd yn oed petai safon gyffredinol yr addysg wedi bod yn uwch, yr oedd hi'n amlwg fod Johnson o'r farn fod dysgu iaith yn ddianghenraid o anodd dan y fath gyfundrefn. Credai, fel y gwna addysgwyr modern, mai gorau po gyntaf y mae plentyn yn dysgu iaith. 'Infant schools', meddai, 'afford the most effectual means of imparting a knowledge of the English language to Welsh children, and the only means which can enable children, upon the present system of Welsh schools, to derive any practical benefit from their subsequent course of instruction.'[32] Y broblem oedd mai ychydig iawn (4.5 y cant) o ddisgyblion dan bump oed a gâi addysg o unrhyw fath.

O ddadansoddi sylwadau Johnson yn fanwl, gwelir nad oedd yn arddel ffyrdd traddodiadol o ddatrys problemau. Credai mai dim ond cyfundrefn addysg dan nawdd y wladwriaeth a fyddai'n debyg o lwyddo. Dengys ei sylwadau ef, ynghyd â sylwadau'r comisiynwyr eraill, eu bod o'r farn fod y gefnogaeth a geid gan garedigion traddodiadol addysg, sef y boneddigion gyda chymorth y clerigwyr, yn annigonol. Sefydlai'r boneddigion ysgolion a oedd yn cau allan y rhan fwyaf o ddigon o'r tlodion, ond eu diffyg pennaf oedd anwybyddu 'the defect which lies at the root of all other deficiencies, – the want of books expressly adapted, and of teachers properly qualified, to teach English to Welsh children. The majority appear unconscious that English may remain an unknown language to those who can read and recite it fluently . . .'[33] Ond yn fwy arwyddocaol byth, a chyda goblygiadau ymhell y tu hwnt i addysg ffurfiol, credai Johnson hyd yn oed petai

[28] Ibid., *Part III*, t. 29.
[29] Ibid., *Part III*, t. 30.
[30] Ibid.
[31] Ibid., *Part III*, t. 44.
[32] Ibid., *Part III*, t. 38.
[33] Ibid., *Part III*, t. 34.

athrawon yn rhugl yn y ddwy iaith a phetai ganddynt yr adnoddau dysgu angenrheidiol, fod rhagfarn rhieni Cymraeg yn erbyn eu mamiaith, hyd yn oed fel cyfrwng egluro, yn faen tramgwydd pellach: 'Welsh parents . . . consider all time as wasted which is spent in learning Welsh.'[34]

Tra gwahanol oedd y darlun o addysg i oedolion yng ngogledd Cymru. Ceid addysg seciwlar, a glynu wrth yr ymadrodd a ddefnyddiai Johnson, mewn nifer bychan o ysgolion nos (47 i gyd) a fynychid gan ychydig dan bedwar ar ddeg o fyfyrwyr yr un ar gyfartaledd. Cynhelid 41 o'r rhain trwy gyfrwng y Saesneg yn unig, a hynny gan athrawon ysgolion dyddiol. Ni cheid unrhyw ysgolion diwydiant na Sefydliadau Llenyddol a Gwyddonol. Yn Y Bala a Phorthmadog ceisiwyd sefydlu ystafelloedd darllen a/neu lyfrgelloedd benthyca, gyda chyfnodolion a phapurau newydd Cymraeg a Saesneg ar gael yn y ddau le, a phlesiwyd Johnson gan 'the eagerness of the labouring classes to take advantage of these institutions . . .'[35]

Y mae'n arwyddocaol fod Johnson wedi trafod yr ysgolion Sul yng nghyd-destun addysg i oedolion. Yng nghyswllt plant, ystyriai'r ysgol Sul yn bennaf fel arf gwareiddiol.[36] Yr oeddynt yn dra niferus: ceid 1,161 ohonynt yn chwe sir gogledd Cymru. Ni ellir llai na rhyfeddu at y cyferbyniad ieithyddol rhwng y rhain a'r ysgolion dyddiol; Cymraeg oedd unig gyfrwng 809 (70.8 y cant) ohonynt, ac yr oedd 237 (20.7 y cant) yn ddwyieithog. Dim ond 97 (8.5 y cant) a gynhelid trwy gyfrwng y Saesneg yn unig, a'r rheini yn siroedd Dinbych (25), Y Fflint (18) a Threfaldwyn (41) yn bennaf.[37] Hyd yn oed os nad yw'r ffigurau hyn yn fanwl-gywir, y mae'n amlwg y cynhelid yr ysgolion Sul yn iaith naturiol y bobl, boed y rheini yn siaradwyr Cymraeg neu'n siaradwyr Saesneg.

Y mae dadansoddiad Johnson o'r sefyllfa a ddeilliai o hynny yn dra dadlennol. Nododd yn fwyaf arbennig fod bywyd yn cael ei rannu'n ddwy, sef bywyd crefyddol a bywyd seciwlar. Nid iaith yr ysgolion yn unig a oedd yn wahanol, ond eu maes llafur yn ogystal: 'In the week-day schools all profess to learn English, in the Sunday-schools . . . all learn Welsh; the object which the poor desire from the former is secular knowledge; the end to which they devote their whole attention in the Sunday-school is religion, to the exclusion of every other study.'[38] Yr oedd ei asesiad o effaith yr ysgolion Sul yn gwbl ddiamwys – 'the main instrument of civilization in North Wales'.[39] Credai eu bod wedi dylanwadu'n enfawr ar iaith, llenyddiaeth a deallusrwydd cyffredinol y trigolion.[40] Y ddadl oedd fod defnyddio'r Gymraeg fel iaith crefydd wedi cyfnerthu yn aruthrol ei gwerth ar

[34] Ibid.
[35] Ibid., *Part III*, t. 55.
[36] Ibid.
[37] Ibid., *Part III*, t. 58.
[38] Ibid., *Part III*, t. 59.
[39] Ibid.
[40] Ibid.

gyfer cynnal dadleuon diwinyddol. Fodd bynnag, yr oedd y diffyg cydbwysedd rhwng materion crefyddol a seciwlar yn drawiadol o ganlyniad i ddylanwad yr ysgolion Sul: 'its [sef yr iaith Gymraeg] resources in every other branch remain obsolete and meagre'.[41] Ategodd Johnson y ddadl hon trwy ddadansoddi, yn ei eiriau ef ei hun, 'all the works at present printed and read in North Wales . . .' yn yr iaith Gymraeg. Yn ôl ei ddosbarthiad ef, o blith y 405 o deitlau a oedd ar gael, yr oedd 309 ohonynt yn ymwneud â chrefydd neu farddoniaeth, '50 to scientific subjects, which are intelligible to the few who are Welsh scholars, but unknown in the cottages or even the schools of the poor', a'r gweddill yn bethau cymharol ddibwys.[42] Gogwyddai'r cyfnodolion – yr oedd cynifer ohonynt yn ffrwyth yr enwadau crefyddol – hyd yn oed yn fwy tuag at bynciau diwinyddol. Meddai am *Y Cylchgrawn*, 'which originated in an attempt to diffuse useful knowledge as a separate subject, survived only a few months . . .'[43] Dadl un o'r bobl a fu'n ei borthi â gwybodaeth oedd mai 'the only way to convey a little secular information to the people, is by introducing an occasional paper into periodicals . . . The *Amaethydd* (or Agriculturist), is not such an exception as will in any way affect the truth of my assertion, for that publication was given away, as a supplement to a newspaper, and even then it failed'.[44] At hynny, llafar ac nid ysgrifenedig oedd natur y medrusrwydd ieithyddol a ddeilliai o'r ysgolion Sul.[45]

Ar sail y myrdd o adroddiadau a dderbyniasai gan ei gynorthwywyr, daeth Johnson i'r casgliad fod pobl gogledd Cymru yn 'far superior to the same class of Englishmen in being able to read the Bible in their own language, supplied with a variety of religious and poetical literature, and skilled in discussing with eloquence and subtilty [*sic*] abstruse points of polemic theology, they remain inferior in every branch of practical knowledge and skill . . . For secular subjects they have neither literature nor a language'.[46]

Hyd yn oed pan ymdrechwyd i bontio'r bwlch rhwng y defnydd o'r Gymraeg a materion seciwlar, methu a wnaed oherwydd anhawster a fyddai'n tragwyddol ganlyn dysgu'r Gymraeg, sef y gwahaniaeth rhwng yr iaith lenyddol a'r iaith lafar. Wrth reswm, yr oedd y gwahaniaeth hwn yn amlwg yn y Gymraeg a ddefnyddid ar gyfer trafodaethau diwinyddol, ond cymharol brin oedd y problemau a barai hynny gan mai'r Beibl oedd y prif, onid yr unig, werslyfr dysgu darllen a oedd gan y Cymry. Methu a wnaethai ymdrechion mewn cyfnodolyn Cymraeg i ddarparu 'llythyrau ymarferol'[47] ar gyfer ffermwyr, a'r rheswm am hynny, yn ôl Johnson, oedd fod y ffermwyr yn cwyno eu bod yn llawer rhy anodd i'w deall, er bod yr

41 Ibid.
42 Ibid., *Part III*, t. 60.
43 Ibid.
44 Ibid.
45 Ibid., *Part III*, t. 61.
46 Ibid.
47 Ibid., *Part III*, t. 62.

awdur yn dweud bod yr arddull a'r ymadroddion a ddefnyddid mor 'homely that he had been ashamed to be known as the writer'.[48]

Nid amheuai Johnson am eiliad werth iwtilitaraidd y Saesneg. Ceryddai ffermwyr, masnachwyr a morwyr fel ei gilydd: yr oedd eu hanallu i ddarllen ac ysgrifennu Saesneg yn eu rhwystro rhag dod ymlaen yn y byd. Yr oedd y pwyslais a roes Johnson ar y rhwystrau galwedigaethol a ddeuai yn sgil peidio â dysgu Saesneg yn gwbl gyson â'r farn gyffredinol ymhlith pobl ddysgedig yr oes, ac, wrth reswm, yn adleisio barn ei gyd-gomisiynwyr. Nid hyn oedd y sarhad. Deilliai hynny o'r ffaith fod y comisiynwyr yn derbyn yn hollol ddigwestiwn fod deallusrwydd, diwylliant a moesoldeb yn gyfystyr â meistrolaeth ar y Saesneg. Ceir amlygiad trawiadol o feddylfryd y comisiynwyr yn y modd y diystyrodd Johnson chwarelwyr gogledd Cymru. Cyfeiriodd at dystiolaeth o'u 'literary character', cyn mynd yn ei flaen i ddadlennu bod natur yr haeriad hwnnw yn llwyr y tu hwnt i'w ddirnadaeth: 'few of them have access to any information, except what is contained in the Welsh language. Some are able to write, and the best scholars among them can read a newspaper in English, but very few so as to derive information.' Barnai mai canlyniad hynny, ledled gogledd Cymru, oedd esgor ar 'imperfect results of civilization'.[49] Nid oes amheuaeth nad oedd coleddu'r fath farn yn gwbl gyson ag agwedd yr Arglwydd Macaulay, a ddywedodd ym 1834 fod 'one single shelf of a good European library was worth the whole native literature of India and Africa'.[50]

Beth bynnag oedd diffygion y dystiolaeth ystadegol a grynhowyd gan y comisiwn, daw patrwm cyffredinol yr addysg a ddarperid yn ysgolion gogledd Cymru i'r amlwg. Mewn cymdeithas Gymraeg ei hiaith, Saesneg oedd cyfrwng addysg seciwlar. Beirniadaeth Johnson oedd fod y genhadaeth wareiddiol hon yn aneffeithiol, a hynny'n rhannol – a dyma'r eironi – oherwydd aneffeithiolrwydd y math o drwythiad llwyr yn y Saesneg a ddymunid gan y rhieni a'r athrawon. Yr oedd yn rhaid wrth ryw fath o ymagwedd ddwyieithog er mwyn sicrhau y byddai Cymru yn wlad lle y siaredid Saesneg. Ac eithrio hynny, yr oedd agwedd Johnson yn union yr un fath ag y byddid yn ei disgwyl gan rywun o'i ddosbarth a'i genedl ef. Pa mor drawiadol bynnag oedd dirnadaeth y Cymro cyffredin o ddiwinydd-iaeth, Saesneg oedd iaith cynnydd a gwareiddiad. Symbolau o ddeallusrwydd a diwylliant israddol oedd yr ieithoedd lleiafrifol ledled yr Ymerodraeth.

* * *

Jelinger C. Symons a oedd yn gyfrifol am fynd ar drywydd addysg yn siroedd Mynwy, Brycheiniog, Aberteifi a Maesyfed. Y mae'r ffaith iddo gyflwyno ei adroddiad ar y gyntaf o'r siroedd uchod ar wahân i'r lleill yn adlewyrchu sefyllfa

48 Ibid.
49 Ibid., *Part III*, t. 63.
50 Dyfynnwyd yn *Times Educational Supplement*, 4 Awst 1995.

weinyddol amhendant y sir honno er y Deddfau Uno. Nodwyd bod yn y sir boblog hon 127 o ysgolion a bod pob un ond saith yn uniaith Saesneg eu cyfrwng. Condemniodd Symons y diffyg 'gwarineb' ymhlith trigolion y sir hon lle'r oedd gweithgarwch y Teirw Scotch a'r Siartwyr wedi peri'r fath arswyd i'r llywodraeth. Yr oedd hon yn gymdeithas dra gwahanol i'r un y rhoes Vaughan Johnson sylw iddi, a châi'r gwahaniaeth hwnnw ei amlygu yn natur yr ysgolion ac yng nghefndir ieithyddol y disgyblion. Yr oedd ysgolion menter preifat yn niferus, ac yr oedd rhai ysgolion gweithfeydd yno yn ogystal. Yn ysgol y British Iron Company yn Abersychan, nodwyd 'the majority do not speak Welsh at home'.[51]

Ymddengys nad oedd hyn yn effeithio rhyw lawer ar afael y disgyblion ar yr iaith Saesneg, a oedd, yn ôl yr adroddiad, yn 'singularly defective'. Yn ôl goheb- wyr Symons, yr oedd Saesneg yn prysur ennill tir ledled y sir. Yr oedd ymateb rhai o ddinasyddion parchus sir Fynwy, y trodd Symons atynt am wybodaeth am yr iaith, yn ddadlennol, gan ei fod yn cadarnhau bod y Cymry 'parchus' a'r comisiynwyr o Loegr o'r un farn. Unwaith eto gwelwn sut yr oedd dosbarth canol parchus Cymru yn oes Victoria yn cysylltu'r iaith â diffygion cymdeithasol ehangach, ac yn cefnogi'r syniad mai dim ond y Saesneg a feddai unrhyw werth diwylliannol. Er enghraifft, dyheai Edward Phillips, meddyg o Bont-y-pŵl, yn ddirfawr am weld y Saesneg yn ennill tir yn gyflymach gan ei fod yn credu y byddai hynny yn esgor ar well cydweithrediad rhwng y siaradwyr Cymraeg a'r siaradwyr Saesneg, yn cryfhau dylanwad yr Eglwys wladol, ac yn arwain at:

> . . . the general improvement of the people in due deference to their superiors and respect for the law of the land; for a long experience has convinced me of the more peaceful and submissive character of the lower orders who are *members of the Church of England* over those of other sects, and it would facilitate their access to religious and literary works, which would improve their morals and refine their taste, as there is no literature of any real value and utility in the Welsh language.[52]

Clerigwyr Anglicanaidd oedd y rhan fwyaf o'r rhai a holwyd gan Symons ac, yn anochel, rhygnu ymlaen am dlodi'r Gymraeg a wnaethant. Y mae barn y Parchedig James Hughes o Lanhiledd yn nodweddiadol ohonynt:

> As the Welsh language has not any valuable writings, either in prose or poetry, and as the Welsh people have not one single interest unconnected with the English, I consider the language to be a nuisance and an obstacle, both to the administration of the law, and to the cause of religion . . .[53]

[51] *Reports of the Commissioners of Inquiry into the State of Education in Wales. Part II. Brecknock, Cardigan, Radnor, and Monmouth* (PP 1847 (871) XXVII), t. 283.

[52] Ibid., *Part II*, t. 295.

[53] Ibid., *Part II*, t. 298.

Gan ychwanegu at gondemniad cyffredinol yr Anglicaniaid o bopeth Cymraeg, manylodd y Parchedig Augustus Morgan, rheithor Machen, fel a ganlyn:

> . . . it has been proved, that the meetings which preceded, and which were held during the chartist outbreak and Rebecca conspiracy in Monmouthshire and South Wales, were carried on altogether in the Welsh language, solely with a view that the extent of their proceedings should not be discovered by the police, and other agents sent down by the Government for the discovery and counteraction of their revolutionary plot.[54]

Caiff gogwydd Symons yn ei ymchwiliadau yn sir Fynwy ei ddatgelu yn gymaint gan ei ddewis o dystion â chan ei agwedd gollfarnol at y Gymraeg a'r ffordd o fyw a oedd, yn ei dyb ef, yn gysylltiedig â'r iaith. Ond ni chafodd ei dwyllo gan ddatganiadau'r cyflogwyr, ac felly yr oedd ei asesiad o ddiffygion cymdeithasol sir Fynwy yn ei hanfod yn baradocs. Yr oedd afiechyd moesol mawr ar led a wrthwynebai ddatblygiad addysgol, ond cyflyrid agwedd y tlodion gan agwedd y dosbarth a oedd nesaf atynt: 'Sympathy and kindness towards the poor are essential to their confidence in the rich: to sympathy and kindness these benighted people are well nigh utter strangers.'[55]

Yr oedd strwythur economaidd siroedd Brycheiniog, Aberteifi a Maesyfed yn dra gwahanol i'r hyn ydoedd yn sir Fynwy. Siroedd gwledig oedd y rhain i raddau helaeth iawn, ac amaethyddiaeth oedd y diwydiant sylfaenol, gyda'r gwŷr mawr yn berchen ar ystadau helaeth. Ymlafnio â thlodi llethol a wnâi trwch y ffermwyr-denantiaid a'r labrwyr. Gwasgfeydd ar y daliadau a thlodi'r tenantiaid a oedd wrth wraidd helyntion Beca yng ngorllewin Cymru; dadlenasai'r rhain y cyni mawr a fodolai yng nghefn gwlad Cymru. O'u cymharu â rhannau o'r siroedd diwydiannol, ardaloedd tenau eu poblogaeth oedd y siroedd hyn, ond ni allai'r economi gwledig gynnal y cynnydd naturiol yn y boblogaeth. O ganlyniad tyrrai miloedd o bobl i hel eu tamaid yn nhrefi'r gweithfeydd haearn yn siroedd Morgannwg a Mynwy, lle'r oedd galw enfawr bob hyn a hyn am weithwyr. Heb y ddihangfa hon y mae'n ddigon posibl mai'r un dynged â'r Gwyddyl a fyddai wedi dod i ran y Cymry hwythau.

Ceid rhaniad ieithyddol pendant yn y tair sir hyn. Yr oedd bron pawb o drigolion sir Faesyfed yn siarad Saesneg ac, yn nhyb Symons, yn yr ardal rhwng Rhaeadr Gwy a Llanandras y siaredid y Saesneg mwyaf cywir yn ramadegol. Siaradwyr Cymraeg oedd cyfran helaeth iawn o boblogaeth y ddwy sir arall.[56] Yn ôl amcangyfrif Symons, yr oedd poblogaeth sir Faesyfed, yn ddieithriad bron, yn siarad Saesneg bob amser, ond yn sir Aberteifi, lle'r oedd y boblogaeth gymaint deirgwaith yn fwy, y gwrthwyneb a oedd yn wir. Syndod oedd deall mai Saesneg oedd iaith ymron hanner poblogaeth sir Frycheiniog.

[54] Ibid., *Part II*, t. 302.
[55] Ibid., *Part II*, t. 305.
[56] Ibid., *Part II*, t. 34.

O ganlyniad i'r ffaith fod y sylfaen economaidd yn fwy traddodiadol, datblygasai cyfundrefn ysgolion dra gwahanol i'r un a fodolai yn y siroedd diwydiannol. Ceid 240 o ysgolion yn y tair sir, o gymharu â 127 yn sir Fynwy; ysgolion enwadol, yn hytrach nag ysgolion menter preifat neu ysgolion gweithfeydd, oedd y mwyafrif mawr o'r rhain. Nid yn annisgwyl, o gofio ei bod yn un o siroedd y Gororau ac am y ffin â Lloegr, Saesneg oedd unig gyfrwng addysg pob un o'r 43 o ysgolion ym Maesyfed. Câi wyth o'r 96 o ysgolion yn sir Frycheiniog eu cynnal trwy gyfrwng y Gymraeg a'r Saesneg, ond ni chynhelid yr un ysgol trwy gyfrwng y Gymraeg yn unig. Er bod sir Aberteifi yn un o'r siroedd Cymreiciaf, a chanddi boblogaeth sylweddol o Gymry uniaith, Saesneg oedd prif iaith addysg yn y sir honno hefyd. Câi 75 o'i 101 o ysgolion eu cynnal trwy gyfrwng y Saesneg yn unig, a dim ond un ysgol a gynhelid trwy gyfrwng y Gymraeg yn unig. Sylw Symons ar y sefyllfa hon oedd y byddai'n 'subject of the utmost satisfaction to every friend to Wales'.[57]

Yr un oedd cân yr ail gomisiynwr ag eiddo'r cyntaf. Dysgu ar y cof oedd y dull arferol o ddysgu, gyda'r disgyblion yn ailadrodd y geiriau a geid yn eu hamryfal lyfrau darllen. Ni wneid unrhyw ymdrech yn 45 o'r 72 o ysgolion yn yr ardaloedd Cymraeg i feithrin dealltwriaeth, a phrin oedd y disgyblion a fedrai roi'r gair Cymraeg am eiriau Saesneg cyffredin iawn.[58] Ond y mae'n arwyddocaol fod Symons, fel y gwnâi Vaughan Johnson, yn cyplysu ei eiriau hallt ynghylch dysgu disgyblion Cymraeg eu hiaith trwy gyfrwng iaith estron â beirniadaeth gyffredinol ar safon y dysgu. Tynnodd Symons sylw at ddiffygion difrifol yr ychydig hyfforddiant a oedd ar gael ar gyfer athrawon yng Nghymru trwy gyfeirio at ei ymweliad, yng nghwmni Lingen, â'r Coleg Normal yn Aberhonddu. Nid safon yr addysg oedd y bai pennaf yn gymaint ag ansawdd gwael y myfyrwyr, ac yr oedd hynny'n anochel o gofio statws yr athrawon:

> No man of ability with a prospect of ordinary success in life will undergo an elaborate training for a calling which will scarcely supply him with bare necessities; those only who are bereft of better resources will start for so poor a goal. The best normal school that it were possible to institute would die of inanition if established in Wales without some concomitant means of remunerating the abilities it called forth.[59]

Felly, ymddengys unwaith yn rhagor fod safon wael y dysgu trwy gyfrwng y Saesneg yn anhawster ychwanegol a'i fod lawn cynddrwg yn nifer o ardaloedd yn Lloegr. Yr oedd yr hyn y cyfeirid ato mor aml fel craidd y 'broblem' addysgol yng Nghymru yn rhan o broblem lawer ehangach o ran safonau dysgu. Cafodd hyn ei gyfleu i'r dim yn sylwadau Symons ynghylch anallu disgyblion a siaradai Saesneg bob amser i ddeall yr iaith honno yn yr ysgol oherwydd y gwahaniaeth rhwng y

[57] Ibid., *Part II*, t. 33.
[58] Ibid., *Part II*, t. 25.
[59] Ibid., *Part II*, t. 33.

ffurfiau llafar a'r ffurfiau ysgrifenedig, sef problem a gysylltid yn draddodiadol â'r Gymraeg.[60] Ond y mae arwyddocâd y fath sylwadau i'w weld yn y goleuni y maent yn ei daflu ar ddyfarniad y Llyfrau Gleision ar siaradwyr Cymraeg. Defnyddiai Symons a'i debyg iaith a oedd yn ei hanfod yn dra gwahanol i Saesneg y dosbarth gweithiol yn Lloegr. Daethai Symons o hyd i blant yr oedd geiriau megis 'observe', 'conclude', 'reflect', 'perceive', 'refresh', 'cultivate', 'contention', 'consideration', 'meditation' yn gwbl ddieithr iddynt, er eu bod yn gallu darllen yn rhugl. Y mae'n dra thebyg y byddai'n ei chael hi'n anodd dod o hyd i blant sy'n defnyddio geiriau o'r fath mewn llawer o ysgolion y dyddiau hyn. Meddai Symons: 'No working-class child is in the habit of saying "I *observed* my brother pass by" &c . . .'[61] Rhydd naws swrrealaidd y fath sylwadau holl ddadansoddiad y comisiynwyr ynglŷn ag oblygiadau addysgol y Gymraeg yn ei gyd-destun priodol. Nid yw hynny'n gwneud iawn am y sylwadau maleisus, ond y maent yn haws eu deall. Cofier ein bod yn ymdrin â dadansoddiad addysgol pobl a oedd yn byw mewn byd hollol wahanol i gefn gwlad Cymru neu hofelau Manceinion, a oedd mor gyfarwydd i Kay-Shuttleworth.

Yr oedd agwedd gyffredinol Symons at y Gymraeg yn gwbl ddiamwys, ac nid oes lle i amau nad oedd ei gofnod o farn clerigwyr lleol yn fanwl-gywir. Yr ymwelydd â'r ysgol Gymraeg ei chyfrwng ger Castellnewydd Emlyn oedd y Parchedig H. L. Davies o Droed-yr-aur, gŵr a gredai y byddai llawer rhagor o ddisgyblion yn ei mynychu pe cynhelid hi drwy gyfrwng y Saesneg.[62] Tybiai Symons mai prif ddyhead pobl 'dlawd' Cymru oedd dysgu Saesneg, a hynny am resymau economaidd: 'any day-school master . . . would starve, if he sought to live on his own independent efforts to maintain a school for exclusively teaching the Welsh language'.[63]

Yn ardal Symons hefyd câi Saesneg ei dysgu mewn modd arswydus o wael. Cyflwynir i ni y rhestr arferol o ddiffygion. Nid oedd gan yr athrawon eu hunain fwy na gwybodaeth elfennol o'r iaith, hyd yn oed wrth drafod pynciau cyffredin. Rhestrir nifer o enghreifftiau o gamynganu, diffyg dirnadaeth o ddeunydd Saesneg, diffyg gwybodaeth a dealltwriaeth o'r Beibl, a'r dulliau dysgu rhyfeddaf dan haul.[64] Nid oes amheuaeth ynghylch grymuster condemniad Symons, ond y mae'n bwysig cydnabod natur y condemniad hwnnw. Wrth reswm, dirmyg Sais dosbarth-canol at y Gymraeg a oedd wrth wraidd hyn, ond y mae'n amlwg unwaith yn rhagor y byddai ei feirniadaeth wedi bod yr un mor llawdrwm mewn perthynas â'r addysg a geid mewn rhannau o Loegr. Y mae'n bosibl fod y Gymraeg yn llestair ychwanegol, ond yr oedd hynny o fewn cyfundrefn a oedd yn sylfaenol ddiffygiol beth bynnag. Câi ysgolion Brutanaidd, ysgolion cenedlaethol

60 Ibid., *Part II*, t. 34.
61 Ibid.
62 Ibid., *Part II*, t. 33.
63 Ibid.
64 Ibid., *Part II*, tt. 36–40.

ac ysgolion menter preifat eu beirniadu yn ddiwahân: 'The endowed schools are little more efficient than the private ones' a 'The schools under Mrs Bevan's charity are, if possible, less efficient.'[65]

Unwaith eto tybid bod yr ysgolion Sul yn eithriad, er na chawsant eu canmol yn ddiwahân gan Symons. Er enghraifft, cyfeiriodd at dystiolaeth fod yr ysgolion Sul yn ardal Aberteifi yn llai effeithiol na'r rhai a geid yng ngogledd y sir. Rhoes enghreifftiau o ddiffyg dealltwriaeth ymhlith athrawon, dysgu ar y cof, ac, yn fwyaf arwyddocaol, y ffaith fod eu hamcanion yn gyfyng. Ond ar y llaw arall cyflwynodd amrywiaeth eang o dystiolaeth o'u plaid, er gwaethaf y ffaith fod y rhan fwyaf o ddigon ohonynt yn cael eu cynnal trwy gyfrwng y Gymraeg.[66] O blith y 440 a geid yn y tair sir, cynhelid 228 ohonynt trwy gyfrwng y Gymraeg, a defnyddid y ddwy iaith mewn 109 o ysgolion Sul eraill. O blith y 103 o ysgolion Sul a ddefnyddiai'r Saesneg yn unig, yr oedd 56 yn ysgolion Anglicanaidd yn siroedd Brycheiniog a Maesyfed.[67]

Cyfeiriwyd yn helaeth at dystiolaeth gan Annibynwyr a Methodistiaid Calfinaidd, yn ogystal â chan Eglwyswyr.[68] Fel yn achos siroedd gogledd Cymru, amlygai'r dystiolaeth fod y plant yn hyddysg yn eu Beibl, ond yn ddiffygiol o ran 'gwybodaeth seciwlar', a gyflwynid yn ddamweiniol yn unig yn yr ysgolion hyn. Honnodd gweinidog gyda'r Methodistiaid Calfinaidd yn Aberaeron: 'If in the day-schools any Scriptural questions are answered, it is more owing to the Sunday-schools than the day-schools.' Y mae dyfyniadau di-rif yn tystio i ragoriaeth gwybodaeth ysgrythurol trwch y boblogaeth yng Nghymru o gymharu â'r dosbarth gweithiol yn Lloegr, a hynny oherwydd gwaith yr ysgolion Sul. Er mai tystiolaeth achlust yw'r dystiolaeth hon, y mae'n arwyddocaol fod Symons yn barod i roi sylw amlwg iddi. Ymddengys, felly, fod ei agwedd ef yn adlewyrchu agwedd hynod o gyffredin yn y Gymru a oedd ohoni. Yr oedd y Gymraeg yn gyfrwng effeithiol a llwyddiannus ar gyfer trosglwyddo gwybodaeth ysgrythurol, ond yn rhwystr yn y byd mawr seciwlar.

Er bod modd dadlau bod agwedd y comisiynwyr at y Gymraeg yn fwy rhesymol nag a gredid yn draddodiadol, y mae'n rhaid cyfyngu hynny i'w dadansoddiad o'r gyfundrefn addysg. Y mae'n anodd gweld bod hynny'n cael ei amlygu yn eu sylwadau ar foesoldeb. Yn adroddiad Symons rhoddir sylw helaeth i safbwyntiau'r farn 'barchus' yng Nghymru, a gynhwysai dystiolaeth gan Ymneilltuwyr yn ogystal â chan Eglwyswyr. Er enghraifft, Ymneilltuwr a gyhuddodd drigolion Aberhonddu o hapchwarae, meddwdod a godineb. Yr Eglwyswyr a'r tirfeddianwyr, fodd bynnag, a oedd yn bennaf cyfrifol am y darlun a gythruddodd genedl y Cymry, sef darlun cyffredinol o gymdeithas nad oedd yn cydymffurfio â delfrydau'r weledigaeth a goleddid gan ddosbarth canol parchus

[65] Ibid., *Part II*, tt. 46–7.
[66] Ibid., *Part II*, t. 63.
[67] Ibid., *Part II*, t. 55.
[68] Ibid., *Part II*, t. 53.

oes Victoria. Y mae'r ffaith fod barn Symons yn fwy cymedrol o dipyn na barn llawer o'i dystion yn cael ei anwybyddu'n fynych. Ond dyfynnodd yn helaeth o dystiolaeth ragfarnllyd y Parchedig John Price, rheithor Bleddfa, a dynnodd sylw at y 'prevailing vice of the country' sef 'a disregard for chastity, a breach of which is considered neither a sin nor a crime'. Ef oedd y gŵr a honnodd mai'r prif reswm dros y fath ymdrybaeddu mewn trythyllwch oedd 'the *bad habit of holding meetings* at dissenting chapels or farmhouses after night, where the youth of both sexes attend from a distance for the purpose of walking home together'.[69] Pwysleisiodd Symons o leiaf fod meddwdod wedi ei gyfyngu i'r trefi, a bod godineb yn 'entirely confined to one or two places'.[70] Ni wnaed ymdrech benodol i gyplysu diffygion moesol honedig â'r Gymraeg. Nid oedd hynny'n wir am y cyhuddiad fod y Cymry yn gelwyddgwn, o leiaf yn y llysoedd. Y mae'n anodd osgoi'r argraff fod y fath honiadau, megis honiad clerc llys ynadon Llanbedr Pont Steffan, yn deillio yn gymaint o rwystredigaeth ynglŷn â'r diffygion a oedd yn gynhenid yn y system ag o falais tuag at y Gymraeg fel y cyfryw. Yr oedd ef, a phobl eraill, wedi cyflwyno tystiolaeth a oedd yn cyfeirio at dystion yn tyngu anudon, at anallu carcharorion a rheithwyr i ddeall Saesneg, ac at y dryswch a ddeilliai o hynny. Priodolodd Edward Crompton Lloyd Hall, a oedd yn fargyfreithiwr yn sir Aberteifi, y gochelgarwch a oedd yn ymhlyg yn y Gymraeg i'w tharddiad fel iaith caethion.[71]

O fewn ffiniau'r dystiolaeth fanwl, cwblhaodd Symons ei adroddiad ag ymosodiad chwyrn ar y Gymraeg a amlygai ei ragfarnau ef ei hun. Nid yw hynny'n syndod, o gofio ei gefndir, ond y mae'n amlwg hefyd ei fod wedi defnyddio'r safbwyntiau a'r wybodaeth a roddwyd iddo gan amrywiaeth o bobl yng Nghymru. Dyfynnwyd ei frawddeg agoriadol lawer gwaith: 'The Welsh language is a vast drawback to Wales, and a manifold barrier to the moral progress and commercial prosperity of the people. It is not easy to over-estimate its evil effects.'[72] Rhan o'r dechneg condemnio, a ddefnyddid yn achos ieithoedd brodorol ledled yr Ymerodraeth, oedd priodoli iddi gyntefigrwydd: 'It is the language of the Cymri, and anterior to that of the ancient Britons.'[73] Felly, yr oedd y Gymraeg yn amddifad o ddiwylliant: 'It dissevers the people from intercourse which would greatly advance their civilisation, and bars the access of improving knowledge to their minds. As a proof of this, there is no Welsh literature worthy of the name.'[74] Er cydnabod yn anfoddog fod cylchgronau misol yn y Gymraeg wedi achub y bobl rhag 'perfect ignorance' ac 'utter vacuity of thought', yr oedd y cyfryw gyhoeddiadau yn ddadleuol ac yn sectyddol.[75] Yr unig

[69] Ibid., *Part II*, t. 61.
[70] Ibid.
[71] Ibid.
[72] Ibid., *Part II*, t. 66.
[73] Ibid.
[74] Ibid.
[75] Ibid.

ffordd o gael gwared ag anwybodaeth, twyll a thyngu anudon, a ddeilliai o ddefnyddio'r Gymraeg yn y llysoedd, oedd fod y Saesneg yn cael ei dysgu yn gywir mewn ysgolion effeithiol.[76]

Wrth reswm, enynnwyd cryn ddicter yng Nghymru gan y datganiadau hyn. Ac eto yr oeddynt yn gyson â daliadau Symons fod y gyfundrefn addysg yn gyffredinol yn gwneud tro sâl â phobl Cymru ac yn llesteirio'r cynnydd yr oedd eu doniau naturiol yn ei haeddu. Dyfynnodd Ddeon Tyddewi: 'The natural capacity of the Welsh is great to a very wonderful degree . . . the Welsh have a great capacity for learning languages. They are very quick.'[77] Y maen tramgwydd oedd eu hanallu i siarad Saesneg, a difethai hynny eu cyfle i ddod ymlaen yn y byd ym meysydd amaethyddiaeth a diwydiant. Dyma thema, os nad byrdwn parhaus, yr adroddiad. Credai'r comisiynwyr, ynghyd â nifer o sylwebyddion ymhlith y Cymry, fod gan y Cymry y crebwyll naturiol, y deallusrwydd, a'r gallu cynhenid i gymryd eu lle yn nhrefn ordeiniedig entrepreneuraidd oes Victoria. Yr oedd y Cymry wedi eu llyffetheirio gan eu hiaith frodorol, eu diwinyddiaeth henffasiwn, a'u hanfoesoldeb. Byddai meistrolaeth ar y Saesneg yn eu rhyddhau yn economaidd, yn eu dyrchafu yn foesol ac yn rhoi mynediad i uchelfannau'r ymerodraeth. Ni allai'r gyfundrefn ysgolion a oedd ohoni wneud hynny oherwydd safon wael y gwerslyfrau, prinder arian, ac, yn bennaf oll, safon echrydus yr addysg. Yr oedd goblygiadau'r fath gondemniad yn amlwg – a dyna'r union oblygiadau y chwiliai Kay-Shuttleworth amdanynt.

Yr oedd barn Symons ynghylch y rhagolygon ar gyfer yr iaith Saesneg yn rhyfeddol, o gofio ei fod yn sylwebydd hyddysg o'r tu allan, a hynny ar adeg cyn i'r economi a'r gymdeithas yng Nghymru gael eu hailffurfio unwaith eto gan y galw enfawr am lo. Yn wahanol i Lingen, yr oedd ei ragolwg o batrymau ieithyddol y dyfodol yn gywirach, ni chredai Symons y byddai'r iaith Saesneg yn ymdaenu 'over the whole country for one or two centuries to come, unless better means are taken to expedite its progress. These means would be found in thoroughly good schools for the purpose. They are desired by the people: and no reasonable doubt is entertained that a sound secular and religious education would raise their physical condition, and eventually remove their moral debasement. If the Welsh people were well educated, and received the same attention and care which have been bestowed on others, they would in all probability assume a high rank among civilized communities'.[78]

* * *

Gwareiddiad oedd y gair olaf y byddai'r comisiynwr Lingen wedi ei ddewis i ddisgrifio'r rhanbarth mwyaf dadleuol yng Nghymru yr oedd ef yn gyfrifol amdani. Yn gyntaf, hwn oedd y rhanbarth lleiaf cydryw o 'gylchdeithiau' y

[76] Ibid.

[77] Ibid., *Part II*, t. 67.

[78] Ibid., *Part II*, t. 68.

comisiynwyr. Yn ieithyddol, yr oedd cymhlethdodau yn bodoli yn y tair sir, sef Penfro, Caerfyrddin a Morgannwg, ac yr oedd y modd y dosbarthwyd y rhanbarth gan Lingen yn ddiddorol. Yn ôl ei ddosbarthiad ef, Saesneg oedd mamiaith y trigolion a drigai 'south of the London mail road, *i.e.* the entire southern coast line and the depth of a few miles behind it, from Cardiff to the coast of the Irish sea, with the exception of the interval between Swansea and St. Clears, where the south-east corner of Carmarthenshire reaches down to the Bristol channel'.[79] Yn y rhannau eraill, er bod nifer cynyddol o bobl yn deall rhywfaint o Saesneg, nid oeddynt yn ei deall yn iawn, ac yn bendant nid oeddynt yn ei siarad. Yn y rhan fwyaf o'r ardaloedd hyn, dim ond trwy'r ysgolion dyddiol y deuai'r bobl i gysylltiad â'r iaith Saesneg. Yr oedd y sefyllfa yno yn debyg i weddill Cymru, a chyfathrebu effeithiol yn amhosibl gan mai'r unig ddefnydd a wneid o werslyfrau Saesneg oedd eu dysgu ar y cof. Yn hyn o beth, mynegai Lingen farn unfryd y comisiynwyr: 'It would be impossible to exaggerate the difficulties which this diversity between the language in which the school-books are written, and the mother-tongue of the children presents.'[80] Yn y tair sir hyn, fel yng ngweddill Cymru, yr oedd gafael yr athrawon ar yr iaith Saesneg mor fregus fel na allent ymdopi. Ar y llaw arall, yr oedd tri chwarter yr ysgolion Sul yn cael eu cynnal naill ai trwy gyfrwng y Gymraeg neu yn ddwyieithog.

Erbyn 1846 yr oedd y diwydiant haearn, ynghyd â'r twf yn y boblogaeth a'r trefoli a oedd yn gysylltiedig â hynny, wedi gweddnewid economi sir Forgannwg yn llwyr. Gwelsom eisoes fod y tensiynau cymdeithasol a fuasai'n mudlosgi wedi ffrwydro ar ffurf terfysgoedd; ac nid oes amheuaeth nad oedd y terfysgoedd hynny wedi brawychu'r llywodraeth a'i hysbarduno i gynnal yr ymchwiliadau blaenorol i'r ddarpariaeth o ran addysg. O edrych yn ôl, gwyddom fod y sefyllfa yng Nghymru a Lloegr ar ôl 1848 dipyn yn llai bygythiol i'r drefn gymdeithasol sefydlog, ond ym 1846 yr oedd y sir Forgannwg ddiwydiannol yn ymddangos fel petai yn fygythiad i'r drefn honno; yn wir, tybid bod chwyldro yn bosibilrwydd. Nid oedd y sefyllfa fawr gwell yn sir Gaerfyrddin a dwyrain sir Benfro. Yn sgil cynnydd yn y boblogaeth, prinder tir, tlodi cynyddol ac, yn aml, amodau byw echrydus, yr oedd y gymdeithas wledig draddodiadol yn ne-orllewin Cymru wedi dechrau ymddatod. Y prif arwydd o'r chwalfa hon oedd terfysgoedd Beca pryd y defnyddiwyd defodau cosbi a oedd yn rhan o wead oesol y gymuned mewn cymdeithas a wynebai wasgfeydd hollol newydd. Nid oedd fawr neb ar y pryd yn deall yr hyn a oedd yn digwydd ac yn sicr yr oedd hynny'n wir am y llywodraeth a oedd wedi ei gyrru'n gwbl baranoiaidd gan nifer o derfysgoedd digymell mewn gwahanol rannau o Loegr yn ogystal ag yng Nghymru. Dan yr amgylchiadau ystyrid bod diffygion o ran addysg yn difa rhuddin y bobl, yn enwedig pobl a gyfathrebai â'i gilydd mewn iaith gyfrin a pheryglus.

79 Ibid., *Part I*, t. 31.
80 Ibid.

Gan ddangos mwy o dreiddgarwch na'i gyfoeswyr, dadleuai Lingen na fyddai dulliau traddodiadol yn gwella'r sefyllfa. Yr oedd diwydiannu wedi newid yr hen drefn yn sylfaenol, gan danseilio'r festrïoedd plwyf a gweinyddiad Deddf y Tlodion ac yn sgil hynny nifer o sancsiynau cymdeithasol. Nid oedd yr ateb i'w gael mwyach yn ysgol y plwyf. Haeriad syfrdanol Lingen, yng nghyd-destun y 1840au, oedd fod y gweithfeydd wedi disodli'r plwyf. Yr oedd angen cyfundrefn newydd o lywodraeth leol, ond y broblem oedd y byddai unrhyw gyfundrefn newydd yn dibynnu ar fodolaeth dosbarth canol, a chan nad oedd y fath ddosbarth canol yn bod, 'the elimination of a middle class is rendered still more complete when, to the economical causes tending to produce it, is superadded the separation of language'.[81]

Dylid ystyried dadansoddiad didostur Lingen o'i ranbarth yn y cyd-destun hwn, yn ogystal ag yng nghyswllt rhagfarnau person o'i gefndir a'i ddosbarth ef. Gwelsom mai ef oedd y mwyaf treiddgar o'r comisiynwyr o ran dirnad effaith economaidd-gymdeithasol yr iaith Gymraeg, sef safbwynt a goleddid gan gynifer o Gymry dosbarth-canol y cyfnod:

> Whether in the country, or among the furnaces, the Welsh element is never found at the top of the social scale . . . in his new, as in his old, home, his language keeps him under the hatches, being one in which he can neither acquire nor communicate the necessary information. It is a language of old-fashioned agriculture, of theology, and of simple rustic life, while all the world about him is English.[82]

Dyry Lingen ddarlun byw – sy'n dweud cymaint amdano ef ei hun ag am y Cymry – o 'isfyd' sydd wedi ei ysgaru o'r byd modern ac sydd ond yn brigo ar ffurf diwygiad crefyddol 'or a Rebecca or Chartist outbreak'.[83] O ganlyniad i'r arwahanrwydd economaidd a chymdeithasol a orfodid ar y Cymry gan eu hiaith, yr oedd eu 'cyneddfau meddyliol' wedi eu datblygu ym maes diwinyddiaeth yn unig, ac yr oedd hynny wedi eu harwain i gyfeiriadau a oedd yn pwysleisio ymhellach y gwahaniaeth rhyngddynt a'r dosbarthiadau cymdeithasol uwch. Ymddengys felly mai i'r iaith y priodolai Lingen y diffyg undod cymdeithasol yng Nghymru. Ei gysyniad ef o undod cymdeithasol oedd cymdeithas lle y byddai'r grym dynamig yn cael ei greu a'i gynnal gan ei ddosbarth ef ei hun, sef y dosbarth canol. Dadl Lingen oedd fod y gymdeithas y bu'n llunio adroddiad arni yn gymdeithas lle'r oedd dylanwad diwydiannu a dylanwad yr iaith, ar y cyd, yn cyfuno i sicrhau na allai dosbarth canol Cymreig ymddatblygu.

Ar y llaw arall, yr oedd yntau yn edmygu'r Cymry am godi cynifer o gapeli ac am eu gwybodaeth ddiwinyddol. O safbwynt addysg, yr oedd hynny i'w weld amlycaf yn llwyddiant yr ysgolion Sul, a oedd yn dyst i:

[81] Ibid., *Part I*, t. 13.
[82] Ibid., *Part I*, t. 3.
[83] Ibid.

> . . . the efforts of the mass of a people, utterly unaided, to educate themselves . . . These schools have been almost the sole, they are still the main and most congenial, centres of education. Through their agency the younger portion of the adult labouring classes in Wales can generally read, or are in course of learning to read, the Scriptures in their mother tongue.[84]

Cydnabyddai, hefyd, eu meistrolaeth sylweddol ar ddiwinyddiaeth esoterig, er iddo wneud hynny mewn cyd-destun sydd wedi dylanwadu ar ein barn ar y Llyfrau Gleision byth oddi ar hynny. Credai fod addysg anffurfiol trwy gyfrwng y Gymraeg ym maes diwinyddiaeth wedi peri 'poetical and enthusiastic warmth of religious feeling' a 'comparative absence of crime'.[85] Yn ôl cymdeithaseg gyntefig Lingen, yr oedd y rhinweddau hyn yn mynd law yn llaw â 'wide-spread disregard of temperance, whenever there are the means of excess, of chastity, of veracity, and of fair dealing'.[86]

Gwelsom eisoes fod y farn gyhoeddus yng Nghymru yn awyddus i weld y werin-bobl yn dysgu darllen, ysgrifennu a defnyddio Saesneg yn effeithiol. Meddai Lingen yn finiog:

> On the manifold evils inseparable from an ignorance of English I found but one opinion expressed on all hands. They are too palpable, and too universally admitted, to need particularizing.

Ond ychwanegodd hefyd mai'r unig gymhelliad oedd elw, ac mai eu cariad cyntaf oedd y Gymraeg.[87] Cyfeiriodd at y tensiynau cymdeithasol a frigai i'r wyneb oherwydd bod y rhieni, ar y naill law, yn credu mai Saesneg oedd iaith llwyddiant bydol, ac oherwydd bod y plentyn ar y llaw arall yn cael ei fagu mewn cymuned lle'r oedd 'preaching – prayer-meetings – Sunday-schools – clubs – biddings – funerals – the denominational magazine (his only press), all these exhibit themselves to him in Welsh as their natural exponent . . .'[88]

Dadansoddiad Lingen o'r goblygiadau addysgol oedd yr ymdriniaeth fwyaf treiddgar o ddigon i'w chyhoeddi ar ddwyieithrwydd yn y cyfnod hwnnw. O ganlyniad i ddylanwad addysgol y capel a'r ysgol Sul yr oedd y Cymry yn 'naturally voluble, often eloquent', ac yn meddu ar 'a mastery over his own language far beyond that which the Englishman of the same degree possesses over his'.[89] Yr oedd y comisiynwyr yn unfryd unfarn ynghylch hyn. Ond yr oedd gan Lingen hefyd ddirnadaeth fwy miniog o lawer na'r lleill o'r grymoedd a oedd ar

84 Ibid.
85 Ibid., *Part I*, t. 6.
86 Ibid.
87 Ibid.
88 Ibid.
89 Ibid., *Part I*, t. 7.

waith yng Nghymru. Gan fod y gymdeithas Gymraeg, yn enwedig cymdeithas y capel, yn rhoi bri ar huodledd, yr oedd derbyn yr anhuodledd a oedd ynghlwm wrth ddefnyddio Saesneg yn fwy anodd byth. Aeth Lingen yn ei flaen i ddadlau bod dysgu Saesneg mewn cyd-destun ffurfiol, heb i'r iaith honno fod yn gyfrwng ar gyfer trafod a lledaenu syniadau yn y gymuned, yn waith cwbl ddiffaith:

> Nor can an old and cherished language be *taught down* in schools; for so long as the children are familiar with none other, they must be educated to a considerable extent through the medium of it, even though to supersede it be the most important part of their education. Still less, out of school, can the language of lessons make head against the language of life.[90]

Ond gwelai Lingen fod cyd-destun y 'language of life' yn newid o'i gwmpas. Yr oedd monopoli ieithyddol cymdeithas y capel yn cael ei erydu o ganlyniad i dwf y rheilffyrdd a'r ffaith fod gweithwyr yn mudo i'r meysydd glo a haearn. Lingen yn unig, o blith y comisiynwyr, a welodd y cyd-destun economaidd a chymdeithasol fel 'encouragement vigorously to press forward the cause of popular education in its most advanced form'.[91] Crynhodd hynny mewn modd treiddgar iawn:

> Schools are not called upon to impart in a foreign, or engraft upon the ancient, tongue a factitious education conceived under another set of circumstances (in either of which cases the task would be as hopeless as the end unprofitable), but to convey in a language, which is already in process of becoming the mother-tongue of the country, such instruction as may put the people on a level with that position which is offered to them by the course of events.[92]

At hynny, sylweddolodd Lingen mai'r iaith newydd a fyddai drechaf yn y Gymru newydd.

Yr oedd hi'n amlwg hefyd fod pobl eraill yn rhyw led ymwybodol o gyd-destun cymhleth y gymdeithaseg iaith hon. Yn wir, y mae'n eglur fod y dehongliad gor-syml o'r cyfnod, sef rhoi clod i'r bobl hyddysg am gymeradwyo'r Gymraeg yn iaith crefydd, ac am ildio pob mater seciwlar, gan gynnwys addysg, i'r Saesneg, yn gamarweiniol. Nodir yn eglur gan Lingen fod llawer o glerigwyr dylanwadol, yn Eglwyswyr ac yn Ymneilltuwyr, am weld safle'r Gymraeg yn cael ei ddiogelu yn yr ysgolion dyddiol, ochr yn ochr â'r Saesneg. Dadleuent mai trwy gyfrwng y Gymraeg yn unig y gellid sicrhau bod gwirioneddau'r ysgrythurau yn dderbyniol yn gyffredinol, gan ddal nad oedd llenyddiaeth Gymraeg yn 'wahanglwyfus', a bod y sawl a feddai ar ddwy iaith yn fwy addysgedig na'r sawl a fedrai un iaith yn unig. Ond ni wnaeth Lingen unrhyw sylw ar y materion hyn.

90 Ibid.
91 Ibid.
92 Ibid.

Yr oedd y ddarpariaeth addysg o fewn y rhanbarth, yn enwedig yn sir Forgannwg, yn fwy amrywiol nag yn y rhannau eraill o Gymru. Yn ogystal â'r ysgolion enwadol traddodiadol a'r nifer cymharol fawr o ysgolion menter preifat, yr oedd pedair ar hugain o ysgolion gweithfeydd (sef, yn ôl diffiniad Lingen, ysgolion a gâi eu cyllido'n rhannol gan danysgrifiadau'r gweithwyr) yn rhanbarth Lingen. Yr oedd rhai o'r ysgolion hyn o'r radd flaenaf, yn enwedig ysgol y teulu Guest ym Merthyr Tudful. Ond yr oedd y patrwm o annigonolrwydd o ran dysgu Saesneg yr un mor nodweddiadol o'r rhanbarth hwn ag yr oedd o weddill Cymru. Ac yr oedd yr annigonolrwydd hwnnw gymaint yn fwy anffodus gan fod Lingen, fel ei gyd-gomisiynwyr, o'r farn fod gan y plant allu rhifyddol sylweddol ond nad oedd ganddynt athrawon da i'w meithrin.[93] Yr oedd neges Lingen yn gwbl ddiamwys, fel yn wir yr oedd adroddiadau'r comisiynwyr eraill. Yr oedd safon yr addysg yn echrydus o ddiffygiol.

Hon oedd un o themâu amlycaf y Llyfrau Gleision. Yr oedd gan y comisiynwyr a'r tystion yr oeddynt wedi dewis eu dyfynnu lawer o bethau eraill yn gyffredin hefyd. Yr oeddynt yn gytûn fod yr adnoddau dysgu yn gwbl annigonol, bod y safonau dysgu yn alaethus, bod y gwahaniaeth rhwng iaith yr aelwyd ac iaith yr ysgol yn dwysáu'r broblem, bod yr ysgolion Sul wedi cyflawni llawer ond eu bod wedi gwneud hynny mewn ffyrdd a oedd yn amherthnasol i werthoedd oes Victoria, bod ffaeleddau moesol, gan gynnwys tuedd i ymddwyn mewn modd terfysglyd, yn gysylltiedig ag addysg annigonol, a bod y Cymry yn haeddu gwell, er eu lles eu hunain ac er lles eu cymdogion. Yr oedd rhieni Cymru eisoes wedi cymeradwyo dyfodol Saesneg i'w plant, ac yn y tymor hir daeth hi'n amlwg fod pobl Cymru yn cytuno â llawer o'r pethau eraill a geid yn yr Adroddiad.

Yr oedd sgil-effeithiau gwleidyddol a chenedlaethol y comisiynwyr yn Adroddiad 1847 ychydig yn wahanol, a dylanwadodd hynny ar hinsawdd y farn gyhoeddus yn etholiad 1868 ac wedi hynny.[94] Beirniadaeth lem y comisiynwyr ar foesau, crefydd ac iaith y Cymry a enynnodd yr ymateb ar y pryd ac ymateb haneswyr byth oddi ar hynny. Nid oes amheuaeth nad oedd Adroddiad 1847 wedi osgoi gwendid sylfaenol hanes addysg – sef ymdrin â'r maes ar wahân i'r cyd-destun cymdeithasol ac economaidd. Yn baradocsaidd, y mae'r pwyslais a roddwyd ar gysylltiadau'r comisiynwyr o ran eu crefydd a'u dosbarth, ac yn sgil hynny ar ragfarnau canol oes Victoria, wedi tynnu sylw oddi wrth yr hyn a allasai fod yn wir bwrpas yr Adroddiad, sef darparu tystiolaeth am gyflwr addysg yng Nghymru ac, yn sgil hynny, ar gyfer yr angen am sefydlu cyfundrefn addysg wladol.

Y mae'r cyd-destun hwn yn gwbl allweddol. Nid yng Nghymru yn unig yr oedd diwydiannu wedi gorlethu'r hen blwyfi; ni ellir dweud ychwaith mai dim ond yng Nghymru yr oedd chwyldro demograffig yn digwydd, mai dim ond yng

[93] Ibid., *Part I*, t. 27.

[94] Jones, '"Brad y Llyfrau Gleision" and Welsh Politics', tt. 103–65.

Nghymru yr oedd ffurfiau traddodiadol llywodraeth leol wedi chwalu, ac mai dim ond yng Nghymru yr oedd cyffroadau cymdeithasol wedi digwydd. Gwelsom fod Kay-Shuttleworth yn gyfarwydd â'r math o broblemau a oedd yn wynebu Cymru. Yr oedd yn ymgyrchydd diflino dros sicrhau bod y wladwriaeth yn cymryd cyfrifoldeb dros gyllido addysg a hyfforddiant athrawon, a hynny ar adeg pan oedd y llywodraeth yn gyndyn i wario arian a phan oedd ymgiprys enwadol yn llesteirio unrhyw ddiwygio ar y drefn. Dymuniad Kay-Shuttleworth oedd gweld tystiolaeth ddiwrthdro o ddiffygion y gyfundrefn fel yr oedd yn cael ei chyflwyno gerbron y llywodraeth. Yr oedd hi'n wireb yr adeg honno fod cysylltiad rhwng y ddarpariaeth addysg, ar y naill law, a lles moesol a chymdeithasol y werin-bobl ar y llaw arall, ond yr oedd cael adroddiad a oedd yn cyflwyno darlun eithafol yn ateb dibenion Kay-Shuttleworth i'r dim. Gwyddom fod y fath ystyriaethau wedi cael eu hychwanegu rywbryd at amodau gorchwyl y comisiynwyr; ond ni chawn byth wybod sut yn union y cafodd hynny ei drosi i'w hadroddiad.

Yr elfen leiaf dadleuol ar y pryd oedd y datganiad – na cheisiwyd ei gelu – yn yr amodau gorchwyl y dylai'r adroddiad roi sylw i ddysgu Saesneg mewn modd effeithiol. O gofio'r agweddau cenedlaethol ac ymerodrol yr adeg honno o fewn y fframwaith economaidd a chymdeithasol, yr oedd hyn yn anochel. Fel y gwelsom, coleddid yr agwedd hon gan y dosbarth canol yng Nghymru ac yn Lloegr. O ran datblygiad addysg yn ystod y cyfnod yn union ar ôl hynny, ni fu'r agwedd hon yn bwnc llosg o fath yn y byd. Pan gyflwynodd Cod Diwygiedig Robert Lowe ym 1862 system o daliadau i'r ysgolion ar sail perfformiad y disgyblion mewn pynciau penodedig, nid ystyriai neb y dylai'r Gymraeg fod yn un o'r pynciau hynny. Bu'n rhaid aros am ddegawdau cyn i'r ymchwydd newydd o genedlaetholdeb diwylliannol yng Nghymru'r 1880au beri i'r Gymraeg gael ei chymeradwyo yn bwnc arbennig ac yn bwnc dosbarth, a hynny yng nghyswllt agwedd a amlygai fwy o gydymdeimlad at yr iaith mewn cylchoedd swyddogol.

Fodd bynnag, yr oedd yr Adroddiad wedi codi materion a oedd yn allweddol i Gymru ac i Gymreictod yn y cyfnod hwnnw ac mewn cyfnodau diweddarach. Yr oedd hyd yn oed sgil-effeithiau manteisiol wedi deillio o'r modd dadleuol y gwnaed hynny. Eto i gyd, prin oedd yr effaith uniongyrchol ar y ddarpariaeth addysg yng Nghymru, er bod ymdrechion Hugh Owen i ail-sbarduno'r Gymdeithas Frutanaidd ac i hybu hyfforddiant athrawon yng Nghymru wedi dwyn ffrwyth. Ond nid oedd gan y naill fudiad na'r llall ymrwymiad i'r Gymraeg. Bu'n rhaid i Gymru – yn unol â gofynion y wladwriaeth Brydeinig – aros tan Ddeddf Addysg Forster ym 1870 cyn i gyfundrefn fwy cynhwysfawr o addysg elfennol gael ei sefydlu er mwyn darparu addysg ar gyfer trwch y boblogaeth. Er nad oedd yr ysgolion bwrdd, a sefydlwyd ymhen dim o dro, yn gweithredu'r polisïau a ddefnyddid yn erbyn y Gymraeg mewn rhai ysgolion preifat, ni wnaethant ddim i hybu'r iaith. Trwy gyfrwng y Saesneg yr oedd cyrraedd yr amcanion addysgol ar draws y sbectrwm addysg yng Nghymru, ac ni fynnai fawr neb anghytuno â hynny. Hyd yn oed ar ôl i'r agweddau swyddogol ddechrau newid o'r 1880au ymlaen, ni newidiodd barn y cyhoedd na barn y rhieni. Saesneg oedd iaith 'dod ymlaen yn y byd'. Gellir dadlau na newidiodd barn y cyhoedd yn sylfaenol ynghylch y mater hwn tan ar ôl yr Ail Ryfel Byd, ond, am y tro cyntaf erioed, yr oedd Adroddiad 1847 wedi diffinio'n glir natur allweddol y berthynas rhwng addysg yng Nghymru a'r wladwriaeth Brydeinig.

16

Y Wladwriaeth Brydeinig ac Addysg Gymraeg 1850–1914

W. GARETH EVANS

HYD AT ddegawdau olaf y bedwaredd ganrif ar bymtheg ystyrid y Gymraeg gan y llywodraeth ganol yn 'broblem' neu'n 'drafferth' a thybid mai hi a oedd yn gyfrifol am safonau addysgol isel, anwybodaeth a diffyg cynnydd yng Nghymru. Ni ddeallai'r wladwriaeth y cysyniad o 'bolisi dwyieithog' ystyrlon ar gyfer ysgolion a cholegau. Yn wir, gwnaethpwyd pob ymdrech i atal defnyddio'r Gymraeg yn yr ysgolion a gynhelid gan bwrs y wlad.[1] Er bod Syr James Kay-Shuttleworth, ysgrifennydd cyntaf Pwyllgor y Cyngor ar Addysg, a'r Parchedig H. Longueville Jones AEM yn sylweddoli yn y 1850au fod dwy iaith yn bodoli yng Nghymru, ac yn fwy goleuedig eu hagwedd na'r mwyafrif o'u cyfoeswyr, ni ddechreuodd y llywodraeth ganol gefnogi defnydd cyfyngedig o'r Gymraeg yn yr ysgolion elfennol tan y 1880au.[2] Serch hynny, yr oedd rhagfarn a sinigiaeth yn erbyn defnyddio'r iaith frodorol yn dal yn gryf ar ddechrau'r ugeinfed ganrif.

Adroddiadau Seneddol

Byth er eu cyhoeddi ym 1847 ystyrir Adroddiadau Comisiynwyr yr Ymchwiliad i Gyflwr Addysg yng Nghymru yn enghraifft glasurol o ymagweddu negyddol a gelyniaethus y wladwriaeth tuag at y Gymraeg yn oes Victoria.[3] Enynnwyd dicter angerddol ledled Cymru yn sgil cyhoeddi'r Llyfrau Gleision am fod y modd y collfarnwyd moesoldeb, llenyddiaeth, crefydd ac addysg, yn ogystal â'r iaith frodorol, yn gyfystyr â cheryddu cenedl gyfan. Yn nhyb y comisiynwyr, ystyr addysg effeithlon oedd addysg drwy gyfrwng y Saesneg. Am ran helaeth o'r bedwaredd ganrif ar bymtheg, yr Adroddiadau hyn a gynrychiolai'r agweddau swyddogol at y Gymraeg.

[1] W. Gareth Evans, 'The "Bilingual Difficulty": HMI and the Welsh Language in the Victorian Age', *CHC*, 16, rhif 4 (1993), 494–513.

[2] Idem, 'O. M. Edwards's enlightened precursors: nineteenth-century HMIs and the Welsh language', *Planet*, 99 (1993), 69–77.

[3] *Reports of the Commissioners of Inquiry into the State of Education in Wales . . . in three parts* (London, 1847) (PP 1847 XXVII).

Ym 1859 y cyhoeddwyd yr arolwg swyddogol mwyaf manwl ar addysg yng Nghymru yn ystod y 1850au. Bu John Jenkins, comisiynydd cynorthwyol i Gomisiwn Newcastle, yn ymchwilio i gyflwr 'Popular Education in the Welsh Specimen Districts in the Poor Law Unions of Corwen, Dolgellau, Bala, Ffestiniog, Neath and Merthyr Tydfil in North and South Wales'.[4] Gweinidog gyda'r Undodiaid oedd Jenkins cyn ymgymhwyso i fod yn fargyfreithiwr. Yr oedd cryn bryder ynghylch ansawdd addysg elfennol mewn ysgolion gwirfoddol a dderbyniai gymorth ariannol gan y wladwriaeth. Er mai cymharol ychydig o sylw a roddwyd i'r Gymraeg yn yr Adroddiad, nododd y comisiynydd cynorthwyol na ddangoswyd unrhyw frwdfrydedd o blaid yr iaith frodorol gan y Parchedig John Griffith, Aberdâr, na chan eraill o'r rhai a gyflwynodd dystiolaeth.[5] Adleisiai casgliad Jenkins farn ei ragflaenwyr ym 1847, sef bod y Gymraeg yn perthyn i'r gorffennol yn hytrach nag i'r presennol; credai ei bod yn hanfodol i'r Cymry gael eu haddysg trwy gyfrwng y Saesneg er mwyn iddynt allu 'enter on the competition of life, on anything like fair terms, or with anything like equal chances of success'.[6] Synnai nad oedd y rhan fwyaf o'r plant yn yr ysgolion yr ymwelodd â hwy yn medru siarad Saesneg, ac na fedrai'r athrawon siarad Cymraeg.[7] Ofnai fod prinder llyfrau a chyfnodolion yn yr iaith frodorol yn amddifadu Cymry uchelgeisiol o'r cyfle i lwyddo mewn gwahanol yrfaoedd, hyd yn oed fel 'mechanics', a chredai mai peth i'w ddymuno oedd tranc yr iaith Gymraeg.[8] Ni welai unrhyw rinwedd mewn dwyieithrwydd. Cyfeiliorni, yn ei dyb ef, a wnâi'r rhai a gefnogai ddwy iaith lle'r oedd un yn hen ddigon, a gallai 'national predilections' effeithio'n andwyol ar y gallu i farnu.[9]

Yn ystod y 1860au yr oedd addysgu'r dosbarth canol yn bwnc o bwys yn Lloegr ac ym 1864 penodwyd Comisiwn Brenhinol dan gadeiryddiaeth Henry, Barwn Taunton, 'to enquire into the education given in schools not comprised within the scope of the Newcastle and Clarendon Reports'.[10] Cyhoeddwyd Adroddiad Taunton yn ei fanylder ym 1868. Bu dau gomisiynydd cynorthwyol, sef H. M. Bompas a James Bryce, yn ymweld ag ysgolion preifat gwaddoledig ac anwaddoledig i fechgyn ac i ferched yng Nghymru. Er na chrybwyllwyd y Gymraeg yn benodol yng nghylch gorchwyl yr ymchwiliad, gwnaed sylwadau arni gan y ddau gomisiynydd cynorthwyol. Mewn dwy ysgol waddoledig yn unig y dysgid y Gymraeg; yr oedd deuddeg disgybl yn Llanbedr Pont Steffan a 58 yng Ngholeg Llanymddyfri. Yr oedd dogfen ymddiriedolaeth Coleg Llanymddyfri yn datgan yn

[4] *Report of the Commissioners on the State of Popular Education in England and Wales* (Newcastle Report) 1861 (PP 1861 (2794) XXI).

[5] Ibid., *Part II*, t. 621.

[6] Ibid., t. 449.

[7] Ibid., t. 450.

[8] Ibid., t. 453.

[9] Ibid.

[10] *Report of the Schools Inquiry Commission* (Taunton Report), Amodau Gorchwyl, Rhagfyr 1864 (PP 1867–8 (3966) XXVIII).

glir fod astudio a meithrin y Gymraeg ymhlith prif amcanion y sefydliad, ac yn ystod y blynyddoedd rhwng 1848 a 1875 treulid awr bob dydd yn dysgu'r Gymraeg yn yr holl ddosbarthiadau. Tybiai James Bryce fod hyn yn llyffetheirio llwyddiant yr ysgol,[11] ac yn niwsans glân.[12] Credai fod canlyniadau niweidiol i'r arfer o ddysgu'r Gymraeg: cyfyngid y rhan fwyaf o'r swyddi dysgu i'r Cymry ac ni ellid denu bechgyn o Loegr nac o rannau Seisnig Cymru.[13] Eto i gyd, cydnabyddai fod gorchymyn y gwaddolwr yn ddiamwys a gwelai hefyd fod astudio gramadeg y Gymraeg yn fuddiol i ddarpar offeiriaid. Yr oedd o'r farn fod 'correct and dignified diction' yn wir angenrheidiol yn y pulpud ar adeg pan oedd Cymraeg llafar, yn enwedig yn ne Cymru, yn dra anghyson a llygredig.[14] Er ei fod yn ymwybodol fod rhai pobl a oedd â chysylltiad â Choleg Llanymddyfri yn dymuno gweld dileu'r 'peculiarities' a'i rhwystrai wrth gystadlu ag ysgolion eraill, ni ellid gwadu bod hyrwyddo'r Gymraeg yn annatod glwm wrth sefydlu'r ysgol. Dan yr amgylchiadau, argymhellai Bryce gyfyngu'r ddarpariaeth hon ar gyfer siaradwyr brodorol, yn hytrach na chael gwared â dysgu'r Gymraeg yn gyfan gwbl.[15] Tybiai ei gyd-weithiwr, Bompas, fod y Gymraeg yn rhwystr i gynnydd, a dyna farn trwch y boblogaeth hefyd. Mewn rhai ardaloedd yr oedd yn beth anffasiynol i ferched siarad Cymraeg. Credai Bompas mai buan yr achosai agwedd meddwl o'r fath dranc yr iaith ymhlith y dosbarth canol.[16]

Daeth yr un agwedd negyddol tuag at y Gymraeg i'r amlwg yn y *Report on the Employment of Children, Young Persons and Women in Agriculture* (1870). Dangosai'r adroddiad hwn fod cyfleoedd addysgol yng Nghymru yn hynod gyfyngedig a bod merched yn ogystal â bechgyn yn cael eu cyflogi yn ifanc o reidrwydd. Daeth H. S. Tremenheere ac E. C. Tufnell, llofnodwyr y *Report on Wales*, i'r casgliad mai araf oedd y cynnydd mewn addysg elfennol yng Nghymru ac eithrio yn ambell ardal.[17] Priodolid hyn i'r ffaith fod ysgolion yn brin, cyfnod yr addysgu yn fyr yn achos llawer o blant (yn bennaf oherwydd difaterwch rhieni), a'r Gymraeg yn faen tramgwydd.[18] Fel eu rhagflaenwyr ym 1847, cyflwynodd Tremenheere a Tufnell ddarlun tra dilornus o ferched Cymru. Yn eu tyb hwy, yr oedd merched cefn gwlad Cymru yn drueiniaid cwrs ac annysgedig a ddioddefai'n arw oherwydd bodolaeth y Gymraeg, 'the obstacle to Welsh civilization'.[19]

11 Ibid., *Vol. XX. Monmouthshire and Wales*, t. 92.
12 Ibid., t. 88.
13 Ibid., t. 92.
14 Ibid., t. 88.
15 Ibid., t. 92.
16 Ibid.
17 *Reports of the Commission on the Employment of Children, Young Persons and Women in Agriculture* (PP 1870 (C. 70) XIII), t. 6.
18 Ibid., t. 7.
19 Ibid., t. 19.

Ar 25 Awst 1880 penododd yr Adran Addysg bwyllgor i ymchwilio i gyflwr addysg ganolradd ac uwch yng Nghymru.[20] Yr aelodau oedd Arglwydd Aberdâr (Cadeirydd), Is-iarll Emlyn, Henry Richard AS, yr Athro John Rhŷs, Lewis Morris a'r Parchedig Brebendari H. G. Robinson. Ystyrir cyhoeddi'r Adroddiad ar waith y pwyllgor yn Awst 1881 yn ddigwyddiad o bwys yn hanes addysg yn y Gymru fodern. Cydnabyddai'r angen i sefydlu ysgolion canolradd anenwadol a gâi eu rheoli'n ddemocrataidd a'u hariannu gan drethi a grantiau'r Trysorlys, ynghyd â dau goleg addysg uwch i'w cyllido'n flynyddol gan grantiau seneddol. Mynnid hefyd y dylai'r gyfundrefn addysg newydd fod yn hollol berthnasol i amgylchiadau a nodweddion y wlad.[21] Er nad oedd unrhyw gyfeiriad at y Gymraeg fel y cyfryw yng nghylch gorchwyl y pwyllgor, crybwyllwyd yr iaith yn un o nodweddion neilltuol Cymru. Cynrychiolai genedligrwydd y Cymry a hi hefyd oedd yr iaith gryfaf mewn llawer o gymunedau. Ar sail amcangyfrif E. G. Ravenstein, yn seiliedig ar gyfrifiad 1871, derbyniodd y Pwyllgor fod o leiaf 1,006,100 yn siarad Cymraeg yn rheolaidd allan o boblogaeth o 1.4 miliwn. Tynnwyd sylw hefyd at lewyrch y wasg Gymraeg: cyhoeddid deuddeg papur newydd a chanddynt gylchrediad wythnosol o 74,500, deunaw cylchgrawn a chanddynt gylchrediad o 90,300, a dau chwarterolyn â'u cylchrediad yn 3,000. Yn ôl un tyst, gwariwyd cymaint â £100,000 ar gyhoeddiadau Cymraeg o bob math ym 1875. Trwy gyfrwng y Gymraeg hefyd y byddai cynifer ag 870,220 o'r Cymry yn addoli.

Ni chyfeiriwyd at unrhyw swyddogaeth ymarferol mewn perthynas â'r Gymraeg yn yr argymhellion ar gyfer addysg ganolradd ac uwch. Yn wir, dim ond sylw ymylol a roddwyd i'r iaith. Cymerwyd yn ganiataol y byddai addysg ganolradd ac uwch yng Nghymru, yn enwedig yn y clasuron a'r dyniaethau, yn dioddef oherwydd y 'bilingual difficulty'. Nid oedd gafael y disgyblion Cymraeg ar y Saesneg yn ddigon da. Dyna ganlyniad anochel defnyddio'r Gymraeg yn rheolaidd ar yr aelwyd ac yn y gymuned. Gan mai ofer fyddai disgwyl i'r iaith drengi ar unwaith, tybid mai parhau am flynyddoedd lawer y byddai'r anfanteision a'r anawsterau a brofai'r Cymry ym myd cystadleuol addysg, er na ddylent fod cynddrwg ag o'r blaen. O ran iaith, prif bryder y Pwyllgor oedd yr anfanteision addysgol tybiedig a blagiai'r Cymry oherwydd bodolaeth yr iaith frodorol. Glynai'r Pwyllgor hefyd wrth y syniad Fictoraidd fod 'cynnydd' ynghlwm wrth ddatblygiad y Saesneg, yn hytrach na dwyieithrwydd neu barhad iaith leiafrifol. Ar sail tystiolaeth lafar ac ysgrifenedig, daeth Pwyllgor Aberdâr i'r casgliad fod myfyrwyr Cymraeg galluog yn dioddef oherwydd bod eu Saesneg yn annigonol o ran geirfa ac yn wallus o ran cystrawen. Yn y prifysgolion, honnwyd bod myfyrwyr Cymraeg eu hiaith yn fwy llwyddiannus ym mathemateg a gwyddoniaeth nag yn y clasuron, lle'r oedd angen gwybodaeth drylwyr o'r Saesneg.

[20] *Report of the Committee appointed to Inquire into the Condition of Intermediate and Higher Education in Wales, with Minutes of Evidence and Appendix: Vol. I, Report* (Aberdare Report) (PP 1881 (C. 3047) XXXIII).

[21] Ibid., t. xlvi.

Ar y gorau, agwedd negyddol at y Gymraeg a ddeuai i'r amlwg wrth holi'r tystion mewn gwahanol ganolfannau rhwng mis Hydref 1880 a mis Chwefror 1881. Ar sawl achlysur, prin oedd y sylw a roddid i'r iaith. Yn sir Aberteifi, ni chrybwyllwyd y Gymraeg o gwbl wrth holi'r Prifathro T. Charles Edwards a'r Athro J. Mortimer Angus yn Aberystwyth, nac yn y penderfyniadau a gyflwynwyd o'r gynhadledd Ymneilltuol, nac yn y dystiolaeth a gyflwynwyd gan ysgol Ystradmeurig. Ni ofynnwyd hyd yn oed am farn llawer o dystion blaenllaw, gan gynnwys Hugh Owen, ynghylch y Gymraeg.

Yr un drefn a oedd i'r holi trwy gydol yr ymchwiliad. Gofynnodd Arglwydd Aberdâr i'r tyst cyntaf gerbron y Pwyllgor, sef y Parchedig David Jones Davies, rheithor North Benfleet, Essex, a brodor o Lanwrda, sir Gaerfyrddin: 'Do you think that their imperfect knowledge of English operates very much against them in competing with English children for exhibitions at schools or universities?'[22] Yr un modd, gofynnwyd i'r Athro Thomas McKenna Hughes, Athro Woodward mewn Daeareg yng Nghaer-grawnt a brodor o sir Gaerfyrddin, a oedd y Gymraeg yn llesteirio cynnydd academaidd myfyrwyr.[23] Gofynnwyd i Thomas Ellis, Cynlas, Cefnddwysarn, tad Tom Ellis, a oedd ar y pryd yn fyfyriwr disglair yn New College, Rhydychen, a oedd ei fab wedi ei ddal yn ôl gan unrhyw ddiffyg yn ei feistrolaeth o'r Saesneg.[24] Gofynnodd Arglwydd Aberdâr i Clement Davies, prifathro Ysgol Ramadeg Y Bala, a oedd cryfder y Gymraeg yn yr ardal wedi amharu ar yrfa addysgol y bechgyn ac ar eu cyfle i fynd i brifysgol.[25] I'r un perwyl, gofynnodd Arglwydd Aberdâr i Dr Lewis Edwards, Prifathro Coleg Diwinyddol y Methodistiaid Calfinaidd yn Y Bala, a oedd y Gymraeg yn rhwystr i ddarpar weinidogion yn eu hastudiaethau academaidd.[26] Yr oedd cwestiynau o'r fath yn dangos rhagdybiaeth Pwyllgor Aberdâr fod y 'bilingual difficulty' yn dylanwadu'n niweidiol ar gynnydd addysgol myfyrwyr Cymraeg eu hiaith.

Er na chydsyniai pob tyst â'r farn hon am swyddogaeth y Gymraeg, rhwystr ac anfantais oedd hi yng ngolwg y mwyafrif. Yr oedd Warden Coleg Llanymddyfri, y Parchedig A. G. Edwards, Cymro Cymraeg uchel ei barch, yn bendant o'r farn fod Cymry Cymraeg dan gryn anfantais wrth ymgeisio am ysgoloriaethau prifysgol yn y clasuron. Dyfynnodd ystadegau manwl am ysgoloriaethau a ddyfarnwyd dros gyfnod o bum mlynedd ar hugain er mwyn profi ei ddadl fod bechgyn Cymraeg eu hiaith dan anfantais yn y clasuron ac wrth ysgrifennu traethodau cyffredinol yn Saesneg, a hwythau'n cystadlu yn erbyn bechgyn o ysgolion Saesneg. Yr oedd eu diffyg meistrolaeth o'r Saesneg yn amharu ar safon y cyfieithu o waith awduron clasurol i'r Saesneg ac o waith awduron Saesneg i Roeg neu i Ladin.[27]

22 Ibid., *Vol. II. Minutes of Evidence and Appendices* (Aberdare Evidence), t. 4.
23 Ibid., t. 64.
24 Ibid., t. 255.
25 Ibid., t. 232.
26 Ibid., t. 270.
27 Ibid., t. 478. Gw. hefyd W. Gareth Evans, 'A. G. Edwards a'r Iaith Gymraeg yng Ngholeg Llanymddyfri', *Barn*, 151 (Awst 1975), 6–7.

Yr un modd eto, honnai'r Parchedig Henry T. Edwards, deon Bangor, iddo gael ei ddarbwyllo pan oedd ar staff Coleg Llanymddyfri fod Cymry dan anfantais wrth gystadlu yn erbyn Saeson am ysgoloriaethau prifysgol. Oherwydd ei argyhoeddiad mai bodolaeth yr iaith Gymraeg oedd 'the most difficult element in the problem of higher education', galwodd Canon R. W. Edwards, Llanelwy, ar i'r Saesneg gael ei dysgu'n effeithiol drwy gyfrwng y Gymraeg yn yr ysgolion elfennol. Cydnabu Dr Lewis Edwards, un o arweinyddion mwyaf blaenllaw Ymneilltuaeth Gymreig, fod eu mamiaith yn creu anhawster i'w fyfyrwyr am eu bod yn gorfod dysgu'r Saesneg fel pe bai hi'n iaith dramor.[28] Dywedodd y Parchedig Thomas Lewis, tiwtor yng Ngholeg yr Annibynwyr yn Y Bala, fod Saesneg diffygiol ei fyfyrwyr yn 'very great obstacle' i'w cynnydd academaidd. O edrych arni felly, llyffethair a fyddai'r Gymraeg o hyd.[29]

Amlygid y syniadau o 'gynnydd' a dylanwad Darwiniaeth gymdeithasol oes Victoria yn nhystiolaeth amryw o'r rhai a ymddangosodd gerbron y Pwyllgor. Honnai'r Parchedig David Williams, rheithor Llandyrnog, fod bachgen Cymraeg ei iaith dan anfantais wrth gychwyn ar yrfa bywyd. Saesneg oedd iaith 'educated Britain' ac yr oedd hi'n hanfodol iddi fod yn iaith 'educated Wales' yn ogystal.[30] Credai Rees Williams, fforman gwaith haearn yn Abertawe, fod y Gymraeg wedi bod yn rhwystr i gynnydd, gan gymharu'r sefyllfa â phe bai 'the German Ocean . . . between Wales and England'.[31] Cred ddiysgog yr uwch-gapten Robert Owen Jones, gynt o Fryntegid, Y Bala, oedd y byddai tranc yr iaith frodorol yn fantais i werin-bobl Cymru.[32] Pan ofynnwyd i Owen Roberts, bargyfreithiwr yn Llundain a brodor o Gaernarfon, am ba hyd y tybiai ef y byddai'r Gymraeg yn debygol o oroesi, atebodd mai gorau po leiaf o ddefnydd a wneid ohoni yn y dyfodol am ei bod yn achosi'r fath drafferthion i'w gyd-wladwyr. Aeth ymlaen i egluro, fodd bynnag, nad gwybodaeth o'r Gymraeg fel y cyfryw oedd yr anfantais yn gymaint ag anwybodaeth o'r Saesneg. Yr un oedd barn prifathrawon y rhan fwyaf o ysgolion gramadeg Cymru a hefyd y rhai a wrthwynebai sefydlu colegau taleithiol a phrifysgol yng Nghymru. Ystyrid addysg uwch mewn prifysgol yn Lloegr yn rhagorach na'r 'narrowing influence of merely provincial institutions'. Cytunai'r Parchedig William Morgan, Is-brifathro Coleg Hyfforddi Caernarfon, fod problem iaith yn bodoli ac na ellid defnyddio'r Gymraeg fel cyfrwng dysgu mewn prifysgol yng Nghymru.[33] Tynnid sylw gan brifathrawon ysgol ramadeg Dinbych, Ysgol Grove Park, Wrecsam, ac ysgolion eraill, at yr anfanteision addysgol a lesteiriai gynnydd Cymry Cymraeg yn y prifysgolion; yn nhyb y prifathrawon hyn, yr oedd bod yn rhugl yn y Gymraeg yn gyfystyr â bod yn garbwl yn y Saesneg.

[28] *Aberdare Evidence*, tt. 105, 197, 270.
[29] Ibid., tt. 259–60.
[30] Ibid., tt. 217–18.
[31] Ibid., t. 594.
[32] Ibid., t. 236.
[33] Ibid., tt. 337 a 146.

Er hynny, nid oedd pob tyst mor negyddol a phesimistaidd. Credai'r Parchedig H. D. Harper, Coleg Iesu, Rhydychen, fod yr anawsterau a gysylltid â'r Gymraeg wedi eu gorliwio'n arw. Yn ei brofiad ef, nid oedd eu cefndir Cymraeg wedi amharu dim ar astudiaethau myfyrwyr Coleg Iesu.[34] Yn ôl yr Athro T. McKenna Hughes, Caer-grawnt, yr oedd myfyrwyr Cymraeg eu hiaith lawn cystal â myfyrwyr eraill wrth ffurfio syniadau, er bod eu diffyg meistrolaeth o'r iaith Saesneg weithiau'n effeithio ar eu mynegiant a'u gallu i gyfathrebu.[35] Ni chredai'r Gwir Barchedig Joshua Hughes, esgob Llanelwy, fod Cymro Cymraeg dan anfantais wrth astudio'r clasuron cyn belled â'i fod wedi dysgu Saesneg yn drwyadl yn yr ysgol elfennol a chanolradd. 'Instead of a hindrance', meddai, 'the knowledge of two languages rather sharpens and quickens the intellect.'[36] Credai'r Prifathro F. J. Jayne, Llanbedr Pont Steffan, nad oedd y 'linguistic difficulty' yn effeithio ar fyfyrwyr a astudiai fathemateg a bod gan fyfyriwr dwyieithog glust am iaith. Ond wrth gyfieithu Lladin a Groeg i'r Saesneg, tybiai fod myfyrwyr Cymraeg dan anfantais am nad oeddynt wedi llwyr feistroli eu hail iaith.[37] Cydnabu rhai tystion eraill hefyd y byddai crap ar y Gymraeg o fudd i offeiriaid, meddygon, cyfreithwyr a rheolwyr gweithfeydd yng Nghymru.

Adroddiadau AEM

Ceir rhagor o dystiolaeth o'r agweddau negyddol a gelyniaethus tuag at y Gymraeg yn adroddiadau Arolygwyr Ei Mawrhydi. Am ymron hanner can mlynedd oddi ar i'r Arolygiaeth ddechrau ar y gwaith ym 1840 ystyrid yr iaith frodorol yn 'broblem' neu'n 'difficulty' yr oedd angen ei threchu er mwyn sicrhau gwelliant a chynnydd addysgol yng Nghymru. Mewn gair, rhaid oedd hyrwyddo'r Saesneg.

Gellir priodoli'n rhannol yr agweddau negyddol a gelyniaethus a arddelid yn y bedwaredd ganrif ar bymtheg gan gynrychiolwyr y wladwriaeth Brydeinig tuag at ddefnyddio'r Gymraeg yn yr ysgolion a'r colegau i'r ffaith eu bod yn synio am Gymru fel trefedigaeth. Gan fod y wladwriaeth Fictoraidd yn glwm wrth y gred mewn cynnydd ac yng ngoruchafiaeth y diwylliant Saesneg, tybiai fod y Gymraeg yn 'bilingual difficulty' ac yn faen tramgwydd ar ffordd y Cymro at well byd yn gymdeithasol ac yn economaidd. Yr oedd Seisnigo'r cyrion Celtaidd yn anhepgor i'r ymwybod â Phrydain fel gwladwriaeth genedlaethol Seisnig. Ystyrid bod llunio a gweithredu polisïau addysgol unffurf yn hanfodol er mwyn hyrwyddo unffurfiaeth ddiwylliannol ac ideolegol. Mewn model 'trefedigaethol' o'r fath, yr oedd bodolaeth ieithoedd brodorol ar y cyrion yn wahaniaeth diwylliannol annerbyniol.[38]

[34] Ibid., t. 29.
[35] Ibid., t. 64.
[36] Ibid., t. 168.
[37] Ibid., t. 445.
[38] Gw. Michael Hechter, *Internal Colonialism: The Celtic Fringe in British National Development, 1536–1966* (London, 1975); D. Tecwyn Lloyd, *Drych o Genedl* (Abertawe, 1987).

Yr oedd sefydlu'r Arolygiaeth ym mis Rhagfyr 1839 a phenodi'r Comisiwn Seneddol i Ymchwilio i Gyflwr Addysg yng Nghymru wedi digwydd ar adeg gythryblus iawn yn hanes cymdeithasol a gwleidyddol Cymru. Yng nghyfnod Gwrthdystiad Merthyr Tudful, Terfysg Beca a helyntion y Siartwyr, daethpwyd i weld y Gymraeg yn rhwystr yn y proses o gymathu'r werin-bobl yn ddiwylliannol ac o'u rheoli'n ideolegol. Credai rhai sylwebyddion fod y Gymraeg ac Ymneilltuaeth yn elfennau peryglus a chwyldroadol.[39] Yn ei adroddiad cyntaf ym 1840 – 'An Inquiry into the State of Elementary Education in the Mining Districts of South Wales' – sylwodd H. S. Tremenheere AEM mai ychydig o Saesneg a ddysgid yn yr ysgolion elfennol yn yr ardaloedd lle y bu terfysgoedd y Siartwyr.[40] Mewn araith bwysig yn y Senedd ar 10 Mawrth 1846, dyfynnodd William Williams AS o dystiolaeth H. S. Tremenheere AEM a hefyd o adroddiad gan y Parchedig H. W. Bellairs AEM a rybuddiai ynghylch y peryglon a achosid i gymdeithas gan 'an ill-educated and undisciplined population, like that existing amongst the mines in South Wales'. Yr oedd yr arolygydd wedi dadlau y byddai'n llawer rhatach cyflogi nifer o ysgolfeistri effeithlon na mintai o blismyn neu o filwyr.[41] Priodolai'r holl drafferthion yn ysgolion cenedlaethol sir Fynwy i fodolaeth yr iaith frodorol – 'the Welsh language is still commonly spoken'.[42] Ar adeg pan oedd y Llyfrau Gleision wedi collfarnu mor ysgubol iaith a chymeriad cenedl y Cymry, bernid bod cyfundrefn addysg elfennol effeithiol trwy gyfrwng y Saesneg yn offeryn hanfodol er mwyn meithrin parch a disgyblaeth yn y plant, yn ogystal â dysgu iddynt y sgiliau sylfaenol o ddarllen, ysgrifennu a rhifo. Byddai'r ysgol elfennol ddelfrydol yn oes Victoria yn dysgu *lingua franca* hanfodol y Brydain ddiwydiannol, a'r un pryd yn gwastrodi'n gymdeithasol. At hynny, ym 1854 pwysleisiodd y Parchedig H. W. Bellairs AEM y problemau a achosid gan y Gymraeg yn sir Fynwy. Credai ei bod hi'n rhwystr rhag cysylltu'n effeithiol â'r brifddinas ac ardaloedd datblygedig eraill yn Lloegr.[43]

Canlyniad anochel methu â sylweddoli potensial polisi dwyieithog tan ddegawdau olaf y ganrif oedd ystyried y Gymraeg yn 'broblem' ac yn 'difficulty'. Ni chysylltid dwyieithrwydd ag ymddyrchafu'n addysgol ac yn gymdeithasol. Ym 1849 mynegodd y Parchedig Joseph Fletcher AEM ei wrthwynebiad i'r athrawon hynny a ddefnyddiai gymhorthion neu gyfarpar a fyddai'n debygol o hybu'r Gymraeg. Barnai fod yr iaith yn rhwystr mawr i bobl rhag gwella eu byd, ac y byddai'n rhaid i bob cenhedlaeth wynebu'r dasg o ymwrthod â hi.[44] Flwyddyn yn ddiweddarach disgrifiodd Fletcher y Gymraeg fel 'the great stumbling block of the

[39] G. Williams a C. Roberts, 'Language and Social Structure in Welsh Education' yn *World Yearbook of Education: Education of Minorities* (London, 1981), tt. 147–63; V. E. Durkacz, *The Decline of the Celtic Languages* (Edinburgh, 1983).

[40] *Minutes of the Committee of Council on Education* 1839–40 (PP 1840 XL), tt. 155–71.

[41] Dyfynnwyd yn Daniel Evans, *Life and Work of William Williams M.P.* (Llandysul, 1940), t. 85.

[42] *Minutes of the Committee of Council on Education* 1847–8 (PP 1847–8 L), t. 290.

[43] Ibid., 1854–5 (PP 1854–5 XLII), t. 408.

[44] Ibid., 1848–9 (PP 1849 XLII), t. 294.

whole race' a beirniadodd yr athrawon yn hallt am nad oedd eu Saesneg yn ddigon rhugl. Cyn hynny yr oedd wedi tynnu sylw at yr anawsterau – 'the peculiar difficulties' – a amharai ar safon y dysgu ymhlith athrawon ifainc uniaith Gymraeg yng ngogledd-ddwyrain Cymru.[45] Gwelir, felly, fod ymagweddu gelyniaethus arolygwyr ysgolion oes Victoria tuag at yr iaith frodorol wedi dylanwadu ar farn a dirnadaeth y byd addysg drwyddo draw am ran helaethaf y ganrif.

Canlyniad naturiol synio am y Gymraeg fel problem oedd credu mai gorau po gyntaf y meistrolid Saesneg gan bawb yng Nghymru er mwyn cael addysg well a dod ymlaen yn y byd. Gwelir yr enghraifft glasurol yn adroddiad cyntaf Matthew Arnold i'r Arolygiaeth ym 1852.[46] Honnodd fod cyflwr addysg yn yr ysgolion Brutanaidd yng Nghymru yn tanlinellu'r anfantais ieithyddol a ddioddefai'r Cymry Cymraeg. Dadleuai na ddylid caniatáu i ddiddordeb rhamantus mewn cadw hen ieithoedd yn fyw fod yn rhwystr rhag cyrraedd y nod o wladwriaeth unedig Saesneg ei hiaith. Dymuniad pob llywodraeth fyddai 'render its dominions, as far as possible, homogeneous'. Ymhen amser, mwy na thebyg y byddai'r gwahaniaeth ieithyddol rhwng Cymru a Lloegr wedi ei ddileu, ac yr oedd hynny i'w groesawu am resymau cymdeithasol a gwleidyddol.[47] Yn nhyb Arnold, yr oedd ysgolion yn gyfryngau hanfodol i ledaenu a hybu'r iaith Saesneg yng Nghymru. Lleisiodd yr un rhagfarnau yn ei gyfrol *On the Study of Celtic Literature* (1867): 'The sooner the Welsh language disappears as an instrument of the practical political social life of Wales, the better, the better for England, the better for Wales itself.'[48] Yr oedd hi'n anorfod y byddai daliadau un o wŷr amlwg oes Victoria yn dylanwadu ar y farn gyhoeddus, gan wneud niwed aruthrol i'r Gymraeg yn y bedwaredd ganrif ar bymtheg. Yn ôl safonau dosbarth canol Lloegr ar y pryd yr eid ati i glorianmu rhinweddau a gwendidau'r Gymraeg. Yn yr un modd, wrth arolygu'r ysgolion Brutanaidd yng ngogledd Cymru rhwng 1858 a 1864, argyhoeddwyd y Parchedig W. Scoltock AEM fod y Gymraeg yn faen tramgwydd dybryd, yn enwedig yn yr ardaloedd gwledig lle'r oedd y plant yn uniaith Gymraeg. Yr oedd 'the habitual language of the family' yn gwrthweithio yn erbyn ymdrechion yr ysgolion i hyrwyddo'r Saesneg.[49] Yn yr un modd, honnodd D. R. Fearon AEM, gŵr a addysgwyd ym Marlborough a Choleg Balliol, Rhydychen, yn ei arolwg o ysgolion Brutanaidd ym 1867, fod cynnydd addysgol yn mynd law yn llaw ag agwedd gadarnhaol at y Saesneg. Yr oedd y Saesneg yn ymledu ymhlith y dosbarth gweithiol a'r dosbarth canol is yng Nghymru, a'r bobl yn eiddgar iawn i'w dysgu.[50]

45 Ibid., 1847–8, t. 281.
46 Ibid., 1851–2 (PP 1852–3 LXXIX, LXX), tt. 1016–18.
47 Ibid.
48 Matthew Arnold, *On the Study of Celtic Literature* (London, 1867), tt. xi–xiii.
49 *Report of the Committee of Council on Education*, 1859–60 (PP 1860 LIV), t. 637.
50 Ibid., 1868–9 (PP 1868–9 XX), tt. 165–6.

Nid peth annisgwyl oedd fod arolygwyr o'r fath yn adlewyrchu eu cefndir dosbarth-canol Seisnig, ond yr oedd agwedd y Parchedig Shadrach Pryce AEM, Cymro Cymraeg a oedd yn arolygu ysgolion yng nghanolbarth a de-orllewin Cymru, at yr iaith frodorol yn fwy gelyniaethus fyth.[51] Yn ei dyb ef, yr oedd hi'n ddiffygiol o ran termau addysgol a thechnegol ac yn rhwystr difrifol rhag cynnydd deallusol a masnachol.[52] Mynnai fod cynnydd a gwelliant yn gyfystyr â dysgu'r Saesneg ac ag addysg drwy gyfrwng y Saesneg. Hyd y gellid, dylid gwahardd y Gymraeg yn llwyr o'r ysgolion elfennol. Ei gred ddiysgog ef oedd mai rhagoriaeth athrawon da oedd eu gallu i sicrhau bod plant yn anghofio eu Cymraeg ac yn siarad Saesneg yn unig yn yr ysgol.[53] Rhwng 1867 a 1894 bu'r Cymro hwn o Ddolgellau yn elyn diwyro i'r Gymraeg. Ym 1869 dadleuodd y byddai Cymru yn elwa'n addysgol pe bai pawb yn cefnu ar yr iaith frodorol. Cyfyng oedd y defnydd a wneid ohoni, a chyntefig oedd cyflwr ei llenyddiaeth.

Er mwyn sicrhau bod plant Cymru yn siaradwyr Saesneg rhugl, tybid y byddai'n rhaid diarddel y Gymraeg o'r ysgolion. Yn unol â'i arfer o gyfystyru addysg â'r iaith Saesneg a Seisnigeiddio, croesawai'r Parchedig Shadrach Pryce ddatblygiadau megis dysgu Saesneg yn yr ysgolion elfennol, dyfodiad y rheilffyrdd, a mewnlifiad cyfalafwyr a gweithwyr o Loegr, gan y byddai'r datblygiadau hyn yn graddol yrru'r Gymraeg 'even from its last retreat the hearth and altar'.[54] Mynnai nad oedd lle i'r iaith frodorol yn y byd modern, ni waeth faint oedd diddordeb ieithegwyr a ffilolegwyr ynddi.

Hyd nes y cafwyd ymagweddu mwy cadarnhaol at y Gymraeg a dwyieithrwydd ymhlith Arolygwyr Ei Mawrhydi yn y 1880au diweddar a'r 1890au, yr unig un i weld gwerth y Gymraeg yn ei haeddiant ei hun yn hytrach nag yn ôl ffon fesur 'progressives' ac 'utilitarians' a gredai mai addysg dda oedd addysg trwy gyfrwng y Saesneg oedd y Parchedig H. Longueville Jones AEM, a fu'n arolygu ysgolion cenedlaethol rhwng 1849 a 1864.[55] Ym 1849 darbwyllwyd Syr James Kay-Shuttleworth gan Syr Thomas Phillips, y Prifathro Reed, Caerfyrddin, ac amryw o offeiriaid Cymraeg eu hiaith fod angen darparu hyfforddiant dwyieithog effeithlon yn ysgolion elfennol Cymru. Anogodd yntau'r Parchedig Longueville Jones, Cymro Cymraeg a oedd newydd ei benodi yn arolygydd, i gefnogi'r arbrawf dwyieithog yng Ngholeg Hyfforddi De Cymru a Sir Fynwy, a sefydlwyd yng Nghaerfyrddin ym 1848. Gofynnwyd iddo osod 'Welsh Paper' yn cynnwys darn i'w gyfieithu o'r Gymraeg i'r Saesneg ac un arall o'r Saesneg i'r Gymraeg, ynghyd â chwestiynau ar gystrawennau gramadegol yr iaith. Yr oedd y papur hwn

[51] W. Gareth Evans, '"Gelyn yr Iaith Gymraeg" – Y Parch Shadrach Pryce A.E.M. a meddylfryd yr Arolygiaeth yn Oes Fictoria', *Y Traethodydd*, CXLIX (1994), 73–81.

[52] *Report of the Committee of Council on Education*, 1869–70 (PP 1870 XXII), t. 343.

[53] Ibid., 1882–3 (PP 1883 XXV), t. 420.

[54] Ibid., 1868–9, tt. 165–6.

[55] H. G. Williams, 'Longueville Jones and Welsh Education: the neglected case of a Victorian HMI', *CHC*, 15, rhif 3 (1991), 416–42; W. Gareth Evans, 'John Rhŷs a Byd Arolygwr ei Mawrhydi yng Nghymru Oes Victoria', *LlC*, 18, rhif 3 a 4 (1995), 340–58.

i'w gymryd yn lle rhyw bwnc arall yn arholiadau blynyddol y coleg. Paratowyd papurau arholiad yn y Gymraeg ar gyfer darpar athrawon yng Nghaerfyrddin rhwng 1850 a 1861. Erbyn 1855, fodd bynnag, ni cheid fawr o frwdfrydedd ymhlith yr Arolygiaeth ynghylch defnyddio'r Gymraeg wrth hyfforddi athrawon. Yr oedd R. R. W. Lingen, olynydd Kay-Shuttleworth fel Ysgrifennydd Pwyllgor y Cyngor ar Addysg ym 1849, yn llai cefnogol i'r Gymraeg na'i ragflaenydd, ac eisoes wedi dangos ei wrthwynebiad i ddwyieithrwydd yn ystod yr ymchwiliad a arweiniodd at 'Frad y Llyfrau Gleision' ym 1846–7. Ar ôl holi prifathrawon, rheolwyr ysgolion ac eraill, daeth y Parchedig B. M. Cowie AEM i'r casgliad mai camgymeriad fu gosod arholiad yn y Gymraeg gan na welai trwch y boblogaeth unrhyw werth addysgol mewn dysgu'r iaith. Ym 1861 dadleuodd y byddai'n fwy buddiol i'r ychydig a safai'r papur Cymraeg yn arholiad y dystysgrif i athrawon yng Nghaerfyrddin dreulio eu hamser yn astudio rhifyddeg. O ganlyniad i agwedd negyddol R. R. W. Lingen ac Arolygwyr Ei Mawrhydi, ynghyd â diffyg diddordeb y cyhoedd yn y Gymraeg, methiant fu un o'r ychydig oddefiadau o du'r wladwriaeth at yr iaith yn oes Victoria.[56] Nid ymddangosodd gair o Gymraeg wedi hynny ar bapur arholiad yn y colegau hyfforddi, na hyd yn oed ar gyrion pynciau eraill, nes i amgylchiadau newid yn y 1890au.

Ychydig iawn o wrthwynebiad a gafwyd i ragfarnau arolygwyr ysgolion a chomisiynwyr ymchwiliadau yn erbyn y Gymraeg. Iaith ddi-fudd oedd hi, yn eu tyb hwy, a gwyddent fod y dosbarth canol yng Nghymru yn cytuno â hwy ac yn dyheu am addysg trwy gyfrwng y Saesneg. Ni fu unrhyw ymdrech i agor eu llygaid nac i ddangos gwerth y ddwy iaith. Ni chwestiynai'r arolygwyr y parch uwch a roddid gan Gymry i'r Saesneg yn hytrach na'r Gymraeg. Pwysleisid bod ffermwyr Cymru yn awyddus iawn i'w plant ddysgu Saesneg er mwyn medru sgwrsio a darllen papurau newydd a llyfrau Saesneg.[57]

Amlygwyd y cysylltiad rhwng cynnydd a goruchafiaeth y Saesneg yn y dystiolaeth a gyflwynwyd i Gomisiwn Newcastle ym 1859–61 ac i Bwyllgor Aberdâr ym 1880–1, a hefyd yn atebion prifathrawon i holiadur a drefnwyd gan Gymdeithas y Cymmrodorion ym 1884 ynghylch cyflwyno'r Gymraeg yn yr ysgolion elfennol.[58] Cyfeiriodd un tyst a ddaeth gerbron Comisiwn Newcastle ym 1861 at yr ofn ymhlith rhieni y câi'r Gymraeg ei defnyddio yn gyfrwng dysgu.[59] Yn ei dystiolaeth ef, dywedodd deon Llandaf, 'there is an idea prevailing that the knowledge of it [y Gymraeg] is another name for ignorance and bigotry'.[60] Tybid mai trwy'r Saesneg yn unig y gallai pobl wella eu byd. Dylanwadwyd yn fawr ar

56 W. Gareth Evans, 'The "Bilingual Difficulty": The Inspectorate and the failure of a Welsh Language Teacher-Training Experiment in Victorian Wales', *CLlGC*, XXVIII, rhifyn 3 (1994), 325–33.

57 *Report of the Committee of Council on Education*, 1882–3, t. 420.

58 The Honourable Society of Cymmrodorion, *Report of the Committee appointed to inquire into the advisability of the introduction of the Welsh language into the course of elementary education in Wales* (London, 1885).

59 *Newcastle Report, Part II*, t. 569.

60 Ibid.

athrawon a rhieni yng Nghymru oes Victoria gan weithiau'r Parchedig J. R. Kilsby Jones ac Ymneilltuwyr blaenllaw eraill a gredai yn y 1850au a'r 1860au nad oedd fawr o ddyfodol i'r Gymraeg. Tybient fod rhaid wrth y 'Welsh Not' a diarddel y Gymraeg o'r ysgolion er mwyn hybu'r Saesneg. Ym 1922 dygodd Syr Henry Jones i gof ei ddyddiau ysgol yn Llangernyw ym 1864 pryd y gwaherddid siarad Cymraeg yn gyfan gwbl yn yr ysgol ac ar yr iard.[61] Ym 1884 disgrifiwyd yr iaith fel 'doomed language' gan rieni gwrthwynebus. A hithau'n marw'n naturiol, paham y dylai neb geisio ei hadfywio? Yn sir Aberteifi honnwyd mai dymuniad pennaf y bobl oedd gweld y Saesneg yn ymledu.[62]

Er na chynhwysai Deddf Addysg 1870 gymal yn gwahardd y Gymraeg fel y cyfryw, ni roes y ddeddfwriaeth unrhyw gefnogaeth i'r iaith nac ystyriaeth arbennig i anghenion Cymru. Yn ystod y trafodaethau ar y Mesur Addysg Elfennol ym 1870, galwodd *Y Goleuad* am 'Fesur Addysg i Gymru', gan feirniadu'r Arolygiaeth am esgeuluso'r Gymraeg ac am arholi'r disgyblion mewn iaith estron: 'Pa beth a feddylid o benodi Ffrancwr hollol ddieithr i iaith y Saeson, i arholi ysgolion Saesonig?'[63] Ond eithriad brin oedd beirniadaeth o'r fath. Ni chafwyd safiad cenedlaethol yng Nghymru o blaid ystyriaeth arbennig i'r Gymraeg ym 1870. Yn wir, yr oedd Dr Lewis Edwards a Chymry blaenllaw eraill yn derbyn y ffaith fod tranc y Gymraeg yn anochel.

Serch hynny, gellid dadlau bod offeryn arall mwy tyngedfennol o safbwynt y Gymraeg eisoes mewn grym yn ysgolion Cymru erbyn 1870. Trwy'r Cod Diwygiedig cafwyd rheolaeth dynnach nag erioed ar gwricwlwm yr ysgolion elfennol a daeth cyfnod y 'payment by results' i fodolaeth. Cyflwynwyd y Cod newydd yn sgil Adroddiad Comisiwn Newcastle i gyflwr addysg elfennol yng Nghymru a Lloegr. O 1 Awst 1863 ymlaen atgyfnerthwyd yr agweddau negyddol a fodolai eisoes tuag at y Gymraeg pan weithredwyd Rheoliadau y Cod Diwygiedig ar gyfer Gweinyddu Grantiau i Ysgolion.[64] Daeth iwtilitariaeth newydd yn awr yn nodwedd o'r dull o archwilio cyflwr addysg elfennol. Golygai hyn ragor o bwyslais ar sgiliau sylfaenol iaith, darllen a rhifyddeg. Diflannodd y Gymraeg o faes llafur Colegau Hyfforddi Caernarfon a Chaerfyrddin ac, o hynny ymlaen, byddai arolygu llymach fyth ar yr ysgolion. Ni roddai'r Cod Diwygiedig unrhyw ystyriaeth i sefyllfa ieithyddol Cymru, er bod Cod 1875 yn caniatáu defnyddio rhyw gymaint o Gymraeg wrth arholi disgyblion. Er nad oedd y Cod Diwygiedig yn gwahardd y Gymraeg, y mae lle i gredu na wyddai'r athrawon fod ganddynt hawl i'w defnyddio.[65] Nid oedd yr iaith frodorol yn bwnc a gefnogid â grant, ac yn oes y talu yn ôl canlyniadau dibynnai cyfran o gyflog athro ar

61 Henry Jones, *Old Memories* (London, 1922), t. 32.

62 *Cymmrodorion Report* 1885, *Appendix*, t. 9.

63 *Y Goleuad*, 18 Chwefror 1870.

64 *Education (Revised Code) 1862: Code of Regulations for the Administration of Grants to Schools revised in the light of the Report of the Newcastle Commission. In operation 1 August 1863* (PP 1862 XLI).

65 Durkacz, *The Decline of the Celtic Languages*, t. 170.

berfformiad y disgyblion yn y profion blynyddol a gynhelid yn Saesneg. Ystyrid y Gymraeg yn anfantais addysgol gan athrawon a chan arolygwyr a oedd eisoes wedi profi eu gelyniaeth ati. Yr oedd yr athrawon yn anorfod dan ddylanwad yr arolygwyr. O ganlyniad i'r Cod Diwygiedig, lledaenwyd y defnydd o'r 'Welsh Not' gan brifathrawon Cymraeg a di-Gymraeg a chafwyd rhagor o ddysgu peiriannol ar y cof yn Saesneg er mwyn bodloni Arolygwyr Ei Mawrhydi. I raddau helaeth daeth yr ysgol elfennol yn sefydliad estron i genedlaethau o blant Cymru yn oes Victoria. Ceir yr enghraifft fwyaf adnabyddus o blentyn yn gorfod dioddef y 'Welsh Not' yn *Clych Atgof*, sef atgofion O. M. Edwards am Ysgol y Llan yn Llanuwchllyn yn y 1860au.[66]

Er bod agweddau mwy cadarnhaol at y Gymraeg yn bodoli yn yr ysgolion elfennol erbyn diwedd y ganrif, ym 1893 nododd O. M. Edwards, a oedd ar y pryd yn ddarlithydd yn Rhydychen, rai problemau sylfaenol a oedd wrth wraidd safle anfoddhaol y Gymraeg yn yr ysgolion. Yn eu plith yr oedd prinder llyfrau, athrawon diog ac anghymwys, rhieni anwybodus a ffôl, a hefyd arolygwyr di-gydymdeimlad, rhagfarnllyd ac anghymwys. Gan fod cyflogau athrawon yn dibynnu ar adroddiadau ffafriol gan arolygwyr, honnodd Edwards y gallai eu hagwedd hwy at y famiaith ddylanwadu'n drwm ar bolisïau iaith yr ysgolion.[67]

Newid mewn agweddau a pholisïau yn niwedd y bedwaredd ganrif ar bymtheg

Yn ystod y 1880au a'r 1890au dadleuid dros ddefnyddio'r dull dwyieithog o ddysgu yn yr ysgolion elfennol. O bwys allweddol yn y cyswllt hwn oedd y dystiolaeth a gyflwynwyd i Gomisiwn Cross ar Addysg Elfennol ym 1887, ac argymhelliad yr Adroddiad o blaid defnyddio'r Gymraeg yn yr ysgolion elfennol.[68]

Yr oedd Henry Richard AS yn aelod o'r Comisiwn, a mynnodd fod y Comisiwn Brenhinol ar Addysg yn ystyried y sefyllfa ieithyddol yng Nghymru. O 1891 ymlaen, felly, cynhwyswyd y Gymraeg fel pwnc penodol ar gyfer y disgyblion hynaf, ac yn bwnc a haeddai grant. Cydnabyddid dwyieithrwydd yn swyddogol bellach mewn addysg elfennol, er mai pwnc dewisol yn unig oedd y Gymraeg o hyd. Mewn rhai ysgolion yr oedd y Gymraeg eisoes yn cael ei dysgu fel pwnc penodol yn unol ag amodau cynllun cydnabyddedig. Ym 1886, mewn atodiad i Adroddiad AEM ar y 'Welsh Division', cynhwyswyd manylion am arholi disgyblion yn ysgolion bwrdd Gelli-gaer gan Dan Isaac Davies, is-arolygydd yr ardal.[69] Yr oedd yn adroddiad optimistaidd a dynnai sylw yn fwriadol at bwysigrwydd dwyieithrwydd yn ardaloedd diwydiannol Morgannwg.

[66] Gw. E. G. Millward, *Cenedl o Bobl Ddewrion: Agweddau ar Lenyddiaeth Oes Victoria* (Llandysul, 1991).

[67] 'Cymraeg yn yr Ysgolion Dyddiol', *Cymru*, V, rhif 26 (1893), 134.

[68] *Royal Commission on the working of the Elementary Education Acts (1886–88), Final Report, 49–50. Minutes of Evidence*, Cyf. 2, 1887, cwestiwn 42446 (PP 1887 XXIX).

[69] *Report of the Committee of Council on Education*, 1886–7 (PP 1887 XXVIII), tt. 365–6.

Arwyddocaol hefyd yw'r cofnod fod gramadeg Saesneg y plant yn safonau V, VI a VII wedi gwella ar ôl dechrau dysgu'r Gymraeg fel pwnc penodol. Credai Davies mai un rheswm cryf dros ddysgu'r Gymraeg oedd y galw cynyddol am swyddogion dwyieithog ym mhob rhan o Gymru, yn enwedig yn ardaloedd glofaol poblog dwyrain Morgannwg lle y bu twf sylweddol yn y boblogaeth a llawer o'r mewnfudwyr yn Gymry Cymraeg. Yr oedd Codau 1893 a 1894 yn caniatáu i ysgolion ddefnyddio rhagor o Gymraeg yn y cwricwlwm. Gellid defnyddio llyfrau dwyieithog, ac mewn ardaloedd Cymraeg gellid rhoi prawf ar y plant trwy ofyn iddynt egluro, yn Gymraeg, ystyr yr hyn a ddarllenent. O gofio ysbryd yr oes, gwelir bod y ddarpariaeth ar gyfer y Gymraeg yng Nghodau'r 1890au yn dynodi newid agwedd pur arwyddocaol. Yn y Cyfarwyddiadau Diwygiedig i AEM ym 1893 addefid bod gwerth i'r Gymraeg fel cyfrwng i hyrwyddo gwell dealltwriaeth o'r Saesneg a bod hefyd angen cefnogi addysg ddwyieithog. Cydnabyddid y byddai defnyddio'r Gymraeg ochr yn ochr â'r Saesneg mewn ardal Gymraeg o gymorth mawr i'r plant ddeall Saesneg yn well.[70]

Yn ystod y 1890au hefyd rhoddid rhagor o sylw i'r Gymraeg yn y colegau hyfforddi. Mewn tystiolaeth a gyflwynwyd gerbron Comisiwn Cross ym 1888, datgelodd prifathrawon colegau hyfforddi Cymru na ddysgid y Gymraeg yn yr un ohonynt. Ym mis Mai 1893 ymwelodd H. E. Oakeley, AEM y colegau hyfforddi, â Choleg Caerfyrddin yng nghwmni'r Parchedig Shadrach Pryce AEM. Credai Oakeley fod y rheol newydd a ganiatâi i fyfyrwyr astudio'r Gymraeg fel rhan o'r arholiad i ennill tystysgrif yn fantais yno oherwydd bod amryw yn eu plith yn meddwl yn Gymraeg 'and some English subjects must be very hard for them'.[71] Yr oedd y Gymraeg ar gael hefyd fel pwnc dewisol yn arholiadau ysgoloriaeth y Frenhines ar gyfer mynediad i'r colegau hyfforddi.

Daeth yr agwedd fwy goleuedig at y Gymraeg i'r amlwg eto yn nhrafodaethau cynnar Bwrdd Canol Cymru a sefydlwyd ym 1896, lle'r oedd yr ymagweddu at yr iaith frodorol yn llawer mwy cadarnhaol nag y mae rhai haneswyr wedi ei awgrymu. Yng nghyfarfod cyntaf y Bwrdd llawn ar 11 a 12 Rhagfyr 1896 rhoddwyd cryn sylw i gynnig a wnaed gan yr Athro Thomas Powel, a'i eilio gan y Prifathro John Rhŷs, yn dadlau mor bwysig oedd hi fod y Gymraeg yn gyfrwng dysgu yn holl ysgolion yr ardaloedd Cymraeg. Derbyniwyd y cynnig yn unfrydol. Er iddynt feirniadu'n llym y modd yr esgeulusid y famiaith yn ysgolion elfennol a chanolradd y cymunedau Cymraeg, ni thybiai'r aelodau y dylai Bwrdd Canol Cymru ddatgan bod rhaid i'r holl gyrff llywodraethol sirol ymorol am ddysgu'r Gymraeg ym mhob ysgol. Barn y Bwrdd oedd mai ar lefel ranbarthol y dylid penderfynu polisïau iaith.[72]

[70] Ibid., 1892–3 (PP 1893–4 XXVI), tt. 331–2.

[71] Ibid., 1893–4 (PP 1894 XXIX), t. 144.

[72] *Report of Proceedings of First Meeting of Central Welsh Board held at Shire Hall, Shrewsbury, 11 & 12 December 1896* (Cardiff, 1897); W. Gareth Evans, *An Elected National Body for Wales: The Centenary of the Central Welsh Board* (Cardiff, 1997).

O ganlyniad i amryw o ffactorau, dechreuodd y wladwriaeth ddangos mwy o gydymdeimlad at y Gymraeg. Bu cynnwys y Gymraeg yng Nghod 1891 fel pwnc penodol dewisol, teilwng o grant, i'w ddysgu i blant uwchlaw safon pump yn drobwynt pwysig yn yr agwedd swyddogol at y famiaith yn ysgolion elfennol Cymru. I raddau helaeth iawn, tystiai hyn i lwyddiant rhyfeddol Cymdeithas yr Iaith Gymraeg (The Society for Utilizing the Welsh Language), a sefydlwyd ym 1885, ac yn enwedig i ddylanwad ei phrif hyrwyddwyr, Dan Isaac Davies a Beriah Gwynfe Evans.[73] Yn y dystiolaeth a gyflwynwyd gan Davies, Evans, Dr H. Isambard Owen a T. Marchant Williams gerbron Comisiwn Cross ym 1887, tanlinellwyd pwysigrwydd defnyddio'r Gymraeg fel modd effeithiol i ddysgu Saesneg yn hytrach nag er ei mwyn ei hun. Wrth synio am ddwyieithrwydd, rhoddent y flaenoriaeth i'r Saesneg. Dichon mai strategaeth fwriadol oedd hyn er mwyn sicrhau goddefiad er budd y Gymraeg.[74] Credai William Williams AEM ei bod hi'n bwysig hysbysu'r Adran Addysg nad oedd ym mwriad y Gymdeithas 'to try to retard the spread of the English language or to interfere with the teaching of English in Welsh schools; on the contrary, one of the main objects is to make the teaching of English more intelligent and thorough'.[75]

Y pryd hwnnw hefyd yr oedd nifer o unigolion dylanwadol, megis J. E. Lloyd, Thomas Powel, H. Isambard Owen, Ellis Jones Griffith, Tom Ellis, T. Francis Roberts, T. Marchant Williams a Robert Ambrose Jones (Emrys ap Iwan), yn ogystal ag aelodau blaenllaw o Gymdeithas y Cymmrodorion, yn galw am ragor o sylw i'r Gymraeg yn ysgolion Cymru. Ym 1884 paratôdd y Cymmrodorion holiadur a'i anfon at brifathrawon ysgolion elfennol er mwyn darganfod beth oedd eu hagwedd at gynnwys y Gymraeg yn bwnc penodol yn eu hysgolion. Ym 1885 cyhoeddwyd dadansoddiad o'u hatebion yn adroddiad y pwyllgor a benodwyd i ymchwilio i'r buddioldeb o gyflwyno'r Gymraeg yn rhan o'r cwrs addysg elfennol yng Nghymru.[76] Bu'r Cymmrodorion, ac yn enwedig ddau o'u haelodau mwyaf blaenllaw, sef T. Marchant Williams a H. Isambard Owen, yn selog eu cefnogaeth i bolisïau addysg ddwyieithog. Ym 1882 ymddangosodd erthygl gan y Parchedig D. J. Davies yn *Y Cymmrodor* – trafodion Cymdeithas y Cymmrodorion – ar 'The Necessity of Teaching English through the Medium of Welsh', yn trafod gwahanol ddaliadau ynghylch dwyieithrwydd.[77] Cyhoeddodd Thomas Powel, golygydd *Y Cymmrodor*, hefyd erthygl ar 'What the Government is doing for the Teaching of Irish'. Cymharai'r sefyllfa yn Iwerddon â'r sefyllfa yng Nghymru, gan ddatgan mor bwysig oedd rhoi lle dyladwy i'r Gymraeg yn yr

[73] Gw. J. Elwyn Hughes, *Arloeswr Dwyieithedd: Dan Isaac Davies 1839–1887* (Caerdydd, 1984).

[74] B. L. Davies, 'A Right to a Bilingual Education in Nineteenth Century Wales', *THSC* (1988), 147–9.

[75] *Report of the Committee of Council on Education*, 1885–6 (PP 1886 XXIV), t. 364.

[76] *Report of the committee appointed to inquire into the advisability of the introduction of the Welsh language into the course of elementary education in Wales.*

[77] D. J. Davies, 'The Necessity of Teaching English through the Medium of Welsh', *Y Cymmrodor*, V (1882), 1–13.

ysgolion: 'The intellectual advantage of possessing an adequate knowledge and ready command of two languages is simply incalculable.'[78] Ym 1893 derbyniodd A. H. D. Acland AS, Is-lywydd yr Adran Addysg 1892–4, y 'Scheme of Instruction for Use in Elementary Schools' a gyflwynwyd gan Gymdeithas yr Iaith Gymraeg, a dywedodd hefyd y byddai'r Adran Addysg yn ymdrechu 'to show teachers and inspectors that in Welsh-speaking districts the subject of Welsh was not merely tolerated, but officially sanctioned and encouraged . . . Welsh would be removed from the ante-room to the full light of day'.[79]

Yr oedd agwedd fwy ffafriol yr Arolygiaeth at y Gymraeg yn y 1880au a'r 1890au yn hollbwysig.[80] Un o sefydlwyr Cymdeithas yr Iaith Gymraeg, a ddylanwadodd yn drwm ar Gomisiwn Cross, oedd Dan Isaac Davies, is-arolygydd ym Merthyr. Brodor o Ddinbych oedd William Edwards AEM; fe'i haddysgwyd yn Institiwt Lerpwl a Choleg y Frenhines Rhydychen, a gwasanaethodd fel un o Arolygwyr Ei Mawrhydi ym Morgannwg am ddeunaw mlynedd ar hugain. Cefnogai yntau Gymdeithas yr Iaith Gymraeg ac yn ei dystiolaeth gerbron Comisiwn Cross cytunai â dadleuon Dan Isaac Davies o blaid cydnabod y Gymraeg yn bwnc a haeddai grant. Mewn atodiad i Adroddiad swyddogol 1886 eglurodd ei resymau dros gefnogi cyflwyno'r Gymraeg yn rhan o gwricwlwm yr ysgolion elfennol, gan ddadansoddi'n deg a chytbwys bolisïau Cymdeithas yr Iaith Gymraeg. Dywedodd mai'r Gymraeg oedd mamiaith cyfran sylweddol o drigolion Cymru a'i bod hefyd yn iaith llawer o newyddiaduron a chyfnodolion. Priodol felly oedd ei dysgu cyhyd ag y parhâi'n iaith y mwyafrif. At hynny, byddai llawer o blant, ymhen blynyddoedd ar ôl mynd trwy'r ysgolion elfennol, yn dal swyddi lle y byddai gwybodaeth ramadegol o'r Gymraeg yn dra buddiol, onid yn anhepgor. Credai hefyd fod hyfforddiant dwyieithog yn miniogi'r meddwl a'r mynegiant, gan ei fod yn galluogi rhywun i gyflwyno syniad penodol mewn dwy ffordd wahanol. Yn ogystal, yr oedd yn ei gwneud hi'n haws i feistroli trydedd iaith. Ni chredai y byddai dysgu'r Gymraeg yn atal lledaeniad y Saesneg oherwydd byddai angen cyfieithu nid yn unig o'r Saesneg i'r Gymraeg ond hefyd o'r Gymraeg i'r Saesneg. Yr oedd cyfieithu yn gymorth ac yn ymarfer da ar gyfer y grefft o ysgrifennu. Gwyddai Edwards hefyd fod addysgwyr yn yr Alban, Iwerddon ac amryw o wledydd Ewrop o'r farn fod addysg ddwyieithog yn angenrheidiol, a bod manteision lu yn deillio o hynny. Gan mai'r bwriad oedd i'r Gymraeg fod yn bwnc dewisol, ni fyddai unrhyw berygl iddi gael ei chyflwyno i'r plant yn groes i ddymuniad eu rhieni.[81] Credai hefyd fod y peirianwaith ar gael eisoes ar gyfer dysgu'r Gymraeg, er y byddai angen ychydig o baratoi ar gyfer hynny. Cydnabyddai fod 'teachers of Welsh nationality' eisoes yn cael

[78] Thomas Powel, 'What the Government is doing for the Teaching of Irish', ibid., 14–38.

[79] *Western Mail*, 13 Mawrth 1893.

[80] Evans, 'O. M. Edwards's enlightened precursors', 69–77.

[81] *Report of the Committee of Council on Education*, 1886–7, t. 365.

blaenoriaeth ar Saeson wrth benodi athrawon i wasanaethu yn ysgolion Cymru. Pe bai gofyn am ddysgu'r Gymraeg mewn ysgolion lle'r oedd y prifathro yn Sais, hawdd fyddai darparu ar gyfer hynny 'without unsettling the staff'.[82]

Mynnai William Edwards mai'r Cymry eu hunain a oedd yn gyfrifol am ganiatáu i'w mamiaith gael ei hesgeuluso yn ysgolion Cymru. Er ei fod o blaid cynnwys y Gymraeg yng nghwricwlwm yr ysgolion elfennol a chanolradd, ni chredai y byddai cydnabyddiaeth swyddogol i'r iaith o raid yn gwarantu ei pharhad. Buan y byddai'r wannaf o'r ddwy iaith yn marw, meddai, unwaith y byddai pob Cymro a Chymraes yn medru siarad Saesneg gystal ag y siaradent y Gymraeg a phan na fyddai cnewyllyn o Gymry uniaith i'w diogelu. Ond byddai'n marw yn anrhydeddus yn hytrach nag yn cael ei thagu mewn gwarth. Yn Nosbarth Merthyr, darganfu Edwards ym 1891 nad oedd cefnogaeth i'r Gymraeg fel pwnc penodol. Yn ôl yr athrawon, lle bynnag y'i cyflwynid, ni cheid fawr o lwyddiant. Ond mynnai Edwards nad oeddynt yn cyflwyno'r Gymraeg yn ddigon cynnar yng ngyrfa addysgol y plant. Ffolineb oedd dechrau dysgu'r Gymraeg i ddisgyblion a oedd ar fin ymadael â'r ysgol. Yr oedd angen iddynt ymgyfarwyddo'n llawer cynt â llyfrau ac â ffurfiau ysgrifenedig yr iaith.[83] Felly, argymhellodd fod o leiaf un o'r llyfrau darllen a ddefnyddid yn holl ysgolion Cymru yn 'wholly or partially in the vernacular'. Wrth roi sylwadau ar agwedd rhieni, gwnaeth un o'r datganiadau mwyaf goleuedig a gafwyd am y Gymraeg gan Arolygwr Ei Mawrhydi yn oes Victoria. Nid oedd y ffaith fod rhieni yn fodlon ar y sefyllfa a heb alw am newid yn 'proof of its inexpediency' gan eu bod yn credu bod dysgu'r Gymraeg yn golygu 'the depreciation of English, the language of advancement and material progress'. Yr oedd ef yn argyhoeddedig na fyddai plant Cymru ar eu colled yn faterol o dderbyn addysg ddwyieithog ac y byddent yn wir ar eu hennill yn ddeallusol.[84]

Gwnaeth Edwards sylwadau arwyddocaol ynghylch defnyddioldeb y Gymraeg unwaith eto ym 1892. Tynnwyd sylw at eu pwysigrwydd gan y Prif Arolygydd, William Williams AEM. Pwysleisiodd Edwards yr angen i gyflwyno'r Gymraeg i blant yr ardaloedd Cymraeg yn llawer cynharach nag yn safon pump, gan y byddai hynny o fudd addysgol iddynt. Dadleuodd y byddai plentyn Cymraeg ei iaith yn cael cryn fantais ddeallusol trwy ddarllen ac ysgrifennu ei famiaith, ac na ddylai presenoldeb nifer bychan o blant Saesneg eu hiaith ei amddifadu o'r profiad hwnnw.[85] Cytunai rhai o gyd-weithwyr Edwards â'i syniadau goleuedig. Ym 1896 penodwyd y Sais, Thomas Darlington, yn Arolygwr Ei Mawrhydi ac ymgartrefodd yn Aberystwyth y flwyddyn ganlynol. Yn arbenigwr yn y clasuron, yr oedd yn dra chefnogol i'r Gymraeg ac i ymdrechion Cymdeithas yr Iaith Gymraeg. Ystyriai'r Gymraeg yn hanfod Cymreictod: 'the loss of the Welsh

[82] Ibid.
[83] Ibid., 1890–1 (PP 1890–1 XXVII), t. 409.
[84] Ibid.
[85] Ibid., 1892–3, t. 107.

language involves the loss of all that is most characteristically Welsh . . .', ac yr oedd yn obeithiol ynghylch ei dyfodol.[86] Credai fod yr iaith wedi ennyn diddordeb newydd a phwysigrwydd yng ngolwg y byd, ac na thybid bellach fod digymreigio Cymru yn beth i'w ddymuno. Yr oedd ei eiriau yn wrthgyferbyniad llwyr i eiddo ei ragflaenwyr ddeng mlynedd ar hugain ynghynt.

Maint y Newid erbyn 1914

Erbyn dechrau'r Rhyfel Byd Cyntaf, nid oedd y Gymraeg ond pwnc dewisol o hyd yn yr ysgolion elfennol a pharheid i'w hystyried yn gyfrwng i hybu dysgu Saesneg yn fwy effeithiol yn hytrach nag yn iaith a oedd yn werth ei dysgu er ei mwyn ei hun. Nid oedd sôn am y Gymraeg yn yr hen ysgolion gramadeg gwaddoledig. Hyd yn oed yng Ngholeg Llanymddyfri, lle'r oedd polisi iaith y Warden A. G. Edwards (1875–85) a'i olynwyr wedi dileu'r famiaith o'r cwricwlwm, nid tan 1920 y bygythiodd y Comisiwn Elusennau fynd â'r ymddiriedolwyr i gyfraith am anwybyddu cymal allweddol yn nogfen ymddiriedolaeth yr ysgol.[87] Nid oedd Deddf Addysg Ganolradd a Thechnegol Cymru 1889 wedi rhoi unrhyw sylw neilltuol i'r Gymraeg, a dewisol ac ymylol oedd safle'r iaith yn yr ysgolion canolradd newydd.[88] Ym 1896–7 lleisiwyd gwrthwynebiad yn sgil penodi A. G. Legard yn brif arolygydd Cymru am na fedrai'r Gymraeg. Gwrthodwyd y brotest a anfonwyd at yr Adran Addysg mewn geiriau a awgrymai na fu fawr o newid yn yr agwedd swyddogol er y 1860au a'r 1870au. Honnwyd bod y beirniaid dan gamargraff wrth dybio bod gwahaniaeth mawr rhwng amgylchiadau addysg elfennol yng Nghymru a Lloegr, a bod galw am benodi Cymro Cymraeg yn brif arolygydd yn hollol afrealistig.[89] Bu Legard yn gwasanaethu fel Arolygwr Ei Mawrhydi yng Nghymru tan 1907. Ym 1897 penododd Bwrdd Canol Cymru chwe arolygydd newydd ar gyfer yr ysgolion canolradd ac yr oedd pump o'r rheini hefyd yn ddi-Gymraeg.

Serch hynny, erbyn 1914 yr oedd newid pwysig wedi digwydd ym mholisïau addysg y wladwriaeth ynglŷn â'r Gymraeg. Pan sefydlwyd y Bwrdd Addysg (Yr Adran Gymreig) ym 1907 a phenodi O. M. Edwards yn brif arolygydd addysg yng Nghymru, daeth yr Arolygiaeth yn fwyfwy cefnogol i'r Gymraeg, a rhoddwyd ar ddeall o'r newydd i'r ysgolion beth oedd eu dyletswyddau ieithyddol. Eto i gyd, dangosodd Adroddiadau cyntaf yr Adran Gymreig fod ysgolion elfennol y wlad yn dal yn Seisnigaidd dros ben. Ym 1906, yn ôl prif arolygydd Bwrdd Canol Cymru, er bod 10,143 disgybl yn derbyn addysg mewn 93 o ysgolion canolradd yng

[86] Ibid., tt. 282–6.

[87] W. Gareth Evans, *A History of Llandovery College* (Llandovery, 1981).

[88] Idem (gol.), *Perspectives on a Century of Secondary Education in Wales 1889–1989* (Aberystwyth, 1990).

[89] 'The Chief Inspectorship of Schools in Wales', *Young Wales*, III (1897), 44.

Nghymru, dim ond 2,180 disgybl mewn 53 ysgol ganolradd a dderbyniai hyfforddiant yn y Gymraeg.[90]

Ym 1907, yn y Cod cyntaf i'w gyhoeddi yn benodol ar gyfer Cymru, pwysleisiodd y Bwrdd Addysg y disgwylid i bob athro ac athrawes fod yn ymwybodol o werth addysgol y Gymraeg a'i llenyddiaeth. Bernid bod yr holl chwedlau a barddoniaeth delynegol a geid yn y Gymraeg yn hynod addas ar gyfer addysgu plant. Felly, dylid cynnwys y Gymraeg fel rheol yng nghwricwlwm ysgolion elfennol Cymru. Gellid dysgu unrhyw un o bynciau'r cwricwlwm drwy gyfrwng y Gymraeg, ac, at hynny, dylai fod yn gyfrwng addysg y rheini yr oedd y Gymraeg yn famiaith iddynt.[91] Yr un modd, yr oedd darpariaeth ar gyfer defnyddio'r Gymraeg yn gyfrwng y dysgu yn ysgolion canolradd Cymru. Mewn ardaloedd Cymraeg dylai'r iaith fod nid yn unig yn bwnc, ynghyd â'r Saesneg, ond hefyd yn gyfrwng i ddysgu unrhyw un o bynciau eraill y cwricwlwm. Anogwyd y Colegau Hyfforddi Athrawon hefyd i ddarparu cwrs effeithiol yn y Gymraeg.

Ym 1908 cydnabu O. M. Edwards mai gwendid pennaf cyfundrefn addysg ganolradd Cymru oedd y ffaith ei bod yn esgeuluso'r Gymraeg. Pwysleisiodd mai dim ond ychydig dros hanner yr ysgolion canolradd a ddysgai'r iaith a bod y plant yn fynych yn gorfod dewis rhwng y Gymraeg a phynciau megis Lladin, Cerddoriaeth ac Ysgrythur. Honnai fod esgeuluso'r Gymraeg yn y modd hwn yn creu bwlch rhwng yr addysg a geid yn yr ysgol ac addysg y cartref. Yr oedd esgeuluso'r iaith frodorol yn anfantais hefyd i rai â'u bryd ar fod yn athrawon.[92] O fewn y Bwrdd Addysg pwysleisiai O. M. Edwards y dylai'r ysgolion canolradd ddarparu'n ehangach ar gyfer dysgu'r Gymraeg. Atgoffai'r swyddogion fod y Gymraeg bellach yn bwnc gorfodol yn nifer mawr o ysgolion elfennol Cymru. Yn sgil ei ymholiadau yn Adran Hyfforddi Aberystwyth ym 1908, canfu nad oedd yr un o'r myfyrwyr a oedd ar fin gadael yn gymwys i ddysgu'r Gymraeg.[93]

Bu ymweliadau ag ysgolion elfennol yng Nghaerdydd yn gynnar ym 1908 yn fodd i ennyn gobaith ynghylch y newid agwedd at y Gymraeg yn ysgolion elfennol de Cymru. Erbyn hynny rhoddai'r awdurdodau addysg lleol fwy o gydnabyddiaeth i werth addysgol 'the secondary language' a hefyd i'r 'practical use of the language'. Yn ôl y sôn, yr oedd rhai siopau yn Abertawe, yn enwedig siopau dillad, yn gwrthod cyflogi prentisiaid a gweithwyr na fedrent siarad Cymraeg. Daeth O. M. Edwards ar draws dynion canol-oed yn dysgu'r Gymraeg mewn dosbarthiadau nos yng Nghaerdydd am eu bod yn credu y byddai hynny'n fanteisiol i'w busnesau. Dechreuwyd dysgu'r Gymraeg yn ysgolion elfennol Caerdydd ym 1897 ac fe'i dysgid oddi ar hynny yn safonau is pob ysgol drwy'r

[90] *Central Welsh Board. Reports, Inspection and Examination of County Schools, 1907* (Oxford, 1907).

[91] *Board of Education, Code of Regulations for Public Elementary Schools in Wales, 1907* (PP 1907 (Cd. 3604) LXII).

[92] *Report of the Board of Education (Welsh Department) . . . for the year 1908* (PP 1909 XVIII), t. 8.

[93] PRO Ed. 91/13, Cofnod, E.H.P. at Mr Mayor, 4 Mai 1908.

dull uniongyrchol. Yr oedd y prif arolygydd yn ymwybodol hefyd fod angen cryn sensitifrwydd wrth ymdrin â mater yr iaith yn ysgolion elfennol Caerdydd gan fod yn y ddinas garfan o Gymry pleidiol i'r Gymraeg a charfan arall a oedd yn bur wrthwynebus iddi. Serch hynny, pwysleisiodd nad y cwestiwn allweddol oedd a ddylid dysgu'r iaith Gymraeg yn yr ysgolion ond yn hytrach a ddylid ei gwneud yn bwnc gorfodol o'r trydydd safon ymlaen.[94]

Bu cryn wrthwynebiad i bob ymgais i wneud y Gymraeg yn orfodol yn ysgolion elfennol Caerdydd. Eisoes, ym 1906, ni chafwyd gan R. L. Morant yn y Bwrdd Addysg unrhyw gefnogaeth i hyrwyddo'r Gymraeg yn ysgolion y ddinas. Credai ef fod buddiannau addysgol a buddiannau eraill yn cael eu dibrisio'n rhyfygus oherwydd gofynion ymgyrchwyr y Gymraeg. Clywsai fod llawer o rieni wedi eu cythruddo'n fawr am fod addysg eu meibion yn cael eu difetha 'in the interests of an exaggerated propaganda of supposed Welsh nationalisms' mewn dinas lle'r oedd mwyafrif disgyblion yr ysgolion canolradd yn ddi-Gymraeg.[95]

Mewn mannau eraill, fodd bynnag, yr oedd cryn weithgarwch o blaid darparu'n effeithiol ar gyfer y Gymraeg. Yr oedd David Jones (Defynog), ysgrifennydd Cymdeithas yr Iaith Gymraeg, yn hynod weithgar yn y Rhondda ac yn fawr ei ddylanwad ar ei gyd-athrawon. Trefnodd hefyd gyfres o ysgolion haf llwyddiannus rhwng 1903 a 1928 mewn lleoedd megis Aberystwyth, Y Rhyl, Abertawe, Llandrindod, Llangollen, Aberhonddu, Pwllheli a Threfriw. Paratowyd a mabwysiadwyd cynlluniau ar gyfer dysgu'r Gymraeg gan nifer o awdurdodau lleol, gan gynnwys sir Fôn, sir Aberteifi, sir Ddinbych a Bwrdeistref Caerfyrddin. Ym 1907, pan oedd cynigion Augustine Birrell o blaid sefydlu Cyngor Addysg Cenedlaethol i Gymru gerbron y Senedd, anfonodd un ar bymtheg o Aelodau Seneddol Cymreig (yn eu plith W. Llewelyn Williams ac Alfred Thomas) lythyr at y gweinidog addysg i'w hysbysu bod y Gymraeg yn awr yn bwnc penodol yn ysgolion mwyafrif yr awdurdodau addysg yng Nghymru (a sir Fynwy). Disgwylient y byddai pob awdurdod yng Nghymru yn dilyn yr un llwybr ymhen ychydig fisoedd. Yn eu tyb hwy, yr oedd yn hanfodol fod holl fyfyrwyr y colegau hyfforddi yng Nghymru yn llwyddo mewn arholiad cymhwysol yn y Gymraeg neu'n astudio'r Gymraeg fel pwnc gorfodol. Nid iaith ar fin marw oedd y Gymraeg, eithr mamiaith llaweroedd o bobl. Hi oedd iaith y cartref, iaith crefydd a diwylliant ac, i ryw raddau, iaith y byd masnach yn ogystal.[96] Yr oedd yr agwedd at yr iaith yn newid yng Ngholeg Hyfforddi De Cymru yng Nghaerfyrddin hefyd. Ym 1906 penodwyd tiwtor yn y Gymraeg a dechreuodd naw ar hugain o fyfyrwyr astudio'r pwnc. Rhoddid rhagor o sylw i'r iaith yn y Coleg Normal ym Mangor hefyd. Ledled y wlad, yr oedd arolygwyr Bwrdd Canol Cymru yn gefnogol i'r Gymraeg mewn addysg. Gan y byddai llawer o ddisgyblion yr ysgolion canolradd yn debygol o aros yng Nghymru, honnodd y prif arolygydd

[94] PRO Ed. 91/13, Memo 23 Awst 1908: The Teaching of Welsh at Cardiff.

[95] PRO Ed. 91/13. Cofnod, R. L. Morant at W. N. Bruce, 22 Tachwedd 1906.

[96] PRO Ed. 91/13. Llythyr at y Gwir Anrhydeddus A. Birrell AS.

ym 1899 y byddai astudio gramadeg y Gymraeg a'i llenyddiaeth o leiaf mor werthfawr iddynt ag y byddai 'a schoolboy knowledge of a dead or foreign language', ond chwe blynedd yn ddiweddarach pwysleisiwyd bod lle i wella o hyd o ran dysgu iaith a llenyddiaeth Cymru. Ym 1912 ymfalchïai'r prif arolygydd oherwydd y cynnydd amlwg a gafwyd wrth astudio'r Gymraeg yn yr ysgolion canolradd. Y mae'n arwyddocaol, fodd bynnag, na chyfeiriwyd at y ffaith fod 4,100 o ddisgyblion mewn 94 o ysgolion wedi sefyll arholiadau yn y Ffrangeg, ac mai dim ond 1,943 o ddisgyblion mewn 71 o ysgolion a arholwyd yn y Gymraeg.

Daliai'r iaith frodorol i fod ar gyrion maes llafur yr ysgolion canolradd. Dim ond yn 39 o'r 95 ysgol ganolradd y dysgid y Gymraeg hyd at lefel arholiad ym 1904. Ni chafwyd fawr o gynnydd ychwaith o fewn Prifysgol Cymru, a beirniadwyd y sefyllfa yn hallt gan O. M. Edwards ym 1904: 'Drwg gennyf fod Colegau Cymru yn aberthu'r Gymraeg i bopeth.'[97] Er bod gan y sir gynllun iaith, ychydig o sylw a roddid i'r Gymraeg yn ysgolion elfennol sir Ddinbych ym 1907–9. Ym 1912 mynegwyd gwrthwynebiad cryf i ddysgu'r Gymraeg yn ysgolion elfennol Casnewydd: honnodd T. A. Evans, y Swyddog Addysg, ei fod yn bwnc di-fudd ac na ddylid gadael iddo 'interfere with work likely to prove beneficial in later life'. Nid oedd ond baich ychwanegol 'with no utility at all'.[98]

Eto i gyd, ym 1909, yn y 'Wooden Report', fel y'i gelwid, adroddiad a feirniadai'n llym arholiadau allanol Bwrdd Canol Cymru am dra-awdurdodi ar gwricwlwm yr ysgolion canolradd, nododd yr Adran Addysg fod safle'r Gymraeg wedi gwella'n sylweddol yn ystod y pum mlynedd flaenorol.[99] Erbyn mis Tachwedd 1908 dysgid yr iaith mewn 78 o ysgolion canolradd. Ond adroddwyd hefyd, yn hollol gyfiawn, fod gormod o bwyslais ar ddysgu gramadeg ffurfiol a dim digon ar ennyn diddordeb mewn llenyddiaeth Gymraeg. Annerbyniol hefyd oedd y ffaith fod y safon a ddisgwylid yn yr arholiad Cymraeg yn uwch na'r safon weddol isel a ddisgwylid yn yr arholiad Ffrangeg, sef y pwnc y byddai'n rhaid i'r disgyblion ddewis rhyngddo a'r Gymraeg yn y rhan fwyaf o ysgolion. Yn anochel, y Ffrangeg oedd dewis bwnc y mwyafrif o ddisgyblion. Ar 'lefel Anrhydedd' llwyddai'r holl ymgeiswyr yn y Ffrangeg er gwaethaf brychau gramadegol, ond dwy ran o dair a lwyddai yn eu mamiaith.[100] Yn sgil beirniadaeth ffyrnig Bwrdd Canol Cymru ar swm a sylwedd yr Adroddiad, aeth ei awdur, sef O. M. Edwards, ati i baratoi ymateb manwl. Cyfeiriodd at y modd y dysgid y Gymraeg er mwyn ategu'r beirniadu a fu o'r blaen ar y dulliau dysgu cyffredinol yn yr ysgolion canolradd. Er bod y Gymraeg yn cael ei dysgu yn y rhan fwyaf o ysgolion canolradd, mynnai fod safon y dysgu yn aml yn isel iawn. Soniodd am Gynhadledd

[97] Llythyr gan O. M. Edwards at J. Glyn Davies, dyddiedig 7 Hydref 1904. Fe'i dyfynnwyd yn Gwilym Arthur Jones, 'Dysgu Cymraeg rhwng 1847 a 1927' (traethawd PhD anghyhoeddedig Prifysgol Cymru, 1978), t. 154.

[98] PRO Ed. 91/57. Llythyr gan T. A. Evans, Swyddog Addysg, Casnewydd.

[99] *Report of the Board of Education (Welsh Department) . . . for the year 1909* (PP 1910 XXII), tt. 11, 14; G. E. Jones, *Controls and Conflicts in Welsh Secondary Education 1889–1944* (Cardiff, 1982), tt. 21–4.

[100] Ibid., t. 15.

Cyfarwyddwyr Addysg yr Ymerodraeth a gynhaliwyd yn Llundain ym 1907 pryd y dywedwyd yn yr is-bwyllgor Ieithoedd y byddai'r Ymerodraeth yn dod ar ofyn Cymru am gymorth i ddatrys prif broblemau addysg ddwyieithog.[101] Fodd bynnag, pe bai'r Gynhadledd yn cyfarfod eto, byddai gorfod paratoi adroddiad ar ei chyfer yn brofiad llawn cywilydd. Nid oedd Cymru eto wedi rhoi ystyriaeth o ddifrif i broblemau dysgu dwyieithog ac ni wyddai ef am unrhyw ysgol yng Nghymru lle y dysgid yr iaith yn ôl egwyddorion gwyddonol. Adlewyrchid y sefyllfa yn y defnydd o'r wyddor Saesneg wrth ddysgu'r iaith i Gymry Cymraeg ac yn yr arfer cyffredin o ddysgu'r Gymraeg trwy gyfrwng y Saesneg.[102]

Collfarnodd O. M. Edwards y dulliau dysgu drachefn ym 1910. Yn lle canolbwyntio ar ddysgu'r disgyblion i siarad yr iaith, rhoddid y pwyslais ar lwytho'r cof â rheolau gramadeg. Y canlyniad oedd lladd diddordeb y plant yn hytrach nag ennyn eu brwdfrydedd. Yr oedd hyn yn groes i'r dull bywiog modern o ddysgu Ffrangeg.[103] Yn fynych, dysgid y Gymraeg fel pe bai eisoes yn iaith farw, a hyd yn oed yn achos y plant a ddeuai o gartrefi Cymraeg fe'i dysgid drwy gyfrwng y Saesneg. Rhoddid gormod o sylw i eiriadur a gramadeg, a rhy ychydig i lenyddiaeth fyw a difyr. Yn oddeutu hanner yr ysgolion canolradd, yr oedd llai nag ugain llyfr Cymraeg yn y llyfrgell. Testun pryder, meddai'r Adroddiad, oedd canfod nad oedd nemor ddim llyfrau Cymraeg yn llyfrgelloedd ysgolion rhai o'r ardaloedd Cymreiciaf.[104]

Ar adeg o groestynnu ac anfodlonrwydd mawr o fewn cylchoedd addysgol yng Nghymru, a'r berthynas rhwng Bwrdd Canol Cymru a'r Adran Addysg ar ei mwyaf bregus, llwyddodd O. M. Edwards i ennill ymddiriedaeth lwyr uwch-swyddogion y Bwrdd Addysg. Cydnabyddid ei fod yn siarad ag awdurdod am broblemau addysgol Cymru, ac nid oedd neb yn amau ei ymroddiad brwd i hyrwyddo addysg ledled y wlad.[105] Ym 1907 disgrifiwyd O. M. Edwards gan Lloyd George fel 'a man of fresh ideas and high national ideals'.[106] Ac yntau ym 1912 yn bwrw golwg yn ôl dros chwe blynedd o waith di-dor, credai Edwards fod ganddo le i honni bod yr Adran Addysg wedi amlinellu'n eglur iawn ei delfrydau gerbron y bobl, yn enwedig o safbwynt addysg uwchradd. Yr oedd hefyd yn ddigon hyderus i broffwydo yr âi'r gwaith yn ei flaen petai rhywbeth yn digwydd iddo ef.[107]

O ganlyniad, ystyrid y Gymraeg gan Adran Gymreig y Bwrdd Addysg yn 'bilingual opportunity' yn hytrach nag yn 'bilingual difficulty' yn ysgolion a cholegau Cymru. Cynrychiolai O. M. Edwards y newid arwyddocaol a oedd wedi digwydd yn agwedd yr awdurdodau canolog at y Gymraeg erbyn dechrau'r

[101] PRO Ed. 24/588. Adroddiad gan O. M. Edwards i'r Llywydd, 14 Tachwedd 1910.
[102] Ibid.
[103] *Report of the Board of Education (Welsh Department) . . . for the year 1910* (PP 1911 XVIII), t. 13.
[104] Ibid., tt. 16–17.
[105] PRO Ed. 24/588. Ateb gan H. C. Maurice i A. A. Sanderson, 12 Tachwedd 1910.
[106] Dyfynnwyd yn Jones, 'Dysgu Cymraeg rhwng 1847 a 1927', t. 177.
[107] PRO Ed. 23/145, 31 Mawrth 1912. Dyfynnwyd yn Jones, 'Dysgu Cymraeg rhwng 1847 a 1927', t. 192.

ugeinfed ganrif. Beirniadwyd yn groch yr ysgolion canolradd hynny a roddai fwy o sylw i'r Ffrangeg nag i'r Gymraeg, a chyhoeddwyd y byddai dwyieithrwydd o fantais economaidd, cymdeithasol a diwylliannol i bob dinesydd yng Nghymru. Wrth annerch Cynhadledd Addysg yr Ymerodraeth ym 1911, meddai O. M. Edwards: 'We do not regard the bilingualism of our country as a disadvantage in any way. We look upon it as an advantage.'[108] Erbyn 1914 yr oedd yr awdurdod canolog, sef yr Adran Gymreig, wedi ymrwymo i bolisi addysg dwyieithog yn ysgolion Cymru ond, gwaetha'r modd, nid oedd y polisi hwnnw yn apelio at lawer o brifathrawon na chynghorwyr na rhieni.

[108] Jac L. Williams, *Owen Morgan Edwards: A Short Biography 1858–1920* (Aberystwyth, 1959), t. 53.

17

Addysg Elfennol a'r Iaith Gymraeg 1870–1902

ROBERT SMITH

> In seventeen years Wales has built up a system of education second to none in the United Kingdom . . . it is a system founded upon a thoroughly democratic basis, so that higher education in Wales depends entirely for its success upon the effectiveness of the primary schools.[1]

Y mae'r geiriau uchod, a ysgrifennwyd gan J. Vyrnwy Morgan yn ei ragarweiniad i *Welsh Political and Educational Leaders in the Victorian Era* (1908), yn cyfleu'r ymdeimlad o orfoledd ac o falchder yn y gyfundrefn addysg a oedd yn gyffredin ymhlith ei sylfaenwyr. Yr oedd Morgan ac eraill o'r un genhedlaeth ag ef yn argyhoeddedig mai creu'r gyfundrefn addysg Gymreig oedd llwyddiant pennaf Rhyddfrydwyr ac Ymneilltuwyr yn y bedwaredd ganrif ar bymtheg. Cyfunai'r llwyddiant hwn ymrwymiad yr Ymneilltuwyr i addysg, a amlygwyd mewn modd trawiadol iawn gan y mudiad ysgolion Sul, â'r egwyddor Ryddfrydol mai'r ateb i broblemau cymdeithasol oedd darparu cyfle i bobl lwyddo yn y byd drwy gyfrwng addysg. Ystyrid y gyfundrefn hon yn un ddemocrataidd yn ei hanfod, a hynny am ddau reswm. Yn gyntaf, cafwyd cefnogaeth i'w chreu gan gynghrair eang o blith y gymdeithas yng Nghymru ac ystyrid bod y ddarpariaeth a oedd bellach ar gael yn addysgol ddemocrataidd. Yr oedd yn gyfrwng i ddringo o'r ysgol elfennol i'r brifysgol; yr oedd yn drefn agored a oedd ar gael i bawb ar sail teilyngdod, heb arlliw o'r elitiaeth gynhenid a berthynai, fe dybid, i'r gyfundrefn gyfatebol yn Lloegr. Yn ail, yr oedd addysg yn gyfrwng i ddyrchafu statws y genedl Gymreig, gan y byddai'r cyfleusterau a'r cyfleoedd newydd a grëwyd yn galluogi plant Cymru i gyfrannu eu doniau i'r byd mawr.

Hawdd y gellir deall balchder mawr arweinwyr y Rhyddfrydwyr a'r Ymneilltuwyr mewn perthynas ag addysg yng Nghymru, o ystyried mor gyflym y datblygodd mewn cyfnod cymharol fyr. Fel y dangosodd Gareth Elwyn Jones, hyrwyddodd y comisiynwyr a fu'n ymchwilio i gyflwr Addysg yng Nghymru ym

[1] J. Vyrnwy Morgan (gol.), *Welsh Political and Educational Leaders in the Victorian Era* (London, 1908), tt. 22–3.

1847 amcanion y rhai a oedd yn awyddus i sefydlu cyfundrefn o ysgolion elfennol, trwy dynnu sylw at ddiffygion enbyd y ddarpariaeth a oedd yn bodoli.[2] Bu'r modd yr ysgogwyd y farn gyhoeddus yng Nghymru gan yr ymateb i Adroddiad 1847 yn sail i safbwyntiau gwleidyddol yr Ymneilltuwyr am sawl cenhedlaeth, ac yn sicr arweiniodd at begynu barn ar fater yr iaith Gymraeg. Ar yr un pryd, fodd bynnag, esgorodd o'r newydd ar benderfyniad i sefydlu ysgolion a rhoddwyd cychwyn ar broses a fyddai yn y pen draw yn drech na gwrthwynebiad traddodiadol yr Ymneilltuwyr i dderbyn nawdd o du'r llywodraeth ar gyfer addysg.

Ni ddylid bychanu'r cynnydd a wnaed rhwng 1847 a 1870. Eto i gyd, yr oedd yn gwbl amlwg fod y ddarpariaeth addysgol yng Nghymru yn dra diffygiol. Dangoswyd hyn yn eglur yng nghasgliadau'r arolygwyr ym 1870. Deddf Addysg Forster ym 1870 oedd y gyntaf o'i bath i ysgogi cymunedau yng Nghymru i fynd ati i sefydlu ysgolion elfennol. Yn ôl y Ddeddf hon, pan fyddai cyrff gwirfoddol megis yr Eglwys Anglicanaidd neu'r Gymdeithas Ysgolion Brutanaidd a Thramor, a arweinid gan yr Ymneilltuwyr, wedi methu darparu ysgol, dylid sefydlu Bwrdd Ysgol a rhoi iddo'r gorchwyl o godi ysgol, gan ddefnyddio arian trethi cyhoeddus. Pan ddiddymwyd y Byrddau Ysgol ym 1902, yr oeddynt yn darparu addysg i 65 y cant o blant Cymru, ac er na lwyddwyd erioed i sicrhau bod pob plentyn yn mynychu'r ysgol yr hyn sy'n bwysig yw fod lle i bob plentyn a ddymunai fanteisio ar y cyfle. Yr oedd yr ysgolion elfennol yn hanfodol i ffyniant y gymdeithas yng Nghymru. Hwy a ddarparai'r unig addysg a oedd ar gael i'r mwyafrif llethol o blant rhwng pump a thair ar ddeg oed. Ym 1897, pan gwblhawyd sefydlu'r ysgolion canolradd mawr eu bri, dim ond 6,427 o blant a dderbyniai eu haddysg ynddynt, o gymharu â 368,191 a gofrestrwyd mewn ysgolion elfennol.[3]

Condemniwyd sylwadau dilornus comisiynwyr 1847 gan lu o sylwebyddion, ar adeg eu cyhoeddi yn ogystal ag ymhen blynyddoedd wedi hynny.[4] Eu sylwadau ar gyflwr moesol a chrefyddol y Cymry, fodd bynnag, a ysgogodd yr ymateb mwyaf ffyrnig. Er na anwybyddwyd eu sylwadau ar yr iaith Gymraeg, nid ar y rhain yr oedd prif bwyslais yr ymateb a ysgogwyd gan yr Adroddiad. Nid oedd yr iaith o bwys mawr i arweinwyr barn y byd addysg yng Nghymru yn y cyfnod hwnnw, a chadarnheir hynny gan y ffaith mai yn anaml iawn y cyfeiriwyd ati yn ystod y dadleuon tanbaid ynghylch manylion Deddf Addysg 1870. Yn wir, nodweddion amlycaf y drafodaeth honno oedd y pwyslais mawr a roddai arweinwyr y farn Ymneilltuol ar yr angen i gydweithio â'u cymheiriaid yn Lloegr, ac absenoldeb unrhyw awgrym y dylai Cymru feithrin ei chyfundrefn addysg arbennig ei hun. Y mae'n amlwg, felly, er gwaethaf y rhaniadau enwadol chwerw a effeithiai ar

[2] Gareth Elwyn Jones, 'Llyfrau Gleision 1847' yn Prys Morgan (gol.), *Brad y Llyfrau Gleision: Ysgrifau ar Hanes Cymru* (Llandysul, 1991), tt. 22–48.

[3] John Williams, *Digest of Welsh Historical Statistics* (2 gyf., The Welsh Office, 1985), II, tt. 210–12.

[4] *Reports of the Commissioners of Inquiry into the State of Education in Wales . . . in three parts* (London, 1847) (PP 1847 XXVII).

ysgolion gwirfoddol Cymru cyn Deddf Forster, fod undod rhyfeddol ar fater polisi iaith. Yr oedd rheolwyr Ymneilltuol yr ysgolion Brutanaidd, megis ysgolion glofeydd y Rhondda neu ysgolion cwmni Tai-bach, yr un mor selog dros gynnal ysgolion Seisnigedig ag yr oedd rheolwyr Anglicanaidd yr ysgolion cenedlaethol yn Llanystumdwy yn sir Gaernarfon a Llanuwchllyn yn sir Feirionnydd.[5] Yn ogystal â thrafod y newid agwedd graddol a gafwyd, dadansoddir yn y bennod hon sut y daeth y Gymraeg i gael ei chydnabod yn rhan o addysg yng Nghymru, a hefyd ymateb y gymuned i'r angen i ddatblygu trefn addysgol a fyddai'n cydnabod bod cyfrwng yr addysg, i nifer sylweddol o ddisgyblion, yn estron.[6]

Y mae'n amlwg i'r ystyriaethau hyn ddylanwadu ar weithgareddau'r ysgolion. Câi plant o gartrefi uniaith Gymraeg eu rhoi mewn amgylchedd estron, a byddai'r profiad hwnnw yn aml yn esgor ar gasineb at addysg. Mynegwyd y safbwynt hwn gan sylwebyddion megis O. M. Edwards, T. Gwynn Jones a Henry Jones. Condemniodd pob un o'r rhain hefyd gyfundrefn yr ysgolion elfennol am gyflwyno'r 'Welsh Not' fel dull o wahardd y Gymraeg.[7] Honnodd Edwards i hwn greu rhaniadau cymdeithasol dychrynllyd ac achosi drwgdeimlad mewn cymunedau Cymraeg eu hiaith.[8] Yn sicr, yr oedd yn rhan arwyddocaol o dystiolaeth Edwards, a chafodd ef lawer o'r clod am ddileu'r 'Welsh Not' ac am gael gwared â'r agweddau a oedd yn gyfrifol amdano. Y mae'r dystiolaeth a gynigiwyd gan Edwards ac eraill wedi esgor ar y dybiaeth i'r 'Welsh Not' beri i lawer benderfynu peidio â siarad Cymraeg ac i hynny fod yn ffactor pwysig yn nirywiad yr iaith ar ddiwedd y bedwaredd ganrif ar bymtheg. Ond nid bodolaeth y 'Welsh Not' yw'r unig eglurhad dros y newid ieithyddol a ddigwyddodd yng Nghymru yn ystod y cyfnod hwn. Y mae tystiolaeth llyfrau lòg ysgolion megis ysgol Trap ger Llandeilo yn awgrymu mai am gyfnod byr yn unig y defnyddiwyd y 'Welsh Not', ac yn sicr nad oedd yn rhan o ymdrech gyson ar ran athrawon i gael gwared â'r Gymraeg o'r ystafell ddosbarth.[9] Awgryma'r dystiolaeth hefyd fod y defnydd ohono wedi ei gyfyngu i'r plant ieuengaf, ac mai ei brif ddiben oedd nid cosbi plentyn am siarad Cymraeg ond yn hytrach bwysleisio mai Saesneg oedd

5 A. L. Evans, *The Story of Taibach and District* (Port Talbot, 1963), tt. 122–6; William George, *My Brother and I* (London, 1958), t. 40; W. J. Gruffydd, *Owen Morgan Edwards: Cofiant* (Aberystwyth, 1938), tt. 48–50.

6 Mynnai'r Gymdeithas Rhyddhau Crefydd oddi wrth y Wladwriaeth dan ysgrifenyddiaeth Henry Richard fod yr hyn a hawliai arweinwyr Ymneilltuol Cymru yn berthnasol hefyd i Ymneilltuwyr yn Lloegr.

7 T. Gwynn Jones, 'Bilingualism in Schools' yn *NUT Souvenir of Aberystwyth Conference* (London, 1911), t. 249; Henry Jones, *Old Memories* (London, 1922), t. 32. Ceir ymdriniaeth fanwl â'r 'Welsh Not' yn E. G. Millward, 'Yr Hen Gyfundrefn Felltigedig', *Barn*, 207–8 (Ebrill/Mai 1980), 93–5. Dengys Millward fod y 'Welsh Not' yn perthyn i'r cyfnod cyn Deddf 1870, ac nid yn ganlyniad y system a grëwyd gan Forster.

8 O. M. Edwards, *Clych Atgof* (Wrecsam, 1921), t. 17; Gruffydd, *Owen Morgan Edwards*, tt. 71–3.

9 Llyfr lòg ysgol Trap (Sir Gaerfyrddin) ar gyfer mis Hydref 1866 (Casgliad Preifat).

iaith yr ysgol.[10] Credid, yn ogystal, ei fod yn gyfrwng hanfodol i ddangos y gwahaniaeth rhwng sefyllfa'r cartref a'r ysgol, mater pwysig iawn i athrawon a wynebai'r dasg o ddysgu plant nad oedd gan eu rhieni unrhyw amgyffred o drefn ysgol. At hynny, dengys y llyfrau lòg a thystiolaeth megis yr hyn y daeth Elizabeth Williams ar ei draws yn ei hastudiaeth o sir Fôn[11] a'r hyn a gafwyd gan Thomas H. Davies o Port Said mai yn y cyfnod cyn 1870 y gwnaed y defnydd mwyaf o'r 'Welsh Not'.[12]

Er mai cymharol brin yw'r cyfeiriadau at y 'Welsh Not' yn ystod y cyfnod dan sylw yn y bennod hon, ceir digon o dystiolaeth nad anogid plant i siarad Cymraeg yn yr ysgol, hyd yn oed yn yr ardaloedd hynny lle y'i siaredid gan fwyafrif helaeth y boblogaeth. Saesneg oedd iaith yr ysgol ym Mhencader yn sir Gaerfyrddin,[13] a nododd W. J. Gruffydd mai Seisnig oedd awyrgylch yr ysgol a fynychodd yntau ym Methel, sir Gaernarfon, er bod y gymdogaeth yn drwyadl Gymraeg ac yn enwog am gyfoeth ei diwylliant.[14] Dangosodd astudiaethau mwy diweddar o ardaloedd penodol mor Seisnigaidd oedd yr ysgolion elfennol. Nododd Margaret Evans nad anogid defnyddio'r Gymraeg yn ysgolion sir Drefaldwyn rhwng 1850 a 1900[15] a chyfeiriodd Ernest Jones at ymdrechion i atal defnyddio'r Gymraeg yn ysgolion Ffestiniog cyn 1880.[16] Efallai nad oedd y 'Welsh Not' yn gyffredin yn ysgolion Cymru, ond parhâi'r meddylfryd y tu cefn iddo yn ddylanwad ar athrawon ac arweinwyr addysgol, gan sicrhau mai ychydig iawn o barch ac anogaeth a gâi'r Gymraeg yn yr ysgolion. O ganlyniad i ddysgu Cymry Cymraeg trwy gyfrwng iaith estron cafwyd diffyg llwyddiant academaidd ac atgofion pur anfelys am ddyddiau ysgol.

Er hynny, nid oes tystiolaeth fod yr Adran Addysg ar unrhyw adeg wedi ymrwymo'n swyddogol i ddefnyddio'r 'Welsh Not' ac ni cheir unrhyw awgrym ychwaith fod y 'Welsh Not' yn rhan o ymgyrch benodol i ddileu'r iaith frodorol. Tuedd yr Adran ar y cychwyn oedd anwybyddu'r Gymraeg; ni roddid anogaeth i'w defnyddio ac ni cheid ymgais fwriadus i'w dileu. Y mae'n amheus a ellir bwrw'r bai ar yr Adran Addysg am y lleihad yn y defnydd a wneid o'r Gymraeg mewn ysgolion nac am fethu sylweddoli manteision dwyieithrwydd. Ar lawer ystyr, nid oedd angen iddi ddangos gelyniaeth at y Gymraeg oherwydd yr oedd y Cymry eu hunain wedi eu hen gyflyru i gredu y dylai'r Gymraeg fod yn israddol

10 T. I. Williams, 'Patriots and Citizens: Language, Identity and Education in a liberal state – the Anglicisation of Pontypridd, 1818–1920' (traethawd PhD anghyhoeddedig Prifysgol Cymru, 1989), tt. 36–58.

11 Elizabeth A. Williams, *Hanes Môn yn y Bedwaredd Ganrif ar Bymtheg* (Llangefni, 1927), t. 253.

12 LlGC, Papurau W. J. Gruffydd, 224. Llythyr gan T. H. Davies at W. J. Gruffydd, dyddiedig 9 Ionawr 1938.

13 D. Derwenydd Morgan, *Trem yn Ôl neu Oes Gofion* (Llandysul, 1940), tt. 11–12.

14 W. J. Gruffydd, *Hen Atgofion: Blynyddoedd y Locust* (Aberystwyth, 1936), tt. 118–20.

15 Margaret J. Evans, 'Elementary Education in Montgomeryshire 1850–1900', *MC*, 63 (1973), 1–46, 119–66.

16 Ernest Jones, *Stiniog* (Caernarfon, 1988), t. 65.

i'r Saesneg mewn materion addysgol. Y gwir reswm dros yr amharodrwydd i roi statws cyfartal i'r Gymraeg oedd agwedd y Cymry eu hunain, a'r Cymry Cymraeg yn anad neb.

Yr oedd y teimladau a oedd yn gwarafun lle i'r Gymraeg ym myd addysg yn adlewyrchu syniadau mwy cyffredinol ynghylch safle ieithoedd lleiafrifol ym Mhrydain. Yn Iwerddon, fel yng Nghymru, yn ôl R. V. Cromerford, ni chrybwyllid yr iaith mewn dadleuon am addysg, er gwaethaf y ffaith fod chwarter y boblogaeth yn medru'r Wyddeleg ym 1831 a bod teimladau cenedlgarol yn llawer amlycach yno nag yng Nghymru. Yn Iwerddon a Chymru, fel ei gilydd, ystyrid mai Saesneg oedd iaith busnes a chynnydd cymdeithasol.[17] Hi oedd iaith masnach a'r byd academaidd ac iaith trafod busnes swyddogol. Ystyrid y Gymraeg, a'r Wyddeleg yr un modd, yn israddol yng ngolwg y rhai a fynnai gyrraedd safle uchel mewn cymdeithas. O ganlyniad i hynny, ceid yng Nghymru garfanau dylanwadol a ystyriai fod y Gymraeg yn rhwystr i lwyddiant personol a chynnydd cymdeithasol. O fewn y byd addysg yng Nghymru, ychydig iawn o bobl ym 1870 a fynnai herio'r syniad ei bod yn hanfodol i bob plentyn ennill gwybodaeth dda o'r Saesneg. Yr oedd y nod hwn, ynghyd â'r ymdrech i sicrhau bod pob plentyn yn deall elfennau sylfaenol rhifyddeg, yn apelio at lunwyr polisïau ac arweinwyr barn yng Nghymru. Effaith hynny oedd gwneud y Saesneg yn gyfrwng dysgu yn yr ysgolion, yn ogystal ag yn gyfrwng cyfathrebu beunyddiol, fel nad oedd lle o gwbl i'r Gymraeg, hyd yn oed fel pwnc atodol.

Eto i gyd, cafwyd rhyw gymaint o newid ar fater yr iaith yn ystod y cyfnod dan sylw, a hynny am dri rheswm pwysig. Yn gyntaf, dechreuodd grŵp o bobl uchel eu cloch alw am ddefnyddio'r Gymraeg fel cyfrwng i feithrin gwell dealltwriaeth o'r Saesneg. Trwy arddel y safbwynt hwn yr oeddynt yn gwrthod y 'dull uniongyrchol' o ddysgu iaith; nid oeddynt o anghenraid, fodd bynnag, yn cydnabod bod gwerth i'r Gymraeg ynddi ei hun. Yn ail, ceid carfan o bobl a oedd o'r farn na ddylid Seisnigo addysg yng Nghymru yn llwyr. Ymhlith y bobl hyn yr oedd rhai a alwai am fabwysiadu'r Gymraeg yn iaith anffurfiol, ar faes chwarae'r ysgol yn ogystal ag yn y dosbarth, pe dymunai'r athro wneud hynny. Yr oedd grŵp arall o bobl a fynnai ennill lle mwy parhaol i'r Gymraeg trwy sicrhau bod yr Adran Addysg yn ei dynodi'n bwnc i'w astudio yn yr ysgol yn atodol i'r pynciau sylfaenol. Dechreuwyd rhoi gwell gwrandawiad i'r safbwyntiau hyn tua diwedd y cyfnod a drafodir yn y bennod hon. Er na chafwyd erioed ymrwymiad brwd i gynnwys y Gymraeg yn rhan o faes llafur yr ysgolion, heb sôn am ei defnyddio'n gyfrwng dysgu, ceir y teimlad fod y cymeriadau allweddol yn y ddadl hon gryn dipyn yn llai gelyniaethus tuag ati nag y buont.

[17] R. V. Cromerford, 'The British State and the Education of Irish Catholics, 1850–1921' yn J. Tomiak (gol.), *Schooling, Educational Policy and Ethnic Identity, Comparative Studies on Governments and Non-dominant Ethnic Groups* (New York, 1991), t. 14.

Adlewyrchir yr agwedd fwy cydymdeimladol hon at y Gymraeg mewn addysg, a ddatblygodd yn raddol, gan safbwynt yr asiantaethau swyddogol, yn enwedig yr arolygwyr ysgolion. Rhwng 1847 a 1870 glynodd yr Arolygiaeth yn dynn wrth farn wrthnysig Comisiynwyr 1847 ynglŷn â'r Gymraeg. Er bod peth amheuaeth ymhlith rhai unigolion amlwg ynghylch doethineb casgliadau Adroddiad 1847 ynglŷn â'r iaith, yr oedd ysbryd gwrth-Gymraeg yn treiddio trwy adroddiadau'r arolygwyr ysgolion ac yn dylanwadu'n gryf ar athrawon ac ar reolwyr ysgolion gwirfoddol.[18] Yr oedd barn yr arolygwyr yn arbennig o berthnasol gan mai hwy a benderfynai a ddylai ysgol dderbyn cymhorthdal blynyddol oddi wrth yr Adran Addysg, a hefyd union swm y cymhorthdal hwnnw. Yr oedd hi, felly, yn fanteisiol yn ariannol i athrawon a rheolwyr gydymffurfio'n ufudd. Yr oedd yr arolygwyr ysgolion yn ddylanwadol hefyd o ran eu swyddogaeth fel cynghorwyr i'r Adran Addysg. Er na fu ganddynt erioed hawl i bennu polisïau, rhoddid ystyriaeth fanwl i'w sylwadau gan yr Adran wrth lunio cyfarwyddiadau ar faterion addysgol. I gychwyn, canolbwyntiai'r drafodaeth ynglŷn â chyflwyno'r Gymraeg ar rinweddau'r 'dull uniongyrchol', yn hytrach na defnyddio'r Gymraeg i ddysgu'r Saesneg, a chan fod y mater yn perthyn i faes cyfrifoldeb addysgol, yr oedd dylanwad yr Arolygiaeth yn fwy nag y byddai pe bai'r Gymraeg wedi ei hystyried yn fater gweinyddol neu wleidyddol yn unig.

Agwedd yr arolygwyr ysgolion ar y dechrau oedd fod y Gymraeg yn llesteirio cynnydd addysgol yn yr un modd ag y gwnâi'r tafodieithoedd rhanbarthol yn Lloegr. Yn wir, ystyriai'r Parchedig Herbert Smith, yr arolygydd a oedd â chyfrifoldeb dros ogledd-ddwyrain Cymru a swydd Gaer, fod tafodiaith swydd Gaer yn fwy o rwystr o ran hyrwyddo Saesneg gramadegol nag oedd yr iaith Gymraeg. Ond yr oedd safbwyntiau arolygwyr megis Herbert Smith yn gymedrol o'u cymharu â sylwadau beirniadol ambell un arall, yn enwedig y Parchedig Shadrach Pryce. Ef oedd yr arolygydd a oedd yn gyfrifol am sir Gaerfyrddin, un o gadarnleoedd y Gymraeg, ac yr oedd ganddo brofiad uniongyrchol o'r anawsterau a wynebai ddisgyblion ac athrawon mewn cyfundrefn ysgol a weinyddid yn gyfan gwbl drwy gyfrwng y Saesneg. Cyfaddefodd Pryce ei fod, ar un adeg, o blaid defnyddio'r Gymraeg yn gyfrwng i hybu dealltwriaeth o'r Saesneg. Fodd bynnag, newidiasai ei feddwl yn llwyr a dod yn bleidiol i'r dull uniongyrchol (sef dysgu iaith newydd heb ddefnyddio unrhyw iaith arall), ac ymroes i gefnogi'r achos hwn â sêl ryfeddol.[19] Y mae ei adroddiadau yn frith o enghreifftiau o'r llwyddiant a gafwyd yn yr ysgolion hynny lle y gwaherddid y Gymraeg ac y gwrthodid caniatáu i'r plant gyfieithu. Argymhellai'n blwmp ac yn blaen y dylid cael gwared â'r broblem a achosid, yn ei dyb ef, gan yr iaith Gymraeg, a chredai na cheid cynnydd addysgol yng Nghymru oni fabwysiedid polisi o'r fath. Yn arwyddocaol, fodd bynnag, ni chyfyngai ei safbwyntiau i faes darpariaeth addysgol yn unig. Llawenhâi yn ei

[18] W. Gareth Evans, 'The "Bilingual Difficulty": HMI and the Welsh Language in the Victorian Age', *CHC*, 16, rhif 4 (1993), 494–513.

[19] *Report of the Committee of Council on Education*, 1878–9 (PP 1878–9 XXIII), tt. 669–78.

adroddiadau fod y Saesneg yn dod yn fwyfwy cyffredin fel iaith pob dydd, nid ar faes chwarae'r ysgol yn unig ond hefyd ar y stryd ac ar yr aelwyd.[20] Yn ei dyb ef (a sawl arolygydd arall a oedd o'r un farn ag ef), dylid cael gwared â'r Gymraeg ym mhob agwedd ar fywyd, yn ogystal â'i gwahardd o'r ysgolion. Er na ddaeth hynny erioed yn bolisi swyddogol gan yr Adran Addysg, y mae'n ffaith ddiymwad fod safbwyntiau o'r fath wedi dylanwadu ar weision sifil yr Adran yn ogystal ag ar y rheolwyr a'r athrawon yr ymddiriedwyd iddynt y gorchwyl o ddarparu addysg yng Nghymru.

Serch hynny, heriwyd y safbwyntiau hyn, yn enwedig gan John Rhŷs, yr arolygydd a oedd yn gyfrifol am siroedd Y Fflint a Dinbych.[21] Yr oedd John Rhŷs yn ŵr tra arbennig ymhlith arolygwyr ysgolion y bedwaredd ganrif ar bymtheg: yn un peth, yr oedd ganddo brofiad o ddysgu. Bu'n ddisgybl-athro ym Mhen-llwyn yn sir Aberteifi ac yn athro yn Rhos-y-bol yn sir Fôn, ac yn sgil ei brofiad mewn dwy ardal Gymraeg o'r fath gallai siarad ag awdurdod am y dulliau gorau o sicrhau bod plant o gartrefi uniaith Gymraeg yn meistroli digon o Saesneg i ateb gofynion yr arholiad blynyddol.[22] Sail ei ddadl ef oedd fod gwahardd defnyddio'r Gymraeg yn rhoi pwysau ychwanegol ar athrawon a chanddynt eisoes lu o anawsterau anorfod eraill i'w hwynebu yn eu gwaith. Mynegodd bryder hefyd fod yr amser a gollid trwy fynnu defnyddio'r 'dull uniongyrchol' yn un o'r prif resymau dros fethiant ysgolion Cymru i gyrraedd yr un safonau ag ysgolion Lloegr.[23]

Ymddangosai ei safbwyntiau ef yn rhai gwahanol iawn o gymharu â'r cytundeb barn a fodolai ymhlith arolygwyr ysgolion y 1870au. Erbyn y 1880au, fodd bynnag, yr oedd safbwyntiau tebyg i'r rhai a goleddid gan Rhŷs yn cael eu mynegi gan arolygwyr iau megis William Edwards a Dan Isaac Davies. O'u cymharu â'u rhagflaenwyr, llawer ohonynt wedi eu penodi yn sgil eu profiad fel arolygwyr ysgolion Anglicanaidd yn y cyfnod cyn Deddf 1870, yr oedd gan swyddogion fel Edwards a Davies well dealltwriaeth o faterion addysgol, a chynrychiolent athroniaeth newydd o fewn yr Adran Addysg a roddai bwyslais ar swyddogaeth yr arolygydd fel cynghorydd i'r athro yn hytrach na gwrthwynebydd iddo.[24] Dadleuai William Edwards yn agored y dylid diwygio'r gyfundrefn addysg er mwyn cydnabod manteision defnyddio'r Gymraeg mewn lleoedd megis ei ardal ef, Merthyr Tudful, lle y câi ei harfer yn gyffredin y tu allan i'r ysgol. At hynny, cytunai â barn John Rhŷs fod peidio â defnyddio'r Gymraeg yn rhannol gyfrifol am y dirywiad cymharol yn safonau addysg Cymru. Cefnogid ei ddadleuon gan Dan Isaac Davies, a bwysai am ddiwygiadau i'r maes llafur a fyddai'n caniatáu defnyddio'r Gymraeg fel pwnc yn yr ysgolion, a hynny er ei mwyn ei hun yn ogystal ag er mwyn cynorthwyo'r plant i ddeall cystrawennau gramadegol.[25]

20 Ibid., 1882–3 (PP 1883 XXV), tt. 416–29.
21 Ibid., 1875–6 (PP 1876 XXIII), tt. 390–9.
22 T. H. Parry-Williams, *John Rhŷs, 1840–1915* (Cardiff, 1954). Gw. hefyd *Bywg.* s.v. John Rhŷs.
23 *Report of the Committee of Council on Education*, 1875–6, tt. 390–9.
24 Ibid., 1886–7 (PP 1887 XXVIII), tt. 364–6.
25 Ibid., adroddiad Mr Davies a ddyfynnwyd yn adroddiad Mr Edwards.

Hwyluswyd datblygiad agwedd fwy ffafriol at y Gymraeg pan gafwyd ymateb cydymdeimladol o du William Williams, y prif arolygydd dros ranbarth Cymru. Er bod Williams yn perthyn i'r hen genhedlaeth o arolygwyr, yr oedd yn wahanol i'r rhan fwyaf o'i gyn-gydweithwyr am ei fod yn Ymneilltuwr ac wedi gweithio fel arolygydd yn yr ysgolion Brutanaidd cyn i Ddeddf 1870 gael ei chyflwyno. Eto i gyd, er bod ei gefndir yn debycach i un y gymdeithas Gymraeg yn gyffredinol, hyd a lled ei gefnogaeth i'r iaith oedd ei fod o blaid ei defnyddio i hwyluso dysgu Saesneg. Ni ddywedodd erioed y dylid dysgu'r Gymraeg er ei mwyn ei hun.[26] Dengys ei agwedd ef na ellir priodoli gwrthwynebiad yr arolygwyr i gynnwys y Gymraeg ym maes llafur yr ysgolion i'r ffaith fod y mwyafrif ohonynt yn Anglicaniaid, a heb fod yn rhan o brif ffrwd y farn gyhoeddus yng Nghymru. Dengys, yn hytrach, nad ystyriai'r sefydliad addysgol yng Nghymru fod i'r Gymraeg unrhyw werth ynddi ei hun. Er bod llawer o'r arolygwyr wedi newid eu meddwl ynglŷn â'r iaith, yr oedd y mwyafrif llethol ohonynt yn dal yn bleidiol i'r nod o gymathu Cymru â'r byd Saesneg ei iaith yn hytrach nag i'r syniad o ddatblygu cenedl ddwyieithog.

Câi safbwyntiau'r arolygwyr eu trosglwyddo'n rheolaidd i'r Adran Addysg. Er nad oedd eu sylwadau yn arbennig o bleidiol i'r iaith Gymraeg ar ddechrau'r cyfnod dan sylw, nid oes fawr o dystiolaeth fod yr Adran Addysg wedi ceisio dileu'r Gymraeg nac iddynt gael eu cynghori i wneud hynny. Ni welwyd yng Nghymru unrhyw beth tebyg i'r ymdrechion diwyro a gafwyd i ddileu ieithoedd llai eu defnydd mewn mannau eraill, er enghraifft, gan lywodraeth Norwy mewn perthynas ag iaith y Sami a'r Ffinneg, neu lywodraeth Ffrainc mewn perthynas â'r Llydaweg a'r Wasgwyneg.[27] Aeth llywodraethau Norwy a Ffrainc ill dwy ati'n fwriadol i geisio cael y bobl i sylweddoli y byddai iaith gyffredin o fantais ym myd gweinyddiaeth a masnach, ac y byddai'n hyrwyddo undod eu cenedl.[28] Ni cheisiwyd erioed gwneud rhywbeth fel hyn mewn modd agored ym Mhrydain.[29] Yr oedd agwedd gymharol ddiduedd yr Adran Addysg yn adlewyrchu'n fras y cyngor a gâi gan ei swyddogion ei hun yng Nghymru, cyngor a fyddai'n wrthwynebus o bryd i'w gilydd, ond yn ddifater yn amlach na pheidio. Felly, gellir ystyried mai polisi'r Adran Addysg oedd cyd-fynd yn oddefol â'r proses a arweiniodd at gymathu'r Cymry Cymraeg yn raddol â'r mwyafrif Saesneg eu hiaith yn y Deyrnas Unedig. Ar y cychwyn, dehonglwyd y proses hwn yng Nghymru fel un a'i gwnâi'n ofynnol i siaradwyr Cymraeg ymwrthod â'u cefndir

[26] Ibid., 1888–9 (PP 1889 XXIX), tt. 335–70.

[27] Cytuna'r dystiolaeth hon â dadl Gareth Elwyn Jones, sef mai grymoedd oddi fewn i Gymru a oedd yn bennaf cyfrifol am ddirywiad yr iaith. Gareth Elwyn Jones, 'What are schools in Wales for? Wales and the Education Reform Act', *Contemporary Wales*, II (1988), 83–97. Gw. hefyd Williams, 'Patriots and Citizens', tt. 36–52.

[28] Knut Eriksen, 'Norwegian and Swedish Educational Policies vis-à-vis Non-dominant Ethnic Groups, 1850–1940' yn Tomiak (gol.), *Schooling*, tt. 63–86.

[29] Vaughan Rogers, 'Brittany' yn Michael Watson (gol.), *Contemporary Minority Nationalism* (London, 1990), tt. 67–85.

a'u diwylliant eu hunain a mabwysiadu meddylfryd Prydeinig. Cafodd y safbwynt hwn, a ystyriai amrywiaeth diwylliannol yn broblem, ei addasu yn ddiweddarach gan bobl ddylanwadol ym maes polisi addysg yng Nghymru. Un o'r rhesymau pennaf dros hynny oedd nad oedd plant Cymru yn llwyddo cystal mewn arholiadau â'u cymheiriaid yn Lloegr a'r Alban, a hefyd oherwydd bod problemau enbyd yng Nghymru o ran cael plant i fynychu'r ysgol.

Eto i gyd, ni welwyd y Gymraeg ar unrhyw adeg yn cael ei hyrwyddo'n gryf, ac oherwydd nad oedd polisi iaith cadarnhaol i gael parhâi'r pwyslais ar annog siaradwyr Cymraeg i droi at y diwylliant Saesneg. O'r safbwynt hwn, ystyrid gwahaniaethau diwylliannol yn broblem a gâi ei datrys yn raddol wrth i'r iaith ddirywio, a marw yn y pen draw. Erbyn diwedd y 1880au, fel y nodwyd eisoes, yr oedd yr agweddau hynny wedi newid rhywfaint. Sylweddolodd llunwyr polisïau megis William Hart-Dyke fod y Gymraeg yn nodwedd o'r byd addysg yng Nghymru na ellid mo'i hosgoi. Mabwysiadodd Arthur Acland, gŵr allweddol arall yn natblygiad polisïau addysg, agwedd gadarnhaol iawn at yr iaith, gan adlewyrchu dau ddatblygiad arwyddocaol. Datblygiad addysgol oedd y cyntaf, yn ymwneud â'r anghenion a godai yn sgil yr anfantais a brofai'r plant oherwydd eu hanallu i ddygymod â chyfarwyddiadau mewn iaith newydd. Yr ail ddatblygiad oedd cydnabod gwerth yr iaith a'r diwylliant Cymraeg ynddynt eu hunain, yn ogystal â manteision ymarferol defnyddio'r Gymraeg. Yr oedd i'r ystyriaethau hyn oblygiadau pellgyrhaeddol yn yr ysgol elfennol, lle y deuai'r niferoedd mwyaf i gysylltiad ag addysg.

Yng Nghymru yr oedd safbwyntiau grwpiau crefyddol a gwleidyddol yn dylanwadu'n sylweddol ar y farn gyhoeddus. Yr oedd barn arweinwyr yr enwadau Ymneilltuol yn ffactor hollbwysig yn y drafodaeth ynglŷn â'r Gymraeg mewn addysg oherwydd, yn anad dim, eu hawydd i fod yn llais i farn mwyafrif addolwyr Cymru ac yn ddylanwad ar y farn honno. Yr oedd Ymneilltuaeth wedi elwa'n fawr o'r adwaith yn erbyn natur Seisnigaidd yr eglwys Anglicanaidd yng Nghymru, a rhan o'i hapêl oedd y ffaith fod y capeli yn darparu gwasanaethau crefyddol yn yr iaith frodorol. At hynny, yr oedd yr enwadau Ymneilltuol yn ganolfannau i ddiwylliant Cymraeg llewyrchus yn seiliedig ar y capeli hynny ac ar y wasg enwadol. Byddai'r arweinwyr Ymneilltuol a swyddogion y Blaid Ryddfrydol yng Nghymru, fel ei gilydd, yn pwysleisio'r ystyriaethau ieithyddol wrth geisio darbwyllo'r bobl fod angen rhoi terfyn ar oruchafiaeth tirfeddianwyr. Er hynny, nid amlygai'r arweinwyr ymrwymiad llwyr i'r Gymraeg yn eu datganiadau cyhoeddus nac ychwaith yn rhinwedd eu swyddi fel aelodau o'r Byrddau Ysgol. Yn wir, yr oedd gwŷr amlwg megis y Parchedig J. R. Kilsby Jones yn arbennig o wrthwynebus i bob ymdrech i hybu'r iaith Gymraeg, ac adlewyrchid rhai o'r safbwyntiau hyn yn agweddau Seisnigaidd llawer o'r arweinwyr Ymneilltuol a berthynai i'r un genhedlaeth; peth digon trist oedd hyn o ystyried bod Cymraeg y pulpud yn ddelfryd y byddai llawer yn ymgyrraedd ato.

Yn raddol y daeth arweinwyr Ymneilltuol megis Henry Richard a Lewis Edwards yn argyhoeddedig mai dymunol fyddai ehangu cwmpas yr iaith. Er bod

Edwards a Richard ill dau yn cytuno â'r egwyddor o ddefnyddio'r Gymraeg yn gyfrwng i ddysgu Saesneg, credent mai prif swyddogaeth ysgol oedd sicrhau bod pob plentyn yn rhugl yn y Saesneg. Yr oedd Edwards, yn arbennig, yn perthyn i garfan o fewn yr enwadau a ystyriai nad oedd goroesiad yr iaith Gymraeg yn rhan o'u cenhadaeth fel Ymneilltuwyr. Yn wir, yr oedd y modd yr ymroes Edwards yn fwyfwy brwdfrydig i ddadlau dros gapeli cyfrwng Saesneg a thros gynnal gwasanaethau Saesneg mewn capeli Cymraeg er mwyn plesio mewnfudwyr Saesneg eu hiaith yn dangos yn eglur mai neges ysbrydol Ymneilltuaeth oedd ei brif ystyriaeth, ac nid yr iaith y traddodid y neges honno ynddi. Yn sicr, llugoer oedd Edwards ynghylch cyflwyno'r Gymraeg yn yr ysgolion elfennol. Ond ni ddylid casglu ar sail hynny nad oedd ef ac eraill o'r un farn ag ef yn poeni dim am les yr iaith Gymraeg. Yn hytrach, ymddiriedai Edwards yng ngallu'r mudiad ysgolion Sul i hyfforddi plant yng ngramadeg y Gymraeg.[30] Dengys hyn, yn gyntaf, mor gyffredin oedd y farn fod y Gymraeg yn addas ar gyfer trafod materion ysbrydol a sgwrsio ar yr aelwyd, ond mai'r Saesneg oedd iaith masnach ac iaith addysg seciwlar. Yn ail, dengys fod llawer o Ymneilltuwyr ar y dechrau o blaid sefydlu ysgolion cwbl seciwlar lle na cheid unrhyw fath o hyfforddiant crefyddol. Adlewyrchai hyn ffydd yr Ymneilltuwyr yng ngallu'r ysgol Sul i roi arweiniad ysbrydol i blant Cymru; yn sicr, credent fod yr ysgol Sul yn gydradd â'r ysgol ddyddiol yn hytrach nag yn israddol iddi.[31]

Amlygwyd agwedd newydd at le'r Gymraeg mewn addysg gan y genhedlaeth nesaf o arweinwyr Ymneilltuol, safbwynt a fynegir orau gan sylwadau'r Prifathro Thomas Charles Edwards mewn cyfarfod yn Aberystwyth ym mis Ebrill 1889, pan argymhellodd y dylid rhoi mwy o fri ar werth y Gymraeg ym myd addysg. Yn ei dyb ef, ynfyd oedd gwadu gwerth addysgol iaith a oedd yn gyfrwng i gyffroad deallusol a defodau crefyddol yng Nghymru.[32] Yr oedd y sylwadau hyn yn nodweddiadol o'r newid agwedd a ddigwyddasai ymhlith yr arweinwyr Ymneilltuol a ddaethai, erbyn hynny, dan ddylanwad yr adfywiad cenedlaethol a oedd ar droed yng Nghymru. Yr oedd cefnogaeth frwd i hawliau'r Gymraeg mewn ysgolion yn amlwg yn natganiadau Michael D. Jones a Robert Ambrose Jones (Emrys ap Iwan). Dadleuodd y ddau dros roi lle priodol i'r Gymraeg yn y gyfundrefn addysg fel rhan o'u hymgyrch ehangach i godi statws yr iaith ym mhob agwedd ar fywyd.[33] Yr oedd eu hymdrechion yn cyd-fynd â llawer o ddatganiadau'r wasg Ymneilltuol Gymraeg. Honnodd papur yr Annibynwyr, *Y Tyst*, ym 1886 y dylid defnyddio'r Gymraeg i

[30] Am ymdriniaeth fanwl â bywyd Lewis Edwards, gw. T. C. Edwards, *Bywyd a Llythyrau y Diweddar Barch. Lewis Edwards* (Liverpool, 1901). Ar Henry Richard ac addysg elfennol, gw. Margaret V. George, 'An Assessment of the Contribution of Henry Richard to Education' (traethawd MEd anghyhoeddedig Prifysgol Cymru, 1975).

[31] Ceir yng nghyfrol R. Tudur Jones, *Yr Undeb: Hanes Undeb yr Annibynwyr Cymraeg, 1872–1972* (Abertawe, 1975) a chyfrol T. M. Bassett, *Bedyddwyr Cymru* (Abertawe, 1977) ddadansoddiadau gwerthfawr o'r pwnc diddorol a phwysig hwn.

[32] *Cyfaill yr Aelwyd*, X, rhif 1 (1890), 7–9.

[33] *Y Celt*, 23 Medi 1892.

ddysgu'r Saesneg,[34] a phedair blynedd yn ddiweddarach aeth papur y Methodistiaid gam ymhellach, trwy argymell y dylid astudio'r Gymraeg:

> Wele ein hen iaith anwyl, ar ol cael ei throi allan gyda dirmyg, wedi cael ei gosod o'r newydd mewn safle o anrhydedd, o barch, ac o ddefnyddioldeb yn ein hysgolion. Na fydded bellach i neb esgeuluso y manteision enillwyd iddynt.[35]

Mynegwyd barn yr un mor bendant a diamwys gan E. Pan Jones yn ei bapur *Y Celt*. Yr oedd Pan Jones yn un o gymeriadau mwyaf lliwgar y pulpud yng Nghymru, a chanddo brofiad eang o addysg, yn bennaf trwy'r ysgolion Sul. Yr oedd yn gwbl ymrwymedig i Ymneilltuaeth ac i'r Gymraeg, yn anad dim oherwydd ei brofiadau yn sir Y Fflint, lle'r oedd y Seisnigo a ddigwyddodd yn sgil twf diwydiant wedi arwain at gynnydd sylweddol yn nifer y Pabyddion yn y sir – datblygiad a oedd yn wrthun iddo. Dadleuai'n gryf o blaid cryfhau safle'r Gymraeg yn yr ysgolion. Ym mis Mawrth 1891, yn ystod ymgyrch i argyhoeddi'r Byrddau Ysgol Ymneilltuol o'r angen i ddiogelu'r iaith, mynnodd na fyddai modd sefydlu cynllun addysg i Gymru oni sicrheid lle anrhydeddus i'r Gymraeg:

> Sonir llawer am gael cynllun addysg cenedlaethol ac arbenig i Gymru, ond pa fodd y mae hyny yn bosibl cyhyd ag y cauir allan yr iaith genedlaethol o'u sefydliadau – son am addysg genedlaethol, tra yn cadw allan yr arwedd gryfaf o genedl, sef ei hiaith . . .![36]

Deuai agwedd fwy cydymdeimladol yr enwadau Ymneilltuol i'r amlwg yn natganiadau eu harweinwyr, ond nid oedd eu tystiolaeth gyhoeddus bob amser yn adlewyrchu eu hymddygiad personol. Yr oedd J. Vyrnwy Morgan yn amheus iawn o'r mudiad o blaid gwneud y Gymraeg yn orfodol, a nododd fod llawer o'r rhai a oedd fwyaf brwd dros hyrwyddo'r iaith ym myd addysg yn dewis siarad Saesneg ar eu haelwydydd:

> It is a remarkable thing that the recent outcry for compulsory Welsh emanated chiefly from the middle-class Welsh that so sadly neglect it themselves. English is the language of their home and offspring, and all their social functions are carried on in English; only in cases of absolute necessity do they speak Welsh in ordinary conversation, and even then it is neither elegant nor intelligible. Yet, they cry for compulsory Welsh – of course, compulsory for others. Is it reasonable to expect headmasters to teach Welsh to children of Welsh parents that constantly speak English at home?[37]

[34] *Y Tyst*, 23 Ebrill 1886.
[35] *Y Goleuad*, 10 Ebrill 1890.
[36] *Y Celt*, 6 Mawrth 1891.
[37] Morgan (gol.), *Welsh Political and Educational Leaders*, t. 17.

Wrth reswm, gan mai eglwyswr oedd Morgan, deilliai ei sylwadau coeglyd yn rhannol o'i atgasedd at ei gymheiriaid Ymneilltuol, ond dengys ei sylwadau hefyd fod teyrngarwch yr Ymneilltuwyr i'w henwad uwchlaw eu teyrngarwch i'w mamiaith. Fel y dangosodd E. L. Ellis, honnai gwŷr megis Thomas Jones ar goedd mai Ymneilltuaeth yn hytrach nag unrhyw ddyheadau cenedlgarol a ddylanwadodd gryfaf ar eu safbwyntiau cynnar: 'I felt and knew myself to be a Methodist much more actively and intensely than I felt myself to be a Welshman.'[38] Y mae'r safbwynt hwn yn debyg iawn i eiddo arweinwyr Ymneilltuol megis Lewis Edwards genhedlaeth ynghynt.

Er gwaethaf y ddeuoliaeth hon ymhlith arweinwyr barn yr Ymneilltuwyr a'r radicaliaid, yr oedd eu datganiadau mwyfwy cydymdeimladol ynglŷn â'r angen i ddefnyddio'r Gymraeg mewn ysgolion yn cyd-fynd â sylwadau cenhedlaeth newydd o feddylwyr ym maes cymdeithaseg ac addysg yng Nghymru. Ffurfiwyd safbwyntiau'r rhain i raddau helaeth gan waith ymchwil a wnaed gan ymgyrchwyr addysgol megis J. E. Southall, un o bleidwyr mwyaf effeithiol defnyddio'r Gymraeg mewn ysgolion. Sais a oedd wedi dysgu Cymraeg oedd Southall ac yr oedd yn hollol ymrwymedig nid yn unig i gynnal statws yr iaith Gymraeg ond hefyd i wrthdroi'r llanw o Seisnigrwydd a welwyd yn ei ardal fabwysiedig, sef sir Fynwy. Cofnododd Southall yn eiddgar enghreifftiau o'r modd y daethai plant mewnfudwyr o Loegr ac Iwerddon yn hyddysg yn y Gymraeg a phroffwydodd yn hyderus, pe ceid agwedd gadarnhaol gan yr awdurdodau addysg yng Nghymru, y deuai'r wlad yn un gwbl ddwyieithog. Yr oedd ei ymdrechion arloesol i ennill cydnabyddiaeth swyddogol i'r Gymraeg fel iaith masnach a'r gyfraith yr un mor arwyddocaol.[39]

Derbyniodd y safbwyntiau hyn gefnogaeth sylweddol gan y Cymry alltud hynny a ddangosai ddiddordeb o'r newydd yn eu mamwlad ac a ddechreuai ddylanwadu fwyfwy ar y drafodaeth gyhoeddus yng Nghymru.[40] Adlewyrchid eu safbwyntiau hwy gan sefydliadau megis Cymdeithas y Cymmrodorion, a ddaeth yn ganolbwynt i garfan ddethol o ddeallusion a gynhwysai Gymry alltud yn ogystal â nifer sylweddol o bobl broffesiynol a drigai yn Lloegr.[41] Ceisiai'r sefydliadau hyn arwain y farn gyhoeddus ar amryw o bynciau, a phwnc addysg elfennol yn eu plith. Felly, rhoddwyd grym deallusol y tu cefn i'r ddadl o blaid dysgu'r Gymraeg (yn hytrach na defnyddio'r Gymraeg) drwy gyfrwng papurau megis 'The Advisability of the Teaching of Welsh in Elementary Schools in Wales', a gyflwynwyd gerbron Cymmrodorion Llundain gan Thomas Powel, Athro Celteg yng Ngholeg Prifysgol De Cymru a Sir Fynwy, ym mis Mai 1884.[42] Y mae'r dylanwad a oedd gan y rhai a arddelai'r safbwyntiau hyn i'w weld yn

[38] E. L. Ellis, *TJ: A Life of Dr Thomas Jones, C.H.* (Cardiff, 1992), t. 24.
[39] J. E. Southall, *Wales and her Language* (Newport, 1892), tt. 167–70.
[40] Jones, *NUT* (1911), t. 251.
[41] Southall, *Wales and her Language*, tt. 110–37.
[42] J. E. Lloyd, 'Cymdeithas yr Iaith Gymraeg: Trem ar Hanes y Mudiad', *Y Llenor*, X (1931), 207–14.

amlwg ym mentrau aelodau eraill o Gymdeithas y Cymmrodorion, yn enwedig H. Isambard Owen a T. Marchant Williams, a fu'n gyfrifol am sefydlu 'The Society for Utilizing the Welsh Language' ym 1885. Nid oedd yr enw Saesneg a fabwysiadwyd gan sylfaenwyr y Gymdeithas yn briodol mewn gwirionedd, ac yr oedd yr enw Cymraeg, 'Cymdeithas yr Iaith Gymraeg', er yn llai manwl, yn ddisgrifiad mwy addas gan fod a wnelo'r Gymdeithas â mwy na defnyddio'r iaith yn unig. Ni ddylid, er hynny, orbwysleisio ei phwysigrwydd. Ni lwyddodd y Gymdeithas i ddenu nifer sylweddol o aelodau yng Nghymru ac ni ddylid tybio ar sail ei chyfraniadau helaeth i bapurau newydd a chyfnodolion ei bod yn mynegi safbwyntiau cyfran fawr o siaradwyr Cymraeg. I'r rhan fwyaf o bobl yng Nghymru, yr oedd y dadleuon crefyddol rhwng Anglicaniaid ac Ymneilltuwyr yn dal yn bwysicach na thrafodaethau ynghylch yr iaith. Deilliai'r dylanwad a oedd gan y Gymdeithas o'i gallu i ddenu cefnogaeth y rheini a oedd ag awdurdod i sicrhau newid ym mholisi'r Adran Addysg ac, i raddau llai, y Byrddau Ysgol.[43]

Yn ystod y cyfnod hwn, am y tro cyntaf, ceid lle i bob plentyn mewn ysgol ac oherwydd hynny yr oedd modd i ddylanwad yr ysgol dreiddio i bob cartref yng Nghymru. Nid oes dwywaith nad oedd yr Adran Addysg a'r arolygwyr ysgolion yn dylanwadu ar weithgareddau'r ysgolion. Er hynny, caniatâi'r gyfundrefn addysg gryn dipyn o annibyniaeth ar raddfa leol. Yn yr ysgolion cenedlaethol ac ysgolion yr eglwys, yr oedd dylanwad y clerigwyr a'r ymddiriedolwyr yn gryf ar y polisi iaith a fabwysiedid. Yn yr un modd, deuai'r ysgolion bwrdd dan ddylanwad safbwyntiau'r aelodau etholedig a oedd yn atebol i'r etholwyr. Ceisiai'r rheolwyr Anglicanaidd a'r Byrddau Ysgol, fel ei gilydd, fod yn llais i ddyheadau addysgol Cymru ac yr oedd eu syniadau hwy ynglŷn â'r hyn a ddeisyfai'r gymuned yn ddylanwad pwysig ar y polisi a fabwysiedid gan yr ysgolion mewn perthynas â'r iaith Gymraeg.

Y grwpiau Rhyddfrydol–Ymneilltuol a reolai'r Byrddau Ysgol trwy Gymru gyfan ac, er na orfodwyd polisi Rhyddfrydol ffurfiol ar y Byrddau hyn, yr oedd y syniadau a ddylanwadai ar y Blaid Ryddfrydol yn anochel yn treiddio trwy eu polisïau hwythau. Felly, hwyluswyd y proses o hyrwyddo'r iaith Gymraeg mewn addysg gan benderfyniad Ffederasiwn Rhyddfrydwyr Gogledd Cymru i annog ei gyrff cyfansoddol i gefnogi cyflwyno'r Gymraeg mewn addysg,[44] penderfyniad a ddylanwadodd ar agweddau arweinwyr nifer o Fyrddau Ysgol yng Nghymru. O ganlyniad, sicrhaodd Byrddau Ysgol Bangor,[45] Caernarfon,[46] Llangar,[47] a

[43] Am ymdriniaeth fanwl â Chymdeithas yr Iaith Gymraeg, gw. J. Elwyn Hughes, *Arloeswr Dwyieithedd: Dan Isaac Davies 1839–1887* (Caerdydd, 1984). Rhoddir ystyriaeth fanwl i yrfa Beriah Evans yn Juliana E. Edwards, 'Beriah Gwynfe Evans, ei Fywyd a'i Waith, ynghyd â mynegai dethol i *Cyfaill yr Aelwyd*' (traethawd PhD anghyhoeddedig Prifysgol Cymru, 1989).

[44] *Carnarvon and Denbigh Herald*, 21 Rhagfyr 1888.

[45] Ibid., 13 Gorffennaf 1888.

[46] Ibid., 9 Mawrth 1888.

[47] Archifau Gwynedd, Dolgellau, Papurau Bwrdd Ysgol Llangar, A 52.

Ffestiniog[48] fod y Gymraeg nid yn unig yn cael ei defnyddio'n gyfrwng addysgu anffurfiol yn yr ysgolion ond ei bod hefyd yn bwnc astudio yn y maes llafur. Mater mwy dadleuol oedd yr angen i ymgeiswyr am swydd athro allu siarad Cymraeg. Gosodid yr amod hwn gan fwy a mwy o Fyrddau drwy'r wlad, yn enwedig yn yr ardaloedd gwledig.[49] Yr oedd yn bwnc llosg iawn, fodd bynnag, ac amheuai llawer o bobl yn y cylchoedd Rhyddfrydol ac Ymneilltuol ddoethineb rhoi blaenoriaeth i ymgeiswyr a oedd yn siarad Cymraeg ond nad oedd ganddynt gystal cymwysterau ag ymgeiswyr eraill.[50] Er hynny, yr oedd y ffaith fod Byrddau Ysgol yn fodlon hyd yn oed ystyried bod gwybodaeth o'r Gymraeg yn gymhwyster ar gyfer penodi yn ddatblygiad pwysig ac yn dangos i ba raddau yr oedd syniadau megis y rhai a fynegwyd gan Shadrach Pryce yn y 1870au wedi cilio o feddyliau llunwyr polisïau addysg yng Nghymru.

Yr oedd y polisi o fynnu penodi siaradwyr Cymraeg yn fwyaf perthnasol yn yr ardaloedd lle'r oedd y Gymraeg ar ei chryfaf. Er hynny, yn ardaloedd tra Seisnigedig de-ddwyrain Cymru y gwelid y dystiolaeth fwyaf trawiadol o'r agwedd newydd a fodolai ymhlith aelodau'r Byrddau Ysgol. Cyflwynodd nifer o Fyrddau'r ardal honno y Gymraeg yn eu hysgolion nid yn unig yn bwnc i'w astudio gan y rhai a oedd yn hyddysg ynddi, ond hefyd yn gyfrwng i annog newydd-ddyfodiaid i ddysgu'r iaith. Cyflwyno'r Gymraeg fel arbrawf a wnaed yn wreiddiol, er enghraifft yn ysgolion ardal Gelli-gaer, ac yna yn yr ysgolion a oedd dan ofal Byrddau Ysgol Mynyddislwyn a Bedwellte. Cyflwynwyd y Gymraeg ym Mynyddislwyn a Bedwellte ar ôl ymgynghori â'r rhieni mewn refferenda, ac yn y ddau achos cafwyd mwyafrif clir o blaid cyflwyno'r Gymraeg.[51] Yn arwyddocaol, symudasai nifer sylweddol o fewnfudwyr i'r ddwy ardal, ac y mae canlyniad y refferenda yn awgrymu na chafodd y polisi ei bennu gan griw dethol o Ymneilltuwyr a oedd yn aelodau o'r Byrddau Ysgol, a hynny'n groes i ddymuniadau'r gymuned. Yn sicr, yr oedd y Byrddau hyn yn ymrwymedig i ddysgu'r Gymraeg, a'r rheswm dros y methiant i weithredu'r polisi yn effeithlon oedd diffyg staff Cymraeg eu hiaith a phrinder deunyddiau dysgu addas.[52] Ceid cryn amrywiaeth rhwng yr awdurdodau addysg o ran eu cefnogaeth i fuddiannau'r Gymraeg, ond prin y gellir rhoi'r bai am ddirywiad yr iaith yn ne-ddwyrain Cymru ar y gyfundrefn addysg a weinyddid gan y Byrddau Ysgol. Yn wir, yr hyn

[48] *Carnarvon and Denbigh Herald*, 20 Rhagfyr 1889.

[49] Ibid., 10 Ionawr 1890.

[50] Ibid., 28 Gorffennaf 1893. Gw. hefyd Williams, 'Patriots and Citizens', tt. 36–52. Y mae'n tynnu sylw at y ffaith fod Byrddau a Rheolwyr Ysgolion yn aml yn penodi athrawon uniaith Saesneg a oedd, yn naturiol, yn dylanwadu ar iaith y plant a oedd dan eu gofal.

[51] Am ymdriniaeth fanwl â'r achosion hyn, gw. Southall, *Wales and her Language*, t. 387. Yn y refferendwm a gynhaliwyd ym Mynyddislwyn, er enghraifft, cofnodwyd bod 1,275 wedi pleidleisio o blaid dysgu Cymraeg, 146 yn erbyn, a 117 wedi ymatal. Ymddiddorai Tom Ellis hefyd ym mhwnc dysgu Cymraeg yn siroedd Morgannwg a Mynwy, fel y dengys yr ohebiaeth rhyngddo a Southall. LlGC, Papurau T. E. Ellis, 1947.

[52] Ibid. a Llyfrgell Gyhoeddus Merthyr Tudful, Casgliad Addysg.

sy'n rhyfeddol yw'r ymrwymiad a ddangosid gan nifer o Fyrddau o'r fath o gymharu â'r rhai cyfatebol mewn ardaloedd lle'r oedd y Gymraeg yn llawer cryfach.[53] Ond y mae'n ffaith hefyd, wrth gwrs, fod bron ugain mlynedd rhwng pasio'r Ddeddf Addysg a mabwysiadu'r polisi hwn. Yn ystod y ddau ddegawd hynny, felly, cymerwyd yn ganiataol mai'r Saesneg oedd iaith addysg, ac yn anochel cafodd hynny effaith ar fywyd beunyddiol cymunedau mewn cyfnod pan welwyd niferoedd mawr o siaradwyr Saesneg yn symud i mewn. Nid oedd cyflwyno'r Gymraeg yn bwnc ychwanegol, i'w astudio fel atodiad i waith canolog yr ysgol, sef darllen, ysgrifennu a rhifo yn Saesneg, yn debygol o orchfygu'r llanw nerthol o Seisnigrwydd.

Yr oedd trafodaethau'r Byrddau Ysgol yn nodwedd amlwg o'r trin a'r trafod cyhoeddus yng Nghymru ar ddiwedd y bedwaredd ganrif ar bymtheg, yn anad dim oherwydd eu bod yn gyrff a etholwyd yn ddemocrataidd ac a oedd yn atebol i'r cyhoedd. Ond hyd yn oed pan oeddynt ar anterth eu grym tua'r flwyddyn 1900, dim ond 65.2 y cant o blant Cymru a dderbyniai eu haddysg trwy law'r Byrddau Ysgol; câi'r gweddill eu dysgu mewn sefydliadau gwirfoddol, 60 y cant ohonynt yn ysgolion Anglicanaidd neu genedlaethol.[54] Derbyniai'r ysgolion hyn gyfran sylweddol o'u harian trwy gyfraniadau tirfeddianwyr Cymru. Yr oedd nifer y plant a fynychai ysgolion gwirfoddol gryn dipyn yn uwch yn yr ardaloedd gwledig, ac oherwydd hynny agweddau'r clerigwyr a'r bonedd a benderfynai ar bolisi iaith yr ysgolion a wasanaethai gadarnleoedd y Gymraeg. Yr oedd y dosbarth uchaf yng Nghymru wedi ymdebygu i raddau helaeth i'r gymdeithas Seisnig a llawer ohonynt wedi mabwysiadu gwerthoedd, iaith a diwylliant Seisnig. Er bod nifer o dirfeddianwyr yn gallu cynnal sgyrsiau syml yn Gymraeg, cyfyng oedd eu meistrolaeth ar yr iaith.[55] Parhâi'r farn mai iaith y dosbarthiadau isaf oedd y Gymraeg, ynghyd â'r syniad ei bod yn rhwystr i ddatblygiad cymdeithasol a deallusol y genedl. Yn nhyb llawer o'r tirfeddianwyr a chanddynt gymhelliad gwleidyddol, megis Charles Fitzwilliams o Gilgwyn, Castellnewydd Emlyn, defnyddid y Gymraeg gan rymoedd gwleidyddol radical mewn ymdrech i danseilio dylanwad yr Anglicaniaid a'r tirfeddianwyr.[56] Câi'r clerigwyr, a oedd yn gyfrifol am reoli'r ysgolion cenedlaethol ac eglwysig, hefyd eu hystyried yn rhai hynod brin eu cydymdeimlad at yr iaith Gymraeg. Y mae'r dystiolaeth a gyflwynwyd gan y frawdoliaeth Anglicanaidd i Gomisiwn Cross ym 1888 yn sicr yn cefnogi'r farn honno. Rhybuddiwyd y Comisiwn gan y Parchedig Daniel Lewis, rheithor Merthyr, i beidio â chefnogi cyflwyno'r Gymraeg yn yr ysgolion

53 Dadleua Williams, 'Patriots and Citizens', hefyd fod y polisi yn cael ei weithredu yn yr ardaloedd hynny er gwaethaf presenoldeb nifer sylweddol o fewnfudwyr o Loegr a oedd â hawl i ddisgwyl addysg trwy gyfrwng eu mamiaith.

54 *Report of the Committee of Council on Education*, 1898–9 (PP 1900 XIX), t. 10.

55 O. M. Edwards, 'The Welsh Not', a atgynhyrchwyd yn Meic Stephens, *A Book of Wales: An Anthology* (London, 1987), tt. 55–7.

56 LlGC, Gohebiaeth Dolaucothi, L. 11765. Trafodir agwedd y tirfeddianwyr hefyd yn Herbert M. Vaughan, *The South Wales Squires* (London, 1926), tt. 199–205, yn enwedig tt. 202–4.

elfennol oherwydd mai deunydd eilradd oedd llenyddiaeth Gymraeg, ac y gellid disgrifio'r rhan fwyaf ohoni fel polemeg enwadol a gwleidyddol a oedd yn hollol anaddas i blant ysgol.[57] Y mae'r ffaith i Lewis dderbyn cefnogaeth gan wŷr amlwg eraill yn yr eglwys Anglicanaidd, yn eu plith y Parchedig Thomas Briscoe o Fangor,[58] yn dangos bod ei safbwyntiau ef yn cynrychioli barn carfan sylweddol o fewn yr eglwys Anglicanaidd yng Nghymru.

Câi sylwadau fel y rhain eu defnyddio yn y 1890au gan arweinwyr y Rhyddfrydwyr a'r Ymneilltuwyr, yn enwedig aelodau mudiad Cymru Fydd, fel tystiolaeth o'r rhwyg rhwng trwch y boblogaeth yng Nghymru a'r Eglwys wladol. Er hynny, y mae'n amlwg hefyd i ddylanwad y diwygiad cenedlaethol yng Nghymru dreiddio i rengoedd y tirfeddianwyr a'r clerigwyr. Erbyn degawdau olaf y bedwaredd ganrif ar bymtheg, ychydig iawn ohonynt a ddadleuai dros ddileu'r iaith ac, fel y nododd Hywel Teifi Edwards, yr oedd nifer o'r tirfeddianwyr yn noddwyr i'r Eisteddfod ar lefel leol a chenedlaethol.[59] Ymffrostiai Cymdeithas y Cymmrodorion yn ei chysylltiad â boneddigion Cymru ac anogodd llawer o'r ymgyrchwyr dros y Gymraeg mewn addysg, yn enwedig Dan Isaac Davies, dirfeddianwyr Cymru i adennill ymdeimlad o Gymreigrwydd fel y gallent gipio awenau gwleidyddiaeth Cymru yn ôl oddi ar yr arweinwyr radicalaidd yr oedd ef yn ddrwgdybus ohonynt. Cafodd y mudiad i hyrwyddo'r Gymraeg mewn addysg rywfaint o gefnogaeth gan dirfeddianwyr. Yr oedd Arglwydd Dynevor yn un o'r cefnogwyr cynnar, a denodd y mudiad gydymdeimlad hefyd gan wŷr mwy dadleuol megis Arglwydd Penrhyn ac Ardalydd Bute.[60] Gellir priodoli'r gefnogaeth a gafwyd gan Arglwydd Dynevor i'r profiad ymarferol a gawsai fel rheolwr ysgol ac aelod o'r Bwrdd Ysgol mewn ardal Gymraeg, sef Llandeilo Fawr, ac y mae'r safbwynt hwn o'i eiddo yn enghraifft o'i ymarweddiad diragfarn ef mewn bywyd cyhoeddus yn gyffredinol. Mewn achosion eraill, fodd bynnag, gellir synhwyro cymhelliad gwleidyddol amlycach. Mewn ysgrif a gyhoeddwyd yn *Cymru Fydd* ym 1889,[61] anogodd J. Arthur Price fonheddwyr Cymru i ymdrechu i adennill ymdeimlad o Gymreigrwydd fel y gallent ailffurfio perthynas â'r gymuned. Yr oedd ei ddadl yn debyg i un Dan Isaac Davies sef, er y byddai'n amhosibl cael unfrydedd barn ynghylch materion megis pwnc y tir neu ddatgysylltiad, fod yr iaith yn fater diwylliannol a allai godi uwchlaw rhaniadau gwleidyddol a chrefyddol. Yn yr un modd, mynegwyd barn o fewn yr eglwys Anglicanaidd, gan David Williams a John Griffiths yn fwyaf arbennig: yr oedd y ddau o'r farn y dylai'r eglwys feithrin perthynas agosach â'r gymuned Gymraeg ei

57 PP 1887 XXX.

58 Ibid. PRO ED 92/8. Ffeil ar gyflwyno'r iaith Gymraeg yn ysgolion elfennol Cymru.

59 Hywel Teifi Edwards, *Gŵyl Gwalia: Yr Eisteddfod Genedlaethol yn Oes Aur Victoria 1858–1868* (Llandysul, 1980), tt. 352–60.

60 Llyfrgell Ganol Caerdydd, Papurau Evans, D. I. Davies at B. G. Evans, d.d.; Southall, *Wales and her Language*, tt. 206–10.

61 J. Arthur Price, 'Welsh Education and Welsh Public Life', *Cymru Fydd*, II, rhif 11 (1889), 593–604.

hiaith a thrwy hynny newid y ddelwedd ohoni fel gelyn yr iaith a'r diwylliant Cymraeg.[62] Yr oedd y rhain yn bobl rymus, ond methasant â sicrhau newid o bwys yn agwedd corff a oedd yn ddylanwad pwysig ar addysg yng Nghymru. Yr oedd y ffaith mai clerigwyr lleol a oedd yn gyfrifol o hyd am weinyddu ysgolion yr eglwys o ddydd i ddydd yn golygu bod angen argyhoeddi carfan sylweddol o bobl ynghylch manteision y Gymraeg. Yr oedd methiant yr elfen Gymraeg o fewn yr eglwys i ddylanwadu ar fwyafrif y clerigwyr yn profi bod yr eglwys Anglicanaidd yng Nghymru yn Seisnig iawn yn ei hanfod.

Hyd yma, trafodwyd effaith y dylanwadau Seisnig ar y rhai a reolai addysg yng Nghymru, ond y mae angen ystyried hefyd safbwyntiau'r rhieni a'r athrawon. Byddai Shadrach Pryce, yr uchaf ei gloch yn erbyn defnyddio'r Gymraeg mewn ysgolion, yn atgoffa'r Adran Addysg yn barhaus fod y rhan fwyaf o rieni yn awyddus i'w plant ddysgu Saesneg ac nad oedd ganddynt fawr o gydymdeimlad â barn y rhai a alwai am gyflwyno'r Gymraeg mewn ysgolion.[63] Wrth ystyried tystiolaeth Pryce, rhaid cofio am ei safbwynt diwyro ef ei hun ynglŷn â'r pwnc, ond y mae'n werth nodi un sylw a wnaed ganddo, sef mai ymhlith rhieni uniaith Gymraeg yr oedd y farn honno yn fwyaf amlwg. Yr oedd y rhain yn ymwybodol iawn o anfanteision methu siarad Saesneg, ac wrth wraidd eu hymrwymiad llwyr i'r iaith honno yr oedd y ffaith fod amryw o feysydd cyflogaeth ynghau iddynt. Ategir y dystiolaeth a gynigiwyd gan Pryce gan arolygwyr eraill, yn eu plith George Bancroft, yr arolygydd dros ogledd sir Benfro, a nododd hefyd fod rhieni yn ei ardal ef yn amharod i gefnogi cyflwyno'r Gymraeg.[64] Yn wahanol i Pryce, nid oedd gan Bancroft ragfarn yn erbyn y Gymraeg; yn wir, dangosai gryn gydymdeimlad â'r bobl yn ei ardal a ddadleuai o blaid defnyddio'r iaith honno. Yn arwyddocaol, fodd bynnag, nododd Bancroft fod mwy o ymwybyddiaeth o werth y Gymraeg yn dod i'r amlwg ymhlith rhieni yn ei ardal ef,[65] tuedd a oedd yn cyd-fynd â'r dystiolaeth a gofnodwyd gan Southall, sef bod rhieni yn cefnogi'r polisi o gyflwyno'r Gymraeg ym Mynyddislwyn a Bedwellte. Yn amlwg, yr oedd modd dylanwadu ar rieni trwy arweiniad cadarn athrawon ac awdurdodau addysg, a chafodd llawer eu darbwyllo nad oedd cyfundrefn addysg a waharddai'r Gymraeg yn llwyr yn gwbl briodol yng Nghymru. Er hynny, y mae baich llethol y dystiolaeth yn dangos nad oedd mwyafrif y rhieni wedi eu hargyhoeddi o'r angen i hyrwyddo achos y Gymraeg yn yr ysgolion elfennol.

Wynebai athrawon y gorchwyl anodd o gysoni'r polisi swyddogol, sef sicrhau bod disgyblion yn dysgu Saesneg, â'r sefyllfa ymarferol o ddydd i ddydd mewn dosbarth lle'r oedd mwyafrif y plant yn uniaith Gymraeg, a llawer ohonynt yn mynychu'r ysgol mor anaml fel bod yn rhaid ailddysgu'r egwyddorion symlaf

[62] Southall, *Wales and her Language*, tt. 210–11.
[63] *Report of the Committee of Council on Education*, 1882–3, tt. 416–29.
[64] Ibid., 1888–9, t. 366.
[65] Ibid.

iddynt dro ar ôl tro.[66] Nid oes dwywaith nad oedd yn well gan athrawon yn aml weithredu yn unol â'u barn eu hunain yn hytrach na dilyn polisi a orfodwyd arnynt. Yn ôl atgofion unigolion megis T. E. Nicholas yn Hermon, yng nghalon y fro Gymraeg yn y Preselau, a T. Gwynn Jones neu Henry Jones,[67] yr oedd y Gymraeg wedi ei gwahardd yn llwyr o'r ysgol ar orchymyn y prifathro. Yr oedd Undeb Cenedlaethol yr Athrawon Elfennol (NUET) yn cynnwys elfen sylweddol a oedd yn hollol wrthwynebus i roi unrhyw hawliau i'r Gymraeg. Yn eu plith yr oedd aelodau cangen Llanbedr Pont Steffan ac Aberaeron, a gredai'n gryf o hyd yn rhinwedd y dull uniongyrchol o ddysgu Saesneg, er eu bod yn gwasanaethu yn un o ardaloedd Cymreiciaf Cymru.[68]

Tanlinellid yr agweddau hyn hefyd gan ethos Seisnig yr ysgolion canolradd newydd yr oedd eu naws yn adlewyrchu dylanwad grymus traddodiad clasurol yr ysgol Seisnig nodweddiadol. Y mae modd dadlau bod methiant yr ysgolion canolradd hyn i ddilyn trywydd a oedd, erbyn hynny, yn cael ei argymell ar y lefel elfennol, yn peri eu bod hwy'n fwy diffygiol yn y maes hwn nag yr oedd sylfaenwyr yr ysgolion elfennol ym 1870.

Er hynny, nid yw'n wir i ddweud na ddefnyddid y Gymraeg o gwbl yn yr ysgolion yn y cyfnod hwn. Dengys enghreifftiau o unigolion megis ysgolfeistres Ystumtuen, a geryddwyd gan arolygydd ysgolion ym 1878 am siarad Cymraeg â'i disgyblion,[69] fod rhai athrawon wedi gorfod wynebu cerydd swyddogol neu feirniadaeth gyhoeddus gan nad oedd ganddynt unrhyw ddewis ond defnyddio'r Gymraeg yn eu hysgolion. Yn sir Gaernarfon, nododd E. T. Watts AEM mai ail iaith oedd y Saesneg mewn rhai ysgolion, datblygiad a barai gryn ofid iddo, er ei fod yn gefnogwr cryf i'r arfer o ganiatáu bod rhywfaint o Gymraeg, o fewn rheswm, yn cael ei siarad yn yr ysgol.[70] Sylweddolodd Undeb yr Athrawon Elfennol mor bwysig oedd y mater wrth i'w aelodau yng Nghymru ymgyrchu'n unedig drosto. Yn gyntaf, yr oedd nifer o aelodau'r undeb yn awyddus i weld safon arholiadau yng Nghymru yn cael ei ostwng er mwyn cymryd i ystyriaeth yr anawsterau a wynebai aelodau'r proffesiwn a wasanaethai gymuned yr oedd y Gymraeg yn iaith gyntaf iddi. Yr oedd hwn yn fater arbennig o bwysig ar adeg pan oedd cyflogau athrawon yn dibynnu ar ganlyniadau ffafriol mewn arholiadau. Er hynny, ni chyfyngodd yr undeb ei weithgareddau i hyrwyddo dull haws o arholi. Yr oedd yr undeb yn fforwm ar gyfer trafodaeth fanwl ynghylch defnyddio'r

66 Tom Elias, 'The Problems of Teachers in the Rural Areas of Wales' yn *NUT Conference: Aberystwyth Souvenir* (Aberystwyth, 1933), tt. 134–9.

67 T. Gwynn Jones yn *NUT Conference Handbook* (London, 1911), t. 249; Jones, *Old Memories*, t. 32; David W. Howell, *Nicholas of Glais: The People's Champion* (Clydach, 1991), t. 6.

68 Llyfrgell Ganol Caerdydd, Papurau Evans, Cangen Llanbedr Pont Steffan ac Aberaeron o Undeb Cenedlaethol yr Athrawon Elfennol (NUET) at B. G. Evans, d.d. Y mae Williams, 'Patriots and Citizens' hefyd yn nodi bod tuedd i ystyried y rhai a oedd ag amheuon dilys ynghylch dysgu'r Saesneg trwy gyfrwng y Gymraeg yn 'wrth-Gymraeg'.

69 Griffith G. Davies, 'Addysg Elfennol yn Sir Aberteifi, 1870–1902', *Ceredigion*, IV, rhan 4 (1963), 367.

70 David Thomas, 'Reminiscences of a School Inspector', *NUT* (1933), tt. 146–57.

Gymraeg wrth ddysgu'r Saesneg ac ynghylch gwerth cynhenid y Gymraeg. Unwaith eto, ni welir patrwm clir yn natganiadau'r canghennau unigol. Er hynny, y mae'n amlwg fod nifer o weithredwyr blaenllaw, gan gynnwys rhai o'r tu allan i Gymru, yn gweld manteision defnyddio a meithrin yr iaith frodorol.[71] Dangosodd gwaith ymchwil gan Gymdeithas y Cymmrodorion ym 1885 fod y rhan fwyaf o athrawon (ac nid aelodau undeb yn unig) o blaid gwneud y Gymraeg yn bwnc astudio yn yr ysgol. Cafwyd ymateb cadarnhaol gan fwy na'u hanner (53.9 y cant) i'r cwestiwn 'a ydych yn ystyried y deuai mantais yn sgil cyflwyno'r iaith Gymraeg yn bwnc penodol fel rhan o addysg elfennol yng Nghymru', gyda 40.9 yn erbyn a'r gweddill heb benderfynu. Cynrychiolai'r sampl oddeutu 6.8 y cant o holl athrawon Cymru ac y mae lle i amau sail wyddonol yr arbrawf.[72] Er hynny, gwelir hyd yn oed o'r dystiolaeth a gyflwynwyd gan gorff a oedd wedi ymrwymo i hyrwyddo'r iaith fod gwahaniaeth barn ynglŷn â'r mater ymhlith athrawon Cymru.[73] Rhaid holi hefyd pa mor effeithiol oedd y modd y cyflwynodd y proffesiwn dysgu ei achos i'r Adran Addysg. Undeb yr Athrawon Elfennol oedd eu hunig gyfrwng, ond ar y pryd nid oedd wedi datblygu'n llawn fel undeb llafur ac nid oedd yn cynrychioli mwyafrif yr athrawon. Yr unig weithgareddau a gynhelid gan lawer o'i ganghennau oedd darlithoedd ac achlysuron cymdeithasol. Yn ogystal, yr oedd y ffaith na cheid safbwynt unol ynglŷn â'r iaith Gymraeg yn rhwystro'r undeb rhag argymell gwahardd na hyrwyddo'r Gymraeg yn yr ysgolion. Unwaith eto, yr oedd corff a allai fod wedi dylanwadu'n gryf ar lunwyr polisi yn cael ei lesteirio gan ei ddiffyg eglurder ef ei hun ynglŷn â'r mater. Yn sicr, nid oedd bywyd athro yng Nghymru ar ddiwedd y bedwaredd ganrif ar bymtheg yn un hawdd. Nid oedd statws athrawon, fel grŵp, wedi ei ddiffinio'n eglur ac yr oedd llawer ohonynt yn anfodlon mynegi barn ar faterion dadleuol. Mabwysiadai'r mwyafrif llethol y polisi doeth o ddilyn arweiniad pobl flaenllaw yn y gymuned. At hynny, yr oedd athrawon mewn sefyllfa anodd oherwydd bod eu cyflogau, a pharhad eu swyddi, weithiau, yn dibynnu ar adroddiadau ffafriol gan arolygwyr ysgolion. Mewn amgylchiadau o'r fath, yr oedd safbwyntiau'r arolygwyr, yn enwedig y rhai hynny a oedd yn gyfrifol am yr ardal benodol lle y cyflogid yr athro, yn anochel yn lliwio barn athrawon. Er i rai athrawon arloesi o ran defnyddio'r Gymraeg fel iaith answyddogol, gwneud hynny'n llechwraidd a wnâi llawer ohonynt, a hynny o reidrwydd yn hytrach nag o ddewis.

Erbyn diwedd cyfnod y Byrddau Ysgol, yr oedd safle'r iaith Gymraeg mewn ysgolion elfennol yn sicr yn gryfach nag yr oedd ym 1870. Cafwyd agwedd fwy cydymdeimladol gan yr Adran Addysg yn sgil mabwysiadu argymhellion

[71] *Llanelli Guardian*, 30 Hydref 1884; *The Schoolmaster*, 9 Chwefror 1884; LlGC, Papurau T. E. Ellis, 2111.

[72] Yn ôl cyfrifiad 1891 yr oedd cyfanswm o 9,137 o athrawon yng Nghymru.

[73] *Report of the Commissioners appointed to Inquire into the Elementary Education Acts, England and Wales* (Cross Commission). Appendix of written evidence from the Society for Utilizing the Welsh Language (PP 1888 XXXV).

Comisiwn Cross, a benodwyd i ymchwilio i holl agweddau cyflwyno Deddf 1870 yng Nghymru a Lloegr ac a gyflwynodd ei adroddiad terfynol ym 1888.[74] Cawsai'r Gymraeg statws pwnc penodol, a'i chydnabod felly yn rhan swyddogol o faes llafur yr ysgol ac yn bwnc a ystyrid gan yr Adran Addysg yn werth ei astudio.[75] Ond er mor bwysig oedd y gydnabyddiaeth swyddogol hon, cyfyngedig iawn o hyd oedd y defnydd a wneid o'r Gymraeg. Er gwaethaf ei gwneud yn bwnc penodol ac, yn ddiweddarach, yn bwnc ystafell ddosbarth, ni ddaeth y Gymraeg yn rhan hanfodol o waith yr ysgol. Cyfnod oedd hwn pan ganolbwyntiai ysgolion bron yn gyfan gwbl ar ddarllen, ysgrifennu a rhifo, a pharheid i wneud y gweithgareddau hynny yn Saesneg. Safle atodol a oedd i'r Gymraeg, megis celfyddyd, daearyddiaeth neu hanes. Yr oedd yn rhan o'r gwaith yr oedd athrawon yn ei ystyried yn addysgol bwysig ac ysgogol, ond nid yn flaenoriaeth. Cynhwysai'r maes llafur Cymraeg rywfaint o ramadeg ffurfiol, cyfieithu o'r Saesneg i'r Gymraeg ac o'r Gymraeg i'r Saesneg, darn arddweud, dysgu pennill Cymraeg ac ysgrifennu traethawd yn Gymraeg. Ychydig iawn o gyfle a geid i ddatblygu geirfa newydd ac, yn sicr, yr oedd plant yn gwybod mwy am enwogion hanes a llenyddiaeth Lloegr nag am arwyr eu gwlad eu hunain.

Nid oedd mwyafrif pobl Cymru yn teimlo'n gryf ynghylch yr iaith, ac ychydig oedd y rhieni a boenai fod eu plant yn colli eu Cymraeg. Yn nhyb llawer ohonynt, nid oedd lle i'r Gymraeg yn y byd modern, blaengar a oedd yn cael ei greu gan ddiwydiant ac imperialaeth. Perthynai'r Gymraeg i'r gorffennol gwledig yn hytrach nag i'r gymdeithas drefol egnïol a glodforid yn y wasg Gymraeg fel un a gynigiai gyfleoedd cyffrous at y dyfodol.

Yr oedd y syniadau a fodolai ar ddiwedd cyfnod y Byrddau Ysgol ynghylch gwerth y Gymraeg yn wahanol i'r rhai a oedd wedi dylanwadu ar agweddau swyddogol a barn y cyhoedd ym 1870. Er na châi'r Gymraeg bellach ei hystyried yn rhwystr, nid oedd fawr o rinweddau yn perthyn iddi ychwaith. Wedi 1902 daeth y cynghorau sir yn gyfrifol am reoli addysg elfennol, ac yn sgil hynny daeth rheolaeth yr elfen Anglicanaidd Seisnig ar gyfran helaeth o ysgolion elfennol Cymru i ben. Er hynny, ychydig o newid a gafwyd yn statws y Gymraeg yn yr ysgolion. Ar ôl i reolau Morant ym 1905 sefydlu'r egwyddor o ryddid ym maes llafur ysgolion elfennol, cafwyd mwy fyth o gyfyngu ar swyddogaeth yr Adran Addysg mewn ysgolion. Ni fanteisiodd ysgolion Cymru ar y rhyddid hwn i godi statws y Gymraeg nac ychwaith i addasu'r maes llafur i ateb gofynion penodol Cymru. Er mai'r Gymraeg oedd iaith answyddogol y maes chwarae a'i bod yn dal i gael ei dysgu fel pwnc atodol, y Saesneg oedd iaith addysg elfennol o hyd, bron yn ddieithriad.

Crëwyd rhagfarn gref, felly, ym meddyliau'r to a oedd yn codi yn erbyn yr iaith a'r diwylliant Cymraeg. Mewn adolygiad o gyfrol J. E. Southall, *Wales and her*

[74] Ibid., *Report*.

[75] PRO ED 92/8. Ffeil ar gyflwyno'r iaith Gymraeg yn ysgolion elfennol Cymru.

Language, honnodd Michael D. Jones fod y gyfundrefn addysg, trwy wahardd y Gymraeg a throsglwyddo gwybodaeth gyfyngedig o'r Saesneg yn unig i blant, yn methu yn ei swyddogaeth bwysicaf.[76] Mynegwyd teimladau cyffelyb gan Tom Elias, prifathro ysgol Rhydlewis. Yr oedd ef yn un o bleidwyr cynnar addysg fwy Cymreig ei natur (o safbwynt cynnwys y cwricwlwm yn ogystal â'r iaith), a thynnodd sylw at effeithiau seicolegol niweidiol cyfundrefn addysg Seisnigaidd a fyddai'n peri i blant ymwrthod â'r iaith frodorol pan fyddent yn hŷn.[77] Efallai na fu i'r ysgolion a grëwyd yn sgil Deddf 1870 ladd yr iaith Gymraeg, ond bu llawer ohonynt yn gyfrifol am feithrin agweddau a fyddai'n annog y sawl a addysgid ynddynt i beidio â throsglwyddo'r iaith i'w plant.

[76] *Y Celt*, 23 Medi 1892.
[77] Elias, *NUT* (1933), tt. 136–7.

18

Yr Iaith Gymraeg a Gwleidyddiaeth 1800–1880

IEUAN GWYNEDD JONES

IAITH YMYLOL ac achlysurol oedd y Gymraeg ym myd gwleidyddiaeth Cymru cyn Deddf Ddiwygio 1832, a hynny am nifer o resymau. Yn gyntaf oll, yr oedd y Gymraeg yn iaith ddarostyngedig,[1] a gwleidyddiaeth, boed yn lleol neu ar lefel seneddol, yn faes gwaharddedig iddi i bob pwrpas. Y Saesneg oedd iaith grym: hi oedd iaith y cyfansoddiad, y gyfraith a'r llywodraeth, iaith cofnodion swyddogol, a gweithgareddau biwrocrataidd y swyddogion a drefnai etholiadau ac ymgyrchoedd seneddol. Oherwydd mai'r Gymraeg oedd iaith y dosbarthiadau israddol a gwaharddedig yn wleidyddol, iaith pobl ddibleidlais yn hytrach na'r rhai a etholfreiniwyd, nid oedd iddi le mewn materion mor fawr a phwysig â dychwelyd aelodau seneddol, neu ethol cynrychiolwyr a swyddogion llywodraeth leol. Yn y pethau hynny, hi oedd iaith y di-rym.

Ni olyga hynny ei bod yn anaddas ar gyfer trafod gwleidyddiaeth ac nad oedd yn bosibl cynnal trafodaethau o'r fath trwy gyfrwng yr iaith Gymraeg. I'r gwrthwyneb, buasai'r Gymraeg erioed yn gyfrwng i drafod ideoleg a pholisïau'r llywodraeth, yn enwedig yr agweddau ar fywyd preifat a chyhoeddus lle'r oedd polisïau yn ymyrryd â hawliau crefyddol fel y'u diffiniwyd gan y Ddeddf Goddefiad (1689) a'r ddeddfwriaeth a ddaeth yn ei sgil. Yn hyn o beth, rhannai'r Ymneilltuwyr Cymraeg yr un diwylliant â'u cyd-addolwyr yn Lloegr. Yr oeddynt dan anfantais, fodd bynnag, gan nad oedd y rhan fwyaf o'r testunau allweddol – yn rhai athronyddol, diwinyddol a chyfreithiol – ar gael yn y Gymraeg, ac er bod digon o ysgolheigion Cymraeg wedi bod yn ymdrechu i sicrhau y cyhoeddid gweithiau newydd pwysig yn y Gymraeg, mewn diwinyddiaeth yr oedd eu diddordeb pennaf hwy, ac ni roddid cymaint o sylw i weithiau athronyddol a

[1] Michael J. Shapiro, *Language and Political Understanding: The Politics of Discursive Practices* (London, 1981), t. 191.

gwleidyddol.[2] Dros y blynyddoedd meithrinwyd rhyw ddealltwriaeth gochelgar ac amheugar ynghylch gweithrediadau'r llywodraeth, ond nid oedd corff beirniadol o wybodaeth ar gael am y cyfansoddiad nac am natur llywodraeth. Trwy gydol y ddeunawfed ganrif yr oedd gofyn yn aml i Ymneilltuwyr amddiffyn eu hawliau fel unigolion ac fel grŵp, a gwrthsefyll erledigaeth drwy bob cyfrwng cyfreithiol a chyfansoddiadol posibl. Fodd bynnag, oherwydd eu dibyniaeth anorfod ar eu cyfeillion yn Lloegr, yn enwedig y Dirprwyon Ymneilltuol Protestannaidd,[3] yr oedd yn rhaid cynnal llawer o weithgarwch o'r fath, ar y lefelau uchaf, yn Saesneg. Ymhlith y gynulleidfa, ar y llaw arall, y Gymraeg oedd iaith y trafod o ddydd i ddydd.

Dan amgylchiadau arbennig, gallai'r iaith Gymraeg ei hun, oherwydd ei diffyg bri a'r ffaith nad oedd iddi le ym myd gweinyddiaeth a llywodraeth, ysgogi gweithredu gwleidyddol gan rai a chanddynt achos i deimlo'n chwerw oherwydd canlyniadau cymdeithasol y statws a roddid iddi. Ymhlith yr enghreifftiau a gafwyd yn ystod hanner cyntaf y ganrif yr oedd diddymu Llysoedd y Sesiwn Fawr ym 1830,[4] cynlluniau Comisiynwyr yr Eglwys ym 1836 i uno esgobaethau Bangor a Llanelwy i greu esgobaeth newydd ym Manceinion,[5] a chyhoeddi Adroddiad y Comisiwn Ymchwil i Gyflwr Addysg yng Nghymru ('Brad y Llyfrau Gleision') ym 1847.[6] Yr oedd y rhain yn faterion gwahanol iawn i'w gilydd ac yn effeithio ar wahanol ddosbarthiadau o bobl, o'r bonedd i'r clerigwyr Anglicanaidd, hyd at y bobl a'r cymunedau dosbarth-canol a dosbarth-gweithiol cyffredin, ond yr oeddynt i gyd yn rhannu'r un pryder angerddol ynglŷn â gwerth a phwysigrwydd yr iaith Gymraeg. Pwysleisiai'r rhai a amddiffynnai Lysoedd y Sesiwn Fawr pa mor hynafol oeddynt, gan nodi bod pob math o bobl, dros y blynyddoedd, wedi dod i gydnabod eu hawdurdod. At hynny, yr oedd y llysoedd hyn yn rhoi cydnabyddiaeth ddyladwy i'r Gymraeg wrth weinyddu'r gyfraith. Bu

2 Meredydd Evans, 'Athronyddu yn Gymraeg: Braenaru'r Tir', *EA*, LVIII (1995), 68–85. Gw. *Yr Adolygydd*, III (1850), 390, am y safbwynt nad oedd hi'n syndod na châi athroniaeth a rhesymeg eu hastudio'n fynych yng Nghymru gan fod yr holl faterion gwleidyddol a chyfreithiol yn cael eu gweithredu yn Saesneg. Yr oedd *The Star of Gwent*, 1, 1859, o'r farn fod rhai awdurdodau Seisnig yn casáu'r Cymry ac yn eu trin fel petaent yn anwariaid. Priodolai Syr Thomas Phillips hyn i anallu gweinyddol y Cymry. Thomas Phillips, *Wales: The Language, Social Condition, Moral Character and Religious Opinions of the People Considered in their Relation to Education . . .* (London, 1849), t. 59.

3 Bernard Lord Manning, *The Protestant Dissenting Deputies* (Cambridge, 1952).

4 R. T. Jenkins, *Hanes Cymru yn y Bedwaredd Ganrif ar Bymtheg* (Caerdydd, 1933), tt. 98–100. Ceir yr adroddiad llawnaf yn John Rhys a David Brynmor-Jones, *The Welsh People* (London, 1900), tt. 386–94. Am y Ddeddf ei hun (An Act for the more effectual administration of Justice in England and Wales, 1 Will. 4, c.70), gw. Ivor Bowen (gol.), *The Statutes of Wales* (London, 1908), tt. 239–48. Gw. hefyd Hywel Moseley, 'Gweinyddiad y Gyfraith yng Nghymru', *THSC* (1973), 16–36.

5 Roger L. Brown, *Lord Powis and the Extension of the Episcopate* (Tongwynlais, 1989); Owen Chadwick, *The Victorian Church* (2 gyf., ail arg., London, 1970), I, tt. 229–30, 235.

6 Prys Morgan (gol.), *Brad y Llyfrau Gleision: Ysgrifau ar Hanes Cymru* (Llandysul, 1991), ac Ieuan Gwynedd Jones, *Mid-Victorian Wales: The Observers and the Observed* (Cardiff, 1992), tt. 103–65.

bonedd gorllewin Cymru yn amlwg yn yr ymgyrch i rwystro eu diddymu, ond chwaraeodd y bobl gyffredin eu rhan yn ogystal. Yn yr un modd, wrth ddadlau yn erbyn uno'r ddwy esgobaeth yng ngogledd Cymru, pwysleisid eu hynafiaeth, yn ogystal â'r ffaith eu bod yn sefydliadau Cymreig lle'r oedd iaith hynafol Cymru yn flaenllaw a llewyrchus. Nid oes amheuaeth nad oedd cyhoeddi adroddiad 1847 yn drobwynt yn natblygiad ymwybyddiaeth wleidyddol yng Nghymru, a bod gwŷr ieuainc megis Henry Richard, a ddaeth wedi hynny yn flaenllaw mewn ymgyrchoedd yn erbyn y sefydliad yn yr eglwys a'r wladwriaeth, wedi eu hysbrydoli gan ymateb cyffredinol y genedl i'r adroddiad.

Ond yr oedd mwy i'r mater hwn na thrafod yn unig. Yr oedd amddiffyn hawliau cyfansoddiadol yn golygu defnyddio dulliau arbennig o weithredu gwleidyddol, yn enwedig deisebu'r senedd. Yn ei hanfod, gweithred wleidyddol ddigon elfennol oedd deisebu, ond gan mai dyma'r unig ddull cyfansoddiadol a oedd gan unigolion a chymunedau o wneud eu barn ynghylch mesurau penodol yn wybyddus i'r cyrff deddfwriaethol, a'r unig ffordd y gellid dwyn y farn gyhoeddus i olau dydd, daeth yn fwyfwy cyffredin, yn enwedig yn ystod cyfnod y Chwyldro Ffrengig a'r rhyfeloedd yn erbyn Ffrainc.[7] Deisebu oedd hoff ddull y radicaliaid cymedrol o greu cynnwrf; yr oedd yn ddull llawer amgenach na'r terfysgoedd a'r helyntion torfol a drefnid gan y dosbarthiadau gweithiol newydd, ac a darfai ar yr heddwch nes bod rhaid galw ar y milwyr i geisio adfer trefn. Perthnasedd deisebu o ran defnyddio'r iaith Gymraeg at ddibenion gwleidyddol yw ei fod yn golygu trefnu niferoedd mawr o bobl i gefnogi neu wrthwynebu polisïau penodol, fel arfer mewn cyfarfodydd a gwrthdystiadau cyhoeddus. Yn Saesneg, bron yn ddieithriad, y llunnid y deisebau, ond Cymraeg oedd iaith y trafod a'r dadlau a oedd yn sail iddynt. Cafwyd adroddiadau am lawer o'r cyfarfodydd hyn mewn cylchgronau Cymraeg megis *Seren Gomer*, lle y cyhoeddid yn aml enghreifftiau o ddeisebau a fyddai wedyn yn cael eu copïo, eu casglu a'u rhoi i aelod seneddol cydymdeimladol i'w cyflwyno yn Nhŷ'r Cyffredin, neu i un o aelodau Tŷ'r Arglwyddi. Yr oedd deisebu, felly, yn elfen bwysig yn addysg wleidyddol y bobl.

Yr oedd deisebu yng Nghymru bob amser ar ei gryfaf pan oedd yn ymwneud â chrefydd, ac yn y cyd-destun crefyddol y darganfu bywyd gwleidyddol Cymru ei lais arbennig ei hun ac y dysgodd ei ddefnyddio yn effeithiol.[8] Er enghraifft, bu pwnc rhyddfreinio'r Pabyddion, a gynhyrfai'r wlad o 1825 ymlaen, yn fodd i ysgogi llu o ddeisebau naill ai o blaid neu yn erbyn y mesur hwnnw. Ym 1828 cafodd mwy

[7] Ar ddeisebu, gw. O. S. Opp, *Wharton's Law Lexicon* (London, 1938), t. 760. Yn amodol ar rai cyfyngiadau, ymgorfforwyd hawl y deiliad i ddeisebu'r brenin neu aelodau Tŷ'r Cyffredin neu Dŷ'r Arglwyddi yn y Mesur Iawnderau. Gw. hefyd Elie Halévy, *A History of the English People in the Nineteenth Century, Vol. 1, England in 1815* (London, 1960), tt. 153, 159.

[8] Gw. Ieuan Gwynedd Jones, 'Wales and Parliamentary Reform' yn A. J. Roderick (gol.), *Wales Through the Ages* (2 gyf., Llandybïe, 1960), II, tt. 134–5.

na 150 o ddeisebau yn galw am ddiddymu'r Deddfau Prawf a Chorfforaeth, a oedd yn gwahardd Ymneilltuwyr rhag dal swyddi gwleidyddol, eu hanfon o Gymru i Dŷ'r Cyffredin. Fe'u hanfonwyd o'r rhan fwyaf o siroedd Cymru, ond yn bennaf o dde Cymru, a chan bob un o'r enwadau ac eithrio'r Methodistiaid Calfinaidd, a oedd yn dod yn fwyfwy anfoddog i ganiatáu i'w heglwysi eu cysylltu eu hunain ag unrhyw weithgarwch gwleidyddol o naws radicalaidd. Cafodd pump o'r arweinwyr blaenllaw, yn eu plith Hugh Hughes yr arlunydd, eu hesgymuno o Gapel Jewin, un o gapeli mwyaf ffyniannus y Methodistiaid Calfinaidd Cymraeg yn Llundain, am ddeisebu o blaid rhyddfreinio'r Pabyddion ym 1829, a chadarnhawyd hynny yn ddiweddarach gan Gymanfa Gyffredinol yr enwad.[9]

Yn gyffredinol, ystyriai Ymneilltuwyr Cymru a Lloegr mai diddymu'r Deddfau Prawf a Chorfforaeth ym 1828 oedd eu buddugoliaeth fawr gyntaf. Parhau, fodd bynnag, yr oedd y cwynion ynghylch anghyfiawnderau eraill, megis trethi'r eglwys, degymau, gwahardd Ymneilltuwyr o brifysgolion Rhydychen a Chaergrawnt, a'r gwarth fod swyddogion plwyfi yn gwrthod caniatáu claddu Ymneilltuwyr mewn mynwentydd plwyf yn unol â'u defodau eu hunain. Yr oedd llwyddiant eu hymgyrchu yn erbyn y deddfau cosbi yn dystiolaeth fod maes gweithgarwch gwleidyddol yr Ymneilltuwyr yn ehangu, ond yr oedd y ffaith na cheid strwythurau enwadol trefnus, a bod y capeli o'r herwydd wedi eu hynysu, yn argoeli'n wael ar gyfer llwyddiant ymgyrchoedd tebyg yn y dyfodol.

Yn wir, hyd yn oed yn y meysydd cyfyng hyn, yr oeddynt yn rhy obeithiol, oherwydd yr oedd Cymru ar ei hôl hi yn ddifrifol mewn materion seciwlar, gan gynnwys yr un hollbwysig, sef diwygio seneddol. Ceir rhywfaint o dystiolaeth fod y cymdeithasau diwygio cynnar, megis y London Corresponding Society a sefydlwyd ym 1792, yn weithgar ar brydiau mewn rhai rhannau o Gymru, a bod rhywfaint o'u llenyddiaeth wedi ei chyfieithu i'r Gymraeg.[10] Yr oedd y mudiadau diwygio yn fwy gweithgar yn y cyfnod ar ôl Rhyfel Napoleon, pan ddaeth Ymneilltuaeth wleidyddol o natur fwy radical i'r amlwg ym Merthyr Tudful a threfi haearn de Cymru, ac ym mro Morgannwg. Câi'r cynulleidfaoedd Ymneilltuol radicalaidd, y mwyafrif ohonynt ond nid y cyfan yn Undodiaid, eu harwain gan Gymry alltud a berthynai i'r dosbarth canol a'r dosbarth canol is a oedd yn brigo, pobl a oedd wedi eu trwytho mewn pynciau 'modern' ac a oedd yn ddemocratiaid a gwladgarwyr angerddol. Cefnogent y cymdeithasau cyfeillgar, yn enwedig y rhai Cymreig, megis yr 'Hen Frythoniaid'; cydymdeimlent ag amcanion undebaeth lafur gynnar, ac yr oeddynt yn gefnogwyr brwd i'r eisteddfod.[11] Fel y gweddai i Ymneilltuwyr, yr oeddynt yn gyfarwydd â'r grefft o

[9] Am y *cause célèbre*, gw. Gomer M. Roberts, *Y Ddinas Gadarn: Hanes Eglwys Jewin, Llundain* (Llundain, 1974), tt. 62–8, a Peter Lord, *Hugh Hughes: Arlunydd Gwlad 1790–1863* (Llandysul, 1995), tt. 159–67.

[10] David Wager, 'Welsh Politics and Parliamentary Reform, 1780–1832', *CHC*, 7, rhif 4 (1975), 427–49.

[11] Am y radicaliaeth gynnar hon, gw. Gwyn A. Williams, *The Merthyr Rising* (London, 1978), a Sian Rhiannon Williams, *Oes y Byd i'r Iaith Gymraeg: Y Gymraeg yn Ardal Ddiwydiannol Sir Fynwy yn y Bedwaredd Ganrif ar Bymtheg* (Caerdydd, 1992), yn enwedig pennod 3.

ddeisebu, ond yn llawer llai amharod nag Ymneilltuwyr uniongred i ddefnyddio'r un dulliau ymgyrchu ar faterion gwleidyddol cyfoes. Rhoddasant gynnig ar ddeisebu dros ddiwygio seneddol ym 1815,[12] ond cawsant eu rhwystro rhag gwneud hynny gan y meistr haearn William Crawshay. Wrth i'r cyni yn sgil y rhyfel waethygu, fodd bynnag, yr oeddynt ymhlith y rhai a briodolai'r dirwasgiad i gamlywodraethu, ac ailddechreuwyd ymgyrchu dros ddiwygio'r senedd. A barnu yn ôl y gofod cynyddol a roddid yng nghylchgronau a phapurau newydd y cyfnod i wleidyddiaeth a chyflwr y wlad, yr oedd carreg filltir bwysig yn y proses o wleidyddoli'r bobl wedi ei chyrraedd, a'r iaith Gymraeg yn cael ei defnyddio fwyfwy at ddibenion gwleidyddol.[13]

Ar y pryd, ac am flynyddoedd lawer wedi hynny, cwynai pobl fod y Cymry yn ddifater ynghylch gwleidyddiaeth, a cheir tystiolaeth fod sail i'r feirniadaeth honno. Y mae'n ddigon posibl mai'r hyn a oedd wrth wraidd hyn oedd fod Cymru wedi ei hynysu'n ddaearyddol, a bod gwahaniaethau cymdeithasol a diwylliannol dybryd rhwng y Cymry a'u cymdogion yn Lloegr. O'i chymharu â threfi diwydiannol a siroedd amaethyddol cyfoethog Lloegr, yr oedd Cymru yn wlad annatblygedig na allai roi addysg wleidyddol gyflawn i'w phobl. Prin oedd nifer y papurau newydd a'r cylchgronau a gyhoeddid, boed yn Gymraeg neu yn Saesneg, ac yr oedd seiliau ariannol y rhan fwyaf ohonynt yn fregus iawn. Dibynnai'r cylchgronau, yn enwedig, ar yr enwadau crefyddol am eu darllenwyr.[14] Er gwaethaf y twf yn eu niferoedd yn ystod degawdau canol y ganrif, yr oedd hon yn gŵyn a leisid yn gyson yn y cylchoedd radicalaidd Cymreig yn eithaf hwyr yn ail hanner y ganrif.[15] Câi nifer cynyddol o bamffledi ac areithiau Saesneg eu cyfieithu i'r Gymraeg, ond cwestiwn arall yw faint o gylchrediad a oedd iddynt. Tueddai'r radicaliaid Ymneilltuol Cymreig, heblaw am rai eithriadau, i ystyried y bobl a geisiai newid strwythur y llywodraeth yn eithafwyr peryglus. O'r pedwar cant neu ragor o ddeisebau a gyflwynwyd i'r Senedd ym 1817 yn galw am ddiwygio, dim ond un a ddaeth o Gymru.[16] Cafwyd cyffroadau lawer, ym myd amaeth yn ogystal ag ym myd diwydiant, ond fe'u hachoswyd gan ddirwasgiadau economaidd mynych yn hytrach na chan rym ideolegau a phwyso am newid gwleidyddol. Pan fyddai'r economi yn llewyrchus byddai'r mudiadau diwygio yn edwino, a thrafodaethau

[12] Williams, *Oes y Byd*, t. 73.

[13] Ar dwf y wasg wleidyddol, gw. Thomas Evans, *The Background of Modern Welsh Politics 1789–1846* (Cardiff, 1936), Jenkins, *Hanes Cymru*, ac Aled Gruffydd Jones, *Press, Politics and Society: A History of Journalism in Wales* (Cardiff, 1993).

[14] Am y cylchgronau, gw. Huw Walters, *Llyfryddiaeth Cylchgronau Cymreig 1735–1850 / A Bibliography of Welsh Periodicals 1735–1850* (Aberystwyth, 1993), tt. xxv–xlv, ac am y newyddiaduron Beti Jones, *Newsplan: Report of the Newsplan Project in Wales. Adroddiad ar Gynllun Newsplan yng Nghymru* (London/Aberystwyth, 1994), tt. 35–42.

[15] E.e., er bod yr hanesydd llên Thomas Stephens, Merthyr Tudful, yn falch fod 'llenyddiaeth Cambria' yn cael ei datgysylltu oddi wrth y dafarn ac yn ymuno â'r capeli, gresynai at y ffaith fod y genedl 'yn analluog neu yn anewyllysgar i gynnal ei chyhoeddiadau heb eu bod mewn cyssylltiad ac enwadau crefyddol, ond felly mae'. Gw. Walters, *Llyfryddiaeth*, t. xxvi.

[16] Wager, 'Welsh Politics', 434.

gwleidyddol yn peidio, neu'n mynd rhagddynt yn dawel a disylw mewn cartrefi preifat neu yn ystafelloedd cefn y tafarnau.

Amodau o'r fath a benderfynai gwmpas a maint y gweithgareddau gwleidyddol, a gellid yn hawdd eu camgymryd am ddifaterwch. Yr oedd yr iaith Gymraeg ei hun yn rhwystr mawr i gyfathrebu, a thybid ei bod yn llesteirio cyfnewid syniadau rhwng y naill wlad a'r llall. Ystyriai rhai arweinwyr crefyddol, yn eu plith yr Esgob William van Mildert o Landaf, fod hyn yn fantais bendant oherwydd câi'r Cymry eu 'brechu' rhag heintiau megis anffyddlondeb, anwybodaeth grefyddol ac anffyddiaeth, y credid eu bod yn rhemp yn Lloegr.[17] Hefyd, yr oedd y rhan fwyaf o arweinwyr crefyddol Cymru yn ddynion cymedrol a phwyllog nad oeddynt yn hoff o eithafiaeth a thrais. Gwell ganddynt y manteision cadarn a ddaethai i'w rhan yn sgil eu hymddiriedaeth yn arweinwyr y Chwigiaid ym 1828 na rhethreg beryglus a chynlluniau penboeth y radicaliaid eithafol.

Felly, ni ddaeth diwygio seneddol yn bwnc trafod o bwys yng Nghymru tan yn hwyr iawn yn hanes y mudiad diwygio yn gyffredinol, sef ym 1830, pan oedd rheolaeth hir y Toriaid yn dod i ben, a dryswch gwleidyddol ac aflonyddwch cymdeithasol yn y wlad ac yn y trefi. Hyd yn oed wedyn, a barnu yn ôl mwyafrif y deisebau a anfonwyd i'r Senedd, yr hyn y galwai Cymru amdano oedd mesur cymedrol o ddiwygio yn hytrach na diwygiadau trwyadl, yn cynnwys y bleidlais i ddynion, y bleidlais ddirgel, a'r seneddau blynyddol neu deirblynyddol, a fynnid gan y radicaliaid. Ymgyrchu dosbarth-canol ei natur a gafwyd yng Nghymru wrth i'r tri mesur deithio drwy'r Senedd. Deuai'r pwysau o du'r dosbarthiadau is – o blith y gweithwyr haearn a'r glowyr, y gweithwyr â chrefft a'r rhai di-grefft – ac effaith hynny oedd creu mwstwr y bu'r dosbarth canol yn barod iawn i fanteisio arno, ond a ychwanegodd hefyd elfen o ofn a phanig, fel a ddigwyddodd ym Merthyr Tudful, lle y trodd y terfysgoedd yn 'wrthdystiad'.[18] Ym mhob un o'r cylchgronau, yn enwedig *Seren Gomer*, sef y mwyaf gwleidyddol-effro a deallus o'r dyrnaid cylchgronau a oedd ar gael ar y pryd, cafwyd adroddiadau ar y trafod-aethau ynglŷn â'r gyfres o fesurau Diwygio, a llawenhâi'r papur pan basiwyd y 'Mesur Diwygio Mawr' ym mis Mehefin 1832.[19]

At ei gilydd, bu'r newidiadau a gyflwynwyd i gyfundrefn etholiadol Cymru gan y Ddeddf Ddiwygio yn fanteisiol iawn i'r wlad. Cynyddodd nifer y seddau o saith ar hugain i ddeuddeg ar hugain; cafodd y siroedd dair sedd ychwanegol a'r

[17] 'Happy, indeed, is it for the lowly and sequestered, in such times as these, if he hears little of what is stirring in the busier world. Enviable is his lot, if, secluded in his native mountains, and unacquainted with any but his own aboriginal language, the wretched effusions of impiety and sedition issuing from the presses of the metropolis are to him almost, if not altogether, inaccessible. In this respect, many parts of the Principality may have reason to rejoice in retaining their vernacular tongue.' William van Mildert, *A Charge delivered to the Clergy of Llandaff in 1821* (London, 1821), t. 16. Erbyn canol y ganrif yr oedd pethau wedi newid. Gw. *Y Diwygiwr*, XVI, rhif 189 (1851).

[18] Ar y digwyddiad hwn, gw. Williams, *The Merthyr Rising*.

[19] Ar basio'r Ddeddf Ddiwygio, gw. Michael Brock, *The Great Reform Act* (London, 1973), a Charles Seymour, *Electoral Reform in England and Wales, 1832–85* (Newton Abbot, 1970).

bwrdeistrefi ddwy, yn eu plith yr etholaethau diwydiannol allweddol, Merthyr Tudful ac Abertawe, sef y ddwy dref fwyaf yn y wlad. Cam pwysicach oedd rhyddfreinio deunaw o fwrdeistrefi newydd yn fwrdeistrefi cyfrannol. Yr oedd hwn yn newid pwysig iawn oherwydd cynyddwyd yn aruthrol y cyfle i'w pleidleiswyr gymryd rhan weithredol yng ngwleidyddiaeth Prydain.

Cam hollbwysig yn unrhyw ddatblygiadau o'r fath oedd y newidiadau yn yr etholfraint a gyflwynwyd gan y Ddeddf Ddiwygio, oherwydd byddai ymestyn yr etholfraint yn sicr o chwyddo nifer y Cymry Cymraeg a oedd â rhan mewn gwleidyddiaeth. O'r dechrau sylweddolwyd bod y newidiadau a gawsai eu cyflwyno yn llai radical nag yr oedd hyd yn oed golygyddion sidêt y cylchgronau Cymraeg wedi gobeithio amdano. Ychydig o wahaniaeth a wnaethant i'r niferoedd yn y siroedd, lle y parhaodd pleidlais y rhydd-ddeiliaid yr un fath, ond ychwanegwyd copiddeiliaid a rhai dosbarthiadau o ffermwyr-denantiaid atynt. Gellid dweud bod ychwanegu tenantiaid, yn enwedig tenantiaid wrth ewyllys neu ffermwyr bychain ar brydlesi blynyddol, at restrau'r pleidleiswyr cofrestredig yn eithriadol o bwysig, oherwydd yr oedd hynny'n sicrhau goruchafiaeth y teuluoedd traddodiadol. Nid ymddangosai fod dim byd wedi newid. Yn y bwrdeistrefi cyflwynwyd etholfraint unffurf o £10 i ddeiliaid tai, ac yn sgil hynny ychwanegwyd yn sylweddol at nifer y pleidleiswyr yn y bwrdeistrefi, gan gynnwys y rhai a gawsai eu rhyddfreinio o'r newydd. Eto i gyd, yn y bwrdeistrefi fel yn y siroedd, sicrhaodd y Ddeddf y byddai'r gynrychiolaeth, gydag amser, yn dod yn llai cynrychioliadol, oherwydd byddai'r hen etholfraint ryddfreiniol a oedd yn golygu, mewn rhai bwrdeistrefi, fod gan bron pob dyn dros un ar hugain oed bleidlais, yn dod i ben pan fyddai'r deiliad yn marw. Mewn bwrdeistrefi a ryddfreiniwyd o'r newydd, megis Merthyr Tudful, lle nad oedd rhyddfreinwyr i'w cael, yr oedd y Ddeddf yn cyfyngu'r hawl pleidleisio i berchenogion eiddo. Yr oedd pawb ac eithrio'r rhai a berthynai i haenau uchaf y dosbarthiadau gweithiol, megis gweithwyr haearn medrus a oedd ar gyflogau mawr, wedi eu hamddifadu o'r bleidlais i bob pwrpas, ac yr oedd y mwyafrif o'r pum cant o ddynion a ryddfreiniwyd ym 1832 yn siopwyr neu'n fasnachwyr bychain o'r dosbarth canol neu'r dosbarth canol is. Felly, sicrhaodd yr etholfraint newydd y byddai'r etholaethau yn parhau'n gyfyng, a phob un ohonynt, neu'r rhan fwyaf ohonynt beth bynnag, yn agored i gael eu rheoli gan y bonedd yn y siroedd a'r bwrdeistrefi bychain gwledig, a chan y meistri haearn a'r mwyndoddwyr copr a'r cynhyrchwyr eraill yn y bwrdeistrefi diwydiannol. Mewn poblogaeth gyfan o ychydig dros 900,000 ceid 37,000 o bleidleiswyr sirol ac 11,000 o bleidleiswyr bwrdeistrefol, cyfanswm o 48,000, neu ychydig dros 5 y cant o'r boblogaeth.[20] Drwgdeimlad

[20] Ar natur a hyd a lled yr etholfraint fel y'i gweithredid mewn gwahanol fwrdeistrefi ac yn yr etholaethau sirol, gw. Ieuan Gwynedd Jones, 'Franchise Reform and Glamorgan Politics in the Mid-Nineteenth Century', *Morgannwg*, II (1958), 47–64 ac idem, 'The elections of 1865 and 1868 in Wales with special reference to Cardiganshire and Merthyr Tydfil', *THSC* (1964), 41–68. Gw. hefyd I. W. R. David, 'Political and electioneering activity in south-east Wales, 1820–52' (traethawd MA anghyhoeddedig Prifysgol Cymru, 1959).

oherwydd y cyfyngu ar niferoedd, y cyfyngiadau cymdeithasol, a'r gwaharddiadau yn y system newydd a oedd wrth wraidd mudiad y Siartwyr, a'r bwriad y tu ôl i chwe phwynt y Siarter, a fabwysiadwyd gan Gymdeithas Genedlaethol y Siarter adeg ei sefydlu yn haf 1840, oedd cael gwared ar ddiffygion y Ddeddf Ddiwygio.[21] Cynrychiolydd Cymru yn y gynhadledd ym Manceinion oedd David John, yr ieuaf, o Ferthyr Tudful, a phan ddychwelodd ef i Gymru cyhoeddodd *Udgorn Cymru*, y cyntaf o'r papurau newydd di-stamp Cymraeg.

Ar lefel gwleidyddiaeth etholaethol, yr oedd dwy haen o ddosbarthiadau gwleidyddol. Ar y brig yn y siroedd yr oedd y teuluoedd seneddol mawr a fuasai, er pan roddwyd cynrychiolaeth i Gymru ar ddechrau'r unfed ganrif ar bymtheg, yn cystadlu am y fraint o gael eu dychwelyd i'r Senedd, ac am y grym a'r bri a fwynheid gan aelodau seneddol wrth ymwneud â materion sirol.[22] Ynghlwm wrthynt hwy trwy glymau teuluol neu rwymedigaeth neu wrogaeth yr oedd y mân foneddigion, ac i lwyddo mewn etholiadau yr oedd cefnogaeth y rhain yn hanfodol. Islaw'r rhain yr oedd y pleidleiswyr a gofrestrwyd yn briodol. Y mae'n anodd gwybod faint o Gymraeg a ddefnyddiai'r bonedd i gyfathrebu â'i gilydd: ychydig iawn, mae'n debyg, yn ôl tystiolaeth y casgliadau o ohebiaeth sydd ar gael o'r cyfnod, er y byddai'r mân foneddigion yn y siroedd lle'r oedd yr iaith gryfaf yn sicr yn defnyddio peth Cymraeg. Weithiau, megis pan geid brwydr boeth mewn etholiad, cyhoeddid pamffledi a deunyddiau etholiadol eraill yn y Gymraeg gan y cynrychiolwyr etholiadol. Cyfreithwyr oedd y rhain fel arfer, a Chymry Cymraeg hefyd, ac eithrio yn yr etholaethau mwyaf Seisnig.

Ceid amrywiaeth mawr yn natur yr etholaethau. Tueddid i gael mwy o wahaniaethau cymdeithasol yn yr etholaethau bwrdeistrefol, lle y gallai'r bwrdeisiaid a'r trethdalwyr a ryddfreiniwyd yn briodol ddod o bob dosbarth cymdeithasol. Yn rhai o'r hen etholaethau bwrdeistrefol, megis Llantrisant neu fwrdeistrefi 'sgot a lot' sir Y Fflint, yr oedd pleidlais gan bron pob oedolyn gwryw. Yr oedd bwrdeistrefi eraill, megis Biwmares, yn gaeedig. Ychydig o fwrdeisiaid a oedd ganddynt, ac felly yr oedd nifer eu hetholwyr yn gyfyngedig. Yr oedd yr etholaethau sirol yn llawer mwy, a'r etholfraint ryddfreiniol, nad oedd o anghenraid yn ymwneud â thir, yn creu cymdeithas fwy unffurf o etholwyr nag a geid yn y bwrdeistrefi.

[21] Ar fudiad y Siartwyr, gw. D. J. V. Jones, *Chartism and the Chartists* (London, 1975); idem, *The Last Rising: The Newport Insurrection of 1839* (Oxford, 1985). Gw. hefyd Angela V. John, 'The Chartists of Industrial South Wales 1840–1868' (traethawd MA anghyhoeddedig Prifysgol Cymru, 1971). Am y chwe phwynt, gw. Atodiad II, 'Aims and Rules of the National Charter Association' yn Jones, *Chartism*, t. 195.

[22] Gw. David W. Howell, *Land and People in Nineteenth-Century Wales* (London, 1978); idem, *Patriarchs and Parasites: The Gentry of South-West Wales in the Eighteenth Century* (Cardiff, 1986), a David J. V. Jones, *Rebecca's Children: A Study of Rural Society, Crime, and Protest* (Oxford, 1989), yn enwedig pennod 2. Gw. hefyd R. J. Colyer, 'The gentry and the county in nineteenth-century Cardiganshire', *CHC*, 10, rhif 4 (1981), 512–35.

Yn y ddau fath o etholaeth fel ei gilydd, y teuluoedd bonheddig a deyrnasai, a hwy a benderfynai beth fyddai natur y wleidyddiaeth o fewn cylchoedd eu dylanwad. Yr oedd bron y cyfan o'r teuluoedd seneddol wedi eu Seisnigo'n llwyr, ac nid ymddangosai fod unrhyw gyfiawnhad o fewn strwythur trefniadau gwleidyddol yr etholaethau dros gynnal materion etholiadol trwy gyfrwng y Gymraeg. Yr oedd y rhan fwyaf o'r etholaethau sirol dan ddylanwad un neu ragor o deuluoedd bonheddig o'r fath, ac yn hynny o beth nid oeddynt fawr gwahanol i'r siroedd. Byddai rhydd-ddeiliaid sirol yn tueddu i bleidleisio yn unol â dymuniadau eu noddwyr neu, yn achos y tenantiaid, yn ôl dymuniad eu landlordiaid. Yr un oedd yr hanes yn y bwrdeistrefi, heblaw bod y system gyfrannol yn ei gwneud hi'n anos i'r gwahanol deuluoedd bonheddig gytuno â'i gilydd ynglŷn â'r gynrychiolaeth, ac yn haws i wleidyddion dŵad ymyrryd. Tueddid, felly, i gynnal ymrysonau yn amlach. Yr oedd costau cynnal ymgyrchoedd, yn y siroedd a'r bwrdeistrefi fel ei gilydd, yn ddigon o reswm dros osgoi ymrysonau, ond o ystyried bod ymrysonau o'r fath yn ffactor a gyfrannai at addysg wleidyddol y bobl, y mae'n dilyn felly fod eu hosgoi yn atal y bobl rhag arfer eu hawliau. I bob diben, felly, yr oedd y gyfundrefn etholiadol yn llesteirio datblygiad yr iaith Gymraeg ym maes gwleidyddiaeth. Ac eto, yn baradocsaidd, y Gymraeg ei hun a arweiniodd yn y pen draw at y newidiadau sylfaenol a fyddai'n rhoi rhan ganolog iddi yn y maes. Dim ond dyfodiad democratiaeth a fyddai'n creu newid, a dim ond trwy gyfrwng y Gymraeg y gallai'r newid hwnnw ddigwydd.

Nid â gwleidyddiaeth seneddol yn uniongyrchol y dechreuodd y traws-newidiad sylfaenol hwn ym myd gwleidyddol Cymru, ond â diwygiadau mewn llywodraeth leol. Bu Deddf Newydd y Tlodion (1834), Deddf y Corfforaethau Dinesig (1853) a'r Ddeddf Iechyd Cyhoeddus (1848) yn fodd i ehangu etholfraint llywodraeth leol yn sylweddol.[23] Gwnaeth pob un o'r deddfau hyn hi'n bosibl i ethol cyrff llywodraethol trwy bleidlais luosog gan drethdalwyr a gâi eu graddio yn ôl gwerth y tir a brisiwyd. I gael eu cofrestru, yr oedd yn rhaid i hawlwyr allu dangos eu bod wedi talu eu trethi ac nad oeddynt wedi derbyn unrhyw gymorth yn ystod y flwyddyn. O ystyried y gallai newidiadau sydyn yng nghylchdro masnach ardaloedd diwydiannol, neu dywydd garw mewn ardaloedd gwledig, daflu pobl a oedd ar ris isaf yr etholfraint ar y clwt, gwelir mai system oedd hon a ffafriai'r dosbarth canol yn hytrach na'r dosbarthiadau gweithiol. Ni ellir ond dyfalu i ba raddau yr oedd amodau o'r fath ynghylch eiddo yn rhwystr neu'n gymorth i ddatblygiad y Gymraeg ym maes newydd gwleidyddiaeth leol, ond y mae'r ffaith fod yr etholfraint yn awr yn ymestyn i haenau cymdeithasol is na rhai'r etholfraint seneddol, er bod yr holl gyrff hyn dan reolaeth dynn yr hen ddosbarthiadau llywodraethol, yn awgrymu'n gryf fod system ddiwygiedig

[23] Ar y ddeddfwriaeth hon, gw. K. B. Smellie, *A Hundred Years of English Government* (ail arg., London, 1950), ac yn enwedig Bryan Keith-Lucas, *The English Local Government Franchise: A Short History* (London, 1952).

llywodraeth leol yn fanteisiol i'r Gymraeg o ran y defnydd a wneid ohoni mewn gwleidyddiaeth. Hefyd, cynhelid etholiadau llywodraeth leol yn gyson, gan gynyddu'r posibilrwydd y byddai pynciau lleol yn destun trafod yn amlach nag yr oedd pynciau cenedlaethol. Wrth i'r papurau newydd wythnosol amlhau, ac iddynt roi mwy o le i faterion lleol, ceid llawer mwy o gyfle i ddefnyddio'r Gymraeg. Yn olaf, sylweddolodd awdurdodau lleol, yn enwedig y Byrddau Iechyd a'r Byrddau Gwarcheidwaid, fod mwy a mwy o angen iddynt gyhoeddi gwybodaeth a roddai gyfarwyddyd neu ganllawiau i'r cymunedau yr oeddynt yn gyfrifol amdanynt ar ran y llywodraeth ganolog. Canfu'r awdurdodau canolog eu hunain o bryd i'w gilydd, pan fyddai angen cyhoeddi newidiadau i'r gyfraith yr oedd gofyn iddynt ei gweinyddu, y byddai'n fanteisiol iddynt ddefnyddio'r Gymraeg. Ym mhob un o'r ffyrdd hyn, yr oedd meysydd newydd yn agor lle'r oedd yn hanfodol defnyddio'r Gymraeg.

Fodd bynnag, mewn modd ysbeidiol a strwythurol, yn hytrach na sylfaenol, y cyfrannai newidiadau graddol ac araf fel hyn at dwf democratiaeth. Yr hyn a wnaethant oedd darparu cyfle ar gyfer meithrin barn ac ar gyfer gwrthdaro rhwng ideolegau, yn ogystal â rhoi cyfle i unigolion gymryd rhan yng ngweithrediadau'r llywodraeth ac i garfanau gwasgu gael eu ffurfio; a rhoddai'r arferion a'r ffurfioldebau a oedd ynglŷn â hwy gyfle i bobl ymgyfarwyddo â swyddogaethau cyrff cynrychiolaidd. Ni ellid datblygu democratiaeth heb gael cymdeithas ac ynddi grwpiau o bobl a oedd yn wybodus ac aeddfed yn wleidyddol; pobl heb bleidlais yn ogystal â'r rhai â phleidlais. Yr oedd amodau o'r fath yn araf yn datblygu ac ni ellid dweud eu bod yn bodoli yn unman yng Nghymru tan yn hwyr yn ail hanner y ganrif. Yn y 1860au yr oedd yn dal yn gŵyn gyffredin yn rhai o gylchgronau a phapurau newydd mwyaf blaenllaw Cymru fod anwybodaeth a difaterwch yn rhemp, yn enwedig yn yr ardaloedd gwledig. Priodolid hyn gan rai sylwebyddion i bwyslais gormodol ar grefydd a diwylliant crefyddol.[24] Mynegid beirniadaeth o'r fath fel rheol gan gefnogwyr yr Ymneilltuaeth wleidyddol a oedd yn datblygu ar y pryd, ac y mae'n bosibl nad oedd eu cwynion yn adlewyrchu gwir batrwm gwleidyddiaeth cefn gwlad, ond yn hytrach rwystredigaeth gweithredwyr na allent dderbyn nad oedd modd i Gymro fod yn unrhyw beth heblaw Rhyddfrydwr.[25]

Daeth y trobwynt yn sgil gweithgareddau tri mudiad gwleidyddol,[26] sef Cymdeithas Genedlaethol y Siarter, Cynghrair Gwrthwynebu'r Deddfau Ŷd, a'r Gymdeithas Rhyddhau Crefydd oddi wrth y Wladwriaeth (y Gymdeithas

[24] E.e., *BAC*, 1 Ionawr 1868, 2 Medi 1868.

[25] Tynnodd Muriel Bowen Evans sylw at oroesedd Ceidwadaeth yn rhai o ardaloedd amaethyddol sir Gaerfyrddin, gan bwysleisio mai yn araf y datblygodd Rhyddfrydiaeth. Muriel Bowen Evans, 'The community and social change in the parish of Tre-lech a'r Betws during the nineteenth century' (traethawd MA anghyhoeddedig Prifysgol Cymru, 1980).

[26] Am y tri hyn, gw. Ryland Wallace, *'Organise! Organise! Organise!' A Study of Reform Agitations in Wales, 1840–1886* (Cardiff, 1991). Hefyd, Patricia Hollis, 'Pressure from without: an introduction' yn eadem (gol.), *Pressure From Without in Early Victorian England* (London, 1974), tt. 1–26.

Ryddhau). Yr oedd gan y tri mudiad hyn lawer yn gyffredin. Cychwynnodd pob un ohonynt yn y blynyddoedd rhwng 1839 a 1844, hynny yw, yn sgil y Ddeddf Ddiwygio a mesurau deddfwriaethol a pholisïau economaidd cyntaf y Senedd ddiwygiedig, yn enwedig Deddf Newydd y Tlodion a'r newidiadau mewn llywodraeth leol. Yn ystod y blynyddoedd hyn hefyd y daeth pobl yn fwyfwy argyhoeddedig mai ofer fu'r ymgyrchu dros ddiwygio'r Senedd. Yr oedd gan y cymdeithasau nod yn gyffredin hefyd, sef y nod aruchel o wleidyddoli'r dosbarthiadau gweithiol, gyda'r amcan o ennyn eu cefnogaeth i'r rhaglenni diwygio radical a oedd yn sail i'w bodolaeth. Yn achos Cynghrair Gwrthwynebu'r Deddfau Ŷd, golygai hyn ddiddymu'r tollau ŷd yn llwyr ac ar unwaith, ac yn achos y Gymdeithas Ryddhau, neu'r Gymdeithas er Gwrthwynebu Eglwys y Wladwriaeth fel y gelwid hi pan gafodd ei sefydlu ym 1844, golygai ryddhau crefydd rhag pob ymyrraeth lywodraethol neu ddeddfwriaethol, neu wahanu'r Eglwys oddi wrth y Wladwriaeth. Yr oedd amcanion y Siartwyr, sef democrateiddio'r system etholiadol, yn enwedig trwy roi'r bleidlais i ddynion, felly yn rhan sylfaenol o'r strategaethau a ddatblygwyd gan bob un o'r tri mudiad.

Ni chafodd pob un o'r tri – Siartiaeth, Cynghrair Gwrthwynebu'r Deddfau Ŷd, a'r Gymdeithas Ryddhau – gystal llwyddiant â'i gilydd yng Nghymru, ond cyfranasant yn ddwfn at y proses o wleidyddoli'r genedl, a thrwy hynny at ymestyn y defnydd a wneid o'r iaith Gymraeg mewn gwleidyddiaeth. I raddau helaeth, yr un oedd eu methodoleg o ran sut yr aethant ati i gyflawni'r dasg anferthol hon. Yn gynnar yn eu hanes, sylweddolodd pob un o'r mudiadau hyn yn unigol mor bwysig oedd y Gymraeg: hebddi ni ellid cyrraedd y bobl. Yr oedd angen y Gymraeg ar gyfer y wasg, y llwyfan a'r pulpud fel ei gilydd. Sylweddolodd y Siartwyr hynny hyd yn oed cyn ffurfio'r Gymdeithas Genedlaethol fel y cyfryw, oherwydd gweithient o fewn traddodiad a dull o weithredu gwleidyddol lle'r oedd y Gymraeg yn anhepgor. Ym Merthyr yr oeddynt wedi sefydlu dau bapur newydd, yr *Advocate and Merthyr Free Press* ac *Udgorn Cymru* (Mawrth 1840 i Hydref 1842). Dywedid bod cylchrediad y ddau bapur gyda'i gilydd mor uchel â 1,500, ac nid yw'n amhosibl fod gan y papur Cymraeg fwy o ddarllenwyr na'i chwaer-bapur Saesneg. Yr oedd anfantais bendant i gyhoeddi yn y Gymraeg oherwydd, yng ngolwg yr awdurdodau, gallai'r iaith fod yn cuddio anogaeth i wrthryfel. Dim ond deugain rhifyn o *Udgorn Cymru* a gyhoeddwyd cyn i'r awdurdodau ei erlid i ddifancoll.[27] Nid oes modd gwybod faint o ddarllenwyr a oedd gan y papur newydd gwleidyddol Cymraeg cyntaf hwn ar gyfer dosbarthiadau gweithiol Merthyr a'r cylch. Yn sicr, byddai gwir nifer y darllenwyr wedi bod yn llawer uwch na'r ffigurau cylchrediad, oherwydd byddai wedi cael ei drosglwyddo o law i law mewn clybiau a thafarnau a'i ddarllen i'r anllythrennog ac, yn ddiamau, ei gyfieithu er budd gwrandawyr Saesneg eu hiaith.

[27] Ar hyn, gw. Gwyn A. Williams, *When was Wales? A History of the Welsh* (London, 1985), tt. 189 ff., Jones, *Chartism*, t. 99, ac idem, *The Last Rising*, yn enwedig penodau 1 a 2.

Yr oedd yr un peth yn wir am bapurau newydd a phamffledi'r Siartwyr a gâi eu cylchredeg yn yr ardaloedd diwydiannol. Yn y *Northern Star*, prif lais mudiad y Siartwyr, yn ogystal ag adroddiadau am areithiau, cynadleddau ac ati, ceid yn aml newyddion o'r canghennau Cymreig, ac yr oedd yn hollbwysig cyfieithu'r rhain a'u dosbarthu ymhlith yr aelodau er mwyn cynnal eu hysbryd.

Yr oedd yr un peth yn wir am waith cenhadon a darlithwyr a anfonid i Gymru o'r tu hwnt i'r ffin. Yn ystod y blynyddoedd hyn y dechreuodd y Cymry gael blas anniwall ar ddarlithoedd, rhywbeth y daethant yn enwog amdano yn ddiweddarach, ac y mae'n rhaid fod y dasg o gyfieithu o'r naill iaith i'r llall wedi bod yn her aruthrol i'r arweinwyr. Yn y 1850au, cyfnod Siartiaeth y grym moesol, syrthiai'r baich hwnnw ar weinidogion yr efengyl a gydymdeimlai â'r achos, ond yn ystod y blynyddoedd cynharach, pan oedd plaid y 'grym corfforol' yn gryf, ymddengys mai dim ond yr Undodiaid a oedd yn fodlon cydweithredu. Sefydlwyd a golygwyd *Udgorn Cymru* gan Morgan Williams a David John, yr ieuaf, y ddau yn Undodiaid, ac y mae'n sicr fod y ddau yn ymwybodol iawn o swyddogaeth hollbwysig yr iaith Gymraeg yn y Gymru ddiwydiannol. Rhaid hefyd fod y mudiad wedi dibynnu'n helaeth ar eu parodrwydd i gyflwyno'r neges ym mha iaith bynnag a oedd yn briodol. Dywedwyd am Dr William Price, Llantrisant, Siartydd cynnar a chanddo ran flaenllaw yng nghynllunio gwrthdystiad Casnewydd, ei fod wedi trefnu grŵp, a adwaenid fel 'ysgolheigion Price', i astudio'r Gymraeg, ond y mae'n fwy na thebyg mai ar wleidyddiaeth y canolbwyntient. Yn ddiamau, ni fyddai Price wedi gwahaniaethu rhwng y ddau faes astudio: ym myd y Siartwyr, yr oedd astudio'r Gymraeg yr un fath ag astudio hanes, a hanes cyfoes oedd gwleidyddiaeth. Y mae hyn yn cyd-fynd â phwysigrwydd addysg yn rhaglen y Siartwyr, ac yn eu gweithgareddau lleol yn eu canghennau. Yr oedd llythrennedd yn aruthrol bwysig iddynt, ac y mae'n bosibl y byddai Price yn addysgu pobl nad oeddynt yn gysylltiedig â'r capeli.[28]

Yr oedd agwedd crefydd gyfundrefnol yn hollbwysig i lwyddiant y mudiadau diwygio hyn, petai ond oherwydd y ffaith fod eu harweinwyr yn dibynnu'n ymarferol ar gydweithrediad y capeli. Nodwyd eisoes mai'r unig rai a roddai gefnogaeth lawn i Siartiaeth y 'grym corfforol' oedd rhai o'r Undodiaid yn ardal Merthyr. Rhybuddiai'r enwadau eraill eu haelodau i osgoi unrhyw gysylltiad â hwy. Ni wyddys yn iawn pa mor effeithiol oedd rhybuddion o'r fath: y mae'n debyg y dibynnai hynny i raddau helaeth ar enwad y capeli dan sylw. Cytunodd Cymdeithas Methodistiaid Calfinaidd De Cymru i esgymuno pob un o'i haelodau y gwyddid eu bod yn Siartwyr.[29] Ond cofnodwyd bod eglwys Annibynnol

[28] Gw. Jones, *Last Rising*, ac Ivor Wilks, *South Wales and the Rising of 1839* (London, 1984). Am Price, gw. Brian Davies, 'Empire and Identity: the "case" of Dr William Price' yn David Smith (gol.), *A People and a Proletariat: Essays in the History of Wales 1780–1980* (London, 1980), t. 76. Gw. hefyd Angela John, 'The Chartist Endurance: Industrial South Wales 1840–68', *Morgannwg*, XV (1971), 23–49.

[29] Gw. yr adroddiad yn *Y Gwladgarwr*, VII (1839), 253.

Ebeneser, Sirhywi, hefyd wedi esgymuno'r Siartwyr o blith ei haelodau,[30] ac nid oedd *Seren Gomer* wedi newid ei barn mai pobl wallgof oedd y Siartwyr, antinomiaid gwleidyddol y dylid eu hosgoi ar bob cyfrif. Oherwydd yr elyniaeth chwerw hon yr aeth rhai o'r Siartwyr ati i sefydlu eu heglwysi eu hunain. Ar y llaw arall, mynychodd Siartwyr Aberdâr wasanaeth crefyddol y noson cyn yr orymdaith i Gasnewydd i wrando ar bregeth gan y Parchedig John Davies. Er ei fod ef yn cymeradwyo ymgyrch y mudiad dros hawliau cyfansoddiadol, ymbiliodd ar ei wrandawyr i roi'r gorau i rym corfforol ac i ddibynnu ar rym moesol eu safbwyntiau a'u hymddygiad.[31] Bu'r elyniaeth gyson hon ar ran yr enwadau crefyddol, ynghyd â gwrthwynebiad y wasg Gymraeg a Saesneg, yn ffactorau pwysig yn nirywiad Siartiaeth yng Nghymru, ond ni ellir amau pwysigrwydd ei chyfraniad i dwf barn wleidyddol ac i addysg wleidyddol y bobl gyffredin. Mudiad ydoedd a dyfodd yn ardaloedd dwyieithog y wlad: nododd sylwebyddion ar y pryd na lwyddodd i'r un graddau yn siroedd gorllewin Cymru lle'r oedd y mwyafrif yn siarad Cymraeg,[32] ond nodwyd yn ogystal mai'r Gymraeg oedd iaith y mwyafrif yn yr ardaloedd mwyngloddio a chynhyrchu lle y cafodd y dylanwad mwyaf.[33]

O blith y cymdeithasau eraill a ymgyrchai dros ddiwygio'r Senedd, ymestyn yr etholfraint a'r bleidlais gudd, yr oedd llawer yn gyffredin rhwng Cynghrair Gwrthwynebu'r Deddfau Ŷd a'r Gymdeithas Ryddhau. Yr oeddynt ill dwy yn derbyn bod angen gweithredu drwy gyfrwng y Gymraeg, ac yn sylweddoli ei bod yn hanfodol ennyn cefnogaeth y capeli. Sefydlwyd Cynghrair Gwrthwynebu'r Deddfau Ŷd ym Manceinion ym mis Medi 1839, a'i nod oedd diddymu'r Deddfau Ŷd yn llwyr ac ar unwaith. Daeth Cymru dan ei hadain ym mis Ebrill 1840 pan benodwyd Walter Griffith yn ddarlithydd.[34] Yn fuan iawn, daeth Griffith i ddeall dwy ffaith gydgysylltiedig ynglŷn â'r bobl y gweithiai yn eu plith. Y gyntaf oedd eu hanwybodaeth nid yn unig ynghylch y Cynghrair ond hefyd ynghylch gwleidyddiaeth yn gyffredinol, a'r ail beth oedd yr angen gwirioneddol i gyhoeddi llyfrynnau, taflenni a deunyddiau eraill yn y Gymraeg. Yn bwysicaf oll, yr oedd angen cyhoeddi papur newydd ar eu cyfer er mwyn, yn ei eiriau ef, gwrthsefyll ymosodiadau'r Toriaid:

> The Tories have their 'Haul', 'Brytwn', and 'Protestant' etc, and every church clergyman takes a copy and sends it to their neighbours; but we have no publication, except what belongs to religious denominations, therefore they are not widely circulated . . . Therefore I think it would be very well to the League to assist the Welsh repealers to establish a publication, in order that they may gain the country before the

[30] *Llythyr yn rhoddi hanes yr ymraniad a gymerodd le yn ddiweddar yn eglwys yr Anymddibynwyr a arferai ymgynull yn Ebenezer, Sirhowy, o dan ofal y Parch. R. Jones* (Crickhowell, 1841).

[31] John Davies, *Y Ffordd Dda* (Aberdâr, 1840). Gw. Jenkins, *Hanes Cymru*, tt. 161–2.

[32] *Northern Star*, 6 Gorffennaf 1839.

[33] *Y Gwladgarwr*, VII (1839), 373–4.

[34] Wallace, *Organise*, tt. 12–34.

> Tories comes. It is the opinion of great many, that Lectures will do good, but they would be more if there was a publication published monthly to work with the lectures.[35]

Arweiniodd hyn at sefydlu *Cylchgrawn Rhyddid* yn hydref 1840, dan olygyddiaeth Griffith. Olynwyd ef ym 1841 gan y Parchedig William Williams (Caledfryn), gweinidog gyda'r Annibynwyr yng Nghaernarfon. Talwyd y costau i gyd gan y Cynghrair, ac y mae'n debyg fod mwy o gopïau wedi eu dosbarthu'n rhad ac am ddim nag a werthwyd i danysgrifwyr. Ond yr oedd hwn yn bris yr oedd arweinwyr y Cynghrair yn fodlon ei dalu am gyfrwng effeithiol i ledaenu'r neges. Gellir dadlau mai *Cylchgrawn Rhyddid* oedd y cyfnodolyn gwleidyddol modern cyntaf yn y Gymraeg. Rhoddwyd y gorau i'w gyhoeddi yng ngwanwyn 1842, ac erbyn hynny yr oedd newid wedi bod yn strategaeth y Cynghrair. Yn hytrach na gweithgareddau er ffurfio barn, ceid bellach fwy o weithgareddau gwleidyddol, megis trefnu carfanau gwasgu mewn ardaloedd allweddol, casglu gwybodaeth ystadegol ddibynadwy a threfnus ynglŷn ag etholaethau allweddol, gan nodi lliw eu gwleidyddiaeth a natur y rheolaeth wleidyddol ym mhob un, pwy oedd y teuluoedd gwleidyddol, beth oedd patrwm pleidleisio eu haelodau seneddol yn y senedd, cyflwr y cofrestrau etholiadol, a phopeth arall a oedd yn angenrheidiol ar gyfer ymgyrchu etholiadol effeithiol. Yr oedd yr wybodaeth hon ar gael i gefnogwyr y Cynghrair ac fe'i cyhoeddid yn y wasg wythnosol a misol; ceid, felly, am y tro cyntaf, gorff cymharol ddibynadwy o wybodaeth am gymeriad gwleidyddol Cymru, gwybodaeth a ledaenwyd yn eang ledled y wlad. Yn y modd hwn, dechreuwyd addysgu Cymru yn wleidyddol mewn modd mwy aeddfed a soffistigedig nag a wnaed o'r blaen, ac er yr ymddangosai'r canlyniadau ymarferol yn gymharol ddibwys ar y pryd, wrth edrych yn ôl gwelir bod hwn yn ddatblygiad arwyddocaol dros ben.[36]

Addysg Gymraeg oedd hon, a hynny oherwydd natur y gefnogaeth a dderbyniai'r Cynghrair yng Nghymru. Yr oedd gweinidogion Ymneilltuol yn flaenllaw o ddechrau'r cythrwfl tan ei ddiwedd ym 1846 yn sgil llwyddiant yr ymgyrch seneddol. Yr oedd y gefnogaeth hon yn hollbwysig oherwydd y modd y gallai gweinidogion ddylanwadu ar eu cynulleidfaoedd, ac oherwydd mai hwy a reolai'r wasg gyfnodol Gymraeg bron yn gyfan gwbl. Fel y gwelsom, sefydlodd y Cynghrair ei fisolyn Cymraeg ei hun, ond gydag amser daeth yn fwy cefnogol i'r cylchgronau Cymraeg a fodolai eisoes. Byddai ei gynrychiolwyr yn cyfrannu erthyglau ac adolygiadau, ac yn sicrhau bod y golygyddion yn derbyn newyddion am ei weithgareddau diweddaraf. Ni fu hyn yn gyfrwng i wleidyddoli'r wasg yn unrhyw fodd: yr oedd y gofod a roddid i faterion gwleidyddol, gan gynnwys

[35] Ieuan Gwynedd Jones, 'The Anti-Corn Law Letters of Walter Griffith', *BBCS*, XXVIII, rhan 1 (1978), 115.

[36] Ar y thema hon, gw. Wallace, *Organise*, tt. 22–5.

adroddiadau am drafodaethau'r Senedd, yn dal yn fychan o'i gymharu â'r sylw a roddid i faterion crefyddol, ond trwy ei rethreg grefyddol a thrwy ei gysylltu ei hun yn agosach fyth â'r enwadau, sicrhaodd y Cynghrair ran arwyddocaol iddo'i hun yn nhrafodaethau niferus y cyfnod ynghylch gwleidyddiaeth. Yn fwyaf arbennig, llwyddodd y Cynghrair i amlygu pwysigrwydd themâu ar wahân i rai gwleidyddol, i beri cydnabod dylanwad grymoedd seciwlar hefyd ar ddigwyddiadau, ac i annog y darllenwyr i ehangu eu gorwelion deallusol. O ddarllen y cylchgronau hyn yn eu trefn amseryddol hyd at y 1880au, gwelir gymaint yn fwy soffistigedig erbyn hynny yr oedd dealltwriaeth y darllenwyr o fywyd gwleidyddol y wlad, boed hynny ar lefel llywodraeth leol neu ganolog, ac o syniadau ac ideoleg wleidyddol. Cyflymwyd a chryfhawyd y datblygiad hwn gan ddyfodiad cylchgronau newydd, megis *Y Dysgedydd* (1840) (cyn hynny, *Y Dysgedydd Crefyddol* 1821), ac yn enwedig *Y Traethodydd* (1845), cylchgrawn anenwadol llenyddol a beirniadol a gyhoeddid yn chwarterol, a'r *Adolygydd* (1850) y bwriedid yn yr un modd iddo fod yn gylchgrawn chwarterol llenyddol a beirniadol, yn hytrach nag enwadol, er mai gweinidogion yr Annibynwyr a'i sefydlodd.[37] Nid oes amheuaeth nad Cynghrair Gwrthwynebu'r Deddfau Ŷd, yn ddiarwybod iddo'i hun yn ôl pob tebyg, a osododd y sylfeini ar gyfer y trawsnewidiad mawr hwn.

Er bod gan Gynghrair Gwrthwynebu'r Deddfau Ŷd a'r Gymdeithas Ryddhau lawer yn gyffredin, a'u bod yn ddigon realistig i gydnabod yr angen i gyhoeddi propaganda drwy gyfrwng y Gymraeg ac i sylweddoli bod cydweithrediad arweinwyr crefyddol yn hollbwysig er mwyn gwireddu eu hamcanion, yr oedd er hynny wahaniaethau sylfaenol rhyngddynt o ran eu pwyslais a'u dealltwriaeth. Ni ddaeth crefydd yn rhan bwysig o bropaganda'r Cynghrair hyd nes y penderfynodd ei arweinwyr mai gwell fyddai peidio â chyflwyno mater diddymu'r Deddfau Ŷd fel pwnc economaidd yn unig, ond ei gyflwyno yn hytrach, neu yn ogystal, fel pwnc moesol. Ond crefydd oedd hanfod yr athroniaeth a oedd yn sail i ddadl y Gymdeithas Ryddhau. Yr oedd modd dadlau'n argyhoeddiadol fod gwahanu crefydd oddi wrth y wladwriaeth yn amod angenrheidiol i ddatblygiad iach pob corff crefyddol, a bod y sefydliad crefyddol, fel y'i cynrychiolid gan yr Eglwys sefydledig, yn rhwystr pendant i wir grefydd. Dim ond rhywun â meddwl amheus iawn a allai osgoi cael ei ddylanwadu gan ddadleuon o'r fath, a dechreuwyd cyflwyno gwaith y Gymdeithas fel ymgyrch foesol yn hytrach nag un wleidyddol. Yn wir, gan efelychu Cynghrair Gwrthwynebu'r Deddfau Ŷd, daeth yn un o'r grymoedd gwleidyddol mwyaf nerthol a'r gymdeithas wasgu fwyaf llwyddiannus a fu'n gweithredu yng Nghymru yn ystod oes Victoria.

Ni ddaeth hyn yn amlwg yn syth. Aeth ugain mlynedd heibio cyn i'r Gymdeithas wneud llawer o argraff yng Nghymru, er gwaethaf y ffaith fod Cymry

[37] Ar *Yr Adolygydd*, gw. Huw Walters, *Yr Adolygydd a'r Beirniad: eu Cynnwys a'u Cyfranwyr* (Aberystwyth, 1996).

yn aelodau amlwg o'i Chyngor a rhai o'i phwyllgorau; er enghraifft, un o'i hysgrifenyddion mygedol cyntaf oedd yr hanesydd, Dr Thomas Rees, golygydd *The Eclectic Review*, a gwasanaethodd John Carvell Williams am gyfnod maith fel ysgrifennydd y gymdeithas.[38] Yn wir, yr oedd y cysylltiad Cymreig yn un cryf o'r dechrau; yr oedd y Parchedig J. R. Kilsby Jones, a ysgrifennai'n fyrlymus ar faterion gwleidyddol, yn bresennol yn y gynhadledd yng Nghaerlŷr pan benderfynwyd sefydlu y Gymdeithas er Gwrthwynebu Eglwys y Wladwriaeth (sef ei henw gwreiddiol), ac yr oedd ei Chyngor o 200 aelod yn cynnwys deunaw ar hugain o gynrychiolwyr o Gymru (heb gyfrif bugeiliaid eglwysi Cymraeg Llundain). Nid oedd hyn yn syndod ychwaith. Ceid traddodiad cryf eisoes o Ymneilltuaeth radicalaidd, a datgysylltu yn un o'i amcanion allweddol, a gwelwyd nifer o weinidogion Cymraeg disglair iawn, yn eu plith yr Annibynwyr Samuel Roberts o Lanbryn-mair, William Rees (Gwilym Hiraethog), Caledfryn a David Rees, Llanelli, a fu oll yn rhan o'r traddodiad hŷn hwnnw, yn awr yn ymroi'n llwyr i waith y gymdeithas newydd. Yr oedd pob un o'r pedwar yn pleidio achos datgysylltu yn gryf yn y wasg, ar lwyfannau ac yn y pulpud; yn wir, yr oeddynt ymhlith dynion mwyaf grymus, galluog a dylanwadol eu hoes. Sefydlwyd cylchgronau gan y pedwar a buont yn olygyddion arnynt: *Y Diwygiwr* gan David Rees ym 1835, *Y Cronicl* gan Samuel Roberts ym 1843, ac yn yr un flwyddyn dechreuodd William Rees gyhoeddi *Yr Amserau* yn Lerpwl, lle'r oedd newydd gael ei sefydlu yn weinidog gyda'r Annibynwyr. *Yr Amserau* oedd y papur newydd Cymraeg cyntaf, a bu William Rees yn olygydd arno nes y'i cymerwyd drosodd gan Thomas Gee, y cyhoeddwr o Ddinbych, a'i uno â'r *Faner* ym 1859. Ni ellir gorbwysleisio dylanwad y ddau bapur newydd Cymraeg hyn (yn wahanol i'r cylchgronau) ar ddatblygiadau gwleidyddol yng Nghymru, yn ideolegol ac yn etholiadol, ac nid oes amheuaeth na fu cefnogaeth *Yr Amserau* ac, yn ddiweddarach, *Baner ac Amserau Cymru*, fel y'i gelwid o 1859 ymlaen, yn hollbwysig i'r llwyddiant a brofodd y Gymdeithas Ryddhau yn y pen draw.[39]

Y prif wahaniaeth rhwng y Gymdeithas Ryddhau, fel y dechreuwyd ei galw ym 1853, a'i rhagflaenwyr oedd iddi sylweddoli o'r dechrau fod gweithgarwch etholiadol yn rhan hanfodol o'i chenhadaeth. Ni olygai hynny ei bod yn esgeuluso'r propaganda a gyhoeddai ar ei thema waelodol, sef drygioni cynhenid sefydliadau crefyddol. I'r gwrthwyneb, yr oedd polisïau cyhoeddi'r gymdeithas yn ehangach hyd yn oed na rhai'r gymdeithas a oedd yn batrwm iddi, sef Cynghrair Gwrthwynebu'r Deddfau Ŷd. Cyhoeddwyd cannoedd o filoedd o lyfrynnau a phamffledi ar gyfer y cyhoedd yn gyffredinol, neu wedi eu hanelu at gapelwyr neu at gefnogwyr dosbarth-gweithiol, ac fe'u dosbarthwyd gan gynrychiolwyr cyflogedig a gwirfoddol. Câi ei phapur newydd wythnosol, *The Liberator*, ei anfon

[38] Ar Williams, gw. *Bywg*.

[39] Ar y rhain ac eraill o gylchgronau'r cyfnod, gw. T. M. Jones (Gwenallt), *Llenyddiaeth fy Ngwlad: sef hanes y newyddiadur a'r cylchgrawn Cymreig yng Nghymru yn nghyd a'u dylanwad ar fywyd 'Cenedl y Cymry'* (Treffynnon, 1893), a Walters, *Llyfryddiaeth*.

yn rhad ac am ddim at weinidogion yr efengyl. Ond cyhoeddai'r Gymdeithas hefyd, dan ei thrwydded ei hun, gyfrolau trymion yn ymdrin â hanes a gwleidyddiaeth, â'r cyfansoddiad ac â syniadau gwleidyddol.[40] Y bwriad oedd addysgu'r bobl a chreu cymdeithas wybodus a gweithredol.

Erbyn degawdau canol y ganrif, yn enwedig erbyn diwedd y 1850au a dechrau'r 1860au, rhoddid y pwyslais pennaf ar wleidyddiaeth dylanwad etholiadol, ar yr angen a oedd yn bwysicach na dim, sef perswadio'r Senedd i ddileu pob deddfwriaeth a oedd yn wrthwynebus i anghenion Ymneilltuwyr, ac, yn olaf, i geisio gwahanu'r eglwys oddi wrth y wladwriaeth. Yn eu tyb hwy, y sefydliad oedd ffynhonnell pob anghyfiawnder a ddioddefai'r Ymneilltuwyr, a byddai ei hollti nid yn unig yn weithred o gyfiawnder ond hefyd yn rhyddhau'r Eglwys Anglicanaidd rhag llyffethair ac ymyrraeth y wladwriaeth. Yr unig ffordd y gellid gwneud hyn oedd trwy ddwyn pwysau yn uniongyrchol ar y Senedd, nid yn unig trwy ddeisebu ond hefyd trwy ddylanwadu ar etholiadau mewn etholaethau unigol lle'r oedd digon o gefnogaeth iddynt fod yn effeithiol. Felly, pan drafodai Tŷ'r Cyffredin faterion a oedd yn bwysig i Ymneilltuwyr, er enghraifft yr ymdrechion cyson i ddiddymu'r deddfau claddu, i ddileu trethi eglwysig, neu i ganiatáu i Ymneilltuwyr raddio ym mhrifysgolion Rhydychen a Chaer-grawnt, trefnid ymgyrchoedd ledled Prydain â'r nod o anfon deisebau o gefnogaeth i'r corff deddfu. Nid oedd fawr o wahaniaeth, yn y bôn, rhwng y gweithgarwch hwn a hen ymgyrchoedd yr Ymneilltuwyr yn y ddeunawfed ganrif a dechrau'r bedwaredd ganrif ar bymtheg; dim ond graddfa ac effeithiolrwydd y dulliau a oedd wedi newid. Yr hyn a oedd yn wahanol yn y polisi newydd oedd yr ymyrraeth uniongyrchol mewn etholiadau. I bob pwrpas, mabwysiadodd y Gymdeithas fantell Cynghrair Gwrthwynebu'r Deddfau Ŷd. Yn yr un modd â'r Cynghrair, paratoent broffiliau manwl ar gyfer pob etholaeth, gan gynnwys gwybodaeth ar yr economi, nifer a natur yr etholwyr, hanes yr etholaeth, cymysgedd crefyddol neu enwadol y boblogaeth, safbwynt yr arweinwyr gwleidyddol mewn materion lleol, bodolaeth cymdeithasau cofrestru, neu ddiffyg cymdeithasau o'r fath, cyflwr y gofrestr etholiadol, ac yn y blaen. Pe bai angen, gallai'r Gymdeithas anfon ei chynrychiolwyr i wneud y gwaith hwn, neu annog cefnogwyr lleol i wneud hynny. Cynigiai ei hymgeiswyr ei hun ar gyfer etholiadau pan fyddai hynny'n bosibl, a byddai'n aml yn bygwth gwneud hynny pan wrthodai ymgeiswyr Rhyddfrydol gefnogi'r mesurau a argymhellid gan y Gymdeithas. Ei nod oedd bod yn barod bob amser ar gyfer cystadleuaeth, ym mha le bynnag a phryd bynnag y'i cynhelid.

Y rhwystr pennaf i lwyddiant polisïau o'r fath oedd mai bychan oedd nifer yr etholwyr. Yr oedd twf araf wedi digwydd yn niferoedd y pleidleiswyr cofrestredig oddi ar 1832, cynnydd o 50 y cant yn y bwrdeistrefi Cymreig, ond 15 y cant yn

[40] Yr oedd y Gymdeithas yn allweddol yn y gwaith o gyhoeddi gweithiau gan Dr Robert Vaughan, gweinidog gyda'r Annibynwyr ac Athro Hanes ar gyfnod y Stiwartiaid a'r Gymanwlad yng Ngholeg Prifysgol Llundain.

unig yn y siroedd. Bu'r twf mwyaf sylweddol yn y siroedd a ddatblygai'n ddiwydiannol – Mynwy, Morgannwg, Dinbych, Y Fflint a Chaernarfon – ond nid oedd cyfanswm yr etholwyr yng Nghymru yn fawr mwy nag yr oedd ym 1832, sef 4.9 y cant o'r boblogaeth yn y siroedd, a 17.5 y cant yn y bwrdeistrefi. Gwaetha'r modd, o safbwynt y Gymdeithas, nid oedd y newidiadau a ddigwyddai ar yr un pryd yn natur a phatrwm yr etholwyr yn fanteisiol iddi ym mhobman. Er mwyn iddi gyflawni ei hamcanion, yr oedd yn hollol angenrheidiol cael cynnydd sylweddol yn nifer yr etholwyr, ac yn arbennig o bwysig fod rhagor o aelodau'r dosbarth gweithiol parchus yn y bwrdeistrefi yn cael y bleidlais. Golygai 'dosbarth gweithiol' nid yn unig ddynion a weithiai am gyflog, ond hefyd grefftwyr a oedd efallai yn cyflogi pobl eraill ond a oedd yn dibynnu ar eu gwaith er mwyn ennill bywoliaeth; mewn geiriau eraill, haen uchaf y dosbarth gweithiol, a'r dosbarth canol is. Yr oedd y gyfran o'r etholaeth a berthynai i'r categori hwn yn amrywio'n fawr o fwrdeistref i fwrdeistref; dim ond yn saith o'r pymtheg etholaeth yr oedd yn uwch na 25 y cant.[41] Yr oedd problemau'r Gymdeithas yn wahanol yn yr etholaethau sirol. Yn y rhain, natur y cymhwyster oedd yr allwedd i lwyddiant, yn benodol y cydbwysedd rhwng pleidleiswyr rhyddfreiniol a phleidleiswyr a oedd yn denantiaid, yn enwedig niferoedd y tenantiaid wrth ewyllys, sef y dosbarth a oedd yn fwyaf tebygol o brofi pwysau o du'r landlordiaid. Dim ond ychydig dros chwarter cyfanswm pleidleiswyr yr holl siroedd a oedd yn y categori olaf hwn, er bod y ffigur yn uwch na'r traean yn siroedd Meirionnydd a Threfaldwyn.[42] Yr un mor bwysig i'r Gymdeithas, felly, oedd yr angen hanfodol i ddileu arferion llwgr mewn etholiadau.[43] Yr oedd llwgrwobrwyo etholwyr, dylanwadu gormodol a bygythiadau yn rhemp mewn etholaethau lle'r oedd gornestau yn gyffredin. Felly, rhoddai'r Gymdeithas ei chefnogaeth lwyr i'r galw cynyddol am bleidlais gudd, gan gredu mai dyma'r unig ffordd i ryddhau'r pleidleiswyr rhag dylanwad perchenogion tir nerthol a thrahaus a meistri diwydiannol didostur. Er mwyn llwyddo, rhaid oedd i'r Gymdeithas Ryddhau weithredu fel cymdeithas ddiwygio.

Un o'r anawsterau anorchfygol a wynebai'r Gymdeithas Ryddhau yng Nghymru, fel pob cymdeithas ddiwygio arall, oedd na châi etholiadau eu cynnal yn aml iawn, ac felly prin oedd y cyfleoedd ar gyfer ymgyrchu etholiadol. Yn y deg etholiad cyffredinol a gynhaliwyd rhwng 1832 a 1865 gwelwyd yn gyson fwy o etholiadau diwrthwynebiad nag o ornestau am seddi yn yr etholaethau sirol a bwrdeistrefol fel ei gilydd, ond yn fwy felly os rhywbeth yn y siroedd.[44] O'r 404 o etholiadau a gynhaliwyd yng Nghymru rhwng 1832 a 1880, dim ond 139 a ymladdwyd. Oherwydd hynny, y gred oedd fod pleidleiswyr yn colli'r cyfle i

41 Seiliwyd hyn ar ddadansoddiad o'r 'Numbers of Working Class Voters; showing the percentage of such voters to all others; in each Borough or district' (PP 1866 (296) LVII).

42 Seiliwyd hyn ar 'Return of Numbers of Electors in each County for 1864–65' (PP 1866 (418) L).

43 Gw. Cornelius O'Leary, *The Elimination of Corrupt Practices in British Elections 1868–1911* (Oxford, 1962), pennod 1.

44 Cymh. Neal Blewett, 'The franchise in the United Kingdom, 1885–1918', *P&P*, 32 (1965), 27–56.

dderbyn yr addysg wleidyddol a oedd i'w chael trwy gyfrwng gornestau etholiadol. Dadleuai rhai nad oedd hynny'n ddrwg o beth, o gofio'r ymddygiad afreolus, y cythrwfl a'r meddwi a oedd yn rhemp mewn etholiadau mewn llawer man. Ond yng Nghymru, credid bod y modd unigryw bron y datblygasai crefydd a gwleidyddiaeth gyda'i gilydd, a rhethreg grefyddol a moesol ymgeiswyr y Rhyddfrydwyr a'r Rhyddhawyr a'u cefnogwyr, yn fodd i atal ymddygiad o'r fath. Yr oedd etholiad Meirionnydd ym 1859, etholiadau sir Aberteifi ym 1865 a 1868, ac etholiad Merthyr Tudful ym 1868 yn dystiolaeth y gallai hynny fod yn wir.[45] Dyna paham y ceisiodd y Gymdeithas yn y 1860au gryfhau ei chysylltiadau â'r capeli, gyda'r bwriad deublyg o annog eu haelodau i gofrestru eu pleidleisiau, i greu pwysau'n lleol dros ddiwygio seneddol, ac i fanteisio ar allu'r enwadau i ddarparu cynulleidfaoedd mawr caeth o bobl y gellid disgwyl iddynt gydymdeimlo ag amcanion y Gymdeithas. Er enghraifft, cafodd dathliadau daucanmlwyddiant diarddel y Piwritaniaid ym 1662, a gynhaliwyd yn Abertawe, Castell-nedd a Dinbych ym mis Medi 1862, eu defnyddio i roi cyhoeddusrwydd i agwedd sylfaenol grefyddol a moesol y gymdeithas at ddiwygio seneddol.[46] Dilynwyd y rhain gan gyfres o gynadleddau llai mewn amryw o ganolfannau, a chawsant sylw eang yn y wasg.[47]

Trwy gydol y 1860au cyflawnodd y Gymdeithas waith ymchwil aruthrol i hanes etholiadol etholaethau Cymru. Gallai baratoi proffiliau cynhwysfawr o etholaethau pryd bynnag a pha le bynnag y codai'r angen. Gellid cyhoeddi'r rhain ar ffurf pamffledi, yn Gymraeg ac yn Saesneg, eu cyflwyno'n ddeunydd parod ar gyfer papurau newydd a chylchgronau, a'u dosbarthu trwy law cynrychiolwyr, gweinidogion cefnogol ac eraill. Yr oedd ei darlithwyr, felly, wedi eu harfogi'n llawn â ffeithiau pendant ynghylch cyfansoddiad Tŷ'r Cyffredin ac arferion pleidleisio yr aelodau Cymreig. Byddai'r cyhoeddiadau hyn bob amser yn ddwyieithog. Cyfrol John Jones, *Llyfr Etholiadaeth Cymru* (Caernarfon, 1867), oedd yr arweinlyfr Cymraeg cyntaf ar ymddygiad etholiadol, ac yr oedd y cyhoeddiad hwn yn nodi trobwynt pwysig yn natblygiad gwleidyddiaeth Cymru yn y cyfnod modern. Yr oedd Jones, a oedd yn weinidog gyda'r Bedyddwyr ym Mrymbo, yn is-gadeirydd y Cynghrair Diwygio ac yn Rhyddhawr brwd a fu'n gweithio fel cynrychiolydd i'r Gymdeithas yng ngogledd Cymru. Yn ddiamau, bu'r ddwy gymdeithas o gymorth iddo o ran darparu'r ystadegau a'r cofnodion pleidleisio a gynhwysodd yn ei lyfr.[48]

45 Am yr etholiadau hyn, gw. Ieuan Gwynedd Jones, *Explorations and Explanations: Essays in the Social History of Victorian Wales* (Llandysul, 1981), penodau 3, 4 a 5, ac idem, *Communities: Essays in the Social History of Victorian Wales* (Llandysul, 1987), pennod 12.

46 Am yr areithiau a'r penderfyniadau, gw. *Coffadwriaeth Ddau Can Mlwyddol 1662–1862: Adroddiadau Cynhadleddau Castellnedd a Dinbych* (Llanelly, 1862).

47 Fel, e.e., yn *BAC* ym Medi, Hydref a Thachwedd 1866.

48 Ar y National Reform Union a'i gysylltiadau Cymreig, gw. Wallace, *Organise*, tt. 105–6.

Y mae'n amhosibl dweud faint o'r ymgyrchu etholiadol a ddigwyddai trwy gyfrwng y Gymraeg: yn aml nid yw papurau newydd, un o'r prif ffynonellau ar gyfer astudio etholiadau, yn datgelu manylion o'r fath. Byddai'n dibynnu, wrth gwrs, ar y cymysgedd ieithyddol mewn cymunedau penodol ac ar iaith y papurau newydd a gofnodai'r newyddion am faterion cyfoes. Ond arweiniodd dibyniaeth y Gymdeithas ar y capeli a'r wasg o ran elfennau ideolegol ymgyrchu etholiadol, yn enwedig naws foesol a chrefyddol y rhethreg a ddefnyddid, yn anorfod at ddefnyddio mwy ar y Gymraeg mewn etholiadau. Y mae etholiad cyffredinol 1859 yn sir Feirionnydd yn enghraifft o etholiad a gynhaliwyd bron yn gyfan gwbl trwy gyfrwng y Gymraeg. Yr oedd y ddau ymgeisydd yn siarad Cymraeg, yn ogystal â'r rhan fwyaf o'r tirfeddianwyr lleol, a byddent yn cyfathrebu â'u tenantiaid yn Gymraeg. Yn Y Bala, lle y cynhaliwyd yr ornest, yr oedd pob un o'r arweinwyr gwleidyddol yn Gymry Cymraeg: ymddengys mai dim ond gweithredwyr o blith bonedd de'r sir a oedd yn Saesneg eu hiaith. Ymhlith yr arweinwyr dylanwadol yn Y Bala, yr oedd dau yn amlwg iawn. Y naill oedd Dr Lewis Edwards, prifathro Coleg y Methodistiaid Calfinaidd ac un o ddiwinyddion mwyaf blaenllaw y wlad; nid oedd neb mewn gwell sefyllfa nag ef i gyflwyno dadleuon athronyddol, moesol a chrefyddol dros bleidleisio i'r ymgeisydd Rhyddfrydol a gwrthod pleidleisio i'r Tori.[49] Ysgrifennodd lythyr yn Saesneg at y pwyllgor etholiadol, a gynhwysai dirfeddianwyr Seisnig, ond fe'i cyfieithwyd ar ei union a'i gyhoeddi yn y papurau newydd Cymraeg. Yr arweinydd blaenllaw arall oedd y Parchedig Michael D. Jones, gweinidog gyda'r Annibynwyr a phennaeth academi'r Annibynwyr yn Llanuwchllyn. Yr oedd yn areithiwr mwy huawdl na Lewis Edwards, a gallai fod yn ddeifiol o goeglyd a difrïol. Yr oedd yn wladgarwr tanbaid ac, o ran gwleidyddiaeth, yn un o wŷr mwyaf radical a phellweledol ei genhedlaeth. Cefnogai'r Gymdeithas Ryddhau yn frwd, ac ni ellid cael neb gwell nag ef i egluro amcanion gwleidyddol y Gymdeithas yng nghyd-destun moesol profiad y Cymry o israddoldeb cymdeithasol; yn wir, ef yn anad yr un o ddadleuwyr oes Victoria a aeth ati i ddiffinio natur ac achosion yr israddoldeb hwnnw ac i wrthsefyll yr arferiad, a ddeuai'n fwyfwy ffasiynol, o bardduo ac amau gwerth y Gymraeg. Nid oes amheuaeth nad ym Meirionnydd yn ystod degawdau canol y ganrif y meithrinwyd ei freuddwyd o sefydlu gwladfa Gymraeg dramor.[50]

49 Ar Lewis Edwards, gw. Thomas Charles Edwards, *Bywyd a Llythyrau y Parch. Lewis Edwards* (Liverpool, 1901) a Trebor Lloyd Evans, *Lewis Edwards: ei fywyd a'i waith* (Abertawe, 1967). Gw. Jones, *Explorations*, tt. 102–3 am ddyfyniadau o'r araith a draddodwyd ar 25 Mawrth 1858, tt. 129–30 am ddyfyniadau o un o'i lythyrau, a tt. 141–2 am grynodeb o'i araith ar 19 Awst wedi i rai o denantiaid ystad y Rhiwlas gael eu troi allan o'u ffermydd.

50 Ar Michael D. Jones, gw. R. Tudur Jones, *Ffydd ac Argyfwng Cenedl: Cristnogaeth a Diwylliant yng Nghymru 1890–1940. Cyfrol 2. Dryswch a Diwygiad* (Abertawe, 1982), tt. 245–6; Evan Pan Jones, *Oes a Gwaith y prif athraw y Parch. Michael Daniel Jones* (Bala, 1903) a Glyn Williams, *The Desert and the Dream: A Study of Welsh Colonization in Chubut, 1865–1915* (Cardiff, 1994). Gw. Jones, *Explorations*, tt. 151–3 am enghreifftiau o'i ddadleuon, ac am ddarnau o'r araith a draddododd mewn cynhadledd o'r Gymdeithas Ryddhau yn Y Bala ym mis Medi 1866, gw. *Welsh Nonconformity and the Welsh Representation: Papers and speeches delivered at the Conferences held September and October 1866* (London, d.d.).

Pwysigrwydd arbennig yr etholiad hwn yn hanes gwleidyddiaeth Cymru yw fod y pryderon a fynegwyd a'r materion yr ymdriniwyd â hwy yn rhai penodol Gymreig. Ac er mai'r ymgeisydd Toriaidd a ddychwelwyd i'r Senedd, dangoswyd y gallai'r cymunedau Cymreig, pan arweinid hwy gan eu goreugwyr eu hunain yn hytrach na gwŷr bonheddig lleol, a phan fyddent yn ddigon argyhoeddedig fod eu hegwyddorion yn rhai cyfiawn, wneud argraff ddofn ar gymeriad gwleidyddol eu siroedd. Methu eto a wnaeth Rhyddfrydwyr Ymneilltuol Cymreig y sir ym 1865, ond bu eu buddugoliaeth ym 1868 yn fodd i ddangos i'r genedl y gallai'r werin-bobl wrthsefyll grymoedd anferth breintiau traddodiadol, a hyd yn oed eu gorchfygu. Etholiad 1859 ym Meirionnydd, felly, oedd y trobwynt mwyaf arwyddocaol yn natblygiad gwleidyddiaeth Cymru yn oes Victoria.

Yr oedd hyd yn oed yn fwy nodedig oherwydd iddo gael ei ymladd yn ôl yr hen drefn etholiadol, a hynny yn un o'r siroedd lleiaf datblygedig yng Nghymru. Yr oedd etholiad cyffredinol 1868 ym Merthyr Tudful, fodd bynnag, yn sylfaenol wahanol i'r un ym Meirionnydd.[51] Yn gyntaf, yr oedd byd o wahaniaeth yn gymdeithasegol rhwng etholaeth Merthyr ac etholaeth wledig Meirionnydd; etholaeth fwyaf Cymru, ar y naill law, a'r leiaf ar y llall. Yn ail, ymladdwyd yr etholiad yn ôl y gyfundrefn etholiadol newydd a gyflwynwyd gan Ddeddf Ddiwygio 1867. O dan y Ddeddf hon, rhoddwyd hawl pleidleisio, gyda rhai eithriadau, i bob oedolyn gwryw a oedd yn ddeiliad tŷ cyn belled â'u bod wedi byw yno am ddwy flynedd ac yn talu'r trethi yn bersonol. Ar amrantiad, tyfodd nifer yr etholwyr o tua 1,300 i dros 14,000, pob un yn perthyn i'r dosbarth gweithiol, ac eithrio rhyw 1,500 o bobl yr oedd yn well ganddynt, am ba reswm bynnag, ymgymhwyso dan yr hen etholfraint deiliad tŷ. Mewn geiriau eraill, yr oedd mwyafrif llethol yr etholwyr newydd yn bobl ddosbarth-gweithiol. Yn drydydd, nid oedd, ac ni fu erioed, unffurfiaeth ieithyddol ym Merthyr, ac yr oedd cyfran y Saeson a'r Gwyddelod yn y boblogaeth yn tyfu'n gyflym yn ôl pob tebyg. Ond er yr amrywiaeth diwylliannau a geid yno, yr oedd yn dref Gymreig iawn. Y Cymry a reolai gyrion y dref, lle y ceid y diwydiannau cynhyrchu, ac yr oedd y cymysgedd diwylliannol ac ieithyddol amlycaf i'w ganfod yng nghanol y dref ('y pentref'), sef y ganolfan fasnachu. Ond yma hefyd y Cymry oedd y mwyafrif.[52] Yn olaf, yr oedd ei phatrymau gwleidyddol yn debyg iawn i'r hyn a geid ym Meirionnydd. Ymneilltuaeth oedd y nodwedd amlycaf yno, ac yr oedd mwy na 70 y cant o'r boblogaeth gyfan yn perthyn i'r prif enwadau Ymneilltuol.[53] Felly, er bod y ddau le yn wahanol iawn i'w gilydd yn economaidd ac yn gymdeithasegol, yr oeddynt yn debyg o ran iaith a chrefydd.

Yr oedd yr elfennau tebyg hyn yn dyngedfennol o ran ennill y fuddugoliaeth Ryddfrydol fwyaf a welwyd yn unrhyw etholaeth yng Nghymru, a gwyddai

[51] Am yr etholiad hwn, gw. Jones, *Explorations*, tt. 193–214.

[52] Harold Carter a Sandra Wheatley, *Merthyr Tydfil in 1851: A Study of the Spatial Structure of a Welsh Industrial Town* (Cardiff, 1982), yn enwedig tt. 114–15. Gw. hefyd *Slater's Directory* ar gyfer 1858–9.

[53] Jones, *Explorations*, t. 197.

Henry Richard, yr ymgeisydd Rhyddfrydol Ymneilltuol Cymreig, yn union sut i'w troi i'w felin ei hun. Nid yn unig ei fod wedi ei eni'n Gymro a'i fod yr un mor rhugl yn y Gymraeg ag yn y Saesneg, er bod hynny hefyd yn ffactor pwysig mewn etholaeth a barhâi'n Gymreig iawn o ran ei strwythur poblogaidd a lle nad oedd unrhyw hunaniaeth ddiwylliannol arall wedi ymddangos i herio goruchafiaeth diwylliant y mwyafrif. Elfen bwysicach oedd ei allu i fynegi set o syniadau gwleidyddol, a chynnig rhaglen wleidyddol, boed yn Gymraeg neu yn Saesneg, neu yn y ddwy, a oedd yn ddealladwy ar unwaith i fwyafrif llethol y pleidleiswyr oherwydd ei bod yn apelio at ddelfrydau a phrofiadau a oedd yn gyffredin iddynt i gyd. Yr oeddynt yn deall ei rethreg ac yn ymateb yn gadarnhaol iddi. Rhan hollbwysig o'i atyniad i etholwyr yn gyffredinol oedd ei ddibyniaeth ar y Gymraeg, a'r defnydd a wnâi ohoni, yn yr ystyr ehangach, ddiwylliannol hon o ddarparu'r ffactor hanfodol hwnnw a oedd yn fodd i'w huno mewn diwylliant a oedd yn profi newid cyflym a ffyrnig. Yr oedd yr undod a deimlent yn awr yn hollol groes i'r hyn a brofasent yn y 1830au. Y pryd hwnnw cafwyd trais: lladd llo mewn seremoni a defnyddio'i waed i liwio baner yn goch, gwŷr arfog yn herio grym y wladwriaeth, gan ddinistrio rhai o'i sefydliadau a hyd yn oed ymlid ei lluoedd arfog a'u gorfodi i gilio.[54] Ond bellach yr hyn a glywid oedd cri dros heddwch a gweithredu cyfansoddiadol, dros ddefnyddio gweithredoedd gwleidyddol i sicrhau'r iawnderau cymdeithasol y gelwid amdanynt, a thros drafod yn hytrach na gwrthdaro pan geid anghydfod.

Yr oedd Henry Richard mor sicr o'i gynulleidfa a'i neges fel y cyhoeddodd anerchiad cyffredinol, *At Etholwyr Anghydffurfiol Cymru*,[55] yn union fel pe bai'n arweinydd plaid yn cyhoeddi maniffesto, gan restru conglfeini rhaglen y blaid, mynegi ei rhyfelgri, a galw am ddisgyblaeth a threfn heddychlon wrth i bobl bleidleisio yn yr etholiadau. Mewn modd unigryw a newydd yr oedd Henry Richard mewn gwirionedd yn arweinydd plaid, er nad oedd y blaid honno eto'n bodoli. Gallai sefydlu peiriant 'plaid', trefn a oedd ar waith ym mhob rhan o'r wlad, yn rym ym mhob etholaeth, yn fwy cyfunol a disgybledig, ac yn meddu ar fwy o ysbrydoliaeth ac angerdd na phwyllgorau *ad hoc* pleidiau'r gwrthwynebwyr gwleidyddol. Nid oedd yn amhosibl ychwaith y gallai'r enwadau eraill ddod i gredu'r un pethau gwleidyddol a dechrau ymfyddino i geisio cyflawni, trwy ddulliau cyfansoddiadol, amcanion a oedd yn gyffredin iddynt oll. Balchder yn eu hiaith a'u cenedligrwydd, cariad at eu gwlad, cred mewn cydraddoldeb crefyddol,

[54] Am yr holl ddigwyddiadau cyffrous hyn, gw. Williams, *Merthyr Rising*, a Glanmor Williams (gol.), *Merthyr Politics: The Making of a Working Class Tradition* (Cardiff, 1966) am ysgrif Gwyn A. Williams, 'The Merthyr of Dic Penderyn', tt. 9–27, a Ieuan Gwynedd Jones, 'The Merthyr of Henry Richard', tt. 28–57.

[55] Fe'i cyhoeddwyd fel pamffled ac fel anerchiad etholiadol yn y mwyafrif o'r newyddiaduron Cymraeg, megis *BAC*, 28 Hydref 1868, ac yn Saesneg neu'n ddwyieithog mewn rhai, megis *The Cardiff and Merthyr Guardian* a'r *Merthyr Express*, lle y mae'n ymddangos ymhlith y colofnau o anerchiadau etholiadol.

iawnderau cyfansoddiadol a dynol, a grym rhwymedigaeth foesol rhwng pobl a chenhedloedd – y rhain oedd seiliau ei ddehongliad o ddyheadau'r Cymry ar y pryd. Gallai gyflwyno ei hun fel 'Yr Aelod Dros Gymru' oherwydd ei fod yn argyhoeddedig fod y Cymry eisoes yn credu, neu fod modd eu perswadio i gredu, yr un pethau gwleidyddol. Yr oedd ganddynt eisoes ddealltwriaeth ddofn ohonynt eu hunain yng nghyd-destun eu hanes, yn enwedig eu traddodiad llenyddol hynafol a oedd yn dal yn gryf; credent hefyd mai hwy a greodd y sefydliadau crefyddol ardderchocaf a welsai unrhyw wlad erioed. Gwnaethent hyn er gwaethaf gwrthwynebiad y bonedd a chasineb offeiriaid; yr oeddynt wedi dysgu gwerthoedd democratiaeth trwy gymryd rhan weithredol ym mywyd yr eglwysi, ac wedi dioddef er ei mwyn.

Felly, yr iaith Gymraeg oedd yr allwedd i'r bywyd gwleidyddol newydd y credai Henry Richard a'i gyd-Ymneilltuwyr eu bod yn ei sefydlu. Byddai'n parhau'n allwedd iddo am gyfnod byr, am genhedlaeth mewn rhai etholaethau gwledig, ond am ychydig flynyddoedd, ar y mwyaf, yn y mannau diwydiannol newydd. Ffactorau demograffaidd a benderfynai hynny – pobl yn mynd a dod a ffin y defnydd o iaith yn symud – ond hyd yn oed yn y lleoedd hynny lle y deuai'r Saesneg mor gryf nes difodi'r Gymraeg bron yn llwyr, byddai'r etifeddiaeth hon yn parhau.

Anos yw penderfynu i ba raddau y gellid neu y dylid seilio hunaniaeth wleidyddol ar iaith. Nid oedd iaith ar ei phen ei hun yn sylfaen gadarn na pharhaol ar gyfer hunaniaeth wleidyddol, oherwydd gallai gwrthdaro ideolegol ac undod dosbarth neu grŵp brofi'n fwy nerthol na'r goddefgarwch yr oedd cymunedau cymysg eu hiaith yn dibynnu arno. Yr oedd hyn yn arbennig o wir mewn canolfannau diwydiannol a chynhyrchu, lle y câi buddiannau'r dosbarth gweithiol eu sianelu i gyfeiriad yr undebau llafur, a fodolai er mwyn amddiffyn buddiannau penodol ac adrannol yn hytrach na phethau mwy amwys, a llai perthnasol o bosibl, megis yr agweddau diwylliannol ar hunaniaeth wleidyddol. Daeth ystyriaethau fel y rhain i'r amlwg yn ystod streic fawr y glowyr yn ardal Aberdâr a'r Rhondda ym 1873–4, streic a ddigwyddodd yr un pryd â'r etholiad cyffredinol y flwyddyn honno, pan safodd Thomas Halliday, arweinydd Undeb Cyfunedig y Glowyr, yr AAM, a oedd â'i bencadlys yn swydd Gaerhirfryn, fel Rhyddfrydwr gyda chefnogaeth ei undeb a'r Cynghrair Cynrychioli Llafur. Ar lawer ystyr yr oedd Halliday yn ymgeisydd delfrydol ar gyfer yr etholaeth Gymreig, ddosbarth-gweithiol hon. Glöwr ydoedd, a mab i löwr, ac yr oedd ei fam yn Gymraes. Yr oedd yn Ymneilltuwr (Weslead), ac yn adnabyddus yng nghymoedd glofaol de Cymru lle y bu'n weithgar ar ran ei undeb er 1867. Nid oedd fawr o wahaniaeth rhwng ei bolisïau ef a rhai Henry Richard, gŵr a edmygai yn fawr, ac yr oedd o blaid cymodi a thrafod mewn cysylltiadau diwydiannol.[56] Ei anallu i siarad

[56] Gw. E. W. Evans, *The Miners of South Wales* (Cardiff, 1961); 'Thomas Halliday' gan John Saville yn Joyce M. Bellamy a John Saville, *Dictionary of Labour Biography* (9 cyf., London, 1972–93), III, tt. 91–4.

Cymraeg oedd yr unig ddiffyg a oedd ganddo, ac y mae'n bosibl mai dyna'r rheswm am ei fethiant. Er bod ei areithiau'n cael eu cyfieithu gan un o'i gefnogwyr (gweinidog gyda'r Bedyddwyr), bod cofnodion cyfrinfeydd ei undeb yn cael eu cadw yn Gymraeg, a'i fod ef ei hun yn sylweddoli ei ddiffyg ac yn ymddiheuro amdano, ymddengys nad oedd hynny'n ddigon. Yr oedd y rhan fwyaf o'r papurau newydd, y rhai Saesneg yn ogystal â'r rhai Cymraeg, yn ei erbyn, a heb gefnogaeth y 'llunwyr barn' hyn edrychai pethau'n go ddu arno.[57] Er hynny, cafodd Halliday bron 5,000 o bleidleisiau[58] (25.2 y cant),[59] sy'n awgrymu o bosibl nad iaith a chenedligrwydd oedd prif ystyriaethau cyfran fawr o'r gweithlu yn yr etholiad hwnnw. At hynny, ystyrid ei undeb yn rhywbeth estron a drawsblannwyd o Loegr, ac ymddengys fod y rhan fwyaf o'r glowyr wedi ymddiried mewn undeb a grëwyd ganddynt hwy eu hunain ac a oedd yn fwy cydnaws â'u teimladau a'u dyheadau na'r un Seisnig.[60]

Chwe blynedd yn ddiweddarach, yn etholiad 1880,[61] y mae'n sicr nad oedd yr iaith Gymraeg yn un o'r ystyriaethau. Yr oedd pob un o'r tri ymgeisydd yn siaradwyr Cymraeg rhugl.[62] Enillwyd 40.2 y cant o'r bleidlais gan Henry Richard, 37.6 y cant gan y cyfreithiwr, Charles Herbert James,[63] a oedd yn frodor o Ferthyr, a 22.2 y cant – sef dim ond ychydig yn llai nag a gafodd Halliday ym 1874 – gan un o'r diwydianwyr mwyaf nerthol yn ne Cymru, sef W. T. Lewis, brodor o Aberdâr, a fyddai'n fuan wedi hynny yn cael ei urddo'n farchog, ac yn ddiweddarach yn arglwydd, sef Barwn Merthyr o Senghennydd.[64] Fel yn achos Halliday, ymddengys mai yn Aberdâr y bwriwyd y rhan fwyaf o'r pleidleisiau o'i blaid ef. Diddorol nodi iddo gael cyfran mor fawr o'r bleidlais er gwaethaf y ffaith

57 Am adroddiadau ar yr etholiad hwn, gw. Kenneth O. Morgan, 'The Merthyr of Keir Hardie' yn Williams, *Merthyr Politics*, tt. 59–60, Wallace, *Organise*, tt. 221–9.

58 Oherwydd nad oes llyfrau pleidleisio o'r cyfnod ar gael bellach y mae'n amhosibl dweud faint o bobl a gynrychiolid gan y ffigur hwn. Y rheswm am hyn oedd fod gan bob pleidleisiwr mewn etholaethau dau-aelod ddwy bleidlais, a gellid rhoi'r ddwy i un ymgeisydd – 'plumping', fel y'i gelwid yn Saesneg. Y mae'n amlwg fod llawer o bleidleiswyr wedi gwneud hynny yn yr etholiad hwn.

59 Arnold J. James a John E. Thomas, *Wales at Westminster: A History of the Parliamentary Representation of Wales 1800–1879* (Llandysul, 1981), t. 74.

60 Gw. Aled Jones, 'Trade Unions and the Press: Journalism and the Red Dragon Revolt of 1874', *CHC*, 12, rhif 2 (1984), 197–224.

61 Gellir astudio'r etholiad arwyddocaol hwn yn ffeiliau'r newyddiaduron a oedd yn cylchredeg ym Merthyr ac Aberdâr, yn enwedig *Y Gwladgarwr, Amddiffynnwr y Gweithiwr, Seren Cymru, Cardiff and Merthyr Guardian* a'r *Aberdare Times*.

62 Am yr ymgeiswyr a nifer y pleidleisiau a fwriwyd, gw. James a Thomas, *Wales at Westminster*, t. 76.

63 Ar James, gw. Charles Wilkins, *The History of Merthyr Tydfil* (Merthyr Tydfil, 1908), tt. 451–2, a sawl cyfeiriad hwnt ac yma yn y llyfr rhyfedd ond amhrisiadwy hwn. Gw. hefyd y llu o gyfeiriadau yng nghyfeiriadau bywgraffyddol W. W. Price yn LlGC.

64 Ar Lewis, gw. Michael Lieven, *Senghennydd, the Universal Pit Village 1890–1930* (Llandysul, 1994), pennod 1 am grynodeb o'i yrfa; John Williams, 'The Coalowners' yn idem, *Was Wales Industrialised? Essays in Modern Welsh History* (Llandysul, 1995), tt. 97–122; y mae W. D. Rubinstein, *Men of Property: The Very Wealthy in Britain since the Industrial Revolution* (London, 1981), t. 77, yn ei ddisgrifio fel 'hanner miliwnydd'.

ei fod yn Dori. Treuliodd y rhan fwyaf o'r cyfnod ymgyrchu yn datgan mai Rhyddfrydwr ydoedd a'i fod yn cytuno â'r ymgeiswyr eraill ar nifer o faterion, ond ychydig a'i coeliai mae'n siŵr. Y mae'n debyg y byddai llawer wedi pleidleisio iddo oherwydd ei gysylltiadau ag Aberdâr, a'i ran yn niwydiant glofaol y cwm a'r Rhondda, ac oherwydd y tybid y dylai un o'r aelodau dros Ferthyr fod yn ddiwydiannwr. Byddai rhai wedi pleidleisio dros y Toriaid o ran argyhoeddiad, fel y gwnâi Toriaid dosbarth-gweithiol Bethesda yng ngogledd Cymru, ond y mae'n amhosibl dweud faint. Yr oedd gan y dref honno, a oedd mor ddosbarth-gweithiol o ran ei strwythur ag unrhyw dref ddiwydiannol yn y wlad, ei Chymdeithas Geidwadol y Gweithwyr, dan arweiniad Dr Hamilton Roberts, a phapur newydd Ceidwadol, *Llais y Wlad*.[65] Er na cheid sefydliadau tebyg ym Merthyr nac Aberdâr, heblaw am gyfnod byr yn ystod yr etholiad hwn, a hynny'n unig ar ffurf cymdeithas gofrestru, nid oes lle i gredu nad oedd pleidleiswyr Ceidwadol yn yr etholaeth. Ond hwn oedd yr etholiad pryd y dychwelwyd dau Dori yn unig i'r senedd o'r deuddeg ar hugain o aelodau Cymreig. Yr oedd mwyafrif y Rhyddfrydwyr yn Ymneilltuwyr. Cynhaliwyd ardystiad mawr yn y Palas Grisial i ddathlu'r buddugoliaethau a daeth tua phedwar cant o bobl yno, y rhan fwyaf mewn trenau a drefnwyd yn arbennig ar gyfer yr achlysur. Siaradodd Henry Richard yn Gymraeg a chyfeiriodd at Syr Watkin Williams Wynn fel aelod o rywogaeth eithriadol o brin, sef Aelod Seneddol Ceidwadol Cymreig.[66]

Nid mewn gwleidyddiaeth seneddol, fodd bynnag, y gwelid pwysigrwydd hanfodol yr iaith Gymraeg, ond yn hytrach mewn undebaeth lafur. Yn ystod y degawd ar ôl etholiad 1868 daeth gweithredwyr dosbarth-gweithiol yn fwyfwy penderfynol o gymryd rhan weithredol yn eu materion eu hunain ac o hyrwyddo eu buddiannau adrannol eu hunain. Dyma fu eu cyfraniad mwyaf nodweddiadol a grymus i etholiad 1868, sef pan welwyd hwy'n mynnu bod amcanion y dosbarth gweithiol yn cael eu cynnwys yn rhaglenni'r holl ymgeiswyr, ac y llwyddwyd i drefnu bod H. A. Bruce yn cael ei drechu.[67] Y glowyr a'r gweithwyr haearn gyda'i gilydd a oedd yn gyfrifol am hynny; trefnasai'r ddau grŵp hyn o weithwyr eu hunain yn undebau grymus o ran niferoedd yn ystod y 1860au a dechrau'r 1870au. Arweiniodd y ffyniant a gafwyd yn y ddau ddiwydiant sylfaenol hyn at ysbryd mwy milwriaethus nag a welwyd gan yr undebau bychain rhanbarthol a phen pwll a oedd wedi eu sefydlu er canol y 1850au. Trefnid y gweithwyr haearn gan undeb John Kane, y *National Amalgamated Malleable Ironworkers Association of Great Britain*, undeb Seisnig a'i bencadlys yn Darlington.[68] Yn ystod y cyfnod ffyniannus recriwtiodd yr undeb lawer o aelodau, ond bu bron iddo chwalu yn

65 Geraint Davies, 'Bethesda – The Growth and Development of a Slate Quarrying Town, 1820–90' (traethawd PhD anghyhoeddedig Prifysgol Cymru, 1984).

66 Charles S. Miall, *Henry Richard, M.P.: A Biography* (London, 1889), tt. 313–14.

67 Ar yr etholiad hwn, gw. Jones, *Explorations*, tt. 193–214.

68 Ar y NAMIA, gw. *Men of Steel, By One of Them* (London, 1951), tt. 32–56, ac ar Kane, gw. Bellamy a Saville, *Dictionary of Labour Biography*, III, tt. 118–25.

ystod dirwasgiad 1874, yn yr un modd ag undeb Halliday, yr AAM. Creodd y dirwasgiad amodau ffafriol ar gyfer ffurfio undeb newydd i weithwyr haearn de Cymru, undeb a arweinid gan y Cymry eu hunain. Yr oedd nifer o resymau dros hyn, ond un o'r rhai pennaf oedd y teimlad mai rhywbeth estron o Loegr oedd undeb Kane, ac y dylai gweithwyr Cymru gael eu hundeb eu hunain i amddiffyn eu buddiannau, yn hytrach na gorfod tanysgrifio i undeb a gynhaliai arweinwyr Seisnig nad oedd eu blaenoriaethau, o raid, yn cyd-fynd â'u rhai hwy. Yr oedd cenedligrwydd ac iaith yn elfennau pwysig a gyfrannodd at y digwyddiad pwysig hwn, fel yn wir yr oeddynt wedi bod oddi ar i'r undeb ddechrau recriwtio ymhlith gweithwyr haearn Cymru. Fel y digwyddodd pethau, gadawodd gweithwyr haearn Cymru undeb Kane a ffurfio eu hundeb eu hunain, sef Y Ddraig Goch, gan ddibynnu ar bapurau newydd Cymraeg y maes glo i gofnodi eu gweithgareddau yn hytrach na'r papur Saesneg, yr *Ironworkers' Journal*, a olygid gan Kane.[69]

Ar yr un pryd, ac yn rhan o'r un ymdrech dros undebau annibynnol Cymreig, llwyddodd y gweithwyr tun hefyd i aros y tu allan i rengoedd Undeb Cyfunedig y Gweithwyr Haearn. Yr oedd y diwydiant tun, fel diwydiant y chwareli llechi yng ngogledd Cymru,[70] yn un lleol iawn ac wedi ei ganoli yng ngorllewin Cymru, yn bennaf yng Nghydweli, Llanelli ac Abertawe a'r cymoedd cyfagos.[71] Yr oedd llawer o'r pentrefi diwydiannol a ddatblygodd o amgylch y gweithfeydd yn gymunedau uniaith Gymraeg i bob pwrpas, i fwy graddau o lawer na hyd yn oed Aberdâr a'r pentrefi glofaol ym mryniau Morgannwg. Fel gweithwyr haearn a glowyr Merthyr ac Aberdâr, dewisodd gweithwyr tun gorllewin Cymru ffurfio eu hundeb eu hunain yn hytrach nag ymuno â'r un Seisnig a oedd wedi ei greu er budd gweithwyr haearn Lloegr yn hytrach na gweithwyr tun Cymru. Ffurfiwyd Undeb Annibynnol y Gwneuthurwyr Tun ym 1871 dan arweiniad Jenkyn Thomas, y llywydd, a William Lewis (Lewys Afan), yr ysgrifennydd.[72] Tyfodd o undeb a ffurfiwyd yn Ystalyfera tua 1868, a James Williams, gweithiwr melin rolio yng Ngweithfeydd Haearn Ystalyfera, yn ysgrifennydd iddo.

Yr oedd ethos diwylliannol a gwleidyddol yn perthyn i'r holl ddatblygiadau hyn mewn undebaeth ddiwydiannol, a hynny mewn cymdeithas lle'r oedd i'r iaith Gymraeg swyddogaeth gyfansoddol, a rhan ganolog yn nirnadaeth a dealltwriaeth y gweithwyr o realiti. Yr oedd yn rym gweithredol yn y gymdeithas, i'r graddau ei bod yn eu hamddiffyn ac yn eu harfogi yn erbyn y rhai a fynnai eu

[69] Jones, 'Trade Unions and the Press'.

[70] R. Merfyn Jones, *The North Wales Quarrymen 1874–1922* (Cardiff, 1981), t. 106.

[71] Ar y diwydiant tunplat, gw. W. H. Minchinton, *The British Tinplate Industry: A History* (Oxford, 1957), a J. H. Jones, *The Tinplate Industry* (London, 1914). Hefyd Paul Jenkins, *'Twenty by Fourteen': A History of the South Wales Tinplate Industry 1700–1961* (Llandysul, 1995).

[72] Jones, *Tinplate*, tt. 38–9, a Minchinton, *The British Tinplate Industry*, t. 115. Gw. hefyd Jones, 'Trade Unions and the Press', passim.

rheoli.[73] O'u barnu yn ôl meini prawf y farchnad, efallai nad oeddynt yn undebau effeithiol iawn fel y cyfryw. Tueddent, er enghraifft, i fynd ar streic pan geid cwymp yn y farchnad; ond yr oedd eu Cymreictod yn eu gwneud yn wahanol i'r undebau Seisnig mewn sawl ffordd. Yr oeddynt yn hynod falch o'u hiaith ac o'i gallu i addasu mewn cyfnodau o newid cymdeithasol cyflym. Hyd at ddechrau'r ugeinfed ganrif yr oedd ganddynt hyder llwyr yn ei gallu i'w hamddiffyn hwy a'u buddiannau ym maes diwydiant, yn union fel yr oedd hi'n fodd, ym myd crefydd a diwylliant yn gyffredinol, i fynegi'n berffaith eu teimladau a'u dyheadau dyfnaf. Ni fyddent yn cynnal eu gweithgareddau yn Saesneg ar unrhyw gyfrif. Cyfrwng cyfathrebu estron oedd yr iaith honno; ni allent fynegi eu syniadau a'u teimladau yn briodol ynddi, ac o'r herwydd byddai yn eu rhoi dan anfantais. Cadwent eu hiaith am resymau ymarferol, felly, ond hefyd er mwyn gwarchod y pethau a oedd fwyaf gwerthfawr iddynt yn eu bywyd preifat a chyhoeddus. Gan hynny, yr oeddynt i gyd yn cefnogi sefydliadau Cymraeg, megis yr eisteddfod, a'r gymdeithas gyfeillgar Gymraeg, Y Gwir Iforiaid, yn hytrach nag urddau Saesneg, fel yr *Oddfellows*, a ystyrid gan lawer yn wrth-Gymraeg.[74] Yr oedd gan y Gwir Iforiaid fwy na 150 o gyfrinfeydd yn ne a de-orllewin Cymru ym 1878.[75] Cefnogent bapurau newydd a chylchgronau Cymraeg y rhanbarth, a daeth y rhain yn llewyrchus iawn. Buont hefyd yn gymorth i adeiladu a chynnal cannoedd o gapeli, sef symbolau mwyaf nodweddiadol a gwerthfawr eu diwylliant.

Uwchlaw popeth, yr oeddynt yn wahanol i'r rhan fwyaf o'r undebau Seisnig o ran yr athroniaeth a oedd yn sail i'w dealltwriaeth o natur y gymdeithas ddiwydiannol, ac o'u rhan hwythau ynddi. Nid oeddynt, at ei gilydd, yn filwriaethus, ac yr oedd yn well ganddynt gymod na gwrthdaro, ac eithrio pan dybient fod y cyflogwyr yn drahaus ac anhyblyg, neu yn disgwyl gormod gan eu haelodau. Yr oedd yn well ganddynt drafod na streicio, a rhoddent eu ffydd mewn arweinwyr megis William Abraham (Mabon), gan barhau'n deyrngar iddo hyd yn oed wedi i genhedlaeth newydd o arweinwyr ddod yn flaenllaw.[76]

Felly, meithrinwyd yn ardaloedd cynhyrchu a mwyngloddio Cymru ddiwylliant gwleidyddol lle'r oedd yr iaith Gymraeg nid yn unig yn gyfrwng cyfathrebu ond hefyd, ac yn anad dim, yn gyfrwng i roi gwedd gyfundrefnol ar dueddiadau democrataidd cynhenid y Cymry. Gallai'r diwylliant hwn addasu'n greadigol i oroesi'r newidiadau cymdeithasol enfawr a oedd eisoes ar droed yng Nghymru, yn enwedig y newidiadau ieithyddol a drawsnewidiodd gymeriad y

[73] Gw., e.e., Hywel Francis, 'Language, culture and learning: the experience of a valley community', *Llafur*, 6, rhif 3 (1994), 85–96, yn enwedig t. 89, lle y mae'n cyfeirio at yr 'impenetrable nature of Welsh nonconformity, in language, culture and essential democracy [providing] a counterpoint to the coalowner, a veritable religious and cultural citadel'.

[74] Elfyn Scourfield, 'Cymdeithasau cyfeillgar yn Ne Cymru yn ystod y bedwaredd ganrif ar bymtheg' (traethawd PhD anghyhoeddedig Prifysgol Cymru, 1984), t. 34.

[75] *Report of Select Committee on Friendly Societies*, 'Orders of Welsh Origin or Designation, and all other Orders not included in the previous Parts' (PP 1889 LXXI – Part II (F)).

[76] Ar Mabon, gw. E. W. Evans, *Mabon: A Study in Trade Union Leadership* (Cardiff, 1959).

genedl. Oddi mewn i'r diwylliant gwleidyddol hwn, fodd bynnag, yr oedd nodweddion sy'n parhau o hyd, a thra pery'r Gymraeg, felly hefyd y pery'r elfennau arbennig a gwahanol hynny yng ngwleidyddiaeth Cymru.

19

Ieithoedd Gwladgarwch yng Nghymru 1840–1880

PAUL O'LEARY

YM 1864 cyhoeddodd R. J. Derfel, bardd a enillai ei fywoliaeth fel trafaeliwr ym Manceinion, gasgliad o 'gerddi gwladgarol'. Rhoes gynnig ar y diffiniad canlynol o wladgarwch yn y rhagair i'r gyfrol:

> Gwladgarwch, medd y Geiriaduron, yw cariad at wlad: ac ar y dybiaeth yna, y ffurfiwyd y gair yn ein hiaith ni: ond mae y gair yn golygu cariad, hefyd, at y bobl, eu hiaith, eu defodau, a'u llwyddiant; a'r ystyr olaf i'r gair yw'r pwysicaf a'r mwyaf. Nid ydym yn caru y tir er ei fwyn ei hun – ond yr ydym yn gwneud hyny a'r cenedl . . . Felly ystyr benaf a phwysicaf y gair gwladgarwch, ydyw cariad at ein cenedl ac eiddigedd dros ei hiawnderau a'i gogoniant.[1]

Er hynny, i'w gyfoedion nid oedd ystyr gwladgarwch i'w ganfod mewn geiriaduron yn gymaint ag yn y gwerthoedd a oedd yn gysylltiedig ag ef ac â'r iaith a ddefnyddid i ddisgrifio'r wlad a'i phobl. Yn nhyb Derfel, yr oedd gwladgarwch yn gyfrifoldeb yr oedd angen i bob 'cenedl wareiddiedig' ei ysgwyddo. At hynny, yr oedd yn gyfrifoldeb dwyfol: 'Duw a'n gwnaeth yn genedl a roes ini iaith i'n cadw yn genedl.' Yr oedd dyletswyddau beichus ynghlwm wrth gyfrifoldebau mor drwm, gan gynnwys diogelu'r iaith Gymraeg, a hynny er gwaethaf y pwysau i fabwysiadu'r Saesneg yn unig iaith bywyd cymdeithasol a gwleidyddol Cymru. Credai Derfel fod gwir wladgarwch yn golygu ymdrechu i sicrhau bod 'moddion dysg a dyrchafiad' o fewn cyrraedd pob dosbarth yn y gymdeithas.[2] Deilliai ei bryderon o ymwybyddiaeth ddemocrataidd ac awydd am weld Cymru yn moderneiddio yn wleidyddol ac yn economaidd.

Dengys gweithiau Derfel fod ei wladgarwch yn gyfuniad rhyfedd o ysgogiadau radicalaidd a phryderon ceidwadol. Yn ei farddoniaeth a'i ryddiaith pleidiai ran y tlawd a'r gorthrymedig yn frwd a huawdl, dadleuai'n ddiflino dros ryddid, a

[1] R. J. Derfel, *Caneuon Gwladgarol Cymru* (Wrecsam, 1864), t. 3.

[2] Ibid., tt. 3–4.

gwrthwynebai yn daer gaethwasiaeth o bob math. Cyflwynodd ddadl rymus o blaid sefydlu prifysgol, llyfrgell ac amgueddfa genedlaethol, a phapur dyddiol Cymraeg. Eto, ar yr un pryd, cyfansoddodd gerddi yn galw am fendith Duw ar Dywysog a Thywysoges Cymru ar achlysur eu priodas, ac y mae emblem y tywysog megis talismon ar glawr ei gyfrol denau o gerddi gwladgarol. Yr oedd teyrngarwch i'r wladwriaeth, ynghyd â dymuniad i sicrhau sefydliadau cenedlaethol Cymreig, yn nodwedd ar wladgarwch Cymreig yn gyffredinol yng nghanol y bedwaredd ganrif ar bymtheg.

Gellir canfod gwreiddiau rhethreg wladgarol yng Nghymru yn negawdau olaf y ddeunawfed ganrif, pryd y cafwyd adfywiad mewn astudio hanes a llenyddiaeth Cymru, diolch i gymdeithasau o Gymry alltud yn Llundain. Diogelwyd eu hetifeddiaeth yn ystod blynyddoedd cynnar y bedwaredd ganrif ar bymtheg yn bennaf gan glerigwyr Anglicanaidd a theuluoedd bonheddig, megis Arglwyddes Llanofer a noddai ddigwyddiadau diwylliannol yng ngogledd-orllewin sir Fynwy. Y mae bron pob un o'r enghreifftiau cynnar o eiriau Cymraeg am 'nationalism' (*cenedlaetholdeb*), 'nationalist' (*cenedlaetholwr*) a 'nationality' (*cenedligrwydd*) a restrir yn *Geiriadur Prifysgol Cymru* yn dyddio o ddiwedd y ddeunawfed ganrif neu o'r bedwaredd ganrif ar bymtheg, yn enwedig y 1850au a'r 1860au.[3] Yn ystod y degawdau olaf dechreuodd y drafodaeth ar wladgarwch grynhoi o gwmpas sefydliadau penodol, yn enwedig yr Eisteddfod Genedlaethol, sy'n dyddio i bob pwrpas o 1858, y wasg a'r capeli Ymneilltuol. At hynny, cafwyd anthem genedlaethol wedi i 'Hen Wlad fy Nhadau', a gyfansoddwyd gan Evan a James James o Bontypridd ym 1856, ddod yn boblogaidd ar ôl cael ei chanu yn yr Eisteddfod Genedlaethol yng Nghaer ym 1866.[4]

Y mae gwrthgyferbyniad llwyr rhwng hyn a'r radicaliaeth a welwyd yn gynharach yn y ganrif. Yn y 1830au dechreuodd cyfnod gwrthryfelgar radicaliaeth Gymreig, yn enwedig Gwrthdystiad Merthyr ym 1831 a Gwrthryfel y Siartwyr yng Nghasnewydd ym 1839. Yr oedd iaith gwleidyddiaeth yn y blynyddoedd hynny yn ymwneud â galwad am hawliau gwleidyddol cyffredinol a democratiaeth, fel y gwelir yn chwe phwynt y Siarter, rhaglen ar gyfer diwygio cyfansoddiadol. Fel y dengys y wasg radical gynnar, Cymraeg oedd prif iaith gwleidyddiaeth y cyfnod hwnnw. Yn gwbl wahanol i ddatblygiad gwleidyddiaeth dorfol yng nghefn gwlad Iwerddon yn gynnar yn y bedwaredd ganrif ar bymtheg, a ddigwyddai trwy gyfrwng y Saesneg, sefydlodd mudiadau megis Siartiaeth a Chynghrair Gwrthwynebu'r Deddfau Ŷd newyddiaduron Cymraeg, gan

[3] Glanmor Williams, *Religion, Language and Nationality in Wales* (Cardiff, 1979), t. 143.

[4] W. Rhys Nicholas, 'The Authors of "Hen Wlad Fy Nhadau": Evan James (1809–1878) and James James (1833–1902)' yn P. F. Tobin a J. I. Davies (goln.), *The Bridge and the Song* (Bridgend, 1991), tt. 29–43. Y mae'r erthygl hon yn cynnwys geiriau'r anthem a chyfieithiad Saesneg ohoni gan Eben Fardd.

ddosbarthu gwybodaeth yn Gymraeg, a defnyddio'r famiaith yn helaeth mewn ymgyrchoedd a chyfarfodydd gwleidyddol.[5]

Eto i gyd, o'r 1840au ymlaen yr oedd Ymneilltuaeth mor rymus nes ei fod yn tra-arglwyddiaethu dros fywyd cyhoeddus Cymru, gan liwio natur dadleuon gwleidyddol ar sail gwerthoedd ac ieithwedd arbennig. Fel y dangosodd Ieuan Gwynedd Jones, yr oedd wyneb cyhoeddus Cymru yng nghanol oes Victoria yn barchus, yn grefyddol ac yn fân-fwrgeisaidd o ran ei arddull a'i ddyheadau.[6] Yr oedd balchder mewn crefydd yn nodwedd gref ac yn cadarnhau'r gred boblogaidd fod y Cymry yn bobl etholedig ac yn ddisgynyddion uniongyrchol un o lwythau Israel.[7] Yr oedd Cyfrifiad Crefydd 1851 wedi dangos heb unrhyw amheuaeth fod mwy o bobl yn mynychu addoldy yng Nghymru nag yn Lloegr, a bod y bwlch rhwng nifer yr addolwyr yn y trefi ac yn y wlad yn llai o lawer yng Nghymru. Yr oedd hyn yn achos dathlu i wladgarwyr, yn enwedig i'r sawl a honnai y gellid priodoli natur dawel y wlad a theyrngarwch ei phobl i Ymneilltuaeth.[8] Ffurfiwyd yr hunanddelwedd hon yn sgil y cynnwrf a achoswyd pan gyhoeddwyd Adroddiadau Addysg dadleuol y llywodraeth ym 1847, adroddiadau a fwriodd gysgod trwm dros bob math o ddadleuon cymdeithasol a diwylliannol yn y degawdau dilynol. Pan nododd y cenedlaetholwr Michael D. Jones ym 1849 fod 'calonnau cannoedd yn awr yn frwd berwi allan iaith gwladgarwch', cyfeirio yr oedd at yr ysgogiad i weithredu yn sgil y Llyfrau Gleision.[9] Yn baradocsaidd, bu'r adroddiadau yn hwb i'r ymwybyddiaeth wladgarol yr oeddynt wedi ei phardduo mor ddidrugaredd.[10]

Tybid bod cyhuddo'r Cymry o anfoesoldeb, fel y gwnaed gan dri Sais Anglicanaidd na wyddent yr un dim am Gymru, ei hiaith na'i haddysg, yn ymosodiad ar Ymneilltuaeth, crefydd a oedd wedi ennill cryn gefnogaeth a phoblogrwydd yn ystod hanner cyntaf y ganrif. Erbyn 1851 yr oedd tua phedwar o bob pump a fynychai addoldy yn Ymneilltuwyr, ac yr oedd y ffaith fod y Comisiynwyr wedi seilio eu casgliadau yn bennaf oll ar dystiolaeth offeiriaid eglwysig yn gyfiawnhad dros eu cyhuddo o frad. Yn sgil cyhoeddi drama ddychanol R. J. Derfel, *Brad y Llyfrau Gleision*, ym 1854, daeth y brad hwnnw yn rhan annatod o chwedloniaeth radicalaidd Ymneilltuaeth, yn gam i'w gywiro ac

[5] Ryland Wallace, *Organise! Organise! Organise! A Study of Reform Agitations in Wales, 1840–1886* (Cardiff, 1991), tt. 32–3, 42.

[6] Ieuan Gwynedd Jones, 'The Dynamics of Politics in Mid-Nineteenth-Century Wales' yn idem, *Explorations and Explanations: Essays in the Social History of Victorian Wales* (Llandysul, 1981), t. 270.

[7] Williams, *Religion, Language and Nationality*, tt. 6–8.

[8] Gw., e.e., 'Crefyddolder y Cymry', *Y Gwladgarwr*, 26 Mehefin 1858.

[9] Dyfynnwyd yn R. Tudur Jones, 'Michael D. Jones a Thynged y Genedl' yn Geraint H. Jenkins (gol.), *Cof Cenedl: Ysgrifau ar Hanes Cymru* (Llandysul, 1986), t. 103.

[10] *Reports of the Commissioners of Inquiry into the State of Education in Wales . . . in three parts. Part II. Brecknock, Cardigan, Radnor, and Monmouth* (London, 1847) (PP 1847 (871) XXVII), t. 88.

yn ysbardun i weithredu gwleidyddol.[11] Yr oedd Anglicaniaid megis Syr Thomas Phillips a Jane Williams (Ysgafell) ymhlith y cyntaf i gondemnio'r adroddiadau yn gyhoeddus,[12] ond boddwyd eu protestiadau hwy dan gawodydd o ddicter o du'r Ymneilltuwyr. Ymhell wedi i union fanylion y ddadl fynd yn angof, atseiniai'r cyhuddiad o frad o hyd mewn trafodaethau gwleidyddol, gan beri ei bod yn anodd trafod y digwyddiad yn rhesymegol. Defnyddid iaith gwladgarwch i geisio esbonio'r digwyddiad hwn ac i drefnu'r ymateb iddo. Yn baradocsaidd, drwy ladd ar y Gymraeg fel iaith israddol, cadarnhaodd yr adroddiadau y meddylfryd a roesai barch i'r Gymraeg mewn meysydd diwylliannol ond a ystyriai mai Saesneg oedd yr allwedd i lwyddiant materol. Er i'r beirniaid wadu'n gryf bob sarhad arall o du'r Comisiynwyr, derbynnid eu collfarn am y Gymraeg fwyfwy gan y Cymry eu hunain. Nodwyd un canlyniad i hyn gan David Howell: 'language as such did not constitute a vital element in Welsh ethnic mobilisation in the nineteenth century'.[13] Eto i gyd, yr oedd y wasg Gymraeg yn prysur daenu trafodaethau gwladgarol.

Y mae Benedict Anderson wedi honni mai cymunedau y dychymyg yw cenhedloedd a bod raid iddynt sefydlu dulliau effeithiol o gyfathrebu rhwng eu haelodau os ydynt am ddod yn realiti. I wneud hynny y mae arnynt angen iaith gyffredin er mwyn gallu creu a mynegi hunaniaeth: dyna yw iaith gwladgarwch. Yng nghanol y bedwaredd ganrif ar bymtheg cyflyrid perthynas unigolyn â'r gymuned genedlaethol gan newidiadau cymdeithasol a gwleidyddol ehangach.[14] Gellir priodoli llwyddiant Cymru yn meithrin hunanddelwedd mor gryf yng nghanol oes Victoria yn rhannol i'r ffaith fod y Gymraeg eisoes yn iaith yr argraffwasg. Yn sgil hyn crëwyd ffyrdd newydd o gyfathrebu, fel bod pobl megis R. J. Derfel, a drigai ym Manceinion, yn gallu cyfrannu at ddadleuon yng

[11] Prys Morgan (gol.), *Brad y Llyfrau Gleision: Ysgrifau ar Hanes Cymru* (Llandysul, 1991); idem, 'From Long Knives to Blue Books' yn R. R. Davies, Ralph A. Griffiths, Ieuan Gwynedd Jones a Kenneth O. Morgan (goln.), *Welsh Society and Nationhood: Historical Essays Presented to Glanmor Williams* (Cardiff, 1984), tt. 199–215; Ieuan Gwynedd Jones, *Mid-Victorian Wales: The Observers and the Observed* (Cardiff, 1992), pennod 5; Gwyneth Tyson Roberts, '"Under the Hatches": English Parliamentary Commissioners' Views of the People and Language of Mid-Nineteenth-Century Wales' yn Bill Schwarz (gol.), *The Expansion of England: Race, Ethnicity and Cultural History* (London, 1996), tt. 171–97.

[12] [Jane Williams], *Artegall: or Remarks on the Reports of the Commissioners of Inquiry into the State of Education in Wales* (London, 1848); Sir Thomas Phillips, *Wales: The Language, Social Condition, Moral Character and Religious Opinions of the People Considered in their Relation to Education* (London, 1849).

[13] David Howell, 'A "Less Obtrusive and Exacting" Nationality: Welsh Ethnic Mobilisation in Rural Communities, 1850–1920' yn idem (gol.) mewn cydweithrediad â Gert von Pistohlkors ac Ellen Wiegandt, *Roots of Rural Ethnic Mobilisation* (Aldershot & New York, 1993), t. 79. Ychwanega: 'It is still legitimate, nevertheless, to argue that at the core of Welsh ethnic consciousness in the nineteenth century was the existence of the Welsh language.' Ibid., t. 81.

[14] Benedict Anderson, *Imagined Communities: Reflections on the Origin and Spread of Nationalism* (ail arg., London, 1991). Gw. hefyd idem, *Language and Power: Exploring Political Cultures in Indonesia* (Ithaca and London, 1990).

Nghymru.[15] Yn hyn o beth, yr oedd y cyfnodolion a'r papurau newydd yn allweddol bwysig fel crëwr barn gyhoeddus, o ran cynnwys y cyhoeddiadau ac o ran y ddefod o ddarllen papur newydd. Yr oedd y wasg eisoes wedi bwrw gwreiddiau erbyn y 1840au er gwaethaf effeithiau ataliol amrywiol drethi a arweiniodd at gynnydd mewn costau cynhyrchu. Hybwyd twf y wasg ymhellach pan ddiddymwyd y Deddfau Stampiau ym 1855 a dileu'r doll ar bapur ym 1861.[16] Y wasg, yn fwy nag unrhyw sefydliad arall, a roes gyfrwng i ledaenu trafodaethau gwladgarol, gan sicrhau eu bod yn dod yn rhan hanfodol o fywyd dinesig. Eto i gyd, yr oedd amrywiaeth cynhyrchiol y wasg yng Nghymru, trwy fynegi gwahanol fuddiannau, yn sicrhau y ceid dadlau cyson.

★ ★ ★

Yn ei astudiaeth o'r geiriau allweddol ym maes dadansoddi diwylliannol, pwysleisiodd Raymond Williams yr angen i ystyried geiriau mewn clystyrau yn hytrach nag ar eu pen eu hunain; hynny yw, dim ond drwy archwilio eu cysylltiadau mewn cyd-destun penodol ac mewn amgylchiadau hanesyddol penodol y gellir gwerthfawrogi ystyr cysyniadau allweddol yn llawn.[17] Y mae hyn yn wir am yr amrywiol eiriau, neu'r eirfa, sy'n gysylltiedig â gwladgarwch. Man cychwyn defnyddiol ar gyfer dadansoddi geirfa gwladgarwch yng Nghymru yng nghanol y bedwaredd ganrif ar bymtheg yw'r papur newydd wythnosol *Y Gwladgarwr*, a gyhoeddwyd yn Aberdâr o fis Mai 1858 ymlaen. Y mae datblygiad gwleidyddol un o'i sylfaenwyr, sef William Williams ('Carw Coch'), yn enghraifft dda o'r newid gwleidyddol a oedd yn digwydd yn hanes radicaliaeth yng nghanol y bedwaredd ganrif ar bymtheg. Yr oedd Williams yn Undodwr ac yn aelod o gymdeithas o 'Ymholwyr Rhydd' yn Aberdâr, a bu'n gyfrannwr i'r cylchgrawn Siartaidd *Udgorn Cymru*. Swcrai'r iaith Gymraeg a'i diwylliant drwy gynnal eisteddfodau yn ei dŷ tafarn, y Stag Inn, yn Nhrecynon.[18] Dengys cynnwys *Y Gwladgarwr* natur y symud ideolegol a oedd wedi digwydd erbyn diwedd y 1850au. Golygydd y papur oedd John Roberts (Ieuan Gwyllt), cyn-olygydd *Yr Amserau*.[19]

15 Yn ei hunangofiant yn *Llais Llafur*, 4 Tachwedd 1905, dywed Derfel am y cyfnod hwn: 'I was an enthusiastic Welsh nationalist, as anyone who read my works, prose or poetry, will speedily see. I must have been drunk on patriotism, for I used to pray patriotism, talk patriotism, preach patriotism, and write patriotism. In fact, patriotism ringed all my thoughts and influenced all my work.' Dyfynnwyd yn Eddie Cass, 'Robert Jones Derfel: A Welsh Poet in the Cotton Factory Times' *Llafur*, 7, rhif 1 (1996), 56.

16 Aled Gruffydd Jones, *Press, Politics and Society: A History of Journalism in Wales* (Cardiff, 1993). Pan gwynodd darllenydd o Lansanffraid Glan Conwy ym 1836 ei bod yn anodd cludo copïau o'r *Papyr Newydd Cymraeg* i'r ardaloedd cyfagos, cytunodd y postfeistr lleol i ddosbarthu papurau Cymraeg i'r pentref am ddimai yn arwydd o'i 'wir wladgarwch'. Ibid., t. 99.

17 Raymond Williams, *Keywords: A Vocabulary of Culture and Society* (London, 1983).

18 *Bywg.*, s.v. William Williams.

19 J. E. Jones, *Ieuan Gwyllt, Ei Fywyd, Ei Lafur, Ei Athrylith, Ei Nodweddion a'i Ddylanwad ar Gymru* (Holywell, 1881), tt. 52–3, 125; Jones, *Press, Politics and Society*, tt. 42–3.

Yn y rhifyn cyntaf cydnabu'r golygydd yn dra difrifol 'nad beiddgarwch bychan ar ein rhan ydoedd dewis yr enw hwn ar ein newyddiadur', ac aeth ymlaen i amlinellu yn fwy manwl ei resymau dros fabwysiadu'r teitl, gan ymhelaethu ar yr hyn a ystyrid ganddo yn brif elfennau gwladgarwch Cymreig. Yn gyntaf, pwysleisiodd fod gwladgarwch yn rhinwedd, er gwaethaf 'gwawd rhai dynion oerion eu teimladau, cul eu syniadau, crintachlyd eu hysbrydoedd, a chrebachlyd eu meddyliau – dynion heb dewyn o dan awenydd yn eu mynwesau' at ymlyniad y Cymry wrth eu gwlad, eu cenedl, eu sefydliadau a'u hiaith. Yn ail, pwysleisiodd hynafiaeth gwladgarwch a'i dras ysgrythurol – dyfais hanesyddol amlwg, ond un a fyddai wedi apelio at chwaeth ei ddarllenwyr. 'Yr oedd dynion amlycaf y Bibl yn wladgarwyr. Ac yr oedd Iachawdwr y Byd hefyd yn Wladgarwr.' Am mai trwy grefydd y daethai'r Cymry yn llythrennog, yr oedd delweddaeth a chysyniadau beiblaidd yn rhan annatod o ieithwedd newyddiadurwyr a gwleidyddion fel ei gilydd. O ganlyniad, yr oedd iaith gwladgarwch yn llawn rhethreg ysgrythurol.

Ar ôl cynnig amddiffyniad cadarn o'r egwyddor gyffredinol o wladgarwch, yr oedd y golofn olygyddol yn llai clir ynglŷn â chymeriad a chynnwys ei hamrywiaeth neilltuol Gymreig. Gellir canfod elfen o ddiffyg hyder yn yr awydd i sicrhau darllenwyr nad oedd angen i'r Cymry ofni cymharu eu hurddas, eu dewrder, eu moesoldeb a'u crefydd â'r gorau o blith y cenhedloedd. Yr oedd yr awydd i brofi cymeriad da y Cymry o'u cymharu â chenhedloedd eraill yn nodwedd amlwg ar drafodaethau bywyd cyhoeddus yng Nghymru yn y degawdau ar ôl 1847. Hwyrach fod diffiniad mwyaf cryno'r papur newydd hwn o wladgarwch i'w gael yn y geiriau sy'n datgan ei fod yn 'cynal breichiau caredigion rhyddid gwladol a chrefyddol gartref a thros wyneb yr holl ddaear, – dyrnodio pob trais ac anghyfiawnder, – dyrchafu llenyddiaeth, gwybodaeth, celfyddyd, a gwyddoniaeth, a rhinwedd'. Dylid ychwanegu at hyn annibyniaeth hollbwysig y papur. Addawodd yn fentrus na fyddai'n gyhoeddiad sectyddol ac na fyddai'r un unigolyn yn elwa yn ariannol ohono. Honnwyd y byddai'n eiddo i bawb: 'eiddo personol yw pob papyr arall, ond eiddo y genedl yw hwn'. Yn arwydd o deyrngarwch i'r wladwriaeth, ceid symbol plu Tywysog Cymru uwchben y golofn olygyddol.[20]

Y mae'r math o eirfa a ddefnyddid i drafod gwladgarwch yn y golofn olygyddol hon yn cynrychioli'r trafodaethau ehangach a ddigwyddai yng Nghymru yng nghanol y bedwaredd ganrif ar bymtheg. At ddibenion y bennod hon, gellir dosbarthu'r eirfa dan dri phennawd, sef rhyddid, rhinwedd a theyrngarwch. Cyflwynid gwladgarwch yn nhermau gwerthoedd cydsyniol, gyda'r nod o fynegi undod y genedl. Serch hynny, byddai'n gamarweiniol derbyn hyn ar ei olwg oherwydd bu cryn drafod ar arwyddocâd y geiriau hyn yn y dadleuon ffyrnig am gyflwr moesol y gymdeithas Gymreig a'i diwylliant yng nghanol y bedwaredd

[20] *Y Gwladgarwr*, 15 Mai 1858.

ganrif ar bymtheg, ac i'r graddau hynny daeth gwladgarwch yn un o'r cysyniadau allweddol yn yr ymryson ynglŷn â grym ac awdurdod yn y gymdeithas.

Dechreuwn gyda'r gair rhyddid. Y mae'n amhosibl trafod iaith gwladgarwch yng Nghymru yng nghanol y bedwaredd ganrif ar bymtheg heb ystyried lle canolog 'rhyddid' mewn trafodaethau gwleidyddol. Ond beth yn union yr oedd hyn yn ei olygu i bobl yr oes honno? Yn sgil dirywiad Siartiaeth o'r 1840au ymlaen cipiwyd yr awenau oddi ar y radicaliaid a geisiai newid cyfansoddiadol sylfaenol gan y rhai a arddelai'r syniad o ryddid a feithrinwyd gan yr Hen Ymneilltuaeth o'r ail ganrif ar bymtheg ymlaen. Iddynt hwy, y brif nod oedd sicrhau cydraddoldeb crefyddol a diwygio'r etholfraint. Yr oedd dileu'r Deddfau Prawf a Chorfforaeth ym 1828 wedi rhoi cyfle i Ymneilltuwyr i drefnu'n wleidyddol ac i fynegi eu cais am hawliau sifil, a manteisiwyd yn llawn ar y cyfryngau dan eu rheolaeth i greu barn gyhoeddus leol a fyddai'n gydnaws â'u dyheadau.

Yn y bôn, daeth rhyddid i olygu rhyddid yr unigolyn i fyw ac addoli heb ymyrraeth gormesol y wladwriaeth. Gellid dwyn y maen i'r wal trwy drefnu'n wleidyddol ac ymgyrchu fel grŵp. Gellir canfod yr ystyr hwn yng ngwaith y golygydd papur newydd radical, David Rees o Lanelli, a luniodd adroddiad ar y Gynhadledd er Gwrthwynebu Eglwys y Wladwriaeth ('Anti-State-Church Conference') a gynhaliwyd yn Llundain ym 1844, lle y ceid cynrychiolaeth gref o Gymry: 'Mae yn dda genym ddeall fod cyfeillion rhyddid yn gyffredinol yn Lloegr, a llawer yn Nghymru, wedi dewis cenadau i'w cynnrychioli yn y gynnadledd hon. Mae cyfeillion rhyddid crefyddol a gwladol, yn lluosogi beunydd.'[21] Defnyddiwyd yr ymadrodd 'rhyddid gwladol a chrefyddol' droeon mewn dadleuon gwleidyddol yng Nghymru yn y degawdau dilynol, yn enwedig yn ystod y dadleuon ar ddatgysylltiad yr Eglwys o flynyddoedd olaf y 1860au ymlaen. Brigai i'r wyneb hefyd yn y dadleuon ar addysg boblogaidd, pan ddatganai rhai Ymneilltuwyr y gallai cyfundrefn addysg wladol fod yr un mor ormesol ag eglwys wladol oherwydd y byddai'n rhwym o ledaenu dysgeidiaeth yr Eglwys honno. Ym mis Ionawr 1848, er enghraifft, dadleuodd David Rees yn rymus na ddylai Cymru 'ildio i'r brofedigaeth o dderbyn arian y wlad i'w dysgu ei hun'.[22] Yn ymarferol, yr oedd atyniad grant ariannol ar gyfer addysg yn ormod o demtasiwn i'w anwybyddu, a chafodd ymdrechion dygn Hugh Owen yn gynharach yn y degawd i roi cyhoeddusrwydd i grantiau gwladol ar gyfer addysg yng Nghymru gryn ddylanwad. Ond parheid i ddrwgdybio dylanwad yr Eglwys ym maes addysg.

Y mae un corff sy'n ymgorffori yn fwy na'r un arall y cysyniad ôl-Siartaidd o ryddid gwladol a chrefyddol yng Nghymru, sef y Gymdeithas Rhyddhau Crefydd

[21] *Y Diwygiwr*, IX, rhif 106 (1844), 156. Adargraffwyd dan y teitl 'Crefydd a Gwleidyddiaeth' yn Glanmor Williams (gol.), *David Rees, Llanelli: Detholion o'i Waith* (Caerdydd, 1950), tt. 10–11.

[22] *Y Diwygiwr*, XIII, rhif 150 (1848), 33. Adargraffwyd dan y teitl 'Adroddiad Addysgol, 1847' yn Williams (gol.), *David Rees: Detholion*, tt. 32–6.

oddi wrth y Wladwriaeth (y Gymdeithas Ryddhau), fel y gelwid y Gymdeithas er Gwrthwynebu Eglwys y Wladwriaeth o 1853 ymlaen. Wedi'r gynhadledd a gynhaliodd yn Abertawe ym 1862 gweithiodd y Gymdeithas yn galetach nag erioed o'r blaen yng Nghymru, gan gyfuno'i hawydd i drefnu'r bobl yn wleidyddol â'i galwad am ryddid crefyddol a gwladol.[23] Y mae'n briodol dyfynnu yma eiriau treiddgar Tom Nairn, sef bod rheidrwydd ar y deallusion newydd dosbarth-canol i wahodd 'the masses into history', ac i ofalu 'that the invitation-card [was] written in a language they understood'.[24] Ar un lefel golygai hyn ddefnyddio'r iaith frodorol yn hytrach nag iaith uwch ei statws (yn yr achos hwn, y Gymraeg yn hytrach na'r Saesneg) at ddibenion propaganda, ond hefyd, yn fwy cyffredinol, golygai gyflwyno neges wleidyddol mewn ieithwedd ddealladwy i'r werin-bobl a oedd yn dal y tu hwnt i'r gyfundrefn wleidyddol, gan adlewyrchu eu pryderon a'u gwerthoedd hwy. Yng Nghymru'r 1860au, y Gymdeithas Ryddhau, mewn cydweithrediad â'r Blaid Ryddfrydol, a anfonodd y 'cerdyn gwahoddiad', ac yn sgil gormes 'y sgriw' yn etholiadau sir Feirionnydd ym 1865 ac yng nghefn gwlad yn gyffredinol ar ôl etholiad cyffredinol 1868 daeth y werin-bobl i ddeall mwy am wleidyddiaeth Rhyddhad yng ngoleuni eu profiadau personol.[25] O ganlyniad, yr oedd naws grefyddol i'r ymgyrch o blaid diwygiad gwleidyddol yng Nghymru yn y 1860au, a chryfhaodd hyn y berthynas rhwng rhethreg wladgarol (ac ysgrythurol) a theyrngarwch gwleidyddol i Ryddfrydiaeth.

Thema amlwg ym mhob trafodaeth wladgarol oedd yr angen i amddiffyn rhyddid hanfodol y Protestaniaid. Yr oedd cred y Protestaniaid eu bod yn cynrychioli rhyddid rhag dyheadau Pabyddiaeth yn elfen gref yn niwylliant Cymru ar ddechrau'r bedwaredd ganrif ar bymtheg, ac atgyfnerthwyd hyn gan bropaganda Rhyfeloedd Napoleon. Ar adegau o argyfwng tybiedig, megis Rhyddfreinio'r Pabyddion ym 1829, Dadleuon Maynooth ym 1845 a'r 'Papal Aggression' ym 1850, mynegai'r bobl eu rhyddid fel Protestaniaid, gan gondemnio dylanwad gormesol y Babaeth.[26] Ar adegau o'r fath byddai teimladau gwrth-Babyddol yn dylanwadu ar fywyd gwleidyddol. Ond yr oedd gwrth-Babyddiaeth yn feunyddiol bresennol yn y wasg Gymraeg, ac o'r herwydd gellir ei ystyried yn agwedd neu'n feddylfryd yn gymaint â gwrthwynebiad athrawiaethol i gredo gwahanol. Atgyfnerthid y bygythiad ymddangosiadol i ryddid sylfaenol gan yr offeiriad, y gyffesfa, y lleiandai a'r mynachdai gan adroddiadau cynhyrfus yn y wasg am ddigwyddiadau mewn gwledydd Pabyddol. Câi Pabyddiaeth ei chysylltu bob amser â chyfundrefnau gormesol cyfandir Ewrop, a'i phortreadu,

23 Ieuan Gwynedd Jones, 'The Liberation Society and Welsh Politics, 1844 to 1868' yn idem, *Explorations and Explanations*, tt. 236–68.

24 Tom Nairn, *The Break Up of Britain* (London, 1977), t. 340.

25 Ieuan Gwynedd Jones, 'Merioneth Politics in Mid-Nineteenth Century' yn idem, *Explorations and Explanations*, tt. 83–164.

26 Y mae A. H. Williams wedi cyfeirio at y teimlad cryf o wrth-Babyddiaeth fel ffenomen nad yw wedi derbyn sylw dyledus gan haneswyr. Gw. *Efengyliaeth yng Nghymru, c.1840–1875* (Cardiff, 1982), tt. 21–3.

felly, fel yr 'Arall' hanfodol a wadai'r holl nodweddion hynny a oedd wrth galon y Protestaniaid 'rhydd-anedig'.

Er mai gwan oedd Pabyddiaeth yng Nghymru yng nghanol y bedwaredd ganrif ar bymtheg, cedwid llygad barcud arni. Yn ystod y 1840au ystyrid bod mudiad Rhydychen o fewn Eglwys Loegr yn gam ar y ffordd i Babyddiaeth, ac felly yn rhwygo undod Protestaniaeth, neu o leiaf yn ei hailsefydlu ar ffurf y Cynghrair Efengylaidd a sefydlwyd ym 1846. Yng ngholofnau'r wasg Gymraeg, yr oedd 'Puseyaeth' a 'Phabyddiaeth' yn gyfystyr â'i gilydd.[27] Wrth i Ymneilltuwyr ennill hyder yn y maes gwleidyddol a dechrau herio safle breintiedig Anglicaniaeth, ymosodwyd yn amlach ar yr Eglwys am noddi pumed golofn yn ei rhengoedd. Yn erbyn y cefndir hwn y cyflwynwyd rhethreg wrth-Babyddol i'r dadleuon am y Llyfrau Gleision, er nad oedd ganddynt i bob golwg yr un dim i'w wneud â'r eglwys Babyddol. Felly, pan rybuddiodd Evan Jones (Ieuan Gwynedd) ei gyd-Ymneilltuwyr ym 1847 rhag y rhaniadau sectyddol yn eu plith, honnodd mai Pabyddiaeth a fyddai'n elwa fwyaf. 'Cymer Pabyddiaeth fantais ar yr ysbryd plaid sydd yn ein mysg, ac ar ein mân-ymrysonau . . . oernada nes adsain y creigiau fod Rhufain yn un, tra y cnoa ac y traflynca yr Ymneillduwyr eu gilydd.'[28] Rhoes y cyngor hwn, meddai, yn enw 'rhyddid, a gwirionedd, a dedwyddwch yr holl genedl'.[29]

Nid oedd unrhyw amheuaeth gan Brotestaniaid nad oedd Pabyddiaeth yn elyn anghymodlon i ryddid. Ym 1880, er enghraifft, mynegodd un sylwebydd ei wrthwynebiad i gyfyngiadau'r Babaeth ar ryddid yr unigolyn: 'Gelyn digofus rhyddid erioed. Nis gall yr angeles deg [rhyddid] fyw yn sawyr ei hanadl hi. Cylymu cydwybod â rhaff gormes – codi yr ystanc – chwifio y fflangell – agor y daeardy – a chyneu y goelcerth yw ei phleserwaith hi.'[30] 'Dim Pabyddiaeth' oedd y neges a ledaenid gan ddarlithwyr, pregethwyr a newyddiadurwyr crwydrol a chan bamffledi di-rif. Felly, pan ddiffiniwyd y genedl Gymreig ym 1877 yn *Y Genedl Gymreig*, gwnaed hynny trwy gyfeirio at ryddid y Protestaniaid, a chan ddatgan yr ymunai ag unrhyw un a ymladdai yn erbyn ofergoeliaeth a gormes Pabyddiaeth ar ba ffurf bynnag.[31] Yr oedd gwrth-Babyddiaeth yn un agwedd ar y gefnogaeth a roddid gan rai radicaliaid yng Nghymru i fudiadau a geisiai ymreolaeth ar y Cyfandir, yn enwedig 'Eidal Fydd' Mazzini.

Er bod rhyddid yn ganolog i werthoedd y dosbarth canol, gwyddent o'r gorau y gellid camddefnyddio rhyddid oni chyplysid ef â rhinwedd, sef yr ail air allweddol yng ngeirfa gwladgarwch. Er gwaethaf y condemniad cyffredinol o'r

[27] Ibid.; 'Maynooth', *Y Traethodydd* (1845); 'Yr Undeb Efengylaidd', ibid. (1846); 'Y Puseyaid Cymreig', ibid. (1852), a gasglwyd yn Lewis Edwards, *Traethodau Llenyddol* (Wrexham, d.d.), tt. 27–32, 422–35, 598–602.

[28] *Y Dysgedydd*, XXVI (Medi, 1847), 275. Adargraffwyd yn Brinley Rees (gol.), *Ieuan Gwynedd: Detholiad o'i Ryddiaith* (Caerdydd, 1957), tt. 43–4.

[29] *Y Dysgedydd*, XXVI (Medi, 1847), 276; Rees, *Ieuan Gwynedd: Detholiad*, t. 47.

[30] 'Y Babaeth a Rhyddid', *Y Diwygiwr*, XLV, rhif 543 (1880), 377–9.

[31] 'Y Genedl', *Y Genedl Gymreig*, 8 Chwefror 1877.

Llyfrau Gleision ym 1847, derbyniai pob beirniad gynsail ganolog y Comisiynwyr, sef mai endid moesol oedd y genedl a bod ganddi nodweddion a chymeriad cyfunol y gellid eu hastudio a thrwy hynny eu pennu. Yr oeddynt yn ddig nid oherwydd bod y Comisiynwyr wedi cysylltu moesoldeb a chenedligrwydd fel y cyfryw, ond am eu bod wedi portreadu'r Cymry fel pobl anfoesol. Y mae'r ffaith fod y beirniaid a'r Comisiynwyr fel ei gilydd yn rhannu'r un teithi meddwl sylfaenol i'w gweld yng ngweithiau Ieuan Gwynedd, gweinidog gyda'r Annibynwyr a beirniad pennaf y Llyfrau Gleision. Er mwyn ceisio gwrthbrofi honiadau'r adroddiadau, lluniodd ddadansoddiad gofalus o'r ystadegau troseddol ar gyfer Cymru a'u cymharu â rhai Lloegr. Ond y tu ôl i'r dadansoddiad ystadegol manwl hwn, a gyhoeddwyd yn Saesneg, ceid modd o ddeall natur moesoldeb ac achosion troseddu a fyddai'n ddylanwadol mewn cylchoedd Ymneilltuol am weddill y ganrif. Mewn erthygl ddadlennol a ysgrifennwyd yn Gymraeg ym 1852 rhybuddiodd Ieuan Gwynedd fod ceisio pennu cymeriad moesol pobl yn dasg anodd a pheryglus, yn enwedig yn achos y Cymry a oedd, meddai, yn 'dibynnu gryn dipyn ar eu cymeriad'. Er gwaethaf ei rybudd ef ei hun, serch hynny, aeth ymlaen i ddatgelu gwendidau amryw o wahanol genhedloedd i'w ddarllenwyr, ond gan bwysleisio gonestrwydd pobl Cymru.[32]

Gan fod Ieuan Gwynedd yn fodlon rhesymu o fewn y fframwaith a osodwyd gan y Comisiynwyr, defnyddiai'r un rhesymeg ffug ag a ddefnyddiwyd ganddynt hwy i gollfarnu'r Cymry er mwyn priodoli gwendidau moesol i genhedloedd eraill. Dyma un o'r cyntaf ymhlith llu o areithiau, erthyglau a llyfrau a fyddai, dros yr hanner canrif canlynol, yn datguddio'r obsesiwn ynghylch cymeriad moesol. Gadawodd yr Adroddiadau Addysg eu hôl yn drwm ar ddadleuon cyhoeddus yng nghanol y ganrif, gan beri i Ymneilltuwyr deimlo'r angen droeon i restru rhinweddau'r Cymry. O ganlyniad, ym 1868 disgrifiwyd Cymru fel 'y lanerch fwyaf moesol a chrefyddol yn y Deyrnas Gyfunol'.[33] Erbyn diwedd y ganrif gallai Cymru ymfalchïo fod nifer ei throseddwyr mor fychan, ac ymhyfrydai yn yr enw 'Gwlad y Menig Gwynion'.

Y mae'r ffaith fod Brad y Llyfrau Gleision wedi gadael craith ar feddwl rhai unigolion i'w gweld yn eglur yn yr ymateb i'r cyhuddiadau fod merched Cymru yn arbennig o anfoesol. O gofio mor bwysig yr oedd rhinwedd a moesoldeb, yr oedd yn rheidrwydd arnynt i amddiffyn a meithrin purder dihalog benywod Cymru. Mynegir y pryderon hyn yn amlwg yn nheitl y cylchgrawn cyntaf i fenywod yn Gymraeg, a sefydlwyd ym 1851, sef *Y Gymraes*. Dan olygyddiaeth Ieuan Gwynedd, ei nod oedd dyrchafu cyflwr moesol menywod. Gan anwybyddu yn fwriadol realiti dyddiol bywyd menywod yn y diwydiannau trymion a'u gweithgareddau yn y capeli a'r cymdeithasau cyfeillgar, cyflwynodd ddarlun

[32] 'Drwg a Da Cenedl y Cymry', *Y Gwron Cymreig*, 7 Ionawr 1852, a adargraffwyd yn William Williams (gol.), *Gweithiau Barddonol a Rhyddieithol Ieuan Gwynedd* (Dolgellau, 1876), tt. 470–2.

[33] *Y Gwladgarwr*, 29 Awst 1868.

rhamantus o wasanaeth ar yr aelwyd a benyweidd-dra.[34] Yn hytrach nag adlewyrchu profiad byw, felly, câi benywdod ei bortreadu fel symbol diwylliannol.

Yr oedd yr ymwybod â gwahaniaethau rhyw, ynghyd â phryder amdanynt, yn rhan o'r ymateb i'r Llyfrau Gleision a'r trafodaethau ar wladgarwch yn gyffredinol. Oni fynegwyd hynny yn nheitl yr anthem genedlaethol newydd 'Hen Wlad fy Nhadau'? Mewn ysgrif dan y teitl 'Gwladgarwch y Cymry', a gyhoeddwyd ym 1864, defnyddiodd R. J. Derfel y teulu fel trosiad am y genedl er mwyn sarhau'r Cymry hynny a froliai eu bod yn 'rhywbeth mwy na Chymry'. Yn ei dyb ef, yr oedd rhywun a wrthodai ei wlad fel dyn a esgeulusai ei deulu, trosedd dybryd i'r rhai a roddai bris ar barchusrwydd yng Nghymru yng nghanol y bedwaredd ganrif ar bymtheg. Yr oedd ymwrthod â gwladgarwch yn cyfateb i ysbaddiad: yr oedd bod yn llai na Chymro yn golygu bod yn llai na dyn.[35] Ond menywod a gâi'r sylw pennaf. Yr oedd Dr Lewis Edwards yn un ymhlith llawer a honnodd fod Cristnogaeth wedi rhyddhau menywod o gaethiwed a'u galluogi i feithrin 'egwyddorion rhyddid a moesgarwch yn y gwŷr'. Gwahoddodd ferched Cymru i ystyried sefyllfa'r Frenhines Victoria a oedd, fel brenhines gyfansoddiadol, yn ymddiried y busnes ffurfiol o lywodraethu i'w gweinidogion ond eto yn dylanwadu'n sylweddol yn breifat; yr oedd ei sefyllfa, yn ei dyb ef, yn gryfach o ganlyniad.[36] Yr oedd y farn hon yn gyson â'r ideoleg fod dynion a menywod yn perthyn i wahanol sfferau; cyfrifoldeb y ferch oedd meithrin aelwyd gynnes a chroesawgar er mwyn darbwyllo'i gŵr rhag ildio i demtasiynau'r dafarn.

Y trydydd gair allweddol mewn trafodaethau gwladgarol oedd teyrngarwch. Ystyriai'r radicaliaid Ymneilltuol deyrngarwch i'r wladwriaeth yn wrthbwysedd hanfodol i'w galwadau am ryddid gwladol a chrefyddol. Yn sgil cynnwrf hanner cyntaf y bedwaredd ganrif ar bymtheg, ymdrechai'r radicaliaid yn ddygn i gefnu ar ymddygiad gwrthryfelgar, ac o ganlyniad tueddwyd i anwybyddu digwyddiadau'r 1830au a'r 1840au o'u cymharu â hanes dyrchafol datblygiad y Cymry o'u hanwybodaeth a'u hofergoeliaeth Babaidd i'w cyflwr goleuedig Brotestannaidd. I'r graddau y câi cynyrfiadau'r gorffennol eu cydnabod o gwbl, fe'u priodolid i waith llechwraidd dieithriaid.

Mor gynnar â 1841 mynnodd traethawd ar gymeriad y Cymry mai 'Lloegr a roes enedigaeth' i'r 'anghenfil amlbenawg a elwir yn breinlenaeth' (sef Siartiaeth). O ganlyniad, annheg oedd dweud bod pob un o'r Cymry yn wrthryfelgar.[37] Adleisiwyd hyn yn frwd gan wŷr cyhoeddus eraill ar ôl 1847, yn enwedig mewn

[34] Sian Rhiannon Williams, 'The True "Cymraes": Images of Women in Women's Nineteenth-Century Welsh Periodicals' yn Angela V. John (gol.), *Our Mothers' Land: Chapters in Welsh Women's History, 1830–1939* (Cardiff, 1991), tt. 69–91.

[35] R. J. Derfel, 'Gwladgarwch y Cymry' yn idem, *Traethodau ac Areithiau* (Bangor, 1864), tt. 17–19.

[36] Lewis Edwards, 'Merched Cymru' yn Edwards, *Traethodau Llenyddol*, t. 338.

[37] William Jones, *Traethawd Gwobrwyol ar Nodweddiad y Cymry fel Cenedl yn yr Oes Hon* (Llundain, 1841), t. 74.

ymateb i sylwadau pigog y *Times* am y Cymry ym 1866. Yn ôl *Y Gwladgarwr*, yr oedd teyrngarwch y Cymry yn hŷn na theyrngarwch y Saeson.[38] Pwysleisid y gred hon yn arbennig o gryf gan ddau brif ladmerydd y Gymru Ymneilltuol, sef Henry Richard a Dr Thomas Rees, a weithredai nid yn unig fel moesolwyr cyhoeddus ond fel rhai a bennai ffiniau i iaith gwladgarwch yr oes. Mewn cyhoeddiadau dylanwadol o'u heiddo yn y 1860au ceir darlun o'r Cymry fel pobl rinweddol, Ymneilltuol a theyrngar. Bu Henry Richard yn llaes ei ganmoliaeth i deyrngarwch y Cymry:

> I doubt whether there is a population on the face of the earth more enlightened and moral, more loyal to the throne, more obedient to the laws, more exemplary in all the relations of life, than the inhabitants of Wales.[39]

Priodolai ef hefyd Siartiaeth i ddylanwad allanol a ddaethai o hyd i gynulleidfa groesawgar mewn cornel Seisnigedig o Gymru nad oedd, yn ei dyb ef, yn bosibl ei hystyried bellach yn Gymreig. Ar y llaw arall, honnai fod cyflwr arferol Cymru yn ddigyffro iawn, 'rarely ruffled even by a breath of popular discontent'.[40] Ategid y farn hon gan Thomas Rees a gredai fod y gweithwyr hynny o Gymry a oedd yn 'bur' o elfennau estron yn 'remarkable for their loyalty and submission to their superiors'.[41] Gwnaed fwy neu lai yr un pwyntiau mewn traethawd gan John Williams, a gyhoeddwyd ym 1869.[42] Fel yn achos llawer o'r pamffledi a gyhoeddwyd ar ôl y Llyfrau Gleision, yr oedd y llyfrynnau hyn wedi eu cyhoeddi yn Saesneg a'u hanelu at gynulleidfa Seisnig, ond cyfieithwyd gwaith Henry Richard i'r Gymraeg ar gyfer papurau newydd ac y mae'n enghraifft dda o'r modd y gallai pamffledi dadleuol, a fwriadwyd ar gyfer cynulleidfa allanol, ailborthi'r diwylliant a'u cynhyrchodd.[43] Y mae'r ffaith hon yn awgrymu nad oedd y teimladau a'r dadleuon a fynegid yn y cyhoeddiadau hyn yn anghydnaws â barn darllenwyr Cymraeg eu hiaith a'u bod yn gwbl berthnasol i'r hunanddelwedd o'r Cymry a oedd yn datblygu.

Un agwedd ar deyrngarwch i'r wladwriaeth oedd ymlyniad wrth y frenhiniaeth, a oedd yn arbennig o uchel ei bri yng Nghymru yn y 1860au. 'Albert Dda' oedd testun y gystadleuaeth farddol yn Eisteddfod Genedlaethol Abertawe ym 1863. Disgwyliai'r trefnwyr y byddai pob cerdd yn canmol cymar Victoria yn wenieithus ac ni chawsant eu siomi.[44] Croesawyd priodas Tywysog

[38] *Y Gwladgarwr*, 22 Medi 1866.

[39] Henry Richard, *Letters and Essays on Wales* (ail arg., London, 1884), t. 36.

[40] Ibid., tt. 81–2.

[41] Thomas Rees, *Miscellaneous Papers on Subjects Relating to Wales* (London, 1867), t. 14.

[42] John Williams, *A Defence of the Welsh People Against the Misrepresentations of their English Critics* (Caernarfon, 1869), t. 16.

[43] Ymddangosodd mewn tri phapur newydd Cymraeg, gan gynnwys *Y Gwladgarwr*. Gw. *Cymru Fydd*, Chwefror 1888. Yr wyf yn ddyledus i Neil Evans a Kate Sullivan am y cyfeiriad hwn.

[44] Gw. John Jones (Talhaiarn), *Awdl Er Coffadwriaeth am y Diweddar Dywysog Cydweddog 'Albert Dda'* (Liverpool, 1863), a Gwalchmai, 'Albert Dda', *Y Traethodydd*, XX (1865), 171–94.

Cymru ym 1863 â brwdfrydedd mawr. Yr oedd diwrnod y briodas yn ŵyl gyhoeddus, a threfnwyd digwyddiadau arbennig ledled y wlad, gan gynnwys gorymdeithiau, partïon dathlu, coelcerthi a chwaraeon. Priodolid y ffaith fod y tywysog yn ddieithr i'r Cymry nid yn gymaint i'w ddiffyg diddordeb ef yn eu gwlad ond yn hytrach i fethiant y Cymry (yn enwedig y boneddigion) i ddenu ei sylw ac i ryngu ei fodd.[45] Broliai'r wasg fod talentau barddol, cerddorol ac artistig y wlad wedi dod ynghyd i ddathlu'r briodas. Ymhlith casgliad R. J. Derfel o gerddi gwladgarol, a gyhoeddwyd ym 1864, yr oedd cerdd a ysgrifennwyd ar achlysur priodas Tywysog Cymru. Erfynia'r bardd ar Dduw i ddiogelu'r tywysog a'i briodferch 'fel na bo'r goron byth yn groes'. Nid Derfel oedd yr unig fardd gwladgarol o Gymro i'w ysbrydoli gan yr achlysur hwn.[46] Yn yr un flwyddyn, yr oedd arfau bonedd y Frenhines Victoria a Thywysog Cymru i'w gweld yn amlwg ar gefn llwyfan yr Eisteddfod Genedlaethol.

Ymdrechwyd yn daer i sicrhau nawdd y Tywysog i'r Eisteddfod, ond cadwodd ef draw o'r ŵyl tan Eisteddfod Llundain ym 1887.[47] Eto i gyd, er gwaethaf ei amharodrwydd i fynychu'r Eisteddfod, cynyddu a wnâi'r awydd am gydnabyddiaeth frenhinol, ac y mae'n bosibl mai teyrngarwch i'r gŵr pellennig a difraw hwn a oedd yn gyfrifol am ddiogelu poblogrwydd y frenhiniaeth yng Nghymru mewn cyfnod pan oedd gweriniaetholdeb yn ennill tir mewn rhai cylchoedd yn Lloegr. Prin oedd y dystiolaeth fod y Frenhines yn caru Cymru. Yn ôl amcangyfrif John Davies, treuliodd y Frenhines Victoria saith mlynedd yn yr Alban, saith wythnos yn Iwerddon, ond dim ond saith niwrnod yng Nghymru yn ystod 64 blynedd ei theyrnasiad.[48] Er hynny, dal i foli'r frenhiniaeth a wnâi'r Cymry a phan geid unrhyw feirniadaeth y duedd oedd canolbwyntio ar y gost ormodol i'r pwrs cyhoeddus yn hytrach nag ar y sefydliad ei hun.[49]

At ei gilydd, ni welai'r mwyafrif o wladgarwyr unrhyw wrthdaro rhwng eu hymlyniad i Gymru a'u teyrngarwch i'r wladwriaeth Brydeinig. Ychydig o lwyddiant a gafodd y rhai a geisiai roi mynegiant gwleidyddol i hunaniaeth Gymreig arbennig yn y degawdau hyn, a chafodd syniadau Michael D. Jones ac eraill fwy o ddylanwad ar genedlaethau diweddarach nag ar eu cyfoeswyr. Yr oedd ymdeimlad o Brydeindod yn rhan annatod o wladgarwch Cymreig, nid yn ychwanegiad ato,[50] ac adlewyrchid hyn yn y parodrwydd i fynegi cwynion

[45] *BAC*, 4, 18 Mawrth, 1 Ebrill 1863.

[46] Ibid.; Derfel, *Caneuon Gwladgarol Cymru*, tt. 24–5; Gwilym Pennant, 'Priodas Tywysog Cymru', *BAC*, 8 Ebrill 1863.

[47] Hywel Teifi Edwards, *Gŵyl Gwalia: Yr Eisteddfod yn Oes Aur Victoria* (Llandysul, 1980), tt. 44, 54–6, 170.

[48] John Davies, 'Victoria and Victorian Wales' yn Geraint H. Jenkins a J. Beverley Smith (goln.), *Politics and Society in Wales, 1840–1922: Essays in Honour of Ieuan Gwynedd Jones* (Cardiff, 1988), tt. 7–28.

[49] Ceir ychydig adleisiau yng Nghymru o'r cynnydd mewn gweriniaetholdeb ym Mhrydain yn y 1870au cynnar, er bod clybiau gweriniaethol yng Nghaerdydd a Merthyr ym 1872–3. Gw. Wallace, *Organise*, t. 144.

[50] Archwilir y thema hon yn helaeth yn Gwyn A. Williams, *When Was Wales? A History of the Welsh* (Harmondsworth, 1985).

cenedlaethol ar ôl 1868 drwy'r Blaid Ryddfrydol yn hytrach na thrwy sefydlu plaid wleidyddol annibynnol ar ffurf yr Ymreolwyr Gwyddelig. Amlygir y thema hon yn eglur yn nheitlau a chynnwys nifer o gyhoeddiadau. Er enghraifft, ym 1858 cyfarchwyd darllenwyr *Y Brython* gan y golygydd, yr eglwyswr D. Silvan Evans, 'nid yn unig fel *Cymry*, ond hefyd fel *Prydeiniaid*, neu *Frythoniaid*; sef yw hyny, fel aelodau o Deyrn-wladwriaeth Prydain Fawr, ac fel aelodau o Eglwys Prydain Fawr' [*sic*].[51] Yn yr un modd, ym 1879, rhoddwyd y teitl *Y Frythones* i'r cylchgrawn newydd i fenywod a olynodd *Y Gymraes*. Ni welai Ymneilltuwyr ychwaith unrhyw anghysondeb rhwng diogelu eu hunaniaeth ddiwylliannol arbennig eu hunain a'u haelodaeth o'r wladwriaeth fwy, er iddynt geisio diwygiad megis datgysylltu'r Eglwys i sefydlu eu cydraddoldeb o fewn fframwaith fwy.

* * *

Wrth grynhoi prif elfennau gwladgarwch drwy ddadansoddi'r iaith a ddefnyddid i'w mynegi, rhaid peidio â chredu bod cydlyniad ideolegol yn perthyn iddo. Wrth drafod Prydain mewn cyfnod cynharach, dywedwyd: 'becoming a patriot was a political act, and often a multi-faceted and dynamic one'.[52] Y mae'r un peth yn wir am ymddangosiad ymdeimlad dwysach o wladgarwch yng Nghymru yng nghanol y bedwaredd ganrif ar bymtheg. Gellir ystyried rhinwedd, rhyddid a theyrngarwch yn dermau a gwerthoedd sy'n pennu'r ffiniau ieithyddol y mynegid gwladgarwch o'u mewn, ond pwysleisid elfennau gwahanol ar adegau gwahanol ac mewn cyd-destunau gwahanol. At hynny, nid pawb a oedd yn rhannu'r un iaith wladgarol: tybiai Eglwyswyr ac Ymneilltuwyr fel ei gilydd fod ganddynt hawl neilltuedig i leisio barn ar ran y genedl erbyn y 1860au.

Llunnid rhethreg wladgarol er mwyn sefydlu ffiniau'r grŵp. Arweiniai hyn yn anochel at ddadlau ffyrnig am natur y ffiniau hynny, a thynnai sylw at fater awdurdod yn y gymdeithas. I berchenogion tir a chyflogwyr yr ateb syml oedd fod braint a grym yn seiliedig ar eiddo, ac atgyfnerthid hynny gan sefydliadau megis yr Eglwys sefydledig. Ond gan fod y mwyafrif wedi cilio o'r eglwys honno a chyfran sylweddol ohonynt yn pleidio Ymneilltuaeth, yr oedd y cysylltiad Eglwys–dosbarth–eiddo dan fygythiad. Canlyniad Adroddiadau 1847 oedd brwydr rhwng y naill a'r llall ynglŷn â phwy a oedd piau'r hawl foesol i lefaru dros y gymuned gyfan. Ymgorfforwyd y gwrthdaro crefyddol gan y cecru chwerw dros gyfnod o ddegawdau rhwng yr eglwyswr David Owen (Brutus), golygydd *Yr Haul*, a David Rees ('Y Cynhyrfwr'), golygydd *Y Diwygiwr*, yn ystod y cyfnod rhwng 1835 a 1865.

Yr oedd gan enwadaeth le blaenllaw yn y ddadl ynghylch cenedligrwydd a achoswyd gan yr Adroddiadau Addysg oherwydd iddynt ymosod nid yn unig ar y

[51] *Y Brython*, 25 Mehefin 1858.
[52] Linda Colley, *Britons: Forging the Nation, 1707–1837* (London, 1992), t. 372.

genedl Gymreig ond ar genedl Gymreig a oedd yn benodol Ymneilltuol. Yn y cyswllt hwn, y mae'n briodol rhoi sylw arbennig i ysgrifau ac areithiau Henry Richard. Ef, yn anad neb, a geisiodd gyfuno ideoleg y Gymru Ymneilltuol â gweithgareddau gwleidyddol. Bu'n gweithio'n llawn amser i'r Gymdeithas Ryddhau a bu'n bropagandydd dylanwadol dros hawliau Ymneilltuwyr. Gelwid ef yr 'Aelod dros Gymru' wedi iddo gael ei ethol i gynrychioli Merthyr Tudful yn y senedd ym 1868. Yn sgil erthygl olygyddol yn bychanu'r Cymry a ymddangosodd yn y *Times* ym 1866, cyhoeddodd Henry Richard gyfres o erthyglau yn y wasg Lundeinig, gan honni ei fod 'in some humble measure an interpreter between Wales and England'. Yn ei ddadansoddiad hanesyddol pwysleisiodd fethiant llwyr yr Eglwys sefydledig yng Nghymru er dechreuadau'r Diwygiad Protestannaidd. Tanlinellodd y ffaith fod cwynion yr Ymneilltuwyr yn annatod glwm wrth gyfansoddiad a chymeriad y sefydliad eglwysig ac nad cwynion byrhoedlog nac arwynebol mohonynt. Ni ellid cael diwygiad fesul tipyn. Ar y llaw arall, yr oedd gwirfoddoliaeth, sef ymdrechion diflino'r enwadau Ymneilltuol, yn gofalu am anghenion crefyddol y bobl. Yn nhyb Henry Richard, yr oedd cyfuniad y ffactorau hyn wedi tanseilio'r ddadl o blaid crefydd sefydledig. Pwnc datgysylltiad, yn anad dim arall, a weddnewidiodd anfodlonrwydd crefyddol yn weithrediadau gwleidyddol. Fel y dywedodd, 'you cannot vivify a nation's life with new and earnest religious convictions without influencing its character in other directions than those which are expressly religious'.[53]

Pennid teyrngarwch gwleidyddol gan wahaniaethau crefyddol, ond cymhlethid y rhaniad hwn gan wahaniaethau cymdeithasol. Credai Richard fod mwyafrif y Cymry yn cydymdeimlo'n reddfol â'r Rhyddfrydwyr a bod y dosbarthiadau uwch, sef lleiafrif y boblogaeth, yn defnyddio eu sefyllfa gymdeithasol a'u dylanwad i orfodi barn wleidyddol anghydnaws ar y mwyafrif. Y pechaduriaid pennaf oedd y boneddigion, clerigwyr eglwysig, ac asiantwyr neu stiwardiaid a weithredai ar ran y boneddigion. Disgrifiodd y grwpiau hyn fel Toriaid bob un. Gwerin chwedlonol homogenaidd, Ymneilltuol, Rhyddfrydol, a Chymraeg ei hiaith, a ymdrechai'n wrol am ei hawliau yn erbyn llu o anfanteision, oedd gweddill y gymdeithas.[54]

Nid felly y syniai eraill. Wrth annerch cyfarfod yn Llanfair-ym-Muallt ym 1866, gwrthododd D. Noel, curad Gelli-gaer, y syniad mai pobl orthrymedig oedd y Cymry ac ymfalchïai yn y ffaith eu bod yn mwynhau'r un rhyddid a breintiau dan y gyfraith â'r Saeson. Yr oedd ei agwedd at yr iaith Gymraeg yn gwbl iwtilitaraidd: nid ei thras hynafol oedd bwysicaf, ond yn hytrach maint ei defnyddioldeb ymarferol. 'Pwy yw'r gwir wladgarwr?', gofynnodd:

[53] Richard, *Letters and Essays*, tt. v, 15, 90.

[54] Ar fyth y werin, gw. Prys Morgan, 'Gwerin Cymru – Y Ffaith a'r Ddelfryd', *THSC* (1967), 117–31.

> Ai yr hwn sydd yn cramio meddwl Cymro gwladaidd ag ystorfa draphlith ac annhrefnus o ddarlleniaeth cyfnodolion Cymreig, neu yr hwn mewn hynawsedd a ddyga i ymarferiad y iaith Seisonig a llenyddiaeth Seisonig i'w bentref cauedig ac anghysbell? Dywedaf yn benderfynol mai yr olaf, canys yr ydym yn byw mewn oes anenedigol – oes y mae pob peth yn newydd, neu wedi ei adferu, hyny yw, pob peth oddi eithr llenyddiaeth Gymreig, yr hon sydd wedi ei threulio allan o'i dywalltiadau aruchel ein beirdd hynafol . . .[55]

Ymgais oedd hon i feddiannu iaith gwladgarwch at ddibenion iwtilitaraidd, gan bwysleisio'r angen i Gymry gofleidio'r iaith Saesneg a'i llenyddiaeth os oeddynt am lwyddo yn y byd modern. Yr oedd hi'n ddyletswydd ar y Cymro gwladgarol i sicrhau bod hyn yn digwydd. Nid eglwyswyr yn unig a lefarai fel hyn. Clywid dadleuon cyffelyb yn yr Eisteddfod Genedlaethol yn ystod y 1860au. Credai'r rhai a sefydlodd y 'Social Science Section', adran Saesneg ei hiaith, mai crair rhamantaidd oedd y Gymraeg ac nad oedd ganddi fawr ddim defnyddioldeb ymarferol yn yr oes fodern.

Yn baradocsaidd, yn ôl y dyb hon, gellid cyhuddo Ymneilltuwyr amlwg megis Henry Richard o *ddiffyg* gwladgarwch. Ceid gwrthgyferbyniad amlwg rhwng yr hyn a gyflawnai Richard a'i apêl gyson at wladgarwch. Ceryddid Aelod Seneddol newydd Merthyr Tudful am ymosod yn chwyrn ar berchenogion tir yn y wasg, ond fe'i beirniadwyd yr un pryd am fethu dangos digon o gefnogaeth i'r Eisteddfod Genedlaethol. Yn arwyddocaol, ymosodai ei feirniaid eglwysig yn uniongyrchol ar honiad Richard fod Cymru yn gymdeithas lai troseddol oherwydd dylanwad Ymneilltuaeth. Honnid bod llai o droseddau difrifol yn cael eu cyflawni gan y bobloedd Celtaidd na chan y Tiwtoniaid; felly, os oedd yr amrywiadau yn amlder ymddygiad troseddol i'w priodoli i nodweddion hiliol, ni ellid cynnal honiadau'r Ymneilltuwyr eu bod yn cael effaith lesol ar foesau'r bobl. Hefyd, mewn datganiad a oedd yn dwyn i gof Frad y Llyfrau Gleision, honnwyd bod 'yr awyr foesol' yn yr ardaloedd a oedd dan reolaeth Fethodistaidd 'yn llawn tawch dudew, yr hwn sydd yn rhoddi bodolaeth i bob pechod ysgymun'.[56] Gellir ystyried beirniadaethau llym o'r fath yn rhan o'r frwydr am oruchafiaeth wleidyddol y tybiai aelodau'r eglwys sefydledig y gellid ei hennill yn y 1860au. Gwnaed hon yn dasg fwyfwy diffrwyth yn sgil gwreiddio Rhyddfrydiaeth yng Nghymru yn ystod y degawdau canlynol a dylanwad Ymneilltuaeth dros ei rhaglen a'i blaenoriaethau, er gwaethaf yr adfywiad yn achos yr Eglwys tua diwedd y ganrif.

Ychydig cyn etholiad cyffredinol 1868, dywedodd Richard: 'Gellir dyweyd mewn termau cyffredinol fod y Cymry yn genedl o Ymneilltuwyr', ac yn ei anerchiad etholiadol ym Merthyr Tudful fe'i cyflwynodd ei hun fel ymgeisydd

[55] D. Noel, 'Ein Gwlad a'n Cenedl', *Yr Haul*, X, rhif 120 (1866), 356.

[56] Caron, 'Henry Richard a Moesoldeb Cymru', *Yr Haul*, XIII, rhif 156 (1869), 363–5.

priodol i gynrychioli 'bwrdeistref lle y mae yn agos at yr holl boblogaeth yn Ymneilltuwyr'.[57] Yr oedd yn amlwg mai datganiad ideolegol oedd hwn, wedi ei anelu at honiadau'r sefydliad eglwysig, yn hytrach na disgrifiad manwl o ymlyniad crefyddol y bobl, oherwydd, er gwaethaf y gefnogaeth gref i Ymneilltuaeth, nid oedd yn agos at fwyafrif poblogaeth Cymru (na Merthyr Tudful ychwaith) yn Ymneilltuwyr.[58] Ac yntau'n gwybod y gallai datganiadau o'r fath arwain at gyhuddiad o sectyddiaeth a allai niweidio ei obeithion o gael ei ethol yn gynrychiolydd pob pleidleisiwr, honnodd Richard fod ei syniadau 'mor bell o fod yn sectyddol, fel y mae, i'r gwrthwyneb, yn wrth sectyddol i'r eithaf; oblegid eich dyben wrth ddewis Ymneilltuwr yn ymgeisydd, oedd lluddias un sect tra-arglwyddiaethus i gadw yn ei llaw ei hun holl gynrychiolaeth Cymry [*sic*] . . .'[59]

Yr oedd gwreiddiau'r farn hon i'w canfod mewn diwylliant democrataidd egnïol a heriai rym landlordiaeth a'r sefydliad crefyddol, ynghyd â'r wleidyddiaeth ymostyngol y dibynnent arni. Fwyfwy ceisiai Richard ddiffinio'r genedl Gymreig yn nhermau Ymneilltuaeth yn unig, a ffurfiwyd iaith gwleidyddiaeth am ddegawdau wedi hyn gan y dull hwn o feddwl. Gellir gweld effaith lawn yr ethos democrataidd hwn (a oedd ar yr un pryd yn sectyddol) yn araith rymus a huawdl Richard i'w etholwyr ym 1868:

> Beth am y bobl sy'n medru'r iaith hon, yn darllen y llenyddiaeth hon, yn arddel yr hanes hwn, yn etifeddion y traddodiadau hyn, yn parchu'r enwau hyn [sef arwyr Cymru], ac wedi creu a chynnal a chadw'r rhyfeddodau hyn o gymdeithasau [sef yr eglwysi] – pobl at ei gilydd yn rhifo tri chwarter poblogaeth Cymru – onid oes gan y rhain yr hawl i fynnu, Nyni, nid chwychwi, yw cenedl y Cymry. Nyni, nid chwychwi, biau'r wlad hon, a'n braint ni yw bod ein hegwyddorion a'n dyheadau yn derbyn clust a chynrychiolaeth yn Nhŷ'r Cyffredin.[60]

Gellir gweld hyn fel ymgais i greu myth o genedl Gymreig organaidd yn nelwedd Ymneilltuaeth. Yn ôl y diffiniad hwn, y prif sefydliadau yw'r capeli, a diffinnir y bobl sy'n eu mynychu yn erbyn dosbarth llywodraethol Seisnigedig neu Seisnig. Y mae'r diffiniad hwn yn sefydlu ffordd o uniaethu ar y cyd, sydd drwy hynny'n lleoli ffiniau rhwng y rhai sy'n perthyn a'r rhai nad ydynt yn perthyn. Felly, nid oedd y 'genedl' yn gyfystyr â holl boblogaeth Cymru.

Daeth arweinwyr y genedl Ymneilltuol hon o hyd i'w merthyron yn etholiad cyffredinol 1868. Yr oedd canlyniadau'r etholiad yn gadarnhad pendant o gefnogaeth i Ryddfrydiaeth. Bu cynyrfiadau gwleidyddol enwog – megis y rhai

[57] *Y Gwladgarwr*, 13 Mehefin, 18 Gorffennaf 1868.

[58] John Davies, *Hanes Cymru* (London, 1990), tt. 408–12.

[59] *Y Gwladgarwr*, 13 Mehefin, 18 Gorffennaf 1868.

[60] *Aberdare Times*, 14 Tachwedd 1868. Dyfynnwyd yn Kenneth O. Morgan, *Wales in British Politics, 1868–1922* (3ydd arg., Cardiff, 1980), t. v. Dadansoddir yr araith hon yn drwyadl yn Ieuan Gwynedd Jones, 'Henry Richard ac Iaith y Gwleidydd yn y Bedwaredd Ganrif ar Bymtheg' yn Geraint H. Jenkins (gol.), *Cof Cenedl III: Ysgrifau ar Hanes Cymru* (Llandysul, 1988), tt. 117–49.

yn nhref ddiwydiannol Merthyr Tudful yn y de a sir Ddinbych yn y gogledd – ond ychydig o newid a fu yn natur gymdeithasol cynrychiolaeth gwleidyddol y wlad. O'r tri ar hugain o Ryddfrydwyr a etholwyd, yr oedd y mwyafrif yn berchenogion tir, ac felly hefyd y deg Ceidwadwr. Cafodd y drefn wleidyddol ysgytiad, ond nid amharwyd llawer arni. Y mae gwir arwyddocâd 1868 i'w weld yn sgil-effeithiau'r etholiadau pan gafodd niferoedd o denantiaid a bleidleisiodd yn groes i ddymuniadau eu landlordiaid eu troi allan o'u ffermydd. Cymaint oedd dicter y bobl oherwydd hyn fel y sefydlwyd cronfa'r 'Gorthrymedigion' a chodwyd y swm sylweddol o £20,000.[61] Yn y cyd-destun hwn, magodd y ddihareb 'Trech gwlad nag arglwydd' ystyron gwleidyddol newydd.

Y mae digwyddiadau 1868 yn garreg filltir nodedig yn hanes gwleidyddoli gwladgarwch Cymreig, hyd yn oed os na ddigwyddodd y trobwynt allweddol mewn cynrychiolaeth seneddol tan y 1880au. Os cafodd iaith gwladgarwch Cymreig ei ffurfio gan ddadl y Llyfrau Gleision, cyfundrefnwyd ei gramadeg ym 1868. Er bod Anglicaniaid wedi mynegi eu Cymreictod cyn hynny, yr oedd yn fwyfwy anodd iddynt wneud hynny wedyn. At hynny, oherwydd bod yr Anglicaniaid yn cael eu cysylltu fel arfer â Cheidwadaeth, fe'u llesteiriwyd gan ddatblygiadau yn Lloegr yn y 1870au pan symudodd iaith gwladgarwch i'r dde dan ddylanwad Disraeli ac ymraniad y gwladgarwch radicalaidd a ddeilliai o oes y Siartwyr. Bellach fe'u cysylltid yn fwy nag erioed o'r blaen â Seisnigrwydd hunanymwybodol. Ni chafwyd unrhyw ddatblygiad cyffelyb yng Nghymru. Er nad ymddangosai iaith gormes yn briodol i wladwriaeth ryddfrydedig Prydain yn y 1870au, clywid iaith gormes o hyd yn y frwydr yn erbyn landlordiaeth a'r ymgyrch dros ddatgysylltiad. Mewn cyd-destun o'r fath, nid oedd fawr o obaith y profai'r cenedlaetholdeb hunanymwybodol Seisnig a gefnogid gan Disraeli gynnydd yng Nghymru.[62]

Dadlennir hyn yn ymateb y wasg Gymraeg i areithiau Disraeli ym Manceinion ac yn y Palas Grisial ym 1872, lle y ceisiodd addysgu ei blaid am egwyddorion sylfaenol Ceidwadaeth trwy bwysleisio bod y Rhyddfrydwyr yn cynrychioli egwyddorion 'cosmopolitaidd' a'i blaid ef ei hun yn ymgorffori egwyddorion 'cenedlaethol'. Ymgais oedd hon i gipio rhethreg gwladgarwch oddi ar y Rhyddfrydwyr.[63] Y mae ymateb y wasg Gymraeg yn awgrymu bod hyn wedi methu ar lefel iaith yn ogystal ag ar lefel cynrychiolaeth seneddol. Honnodd un papur y byddai cynulleidfa Disraeli wedi bod yn siomedig o glywed dim byd ond ystrydebau am y cyfansoddiad Prydeinig a'r sefydliadau cenedlaethol, a datganodd ar sail y dystiolaeth hon nad oedd dim i wahaniaethu rhwng 'gwladlywiaeth'

[61] Morgan, *Wales in British Politics*, tt. 25–7; Jones, *Explorations and Explanations*, penodau 3–5.

[62] Hugh Cunningham, 'The Language of Patriotism, 1750–1914', *History Workshop Journal*, 12 (1981), 8–33; idem, 'The Conservative Party and Patriotism' yn R. Colls a P. Dodds (goln.), *Englishness: Politics and Culture, 1880–1920* (London, 1986), tt. 238–307.

[63] Cunningham, 'The Language of Patriotism', 22.

Doriaidd a 'gwladlywiaeth' Gladstone.[64] Ni thybiai newyddiaduron eraill fod yr agwedd hon ar ei araith yn ddigon pwysig i haeddu sylw. Yr oedd adroddiad *Y Tyst a'r Dydd* ar yr araith o Fanceinion yn ymwneud bron yn gyfan gwbl â goblygiadau ei sylwadau ef am Ymneilltuaeth.[65] Trwy adrodd o safbwynt enwadol ni châi apêl Disraeli am deyrngarwch i sefydliadau cenedlaethol gymaint o ddylanwad gwleidyddol.

Yn symbolaidd, ni chynhwysodd nifer o bapurau newydd Cymraeg adroddiad ar araith Disraeli yn y Palas Grisial. Ond rhoesant sylw helaeth i ddigwyddiad yn yr un lleoliad ychydig wedi hynny, sef y Gystadleuaeth Gerddorol genedlaethol lle y bu côr o dde Cymru yn fuddugol. Mynegwyd balchder cenedlaethol y sylwebyddion gorfoleddus fel a ganlyn:

> Dyma oresgyniad Lloegr gan Gymry heddychlawn. Dyma orchest a wna iawn am gyfnod maith o wawd a dirmyg. Bu y Saeson yn chwerthin am ben ein gwlad, yn poeri ar ein defodau, yn cablu urddas y Cymry. Buont yn gosod yr Eisteddfod fel bwgan brain o flaen llygaid y cenhedloedd . . . a chyhuddent y genedl fwyaf ffyddlawn i'r awdurdodau o deyrn-fradwriaeth, am ei bod yn meiddio bod yn genedlgarol . . . Ond dyma droi y byrddau arnynt. Wele Eisteddfod Genedlaethol y Cymry, yn ngwaethaf y *Times* a'i ddynwaredwyr, wedi dyfod yn Eisteddfod Ymherodrol Prydain fawr . . .[66]

Hybwyd arwyddocâd symbolaidd y fuddugoliaeth gan y ffaith fod y cantorion yn hanu yn bennaf o etholaeth Henry Richard ei hun, ac mewn derbyniad yn Llundain i ddathlu eu llwyddiant fe'u llongyfarchodd am gyflwyno gwedd fwy cadarnhaol o'r Cymry ymhlith eu cymdogion Seisnig.

Y mae'r ffaith i ymgyrch godi arian gael ei threfnu ymhell cyn dyddiad y gystadleuaeth – nid yn unig i gynorthwyo gyda chost tocynnau trên a chostau cynhaliaeth ond hefyd i leihau baich ariannol y gweithwyr hynny a fyddai'n colli cyflog – yn dangos nad oedd apêl y côr yn gyfyngedig i ardal yr aelodaeth. Ddechrau mis Mehefin nododd *Baner ac Amserau Cymru*, papur newydd a wasanaethai ogledd Cymru yn bennaf, wrth gefnogi'r apêl am gymorth: 'yr ydym oll erbyn hyn yn dechreu edrych ar y peth mewn math o oleu "cenedlaethol" '.[67] Yr oedd ymateb y papur newydd hwn i fuddugoliaeth y côr yr un mor frwd â'r ganmoliaeth a geid ym mhapurau de Cymru.

Yn sgil eu llwyddiant yn y gystadleuaeth gyntaf ym 1872, codwyd gobeithion am gamp gyffelyb y flwyddyn ganlynol. Y tro hwn nid oedd lle i amau nad oedd 'Côr De Cymru' yn cynrychioli Cymru gyfan – cyfrannodd hyd yn oed y Cymry yn America at eu costau. Anfonodd y *Western Mail* Ceidwadol ohebydd arbennig i hebrwng y cantorion ar eu taith ar y trên i Lundain. Meddai ef: 'this musical

[64] *BAC*, 10 Ebrill 1872.
[65] *Y Tyst a'r Dydd*, 12 Ebrill 1872.
[66] Ibid., 12 Gorffennaf 1872.
[67] *BAC*, 5 Mehefin 1872.

contest affair is a national thing – not local, sectional, or peculiar to a class: it is an event which goes to the core of the people's heart.' Wedi cyrraedd Llundain cyflwynodd siec am £14 18*s* 10*c* i'r côr ar ran rheolwr y papur.[68] O ystyried poblogrwydd y digwyddiad, yr oedd yn talu i'r papur gynnwys adroddiadau llawn o'r cystadlu. Serch hynny, yr oedd ymgais fentrus y papur i gipio rhethreg wladgarol y dydd yn fwy syfrdanol byth. Mewn erthygl flaen dan y teitl 'Cambria's Triumph' datganwyd bod pennod a ddechreuwyd yn y drydedd ganrif ar ddeg yn dirwyn i ben gydag ail fuddugoliaeth y côr yn y Palas Grisial:

> This morning we publish to the people of Wales the news that King Edward's massacre of the Welsh bards has at length been avenged. It will be observed that on this occasion we display – and surely on this occasion we have sufficient reason for doing so – the utmost contempt for Mr FREEMAN and the whole modern school of historical critics. We eagerly accept the legend upon which GRAY's ode is founded, for the purpose of pointing out that the designs of the 'ruthless King' have, after the lapse of centuries, been signally defeated. The spirit of Welsh song, which the PLANTAGENET conqueror fondly imagined could be crushed by the slaughter of the sweet singers – which sometimes under the ban of proscription, and never until now under the sunshine of aristocratic and princely favour, has haunted the valleys of Cambria – has at last burst from the narrow limits which could no longer restrain its ever-increasing vitality, and asserted itself as a power which commands the attention of the United Kingdom.[69]

Yr oedd hyn yn beth syfrdanol i'w ddarllen mewn papur newydd Ceidwadol Cymreig. Ar un olwg, yn eironig, y mae'n deyrnged i rym ideoleg Cymru'r Ymneilltuwyr oherwydd ei fod yn defnyddio'r un 'ramadeg' sylfaenol o ddisgwrs gwladgarol. Y mae'n amlwg mai ymgais oedd hon i gipio'r digwyddiad poblogaidd oddi ar y wasg Ymneilltuol Ryddfrydol yn gyffredinol ac yn enwedig oddi ar Henry Richard. Fel y gwnaeth ym 1872, ymfalchïai Henry Richard yng nghamp y côr pan gyflwynodd y Cwpan Arian i'w arweinydd yn y Palas Grisial. Diogelwyd anrhydedd Cymru drwy sicrhau'r wobr am yr eildro, ac yn y wasg Gymraeg disgrifiwyd y pum cant fel 'y côr Cymreig'.[70] Eto i gyd, y *Western Mail* a fu'n gyfrifol am daenu'r newyddion; cyn gynted ag yr oedd canlyniadau'r gystadleuaeth ar gael cawsant eu telegraffio i'w harddangos y tu allan i swyddfeydd y papur ledled Cymru.[71] Ni allai'r lluoedd a ymgasglai y tu allan i'w swyddfeydd i glywed y newyddion lai na chydnabod bod y papur newydd Ceidwadol wedi achub y blaen ar ei gystadleuwyr Rhyddfrydol.

[68] *Western Mail*, 8–9 Gorffennaf 1873. Cyflwynodd Messrs. Howell and Co. Caerdydd faner genedlaethol i'r côr.
[69] Ibid., 11 Gorffennaf 1873.
[70] *Y Tyst a'r Dydd*, 13 Gorffennaf 1873.
[71] *Western Mail*, 11 Gorffennaf 1873. Cyhoeddwyd cerdd a gyfansoddwyd gan Mr J. H. Hughes o Gasnewydd, 'Cambria's Five Hundred', yn seiliedig ar 'Charge of the Light Brigade' gan Tennyson.

Bu'r 1870au yn gyfnod o wrthymosod Ceidwadol. Yr oedd y Ceidwadwyr mor ddig oherwydd grym ac effaith areithiau ac ysgrifau Henry Richard nes i'r *Western Mail* fynd mor bell â rhoi ei gefnogaeth dawel i ymgeisyddiaeth Thomas Halliday fel cynrychiolydd llafur yn etholaethau Bwrdeistrefi Merthyr Tudful ym 1873.[72] Yr oedd goblygiadau hyn yn amlwg: cyfuniad o bleidleisiau Ymneilltuwyr a glowyr a fuasai'n gyfrifol am ethol Richard ym 1868; drwy rannu'r glymblaid honno, yr oedd yn bosibl y collai ei sedd yn yr etholiad nesaf. Ond yn y diwedd, er i Halliday ennill llawer o bleidleisiau, ni lwyddodd i ddisodli Henry Richard.

Chwyddwyd balchder y Rhyddfrydwyr ar ôl 1868 drwy basio Deddf y Tugel ym 1872, yn rhannol oherwydd y dystiolaeth am y troi allan yng nghefn gwlad Cymru a gyflwynwyd i'r senedd gan Henry Richard. Eto i gyd, er bod posibilrwydd bellach y gellid dileu dulliau braw mewn etholiadau, ni chafodd yr effaith ddi-oed a ragwelwyd. Nid oedd llawer o'r pleidleiswyr yn llawn ddeall y darpariaethau newydd, a bu'n anodd dileu'r atgofion o ormes y landlordiaid. At hynny, o gymharu â'r sefyllfa ym 1868, llonnwyd y Ceidwadwyr gan ganlyniadau etholiad cyffredinol 1874: enillwyd pedair sedd ar ddeg yng Nghymru o'u cymharu â'r pedair ar bymtheg a enillwyd gan y Rhyddfrydwyr. Y mae hyd yn oed y ffigurau hyn yn rhoi darlun chwyddedig o ffawd y Rhyddfrydwyr am mai o drwch blewyn y dychwelwyd tri o'u hymgeiswyr.[73] Ond cysur dros dro yn unig oedd hyn i'r Ceidwadwyr oherwydd o 1880 ymlaen atgyfnerthodd Rhyddfrydiaeth ei grym etholiadol yng Nghymru ac ymestyn ei llwyddiannau unwaith yn rhagor. Hyd at y Rhyfel Byd Cyntaf (ac wedi hynny), byddai'r Ceidwadwyr yn parhau'n blaid leiafrifol yng Nghymru.

Er hynny, bu'r 1870au hefyd yn dyst i ymdrechion i ffurfio ideoleg wladgarol newydd i'r Eglwys sefydledig yng Nghymru ar sail realiti grefyddol a gwleidyddol newydd. Symbylwyd rhai clerigwyr i ailystyried eu sefyllfa gan ddylanwad datgysylltiad yn Iwerddon, propaganda diflino'r Gymdeithas Ryddhau, a huodledd Henry Richard yn y senedd.

Arweiniwyd gwrthymosodiad uniongyrchol ar syniadau'r Ymneilltuwyr ynglŷn â chenedligrwydd Cymreig gan wŷr huawdl a dylanwadol megis Henry T. Edwards, ficer Caernarfon a deon Bangor wedi hynny. Credai Edwards fod undod crefyddol Cymru wedi ei chwalu yn sgil ymadawiad y Methodistiaid â'r Eglwys ym 1811 a'r ysbryd sectyddol a ddaeth yn sgil yr ymraniad hwnnw. Er ei fod yn fodlon cydnabod bod yr Eglwys ar fai yn penodi esgobion Seisnig digydymdeimlad fel nad oedd cyfle i glerigwyr o Gymry ddringo'r ysgol eglwysig, y mae'n amlwg ei fod yn credu mai'r Eglwys oedd yr unig sefydliad a allai adfer undod. Yn ei lythyr at William Gladstone, a gyhoeddwyd ym 1870 ac a ddadleuai o blaid penodi esgobion a siaradai Gymraeg i esgobaethau Cymru, cynigiai ddehongliad amgen ar hanes Cymru o safbwynt yr Eglwys; ynddo cydnabu fod 70

[72] Ibid., 2 Gorffennaf 1873. Dilornai rethreg wladgarol Richard, gan gyfeirio at ei 'native instincts' a oedd yn 'constantly ventilated in the sickly sentimentalism of his speeches'.

[73] Morgan, *Wales in British Politics*, tt. 37–9.

y cant o bobl Cymru wedi ymwrthod â chrefydd sefydledig. Yr oedd hyd yn oed y ffigur hwn yn or-optimistaidd. Er hynny, yr oedd Edwards o'r farn nad canlyniad gwrthwynebiad i athrawiaeth yr Eglwys oedd hyn; tybiai ef mai protest ydoedd yn erbyn 'the cold, alien, mechanical forms of thought, feeling and diction, in which these doctrines have been preached, and those Sacraments have been administered to the souls of an impassioned race'. Yn ei dyb ef, yr oedd y broblem i'w chanfod 'not in the spiritual treasures of the Church, but in the earthen vessels to which they have been committed'.[74] Dibynnai ei ddadansoddiad ar wrthgyferbyniad hiliol rhwng y Saeson mwy ymarferol ac 'egnïol' a'r Cymry ysbrydol. Yr oedd Edwards yn cydnabod cymeriad arbennig y Cymry:

> Every respect has been studiously paid to the spirit of Scotch nationality. Is it fair that the equally ancient Cymric nationality, more strongly marked, as it is, by the retention of its national language, should be crushed out? True sentiment and true expediency alike declare, I believe, against a policy so ungenerous, so expressive of the worst attributes of the English national temper – attributes which, above all others, have had the effect of involving the empire in strife and perplexity . . . Surely every generous sentiment . . . dictates that this ancient, loyal, industrious and order-loving people should, within the obvious limits compatible with the imperial welfare of the entire British people, be permitted to cherish the traditions, and to develop the free impulses of their distinct national character. The truest utilitarianism will also be found in harmony with the dictates of this sentiment.[75]

Ni phennwyd 'the obvious limits compatible with the imperial welfare of the entire British people'. Er iddo ddatgan ei gefnogaeth i brifysgol genedlaethol ac esgobion Cymreig (a Chymraeg eu hiaith), yr oedd Edwards yn amharod i groesawu datgysylltiad.

Er gwaethaf y cyfyngiadau hyn, gellir dirnad atsain wan o egwyddorion Gladstone fel yr oeddynt i ddatblygu dros y degawdau nesaf. Yn nhyb Edwards, ni ddylid diddymu cenedligrwydd Cymreig er mwyn gorseddu 'Prydeindod' canoliaethol a monolithig: 'the distinct national character of the Cymry is an objective reality – one of the living forces in the imperial life of the British people.'[76] Yr oedd pennu cyfyngiadau ar hyn yn sgil caniatáu datgysylltiad i Iwerddon ar sail amgylchiadau a ddeilliai o genedligrwydd gwahanol yn golygu troedio ar dir ansicr. Amlygwyd y sefyllfa ymhellach eto yn ystod y 1870au. At hynny, nid yw'n eglur faint o Anglicaniaid eraill a oedd yn cyd-weld â'r dadansoddiad hwn.

Yr oedd darlithiau a chyhoeddiadau Edwards yn ystod y 1870au yn ymgais fwriadol i achub y blaen ar Ymneilltuaeth drwy lunio dehongliad o swyddogaeth

[74] Henry T. Edwards, *The Church of the Cymry: A Letter to the Right Hon. W. E. Gladstone, M.P.* (London, 1870), tt. 4–5.

[75] Ibid., tt. 50–1.

[76] Ibid., t. 52.

hanesyddol yr Eglwys ym mywyd Cymru a'i thynged yn y dyfodol. Golygai hyn gydnabod methiannau'r Eglwys yn y gorffennol a dadlau o blaid diwygiadau, ond nid o blaid datgysylltiad. Trwy danlinellu droeon y ffaith ei fod yn cael ei ysgogi gan ysbryd o wladgarwch, gellir dehongli ei ysgrifau fel ymgais i gyfrannu at y ddadl ar genedligrwydd a ddechreuwyd gan Ymneilltuwyr yn y 1860au yn hytrach na'i fod yn gwrthod eu honiadau yn llwyr. Parai ei syniadau ddigon o ofid i'r wasg Ymneilltuol nes iddi ymosod arno am fethu darllen arwyddion yr oes.[77] Wynebodd Edwards honiadau'r Gymdeithas Ryddhau yn benben, yn rhannol drwy honni y gallai Pabyddiaeth ('y theocratiaeth ffug beryglus honno') lenwi'r gwagle a adawyd gan Eglwys ddatgysylltiedig. Gan gymryd gwahaniad yr eglwys a'r wladwriaeth yn America fel enghraifft rybuddiol, honnodd fod sectau Protestannaidd rhanedig y wlad honno wedi methu gwrthwynebu'r 'Perygl Catholig'. Bu twf yr eglwys Babyddol yn America mor fawr nes peri iddo broffwydo y byddai'n cipio awenau'r llywodraeth ac yn ethol 'Arlywydd Pabaidd' erbyn 1900.[78]

Yr oedd Edwards yn falch o gael ei alw'n 'offeiriad gwleidyddol', a pharhaodd i ymosod ar weinidogion Ymneilltuol, nid yn gymaint am eu rhan mewn gweithgarwch gwleidyddol ond am fynd y tu hwnt i hynny trwy ymosod ar landlordiaeth a'r Eglwys yn ystod etholiadau 1868. Er ei fod yn gwrthod y sylw '[that] requires every clergyman to sink the citizen in the Priest, and because he is a minister of religion, to forget that he ought to be a patriot', yr oedd yn feirniadol o ymgyrchu gwleidyddol yng ngwasanaethau'r capel ac o draddodi areithiau gwleidyddol yn lle pregethau.[79] Gresynai at y 'cynhyrfwyr cyfrwys hunangeisiol' a wthiai eu galwadau yn ddidostur ar y lliaws dibrofiad. Ym 1868 effaith y cyfryw gynhyrfwyr mewn llawer o etholaethau newydd ('being young and green, and somewhat warm in their affections') fu gwrthod yr ymgeiswyr mwyaf cadarn, synhwyrol a phwyllog am 'landless adventurers'.[80] O ganlyniad, mynnodd fod ei wrthwynebiad i ddatgysylltu wedi ei seilio ar wladgarwch Cymreig a'i awydd i amddiffyn ei wlad enedigol.

Nid oedd holl sylwadau llym Edwards wedi eu cyfeirio at wrthwynebwyr o'r tu allan. Ni fyddai ei anerchiad diflewyn-ar-dafod yng Nghyngres yr Eglwys yn Abertawe ym 1879 wedi apelio at ei gyd-glerigwyr. Er ei fod yn cydnabod y cynnydd materol a wnaed yn ystod y degawdau blaenorol o ran codi addoldai, persondai ac ysgolion, a'r ymdrech a wnaed i adfer yr eglwysi cadeiriol, nododd

[77] Gw., e.e., *Y Tyst a'r Dydd*, 28 Tachwedd 1873.

[78] Henry T. Edwards, *The Position and Resources of the National Church* (Cardiff, 1876), t. 7. Cyfieithwyd fel *Sefyllfa ac Adnoddau yr Eglwys Genedlaethol* (Rhyl, 1876).

[79] Henry T. Edwards, *Politics in Wales: The Dangers of Pilatism* (Llangollen, 1872), tt. 1–3. Cyfeiriodd Edwards yn ddeheuig at y cyhuddiad fod gweinidogion Ymneilltuol wedi defnyddio 'sgriw' y capel, gan ddweud nad oedd ganddo unrhyw dystiolaeth i brofi neu wrthbrofi hyn. Ar y mater hwn, gw. Matthew Cragoe, 'Conscience or Coercion? Clerical Influence at the General Election of 1868 in Wales', *P&P*, 149 (1995), 140–69.

[80] Edwards, *Politics in Wales*, tt. 14–19.

nad oedd hynny wedi denu pobl yn ôl i'r gwasanaethau. Credai hefyd fod angen newid yr ymwybod poblogaidd ag Anglicaniaeth. Yr oedd yn rhaid trin yr Eglwys fel petai'n perthyn i'r Cymry, yn hytrach nag fel tiriogaeth y lleiafrif Saesneg ei iaith, a golygai hynny gyfeirio adnoddau i hyfforddi gweinidogion Cymraeg eu hiaith a oedd yn bregethwyr rhugl a grymus.[81] Achosodd geiriau plaen Edwards gryn stŵr, ac yr oedd yr Arglwydd Aberdâr, cadeirydd y cyfarfod, yn bur anesmwyth.

Mewn perthynas â'r wasg Gymraeg, cwynai Edwards mai ei phrif nod, ag ychydig eithriadau, oedd sicrhau datgysylltiad a dadwaddoliad yr Eglwys.[82] Gellir gweld arwydd o benderfyniad yr Eglwys i achub y blaen yn y ddadl chwyrn yng Nghyngres yr Eglwys yn Abertawe ym 1879 ar gyflwr gwasg yr Eglwys yng Nghymru a'r camau a oedd yn angenrheidiol i'w diwygio. Ni fodlonwyd y gynulleidfa gan anerchiad David Williams, rheithor Llandyrnog yn sir Ddinbych, a honnodd fod *Y Dywysogaeth*, unig bapur wythnosol yr Eglwys, mewn cyflwr marwaidd a bod yr ychydig bapurau a ddysgai egwyddorion eglwysig a ffurfiau cyfansoddiadol o lywodraeth yn wan eu cynnwys ac yn cyrraedd fawr neb.[83] Dywedodd yn blwmp ac yn blaen mai'r esgobion a wnâi hwyl am ben yr iaith Gymraeg a oedd yn gyfrifol am hyn – datganiad a gythruddodd esgob oedrannus Llandaf a oedd yn bresennol yn y cyfarfod. Bu'r ddadl chwyrn hon yn ffrwythlon oherwydd iddi arwain at adfywiad yn hanes gwasg yr Eglwys. Yn wir, cafwyd adfywiad eglwysig er gwaethaf y dadlau chwyrn dros benodi esgobion o Gymry a'r trafodaethau cyhoeddus fwyfwy llym rhwng Ymneilltuwyr ac Eglwyswyr ar fater datgysylltu a dadwaddoli Eglwys Loegr yng Nghymru. Eto i gyd, pennid iaith gwleidyddiaeth fwyfwy gan y gydwybod Ymneilltuol.

Parhaodd y gwladgarwch Cymreig, a fynegid drwy ymlyniad wrth Ryddfrydiaeth, yn wrthbleidiol i'r graddau y ceisiai ddiwygio'r wladwriaeth Brydeinig yn unol ag egwyddorion Ymneilltuaeth Brotestannaidd. Ond diwygiad cymharol gyfyngedig a geisiai er mwyn ennill cydraddoldeb ym Mhrydain yn hytrach na bwrw'r fwyell i fôn y pren. Ar sawl ystyr, yr oedd disgwrs gwladgarol yng nghanol y bedwaredd ganrif ar bymtheg yn rhan o'r frwydr dros werthoedd ac agenda bywyd gwleidyddol. Ychydig o gefnogaeth a oedd yng Nghymru i'r Blaid Geidwadol, ac fe'i cysylltid yn anorfod ag Anglicaniaeth ac aristocratiaeth Seisnig. Methodd ag ennill mwyafrif o seddau yng Nghymru yn unrhyw etholiad hyd 1914. Ond ni ildiai'r Anglicaniaid na'r Toriaid ar faes y gad. I'r graddau hyn, y mae haneswyr wedi anwybyddu dadleuon y 1870au, pan geisiodd unigolion o

[81] *Report of the Nineteenth Annual Meeting of the Church Congress held at Swansea, 1879* (London, 1880), tt. 354–8. Hawliwyd hyn ar adeg pan oedd yr enwadau Ymneilltuol Cymraeg yn ymboeni fwyfwy ynghylch y cwestiwn o ddarparu capeli ar gyfer mewnfudwyr o Loegr. Trafodir yr achosion Saesneg yn Hywel Teifi Edwards, *Codi'r Hen Wlad yn Ei Hôl, 1850–1914* (Llandysul, 1989), pennod 5, a Frank Price Jones, *Radicaliaeth a'r Werin Gymreig yn y Bedwaredd Ganrif ar Bymtheg* (Caerdydd, 1977), pennod 6.

[82] Edwards, *The Church of the Cymry*, t. 39.

[83] *Report of the Nineteenth Annual Meeting of the Church Congress . . . 1879*, tt. 558–9.

fewn yr Eglwys achub y blaen ar Ymneilltuaeth. Yn ystod y degawd hwn gwnaed ymdrechion cyson i herio a thanseilio'r tybiaethau a oedd wrth wraidd ideoleg y genedl Ymneilltuol. Methodd yr her hon, a hynny'n rhannol oherwydd yr atgofion parhaus o'r dadfeddiannu ym 1868 a dechrau rhyfel y degwm yng ngogledd-ddwyrain Cymru ym 1886. Bu'r digwyddiadau hyn yn ddigon i atgyfnerthu'r wers a ddysgid gan y Gymdeithas Ryddhau, sef bod gwleidyddiaeth a chrefydd yn gydgysylltiedig.

Er i Ryddfrydwyr ac Ymneilltuwyr ymdrechu'n galed i feddiannu iaith gwladgarwch, nid oedd yn eiddo i un sector o'r gymdeithas Gymreig yn unig. Yn hytrach, yr oedd yn diffinio'r diriogaeth a oedd yn destun dadl rhwng Ymneilltuwyr ac Eglwyswyr, a rhwng Rhyddfrydwyr a Cheidwadwyr. Ar y tir hwn y câi prif frwydrau diwylliannol a gwleidyddol y cyfnod eu hymladd. Dangosir hyn yn ymdrechion yr Anglicaniaid i achub y blaen ym mywyd Cymru yn y 1870au drwy wynebu eu hesgeulustod hwy eu hunain o'r iaith Gymraeg a'r ymdrech i greu gwasg eglwysig Gymraeg egnïol. Er nad oedd yr iaith Gymraeg wrth wraidd twf yr ymwybyddiaeth wleidyddol ethnig yng Nghymru yn y bedwaredd ganrif ar bymtheg, y mae'r datblygiad hwn yn awgrymu bod rhai grwpiau, y credid bod amheuaeth ynglŷn â'u gwladgarwch, yn fodlon pwysleisio iaith fel symbol o'u hunaniaeth a'u cymhwyster gwladgarol. Mewn cymhariaeth, teimlai'r Ymneilltuwyr yn ddigon diogel eu Cymreictod i beidio â rhoi pwys ar hyn.

Ar yr un pryd, deuai ieithoedd eraill gwladgarwch i'r amlwg fel rhan o'r teyrngarwch hunanymwybodol i'r ymerodraeth a'r frenhiniaeth. Yn hyn o beth, y mae profiad Cymru yn adlewyrchu datblygiadau ehangach yn y Deyrnas Unedig. Er hynny, yr oedd gwahaniaethau yr un mor arwyddocaol i'w canfod. Tra meddiannwyd iaith gwladgarwch yn Lloegr gan Disraeli a'r Blaid Geidwadol yn ystod y 1870au, yng Nghymru parhaodd Rhyddfrydiaeth i dra-arglwyddiaethu ym maes gwleidyddiaeth, a dyna a gadwai'r ddwy wlad ynghlwm wrth ei gilydd. Pur anaml y clywid llais cenedlaetholdeb mwy pendant. Honnodd R. Merfyn Jones nad oedd gan gymunedau chwarelyddol gogledd Cymru fwy na 'syniadau cyfyngedig, caeedig ac amddiffynnol o genedligrwydd'.[84] Ategir y dyfarniad hwn drwy astudio iaith gwladgarwch yn fwy cyffredinol. Ond nid rhethreg yn unig mo gwladgarwch. I'r gwrthwyneb, gwladgarwch a ffurfiodd y dadleuon canolog yn y gymdeithas Gymreig – ac, yn ei dro, cafodd ef hefyd ei ffurfio ganddynt hwy.[85]

O'r 1880au ymlaen gellir canfod newidiadau sylweddol yn natur a mynegiant gwladgarwch yng Nghymru. Yr oedd rhai gwleidyddion a deallusion bellach yn ymhél â chenedlaetholdeb gwleidyddol mwy pendant ar ffurf mudiad Cymru Fydd, a phan sefydlwyd Cymdeithas yr Iaith Gymraeg ym 1885 cafwyd ymgyrchu

[84] R. Merfyn Jones, *The North Wales Quarrymen, 1870–1922* (Cardiff, 1980), t. 71.

[85] Fel y dengys yr iaith a ddefnyddid gan newyddiadurwyr i adrodd ar 'Red Dragon Revolt' undebwyr llafur Cymru ym 1874. Gw. Aled Jones, 'Trade Unions and the Press: Journalism and the Red Dragon Revolt of 1874', *CHC*, 12, rhif 2 (1984), 197–224.

cyfyngedig, ac eto na chafwyd mo'i debyg o'r blaen, o blaid yr iaith Gymraeg mewn addysg. Ar yr un pryd, gellir gweld y cyffroadau cyntaf o gynhyrfu am gynrychiolaeth lafur yn sgil ethol William Abraham (Mabon) yn y Rhondda ym 1886. Eto i gyd, ni chafodd y termau y mynegwyd gwladgarwch drwyddynt yng nghanol y ganrif mo'u bwrw o'r neilltu yn gyfan gwbl gan yr amgylchiadau gwleidyddol a diwylliannol newydd. Byddai pryder am enw da'r Cymry ymhlith dieithriaid yn parhau'n nodwedd flaenllaw o fywyd cyhoeddus tra byddai'r Cymry'n parhau i ddatgan eu teyrngarwch i'r Ymerodraeth yn niwedd oes Victoria ac oes Edward. O fewn cyd-destun y gwerthoedd hyn, a fynegid drwy iaith gwladgarwch, y cynhelid dadleuon am newid diwylliannol ac ieithyddol.

20

'Yn Llawn o Dân Cymreig':[1] Iaith Gwleidyddiaeth yng Nghymru 1880–1914

NEIL EVANS a KATE SULLIVAN

AR DDIWEDD y bedwaredd ganrif ar bymtheg daeth y Gymraeg yn bwysig fel iaith gwleidyddiaeth,[2] gan rannu'r statws hwn â'r Saesneg. Defnyddid y Gymraeg yn helaethach yng ngogledd a gorllewin Cymru, lle'r oedd siaradwyr uniaith Gymraeg yn rhan sylweddol o'r boblogaeth. Yn siroedd Môn, Caernarfon, Meirionnydd ac Aberteifi yr oedd oddeutu hanner yr oedolion gwrywaidd yn siaradwyr Cymraeg uniaith o gymharu â thros draean y gwrywod yn sir Gaerfyrddin ac un rhan o bump o wrywod sir Ddinbych. Yn siroedd Maesyfed a Mynwy, ar y llaw arall, yr oedd nifer y siaradwyr Cymraeg yn fychan iawn. Dan yr amgylchiadau hyn, yr oedd dyfodiad y Gymraeg i amlygrwydd fel iaith wleidyddol yn un o brif ganlyniadau ehangu'r etholfraint rhwng y 1860au a'r 1880au.

Ym 1862 bu cwyno mai prin y câi'r Gymraeg ei chlywed yn ystod etholiadau, a bod hynny'n cyfrannu at ddifaterwch gwleidyddol yng Nghymru: 'Prin y gellir disgwyl iddynt daflu eu calon i amgylchiad sydd yn esgymuno iaith eu genau.'[3] Ymhen degawd gwelwyd cynnydd yn y defnydd o'r Gymraeg mewn gwleidydd-iaeth. Teimlai un o aelodau seneddol Cymru, E. J. Sartoris, fod rheidrwydd arno i ddysgu digon o Gymraeg i allu cyfathrebu â'i etholwyr ym Mhontarddulais.[4] Yr oedd ymgeiswyr dan anfantais yn etholaeth Merthyr oni allent siarad yr iaith. Yn etholiad 1874 bu'n rhaid i'r meistr haearn, Richard Fothergill, a'r arweinydd undeb llafur, Thomas Halliday, ddefnyddio cyfieithwyr yn eu cyfarfodydd.[5] Yn ystod ail lywodraeth Gladstone bu cynnydd mawr yn y defnydd o'r Gymraeg mewn etholiadau; ymgyrch Tom Ellis ym Meirionnydd ym 1886 sy'n cael y clod am ddod â'r Gymraeg i amlygrwydd fel iaith wleidyddol.[6]

1 Disgrifiad o araith gan y Parchedig T. Evans yn Nhrecastell, sir Frycheiniog, yn *BAC*, 24 Mawrth 1880.

2 Hoffem ddiolch i Vincent Comerford, Ieuan Gwynedd Jones, Mark Ellis Jones, Rosemary Jones, David W. Howell, Marion Löffler, Jon Parry ac Einion Thomas am eu cymorth ac am gyfeiriadau.

3 *BAC*, 27 Awst 1862.

4 *Seren Cymru*, 20 Medi 1872.

5 Elizabeth Cunningham, 'Thomas Halliday and the Merthyr Election of 1874' (traethawd anghyhoeddedig Diploma Prifysgol Cymru mewn Astudiaethau Cyffredinol, Coleg Harlech, 1996).

6 *South Wales Daily News*, 6 Ebrill 1899.

Er nad yw hon yn ymddangos yn sefyllfa hynod, yr oedd yn gwbl groes i'r sefyllfa gyfyngedig a oedd gan yr Wyddeleg ym myd gwleidyddiaeth. Daeth Daniel O'Connell â gwleidyddiaeth dorfol i Iwerddon ond, er ei fod yn siaradwr Gwyddeleg rhugl, anaml y byddai'n defnyddio'r iaith mewn cyfarfodydd gwleidyddol. Fel iwtilitariad, gwelai ddiflaniad yr Wyddeleg fel symbol o foderneiddio ac felly fel rhan o ymgyrch Iwerddon dros ddiddymu'r Undeb. Ni ddefnyddiai ef a rhai o'i gefnogwyr yr iaith frodorol ac eithrio pan fyddai rhesymau ymarferol pwysig dros wneud hynny. Efallai fod agwedd yr Eglwys Babyddol, a dueddai i ystyried yr Wyddeleg fel goroesiad o'r cyfnod paganaidd, wedi dylanwadu arno. Y mae'n arwyddocaol hefyd i'w brif ymgyrchoedd gael eu cynnal y tu allan i'r ardaloedd lle'r oedd yr Wyddeleg ar ei chryfaf, ac ar adeg pan oedd cadarnleoedd ei fudiad gwleidyddol mewn dinasoedd fel Dulyn a Chorc.[7] Erbyn i'r bleidlais dorfol gyrraedd Iwerddon, yr oedd yr iaith frodorol yn edwino'n enbyd. Yng nghwrs y bedwaredd ganrif ar bymtheg gostyngodd cyfran y siaradwyr uniaith Wyddeleg o hanner y boblogaeth i hanner un y cant: ym 1901 yr oedd un ym mhob saith o'r boblogaeth yn deall Gwyddeleg, ac nid oedd ond un ym mhob 200 nad oedd yn deall Saesneg. A hithau'n colli tir yn y byd go iawn, mabwysiadwyd yr Wyddeleg gan Gynghrair yr Wyddeleg – yn symbol fel y delyn a'r feillionen. Ffynnai cenedlaetholdeb diwylliannol wedi chwalu'r mudiad Ymreolaeth yn sgil cwymp Parnell. Saesneg oedd iaith cyhoeddiadau cynnar Cynghrair yr Wyddeleg bron i gyd, ac ni ragwelid y byddai lle i'r Wyddeleg mewn gwleidyddiaeth. Dim ond rhwng 1910 a 1920 y dechreuodd y Cynghrair ymhél â gwleidyddiaeth, ond ni wnaed yr Wyddeleg yn iaith gwleidyddiaeth. Ymddengys mai'r teimlad cyffredinol oedd y byddent, trwy gyfarch pleidleiswyr mewn Gwyddeleg, yn awgrymu nad oeddynt yn deall Saesneg, ac felly yn eu sarhau.[8]

Gwnaeth y gwahaniaeth hwn rhwng Iwerddon a Chymru argraff ar Michael Davitt pan deithiodd o gwmpas Cymru i annerch y bobl ym 1886. Dywedwyd wrtho nad oedd rhan helaeth o'i gynulleidfa ym Mlaenau Ffestiniog yn rhugl yn y Saesneg er eu bod yn ei deall, a mynegwyd peth syndod i'r chwarelwyr wrando arno'n siarad yn Saesneg am bron awr, gan ddangos trwy eu hebychiadau eu bod wedi ei ddeall.[9] Teimlai Davitt ei hun fod y ffaith na allai annerch ei gynulleidfa yn ei hiaith gyntaf yn llyffethair arno:

[7] Oliver MacDonagh, *The Hereditary Bondsman: Daniel O'Connell* (London, 1988), tt. 11–14; Fergus O'Ferrall, *Daniel O'Connell* (Dublin, 1981), tt. 138–9; idem, *Catholic Emancipation: Daniel O'Connell and the Birth of Irish Democracy, 1820–30* (Dublin, 1985), tt. 192, 194; K. Theodore Hoppen, *Ireland since 1800: Conflict and Conformity* (London, 1989), tt. 2, 19, 28, 131; David Dickson, 'Second City Syndrome: Reflections on Three Irish Cases', papur a gyflwynwyd i'r Academi Brydeinig / Cynhadledd yr Uned Cysylltiadau Cymuned Ganolog ar 'Integration and Diversity in the British Isles since 1550', Prifysgol Ulster, Coleraine, 1–3 Ebrill 1996.

[8] Georg Grote, *Torn between Politics and Culture: The Gaelic League, 1893–1993* (Münster / New York, 1994), tt. 44, 49, 51–2, 57, 59, 111–14; Hoppen, *Ireland since 1800*, tt. 2, 131.

[9] *Cambrian News*, 19 Chwefror, 23 Ebrill 1886; LlGC, Papurau William George, Dyddiadur Lloyd George, 12 Chwefror 1886.

> All the speeches except my own were delivered in Welsh, and the enthusiasm and native eloquence evoked made me wish that I could get at the hearts and intellects of the people through the medium of their tongue.[10]

Yng ngogledd Cymru, o leiaf, yr oedd rhaid defnyddio'r Gymraeg er mwyn ennyn cydymdeimlad llawn yr etholwyr. Tom Ellis a gâi'r clod am hyrwyddo'r defnydd o'r Gymraeg mewn gwleidyddiaeth ac, yn ddi-os, dangosodd ei genhedlaeth ef o aelodau seneddol newydd ymrwymiad i'r iaith na welwyd mo'i debyg cyn hynny. Ond yr oedd pobl wedi hen arfer defnyddio'r Gymraeg at ddibenion gwleidyddol cyn ei ddyddiau ef. Yn etholiad 1880 cafwyd anerchiadau yn Gymraeg yn Nolgellau a Chorwen yn sir Feirionnydd.[11] Defnyddiwyd y Gymraeg mewn cyfarfodydd gwleidyddol ledled Cymru y flwyddyn honno – yn Wrecsam, Tregaron, Bethesda a Dinbych – y cyfan mewn siroedd lle y ceid nifer mawr o siaradwyr Cymraeg, gan gynnwys llawer o siaradwyr uniaith.[12] Gwelwyd y defnydd o'r Gymraeg yn cynyddu mewn mannau eraill hefyd. Ym 1880 siaradodd Henry Richard mewn 'Cymraeg loyw' ym Merthyr yn ogystal ag mewn cynulliad enfawr yn y Palas Grisial yr un flwyddyn i ddathlu buddugoliaethau mawr y Rhyddfrydwyr. Mewn etholiadau diweddarach siaradodd William Abraham (Mabon) yn Gymraeg ym Maesteg ac yn Y Maerdy, a chlywyd eraill yn defnyddio'r iaith yn Abertawe ac yn Hirwaun.[13] Rhwng 1885 a 1910 clywid y Gymraeg yn rheolaidd mewn cyfarfodydd gwleidyddol: fe'i defnyddiwyd gan William Jones yn Y Borth, gan Osmond Williams ym Meirionnydd a Mabon yn y Rhondda, a chan Lloyd George yng Nghaerfyrddin ac yng Nghonwy, ac ychwanegodd W. Llewelyn Williams berorasiwn Cymraeg eneiniedig at araith Saesneg a draddododd yng Nghaerfyrddin. Hyd yn oed yn y Gaerdydd Seisnigedig câi 'Hen Wlad fy Nhadau' ei chanu ar ddiwedd cyfarfod. A'r un modd, yn Gymraeg yr eglurodd gwraig J. Herbert Lewis paham yr oedd ei gŵr yn absennol cyn iddi droi i'r Saesneg i roi sylw i faterion gwleidyddol. Cafwyd ymateb brwd pan ddywedodd gwraig Alfred Mond ychydig o eiriau yn Gymraeg ar ddechrau cyfarfod gwleidyddol yn Abertawe.[14]

Er bod areithiau Cymraeg yn dal i gael eu traddodi yn y Rhondda ym 1906, erbyn 1910 yr oedd cwyno am y defnydd cynyddol o'r Saesneg mewn cyfarfodydd gwleidyddol. Dywedwyd bod araith Gymraeg a draddodwyd gan W. Llewelyn Williams mor wych fel y dylid ei hailadrodd ym mhob rhan o Gymru er

[10] Davitt at Bryant, *Cambrian News*, 23 Ebrill 1886.

[11] Ibid., 19 Mawrth 1880.

[12] Ibid.; *Carnarvon and Denbigh Herald*, 20 Mawrth 1880.

[13] *BAC*, 24 Mawrth 1880, 18 Mawrth 1885, 20 Ionawr 1892; *Cambrian News*, 8 Ionawr 1892; *Western Mail*, 11 Ionawr 1910; Charles S. Miall, *Henry Richard, M.P.: A Biography* (London, 1889), t. 314n.

[14] *Cambrian News*, 9, 23 Hydref 1885; *Western Mail*, 4, 5 Gorffennaf 1892; *South Wales Daily News*, 23 Rhagfyr 1905, 4 Ionawr 1906, 10 Ionawr 1910; *BAC*, 5, 22 Ionawr 1910.

mwyn adfer yr arfer o annerch cynulleidfaoedd yn Gymraeg.[15] Ni chlywid y Gymraeg mewn cyfarfodydd cyhoeddus yn sir Fynwy,[16] ond parheid i'w defnyddio yn y Forgannwg ddiwydiannol. Ym 1910 cynhaliwyd cyfarfodydd dwyieithog mewn llawer rhan o dde Cymru – ym Mhorth-tywyn, Dwyrain Caerfyrddin, Felindre, Pentre-bach, Blaen-y-pant a Dowlais. Mwy annisgwyl, efallai, oedd i'r Gymraeg gael ei defnyddio mewn cyfarfodydd gwleidyddol yn St Helens a Phenbedw, er bod ei defnyddio yr ochr draw i Glawdd Offa yn aml yn peri anawsterau. Bu bron i un Gymraes gael ei thaflu allan o gyfarfod yn Cannock dan amheuaeth o fod yn *suffragette* wedi iddi dorri ar draws anerchiad gan Lloyd George yn ei mamiaith![17]

Nid oes tystiolaeth fanwl-gywir ynghylch iaith cyfarfodydd nac ynglŷn â'r gyfran o Gymraeg a Saesneg a siaredid ynddynt: yn aml nid yw adroddiadau'r wasg yn cofnodi pa iaith a ddefnyddid. Weithiau câi'r ffaith fod araith wedi ei thraddodi yn Gymraeg ei nodi, ond bryd arall y mae'n amlwg fod y newyddiaduron Saesneg yn cofnodi areithiau Cymraeg yn Saesneg heb esbonio hynny. Yn aml câi Ceidwadwyr eu dilorni am fethu siarad Cymraeg, er bod adroddiadau'r wasg yn fynych yn anghofio cofnodi mai Cymraeg a siaradai'r Rhyddfrydwyr. Y mae'n amlwg eu bod yn gwneud hynny'n aml hyd yn oed pan na chofnodid hynny. Mewn llawer ardal, nid oedd angen tynnu sylw at y ffaith hon gan mai'r Gymraeg oedd cyfrwng naturiol y cyfarfodydd: yr oedd hi'n un o'r elfennau sefydlog mewn bywyd a chymdeithas. Y mae gennym enghraifft ychydig yn ddiweddarach sy'n dangos mor helaeth oedd y defnydd o'r Gymraeg fel iaith wleidyddol yn rhai rhannau o Gymru. Pan gipiodd R. T. Jones, arweinydd y chwarelwyr, sedd Caernarfon dros y Blaid Lafur ym 1922, nododd y *Daily Herald*, gyda nodyn o amheuaeth, ei fod wedi annerch naw a phedwar ugain o gyfarfodydd yn ystod ei ymgyrch ym mis Tachwedd, a'u bod i gyd ond un yn Gymraeg.[18]

Ceir tystiolaeth feintiol o iaith gwleidyddiaeth Ryddfrydol yn y rhestrau a gyhoeddai'r blaid o'i siaradwyr tua diwedd ein cyfnod. Cynhwysai adroddiad blynyddol cyntaf Cyngor Rhyddfrydol Cymru restr sylweddol. Yr oedd 61 o'r siaradwyr yn ddwyieithog, ac er eu bod yn hanu o bob rhan o Gymru deuai nifer anghymesur ohonynt o'r canolbarth a'r gogledd. O'r 47 a siaradodd yn Gymraeg yn unig ar y llwyfan, dim ond pump a ddeuai o dde Cymru diwydiannol, dau o'r rheini o Lanelli. O dde Cymru y deuai'r 41 a siaradodd yn Saesneg. Y mae goblygiadau hyn yn eglur, er na olygant mai Saesneg oedd unig iaith y cyfarfodydd yn ne Cymru, o gofio'r nifer o siaradwyr dwyieithog a oedd ar gael.

15 *Tarian y Gweithiwr*, 6 Ionawr 1910.

16 *South Wales Daily News*, 18 Ionawr 1910.

17 Ibid., 1, 3, 5, 7 Ionawr 1910; *BAC*, 19 Ionawr 1910; *Y Brython*, 20 Ionawr 1910; *Western Mail*, 17 Ionawr 1910.

18 Gwasanaeth Archifau Gwynedd, Casgliad Undeb Chwarelwyr Gogledd Cymru, XNWQU 256. Llyfr lloffion R. T. Jones, toriad o'r *Daily Herald*, 26 Chwefror 1923.

Yn y rhestr ar gyfer 1910 y mae dosbarthiad y siaradwyr yn peri dryswch. O blith y 58 o siaradwyr, yr oedd 9 yn siarad Saesneg yn unig, 28 yn ddwyieithog a 3 yn siarad Cymraeg yn unig. Yr oedd 18 heb eu dosbarthu. Ar restr arall a gyhoeddwyd yr un pryd yr oedd 11 o siaradwyr dwyieithog, 8 o siaradwyr Cymraeg a 7 siaradwr Saesneg.[19]

Yr oedd y Rhyddfrydwyr hefyd yn gyfrifol am nifer sylweddol o gyhoeddiadau gwleidyddol yn y Gymraeg, traddodiad a ddyddiai o leiaf o'r 1860au, pan gyfieithwyd cyfrol Henry Richard, *Letters on the Social and Political Condition of the Welsh People*, i'r Gymraeg a'i chyhoeddi mewn o leiaf dri o bapurau newydd Cymraeg.[20] Ymddangosodd rhannau o areithiau Gladstone ym Midlothian yn Gymraeg – 'Argraphedig at Wasanaeth Etholwyr Cymru yn Gyffredinol'[21] – ac felly hefyd ei areithiau diweddarach yn yr etholaeth ym 1885.[22] Wedi i Ffederasiynau Rhyddfrydol Gogledd a De Cymru gael eu sefydlu ym 1886, dechreuodd peirianwaith swyddogol y blaid gyfieithu taflenni i'r Gymraeg ac ystyrid ei bod yn hanfodol i'r pedler llyfrau a oedd ganddynt yng ngogledd Cymru fedru'r ddwy iaith. Sicrhaodd hyn fod erthyglau ar fater Ymreolaeth yn cael eu cyfieithu i'r Gymraeg.[23] Ymddangosai'r rhan fwyaf o brif bamffledi'r cyfnod ar wleidyddiaeth Cymru yn y ddwy iaith; er enghraifft, *Y Gymraeg a'i Rhagolygon* (1890) gan Henry Jones, amryfal weithiau T. J. Hughes (Adfyfr) ar fater y tir a materion eraill, *Appeal to Welshwomen* gan Nora Phillips, a phamffled gan Tom Ellis ar Ddeddf Llywodraeth Leol 1888.[24] Cyfieithwyd cyfres o bamffledi ar fasnach rydd a gyhoeddwyd gan Glwb Cobden i'r Gymraeg hefyd, ynghyd â phamffled dychanol, *Llyfrau Benjamin*, a'i darddiad yn Birmingham, yn goganu llywodraeth Disraeli gyda chymorth cyfeiriadau beiblaidd. Ond er yr holl ymdrech, Saesneg oedd iaith swmp y llenyddiaeth wleidyddol a oedd ar gael. Gallai gwleidyddion Cymru dynnu ar holl adnoddau Lloegr, ac ymddengys iddynt wneud hynny ag arddeliad. Ym 1887 rhestrodd Ffederasiwn Rhyddfrydwyr De Cymru y cyhoeddiadau cymeradwy yn y ddwy iaith; yr oedd 11 o gyhoeddiadau Cymraeg a 38 o rai Saesneg.[25]

Fel rheol câi anerchiadau etholiadol eu hargraffu yn y ddwy iaith, neu fel anerchiadau ar wahân yn Gymraeg a Saesneg. Yn ne Cymru ar ddiwedd y cyfnod hwn y ceir y brif eithriad i'r patrwm hwn o ddwyieithrwydd. Ym 1910 yr oedd un papur newydd o'r farn y dylai ymgeiswyr gyhoeddi eu hanerchiadau etholiadol

[19] LlGC, Yr Archif Wleidyddol Gymreig, Cyngor Rhyddfrydwyr Cymru, Adroddiad Blynyddol, 1898–9; Rhestr siaradwyr, 1910.

[20] *Cymru Fydd*, Chwefror 1888.

[21] *Areithiau Mr Gladstone yn Ysgotland, Tachwedd, 1879* (Caernarfon, 1880).

[22] LlGC, Yr Archif Wleidyddol Gymreig, *Anerchiad Mr Gladstone at Etholwyr Midlothian* (1885).

[23] *Cymru Fydd*, Ionawr, Mawrth, Ebrill 1888.

[24] T. E. Ellis, *Cymru a Deddf Llywodraeth Leol* (Wrecsam a Chaerdydd, 1888).

[25] LlGC, Yr Archif Wleidyddol Gymreig, XJN 1156–1160, Y Blaid Ryddfrydol, Adroddiad Blynyddol Ffederasiwn Rhyddfrydol De Cymru, 1887; T. J. Hughes, *Landlordiaeth yn [sic] Nghymru* (Caerdydd, d.d.).

yn Gymraeg yn ne Cymru, oherwydd bod teimladau gwladgarol cryf ymhlith y trigolion; y mae hyn yn awgrymu mai ychydig a oedd yn gwneud hynny. Yn rhannol yn unig yr unionwyd y cam gan *Tarian y Gweithiwr*, a gyhoeddodd anerchiad etholiadol Edgar Jones yn Gymraeg.[26] Gellir rhoi rhyw amcan o iaith yr anerchiadau etholiadol trwy gyfrif faint o'r rhai a oroesodd sy'n ddwyieithog, faint sydd yn Saesneg a faint sydd yn Gymraeg. Ond gan mai trwy hap a damwain y goroesodd yr anerchiadau hyn, y mae'n bosibl nad yw'r rhain yn hollol gynrychioliadol. Sut bynnag, yr oedd bron hanner yr anerchiadau naill ai yn Gymraeg neu'n ddwyieithog, a dim ond erbyn y cyfnod Edwardaidd yr oedd y mwyafrif helaeth yn Saesneg.

Tabl 1. Iaith yr anerchiadau etholiadol a oroesodd

Blwyddyn	Cyfanswm	Dwyieithog	Cymraeg	Saesneg
Cyn 1880	7	1	2	4
1880	7	1	4	2
1885	12	2	3	7
1886	7	3	2	2
1892	11	4	3	4
1895	6	4	1	2
1900	6	2	0	4
1906	25	4	2	*19
1910	23	3	1	19
Heb ddyddiad	21	2	**14	5
CYFANSWM	126	26	32	68

Ffynhonnell: Anerchiadau etholiadol sydd i'w cael yn LlGC a Gwasanaeth Archifau Gwynedd (Caernarfon a Dolgellau)

Nodiadau

* Casgliad mawr ar gyfer etholiad Merthyr yn ystumio'r ffigurau.

**Llawer o etholiadau llywodraeth leol yn sir Gaernarfon yn ystumio'r ffigurau.

Defnyddiodd y Blaid Ryddfrydol ei meistrolaeth ar y Gymraeg yn arf gwleidyddol. Yr oedd llawer jôc wleidyddol ddwyieithog y gellid ei hanelu at eu gwrthwynebwyr. Yn un cyfarfod nodwyd bod y Cymry yn gyfarwydd iawn â 'chwarae teg' ond bod y Ceidwadwyr yn ceisio eu cyflwyno i'r 'tylwyth teg'.[27] Pur glapiog oedd Cymraeg y Ceidwadwr hwnnw a gyrhaeddodd gyfarfod yn sir Gaerfyrddin ym 1910. 'Dim fi yn gwobod beth yw Tariff Reform yn Cimrag', meddai, 'fi lico gwobod beth yw e?' 'Starvo!' oedd ateb un wàg o 'wladwr hynafol

[26] *South Wales Daily News*, 14 Ionawr 1910; *Tarian y Gweithiwr*, 13, 20 Ionawr 1910.

[27] *Cambrian News*, 9 Hydref 1885.

yr olwg' ('an ancient looking rustic').[28] Honnwyd na allai ymgeisydd y Ceidwadwyr yng Nghaerfyrddin ym 1906 ynganu'r gair 'Llanelli'.[29]

Yr oedd modd hefyd cael rhywfaint o hwyl drwy ddefnyddio'r Gymraeg. Ceid galwadau mynych am 'Gymraeg!' mewn cyfarfodydd Ceidwadol a gallai gwrthod cydymffurfio â hynny beri i'r lle fynd yn wenfflam.[30] Yn Ninbych ym 1892 ymddengys fod cais ar i siaradwr Ceidwadol ddefnyddio'r Saesneg oherwydd bod un aelod o'r gynulleidfa yn methu â'i ddeall yn un dilys.[31] Ar achlysur arall gwrthodwyd gwrandawiad i un cefnogwr Ceidwadol a fedrai'r Gymraeg oherwydd iddo siarad yn Saesneg.[32] Tacteg oedd hyn i ryw raddau. Hyd yn oed pan siaradent Gymraeg, gwrthodid gwrandawiad i Geidwadwyr weithiau. Tenau oedd y gynulleidfa mewn cyfarfod yn Llangefni er i'r ymgeisydd Ceidwadol ddod â dau siaradwr Cymraeg yno gydag ef. Ym 1910 honnodd *Tarian y Gweithiwr* na allai ymgeisydd Ceidwadol arbennig siarad Cymraeg ac na allai ddod o hyd i unrhyw un i gyfieithu ei areithiau i'r Gymraeg. Pan ddefnyddiodd ymgeisydd arall gyfieithydd, gwrandawyd mewn mudandod oeraidd ar y fersiwn Cymraeg o'i araith.[33]

Sylweddolai'r Ceidwadwyr eu bod dan anfantais yn hyn o beth a gwnaethant ryw gymaint o ymdrech i unioni'r diffyg trwy chwilio am ymgeiswyr, awduron a siaradwyr cyhoeddus Cymraeg eu hiaith. Ym 1880 yr oedd yr Anrhydeddus G. T. Kenyon yn falch o fod wedi sicrhau gwasanaeth Lloyd Evans a fyddai, fe gredai, yn dod â chryn dipyn o 'sêl Cymreig' i'r ymgyrchu. Ym 1892 yr oedd Ceidwadwyr yn sir Gaernarfon wrth eu bodd eu bod wedi sicrhau gwasanaeth 'awdur Cymraeg nodedig a phrofedig' i weithio drostynt yn yr etholiad.[34] Yn ne Cymru gallent ddibynnu ar wasanaeth R. J. Richards, asiant yn y Rhondda ac yna ym Merthyr, a oedd yn 'siaradwr gwleidyddol effeithiol yn y Gymraeg a'r Saesneg'.[35] Nid oedd pob ymgais o'r fath yn dwyn ffrwyth. Wedi i Geidwadwyr yn sir Aberteifi sicrhau gwasanaeth 'siaradwr Cymraeg da' yn hydref 1914, bu'n rhaid rhoi'r gorau i'r cyfarfodydd arfaethedig oherwydd y rhyfel. Y flwyddyn flaenorol yr oeddynt wedi gobeithio sicrhau gwasanaeth 'siaradwr Cymraeg da' ar gyfer cyfarfod mawr yn Aberystwyth.[36] Cafwyd problemau tebyg ym Môn lle y bu'r Gymdeithas Geidwadol yn chwilio am ddwy ganfaswraig a siaradai Gymraeg

[28] *South Wales Daily News*, 10 Ionawr 1910.
[29] Ibid., 5 Ionawr 1906.
[30] *Herald Cymraeg*, 17 Mawrth 1880; 4, 11 Ionawr 1910; *BAC*, 30 Ionawr 1892; 5 Ionawr 1910.
[31] *BAC*, 13 Ionawr 1892.
[32] Ibid., 6 Mehefin 1892.
[33] *Carnarvon and Denbigh Herald*, 20 Mawrth 1880; *North Wales Chronicle*, 10 Ebrill 1880; 7, 14 Ionawr 1910; *Herald Cymraeg*, 25 Ionawr 1910; *Tarian y Gweithiwr*, 13 Ionawr 1910.
[34] Gwasanaeth Archifau Gwynedd, Caernarfon, Papurau'r Faenol, 2404, N. P. Stewart at George Owen, 14 Ebrill 1892.
[35] F. J. Harries, *History of Conservatism in the Rhondda* (Pontypridd, 1912), t. 17.
[36] LlGC, Yr Archif Wleidyddol Gymreig, XJN 1140, Y Blaid Geidwadol, 1876–1949. Adroddiadau Blynyddol Cymdeithas Geidwadol ac Unoliaethol sir Aberteifi, 1913, 1914.

er mwyn sefydlu Pwyllgorau Merched ledled yr ynys.[37] Yr oedd prinder ymgeiswyr addas hefyd. Yn sir Gaernarfon ym 1906 broliai Arthur Hughes ei fod wedi cadw ei Gymraeg ac y gallai ddefnyddio'r ddwy iaith yn gyhoeddus, ond yn aml nid oedd gan y Ceidwadwyr ymgeiswyr Cymraeg eu hiaith.[38] Yr oedd yn eironig iddynt lwyddo i gael ymgeiswyr a siaradai Gymraeg yn Ne Morgannwg ym 1892 ac yng Nghaerdydd ym 1910, y ddwy etholaeth yng Nghymru, gellid dadlau, lle na fyddai hynny yn debygol o ddwyn manteision gwleidyddol.[39]

Ceisiodd y Ceidwadwyr ddosbarthu llenyddiaeth wleidyddol yn Gymraeg hefyd. Cyfieithwyd araith a draddodwyd gan J. J. Bottomley ym Mangor i'r Gymraeg a'i dosbarthu fel pamffledyn.[40] Cynhyrchwyd taflenni 'Amddiffyn yr Eglwys' yn Gymraeg ac yn Saesneg ym 1906, a dosbarthodd Cymdeithas Unoliaethol a Diwygio Tollau y Merched lawer o lenyddiaeth yn y ddwy iaith ym 1913–14.[41] Yn ne Cymru yn yr un cyfnod dosbarthodd y Ceidwadwyr nifer o daflenni Cymraeg y talwyd amdanynt gan Gymdeithas Diwygio Tollau De Cymru, a chyhoeddodd Cymdeithas Unoliaethwyr Gorllewin Sir Gaerfyrddin erthygl ar 'Berchenogaeth Fechan' yn Gymraeg. Cyfieithwyd cyfres o gwestiynau hefyd ar y Ddeddf Yswiriant i'r Gymraeg a chyhoeddodd Ceidwadwyr sir Benfro daflen ddwyieithog yn cynnwys gwybodaeth ar bensiwn yr henoed, gan ddyfynnu geiriau Balfour ac Asquith.[42]

Nid y Rhyddfrydwyr oedd yr unig blaid i fanteisio'n wleidyddol ar y Gymraeg. Defnyddiai'r Ceidwadwyr fwy ar y Gymraeg nag yr hoffai'r Rhyddfrydwyr ei feddwl. Cynhalient gyfarfodydd yn gyfan gwbl neu'n rhannol yn Gymraeg pryd bynnag y byddai modd. Defnyddiwyd Cymraeg ganddynt mewn cyfarfodydd mewn trefi megis Corwen, Tregaron, Caernarfon, Conwy a Chricieth.[43] Câi cyfieithwyr eu defnyddio hefyd i drosi o'r Saesneg i'r Gymraeg ac yn aml byddai hyn yn tawelu anfodlonrwydd y dorf.[44] Byddai rhai siaradwyr yn codi gwrychyn pobl trwy ddal ati i siarad Saesneg pan fyddai galw am Gymraeg.[45] Ac nid pob ymgeisydd Rhyddfrydol a siaradai Gymraeg. Ym 1892 honnodd y *Western Mail* nad oedd ymgeisydd Rhyddfrydol uniaith Saesneg yn cael fawr o groeso gan

37 Ibid., Adroddiad Cymdeithas Geidwadol Môn, t. 12; ibid., 1912, t. 10.

38 *North Wales Chronicle*, 29 Rhagfyr 1905, 5 Ionawr 1906.

39 *Western Mail*, 4 Gorffennaf 1892; *South Wales Daily News*, 3 Ionawr 1910.

40 J. H. Bottomley, *Paham yr wyf yn Geidwadwr* (Caernarfon, d.d., *c.* 1880).

41 *Western Mail*, 4 Ionawr 1906; LlGC, Yr Archif Wleidyddol Gymreig, XJN 1140. Pedwerydd Adroddiad Blynyddol Cymdeithas Unoliaethol a Diwygio Tollau y Merched, Cangen Sir Y Fflint, blwyddyn yn diweddu 1 Ebrill 1914.

42 LlGC, Yr Archif Wleidyddol Gymreig, XJN 1140. Cymdeithas Unoliaethwyr Gorllewin sir Gaerfyrddin, Adroddiad Blynyddol, blwyddyn yn diweddu 25 Mawrth 1912; Cymdeithas Ceidwadwyr sir Benfro, Taflen Marley Samson, Ymgeisydd Ceidwadol (d.d.).

43 *Cambrian News*, 19, 20 Mawrth 1880; *North Wales Chronicle*, 3 Ebrill 1880; 3 Ebrill 1910.

44 *Cambrian News*, 26 Mawrth 1880; Gwasanaeth Archifau Gwynedd, Caernarfon, XD6 Papurau Gorddinog, 197, toriadau papur newydd ynghylch ymgeisyddiaeth Colonel Platt dros y Ceidwadwyr yng ngogledd sir Gaernarfon yn etholiadau 1885.

45 *BAC*, 17 Mawrth 1880, 30 Ionawr 1892.

siaradwyr uniaith Gymraeg yn sir Aberteifi.[46] Câi esgusodion eu defnyddio'n helaeth a byddai rhai yn dechrau cyfarfod yn Gymraeg yna'n troi i'r Saesneg i drafod y sylwedd gwleidyddol, neu'n dysgu ambell ymadrodd Cymraeg i'w ddefnyddio hwnt ac yma mewn araith Saesneg. Er gwaethaf hyn, honnai'r Rhyddfrydwyr fonopoli ar iaith gwleidyddiaeth. Nid ar y Ceidwadwyr yn unig y byddent yn ymosod; câi llawer o sosialwyr, a oedd yn aml yn brin eu meistrolaeth ar iaith y nefoedd er eu bod yn darogan nefoedd ar y ddaear, eu beirniadu'n llym ganddynt hefyd. Bob tro yr ymosodent ar Keir Hardie am ei ddiffyg Cymraeg atebai yntau ei fod yn siarad iaith Tŷ'r Cyffredin. Embaras mawr i'r Rhyddfrydwyr a bwysleisiai Gymreigrwydd Edgar Jones, gwrthwynebydd Keir Hardie, oedd y fersiwn Cymraeg anramadegol a gyhoeddwyd o'i anerchiad etholiadol ef![47]

Yr oedd sicrhau adroddiadau gwleidyddol a thrafodaeth ar syniadau gwleidyddol ymhlith swyddogaethau hanfodol y wasg Gymreig. Yr oedd hwn yn amlwg yn faes lle y tra-arglwyddiaethai'r Saesneg, yn syml ddigon oherwydd bod mwy o newyddiaduron Saesneg a dim papurau dyddiol Cymraeg. Golygai hyn fod y wasg Gymraeg dan anfantais, er ei bod yn bosibl cyfieithu deunydd a ddeuai o bapurau dyddiol Saesneg neu o'r asiantaethau newyddion. Gwnâi'r wasg waith pwysig yn darparu sylwebaeth a gwybodaeth sylfaenol yn y Gymraeg, ynghyd ag argraffu cyfieithiadau i'r Gymraeg o ddeunydd hanfodol nad oedd ar gael yn unman arall. Ni allai'r un o'r newyddiaduron Cymraeg, fodd bynnag, gynnal hynny o ohebwyr y byddai eu hangen i ddarparu sylwebaeth wleidyddol helaeth.

Wynebai papurau newydd Saesneg a ddymunai ddarparu adroddiadau lleol yr un broblem. Ym 1885 cwynai'r *Cambrian News* am gostau darparu adroddiadau gwleidyddol,[48] ac ugain mlynedd yn ddiweddarach cwynai'r *Carnarvon and Denbigh Herald* nad oedd newyddiaduron eraill yn cyflogi gohebwyr a oedd yn medru digon o Gymraeg.[49] Cadarnheir y gwahaniaeth mewn adnoddau rhwng papurau newydd Cymraeg a Saesneg gan ddisgrifiad Annie Ellis o'r anawsterau a ddaeth i'w rhan wrth iddi geisio olrhain areithiau Cymraeg ei gŵr, Tom, i'w cyhoeddi. Yn wahanol i'w areithiau Saesneg, yn anaml yr ysgrifennai Tom Ellis ei areithiau Cymraeg ymlaen llaw, a thraddodwyd llawer o'i areithiau Cymraeg byrfyfyr mewn mannau diarffordd na fyddai gohebwyr papurau newydd yn eu mynychu. Y mae hyn yn adlewyrchu adnoddau prin y wasg Gymraeg.[50] Erbyn diwedd y cyfnod hwn yr oedd prinder papurau newydd Cymraeg yn ne Cymru yn destun beirniadaeth eang a llesteiriai hynny drafodaeth ystyrlon am ddiwygiadau cymdeithasol yn Gymraeg. Cwynai diwygwyr ym maes tai cyn y Rhyfel Byd Cyntaf eu bod yn derbyn gwell cefnogaeth o lawer gan y wasg Saesneg yng

[46] *Western Mail*, 2 Gorffennaf 1892.
[47] *Aberdare Leader*, 1, 8, 22 Ionawr 1910.
[48] *Cambrian News*, 2 Hydref 1885.
[49] *Carnarvon and Denbigh Herald*, 26 Ionawr 1906.
[50] *Speeches and Addresses by the late Thomas E. Ellis, M.P.* (Wrexham, 1912), tt. v–vi.

Nghymru na chan y wasg Gymraeg. Yr oedd y wasg Gymraeg eisoes yn ymbellhau oddi wrth ardaloedd diwydiannol de Cymru ac o ganlyniad yr oedd geirfa'r Gymraeg yn methu dygymod â'r wleidyddiaeth gymdeithasol newydd.[51]

Hyd yma buom yn trafod y cyfrwng. Beth oedd y neges a sut yr effeithid arni gan y cyfrwng? Gosododd y clasur o araith a draddodwyd gan Henry Richard ym Merthyr ym 1868 yr agenda ar gyfer trafodaeth wleidyddol yn ystod rhan olaf y bedwaredd ganrif ar bymtheg yng Nghymru.[52] Pwysleisiodd Richard unoliaeth y genedl Gymreig. Yr oedd y Cymry yn bobl a siaradai'r un iaith ac a rannai'r un hanes a'r un llenyddiaeth. Dyma werin y bwthyn yn hytrach nag uchelwyr y plas, ac ni chawsent eu cynrychioli yn y senedd erioed. Yr awgrym a oedd yn amlwg ymhlyg yn hyn oedd nad oedd y bonedd Seisnigedig yn rhan o'r genedl Gymreig. Y ffordd i fynegi Cymreictod mewn gwleidyddiaeth, felly, oedd pleidleisio dros ymgeisydd Rhyddfrydol ac Ymneilltuol. Yr oedd hon yn thema gyson yng Nghymru ar ddiwedd y bedwaredd ganrif ar bymtheg: 'Devotion to Liberalism is a Welsh national trait; it is inherent in the Welsh national character.'[53]

Yn nhyb Rhyddfrydwyr, nid oedd bwrw pleidlais ond rhan o'r ymgiprys am rym ac o hyrwyddo credoau penodol; yr oedd yn gyfrifoldeb moesol ac yn rhywbeth a ddiffiniai ddyn egwyddorol. Crynhowyd yr agwedd mewn papur newydd Cymraeg ym 1880: dylai dyn bleidleisio â'r un difrifoldeb ag y gweddïai, a gwneud hynny dros blaid cyfiawnder a heddwch.[54] Yr angen pwysicaf, yn ôl *Y Faner*, oedd torri'n rhydd o afael aristocratiaeth hynafol, ac yr oedd ymestyn yr etholfraint yn caniatáu i bobl sicrhau hynny.[55] Yn Ewrop yr oedd yr aristocratiaid yn udo am ryfel, ond yr oedd Cymru yn wlad hynod grefyddol ac ni roddai sêl ei bendith ar lofruddiaeth ac anghyfiawnder ar y Cyfandir.[56] Cymerai Eglwys Loegr, fel yr Eglwys Babyddol, fara o enau merched a phlant,[57] ac yr oedd bragwyr yr un mor farus a gormesol.[58]

Cynigiai Rhyddfrydiaeth agwedd wahanol i eiddo landlordiaeth; yr oedd yn gredo seiliedig ar fedr. Yr oedd y Rhyddfrydwyr yn bobl a oedd wedi gorfod gweithio i wella'u stad, o'u cymharu â'u gwrthwynebwyr a oedd yn aelodau o'r uchelwriaeth. Yn yr ornest yng Nghaernarfon ym 1880 darluniwyd Nathan Williams fel Cymro glân gloyw, ond nid oedd angen dweud dim am ei wrthwynebydd, George Douglas-Pennant, ac eithrio ei fod yn fab i'w dad. Portreadai Rhyddfrydiaeth ei hun, felly, fel plaid yr annibynnol a'r uniawn.

51 Welsh Housing and Development Association, *Llyfr Coch Cymru / The Red Book of Wales Part II: Housing and Social Conditions in Wales* (London, 1911), tt. 38–9.

52 Ieuan Gwynedd Jones, 'Henry Richard ac Iaith y Gwleidydd yn y Bedwaredd Ganrif ar Bymtheg' yn Geraint H. Jenkins (gol.), *Cof Cenedl III: Ysgrifau ar Hanes Cymru* (Llandysul, 1988), tt. 117–49.

53 *South Wales Daily News*, 12 Ionawr 1906.

54 *Tarian y Gweithiwr*, 2 Ebrill 1880.

55 *BAC*, 25 Chwefror 1885.

56 *Cambrian News*, 19 Mawrth 1880.

57 *BAC*, 9 Ionawr 1880.

58 Ibid., 8 Ebrill 1885.

Cyhuddid y sawl a bleidiai eu gwrthwynebwyr o hunan-les ac o gynffonna'r taeog. Honnwyd bod Ceidwadwyr Môn yn landlordiaid, yn eglwyswyr, yn oferwyr ac yn feddwon. Gelwid chwarelwyr a gefnogai'r Ceidwadwyr a'r landlordiaid yn gynffonwyr ac yn 'Jingoes'. Er y byddai landlordiaid yn ceisio rhoi pwysau ar bobl i sicrhau eu pleidleisiau, byddai Rhyddfrydwyr glewion yn eu gwrthsefyll.[59]

Trwy bwysleisio yn gyson unoliaeth Cymru yn erbyn y Ceidwadwyr, awgrymai'r Rhyddfrydwyr mai eu hachos hwy oedd yr unig un a gefnogai'r gwir Gymro. Cafodd y thema hon, a ddarluniwyd mor glir yn araith Henry Richard, ei datblygu ymhellach yn y 1880au pan ailysgrifennwyd agenda gwleidyddiaeth Prydain yn sgil Ymreolaeth ac anniddigrwydd yn yr Alban. Yn aml hyrwyddid y syniad fod pedair cenedl ym Mhrydain a bod y Cymry yn rhan o'r patrwm hwnnw.[60] Cyrhaeddwyd penllanw gyda buddugoliaeth fawr y Rhyddfrydwyr ym 1906, pan enillwyd 'Gymru Gyfan' ganddynt:

> . . . the most stunning blow that the party of privilege and monopoly has ever had . . . the people have been aroused from a long political indifference, and have illustrated the old Welsh adage, 'Trech gwlad nag arglwydd', with a passionate vengeance . . . The unanimity of the Irish Nationalists is held up as an illustration of unswerving fidelity to Home Rule. We claim that a clean Welsh sweep is equally significant of Welsh opinion on the Education Act and Welsh Disestablishment.[61]

Adleisiwyd y syniadau hyn, a fynegwyd yn un o bapurau'r Rhondda, gan Lloyd George mewn araith drydanol yn dathlu'r fuddugoliaeth yng Nghaernarfon: 'Cododd yr henwlad o'r naill ben i'r llall. Am y tro cyntaf unodd Cymru o blaid rhyddid; fel yr Israeliaid gynt, dechreuodd ar ei thaith o dŷ caethiwed heb adael yr un llwyth ar ôl.'[62]

Sut yr atebai'r Ceidwadwyr y rhethreg wleidyddol hon? Gan Henry Richard y traddodwyd yr araith glasurol ar ran Rhyddfrydwyr Cymru, ond gan Benjamin Disraeli y cafwyd yr ateb Ceidwadol clasurol. Yr oedd yn gwbl addas fod Disraeli yn wleidydd o Sais. Yr oedd yn ganolog i safbwynt y Ceidwadwyr fod Cymru yn rhan o'r Ymerodraeth ac yn anaml y byddai'r blaid yn ceisio datblygu safbwynt penodol Gymreig. Ildiai'r Ceidwadwyr i raddau helaeth achos hunaniaeth genedlaethol Gymreig i'r Rhyddfrydwyr; dewisent hwy yn hytrach bwysleisio ac amddiffyn hunaniaeth genedlaethol Brydeinig. Y broblem oedd ei bod hi'n anodd gwahaniaethu mewn unrhyw ffordd ystyrlon rhwng hunaniaeth genedlaethol Brydeinig a hunaniaeth genedlaethol Seisnig. Sylwodd Colin Matthew fod pob araith etholiadol Geidwadol a wnaed ar ôl hyn i bob pwrpas yn amrywiadau ar yr

[59] Ibid., 17 Mawrth 1880; *Herald Cymraeg*, 17 Mawrth, 1880; *Carnarvon and Denbigh Herald*, 6 Mawrth 1880; *Cambrian News*, 26 Mawrth 1880.

[60] *Cymru Fydd*, 1888, passim.

[61] *Rhondda Leader*, 3 Chwefror 1906.

[62] *Carnarvon and Denbigh Herald*, 26 Ionawr 1906.

araith a draddodwyd gan Disraeli yn y Palas Grisial ym 1872. Gan fwrw amheuaeth ar eu gwladgarwch, cyhuddodd Disraeli y Rhyddfrydwyr o geisio chwalu'r Ymerodraeth. 'The Queen, the Church of England and the Empire; these were the three simple, telling cries of Tory rhetoric, with the odd nod to social reform when convenient.'[63] Câi'r themâu hyn eu lleisio'n aml yng Nghymru hefyd. Ym Môn ym 1880 anogwyd y pleidleiswyr fel a ganlyn:

> vote for
> Captain Pritchard-Rayner
> and thus as Englishmen or as true Welshmen express their
> loyalty to the queen
> their love for their country
> their faith in conservatism, and
> their mistrust of all
> radicals and home rulers.[64]

Cynigiai'r Ceidwadwyr eu hunain hefyd fel dynion ymarferol, gan wrthgyferbynnu hynny â diffyg rhinweddau ymarferol a solet honedig ymgeiswyr Rhyddfrydol. Atgoffwyd etholwyr yng Nghaerdydd ym 1880 fod Ardalydd Bute a'r ymgeisydd Ceidwadol, Arthur Guest, wedi darparu swyddi lawer.[65] Ym 1906 cynigid iddynt ymarferoldeb Syr Fortescue Flannery yn lle aneffeithiolrwydd honedig Ivor Guest. Ni dderbynient ychwaith fod eu defnydd o bwysau grym o'r fath yn unigryw; onid oedd y Rhyddfrydwyr yn euog o ddefnyddio 'sgriw'r capel' lle bynnag yr oedd modd? Lle y byddai'r Rhyddfrydwyr yn moli democratiaeth, yn aml gwelai'r Toriaid benrhyddid y dorf. Yn ystod etholiad 1880 cwynent fod 'Torrent of Radical Rowdyism' yn ysgubo trwy dde Cymru. Ddeng mlynedd ar hugain yn ddiweddarach, credent fod y radicaliaid yn gyfrifol am 'Deyrnasiad Braw' yng Nghaernarfon.

Dechreuodd yr ymosod ar agweddau Rhyddfrydol at Iwerddon hyd yn oed cyn i Ymreolaeth ddod yn un o faterion canolog gwleidyddiaeth ym 1885–6. Ym 1880 condemniwyd y Rhyddfrydwyr o fod yn weriniaethwyr ac yn Ymreolwyr na falient fotwm corn am anrhydedd a diogelwch y wlad. Daeth hon yn thema fwy cyson o ganol y 1880au ymlaen. Honnwyd y byddai'r Rhyddfrydwyr, pe caent eu hethol, yn esgeuluso materion domestig ac yn canolbwyntio ar Iwerddon. Cyhoeddodd John Rolls wrth etholwyr sir Fynwy fod y Ceidwadwyr wedi dwyn heddwch i Iwerddon a'u rhyddhau rhag llofruddion. Defnyddid esiampl Iwerddon er mwyn tanlinellu pwysigrwydd yr undeb, sef conglfaen

[63] H. C. G. Matthew, 'Rhetoric and Politics in Great Britain, 1860–1950' yn P. J. Waller (gol.), *Politics and Social Change in Modern Britain: Essays Presented to A. F. Thompson* (Brighton, 1987), t. 50.

[64] *North Wales Chronicle*, 3 Ebrill 1880.

[65] *Western Mail*, 23 Mawrth 1880; Rhagfyr 1905; Ionawr 1906, passim.

rhethreg y Toriaid: mewn araith a draddodwyd yn Neuadd Albert yn Abertawe ym 1892 eglurodd Syr J. T. D. Llewelyn weithredoedd yr Unoliaethwyr Rhyddfrydol: 'They left the Liberals because they felt that the cause of the union should not be trodden underfoot. Unity was his motto, Unity was strength . . .'[66] Yr oedd diwygio'r tollau, credo a oedd (yn ffodus o safbwynt y Ceidwadwyr) yn uno Prydeinwyr yn erbyn tramorwyr, hefyd yn disgyn yn daclus i'r fframwaith hwn o wladgarwch Prydeinig. Yr oedd iddo rinwedd arall hefyd, sef ymdrin â rhai o broblemau economaidd y dydd. Câi chwarelwyr eu hannog i gefnogi diwygio'r tollau er mwyn diogelu eu swyddi.[67]

Yr hyn sy'n syndod ynglŷn â'r Ceidwadwyr yng Nghymru yw eu bod wedi ymdrechu cyn lleied i geisio datblygu apêl penodol Gymreig. Datblygwyd eu rhethreg orau ar noswyl etholiadau 1906 pan ddadleuodd y *Western Mail* achos cryf dros bleidleisio dros y Ceidwadwyr:

> Wales as a nation owes nearly all the advantages it possesses to Conservative Administrations . . . the single solitary statute squeezed out of the Radical Governments by the fighting band of M.P.s has been the Welsh Sunday Closing Act . . . faddist Radical legislation which makes evils and multiplies them a thousand fold by presenting a quack remedy for imaginary ills . . . For the rest the record of Radicalism in Wales has been one of attempted destruction – destruction of the Church and the destruction of education.

Os oedd y Radicaliaid yn dinistrio Cymru, y Ceidwadwyr oedd ei phrif gynheiliaid:

> To the Unionists Wales owes its Intermediate Education Act of 1889, which made the Principality the leader of the modern educational movement, envied and admired by all other nations in the union . . . By forming the Central Welsh Board the Unionists gave to Wales its first distinctively Welsh educational authority . . . Step by step the constructive work of Welsh nationalism has gone on, aided and encouraged by successive Conservative governments as it has never been aided and encouraged before . . . Still, with all this there was still something wanting. Wales was without its capital, the heart-centre and the intellectual centre of its national life. The King, acting on the advice of Conservative ministers, appointed the City of Cardiff to be the capital of Wales . . . More than that the Conservatives have given us our county councils and our light railways.[68]

Ymladdai Rhyddfrydwyr a Cheidwadwyr eu brwydrau gwleidyddol yn Gymraeg a Saesneg, ond i ba raddau yr oedd yr iaith a ddefnyddient yn dylanwadu

[66] *North Wales Chronicle*, 3 Ebrill 1880; *Western Mail*, 2, 4 Gorffennaf 1892; *Cambrian*, 1 Gorffennaf 1892.
[67] *North Wales Chronicle*, 21 Ionawr 1910.
[68] *Western Mail*, 12 Ionawr 1906.

ar rethreg gwleidyddiaeth? A oedd rhoi araith wleidyddol yn y naill iaith yn hytrach na'r llall yn fwy na mater o gyfieithu syml? A oedd anawsterau arbennig ynghlwm wrth ddefnyddio'r Gymraeg? Awgrymwyd bod yr Wyddeleg yn rhy ddelweddol i fod yn iaith wleidyddol fodern ac yn cael ei chaethiwo'n ormodol gan eirfa cymdeithas wledig.[69] Dichon fod y Gymraeg dan anfantais gyffelyb. Awgrymwyd yn ogystal fod cymdeithasau'r 'cyrion' Celtaidd yn edrych yn ôl ar gyfnod arwrol cyntefig. Gellid synio am y gwŷr hynny a heriai arglwyddi fel rhai a chanddynt bwerau goruwchnaturiol.[70] Ond a allai'r myth ymaddasu i'r byd modern?

Byddai'r rhai nad oeddynt yn deall Cymraeg yn aml yn ofni'r hyn a ddywedid amdanynt yn yr iaith honno. Yr oedd creu Cynghrair Amddiffyn Eiddo ar gyfer gogledd a de Cymru yn ystod argyfyngau amaethyddol y 1880au yn rhannol yn ddrych o ofnau o'r fath ynglŷn â'r iaith Gymraeg. Yr oedd Cynghrair Gogledd Cymru yn awyddus i ddarparu cyfieithiadau o rannau o bapurau newydd Cymraeg, ac at ei gilydd ymladdodd ymgyrch lwyddiannus i gadw'r gelyn grymus hwn draw. Amlygwyd yr un pryderon gan H. Byron Reed AS, a ddifyrrai Dŷ'r Cyffredin â straeon gwae am y drygioni a geid ar dudalennau cylchgronau Cymraeg.[71] Brithwyd ymchwiliad seneddol i rai o derfysgoedd 'Rhyfel y Degwm' ag amheuon y gallai'r wasg Gymraeg fod wedi eu hysbarduno. Yn ôl un tyst, gellid olrhain hynny i gyfres o erthyglau yn *Y Faner* a chyfraniad staff y papur hwnnw i gyfarfodydd cyhoeddus.[72] Honnid yn gyson fod y Cymry, fan lleiaf, yn 'bobl rethregol tu hwnt' ('a highly rhetorical people').[73]

A oedd unrhyw beth yn arbennig i'w ofni o du'r iaith Gymraeg? Ar adegau yr oedd brathiad a bustl y goganu a fynegid yn Gymraeg i'w glywed yn fwy nerthol na'r hyn a fynegid yn Saesneg. O'i chymharu â'r Gymraeg, a oedd yn drwm dan ddylanwad crefydd a'r Beibl, yr oedd rhethreg Saesneg yn aml yn fwy merfaidd fonheddig. Dathlodd Rhyddfrydwr o Gaerdydd orchfygu'r Ceidwadwyr lleol ym 1880 yn y modd hwn:

> The Cardiff Conservatives are rapidly recovering from the[ir] recent attack of political rheumatism. From what I have seen during the past week the inquiries of friends and foes alike may be safely answered in the old fashioned manner, considered so suitable in

[69] Grote, *Torn between Politics and Culture*, tt. 29–30.

[70] Christopher Harvie, 'Gladstonianism, the Provinces and Popular Political Culture, 1860–1906' yn Richard Bellamy (gol.), *Victorian Liberalism: Nineteenth-Century Political Thought and Practice* (London & New York, 1990), tt. 152–74.

[71] Gwasanaeth Archifau Gwynedd, Papurau Gorddinog, 169; cylchlythyr gan Gynghrair Amddiffyn Eiddo Gogledd Cymru, 11 Tachwedd 1887 a chopïau o gyfieithiadau o'r *Werin*, 15 Hydref 1887 a *BAC*, 12 Hydref, 2 Tachwedd 1887. H. Byron Reed, *The Church in Wales* (London, 1889), tt. 16–20; am y cyd-destun, gw. J. P. D. Dunbabin, *Rural Discontent in Nineteenth-Century Britain* (London, 1974), pennod XIII.

[72] *Minutes of Evidence of an Inquiry as to Disturbances connected with the levying of Tithe Rentcharge in Wales* (PP 1887 (C. 1595) XXXVIII), yn enwedig cwestiynau 967–74; 982–9; 1034; 1191.

[73] John Griffith, *The Church in Wales* (Cardiff, 1872), t. 8.

> particular cases. Many times in the past few weeks has the anxious question been asked 'How are they?' It is consoling now to be able to answer 'They are as well as can be expected.'[74]

Mynegwyd syniadau tebyg yn *Tarian y Gweithiwr* yn Aberdâr:

> Y mae Toriad yng nghanol pangfeydd marwolaeth bron yn wrthrych tosturi. Y mae ei lewygfeydd, yn enwedig yn y *Telegraph* gwallgofus, yn ddigon i dori calon dyn cydymdeimladol. Y mae hysterics gwyllt wedi ymaflyd yn eu holl natur. Teimla ei bod yn ddiwedd byd arno. Y mae holl ffroth ei ymffrost wedi cael ei chwythu ymaith gyda'r gwynt. Ymddangos fel pe byddai ei goron arglwyddiaethol wedi syrthio i'r llaid. Nid oes neb efallai yn fwy truenus na Beaconsfield. Y mae amcanion wedi trengu, ei gynlluniau wedi cael eu dyrysu, a'i ddylanwad llywodraethol wedi myned ymaith fel gwlith boreol.[75]

Ceir yr un teimladau yn y ddau ddyfyniad ond y mae brathiad garwach yn perthyn i'r Gymraeg. Yn yr un modd, yr oedd arddull ddilyffethair E. Pan Jones yn atgas gan dirfeddianwyr, yn enwedig ei gyfeiriadau at landlordiaid, asiantwyr a chlerigwyr fel 'trindod o wylliad [*sic*]'.[76] Ac eto gallai rhethreg Saesneg wneud defnydd o droadau ymadrodd cyffelyb. Yng Nghaerdydd byddai llawer o gymharu rhwng teulu Bute a'r Tsar a chredid yn gyffredinol fod cawr dieflig yn trigo yn y Castell. Yn sicr ddigon, rhan annatod o lên gwerin Rhyddfrydiaeth oedd y syniad ei bod yn brwydro'n arwrol yn erbyn gormes. Ac eto yr oedd mwy o awch ac 'Arall' gwahanol mewn rhethreg Gymraeg. Pan fyddai Rhyddfrydwyr Caerdydd yn meddwl am gymariaethau Tsaraidd, fe'u hystyrient eu hunain yn ddeallusion rhyddfrydol. Mewn ffynonellau Cymraeg, cyfeirid yn aml at daeogion. Honnid bod Cymru wedi ei gormesu mor enbyd er 1282 fel nad oedd cyflwr ei gwerin, erbyn canol y 1880au, yn well na chyflwr taeogion Rwsia. Tybid bod angen i'r Cymry ddysgu hunan-barch a choleddu eu hiaith a'u llenorion; pe gwnaent hynny, ni chaent eu dilorni mwyach.[77] Llai cyffredin oedd y defnydd o'r rhethreg hon yn Saesneg ac ofnid bod y gwahaniaeth ieithyddol yn ehangu'r gagendor cymdeithasol yn sylweddol ac yn dwysáu'r gormes ar Gymru.[78] Synhwyrir teimlad cryfach fyth o ormes yn y gymhariaeth fynych rhwng pobl Cymru a chaethweision yn nhaleithiau deheuol America ac yn y Caribî. Defnyddiwyd y gymhariaeth honno ar ei ffurf fwyaf brwnt yn etholiad Meirionnydd ym 1865 pan gafwyd cyfeiriadau at bleidleiswyr Rhyddfrydol fel

74 *Cardiff Times*, 24 Ebrill 1880.
75 *Tarian y Gweithiwr*, 16 Ebrill 1880.
76 Papurau Gorddinog, 169; *BAC*, 12 Hydref 1887.
77 *BAC*, 19, 30 Rhagfyr 1885; 13 Chwefror 1886.
78 Ceir llythyr Saesneg yn cyffelybu ffermwyr sir Frycheiniog â chaethweision. *BAC*, 10 Mawrth 1886.

'niggers'.[79] Nid cyfeiriad ynysig mo hwn; ceid rhai tebyg hyd at y 1880au a dechrau'r 1890au: yn nhyb Adfyfr, er i'r senedd ddileu caethwasiaeth, yr oedd Ymneilltuwyr yn gaethweision o hyd.[80]

Yr oedd rhethreg Ryddfrydol o'r math hwn yn cyfuno'n dda ag iaith feiblaidd. Hanes pobl orthrymedig yn symud allan o gaethwasiaeth a geir yn yr Hen Destament ac nid y Cymry oedd yr unig genedl Ewropeaidd yn y bedwaredd ganrif ar bymtheg i feddwl am y gymhariaeth hon. Yr oedd Tŷ'r Arglwyddi yn 'Oliath Philistaidd' a Lloyd George yn 'broffwyd' â'i fryd ar ryddhau'r genedl.[81] Ond gallai iaith o'r fath ddod o'r Testament Newydd hefyd, a châi Ymneilltuwyr a bleidleisiai dros y Ceidwadwyr eu galw'n 'Jiwdas'.[82] Yr oedd y wasg Gymraeg hefyd yn llawn o gyfeiriadau beiblaidd yn ei hymosodiadau ar yr Eglwys sefydledig.[83] Ceir enghraifft arbennig o drawiadol yn yr ymgyrch yn erbyn y degwm, sef cymhariaeth ddychanol rhwng ymweliad gan feili yn sir Aberteifi ag ymweliad gan yr archangel:

> Tebyg fod perchnogion y 'crysiau gwynion' o'r plwyfi uchod wedi meddwl nad oedd eisau ond yn unig i'r 'angel teilwraidd' hwn ddangos ei hunan i'r amaethwyr cyn y byddai iddynt blygu yn isel mewn gostyngeiddrwydd ac edifeirwch yn y llwch wrth ei draed cysegredig a thalu 'hur y weinidogaeth estronol' yn ufudd . . .[84]

Ofn yr anghyfarwydd oedd sail ofn y Ceidwadwyr o'r Gymraeg, ac nid oedd rhethreg o'r fath yn gwbl absennol yn Saesneg. Eto i gyd, ymddengys fod peth cyfiawnhad dros eu hofnau ynglŷn â natur sarhaus rhethreg wleidyddol Gymraeg. Yr oedd yn ddrych o ddiwylliant gwahanol, fel y sylwodd Adfyfr: 'The Welsh talking their own language and reading their own newspapers and magazines, have been living their own life.'[85] Ond dylid cofio bod rhethreg feiblaidd i'w chael yn Saesneg hefyd ac ychydig iawn o wahaniaeth a geid rhwng llawer o'r rhethreg Ryddfrydol yn y Gymraeg a'r hyn a gyfatebai iddi yn Saesneg, er bod rhai amrywiadau.[86] Yr oedd 'rhethreg danbaid' Adfyfr yn peri peth embaras i Stuart Rendel a gallai ef fynegi'r un syniadau yn y ddwy iaith.[87] Serch hynny, yr oedd papurau newydd fel *Y Werin* – *bête noir* y Ceidwadwyr – yn barod i herio hawliau eiddo, ac efallai'n gallu defnyddio iaith amgen i ddweud pethau na fyddai

[79] Gwasanaeth Archifau Gwynedd, Dolgellau, ZM/59/6. An Election Song: 'The Squire and the Screw'.

[80] *BAC*, 31 Mawrth 1880; 30 Ionawr 1892; *Tarian y Gweithiwr*, 2 Ebrill 1880; T. J. Hughes, *Neglected Wales* (London, 1887), t. 17.

[81] *Y Brython*, 27 Ionawr 1910.

[82] *BAC*, 6 Mehefin 1892.

[83] Gw. yr adrannau a ddyfynnwyd yn Reed, *Welsh Church*, tt. 16–20.

[84] *BAC*, 13 Ionawr 1892.

[85] Hughes, *Neglected Wales*, t. 3.

[86] Gw. *Rhondda Leader*, 20 Ionawr 1906, e.e., lle y cymherir Joseph Chamberlain â Samson.

[87] LlGC, Papurau J. Herbert Lewis, Rendel at Lewis, 26 Tachwedd 1906.

modd eu dweud fel arall. Os felly, yr oeddynt yn foddion i lacio'r tyndra yn y Gymru wledig, fel y gwnaeth y Comisiwn Tir yn y 1890au.

Yn naturiol, câi'r Gymraeg ei defnyddio'n helaeth mewn terfysgoedd gwledig fel Rhyfel y Degwm ac weithiau fe'i defnyddid fel arf yn yr anghydfod. Mewn arwerthiant yn Glanteifi galwyd ar yr arwerthwr i siarad Cymraeg, ac ni fodlonwyd y cynulliad gan ei honiad (rhyfedd braidd!) ei fod yn 'Sais Tregaron'. Yng Ngwynllŵg yn sir Fynwy mynnodd tyrfa elyniaethus y dylid cynnal arwerthiant yn ddwyieithog.[88] Y mae'n amlwg hefyd y ceid llawer o drafferthion wrth geisio cadw trefn yn ystod helyntion y degwm oherwydd bod torfeydd yn defnyddio'r Gymraeg ac nad oedd swyddogion yr eglwys ac uchel heddweision yn eu deall. Yr oedd yn rhaid cyfieithu cyfarwyddiadau ynadon, megis darllen y Ddeddf Derfysg, i'r Gymraeg.[89] Yr oedd tystion a alwyd i'r ymchwiliad i'r terfysgoedd naill ai heb fod yn gysurus yn siarad Saesneg neu am wneud safiad gwleidyddol trwy roi eu tystiolaeth yn Gymraeg a chael yr Athro John Rhŷs i'w chyfieithu i'r comisiynwyr eraill. Yn sicr yr oedd cyfieithu yn broblem; fel y nododd Howel Gee, yr oedd yr hyn a elwid gan y comisiynwyr yn 'The Tithe Defence League' yn cael ei alw'n fwy cywir gan y Cymry yn 'Gynghrair y rhai a orthrymwyd gan y Degwm'.[90]

Yr oedd y Gymraeg yn amlwg hefyd pan ddaeth yr undebau llafur yn rhan o'r diwydiant glo yng nghanol y bedwaredd ganrif ar bymtheg. Yn Gymraeg y cynhaliwyd cyfarfodydd y glowyr yn Aberdâr yn ystod streic 1850.[91] Erbyn streic 1871 yr oedd y ddwy iaith yn cael eu defnyddio gan Gymdeithas Gyfun y Glowyr (yr Amalgamated Association of Miners) a bu cwyno mai yn Saesneg yn unig y cyhoeddai'r meistri eu datganiadau. Ymddengys mai'r Gymraeg oedd y brif iaith. Yr oedd yn anfantais fawr i Thomas Halliday, yr undebwr llafur a ymgeisiodd fel Aelod Seneddol Lib–Lab ym Merthyr ym 1874, nad oedd yn Gymro, ac yr oedd hynny yn rhannol gyfrifol am ei fethiant.[92] Yr undebau llafur cynnar a gynhaliai'r papur newydd *Tarian y Gweithiwr*, a adroddai ar agweddau technegol anghydfodau, diogelwch a chyfraddau cyflog yn y Gymraeg, er bod rhai yn honni bod gan y papur fwy o ddiddordeb mewn anghydfodau barddol nag mewn materion o'r fath.[93] Câi cyfarfodydd y glowyr eu cynnal yn rhannol trwy gyfrwng y

[88] *Cambrian News*, 20 Ionawr 1888; *Cardiff Times*, 4 Chwefror 1888.

[89] *Minutes of Evidence of an Inquiry as to Disturbances connected with the levying of Tithe Rentcharge in Wales*, passim ac yn enwedig cwestiynau 489, 496, 1021, 1099, 2169.

[90] Ibid. Tystiolaeth Abel Hughes, Edward Davies, Moses Williams a William Roberts; a chwestiwn 2888.

[91] Gw. adroddiadau o'r cyfarfodydd yn y *Cardiff and Merthyr Guardian*.

[92] Alexander Dalziel, *The Colliers' Strike in South Wales: Its Cause, Progress & Settlement* (Cardiff, 1872), tt. 50–3, 85–6, 104, 148–51, 193, 195; Cunningham, 'Thomas Halliday and the Merthyr Election of 1874', passim.

[93] T. I. Williams, 'Patriots and Citizens: Language, Identity and Education in a Liberal State: The Anglicisation of Pontypridd, 1818–1920' (traethawd PhD anghyhoeddedig Prifysgol Cymru, 1989), t. 730.

Gymraeg cyn belled i'r dwyrain â Chwm Rhymni yn niwedd y 1890au.[94] Pan ymwelodd Jim Connell â'r Maerdy i annerch cyfarfod o lowyr yn ystod locowt mawr 1898, yr oedd o leiaf un aelod o'r gynulleidfa o'r farn y dylai siarad Cymraeg ac, os na allai, y dylai ei dysgu![95]

Ond eisoes yr oedd arwyddion o wrthdaro ynglŷn ag iaith o fewn cylchoedd yr undebau. Ym Mynwy Seisnigedig y gwreiddiodd Ffederasiwn Glowyr Prydain Fawr ac ymhlith haliers Seisnig yn hytrach na glowyr Cymraeg eu hiaith. Cyfeirid ato fel 'yr Undeb Saesneg', a beirniadwyd William Brace, ei arweinydd yn ne Cymru, gan Mabon fel 'dylanwad Seisnig'.[96] Pan geisiodd 'Morien' ddefnyddio'r Gymraeg mewn cyfarfod undeb ym Mhontypridd yn ystod streic haliers 1893, gwaeddwyd arno i dewi.[97] Digwyddodd yr un peth i David Watts Morgan pan geisiodd ddefnyddio'r Gymraeg mewn cyfarfod undeb yng Nghaerffili ym 1905. Gadawodd nifer o ddynion y neuadd; cwynodd Morgan am eu hanghwrteisi ond aeth ymlaen â'i araith yn Saesneg.[98]

Wedi hynny, yr oedd patrwm y defnydd o iaith yn un cymhleth. Aberdâr oedd cadarnle *Tarian y Gweithiwr* a chadarnle'r Gymraeg, ac mor ddiweddar â 1912 credai Charles Stanton fod y gallu i siarad dwy iaith yn hanfodol i asiant glowyr. Ond yn anaml y clywid y Gymraeg yn rhai o'r pyllau newydd o gwmpas Pontypridd o'r 1880au ymlaen a deuai llawer o'r glowyr o swyddi Caerhirfryn ac Efrog, ac o orllewin Lloegr. Nid oedd papur lleol a gyfatebai i *Tarian y Gweithiwr*, ac nid oedd angen amlwg am un gan fod llai na 40 y cant o boblogaeth Pontypridd yn siarad Cymraeg ym 1901 a dim ond 20 y cant ym 1921. Bu farw'r siaradwr uniaith Gymraeg olaf ym Mhontypridd yn ystod y 1890au a Saesneg oedd 'yr iaith a unai'r ardal'. Erbyn 1903 yn Saesneg y cynhelid holl gyfarfodydd y glowyr yn ardal Pontypridd, ac eithrio yng Nghilfynydd. Fwyfwy, yn Saesneg y cynhelid cyfarfodydd oherwydd natur gosmopolitaidd y gymuned lofaol. Yr oedd hyn yn wir hyn yn oed am ran orllewinol y maes glo lle'r oedd glowyr Cymraeg eu hiaith dan anfantais. Yn rhai rhannau o'r ardal glo carreg, fodd bynnag, parheid i gynnal cyfarfodydd cyfrinfeydd a hyd yn oed gyfarfodydd cyffredinol yn Gymraeg tan y 1950au.[99]

Daeth yr edefynnau cymhleth hyn ynghyd yn Y Maerdy lle y cedwid cofnodion yn ddwyieithog ym 1907–9; pan benodwyd atalbwyswr ym 1910 rhoddwyd deng

[94] *Tarian y Gweithiwr*, 26 Awst 1897.

[95] *Labour Leader*, 2 Gorffennaf 1898.

[96] L. J. Williams, 'The New Unionism in South Wales, 1889–92', *CHC*, I, rhif 4 (1963), 428 n. 2; R. Page Arnot, *South Wales Miners: Glowyr De Cymru: A History of the South Wales Miners' Association, 1898–1914* (London, 1967), tt. 30–1.

[97] Tim Williams mewn rhaglen ddogfen a ddarlledwyd gan BBC Cymru yn y gyfres *On the Move*, Medi 1995.

[98] Michael Lieven, *Senghennydd, the Universal Pit Village, 1890–1930* (Llandysul, 1994), tt. 98–9.

[99] *Llais Llafur*, Awst, 1911, passim; Bert L. Coombes, *These Poor Hands: The Autobiography of a Miner Working in South Wales* (London, 1939), tt. 88–9; Hywel Francis a David Smith, *The Fed: A History of the South Wales Miners in the Twentieth Century* (London, 1980), t. 299, n. 5; Williams, 'Patriots and Citizens', tt. 710, 732, 734, 749, 792, 795–6, 805.

munud ychwanegol i'r ymgeiswyr Cymraeg eu hiaith ar ben y deng munud yn Saesneg a roddwyd i bawb arall i gyflwyno eu hachos. Serch hynny, gŵr di-Gymraeg, Arthur Horner, a benodwyd a chyflwynai ef ei adroddiadau yn Saesneg, er y caent eu cyfieithu'n syth i'r Gymraeg. Ymddangosodd cofnodion Cymraeg olaf Cyfrinfa'r Maerdy ym mis Ionawr 1914. Yr un oedd y sefyllfa yn y Rhondda yn gyffredinol. Cyhoeddai Dosbarth y Rhondda o'r Ffed ei reolau'n ddwyieithog o 1901 ymlaen a cheid crynodeb Cymraeg o bob adroddiad rhwng 1901 a 1907. Rhwng 1908 a 1911 rhoddid crynodeb o'r cofnodion cyfan yn Gymraeg, ac o hynny hyd 1931 cyhoeddid yr agenda yn ddwyieithog. Clywid 'bygythiadau gwyllt yn Gymraeg a Saesneg' yn Nhonypandy ym mis Tachwedd 1910 cyn i'r 'gwaith dinistrio' ddechrau.[100] Eto i gyd, yr oedd y duedd tuag at y Saesneg yn ddigamsyniol mewn sylw a wnaed mewn cyfarfod o'r dosbarth yng Ngorffennaf 1909. A oedd unrhyw un am gael y cynnig yn Gymraeg, gofynnodd y cadeirydd? 'Everyone here understands English' oedd yr ateb.[101] Daeth llawer i ystyried y Gymraeg yn rym ceidwadol. Pan fu'n rhaid i'r Ffed drafod y cynigion i'w ddiwygio a gynhwyswyd yn *The Miners' Next Step* (1912), cefnodd ar ei arfer o argraffu agenda cyfarfodydd yn Saesneg yn unig a'u hargraffu'n ddwyieithog – er mai penderfyniad cyffredinol ar egwyddor oedd hwn. Wedi'r gynhadledd anfonwyd copi o'r adroddiad at bob aelod ac yr oedd 10,000 o'r rhain yn Gymraeg.[102]

Nid oedd yr anawsterau a wynebid gan undebau llafur o ran yr iaith yn ddim o'u cymharu â'r rhai a wynebid gan y sosialwyr cynnar. Nodid yn aml fod diffyg areithwyr Cymraeg eu hiaith yn llesteirio cynnydd sosialaeth yng Nghymru:

> The movement towards independent Labour representation has been to some extent handicapped by the fact that the most strenuous advocates of the new method have failed to take national sentiment into account. The candidates put forward on behalf of the Labour Party have often been men who cannot speak the vernacular, and Welsh-speaking Liberal champions have been able to win the seats by playing on national feeling.[103]

Yr oedd hon yn broblem yr oedd y sosialwyr eu hunain yn ei chydnabod ac y ceisiwyd ei datrys i raddau. 'We must look for our Socialist leaders in Wales',

[100] David Smith, 'The Future of Coalfield History in South Wales', *Morgannwg*, XIX (1975), 59; idem, 'Tonypandy 1910: Definitions of Community', *P&P*, 87 (1980), 180, lle'r enwir yr ynad T. P. Jenkins.

[101] David Smith (gol.), *A People and a Proletariat: Essays in the History of Wales, 1780–1980* (London, 1980), t. 12.

[102] David B. Smith, 'The Re-building of the South Wales Miners' Federation, 1927–1939' (traethawd PhD anghyhoeddedig Prifysgol Cymru, 1976), tt. 21–2; am benderfyniad ar yr egwyddor, gw. Prifysgol Cymru Abertawe, Archif Maes Glo De Cymru, Cofnodion Ffederasiwn Glowyr De Cymru, Cynhadledd Flynyddol, 5–6 Mehefin 1913.

[103] 'Observer', 'The Mind of the Miner II', *The Welsh Outlook*, III (1916), 247.

meddai E. Morgan Humphreys, 'we have suffered enough from alien bishops, alien judges, alien capitalists, and alien officials . . .'[104] Yr oedd H. M. Hyndman yn amlwg yn ymwybodol o'r broblem pan ymwelodd â Llanberis yn ystod streic y chwarelwyr ym 1886:

> It would certainly be well to have our short literature translated into Welsh and distributed in the Principality. The people are much quicker to grasp revolutionary doctrines than our own rural population, and seem to turn naturally towards Socialism, though their language might interfere somewhat with the spread of our doctrines.[105]

Ond ni allai Hyndman osgoi bod yn nawddoglyd a thybiai fod y Cymry yn defnyddio eu hanallu i siarad Saesneg i ymbellhau oddi wrth bobl nad oeddynt yn cydymdeimlo'n wleidyddol â hwy. Defnyddid y Gymraeg i gadw'r dieithryn gwleidyddol o hyd braich. Yn yr un modd, sylwodd lledaenwyr propaganda dros y Cynghrair Sosialaidd ar gryfder y Gymraeg yng nghymoedd y Rhondda a Chynon: 'The vitality of the Welsh language and the depth of national feeling is strikingly evident throughout these valleys, where one scarcely hears a word of English.'[106]

Yr oedd Cymru yn dalcen caled i'r Ffederasiwn Sosialaidd Democrataidd (yr SDF) gan fod ei wreiddiau yn ddinesig a rhydd-feddyliol, er iddo i ryw raddau lwyddo yn y porthladdoedd Seisnig ac yn y diwydiant tunplat anrheithiedig yn y 1890au.[107] Yn ystod y degawd hwnnw, fodd bynnag, wynebai gryn anhawster mewn rhannau eraill o Gymru.[108] Ym 1887 cafodd siaradwr ar ran y Cynghrair Sosialaidd gynulleidfaoedd brwd yn ardal Abermo, ond cyfaddefai mai ychydig iawn o aelodau ei gynulleidfaoedd a fedrai ddarllen llyfrau Saesneg, er na chaent anhawster i ddeall siaradwr Saesneg rhugl. Yn ôl sylwebydd arall, a oedd yn gyfarwydd â'r un ardal, yn Gymraeg y byddai'r bobl yn meddwl ac yn sgwrsio er eu bod yn deall Saesneg.[109] Mewn ymgais i ddychryn gweithwyr a bleidiai Ryddfrydiaeth, mabwysiadodd yr SDF dactegau gwleidyddol ymosodol. Ym 1886 bygythiwyd Hyndman ag achos enllib am sylwadau a wnaeth ynglŷn â'r streic yn chwarel Dinorwig. Yr oedd y rheini'n cynnwys caniatáu trais yn erbyn perchenogion y chwareli.[110] Yn ystod streic lo 1898 yr oedd yr SDF yn gynddeiriog; disgrifiwyd perchenogion glo fel 'Bethel-endowing tyrants' a barnwyd bod araith gan Mabon – 'that jelly-fish Liberal Labour nonentity' – yn

[104] E. Morgan Humphreys, 'Socialism and Welsh Nationality', *Socialist Review* (1909), 118, 122.
[105] *Justice*, 23 Ionawr 1886.
[106] *Commonweal*, 3 Medi 1887.
[107] Jon Parry, 'Trade Unionists and Early Socialism in South Wales, 1890–1908', *Llafur*, 4, rhif 3 (1986), 44–5.
[108] Ffederasiwn Sosialaidd Democrataidd, Adroddiadau Blynyddol, 1893, 1897.
[109] *Commonweal*, 22 Hydref 1887; Humphreys, 'Socialism and Welsh Nationality', *Socialist Review* (1909), 119.
[110] *Justice*, 6 Chwefror 1886. Am yr achos enllib, gw. ibid., 5 Mehefin, 17 Gorffennaf 1886.

annheilwng 'of any save a poltroon'. Ym Mhontypridd, digiodd siaradwr ar ran y Cynghrair Sosialaidd un aelod o'i gynulleidfa oherwydd ei ffordd ddiflewyn-ar-dafod o alw 'lleidr yn lleidr'.[111]

Yr oedd traethiadau yn Gymraeg yn esbonio daliadau sosialaidd yn brin. Maes o law, fodd bynnag, byddai Cymdeithas y Ffabiaid yn cyhoeddi tri chyfieithiad o'i phamffledi ac un pamffled Cymraeg gwreiddiol.[112] Yr oedd tri o'r rhain yn ymwneud â'r berthynas rhwng crefydd a sosialaeth. Prin oedd yr ymdrechion hyn a dim ond yn araf iawn y llanwyd y bylchau wrth i'r cyfnod fynd rhagddo. Un o'r ffigurau allweddol oedd R. J. Derfel. Fel y nododd y papur sosialaidd, *Llais Llafur*: 'Mr Derfel . . . holds the unique position of being the only Welshman who has devoted himself to these questions in the Welsh language.'[113] Traddododd Derfel bapur yn Gymraeg ar 'Ailadeiladu Cymdeithas' i Gymdeithas Genedlaethol Cymru (Manceinion) ym 1888 ac fe'i cyhoeddwyd yn ddiweddarach fel pamffledyn. Dilynwyd ef gan ddeg llythyr ar hugain yn Gymraeg i'r *Cymro*, papur a gyhoeddid yn Lerpwl, ac yna ar dro'r ganrif gan gyfres arall yn *Llais Llafur*.[114] Ac eto, fel y cyfaddefai Derfel ei hun, byddai ei lythyrau wedi cael mwy o effaith petaent wedi eu cyhoeddi mewn llyfr. Pwysleisiai mai sosialaeth oedd yr unig ffordd i drawsnewid cymdeithas ac yr oedd llawer o'i neges wedi ei gwisgo mewn iaith feiblaidd.

Ni chyhoeddwyd esboniadau boddhaol yn Gymraeg ar y gredo sosialaidd newydd tan ychydig cyn y Rhyfel Byd Cyntaf: cyhoeddodd David Thomas *Y Werin a'i Theyrnas*, cyfrol a ddaeth ag ystod eang o syniadau ynglŷn â sosialaeth a diwygio cymdeithasol ynghyd ar gyfer siaradwyr Cymraeg, a darparodd y Parchedig D. Tudwal Evans yntau hanes a dadansoddiad ymarferol o'r gredo.[115] Ond nid oedd hynny'n llenwi'r bwlch yn llwyr; dim ond chwe darn byr a geid yn llyfryddiaeth Gymraeg David Thomas, o gymharu â rhyw bedwar ugain o eitemau ar y rhestr ddarllen Saesneg, llawer ohonynt yn llyfrau sylweddol.[116] Pan gynigiwyd sefydlu Plaid Lafur Gymreig ym 1911 trwy uno canghennau'r ILP ac aildrefnu'r strwythur cenedlaethol, teimlwyd yr angen i basio cynnig yn galw am ragor o lenyddiaeth sosialaidd yn y Gymraeg.[117] Nid oedd yr ymgais sosialaidd i gynhyrchu llenyddiaeth wleidyddol yn Gymraeg hanner mor llwyddiannus ag un y Rhyddfrydwyr yn y 1880au. Yr oedd traethiad clasurol Keir Hardie, *The Red*

[111] Ibid., 11 Mehefin, 3 Medi 1898; *Commonweal*, 27 Awst 1887.

[112] *Paham Mae y Lluaws yn Dlawd?*, Fabian Tract rhif 38, d.d.; John Clifford, *Sosialaeth a Dysgeidiaeth Crist*, Fabian Tract rhif 87, 1899; John Clifford, *Sosialaeth a'r Eglwysi*, Fabian Tract rhif 139, 1908; J. R. Jones, *Sosialaeth yng Ngoleuni'r Beibl*, Fabian Tract rhif 143 (London, 1909).

[113] LlGC, Llsgr. 23449B, 'Brief Biography of R. J. Derfel' (toriadau o *Llais Llafur*, 5 Awst 1905).

[114] Ibid. a Llsgr. 23448B, 'Cymdeithasiaeth (Socialism)' gan R. J. Derfel.

[115] David Thomas, *Y Werin a'i Theyrnas* (Caernarfon, d.d., *c.* 1910); D. Tudwal Evans, *Sosialaeth* (Abermaw, 1911).

[116] E.e., yr oedd pamffled yn Gymraeg ar Ryddfrydiaeth Cymru gan Keir Hardie. Gillian B. Woolven, *Publications of the Independent Labour Party 1893–1932* (Coventry, 1977) a phamffled yn Gymraeg yn amlinellu amcanion yr ILP. Humphreys, 'Socialism and Welsh Nationality', 119.

[117] *Llanelly and County Guardian*, 17 Awst 1911; *Llais Llafur*, 19 Awst 1911.

Dragon and the Red Flag, yn cynnwys tri thudalen ar ddeg yn Saesneg a chrynodeb tri thudalen yn Gymraeg.[118]

Er bod ymddangosiad *Llais Llafur* ym 1898 yn arwydd fod sosialaeth yn Gymraeg yn dechrau ennill tir, yn y cyfnod rhwng 1893 a 1906 nid ymddangosodd yr un papur newydd Cymraeg dan adain y Blaid Lafur Annibynnol. Cyhoeddiadau Saesneg oedd y ddau bapur y gellid eu dosbarthu'n llac fel cynnyrch yr ILP, sef y *Labour Pioneer* a gyhoeddid yng Nghaerdydd (1900–2) a'r *South Wales Worker* a gyhoeddid yn Abertawe.[119] Bu'n rhaid aros tan 1912 cyn cael papur sosialaidd Cymraeg yng ngogledd Cymru, sef *Y Dinesydd Cymreig*, ac, fel y gellid disgwyl, gwaith David Thomas oedd hwnnw. Erbyn hynny, yr oedd *Llais Llafur* i bob pwrpas wedi troi'n gyhoeddiad Saesneg – credai un sylwebydd anfodlon y dylid ei ailfedyddio yn 'Sais Llafur'. Erbyn 1915 troesai *Llais Llafur* yn *Labour Voice*.[120]

Yn y 1890au yr oedd y Ffederasiwn Sosialaidd Democrataidd wedi cydnabod bod ei gynnydd yng Nghymru yn cael ei lesteirio gan ddiffyg lledaenwyr propaganda Cymraeg eu hiaith a gwnaed yr un pwynt dros ddegawd yn ddiweddarach yn achos sosialaeth yn gyffredinol.[121] Yn y diwedd cafwyd peth llwyddiant o ran darparu areithwyr Cymraeg dros yr achos. Daeth David Thomas yn lladmerydd egnïol dros sosialaeth yn y Gymraeg ac felly hefyd arweinwyr eraill a ddaeth i'r amlwg fel R. Silyn Roberts o Flaenau Ffestiniog a T. E. Nicholas (Niclas y Glais).[122]

Bu datblygu rhethreg a oedd yn fwy priodol na'r un a ddefnyddid gan yr SDF hefyd yn gymorth i'r achos sosialaidd. Yn ei araith enwog, 'The Red Dragon and the Red Flag', honnai Keir Hardie fod sosialaeth yn fudiad rhyngwladol ac y gellid cyfuno'r Ddraig Goch a'r Faner Goch o'i fewn. Ar achlysur arall, pwysleisiodd fod Crist yn perthyn i'r dosbarth gweithiol a'i fod wedi gweithio wrth fainc y saer:

> The Gospel of Jesus was self-sacrifice. In so far as society was based upon self-interest, it was anti-Christian, and it was up to every man and every woman who desired to see God's kingdom established on earth to do everything he or she possibly could to overthrow an order based upon injustice and introduce a new order based upon fraternity and justice to all alike.[123]

[118] J. Keir Hardie, *The Red Dragon and the Red Flag* (Merthyr Tydfil, 1912).

[119] Deian Rhys Hopkin, 'The Newspapers of the Independent Labour Party, 1893–1906' (traethawd PhD anghyhoeddedig Prifysgol Cymru, 1981), tt. 315–17.

[120] *Llais Llafur*, 22 Tachwedd 1913.

[121] Ffederasiwn Sosialaidd Democrataidd, Adroddiad Blynyddol, 1897; Humphreys, 'Socialism and Welsh Nationality', 118–19.

[122] David Thomas, *Silyn (Robert Silyn Roberts) 1871–1930* (Lerpwl, 1956), penodau 4, 6, 7; David W. Howell, *Nicholas of Glais: The People's Champion* (Clydach, 1991), tt. 13–14, 21.

[123] Hardie, *Red Dragon and Red Flag*; Emrys Hughes (gol.), *Keir Hardie's Speeches and Writings (From 1888 to 1915)* (4ydd arg., Glasgow, d.d.), tt. 151–3, dyfyniad ar d. 153.

Defnyddiai sosialwyr hefyd rethreg caethwasiaeth, gan adleisio'r defnydd cynharach o'r trosiadau hynny gan y Rhyddfrydwyr. Credai David Thomas fod digwyddiadau 1859 a 1868 wedi dangos bod y ffermwyr yn gaethweision, ac yr oedd o'r farn fod eu disgynyddion yn dal yn gaeth i'r 'landlordiaid a'r meistradoedd gwaith'.[124] Pan lansiwyd y *South Wales Worker* ym 1913, gwnaed y datganiad 'mai'r caethwas yn unig a all frwydro yn erbyn yr amodau sy'n ei gaethiwo . . .'[125] Y gyfatebiaeth rhwng rhai mathau o rethreg Ryddfrydol a rhethreg y sosialwyr, fe ymddengys, oedd sail y gred a fynegid yn aml y byddai'r Cymry yn aeddfed i dderbyn sosialaeth pe bai modd eu cyrraedd yn eu hiaith eu hunain. Yr oedd y rhethreg radicalaidd ar bwnc y tir yn un sail i hyn.

Os oedd un diriogaeth lle'r oedd y Gymraeg yn wirioneddol ddiogel yn y mudiad llafur, Undeb Chwarelwyr Gogledd Cymru oedd honno. Cymraeg oedd iaith holl weithgareddau'r Undeb ac yn Gymraeg yr ysgrifennwyd y cofnodion gydol cyfnod ei fodolaeth.[126] Ond wrth i'r Undeb ddechrau recriwtio arweinwyr o'i rengoedd ei hun, yr oedd disgwyl iddynt feistroli'r Saesneg. Mewn taflen a gyhoeddwyd fel rhan o'i ymgyrch i gael ei ethol yn drysorydd ym 1908, pwysleisiodd R. T. Jones ei fod yn rhugl yn y ddwy iaith.[127] Yr oedd yn dod yn fwyfwy pwysig fod arweinwyr yr Undeb yn gallu cyfathrebu â'r byd di-Gymraeg y tu draw i'r caban a thu hwnt i Wynedd. Byddai Undeb y Chwarelwyr yn aml yn gwahodd person amlwg, uniaith Saesneg, o'r mudiad llafur a radicalaidd Prydeinig i'r Ŵyl Fai flynyddol, yn ogystal â Chymro enwog i annerch yn Gymraeg. Gan ei fod yn gysylltiedig â'r mudiad llafur Prydeinig ehangach, yr oedd yn rhaid i'r Undeb gydnabod a defnyddio'r Saesneg, ac wedi i'r Undeb gael ei uno ag Undeb y Gweithwyr Cludiant a Chyffredinol ym 1922 cynyddai'r defnydd o Saesneg yn fwy fyth.

Ar lawer ystyr yr oedd ymdrechion y mudiad dros ennill y bleidlais i ferched i ledaenu propaganda yng Nghymru yn mynd law yn llaw ag ymdrechion y mudiad sosialaidd. I raddau helaeth câi ei ystyried yn fudiad estron, er bod yna rethreg a bwysleisiai'r cydraddoldeb rhwng y ddwy ryw yn y gymdeithas Geltaidd. Gwnaed rhai ymdrechion i gyfieithu geiriau allweddol i'r Gymraeg. Gwnaed hyn gan gangen Bangor o'r National Union of Women's Suffrage Societies a chan y Parchedig Ivan Thomas Davies, a gyhoeddodd ei ymdrechion yn *Y Faner* ac yn *Seren Cymru*.[128]

[124] David Thomas, 'Sosialaeth a Chymru', *Y Genedl Gymreig*, 17 Ionawr 1911.

[125] *South Wales Worker / Gweithwyr y De*, 24 Ebrill 1913.

[126] Gwasanaeth Archifau Gwynedd, XNWQU; Llyfrau Cofnodion 1912–21.

[127] Ibid., XNWQU, 255.

[128] Kay Cook a Neil Evans, '"The Petty Antics of the Bell-Ringing Boisterous Band"? The Women's Suffrage Movement in Wales, 1890–1918' yn Angela V. John (gol.), *Our Mothers' Land: Chapters in Welsh Women's History, 1830–1939* (Cardiff, 1991), tt. 170–1; Peter Ellis Jones, 'The Women's Suffrage Movement in Caernarfonshire', *TCHSG*, 48 (1987), 94; Angela V. John, '"Run Like Blazes": The Suffragettes and Welshness', *Llafur*, 6, rhif 3 (1994), 36.

Yr oedd y defnydd o'r Gymraeg fel iaith wleidyddol yn y cyfnod hwn yn adlewyrchu natur gwleidyddiaeth. Yn sgil ymestyn yr etholfraint o'r 1860au ymlaen daeth yn hanfodol i wleidyddion ddefnyddio'r Gymraeg er mwyn cyrraedd yr etholaeth ehangach. Yr oedd nifer helaeth o bleidleiswyr naill ai'n uniaith Gymraeg neu'n bobl yr oedd eu Saesneg yn bur glapiog; yr oedd cyrraedd y rhain yn rhan hanfodol o ennill etholiadau a grym. Yr oedd hefyd yn rhan allweddol o agwedd y Rhyddfrydwyr at wleidyddiaeth yng Nghymru. Honnent eu bod yn blaid a fynegai hunaniaeth newydd Cymru ac yr oedd eu defnydd helaeth o'r Gymraeg o fantais fawr iddynt yn y brwydrau â'r Blaid Geidwadol a'r Blaid Lafur, a oedd yn ei chael hi'n anos canfod ymgeiswyr a lladmeryddion na'r Rhyddfrydwyr. Yn ystod y frwydr hon troesant y Gymraeg yn iaith y gellid ei defnyddio'n effeithiol i ymdrin â materion canolog gwleidyddiaeth y bedwaredd ganrif ar bymtheg, sef crefydd a'r cyfansoddiad.

Eto i gyd, yr oedd ymwneud poblogaidd â gwleidyddiaeth yn gosod cyfyngiadau ar ddatblygiad y Gymraeg fel iaith gwleidyddiaeth. Gydol y cyfnod yr oedd cyfansoddiad ethnig y boblogaeth yng Nghymru yn prysur newid. Daeth diwedd ar y cyfnod pan oedd mudo yn broses a oedd i bob diben yn ymwneud ag ailddosbarthu pobl o fewn Cymru, gan ychwanegu cymysgedd o newydd-ddyfodiaid y gellid eu cymathu. Llifai mwy a mwy o bobl nad oeddynt yn Gymry i mewn, gan newid y cydbwysedd ieithyddol o fewn cymunedau anghydryw. Erbyn diwedd y Rhyfel Byd Cyntaf, yn enwedig yn rhan ddwyreiniol Maes Glo De Cymru, yr oedd cyrraedd y 'werin' yn golygu defnydd cynyddol o'r Saesneg yn hytrach na'r Gymraeg. Yr oedd y newid yng nghyfansoddiad y boblogaeth yn atgyfnerthu'r newid a fu mewn materion gwleidyddol, o faterion gwledig, crefyddol a llywodraethol i ofalon cymdeithasol cymdeithas newydd y maes glo. Efallai ei bod yn anos i'r Gymraeg addasu i'r gofalon hynny. Yr oedd seiliau cyhoeddi testunau crefyddol wedi eu gosod yn gadarn ers canrifoedd lawer ac yr oedd datblygu iaith wleidyddol ar y seiliau hynny yn dasg symlach na gwneud hynny ar sail gofalon mwy cymdeithasegol diwedd y bedwaredd ganrif ar bymtheg. Nid oedd gair Cymraeg yn cyfateb i 'housing'. Yr oedd hyn rywsut yn ernes o broblem ehangach.[129]

Yr oedd y Rhyddfrydwyr, mewn rhai ffyrdd, yn gorbwysleisio eu hymlyniad wrth y Gymraeg. Yr oedd ganddynt nifer da o ymgeiswyr na allent siarad Cymraeg ac fe'u gorfodid i ddod o hyd i resymau eraill dros eu cefnogi. Ar o leiaf un achlysur – cyfarfod Ymreolaeth yng Nghaerdydd – cafodd Lloyd George ei gyfarch â bonllefau o 'Cymraeg!'[130] Yng ngogledd Cymru, yr oedd rheolau a rheoliadau y Ffederasiynau Rhyddfrydol yn aml yn ddwyieithog, ac felly hefyd adroddiadau blynyddol llawer o sefydliadau, er mai'r Saesneg oedd yr iaith gyntaf i ymddangos yn aml.[131] Yn ne Cymru, nid oedd sôn am y Gymraeg yn

[129] *Llyfr Coch Cymru*, tt. 38–9.
[130] LlGC, Papurau William George, Lloyd George at William George, 5 Chwefror 1890.
[131] LlGC, Yr Archif Wleidyddol Gymreig, XJN 1156–1160.

adroddiadau printiedig swyddogol y sefydliadau Rhyddfrydol. Un yn unig o gyfarfodydd y selogion gwleidyddol yn ne Cymru a gynhaliwyd yn Gymraeg, a hynny yng Nghaerdydd ym 1888. Nid oes unrhyw dystiolaeth i'r arbrawf hwn gael ei ailadrodd, er yr honnwyd iddo fod yn llwyddiant mawr.[132]

Y mae'r ffaith mai yn Saesneg y mae'r mwyafrif helaeth o'r hysbysiadau sydd ar gael am gyfarfodydd i gefnogwyr y Blaid Ryddfrydol yn awgrymu bod y bobl wleidyddol wybodus yn medru'r iaith honno. Pan ddeuai pobl i mewn o gylch ehangach yr oedd y tebygolrwydd y byddai siaradwyr uniaith Saesneg yn eu plith yn cynyddu. I nodi un enghraifft amlwg, rhaid bod presenoldeb Stuart Rendel, na siaradai air o Gymraeg, yn haenau uchaf Rhyddfrydiaeth Gymreig yn niwedd y 1880au ac yn y 1890au wedi creu pwysau mawr ar aelodau'r blaid i siarad Saesneg, er gwaethaf eu hymrwymiad cyn hynny i ddefnyddio'r Gymraeg at ddibenion gwleidyddol. Diau fod gwleidyddion yn defnyddio'r Saesneg yn llawer amlach yn breifat nag y byddent ar y llwyfan gwleidyddol cyhoeddus. Yn Saesneg y mae'r rhan helaethaf o lawer o'r ohebiaeth wleidyddol a oroesodd o'r cyfnod. Y mae bron y cwbl o lythyrau Lloyd George at ei wraig yn Saesneg, er ei fod yn troi i'r Gymraeg pan fyddai ganddo faterion cyfrinachol i'w trafod. Gyda'r newid iaith, bron na allwn glywed y *sotto voce*, fel pe'n awgrymu bod y naill iaith yn addas i drafod materion cyhoeddus, a'r llall i gyfleu meddyliau personol, cyfrinachol, a pheryglus hyd yn oed. Byddai mwyafrif mawr y bobl a ohebai â J. Herbert Lewis yn ysgrifennu yn Saesneg a byddai yntau yn ateb yn Saesneg, er mai Cymraeg a siaradai yn breifat ac mewn cyfarfodydd cyhoeddus.[133] Yn Saesneg y byddai hyd yn oed Tom Ellis yn llythyru gan amlaf, er bod ei ymrwymiad i'r Gymraeg yn ddiamheuol; yr unig rai y gohebai â hwy yn Gymraeg oedd cyfeillion agos o ogledd Cymru, ac o Feirionnydd yn enwedig, megis D. R. Daniel ac O. M. Edwards.[134] Anodd dweud pa iaith y siaradai gwleidyddion â'i gilydd yn breifat. Gwyddom fod Lloyd George a Tom Ellis yn siarad Cymraeg â'i gilydd yn Nhŷ'r Cyffredin, ond ni oroesodd fawr ddim tystiolaeth arall.[135] Efallai fod yr ohebiaeth yn awgrymu bod yr haen wleidyddol uchaf yn rhoi pwys mawr ar y Saesneg, er bod y Gymraeg yn ddefnyddiol weithiau ar gyfer rhai cynulleidfaoedd. Mantais hyn i'r Rhyddfrydwyr oedd fod yr agenda gwleidyddol yn cael ei gyfyngu i'r materion yr oeddynt yn fwyaf cysurus â hwy; câi materion cymdeithasol eu trafod yn amlach yn Saesneg nag yn Gymraeg.[136]

O ganol y bedwaredd ganrif ar bymtheg ymlaen bu'r Gymraeg yn offeryn addas ar gyfer ymosod ar yr ysweiniaid a meithrin gwerthoedd a diwylliant y werin. Gellid ei haddasu i ymdrin â bygythiadau i'r hegemoni Rhyddfrydol o du'r

[132] *Cymru Fydd*, Mawrth, Ebrill 1888.

[133] LlGC, Papurau J. Herbert Lewis, John Owen at Lewis, 27 Hydref 1903.

[134] Kenneth O. Morgan (gol.), *Lloyd George Family Letters* (Oxford & Cardiff, 1973), passim.

[135] *Western Mail*, 6 Ebrill 1899.

[136] Ieuan Gwynedd Jones, 'Language and Community in Nineteenth-Century Wales' yn Smith (gol.), *A People and a Proletariat*, tt. 58–62.

chwith hefyd; yr oedd yn arf gwleidyddol hyblyg a chadarn. Yr oedd y Ceidwadwyr a'r sosialwyr yn cydnabod hynny a gwnaed cryn ymdrech i wneud iawn am ddiffygion eu pleidiau eu hunain yn hynny o beth. Ond seliodd y cwymp enbyd yn y colofnau uniaith Gymraeg yn y cyfrifiadau ar ôl 1891 dynged y Gymraeg fel iaith gwleidyddiaeth dros rannau helaeth o'r wlad. Dim ond yn chwarter olaf y bedwaredd ganrif ar bymtheg y ffynnodd y Gymraeg fel iaith wleidyddol rymus. Wedi hynny, edwino fu ei hanes.

21

'Dryswch Babel'[1]?: Yr Iaith Gymraeg, Llysoedd Barn a Deddfwriaeth yn y Bedwaredd Ganrif ar Bymtheg

MARK ELLIS JONES

YN YSTOD y bedwaredd ganrif ar bymtheg câi gweinyddiad y gyfraith yng Nghymru ei reoli gan y 'cymal iaith' yn Neddf Uno 1536, a oedd yn nodi:

> That all Justices Commissioners Sheriffs Coroners Escheators Stewards and their Lieutenants, and all other Officers and the Ministers of the Law, shall proclaim and keep the Sessions Courts Hundreds Leets Sheriffs Courts, and all other Courts in the English Tongue.[2]

Yr oedd hwn yn ddatganiad diamwys mai'r Saesneg oedd cyfrwng swyddogol gweithrediadau'r gyfraith yng Nghymru. Er hynny, yr oedd yn anorfod y clywid cryn dipyn o Gymraeg yn y llysoedd barn oherwydd mai siaradwyr uniaith Gymraeg oedd y mwyafrif llethol o'r boblogaeth.[3] Byddai modd defnyddio'r Gymraeg yn y llysoedd oherwydd bod y rhan fwyaf o ynadon yn ystod cyfnod y Tuduriaid a'r Stiwartiaid yn medru'r iaith. Nid ceisio gwahardd Cymry Cymraeg rhag dal swyddi a wnâi'r 'cymal iaith', ond mynnu yn hytrach eu bod yn meistroli'r Saesneg. Y bwriad y tu ôl i hynny, yn ôl Peter R. Roberts, oedd cymell y Cymry i ddod yn ddwyieithog.[4] Cafodd statws y Saesneg ym maes y gyfraith ei gryfhau ymhellach gan Ddeddf ym 1732–3,[5] a oedd yn sicrhau bod deddfwriaeth y flwyddyn flaenorol, a nodai mai Saesneg oedd cyfrwng y gyfraith yn Lloegr, yn berthnasol i Gymru yn ogystal. Y mae haneswyr y cyfnod modern cynnar wedi honni ei bod yn anodd dweud yn union sut yr ymdrinnid â'r iaith

[1] Codwyd y dyfyniad o lythyr a wrthwynebai'r syniad o'r Gymraeg yn iaith y gyfraith. *Carnarvon and Denbigh Herald*, 18 Rhagfyr 1858.

[2] Ivor Bowen, *The Statutes of Wales* (London, 1908), t. 87. Ar y dechrau nid oedd cymalau'r Ddeddf Uno wedi eu rhifo. Yn *Statutes at Large* Owen Ruffhead, a gyhoeddwyd ym 1762–5, rhifwyd y 'cymal iaith' yn gymal 20. Mewn argraffiad diweddarach o *Statutes at Large*, a gyhoeddwyd ym 1817–28, rhifwyd yr un cymal yn 17. Defnyddiodd Bowen y fersiwn cynharach.

[3] W. Ogwen Williams, 'The Survival of the Welsh Language after the Union of England and Wales: The First Phase, 1536–1642', *CHC*, II, rhif 1 (1964), 72.

[4] Peter R. Roberts, 'The Welsh Language, English Law and Tudor Legislation', *THSC* (1989), 28.

[5] 6 George 2, c. 14, ss. 3. Gw. Bowen, *The Statutes of Wales*, tt. 204–6.

Gymraeg yn y llysoedd.[6] Y mae haneswyr y bedwaredd ganrif ar bymtheg, fodd bynnag, yn fwy ffodus. Yr oedd y bobl a ysgrifennai adroddiadau am achosion llys ar gyfer y papurau newydd dirifedi a gyhoeddid yng Nghymru yn y bedwaredd ganrif ar bymtheg yn rhoi darlun llawnach o'r gweithgareddau, yn wahanol i'r cofnodion llys cryno. At hynny, deuai'r papurau newydd yn fwyfwy ymwybodol o fater cenedligrwydd ac yr oeddynt yn fwy tebygol o dynnu sylw at achosion lle y cawsai'r Cymry eu trin yn annheg mewn llysoedd barn.

Y mae'r bennod hon yn ymwneud yn bennaf â'r iaith Gymraeg yn Llysoedd y Sesiwn Fawr, y Brawdlysoedd, y Llysoedd Chwarter, Llysoedd y Sesiwn Fach a'r llysoedd sirol. Ni chrybwyllir y gwahanol lysoedd maenoraidd na'r llysoedd eglwysig a oedd yn anweithredol i raddau helaeth erbyn dechrau'r bedwaredd ganrif ar bymtheg. Ymdrinnir hefyd â deddfwriaeth a effeithiai ar yr iaith Gymraeg, er nad oes lle i drafod deddfwriaeth yn ymwneud â'r Gymraeg a'r Eglwys wladol, megis Deddf Amlblwyfaeth 1838. Yn yr adran gyntaf trafodir sut y câi'r Gymraeg ei thrin yn y llysoedd ar ddechrau'r bedwaredd ganrif ar bymtheg, sef y cyfnod pan welwyd diddymu Llysoedd y Sesiwn Fawr ym 1830 a chreu'r llysoedd sirol ym 1846. Yn yr ail adran ymdrinnir â degawdau canol y ganrif. Yr oedd hwn yn gyfnod pan geid trafodaeth fwy cyffredinol ynglŷn â'r iaith Gymraeg, yn enwedig ar ôl cyhoeddi'r Llyfrau Gleision ym 1847. Yn drydydd, astudir y drafodaeth ynglŷn â dyfarniadau'r llysoedd sirol yng Nghymru. Yr oedd hwn yn fater a wyntyllid yn aml yn ystod rhan olaf y ganrif; felly hefyd bwnc yr ynadaeth yng Nghymru, a drafodir yn y bedwaredd adran. Yn olaf, ymdrinnir â'r defnydd a wneid o'r Gymraeg mewn llysoedd barn wrth i'r ganrif dynnu tua'i therfyn. Gwneir defnydd helaeth yn yr astudiaeth hon o safbwyntiau pobl yn y bedwaredd ganrif ar bymtheg a oedd o blaid neu yn erbyn defnyddio'r Gymraeg yn y drefn gyfreithiol, er mwyn cael amcan o agweddau'r oes at yr iaith frodorol mewn cyfnod o newid cymdeithasol, economaidd a gwleidyddol dwys.

* * *

Yn yr adran hon trafodir gweinyddiad y gyfraith a'r iaith Gymraeg yn ystod hanner cyntaf y bedwaredd ganrif ar bymtheg. Yr oedd y posibilrwydd y diddymid Llys y Sesiwn Fawr, barnweinyddiad a sefydlwyd ym 1543 ac a oedd yn sefydliad unigryw i Gymru, yn rhoi cyfle nid yn unig i leisio barn ynghylch cryfderau a gwendidau'r llys ond hefyd i archwilio pwnc yr iaith. Sefydlwyd y Sesiwn Fawr i wasanaethu Cymru (ac eithrio sir Fynwy) a swydd Gaer, ac yr oedd iddi bedair cylchdaith, pob un â dau farnwr a lywyddai ddwywaith y flwyddyn. Yr oedd y llys yn unigryw gan ei fod yn ymdrin ag achosion troseddol, sifil ac ecwiti

[6] Bowen, *The Statutes of Wales*, t. xcviii; Roberts, 'The Welsh Language', 32–3; Ivor Bowen, 'Grand Juries, Justices of the Peace, and Quarter Sessions in Wales', *THSC* (1936), 69; J. Gwynfor Jones, *Law, Order and Government in Caernarfonshire 1558–1640: Justices of the Peace and the Gentry* (Cardiff, 1996), t. 68.

fel ei gilydd, ac ymddengys ei fod yn sefydliad poblogaidd oherwydd ei ddull rhad o adfeddiannu dyledion.[7] Saeson oedd y mwyafrif llethol o'r barnwyr: o'r 217 a wasanaethodd y Sesiwn Fawr amcangyfrifwyd mai 30 yn unig a oedd yn Gymry, ac mai ychydig iawn o'r rheini a oedd yn hyddysg yn y Gymraeg.[8] Yr oedd y ffaith fod barnwyr yn gwasanaethu'r un cylchdeithiau flwyddyn ar ôl blwyddyn yn dân ar groen diwygwyr y gyfraith ar ddechrau'r bedwaredd ganrif ar bymtheg. Fodd bynnag, credai rhai fod y parhad hwn yn fanteisiol oherwydd rhoddai ddigon o gyfle i farnwyr ddod yn gyfarwydd â'r 'hynodweddau' a berthynai i'r Cymry. Mynegwyd y farn hon gan Arglwydd Dynevor gerbron Pwyllgor Dethol ym 1817, a chan sylwebydd proffwydol ym 1829, a ragwelodd y byddai barnwyr a oedd yn arfer ymdrin ag achosion yn Lloegr yn colli amynedd â'r sefyllfa yng Nghymru oherwydd yr amser a gymerid i gyfieithu'r dystiolaeth a roddid gan dystion.[9] Yr oedd gweithgareddau'r llys, felly, yn dibynnu ar ddefnyddio 'cyfrwng amherffaith' y cyfieithydd, y beirniadwyd ei waith yn hallt gan ddau radical o blith y Cymry yn Llundain yn y 1790au, sef John Jones (Jac Glan-y-gors) a Thomas Roberts, Llwyn'rhudol.[10] Er nad oedd barnwyr yn siarad Cymraeg, yr oedd llawer o swyddogion y llysoedd yn medru'r iaith. Ym 1821, gerbron pwyllgor dethol a ymchwiliai i'r Sesiwn Fawr, dywedodd un tyst y byddai swyddogion llysoedd yn aml yn cywiro'r cyfieithydd.[11] Gellir tybio bod hyn yn golygu nad oedd cywirdeb y gweithrediadau yn llwyr ddibynnol ar gyfieithwyr dihyfforddiant a bod rhwyd achub ar gael weithiau er mwyn osgoi camweinyddu cyfiawnder. Er gwaethaf problemau ieithyddol a'r annhegwch a allai ddod yn eu sgil, yr oedd y llys, er hynny, yn boblogaidd iawn ymhlith haenau isaf cymdeithas. Un rheswm, o bosibl, paham nad oedd y llys yn peri cymaint o fraw i'r Cymro uniaith ag y byddai rhywun yn ei ddisgwyl oedd fod hwnnw'n gwybod y byddai aelodau'r rheithgor yn deall ei dystiolaeth. Ar ryw ystyr, felly, er budd y barnwr a'r cwnsleriaid y câi'r cyfieithydd ei ddefnyddio yn bennaf.

Ym mis Chwefror 1828 traddododd Arglwydd Henry Brougham ei araith chwe awr enwog gerbron Tŷ'r Cyffredin. Ynddi, amlinellodd ei gynigion ar gyfer

[7] Am yr adroddiadau gorau ar Lys y Sesiwn Fawr, gw. W. Llewelyn Williams, 'The Courts of Great Sessions, 1542–1830' yn idem, *The Making of Modern Wales* (London, 1919), tt. 128–94, a Glyn Parry, *A Guide to the Records of Great Sessions* (Aberystwyth, 1995), yn enwedig tt. iv–xl.

[8] W. R. Williams, *The History of the Great Sessions, 1542–1830* (Brecknock, 1899), t. 19; Mark Ellis Jones, ' "An Invidious attempt to accelerate the extinction of our language": the abolition of the Court of Great Sessions and the Welsh Language', *CHC*, 19, rhif 2 (1998), 226–64.

[9] *Report and Evidence from the Select Committee on the Administration of Justice in Wales* (PP 1817 V), t. 108; *The Cambrian Quarterly Magazine*, I (1829), 258. Yn *Wellesley's Index* awgrymir mai awdur yr erthygl hon oedd R. G. Temple, brawd-yng-nghyfraith A. J. Johnes, llenor ac un o'r barnwyr cyntaf yn y Llys Sirol yng Nghymru.

[10] Ar Jac Glan-y-gors, gw. ei gerdd ddychanol, 'Hanes y Sessiwn yng Nghymru', a atgynhyrchwyd yn A. E. Jones, 'Jac Glan-y-gors, 1766–1821', *TCHSDd*, 16 (1967), 80–1; ar Roberts, gw. ei bamffled, *Cwyn yn erbyn Gorthrymder* (London, 1798), t. 19.

[11] *Minutes of Evidence from the Select Committee on the Administration of Justice in Wales* (PP 1821 IV), t. 34.

diwygio'r gyfraith.[12] Ymhlith ei argymhellion yr oedd diddymu'r Sesiwn Fawr, argymhelliad y gweithredwyd arno yn ddiweddarach gan y Comisiwn Brenhinol a sefydlwyd yn sgil yr araith. O astudio adroddiad y Comisiwn Brenhinol, daw'n eglur mai'r prif reswm dros ddiddymu'r Sesiwn Fawr oedd fod diwygwyr y gyfraith yn Lloegr yn genfigennus iawn o farnweinyddiad Cymru a'i hwyth barnwr, ar adeg pan nad oedd gan lysoedd canolog Llundain fwy na deuddeg.[13] Yr oedd yn anorfod, efallai, y byddai'r comisiynwyr, a hwythau dan ddylanwad iwtilitariaeth, yn ystyried mai anomaledd oedd y Sesiwn Fawr.[14] Yr oedd mwy i hyn, fodd bynnag, na thipyn o waith tacluso ym maes y gyfraith; yr oedd hefyd yn gyfle hwylus i gymathu Cymru yn fwy parhaol â Lloegr. Paham y dylai Cymru gael ei threfn gyfreithiol ei hun am ei bod yn digwydd cael ei galw'n dywysogaeth, holodd Brougham.[15] Er na ddiddymwyd y Sesiwn Fawr oherwydd bodolaeth yr iaith Gymraeg, y mae un o'r cwestiynau a ofynnwyd i'r tystion yn rhoi cipolwg diddorol ar feddylfryd y comisiynwyr:

> Do you think that the manners and habits of the people of Wales have in any material degree, and within a recent period, become more assimilated than formerly to those of England? . . . Do you think its further progress desirable, or likely to be increased by a union with the English judicature?

Cyfeiriodd nifer o'r tystion yn benodol at yr iaith Gymraeg wrth ateb y cwestiwn hwn a chafwyd sylwadau diddorol ynglŷn â chryfder tybiedig yr iaith. Awgrymodd Syr William Owen, twrnai cyffredinol ar gylchdaith Caerfyrddin, a John Jones, AS Caerfyrddin, fod adfywiad wedi bod yn hanes yr iaith yn ddiweddar. Y peth rhyfedd yw nad ystyriai tystion y gallai diddymu'r Sesiwn Fawr wanhau Cymreigrwydd, ac y mae hyn, efallai, yn awgrymu nad ystyrid y gyfraith o anghenraid yn gyfrwng Seisnigo. Honnodd John Hill, twrnai cyffredinol cylchdaith Caer, a Jonathan Raine o Gyngor y Brenin na fyddai newidiadau cyfreithiol yn gwneud unrhyw wahaniaeth i weithrediadau'r llys oherwydd 'dygnwch rhyfeddol' y Cymry yn defnyddio'u hiaith hyd yn oed pan fedrent siarad Saesneg yn dda iawn.[16]

[12] Atgynhyrchwyd yr araith hon yn *The Speeches of Henry, Lord Brougham* (4 cyf., Edinburgh, 1838), II, tt. 287–315.

[13] Williams, 'Courts of Great Sessions', t. 191.

[14] Am feirniadaeth gyfoes o'r comisiynwyr, gw. *Quarterly Review*, XLII (1830), 209.

[15] Brougham, *Speeches*, t. 347. Cyflwynwyd dadl debyg gan y cadeirydd, Arglwydd Cawdor, gwrthwynebydd diflewyn-ar-dafod y Sesiwn Fawr, yn *Letter to the Right Hon. John, Baron Lyndhurst, Lord High Chancellor of England, on the Administration of Justice in Wales* (London, 1828).

[16] *First Report and Supplement of His Majesty's Commission Appointed to Inquire into the Practice and Proceedings of the Superior Courts of Common Law, Appendix E* (PP 1829 IX), tt. 440, 442. Am enghraifft arall o ymlyniad tystion o Gymry wrth eu hiaith, er eu bod yn gyfarwydd â'r Saesneg, gw. *Monmouthshire Merlin*, 29 Awst 1829; gwnaethpwyd yr adroddiad hwn yng nghyd-destun Brawdlys Sir Fynwy.

Dau bwnc a ddaeth dan lach y comisiynwyr oedd y barnwyr a rheithgorau Cymru. Gwelwyd eisoes sut y gallai'r ffaith fod barnwyr yn gwasanaethu'r un cylchdeithiau fod o fantais i ymgyfreithwyr o Gymru, ond ofnid hefyd fod hyn yn rhwystro barnwyr rhag bod yn ddiduedd. Tybid bod hyn yn wir hefyd yn achos rheithgorau, y dywedid eu bod yn cael eu galw o ardal mor fechan fel na ellid diogelu gwrthrychedd. Yr oedd natur glòs y cymunedau yng Nghymru wedi peri i rai Saeson, megis Augustus Brackenbury, fynd i geisio cyfiawnder y tu hwnt i Glawdd Offa. Yr oedd pobl leol wedi gwrthwynebu ymdrechion Brackenbury i adeiladu plasty ar Fynydd Bach yn sir Aberteifi, ac ym 1826 dinistriwyd yr adeilad gan dyrfa o tua chwe chant o bobl. Yn yr achos llys a ddilynodd, cafodd y rhai a gyhuddwyd o'r drosedd eu rhyddfarnu, a honnwyd mai'r prif reswm am hynny oedd rhagfarn y rheithgor Cymraeg ei iaith.[17] Yn sgil y dyfarniad hwn gofynnodd Brackenbury am ail achos mewn llys yn Lloegr. Pan ofynnwyd i'r bargyfreithiwr Christopher Temple gan Bwyllgor Dethol 1820 paham yr âi achwynyddion â'u hachosion i lysoedd yn Lloegr, atebodd mai'r prif gymhelliad oedd cael ymddangos gerbron rheithgor diduedd.[18] Er mwyn sicrhau tegwch, argymhellodd y comisiynwyr y dylid creu pedwar rhanbarth newydd o frawdlysoedd yng Nghymru, ac y dylid clymu rhannau o'r Gororau ag ardaloedd brawdlysoedd yn Lloegr.[19] Yr oedd y cynigion hyn yn anwybyddu ffiniau sirol traddodiadol yn llwyr, ac yn wir y ffin rhwng Cymru a Lloegr. Y mae'r ymateb a gafwyd i'r newidiadau arfaethedig hyn i'r ffiniau cyfreithiol yn cadarnhau mor bwysig yng ngolwg y Cymry oedd cael sefyll prawf gerbron rheithgor. Mewn llythyr i'r *North Wales Chronicle*, honnodd John Lloyd (Einion Môn), athro a bardd, y byddai'r newidiadau yn gwarafun i'r Cymry 'the dearest rights of Britons in a greater degree than they are at present', ac yn 'invidious attempt to accelerate the extinction of our language'.[20] Sylweddolai Einion Môn a chymdeithasau y Cymry yn Llundain y byddai llawer o Gymry yn wynebu nid yn unig farnwr a chwnsleriaid nad oeddynt yn deall Gymraeg ond, yn waeth na hynny, reithgor Saesneg ei iaith. Yr oedd y Cymry yn Llundain yn awyddus i'r iaith Gymraeg ddod yn gyfrwng gweithrediadau cyfreithiol,[21] ond dilyn trywydd mwy ymarferol a wnaethant yn y pen draw, gan lunio deiseb yn erbyn cyfuno siroedd Cymru a Lloegr, a lleisio galwad lai radical am benodi cyfieithwyr gwell a darparu crynodeb Cymraeg o ddeddfwriaeth Saesneg.[22] Cyflwynwyd y ddeiseb hon i Dŷ'r

[17] *Carmarthen Journal*, 10 Tachwedd 1826. Gw. hefyd D. J. V. Jones, *Before Rebecca: Popular Protests in Wales 1793–1835* (London, 1973), tt. 48–50; David Williams, 'Rhyfel y Sais Bach', *Ceredigion*, II, rhif 1 (1952), 39–52; D. J. V. Jones, 'More Light on "Rhyfel y Sais Bach"', ibid., V, rhif 1 (1964), 84–93.

[18] *Report – Evidence from the Select Committee on the Administration of Justice in Wales* (PP 1820 II), t. 51.

[19] Am y cynigion, gw. PP 1829 IX, tt. 41–4.

[20] *North Wales Chronicle*, 3 Mehefin 1830.

[21] Gw., e.e., yr araith a draddodwyd gan Isaac Simon, llywydd Cymreigyddion Llundain, ar 9 Ionawr 1830, yn *Lleuad yr Oes*, IV, rhif 2 (1830), 61.

[22] Am y ddeiseb, gw. *Seren Gomer*, XIII, rhif 178 (1830), 219–20.

Arglwyddi gan Arglwydd Dynevor ar 14 Mehefin 1830. Ni roddwyd sylw i bwnc yr iaith yn y deisebau a luniwyd yn y cyfarfodydd sirol yn gwrthwynebu diddymu'r Sesiwn Fawr, ac eithrio yn y ddeiseb a ysgrifennwyd yn Hwlffordd, ac a fynegai'r pryder y byddai'r newidiadau yn golygu mai rheithwyr Cymraeg eu hiaith yng Nghaerfyrddin a fyddai'n ymdrin ag achosion o 'Saesonaeth' de sir Benfro.[23] Yn Nhŷ'r Cyffredin lleisiodd rhai aelodau seneddol o Loegr eu gwrthwynebiad i uno siroedd. Pryderai un ohonynt ynghylch canlyniadau cael rheithgorau hanner Saesneg a hanner Cymraeg.[24] Soniodd Cyrnol Wood, aelod Ceidwadol sir Frycheiniog, am 'ragfarn' y Cymry pan roddent dystiolaeth yn eu hiaith eu hunain, rhagfarn y dylid ei pharchu yn ei dyb ef ac a'i gwnâi'n hanfodol cael Cymry yn aelodau rheithgorau.[25] Fodd bynnag, cafodd yr ofnau y câi Cymry eu rhoi ar brawf gerbron rheithgorau Saesneg eu lleddfu pan newidiwyd y mesur i sicrhau y byddai rhanbarthau'r brawdlysoedd yn cadw at ffiniau'r siroedd. Efallai yn wir fod cael sefyll prawf gerbron rheithgor yn enedigaeth-fraint i'r Sais, ond i'r Cymro uniaith yr oedd iddo fwy fyth o arwyddocâd: gan fod rheithwyr yn gallu siarad Cymraeg, hwn oedd yr unig sefydliad a allai sicrhau iddo rywbeth yn debyg i wrandawiad teg. Y mae'n werth pwysleisio, hefyd, fod niferoedd y rhai a gâi eu rhyddfarnu yng Nghymru rywfaint yn uwch nag yr oeddynt yn Lloegr.[26]

Ar wahân i golli barnweinyddiad a ystyrid gan lawer yn drefn rad ac effeithiol, canlyniad amlycaf y cyfuno â threfn brawdlysoedd Lloegr oedd y câi'r Cymry yn awr ymweliadau gan farnwyr nad oeddynt wedi llywyddu yng Nghymru cyn hynny. Ym 1832, pan roes Arglwydd Lyndhurst gyfarwyddyd i reithwyr uniaith Gymraeg ym Mrawdlys Sir Gaernarfon adael mainc y rheithgor, honnodd gohebydd yn *Seren Gomer* fod hyn yn gyfystyr ag ymgais i ddileu'r iaith Gymraeg.[27] Enynnodd y Barwn Gurney ddigofaint llawer o bobl ym Mrawdlys Sir Aberteifi ym 1834 pan fynegodd ei gred y dylid lledaenu'r iaith Saesneg yng Nghymru a bod sicrhau'r gwirionedd yn anodd, onid yn amhosibl.[28] Atebodd golygydd y *Carmarthen Journal* y byddai'n haws i'r Fainc a'r Bar ddysgu Cymraeg nag i filiwn o bobl ddysgu Saesneg.[29] Y mae'r papurau newydd a'r cylchgronau Cymraeg a ffynnai yn y cyfnod hwnnw yn awgrymu y ceid trafod eang ar y modd y trinnid y Cymry mewn llysoedd barn. Er nad oedd hon yn gŵyn newydd o bell

[23] Ceir y ddeiseb hon yn *The Cambrian Quarterly Magazine*, II (1830), 116. Codwyd gwrthwynebiad tebyg gan J. Frankland Lewis, a haerai na fynnai weld achosion o sir Faesyfed yn cael eu cynnal gan reithwyr Cymraeg eu hiaith yn Aberhonddu. LlGC, Papurau Harpton Court, C/604, llythyr gan Frankland Lewis, 24 Ebrill [1830].

[24] *Parliamentary Debates* (Hansard), ail gyfres, cyf. 25, col. 504 (18 Mehefin 1830).

[25] Ibid., cyf. 24, col. 107 (27 Ebrill 1830).

[26] Am drafodaeth ar arwyddocâd sefyll prawf gerbron rheithgor i'r Saeson, gw. Douglas Hay, 'Property, Authority and the Criminal Law' yn idem et al. (goln.), *Albion's Fatal Tree* (London, 1975), tt. 17–63. Ar y ffaith fod llai o Gymry yn cael eu dyfarnu'n euog, gw. D. J. V. Jones, 'Life and Death in Eighteenth-Century Wales: A Note', *CHC*, X, rhif 4 (1981), 536–48.

[27] *Seren Gomer*, XV, rhif 205 (1832), 301.

[28] *Carmarthen Journal*, 21 Mawrth 1834.

[29] Ibid., 28 Mawrth 1834.

ffordd, yr oedd yn fwy o achos pryder erbyn hynny gan fod barnwyr yn llai goddefgar a bod nifer cynyddol o bobl yn dod i gysylltiad â'r drefn gyfreithiol oherwydd y cynnydd mewn erlyniadau am droseddau.[30] Elfen bwysig o ran ysgogi mwy o ddiddordeb yn y pwnc oedd twf cymdeithasau diwylliannol, yn enwedig y Cymreigyddion, a gafodd eu sefydlu er mwyn gwarchod yr iaith Gymraeg.[31] Ceir llawer o dystiolaeth o'u hawydd i weld y Gymraeg yn dod yn gyfrwng y gyfraith: yr oedd yn bwnc a ddewisid yn aml ar gyfer cystadlaethau ysgrifennu traethodau, megis yr un a drefnwyd gan Gymreigyddion Caerfyrddin ym 1834,[32] ac yn destun ambell ddarlith.[33] Yr oedd y cymhelliad i sicrhau mai'r Gymraeg oedd iaith y gyfraith yn fwy nag ymgais i gael cyfiawnder i'r Cymro uniaith – yr oedd yn rhan o strategaeth ehangach i adfer iaith y genedl.[34] Trwy wneud y Gymraeg yn gyfrwng y gyfraith, gobeithid y byddai haenau uchaf y gymdeithas yn mabwysiadu'r iaith ac y byddai sefydliadau addysgol yn rhoi gwersi ynddi. Gobaith cymdeithasau'r Cymry yn Llundain oedd troi'r anniddigrwydd a deimlid ynglŷn â'r modd y câi'r Gymraeg ei thrin yn ymgyrch ddeisebu drefnus.[35] Yn ogystal â'r Cymreigyddion, dangoswyd llawer o ddiddordeb gan gymdeithasau cyfeillgar dyngarol, yn enwedig y rhai a chanddynt gysylltiad â Chymru, megis yr Iforiaid, a'r criw rhyfeddol o bobl a berthynai i gylch Arglwyddes Augusta Hall, sef 'Cylch Llanofer'.[36] Ceir tystiolaeth hefyd fod cymunedau lleol yn ceisio mynd i'r afael â'r mater eu hunain; er enghraifft, mynnai deiseb o Aberystwyth y dylid naill ai hybu addysg drwy gyfrwng y Saesneg ledled Cymru neu wneud defnydd o'r Gymraeg mewn llysoedd barn.[37]

Yr oedd y posibilrwydd y sefydlid cyfres newydd o lysoedd yn arf cyfleus i'r rhai a geisiai driniaeth fwy cyfartal i'r Gymraeg yn y drefn gyfreithiol. Prif orchwyl y llysoedd sirol oedd adennill mân ddyledion, tasg a aethai'n anos ar ôl diddymu'r Sesiwn Fawr. O fis Rhagfyr 1843 ymlaen, anogodd ysgrifenyddion Cymreigyddion Llundain eu cyd-wladwyr i anfon deisebau i sicrhau y penodid

[30] Am ddadansoddiad o'r ffigurau troseddu, gw. David J. V. Jones, *Crime in Nineteenth-Century Wales* (Cardiff, 1992), pennod 2, a Clive Emsley, *Crime and Society in England 1750–1900* (ail arg., London, 1996), pennod 2.

[31] Sian Rhiannon Williams, *Oes y Byd i'r Iaith Gymraeg: Y Gymraeg yn Ardal Ddiwydiannol Sir Fynwy yn y Bedwaredd Ganrif ar Bymtheg* (Caerdydd, 1992), pennod 3; R. T. Jenkins a Helen M. Ramage, *A History of the Honourable Society of Cymmrodorion and of the Gwyneddigion and Cymreigyddion Societies* (London, 1951).

[32] *Seren Gomer*, XVIII, rhif 233 (1835).

[33] LlGC, Llsgr. 22714B, 'Rhestr Gweithredawl, Cymmreigyddion Caerludd . . . yn dechrau gyda y vlwyddyn 1835', darlith a draddodwyd gan Dewi Watkins ar 9 Ionawr 1840.

[34] LlGC, Llsgr. 2769C, 'Anerchiad at Genedl yr Hen Gymmry (oddiwrth Cymreigyddion Caerludd)', 22 Awst 1832.

[35] *Seren Gomer*, XV, rhif 199 (1832), 107–9. Llythyr gan ysgrifenyddion Cymreigyddion Llundain.

[36] Yn un o gyfarfodydd cyntaf 'Cylch Llanofer' penderfynwyd gwneud cais i'r Senedd am farnwyr a siaradai Gymraeg. Gw. ibid., XVIII, rhif 232 (1835), 24. Ceir ymdriniaeth fer â'r 'Cylch' yn Mair Elvet Thomas, *Afiaith yng Ngwent* (Caerdydd, 1978).

[37] *Y Gwladgarwr*, III, rhif 33 (1835), 25.

barnwyr Cymraeg eu hiaith i wasanaethu'r llysoedd newydd.[38] Ymhlith y deisebau a luniwyd ac a gyflwynwyd i'r Senedd oedd y rhai a gyflwynwyd i Dŷ'r Cyffredin gan Charles Wynn a Syr Watkin Williams Wynn ym mis Mawrth 1845.[39] Erbyn hydref y flwyddyn ganlynol honnwyd bod oddeutu ugain mil o bobl wedi llofnodi'r deisebau.[40] O'r cychwyn bron, gellid cysylltu'r ymgyrch dros benodiadau Cymraeg ag Arthur James Johnes, awdur pamffledyn enwog a briodolai dwf Ymneilltuaeth i'r ffaith fod yr Eglwys wladol wedi esgeuluso'r iaith Gymraeg.[41] Pan ofynnodd Arglwydd Dynevor i'r Arglwydd Ganghellor a ydoedd yn fwriad ganddo benodi Cymry, atebodd Arglwydd Cottenham y byddai'n gwneud hynny pe bai ymgeiswyr addas ar gael.[42] Yr oedd tri o'r pum barnwr a benodwyd ym 1847 i wasanaethu cylchdeithiau'r llysoedd sirol yng Nghymru yn siaradwyr Cymraeg, sef A. J. Johnes, John Johnes, ac E. L. Richards. I'r sawl a ddymunai weld y Gymraeg yn cael statws swyddogol ym myd y gyfraith, yr oedd y penodiadau hyn yn gam i'r cyfeiriad cywir. Ceir tystiolaeth fod barnwyr yn defnyddio'r Gymraeg – er mawr foddhad i ymgyfreithwyr – ac y câi achosion cyfan weithiau eu cynnal yn Gymraeg.[43] Yr oedd yr awydd am driniaeth decach i'r iaith Gymraeg wedi ei fodloni i ryw raddau, ond erbyn canol y bedwaredd ganrif ar bymtheg yr oedd niferoedd cynyddol o bobl yn benderfynol o danseilio'r hyn a enillwyd.

⋆ ⋆ ⋆

Yn ystod degawdau canol y bedwaredd ganrif ar bymtheg cafwyd trafodaeth eang ynghylch ffawd yr iaith Gymraeg yn y llysoedd, a cheir cipolwg ar syniadau pobl y cyfnod trwy ddarllen y myrdd traethodau, llythyrau ac erthyglau a ymddangosodd mewn papurau newydd a chyfnodolion yng Nghymru. Yn fynych câi'r problemau y deuid ar eu traws mewn llysoedd barn eu defnyddio'n enghreifftiau i gefnogi dadleuon mwy cyffredinol ynglŷn â'r iaith. Yr oedd y dadleuon hynny, fodd bynnag, yn adlewyrchu'n ddieithriad syniadau'r garfan fwyaf llafar o'r boblogaeth yn hytrach na'r 'mwyafrif tawel' o Gymry uniaith – yn llafurwyr, ffermwyr-denantiaid, crefftwyr a glowyr – a wynebai'r profiad brawychus o fynychu achosion llys a gynhelid mewn iaith annealladwy. Ymddengys fod rhai Cymry, a oedd â chrap ar y Saesneg ond a wrthodai ddefnyddio unrhyw gyfrwng heblaw eu mamiaith, yn barod i gynnal math o brotest boblogaidd. Gwelwyd eisoes sut y portreadwyd y Cymry fel pobl ddi-ildio mewn materion yn ymwneud

[38] *Yr Amserau*, 27 Rhagfyr 1843.
[39] *North Wales Chronicle*, 25 Mawrth 1845.
[40] *Yr Amserau*, 8 Hydref 1846.
[41] Marian Henry Jones, 'Judge A. J. Johnes, 1808–1871, Patriot and Reformer', *MC*, LVII, rhif 1 (1963–4), 3–20.
[42] *Parliamentary Debates* (Hansard), 3edd gyfres, cyf. 88, col. 280 (3 Awst 1846).
[43] E.e., gw. *Carnarvon and Denbigh Herald*, 29 Mai, 5 Mehefin, 12 Mehefin 1847.

â'u hiaith, ond yn yr hinsawdd llai goddefgar a fodolai yn sgil diddymu'r Sesiwn Fawr, yr oedd hwn yn llwybr peryglus i'w ddilyn. Mewn achos o drais a gynhaliwyd ym Mrawdlys Sir Fynwy ym 1852, lle'r oedd y diffynnydd yn offeiriad Pabyddol, gwrthododd un tyst roi ei thystiolaeth yn Saesneg, gan fod yn well ganddi ei chyflwyno yn yr iaith yr oedd yn fwyaf cyfarwydd â hi. Ymateb y barnwr oedd bygwth gwrthod rhoi ei chostau iddi. Cafodd ymddygiad y barnwr ei grybwyll yn Nhŷ'r Arglwyddi gan Iarll Powis a oedd, ynghyd ag Arglwydd Dynevor, o blaid hawl y Cymry i gael eu croesholi yn eu dewis iaith. Yr oedd ymateb yr Arglwydd Ganghellor yn ddiddorol: yn ei brofiad ef yr oedd y Cymry yn dueddol o wadu eu bod yn gallu siarad Saesneg, a'r ffordd orau o'u hannog i wneud hynny oedd eu hysbysu na chaniateid eu costau iddynt oni wnaent.[44] Ym Mrawdlys Sir Y Fflint y flwyddyn ganlynol dedfrydwyd tyst i fis o garchar am ddirmyg llys oherwydd iddo honni na allai ateb cwestiwn yn briodol oni ofynnid ef iddo yn Gymraeg.[45] Nid oedd dulliau protest fel y rhain yn golygu bod pobl yn ymwrthod â'r drefn gyfreithiol yn ei chyfanrwydd; ymwrthod yr oeddynt yn hytrach â'r anghyfiawnder ieithyddol y deuent ar ei draws. Er bod gan y Cymry eu dulliau traddodiadol eu hunain o sicrhau cyfiawnder y tu allan i'r drefn gyfreithiol – y mwyaf amlwg ohonynt oedd y ceffyl pren – yr oedd y drefn gyfreithiol yn hollbwysig i haenau isaf cymdeithas. Dadleua David Jones fod yr ymosodiadau ar ynadon a esgeulusai eu cyfrifoldebau ar ddiwedd y ddeunawfed ganrif a dechrau'r bedwaredd ganrif ar bymtheg yn dangos mor bwysig, yn nhyb y bobl, oedd sicrhau cyfiawnder.[46] Y mae parodrwydd yr haenau isaf i erlyn er gwaethaf y gost hefyd yn dangos lle mor ganolog a oedd i'r gyfraith yn eu bywydau. Byddai'n deg tybio, felly, fod pobl a gredai yn effeithiolrwydd cyfiawnder drwy'r llysoedd yn fwy tebygol o gasáu anghyfiawnderau ieithyddol.

Gellid disgwyl y byddai unrhyw achos o wrthryfel poblogaidd yn y cyfnod hwnnw yn rhoi cyfle i wyntyllu cwynion ieithyddol yn ymwneud â'r gyfraith. Ni pherthynai elfen o'r fath, fodd bynnag, i derfysgoedd Beca, a ddigwyddodd rhwng 1839 a 1844. Efallai nad oeddynt yn teimlo bod hynny'n rhan o'u cenhadaeth, yn enwedig o gofio bod hwn yn gyfnod pan oedd cymdeithasau'r Cymreigyddion wrthi'n brysur yn ymdrin â mater llysoedd sirol Cymraeg. Dim ond datganiadau'r rhai mwyaf huawdl o ddilynwyr Beca sydd ar gof a chadw, a chan fod llawer o'r bobl hyn yn ddwyieithog nid oedd yn dilyn o anghenraid y byddent yn cefnogi cwynion yn ymwneud ag iaith. Yn ei astudiaeth wych o Beca a'i merched, nododd David Jones fod problemau ynglŷn â thalu costau yn llawer pwysicach i'r ymgyfreithiwr nag yr oedd iaith, ac yn wir codwyd materion o'r fath droeon, er enghraifft mewn cyfarfodydd a gynhaliwyd yng Nghynwyl Elfed, Allt Cunedda a

44 *Parliamentary Debates* (Hansard), 3edd gyfres, cyf. 121, col. 1175 (27 Mai 1852).

45 *Carnarvon and Denbigh Herald*, 9 Ebrill 1853. Am achos tebyg, gw. *Merthyr Guardian*, 11 Ebrill 1835.

46 Jones, *Before Rebecca*, t. 63.

Phen Tas Eithin.[47] Yn ogystal â'r gost, testun pryder arall ynglŷn â'r gyfraith oedd yr ynadon. Yn nhyb llawer o bobl, gan gynnwys Thomas Campbell Foster, gohebydd y *Times*, y rhain a oedd yn gyfrifol i raddau helaeth am ysgogi'r helyntion. Oherwydd y diffyg ymddiriedaeth yn yr ynadon, bu protestwyr yn galw am benodi ynadon cyflogedig.[48] Dengys y galw am ynadon heddwch a hyfforddwyd yn broffesiynol unwaith yn rhagor mor bwysig oedd y gyfraith i'r bobl, er na allwn ond tybio y dymunent weld Cymry yn cael eu penodi i'r swyddi. Yn ôl y comisiynwyr a fu'n ymchwilio i achos y terfysgoedd, byddai penodi ynadon cyflogedig yn annoeth gan y byddai'r rhain yn bobl ddieithr, ac arferion ac agweddau'r bobl yn anghyfarwydd iddynt.[49] Amheuai Foster mai gwahaniaethau ieithyddol a oedd i gyfrif am y diffyg ymddiriedaeth yn yr ynadon, ond pan grybwyllwyd hyn wrth griw o ffermwyr, eu hateb oedd fod yr ynadon yn deall yr hyn a ddywedent yn iawn, ond eu bod yn casáu eu hymarweddiad. Honnodd un ffermwr eu bod yn cael eu trin fel anifeiliaid yn hytrach nag fel bodau dynol.[50] Y mae'n anodd credu bod mwyafrif llethol yr ynadon yn medru'r Gymraeg, gan mai'r diffyg siaradwyr Cymraeg yn eu plith a barodd i'r comisiynwyr argymell y dylai clerc yr ynadon fod yn gwbl hyddysg yn yr iaith frodorol.[51] Ond er y clywid cwynion yn aml yn ystod terfysgoedd Beca am benodi siaradwyr di-Gymraeg yn glercod ynadon, yn stiwardiaid tir ac yn swyddogion tlotai, yn ystod y cyfnod hwn o gyni ni roddwyd hanner cymaint o sylw i'r modd y câi'r Gymraeg ei thrin yn y llysoedd. Er enghraifft, galwodd Thomas Emlyn Thomas, athro ysgol, radical a gweinidog Undodaidd, am farnwyr Cymraeg eu hiaith mewn erthygl a gyhoeddwyd yn *Seren Gomer* ym 1843, ond ni chododd y mater yng nghyfarfodydd cefnogwyr Beca.[52]

Efallai mai arwyddocâd pwysicaf terfysgoedd Beca o safbwynt ieithyddol oedd i'r helyntion hyn, yn ogystal â chyrch y Siartwyr ar Gasnewydd ym 1839, argyhoeddi llawer o'r angen i gyflwyno rhaglen addysg gynhwysfawr trwy gyfrwng y Saesneg er mwyn 'gwareiddio' pobl Cymru. Yn yr araith a esgorodd ar gomisiwn addysg 1846–7, siaradodd William Williams, AS Coventry, am y terfysgoedd o'r safbwynt hwn, gan rybuddio'r Cymry ynghylch y canlyniadau enbyd a'u hwynebai mewn llysoedd barn. Yn ôl Williams, yr oedd yn bosibl i Gymro gael ei ddedfrydu i farwolaeth ac yntau heb ddeall yr un gair o'r gweithrediadau. Soniodd hefyd am achosion lle'r oedd rheithgor wedi dwyn rheithfarn yn groes i'r dystiolaeth, gan

[47] David J. V. Jones, *Rebecca's Children: A Study of Rural Society, Crime, and Protest* (Oxford, 1989), t. 157. Am y cyfarfodydd hyn, gw. *The Welshman*, 23 Awst, 29 Medi, 3 Tachwedd 1843.

[48] Codwyd hyn hefyd mewn cyfarfodydd a gynhaliwyd yng Nghynwyl Elfed, Allt Cunedda a Phen Tas Eithin.

[49] *Report of the Commissioners of Inquiry for South Wales* (PP 1844 XVI), t. 34.

[50] *The Times*, 19 Awst 1843. Gwrthodwyd yr haeriad mai Saesneg yn unig a siaradai'r ynadon mewn llythyr i'r *Welshman*, 25 Awst 1843.

[51] *Report of the Commissioners of Inquiry for South Wales*, t. 32. Gw. hefyd dystiolaeth John Rees, Llannarth, t. 59.

[52] *Seren Gomer*, XXVI, rhif 336 (1843), 266.

arwain bron yn ddieithriad at ryddfarniad, ac am achos lle y galwyd ar un o'r rheithwyr i gyfieithu tystiolaeth ar gyfer yr un aelod ar ddeg arall.[53] Yn nhyb Williams, nid oedd y Cymry yn galw am gyfieithu'r cyfreithiau i'r Gymraeg nac am eu gweinyddu yn yr iaith honno; yr hyn y gofynnent ac y gweddïent amdano oedd fod ysgolfeistri Saesneg yn cael eu hanfon i'w plith i ddysgu iaith y cyfreithiau iddynt, fel y gallent eu deall ac ufuddhau iddynt.[54] Yr oedd hwn yn sylw anarferol o gofio bod miloedd o enwau wedi eu casglu yn yr ymgyrch o blaid cael barnwyr Cymraeg eu hiaith yn y llysoedd sirol. Y mae tystiolaeth, fodd bynnag, yn awgrymu bod awydd gwirioneddol ymhlith haenau isaf cymdeithas i weld eu plant yn dysgu Saesneg. Nododd y Parchedig H. Longueville Jones, arolygydd ysgolion yr eglwys a gŵr goleuedig a argymhellai ddulliau dysgu dwyieithog, y ceid awydd i ddysgu Saesneg 'without yielding in one iota of respect or affection for the mother tongue of our beloved country'.[55] At ei gilydd, ni fwriodd y rhai a gondemniai gasgliadau'r Llyfrau Gleision amheuaeth ar y dybiaeth mai Saesneg oedd yr allwedd i'r dyfodol, ond fe'u cythruddwyd gan y sen a fwriwyd ar yr heniaith annwyl a chan y feirniadaeth ar foesoldeb y Cymry. Darluniwyd y Cymry fel pobl a chanddynt dueddfryd at fân droseddau, gwyriadau rhywiol a meddwdod. Collfarnwyd hefyd eu hymddygiad mewn llysoedd barn. Meddid: 'The evil of the Welsh language is obviously and fearfully great in the courts of justice.'[56] Honnwyd bod yr iaith yn ystumio'r gwirionedd, yn hyrwyddo twyll ac yn annog anudoniaeth. Honnodd un o'r tystion, sef Edward Lloyd Hall, bargyfreithiwr o Gastellnewydd Emlyn, mai ychydig iawn o achosion a oedd yn gwbl rydd o anudoniaeth.[57] Nid oedd y gred fod y Cymry yn dueddol o dyngu anudon wedi ei chyfyngu i'r Llyfrau Gleision yn unig; ceid sôn am y peth yn llenyddiaeth y cyfnod a gresynid ato weithiau gan farnwyr yn y brawdlysoedd. Y mae'n amhosibl penderfynu faint o anudoniaeth a ddigwyddai oherwydd bod gwahaniaethau ieithyddol yn achosi camddealltwriaeth. Y mae'n bosibl fod gan isel reithgorau Cymru eu rhesymau eu hunain dros ffafrio rhyddfarniadau.

Wrth i'r dybiaeth mai'r iaith Saesneg oedd yr allwedd i'r dyfodol ennill rhagor o dir yng Nghymru yng nghanol oes Victoria, daeth yn fwyfwy anodd i'r Cymreigyddion barhau â'u rhaglen i ddyrchafu'r Gymraeg yn iaith swyddogol. Yn nhyb y rhai a fawrygai'r undod gwleidyddol â Lloegr, yr oedd y syniad o gael barnwyr Cymraeg eu hiaith yn dechrau swnio'n rhy debyg i'r syniad o 'Gymru i'r Cymry'. I rai, cam dros dro yn unig oedd cael barnwyr Cymraeg eu hiaith yn y llysoedd sirol. Yn ôl golygydd y *Welshman*: 'The education of the Welsh in the language of the laws they are compelled to obey must come, but in the mean time

[53] *Parliamentary Debates* (Hansard), 3edd gyfres, cyf. 84, col. 857–8 (10 Mawrth 1846).

[54] Ibid., col. 858.

[55] Dyfynnwyd yn H. G. Williams, 'Longueville Jones and Welsh Education: The Neglected Case of a Victorian H.M.I.', *CHC*, 15, rhif 3 (1991), 432–3.

[56] *Reports of the Commissioners of Inquiry into the State of Education in Wales . . . in three parts. Part II. Brecknock, Cardigan, Radnor, and Monmouth* (PP 1847 (871) XXVII), t. 66.

[57] Ibid., t. 90.

it is something to have judges who understand the evidence upon which they must ground their decision.'[58] Wrth i'r drafodaeth ynglŷn ag iaith fynd rhagddi, rhoddai mwy a mwy o bobl resymau paham na ddylai'r Gymraeg ddod yn iaith y gyfraith. Pwysleisiodd un gohebydd dienw faint y costau a ddeuai yn sgil cyfieithu ac argraffu deddfwriaeth y llyfr statud yn y Gymraeg; llawer rhatach, yn ei dyb ef, fyddai sefydlu ysgolion cyfrwng Saesneg.[59] Mynnodd un arall – yn goeglyd braidd – mai dim ond trwy sefydlu 'a Welsh Lincoln's Inn . . . at Bala or elsewhere' y gellid hyfforddi cyfreithwyr i weithredu'r fath drefn. Crybwyllwyd hefyd y broblem o ddarganfod geirfa briodol i gyfleu terminoleg y gyfraith. Mynnodd un sylwebydd y byddai'r angen i gyfeirio'n barhaus at destunau cyfreithiol Saesneg ac at eiriadur William Owen Pughe, a fu'n gymaint o gyff gwawd, yn dod â 'dryswch Babel' i'r llysoedd barn.[60] Er bod gronyn o wirionedd, y mae'n debyg, yn yr honiad nad oedd gan yr iaith Gymraeg ystod helaeth o dermau cyfreithiol (yn rhannol oherwydd ei bod wedi ei gwahardd o'r llysoedd er yr unfed ganrif ar bymtheg), nid oedd datganiadau o'r fath yn cymryd i ystyriaeth allu'r iaith i fathu geiriau newydd a fyddai'n cael eu derbyn ar lafar gwlad cyn pen dim, fel a ddigwyddodd mewn meysydd eraill megis gwleidyddiaeth, argraffu a gwyddoniaeth ar ddiwedd y ddeunawfed ganrif a dechrau'r bedwaredd ganrif ar bymtheg.[61]

Er gwaethaf pesimistiaeth y rhai a ddaroganai dranc yr iaith Gymraeg, a'r awydd cyffredinol bron i weld dealltwriaeth ehangach o'r Saesneg, ceid rhai yn barod o hyd i bleidio achos yr iaith frodorol yn ystod y degawd ar ôl cyhoeddi'r Llyfrau Gleision. Yr oedd pobl o'r fath yn ymgysuro oherwydd bod y Gymraeg fel pe bai'n ymadfywio:

> Y mae [yr iaith Gymraeg] yn adnewyddu ei hieuenctyd fel yr eryr – ei newyddiaduron, ei chyfnodolion, ei geiriaduron, a'i llyfrau o bob math, yn lluosogi yn gyflym; gan hynny, rhaid fod nifer ei darllenwyr a'i choleddwyr yn amlhau hefyd. Os dileu yr hen iaith oedd un o amcanion gwreiddiol y llywodraeth yn appwyntiad gweinyddiad y gyfraith yn yr iaith Seisoneg yn Nghymru, y mae yr amcan wedi llwyr fethu.[62]

Fodd bynnag, nid mewn meysydd yn perthyn i'r byd seciwlar y profwyd y twf mwyaf. Yr oedd gan y Cymry le i'w llongyfarch eu hunain ynghylch cryfder yr iaith genedlaethol gan fod hyn wedi ei gyflawni er gwaethaf gwrthwynebiad y wladwriaeth. Yng ngeiriau Thomas Gee, golygydd *Baner ac Amserau Cymru*: 'Cauwyd hi allan o'r llys barn, ac i raddau o'r eglwysydd, gan gredu y buasai farw yn union; ond yn lle marw, y mae yr hen iaith wedi gwaghau yr eglwysydd, ac

[58] *The Welshman*, 23 Ebrill 1847.
[59] *Carnarvon and Denbigh Herald*, 26 Mehefin 1847.
[60] Ibid., 18 Rhagfyr 1858.
[61] Prys Morgan, 'Dyro Olau ar dy Eiriau', *Taliesin*, 70 (1990), 38–45.
[62] *Baner Cymru*, 27 Ionawr 1858. Gw. hefyd R. J. Derfel, 'Cadwraeth yr Iaith Gymraeg' yn idem, *Traethodau ac Areithiau* (Bangor, 1864), t. 159.

wedi gwneyd llys barn yn ddianghenrhaid.'[63] Llawer llai niferus oedd y rhai a gwestiynai briodoldeb cyfyngu'r iaith frodorol i feysydd penodol megis addysg grefyddol. Yn wahanol i'r Alban, lle y sefydlwyd mudiad trefnus, ond byr ei barhad ym 1853, sef 'y Gymdeithas Genedlaethol er Amddiffyn Hawliau'r Alban', nid oedd gan Gymru fudiad a allai wyntyllu cwynion y genedl.[64] Yr oedd hyd yn oed yr eisteddfod yn gwneud ei gorau i osgoi gwneud datganiadau y gellid eu dehongli fel anogaeth i'r iaith Gymraeg.[65] Y peth agosaf a geid i gymdeithas genedlaethol oedd yr 'Association of Welsh Clergy in the West Riding of the County of York', a gyfarfyddai bob Dydd Gŵyl Dewi i ddathlu eu cenedligrwydd ac i drafod materion a effeithiai ar fuddiannau eu cyd-wladwyr. Ni ellir amau didwylledd y clerigwyr hyn yn eu hawydd i weld y Gymraeg yn cael ei mabwysiadu yn iaith y gyfraith,[66] er bod eu hymdrechion wedi eu hanwybyddu i raddau helaeth gan haneswyr Cymru, yn bennaf oherwydd ei bod yn anodd cysoni'r fath flaengaredd ymhlith Anglicaniaid â'r dehongliad Ymneilltuol o'r gorffennol.[67] Llesteiriwyd Cymdeithas West Riding yn ddifrifol gan ei chysylltiad â sefydliad a bardduwyd yn sgil 'brad' ei glerigwyr mewn perthynas â'r Llyfrau Gleision. Dichon mai un o ganlyniadau mwyaf anffodus helynt y Llyfrau Gleision oedd y ffaith na chynhwyswyd y gwŷr eglwysig o fewn y diffiniad newydd o Gymreictod, ond yr oedd arwyddocâd ehangach iddo hefyd, sef ymwreiddiad dwfn enwadaeth yng Nghymru: '[Y] mae yr ysbryd enwadol bob amser yn gryfach na'r ysbryd cenedlaethol', gresynai golygydd *Baner Cymru*.[68] Mewn hinsawdd o'r fath nid oedd llawer o obaith y byddai breuddwyd R. J. Derfel o sefydlu 'Cymdeithas Amddiffyn Cymru' i hyrwyddo materion megis hawliau Cymry mewn llysoedd barn yn dwyn ffrwyth.[69] Lleisiau unig oedd eiddo gwŷr llên gwladgarol megis Derfel ei hun, Michael D. Jones, y Parchedig R. W. Morgan, a William Rees (Gwilym Hiraethog), a fu'n galw am driniaeth decach i'r Gymraeg yn y llysoedd barn. Ond nid yw hynny'n golygu na wrandawodd neb ar eu syniadau, oherwydd cafodd eu safbwyntiau eu cyhoeddi'n eang a hawdd tybio eu bod yn adlewyrchu barn ehangach dan yr wyneb. Cawn weld i ba raddau yr aeth yr aelodau seneddol a etholwyd ar ôl estyn yr etholfraint ym 1867 ati i leisio'r gŵyn hon.

[63] *BAC*, 31 Hydref 1860.

[64] Am y Gymdeithas Genedlaethol er Amddiffyn Hawliau'r Alban, gw. H. J. Hanham, 'The Mid-Century Scottish Nationalism: Romantic and Radical' yn Robert Robson (gol.), *Ideas and Institutions of Victorian Britain* (London, 1967), tt. 164–71.

[65] Dadansoddwyd y berthynas gymhleth rhwng yr eisteddfod a phwnc yr iaith yn Hywel Teifi Edwards, *Gŵyl Gwalia: Yr Eisteddfod Genedlaethol yn Oes Aur Victoria 1858–1868* (Llandysul, 1980), pennod 5.

[66] Gw., e.e., *Report of the Proceedings of the Association of Welsh Clergy in the West Riding of the County of York, March 1st, 1856* (Caernarfon, 1856), tt. 44–7.

[67] Ond gw. R. Tudur Jones, 'Yr Eglwysi a'r Iaith yn Oes Victoria', *LlC*, 19 (1996), 152–5.

[68] *Baner Cymru*, 12 Mai 1858.

[69] Derfel, 'Pethau wnawn pe gallwn' yn idem, *Traethodau ac Areithiau*, t. 259.

* * *

Gwelwyd ffrwyth ymdrechion y Gymdeithas Ryddhau i wleidyddoli Cymru pan estynnwyd yr etholfraint ym 1867.[70] Er bod arwyddocâd etholiad 1868 wedi ei orliwio'n aml, yr oedd gan Gymru o'r diwedd gnewyllyn o wleidyddion a allai fynegi ei chwynion â mwy o arddeliad. Yr oedd pob un ond deg o'i thri ar ddeg ar hugain o gynrychiolwyr yn Rhyddfrydwyr. O ran pwnc yr iaith, rhaid cofio nad oedd aelodau seneddol megis Henry Richard, George Osborne Morgan a Watkin Williams yn perthyn i'r un ysgol â'r cenedlaetholwyr diwylliannol a phleidwyr y cenhedloedd bychain ar ddiwedd y 1880au a'r 1890au: dynion megis Tom Ellis, J. Herbert Lewis a David Lloyd George. Fel y nodwyd gan David Howell, yr oedd etholiad 1868 yn fuddugoliaeth i radicaliaeth Ymneilltuol, ac nid i genedlaetholdeb Cymreig.[71] Yn ôl Howell, rhoddwyd cwynion ieithyddol o'r neilltu ar ôl 1868, yn ystod yr ymgyrch o blaid hawliau gwleidyddol a chrefyddol. Rhaid cofio hefyd fod llawer o'r radicaliaid Ymneilltuol dosbarth-canol a sicrhaodd y fuddugoliaeth yn yr etholiad yn amwys o ran eu teimladau at yr iaith Gymraeg.[72] Fodd bynnag, yn ystod cyfnod cyntaf W. E. Gladstone yn brif weinidog aethpwyd i'r afael â phwnc yr iaith ar ddau achlysur pwysig. Yn gyntaf, ym 1870 penododd Gladstone siaradwr Cymraeg, Joshua Hughes, i esgobyddiaeth Llanelwy, yr esgob Cymraeg cyntaf er 1715. Yn ail, ym mis Hydref 1871 parodd penodi Sais uniaith o'r enw Homersham Cox yn farnwr yng nghylchdaith llysoedd sirol canolbarth Cymru i George Osborne Morgan, un o'r aelodau sirol dros sir Ddinbych, ddwyn cynnig gerbron ym mis Mawrth 1872 i rwystro penodiadau cyffelyb yn y dyfodol.[73] Penodwyd Homersham Cox i olynu Tindal Atkinson, a oedd hefyd yn Sais uniaith ac wedi gwasanaethu'r gylchdaith am ychydig llai na blwyddyn. Yr oedd penodiad Atkinson wedi achosi llawer o ddrwgdeimlad mewn rhai cylchoedd; ysgrifenasai golygydd y *Carnarvon and Denbigh Herald*: 'We are justly indignant that a Government, the members of whom are conversant with the circumstances and requirements of Wales, should flagrantly set aside public convenience and the demands of justice.'[74] Mewn

70 Ieuan Gwynedd Jones, 'The Liberation Society and Welsh Politics, 1844 to 1868' yn idem, *Explorations and Explanations: Essays in the Social History of Victorian Wales* (Llandysul, 1981), tt. 236–68; Ryland Wallace, *Organise! Organise! Organise! A Study of Reform Agitations in Wales, 1840–1886* (Cardiff, 1991), pennod 8.

71 David Howell, 'A "Less Obstructive and Exacting" Nationalism: Welsh Ethnic Mobilisation in Rural Communities, 1850–1920' yn idem (gol.) mewn cydweithrediad â Gert von Pistohlkors ac Ellen Wiegandt, *Roots of Rural Ethnic Mobilisation* (Aldershot & New York, 1993), tt. 51–97.

72 Am ddylanwad y dosbarth canol Ymneilltuol yng nghyd-destun gwleidyddiaeth, gw. Matthew Cragoe, 'Conscience or Coercion? Clerical Influence at the General Election of 1868 in Wales', *P&P*, 149 (1995), 140–69.

73 *Parliamentary Debates* (Hansard), 3edd gyfres, cyf. 209, col. 1648 ff. (8 Mawrth 1872). Trafodir achos Homersham Cox yn Hywel Teifi Edwards, *Codi'r Hen Wlad yn ei Hôl, 1850–1914* (Llandysul, 1989), tt. 173–86.

74 *Carnarvon and Denbigh Herald*, 17 Rhagfyr 1870.

anerchiad yn amlinellu ei raglen wleidyddol i'w etholwyr, a draddodwyd yn fuan ar ôl i Atkinson gyrraedd Cymru,[75] ni chyfeiriodd Osborne Morgan at y penodiad diweddar hwn. Mynnai un gohebydd dig gael gwybod paham nad oedd aelodau seneddol Cymru wedi gwrthwynebu'r penodiad, a chwynodd fod anghenion Cymru yn cael eu hesgeuluso hyd yn oed dan y Rhyddfrydwyr.[76] Rhwbiwyd halen ar y briw pan gyhoeddwyd fod Sais arall wedi ei ddewis i wasanaethu'r gylchdaith. Yn sgil penodi Cox, cafodd y mater ragor o sylw wedi i lythyr a ysgrifennodd J. J. Hughes (Alfardd) at yr Arglwydd Ganghellor ym mis Medi 1871 gael ei gyhoeddi yn y wasg Gymraeg.[77] Gan mai Alfardd oedd is-olygydd *Yr Herald Cymraeg*, papur Rhyddfrydol cadarn, nid yw'n syndod i Osborne Morgan ac aelodau seneddol Rhyddfrydol eraill addo mynd i'r afael â'r mater. Mewn cyfarfod a gynhaliwyd yn Ninbych ar 25 Hydref, addawodd Morgan y byddai'n dwyn sylw'r Arglwydd Ganghellor at yr anniddigrwydd a deimlid ynglŷn â'r penodiad,[78] ac yn codi'r mater yn y Senedd pe bai ei ymgais yn aflwyddiannus.[79] Yr oedd pwysau 'oddi isod' yn amlwg wedi gorfodi Morgan a'i gyd-weithwyr yn San Steffan i weithredu ynglŷn â phwnc barnwyr y llysoedd sirol yng Nghymru.

Yr oedd her newydd yn wynebu Osborne Morgan pan gyflwynodd ei gynnig gerbron Tŷ'r Cyffredin. Dyma un o'r troeon cyntaf i gŵyn benodol Gymreig, nad oedd yn ymwneud â chrefydd, gael gwrandawiad yn y Senedd. Y mae'n ddiddorol sylwi eu bod yn ceisio cadw materion Cymreig – megis swyddi barnwyr yn yr achos hwn – ar wahân i'r alwad am ymreolaeth, a hynny, mae'n debyg, oherwydd ofnau ei bod yn rhy debyg i'r alwad am 'Gymru i'r Cymry'. Eglurodd Watkin Williams AS mai unig ddiben y cynnig oedd sicrhau cydraddoldeb i'r Cymry o fewn yr undeb gwleidyddol. Honnodd Morgan yn y *Times* fod eu gweithredoedd wedi eu cynllunio i sicrhau cyfiawnder ar gyfer 'that half a million of their Majesty's subjects, who, from no fault of their own, have never been taught English'.[80] Yn y ddadl ym mis Mawrth 1872 rhoddwyd llawer o bwyslais ar y gred fod angen darpariaeth ieithyddol arbennig ar gyfer y llysoedd sirol. Gellir tybio i'r pwnc hwn gael ei danlinellu er mwyn lleddfu ofnau fod yr aelodau seneddol Cymreig yn dymuno gweithredu'r egwyddor trwy holl drefn gyfreithiol Cymru, sef yr hyn y gobeithiai llawer o bobl yng Nghymru amdano.[81] Yn y Senedd soniodd Morgan am y math o gyfiawnder 'rhywsut-rywfodd' a geid

[75] Ibid., 7 Ionawr 1871.
[76] *BAC*, 18 Hydref 1871.
[77] Atgynhyrchwyd y llythyr hwn yn eang yn y wasg Gymreig; gw. ibid., 14 Hydref 1871.
[78] Atgynhyrchwyd yr ohebiaeth hon yn ddiweddarach ar ffurf papur seneddol; gw. PP 1874 LIV, 'Welsh County Court Judges'. Copi o'r ohebiaeth, dyddiedig Tachwedd 1871, rhwng yr Arglwydd Ganghellor a George Osborne Morgan AS.
[79] *BAC*, 28 Hydref 1871.
[80] *The Times*, 15 Tachwedd 1871.
[81] *Baner Cymru*, 12 Mai 1858.

yn y llysoedd sirol, lle'r oedd yr achwynydd a'r diffynnydd yn ddieithriad heb amddiffyniad, a'r ddedfryd yn cael ei chyhoeddi gan y barnwr yn unig, yn wahanol i'r Brawdlysoedd a'r Llysoedd Chwarter, lle'r oedd y rheithwyr yn aml yn deall y dystiolaeth yn uniongyrchol. Wrth i'r ddadl ddilyn y trywydd hwn, fodd bynnag, yr oedd anghyfiawnderau ieithyddol y llysoedd uwch yn aml yn cael eu hanwybyddu. Fel y digwyddodd yn y 1840au, cafodd yr alwad am farnwyr Cymraeg eu hiaith ei hategu trwy gyflwyno deisebau i'r Senedd. Bellach, fodd bynnag, nid oedd y Cymry yn dibynnu ar eu cyd-wladwyr alltud yn Llundain. Lluniwyd y rhan fwyaf o'r 89 o ddeisebau a gyflwynwyd gan Osborne Morgan yn sgil cyfarfod a gynhaliwyd ym Mhorthaethwy, Ynys Môn, fis ynghynt.[82] Honnwyd yn y cyfarfod hwnnw fod angen ymdrech unol i godi uwchlaw pob gwahaniaeth crefyddol a gwleidyddol, ac i'r diben hwnnw penodwyd W. C. Davies, golygydd y papur newydd Ceidwadol, *Cronicl Cymru*, yn ysgrifennydd. Ymhlith yr unigolion a ddewiswyd i gasglu enwau o wahanol ardaloedd yr oedd nifer mawr o feirdd, yn cynnwys David Griffith (Clwydfardd), Richard Davies (Mynyddog) a John Ceiriog Hughes.[83] Derbyniwyd cynnig Osborne Morgan, a nodai ddymunoldeb penodi Cymry Cymraeg, ar ran y llywodraeth Ryddfrydol gan yr Ysgrifennydd Cartref, Henry Austin Bruce. Bu ef yn ynad cyflogedig ym Merthyr ac yr oedd, felly, yn gyfarwydd â'r problemau y deuid ar eu traws yn llysoedd Cymru. Yr oedd cynnig Osborne Morgan wedi ei ddiwygio yn sgil sylwadau a wnaed gan Charles Hanbury-Tracy, AS Rhyddfrydol Trefaldwyn. Er ei fod yn cefnogi pwyslais cyffredinol y cynnig, ofnai Hanbury-Tracy y byddai'n anodd cael hyd i ymgeiswyr addas, Cymraeg eu hiaith, gan y credai mai dim ond wyth ymgeisydd addas a oedd ar gael ar y pryd.[84] Yr oedd y cynnig, felly, yn cynnwys y cymal y dylai'r barnwr fod yn siaradwr Cymraeg 'as far as the limits of selection will allow'. Cafodd yr egwyddor honno, fel y cawn weld, ei chymhwyso yn ddiweddarach at ddeddfwriaeth bellach a nodai ddymunoldeb penodi siaradwyr Cymraeg.

Cafodd y newydd fod y cynnig wedi ei dderbyn gan y llywodraeth ei groesawu'n gynnes. Tybid bellach fod yr ymdrech a wnaethpwyd i ethol aelodau seneddol Rhyddfrydol yn talu ar ei chanfed. Yn ôl un golygydd papur newydd, rhoddwyd heibio'r polisi Seisnig traddodiadol, sef 'bigotry and arrogance, [and] which has striven for ages to confound natural and legitimate Welsh nationality with a cry for "Wales for the Welsh", and to bound our love for the language of our forefathers as a species of disloyalty to the British Crown'.[85] Cyn hir, fodd

[82] Am drafodion y cyfarfod hwn, gw. *BAC*, 7 Chwefror 1872.

[83] Ceir rhestr o'r ardaloedd a gyflwynodd ddeisebau i law Osborne Morgan ac aelodau seneddol eraill yn y *Carnarvon and Denbigh Herald*, 16 Mawrth 1872.

[84] *Parliamentary Debates* (Hansard), 3edd gyfres, cyf. 209, col. 1660 (8 Mawrth 1872). Y mae'n ddiddorol nodi bod tad Hanbury-Tracy, y Barwn Sudeley, wedi cefnogi'r cais i benodi'r siaradwr Cymraeg A. J. Johnes yn farnwr llys sirol canolbarth Cymru ym 1846. Gw. Marian Henry Jones, 'The Letters of Arthur James Johnes, 1809–71', *CLlGC*, X, rhif 4 (1958), 336.

[85] *Carnarvon and Denbigh Herald*, 16 Mawrth 1872.

bynnag, daeth yn amlwg fod y cynnig yn ddi-rym. Er gwaethaf y ffaith fod sawl swydd wag mewn cylchdeithiau yn Lloegr, arhosodd Cox yn gadarn yn ei le. Ym mis Gorffennaf, ac yntau wedi colli amynedd yn lân, gofynnodd Osborne Morgan i'r Twrnai Cyffredinol weithredu,[86] ond yr oedd yn amlwg fod gwladwriaeth Lloegr yn amharod i benodi siaradwyr Cymraeg. Yn yr ohebiaeth rhwng Osborne Morgan a'r Arglwydd Ganghellor ym mis Tachwedd 1871, mynegodd yr olaf y farn na fyddai barnwyr Cymraeg yn ennill ymddiriedaeth ymgyfreithwyr Saesneg. Hyd yn oed pe penodid siaradwyr Cymraeg, ychwanegodd, byddai'n rhaid i'r Saesneg barhau yn iaith y gyfraith.[87] Yn ymhlyg yn sylwadau'r Arglwydd Ganghellor yr oedd y gred y byddai gweinyddu'r gyfraith yn Gymraeg yn golygu colli un o'r cymhellion i ddysgu Saesneg. Hawdd tybio bod y teimladau hyn yn gyffredin yng nghoridorau grym.

Cynyddu a wnaeth y gwrthwynebiad i Cox yn sgil nifer o achosion lle y dangosodd mor ddi-hid yr oedd o'r iaith Gymraeg. Ym mis Hydref 1873 ataliodd Cox gyngaws Robert Jones o Lansannan oherwydd iddo wrthod ufuddhau i'w orchymyn i ddefnyddio'r Saesneg. Ym mis Rhagfyr yr un flwyddyn bu Cox yn ffraeo'n benben â chyfreithiwr yn Aberystwyth ynglŷn â'r iaith. Cyfeiriodd Osborne Morgan at y digwyddiad yn ymwneud â Robert Jones mewn anerchiad gerbron y Senedd ym mis Gorffennaf 1874. Yn ystod y drafodaeth cafodd Morgan gefnogaeth gan yr aelodau seneddol Ceidwadol, Syr Watkin Williams Wynn, Charles Wynn a Syr Eardley Wilmot, ond er gwaethaf y gwrthwynebiad cynyddol i'r barnwr bu'r Ceidwadwyr yn hynod ystyfnig. Yn wir, aethant yn groes i'r farn gyhoeddus trwy benodi Horatio Lloyd, nad oedd yn rhugl ei Gymraeg, i olynu R. Vaughan Williams fel barnwr llysoedd sirol gogledd Cymru.[88] Ond bu'n rhaid aros tan 1883 cyn i Homersham Cox ymadael â Chymru a mynd i gylchdaith yn Lloegr, a gwnaeth hynny â bonllefau o wawd a dicter yn canu yn ei glustiau. Yr oedd Cox wedi achosi cythrwfl pan honnodd yn Llanidloes ym mis Medi 1883 fod tuedd y Cymry i dyngu anudon yn ei wylltio. Yn sgil y sen hon ar y genedl ymunodd llawer â'r ymgyrch i gael gwared ohono ac i alw drachefn am gael siaradwr Cymraeg yn ei le. Ym 1884 llwyddodd cynnig Osborne Morgan o'r diwedd a phenodwyd Gwilym Williams i'r gylchdaith, ond byr fu ei arhosiad. Symudodd i gylchdaith yn ne Cymru a chymerwyd ei le gan y Barnwr Bishop, yr ymddengys fod ganddo rywfaint o wybodaeth o'r iaith Gymraeg.[89]

Daeth mater llysoedd sirol Cymru i sylw'r Senedd unwaith eto yn sgil penodi Cecil Beresford i gylchdaith canolbarth Cymru ym 1891. Yr oedd Beresford yn

[86] *Parliamentary Debates* (Hansard), 3edd gyfres, cyf. 212, col. 957 (11 Gorffennaf 1872).

[87] 'Welsh County Court Judges' (PP 1874 LIV).

[88] *Carnarvon and Denbigh Herald*, 19 a 26 Medi 1874.

[89] Ibid., 25 Medi 1891, llythyr gan 'Anti-Humbug'; dywedodd Abel Thomas AS: 'I have heard him many times [speaking Welsh], and he understands and speaks it', *Parliamentary Debates* (Hansard), 4edd gyfres, cyf. 1, col. 844 (19 Chwefror 1892).

fab bedydd i'r prif weinidog, Arglwydd Salisbury.[90] Ymddengys ei fod yn ymwybodol o sensitifrwydd mater yr iaith; er enghraifft, caniataodd gais William George i ailgynnal achos a gynhaliwyd yn Saesneg y tro cyntaf oherwydd nad oedd yr achwynydd wedi deall y gweithrediadau.[91] Er hynny, penderfynwyd mewn cyfarfod o aelodau seneddol Rhyddfrydol Cymru i ddwyn cynnig gerbron Tŷ'r Cyffredin yn gresynu at benodiad a oedd yn amlwg yn mynd yn groes i gynnig Osborne Morgan.[92] Cyflwynwyd y cynnig gan David Lloyd George ar 19 Chwefror 1892.[93] Unwaith eto teimlid ei bod yn angenrheidiol ysgaru'r mater hwn oddi wrth bwnc 'Cymru i'r Cymry', a datganodd D. A. Thomas yn bendant nad rhaglen oedd hon i adfywio'r iaith Gymraeg trwy ddulliau artiffisial.[94] Pwysleisiodd Lloyd George a William Abraham ill dau nad mater pleidiol oedd hwn, gan ddatgan bod llawer o Geidwadwyr yn cytuno bod penodi Beresford yn anghyfiawn, honiad a brofwyd pan gefnogwyd y cynnig gan Arglwydd Kenyon ac aelod seneddol Devonport, John Puleston, a aned yng Nghymru. Wrth nodi na fyddai'r llywodraeth yn torri tir newydd pe bai'n rhoi rhyw fath o ddarpariaeth i'r iaith Gymraeg, fe'u hatgoffwyd gan Tom Ellis o'r cymal yn Neddf Ffatrïoedd a Gweithdai 1891 a oedd yn deddfu ynglŷn â dymunoldeb penodi arolygwyr Cymraeg eu hiaith. Yn wahanol i gynnig Osborne Morgan ym 1872, methodd y cynnig hwn, a hynny o dair pleidlais ar hugain yn unig. Ni chladdwyd y pwnc, fodd bynnag. Pan ddychwelodd Gladstone i rym am y pumed tro a'r tro olaf ym mis Awst 1892, adnewyddwyd yr ymgyrch i gael gwared â Beresford, a rhoddwyd pwysau ar yr Arglwydd Ganghellor.[95] Erbyn Mehefin 1893 gallai'r ymgyrch lafurus hawlio buddugoliaeth pan benodwyd David Lewis, cofiadur Abertawe a Chymro Cymraeg, yn lle Beresford. Pan lywyddodd Lewis yn y gylchdaith am y tro cyntaf – yn Aberystwyth – daeth y fantais o gael barnwr a oedd yn siarad Cymraeg i'r amlwg yn syth pan ddatganodd fod pob croeso i dystion siarad eu mamiaith; fe'i gwnaeth yn hollol glir, fodd bynnag, y dylid parhau i gynnal y gweithrediadau yn Saesneg yn unol ag amodau'r Ddeddf Uno.[96] Ychydig fisoedd yn ddiweddarach gwelwyd agwedd fwy pragmatig gan y barnwr pan ganiataodd i'r holl weithrediadau yn llys sirol Blaenau Ffestiniog gael eu cynnal yn Gymraeg.[97]

Mewn materion yn ymwneud â'r iaith Gymraeg, ni chyfyngai aelodau seneddol Rhyddfrydol Cymru eu diddordebau i farnwyr llysoedd sirol yn unig. Er mai

[90] Ibid., col. 830, araith D. A. Thomas; *Carnarvon and Denbigh Herald*, 23 Hydref 1891.

[91] *Carnarvon and Denbigh Herald*, 20 Tachwedd 1891.

[92] LlGC, Papurau J. Herbert Lewis C1, Llyfr cofnodion cyfarfodydd Sefydliad Rhyddfrydol Gogledd Cymru, Chwefror 1890–Mai 1895.

[93] *Parliamentary Debates* (Hansard), 4edd gyfres, cyf. 1, col. 827 ff. (19 Chwefror 1892).

[94] Ibid., col. 830.

[95] LlGC, Papurau J. Herbert Lewis C1: cyfarfodydd a gynhaliwyd yng Nghlwb Rhyddfrydol Llundain, 30 Tachwedd 1892 ac yn 1 Carlton Gardens, 30 Ionawr 1893. Gw. hefyd J. Herbert Lewis at Arglwydd Herschell, 13 Rhagfyr 1892 (LlGC, Papurau J. Herbert Lewis, A2/6).

[96] *Carnarvon and Denbigh Herald*, 28 Gorffennaf 1893.

[97] Ibid., 1 Medi 1893.

materion bychain oeddynt o hyd o'u cymharu â datgysylltu ac addysg, daeth materion ieithyddol yn fwy canolog wrth i genedlaetholdeb diwylliannol ymwreiddio o ddiwedd y 1880au ymlaen. Mewn erthygl yn y *Welsh Review* ym 1892, nododd W. Llewelyn Williams, a oedd yr adeg honno yn awdur a newyddiadurwr ifanc, mai'r bedwaredd ganrif ar bymtheg oedd oes cenedlaetholdeb a bod y 'don fawr' wedi cyrraedd Cymru o'r diwedd. Yn sgil estyn yr etholfraint ym 1884–5, mynnodd fod mynegiant gwleidyddol wedi ei roi i ymdeimlad cenedlaethol a gawsai ei fynegi cyn hynny trwy gyfrwng crefydd a llenyddiaeth yn unig.[98] Yr oedd y modd yr aeth y Rhyddfrydwyr ati i ymdrin ag anghyfiawnderau ieithyddol fel pe bai'n cadarnhau'r argraff mai hwy oedd gwir blaid Cymru. Sicrhaodd aelodau seneddol Rhyddfrydol Cymru fod y ddeddfwriaeth a gafwyd ar ddiwedd y bedwaredd ganrif ar bymtheg, megis y Ddeddf Rheoli Pyllau Glo ym 1887, yn rhoi ystyriaeth i anghenion ieithyddol Cymru.[99] Gellir cyffelybu'r ddadl ynglŷn â'r Ddeddf hon â'r digwyddiadau yn ymwneud â Homersham Cox a Cecil Beresford. Mewn gwelliant a gynigiwyd gan William Abraham, AS y Rhondda, ceisiwyd gwneud y Gymraeg yn gymhwyster angenrheidiol ar gyfer yr arolygiaeth a oedd i'w sefydlu dan y Ddeddf.[100] Yr oedd y gwrthwynebiad i'r gwelliant hwn yn debyg i'r hyn a fynegwyd yn y dadleuon ynglŷn â barnwyr; er enghraifft, yr honiad fod nifer y siaradwyr Cymraeg yn gostwng, syniad a wadwyd yn gryf gan Abraham a chan Syr Hussey Vivien AS, ac y byddai rhoi ffafriaeth i'r Cymry yn rhwystro rhwydd hynt a dyrchafiad ymgeiswyr o fewn Ynysoedd Prydain. Fel yn achos cynnig Osborne Morgan ym 1872, cafwyd cyfaddawd ynglŷn â'r cynnig. Yr unig amgylchiadau lle'r oedd yr Ysgrifennydd Gwladol Ceidwadol, Henry Matthews, yn fodlon rhoi ffafriaeth i siaradwyr Cymraeg oedd 'among candidates equally qualified'.[101] Gweithredwyd yr egwyddor hon hefyd ynglŷn â Deddfau eraill, sef Deddf Ffatrïoedd a Gweithdai 1891, Deddf Chwareli 1894, a Deddf Ffatrïoedd 1901.[102] At hynny, galwodd aelodau seneddol Rhyddfrydol am benodi siaradwyr Cymraeg i nifer o swyddi nad oeddynt wedi eu pennu yn ôl y ddeddf, er enghraifft, postfeistri, swyddogion deddf y tlodion a phrif arolygwyr ysgolion.

Bu'r Rhyddfrydwyr yn ymgyrchu nid yn unig am ddeddfwriaeth a ddarparai ar gyfer yr iaith Gymraeg, ond hefyd, o flynyddoedd olaf y 1880au ymlaen, o blaid sicrhau cyfieithiadau Cymraeg o ddeddfwriaeth bwysig. Er mawr lawenydd i *Baner ac Amserau Cymru*, codwyd mater cyfieithu deddfwriaeth mewn cyfarfod o bwyllgor gwaith Ffederasiwn Rhyddfrydwyr Gogledd Cymru ym mis Ebrill 1888, ac yn ystod cyfarfod ym mis Hydref galwasant am fersiwn Cymraeg o'r Ddeddf Llywodraeth Leol a oedd newydd ddod i rym.[103] Codwyd mater y

[98] W. Llewelyn Williams, 'Welsh Nationalism', *The Welsh Review*, Ebrill 1892, 591.
[99] Bowen, *The Statutes of Wales*, t. 271.
[100] *Parliamentary Debates* (Hansard), 3edd gyfres, cyf. 319, col. 569 ff. (15 Awst 1887).
[101] Ibid., col. 584.
[102] Bowen, *The Statutes of Wales*, tt. 280–1. Nid yw Bowen yn cyfeirio at Ddeddf Ffatrïoedd a Gweithdai 1891.
[103] LlGC, Llsgr. 21171D, Llyfr cofnodion Sefydliad Rhyddfrydol Gogledd Cymru 1886–91.

Ddeddf Llywodraeth Leol gan William Rathbone AS ac A. J. Williams AS, ond mynnodd y Bwrdd Llywodraeth Leol na allai'r llywodraeth ymgymryd â'r dasg, gan honni, pe bai galw, y byddai'r gwaith yn siŵr o gael ei wneud trwy fenter breifat.[104] Pan gododd Osborne Morgan y mater yn Nhŷ'r Cyffredin ym mis Tachwedd, wfftiwyd at ei gais.[105] Ym mis Mawrth 1889, fodd bynnag, cafwyd tro pedol a chaniatawyd cyfieithiad gan y llywodraeth Geidwadol.[106] Hwn oedd y tro cyntaf yn swyddogol i ddarn o ddeddfwriaeth gael ei drosi i'r Gymraeg yn llawn, er bod amod ynghlwm ag ef, sef nad oedd iddo effaith gyfreithiol o fath yn y byd.[107] Ymgymerwyd â'r gwaith cyfieithu gan John Morris-Jones,[108] ysgolhaig ifanc y bu ei diwtor, yr Athro John Rhŷs, yn gyfrifol am gyfieithu darganfyddiadau'r Comisiwn Brenhinol ym 1881 ynghylch gweithredu'r Ddeddf Cau ar y Sul yng Nghymru. Fe'u cyhoeddwyd ym 1890, y papur seneddol cyntaf i'w gyhoeddi yn y Gymraeg.[109] Unwaith yr oedd y Ddeddf Llywodraeth Leol wedi ei chyfieithu, gosodwyd cynsail y gellid ei ddefnyddio ar gyfer deddfwriaeth yn y dyfodol. Anogwyd J. Herbert Lewis gan Tom Ellis i ddwyn pwysau ar gynghorwyr sir Y Fflint i gael copïau o'r Ddeddf er mwyn sicrhau y câi Deddf Addysg Ganolradd 1889 ei chyfieithu hefyd.[110] Fe'i dilynwyd gan gyfieithiad o Ddeddf y Cynghorau Plwyf 1894.[111] Efallai nad oedd yr iaith Gymraeg yn bwnc canolog yn y 1870au, ond erbyn y 1880au câi fwy o sylw nag a gawsai erioed o'r blaen, a llawer mwy nag yr awgrymir weithiau.[112] Diolch yn bennaf i ymdrechion aelodau seneddol Rhyddfrydol Cymru, enillwyd llawer ar ran yr iaith frodorol. Yn ei astudiaeth o'r modd y cafodd yr iaith Gymraeg ei thrin gan y wladwriaeth yn ystod teyrnasiad y Frenhines Victoria, soniodd Daniel Lleufer Thomas am oddefgarwch newydd at yr iaith, gan gyfeirio at enghreifftiau megis cyfieithu deddfwriaeth a'r gyfraith yn ymwneud â'r iaith Gymraeg yn yr Eglwys wladol. Eto i gyd, gresynai at y modd y câi'r iaith ei thrin o hyd yn un maes allweddol, sef y llysoedd barn.[113]

★ ★ ★

[104] Ibid., cyfarfod 20 Tachwedd 1888.

[105] *Parliamentary Debates* (Hansard), 3edd gyfres, cyf. 330, col. 1510 (19 Tachwedd 1888).

[106] Ibid., cyf. 337, col. 963 (4 Mawrth 1889).

[107] *Carnarvon and Denbigh Herald*, 7 Mehefin 1889.

[108] William George, *Cymru Fydd: Hanes y Mudiad Cenedlaethol Cyntaf* (Liverpool, 1945), t. 65. Yr wyf yn ddyledus i'r Arglwydd Gwilym Prys-Davies am y cyfeiriad hwn.

[109] B. Ll. James, *Parliamentary Papers (Wales), 1801–1914* (traethawd FLA anghyhoeddedig, 1973), t. 117.

[110] LlGC, Papurau T. E. Ellis, 2883, llythyr gan T. E. Ellis at J. Herbert Lewis, 24 Gorffennaf 1889. Yr oedd y cyfieithiad ar gael erbyn Tachwedd 1889. Gw. *Carnarvon and Denbigh Herald*, 1 Tachwedd 1889.

[111] *Parliamentary Debates* (Hansard), 4edd gyfres, cyf. 22, col. 1112 (2 Ebrill 1894).

[112] Kenneth O. Morgan, *Wales in British Politics 1868–1922* (3ydd arg., Cardiff, 1980).

[113] D. Lleufer Thomas, 'The Laws and Enactments of the Queen's Reign in Reference to Wales', *Young Wales*, III, rhifau 32–3 (Awst 1897), 156.

Mewn materion yn ymwneud â'r iaith Gymraeg yn y drefn gyfreithiol, nid penodi barnwyr i'r llysoedd sirol oedd yr unig bwnc llosg. Yn ystod rhan olaf y bedwaredd ganrif ar bymtheg, ceid cryn drafod hefyd ynglŷn â'r ynadaeth yng Nghymru. Yr ynadon a fyddai'n gweinyddu'r gyfraith yn y Sesiwn Fach a'r Llys Chwarter, ac yn y llys olaf hwn hwy oedd yn tra-arglwyddiaethu ym maes llywodraeth leol hyd nes y crëwyd y cynghorau sir gan Ddeddf Llywodraeth Leol 1888. Yr oedd trefn y Llysoedd Chwarter yn golygu sefyll prawf gerbron rheithgor, a rhoddai hyn yr un manteision i ymgyfreithwyr uniaith Gymraeg ag a gaent yn y brawdlysoedd os oedd y rheithwyr i gyd yn medru'r Gymraeg.[114] Trefn fwy anffurfiol a oedd i'r Sesiwn Fach: ynad neu ddau fel arfer yn ymdrin ag achosion llai difrifol, naill ai yn fisol neu pryd bynnag y codai'r angen, a hynny ym mhreswylfa'r ynadon neu mewn tafarn. Mantais llysoedd diannod oedd eu bod yn gweithredu'n gyflym ac yn rhad ac, o'r herwydd, wrth i'r bedwaredd ganrif ar bymtheg fynd rhagddi câi ynadon y Sesiwn Fach fwy o rym yn raddol trwy gyfrwng deddfwriaeth megis y Ddeddf Cyfiawnder Troseddol ym 1855 a'r Ddeddf Llysoedd Diannod ym 1879.[115] Gan fod y mwyafrif o achosion yn cael eu trin yn ddiannod ac nad oedd gan y Cymro bellach y fantais o gael sefyll ei brawf gerbron ei gyd-wladwyr, yr oedd yn hanfodol fod gan yr ynadon, yr oedd y mwyafrif llethol ohonynt yn perthyn i ddosbarth y bonedd, wybodaeth o'r Gymraeg neu gydymdeimlad ati.[116]

Yn y 1880au a'r 1890au codwyd pwnc yr ynadaeth sawl tro gan aelodau seneddol Rhyddfrydol. Eu prif bryder, fodd bynnag, oedd y dull o'u penodi. Y bwriad oedd creu perthynas agosach rhwng yr ynadon heddwch a'r Cymry, a golygai hynny benodi mwy o Ryddfrydwyr ac Ymneilltuwyr i'r fainc. Nid hwn oedd y tro cyntaf o bell ffordd i anfodlonrwydd gael ei fynegi ynglŷn â'r ynadaeth. Yr oedd Ymneilltuwyr yn anfodlon fod y rhan fwyaf o ynadon heddwch yn Anglicaniaid, ac yn y 1830au yr oedd oddeutu chwarter ohonynt yn glerigwyr a oedd yn dal bywoliaeth.[117] Cafwyd awgrym fod ynadon heddwch a oedd yn glerigwyr yn aml yn fwy cydwybodol na'u cyd-ynadon o ran cyflawni eu dyletswyddau, ac efallai, wrth gwrs, fod hynny'n rhan o'r rheswm paham eu bod yn amhoblogaidd.[118] Yr oedd yn anorfod y byddai clerigwyr mewn bywoliaeth yn amlwg ym myd yr ynadaeth yng Nghymru gan eu bod yn aml ymhlith yr ychydig

[114] Am ddull gweithredu y llys chwarter, gw. J. M. Beattie, *Crime and the Courts in England 1660–1800* (Oxford, 1986), penodau 6 a 7.

[115] David Philips, *Crime and Authority in Victorian England* (London, 1977), tt. 131–3; Jones, *Crime in Nineteenth-Century Wales*, tt. 18–19.

[116] Am amlygrwydd y bonedd ar y fainc, gw. Carl H. E. Zangerl, 'The Social Composition of the County Magistracy in England and Wales, 1831–1887', *Journal of British Studies*, XI, rhif 1 (1971), 113–25.

[117] Gw., e.e., *Y Dysgedydd*, XV, rhif 170 (1836), 46–50. Gw. hefyd Eric J. Evans, 'Some Reasons for the Growth of English Rural Anti-Clericalism, *c.*1750–*c.*1830', *P&P*, 66 (1975), 84–109.

[118] Esther Moir, *The Justice of the Peace* (London, 1969), t. 107; Sidney a Beatrice Webb, *English Local Government from the Revolution to the Municipal Corporations Act* (London, 1906), tt. 350–6.

bobl a chanddynt y cymwysterau angenrheidiol ar gyfer y gwaith.[119] Gan gymryd yr ufuddheid i amodau Deddf Amlblwyfaeth 1838, a nodai y dylai clerigwyr allu siarad Cymraeg yn yr ardaloedd hynny lle nad oedd gan blwyfolion ond ychydig Saesneg neu ddim Saesneg o gwbl, yna byddai'r clerigwyr hynny yn medru'r Gymraeg.[120] Y mae'n anodd dweud yn bendant sut y defnyddiai'r ynadon yr iaith Gymraeg. Ymddengys nad oedd rheol bendant, heblaw mai Saesneg oedd y cyfrwng swyddogol, fel y dangosid gan y ffaith y cedwid cofnodion llysoedd yn yr iaith honno. Y mae'n fwy anodd cyffredinoli ynglŷn ag agwedd lafar y gweithrediadau. Pan fyddai angen cyfieithu, gwneid hynny fel arfer gan glerc yr ynadon neu gan rywun a roddid ar ei lw yn unswydd ar gyfer y dasg. Yr elfen bwysicaf o ran penderfynu pa iaith a ddefnyddid ar gyfer gweithrediadau'r Llys Chwarter a Llys y Sesiwn Fach oedd gallu ieithyddol yr ynadon a'u hagwedd at yr iaith frodorol. Y mae'n anodd credu y byddent wedi glynu'n gaeth wrth 'gymal iaith' y Ddeddf Uno yn y Sesiwn Fach a gynhaliwyd yng Ngwesty'r Talbot, Tregaron, neu yng Ngwesty'r Llew Du, Llanbedr Pont Steffan, gan fod yr ynadon a lywyddai yn rhugl eu Cymraeg.

Yn y Llysoedd Chwarter, y cadeirydd a ddaliai'r swydd bwysicaf. Ym 1858 cyhoeddodd *Baner Cymru* erthygl ar gadeiryddion y Llysoedd Chwarter yng Nghymru, gan honni bod pump ohonynt yn rhugl eu Cymraeg, bod pedwar heb unrhyw wybodaeth o'r iaith, a bod gan y gweddill rywfaint o grap arni.[121] Ond nid oedd yn dilyn bob amser y byddai cael cadeirydd Cymraeg yn gwella pethau. Er enghraifft, yn Llys Chwarter Sir Fôn ym 1871 rhwystrodd John Williams, Treffos, y cwnsleriaid rhag annerch y rheithgor yn Gymraeg er i'r pen-rheithiwr ofyn am hynny ac er bod y rhan fwyaf ohonynt yn Gymry Cymraeg uniaith.[122] Y flwyddyn ganlynol, eglurodd Williams nad oedd yn bwysig iddo ef ym mha iaith y cynhelid y gweithrediadau. Honnodd ei fod wedi defnyddio'r ddwy iaith yn y gorffennol ond ei fod wedi defnyddio'r Saesneg yn gyson yn ddiweddar, er budd ei gyd-ynadon.[123] Ar y llaw arall, ni ddylid cymryd yn ganiataol y byddai cadeiryddion di-Gymraeg yn wrthwynebus i'r Gymraeg. Gwelsom fel yr amddiffynnodd Iarll Powis, cadeirydd Llys Chwarter Sir Drefaldwyn, hawl y Cymry i roi tystiolaeth yn eu mamiaith. Eto i gyd, yr oedd cael cadeirydd Cymraeg ei iaith yn sicr yn fantais, oherwydd ei gyfrifoldeb ef oedd crynhoi'r dystiolaeth a chyhoeddi'r ddedfryd, tasgau a wneid yn Saesneg yn y brawdlysoedd. Gwellodd pethau yn sylweddol pan benodwyd Thomas Hughes, Astrad, yn gadeirydd yn sir Ddinbych. Cafodd ef ei ethol ym 1855, yn rhannol ar sail ei wybodaeth o'r Gymraeg. Yn ôl datganiad ei enwebydd:

[119] Ar broblem prinder ynadon heddwch yng Nghymru wledig, gw. *Report of the Commissioners of Inquiry for South Wales*, t. 32; David Williams, *The Rebecca Riots* (Cardiff, 1955), t. 37.

[120] Bowen, *The Statutes of Wales*, tt. 252–3.

[121] *Baner Cymru*, 19 Mai 1858.

[122] *BAC*, 28 Hydref a 1 Tachwedd 1871.

[123] Ibid., 20 Ebrill 1872.

> It [sef yr iaith Gymraeg] was a qualification which public opinion had lately brought forward, and as of some consequence: for no appointment had recently been made by the Government in Wales without parties being acquainted with the Welsh language. The utility of such knowledge was witnessed in the County Court judges. He felt so full satisfied that a knowledge of the Welsh language was necessary that he expected the next step to be the appointment of a Welsh bishop (hear! hear!).[124]

Yr oedd penodiadau fel y rhain, a groesawyd yn gynnes gan genedlgarwyr Cymreig megis clerigwyr West Riding, yn ddigon i argyhoeddi awdur yr erthygl yn *Baner Cymru* fod ysbryd newydd o wladgarwch wedi ei feithrin ymhlith haenau uchaf y gymdeithas.[125] Enghraifft o'r ysbryd hwn oedd y pwyslais a roddid ar y Gymraeg gan rai ynadon wrth benodi prif gwnstabliaid yn sgil cyflwyno Deddf Heddlu'r Siroedd a'r Bwrdeistrefi ym 1856. Penodwyd siaradwyr Cymraeg i'r swyddi hyn gan bwyllgorau ynadon yn siroedd Y Fflint, Dinbych, Caernarfon a Môn.

Er hynny, ceid digon o enghreifftiau o Gymry yn cael eu trin yn wael gan ynadon i gyfiawnhau portread enwog Henry Richard yn *Letters on the Political and Social Condition of Wales* (1866). Credai Richard fod y gagendor mawr a fodolai rhwng y dosbarthiadau llywodraethol Toriaidd ac Anglicanaidd a'r haenau isaf Rhyddfrydol ac Ymneilltuol yn cael ei ddwysáu gan wahaniaethau ieithyddol. Ceir nifer o enghreifftiau sy'n profi'r honiad hwn. Ym 1882 gwrthododd ynadon adnewyddu trwydded tafarnwr yn Llanarmon-yn-Iâl oni wnâi gais amdani yn Saesneg.[126] Yn Llanelwy condemniwyd tyst gan ynadon am geisio defnyddio ei famiaith; codwyd yr achos hwn yn ddiweddarach ym Mhwyllgor yr Heddlu gan J. Herbert Lewis, cadeirydd Cyngor Sir Y Fflint ac un a ddeuai'n aelod seneddol dros y sir. Cydnabu Lewis nad oedd anghyfiawnder wedi digwydd, ond honnodd er hynny fod hyn yn 'sen ar y Cymry'.[127] Cafwyd achos mwy difrifol yn Abergele ym 1897. Pan ofynnwyd i achwynydd pa iaith y dymunai ei defnyddio, dewisodd y Gymraeg, a chafodd ddirwy ychwanegol o swllt i dalu costau'r cyfieithydd. Cwestiynwyd y ddirwy ychwanegol gan un o'r ynadon, ond honnodd y cadeirydd ei bod yn gyfiawn gan fod y gŵr yn gallu siarad Saesneg ac nad oedd raid wrth gyfieithydd mewn gwirionedd.[128]

Mewn pamffled yn dwyn y teitl *The Welsh Magistracy* (1888), darluniodd T. J. Hughes (Adfyfr) ynadon fel pobl nad oedd ganddynt rithyn o gydymdeimlad â'r Cymry. Yn ôl ei amcangyfrif ef, dim ond rhwng 10 ac 20 y cant o'r ynadon heddwch a allai siarad Cymraeg, ac mewn modd hynod bleidgar awgrymodd mai dim ond ynadon heddwch Rhyddfrydol a fyddai'n pleidio achos y Gymraeg:

[124] *Carnarvon and Denbigh Herald*, 29 Medi 1855.
[125] *Baner Cymru*, 19 Mai 1858.
[126] *Y Celt*, 23 Mehefin 1882.
[127] *Carnarvon and Denbigh Herald*, 26 Rhagfyr 1890.
[128] Ibid., 9 Ebrill 1897.

> The Liberal Nonconformist people of Wales are not prepared to tolerate further iron yoke of a prejudiced and interested Church, Tory and landed magistracy . . . Welsh Wales – Liberal Nonconformist Wales – requests that the Welshman and the Nonconformist shall have fair access to the magisterial position . . . How long would England tolerate aliens in language, politics, and religious profession as her sole arbitrators of magisterial justice?[129]

Y mae'n debyg fod y cyfeiriad at yr iaith Gymraeg wedi ei ychwanegu er mwyn pwysleisio'r gagendor o fewn cymdeithas, yn hytrach nag fel rhan o ymdrech unol i ddyrchafu statws yr iaith Gymraeg. Mewn dadl ynglŷn â'r mesur i sefydlu cynghorau sir, awgrymodd Arthur Williams AS un dull y gallai'r Rhyddfrydwyr ei ddefnyddio i ennill lle yn y 'rural House of Lords'. Bwriad cynnig Williams oedd ceisio sicrhau llais i gynghorwyr yn y drefn o enwebu ynadon sirol i'r Arglwydd Ganghellor, yn hytrach nag i Arglwydd Raglaw'r sir yn unig.[130] Methodd y cynnig, ond y mae Deddf Llywodraeth Leol 1888 o ddiddordeb pellach oherwydd iddi godi mater statws yr iaith Gymraeg yn y cynghorau newydd. Yng Nghyngor Sir Meirionnydd holodd y cenedlaetholwr Michael D. Jones sut y bwriedid defnyddio'r iaith, ac ymdriniwyd â'r mater gan gadeirydd y cyngor, sef Samuel Pope, Cwnsler y Frenhines. Sais uniaith ydoedd ef, ac ysgrifennodd at y Twrnai Cyffredinol, Richard Webster, i geisio ei farn. Yr oedd Webster yn bendant y dylai'r gweithrediadau fod yn yr iaith Saesneg yn unol â 'chymal iaith' y Ddeddf Uno; nododd mai felly yr oedd hi yn y Llys Chwarter, lle y digwyddai llawer iawn o drafodaethau'r cynghorau cyn hynny.[131] Tynnwyd sylw'r Senedd at yr ymholiad hwn gan Tom Ellis, a ofynnodd a oedd y llywodraeth yn ymwybodol fod y cymal a ddyfynnwyd gan y Twrnai Cyffredinol yn nodi'n ogystal y dylid gwahardd siaradwyr Cymraeg rhag dal swyddi.[132] Camddarlleniad o'r Ddeddf oedd hyn, wrth gwrs; nid datgan y dylid gwahardd siaradwyr Cymraeg o swyddi a wneid, ond nodi y dylai fod ganddynt feistrolaeth o'r Saesneg. Er hynny, y mae'n arwyddocaol fod ymdrech unol wedi ei chynnal i ddiddymu'r cymal a nodai mai Saesneg oedd iaith swyddogol y gyfraith. Cymhlethid y mater gan y ffaith y gellid dadlau bod y 'cymal iaith' eisoes wedi ei ddiddymu. Yr oedd Deddf Diwygio Statudau 1887 yn diddymu cymal 20 o'r Ddeddf Uno, sef y 'cymal iaith' yng ngolygiad Ruffhead o *Statutes at Large* (1762–5). Mewn gwirionedd, cyfeiria'r Ddeddf Diwygio Statudau at fersiwn diweddarach o *Statutes at Large*, a gyhoeddwyd ym 1817–28, lle'r oedd y 'cymal iaith' wedi ei rifo'n gymal 17. Nid oedd amheuaeth, fodd bynnag, ym meddwl Prif Arglwydd y Trysorlys, W. H. Smith, fod y cymal y cyfeiriai aelodau seneddol Rhyddfrydol Cymru ato yn dal ar

[129] T. J. Hughes (Adfyfr), *The Welsh Magistracy* (London, 1888), t. 9.
[130] *Cymru Fydd*, I, rhif 8 (1888), 484; *BAC*, 25 Gorffennaf 1888.
[131] Atgynhyrchwyd yr ohebiaeth, dyddiedig 14 ac 17 Chwefror 1889, yn *BAC*, 6 Mawrth 1889.
[132] *Parliamentary Debates* (Hansard), 3edd gyfres, cyf. 333, col. 1155 (7 Mawrth 1889).

y llyfr statud.[133] Addawodd Smith dynnu sylw'r Comisiwn Diwygio Cyfreithiau Statud at y mater, ond ni ddiddymwyd y 'cymal iaith' hyd nes y daeth Deddf Llysoedd Cymru i rym ym 1942.[134]

Cynhwyswyd dull arall y gallai Rhyddfrydwyr ac Ymneilltuwyr ei ddefnyddio i ennill lle ar fainc yr ynadon mewn mesur a gyflwynwyd gan Alfred Thomas o blaid ymreolaeth i Gymru. Yr oedd dau gymal ym Mesur Sefydliadau Cenedlaethol (Cymru) 1892 yn cyfeirio at y mater: yn y cymal cyntaf cynigid mai ysgrifennydd gwladol dros Gymru yn hytrach na'r Arglwydd Ganghellor a ddylai fod yn gyfrifol am benodi a diswyddo ynadon ar gyfer y comisiwn; yn yr ail cynigid y dylai'r cynghorau sir a bwrdeistref baratoi rhestrau o ymgeiswyr addas ar gyfer y fainc er budd yr ysgrifennydd gwladol.[135] Ystyrid hefyd y byddai creu cynulliad Cymreig yn gyfle i ymdrin â mater statws yr iaith Gymraeg yn y drefn gyfreithiol; gallai ysgrifennydd gwladol Cymru orchymyn 'that the proceedings in Her Majesty's courts of justice in Wales should be wholly or partially conducted in the Welsh language whenever such a course should appear to him desirable and expedient'.[136] Nid oedd y mesur yn llawer mwy na breuddwyd gwrach ac ni chafodd ddarlleniad yn Nhŷ'r Cyffredin.[137] Er hynny, parhawyd â'r ymdrechion i sicrhau rhagor o ynadon Ymneilltuol a Rhyddfrydol gan bobl megis J. Herbert Lewis a Samuel Smith, aelodau dros sir Y Fflint, sir y dywedid bod ei Harglwydd Raglaw yn benderfynol o gael gwared â Rhyddfrydwyr Ymneilltuol oddi ar y fainc. Er y ceid pryder diffuant yn aml ymhlith yr aelodau seneddol Rhyddfrydol ynglŷn â thrafferthion y Cymro uniaith mewn llysoedd barn, efallai mai teg yw nodi bod propagandwyr Rhyddfrydol, wrth ymdrin â materion yn ymwneud â'r ynadaeth, yn defnyddio cyfeiriadau at yr iaith fel tanwydd ychwanegol hwylus i fflangellu haenau uchaf y gymdeithas yng Nghymru, y ceid cymaint o gasineb tuag atynt. Erys y ffaith, serch hynny, nad oedd y mwyafrif llethol o ynadon heddwch ar ddiwedd y bedwaredd ganrif ar bymtheg yn gallu siarad Cymraeg a bod y modd y câi siaradwyr Cymraeg eu trin yn Llysoedd y Sesiwn Fach a'r Llysoedd Chwarter trwy gydol y ganrif yn dibynnu i raddau helaeth ar chwiw a mympwy ynadon unigol.

Gwelsom sut y bu seneddwyr Cymru yn trafod y modd y câi'r Gymraeg ei thrin mewn llysoedd barn ym maes yr ynadaeth ac, yn fwy penodol, ym marnweinyddiad y llysoedd sirol. Yr oedd problem, fodd bynnag, ynglŷn â chefnogi'r achosion hyn; gellid eu dehongli fel rhaglen i feithrin yr iaith Gymraeg, er mai blaenoriaeth bwysicaf llawer o bobl oedd ceisio sicrhau cyfiawnder i'r

[133] Ibid., col. 1400 (11 Mawrth 1889).

[134] J. A. Andrews ac L. G. Henshaw, *The Welsh Language in the Courts* (Aberystwyth, 1984), t. 12; D. Watcyn Powell, 'Y Llysoedd, yr Awdurdodau a'r Gymraeg: Y Ddeddf Uno a Deddf yr Iaith Gymraeg' yn T. M. Charles-Edwards et al. (goln.), *Lawyers and Laymen* (Cardiff, 1986), tt. 297–9.

[135] Alfred Thomas, 'Welsh Home Rule', *The Welsh Review*, Ebrill 1892, 549.

[136] Ibid.

[137] Trafodir tynged y mesur yn J. Graham Jones, 'Alfred Thomas's National Institutions (Wales) Bills of 1891–2', *CHC*, 15, rhif 2 (1990), 218–39.

'Cymro uniaith druan' nad oedd eto wedi dysgu Saesneg. Yr oedd y syniad o ddyrchafu'r Gymraeg yn lle'r Saesneg fel cyfrwng y gyfraith yn anathema i'r wladwriaeth Seisnig ac ni fyddai pawb o etholwyr Cymru wedi ei groesawu ychwaith. Eto i gyd, yr oedd aelodau seneddol Cymru yn benderfynol o sicrhau triniaeth deg i siaradwyr Cymraeg yn y llysoedd. Ceid agweddau llai amwys, fodd bynnag, gan eraill. Credai radicaliaid Cymraeg cadarn megis Michael D. Jones mai'r unig ffordd o ennill hawliau i'r iaith genedlaethol mewn llysoedd barn oedd i'r bobl eu hunain gymryd yr awenau. Galwodd eraill ar i'r Cymry wrthod rhoi tystiolaeth yn Saesneg mewn llysoedd barn fel rhan o'r ymgyrch dros benodiadau Cymraeg.[138] Defnyddiwyd y dull hwn gan Robert Ambrose Jones (Emrys ap Iwan) ym 1889 pan wrthododd siarad Saesneg yn y Sesiwn Fach yn Rhuthun. Cafodd y safiad hwn ei ganmol gan y wasg Gymraeg radicalaidd, ond ei wfftio gan y *Times*.[139] Er na chefnogwyd safiad Emrys ap Iwan gan bawb yng Nghymru, denodd yr achos lawer o sylw cyhoeddus. Yr oedd y llys dan ei sang, a honnwyd bod paratoadau wedi eu gwneud i wrthdystio y tu allan pe câi'r diffynnydd ei rwystro rhag defnyddio'r Gymraeg.[140] Sut bynnag, gohiriwyd yr achos ac ni fu gofyn i Emrys ap Iwan fod yn bresennol yn yr ail brawf. Awgrymodd gohebydd i bapur newydd radicalaidd *Y Celt* y dylid ffurfio cymdeithas o bobl a fyddai'n tyngu llw i beidio â defnyddio'r Saesneg yn y llys.[141] Yr oedd potensial ar gyfer cymdeithas o'r fath yn bodoli eisoes ar ffurf Cymdeithas yr Iaith Gymraeg (The Society for Utilizing the Welsh Language), a sefydlwyd ym 1885.[142] Prif nod y gymdeithas oedd sicrhau lle i'r Gymraeg fel cyfrwng addysg, ond ceir digon o dystiolaeth i awgrymu bod rhai o'r aelodau yn ymboeni hefyd ynglŷn â ffawd yr iaith yn gyffredinol. Mewn cyfarfod o'r gymdeithas ym 1889, anogwyd yr aelodau gan y barnwr llys sirol, Gwilym Williams, i bwyso am statws amgenach i'r Gymraeg ym maes y gyfraith. Honnodd ei fod wedi cynnal achosion drwy gyfrwng y Gymraeg, gan ychwanegu: '[I] was told after the event that it was an illegal proceeding on his part. Well, . . . if it was illegal that it was highly necessary that it should be legalized (hear! hear!).'[143] Gwyntyllwyd pwnc y llysoedd barn unwaith eto mewn cyfarfod o'r gymdeithas ym Mlaenau Ffestiniog, lle yr honnwyd bod gormod o sylw yn cael ei roi i fyd addysg.[144]

Er nad ysgogid hwy gan yr un cymhellion â Michael D. Jones ac Emrys ap Iwan, yr oedd llawer o dystion Cymraeg eu hiaith yn anfodlon rhoi tystiolaeth yn

[138] Michael D. Jones, 'Gwaseidd-dra y Cymry', *Y Geninen*, XII, rhif 4 (1894), 267–70; *Y Celt*, 22 Mai 1891.

[139] *BAC*, 19 Hydref 1889; *The Times*, 15 Hydref 1889. Gw. hefyd T. Gwynn Jones, *Emrys ap Iwan: Cofiant* (Caernarfon, 1912), tt. 179–80.

[140] *BAC*, 30 Hydref 1889.

[141] *Y Celt*, 25 Gorffennaf 1890.

[142] J. Elwyn Hughes, *Arloeswr Dwyieithedd: Dan Isaac Davies 1839–1887* (Caerdydd, 1984); Robin Okey, 'The First Welsh Language Society', *Planet*, 58 (1986), 90–6.

[143] *Carnarvon and Denbigh Herald*, 6 Medi 1889.

[144] *BAC*, 4 Mehefin 1890.

Saesneg ar ddiwedd y bedwaredd ganrif ar bymtheg yng Nghymru. Efallai fod rhai yn gwneud hynny er mwyn osgoi gwasanaethu ar reithgor, ac eraill yn ofni gwneud cam â hwy eu hunain ac â chwrs cyfiawnder trwy ddefnyddio eu hail iaith. Yr oedd llawer o farnwyr Saesneg eu hiaith yn y brawdlysoedd yn cael trafferth deall hyn.[145] Ar un olwg, felly, câi Cymro a chanddo Saesneg bratiog ei drin yn waeth na Chymro uniaith. Nid yw hynny'n golygu bod pob un o farnwyr y brawdlysoedd yn ymddwyn fel hyn, ond bu'n rhaid aros tan Ddeddf Llysoedd Cymru 1942 cyn y cafwyd caniatâd cyfreithiol i roi tystiolaeth yn Gymraeg, a hyd yn oed wedyn yr unig bobl a gâi wneud hynny oedd y rhai a deimlai y byddent dan anfantais fel arall.

Er yr amddiffynnid yr hawl i roi tystiolaeth yn Gymraeg, ceid rhagdybiaeth ddealledig mai Saesneg oedd yr iaith swyddogol. Yr oedd yn hanfodol, felly, fod gwasanaeth cyfieithu ar gael. Cydnabyddir yn gyffredinol fod cyfieithu mewn llys barn yn dasg anodd iawn.[146] Yn wahanol i gyfieithwyr ein dyddiau ni, nid oedd gan y rhai a ddewisid i ymgymryd â'r dasg, a hynny'n aml ar hap, unrhyw gymhwyster heblaw y credid bod ganddynt feistrolaeth o'r Saesneg a'r Gymraeg. Yr oedd cryn anfodlonrwydd ynglŷn â'r arfer o ddefnyddio clerc yr ynadon yn Llysoedd y Sesiwn Fach a'r Llysoedd Chwarter, y cofrestrydd yn y llysoedd sirol, a hyd yn oed aelodau o'r cyhoedd a roddid ar eu llw i'r diben hwn yn y brawdlysoedd. Cafwyd awgrym mai cyfieithwyr anfedrus oedd prif achos yr anudoniaeth honedig, ac nid natur gelwyddog y Cymry eu hunain. Ym 1875 cynigiodd Morgan Lloyd AS y dylid sefydlu pwyllgor dethol i ymchwilio i fanteision penodi cyfieithwyr swyddogol, ac i'r wladwriaeth dalu amdanynt.[147] Ni chaniatawyd y cynnig, a pharhaodd y trafod ynghylch safon a thâl cyfieithwyr tan yr ugeinfed ganrif. Yr oedd rhai yn barod i ymddiried mewn cyfieithwyr, a chafwyd awgrym hyd yn oed y dylid cyfieithu'r holl weithrediadau o'r naill iaith i'r llall.[148] Nid oedd pawb mor amyneddgar â'r Barnwr Kennedy, a sicrhaodd fod pob brawddeg yn cael ei chyfieithu i'r ddwy iaith er budd pawb a oedd yn bresennol ym Mrawdlys Sir Gaernarfon ym 1899.[149]

Yr unig ddewis arall yn lle cyfundrefn a ddibynnai ar gyfieithwyr oedd diwygio holl beirianwaith y gyfraith yng Nghymru. Cydnabu Thomas A. Levi hyn mewn erthygl a gyhoeddwyd yn *Y Traethodydd* ym mis Ionawr 1891. Deallai Levi fod angen rhywbeth amgenach na'r alwad am farnwyr Cymraeg i Gymru. Sylweddolai fod angen barnwyr a oedd yn siarad Cymraeg, a bod gofyn i bob swyddog fod â gwybodaeth o'r iaith.[150] Yn y bôn, golygai rhaglen Levi gael gwared â'r brawdlysoedd a chreu 'Prif-lys Cymreig', a gynhwysai bedwar barnwr. Islaw'r llys

[145] Gw., e.e., sylwadau a wnaed gan y Barnwr Darling ym Mrawdlys Sir Gaernarfon yn *Carnarvon and Denbigh Herald*, 24 Chwefror 1899.
[146] Rachel Halliburton, 'Lost in the translation', *The Independent*, 8 Mai 1996.
[147] *Parliamentary Debates* (Hansard), 3edd gyfres, cyf. 222, col. 1394 ff. (8 Mawrth 1875).
[148] *Carnarvon and Denbigh Herald*, 21 Chwefror 1896.
[149] Ibid., 14 Gorffennaf 1899.
[150] Thomas A. Levi, 'Cymru yn ei Pherthynas â'r Llysoedd Barn', *Y Traethodydd*, LV (1900), 31–2.

hwn byddai Llysoedd y Sesiwn Fach, y Llysoedd Chwarter a'r llysoedd sirol yn ymdrin â'r rhan fwyaf o'r ymgyfreitha. Byddai'r newidiadau hyn yn cael eu cyflwyno trwy gyfrwng 'Deddf Barnweinyddiad i Gymru'. Un broblem nad aeth Levi i'r afael â hi'n llawn, ac a gawsai ei gwyntyllu yn ystod y ddadl ynglŷn â barnwyr llysoedd sirol, oedd mater ymgeiswyr addas. Trafodwyd hynny gan T. R. Roberts (Asaph), clerc i gyfreithiwr, a chyfieithydd. Mewn erthygl a gyhoeddwyd yn *Young Wales* ym 1900, cynigiodd ef raglen o newidiadau i'r drefn gyfreithiol a oedd yn llai radical na rhaglen Levi. Y nod oedd sicrhau bargyfreithwyr, barnwyr llysoedd sirol ac ynadon cyflogedig Cymraeg eu hiaith ym mhob sir. Byddai'r cynllun hwn yn golygu y byddai angen oddeutu pump ar hugain o fargyfreithwyr cymwysedig, a chydnabu Roberts nad oedd cymaint â hynny ar gael y pryd hwnnw.[151] Tybid, wrth gwrs, y byddai cenhedlaeth newydd o gyfreithwyr brodorol yn sicr o geisio gwella sefyllfa'r iaith Gymraeg, a hynny ar adeg pan resynai Michael D. Jones at y ffaith fod llawer o Gymry Cymraeg dosbarth-canol, yn feddygon, cyfrifwyr a chyfreithwyr, yn gwneud eu gorau glas i ddiosg eu cenedligrwydd.[152] Nododd Daniel Lleufer Thomas fod angen sefydlu ysgol y gyfraith yng Nghymru.[153] Cafwyd ysgol o'r fath ym 1901 pan agorwyd Adran y Gyfraith yng Ngholeg Prifysgol Cymru, Aberystwyth. Yr athro cyntaf i'w benodi oedd Thomas A. Levi.[154]

Y mae'n anodd crynhoi swyddogaeth yr iaith Gymraeg yn y drefn gyfreithiol yn ystod y bedwaredd ganrif ar bymtheg. Yr oedd ffawd y siaradwr Cymraeg yn amlwg yn dibynnu ar fympwy'r rhai a lywyddai yn y llysoedd barn. Y mae'n anodd cytuno â honiad Osborne Morgan, a fynegwyd yn ystod y ddadl seneddol ynglŷn â phenodiad Homersham Cox ym 1871, fod 'cymal iaith' y Ddeddf Uno yn 'ddi-rym'. Er bod peth tystiolaeth yn awgrymu y câi'r iaith ei thrin mewn modd hynod haelfrydig ar adegau, at ei gilydd ychydig o'r rhai a weinyddai'r drefn gyfreithiol a heriai awdurdod y 'cymal iaith'. Cwestiwn arall sy'n anodd ei ateb ydyw i ba raddau yr oedd y gyfraith yn gyfrwng Seisnigo. Ar lawer ystyr, daliodd yr iaith Gymraeg ei thir er gwaethaf y modd y câi ei thrin yn y llysoedd; yn wir, parhaodd y Cymry i ddefnyddio cymaint ar y llysoedd fel y caent eu hystyried yn bobl ymgyfreithgar. Eto i gyd, erys y ffaith nad oedd yr iaith yn gyfrwng 'swyddogol', ac fe'i cyfyngid i feysydd penodol megis y cartref, yr addoldy a'r ysgol Sul. Câi'r iaith ei chyplysu â chrefydd gan y rhai a hoffai ddarlunio Cymru fel 'gwlad y menig gwynion', cenedl a oedd, fe ymddengys, yn rhydd rhag troseddau. Yn y pen draw, gwnaeth y ddelwedd hon niwed i'r iaith ar adeg pan oedd y Cymry'n dod yn bobl fwyfwy seciwlar. Diddorol yw ceisio damcaniaethu a fyddai wedi bod yn fantais i'r iaith Gymraeg erbyn diwedd y bedwaredd ganrif ar bymtheg pe bai wedi llwyddo i sicrhau troedle cadarnach mewn meysydd seciwlar megis y gyfraith.

151 T. R. Roberts, 'Welsh speaking Judges for Wales', *Young Wales*, VI (1900), 33.

152 *Y Geninen*, XIII, rhif 4 (1895), 275–7. Y mae bron yn sicr mai gwaith Michael D. Jones yw hwn.

153 D. Lleufer Thomas, 'Y Sessiwn yng Nghymru', *Y Geninen*, X, rhif 2 (1892), 22.

154 J. A. Andrews, 'The Aberystwyth Law School, 1901–1976', *The Cambrian Law Review*, 7 (1976), 7–10.

Mynegai